万宁市志

(1991—2010)

万宁市地方志编纂委员会 编

方志出版社
Publishing House of Local Records

图书在版编目（CIP）数据

万宁市志：1991-2010／万宁市地方志编纂委员会编，-北京：方志出版社：2020.7
ISBN 978-7-5144-4253-3

Ⅰ.①万… Ⅱ.①万… Ⅲ.①万宁—地方志-1991-2010 Ⅳ.①K296.64

中国版本图书馆CIP数据核字（2020）第146547号

万宁市志（1991—2010）

编　　者：万宁市地方志编纂委员会
责任编辑：徐　宏
出 版 者：方志出版社
地址（北京市朝阳区潘家园东里9号（国家方志馆4层）
邮编　100021
网址　http://www.fzph.org
发　　行：方志出版社图书经销中心
电话（010）67110500
经　　销：各地新华书店
印　　刷：河南匠心印刷有限公司
开　　本：889×1194　1／16
印　　张：76.5
字　　数：1862千字
版　　次：2020年7月第1版　2020年7月第1次印刷
印　　数：0001～3000册
ISBN 978-7-5144-4253-3　定价：598.00元

万宁市地方志编纂委员会

（2020年5月）

主　任： 贺敬平　市委书记

副主任： 周高明　市委副书记、市政府市长

杨应龙　市委副书记、政法委书记

杨志斌　市委常委、宣传部部长

委　员： 林　斌　市委办公室主任

李海宁　市政府办公室主任

吴　立　市委组织部常务副部长

石国昭　市委宣传部常务副部长

纪作云　市人大常委会秘书长

冯　汉　市政协秘书长

吴　忠　市统战部常务副部长、市宗教局局长

刘定翔　市委政法委员会常务副书记

冯礼森　市发展和改革委员会主任

苏祥华　市财政局局长

符婷婷　市教育局局长

吴云峰　市卫生健康委员会主任

罗惠雄　市统计局副局长

陈忠清　市档案局局长

张进春　兴隆华侨旅游经济区工委副书记、纪委书记

陈星界　市委党史研究室（市地方志办公室）主任

编纂委员会下设办公室（内设总编室），办公室设在市地方志办公室。主任由陈星界同志兼任，副主任吴诗亚，成员由地方志办公室及相关人员组成。

主　　编： 陈星界

副 主 编： 翁东雄（2013.11—2016.9）

陈海燕（2013.11—2016.9）

李婷婷（2016.9—2017.3）

吴诗亚

钟晓平

编　　辑： 黎美君　张学豪　蔡文欣　许　甜　曾　潮　陈春文

卢传政　杨小正　刘娇雅　郑立坚　朱冬平

工作人员： 刘小宇

万宁市地方志编纂委员会

（2014年5月）

主　任： 丁式江　市委书记

副主任： 李东屿　市委副书记、政法委书记

杨应龙　市委常委、组织部长

吴明阳　市委常委、市政府常务副市长

卓林梅　市委常委、统战部部长

委　员： 苏小明　市委办公室副主任

纪作云　市人大常委会秘书长

谢少敏　市政府办公室副主任

冯　汉　市政协秘书长

陈星界　市委党史研究室（地方志办公室）主任

吴少雄　市委宣传部常务副部长

李明岩　市委组织部副部长

刘运平　纪委副书记

祁永贵　市委政策研究室副主任

许福民　市直单位工委副书记

吴　忠　市委党校常务副校长

林　立　市发展和改革局副局长

陈文桂　市财政局副局长

林　武　市文化广电出版体育局副局长

何光租　市旅游局副局长

黄会杰　市统计局副局长

林承云　市档案局副局长

李友明　万城镇政府镇长

张进春　兴隆华侨旅游区管委会副主任、党政办主任

编纂委员会下设办公室（内设总编室），办公室设在市地方志办公室。主任由陈星界同志兼任，副主任翁东雄，成员由地方志办公室及相关人员组成。

主　　编： 陈星界

副 主 编： 翁东雄

陈海燕

编　　辑： 吴诗亚　许　甜　曾　潮　陈春文　卢传政　郑立坚　王　菊　谭风云

工作人员： 刘小宇

《万宁市志（1991–2010）》承编单位编写小组

防疫站
审稿：林明和
撰稿：文成华
统计局
审稿：吴　雪
撰稿：吴秋琼
交通局
审稿：符祥平
撰稿：余芳艳　吴雄云
移动万宁公司
审稿：卢锡钊
撰稿：卢锡钊
侨务办
审稿：翁秀玉
撰稿：林永平
红十字会
审稿：蔡健伦
撰稿：许开吉
档案局
审稿：林丽军
撰稿：符方锰
礼纪镇
审稿：陈喜丰
撰稿：陈娇艳
工商联
审稿：吴　锴
撰稿：符厚谦
市委办
审稿：陈传琨
撰稿：马鸿丽　黄界富
文联
审稿：王　玉　林道飞
撰稿：林道飞

总工会
审稿：吴小莉
撰稿：苏　醒　王廷强
妇幼保健院
审稿：苏志斌
撰稿：黄　锋
广播电视中心
审稿：苏小明
撰稿：祝焕凡
建筑设计室
审稿：苏　轼
撰稿：魏　静
法院
审稿：朱　华　王竹清
撰稿：黄炯锋
妇联
审稿：符远飞
撰稿：许进胜
农技推广中心
审稿：温少琳　黎修进　翁一强　陈贻立
撰稿：苏小文　刘一周
信访局
审稿：郑道良
撰稿：郑道良
人社局
审稿：欧天明
撰稿：潘宜德
东澳镇
审稿：王先勇
撰稿：蔡文欣　林天泉
审计局
审稿：林斯月
撰稿：黄一英

机关工委

审稿：郑忠发

撰稿：蔡日超

宣传部

审稿：陈循静

撰稿：许安雄 陈朝壮

统战部

审稿：吴国聪

撰稿：李诚人 吴国聪

交通规费征稽局

审稿：吴俊本

撰稿：倪　敏

人民医院

审稿：陈少婷

撰稿：陈少婷

公安局

审稿：李儒华

撰稿：蔡小芬

新华书店

审稿：许东强

撰稿：黄　彬

团委

审稿：潘宜辉

撰稿：方军威

住建局

审稿：林斯宁 黄亮亮

撰稿：黄倩云 梅振锐

人民银行万宁支行

审稿：吴育彪

撰稿：彭松柏

森林公安局

审稿：杨　大

撰稿：祁为泽

烟草专卖局

审稿：周天宇

撰稿：符　德 周天宇

山根镇

审稿：梁少琼

撰稿：吴树岭

供销社

审稿：张祚君

撰稿：陈兆今

海汽公司

审稿：邢增祥

撰稿：陈兴君

市科协

审稿：游宪忠

撰稿：陈传恒

商务局

审稿：叶名盛

撰稿：吴朝辉 梁　鑫 林且夫

供电局

审稿：倪少敏

撰稿：倪少敏

万城镇

审稿：梁安淀

撰稿：肖　咪 黄更新

侨联

审稿：陈　霖

撰稿：黄　辉

邮政公司

审稿：蔡海红

撰稿：杨　树

安监局

审稿：林　靖

撰稿：胡天龙

地震局

审稿：陈传志

撰稿：陈诗文

人寿保险

审稿：魏雪波

撰稿：林树钦

民宗局

审稿：陈文标

撰稿：陈文标

邮储银行

审稿：曹德生

撰稿：黄文植

人大
审稿：黄桂荣
撰稿：黄桂荣
三防办
审稿：冯小虎
撰稿：叶小星
人保财险
审稿：邢增越
撰稿：邢增越
招商局
审稿：朱　平
撰稿：符　苗 许琼妹
东兴农场
审稿：吴钟雄
撰稿：蔡国清 吴光忠 李小强
北大镇
审稿：陈福君
撰稿：莫垂健 陈　江
联通万宁公司
审稿：林容燕
撰稿：陈宝玉
社保局
审稿：周儒冠
撰稿：王康东
教育局系统
审稿：赵可宝
撰稿：陈三书 吴英勇 林 辉 钟兴国
农行
审稿：谭志方
撰稿：李士瑜
市委党校
审稿：吴小云
撰稿：蔡扬穆
司法局
审稿：纪明江
撰稿：段文婷
法制办
审稿：纪明江
撰稿：许媛媛 杨 哲
气象局
审稿：符世越
撰稿：叶孙波 肖小芹
政协
审稿：冯　汉
撰稿：杨泽亮
政府办
审稿：吴　丹
撰稿：黄河云
机关事务管理局
审稿：吴　丹
撰稿：陈垂灼
和乐镇
审稿：李　安
撰稿：杨大文
六连林场
审稿：林明勇
撰稿：林俊飞
爱卫办
审稿：韩　飞
撰稿：陈云锋
民进
审稿：肖　音
撰稿：蔡经发 许燕蔺
对台办
审稿：詹坤光
撰稿：李诚人
旅游局
审稿：符芳煌
撰稿：符芳煌
文化局
审稿：符芳煌
撰稿：符芳煌 蔡吉云
纪委
审稿：吴泽民
撰稿：邓端罡
建行
审稿：杨倩燕
撰稿：卢岁平 罗世洞

中医院
审稿：陈传佳
撰稿：杨　浪
检察院
审稿：陈道儒
撰稿：陈　娜　陈穆敏　陈道儒　廖芝丹
南桥镇
审稿：朱海玲
撰稿：黄　舒
龙滚镇
审稿：林　新
撰稿：林　新
国税局
审稿：张　力
撰稿：苏小静
地税局
审稿：蔡　茂
撰稿：吴海清　叶　珊
后安镇
审稿：吴毓江
撰稿：王立刚
体育中心
审稿：杨一海
撰稿：陈　荣
电信公司
审稿：符应平
撰稿：欧哲运
党史办
审稿：吴诗亚
撰稿：陈星界　许　甜
城管局
审稿：符永强
撰稿：符永强
兴隆华侨旅游经济区
审稿：张进春
撰稿：陈鸿远
消防大队
审稿：黄垂涛
撰稿：陈海玉
武警中队
审稿：王浩宇
撰稿：王浩宇
就业局
审稿：陈运锋
撰稿：林程春
信用社
审稿：潘冠冠
撰稿：王雪婷
民盟
审稿：蔡赛绒
撰稿：蔡赛绒
大茂镇
审稿：肖名强
撰稿：吴小龙　杨　鹏
发改委
审稿：林开英
撰稿：陈井义
粮食局
审稿：熊章虎
撰稿：刘湘君
物价局
审稿：陈广裕
撰稿：陈兴文
水务局
审稿：郭锦中
撰稿：吴钟哲
规划委
审稿：谢文琼　王延君
撰稿：邱上前
国土环境资源局
审稿：林道循　张纪立
撰稿：柳思宇　刘　然　吴龙俊
林业局
审稿：吴　臻
撰稿：陈文雄　钟慧杏
海洋局
审稿：王光明
撰稿：王　量　吴育雄

财政局
审稿：朱　牧
撰稿：林晓思　赖关海
农综办
审稿：周　默
撰稿：陈德清
畜牧局
审稿：周　默
撰稿：陈亚宁
农经总站
审稿：周　默
撰稿：陈俊君
民政局
审稿：温家良
撰稿：陈运炜
农业局
审稿：周　默
撰稿：周　默
卫健委
审稿：卢传毅
撰稿：韩　飞
三更罗镇
审稿：潘小强
撰稿：黄文郁
东和农场
审稿：吴小锋
撰稿：何伯英　吴小锋
新中农场
审稿：吴小锋
撰稿：王德安
工行
审稿：符厚智
撰稿：陈巧倩
编办
审稿：吴小炜
撰稿：吴小炜
残联
审稿：蔡正学
撰稿：蔡　平
中行
审稿：刘江宁
撰稿：李来贵
工商局
审稿：王英恒
撰稿：曹文懿
质监局
审稿：黄秋阳
撰稿：黄秋阳
食药监
审稿：祁春燕
撰稿：刘超英
武装部
审稿：黄北金
撰稿：杨再军
组织部
审稿：陈　江
撰稿：曹　锋
老干局
审稿：黄瑞贞
撰稿：刘娇芳　杨亚壮
政法委
审稿：吴挺佳
撰稿：吴关锋
长丰镇
审稿：李道胜
撰稿：黄翘琳
工信局
审稿：郑尊智
撰稿：陈传志

《万宁市志（1991–2010）》审查验收机构和人员名单

初审机构与人员

·《万宁市志（1991–2010）》专家评审小组

组　长：李养国

成　员：梁统兴　黄培平　陈家传　符思权　陈星界

复审机构与人员

·万宁市地方志编纂委员会

主　任：贺敬平

副主任：周高明　杨应龙　杨志斌

委　员：林　斌　李海宁　吴　立　石国昭　纪作云
冯　汉　吴　忠　刘定翔　冯礼森　苏祥华
符婷婷　吴云峰　罗惠雄　陈忠清　张进春
陈星界

终审验收单位与人员

终审单位：海南省地方志办公室

审核人员：秦武军　陈家传　符思权

数字万宁

SHUZIWANNING

20年间，万宁经济社会发展成绩骄人，综合经济实力显著提升，1991年与2010年相比，社会生产总值从5.14亿元增至97.45亿元，人均生产总值从1049元增至16056元，全社会固定资产投资从8061万元增至750659万元；城乡统筹发展不断深化，社会事业全面发展，各项民生工程圆满完成，人民生活水平不断提高，新时代的改革发展成果惠及全体万宁人民。

万城全貌（万宁市新闻办供图 2008年）

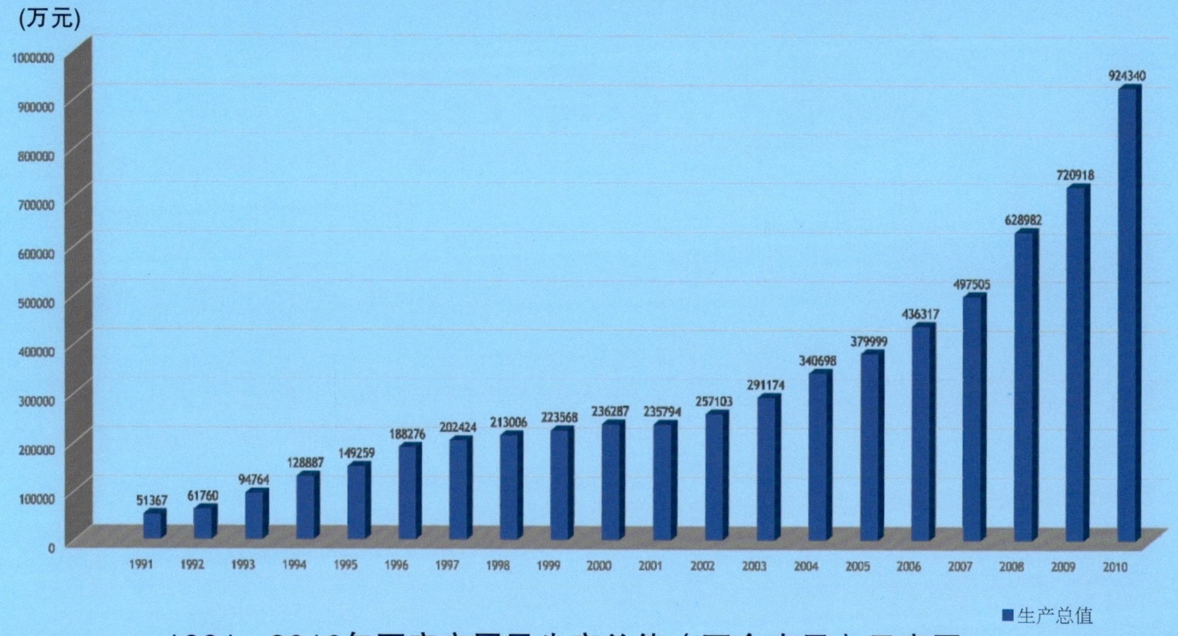

1991—2010年万宁市国民生产总值（不含农垦）示意图

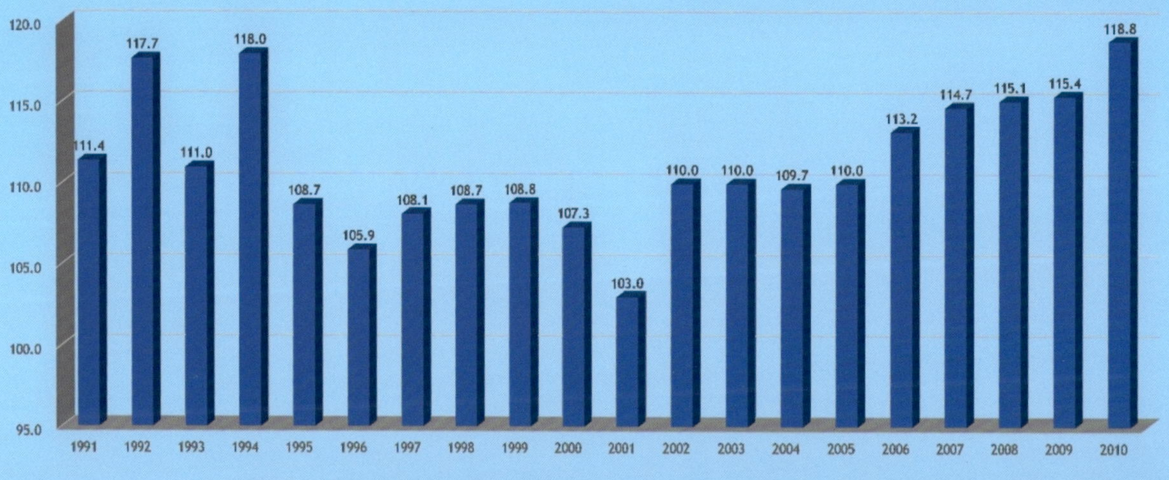

1991—2010年万宁市国民生产总值指数示意图

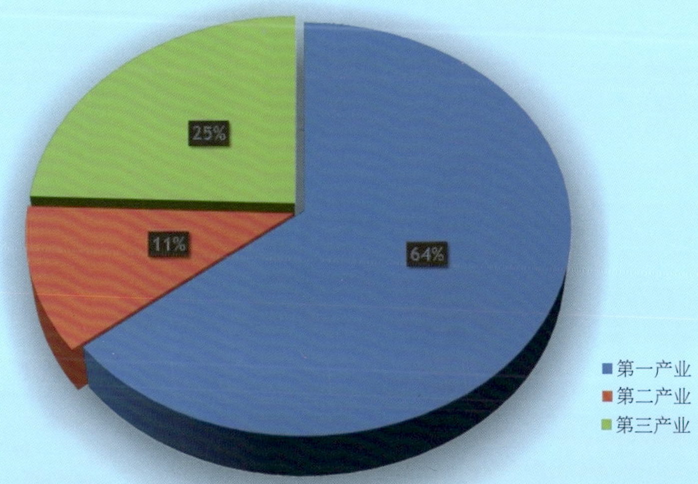

1991年万宁市三大产业生产总值构成示意图

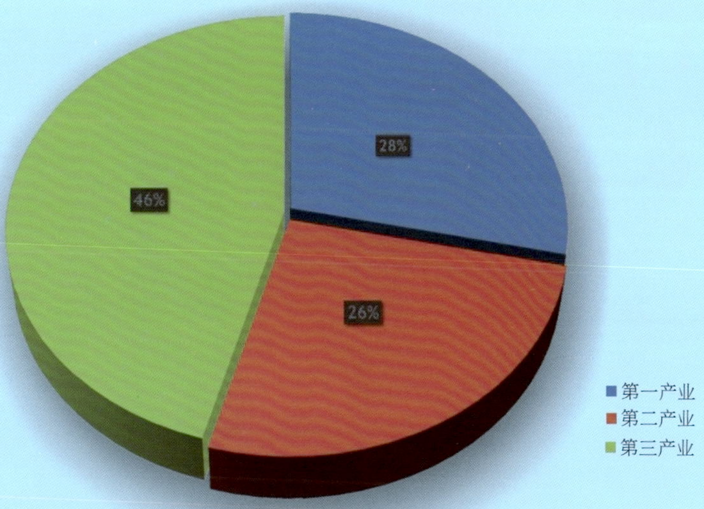

2010年万宁市三大产业生产总值构成示意图

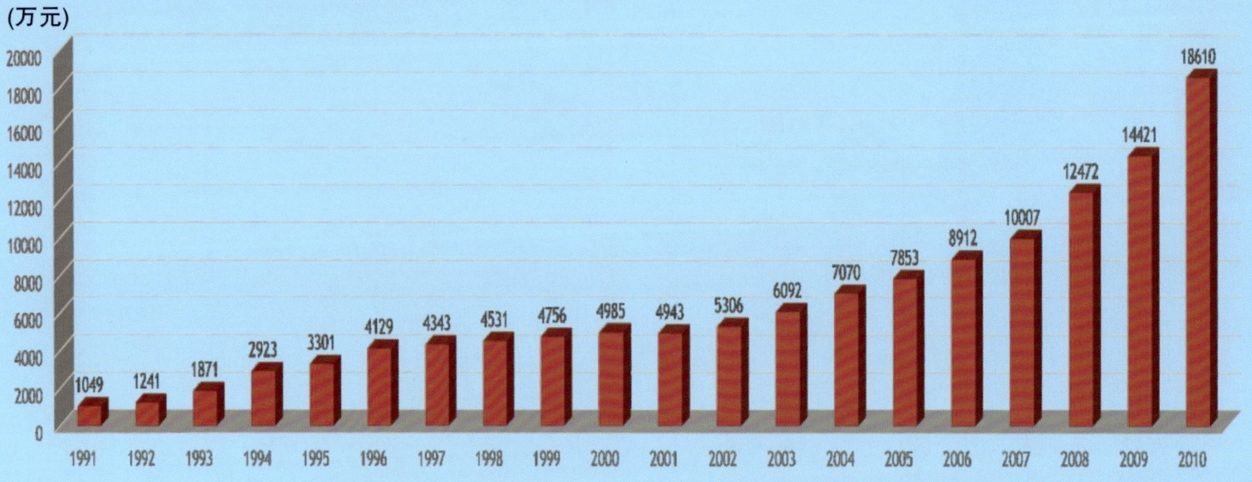

1991—2010年万宁市人均生产总值示意图

1991—2010年万宁市固定资产投资总额示意图

1991—2010年万宁市地方财政收支总额示意图

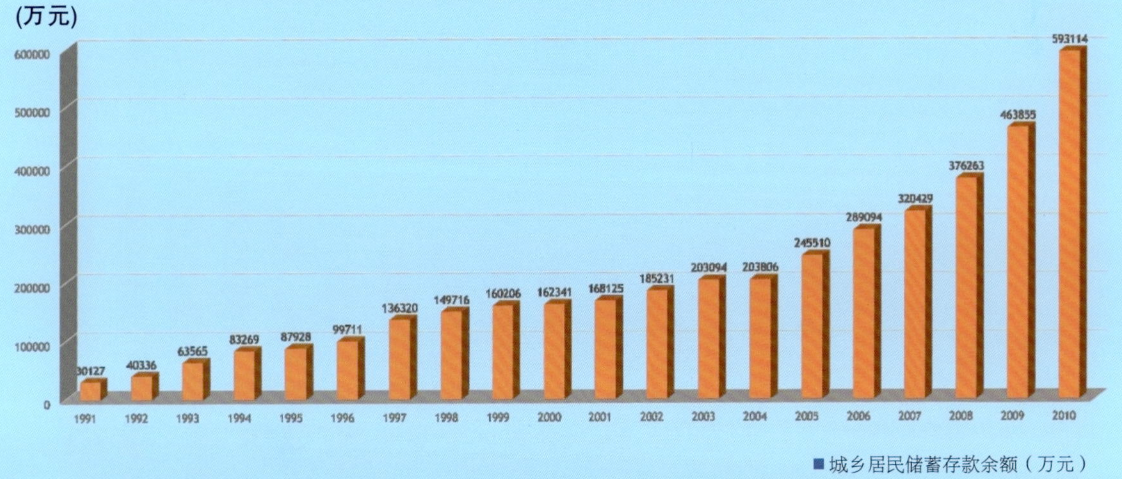

1991—2010年万宁市城乡居民储蓄存款余额示意图

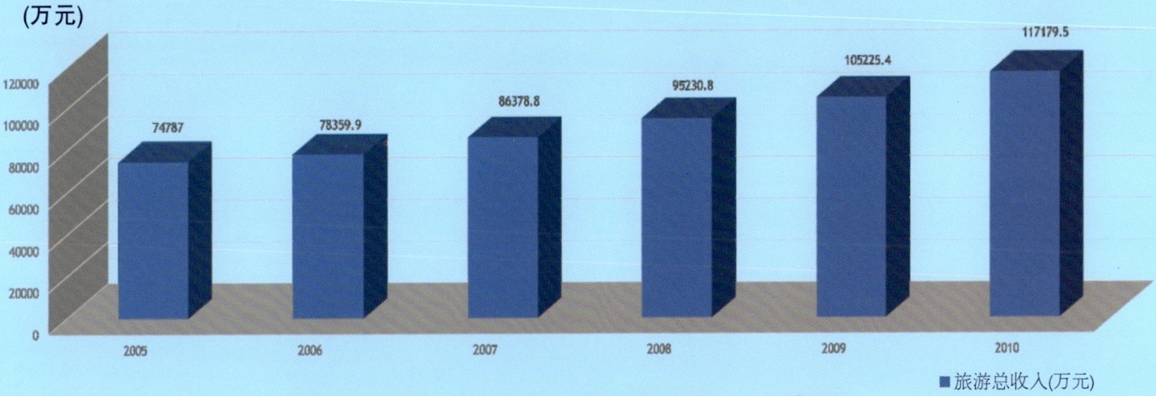

2005—2010年万宁市旅游总收入示意图

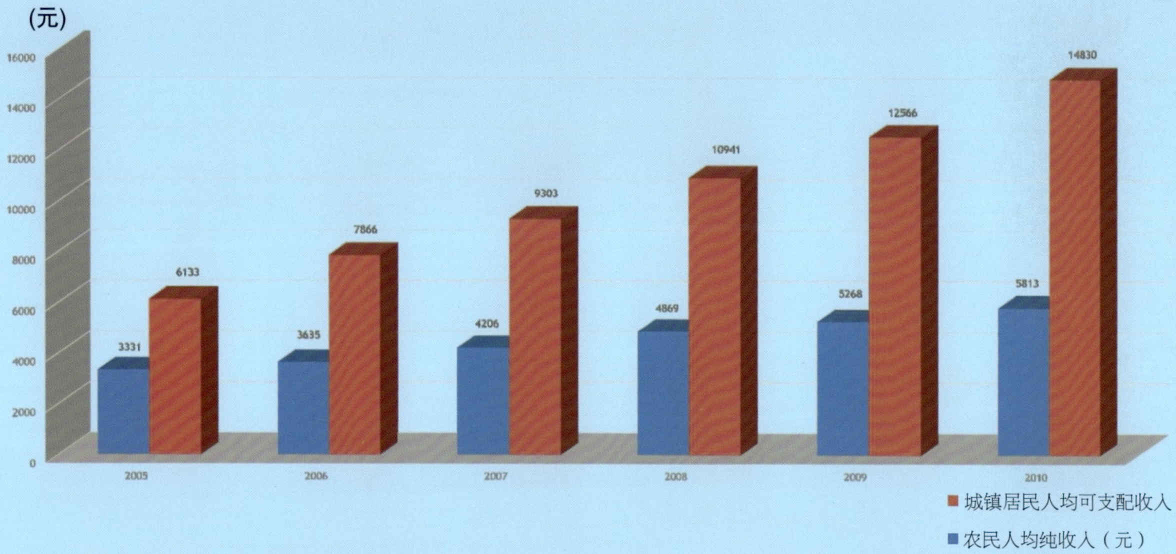

2005—2010年万宁市城镇居民人均可支配收入和农民人均纯收入示意图

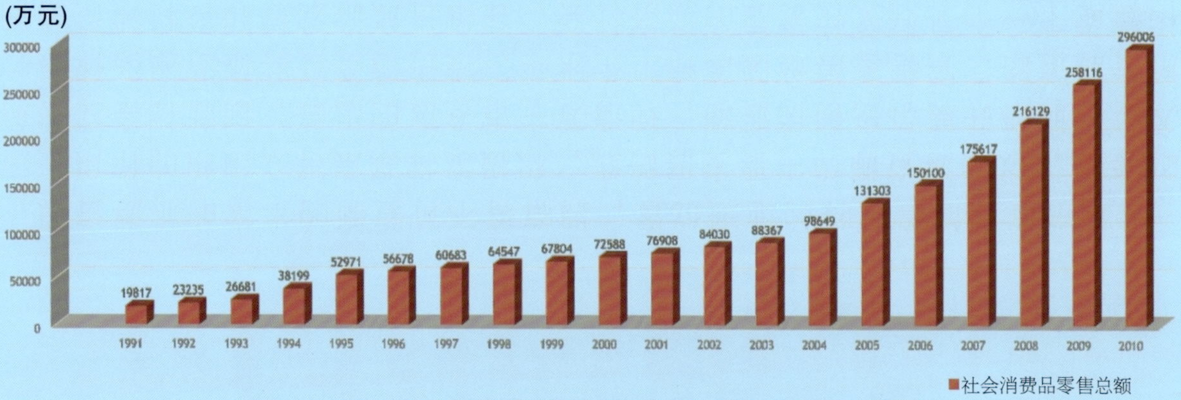

1991—2010年万宁市社会消费品零售总额示意图

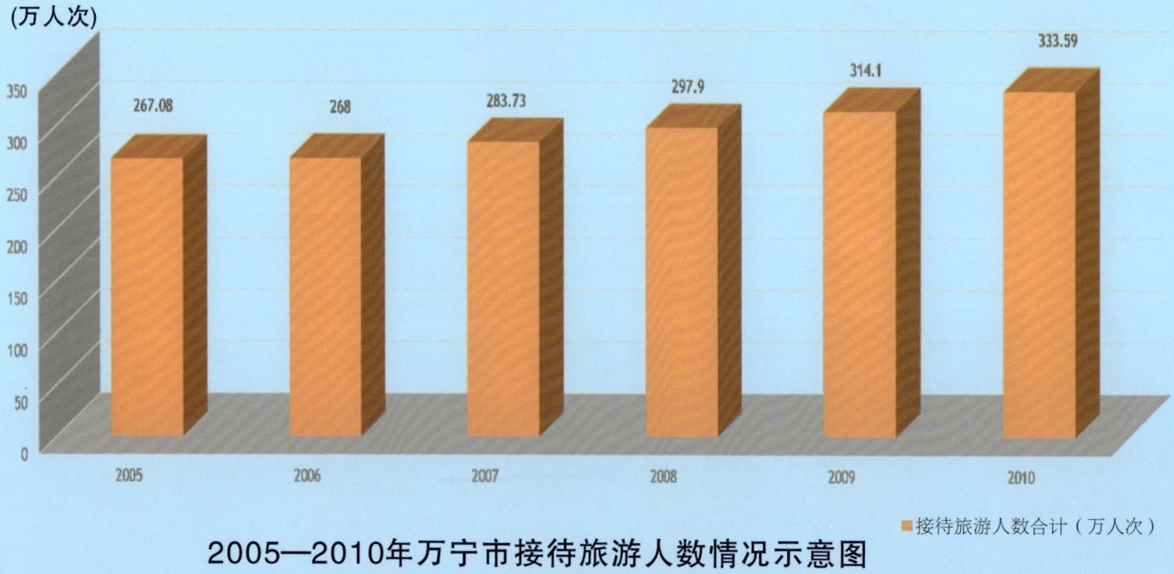

2005—2010年万宁市接待旅游人数情况示意图

经济发展

JINGJIFAZHAN

万宁市凭借着独特的地理位置，拥有着不可复制的丰富的旅游资源，20年来，以旅游资源为主要发展路线，积极发挥基层群众组织的作用，深入乡村调研开展争先创优活动，理清万宁市发展的思路，创新社会文化旅游发展道路、完善基层地区医疗卫生水平、推进健全公共旅游服务体系，构建成了一个又好又快发展的经济社会，在推进旅游发展和乡村建设的同时，着力发展现代农业，加快发展海洋产业，万宁地区的人民生活水平不断提高。

1996年万宁撤县设市庆祝大会现场（万宁市新闻办供图 1996年

槟榔加工厂有效地延伸万宁市槟榔产业链条，促进周边农村富余劳动力转产就业（卓琳植 摄 2008年）

海南口味王科技发展有限公司万宁后安基地（万宁市新闻办供图 2010年）

海南派成铝业科技有限公司是万宁市引进的首家发展绿色环保建材工业企业（杨师忠 摄 2010年）

槟榔基地（万宁市新闻办供图 1992年）

华润五丰东山羊养殖基地（万宁市新闻办供图 2010年）

喜摘咖啡（卓琳植 摄 2009年）

龙滚菠萝（陈循静 摄 2007年）

丰 收（万宁市新闻办供图 2008年）

港北港（万宁市新闻办供图 2007年）

海上养殖（李威良 摄 2009年）

渔业丰收（万宁市新闻办供图 2005年）

万宁首创奥特莱斯
（陈耘 摄 2010年）

兴隆老咖啡街（万宁市新闻办供图 2007年）

石梅山庄（万宁市新闻办供图 2007年）

城乡建设

CHENGXIANGJIANSHE

随着大批重点项目建设、旅游服务业和现代农业形成规模发展的良好态势，万宁市不断加大城镇基础设施投入力度，改善全市交通、市政、城乡生态等条件，改善投资环境，增强城市开发的综合能力和水平，为招商引资创造更好的有利条件，为推进全市经济社会持续稳定发展打好基础。

龙滚如画（韩保献 摄 2010年）

现代新城（万宁市新闻办供图 2007年）

万城夜景（万宁市新闻办供图 2009年）

万宁市人民医院（万宁市新闻办供图 2010年）

和乐龙舟小镇（杨师忠 摄 2008年）

兴隆旅游城（万宁市新闻办供图 2000年）

兴隆热带花园路（万宁市新闻办供图 2007年）

万城小学（卓琳植 摄 2010年）

万宁中学图书馆（杨师忠 摄 2010年）

兴隆侨乡驿站（万宁市新闻办供图 2009年）

兴隆公交站（万宁市新闻办供图 2009年）

万宁滨海旅游公路（温一敏 摄 2009年）

山根排溪村椰林渔舍（卓琳植 摄 2008年）

文通村（卓琳植 摄 2005年）

溪边村溪边会客厅一景（卓琳植 摄 2005年）

万宁北大镇美丽乡村竹埇村的田野走廊（万宁市新闻办供图 2010年

农家书屋（吴庆川 摄 2009年）

永范花海（杨师忠 摄 2009年）

旅游风光

LVYOUFENGGUANG

万宁市以奇山、异石、温泉、海滩、岛屿、河流、瀑布、珍惜植物、热带雨林等众多独具特点的旅游资源，成为享有盛名的休闲旅游胜地。市域内有日月湾海门游览区、东山岭旅游区、热带植物园、兴隆热带花园、奥特莱斯文化旅游区、兴隆温泉、东南亚风情村、牛岭、大洲岛、神州半岛、六连岭、石梅湾等多处旅游景区。

石梅湾游艇码头（万宁市新闻办提供）

大洲岛

大洲岛又称燕窝岛，在万宁市的东南，是海南岛沿海最大的岛屿之一。大洲岛由两岛三峰组成，面积大约4平方公里，最高峰289米；是我国唯一的金丝燕栖息地。岛上悬崖石洞扑朔迷离，海岛金丝燕就在阴暗狭窄的缝隙洞中成群造巢，其巢是唾液胶和种种材料构筑而成闻名中外的燕窝……在大洲岛的内湾，和风鼓浪、碧水泻玉，一条满弓状的银色沙滩将两山相连，涨潮时，海水切断沙滩贯通东西;西端出海口处怪石嶙峋、惊涛拍崖、浪奏海韵，宛如到了世外桃源，海上仙境。

海底珊瑚（万宁市新闻办供图 2000年）

大洲岛（杨师忠 摄 2010年）

东山岭山门（万宁市新闻办供图 2010年）

东山岭

东山岭风景区在万宁市东两公里处，因三峰并峙，形似笔架，历史上又叫笔架山，是海南开发较早的旅游景点之一。曾与五公祠、鹿回头、天涯海角、大小洞天等景点齐名，素有“海南第一山”之称。东山岭面积有10平方公里，海拔只有184米高的东山岭遍山都是奇石，“一线天”胜景之处的风动石，重达百余吨，能在海风的吹拂和人力的推摇下产生晃动。东山岭濒临南海，景色十分秀丽。岭上还有多处古迹和庙宇，均为省重点保护文物，其中东山岭摩崖石刻群、潮音寺尤为著名。

东山岭（陈少强　摄 1999年）

石梅湾游艇会（万宁市新闻办供图 2010年）

春园湾（万宁市新闻办供图 2007年）

石梅湾青皮林（王凯摄 2010年）

白水岭瀑布（韩保献 摄 1999年）

兴隆情侣瀑布（卓琳植 摄 2000年）

滨海旅游公路周边田园风光（万宁市新闻办供图 2001年）

湿地风光 （市委宣传部供图 2010年）

日月湾（万宁市新闻办供图 2008年）

太阳河风光（万宁市新闻办供图 2008年）

加井岛 （李幸璜 摄 2007年）

特色万宁

TESEWANNING

万宁山海相接，自然景观绚丽多姿，这里美食文化、长寿文化、书法文化、武术文化等人文图谱异彩纷呈。万宁人的长寿与美食分不开，在海南四大名菜中，万宁就占有两席——东山羊、和乐蟹。得天独厚的自然资源和深沉厚重的人文积淀赋予这座城市“万福骈臻、万家康宁”的无限美好形象。

民俗活动 （万宁市新闻办供图 2009年）

特产美食 Specialty food

万宁，被誉为世界长寿之乡，与它的饮食有着密切的联系。在海南四大名菜中，万宁就占有两席一东山羊、和乐蟹。其中港北对虾、后安鲻鱼与东山羊、和乐蟹被称为“万宁四珍”。有后安粉、和乐粽、猪肠粑、南瓜饼、东山烙饼、九层糕、东南亚特色小吃等七大特色著名小吃。另外，浓香醇和的兴隆咖啡早已享誉海内外。

东南亚风味美食（万宁市新闻办供图 2002年）

和乐蟹（万宁市新闻办供图 2001年）

香兰七层糕（梁崇海 摄 2005年）

白汁羊肉汤（梁崇海 摄 2005年）

咖哩鸡（梁崇海 摄 2005年）

槟榔花海鸭（梁崇海 摄 2005年）

东澳鹅（梁崇海 摄 2005年）

兴隆咖啡（卓琳植 摄 1994年）

成熟的咖啡豆（卓琳植 摄 2000年）

兴隆咖啡

兴隆咖啡是地理标志产品，特指生长在万宁市兴隆华侨农场及其周边的南桥镇、长丰镇、牛漏镇、三更罗镇、礼纪镇界定区域内的咖啡。素有“中国第一咖啡”的美称，浓而不苦，香而不烈，平顺柔滑”是兴隆咖啡的显著特点。兴隆咖啡因具有浓郁的芳香，一面世便受到广泛欢迎，半个多世纪以来，招待过许许多多党和国家领导人及国际友人，深受好评。

清蒸石斑鱼（梁崇海 摄 2005年）

马鲛鱼（梁崇海 摄 2005年）

后安粉汤（梁崇海 摄 2005年）

港北虾（梁崇海 摄 2005年）

和乐粽子（梁崇海 摄 2005年）

槟榔鲜果（万宁市新闻办供图 2003年）

民俗风情

Folk custom

万宁是一个多民族融合相处的地方，除汉族外，还有黎族、苗族等少数民族。“万宁民俗”是万宁民间文化的重要组成部分，万宁人吸收外来文化的能力很强，是外来民俗文化和本土民俗文化融合非常密切的一个地方，而且不同墟镇、村落又各具特色，用“十里不同风，百里不同俗”来形容万宁民俗是最贴切不过的。

万宁崇耕重教，民俗特色浓厚。在悠久的历史长河中，勤劳善良的万宁人民在“人与人”和“人与自然”相处的过程中，形成了一系列别具一格的民俗文化。其民风淳朴，代代相传，百姓遵循着各自的生活习俗繁衍生息，这些悠久的习俗，影响着一代又一代的万宁人，推动着万宁的发展和进步。

舞龙（卓琳植 摄 2003年）

撒 网（万宁市新闻办供图 1994年）

日月湾妈祖雕像（万宁市新闻办供图 2010年）

万城镇西门社区婆祖庙（卓琳植 摄 2004年）

兴隆东南亚风情舞蹈（卓琳植 摄 2007年）

日月湾渔民祭海（万宁市新闻办供图 1999年）

万城庙会（卓琳植 摄 2000年）

长寿之乡 Longevity of the township

百岁老人罗开明（104岁）吴美凤（105）夫妇
（万宁市新闻办供图 2010年）

万宁市常住人口为545597人（第六次人口普查数据），80岁以上老人占60岁以上老人的24.53%，比全国平均水平高10.53个百分点，根据人口普查数据显示，全市人口平均预期寿命为79.85岁，超过全国人口平均预期寿命5.02岁;全市65岁及以上老年人47521人，90岁及以上老年人1920人,100岁以上老年人179位，国际人口老龄化长寿化专家委员会授予万宁市“长寿之乡”称号。

五代同堂（万宁市新闻办供图 2009年）

天伦之乐（万宁市新闻办供图 2009年）

书法之乡 The calligraphy of the township

万宁历史悠久，源远流长，是海南四大古州之一。万宁的书法文化历史资源丰富，其中东山岭是海南最大的摩崖书法石刻群。万宁籍书法家有13人，许多书法家结集出书，传播书法文化。2010年全国有74个中国书法之乡，万宁的老百姓对书法艺术情有独钟，书法人才辈出。尤其是在“海南第一山”东山岭上，那些摩崖石刻就是天然的书法课堂、无言的老师，游客在这里欣赏书法，受到启迪。

书法课程（万宁市新闻办供图 2007年）

书法下乡活动（吴 鹏 摄 2007年）

北师大万宁附中书法课（万宁市新闻办供图　2010年）

人民公园书法表演（万宁市新闻办供图　2010年）

参观书法展（万宁市新闻办供图　2010年）

武术之乡 The country of martial arts

万宁武术源远流长，底蕴深厚，为防御海寇侵扰，保家卫国，沿海乡村常年组织强壮乡民，习武健身。武术活动在万宁民间长盛不衰，代代相传，人才辈出。武术文化已经深深植入万宁人民的血脉。如今的大刀、盾牌、鱼叉、长棍、双刀、桩头功、马仔功等武艺传承于民间，带动了武术在万宁的发展。1986年大茂镇周家庄村获得海南行政区体育委员会授予“武术之乡”的称号。

武术表演（卓琳植 摄 2009年）

文体赛事

WENTISAISHI

万宁市在加快经济开发建设的同时，不断加大推进先进文化、体育建设力度，引导和支持社会力量向文化集聚，推动文体事业的发展，有效提升了城乡人民群众生活质量和幸福指数，展现出文明城市浓郁文化氛围。

万宁市连年成功举办了国际冲浪赛、中华龙舟赛、全国海钓锦标赛、环岛自行车赛等一系列赛事和节庆活动，并借助各种文化活动打造新的万宁城市名片。

冲浪（吴庆川 摄 2010年）

自行车环岛比赛（万宁市新闻办供图　2010年）

龙舟赛（万宁市新闻办供图　2009年）

日月湾冲浪（万宁市新闻办供图　2000年）

2010年海南万宁国际冲浪节开幕（万宁市新闻办供图　2010年）

万宁市首届农民文艺调演文艺晚会在市人民公园举行（万宁市新闻办供图　2009年）

民间足球赛（吴 鹏 摄 2009年）

文物古迹

WENWUGUJI

2007年4月，开启为期五年的第三次全国文物普查工作。2008年3月24日，成立“万宁市第三次全国文物普查工作领导小组”，制订《万宁市第三次全国文物普查工作实施方案》。9月26日，万宁市文物普查工作开始，对万宁1500个村庄和18个墟镇进行调查，记录了不可移动文物138处，上报国家不可移动文物信息中心112处。其中，省级保护单位4处，即荆王太子墓、潮州会馆、青云塔、东山岭摩崖石刻群，市级保护单位45处。

海南第一山 （卓琳植 摄 1994年）

东山岭摩崖石刻群

东山岭摩崖石刻群分布在东山岭西侧，万州八景之一的东山岭“华封仙榻”区域。按史料记载，自宋到民国年代石刻有94处，由于年代久远，已风化和人为损坏，致20处石刻查找不到，现存石刻有宋1处、明代12处、清21处、民国28处、年代不详7处、近现代5处，共74处。东山岭摩崖石刻群是海南历史悠久、内容丰富、分布面积最大的一处石刻文化遗产，书法艺术之大集成，具有较高的历史、科学、艺术价值。1994年11月评定为省级文物保护单位。

东山岭摩崖石刻文化（万宁市新闻办供图 2001年）

万安书院

位于万宁市万城镇旧城区，占地面积3亩多，东临永福街，南向武澄街，西和州衙南门相邻，北通州衙朝阳门(东门)。1999年，万安书院被列为万宁市级文物保护单位。

万安书院旧址（卓琳植 摄 2004年）

潮州会馆

坐落在万城镇朝阳街，周边与民居相连。该建筑分前后两进房屋，中间有庭院。前后两进房屋，后进屋前原有一亭（现已拆毁）。前进是三门并列，门槛均以花岗岩雕琢件构成，高6米。石门框上有石匾浮雕刻有“潮州会馆”，后进房为三开间，有龙凤花草木刻浮雕，正厅木梁下刻有“大清乾隆三十四年岁次己丑秋月吉旦”字。1980年7月公布为县级文物保护单位，2009年5月18日评定为省级文物保护单位。

潮州会馆内的石碑
（万宁市新闻办供图 2001年）

潮州会馆（万宁市新闻办供图 2001年）

青云塔

青云塔位于万城镇联山村委会，坐落在四周为广阔肥沃田野中的山尾岭上，现保存的青云塔建于清道光十二年（1832），楼阁式砖构建筑，八角、七级、空心、高30米。1939年侵华日本军队炮轰青云塔第一层南侧一角被毁坏，加上历史上被多次雷击，塔顶及塔沿毁损严重。“青云塔”2009年5月被评定为省级文物保护单位。

青云塔（万宁市新闻办供图 1992年）

红色旅游圣地六连岭

万宁人民的革命斗争，在中国共产党的领导下，经历了土地革命、抗日战争和解放战争等重要的历史时期，以六连岭革命根据地为依托，坚持武装斗争，创造了二十三年红旗不倒的革命奇迹。在万宁这片热土上，多少英烈、中国共产党的优秀儿女，为了人民的解放事业，献出了自己宝贵的生命。他们的斗争事迹，惊天地、泣鬼神，青山埋忠骨，日月共同辉。

六连岭烈士纪念碑（市委宣传部供图）

六连岭革命根据地陈列馆（市委宣传部供图）

革命烈士陵园（万宁市新闻办供图 2009年）

李振亚烈士塑像（万宁市新闻办供图 2008年）

庄田将军塑像（卓琳植 摄 2007年）

序

市(县)之有志犹国之有史,作为域之重典,《万宁市志(1991—2010)》几经春秋,现付梓问世,实乃一方盛事,可喜可贺。

万宁历史悠久,源远流长。早在新石器时期,便有人类繁衍生息;万宁在汉代属珠崖郡紫贝县地;唐贞观五年(613),以平昌县拆置“万安县”,隶属琼州;龙朔二年(662),增设万安州;天宝元年(742),改州为郡;至德二年(757),改万安为“万全郡”。1137年,始设万宁县,县名沿用至今。自民主革命以来,万宁人民在中国共产党的领导下,抗暴御侮,英勇斗争,群英璀璨。进入改革开放新时期,万宁人民同心同德共建家园,经济蓬勃发展,社会和谐稳定,举县河清海晏,人民安居乐业。

万宁山川锦绣,物阜民丰,崇文重教,人杰地灵,历代文臣武将,艺匠商贾,不绝于书。万宁修志的传统古来有之。北宋熙宁年间(1068—1077),《万安军图经》开创万宁县修志先河;明万历年间(1573—1620),州人郑敦复撰《古宁野记》;清康熙、乾隆、嘉庆到道光年间,先后相继修纂《万州志》。历代志书尽叙历史沿革之要略,反映经济文化之盛衰,追记先贤英杰之功绩,留下了极为宝贵的历史文化遗产。万宁最近一部志书,是1994年出版的《万宁县志》,记述了从建县至1990年全县的经济建设和社会发展成就。时隔多年,万宁在改革开放的历史浪潮中奋发图强、艰苦创业,社会主义物质文明和精神文明的建设取得了前所未有的新成就。全县面貌变化之巨大,经济社会发展之迅速,前所未有,再次修志势在必行。为此,市委、市政府集各方之力,决定进行第二轮修志。

二轮修志仍续前志体例,用“述、记、志、传、图、表、录”之体裁,取“编、章、节”之架构,首为概述,次为大事记,后为专志,末为附录。全书以马克思列宁主义、毛泽东思想、邓小平理论、“三个代表”重要思想、科学发展观、习近平新时代中国特色社会主义思想为指导,以经济社会发展为主线,运用辩证唯物主义与历史唯物主义观点分析事物规律,把握发展脉络,记述1991—2010年间万宁县各行各业发生的巨大变化,既有宏观鸟瞰,一市(县)概况,尽收眼底;又有微观透视,沧桑变化,了然志中。一卷在手,犹如全市(县)在胸,主政者,可以之为镜,观兴废盛衰,知是非得失,把握未来发展方向;为民者,可以之为师,览家乡全貌,晓发展艰辛,珍惜今天幸福生活。其“存史、教化、资治”的意义和价值不可估量,是万宁社会主义文化建设的又一重大成果。

《万宁市志(1991—2010)》记载的二十年,是万宁历史上发展较快、活力较强、成就较显著的时期。纵贯万宁1991—2010年改革开放的历史,横陈自然、经济、政治、教育、文化、社会等各个方面的发展变化，展示万宁“长寿之乡”“咖啡之乡”“槟榔之乡”“温泉之乡”“书法之乡”“华侨之乡”“南药之乡”“佛教圣地”“高尔夫天堂”“美食之都”“中国冲浪圣地”的风采，再现万宁人民艰苦奋斗、求真务实的精神风貌，记述万宁从农业大市到旅游大市、从单一的农业经济到农、工、商、旅协调发展的历史性跨越。

20年间，在市委、市政府的正确领导下，万宁牢牢把握海南国际旅游岛建设上升为国家发展战略的重大历史机遇，坚持走科学发展、绿色崛起道路，扎实做好城市发展规划和产业发展规划，在困境中谋发展，在挑战中寻求机遇。盘点收获，可谓硕果累累：经济社会发展成绩骄人，综合经济实力显著提升，1991年与2010年相比，社会生产总值从5.14亿元增至97.45亿元，人均生产总值从1049元增至16056元，全社会固定资产投资从8061万元增至750659万元；城乡统筹发展不断深化，社会事业全面发展，各项民生工程圆满完成，人民生活水平不断提高，新时代的改革发展成果惠及全体万宁人民……过去的这二十年，是万宁不断跨越发展的二十年，也是万宁奋力争先的二十年，是万宁人民享受实惠最多的20年。

在市委、市政府的正确领导下，万宁史志办积极创新修志方式，统筹规划、组织协调全市之力，众手成书。为确保志书质量，市志编修人员做了大量深入细致的调查研究工作，通过各种渠道，查阅抄录，复印、购置、采访、考察、调查、测绘、照相、拓印、发信、座谈、通告、组织编写、专题征集、实地调查等，广泛搜集文字、实物、口述三方资料，进行综合分析，去粗取精，去伪存真，分类集纳，编纂成这本新市志。

在社会主义现代化建设新时期，市委、市政府正举全市之力，紧紧抓住全省“一带一路”“经济特区”、国际旅游岛和海南自由贸易区（港）的历史机遇，围绕“建设滨海花园城市、打造清新度假胜地”的目标，坚持实施“一带两区三组团”空间发展战略和“四轮驱动”产业发展战略，着力稳增长、促改革、调结构、惠民生，真抓实干，务实创新，与时俱进，用勤劳和智慧谱写万宁的历史新篇章。习近平总书记说过，历史是最好的教科书。李克强总理为方志事业题词：修志问道，以启未来。我们可以从志书里汲取开拓前进的智慧和力量。《万宁市志（1991—2010）》的出版发行将成为万宁对外宣传的新名片，为各界人士、海内外朋友了解万宁、走进万宁打开新窗口。

鉴古知今，继往开来。修志之意，旨在告慰前人，激励当代，启迪后世，造福桑梓。诚望全市党政机关和社会各界增强主动意识，把读志、传志和用志作为提升自身修养和提升工作水平的重要方式，继续关心和大力支持万宁的史志工作。全县广大的史志工作者要以更加饱满的热情、求真存实的作风，进一步做好万宁史志的编撰、管理、开发、利用工作，为弘扬万宁优秀传统文化、服务社会发展做出新的贡献。相信在全市干部群众的共同努力下，在编修下一部志书之时，万宁一定更加美丽，更加富裕，更加繁荣！

万宁市地方志编纂委员会

2020年6月

凡 例

一、本志以马克思列宁主义、毛泽东思想、邓小平理论、“三个代表”重要思想、科学发展观、习近平新时代中国特色社会主义思想为指导，坚持历史唯物主义和辩证唯物主义的立场、观点和方法，坚持实事求是、求真务实的编纂原则，全面系统地记述万宁市自然、政治、经济、文化和社会等的历史和现状，努力做到思想性、科学性和资料性统一，突出时代特征和地方特色。

二、本志系第一轮《万宁县志》的续志，上起1991年1月1日，下至2010年12月31日止。为保持事项记述的完整性，以及一些统计数字无法剥离等技术原因，部分内容酌情上溯或下延。

三、本志记述的地域范围为2010年万宁市行政区域。1996年万宁撤县设市，因此，本志中万宁在1996年8月前，称为“万宁县”，此后称为“万宁市”。

四、本志记述机构、单位等名称，在文中首次出现时使用全称，并加简称括注。

五、本志行文采用规范的现代语体文，记述体。文字按照2001年施行的《中华人民共和国国家通用语言文字法》规定，使用规范简化汉字。标点符号用法遵循2011年施行的《标点符号用法》(GB/T 15834-2011)的规定，数字用法遵循2011年施行的《出版物上数字用法》(GB/T 15835-2011)的规定，计量单位名称和符号使用遵循1993年发布的国家标准《量和单位》(GB 3100 ~ 3102-93)的规定。

六、本志的统计数据，以市统计部门正式公布的数据为准；统计部门没有的，使用主管部门提供的数据。

七、本志的纪年方式，在中华人民共和国成立前，采用历史纪年括注公元纪年的方式；中华人民共和国成立之后，一律采用公元纪年。

八、本志人物传坚持“生不立传”原则，收录本籍（含在外地活动的）各界知名人士，以及在万宁活动时间较长且有重大业绩的非万宁籍已故人物、正厅（师级）以上干部、正高知识分子、特殊津贴专家、国家级以上劳模、见义勇为人物、荣誉市民等。

九、本志所用资料，大部分来自市档案馆、统计局和各部委办局、部门、单位提供的资料稿，记述时一般不注明出处。

目录

第二编 自然环境

第三编 居 民

第四编 规划 建设

第五编 农 业

第六编 交通 邮政 通信

第七编 工业 商业 旅游业

第八编 开放 开发

第九编 财税 金融

第十编 综合经济管理

第十一编 中国共产党地方组织

第十二编 政权 政协

第十三编 民主党派 人民团体

第十四编 法治 军事

第十五编 人事 劳动 民政

第十六编 教育 科技

第十七编 卫 生

第十八编 文化 体育

第十九编 艺 文

第二十编 人 物

附 录

概　述

一

万宁市地处海南岛东南部，地理坐标为北纬18°35′20.10"~19°06′24.37"，东经110°00′30.16"~110°34′18.06"。东临南海，南与陵水黎族自治县接壤，西与琼中黎族苗族自治县交界，北与琼海市毗邻。南北长76千米，东西宽38千米，海岸线长191.5千米，南海沿岸线长109千米。土地总面积1883.5平方千米，其中陆地面积1809.5平方千米，水域面积74平方千米(内海面积55.33平方千米，海涂面积773.33平方千米不包括在内)。距省会海口139千米，东环城际快速铁路、东线高速公路海榆东干线、223国道经过境内。

万宁市属热带季风海洋性气候，热量丰富，光照充足，雨量充沛，适宜多种作物生长，但干湿季分明，台风暴雨多发。年太阳总辐射量为104.25~121.46千卡/平方厘米，平均年日照1958.1小时，最长年日照时数为2299.5小时，出现在2003年；最短年日照时数为1696.2小时，出现在1996年。风向以偏南风和偏北风居多，风速年平均2.32米/秒，极端最大风速为30.9米/秒，出现在2005年台风"达维"影响期间。年均温度为24.4℃，极端最低温度为8℃，出现在1993年1月29日；极端最高温为37.1℃，出现在2005年7月20日。年降雨量为1646.6~2691.3毫米，降雨量分布不均匀，连续过程降雨量最大为1840.9毫米，出现在2010年9月25日至10月19日。

境内地势西高东低，从西北向东南倾斜，地貌类型依次分布有中山、低山、高丘、低丘、台地、河积海积阶地平原等六种类型。境内土壤有7个土类，38个土属，83个土种。天然植被主要有热带雨林、常绿季雨林、稀树灌丛、旱灌木草本群落、沙生刺灌丛和红树林等类型；天然树种有母生、青皮、陆均松、油丹、坡垒等；珍稀药用植物有见血封喉、红壳松、大血树、大枫子、巴豆等。万宁市境内矿产资源丰富，已发现的金属、非金属和油气矿产共11种。其中，钛矿的储量最为丰富，贮藏量约1557万吨，占海南省钛矿资源总储量的70%以上，占全国总贮量30%以上，集中分布于海岸线一带及沿海平原，被称为"钛矿之乡"。万宁境内河流众多，水资源丰富，全市较大的河流有太阳河、龙滚河、龙首河和龙尾河等4条河流，还有单独出海的小溪18条，总集雨面积1858平方公里，平均径流量19.45亿立方米，地下水蕴藏量9.77亿立方米，可开采量4.07亿立方米。海岸线上有大小港湾14处，浅海区(0~2米)海域面积50多平方千米，其中山钦、前鞍、春园、乌场、保定、南荣、南燕、石梅和日月海湾是海滨避寒、度假、冬泳、冲浪不可多得的胜地；有大小岛屿16座，岸线长23千米，面积5.3平方千米，其中有开发价值的5座，位置由北至南分别是白鞍岛、甘蔗岛、大洲岛、洲仔岛、加井岛；其中大洲岛为海南沿海最大的岛屿，著名的金丝燕燕窝就产自这里；有港北小海和老爷海两大潟湖，其中港北小海为中国最大潟湖内海；万宁鱼类资源丰富，主要的经济鱼类100多种，年可捕量达20多万吨。

2010年末，万宁市共辖12个建制镇（万城镇、龙滚镇、山根镇、和乐镇、后安镇、北大镇、大茂镇、长丰镇、东澳镇、礼纪镇、南桥镇、三更罗镇）、1个旅游经济区（兴隆华侨旅游经济区）、5个国营农林场（兴隆华侨农场、新中农场、东和农场、东兴农场、六连林场）。常住人口为545597人（第六次人口普查数据），其中，汉族人口458018人，少数民族人口87579人；城镇人口为222058人，占总人口的40.7%；农村人口为323539人，占总人口的59.3%。共有家庭户155939户，平均每个家庭户的人口为3.61人。男性人口为292045人，女性人口为253552人，人口性别比为115.18。1～14岁人口10.94万人，占全市总人口的20.06%（少年儿童人口系数）；15～64岁人口38.96万人，占总人口的71.41%；65岁及以上人口4.65万人，占总人口的8.53%；人口老龄化进程加快。万宁市是著名的华侨之乡，建有中国最大的华侨农场——兴隆华侨农场，截至2010年，兴隆常住人口约3万人，包括来自21个国家和地区的归国华侨1万多人。

二

1991—2010年，万宁发挥自然资源优势，深化改革，扩大开放，国民经济和各项社会事业蓬勃发展。1991年，万宁县社会生产总值5.14亿元（不含农垦），人均生产总值1049元；全社会固定资产投资8061万元；地方财政收入1507万元。2000年，万宁市社会生产总值达到28.01亿元（不含农垦），比1991年增加22.87亿元；人均生产总值达到5082元，比1991年增加4033元；全社会固定资产投资68657万元，比1991年增加60596万元；地方财政收入11088万元，比1991年增加9581万元。2010年，全市完成生产总值97.45亿元（不含农垦），比2000年增加69.44亿元；人均生产总值16056元，比2000年增加10974元；全社会固定资产投资750659万元，比2000年增加682002万元；地方财政收入286854万元，比2000年增加275766万元。

万宁市为热带季风气候，常年高温，适合热作植物的生长，主要种植的农作物为水稻、菠萝、热带瓜菜等。1991年，万宁县的农业生产相对分散，产业结构也比较单一，粮食为主要的农业产品。当年农林牧渔业总产值39791万元（以当年现价计算），其中农业总产值12898万元，林业总产值7994万元，牧业总产值9202万元，渔业总产值5496万元。1995年，进行农业产业结构调整，创办了九大农业生产基地，即万亩菠萝、万亩椰子、万亩胡椒、万亩蔬菜、万亩水果、万亩对虾养殖、万亩淡水养殖、万头猪场、百万只肉鸡养殖基地；同年，全县（不含农垦）生产总值达到102650万元。截至2010年，农林牧渔业总产值增至395480万元，其中农业总产值168721万元，林业总产值45763万元，牧业总产值85222万元，渔业总产值86137万元。

1991—2010年，工业规模、总产值等不断增长。1991年，万宁县工业行业较为单一，主要以采矿为主，共有国营、集体、私营等工业企业1017家，工业总产值10165万元，其中，全县乡镇以上工业产值4.1亿元，占县工农业产值的42.7%。2000年，万宁市工业通过国企改制，逐步实现持续、快速、健康发展，形成以木材加工、采矿业为主的工业行业，工业总产值增至114099万元，比1991年增加103934万元。2010年，全市共有工业企业1737家，其中规模以上企业26家（含国有工业企业3家），工业增加值7.29亿元，其中：规模以上工业增加值2.63亿元，规模以下工业增加值4.66亿元，实现工业总产值222978万元，其中，规模以上工业总产值86762万元。

万宁以奇山、异石、温泉、热带海滩、岛屿、河流、瀑布、热带雨林等旅游资源闻名于世，成为享有盛名的休闲旅游胜地。境内有东山岭旅游区（AAAA级风景区）、热带植物园（AAAA级风景区）、兴隆热带花园（AAAA级风景区）、兴隆温泉、东南亚风情村、牛岭、大洲岛、神州半岛、六连岭、石梅湾等自然景区，还有六连岭烈士陵园、万宁革命烈士陵园、李振亚纪念园、阎克林等四位革命烈士纪念碑、盐涛和港“一二〇”惨案纪念碑、月塘村“三二一”惨案纪念碑、庄田纪念馆、唐惠洽将军纪念亭等爱国主义教育基地。1991年，共接待国内外游客19.6万人次，其中，国外旅游者4.8万人次，创汇334万元。2000年，全年接待旅游人数达160万人次，旅游总收入达1.93亿元。2010年，全年全市共接待旅游过夜人数333.6万人次，其中，星级酒店接待境外过夜人数3.69万人次；旅游业总收入11.73亿元，旅游业总收入占地区生产总值的13.2%。

商贸服务行业逐步完善。1991年，万宁地区烟花爆竹经营额约为17万元；同年，在和乐、南林、东兴场社毗邻地区进行烟草设点批发，当年销售额达1897万元。有基层供销社、蔬菜水果副食品公司、副食门市部24家；全县供销社系统农资门店共有38间，年销售化肥11255吨，农药112吨；私营个体商业户100家，其中外资企业5家，个体户1家；农贸市场12家，加油站4家，粮所17家，粮食公司2家，仓库62座。同年，出口总额350万美元，进口总额45万美元。至2010年，烟花爆竹经营额达925万元；全年销售卷烟25354.22箱，销售额47547.93万元。由基层供销社改造的农村日用品超市9家。2010年，市供销社系统农资门店20间，年销售化肥10290吨，农药715吨，有农资连锁加盟店9个；瓜菜运输销售量达22500万吨。有民营商业7581家，其中个体户6567家。市内共有农贸市场25家，年均交易额达55112万元以上。市内共有加油站33家、粮情监测站6个、仓库8座、星级宾馆酒店41家（其中五星级1家，四星级11家，三星级24家，二星级5家）、农家乐16家。2010年，进口总额达901万美元，出口总额达71.5万美元。

三

1991年，万宁的邮电业务总额324万元，电话装机总量2000部。邮政方面，18个邮电支局所全部实现自办邮路，农村邮路点总长达到1560公里；电信方面，开通了长途自动交换设备，万宁县长途交换通信进入全国自动大网；开通了兴隆1000门程控电话，增开长途十二路载波机两部，增加长途业务电路6条，增开三路特高频三套。1997年10月2日，邮电实行分营，分为万宁市邮政局和万宁市电信局（属于存续公司），各自独立运作，万宁市邮政局经营邮政业务，万宁市电信局经营电信业务，当年电信业务总量为5876万元。2000年，全市邮政支局系统、电子汇兑系统上线，实现邮政业务网上操作，函件业务量快速下降，仅占邮政总收入的7%；全市电信业务量为3973万元，业务收入4466万元，固话装机量（含市农话）8971户。2008年，中国邮政储蓄银行万宁市支行成立，当年储蓄余额103906万元。2010年，邮政业务收入2832万元，邮政储蓄余额111190万元；电信业务收入6656万元，固话发展（含市农话）占融合套餐的50.6%。

1991年，万宁县有海榆东线（G223）k138～k227路段国道1条，全长106.70千米；牛营线省道一条，全长25.3千米；有14条县道。同年，万宁公路运输客运量为1670万人，旅客周转量38795万人/千米，货运量417万吨，货物周转量25190万吨/千米。万宁没有内河运输和海上运输。1993年开始，港北渡口开始运营，主要为客运，当年客运量为36万元，游客周转量18万人/千米。2000年后，政府加大对整改（兴建）道路的投入，同年，公路运输量与1991年相比，客运量增长77.9%，旅客周转量增长129.6%，货运量增长160%，货物周转量增长156%；港北渡口水路运输客运量与1993年持平。2002年，省交通厅将万宁境内的省道路段由砂土路面改造为水泥混凝土路面，水沟同时改建为硬化水沟，山区公路的排水系统第一次实现了硬化水沟。2007年，省交通厅对国道223线万宁路段进行全线改造（改建），按三级公路国家设计标准实施工程改建，路面实现水泥路面、沥青混凝土路面，排水沟实现水泥硬化。至2009年，万宁境内的县道除后麻线、海六线、东岭线外，基本全部实现水泥混凝土和沥青混凝土路面，水沟全部实现硬化。截至2010年，万宁市公路里程共计285.01千米，其中国道1条，全程106千米；省道1条，全程24.97千米；县道14条，共计96.22公里；桥梁90座，其中大桥4座，中桥16座，小桥70座，涵洞416道；同年，公路客运量为7397万人，旅客周转量250032万人千米，货运量2826万吨，货物周转量275942万吨千米，与2000年相比，分别增长149%、236%、196%、327%；港北渡口运输客运量45.6万人，游客周转量22.8万人千米；2010年12月31日，海南东环高铁正式对外营运，万宁段管辖线路总长66.9千米，北起琼海市与万宁市交界口k158+000m，南至k224+900m与陵水县相接，预计正常运营后万宁高铁站每天的客流量约为2500人次；至年底，有公交线路3条（城乡公交2条，城区公交1条），公交车34辆。

万宁电力部门与中国南方电网公司通力合作，结束了分散、零星、粗放的供电状态，形成境内供电网络的统一管理体系，实现“户户通电”，城乡用电同网同价。1991年，万宁县有35千伏及以下的高压线路643.7千米，低压线路96.5千米，全县年供电量2799万千瓦时。1993年，建成东星35千伏变电站和万宁—东星35千伏输电线路。2010年，万宁供电辖区内共有变电站16座，其中，220千伏变电站2座，主变4台；110千伏变电站6座，主变9台，变电容量31.45兆伏安；35千伏变电站8座，主变11台，变电容量79.85兆伏安；10千伏开闭所3座。管辖110千伏输电线路9条，长度202.84千米；35千伏输电线路28条，长度111.86千米；10千伏线路159条，长度2442.6千米。全市有配电变压器2590台，其中：公用变压器1502台，容量142.765兆伏安；专用变压器1088台，容量144.525兆伏安。

1991年，万宁县有中国农业银行股份有限公司万宁县支行、中国工商银行万宁支行、中国人民建设银行海南省万宁支行等国有商业银行机构，同年全市各项存款余额共计3.18亿元，各项贷款余额3.82亿元。1999年7月19日，中国银行万宁支行成立。2002年，全市年末银行机构存款余额21.01亿元，其中，企业存款余额1.79亿元，城乡居民储蓄存款余额19.22亿元；年末银行机构贷款余额9.3亿元，其中，短期贷款66061万元，中长期贷款26979万元。2010年，全市金融机构各项存款余额112.67亿元，其中，城乡居民储蓄存款余额59.52亿元；全市金融机构各项贷款余额19.44亿元，其中，中长期贷款6.93亿元，短期贷款12.51亿元。

四

万宁市开展多层次、多角度、全方位的教研教改活动，针对教育改革与发展的重点和难点，以"三个一"（小一、初一、高一）为突破点，开展教改实验，大力推广先进的教育科研成果。发展民办教育，保证当地适龄儿童的入学率；不断优化课堂教学，提高教学质量，改善教室校舍环境，加强教师队伍建设，万宁市教育水平逐步得到提升。1991年，万宁县有县机关幼儿园一所，入园幼儿485人，幼师36人。全县共有小学260所，其中完全小学203所，初级小学57所（教学点12个），在校小学生共计57885人。有完全中学4所、初级中学16所、职业中学1所（原环城中学），在校初中学生13539人，初中专任教师606人；在校高中生3394人，高中专任教师124人。有民办学校一所（私立观德初中），在校初中生100多人；成人中等学校一所（万宁县卫生学校），在校学生400多人。2004年，市政府对全县教育布局进行调整，至2005年，全市小学177所，教学点15个，民办观德初中停办，学生由万城地区中学接收；新梅初级中学停办，并入礼纪中学；港北中学停办，并入大同中学。2008年，再次对教育布局进行大幅度调整。至2010年，万宁市有市机关幼儿园1所、民办幼儿园30所、集体办的幼儿园1所、其他部门办的幼儿园1所，全市在园幼儿5805人；共有小学120所（含6所九年一贯制学校及思源学校），在校小学生37543人，民办学校8所，在校学生5488人；全市中学共计26所（含九年一贯制初中部及民办中学），在校初中学生20784人；完全中学7所，在校高中学生7320人；高中职业中学1所（万宁市职业技术学校），在校学生1720人。

以建设农业科技“110”示范基地，积极促进全市科技与农业生产有机结合；加强科普宣传工作，结合科技宣传周、宣传月活动，从多角度展示科技成果，形成学科学、爱科学、讲科学、用科学的社会风尚；以农民培训工程为龙头，结合实施农村劳动力转移培训阳光工程，紧密结合当地的主导产业和生产特点。截至2010年，万宁市共建设农业科技“110”示范基地17个，建成市农业科技“110”服务站19个，其中，省级龙头服务站2个，省级标准服务站17个，各镇各部门共组织农业科技110技术服务队22支，深入农村和社区开展科技宣传2000余次，科技人员进村入户宣传1500人次，展示各类成果20项，发放各类科技宣传资料15万册（份）。全市共举办各类无公害瓜菜、经济类动植物养殖等技术培训班1500期，培训农民群众13.5万人次，免费发放科技图书和有关资料18万份，科技光盘3万张；结合科技宣传月、宣传周，共在全市各镇举办大型科技咨询服务活动28场，田间地头技术指导20

次，邀请农技专家现场为农民群众提供咨询服务并解决生产过程遇到的难题180场，义务科技咨询3万人次，受益农民达4万人次。

积极推进基层文化建设，弘扬传统节日文化，组织开展广场文化活动，繁荣文化市场。1991年，有市图书馆一座，建筑面积2008平方米，藏书量6.8万册；18个镇均配有文化站1间，并设置图书室、广播室、投影室、篮（排）球场、剧场、宣传橱窗、农民业余学校等设施。1999年，万宁市政府公布第二批市级文物保护单位28处，其中古遗址8处。2002年，开展征集民间私藏文物活动，收集了万城镇乌场村农民收藏的80年代出土青铜器5件、青花瓷器2件、玉器1件；长丰镇黄山村农民收藏的新石器1件，这些文物对研究中国古代海南文化具有重要的意义。2006—2007年10月，为编制《海南古代碑碣铭额》万宁卷，拓印石刻、匾和碑93件。2008年，有古迹地19处、古墓葬11处、古建筑22处、石刻8处、近现代故居52处。截至2010年，市博物馆珍藏文物127件，石刻拓片93件，残铜钱10多千克。万宁还有东山岭摩崖石刻、后安巨型文灯、合山巨型风筝、西门舞龙、牛市、后安刀、港北传统煮盐技术、大茂竹器编织技术、石梅海门祭海、龙滚军坡、钱铃双刀舞等非物质文化遗产项目有待挖掘；同年，曾亚运的诗词《游动哨》《边陲黄昏》登载在2010年《中国诗词年鉴》；林道飞的中国画《迎春图》登载在《中国企业报》；陈鸿诚的书法作品获2010年全国第三届“康有为奖”书法大赛优秀奖；林道飞的“绿瓦、桃花”对联获全国新农村楹联书法大赛优秀奖；林斯兴获得2010年第七届全国教师毛笔字书法大赛二等奖。

万宁市群众体育活动蓬勃发展。1991年，全县共有大运动场7个，小运动场24个，有固定看台灯光球场5个，天然游泳场3个，室外游泳池3个（其中1个有固定看台），足球场68个，篮球场323个，排球场158个。至2010年，共有田径场8个，小运动场22个，羽毛球房1个，乒乓球房（馆）13个，篮(排)球场290个，羽毛球场（馆）1个，全民健身路径41件；室内体育场4个，室外体育场地443个；观众席位10156个，全市人均体育场地面积0.9平方米。1991—2010年，共向省级以上体育单位输送了385名运动员，为海南省运动队输送优秀体育后备人才63名。女运动员陈丽获得2008年亚洲俱乐部举重锦标赛成年组53公斤级1枚金牌、2枚银牌，青年组53公斤级3枚银牌。

1991年，万宁县有卫生医疗机构93个（不包含村卫生室），病床位1268张，有卫生技术人员1924人。2010年，全市有卫生机构115个（不包含村卫生室），其中：市级公立医疗预防保健及卫生监督机构有市人民医院、市中医院、市疾病预防控制中心、市妇幼保健院、市皮肤性病防治所、市结核病防治所和市卫生监督所等7个；镇卫生院18个、国营（华侨）农场医院6个、民营医院1个、社区卫生服务中心（站）7个、诊所（卫生所、医务室）74个，其他5个；有卫生技术人员1626人；全市202个行政村共设有326个村卫生室，实现村卫生室100%覆盖。

1991—2010年，万宁在政治、经济、文化、社会事业上取得了可喜的成就，万宁人民在新的发展机遇和挑战面前，大胆探索，锐意进取，加快调整经济结构，转变经济增长方式，增强自主创新能力，全面拓展发展空间，取得了可喜的成就。1991—2010年，是万宁深化改革、扩大开放的20年，更是万宁历史上发展最快、变化最大、人民享受实惠最多的20年。

大事记

1991年

1月 全国最大的香草兰生产基地由华南热带作物研究所兴隆试验站与海南香料日用化学工业公司合作在万宁建成。同年，种植了第一期香草兰，种植面积200亩。

4月22—24日 万宁县第九届人民代表大会第二次会议在万城召开。到会代表263人，列席人员178人。大会听取和审议了人大常委会和一府两院的工作报告，并通过相关报告的决议。补选许寿年为第九届人民代表大会常务委员会主任。

8月中旬 兴隆温泉旅游大道建成通车。

9月1日 兴隆华侨农场举行建场40周年庆祝活动，召开庆祝大会，举办场史展览，出版纪念册，向30年以上工龄的1600名归侨职工颁发纪念章。

11月 海南新能源股份有限公司和万宁县人民政府签订《万宁县石梅湾旅游开发区合同》，计划投资开发石梅湾旅游度假区。

12月29—30日 万宁县举行"建县1360周年"的庆祝活动。各级领导干部、万宁籍港澳台同胞、华侨、各界群众等5万多人参加各种庆典活动。在此期间，召开庆祝大会，举办文艺晚会，开展万人游灯和赛龙舟等文体活动。这是万宁历史上规模较大的一次庆典活动。

1992年

4月6日 海南省政府对投资有功的万宁籍新加坡侨胞李诚燕、马来西亚侨胞祝清坤授予"爱琼赤子"称号。

4月25日 广州军区原副司令员、第五届全国政协常委、广东省原副省长、广东省第五届人大常委会原副主任庄田(万宁籍)因病医治无效，在广州逝世，享年86岁。

5月12日 万宁县委发出《关于印发〈万宁县党政机关工作目标责任制管理方案〉的通知》，对党政机关工作实行责任制管理。

6月3日 万宁县人民政府制订《万宁县海域使用管理暂行办法》，明确规定，海域使用实行许可证制度。

6月29日 万宁县人大常委会批准《关于统一规划，成片开发石梅湾、南燕湾旅游区的决定》。

7月5日 海南中诚(集团)公司投资1.2亿元的万宁县春园湾旅游度假中心动工兴建。

8月8日 琼崖纵队副司令员李振亚的铜像揭幕仪式在牛漏镇李振亚纪念园举行，海南省党政军领导人，省老干部代表以及当地干部群众共1000多人参加。

9月1日 经海南省人民政府批准，万宁县补录42个管区，148个村庄为革命老根据地村庄。

10月8日 海南渝宁橡胶厂在东星工业区建成投产，投资额达1340万元。

10月上旬 万宁首家煤气站——海南万州煤气工业有限公司万州煤气站建成供气。

10月中旬 兴隆庄力咖啡食品有限公司研制的“庄力咖啡”参加“92中国旅游购物节”旅游商品评比，荣获“大马”金奖。

12月 由马来西亚侨胞祝清坤捐款50万元建设的后安镇清坤小学落成。省长刘剑锋、副省长王学萍等领导出席剪彩仪式。

12月 兴建万宁县广播电视局大楼，同时开设有线电视业务。

是年 以黄桂春为首的马来西亚、新加坡和香港商人投资开发的万城万隆华侨新街动工兴建。

是年 万宁县农业局大面积推广乙烯菠萝催生技术，获国家农牧渔业丰收三等奖。

是年 万宁县18个乡镇和6个国营农场实现程控电话，从此结束了手摇电话的历史。

1993年

2月25—27日 万宁县第八次党代会在万城召开，出席大会代表269人。大会审议通过了林玉权代表中共万宁县第七届委员会所做的工作报告；选举产生了中共万宁县第八届委员会和新的县纪律检查委员会，中共万宁县第八届委员会委员25人，候补委员3人。

3月8—11日 万宁县第十届人民代表大会第一次会议在万城召开。到会代表293人，列席人员178人。大会听取和审议了人大常委会和一府两院的工作报告，并通过相关报告的决议。选举许寿年为万宁县第十届人民代表大会常务委员会主任。

4月15—17日 中共中央总书记、国家主席、中央军委主席江泽民到万宁视察工作。在此期间，看望兴隆华侨农场归侨职工，并与万宁县四套班子领导成员合影留念。

4月20—24日 万宁县政协六届一次会议在万城召开，出席委员126人。会议听取并审议五届委员会工作报告和五届委员提案工作报告。会议通过有关决议，选举产生政协万宁县第六届委员会主席、副主席和常委委员。

6月23日 万宁县成立农村奔小康领导小组，组织奔小康工作队奔赴农村，开展农村奔小康工作。

7月1日 万宁县党政综合办公大楼落成，共9层，建筑面积8200平方米。同日，县直党政机关迁党政综合办公大楼办公。同日，万宁县纪委、监察局合署办公。

8月14日 万宁县首次把竞争机制引入教育系统，在公开选聘万城镇中学校长工作中，全县共有8名教师参加竞选。

8月16日 《万宁县旅游业管理暂行规定》公布实施。

9月29日 万宁县委、县政府颁布《关于实行政务公开的若干规定》。

9月30日 经国家旅游局批准，万宁兴隆康乐大酒店定为“四星级酒店”，这是万宁境内第一家“四星级酒店”。

10月18—22日 万宁县连续大降暴雨，造成部分地区出现严重涝害，全县经济损失4000多万元。

10月29日 万宁县作为海南省第一个将竞争机制引入卫生系统的市县，在万宁县人民医院进行了首次公开选聘院长工作。

1994年

1月上旬 海南绿宝农业开发有限公司投资450万美元，在东星工业开发区动工兴建绿藻厂。同年投产，产品全部出口。

1月15日 万城人民街建成通车。该街全长1公里，宽36米，总投资1600万元。

3月中旬 神州半岛旅游开发区专线公路——万城至神州半岛公路动工兴建。公路长13公里，宽12米，起点为万城高劳芳田。

4月9日 万宁县人民政府制定的《万宁县劳动用工、工资制度改革实施方案》出台。

7月22日 《万宁县旅游业发展规划》在北京通过评审。该《规划》分为近期初创、中期发展、远期发展三个阶段。

8月18日 庄田将军纪念馆揭幕仪式在万宁革命烈士陵园隆重举行。省领导陈玉益、王越丰、海南军区司令员肖旭初，琼纵老战士代表、广东省第四、第五届政协副主席黄康，万宁县委书记、县长林玉权，庄田夫人祝平及各界人士代表共300多人参加揭幕仪式。

9月30日 万宁县人民政府在第二次全国民族团结进步表彰大会上，被授予“全国民族团结进步先进集体”称号。

10月31日 万宁县在新中国成立后的第一部综合性地方志书——《万宁县志》出版，首发式在万城举行。

11月4—5日 马来西亚万宁同乡会第三届嘉华年会在万宁举行。马来西亚拿督祝清坤先生等马来西亚万宁籍侨胞和万宁县党政领导及各界人士400多人参加会议。

是年 兴隆温泉旅游区投资400余万元，兴建日处理能力6000吨的污水处理厂竣工并投入使用。

1995年

2月中旬 万宁县重点基础建设项目——万州大道建成通车。项目由海南万州金府潭开发建设总公司投资2500万元兴建，全长2公里，宽50米。

5月1日 海南省首列豪华环线旅游列车“中农信”号在兴隆温泉旅游区正式开通运行。

5月5日 万宁县重点旅游体育项目——南燕湾高尔夫球场动工。

7月下旬 和乐镇和乐大道动工建设，全长2公里，宽22米。

11月24日 万宁县机构改革工作正式启动，机构改革后，县委设立工作部门6个，县政府设立工作部门26个。

1996年

1月31日 “中诚杯”全国帆板锦标赛暨26届亚特兰大奥运选拔赛在万宁县春园湾旅游度假村开幕，来自全国15个代表队参加4大项目的角逐，这是万宁县第一次举办全国性的大型体育比赛。

3月8日 万宁兴隆温泉旅游城管理委员会成立。

3月31日 中共中央政治局常委、书记处书记胡锦涛视察万宁，参观龙滚菠萝生产基地。

4月1日 万宁县人民武装部由地方建制改为军队建制，改称中国人民解放军万宁县人民武装部。

8月5日 经国务院批准，撤销万宁县，设立万宁市（县级），以原万宁县的行政区域为万宁市的行政区域。

8月27日 万宁举行撤县设市挂牌仪式。海南省领导阮崇武、杜青林、陈玉益等人及万宁市1000多名各级领导、各界群众参加挂牌仪式。

9月3日 万宁市增设科学技术局、土地管理局、交通运输局、计划生育局。行政部门由原来的26个增加到31个，市级行政编制（不含政法系统）由原来的650名增加到700名。

9月7日 万宁市第一批公务员过渡考试在万宁中学举行。全市25个行政单位500多人参加考试。

9月14日 万宁市被文化部评为第五次全国万里边疆文化长廊建设先进市。

10月 三更罗木材检查站被林业部授予“全国先进木材检查站”的荣誉称号。

11月11日 万宁市政府制定《万宁市科学技术发展“九五”计划和“2010”规划》。这是万宁市第一次在科学技术领域制订的远景规划。

12月10日 万宁市公安局指挥中心开通“110”报警服务台。

是年 万隆华侨新城建成，是万宁市多功能综合商业区。

是年 由香港邵逸夫先生捐资50万元兴建的万宁市第二小学教学大楼落成。万宁市政府将其命名为“邵逸夫教学大楼”。

1997年

1月5日 兴隆热带花园被国家环境资源局命名为"全国环保教育基地"。自1992年兴建以来，成功种植珍稀植物近2000多种，成为全国大型的热带植物园。

2月21日 海南省政府授予万宁市"普及九年义务教育和扫除青壮年文盲市"的称号。

2月27日 万宁市在万中操场隆重举行撤县设市庆祝大会。省领导刘学斌、省直部分单位负责人、各市县代表和万宁籍侨胞、港澳同胞以及万宁干部、职工、学生2万多人参加庆祝大会。晚上，万城地区举行游灯活动，近5万名群众观看彩车和游灯表演。

5月6日 8时10分，超强龙卷风袭击乌场港，掀翻7艘渔船，造成10人遇难，1人失踪。

5月中旬 万宁籍的国家体操队运动员卢裕富在第二届东亚运动会上荣获3枚金牌。

6月24日《万宁县志》获海南省第一批地方志书评比第一名。

8月25日 万宁市第十批农村奔小康工作队下乡，120个工作组301人下乡。这是万宁市最后一批农村奔小康工作队。

9月 万宁市多路微波电视传输系统（MMDS）建立，全市12个乡镇和2个农场可通过微波天线接收万宁微波站传输的12套有线电视节目。万宁成为海南省第一个建立微波电视传输系统的市县。

是年 兴隆热带花园被世界环保组织定为中国4个环保样板单位之一。

1998年

3月17日—19日 万宁市政协七届一次会议在万城召开。会议听取并审议六届常委会工作报告和六届一次会议以来委员提案办理情况的报告，通过有关决议，选举产生政协七届委员会主席、副主席和常委。

3月18—20日 万宁市第十一届人民代表大会第一次会议在万城召开。会议选举陈金云为市人大常委会主任；选举宋建海为市政府市长。

3月27—29日 中共万宁市委九届一次会议在万城召开。大会选举宋建海为市委书记；选举龚秉之为市纪律检查委员会书记。

10月中旬 万宁市政府印发《万宁市统一开采钛矿资源方案》。对钛矿资源的开采方法、方式、开采计划、管理，钛区的填复等都做了具体的规定。

12月7日 中共万宁市委九届二次全体（扩大）会议，审议通过《关于进一步加强万宁农业和农村作的意见》,是20世纪末万宁市农业和农村工作的纲领性文件。

12月20日 中共中央政治局常委、国务院总理朱镕基到万宁视察工作,国务委员、国务院秘书长王忠禹陪同视察。

是年 兴隆热带植物园被国家旅游协会等单位联合评选为“中国著名风景名胜区(点)”。兴隆热带香料作物研究所被科技部列为“科技体制改革试点单位”。

1999年

1月13日 万宁市开展农村第二轮土地承包工作。

2月20—21日 中共中央政治局常委、全国人大常委会委员长李鹏视察万宁。

4月2日 万宁市历史上第一部村级志——《保定村志》出版发行。

4月22日 港北镇英豪海岸海防林发生火灾,受灾面积138亩。市委、市政府组织1000多人投入救火,经过4个小时的奋战,终于扑灭这场火灾。

5月17日 11时29分,在万宁市东澳镇东南部海域(北纬18°36′,东经110°24′)发生NL5.2级地震,全市各地有强烈震感。没有造成人员伤亡和财产损失。

10月29日 万宁市万城镇环境卫生管理处被中央文明委员会评为全国精神文明创建工作先进单位。

11月2日 万宁市设置投资服务中心,直属市政府领导,与市招商局实行两块牌子一套人马办公。

12月12日 中共中央政治局委员、书记处书记、国务院副总理温家宝视察万宁市龙滚镇菠萝生产基地和田头村。

2000年

1月5日 万宁市“三讲”教育动员大会召开。市委书记宋建海做动员报告,省委巡视组组长李万兴讲话。市四套班子领导成员,市纪委、市直属机关正局级单位主要负责人参加会议。

1月9日 市委九届四次全体会议通过《关于贯彻党的十五届四中全会精神,推进国有企业改革和发展的意见》。

1月21日 市委、市政府印发《万宁市机关干部下基层工作的意见》,抽调500名机关干部深入到农村、企业、学校等单位实行蹲点,包干和“三下乡”相结合,推进企业脱困和农村脱贫以及支教工作。

1月29日 万宁市被国家广播电视总局评为全国广播电视先进市,市广播电视局局长吴明阳被评为全国广播电视先进个人。

9月8日 中共万宁市委第九届第六次全体会议做出《关于深入学习“三个代表”重要思想的

决议》。

9月9日 第16号台风“悟空”袭击万宁。全市直接经济损失达24168万元。9月10日，中共万宁市委、万宁市人民政府发出紧急通知，要求做好16号强台风后的救灾工作，对全市各重灾区恢复生产重建家园的工作做了部署。

10月8日 万宁市农业税征收管理局成立。

10月11—15日 万宁市大部分地区连降特大暴雨，万城地区降雨量达627毫米，日降雨量317.2毫米。其中13日20:00至14日8:00，降雨量达257.1毫米。特大暴雨引发百年不遇的特大洪水，港北、北坡、后安、和乐、万城和大茂等乡镇的许多村庄被洪水围困，灾情十分危急。

10月24日 万宁市人民政府印发《万宁市行政事业单位会计人员实行政府委派制度实施方案》，从此，全市所有预算单位实行会计委派制。

11月1日 零时是全国第五次人口普查的标准时间。零时开始，万宁市2000多名普查员按照各自定点负责的地域逐户做好普查登记。当天全部完成手工登记工作任务。

11月15日 市委组织部印发《关于公开选拔市农税局副局长的实施方案》，开启了万宁市在行政单位公开选拔副科级领导干部的先河。

11月15日 市委组织部首次印发《关于选派市直机关、企事业单位青年干部到乡镇挂职锻炼的工作方案》，在万宁市尚属首次。

12月13日 万宁市10万吨供水工程建成投产，是海南省“九五”重点环保项目之一，总投资1.5亿元，取水点为万宁水库。至此，万城地区长期用水紧张的情况得到缓解。

12月14日 撤销市环境资源局、土地管理局，组建市国土环境资源局，为市政府工作部门。

12月24日 万宁市人民政府决定建立万宁市电子公文库，标志着万宁市党政机关办公自动化进入一个新的阶段。

2001年

1月11日 中共万宁市委印发《万宁市农村“三个代表”重要思想学习教育活动工作方案》，在全市开展农村“三个代表”重要思想学习教育活动。

2月1日 万宁市在乡镇政府机关和市直单位全面推行政务公开制度。

5月31日 万宁市人民政府颁布实施《关于奖励招商引资有功人员暂行办法》

6月12日 成立万宁市农业综合开发办公室，副科级建制，挂靠市财政局。

6月18日 中共万宁市委颁布《关于下放股级干部管理权限的意见》。

7月1日 中共万宁市委、市人民政府在牛漏墟举行李振亚将军牺牲遗址立碑揭幕仪式。

7月 在海南中学就读的万宁市北大乡中兴村农民子弟符昌兴，在2001年高考中取得总分877分的好成绩，夺得全省理科“状元”，被清华大学提前录取。

9月1日 中国侨联爱国主义教育基地暨国营兴隆华侨农场陈列馆揭牌仪式在兴隆举行，兴隆农场成为全国20个首批中华侨联爱国主义教育基地之一。

10月19日 万宁市出台《万宁市科级领导干部正常解除职务的暂行办法》，全市范围内建立干部能上能下的管理机制。

2002年

4月11日 朱镕基总理在兴隆热带花园视察时，亲手种下一棵红豆树。

4月19日 市委、市政府动员全市力量，全面投入抗旱，解决抗旱用水问题。

4月24日 万宁市农村“三个代表”重要思想学习教育活动圆满结束，历时一年三个月。中共万宁市委在市委礼堂召开表彰大会，表彰先进集体90个，先进个人41人。

5月上旬 中国科技协会批准万宁市为“全国科普示范市”。

7月 全市18个乡镇调整撤并为12个镇，即龙滚镇、山根镇、和乐镇、后安镇、大茂镇、北大镇、万城镇、长丰镇、东澳镇、礼纪镇、南桥镇、三更罗镇。

10月8日 万宁市青年干部高校培训启动，首批24名副科级以上青年干部赴京到清华大学人文社会科学学院公共管理高级研修班（万宁班）接受为期3个月的速成培训。

12月4日 万宁市举行执法人员“忠于宪法和纪律”宣誓仪式暨游行活动。

12月20日 14时20分，万宁市出现自唐贞观五年（631）万宁建县以来极为罕见的“冬雷”现象。

是年 农行万宁支行兴隆储蓄所被中央金融工委、共青团中央授予“青年文明号”称号。

2003年

3月初 龙滚镇获“全国创建文明村镇工作先进镇”称号，市人民医院获“全国创建文明行业工作先进单位”称号，市国税局获“全国精神文明建设工作先进单位”称号。

3月25—27日 中国共产党万宁市第十次代表大会在万城召开。会议听取和审查中国共产党万宁市第九届委员会的工作报告；审查中国共产党万宁市纪律检查委员会的工作报告。选举中国共产党万宁市第十届委员会和中国共产党万宁市纪律检查委员会，共有95名党代表出席了会议。大会选举产生新一届市委领导成员，丁尚清当选为市委书记。大会批准新一届市纪委第一次全体会议选举的领导机构，陈国平为市纪律检查委员会书记。

4月份下旬起 全市开展“非典”防治工作，对“非典”病例实行零报告制度。

4月25—27日 万宁市政协八届一次会议在万城召开。会议听取并审议七届委员会工作报告和七届一次会议以来提案工作情况的报告，选举产生政协第八届委员会组成人员，主席1名、副主席4名、常务委员29名，通过有关决议。

4月25—28日 万宁市第十二届人民代表大会第一次会议在万城召开。会议出席人员236名，列席人员104名。大会听取和审议了人大常委会和一府两院的工作报告,并通过相关报告的决议。选举产生了万宁市第十二届人大常委会主任,并选举产生新一届市人民政府组成人员和法、检两长。

5月7日 万宁市抽调市直机关企事业单位和省驻万宁单位379名干部,组成12个工作队,102个工作组,奔赴102个村开展“三农”工作。

10月8日 中共万宁市委的机关刊物——《万宁政务》创办。

11月6—9日 万宁市第一届体育运动会在万宁中学操场举行,这是万宁市首次举办的综合性体育运动会。

11月18日 万宁市政府印发《关于万宁市农村税费改革试点方案的通知》,启动农村税费改革试点工作。

2004年

1月8日 万宁市出台《万宁市人民政府机构改革方案》。

2月19日 万宁市食品药品监督管理局正式挂牌成立。

2月20—22日 第十二届万宁市人民代表大会第二次会议通过《关于确定万宁文化理念的决定》,确定“厚德远志　同心共赢”为万宁精神的基本内涵。

3月12日 市委、市政府印发《切实做好促进农民增收工作的意见》,围绕农民增收部署开展农村工作。

5月4日 中共中央政治局常委、全国政协主席贾庆林视察兴隆热带花园。

5月15日 国家邮政局在兴隆华侨农场举行《华侨面貌》特种邮票首发式。这是中国邮票史上第一套反映侨乡风貌的特种邮票。

2005年

1月1日 万宁经济普查登记工作全面铺开。全市13个镇(场)(仅含兴隆华侨农村)45个普查机构、110名普查指导员和1300名普查员对全市从事第二、第三产业的法人、产业活动单位以及个体经营户进行普查登记。

4月18日 万宁市招商引资项目启动仪式在城北新区市人民公园举行。16个大型招商项目同时启动,计划投资总额17.3亿元。

4月 万宁文化商业广场开工建设,计划用半年时间建成建筑面积14000平方米、主体楼五层高的文化商业广场。

5月14日 海南省人民政府追认万宁市结核病防治所原所长符平钊为革命烈士。

6月 万宁市建立首家南药现代化科技产业基地。

6月 万宁市遭遇历史上罕见的特大旱灾。这次大旱灾自2004年6月开始，持续一年之久。境内河流间或断流，水库蓄水量减少，水源告急。全市受旱面积17.9万亩，其中重旱面积达7.6万亩。农村人畜饮水困难的自然村有459个，人口15.5万人，海水倒灌碱化影响8个村6000多亩农田的收成。

6月 万宁市行政服务中心成立，为投资者和群众提供"一站式办公"和"一条龙服务"。

7月 万宁市创办国家级菠萝标准化示范区，并被列为全国农业第五批标准化示范区项目。

8月12日 全市最大的农村人畜饮水工程——北坡供水工程正式建成供水，投入900多万元建设，结束了北坡地区5万农民长期饮用不卫生、不安全水的历史。

9月23日 万宁市信用协会成立，市长邓泽永当选为万宁市信用协会第一任理事人。

9月26日 第18号强台风"达维"从万宁山根登陆袭击全省，最大风力达16级。全市直接经济损失达17.52亿元。

9月《万宁市完善农村第二轮土地承包工作方案》颁布实施。

11月10日 万宁市行政服务中心挂牌办公。同日，万宁市人民公园工程竣工典礼举行。

12月28日 万城至港北地区生活饮用水工程全面竣工通水，解决了沿途13个村委会、7万农村人用水难的问题。

2006年

1月 万宁市荣获"海南省文明生态村建设工作示范市"称号。

2月23日 万宁市第十二届人民代表大会第五次会议通过《关于万宁市国民经济和社会发展第"十一个五年"规划纲要》。

7月13日 省委、省政府、省军区授予万宁市"全省双拥模范城"的荣誉称号。

9月30日 23时20分，万宁市南桥镇文龙村委会龙贡湾村、东澳镇龙山村委会岭仔村遭龙卷风袭击，死亡1人，伤12人，直接经济损失459万元。

11月28日 万宁中学高中部新校区动工建设。同时，制定完成《万宁中学新校区（高中部）项目建设实施方案》。

2007年

1月18—19日 中国共产党万宁市第十一次代表大会在万城召开，选举产生了出席海南省第五次党代会的代表。市委十一届全委会举行第一次会议，选举产生市委常委和书记、副书记，批准中共万宁市纪律检查委员会第一次全体会议选举的书记、副书记和常务委员人选。

1月27—29日 万宁市政协九届一次会议在万城召开。会议听取并审议市政协八届常委会工作报告和提案工作情况的报告。选举产生新一届的市政协领导机构，通过有关决议。

1月27—30日 万宁市第十三届人民代表大会代表第一次会议在万城举行。大会听取和审议了人大常委会和一府两院的工作报告，并通过相关报告的决议。会议选举产生新一届的市人大和市政府的领导机构。

1月 万城镇永范村团支部被共青团中央授予“全国五四红旗团支部”荣誉称号。是全省农村基层团支部历史上唯一获此荣誉的团支部。

3月28日 万宁市第十三届人民代表大会常务委员会第一次会议审议批准了《万宁市城市总体规划》。

3月 市公安局治安大队被公安部授予“全国整治涉爆涉枪专项行动先进集体”称号。

6月21日 共青团万宁市第十三次代表大会在市委礼堂召开，163名团代表参加会议。

6月 市妇联被全国妇联、卫生部授予“妇女艾滋病防治工作先进集体”称号。

8月 万宁市被全国政务公开领导小组命名为“全国政务公开示范点”，这是海南省历史上唯一获此殊荣的市县。

10月10日 海南东环铁路万宁段征地拆迁工作全面启动。

10月15日 龙滚镇文曲防潮堤出现浸堤漫堤现象，龙滚镇委组织200多名干部、党员及民兵，万宁边防、消防部队出动100多名官兵参加抢险，保住了文曲防潮堤。

11月14日 北坡110千伏电站动工建设。

11月28—29日 万宁市第十三届人民代表大会第二次会议，选举21名代表出席海南省第四届人民代表大会。

2008年

1月10日 万宁市被评为“2005—2006年度全国科技进步考核先进市”，万宁首次获此殊荣。

1月 国家质检总局批准兴隆咖啡、和乐蟹两个名优特产为地理标志保护产品。

2月 万宁市书协被中国书法家协会评为“全国书法进万家先进单位”。

5月5日 迎接奥运圣火，万宁传递路线从兴隆到石梅湾，再到万城，全长16.63公里，由113名火炬手传递。

5月16日 中国邮政储蓄银行万宁支行成立。

6月6日 特大暴雨袭击万宁市，从清晨5时起，暴雨持续11小时，是1992年6月以来最大的一场特大暴雨。

6月23—28日 万宁市举重运动员陈丽代表海南省在江西省宜春市举行的全国青少年举重锦标赛上，以挺举97公斤获得金牌，抓举74公斤获得银牌，总成绩171公斤获得金牌。

9月9日 万宁万利隆投资有限公司投资建设的万利隆花园小区项目举行开工庆典仪式。

9月28日 坐落在石梅湾旅游区，总投资7亿多元的艾美滨海度假酒店开业迎宾。

11月2日 万宁市城市管理局成立。

12月18日 在首届海南十大名镇（村）评选活动中，万宁市兴隆获“文化名镇”称号，万城镇东方村获“文化名村”称号。

12月26日 省委宣传部、省文联、省书协联合授予后安镇“书法之乡”的称号。

2009年

1月16日 城北新区城西路工程破土动工，城西路是城北新区接连老城区的主要街道。与环一西、环二西、环三西路相连，长2756.34千米。总投资7000多万元。

1月 和乐镇六连村被全国妇联、全国平安家庭创建活动领导小组授予“创建平安家庭先进示范村”称号。

2月15日 连接万城与神州半岛旅游度假区的主要通道——加神公路一期工程正式开工。

2月 万宁市污水处理厂动工建设。污水处理厂位于东澳镇南道村西侧，占地面积50亩，总投入资金1.1亿元，建设工期一年，建成后，日处理污水能力2.5万吨，达到国家《污水综合排放标准》一级标准。

3月23日 万宁市在市委礼堂召开深入学习实践科学发展观活动动员会，全市122个单位420个基层党组织7000多名党员参加第一批深入学习实践科学发展观活动。

3月27日 因施工人员违规操作，博冯水库护坝发生坍塌事件，造成下游东线高速公路左幅涵桥（159km+500m处）被冲断，300亩农田被淹，途经的两辆小轿车及三名乘车人员落入水中，未造成人员伤亡。

4月7日 万宁市汽车运输协会在后安镇乐来墟挂牌成立，96名个体运输户司机成为首批协会会员。

4月17日 全市农村宅基地确权登记发证工作动员会在市委礼堂召开，全市农村宅基地确权登记发证工作正式全面启动。

4月22日 万宁中学新校区（高中部）奠基仪式在万城城北新区举行。万宁中学新校区（高中部）规划用地353.79亩，总建筑面积72704.93平方米，总投资为20391.64万元。

4月 市委、市政府印发《市直单位“联村进企促发展”行动计划》，在全市开展“联村进企促发展”行动。全市110个市直单位分别联系207个村（居）委会，48个重点企业项目，联系服务三年。

4月 万宁市6个单位获评第二批全国文明城市、文明村镇、文明单位和第四批全国创建文明村镇工作先进村镇、精神文明建设工作先进单位。其中，龙滚镇获“全国文明村镇”称号、市人民医院和市国税局获“全国文明单位”称号、后安镇六底村获“全国创建文明村工作先进村镇”称号、市邮政局和市气象局获“全国精神文明建设工作先进单位”称号。

6月 万宁市六连岭革命烈士陵园被列入第四批全国爱国主义教育示范基地。

7月29日 市人民医院新院区开工奠基仪式在城北新区隆重举行。

8月18日 万宁市第二轮《万宁市志》编纂工作动员大会在市党政综合办公大楼九楼会议室召

开，标志着全市第二轮修志工作全面启动。

9月8日 市公安局交警大队车辆管理所成立。

11月26—27日 “赢在中国，赢在海南——2009全球华商500强年会”在万宁市石梅湾隆重举行。数十位华商500强企业家、200多位中国拥有亿万资产的企业家共350多人参加年会。

2010年

1月5日 万宁华润希望小镇项目开工奠基仪式在礼纪镇举行。项目由华润集团和万宁市共同规划建设，将建设成为海南社会主义新农村和旅游开发区征地搬迁安置的示范区。

4月11日 中共中央政治局常委、中共中央书记处书记、国家副主席习近平在省领导卫留成、许俊、楼阳生，市领导李秀领、丁式江等陪同下，深入万宁市农村、企业、科研所进行调研。

6月19日 和乐镇和港农村资金互助社成立。万宁市作为全省农村资金互助社3个试点市县之一，和港农村资金互助社的成立，标志着万宁市农村资金互助社试点工作的正式启动。

10月9日 万宁市连续9天普降暴雨，自9月30日夜间至10月9日7时，降雨量达1184.67毫米。全市受灾人口35.77万人，共有319个村庄（连队）10.1万人被洪水围困，直接经济损失12.81亿元。倒塌民房372间，全市农作物受灾面积1.2万公顷。

11月1日 以2010年11月1日零时为标准点进行第六次全国人口普查，万宁市总人口为545597人。

11月6—8日 以“激情海岸，冲浪万宁”为主题的“2010中国海南万宁国际冲浪节”在万宁日月湾举办，万宁市成为世界顶级冲浪巡回赛事指定点。

12月4—5日 以“拥抱蓝色海洋，享受海钓激情”为主题的“中国有线杯”2010中国海南万宁国际海钓精英邀请赛在万宁举行。

第一编　政 区

第一章 建置区划

第一节 位置 境域

万宁市地处海南岛东南部，位于北纬18°35′~19°06′，东经110°00′~110°34′之间。东临南海，南与陵水黎族自治县接壤，西与琼中黎族苗族自治县交界，北与琼海市毗邻。辖区东西最大距离38千米，南北最大距离76千米；海岸线长191.5千米，其中南海沿岸长109千米，潟湖海岸线及大洲岛等岛礁岸线总长82.5千米。土地总面积为1883.5平方千米，其中陆地面积1809.5平方千米，水域面积74平方千米(不包含内海面积55.33平方千米，海涂面积773.33平方千米)。

境内地势西高东低，从西北向东南倾斜。山地丘陵占总面积的44.3%，主要分布在西部、西北部和西南部地区；台地占总面积的28.6%，主要分布在中部地区；阶地平原占总面积27.1%，主要分布在东南沿海、江河下游地区。海域靠近西太平洋国际航线，总面积2550.1平方千米，其中水深100米以内的浅海面积2328平方千米，浅海滩涂(包括内海港及潮间带)面积226.67平方千米。市人民政府驻万城镇(红专中路29号)，距省会海口139千米。

第二节 建置沿革

西汉时，在海南岛设珠崖郡和儋耳郡2个郡共16个县，今万宁市境隶珠崖郡紫贝县(驻地今文昌市)境。西汉初元三年(前46年)，废紫贝县，入朱卢县，属合浦郡。

东汉建武十九年(43年)，今万宁市境隶朱崖县，属合浦郡，督于交州。

三国时，吴国赤乌五年(242年)，复置珠崖郡，治徐闻，遥领海南。珠崖郡领珠官、朱卢、徐闻3个县，隶属交州。今万宁市境隶朱卢县。

晋太康元年（280年），省珠崖郡入合浦郡，朱卢县改为玳瑁县，玳瑁县、珠官县隶属合浦郡。不久，废珠官县。合浦郡遥领今海南境。

南北朝梁武帝大同年间（535—546年），今万宁市境隶崖州。

隋大业三年（607年），今万宁市境隶武德县，属珠崖郡管辖。

唐贞观五年（631年），从文昌县划出部分，设立万安县、富云县、博辽县3县（3县今属万宁市境）隶属琼州。贞观十三年，万安县、富云县、博辽县均隶属崖州。龙朔二年（662年），划出崖州的万安县、富云县、博辽县3县，振州的陵水县，增置万安州。万安州管辖万安县、富云县、博辽县、陵水县4县。州治所设在万安县通化都，治所遗址在今万宁县大茂镇旧州村。开元九年（721年），万安州徙治所到陵水县。天宝元年（742年），改万安州为万安郡。至德二年（757年），改万安郡为万全郡，县也称万全。至德（756—758年）后，万全郡隶属安南都护节度使，属岭南五府经略使管辖（治所设在广州）。乾元元年（758年），复万全郡为万安州。贞元元年（785年），万安州州治所复迁回万全县。同年，复万全县为万安县。万安州管辖万安县、陵水县、富云县、博辽县4县，有2997户。贞元五年（789年）十月，岭南节度使李恢收复琼州（收复时，距被攻陷约123年），并奏置琼州下都督府，加琼、崖、振、儋、万安等5州招讨游弈使，同时停置崖州下都督府。咸通三年（862年），万安州隶属岭南西道。万安州陆地辖区约在今海南的万宁县、陵水黎族自治县及保亭黎族苗族自治县东部。

唐代朝廷将“涨海”（今南海诸岛）列入政治版图，划归崖州都督府（后为琼州都督府）的振州和万安州管辖。

五代十国（907—960年）时，万安地属万安州管辖万安县、陵水县2县。州治所在万安县通化都，即在今万宁县大茂镇旧州村。辖区约在今海南岛东南部，即约今万宁县、陵水黎族自治县、保亭黎族苗族自治县东部。

宋开宝五年（972年），万安州管辖万安县、陵水县2县，治所在万安县。至道三年（997年），属广南西路。北宋熙宁六年（1073年），降万安州为万安军，并领县，隶属琼管安抚司。军治所移至博辽县，降陵水县为镇，入万安县。元丰三年（1080年），复陵水镇为陵水县。元丰时，有270户。

大观三年（1109年），琼州的乐会县割入归万安军管辖，后复隶琼管安抚司。宋大观年间（1107—1110年），万安军以其址治于陵水县，后移军治所至万安县后廊村水口，即在今万宁县万城镇的后郎村。宣和（1119—1125年）中，改琼管安抚司为安抚都监，万安军隶属安抚都监。绍兴六年（1136年），废万安军为万宁县，万宁县以军使兼知县事，隶属琼州（琼管安抚都监）。

绍兴十三年（1143年），复置万安军，原属县万宁县、陵水县还隶属，同时，将万宁县复名万安县。至此，万安军领万安县、陵水县2县。辖区约在今海南的万宁县、陵水黎族自治县境内。

至元十五年（1278年），初属琼州路安抚司，隶属湖广等处行中书省。至元十七年（1280年）后，隶属海北海南道宣慰司琼州路安抚司，管辖万安县、陵水县2县，军治所设在万安县后廊村水口。至元二十八年(1291年),琼州路军民安抚司管辖万安军。至正二十三年(1363年)三月后,万安军改隶属广西行中书省海北海南道宣慰司。

明洪武元年(1368年)十月,改万安军为万州,隶属琼州府。复万安县为万宁县。正统四年(1439年)六月,省州治万安县,万州只领陵水县,州治所设在后廊村水口。万州辖区约在今万宁县、陵水黎族自治县、保亭黎族苗族自治县和琼中黎族苗族自治县境内。万州直辖区域约在今万宁县境内。明正德七年(1512年),设海防营于万州,管辖"万里石塘""石星石塘""万里长沙"(即今南海诸岛)。

清光绪三十一年(1905年)三月前,万州管辖陵水县,隶属琼州府。"万里长沙""千里石塘"(即今南海诸岛)隶属万州。光绪三十一年四月后,升崖州为直隶州,降万州为万县,划归崖州直隶州管辖。"万里长沙""千里石塘"(即今南海诸岛)隶属崖州直隶州万县。

民国成立,统裁州为县。民国3年(1914年),变更与外省重名的县名,万县改为万宁县,归琼崖道管辖。民国10年,废琼崖道,实行省、县二级制,万宁县隶属广东省琼崖善后处。民国17年4月11日,万宁县归广东省南区善后委员公署管辖。民国18年,广东省南区善后公署按面积、人口、财赋核定县的等级。万宁县公署为缺列三等县。民国21年3月20日,成立琼崖特别行政区行政长官公署,万宁县隶属其领导。同年7月22日,决定裁撤琼崖特别行政区行政长官公署,设立琼崖绥靖委员公署。民国25年9月,万宁县属广东省第九区行政督察专员公署管辖。民国35年1月12日,万宁县隶广东省政府主席琼崖办公处管辖。1949年1月21日,正式设立海南特别行政区,直隶国民政府行政院。领域包括海南岛、东沙群岛、西沙群岛、中沙群岛、南沙群岛等群岛及其附属岛屿和海域。

1950年4月,中国国民党领导的军政机构在海南全部解体。1950年5月,海南解放,成立海南军政委员会,万宁县归海南军政委员会领导。1951年4月,归广东省人民政府海南行政公署管辖。1955年,万宁县归广东省海南行政公署管辖。1968年4月5日,万宁县归广东省海南行政区革命委员会管辖。1980年1月1日起,万宁县归广东省海南行政区公署管辖。1984年5月31日,万宁县归海南行政区管辖。1988年4月,海南建省,万宁县归海南省管辖。1996年8月5日,撤万宁县设万宁市。至2010年隶属海南省管辖不变。

第三节 行政区划与勘界

一、行政区划

1991年,万宁县设有1个乡(山根乡),5个民族乡(新梅黎族苗族乡、南桥黎族苗族乡、三更罗黎族苗族乡、禄马苗族乡、北大黎族苗族乡),12个镇(万城镇、龙滚镇、和乐镇、港北镇、大茂镇、后安镇、乐来镇、北坡镇、礼纪镇、东澳镇、长丰镇、牛漏镇)。下辖201个管理区(居委会)。

1993年，龙滚镇上城管理区分出上城和田头管理区，全县18个乡镇下辖197个管理区及万城5个居委会。

1995年，撤销管区，设立村（居）委会。

1996年8月，万宁撤县设市，以原万宁县的行政区域为万宁市的行政区域。

2001年，万城镇撤销仁里社区，设置10个居委会（增设5个）。至此，全市18个乡镇下辖207个村（居）委会。

2002年7月，北坡镇及大茂镇的周家庄和东星、长丰镇的滨湖、裕民和南山村并入万城镇，港北镇并入和乐镇，乐来镇并入后安镇，牛漏镇并入长丰镇，新梅黎族苗族乡并入礼纪镇，山根乡改为山根镇，南桥黎族苗族乡、三更罗黎族苗族乡分别改为南桥镇、三更罗镇，禄马苗族乡和北大黎族苗族乡合并成北大镇，全市调整为12个镇（万城镇、龙滚镇、山根镇、和乐镇、后安镇、北大镇、大茂镇、长丰镇、东澳镇、礼纪镇、南桥镇、三更罗镇）、207个村（居）委会。2007年，省政府将兴隆华侨农场划归万宁市管理。

至2010年，万宁市共设有12个建制镇（万城镇、龙滚镇、山根镇、和乐镇、后安镇、北大镇、大茂镇、长丰镇、东澳镇、礼纪镇、南桥镇、三更罗镇），下辖207个村（居）委会，1个国营农场（兴隆华侨农场）。境内有新中农场、东和农场、东兴农场、六连林场4个国有农场。

1991—2002年万宁市（县）行政区划一览表

表1-1　　　　单位：个

乡镇名称	村（居）委会个数	村（居）委会名称
山根乡	9	山根、排溪、大石岭、横山、水央堀、扶提、华明、立岭、多扶
禄马苗族乡	9	联群、丰丹、内罗、军田、军山、山牛田、坚东、坚西、红星
三更罗黎族苗族乡	11	加朝、石盘、二村、上溪、内岭、南平、加润、田堆、石福、头村、加苗
北大黎族苗族乡	10	六角岭、中兴、尖岭、北大、大发、大堀、民丰、映田、文才竹、下三
南桥黎族苗族乡	7	南桥、桥新、桥中、高龙、小管、桥北、桥南
新梅黎族苗族乡	3	石梅、茄新、田新

续表1-1

乡镇名称	村(居)委会个数	村(居)委会名称
万城镇	13(1991—2000年)	仁群、西门、镇南、朝阳、裕光、联山、永范、东方、车头、新兴、益民、乐山、月塘
	18(2001—2002年6月)	西门、镇南、朝阳、裕光、新海、仁里、万隆、光明、番村、丰园、联山、永范、东方、车头、新兴、益民、乐山、月塘
龙滚镇	16(1991—1992年)	凤园、新市、福塘、文曲、治坡、端熙、文渊、多格、坡罗、和顺、龙楼、乐内、排园、河头、水坡、上城
	17(1993—2002年6月)	凤园、新市、福塘、文曲、治坡、端熙、文渊、多格、坡罗、和顺、龙楼、乐内、排园、河头、水坡、上城、田头
和乐镇	15	和乐、泗水、勤赛、水椰、芳市、琉川、罗万、新田、西坡、红旗、发兴、乐群、六连、封浩、大山
港北镇	7	港上、港下、盐墩、英豪、五星、联丰、英文
大茂镇	13	周家庄、东星、袁水、群星、龙尾、联益、联光、红庄、大联、群爱、联民、群乐、红石
后安镇	14	曙光、曲冲、群兴、白石、坡仔、吴村、金星、坝头、潮港、多荫、龙田、六合、后安、安坡
乐来镇	9	乐来、雨坛、七星、红联、茶山、坡头、桥头、龙唇、六底
北坡镇	18	三联、红荣、宾王、水边、红光、联星、大芒、流溪、北坡、群庄、红山、新庄、南岛、南星、集庄、保定、乌场、春园
礼纪镇	12	礼明、合丰、太阳、三星、农联、竹林、红群、桥海、莲花、合兴、贡举、群坡
东澳镇	18	东澳、新群、集丰、分洪、四维、明灯、明星、明丰、岛光、镜门、大造、乐南、新华、龙保、凤岭、龙山、蓝田、新村
长丰镇	9	长丰、马坡、福田、长安、黄山、南联、滨湖、裕民、南山
牛漏镇	6	牛漏、边肚、七甲、山架、黄加、大洲

2002年7月至2010年万宁市行政区划一览表

表1-2　　　　单位:个

乡镇名称	村(居)委会个数	村(居)委会名称
兴隆华侨农场(2007年归万宁市管理)	—	—
万城镇	42	镇南、朝阳、裕光、西门、仁里、新海、万隆、光明、番村、丰园、永范、东方、联山、新兴、周公园、车头、益民、乐山、月塘、长星、东星、周家庄、滨湖、裕民、南山、三联、红荣、宾王、水边、红光、红山、联星、大芒、流溪、保定、乌场、春园、集庄、南岛、南星、北坡、新庄、群庄
龙滚镇	17	凤园、新市、福塘、文曲、治坡、端熙、文渊、多格、坡罗、和顺、龙楼、乐内、排园、河头、水坡、上城、田头
山根镇	9	立岭、华明、横山、山根、排溪、扶提、多扶、水央堀、大石岭
和乐镇	22	和乐、泗水、坑上、勤赛、水椰、芳市、琉川、罗万、新田、西坡、红旗、发兴、乐群、六连、封浩、港上、港下、盐墩、英豪、五星、联丰、英文
后安镇	23	曙光、曲冲、群兴、白石、坡仔、吴村、金星、坝头、潮港、多荫、龙田、六合、后安、乐来、雨坛、七星、红联、茶山、坡头、桥头、龙唇、安坡、六底
北大镇	19	中兴、文才竹、下三、映田、尖岭、北大、六角岭、大发、大堀、民丰、联群、军田、坚西、军山、山牛田、丰丹、红星、内罗、坚东

续表1-2

乡镇名称	村(居)委会个数	村(居)委会名称
大茂镇	11	袁水、群星、龙尾、联益、联光、红庄、大联、群爱、联民、群乐、红石
长丰镇	12	长丰墟、马坡、福田、长安、黄山、南联、牛漏墟、边肚、七甲、山架、黄加、大洲
东澳镇	19	东澳、新群、集丰、分洪、四维、明灯、明星、明丰、岛光、镜门、大造、乐南、新华、龙保、凤岭、龙山、蓝田、新村、裕后
礼纪镇	15	礼明、合丰、太阳、三星、农联、竹林、红群、桥海、莲花、合兴、贡举、群坡、石梅、田新、茄新
南桥镇	7	小管、桥南、南桥、桥中、新坡、高龙、桥北
三更罗镇	11	内岭、头村、二村、上溪、加朝、加苗、加润、南平、石福、石盘、田堆

二、勘界

1996年11月,按照《海南省人民政府〈关于印发海南省勘定市、县级行政区域界线总体方案〉的通知》精神。海南省勘定行政区域界线试点工作在万宁市与陵水黎族自治县行政区域界线上开展,全长56.1千米,由省民政厅指导,万宁市、陵水县负责组织实施,共设立大型双面界碑8座,其中三交点界碑1座。

1997年,万宁市人民政府印发《万宁市勘定行政区域界线工作方案》。开展勘定万宁市与琼中黎族苗族自治县行政区域界线工作,全长67.2千米,共设立大型双面界碑5座,其中三交点界碑1座。

1998年,开展勘定万宁市与琼海市行政区域界线工作,全长80千米,共设立大型双面界碑19座,其中三交点界碑1座。勘界测绘工作完成后,省勘界工作组汇总勘界资料,标绘边界形地图,起草边界协议书,经双方市、县政府负责人签字后,报省政府批准。万宁市与琼海市、琼中县、陵水县行政区域界线共3条,全长203.3千米。

2002年10月开始,按照海南省民政厅《关于开展勘定乡镇行政区域界线工作的通知》及《万宁市乡镇行政区域界线勘定工作方案》精神,开展乡镇级勘界工作。

至2006年底,完成界线的实地走线、认点工作,全长403.7千米,共埋设双面界桩30座,三面界桩7座。乡(镇)级勘界工作由市民政局负责指导,双方乡(镇)政府负责组织实施。2007年4月底,全面完成边界线的协议和地形图等技术资料的整理和双方镇负责人签字,经市政府批准,勘界成果有效。并将勘界技术成果资料上报民政部、省政府、省民政厅等。

2004年4月，万宁市作为牵头单位，组织（琼海、陵水、琼中三市县）开展第一轮市、县级行政区域界线联合检查工作；2009年，万宁市牵头陵水、琼中二市县，配合琼海市做好第二轮边界联检工作，联合检查巩固勘界的成果。2010年，万宁与琼海、琼中、陵水三市县开展创建平安边界活动，并签订创建平安边界的协议书，万宁与琼海、琼中、陵水三市县的边界线，全长203.3千米，边界线上有15个自然村，常住人口1.7万多人。

附：撤县设市纪实

1993年3月，为适应经济体制改革和城乡经济、社会发展的客观要求，加快万宁县的经济发展和社会进步，万宁县政府向海南省人民政府正式提出“撤销万宁县，成立万州市”的请示。1994年2月25日，根据《国务院批转民政部关于调整设施标准报告的通知》规定，万宁县已具备撤县设市的条件，县政府再次向海南省人民政府上报《万宁县人民政府关于将万宁县改为万州市的请求》，于1994年5月13日上报国务院。国务院根据民政部“县级市不能有‘州’字”的要求，建议改为万宁市。1996年8月5日，经国务院批复，万宁市正式设立，以原万宁县的行政区域为万宁市的行政区域。批复原文如下：

海南省人民政府：

你省《关于撤销万宁县设立万州市的请示》和《关于增补我省万宁县撤县设市有关材料的报告》收悉。经国务院批准，同意撤销万宁县，设立万宁市(县级)，以原来万宁县的行政区域为万宁市的行政区域。

民政部

1996年8月5日

8月27日，万宁市挂牌仪式在万城镇隆重举行，包括省主要领导在内的各级领导及群众1000多人参加挂牌仪式。

1997年2月22日，正值农历元宵节，万宁市举行撤县设市庆典大会，省委、省政府主要领导、港澳台侨胞及各机关干部、职工、学生等5万多人参加庆祝活动，全市18个乡镇、5个国营农场和市直各机关单位，制作不同主题的彩车30多辆，参加庆典活动，万城市区居民(艺人)自发制作人偶花灯，舞龙、舞狮、腰鼓表演等，晚上举行丰富多彩的游灯活动。

第二章 乡镇简介

第一节 万城镇

一、位置与政区

万城镇地处万宁市中部，东濒南海，南与东澳镇接壤，西南与礼纪镇毗邻，西与长丰镇为邻，西北与大茂镇交界，北与和乐镇隔小海相望，东北与和乐镇联丰村大长岭交界。辖区总面积109平方千米（其中陆地面积96.4平方千米，占总面积的90.4%；水域面积12.5平方千米，占总面积的9.6%），东西最大距离14.3千米，南北最大距离7.6千米。海岸线长28千米。地势西高东低，海拔在10米左右，地势低平，田洋平坦广阔，有南门洋、大乳洋、保定洋、北海洋等四大田洋。境内有太阳河、东山河自西向东流入港北小海。镇人民政府驻万城万昌街。

1991年，辖有社区居民委员会5个（仁群、西门、镇南、朝阳、裕光）、管理区8个（联山、永范、东方、车头、新兴、益民、乐山、月塘）。1995年，撤销管理区，相应成立村委会。2001年，撤销仁群社区，设立10个社区居民委员会（西门、镇南、朝阳、裕光、新海、仁里、万隆、光明、番村、丰园），村民委员会8个不变。2002年7月，万宁市乡镇调整，将原北坡镇及大茂镇的周家庄、东星村委会和长丰镇的滨湖、裕民、南山村民委员会及马坡村民委员会的山坑自然村并入万城镇。2010年，辖有社区居民委员会10个，村民委员会32个，镇办农场2个；下设居民小组117个，村民小组461个，共有自然村198个。

1991年，全镇有30286人。2002年，城乡合并后，全镇总人口93177人。至2010年，总人口154072人。其中男性82413人，占53.5%；女性71659人，占46.5%。14岁以下43479人，占28.2%；15～64岁96312人，占62.5%；65岁以上16909人，占11.0%。人口中以汉族为主，达153368人，占99.54%；黎、苗少数民族704人，占0.46%。此外，旅居海外侨胞及港、澳同胞有4.8万人。

二、经济

（一）工业

1991—1996年，万城镇原有的农机厂、砖厂、采石场、副食品加工厂、手工业加工厂、建筑公司等

10家集体所有制企业，除建筑公司外，其他企业由于体制变化、生产规模小、技术落后、资金短缺等原因先后停产。1996年，建筑业总产值4075万元。2002年，建筑业总产值4144.61万元。2010年，政府项目投资建设增加，建筑业发展空间增大，年总产值6828.8万元，是全镇工业的龙头。

（二）种植业

1991—1996年，万城镇农业生产以个体承包责任田为主，主要种植水稻，小部分近城区居民种植蔬菜用于零售，生产不成规模，农业生产效益低。1996年，农业生产总产值1551.8万元，年人均收入2200元。1997—2002年，万城镇调整产业结构，在抓好粮食种植的同时，因地制宜，引导外商投资建设毛豆、苦瓜等瓜菜基地，进行规模化种植生产，转变农村单一分散生产模式。2002年，全年农业生产总产值11387.7万元，年人均收入2568元。2010年，全镇农业生产总值21763.4万元，年人均收入4590元。全年生产粮食22825吨，其中水稻18874吨，番薯3951吨；经济作物主要有槟榔、胡椒、瓜菜（主要有毛豆、苦瓜、泡椒、尖椒、蔬菜），种植面积、产量分别为：槟榔317.4公顷、1340.22吨；胡椒187.5公顷、492.3吨；瓜菜1300.6公顷、41151吨。冬春两季，引进外商，种植大棚西瓜近1333.3公顷。

（三）林业

1991—1996年，万城镇有农民自种商品林27.3公顷。至2001年，万城镇仍无公益林地。2002年乡镇合并后，林地面积有313.3公顷，其中商品林196.8公顷，公益林100公顷，当年退耕还林16.5公顷。至2009年，开始进行林权改革，对全镇林地面积进行调查，确权到村到户。2010年，共确权林地829块，面积577.5公顷，涉及527户，发放林权证书539本。其中商品林地402.5公顷，涉及农户521户、813块；公益林地175.1公顷，涉及春园、乌场、保定、集庄、新庄、群庄6个村庄16块。

（四）畜牧业

万城镇畜牧业主要是家养猪、牛、羊禽畜等。1991—2000年，饲养量均较小，未形成规模。2001年，全镇饲养猪16200头，年存栏量20130头；牛1365头，年存栏量2040头；羊643头，年存栏量705头；家禽12.8万羽，上市家禽100.1万羽。畜牧业总产值5123万元。2010年，全镇饲养猪35920头，年存栏量41308头；牛2669头，年存栏量5926头；羊1457头，年存栏量1752头；家禽34.7万羽，上市家禽252.2万羽。畜牧业总产值14369万元。

（五）渔业

1991—2001年，万城镇渔业发展受自然生产条件限制，规模较小。2002年乡镇合并后，海域、水域扩大，全镇拥有机动渔船182艘，水产养殖面积229公顷（海水养殖197公顷、淡水养殖32公顷）；水产品总量5904吨（海洋捕捞3058吨、海水养殖2283吨，淡水捕捞325吨、养殖238吨）；渔业总产值7541.8万元（海洋捕捞1587.8万元、海水养殖5480万元，淡水捕捞172万元、淡水养殖172万元，水产品加工产值130万元）。2010年，有机动渔船376艘；水产养殖314公顷（海水养殖253公顷，内陆养殖61公顷）；水产品总量9659吨（海洋捕捞5334吨，海水养殖3458吨；内陆捕捞195吨，内陆养殖672吨）；渔业总产值达13995.4万元（其中海洋捕捞5270.3万元、海水养殖8004.7万元，淡水捕捞117.8万元、淡水养殖444.6万元，水产苗种158万元），水产加工产值4200万元。

（六）商业

1991年，万城镇有农贸市场3个，分别为万城镇第一、第二、第三集贸市场。2002年，新建北坡农贸市场，是年生产总值4118.2万元。2010年，全镇有农贸市场5个，生产总值8590万元。

三、基础设施建设

（一）市政建设

1991—2002年，先后完成万隆街、华侨街、万州大道、迎宾大道、万安大道的工程建设。2003—2010年，新建设纵一路、环市一、环市二、环市三路、万海路、新海街、丰南街、中央街、万昌街、县社街、北坡墟街、广场等工程，完成路灯排水配套工程建设。

原北坡墟建设自1994年开始，建设原北坡镇政府至扶峰岭长2千米、宽36米的街道。2002年，新建北坡农贸市场。至2010年，北坡农贸市场街道两旁路灯，排污道、人行道、绿化带、桥涵等配套设施全面完成。

（二）乡村道路

1991—2001年，全镇乡村道路大部分是土道，道路狭小尘土飞扬。2002年，开始进行主道路扩建及硬化建设，镇辖区内干线公路4条（港外公路、万北公路、万月公路、万红公路），大田洋主道4条（南门洋、大乳洋、保定洋、北海洋），全部实现水泥硬化。2006—2010年，乡村实施村村通道路硬化工程建设共121.37千米，其中农村畅通工程78.93千米，镇村一事一议道路硬化工程42.44千米。开通公共汽车线路3条：万城至乌场村、万城至北坡村、万城至红荣村。

（三）电网改造

1991年，万城、北坡地区都已实现电网村村通工程。2002年乡镇合并后，万宁供电公司接管了北坡镇电管站，改造农村电网，改革农电管理体制，实现城乡用电同网同价。2009年，建成北坡110千伏变电站及配套110千伏输变电线路。至2010年，全镇电量充足，城乡用电的稳定性进一步增强。

（四）农田水利设施

1991—2002年，农田水利建设网络基本形成，但配套设施不完善，排灌不合理，渠道不硬化，排灌易受阻，田块方格化不规范。2003年，投资1045.4万元，对大乳洋进行农田水利设施建设，建设规模633.3公顷，其中，硬化渠道45.28千米，开挖排沟40.2千米，修建田间道路31.8千米，建设配套建筑物3210座，土地平整及田块方格化646.7公顷。2005年，投资1896.62万元，对红光洋进行农田水利设施建设，建设规模986.7公顷，其中，硬化渠道55.75千米，开挖排沟30.62千米，修建田间道路28.18千米，建设配套建筑物3155座，土地平整及田块方格化373.3公顷。2010年，投资2087万元，对红荣洋进行农田水利设施建设，建设规模920公顷，其中，硬化渠道43.31千米，开挖排沟38.22千米，修建田间道路49.34千米，建设配套建筑物2836宗，土地平整及田块方格化433.3公顷。

（五）改水改厕

1991—2004年，万城镇的自来水厂供水范围主要在城区，农村基本上饮用地下水，由于水源污染，加上地下水位逐年下降，北坡等地区出现饮水难问题。2005年，市政府拨款2618万元，用于建设万城镇农村安全饮水工程。当年，建设完成北坡地区供水工程，涉及自然村96个，受益行政村15个，受益人口4.37万人，解决了北坡地区饮水难问题。至2010年，全镇建设农村饮水安全工程项目14个，主管道8条145千米，项目涉及万城镇39个行政村169个自然村，受益农户25164户、10.07万人，其中,农村饮水不安全人口5.87万人,农村学校师生饮水不安全人口0.44万人,其他饮水不安全人口3.76万人。

1991—2002年,农村大多以公厕为主,卫生状况较差。2002年后,政府发动农村改水改厕。至2010年,共改厕3580户、3886间,农村卫生状况有较大改观。

四、社会事业

(一)人口

1991年,全镇人口30286人。2002年,全镇人口93177人。至2010年,全镇人口154072人,出生率为14.6‰,法定生育率为92.5%,自然增长率为9.8‰,各项指标达到市计生部门的要求。镇计生工作人员共77人,其中镇计划生育办公室5人,计生专职干部10人,社区、村计生员57人,其他工作人员5人。

(二)文化教育

1991年,有镇级文化站1个,即万城文化站,编制人员1人。2002年7月北坡镇撤并后,北坡文化站合并入万城镇文化站,文化设施简陋,没有固定办公场所;镇政府有图书室一间,藏书仅1200册;有镇级广播电视站2个,即万城广播电视站、北坡广播电视站,编制人员13人(万城站8人、北坡站5人)。2009年,文化站、广播电视站编入万城镇社会事务服务中心,设编制12人;全镇有镇综合文化站1处,占地面积1666.67平方米,建筑面积300平方米,设有图书阅览室、投影室、办公室、娱乐室、篮球场、排球场、舞台、音响等,有藏书4200册。2010年,全镇有镇级综合文化站1处、社区文化活动中心8处、村级文化活动中心32个、农家书屋32个、宣传文化室9家,共有藏书9.65万册;有篮球场28个、排球场23个,在社区、自然村等20个地区安装健身器材共计200套,有各类文艺活动表演队25支、表演人员约500人。

1991年,万城镇有初级中学1所,校园占地面积5万平方米,建筑面积1560平方米,设有班级12个。其中,在校中学学生780人,专任教师52人;有小学11所,在校学生6006人,小学专任教师366人。2002年,有初级中学2所,校园占地面积10.2万平方米,建筑面积43050平方米,设有班级57个,其中在校学生4520人、中学专任教师196人;小学35所,教学点1个,小学在校学生15288人,专任教师765人。2008年,将学区撤并,设立万城镇第一、第二中心学校。2010年末,全镇有幼儿园21所,在园幼儿3486人,专任幼儿教师153人;小学20所,教学点3个,班级194个,在校学生5601人,专任小学教师643人(其中小学中级职称506人、小学初级职称137人;本科学历21人、专科学历409人、中师学历208人、高中学历5人);有初级中学2所,班级51个,在校初中生2805人,专任中学教师176人。小学升初中升学率、初中适龄人口入学率、九年义务教育覆盖率达100%。

万城镇有放文灯、放风筝、西门龙、宾王龙、舞狮队等地方特色民间艺术。至2010年,全镇有省市文化遗产保护单位16处,其中省级3处(东山岭摩崖石刻群、青云塔、潮州会馆);市级13处(遗址4处:万洲城址、鲁望亭址、城皇庙遗址、万洲学宫遗址;墓葬2处:唐焕章墓、陈庚墓;古建筑3处:许敦仁故居、杨景山故居、万安书院;石刻4处:南洋第一楼、小桃园石刻、保定岭石刻、万宁烈士陵园)。

(三)医疗卫生

1991年,万城镇有卫生院1所,占地面积11000平方米,有医务人员26人,设病床19张,医疗设备较简陋。2002年,全镇有卫生院2所,占地总面积15933.3平方米,共有医务人员56人,病床44张,医疗设备有所增加。2010年,政府加大对医疗卫生的硬件投入,全镇有卫生院2所(万城镇卫生院、北坡卫生院),分设门诊部、住院部、妇产科、内科、外科、辅助科、基本公共医疗服务中心、院办公室、职工宿舍等,医疗设备有数字X光机、彩超、心电图机、全自动生化分析仪、血流技术仪、电解质仪、尿液分析仪、心电监护仪、高频电刀、无影手术灯等外科设备配套齐全,医疗专用车3辆,固定资产350万元。有病床70张,医务人员86人。管辖社区医疗服务站6个,村级卫生室69个,乡村医生80人,实现医疗卫生防治全覆盖。

(四)社会保障

1999年,开始实施城市居民最低生活保障制度,实施保障标准低、保障范围较小,主要是保障部分企业下岗失业人员与城镇居民生活特别困难的人员。2007年,全镇有城市居民最低生活保障户404户、485人,年保障金支出49万元。2010年,有城市居民最低生活保障户3090户、4878人,年保障金支出1088.77万元。

2002年,农村五保户、孤儿开始实行分散供养,当年月人均50元。2007年,月人均增至160元。2010年,全镇供养五保户420人,月人均280元,年支出141.12万元;孤儿180人,年供养费47.35万元(农村一类孤儿22人,月人均600元;农村二类孤儿151人,月人均160元;城镇孤儿7人,月人均300元)。

2005年,开始实施农村居民最低生活保障制度,主要是保障农村重病、重残致贫及特别困难的农村居民,全镇农村居民最低生活保障户2054户、2652人,年保障金支出95.47万元,月人均30元。2010年,全镇农村居民最低生活保障3412户、4541人,年保障金支出544.92万元,月人均100元。

2007年前,全镇有重点优抚对象231人,其中:烈属46户,月人均发放补贴300元;在乡复员军人105人(抗日时期入伍27人,月人均补贴266元;解放战争时期入伍59人,月人均补贴216元;中华人民共和国成立后入伍19人,月人均补贴210元);在乡失散红军1人,月人均补贴340元;在乡伤残军人8人,月人均补贴891元;堡垒户13户,月人均补贴50元;病退军人58人,月人均补贴100元。2010年,全镇有重点优抚对象420人,其中:烈属54人,月人均补贴396元;在乡复员军人83人(抗日时期入伍人员每人月均补贴366元,解放战争时期入伍人员每人月均补贴321元,中华人民共和国成立后复员军人每人月均补贴310元);在乡失散红军人员1人,月均补贴651元;在乡病退军人62人,每人月均补贴200元;堡垒户7人,每人月均补贴310元。参战参核人员121人,月人均补贴250元;60周岁以上退伍兵92人,每人月均补贴50元。

2010年,开始实施城镇医保,同年有1.98万人参加,参保率98%。同年,开始实施新型农村合作医疗,当年有9.79万人参加,参保率97%。同年,开始全面实施城镇居民、农村居民养老保险,当年有19.5万人参加城镇居民养老保险,参保率96%;3.6万人参加农村居民养老保险,参保率95%;全镇老人高龄补贴100岁以上27人,每人月均补贴500元,年支出16.2万元;80~99岁的有2959人,80~89岁老人每月人均补贴100元,90~99岁老人每月人均补贴200元,年支出44.4万元。

附:原北坡镇简况

原北坡镇位于万宁市东部,处太阳河下游地带,东濒南海,西与万城镇相连,西北与原大茂镇周家庄村为邻,南与东澳镇接壤,北与原港北镇隔小海相望。总面积58平方千米,耕地面积1326.67公顷,其中水田1220公顷、旱田60公顷、坡地51公顷。农业以水稻、瓜菜为主。海岸线长28千米,沿海村庄兼捕捞、养殖海水产品。

1991年，北坡镇管辖18个管理区（村委会）、1个镇农场、91个自然村，9027户、43277人。2002年7月，北坡镇合并入万城镇。

第二节 龙滚镇

一、位置与政区

龙滚镇位于万宁市北部，东临南海，西依革命圣地六连岭群峦，与国营东岭农场接壤，南靠山根镇，北与琼海市毗邻，东北部沿海与博鳌亚洲论坛一水相隔。全镇行政区域总面积为152平方千米，占全市总面积的8.07%。域内有可耕土地面积3600公顷、坡地面积1262.9公顷、林地面积1329.1公顷、水田面积1080.6公顷（含淡水面积283.3公顷）。全镇海岸线长12.9千米；龙滚河由西向东贯穿龙滚镇，在琼海市博鳌镇注入南海。镇政府驻龙滚墟，距万城44千米，走东线高速公路距万城33千米，北距海口105千米。

龙滚镇旅游资源丰富，有山钦湾、金牛岭、北埇岭、加坦水库、熊仔水库等自然景观。2009年，开始对山钦湾进行旅游配套设施建设。

龙滚镇是海南省著名的侨乡，海外华侨和港澳台同胞有2.78万人，旅居世界19个国家和地区，归侨、侨眷占全镇总人口的85%，每年有近5000名华侨回乡探亲和观光。

1991年，全镇辖16个管区和1个镇办农场，总人口2.26万人，旅居海外华侨2.7万人；全年生产总值8534万元，人均年纯收入1512元；全镇有党支部34个，镇委、镇政府在职干部职工39人。1993年，上城管区划分为上城管区和田头管区，全镇辖17个管区。1995年，撤销管理区，成立村委会。2000年，全镇辖17个村委会和1个镇办农场，总人口2.3万人；全年生产总值22600万元，农民人均年纯收入2800元；全镇有党支部34个，党员879人。2010年，全镇辖17个村委会和1个镇农场，162个自然村，总人口2.4万人；全年生产总值55258万元，农民人均年纯收入5998元；镇委、镇政府在职干部职工27人；全镇党支部31个，党员总数约1200人。1991—2010年，龙滚镇获国家、省、市级殊荣10余项。2005年（第一批）与2009年（第二批）连续2次被中央文明委评为"全国文明村镇"称号；2009年，获得"全国创建文明村镇先进单位"、全国"婚育新风进万家"活动先进镇、"全国侨务工作先进单位""海南省文明生态镇""海南省卫生镇""海南十佳环境优美小城镇""海南省社会治安综合治理先进单位""海南省先进基层党组织""六好"乡镇党委、"海南省人民满意公务员集体"及市级多项荣誉称号。

二、经济

（一）农业

龙滚是农业墟镇，土地多为坡园地，适宜种植菠萝、胡椒、槟榔、橡胶、水果等热带经济作物。20世纪90年代中期，龙滚镇总结排园南岸村的生产经验，坚持季节改制和推广良种，实现单产翻番，亩产达400千克以上，人均产粮1.4吨，早造和晚造杂优种植面积分别达到800公顷和733.3公顷，达到当时的历史最高水平。同时，龙滚镇还大力发展橡胶、槟榔等经济作物和反季节瓜菜，促进农业增收。2010年，全镇西瓜及各种椒类的种植面积达1万余亩，橡胶种植面积达1080.2公顷，石榴的种植面积达81.7公顷，形成反季节瓜菜基地化、经济作物规模化的生产格局。

1994年，龙滚镇在菠萝种植方面引进“巴厘”品种，并推广“乙烯利”人工催生新技术，菠萝不仅产量高、口感好，而且成熟期由人工控制，可反季节上市。当年种植面积增长到1700公顷，农业户口人均0.1公顷，收入达到700多万元。此后，菠萝种植面积逐渐增加，至2010年，龙滚已发展成为万宁市最大的菠萝生产基地，种植面积2万多亩，亩产量3000多公斤，产值4000万元。菠萝的产值占全镇农业产值的50%，是龙滚镇的支柱产业。

（二）畜牧业

龙滚镇饲养的牲畜主要有牛、猪、羊等。1994年，牲畜出售总量约1万头，鸡鸭鹅的年饲养量达到40余万只，年存栏量25万只，鸡、鸭的孵化场有30余家，孵化种苗达百万只。2000年，畜牧业稳步发展，牲畜、鸡鸭鹅的饲养量达到48万余只，年存栏量19万余只。2010年，随着产业结构升级，农民发展立体经营，在鱼塘上饲养鸡、鸭、鹅、猪等，塘堤上种植蔬菜及果类等作物，牲畜、鸡鸭鹅的饲养量达到56万余只，年存栏量15万余只。

（三）渔业

1991年，龙滚镇的捕捞船只较少。1993年，龙滚镇沿海的坡罗、福塘、多格、治坡等村增加捕鱼船只，改进网具，提高捕捞技术，海洋捕捞620吨、淡水捕捞50吨、淡水养殖810吨，渔业总产值1422万元，其中海洋捕捞产值744万元，淡水捕捞产值30万元，淡水养殖648万元。2000年，全镇的淡水养殖面积达210公顷，有近百支深海捕捞队。水产产量2117吨，其中淡水产量1122吨，海水产量995吨，渔业总产值1750万元。至2010年，全镇的淡水养殖面积达494.7公顷，水产产量4897吨，其中淡水产量2643吨，海水产量2254吨，渔业总产值4048万元。

三、基础设施建设

（一）交通

1991年，龙滚镇辖区内仅223国道为沥青路面，乡村道路都是土路，交通不便。至2000年，镇政府年均投入10余万元维修平整路面，保证乡村道路畅通。2008—2010年，龙滚镇辖区内国道拓宽，硬化为水泥路面，完成“村村通”工程，实现村道硬化，各村委会至龙滚墟的乡村道路全部为水泥路，交通问题基本得到解决。

（二）水利

1991—1994年，镇政府先后投入70万元，劳动力14.8万人次，修建仙寨洋渠道、硬化凤园段主渠道共3.1千米，修建治坡机耕道长3.8千米，砼800米，完成水利建筑物24座。2000年，镇政府投入12.7万元，维修加固加坦水库主渠道、大寨洋，凤尾洋V形渠道硬化1千米，维修加固山塘水库6座，完成水利建筑物5座，大小渠道148条。2010年，镇政府争取市农用资金和镇配套资金89万元，对治坡蓝田洋、多格大罗坑洋、田头郎洋水利设施进行硬化；争取国家建设资金8000万元，对龙滚镇公路以东村庄和农田进行综合整治。

（三）电网

1991年已基本实现乡村通电。2001年前，龙滚镇城乡用电由琼海供电公司九曲变电站供应。2001年后，由万宁供电公司接管。2006年后，龙滚用电由山根变电站供应。在此期间，供电公司对龙滚电网经过多次改造。2010年，龙滚辖区建成3.5万伏变电站，龙滚地区供电趋于稳定。

（四）供水

至2010年，龙滚墟以外的村民用水基本靠村内的公共水井或自家的水井，镇墟居民用水由位于华侨中学东侧的日供水50吨的水厂供应。

四、社会事业

（一）文化教育

1991年，全镇有文化站1座、电影队3支。2008年，镇文化站北迁新建，配有戏台、球场等，占地约6600平方米；全镇有农家书屋19座、图书室1间，共有各类书籍3.6万册。至2010年，全镇有文化站1个、图书室1间、村委会文化室17间，均配备图书管理员。另有自然村文化室9间，共有各类书籍4.6万册。

1991年，全镇有幼儿园1所（公办），教学点6个，初级小学2所，完全小学18所，中学1所，共有教职工285人、在校学生4618人，适龄儿童入学率99%，巩固率97%。全镇中小学校舍面积共17900平方米。1993年，通过政府拨款、社会集资等方式投入170余万元改造、扩建华侨中学校舍面积共2620平方米，并迁址重建幼儿园，完善学校各项配套设施。2008—2009年，整合教育资源，将龙滚镇中心学校（包括乡村10所小学）撤并，合并至市华侨中学，办成九年一贯制学校。在此期间，累计投入建设资金2000万元，为市华侨中学新建教学大楼、学生宿舍等，学校总建筑面积达18404平方米。2010年，全镇有私立幼儿园3所，在幼儿园761人；教学点2个，农村完全小学3所，普通中小学4所（其中九年一贯制学校1所，即万宁市华侨中学），中小学共有教职工179人，专任教师163人，中小学在校生1900人（初中生451人，小学生1449人）。义务教育完成率100%。

（二）医疗卫生

1991年，龙滚镇有中心卫生院一所，即华侨医院，内设主治楼、住院部和妇产科大楼，占地面积15926.6平方米，业务用房面积3749平方米。有医务人员50人，医疗设备较为简陋。至2010年，华侨医院设备设施逐步完善，设内、外、妇、儿、中医、防保等临床科室。拥有救护车、数字摄影DR机、彩色B型超声诊断仪、纤维胃镜、心电图机、全自动生化分析仪、尿液分析仪、电子显微镜、麻醉呼吸机、自动洗胃机、蓝光治疗仪、新生儿抢救台、婴儿培养箱等设备。有医疗人员62人，病床36张，

（三）社会保障

1996年，全镇开始推行合作医疗试点工作。1997年，全镇开始实施城镇最低生活保障制度，主要是保障部分企业下岗失业人员与城镇居民生活特别困难的人员。2006年，开始施行新型农村合作医疗。至2010年，全镇新型农村合作医疗参合率达到96%。

（四）人口

1991年，出生率为9.56‰，人口自然增长率为3.99‰，计划生育率为66.67%，多胎控制率为11.74%。2000年，全镇出生率为9.55‰，人口自然增长率为4.01‰，每个行政村配备计划生育信息员1人。2010年，全镇人口24148人（户籍），其中男性12117人，女性12031人；2010年出生306人，其中男165人，女141人，自然增长率为8.3‰。

第三节 山根镇

一、位置与政区

山根镇地处万宁市东北部，东濒南海，西靠六连岭，南与和乐镇相连，北与龙滚镇毗邻；海南东线高速公路山根互通口距山根墟仅2千米，海榆东线公路从镇区穿过，交通十分便利。地处丘陵，地势由西向东倾斜，山根溪、冯门溪、溪狗溪流经境内流入大海。总面积60平方千米，耕地面积19.47平方千米。

1991年，山根乡辖9个管理区和1个乡农场。2002年7月，山根乡改为山根镇，全镇辖立岭、华明、横山、山根、排溪、扶提、多扶、水央堀、大石岭9个村委会和1个镇农场，60个自然村。至2010年，辖区未变，辖区共3012户，总人口11691人，其中男性6059人，占51.83%；女性5632人，占48.17%；14岁以下2483人，占21.24%；15~64岁8129人，占69.53%；65岁以上1079人，占9.23%。总人口中，以汉族为主，达11376人，占97.31%；黎族285人，占2.44%；其他民族占0.25%。

二、经济

山根镇的经济以农业为主，养殖业、渔业为辅。1991年，全乡农村总产值1747万元，农民人均纯收入382元。2002年，全镇地方生产总值15207万元，农民人均纯收入3289元。2010年，全镇地方生产总值21947万元，较2002年增长44.32%；农民人均收入5628元，较2002年增长71.12%。

（一）农业

粮食作物以水稻、番薯为主，主要经济作物有菠萝、胡椒、反季节西瓜等。1991年，引进水稻新品种汕优310.27公顷，年粮食总产达到4288吨，农业总收入556万元。2006年，山根镇以标准化示范菠萝种植为“龙头”产业，创办万亩标准化菠萝基地666.7公顷。至2010年底，建立了扶提洋标准化瓜菜示范基地，成立4个农民专业合作社，提高瓜果产销组织化程度。全年种植水稻433.3公顷，反季节瓜菜600公顷（其中西瓜246.7公顷、椒类及其他瓜菜353.3公顷），菠萝400公顷、胡椒333.3公顷、槟榔200公顷、椰子100公顷。全年粮食总产量3470吨。

（二）渔业

山根镇海岸线长7千米，渔业主要以海洋捕捞、养殖为主。1991—1994年，海鲜贮藏、调运，初具规模。1997年，贯彻“高让利、争引进、求发展”的发展思路，引来包括台商在内的4家企业，在横山、大石岭、排溪沿海一带滩涂投资发展高位养虾36.7公顷。2006年，在沿海建设高位池塘17.3公顷，淡水养殖面积115公顷，形成规模化发展。2010年，镇政府引导36只渔船进行深海作业，增加捕捞收益；

华明、横山、大石岭、排溪等沿海村庄的高位池养殖基地达86.7公顷，年产值3900万元。

三、基础设施建设

（一）镇村建设

1991—2000年，山根镇对基础设施建设的投入较少。2001年，山根镇以荔枝坎村生态文明村示范点建设作为重点，清除脏、乱、差，修建村道2.7千米，种花木3600株。2002年，通过联营的方式，投入560万元兴建新的农工商贸市场，占地4万平方米，新开5条800余米长的环墟大道，大道水沟硬化、路面绿化，街道两旁安装路灯，街道两侧新建楼房120幢。2002—2003年，投入186万元建成荔枝坎省级文明生态村。至2010年，在巩固荔枝坎省级文明生态村的基础上，建设大石岭省级文明生态村和水央堀、排溪、乐文、蔡宅、埇尾、多扶等市级文明生态村。墟镇街道功能齐全，街道宽敞、整洁，路灯全覆盖。

（二）交通通信

1991年，全镇乡村道路多为泥土路，群众生产主要靠肩挑背驮，生产效率较低，物资、商品流通较为困难。1995年后，许多群众购买摩托车、农用车，但路况太差，群众出行不便。2004—2005年，政府开始对乡村道路进行改造，山根镇乡村道路开始铺设水泥路。2005—2006年，全镇各村主干道相继硬化。2010年，山根镇村级主、副干道又加宽硬化，硬化率达85%，全镇基本实现乡镇路网全覆盖。

1991年，山根镇有邮政网点1个，主要邮递工具为自行车；全镇通信设备较为落后，电话、电视、广播等普及率低，通讯闭塞。信息传达主要依靠镇广播站进行广播宣传，传达信息主要通过报纸、书信等。1998年开始，有线电视在山根镇开通。至2010年，全镇有邮政网点1个、电信网点1个、联通网点1个，10个村（场）安装固定电话率达50%，有线电视率达65%。

（三）饮水供电

1991—1996年，群众饮水主要依靠水井。1997—1999年，政府发动群众改水改厕，至1999年，山根镇群众基本用上安全饮用水。2004年，开始推广使用自来水，山根镇自来水普及率缓慢递增。2010年，推广农村改水改厕工程，将近100户农户使用沼气能源，改水改厕户达到600户，全镇居民安全饮用水率达95%。

1991年，原山根乡各个村庄均基本实现通电，但用电量较小。自2002年开始，由于当地养殖生产规模增大，群众收入不断提高，用电量不断上升，农村低压电网开始调整。至2010年，新建与改造110千伏工程项目8个，铺设电缆15千米，全镇设有1个供电所，每个村至少安装2台变压器。

（四）农田水利

1991—2010年间，投入资金160万元，修复水毁工程9处，治水保安工程3处，维修小型水利工程4处，清淤沟渠2200米，投入资金200多万元，建设立岭符宅田洋渠道4.5千米、香车水库渠道6千米。

四、社会事业

（一）文化教育

1991年，山根乡有文化站1个。自2007年开始创建农家书屋。至2010年，建农家书屋6间，藏书达1.2万册。

1991年起，推行“分级办学、分级管理”的教育管理体制改革，办好幼儿学前班，适龄儿童入学率达100%。1994年，投入46万元，新建学校教室7间，共280平方米，教师宿舍4栋，共860平方米，水泥校道30米，办学条件及校容校貌得到改善，儿童入学率达95%，普及九年义务教育工作。2006年，贯彻执行“两免一补”政策，免除中小学生杂费和课本费。至2010年底，全镇有幼儿园2所；小学6所，在校生1897人，有教职工98人；初中1所，在校学生368人，有教职工35人。

（二）卫生医疗

1991年，全乡有卫生院1所，乡村卫生室5间。至2009年，新增卫生室3个，全镇免疫率达100%。2010年，镇卫生院1所，村卫生室8间，病床24张，有医生11人。全镇新型农村合作医疗参合率达100%，新型养老保险完成99.9%。

（三）人口

1991年，人口出生率达22.39‰，自然增长率19.15‰。2002年，将优生优育工作和“幸福工程”有机地结合起来，有效控制人口增长，人口自然增长率降至11‰。2010年，全镇出生178人，出生率13.9‰，性别比为94。

第四节 和乐镇

一、位置与政区

和乐镇位于万宁市东北部，东临南海，西依六连岭与北大镇接壤，南连后安镇，北邻山根镇，东南部的英豪半岛与万城镇的乌场地区接界。地势西北高、东南低，西部及西北部为半山区丘陵地带，东部、北部、中部及南部为平原。境内有23年红旗不倒的革命根据地六连岭，有龙首河、溪九河2条河流，建有红色、香车等水库。镇政府设在和乐墟，距万宁市区27千米。

和乐镇海岸线长18千米，占万宁市南海沿岸线的六分之一。水深100米以内的海域面积有4000余公顷，水深10米以内的浅海海域面积有2000余公顷，浅海滩涂面积有1200余公顷。境内有港北港和港北小海。有太阳、龙尾、龙首、白石、溪九等河流流入小海，和乐蟹、港北对虾以及石斑鱼是小海的特产。东南部的英豪半岛，东西北三面临海，南与万城镇的乌场地区接界，南北长12千米，东西宽2～3千米，总面积28平方千米，有4个村委会，人口10238人。

1991年，和乐镇辖15个管理区、1个镇办农场；港北镇辖7个管理区。1995年，撤销管理区，相应成立村委会。2002年7月，港北镇并入和乐镇。至2010年，全镇总面积80.4平方千米，其中耕地面积20.24平方千米（其中水田面积12.75平方千米、旱地面积7.49平方千米）；管辖22个村委会和1个镇办农场，共有自然村115个，村民小组219个。全镇总人口62842人，其中农业人口51124人、非农业人口11718人。全镇有党支部37个，其中农村党支部22个，机关企事业党支部15个，党员2067人。

二、经济

和乐镇是以种植业为主，渔业、乡镇工业、林业、畜牧业为辅的农业镇。1991—2010年，镇西部及西北部等山区丘陵地带，主要种植橡胶、槟榔、椰子、胡椒、菠萝、荔枝、龙眼等热带经济作物，并利用山塘水库养殖淡水鱼。在龙首、溪九两河下游平原地区主要种植水稻、无公害瓜菜、反季节蔬菜，饲养家禽等，沿海地区发展海水养殖和海洋捕捞。1991年，和乐镇社会总产值5891万元，财政收入79万元，人均年纯收入531元；原港北镇社会总产值2684.76万元，财政收入9.5万元，人均年纯收入451元。2003年，和乐镇社会总产值70206.5万元，财政收入596万元，人均年纯收入3000元。2010年，和乐镇社会总产值101074万元，财政收入1040.21万元，人均年纯收入4180元。

（一）种植业

1991年，原和乐、港北两镇种植粮食作物1264.8公顷，其中种植杂优良种水稻718.7公顷，粮食总产量9612吨；种植无公害瓜菜66.9公顷，年产量1200吨；种植橡胶21.3公顷，年产量33.5吨；种植槟榔24.3公顷，年产量32吨；种植胡椒85.7公顷，年产量73.3吨；其他粮食作物347.8公顷。两镇农业生产总值达10835万元。2002年7月，港北镇并入和乐镇。2003年，和乐镇在新田、芳市创办2个蔬菜种植示范基地，在六连创办1个农业综合发展示范基地。种植优良品种水稻685.3公顷，粮食总产量9782吨；种植无公害瓜菜200公顷，年产量3570吨；热带作物种植达285.3公顷，西瓜种植面积335.3公顷；农业生产总值21127.5万元。2005年，在六连、镇农场、大山、罗万等地区，建设菠萝、胡椒、槟榔、橡胶等基地453.3公顷，同时大力推广"农民＋公司＋机关＋科技"农业股份合作模式。至2010年，全镇农田使用机耕率达80%以上，全镇共有股份合作制经济实体企业42个。种植优良品种水稻1178.2公顷，粮食年总产量达10966吨；蔬菜种植1078.9公顷，年产量20714吨；橡胶种植60.9公顷，年产量80吨；种植槟榔50公顷，年产量68吨；种植胡椒233.3公顷，年产量200吨；种植菠萝达389.3公顷、龙眼达66.7公顷、西瓜面积达416公顷；农业总产值达46284万元。

（二）渔业

和乐镇是万宁市主要渔业产区，从事渔业生产的有五星、港上、港下、盐墩、英豪、英文、联丰及乐群等8个村委会。1991年，原和乐镇水产养殖面积31.1公顷，其中淡水养殖面积6.7公顷，海水养殖面积24.5公顷，海水养殖对虾每亩产200千克左右，创万宁对虾养殖亩产最高水平。同年，原港北镇海洋捕捞产量达2790吨，在联丰、英文、英豪、盐墩等村委会建成4个海水养殖基地，面积202.7公顷。养殖和乐蟹、港北对虾、港北石斑鱼，平均每亩产205千克，年总产量达180吨，产值710万元；港上、港下2个村委会共有网箱养殖348户，有3627口网箱，养殖鱼虾产量190吨，产值750万元，平均每个专业户养殖产量500千克以上。2001年，海南好士墩海洋生物科技有限公司在和乐镇注册成立，注册资金600万美元，该公司在英豪半岛兴建养殖基地213.3公顷，用以养殖和乐蟹、港北对虾、港北石斑鱼，年产鱼、虾4800吨，形成养殖、育种、加工、运输、销售"一条龙"的生产营销模式。2005年，港下养殖专业户高位池孵化石斑鱼试验成功，建成海水养殖鱼苗基地，填补了我国海水养殖高档鱼繁育技术的空白；红鱼和三刀鱼杂交配种成假包公鱼及龙胆石斑与老虎斑杂交培育新品种珍珠龙胆石斑鱼成功，首创国内杂交鱼成果。杂交红刀鱼苗除供应省内市县外，还远销福建、广西、越南等地，每年供应鱼苗1.5吨，销售收入214万元。2005年，乐群建成低位池养殖石斑鱼和鱼虾混养基地。2010年，和乐镇有渔船366艘，其中吨数较大、设备较先进的渔船22艘，捕捞产量8668吨，年产值6212.1万元；有海水养殖高位池272公顷、低位池349.9公顷、和乐蟹混养面积200公顷，鱼排风箱12000口。全年水养殖总产量17682吨，总产值26191.8万元。

（三）林业

和乐镇林地资源丰富。1991年，仅港北地区海滩宜林空地植树造林304.7公顷，人工造林550.7公顷，全镇森林覆盖率达80%。2000年后，集体林权制度改革，林业生产得到巩固发展。至2010年，全镇林地总面积2491.2公顷，其中商品林面积1979.1公顷，公益林面积512公顷，其他林地面积0.07公顷。林改涉及22个村委会，1个镇农场，商品林发证面积1361.1公顷，涉林村民小组143个，发证村民小组111个，占总数的77%。涉林农户5341户，人口25009人，发放林权证1620本。

（四）畜牧业

1991年，原港北镇、和乐镇主要畜牧产业为饲养猪、牛、羊。和乐镇年产猪肉2000吨、牛肉540吨、羊肉27吨，农村饲养鸡、鸭、鹅的农户达70%，封浩、红旗、西坡、水椰村委会饲养北京鸭群的专业户每村达5～10个，每户鸭饲养量一般800～3000只，全镇产鸭50000余只。泗水、六连村委会结合农村沼气池建设，发展小型猪场，其中规模较大的为达春养猪场（占地面积3公顷）。2010年，万宁市通达牧业有限公司在和乐镇创办的养猪场占地面积6.7公顷，年存栏量1669头，年出栏量3358头。

（五）工商业

1991年，原和乐镇产品加工厂已发展到1200余家，从业人员达到5500余人，占总劳力的30%，工业总产值895万元，乡镇企业总产值2515万元；原港北镇水产品加工企业有282家，乡镇企业总产值154.2万元。至2010年，和乐镇规模较大的工厂企业共有86家，运输流动联合体和专业户共40个，工厂企业和运输从业人员有7552人。和乐椰丝厂生产的椰丝垫，产品销售全国。和乐木材加工厂产品运销国内各大城市和欧美洲12个国家，享誉国内外。和乐海鲜蔬菜产品运销服务人员400余人，形成产、运、销“一条龙”。全镇乡镇企业总产值27194万元。

1991年，原和乐墟有个体经营商店500余家。2010年，和乐墟商业铺面有1108间，日用百货店、副食店、医药商店、生产资料商铺、五金店、电器商店、茶楼、酒店等各有20～40家，成衣服装店有60家以上，合丰惠隆等超市店铺10余家，和乐镇有隆港、森泉等多家宾馆。

三、基础设施建设

（一）道路建设

1991年，原港北镇政府拨出资金8万余元，维修港上、港下辖区乡村公路两条全长2.2千米。1995年，原和乐镇政府拨出资金60万元，修建村委会至镇墟的通车土路3条，全长10千米。1996—2001年，原和乐镇政府采用集资引资方式先后投入400余万元建设和港大道、和乐大道共4千米，并实现水泥硬底化。同时，实现和乐墟购物街、永和街、富南街、振兴街、和平商贸街等5条街道水泥硬底化。2001年，原港北镇政府投入资金240万元，建设港北墟主要街道2千米水泥硬底化路面，并修建辖区7千米通车公路2条（土路），建码头浮渡候船室，方便英豪半岛群众贸易往来。2004年开始，全面实现和乐墟、港北墟所有街道总长8千米的水泥硬底化，并实现镇内所有村委会到镇墟共长20千米水泥硬底化通车公路，实现各自然村到村委会道路，及各自然村人行道总长60千米的水泥硬底化。至2010年，和乐镇全境绝大部分公路和人行道实现水泥硬底化。

（二）民生工程建设

1991—1996年，和乐镇与原港北镇未铺设自来水管道，居民用水主要依靠地下水。1997—1999年，政府实施改水改厕工程，农村家庭厕所完成率达90%，农村基本用上安全水。2001—2003年，投入130万元，协助市自来水公司铺设供水主管道。至2010年，全镇完成自来水管道铺设，大部分墟镇居民用上卫生的自来水。

1991年，和乐镇有2个墟市（和乐墟、港北墟）和2个小农贸市场（琉川铺仔、乐群铺仔）。1994年，原和乐镇政府在和乐墟繁华街南新建和乐市场，建筑面积15000平方米，集资160万余元，引资50万元，建有商铺60间，设有鱼、肉、蔬菜、熟食等摊位80个；同年，原港北镇政府在港北墟正街南侧建起面积3920平方米的农贸市场，集资60万元在市场内建商铺20间；投入资金20万元，建起钢筋水泥结构平顶房面积420平方米，设有鱼、肉、蔬菜等摊位40个，结束港北墟没有市场的历史。2000年，和乐镇政府在振兴街东、和平商贸街北之间，新建面积25200平方米的和乐集贸市场。2001—2010年，先后集资2500万元在集贸市场内建起一条长200米、宽24米的乐兴街，南北两侧商铺共100间。引资600万元建钢筋水泥结构楼房一栋，底层面积3200平方米，设有鱼、肉、蔬菜、副食、熟食、活禽等摊位480个，楼房面积3000平方米，建有合丰惠隆超市和乐店。集资1200万元，在市场大楼的东、西、北三面建有商铺40间，集贸市场趋向现代化建设发展。至2010年，全镇集贸市场发展至5个。

四、社会事业

（一）文化体育

1991年，原和乐、港北两镇有文化站2处、文化室23间，藏书6200余册；有剧场4个、电影放映点23个、录像放映点6个、广播站2个、广播室23间、调频喇叭650个；有灯光球场2个、篮球场3个、排球场23个。2003年，在大坡文明生态村新建文化室1间、标准化排球场1个、休闲娱乐场所3处。2010年，全镇有综合文化站1个，文化室23间，共有藏书15000余册；剧场23个、歌舞场5个、卡拉OK歌厅12个、调频广播台2个、卫星电视接收站7个；有灯光球场5个、篮球场8个、排球场42个、体育健身活动场所6个；全镇创建省级文明生态村8个，市级文明生态村22个。

（二）教育

1991年，原和乐、港北两镇有完全小学22所，教学点3个，教职工353人，在校学生6804人，适龄儿童入学率99.5%，普及九年义务教育巩固率97.2%；完全中学1所（大同中学），初级中学1所（港北中学），有教学班级30个（初中23个，高中7个），教职工129人、学生2075人（初中生1851人，高中生224人），教师学历达标率90%。1995年，普及九年义务教育验收合格，省发给“普及九年义务教育合格”证书。2008年8月，港北中学并入大同中学。至2010年，全镇有幼儿园（含托儿所）43所，完全小学13所，教学点5个，有教职工370人、在校学生4291人，九年义务教育入学率100%、巩固率96.5%；完全中学1所，教职工163人，有41个教学班级，其中初中33个，高中8个，学生2516人，其中初中生2108人，高中生408人。

（三）医疗卫生

1991年，原和乐、港北镇各有卫生院1所，医务人员53人，有床位74张；有农村医疗室23间，有医务人员23人。2003年，全镇有卫生院2所，医务人员64人，有床位74张；有农村医疗室23间，有医务人员28人。至2010年，全镇有卫生院2所，医务人员79人，有床位74张；有农村标准化医疗室23间，医务人员40人；和乐墟还有私人开设的医疗诊所3间。

（四）社会保障

2005年开始，实施新型农村合作医疗，全镇有48600人参加新农合。2008年，全镇参加新农合达52240人，参保率95.1%；2010年，新型农村合作医疗参保率达到100%。2010年实施新型农村养老保险，当年全镇60周岁以上参保人数6094人，老龄养老金发放人数6094人，发放养老金额609400元，完成率100%；16～59周岁应参保人数23000人，实际参保人数20930人，参保率91%。

（五）人口

1991年，人口出生率为20.3‰，人口自然增长率为14.9‰。1995年，人口出生率为16.7‰，人口自然增长率为13.28‰。2004年，和乐镇人口出生率开始向低生育水平转变，人口出生率为15.1‰，人口自然增长率7.79‰，性别比115，被评为“万宁市计生达标单位”。2007年，人口计划生育工作迈上新台阶，人口出生率12.6‰，人口自然增长率8.33‰，控制在国家规定的低生育水平，性别比114。2010年，人口出生率13.53‰，自然增长率9.44‰，性别比控制在118以内。

附：港北镇简介

港北镇，位于万宁市东北部。东濒南海，西与和乐镇接壤，南到大塘岭与万城镇的北坡地区接界，北邻山根镇。镇政府驻地港北墟距万城32千米。全镇面积37.4平方千米，境内南海海岸线长18千米。1991年，港北镇管辖7个管理区，36个村民小组，25个自然村，主要民族为汉族，港北镇人以渔业为主业，大部分人口为渔民。1992年，渔业收入1768万元。2002年7月，撤销港北镇，并入和乐镇。

第五节 后安镇

一、位置与政区

后安镇位于万宁市东北部，距市政府驻地12千米，南靠万城，北邻和乐，东临港北小海，西与大茂镇、北大镇交界，海榆东线高速、223国道贯穿其境，交通便捷。镇政府驻后安墟分洪北街。

辖区属半丘陵半平原，西北高，东南低，地势相对平坦。土壤为沙质土、黏土，境内耕地面积4126.4公顷，人均耕地面积1.2亩。龙尾河、白石溪流经镇境；有市管水声水库（小一型）1座，乐来、打称沟、车斗、水响、独田等镇管水库（小二型）5座，拦水桥闸1座、山塘25口，防洪防旱设施完善。境内水源充足、土地肥沃，主产苦瓜、青瓜、莲雾、柠檬等多种水果瓜菜和槟榔、胡椒等热带经济作物；沿海滩涂养殖后安鲻鱼、虾、螃蟹和海鸭等特产，素有“鱼米之乡”的美誉。

境内军坡节、民间书法等特色文化历史悠久，代代相传。2008年，后安镇被海南省书法家协会授予“书法之乡”的称号。主要特产有后安粉汤、后安海鸭、后安铁器。

1991年，后安镇政府管辖14个村委会，2个镇办农场。原乐来镇管辖9个村委会、1个镇办农场、1个镇办林场。2002年7月，乐来镇并入后安镇。截至2010年，全镇总面积81.45平方千米，总户数11336户，总人口54196人，为万宁市人口大镇；全镇有41个党支部，镇政府管辖23个村委会，即曙光、曲冲、群兴、白石、坡仔、吴村、金星、坝头、潮港、多荫、龙田、六合、后安、乐来、雨坛、七星、红联、茶山、坡头、桥头、龙唇、安坡、六底，2个镇办农场，1个镇办林场，村“两委”（党支部、村委会）干部150人，村民小组298个，自然村276个。

二、经济

后安镇是以农业为主，养殖业、加工业为辅的农业镇。1991年，社会总产值1688万元，农民人均纯收入385元，财政收入16.8万元。2002年，社会总产值约1.5亿元，人均年收入2243元，与1991年同比增长482.6%。2010年，社会总产值5.508亿元，人均年收入4410元，与2002年同比增长96.6%。

（一）农业

后安镇土地多为坡地，乐来片区适宜种植菠萝、胡椒、槟榔等水果和经济作物，后安片区适宜种植冬季瓜菜和水产养殖。1991年，后安镇农业以种植粮食为主，水稻一年两熟，间隔期种植番薯、黄豆、花生等经济作物。1993年开始，台湾直田公司落户乐来片区七星村委会，种植各类瓜果，在公司的带动下，农民群众大力发展瓜菜，至1996年种植面积达到933.3公顷。2002年，全镇胡椒种植面积200公顷。2010年，瓜菜种植面积1133公顷，各类水果200余公顷。同年，海南口味王科技有限责任公司落户后安，一、二期投资1.6亿元，带动槟榔产业发展。海南开泰东山羊产业有限公司落户后安，带动东山羊养殖。先后创出“东山羊”“后安鲻鱼”“后安海鸭”及“口味王槟榔”等知名品牌，生产规模逐年扩大，产业结构不断完善。

1991年，全镇有水产养殖面积106.7公顷。至2010年，水产养殖面积发展至180余公顷，养殖户754户，主要养殖鱼虾鸭鹅。坡仔村民自1989年起尝试养殖野海鸭，于1991年获得成功，2005年养殖规模达到5000只，至2010年年出栏量30余万只。

1997年，启动第二轮土地承包和农田保护区划定工作。至1999年，基本完成划定工作。2004—2009年，开展土地确权工作，对土地全面确权登记发证。2010年，启动集体林权改革，涉及林改的村民小组193个，农户3186户，涉林人口15537人，规划集体林地总面积1875.9公顷，规划内发证面积1563.9公顷，规划外发证面积297.4公顷，林地保障率99.6%。

（二）工业

1991年，原后安乡镇企业主要为木材加工厂及铁器作坊，乐来主要有威达选钛厂及木材加工厂等，年产值合计274万元。2010年，全镇有木材厂4家，槟榔加工厂3家，铁器加工厂6家、制药厂2家，工业总产值1.3亿元。

三、基础设施建设

（一）镇村建设

1991年，后安镇后安墟主街道位于后安村委会老街，为泥土路面，街道狭窄；乐来镇街道呈丁字形，为60年代铺设的柏油、方石路面。1993年，乐来镇政府搬迁至海榆公路西侧。1994年，后安镇新建兴安街，镇政府新办公楼正式开建。1995年，后安镇分洪两岸街道开始建设，确定了后安镇的基本格局，于1996年竣工。

2001年，启动文明村示范点建设，投资50万元创建坡头美子林文明村示范点。截至2010年，后安镇累计投资3630万元建设文明生态村143个，其中省级1个（六底村委会），市级16个，镇级126个；投入877万元建设后安墟、乐来墟市政及乐来墟到口味王槟榔厂路灯；投入1000万元建设干部职工经济适用房48套，周转房1幢，职工食堂120平方米。

（二）交通通信

1991年，后安镇仅有茂安县道为硬化道路，长6.5千米，其余均为沙土路面，且道路较窄，交通不便。1999年，后安镇入口至后安村委会路段开始修建硬化道路，长度约300米。2006年，乡村道路硬化工作进度加快。至2010年，东环高铁、东线高速、223国道和2条县道贯穿镇区，从墟镇到村委会的乡村路网全部实现硬化，村内宽3米以上的村道也都铺设水泥路面，村道两侧安装路灯，全镇共有路灯978盏。

1991年，后安镇、乐来镇各有邮政网点1个，主要邮递工具为自行车；后安镇开通程控电话10余部，并开始开通有线电视。至2010年，全镇邮政网点2个，电信网点2个，固定电话3839户，移动电话32012户，电话普及率达到92.8%；有线电视实现全镇覆盖。

（三）饮水供电

1991年，群众饮水主要依靠地下水。1997年，后安、乐来片区自来水改造落实600余户。2010年，居民饮用自来水普及率40%，其中后安片区已有12个村委会，4141户饮用自来水。

1991年，后安镇和乐来镇大部分村庄已经通电，但用电量较小。1995年后，乡镇企业增多，用电量快速提升，输电设施发展迅速。至2010年，全镇设有2个供电所，每个村至少安装2台变压器，实现村村通电。

四、社会事业

（一）文化教育

1991年，后安镇有小学14所，初级中学1所；乐来镇有小学9所，初级中学1所。2002年合并建镇后，共有小学23所，初级中学2所。2008年，因吴村、白石、坡仔、龙唇、七星等8个村庄生源较少，村小学撤并。2010年末，拥有幼儿园4所；小学18所，在校生4163人，专任教师274人；初级中学2所，在校生2189人，教师151人，九年制义务教育全面覆盖。

1991年，后安镇、乐来镇各有1个文化站，编制各1人。2002年并镇后，编制为2人。2007年开始，每年开展书画展活动。2008—2009年，后安群众为庆祝北京奥运，用9988张纸制作出直径34米、高15米的大型孔明灯，被省内外媒体广为传播（2010年后，为确保安全而改变了放孔明灯习俗）。2010年，建设新文化站1个，成立24家农家书屋。

（二）医疗卫生

1991年，后安镇有卫生院1所，医护人员32人，病床28张；乐来镇有卫生院1所，医护人员18人，病床14张。1996年，推行合作医疗试点工作。1997年，开展卫生厕所改造工作。2006年，开始推行新型农村合作医疗。2007年，开始推行城镇居民医疗保险。至2010年，共有卫生院2所，医务人员64人，有病床55张；有诊所29间，实现每个村委会至少有1间诊所的目标，每间诊所1~2名农村医生；新型农村合作医疗参合人数47000人，参合率达96%；农村卫生厕所改造1253间，普及率达65%；城镇居民基本医疗保险参保率达100%。

（三）社会保障

2010年，开始实施新型农村养老保险，当年参保达14000余人，全镇共有五保户233户，农村771户1306人享受最低生活保障，城镇150户251人享受居民最低生活保障。

（四）人口

1991年，原后安镇人口29215人，出生率为21.25‰，自然增长率为17.01‰；乐来镇人口13326人，出生率22.3‰，自然增长率16.95‰。2002年，后安、乐来两镇合并，约有人口4.8万人。2010年，全镇总人口54196人，出生率14.76‰。

第六节 北大镇

一、位置与政区

北大镇地处万宁市西北部，东与后安镇、大茂镇接壤，东南与长丰镇相邻，南与三更罗镇毗邻，西与琼海市交界，北与龙滚镇相连，东北与山根镇、和乐镇为邻。地势西高东低，以山地为主；土质为沙质土，土壤肥沃。粮食作物以水稻、玉米、薯类为主，热带经济作物主要有橡胶、椰子、胡椒、咖啡、益智、菠萝。镇政府驻东兴墟，距万城24千米。

境内有国营东兴农场，旅游资源有尖岭温泉等。禄马田村生态环境优美，水质优良，具有得天独厚的长寿环境，2010年，全村人口516人，其中80岁以上老人19人，90岁以上老人5人，百岁以上老人3人，其中有两人是“双百”夫妇。禄马田村是万宁市长寿人口最密集的自然村之一。

1991年，禄马苗族乡总面积100平方千米（含国营东岭农场），辖9个管理区、70个村民小组、77个自然村；北大黎族苗族乡总面积176平方千米（包括东兴农场），辖10个管理区、1个农场、67个自然村。1995年，撤销管理区，成立村委会。2002年7月，禄马乡、北大乡合并，设立北大镇。合并后行政区域面积为130平方千米(不含农场行政辖区)，水田628.5公顷；林区12000公顷，其中国有林地8666.7公顷、集体林地3200公顷，森林覆盖率达86%；有水库6座，水库水面面积408.2公顷，其中市管中型水库1座（军田），镇管小（一）型水库1座（后庙），镇管小（二）型水库4座（槟榔行、客公园、双军、芦文洪），山塘48处；全镇辖2个镇办农场，19个村委会，137个村小组，75个少数民族村庄。有文明生态村80个，其中省级文明村9个 (中兴村委会竹埇村，联群村委会下田村、西截村，丰丹村委会丰丹下村，坚西村委会上截村、禄马田村，红星村委会江宅村，山牛田村委会山牛田村，文才竹村委会加长田村)。

二、经济

（一）农业

1991—2001年，北大、禄马地区的农业生产模式较为单一，种植业主要以水稻、玉米、薯类为主，热带经济作物主要有橡胶、椰子、胡椒，但多受台风、病虫害影响，生产不成规模，生产效益低。2002年，逐渐引进外地品种，发展规模经济。以槟榔、橡胶为支柱型产业，间种咖啡、可可，多元化发展新型林下经济。至2010年，槟榔种植面积达4027.8公顷，橡胶种植面积达1466.7公顷；种植莲雾1.25万余株，品种以黑金刚、红宝莲为主；全镇优质水稻种植面积达1310.2公顷，年产量5304吨；玉米种植面积25.4公顷，年产量298吨；番薯种植面积392.3公顷，年产量2405吨；全镇瓜菜种植面积达379.2公顷，年产量达11178吨。

（二）畜牧业

1991—2001年，北大和禄马地区饲养的牲畜主要是猪、牛、羊等。2002年，北大镇确立中兴、丰丹养猪业为禽畜类生产的主体方向，发展规模化养殖，生猪年存栏13000余头，禽类2万余只。涌现出山鸡村、养猪村、养羊村等养殖专业村，个别农户探索养殖野山猪、果子狸等；山鸡成为北大镇的特色产业，主要以六角岭野山鸡和映田简东山鸡为主打品牌；丰丹羊以肉质鲜美而享有盛名；至2010年，山鸡出栏25万只，存栏3万余只(其中种鸡2.2万只)；猪出栏31003头，存栏18925只；牛出栏6526头，存栏4905头；黄牛出栏2901头，存栏4193头；家禽出栏401442只，存栏139763只。

三、基础设施建设

（一）交通

1991年，北大、禄马地区路面以沙土路为主，路面小，交通不便。2002年，北大镇开始硬化农村公路建设，镇墟实现沥青硬化。2005年，部分农村公路开始硬化，北大墟至禄马墟的主干路全部硬化。至2010年，农村公路已基本实现硬化。

（二）通信

1991年，北大、禄马地区通信设备落后，电话、电视、广播等普及率低，信息闭塞，信息传达主要靠广播站的广播宣传。1998年6月，北大、禄马均开通有线电视。2010年末，全镇通电话的村19个、通有线电视的村19个，广播电视覆盖率91.0%。

（三）饮水供电

1991年，北大、禄马地区饮水主要依靠井水与泉水；虽村村通电，但电压低，导致通电率较低。之后，进行了两次较大的电网改造，农村改水改厕工作也相继开展。至2010年，全镇19个村全部通电；19个村都用上了安全的饮用水。

四、社会事业

（一）文化教育

1991年，有广播站2间，电影队3支。2002年两乡合并后，有文化站1间，藏书7000余册。至2010年，有文化站1间，文化室1间，图书室1间，农家书屋19间，藏书2.50万册；有体育场6处，举办的体育活动有排球、拔河、竹扛舞等。

1991年，北大黎族苗族乡有小学4所，中学1所；禄马苗族乡有小学3所，中学1所。2002年两乡合并为北大镇后，全镇有小学6所，初级中学2所，乡村教学点6个，共有在校生2746人，教师151人，小学适龄儿童入学率100%，小升初升学率100%，初中适龄人口入学率98.5%。 2010年，全镇有公办幼儿园2所；小学6所，在校学生共1674人，教师122人；初级中学2所，在校学生408人，教师55人。

（二）医疗卫生

1991年，北大和禄马卫生院医疗设备较差。2002年，有卫生院2所，医护人员35人；全镇19个村委会均设有医疗保健站，乡村医生32人。2010年，有镇级卫生院2所，农场卫生院2所，农村社区卫生室38所，公立卫生机构病床位105张，专业卫生人员118人，其中执业医师46人、注册护士62人、技术人员10人；另有取得行医资格的乡村医生38人。卫生院固定资产1792万元。农村安全饮用水普及率45.1%,农村卫生厕所普及率50.9%。

(三)社会保障

1991年,社会保障制度尚未完善,有关保障配套未能实施到位。2005年末,全镇开始实施城乡最低生活保障制度。2010年末,城镇最低生活保障户69户、95人。新型农村合作医疗参保人数1.9万人,参保率100%。

(四)人口

1991年,北大乡人口8429人,性别比为112.3;禄马乡人口8389人,性别比为109.71。2002年两乡合并后,全镇人口18986人,性别比为108.8。2010年,全镇人口22568人,年内出生398人,其中男性198人、女性200人,性别比为99,出生率16.4‰。

附:禄马苗族乡简介

禄马苗族乡位于万宁市北部,东与龙滚镇、山根乡接壤,南与乐来镇、北大黎族苗族乡相邻,西与东兴农场连接,北与琼海市交界,1991年,总面积100平方千米(包括国营农场),辖9个管理区,70个村民小组、77个自然村,是海南2个苗族乡之一(另一个是琼海的会山苗族乡)。

地处半山区,土质为沙壤土,土地肥沃,气候温暖,雨水充沛。禄马苗族乡是著名的天然矿泉水开发地,"六连岭"牌天然矿泉水闻名遐迩。

乡政府驻禄马墟,距万宁县城36千米。2002年7月,禄马苗族乡与北大黎族苗族乡合并,成立北大镇。

第七节 大茂镇

一、位置与政区

大茂镇位于万宁市中部,东与后安镇相邻,西部、西北部与长丰镇、北大镇交界,南接万城镇。境内东南部为平原,西部为山区,北部为丘陵地。土质主要为沙壤土,较贫瘠;主要河流有龙尾河,发源于南肚岭,从镇区流过.镇政府驻地大茂墟,距离市政府驻地约5千米。

1991年,大茂镇总面积52平方千米,辖周家庄、东星、袁水、群星、龙尾、联益、联光、红庄、大联、群爱、联民、群乐、红石等13个管理区和1个镇办农场,168个村民小组;全镇总人口21578人,汉族人口居多,有少量黎、苗族人口。1995年,撤销管理区,成立村委会。2001年底,全镇总人口25484人,其中城镇人口1988人,农业人口23496人,共有劳动力8514人。2002年,周家庄和东星村委会划拨万城镇后,大茂镇总面积2.1平方千米,总人口为24864人。2010年,全镇管辖袁水、群星、龙尾、联益、联光、红庄、大联、群爱、联民、群乐、红石等11个村民委员会和1个镇办农场,有135个村小组;总人口26565人,其中农业人口23818人,有劳动力7350人,农民人均纯收入4668元。

二、经济

（一）农业

1991年，大茂镇农业生产模式较为单一，农业以种植业为主，主要是水稻、甘蔗、番薯，生产规模小，生产效益低。1996年，全镇农业总产值3347万元，粮食总产量6495吨。1997年，多方筹资，发动群众投工投劳，整治联益深掘洋33.3公顷，作为冬修水利建设的样板，带动全镇完善排灌设施，大力发展冬季瓜菜种植。同年，全镇冬季瓜菜种植面积266.7公顷，农业总产值3869万元，粮食总产量8270吨。2010年，以水稻、甘蔗、冬季瓜菜（葱、小南瓜、辣椒）、水果、橡胶、畜牧为六大支柱产业的多元化生产模式形成。全镇农田有效灌溉面积548.8公顷，旱涝保收面积444.2公顷，耕地面积970公顷，水（旱）田545.8公顷，坡地4242.1公顷。全镇橡胶种植面积142.4公顷，产量150吨；椰子90.7公顷，产量35吨；槟榔100公顷，产量274吨。全镇水果种植面积707.2公顷，总产量11130.5吨。

（二）畜牧业

1991年，全镇饲养禽畜主要有猪、牛、羊、鸡、鸭、鹅等，以家庭散养为主，未形成规模化养殖。2002年，大茂镇调整禽畜类发展布局，将禽畜专业化养殖和个体户养殖相结合，全镇禽畜业发展迅速。生猪年存栏6290头，出栏16620头；禽类出栏7.70万只。2010年，生猪年存栏9390头、出栏33620头；禽类出栏447290只。

（三）木材加工业

1991年，大茂镇木材加工业已经初具规模，全镇木材加工厂已有40余家，共1900余人从事木材加工业。2002年，全镇有木材加工厂60余家，共2200余人从事木材加工业。2010年，大茂镇木材加工厂发展至70余家，从业人数达到2500余人。

三、基础设施建设

（一）交通

1991年，大茂镇乡村道路以沙土路为主，路面狭窄，交通不便。2002年，大茂镇开始逐步对农村公路进行硬化建设，镇墟至万城、后安、主城区一段实现沥青硬化，共12千米。至2010年，全镇自然村入村公路已硬化28千米，尚有202.62千米未硬化，涉及86个自然村。

（二）通信

1991年，通信设备落后，电视、广播等普及率低，信息闭塞，信息传达主要靠镇里广播站进行广播宣传；有邮政网点1个，主要邮递工具为自行车。2002年，有线电视、移动电话逐渐普及，邮政通信、电信、移动等通信设施不断完善。至2010年，全镇有线电视网络覆盖率达100%；固定电话通信信号覆盖整个辖区。

（三）饮水供电

1991年，大茂镇农村饮水主要是地下水。1997—1999年，进行两次大规模的改水改厕工作。至2010年，全镇11个村委会安全饮水率达100%。墟镇铺设了自来水管道，墟镇居民用上了卫生的自来水。

1991年，全镇各个自然村都已通电，但用电量较小。之后，随着大茂东星工业区的兴起和木材加工业的不断壮大，社会生产用电量不断增大。供电公司对大茂辖区供电线路进行多次改造，增加变电站。2010年，全镇全年用电总量达2200万千瓦时以上。

四、社会事业

（一）文化和教育

1991年，全镇有文化站1个。2002年，全镇有文化站1个，文化室1间。2010年，全镇有文化站1个，文化室1间，图书室2间，农家书屋12家。

1991年，全镇有小学8所，中学1所，即大茂中学。2002年，有小学1所，中学1所，乡村教学点11个。2010年，有幼儿园、托儿所4所，中心小学1所，在校生2100人，教职工73人；初级中学1所，在校生812人，教职工63人。适龄儿童入学率达100%，初中阶段巩固率95.7%。

（二）医疗卫生

1991年，全镇有卫生院1所，医务人员6人。2002年，全镇有卫生院1所，医疗室11间，床位20张，医务人员12人。2010年，全镇有卫生院1所，医疗室11间，床位39张，医务人员14人。

（三）社会保障

1997年，全镇开始实施城镇最低生活保障制度，主要是保障部分企业下岗失业人员与城镇居民生活特别困难的人员。2005年，实施新型农村合作医疗。2010年，实施新型农村养老保险，至2010年底，全镇参加新农合25019人，新农保9887人。农村最低生活保障523人，享受居民最低生活保障514人。

（四）人口

1991年，全镇人口21578人，出生率为18.2‰。2002年，全镇人口24864人，出生率为16‰。2010年，全镇人口26565人，出生率为16.4‰，人口自然增长率8.5‰。

第八节 长丰镇

一、位置与政区

长丰镇位于万宁市的西部，东与万城镇毗邻，西与兴隆华侨农场和三更罗镇接壤，南与礼纪镇隔河相望，北与大茂镇为界，是汉族、黎族、苗族人口聚居的半山区镇，黎族人口主要集中于牛漏地区，苗族人口分布在山架村和黄山村。境内地势西北高、东南低，西部和北部为山岭丘陵地带，南部为太阳河流域，中部地区为平原。境内土地肥沃，钛矿、石料、草地和水资源丰富。有镇管水库共5个：打秀滩水库、大园水库、加尧水库、七甲水库、榕树水库，水源充足，是全市淡水养殖规模较大的镇。热作、畜牧、淡水养殖和反季节瓜菜生产是长丰镇的四大优势产业。

1991年，长丰镇面积为78.6平方千米，辖长丰、马坡、福田、长安、黄山、南联、滨湖、裕民、南山等9个村委会，人口1.8万人；牛漏镇位于万宁市中西部，距市区15.6千米，面积74平方千米，人口0.9万人，管辖牛漏、边肚、七甲、山架、黄加、大洲6个村委会。2002年7月，长丰镇与牛漏镇合并，将滨湖、裕民、南山3个行政村划归万城镇。2010年，长丰镇辖12个行政村（长丰墟、马坡、福田、长安、黄山、南联、牛漏墟、边肚、七甲、山架、黄加、大洲）和2个镇办农场，199个自然村，163个村民小组。全镇有36个党支部、1304名党员。土地面积106平方千米，耕地面积1172.3公顷，其中水田面积709.6公顷，旱地面积462.7公顷。

二、经济

（一）农业

1991年，长丰镇农业以传统种植为主，农作物产量较低，社会生产总值1256.7万元，人均年收入为295元；牛漏镇社会生产总值953万元，人均年收入273元。2001年，长丰镇福田村委会大磜村在水田中引种苦瓜新品种，农民逐渐从传统的个体种植转变为土地入股集体种植，当年种植苦瓜466.7公顷，产量为1.1万吨。2002年牛漏镇并入后，长丰镇社会生产总值1.29亿元，人均收入2038元。此后，长丰镇大力发展反季节瓜果蔬菜种植。2010年，全镇反季节瓜果蔬菜种植达800公顷，产量达2.4万吨；社会生产总值4.9亿元，人均收入为4520元。

1990年，随着湖南槟榔加工业的发展，内地食用槟榔干市场不断扩大，需求量增多，农民开始大面积扩种槟榔，种植面积达到133.3公顷。1993年，长丰镇有380个家庭从事槟榔鲜果烘干。至2007年，种植面积达333.3公顷，人均收入2900元，长丰镇鲜果加工槟榔干果产量占全市63%以上，全市的槟榔收购和托运一般集中于长丰镇。2010年，家庭槟榔鲜果烘干业逐渐成为季节性主产业，全镇有780个家庭发展槟榔烘干业，种植面积466.7公顷，农户收入约4810元。政府开始引导农民建立槟榔合作社，共成立了20家合作社。

长丰镇位于太阳河上游，水资源丰富，山塘水库有10余座，1999年，村民开始利用山塘水库发展淡水养殖业；全镇淡水养殖面积为53.3公顷，年捕捞量945吨，年收入566万元。2005年，牛漏安乐村养殖专业户利用本地资源优势，引进新品种花鳗人工养殖获得成功，填补了万宁市特色养殖的空白。至2010年，全镇有集体养殖场10个，联合体养殖场6个，养殖专业户发展到100余个。全镇淡水养殖从单一饲养福寿鱼发展到10余个品种，主要有福寿鱼、草鱼、白鲳鱼等，年内全镇养殖面积达100公顷，全镇淡水鱼捕捞1875吨，总收入1200万元。

（二）乡镇企业

1991年前，长丰镇和牛漏镇有16家钛厂，全年产值215万元。从1996年起，政府开始利用槟榔、橡胶、钛矿、石料等资源优势，大力发展乡镇企业。2000年，长丰镇和牛漏镇有钛厂15家，橡胶厂2家，木材厂3家，砖厂1家。2005年，钛厂仅剩下5家。至2010年，全镇乡镇企业有324家，其中工业企业35家、农业企业8家、第三产业企业281家，全镇工业总产值为1.1亿元。

三、基础设施

（一）交通

1991年，长丰、牛漏两镇镇村道路大多为沙土路，路面坑洼不平且狭小，交通极其不便。2002年，两镇合并后，长丰镇开始硬化镇道路，长丰镇主干道海榆东线全部实现水泥硬化。2007年，海榆东线国道全段将柏油路改造为水泥硬化道路。2010年，墟镇到各村委会道路全部硬化，海榆干线从境内穿过，交通十分便利。

（二）供水供电

1991年，农村居民用水大多依靠地下水，长丰和牛漏地区全年自来水使用量仅为3000吨。2004年，开始推广使用自来水。至2010年，全镇年供水量达到60万吨。

1991年，长丰与牛漏地区共供电2150万千瓦时，供电设施比较落后，供电量远远不能满足农民的需求。2009年，全镇进行大规模的电路改造，安装10千伏的电压线路，通过变压器输入农户的电压为0.4千伏，满足居民的基本用电需求，2010年，全镇年供电量为2700万千瓦时。

（三）通信与新农村建设

1991年，全镇通信设备比较落后，电话、电视、广播等信息传媒普及率低，通信闭塞。信息传达主要靠广播站进行广播宣传。1998年6月，开通有线电视，长丰镇国道沿线居民最早享受到有线电视的服务。至2010年，全镇12个村委会全部开通有线电视、通电话，有线电视覆盖率达到75%，电话覆盖率达80%。

1994年，镇委在边肚村委会边肚自然村建设边肚省级文明生态示范试点村，投入建设资金986万元，其中省市级投入760万元，赈济投入190万元，群众自筹36万元，群众投工投劳约37000余个。2009年，竹竿塘村、文通村建设省级文明生态村。至2010年，全镇共创建省级文明生态村11个，市级文明村84个，全镇文明生态村总数达到95个，占长丰镇自然村总数的57%。

四、社会事业

（一）教育

1991年，长丰、牛漏各有6所乡村教学点，1所中学，1所幼儿园，共有教职工有103人、在校学生2958人。2002年7月后，全镇有幼儿园5所，小学15所，中学2所。2010年，全镇有幼儿园7所；小学11所，在校生1503人，教师70人；中学1所，在校生2717人，中学教师183人。九年义务教育全面覆盖。长丰镇长期以来被誉为海南省的“足球之乡”。长丰小学足球队于1975—1981年先后7次获得海南省足球比赛冠军，2次获得亚军，被称为“培养足球育苗的有功单位”，被评为“足球传统学校”。至2010年，有3人入选国家少年足球队，11人输送给广东省足球队。

（二）文化

1991年，长丰、牛漏镇各有6间文化室，共有藏书2000余册。2002年7月，长丰、牛漏两镇合并后，文化室共计12间。至2008年，新建文化室14间。2009年5月，边肚文通自然村被评为信息化示范村。2010年，全镇文化室共藏书万余册，电脑10台。文通村被评为省级文明生态示范村。

（三）医疗卫生

1991年，长丰镇有1所卫生院、4间卫生室，有病床20张；牛漏镇有卫生院1所、卫生室6间，有病床14张。1997年，开始进行卫生厕所改造，由于资金和条件的限制，覆盖率仅10%。2002年，牛漏镇并入长丰镇后，全镇有2所卫生院。2010年，长丰镇有卫生院2所、乡村卫生室10间，共有病床46张；全镇乡村合格厕所覆盖率70%。

（四）人口

1991年，长丰镇总人口18336人，出生率23.4‰，自然增长率17.23%；牛漏镇人口10959人，出生率20.28‰，自然增长率为16.46‰。2002年，牛漏镇并入长丰镇，长丰镇总人口32726人，出生率为21.084‰，自然增长率18.54‰。2010年，总人口30248人，其中汉族人口18771人，少数民族人口11477人；出生率为20.56‰，人口自然增长率11.5‰。

（五）社会保障

1996年，开始推行农村合作医疗试点工作。2006年，建立新型农村合作医疗制度，当年参合人数为12359人。2010年，城镇居民基本医疗保险参保率达93%；新型农村合作医疗参合人数达到24239人，参合率达98%。

附：牛漏镇简介

牛漏镇位于万宁市中西部，距市政府驻地15.6千米，面积74平方千米。1991年，人口0.9万人，58个村民小组，67个自然村。管辖牛漏、边肚、七甲、山架、黄加、大洲6个村委会。是革命老苏区，也是少数民族的聚集地。2002年7月撤销牛漏镇，并入长丰镇。

第九节 东澳镇

一、位置与政区

东澳镇位于万宁市东南部，东、北部与万城镇为界，西部与礼纪镇接壤，南部与南海毗连，距离市政府驻地10千米，海岸线全长21千米；全镇交通便利，加劳芳田—神州半岛公路贯穿全境。修建太阳河分洪后，太阳河水改道经东澳注入南海；境内有落斗水库、后风坑水库等2座水库；近海岛屿有洲仔岛、大洲岛，大洲岛是海南岛沿海线上最大的一座无人岛，岛上的大洲燕窝是珍贵的补品；山岭有大埇岭、凤壕岭、大环岭、牛庙岭，此外，还有风光秀丽的老爷海与神州半岛。

1991年，东澳镇管辖19个管理区、1个镇办农场、64个自然村，居民多为汉族。1995年，撤销管理区，成立村委会。至2010年，全镇共有19个村委会（东澳、新群、集丰、分洪、四维、明灯、明星、明丰、岛光、镜门、大造、乐南、新华、龙保、凤岭、龙山、蓝田、新村、裕后）和1个镇办农场，64个自然村，74个村民小组；有基层党支部15个，基层党总支4个。全镇土地总面积89平方千米，耕地面积1153公顷，总人口为54898人。

二、经济

（一）农业

东澳镇农业以种植业为主、养殖业为辅。1991年，农业基本上为传统作业，水稻一年两熟，其间种植蔬菜等经济作物。2000年后，东澳镇大力调整产业结构，冬季瓜菜、海产品养殖逐渐成为主要产业。冬季瓜菜主要有冬瓜、苦瓜、豇豆、黄瓜、青瓜、丝瓜、南瓜、西瓜、泡椒等，海产品养殖主要有虾类和石斑、珍珠龙胆、青斑、芝麻斑等名贵鱼类。2002年，东澳镇引进海南运庄公司在新群沙滩投资开发高位虾池26.7公顷；引进三亚海胆养殖公司在新华南田湾创办海胆养殖场，第一期投资80万元；引进万宁伟胜水产养殖公司在蓝田沙滩投资250万元，征地3.3公顷建设虾苗孵化厂。农业生产总值达15700万元，农民人均收入2398元。2004年，农业生产总值18656.9万元，农民人均纯收入2772.4元。2010年，改造低位池146.7公顷，建设高位池6.7公顷，实现地区生产总值26032万元，农民人均纯收入3667元。

（二）矿业

东澳镇沿海沙滩贮藏丰富的钛矿资源，其储藏量占全市的73%，被誉为“钛矿之乡”。同时，还伴生有矿物锆英石、独居石、金红石等，东澳沿海矿沙品位高、易开采、深加工、综合开发经济效益高。东澳至龙保钛铁砂矿床属全新世滨海砂矿，3个层状矿体，长600～3500米，宽100～299米，厚3.5～6.8米；钛铁矿含量平均为7.8千克/立方米，总储藏量约为16万吨，属中型矿床。1991年，有180余个民营选钛场，30余家选钛厂。至2010年，全镇有钛业加工厂15家，钛产品远销全国各地（包括香港地区）及东南亚等地区和国家。

三、基础设施建设

（一）市政建设

1991—1998年，地方财政较为困难，没有经费投入市政建设。1999年，镇政府对墟镇街道两旁进行绿化，种绿化树500棵。2001年，投资30万元扩建东澳农贸市场350平方米。2005年，安装路灯16盏。2010年，在加神公路两侧安装路灯90盏，并在公路两旁种树500棵；投入500万元资金用于市政的绿化、亮化、美化工程，对排污沟渠及暴露垃圾进行全面清理，拆除违章建筑15间，全面清理公路两旁乱搭乱建建筑物。

（二）交通

1991—2001年，东澳墟通往各村主要道路都是沙土路，交通极其不便。2002年，镇政府筹资6.5万元维修东澳至新华道路7千米；市交通部门维修拓宽分洪至新群公路2.2千米、分洪至南道公路3.8千米；筹资20万元修建东澳墟至蓝田道路3千米，东澳墟至乐南公路9千米。2005年，联合市交通部门投入资金40万元，修通东澳至凤岭村道路24千米；动员社会捐资50余万元，共投入90余万元，建设东澳墟东方红街硬化街道320米，安装路灯16盏。2006年，投入资金450万元建设富南街硬化街道460米，改造和修复乡村道路18条，长150千米。2007年，改造和硬化东澳墟至东澳中学（包括主校道）2.5千米市政道路；硬化岛光村道6千米、明星村道7.2千米、新村村道1.3千米。至2010年，共建设公路4条18千米，硬化道路26条198千米，改善辖区交通，方便群众出行。

（三）水利农田

1993年，修建集丰村“9323”水利工程，即修复太阳河北岸主渠道的水利工程，方便大奶洋万亩农田灌溉。2002年，东澳镇营造海防林93.3公顷，农田改制466.7公顷，维修渠道和修机耕道12千米，修建桥涵16座。2008年，进行龙巢洋农田整治工程，使东澳坡、龙山洋一带4000亩左右的农田得到灌溉。至2010年，东澳镇水利农田灌溉工程基本完善。

（四）饮水供电

1996年，乐南村开通照明电路，至此，全镇所有村庄通电。随着乡村人民生活的改善，生产和生活对供电需求不断增大，供电公司对农村电网进行多次改造。至2010年，人民生产生活用电需求得到保证。

1991—2007年，东澳镇农村使用自来水率较低，农民生活用水主要依靠水井提供。2007—2009年，东澳镇开展改水改厕工程，全镇安全用水率达100%。

四、社会事业

（一）文化

1991年，东澳镇有文化站1间，定编1人。1993年，东澳墟开通有线电视。至2004年，有线电视仅覆盖墟区周边485户。2005年，有线电视继续扩大覆盖面，建立新群、明星、龙保等3个有线电视分站；同年，在镇政府大院内建设350平方米的文化综合中心大楼，内设电子阅览室、图书阅览室、多功能大厅，有投影放映设备、音响设备、电视机、照相机，篮球场、排球场、舞蹈健身场等。2008年，有线电视入户3083户，覆盖率85%；同年，建立村级农家书屋2家。2009年，新增村级农家书屋7家。2010年，有线电视覆盖率达100%，入户率达88%。建设村级农家书屋12家，镇文化综合中心图书室共有藏书5000册；全镇19个行政村和2个自然村办起农家书屋，每家书屋藏书约1600册，有科技、政经、法律、文学、少儿、综合等六类图书，每家书屋有科技类光盘100张，农家书屋配一名专职或兼职图书管理员。10个村委会安装健身器材，9个村委会安装广播扩音设备，13个村委会成立健身舞蹈队，13个村委会建有篮球、排球场，其中4个村委会有灯光球场。

（二）教育

1991年，东澳镇有初级中学1所，在校生805人，教职员工63人。2010年，有幼儿园7所；小学7所，在校生2100人，教师153人；初级中学1所，在校生476人，教师81人，全镇适龄儿童入学率达100%。

（三）卫生医疗

1991年，东澳镇有卫生院1所，医院占地面积14685.4平方米，建筑面积2469平方米，有主治医师2人，执业医师10人，护士15人；共设9个科室，门诊2间。1997年，开始改水改厕工作，当年建家庭厕所394间。1998年5月，东澳镇卫生院与海南农垦总医院进行合作，农垦总医院派来内科、外科、骨外科、儿科、妇科的6位专家到东澳卫生院常驻坐诊，购置B超机、X光机等一批设备，业务收入高出合作前的20倍，当年外科手术完成123例，成功救助食物中毒病人16例，其中重度中毒病人5例。1999年，全镇共有卫生室20间，乡村医生20人；完成改厕462间。2010年，全镇有乡村卫生室28间、乡村医生28人；全镇安全饮水率达100%；全镇有家庭厕所的农户占总户数的93.6%。

（四）社会保障

东澳镇敬老院建于1992年，有16个床位，当年住进孤寡老人8人。2002年，敬老院迁到镇政府大门南侧，设14个床位，当年住进孤寡老人8人。2010年，住进孤寡老人4人。

2005年，开始推行农村最低生活保障，当年办理1205户，人数1650人。2006年开始，东澳籍企业家欧先进资助东澳镇五保户、孤儿和低保困难户每户每月50元。2010年，全镇为767户、990人办理农村最低生活保障，月支出51480元，人均52元。农村五保户分散供养223人，月支出6244元。农村医疗救助186人次，支出22320元。农村危房改造361间，安置搬迁失地农民就业和转业转产206人。参加新型农村合作医疗42591人，占总人口的87.5%。

（五）人口

1991年，人口出生率15.4‰，人口自然增长率8.9‰。2001年，人口出生率14.6‰，人口自然增长率8.3‰，2010年，人口出生率15.1‰，人口自然增长率7.8‰。

（六）文明生态村建设

1993年5月，确定龙保村委会为省级文明村建设试点，投入资金46万元，其中本村外出工作人员捐款28万元，村民捐款8万元，村委会出资5万元，镇政府资助3万元，市人大支持2万元，本村外出干部捐助水泥120吨，村民义务投工投劳3620个工作日，全面完成入村主道和村中所有人行道的硬化，安装路灯265盏，村道两旁进行绿化，改变龙保村的乱、脏、差面貌。1994年8月，未通过省文明办验收，该村降为市级文明生态村。1996年，建设厚福仔村、南道村、岭头村等3个市级文明生态村。1998年，建设黄宅坡村、镜门村、岛光上村、欧排村、灯笼坡村、排沟村等6个市级文明村。至2010年，全镇建设文明生态村64个。

第十节 礼纪镇

一、位置与政区

礼纪镇地处万宁市西南部，西和陵水黎族自治县交界，东与万城镇、东澳镇毗邻，北邻长丰镇，南临南海。境内有223国道、东线高速公路、东环铁路穿过，全镇共有高速公路出口4个，火车站1座。境内多为丘陵地带，地势平坦，土地肥沃。辖区内有海拔879米的吊水岭、733米的尖岭、620米的猴子公岭。境内海岸线长达25千米。有碑头水库、老荒水库、博冯水库、南场水库、杨梅水库。

境内自然生态保护良好，自然资源丰富。1991年，礼纪镇境内地下水资源可利用量达26万吨。境内矿藏矿产主要为钛矿，集中分布在沿海一带。2000年，地质储量为235万吨，可开采的钛矿储量达200万吨。2003年，开始招标开采。2010年，辖区内有一道长20千米、面积约1000公顷的青皮林带，并拥有面积4666.7公顷的国有自然林保护区，境内森林覆盖率56.5%。

1991年，礼纪镇下辖红群、合兴、合丰、太阳、农联、群坡、礼明、三星、桥海、莲花、竹林、贡举等12个管理区和先进、前进2个镇办农场，辖区总面积141平方千米；新梅乡辖石梅、田新、茄新等3个管理区。1995年，撤销管理区，成立村委会。2002年7月，新梅乡被撤销，田新、石梅、茄新等3个村委会归入礼纪镇。至2010年，礼纪镇共辖15个村委会（礼明、合丰、太阳、三星、农联、竹林、红群、桥海、莲花、合兴、贡举、群坡、石梅、田新、茄新）和2个镇办农场，辖区总面积181平方千米；总人口38919人，其中汉族25494人，黎族13157人，其他少数民族268人；男性21136人，女性17783人。

二、经济

1991年，礼纪镇社会总产值为1435万元，人均收入530元；新梅乡社会总产值为263万元，人均收入490元。新梅乡并入礼纪镇后，2002年，礼纪镇社会总产值为2.3亿元，人均收入2398元。2010年，全镇社会总产值为3.9亿元，地方财政收入达2307.2万元，人均收入4319元。

（一）农业

礼纪镇是万宁最早种植冬季瓜菜的地区，也是万宁最大的蔬菜集散地。1992年，开始反季节瓜菜种植。2008年，三星村开始大量种植豆角，2010年发展到300公顷，带动了全镇豆角的种植。全镇大力发展冬季瓜菜，2010年全镇种植面积达到1613.3公顷，农村总收入达29126万元。

1991—2010年部分年份礼纪镇耕地面积和农村收入统计表

表1-3　　单位：公顷、万元

年份	耕地面积	农村总收入	农业收入
1991	933	1027	895
1997	1000	9475	6953
2002	1080	13159	9185
2003	1067	13964	9185
2004	1093	14878	9442
2005	1100	16293	10559
2006	1120	16568	10365
2007	1240	19591	10441
2008	1287	23605	14951
2009	1520	26478	14795
2010	1613	29126	17131

说明：1992—1996、1998—2001年的数据缺失

（二）开发区建设

1993年，海南新能源股份有限公司进驻礼纪石梅湾，开启石梅湾开发区建设。1998年，新能源股

份有限公司将石梅湾开发权转让给海南华润石梅湾旅游开发有限公司。2006年，南燕湾开发区、桥海片区动工兴建。2008年，海南保利置业有限公司正式入驻礼纪桥海。2010年底，莲兴公路礼纪段项目100公顷的征地工作结束，完成首创奥特莱斯的前期工作。一批大企业的进驻，促进了礼纪镇的经济发展。至年底，礼纪镇地方财政收入达2307.2万元。

（三）旅游业

礼纪镇旅游资源丰富，有得天独厚的南燕湾、石梅湾、日月湾等三大自然海湾。1993年，在素有“大海之门”之称的海门建设台湾村旅游区。

日月湾呈半月形，海湾沙滩洁白松软，是冲浪的胜地。2010年11月，在日月湾开始创建世界冲浪胜地，近100名世界冲浪爱好者在此进行冲浪比赛。此外，南燕湾、石梅湾旅游开发区也不断加快建设，旅游业的不断发展，不仅提升礼纪镇的国际知名度，也带动当地的经济发展，增加了农民收入。

三、基础设施建设

（一）交通

1991年，镇区交通以沙土路为主，仅镇区主干道为柏油路面。2000年后，政府加大基础设施建设力度，镇区各村开始兴建柏油路，后改建水泥路。至2010年，礼纪辖区内各行政村道路已全部完成硬化，礼纪镇道路全部绿化，万礼街安装太阳能路灯，在高速公路群坡出口旁边，设立三亚至海口的临时客运站。

（二）供电

1991年，礼纪地区主要依靠礼纪变电站供电，但农村用电量较小。20世纪90年代至21世纪初，供电公司先后对礼纪地区实施电网改造，增设变电器，增加供电线路，实现城乡同价，农村用电量大幅提升。礼纪镇政府在镇墟街道两旁安装照明路灯，实施乡村亮化工程。至2010年，村道、镇墟街全部安装照明路灯。

（三）饮水

1991—2002年，农村村民饮用水主要是地下水。2003年以后，个别村庄的村民开始使用自来水。2010年，建成万宁自来水厂礼纪镇供给站，基本解决了农村生活用水问题。

（四）办公场所

1991—2003年，辖区各村的办公场所都比较简陋。2004年后，镇政府加大修建村级办公场所力度，至2010年底，全部完成村级办公场所的建设工作，并完善村级办公场所的设备。

四、社会事业

（一）文化

1991年，礼纪镇、新梅乡各有文化站1间，编制各1人。2002年7月，文化站合并，编制为2人。2004年，礼纪镇政府开始建设村级文化站和村级图书室。至2010年，全镇有文化站、广播电视站各1间，有村级文化室15间，各类文化专业户25户，各类图书室16间，共有藏书3万册；有市级文物保护单位3处：廖纪祖母墓、曾日景墓、旧村过路岭古道。

（二）教育

1991年，原礼纪镇有小学11所，初级中学2所；新梅乡有小学3所，初级中学1所。2002年7月新梅乡并入后，礼纪镇有小学14所，初级中学3所。2008年，红群、合兴、合丰等3所小学与合山中学合并为荣兴学校，农联小学撤并到礼纪中心小学，撤销新梅中学。2010年末，有幼儿园6所，小学10所，共有教师104人，在校生1637人；初级中学2所，有教师132人，在校生1573人。

（三）医疗卫生

1991年，礼纪镇有卫生院1所，医护人员27人，病床18张；新梅乡有卫生院1所，医护人员12人，病床7张。2002年7月礼纪镇、新梅乡合并后，有卫生院2所。2010年，礼纪镇有卫生院2所，专业卫护人员81人，病床63张，固定资产总值620万元，全年医疗机构（门诊部以上）完成诊疗3.1万人次；诊所23间，每个村委会至少有1间诊所。

（四）社会保障

2007年，礼纪镇推行新型农村合作医疗保险，参合人数36184人，参保率92.2%；同年，推行城镇居民医疗保险，参保人数894人，参保率85.6%。2010年，新型农村养老保险开始实施，当年参保达14000余人，全镇共有五保户154户，低保户467户697人享受最低生活保障；参加新型农村合作医疗保险8476户，参保人数38274人，参保率为97.6%；城镇居民基本医疗保险参保人数1045人，参保率达98%。

附：新梅乡简介

1987年，划出礼纪镇的石梅村和南桥区的田新村、茄新村，成立新梅黎族苗族乡。位于万宁市（县）西南海岸一带，南与陵水黎族自治县交界，西为南桥乡，北接礼纪镇，东濒南海。总面积40平方千米，其中耕地面积377.7公顷。管辖3个管理区、16个自然村。辖区内有住户996户，常住人口5162人，大部分为黎族、苗族，少部分为汉族和其他民族。

新梅乡境内依山傍水，风景秀丽，尤其是石梅湾，是海南省五大旅游开发区之一，面积12平方千米，1993年，由海南新能源股份有限公司承包开发；1998年，公司将开发权转让，由海南华润石梅湾旅游开发有限公司继续开发。

2002年7月，新梅乡被撤销，三个村委会归入礼纪镇。

第十一节 南桥镇

一、位置与政区

南桥镇位于太阳河流域上游，地处万宁市西南部，东与礼记镇毗邻，西与琼中黎族苗族自治县接壤，南与陵水黎族自治县交接，北与兴隆旅游区相连，海渝东线公路、223国道贯穿南北，交通便捷。

境内以丘陵为主，地势西南高东北低，属典型的山区和丘陵地形，境内有牛上岭。海拔一般在250～800米之间，土壤由黄土壤、赤土壤、砖红壤组成。天然次生林面积3333.3公顷，人工造林868.1

公顷，森林覆盖率为63%，植物资源有青皮、红稠、黑稠、油丹、母生、坡垒、花梨等名优树种。名贵中药材有沉香、半枫荷，南药有香草兰、槟榔、益智、砂仁、海巴戟。主要河流有太阳河、三渡河、南桥水、高龙溪、新坡溪、小管溪、南水溪等。主要山塘水库有打片水库、高峰水库、艾春水库。

1991年，南桥黎族苗族乡总面积69.05平方千米，管辖7个管理区（小管、桥南、南桥、桥中、新坡、高龙、桥北）、1个农场、66个村民小组、59个自然村，全乡人口9838人。1995年，撤销管理区，成立村委会。至2000年，全乡人口总数为10999人。2002年7月，撤销南桥黎族苗族乡，设立南桥镇。2010年，南桥镇国有林地51.6平方千米，耕地面积12.74平方千米，辖7个村民委员会，59个自然村，67个村民小组，1个镇办农场。全镇总人口为13221人（户籍人口），其中男性7013人，女性6208人。

二、经济

（一）农业

南桥镇以农业为主，全镇的耕地面积1274.77公顷。1991年，农业生产总值336.2万元，林业生产总值104万元。2000年，农业生产总值746.2万元，林业生产总值306万元。2002年，全镇粮食种植面积1131.6公顷，其中水稻面积883.3公顷，粮食产量达2610吨；热作种植面积1160公顷，其中橡胶面积272公顷，产量168吨；槟榔面积677公顷、产量478吨（干果）；椰子面积144.3公顷，产量1.8万个；其他热作种植面积66.7公顷。1997年槟榔黄叶病开始在南桥蔓延，至2005年，黄叶病遍布全镇各个槟榔种植区，社会总收入同比下跌15%，全年总收入1506万元。2007年，农业转型，改种柠檬、菠萝蜜、咖啡、黄皮、莲雾等高效经济作物，加强反季节瓜菜种植和山寮鸡、山羊养殖，成立16个种养合作社。至2010年，全镇共种植槟榔13410.3公顷、椰子144.3公顷、橡胶3738.7公顷、菠萝蜜233.3公顷、咖啡16.7公顷、柠檬16.7公顷、黄皮8公顷、莲雾7.2公顷，反季节瓜菜12公顷，年养殖山寮鸡2万只、山羊5000头。社会总收入3221.5万元，人年均收入约2680元。

（二）工业

南桥的工业主要有槟榔加工、木材加工、根雕加工和砖瓦。1991—1999年，根雕加工成为南桥的特色产业之一。2000年后，从事人数逐渐增加，生产规模也逐年扩大。至2010年，全镇经营根雕产业有27家，解决500余人就业问题，年产值达到3000余万元，根雕作品销往全国各地以及东南亚国家。

三、基础设施建设

（一）镇村建设

1991年，原南桥乡旧址在南桥墟，乡政府办公条件较简陋。1995年，迁址南林墟，新的办公场所占地2公顷，有综合办公大楼1栋3层，电脑电话等办公配备齐全。办公大楼两侧建有3栋干部职工宿舍楼、文化室、司法所。2001年，开展文明示范村建设，至2010年，累计投入1280万元，建成省级文明村1个（桥南外村），市级文明村11个；累计投入188万元，改造民房248间。

（二）交通通信

1991年，全镇仅辖区内223国道为硬化道路，通往各村道路均为沙土路，旱季尘土飞扬，雨季泥泞难行。2000年开始，全镇各村主干道相继硬化。至2010年，村级主干道副干道加宽硬化率达80%。

1991年，有邮政网点1个，主要邮递工具为自行车；开通程控电话和有线电视，但数量较少。至2010年，全镇邮政网点1个，电信网点1个，固定电话2115户，移动电话4759户，电话普及率达到

80%;有线电视实现全镇覆盖。

（三）饮水供电

1991年，群众饮水主要依靠地下水。1995年开始，南桥镇实施农村饮水安全工程，解决8000余人的饮水安全问题，至2010年，居民安全饮用水普及率达到60%。

1991年，南桥黎族苗族乡部分村庄已经通电，但用电量较小。自2002年乡改镇以来，工业生产规模增大，群众收入不断提高，用电量快速提升，输电设施也迅速发展。至2010年，全镇设有供电所1间，每个村至少安装2台变压器，实现村村通电。

（四）农田水利

南桥镇农田水利重点整治工程于2008年开始，当年重点整治桥南外村洋。新建防渗渠道2条，长1.2千米，新建拦水坝5座，维修桥北第三渡槽。2009年，恢复灌溉面积40公顷，改善灌溉面积53.3公顷，新增节水灌溉面积13.3公顷，新增除涝面积20公顷，改造中低产田26.7公顷，治理水土流失面积0.2平方千米，修复水毁工程11处。至2010年，基本完成各类水利工程和水利渠道的维修。

四、社会事业

（一）文化教育

1991年，南桥乡有小学8所，中学1所。2009年，教育资源整合，全镇8所小学、1所中学合并成一所九年义务教育一贯制学校，即南桥中心学校。南桥中心学校在校学生1203人，教职工296人；有镇幼儿园1所，专职教师12人；原属南林农场辖区的两所学校(南林中学和南林中心小学)亦同时转交至镇管，九年制义务教育全面覆盖。

1991年，南桥乡有文化站1间，编制3人。至2005年，各村相继建设村级文化活动中心7个，村委会设有农家书屋、篮球场、排球场、文艺戏台等，丰富村民文化生活。2009年，“七所八站”合并为“两个中心”，文化站合并至社会服务中心。至2010年，设施不变。

（二）医疗保障

1991年，南桥有卫生院1所，床位10张，专业卫生人员11人，乡村医疗诊所2间，乡村医生2人。2010年，南桥有卫生院1所，有床位18张，专业卫生人员22人；乡村医疗诊所6间，乡村医生8人；新型农村合作医疗参合人数12063人，参合率96%；农村社会养老保险参保人数6400人，参保率94%。

第十二节 三更罗镇

一、位置与政区

三更罗镇地处万宁市西部，东面、东北面分别与长丰镇、北大镇接壤，南连兴隆，西邻琼中县和平镇，北与琼海市为邻。镇政府驻三更罗墟，距市政府驻地28千米，304省道公路贯穿全境。

三更罗镇地处海南岛内陆山区，境内山地较多，森林密布，境内的上溪热带森林保护区占地11662.9公顷，是省级森林保护区；东部的牛角岭，海拔805米，为万宁市较高山峰之一。境内河流属万泉河水系，三更罗溪、南平溪是主要河流。有2个小型水库：风秋田水库、大洋水库。境内主要矿化类型为含金石英脉型金矿化，褐铁化石英脉。有丰富的热带作物资源，是万宁市热带作物主要种植产区之一。种植的热带作物有橡胶、椰子、槟榔、益智、柠檬等，独有的植物资源有母生等树种，森林覆盖率达85%以上。山兰酒、三色饭、山寮鸡、红烧五香猪、芭蕉花炖鸡汤是三更罗镇特色美食。2009年，三更罗镇被评为全国民族团结进步先进单位。

三更罗镇是一个黎族、苗族聚居的少数民族乡镇。1991年，全乡辖11个管理区（内岭、头村、二村、上溪、加朝、加苗、加润、南平、石福、石盘、田堆）、1个镇办农场（大坡农场）、48个自然村，总人口为8611人，大部分为黎族、苗族，其中黎族占总人口的71%。2002年7月撤乡设镇，总人口达9960人。至2010年，三更罗镇管辖11个村民委员会和1个镇办农场，土地面积267平方千米，其中山林地面积4213.9公顷，耕地面积493.3公顷，水田面积401.7公顷，造林面积2275.9公顷。总人口10743人，其中黎族人口9630人，苗族人口793人，汉族人口320人，人口出生率16.43%。

二、经济

1991年，三更罗农业以粮食生产为主，水稻一年两熟，少量种植槟榔和橡胶，社会总产值650万元，农民人均纯收入195元。1996年，在政府引导下，引入公司注资，采取公司+农户的经营方式，带领农户开荒垦林种植橡胶，2000年后，农户开始大面积种植橡胶、槟榔、荔枝，2001年，全镇生产总值4667万元，农民人均收入1089元；地方财政收入151.5万元。2009年，启动集体林权改革，林地确权2879.1公顷，其中商品林面积1072.5公顷、公益林面积1806.6公顷。2010年，种植橡胶603.5公顷，开割面积385.3公顷，全年干胶产量398吨；种植槟榔1158.8公顷，收获面积840公顷，年槟榔鲜果产量6330吨；全镇实现地区生产总值8608万元，地方财政收入186.8万元，农民人均纯收入2008元。

1999—2010年三更罗镇农业种养情况一览表

表1-4

品种 \ 年份	1999—2001年	2002年	2006—2010年
橡胶	133.3公顷	484.7公顷	603.5公顷
槟榔	823.3公顷	780.7公顷	1158.8公顷
柠檬	40公顷	—	13.3公顷
荔枝	16.7公顷	31.8公顷	13.3公顷
龙眼	12公顷	—	—
香蕉	20公顷	—	—

续表1-4

品种＼年份	1999—2001年	2002年	2006—2010年
甘蔗	43.3公顷	26.7公顷	120公顷
益智	66.7公顷	—	3.3公顷
山羊	1560只	1240只	3600只
黄牛	730头	3364头	1500头
鹅	—	—	19000只
山寮鸡	—	100000只	160000只
罗非鱼	—	—	36.7公顷

三、基础设施建设

(一)道路建设

2009年,镇政府争取上级资金68万元完成加苗村委会、加润上村道路通畅工程,并实施石福上田村、上溪村、头村田头姆村等通畅工程。2010年,市政府投入1459.1万元,建设硬化水泥路9条,长37.49千米,解决8000余人行路难问题;投入416.9万元建设硬化村道路11条,长10.45千米,解决4928人行路难问题。

(二)供水供电

2008年起,加快群众饮水工程建设,市政府投入165万元建设水池11个,安装水管31.5千米,安装水表403户,解决群众饮水难问题。2009年,镇政府争取项目资金75万元,解决上溪、二村5个村民组2200余人的饮水问题。至2010年,三更罗镇基本解决群众安全饮水问题。

1991年,仅有部分村庄通电,用电量较小。2004年,建成3.5万千伏变电站。全镇完成电网改造。至2010年,实现村村通电。

(三)邮政电信

1991年,设有邮政所1间,投递员靠自行车投递。开通程控电话10余部,主要为公用电话。1997年后,通信迅速发展,至2010年,有邮政支局1所,移动电话用户12170户,互联网用户1000户。

(四)农田水利

1999年起,加大农田水利建设力度。1999—2000年,政府共投入56.7万元修建南平铺拦水坝、内岭防渗工程。2009年,政府投入资金41万元完成南平双沟村农田整治工程,维修拦水坝6座,建设U形防渗渠道1500米,建造沼气池100口。2010年,投入584.6万元,加固大洋、风树田水库,建设拦水坝6座,维修小型拦水坝17座,建设U形防渗渠道8020米,整治田洋21块、桥涵13座、渡槽8座,新增灌溉面积85.3公顷,恢复灌溉面积135.3公顷,打抗旱井10口,新建电灌站3座。

四、社会事业

（一）文化教育

三更罗镇是黎族、苗族聚集地，每年黎族、苗族传统节日“三月三”，全镇民众载歌载舞，庆祝自己的节日。1991年，三更罗镇有文化站1间，编制1人。1994年3月，开通有线电视。2006年，开始筹集资金建设村级活动场所。2008年，投入45万元在镇文化站原址翻建镇综合文化站，大楼建筑面积350平方米，藏书4500册，有专职管理人员1人，兼职图书管理员1人，设有图书阅览室、电子阅读室、乒乓球厅，建有篮、排球场。2009年，开始建农家书屋。至2010年，筹集资金150余万元，完成11个村级活动场所建设，新建11间农家书屋,安装路径健身器材。先后创建三角水农场、牛契、风门岭、龙马沟、上田、二队等6个文明生态村。有线电视覆盖率达到95%。

1991年，三更罗黎族苗族乡有小学8所，初级中学1所，农村教学点5个。2009年，三更罗中学撤并到新中中学，新中中学和新中中心学校划归地方管理。2010年末，三更罗镇有小学7所，中心学校2所，初级中学1所。同年，利用原石福小学校址创建“三更罗镇石福村委会农民技术培训中心”；当年，全镇初中适龄人口入学率、小升初升学率、九年义务教育覆盖率均达100%。

（二）医疗卫生

1991年，三更罗镇有卫生院1所，医务人员17人，病床15张。至2010年，有卫生院1所，占地1.32公顷，医务人员22人，病床15张，病床年使用率30%，年收入51.5万元，固定资产85.3万元。11个村委会建有14个村级卫生室，其中石福、加朝、南平各2间。

（三）社会保障

1991年，共投入扶贫、优抚、烈士褒扬资金34400元，救助、优抚、补贴430人。1996年，推行合作医疗试点工作。2002年，9人办理城镇居民最低生活保障。2005年，8人办理农村低保。2006年，开始施行新型农村合作医疗。2006—2010年，投入320.255万元改造危房203户；争取项目资金70万元，完成了53户危房改造工作；投入128.427万元改造库区移民危房24户115人；发放救灾大米22.5吨，救助群众620户2654人；发放物资棉被等350张，救助民政对象350人；为175例白内障患者手术。2010年10月，三罗更镇遭受历史罕见洪涝灾害，全镇共安全转移3925人，发放大米93.33吨，棉被2700床，食用油2390瓶；投资82.5万元，帮助群众重建倒塌和D级危房41间，投资112万元帮助群众恢复生产，重建家园。至2010年，新型农村合作医疗人数9998人，参合率98%。参加新农保4953人，参保率93%，参加城镇居民医保235人，参保率100%。

第三章 国营农(林)场

第一节 国营兴隆华侨农场

一、位置与区域

兴隆华侨农场位于万宁市东南部,东与礼纪镇、东和农场接壤;西与南桥镇、南林农场以及琼中黎族苗族自治县交界;北和三更罗镇、长丰镇牛漏等地相依,是全国最大的华侨农场。地势西高东低,土壤为红黏土和沙质土等,属热带季风气候。厂部驻兴隆墟,距市政府驻地25千米。海南东环高速铁路、东线高速公路和海榆东线国道从境内穿过。1991—2006年,隶属于海南省人民政府垂直管理。2007年,海南省人民政府将兴隆华侨农场移交归万宁市管辖。截至2010年,常住人口约3.5万人,全场土地总面积110.96平方千米,其中开垦利用土地8158.3公顷,种植热带作物5333.3公顷。

兴隆华侨农场以发展旅游业为主,境内有丰富的旅游资源和温泉资源。1993年,兴隆华侨农场被省政府列为华侨旅游度假胜地。1997年,兴隆热带花园由中国政府向联合国推荐为"全球环境500佳"。

二、经济

(一)工农业

兴隆华侨农场农业以种植水稻、咖啡、可可、胡椒和橡胶为主,工业种类主要有橡胶、槟榔、咖啡和椰子等农产品加工业、食品加工业以及水力发电。2004年,农场国民生产总值8203万元,利润900万元。2005年,虽然受到严重旱灾和强台风"达维"的影响,农场国民生产总值仍然达到8477万元,但由于受灾情影响,利润仅为303万元。2010年,国民生产总值10220万元,实现利润2126万元。

(二)旅游业

1991年,兴隆华侨农场旅游产业开始快速起步。1992年,海南省人民政府批准海南省兴隆华侨农场兴建“兴隆华侨农场旅游度假城”，兴隆逐步形成以旅游业为龙头的格局，中外客商看好兴隆，投资兴隆。1996年末，在兴隆投资开发建设的客商达110家，其中外资企业5家、合资企业7家、内资企业97家，协议资金达21亿元，到位资金2.2亿元，转让土地1.42公顷。至2010年，先后建有兴隆康乐园温泉度假酒店、兴隆温泉宾馆、兴隆明月度假酒店、兴隆南山度假村、兴隆太阳岛度假酒店、兴隆金陵博物馆大酒店、兴隆金叶桃源度假村等50余家宾馆、酒店。其中，五星级酒店1家，四星级酒店11家，共有接待床位13000余张，年接待国内外游客约300万人次。全年经营收入10220万元，实现利润2126万元，职工年均收入12570元。

（三）商贸业

1991年，兴隆华侨农场有集贸市场一个。1993年，兴隆华侨农场在原兴隆集贸市场旁兴建兴隆华侨城购物中心，1996年6月投入使用。内设502个摊位，其中肉类摊位40余个，家禽家畜和烧烤肉摊位30余个，果菜及水产品摊位近百个。2010年，兴隆华侨农场商贸经营网点150个。

三、基础设施建设

（一）水电

1991年，兴隆华侨农场有沉香湾水电站、五队水电站、十一队水电站、石拦水电站等4座水电站，供应农场工农业生产用电和农场职工生活用电，以及周边一些单位生活用电。1994年，投入4608万元，修建三合水库。1995年，建设1000万立方米的饮用水工程，日供水量达3万吨。1996年，农场投入资金66万元，新开辟地下热矿泉自喷井水3口，深度为300米，热流量日产2600吨，为华侨旅游城的发展提供用水保证。

1999年初，兴隆农场投资建设自来水厂，日供水能力104立方米。2001年，农场投入资金建设自来水生产线。2001年后，兴隆自来水厂增加2台微滤净水设备，水厂总设计供水能力达到156立方米/日。由于微滤设备对铁的处理无效果，设备投入使用不久即停用，水厂实际供水能力仍为104立方米/日。至2010年，兴隆农场基本实现通电、通自来水。

（二）道路桥梁

1991年起，动工兴建温泉大道，并以此为中心辐射整个河东片旅游城规划区。投入资金1.2亿元，兴建度假路、康乐路、山庄路、兴梅路等6条标准级公路（包括桥梁15座，涵洞35个），全长70千米，直接与东线高速、东环高铁接轨。2007年，农场对莲兴大道、温泉大道、康乐大道等12条道路进行改造，总长约20千米；建设明珠桥、康乐桥及太阳河大桥等3座景观桥；建设月亮广场（生态停车场和主会场），占地约10万平方米。至2009年，建有莲兴大道、迎宾大道、惠康大道、工业大道和长春路、金新路、明珠路、剧场路以及4座太阳河大桥。2010年，建成长春西路、迎宾南路延伸段、明珠西路、侨乡路、热带花园路等7条公路，总长约12.5千米。

四、社会事业

（一）文化

1991年，建造一座2层的工会楼，内设兴隆华侨农场场史展览馆。2000年，兴隆华侨农场在各个管理区的生产队设有文化室，内设阅览室和文艺、体育活动场所。2001年，兴隆华侨农场在庆祝建场

50年之际，编辑出版了《辉煌五十年》、建场50周年纪念画册《岁月如歌》等图书。2010年，在原址上重建工会大楼，楼高5层，其中第2层设“兴隆华侨农场场史展览馆”，共展出各个历史时期的文物资料1800余件和图片500余幅，展览馆被中国侨联定为“爱国主义教育基地”。

（二）教育

1991年有学校14所。其中小学11所，初级中学2所。在校学生5000余人，教师326人。至2003年底，兴隆有中小学11所（中学2所，小学9所），校舍建筑总面积4.2万方平米，在校生4453人，教师313人。2009年2月，万宁市教育局将兴隆中学高中部并入万宁市民族中学。至2010年，有初级中学1所，小学8所，在校学生4238人。

（三）医疗卫生

1991年，有兴隆华侨农场医院一所，内设心电图室、脑电图室、手术室、化验室、超声波、B超室等，配有各种医疗器材187种。1992年7月，根据中国红十字会的建议，将医院易名为“海南兴隆红十字医院”。2007年8月，医院从农场剥离，归万宁市管理。截至2010年，兴隆有红十字医院1所，下属区卫生所10间，卫生室15间。设有妇产科、外科、内科、儿科。有病床100张，医务人员208人。此外还有10家个体诊所。

（四）人口

1991年，兴隆华侨农场出生471人，人口自然增长率4.73‰。2000年，出生401人，人口自然增长率4.84‰。2010年，出生390人，人口自然增长率4.68‰。

1991年，农场有常住人口25786人。至2005年底，常住人口24494人。其中归难侨7376人（侨眷6079人）。2010年，兴隆常住人口34973人。

（五）社会保障

1993年1月起，兴隆华侨农场开始参加社会养老保险，参保人数5890人。2000年5月，兴隆社会养老保险纳入全省统筹，离退休人员工资实行社会发放。全场有5623名退休职工参加社保，享受公费医疗。同年，为1186名社保中断及未参加社保的“4050”（即女年满40周岁，男年满50周岁的城镇登记失业人员）归难侨办理了养老保险，为1525名“4050”归难侨补缴了医疗保险，为2803名退休归难侨办理了医疗保险补偿金，将符合地方保障政策条件的739名困难职工纳入城乡最低生活保障范围。截至2010年，在职在岗人员参保人数2490人，参保率达100%，低保人数312人。

第二节 国营新中农场

一、位置与区域

国营新中农场位于万宁市西部，东接国营东兴农场、北大镇，南邻国营东和农场、兴隆华侨农场，西连琼中黎族苗族自治县境内的乘坡农场，北抵万泉河上游的牛路岭水库和琼海市境内的东平农场。牛营公路（省道38线）东西横贯全场，场部驻三更罗墟，距市政府驻地30千米，距兴隆16千米。

新中农场建于1956年5月，2008年9月农垦体制改革，农场分为新中农场和海胶新中分公司，土地面积175.3平方千米，已开发利用的土地109.3平方千米。2009年2月，南林农场撤并入新中农场，全称为海南省国营新中农场。海胶集团南林分公司撤并入海胶集团新中分公司。2010年，根据海南省农垦总局要求，在新中农场的基础上，组建“新中投资有限公司”，后划入农垦中南公司旗下管理。

1991年，新中农场设党委1个、党总支8个、党支部83个、机关科室13个，下辖6个作业区，56个生产队居民点和7个直属单位，其中热作水果队3个、基建队1个、汽车队1个、商贸公司1个、工业企业7个、农科站1个、橡胶加工厂1个、医院1所、中学1所、小学7所。2010年，新中总场设机关科室12个，南林分场设机关科室11个，12个作业区中心居民点，95个生产队居民点。

1991年，农场总人口36660人。2001年，总人口41790人，人口自然增长率为10.2‰，出生率为28.9‰；2010年，农场总人口41969人，人口自然增长率为9.6%，出生率为13.3‰。

二、经济

（一）经济综述

1991年，新中农场职工劳人均收入为6539元（其中：自营经济收入1927元）。1991—1996年，新中农场完成工农业总产值27323万元。1997—2001年，新中农场完成工农业总产值31527万元。2002—2008年，新中农场完成工农业总产值37275万元。2009—2010年，新中农场（含南林农场）完成国内生产总值73524万元。其中，2010年为21839万元，年内农场职工人均工资性收入28410元（其中自营经济收入10958元）。

（二）橡胶生产

新中农场是以橡胶生产为主产业的中型企业。1956年开始种植橡胶，至1992年全场种植面积达4800公顷，共217.8万株，开割株数125.1万株。1994—1995年，农场干胶生产连续突破5000吨大关，跻身垦区产胶“三强”农场之一。2005年，遭受第18号强台风“达维”袭击后，年产胶3368吨。2006—2010年，全场（含南林）种植橡胶324.3公顷。2010年，全场（海胶新中分公司）产胶4848吨，产值13574.4万元。

（三）自营经济

1991年起，鼓励和发动职工发展自营经济，种植柑橘、柠檬、槟榔、荔枝、胡椒等。至2008年，全场（含南林农场）种植高效农业作物面积达2333.3公顷，柠檬100公顷，槟榔1200公顷，荔枝、胡椒、茶叶、水稻等471.5公顷。同时，职工大力发展养殖业，养猪、牛、羊4.3万头，养鸡、鸭、鹅6.8万只，鱼塘面积137.6公顷。2010年，全场自营经济年总收入达7332.2万元。

（四）工商业

20世纪80年代开始，新中农场（含南林农场）先后创办塑料编织厂、修配厂、木材厂、纸巾厂、饮料厂、橡胶加工厂、供电所、新中实业公司、新中大理石厂、手套厂、海口南林实业公司、万宁植达公司、万宁南宛宾馆等工业和服务业企业。1991—2008年，由于资金、技术、交通、能源等原因和经营管理体制改革，这些单位先后被拍卖、承包、租赁、合并等。至2010年，新中农场（含原南林农场）有木材厂、茶厂、塑料编织厂、修配厂等工厂。

1991年,农场(含原南林农场)有经营餐饮、百货批发,零售和电信用品的服务业93家。农场(含原南林农场)原有2家橡胶加工厂,2006年,按照海南农垦总局的要求,两家橡胶加工厂移交海胶金兴加工公司。至2010年,农场(含原南林农场)电视覆盖率达100%,程控电话普及率达97.4%,移动电话普及率达91.2.3%;农场(含原南林农场)有经营餐饮、百货批发,零售和电信用品的服务业437家。

三、社会事业

(一)教育

1991年,新中农场有完全小学7所,完全中学1所,适龄儿童入学率达100%;南林农场有完全小学1所,完全中学1所,教学点9个。2009年10月,新中、南林农场的中小学校整体移交给万宁市政府管理。2010年,新中农场(含原南林农场)有完全小学20所,中学2所。

(二)卫生防疫

1991年,新中农场有1所医院,即新中医院,设有内科、儿科、外产科、医技科、医院门诊、综合门诊以及防疫站等,有医务人员61人;南林农场有医院1所,即南林农场医院。2010年,新中农场有2所医院,分别为新中医院和南林农场医院。设置病床135张,拥有各类先进的医疗设备和仪器,能够开展普通外科和妇产科各类手术。新中农场有基层卫生所42家,医务工作人员45人。

(三)民生工程

1991年,农场(含南林农场)大部分职工住在农场建造的公房,人均居住面积仅5~7平方米;2008—2010年,农场逐步进行危房改造,努力改善职工住房条件,投入14795.4万元,其中上级补贴2190万元,自筹资金12605万元,建设保障性住房1460套,总建筑面积124100平方米(大部分属私建公助),人均居住面积达到13平方米以上。

1991年,农场(含南林农场)共有场内公路195.1千米,全部是沙土路。2006—2010年,农场(含南林分场)共投入6997.5万元,建设水泥硬化道路155.5千米,全场主要交通要道基本上实现道路硬化,方便职工群众的出行、生产和生活。

附:原南林农场简介

原南林农场于1951年建场,场部距万宁市区32千米,毗邻兴隆热带植物园。土地面积157.3平方千米,已开发利用的土地90.7平方千米。农场以种植橡胶为主,至2008年全场种植橡胶面积4200公顷,189万株,开割株数74.7万余株,中小苗18.2万株。同年9月,实施农垦体制改革,农场分为两个实体,即南林农场和南林分公司。2009年,南林农场并入新中农场。

1991年,南林农场设党委1个,党总支8个,党支部63个,机关科室13个、5个服务中心;下辖6个作业区,生产队44个,5个公司、4个工厂、1所完全中学、1所完全小学、9个教学点,1家医院,1个水电服务中心。1991—1996年,完成工农业总值18323万元;1997—2001年,完成工农业总值24412万元;2002—2008年,完成工农业总值26357万元。至2008年,原南林农场有完全中学1所,小学13所,在校学生3458人,教师345人。

第三节 国营东和农场

一、位置与区域

国营东和农场地处万宁市西南部，东与万城镇相连，西南与兴隆大旅游区接壤，西北与新中农场毗邻，南与礼纪镇交界，临近石梅湾旅游黄金海岸，北与北大镇为邻。农场成立于1952年3月，场部设在长丰镇牛漏墟，距万宁市区13千米。

境内地势西高东低，60%的土地为丘陵地，40%的土地为平原地。场区北部、西部和南部依山傍岭，缓坡起伏。中部、东部地势较为平坦，缓坡在8度以下。土壤为花岗岩黄色砖红壤，土层较深，属砾质黏壤，保水性较好，有机质含量中等。东部为浅海沉淀物形成的沙质土，自然肥力低，经过土地平整、植树造林、兴修水利和长期耕作，土壤肥力有明显提高，是发展热带农作物和反季节瓜菜的理想之地。场区东西部和山岭地土壤富含钛精矿、镐英矿、高岭土和花岗岩石等矿藏，部分已开发利用。辖区有2座水库：万宁水库、金寮水库；太阳河自西向东流经辖区，里程长14千米。全场土地总面积5821.2公顷，已确权4806.7公顷，已开发利用3808公顷。

1991年，农场设财务科、发改科、行政办、宣传科、工会、计生办、国土科、劳工科、组织科、综治办、武装部等11个职能部门。2000年，职能部门不变。2010年，农场设行政办、信访办、国土科、生产科、计生办、发改科、财务科、自营办、社区办、基建科、劳社科、廉政办、宣传科、场工会、组织科、综治办、武装部等17个职能部门；设作业区6个，基层生产队（单位）41个，工商运建单位17个。2010年，境内总户数5627户，户籍人口16278人，其中男性8459人、女性7819人；常住人口13234人，其中全部职工人数927人，离退休人员3088人，病退人员30人，非职工人员3320人，家属小孩5869人；年出生人数226人，出生率17.1‰，死亡人数98人，自然增长率9.7‰；少数民族人口6746人，农场场部范围人口4257人。2010年人均纯收入4927元；有贫困人口1341人，占总人口的8.2%，年人均收入1290元，其中低保1135人、丧失劳力118人、缺乏劳技88人。

二、经济

1991年，农场实行生产承包责任制，工农业总产值完成1105.7万元，国内生产总值完成967万元。橡胶种植面积（账面）2144.1公顷，干胶生产392吨；粮食播种面积204.7公顷，产量603吨（稻谷530吨）；胡椒种植面积116.6公顷，产量41.8吨；椰子17.5公顷，产量35310个；水果9.7公顷，产量21.2吨；槟榔52.9公顷，年产干果19.3吨；益智1.5公顷，年产干果1.3吨；茶叶249.6公顷，年产干毛茶32吨。

林地面积(含自然林)594.3公顷,其中人工造林341公顷,年产木材590立方米,年产竹子3.8万根。饲养猪9245头(散养),年末牛存栏611头,肉类总产量456吨。淡水养鱼35.5公顷(职工自营),产量135吨。

1992年,打出温泉井,水温达58摄氏度,富含有医疗价值的矿物质,日出水量达2300吨。投资者前来洽谈投资开发的客商达40余家,达成意向的有20余家,10家签订土地使用权转让合同。1993年,海南省政府批准创建"太阳河温泉旅游度假区",规划面积1205公顷。年底,在度假区受让土地的15家客商签订合同书,面积100公顷,到位资金达7000余万元(含土地转让金、合同押金和基础设施建设款)。但由于国家出台宏观调控政策,整顿经济过热,紧缩银根,第一轮土地开发热骤然降温,投资商不再投入,开发区基础设施工程建设停止。

1996年,为摆脱困境,农场撤销基建、工业、花木、养殖、旅游、太阳河工程和农业发展公司,把工业公司所属的供电所、土方工程队收归农场直接管理,把基建公司改为基建队,新成立农业综合发展公司,将供销、商贸、茶叶公司实行全员抵押承包经营。自谋职业和外包人员实行足额上交"三费一利"(三费即养老、医疗、失业三种保险的费用;一利即福利),未交"三费一利"人员和违反劳动纪律人员给予除名处理。推出住房制度和医疗福利改革。共出售公房210套、5637.28平方米。把医疗福利待遇由暗交暗补改为"明交明补",不交者终止劳动合同、解除劳动关系。转让土地51.3公顷,处置农场欠款370万元。把土方工程队所有机械设备出卖给个人经营,出卖商贸公司水泥预制厂场地和车队楼房及空地。1998年,将公建鱼塘43.3公顷全部拍卖给职工经营,取消40余公顷联营橡胶亏损项目,撤销加尧队。

2000年开始,发展自营经济。进行垦区第二批改革发展试点,学习三道农场经验,推行国有土地长期承包制,加快调整产业结构。2003年3月,胶厂由个体户承包经营。2005年12月,与东兴、三道农场合作,成立"和兴道投资有限公司",建设万头养猪场,大量种荔枝、龙眼、菠萝蜜、槟榔等经济作物。至2007年底,职工自营经济面积达1786.3公顷,解决了干部职工收入低、就业难问题。

2008年6月,国务院批准海南农垦管理体制改革,由省部共管体制改为海南省直接管理,实现管人管事管资产三统一。2009年10月,东和农场与海南万宁置业有限公司签订土地转让合同书,该项目宗地面积3.9公顷,用于旅游商住房建设。

2010年,农场实行政企分开、社企分离,在东和农场的基础上,成立万宁东和投资有限公司,并将优质资产向公司集中,农场社会职能属社区管理。全年工农业生产总值4955万元,非胶农业总产值1872万元,全年劳均纯收入16500元。至年底,橡胶种植面积689.2公顷,干胶生产477吨。粮食播种面积176.7公顷,产量542吨(内稻谷417吨);胡椒种植面积50公顷,产量63吨;椰子46.7公顷,产量227500个;槟榔914.7公顷,产干果600吨;瓜菜播种面积140公顷,产量1910吨;木薯播种面积40公顷,产量1200吨;果用瓜播种面积40公顷,产量680吨;水果面积(职工自营)328.7公顷,产量1719吨,产品销售总额582万元。林地面积(含自然林)合计432.2公顷,其中人工造林179.2公顷,年产木材(橡胶原木)553立方米,产竹子40000根。猪、牛、羊肉产量555吨,年末存栏5230头;家禽出栏6万只，家禽年末存栏3万只，禽肉产量117吨，禽蛋产量7吨。淡水养殖（职工自营）86.7公顷，水产品产量325吨。

三、社会事业

（一）文教卫生

1991年，农场有医院1所，卫生所56间，医务人员141人，其中医生45人。2000年，场属医院拥有病床33张，恢复基层卫生所10间，优化配备医务人员46人，其中医生15人，基本上保障职工群众日常诊疗需要。2010年，投入108万元维修医院门诊病房，改善医院基础设施。

1991年，农场有完全小学12所，完全中学1所，适龄儿童入学率达100%，初中阶段巩固率98%。场部拥有工人俱乐部1间，图书室1间，篮球、排球场各1个，影剧场1处。有电视差转接收站1个，调频广播站1个，有线手摇电话服务总台1处。生产队（单位）实现"三室一场"，即有文化室、图书室、娱乐室和篮球场。调频广播普及率100%，队队有广播站。2001年12月，将海垦东和中学租赁给鲁明承包办学。2006年6月，新建农场中心小学教学楼一栋四层，总面积1503平方米。8月，收回海垦东和中学办学权，向社会公开招聘8名中学教师，装修场中心小学教学楼一栋三层，总面积611.6平方米，新建围墙总面积621.4平方米。2007年，投入30余万元整治农场学校校容校貌，投入11万余元购买新桌椅和物理、化学实验室器材，新增50台电脑，解决农场学校教学设备短缺问题。2010年，农场有幼儿园2家，在园幼儿320人，教师20人。

1991年，全场出生人口171人，出生率12.4‰，人口自然增长率9.8%。2010年农场人口出生率14‰，性别比118。

1995年，获得大病救助职工群众10人，补助额达14.9万元。累计为1135人办理了低保，保障居民群众的基本医疗和基本生活需要。至2010年，全场参加社保人数932人，缴纳社保费403.8万元。全场7600人参加城镇居民基本医疗保险。

（二）民生事业

1991年，场区除国道外，几乎没有硬化道路，没有公共道路路灯设施，自来水普及率不足10%。2006年1月，实施八一至敖盆岭硬化道路工程，全长6.5千米。2007年投入近400万元改造10个生产队的危房7067.68平方米。处置粮油厂、工会办公楼、供销办公楼、商贸大楼等旧危房产。2008—2009年，东和农场一次性退还拖欠干部职工（含退休工人）23年累计28个月工资2100余万元，一次性退还拖欠185名教师40个月的20%工资50.9万元；投入1586万元，建设职工住房1623套；投入819.73万元，硬化道路52千米；投入189万元，配套改造5个单位饮水设施设备；投入120万元在场部、基层生产队安装路灯，建设篮球场和文化广场、整治环境卫生等；投入221.5万元，新建和改造五一队新丰村、北公湾队、先锋队等单位的职工住房，绿化美化道路。2010年，电视实现有线化、数字化，覆盖面达100%。硬化道路69千米、占全场主干道公路的70%，实现队队通，队户路和胶园路完成硬化里程35千米。职工群众住房建设和危房改造累计完成1314套，实现全覆盖。新建自来水工程8座，受益人口达4333人，加上原有自来水设施和职工群众自安抽水设备，自来水覆盖率达100%。

第四节 国营东兴农场

一、位置与区域

国营东兴农场位于万宁市西北部，东到龙滚镇，南依六连岭延至后安、长丰镇，西与国营新中、东平农场相毗邻，北与琼海市中原镇、阳江镇交界。场部距万宁市区24千米。地势西北高、东南低，海拔高度在30～150米之间，主要农业生产区坡度在8～13度之间。

1991年，东兴农场总面积(不含东岭分场)121.4平方千米，总人口为17955人；内设科室19个、公司4个、直属单位10个、分场8个、生产队45个，有党委1个、总支委 11个、党支部63个，全场党员1007人。2000年，总人口为19187人；内设科室18个，公司2个，直属单位8个，分场6个，生产队45个，有党委1个，总支委9个，党支部59个，全场党员1084人。2009年2月，海南省农垦系统深化改革，对农场进行重组，东岭农场撤销，并入东兴农场，成立新的农场，全称为海南省国营东兴农场。2009年2月，成立海胶集团东兴分公司，原东兴、东岭两农场的主业——橡胶生产，移交给海胶东兴分公司管理。2010年，农场总面积达204平方千米(含东岭农场)，非农业总人口为30577人(含东岭农场)，内设科室16个、直属单位6个，有党委1个、总支委3个、党支部25个，全场党员1289人。海胶东兴分公司有党委1个，总支委6个，党支部56个，党员人数463人，作业区5个，生产队53个。

二、经济

(一)农业

东兴农场与东岭农场的经济作物以橡胶为主。1991年，东兴农场种植橡胶1098.3公顷，年产干胶1950吨，产值1696.5万元；全年工农业生产总值2677万元，地区生产总值2001.7万元，劳动力人均收入1679元(含自营经济)。东岭农场种植橡胶2721.3公顷，年产干胶1485.9吨，产值1101.2万元；农场工农业生产总值1624万元，国内生产总值1002.9万元，劳动力人均收入1585元(含自营经济)。

2000年，东兴农场种植橡胶4341.5公顷，年产干胶2790吨，产值2346万元；全年工农业生产总值6242万元，地区生产总值5002万元，劳动力人均收入6798元(含自营经济)。东兴农场职工自营种植橡胶91.3公顷、槟榔166.7公顷、胡椒220公顷、荔枝28.5公顷、菠萝240公顷；饲养猪900头、牛1030头、羊1150头、鸡、鸭、鹅34万只。东岭农场种植橡胶256.1公顷，年产干胶1944吨，年产值1516万元。农场职工自营种植橡胶151公顷、槟榔26.7公顷、胡椒133.3公顷、荔枝133.3公顷、菠萝173.3公顷；养猪3930头、牛550头、羊2630头、鸡鸭鹅27860只。农场国内生产总值2099万元，工农业生产总值2688万元，劳动力人均收入4305元（含自营经济）。

2008年，东兴农场种植橡胶4591.1公顷，年产干胶2466吨，产值4796.3万元；农场工农业生产总值10554万元，国内生产总值9582万元，劳动力人均收入21701元（含自营经济）。东兴农场职工自营种植橡胶346.7公顷、槟榔391.6公顷、胡椒229.9公顷、荔枝93.1公顷、菠萝166.7公顷；养猪20169头、牛1983头、羊7059头、鸡鸭鹅45万只。东岭农场种植橡胶达289.1公顷，年产干胶1512吨，年产值1315.4万元。农场职工自营种植橡胶205.9公顷、槟榔266.7公顷、胡椒233.3公顷、荔枝266.7公顷、菠萝346.7公顷；养猪5720头、牛839头、羊3800头、鸡鸭鹅30000只。农场国内生产总值4382万元，工农业生产总值5811万元，劳动力人均收入9033元（含自营经济）。

2010年，东兴农场生产干胶达54823吨，工农业生产总值12962万元，地区生产总值12494万元，劳动力人均收入19086元（含自营经济）。农场（含原东岭农场）职工自营种植经济作物达2722.3公顷，其中橡胶达728.9公顷、槟榔达658.3公顷、胡椒达463.3公顷、荔枝达359.8公顷、菠萝达512公顷；养猪18581头、牛2399头、羊10979头、鸡鸭鹅51.2万只。

（二）工业

20世纪90年代初期，农场采取自筹资金、外引内联等投资方式，先后创办木材厂、粮油食品加工厂共6家，年总产值482万元。1997年，农场工业盈利额下降。2002年，以租赁经营，就近兼并和拍卖出售等方式，“转、停、并、关”一批场办工业。2009年，因市场低迷，茶叶价格收不抵支等原因，导致茶厂关闭；印刷厂也因学校移交地方管理而停办；木材厂改制为木材福利厂进行转包，由私人经营。至2010年，仅存2家工厂——东兴福利厂和东岭矿泉水厂，年产值208万元。

1991—2010年东兴农场、东岭农场橡胶生产基本情况一览表

表1-5

年份	总面积（公顷）		产量（吨）		产值（万元）	
	东兴农场	东岭农场	东兴农场	东岭农场	东兴农场	东岭农场
1991	5098.3	2721.3	1950	1485.9	2677.5	1040.1
1992	5098.3	2662.0	2120	1908	2860	1219
1993	4400.0	2662.6	2250	1974	3498	1400.9
1994	4400.0	2662.6	2580	2423.8	5539	2764.7
1995	4400.0	2662.6	2912	2562	6928	3562
1996	4400.0	2662.6	2650	1802	6018	2401

续表1-5

年份	总面积(公顷)		产量(吨)		产值(万元)	
	东兴农场	东岭农场	东兴农场	东岭农场	东兴农场	东岭农场
1997	4400.0	2662.6	2916	2125	6285	2100
1998	4306.7	2813.6	2970	2143	6325	1582
1999	4274.8	2662.6	2866	2196	6542	1923
2000	4341.5	2641.5	2790	1944	6242	1643
2001	4341.5	2611.5	2860	2190	6200	1614
2002	4289.6	2611.5	3111	2580	6601	2160
2003	4289.6	2611.5	3488	2709	7366	3235
2004	4302.9	2644.9	3692	2800	7857	3654
2005	4321.6	2658.2	2585	2038	7385	3123
2006	4321.6	2833.3	2341	1061	7784	2332
2007	4621.0	2909.0	2466	1352	9490	2963
2008	4274.3	2890.9	2807	1512	16365	3039
2009	3996.2	—	5399	—	17122	—
2010	3898.8	—	4397	—	12962	—

三、基础设施建设

(一)交通

1991年,全场(含东岭农场)约137千米的公路基本上是沙土路。2004年,农场实施“畅通工程”,发展交通事业。至2008年,全场修建硬板化道路29.9千米。2009—2010年,全场5个作业区54个生产队基本实现队队互通,全场修建硬板化道路10.54千米。

（二）通信

1991年，全场（含东岭农场）通信主要靠手摇电话、电报等。1993年起，程控电话、移动电话、有线电视等普及率不断提高。2000年，全场（含东岭农场）电视节目覆盖率51.3%，程控电话普及率57.5%，移动电话普及率55.2%。至2010年，电视节目覆盖率达96.6%，程控电话普及率达98.6%，移动电话普及率达89.3%。

四、社会事业

（一）教育

1991年，东兴农场有完全小学2所，初级小学11所，完全中学1所；东岭农场有完全小学1所，初级小学6所，完全中学1所。2000年，东兴农场有完全小学2所，初级小学8所；东岭农场有完全小学1所，初级小学6所，完全中学1所。

2008年，东兴农场有完全中学1所，完小2所，初级小学8所，教职工247人，在校学生3215人；东岭农场有完全小学2所，初级小学2所。2009年，因体制改革，东兴、东岭农场中小学整体移交给万宁市政府管理。

（二）医疗卫生

1991年，东兴农场有医院1家，卫生所48间，床位76张，医务人员261人，防疫站1家；东岭农场有医院1家，卫生所26个，床位30张，医务人员52人，防疫站1家。

2000年，东兴农场有医院1家，卫生所48个，床位70张，医务人员263人，防疫站1家；东岭农场有医院1家，卫生所25个，床位50张，医务人员81人，防疫站1家。

2010年，全场（含原东岭农场）医院2家，卫生所15所，床位125张，医务人员121人，防疫站2家。

（三）社会保障

养老保险 1994年，农场开始建立职工养老保险，按照垦区养老保险统一比例、统一支出项目、统一基金管理费使用的一体化管理模式。2002年前，收缴养老保险统筹基金比例为24%，农场负担21%，职工负担3%，参保5149人。2002年后，调整到25%，农场负担20%，职工个人负担5%，参保4857人。2008年后，调整到28%，农场负担20%，职工个人负担8%。2010年，养老保险收缴比例未变，参保3996人。

医疗保险 1991—1994年，农场职工一直实行劳保医疗制度，经费由企业职工福利基金中提取，因病住院治疗由农场全额负担。1995年，农场进行医疗改革，实行医疗基金自筹，在职职工每月缴交9元，退休员工每月3元，因病住院治疗最高报销10000元。2009年，开始参加省医疗保险基金统筹，保险统筹基金比例为8%，农场负担6%，职工负担2%，因病住院治疗最高可报销12万元。职工家属、小孩自愿参加省医疗保险基金统筹并缴纳一定的基金，按规定享受合作医疗的待遇。至2010年，参加省医疗保险基金统筹的职工达8906人。

工伤、失业、生育保险《海南省农垦系统从业人员工伤保险暂行办法》于2000年8月正式实施。2001年，农场按照规定开始建立工伤保险，保险统筹基金比例为0.3%，由农场负担。失业保险统筹基金比例为2%,农场负担1%,职工负担1%。生育保险建立于2007年,保险统筹基金比例为0.3%,由农场负担。2009年起,农场职工全部参加省养老、医疗、工伤、失业、生育保险基金统筹,保险基金统筹比例为38.6%,农场负担27.6%,职工负担11%。至2010年,五项保险参保人员2212人,参保率达100%。

保障性住房建设 2007年,农场采取"四个一点",即中央划一点、总局拨一点、农场筹一点、职工出一点的办法,筹措资金18714.9万元。至2010年,共建设2056套保障性住房(其中东岭农场1052套)。

附:国营东岭农场简介

国营东岭农场位于万宁市北部六连岭一带,东至龙滚镇,南依六连岭与山根、禄马乡为邻,西接东兴农场,西北以南界岭、铁砧岭与琼海境内的东平农场分界,北部延伸到琼海九曲江、阳江境内。场部至万宁市区37千米。1991年,东岭农场机关有14个科室,直属单位13个,作业区5个,生产队26个,党委1个,党总支7个,党支部35个,全场党员639人。到2008年,东岭农场机关有13个科室,直属单位5个,作业区3个,生产队26个,党委1个,党总支委3个,党支部32个,全场党员989人。农场总人口为9736人。2009年撤销,并入国营东兴农场。

第五节 省属六连林场

一、位置与区域

六连林场是万宁市境内唯一的省直属林场,位于万宁市东北部,地跨万宁市和乐、龙滚、山根3个镇11个村委会,东临南海,西与六连岭自然保护区相连。场部坐落在东线高速公路116千米高速公路出口处,距万宁市区约20千米。

林场以低山、丘陵和平原为主,成土母质为砂页岩,土壤为黄色砖红壤和粗骨性砖红壤,适宜造林和种植各种经济作物,如胡椒、槟榔、菠萝等。林场属于热带季风气候,温热多雨,年平均气温24℃,年降雨量2300毫米左右。1990年,修建高速公路征用林地16.5公顷,林场经营面积为1558.1公顷,其中林业用地1494.2公顷(有林地409.9公顷,未成林造林地15.7公顷)。1991年,万宁县人民政府颁发国有山林权属证书,确定林场总面积为1576.3公顷。2007年,修建东环铁路等征用林地14.5公顷。至2010年,征用林地共30.9公顷,林场有权属面积共1533.1公顷。

1991年,国营海南省六连林场机构由场办公室、组织人事股、工会、营林股、财务股、防火办、资源股、综治办、项目办组成,下设铺仔工区、多扶工区;林场人口350人,其中在职人员78人(在岗职工47人,待岗职工31人),退休136人。林场有党支部2个,党员48人。2002年起,林场属于事业单位企业管理,自收自支,自负盈亏,实行二级管理,一级核算,至2010年未变。

二、经济

六连林场是以植树造林为主，发展林下经济作物为辅的林场，产业结构比较单一，没有主导产业，发展空间受到制约。1991年，林场基本上是传统作业植树造林，以出口木材销售为经济来源；当年林场土地经营总面积为1576.3公顷，全场森林覆盖率达99.2%，常年以更新采伐为经济主体。1995年前后，大量砍伐林木销售，没有及时造林。林场调整产业结构，胡椒、槟榔、菠萝（职工自营经济）逐步成为林场三大主导产业。至1997年，林场收入急剧下降，仅靠林地承包租金维持。2002年起，主要经济收入是土地承包金和少量木材销售，年收入不超过60万元。2005年，林场实行经济转型，靠林地租金和职工自主经营为经济来源；其中，出租承包土地面积427.9公顷，职工自营经济用地62.4公顷，商品林26.9公顷，其他经济林378.7公顷，全场森林覆盖率仅为26%。2010年，林场年收入为250万元。

1991年，全场社会总值142.2万元。2000年，全场社会总产值为49.91万元，比1991年减少92.29万元。2010年，全场社会总产值为325.2万元，比2000年增加275.29万元。

三、基础设施建设

1991—2005年，全场有5个工区，职工居住条件较差，均为土木结构的瓦房。2006—2008年，通过国家棚户区改造工程项目，林场增盖职工住房60套，新增住房面积4212平方米，新增绿化面积4800平方米，铺设水泥道路2.2千米。2009—2010年，林场增盖职工住房34套，面积为2004平方米，2个工区（下属单位）新增绿化面积5200平方米，道路硬化3.1千米，水塔3座，供水量每座100吨，新增场部路灯12盏，两个工区路灯74盏，共86盏。

第二编　自然环境

第一章 地质 地貌

第一节 地 质

万宁市地质基底由古老的砂页岩衰质岩系(板岩、片岩、千枚岩、石英岩)、中生代浆岩(花岗岩、辉长岩)、沿海第四系松散层以及河流冲积地层构成。境内土壤有水稻土、砖红壤、赤红壤、黄壤、潮沙泥土、滨海盐渍沼泽土、滨海沙土7个土类,38个土属,83个土种。

西部、西南部山区和中部丘陵、台地母质母岩为花岗岩,土层深厚,含沙较多,土壤疏松,磷元素较缺乏,含钾丰富,钾含量为1.5%~5.15%,土壤呈酸性。北部低丘陵台地,沿海残丘,成土母质母岩为变质岩系,土壤磷元素含量较低,钾元素含量不高,土壤呈酸性,土层较薄,有铁盘、铁子、砾石掺杂,土壤黏性稍高。东部沿海浅海沉积物发育的土壤速效磷含量相对较高,但速效钾含量则很低,土壤呈酸性。

西部、西南部处在海南岛琼中花岗岩山地外围,下古生代主要构造方向为东北方向,沿此方向曾大幅度沉降,沉积了寒武系、奥陶系和志留系地层。加里东运动中晚期,发生褶皱,并伴生大规模的酸性岩浆侵入。由于交代作用,形成混合岩系(花岗岩和辉长岩),下古生代其他地层仅在边缘出现。由于地壳上升,加剧剥蚀作用过程,上覆岩层剥蚀净尽,使花岗体进入地貌发育阶段,形成崇山峻岭、丘陵台地。新生代的构造运动,以间歇上升和断裂为主,因此在地貌上构成深陷的断裂谷地和多级的剥食面,堆积面层状地形。剥蚀面上,坡度平缓,风化层较厚,土质良好,是林业生产的好地方,不同高度的堆积面形成山区里不同海拔的山间盆地和小谷地,冲积层厚,有机质高,水分丰富,是农业生产基地。

东部沿海平原属海南岛地穹列东南侧的拗陷部分,其基底为古老的变质岩系,自中生代末及新生代以来，有着不同的构造作用。滨海平原，沿海岸带伸展，其基底的变质岩系及中生代第二期的构造作用，经长期的侵蚀剥蚀，多被夷平，故陀烈群，加里东运动期混合花岗岩成了残丘台地，星散出露，一般高100米左右。仅东南部有高达150～300米之间的山峰，如万城镇东边的东山岭高184米，礼纪镇东南的六峰岭314.4米，乌石东北面的西岭327.6米。第四纪后，地壳处于上升过程，平原的地层大部分被新生代地层所覆盖，沿海和太阳河、龙滚河、龙首河、龙尾河四大河流沿河发育了第四纪的堆积物，构成新的沿海海积平原和河流冲积阶地平原。尤以早更新世和全新世堆积物为主，中更新世和晚更新世的地层极少分布。早更新世的湛江组分布和乐、万城北部，为滨海相似砂泥质沉积和海湾岬角堆积。在大茂见有巨砾，直径达250～300厘米。Q1的滨海相地层构成30～45米二级海成阶地。晚更新世属滨海相地层，为棕红色含泥质细沙。粒径0.2毫米，占92%，分选好，以石英砂为主，含少量铁砂，分布在新梅至龙滚沿海地带，一般惯称为老红砂。构成15～20米的海成阶地，地势平坦。全新世滨海相堆积物大片分布，下部为砂砾、沙、黏土，上部为游泥质黏土，它构成3～5米高的海积平原。还有沙堤、潟湖。据生物化石及C14测年鉴定，时代距今海滩约为7000～11000年。上部堆积物由现代沙堤、沙阻、潟湖，约为近2000年的产物。

兴隆谷地是闻名的盆地，它发育于感城、万宁东西构造带的东端，由于燕山期东西构造带强烈活动，产生断裂及岩浆活动，由古老的加里东运动混合花岩和中生代第二、第四期花岗岩组成。前者属东西向片麻构造，后者沿东西构造带侵入，是在断裂基础上，由太阳河长期侵蚀切削综合作用所构成，并在河口地段开始发育成三角洲平原，属全新世的产物，故谷地里的花岗岩台地，是长期剥蚀作用的产物，河流阶地是新构造运动的结果。

第二节 地 貌

万宁市地处五指山东南部余脉外围，地势西高东低，地貌多种兼有，按海拔高程、地表形态特征和切割程度划分，由中山、低山、高丘、低丘、台地和阶地平原组成。

一、中山地貌

海拔高度在800米以上的山岭（中山），分布在万宁西部、西南部与琼中黎族苗族自治县、陵水黎族自治县交界处的牛上岭、大牛岭以及西天岭，面积881.16公顷，占全市土地面积0.5%；牛上岭海拔1288米，是万宁最高峰。这些地区处在海南地穹核心的东部，新生代构造运动强烈上升而构成，侵蚀强烈、山高坡陡，坡度15～35度，具有不同程度沟状侵蚀。

万宁市共有中山10座，平均海拔926.3米。

牛上岭 海拔1288米，位于南桥镇西部与琼中黎族苗族自治县交界处，自东南向西北延伸，是境内最高峰。

牛甲岭 海拔995米,分布在南桥镇西部。

大牛岭 海拔976米,分布在南桥镇与陵水黎族自治县交界处。

西天岭 海拔943米,分布在南桥镇西部。

蒙水岭 海拔892米,分布在南桥镇与陵水黎族自治县交界处。

吊水岭 海拔879米,分布在礼纪镇西南部与陵水黎族自治县交界处。

斩　岭 海拔875米,分布在南桥镇西北部与琼中黎族苗族自治县交界处。

牛角岭 海拔805米,分布在三更罗镇东南部与北大镇、长丰镇交界处。

看海岭 海拔805米,分布在三更罗镇东部与北大镇交界处。

乌雅岭 海拔805米,分布在南桥镇与陵水黎族自治县交界处。

二、低山地貌

海拔高度在500~800米之间的山岭(低山),地区面积共4917.5公顷,占全市土地面积的2.6%。分布在西部高丘地貌至中山地貌之间,处于三更罗镇、北大镇、南桥镇、礼纪镇、长丰镇等一带地区。南桥、礼纪交界处的莺鼻岭、铜铁岭,由于沟蚀、剥蚀较强,坡度较陡,一般为12~35度。

万宁市共有低山35座,平均海拔600.17米。

莺哥鼻岭 海拔799米,分布在南桥镇南部与礼纪镇新梅交界处。

甜蕃岭 海拔785米,分布在南桥镇西部与陵水黎族自治县交界处。

尖岭山 海拔733米,分布在礼纪镇西部与陵水黎族自治县交界处。

九盆岭 海拔731米,分布在南桥镇西部与陵水黎族自治县交界处。

五坑岭 海拔711米,分布在南桥中南部与新梅乡交界处。

南肚岭 海拔707米,分布在三更罗镇中部。

番椒疗岭 海拔698米,分布在南桥镇西部。

蚂蟥岭 海拔650米,分布在长丰镇西北部。

铜铁岭 海拔642米,分布在南桥镇南部与礼纪镇交界处。

麻竿树岭 海拔630米,分布在南桥镇南部与陵水黎族自治县交界处。

猴子公岭 海拔620米,分布在礼纪镇西南部。

大坡岭 海拔614米,分布在礼纪镇新梅村。

苗村岭 海拔609米,分布在北大镇西部。

榜树岭 海拔608米,分布在三更罗镇中部。

内田岭 海拔605米,分布在南桥镇南部。

新丰西岭 海拔600米,分布在南桥镇中部。

内罗岭 海拔593米，分布在北大镇北部与琼海市交界处。

松林岭 海拔586米，分布在北大镇南部。

四方山 海拔573米，分布在南桥镇西部。

牛角尖岭 海拔569米，分布在北大镇南部。

灯芯草岭 海拔563米，分布在南桥镇北部。

牛岭 海拔558米，分布在三更罗镇北部。

六连岭 海拔558米，分布在北大镇禄马东部与和乐镇交界处。

灯火岭 海拔555米，分布在三更罗镇与琼中黎族苗族自治县交界处。

茶林岭 海拔554米，分布在长丰镇东北部。

山猪岭 海拔532米。分布在三更罗镇北部与北大镇交界处。

鹿坑岭西 海拔532米，分布在兴隆农场北部。

鹿坑岭东 海拔526米，分布在兴隆农场北部。

村仔岭 海拔520米，分布在南桥镇南部与礼纪镇新梅交界处。

高坡岭 海拔513米，分布在南桥镇南部与礼纪镇新梅交界处。

大庄岭 海拔512米，分布在三更罗镇西南部与琼中黎族苗族自治县交界处。

鹿市岭 海拔512米，分布在三更罗镇西南部与琼中黎族苗族自治县交界处。

北坡平岭 海拔506米，分布在三更罗镇与北大镇交界处。

灯心田岭 海拔502米，分布在三更罗镇中部。

狗放尿岭 海拔500米，分布在三更罗镇西南部与琼中黎族苗族自治县交界处。

三、高丘地貌

海拔在250～500米之间的山岭（高丘地貌），地区面积共22589.26公顷，占全市土地面积的12%，分布在西部低丘地貌至低山地貌之间。如三更罗与琼中黎族苗族自治县交界处的狗放尿岭、灯火岭、牛岭，东部的黄竹岭、下山岭、榜树岭等；北大与三更罗交界的山猪岭、内罗岭等，牛漏、兴隆地区的黑石头岭、蚂蟥岭、古村山岭、亲井岭；南桥西部的长沙岭、高岭、枫树冲岭，南部与礼纪交界的大翁岭、村仔岭；礼纪西部的大枝岭、黑紫头坡岭、牛岭，北部的猪屈岭、牛湾岭，中部的尖峰岭；礼纪南部的东岭；北大与山根交界地区的六连岭。高丘地貌沟蚀、剥蚀较强，地形起伏较大，具有多级侵蚀面和堆积面，坡度7～35度，其中以小于25度的斜坡为主。

高丘有黄竹岭（442米）、大芒二三岭（385米）、天山岭（328米）、下山岭（482米）、崖溪岭（411米）、岸口岭（332米）、七步水岭（283米）、加再岭（381米）、深田岭（446米）等，共80多个山岭。

四、低丘陵地貌

海拔高度在100～250米之间、处在台地至高丘地貌之间的波状起伏地区，面积共54700.86公顷，占全市土地面积的29.2%。分布在三更罗镇的加朝、田堆、石盘、石福、南平、二村等管区；北大镇的西北、西南部；龙滚镇西部四角岭、龙角岭、榄门岭、北部的尖岭；长丰镇西北部的藤竹竿岭、新丰岭、白石岭；牛漏北部；兴隆农场西北部；南桥镇中部及新梅北部；还有零星分布在本市东南部的东北岭、大塘岭、牛庙岭、镜门岭等。低丘陵地貌海拔高程低、坡度较缓，一般5～30度，以缓坡为主，土层深厚，沟涧纵横，谷地广布，盆地相间，有尖岭、加朝、南平、二村、小管等盆地。

低丘有加驳对面岭（137米）、黄土岭（227米）、香根岭（244米）、家带岭（235米）等，共60多个山岭。其中东部的东山岭是旅游胜地，有“海南第一山”之称。

五、台地地貌

海拔高度在50～100米的平缓地区，高低起伏较小，坡度一般小于15度，处于阶地平原和低丘地貌之间，总面积47111.64公顷，占全市土地面积的25%。台地地貌的地区人口密度较稠密，大部分已开发利用，是主要的林业、农业和热作生产基地。由花岗岩构成的台地因球状风化而成馒头状，坡度顶部1～30度，斜坡5～7度，风化壳厚达10米以上。

六、河积海积阶地平原地貌

万宁市属台地下缘，海拔高度50米以下的沿海陆地，包括沿海强风搬运大量的砂土堆积于沿海地带，造成大片的风砂地貌，河积海积阶地平原地貌地区总面积50996.17公顷，占万宁土地面积的27.1%。其中平原（海拔20米以下）16652.56公顷，占万宁土地面积的8.8%。河积海积阶地平原地貌分布在境内大茂镇、东澳镇和礼纪镇。

第二章 海洋

第一节 海域

一、海域面积

万宁市海域包含东北至西南一带的南海和内海港湾。东北起点南港，与琼海市海域交界，其分界线地理坐标为北纬19°05′02″，东经110°35′00″，沿100°方位向大海延伸12海里，西南至分界洲，坐标为北纬18°34′05″，东经110°12′04″，沿135°方位向大海延伸12海里，联结其线内范围即为本市所辖海域。总面积包括港北小海（49.5平方千米）和老爷海（9.8平方千米）共2550.1平方千米。其中，水深10米以内的浅海面积折合153.33平方千米，水深30米以内的沿海面积折合440平方千米，水深30～80米的近海面积折合约520平方千米，潮间带面积折合0.8平方千米。其余海域水深均为80米以上。

万宁市海域水深分类面积一览表

表2-1

水深分类	面积		占比（%）
	(公顷)	（亩）	
0~2米	137.43	2061.45	0
2~5米	2985.27	44779.05	1.07
5~10米	5109.67	76645.05	1.84
10~20米	17086.71	256300.65	6.15
20~30米	21251.79	318776.85	7.65
30~50米	32535.66	488034.9	11.72
大于50米	198802.33	2982034.95	71.57
合　计	277908.86	4168632.9	100

二、潟湖

小海 位于万宁市东部，是一个潟湖型海湾，呈带囊状，湾口狭窄，湾内开阔。水域东西宽为3.5～7.5千米，南北长约10千米，总面积约为49.57平方千米，除湾口航道水深在2～4米外，其他海域水深1～5米，呈肚大口小的葫芦状。龙头河、龙尾河等8条河流汇集小海，经小海调蓄后从港北口门出海。潮汐类型为非正规日潮，平均潮差仅0.6米，湾内海水盐度变化较大，涨潮时湾口可高达31%，但海湾底部只有3%～5%，退潮时全湾海水盐度都较低。海湾内海水盐度受雨水影响也很大，台风带来的暴雨使湾内盐度降至0～3%，旱季盐度稍高。

小海的水产资源丰富，有驰名中外的港北对虾、和乐蟹、后安鲻鱼、石斑鱼等名特产；其周边的旅游资源也相当丰富，大长岭、后鞍岭、港尾岭和英文岭等山岭零散分布附近，南部是万宁市东部沿海三个新月形海湾之一的春园湾，东南部是万宁市最大的半岛英豪半岛，西南边是素有"海南第一山"美称的东山岭，东南部是奇石、怪石嶙峋的大花角自然保护区。小海的现状功能主要是泄洪纳潮和水产养殖，周边分布着万城、大茂、后安、和乐等4个镇29个村庄的16万人，耕地面积近8666.67公顷，是万宁市主要产粮区，占全市耕地的47.8%。

老爷海 老爷海位于万宁市东南部，整体呈长葫芦形，由开阔区、狭窄区两部分组成。总面积约为5.74平方千米，水深0.5～4米，是一个潟湖型海湾。老爷海后部的开阔区面积约4平方千米，相对宽阔，通过一条长约8千米的狭长水道与大海相通。狭窄区最狭处仅250米，入海口处总宽度500米。由于淤砂，入海口处低潮时实际水面宽度仅80米左右。根据水交换条件的不同，狭窄区又可分成入海口段(入海口至兴隆农场海边站)、中段(海边站至西宅路)和后段(西宅路至龙保桥)。潮汐类型为非正规日潮，平均潮差仅0.6米，湾内纳潮量小，水体交换不畅，自净能力差，环境容量较小。海水盐度变化较大，涨潮时湾口可高达32%，但海湾内只有5%～10%。

第二节 海岸 海湾

一、海岸

万宁市海岸线长184.9千米，海域区内有大洲岛、后鞍岛、洲仔岛、加井岛和黑石、乌石、洲仔石、担石等露礁，岸线长23千米，内海港湾岸线长59.5千米。

沿海岸线以大花角为界，以北的海岸属沙陆坝—潟湖型海岸，以南属山区丘陵港湾海岸。东部海岸和南部海岸各有一处特别折入内地的水面，分别形成小海和老爷海大潟湖。此外，沿岸还有大小不等的海湾，海岸线长，海湾曲折，岸貌变幻，海湾优良。海岸线天然植被和人造海防林茂密，特别是石梅湾海岸线上的青皮林带，长达22千米，是世界上最大的一片天然青皮林。优良的岸线为发展海洋经济、旅游观光提供良好的天然条件。

二、海湾

万宁沿海岸线区域，海湾众多，自北向南，分布着大小不一的美丽海湾，主要有山钦湾、山根湾、大花角湾、春园湾、神州半岛湾、南燕湾、石梅湾、杨梅湾、日月湾等优质海湾，是万宁发展海上旅游的优质资源。

山钦湾 位于万宁市北部龙滚镇境内，距万宁市区45千米，距东线高速公路龙滚互通8.5千米，交通便利。山钦湾景色优美，怪石嶙峋，海天一色，有燕子洞、九鲸石和大、小石屋等自然景观。在山钦岭头北边的山钦古庙，一年四季香火不断，山钦湾是万宁看日出的最佳海湾。

山根湾 位于万宁市山根镇东北部，距山根镇政府所在地仅3千米，距东线高速公路山根互通口5千米，交通便利。山根湾海岸线长13.9千米，海湾地势高，海滩宽、海浪急，浪花涌上沙滩、一片雪白，涛声连天。

大花角湾 位于万宁市东南角的海岸上，距万宁市区约18千米。大花角由前鞍和后鞍两个山峦构成，双峰之间，有一处宽近百米的峡谷，与双峰一起伸向南海，形成一个天然海湾。大花角由于南北两山倚立，入口狭小，波涛汹涌，不断冲刷岸边碎石，天长地久，便将海滩上的碎石冲刷成大小不一的卵石，堆积在一起，形成卵石滩。大花角生活着成群的猕猴，是省级自然保护区。

春园湾 位于万宁市万城镇东部，距万宁市区12千米，毗岭乌场港。岸线长约4千米，山海相偎，海滩被山岭隔为几段，中间一段最长，主海湾呈月牙形，海滩平缓，沙子白中泛黄，是一处滩洁沙软的优质海湾。

神州半岛湾 位于万宁市东澳镇神州半岛的南面，由东至西排列着5个海湾，东渥湾、沁宁湾、圆石湾、金沙湾、乐涛湾，统称为神州半岛湾。东渥湾形如半月，是一个天然渔场；沁宁湾海岸线绵长，沙滩宽阔；圆石湾，几百米长陡峭石壁伸入大海；金沙湾水清沙平，沙岸绵延1千米多，为天然海水浴场；乐涛湾水深浪平，为天然良港、渔场。

南燕湾 位于万宁市礼纪镇南部沿海，与石梅湾相连，距万宁市区约30千米。南燕湾山峰高耸，沙滩洁白，绿树葱茏，景色优美。

石梅湾 位于万宁市西南部礼纪镇，距万宁市区约30千米，是海南最美十大海湾之一。石梅湾形如弓弦，沙滩细软，环山面海，湾内山形秀美，植被茂密，沿着海湾生长着一片宽约400米、长约22千米的青皮林，清代光绪二十七年（1901年）就立碑保护，1980年被广东省列为省级自然保护区，是世界上保护最好、面积最大的一片原始青皮林。

日月湾 位于万宁市西南部，以牛岭为界，与陵水黎族自治县相连，距万宁市区36千米。日月湾依山傍水，是个半月形的海湾，沙滩洁白松软，近海面有两块巨石耸立，形成海门。日月湾是世界上拥有高质量定点浪型和沙滩浪型的海域之一，水质清澈，全年都适宜冲浪，2米的大浪长达半年，海浪绵长有力，是中国冲浪资源最优的海湾之一。

第三节 岛屿

万宁市海域范围内的无居民海岛总计58个，主要大岛有大洲岛、白鞍岛、甘蔗岛、加井岛、洲仔岛等5个无居民海岛，总面积5.398平方千米。

一、大洲岛

位于万宁市东南部的东澳镇海面上，距海岸4千米，由南北对峙的大小两个岛组成。大岛海拔289米，小岛海拔136米，总面积4.36平方千米。两岛间有一条长578米、宽50～120米的洁白沙滩，岛岸为花岗岩构成，岛顶表层为红黏土。岛上峭壁险崖，怪石嶙峋，奇岩幽深，林木苍翠，沙滩洁白，风景优美。东西两侧是船舶避风的天然良港和天然泳场，与相距6海里的乌场港隔海相望，是海南岛近海第一大岛屿，素有“南海明珠”之称。南罗石洞是金丝燕结巢聚居之处，终年栖息着许多金丝燕，中外闻名的东方珍品——大洲燕窝就产于此。1990年9月，国务院批准万宁大洲岛为国家级海洋生态自然保护区，保护区总面积70平方千米，其中陆域面积4.2平方千米，海域面积65.8平方千米。大洲岛保护区归海南省海洋与渔业厅垂直领导，处级建制，人员编制划归海南省海洋与渔业厅，大洲岛上常年驻守4～5名护岛执法人员巡逻看守。大洲岛是金丝燕在中国唯一长年栖息的海洋岛屿。

二、白鞍岛

位于万宁市和乐镇的港北海域南部，距海岸3.6千米，海拔84.8米，面积0.243平方千米，表层为黄砂黏土，周围由岩石构成，岛上杂草丛生，岛岸曲折险峻，且有暗礁险滩，有一处可供饮用的天然泉水，岛的周边海域水深13～30米，是万宁近海第三大岛屿。

三、甘蔗岛

位于万宁市春园湾南方的乌场港东端，距万城约11.35千米，距海岸约1千米，海拔71米，面积约0.09平方千米，由岩层构成，表层为黄黏土，形貌圆硕丰满，怪石嶙峋，灌木丛生，常年有海鸥、金丝燕等鸟类起落栖息，岛的周边海域水深4～17米。

四、加井岛

位于万宁市礼纪镇日月湾东南面海域，距石梅湾海岸约1.5千米，海拔62.8米，面积约0.14平方千米，由岩层构成，表层为红黏土。岛上杂草荆棘丛生，岛的两岸有一片沙滩可供泊船，登岛上岸，周边海域水深5～23米，是海南为数不多的具有淡水资源的袖珍岛屿，岛上的沙滩会随着季节变化发生移动，因此称为“灵岛”。

五、洲仔岛

位于万宁市东澳镇新华村南荣海域，距海岸约2千米，海拔139米，面积约0.475平方千米，由岩层构成，表层为黄质沙土，西北端有一片沙滩可供登岛，岛上适宜生长杂草灌木，周边海域水深10～20米。是万宁市近海第二大岛屿。

第四节 海洋水文

一、海水

万宁市海域海水平均盐度为32.64‰。一年中平均盐度最高出现在3—5月，为31.56‰～34.48‰；一年中平均盐度最低出现在9—10月，为18.55‰～32.11‰。透明度最高值在20米左右，海域广阔，季风性海流使水体交换条件好，具有大洋水质环境的特征。近海pH值夏季为8.30，冬季为8.26，属于一类海水水质。

各海域海水年平均温度在26.5℃左右。随着季节的变化，春季为27.2℃，夏季为28.9℃，秋季为24.8℃，冬季为23.2℃。年最高温度为31.42℃，最低温度为17.16℃。

万宁市近岸海域水质达到或优于二类标准的比例达到90%，其中主要滨海旅游区近岸海域水质优良率达100%，大洲岛、石梅湾、乌场港等近岸海域水环境质量优良率不低于95%。主要旅游区岸线近岸海域水质达到一类标准，老爷海水质达到二类标准，港北小海海水水质持续改善。

二、潮汐

万宁市海域潮汐属于不正规全日潮，平均潮差1米左右，大潮差在2.5米以下。潮汐主要受太平洋潮波的作用，以前进波的形式传播，性质属不正规半日潮流，所以潮流较小，大潮流速在0.5节左右，主要是由台风和季风引起，浪向完全由岸形所制约，较多出现偏东南或东北浪，年平均波高在0.9米左右。

每日潮涨潮落两次，日潮为上午8—9时左右，夜潮为午夜之后1—3时左右。日与日之间来潮时差，向后推30~50分钟不等。每次潮涨潮落，同风向风力有关。遇东北风或北风，涨潮迅猛，潮高浪大；遇西北风或西风，落潮快捷且潮低，浪小风平时潮平缓，涨落规则有律，涨潮向西推上，落潮向东退去。每月大潮在农历初旬和中旬出现，故有“初三、十八潮”之说。每年上半年潮在白天上午出现，下半年潮在午夜后出现。一年四季潮位高低不一致，在同一海岸线上，每一潮次潮位高低也不相同。一般而言，东北部潮位较高，西南部潮位较低。每年农历“五月初三、四，六月十一、十二”为大潮期。八、九月是雨季或台风期，潮位高而来势猛。立冬到夏至这段时间，潮位就比较平缓。根据水文资料记载，港北曾出现潮位高达2.04米的大潮，潮位高达2.24米的特大潮。

海潮与气候、气温也有一定关系，沿海渔民有谚语：“海响东北南港天气转寒，海响保定乌场天气转暖”。

三、波浪

据万宁市乌场波浪观测站(1985年10月至1986年9月)一年的波浪观测资料：乌场港外波型以U/F为主，即以涌为主的风浪和涌浪混合型，出现频率为64.5%；其次为F，即风浪，占21.3%：纯粹的涌浪U只占0.5，是很小的。乌场波级以3级(0.8～1.3米)为主，出现频率高达42.14%，其次是0～2级(0～0.8米)，占41.85%，然后是4级(1.3～2.0米)，占13.72%，5级(2.0～3.5米以上)仅占1.93%。乌场海浪波高不超过0.7米的全年共145天，频率为40%。春季为55天，夏季为44天，秋季为33天，冬季为13天。乌场常浪向为南东，频率占47.3%，次常浪向为南南东，频率占20.70%。乌场全年强浪向为南东，平均波高1.0米，且频率最大(47.3%)。最大浪向为东南东，H1/100为5.2米，是由台风引起；次强浪向为南南东，H1/100为5.0米，也是由台风引起。

第三章 气候 水文

第一节 气 候

万宁属热带季风海洋性气候，一年四季气候温暖宜人，夏无酷热，冬无严寒，降水充沛，蒸发量适宜，旱季、雨季分明，冬春干旱，夏秋多雨，日照长，雷暴多，风向以偏南风和偏北风居多，光、热、水资源丰富。

一、气温

1991—2010年间，万宁市年均气温为25.2℃。平均最低气温出现在1月，为19.7℃，极端最低气温7.2℃，出现在1999年12月23日；最热月是6—7月，平均气温为28.9℃；高温主要出现在5—8月，平均气温为28.6℃，极端最高温为37.1℃，出现在2005年7月20日。

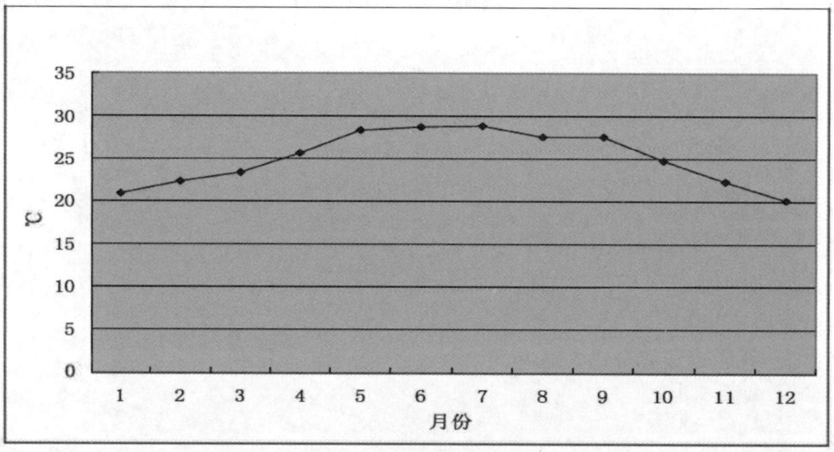

1991—2010年万宁各月平均气温示意图

二、降水

1991—2010年,万宁年均降雨量2148.7毫米,但降雨量分布不均匀。雨季一般从5月中旬开始,11月中旬结束;旱季为每年11月至次年4月份。雨量高峰期集中在8—11月,其中,连续过程最大降雨量1840.9毫米,出现在2010年9月25日至10月19日;年降雨量最少1019.9毫米(2004年),年降雨量最多3075.4毫米(2010年),月降雨量最多1825.5毫米(2010年10月),月降雨量最少0.8毫米(2010年2月),日降雨量最多355.1毫米(2000年10月14日)。

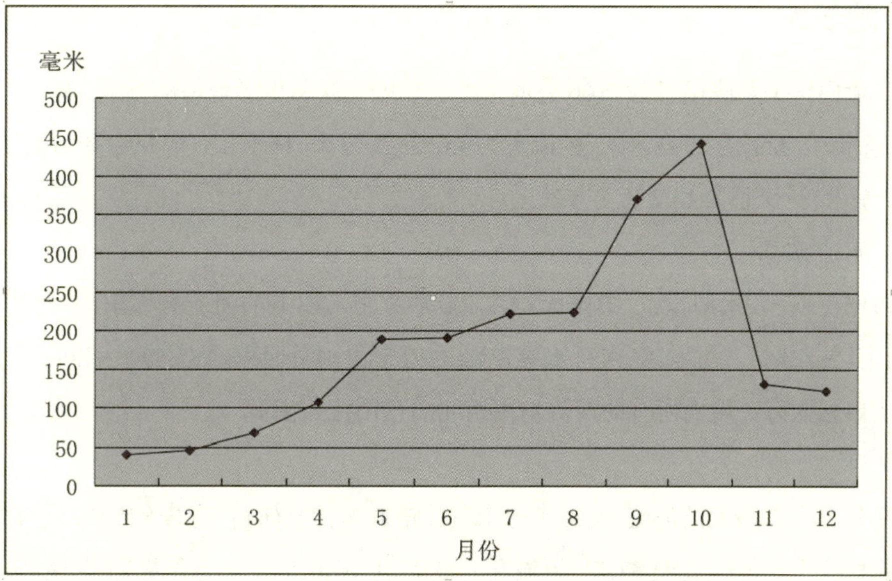

1991—2010年万宁各月平均降雨量示意图

三、日照

1991—2010年,万宁平均年日照1958.1小时,年日照最长为2299.5小时,出现在2003年;年日照最短为1696.2小时,出现在1996年。

四、风

1991—2010年,万宁地区平均一年中冬、春季多刮偏北风,夏、秋多刮偏南风,风速年平均2.32米/秒。据万宁市气象台观测记录,在2005年0518号台风“达维”影响期间,万宁市出现了自有气象记录以来的最大风速:30.9米/秒。

第二节 水文

一、地表水

万宁市境内年平均降雨量为2166毫米。由于季风气候和地形地势的影响，丰水年（P=10%）降雨量达2979毫米，径流深为2093毫米，径流量为45.5亿立方米，枯水年（P=90%）降雨量达1562毫米，径流深为783毫米，径流量为13.2亿立方米。

（一）河流水源

万宁市河流众多，水源丰富，集雨面积在100平方千米以上的河流有太阳河、龙滚河、龙头河、龙尾河、东山河、礼纪河、三更罗溪、南桥水等8条，占万宁集雨总面积的85.6%。此外，还有茄新等19条小河流溪涧单独入海。境内所有的河流均由西北向东南流入南海。

1. 太阳河

太阳河是万宁市最大的河流，发源于琼中黎族苗族自治县斩岭，海拔875米，自西向东流入境内，经兴隆、南林、牛漏、长丰、礼纪、东澳、万城和北坡等地，出港北小海会合龙头、龙尾河，取道港门汇入南海。干流全长75.7千米，流域面积592.51平方千米，流域平均宽度7.82千米，河道平均坡降1.49‰，总落差876米，在兴隆以上河段称为上游；兴隆至万宁水库河段称中游，属丘陵地带，河谷宽阔；万宁水库以下河段称下游，为冲积三角洲，土地肥沃。2010年，沿河耕地面积7771.7公顷，其中水旱田5551.2公顷。规划后可开垦耕地面积9983.3公顷，其中水旱田7106.7公顷。流域两岸居住人口18.8万人。

2. 龙滚河

龙滚河是万宁市第二大河流，发源于万宁市三更罗镇的天秤岭，海拔640米，流经内罗、军田、东岭、植物园、雷公滩、加坦、龙滚，从沙美内海会合九曲江汇集于博鳌港，然后流入南海。干流长47.7千米，流域面积213.64平方千米，流域平均宽度4.48千米，河床平均坡降2.08‰，总落差642米。2010年，沿河流域内耕地面积1777.8公顷，其中水旱田1322公顷。规划后可开垦耕地面积2328公顷，其中水旱田1688公顷。流域两岸居住人口2.65万人。

3. 龙头河

龙头河发源于万宁市北大镇北坡平岭，海拔615米，流经岭脚、大发、双科、岭头、风牌、和乐等地，从乐群入小海。干流长33.2千米，流域面积135.78平方千米，流域平均宽度4.1千米，河床平均坡降

1.82‰，总落差616米。2010年，沿河流域内耕地面积2600.5公顷，其中水田1466.7公顷。河流规划后可扩大耕地面积达3758.7公顷，其中水田2262.7公顷。沿河两岸居住人口4.66万人。

4.龙尾河

龙尾河发源于万宁市三更罗镇南肚岭，海拔705米，流经三角水、尖岭、打桑、红联、后安等地，从潮港出小海，干流长38.2千米，流域面积158.02平方千米，流域平均宽度4.14千米，河床平均坡降2.73‰，总落差706米。2010年，沿河流域范围内耕地面积2317公顷，其中水田2123.3公顷。河流规划后可扩大耕地面积达3385.3公顷。沿河两岸居住人口4.58万人。

5.东山河

东山河源头在万宁市长丰镇茶林岭，流经长丰、大茂、万城等3个镇，从万城的北坡汇入小海，干流长32千米，集雨面积100平方千米，河床平均坡降1.56‰。2010年，沿河流域内耕地面积2100公顷，其中水旱田1400公顷。沿河两岸居住人口4.86万人。

6.三更罗水

三更罗水发源于万宁市牛角岭，由三更罗镇头村经二村流经三更罗、新中农场，流出加潮，会合于万泉河。集雨面积100平方千米，干流长27.5千米，河床平均坡降10.4‰，总落差397米。2010年，沿河流域内耕地面积1006.7公顷，其中水旱田555.2公顷。沿河两岸居住人口1.81万人。

7.南桥水

位于万宁市西南部的南桥乡，是太阳河的支流，发源于琼中县斩岭，流经南桥、兴隆，汇入干流太阳河。流域面积165平方千米，干流长23千米，平均坡降3.86‰，总落差852米。2010年，沿河流域内耕地面积1106.7公顷，其中水旱田546.7公顷。沿河两岸居住人口1.25万人。

8.礼纪河

礼纪河发源于万宁礼纪镇禁牌岭，流经长征、竹林、合兴，汇入干流太阳河。河长18.6千米，集雨面积100平方千米，流域平均宽度5.35千米，河床坡降1.5‰，总落差55米。2010年，礼纪河流域耕地面积1873.3公顷，其中水旱田1306.7公顷。沿河两岸居住人口2.36万人。

2010年万宁市集雨面积100平方千米以上河流特征表

表2-2

河流名称（干流）	河原地点	河口地点	集雨面积（平方千米）	干流长度（千米）	平均比降(‰)	流域宽度（米）	流域形状系数
太阳河	琼中县斩岭	小海	593	75.7	1.49	7.82	0.103

续表2-2

河流名称（干流）	河原地点	河口地点	集雨面积（平方千米）	干流长度（千米）	平均比降(‰)	流域宽度（米）	流域形状系数
龙滚河	天秤岭	琼海市沙溪内海	214	47.7	2.08	4.48	0.094
龙头河	北坡平岭	小海	136	33.2	1.82	4.1	0.123
龙尾河	南肚岭	小海	158	38.2	2.73	4.14	0.109
东山河	荣林岭	小海	100	32.0	1.56	3.8	0.11
三更罗水	老景园岭	三更罗田堆村	100	27.5	10.4	3.63	0.132
南桥水	琼中县斩岭	兴隆联合厂	165	23.0	3.86	7.17	0.312
礼纪水	禁牌山	礼纪老黄村	100	18.6	1.50	5.35	0.287

2010年万宁市集雨面积100平方千米以下溪涧特征表

表2-3

序号	河流名称	河源	河口	集雨面积（平方千米）	干流长度（千米）	平均比降（‰）
1	文曲水	分界岭	沙美港	25.18	9.69	1.34
2	坡罗水	岭上园岭	南海	6.12	4.06	14.2
3	青山水	加雷岭	南海	22.17	14.41	7.6
4	官栈河	六连岭	小海	30.77	16.05	5.4
5	溪九河	丰丹岭	小海	42.25	19.37	1.9
6	白石河	石堀岭	小海	36.15	18.05	1.1
7	周村河	大茂岭	小海	8	5.99	1.7
8	北坡水	滨湖岭	小海	30.35	25.53	1.7
9	大长岭水	大长岭	小海	2.68	4.20	3.0
10	裕后水	落斗岭	东澳港	13.52	7.64	1.0
11	桥海水	马岭	坡头港	11.27	6.43	4.1

续表2-3

序号	河流名称	河源	河口	集雨面积（平方千米）	干流长度（千米）	平均比降（‰）
12	石梅水	尖峰岭	南海	19.21	7.26	4.9
13	海田溪	朝州岭	南海	14.54	8.20	3.8
14	杨梅水	铜铁岭	南海	5.80	4.18	3.3
15	田新河	大坡岭	南海	21.50	9.96	2.2
16	新村溪	新村水	南海	5.11	4.15	4.6
17	茄新溪	茄新水	南海	46.51	17.68	2.1
18	石福水	石福溪	流入万泉河	77.74	19.81	6.6
19	四方山水	牛岭	流入陵水河	40.7	17	3.1

（二）山塘水库

20世纪50年代至80年代初，万宁县大兴水利，修建了一批山塘水库。其中，大型水库一座，即位于长丰镇的万宁水库。中型水库4座，即北大镇的军田水库、龙滚镇的加坦水库、礼纪镇的碑头水库和兴隆农场的沉香湾水库。小（一）型水库共16座，小（二）型水库共27座。全市还有山塘、平塘共97座。

2010年万宁市大中型水库一览表

表2-4

水库名称	所在地	集水面积（平方米）	库容（万立方米）		水库功能	设计灌溉面积（平方千米）
			总库容	有效库容		
万宁水库	礼纪镇、长丰镇	429	15200	6800	饮用水源、农用灌溉	80.7
军田水库	北大镇	35	4030	3438	饮用水源、农用灌溉、发电	27.5
加坦水库	龙滚镇	102.6	2760	240	农用灌溉、发电	6
碑头水库	长丰镇、礼纪镇	14	1690	881	农用灌溉、发电	10.7
沉香湾水库	长丰镇、兴隆农场	33.5	1980	1385	农用灌溉、发电	10.7

2010年万宁市小型水库一览表

表2-5

水库名称	所在地	集水面积（平方千米）	库容（万立方米）		水库功能	设计灌溉面积（平方千米）
			总库容	有效库容		
香车水库	山根镇	7.5	740	530	农用灌溉	5.1
黄山水库	长丰镇	10.52	898	674	农用灌溉、发电	8.7
水声水库	后安镇	10.66	770	576	农用灌溉	3.3
袁水水库	大茂镇	2.22	382	285	农用灌溉	1.7
红色水库	和乐镇	9.6	860	422	农用灌溉	5.1
熊仔水库	龙滚镇	1.8	154	91	农用灌溉	1.1
老荒水库	礼纪老风岭	1.07	100	74	农用灌溉	0.7
博冯水库	新梅、石梅	2.1	127	85	农用灌溉	1.1
后庙水库	禄马争来坡村	1.85	190	137	农用灌溉	1.5
乐来水库	后安镇	1.15	104	59	农用灌溉	0.6
落斗水库	东澳镇裕后村	1.43	140	94	农用灌溉	0.7
南旺水库	长丰镇	3.5	237	166	农用灌溉	2.7
三合水水库	兴隆农场	4.79	813.8	700	饮用水源、农用灌溉、发电	1.9
新风水库	南林农场新风队	13.77	360.8	260	农用灌溉	0.6
高峰水库	南桥镇	8.25	327.5	210	农用灌溉	1.6

续表2-5

水库名称	所在地	集水面积（平方千米）	库容（万立方米）		水库功能	设计灌溉面积（平方千米）
			总库容	有效库容		
金寮水库	东和农村金寮队	4.49	163.8	140	农用灌溉	1.0

二、地下水

万宁市地下水总储量为9.77亿立方米，可供开采量约4.07亿立方米，主要分布在东部沿海平原地区。1991—2010年着重开发浅水层，人工开挖田头井或用大锅锥打井抽水灌溉。也有用机钻打少量深水井，摸索利用深层地下水。地下水一般是以孔隙水形式保存着。一级台地地下水位较高，使土壤经常呈饱和状；二级台地地下水位埋藏深度，一般为2～3米；三级台地地下水位埋深一般为4～6米，或更深一些。

浅水灌溉用井大部分分布在港北宝兴至高龙一带，面积16平方千米，为海沙堤堆积南北向展布，堤长11千米，宽1.5～2千米，标高小于25米，岩组厚度5～20米。含水层岩性为中粗砂，含砾中粗砂，砂砾石，分选性好，厚度5.25～10.9米。地下水位埋深大部分小于2米，最深的宝兴村4.3米，锅井单位涌水量一般为800～2000吨/日/米，114锅井水位降深1.7米，单位涌水量2683.5吨/日·米，泉流量1.5升·秒。根据锅井统计，单位涌水量大于1000吨/日·米，占60%，其中大于2000吨/日·米，占40%。

第四章 土壤 植被

第一节 土 壤

土壤主要为土母岩，母质为花岗岩，少量为砂页岩；有7个土类、12个亚类、38个土属、83个土种。7个土类是：黄壤、赤红壤、砖红壤、水稻土、潮沙泥土、滨海渍沼泽土、滨海沙土等。土壤富含有机质和氮等，普遍缺磷少钾，偏酸性面积较大。

特点有：(1)水稻土。有机质含量为2.58%，氮平均含量为0.125%，速效钾平均含量为45.8ppm。pH值在4.2至7.0之间。(2)旱坡地。有机质平均含量为1.89%，氮平均含量为0.098%，速效磷平均含量为6.4ppm，速效钾平均含量为45.8ppm，pH值4.5至7.5之间。(3)自然土。有机质平均含量为1.94%，氮平均含量为1.81%；速效磷平均含量为63ppm，速效钾平均含量为91.6ppm，pH值在4.5至7.5之间。

2010年万宁市主要土壤类型面积及分布表

表2-6

类型	面积（公顷）	占土地总面积的比例(%)	分布
水稻土	14961.1	8.2	沿海平原、河流中下游及三角洲海域阶地、丘谷地

续表2-6

类型	面积（公顷）	占土地总面积的比例(%)	分布
砖红壤	134028.7	73.4	海拔高度20～400米之间的阶地台地丘陵地带
赤红壤	7961.0	4.4	海拔高度400～700米之间的低山高丘陵地区
黄壤土	1462.6	0.8	700米以上山地
滨海沙土	4613.7	2.5	龙滚、礼纪海滨地带
滨海盐渍沼泽土	175.3	0.1	港北东澳等沿海地带
潮汐泥土	485.9	0.3	和乐、兴隆、东兴、东岭、东和一带河流岸边

第二节 植 被

万宁市地处五指山东南部余脉外围，北纬18°附近，靠近热带与亚热带分界线，地势西高东低，东临南海，境内多种地貌兼有，主要由中山、低山、高丘、低丘、台地和阶地平原组成。万宁市的植被在热带海洋性季风气候条件等各种因素的作用下，发育成复杂多样的热带植被类型。(1)海拔800米以上的中山地带原生植被保存较好，热带雨林繁茂；(2)海拔500～800米的低山地带，主要为原生和次生植被；(3)海拔250～500米的高丘地带，由于过度砍伐，植被以次生林为主；(4)海拔100～250米的低丘地带，植被以次生林、灌木为主，山脚种植有橡胶、槟榔等经济作物；(5)海拔50～100米的台地，是重要的农业区，原生植被已不存在，主要是人工植被；(6)海拔<50米的河积海积阶地平原，是主要的农业区，植被以水稻、瓜果蔬菜等农作物为主，东部沿海沙地主要为人造海防林和青皮林。

境内热带天然次生林主要分布在南部和西部山区，约占全市林地面积的35%，为区内河流的发源地，是主要的水源涵养的林区；灌木林主要分布在低山、丘陵地带；人工林主要分布在丘陵、平原和台地；东部沿海沙滩地带主要有青皮林和木麻黄。

据统计，2010年全市林地总面积124194.31公顷，占全市国土总面积的65.31%。其中，森林面积118458.35公顷，占林地面积的95.39%，森林覆盖率为62.35%。

2010年万宁市林地各地类结构一览表

表2-7

林地		有林地	灌木林地			未成林地	苗圃地	无立木地	宜林地
			小计	其他灌木	国特灌				
合计	124194.31	118361.96	456.89	360.5	96.39	3209.33	140.11	347.71	1678.28
占比	100	95.3	0.37	0.29	0.08	2.59	0.11	0.28	1.38

第五章 自然资源

第一节 土地资源

截至2010年，万宁市土地总面积189985.83公顷，人均土地面积约0.34公顷。其中：农用地为156833.44公顷，占境内土地总面积的82.55%；建设用地为30069.70公顷，占土地总面积的11.78%；未利用地为3082.69公顷，占土地总面积的1.62%。

境内属山地和丘陵地形，有中山、低山、高丘陵、盆地、低丘陵、台地、阶地、平原、潟湖和港湾。

2010年万宁市土地功能用地类型面积及分布一览表

表2-8

类型				面积（公顷）	占土地总面积的比例（%）	分布
农用地	总面积（公顷）	占土地面积（%）	耕地	29785.45	15.68	万城、礼纪、龙滚、后安、北大镇分布较多
	156833.44	82.55	园地	68326.61	35.96	北大、三更罗、南桥镇、各国营农场较多
			林地	56570.34	29.78	南桥镇分布比例最大，三更罗、礼纪、北大次之
			草地	2151.04	1.13	境内均有分布

续表2-8

类型				面积（公顷）	占土地总面积的比例(%)	分布
建设用地	30069.70	15.83	滩涂	6260.43	3.29	—
			城镇村及工矿用地	16655.62	8.77	主要分布万城、东澳、长丰、礼纪、兴隆、龙滚等乡镇
			交通运输用地	2697.50	1.42	铁路、公路、农村道路、港口码头等
			水利设施用地	4456.15	2.35	水库、水利设施、水工建设用地
其他未利用土地				3082.69	1.62	境内均有分布

第二节 水资源

万宁市地表水资源丰富，径流量大，但具有年际变幅大、年内分配不均、地区性差异大及蒸发量大的特点。年产地表径流28.1亿立方米。浅层地下径流补给量为5.28亿立方米。另外，过境已开发利用水资源2亿立方米。按土地面积计算每平方千米水资源为145万平方米(不含容水)。

地下水储量为9.77亿立方米，可供开采量约4.07亿立方米，主要分布在东部沿海平原地区。万宁市河流较多，境内流域面积100平方千米以上的河流有4条，二级支流有3条。还有20条小河流单独出海。全市有大中小型水库48座，水库总库容9276.02万立方米，正常库容7568.40万立方米，兴利库容6467.75万立方米。境内5座大、中型水库严格按照生活饮用水源进行保护。

万宁市矿泉水资源也较为丰富。地下热矿泉水分布于兴隆、礼纪南望、北大尖岭。兴隆温泉的岩性多为矽卡岩，温泉温度63℃，矿化度为0.38克/升，pH为9.4，氟(F)为9.6毫升/升，二氧化硅(SiO_2)为110毫克/升，水质类型为HCO~Na弱酸水，兴隆温泉大小泉眼共90个。

礼纪南望温泉处在尖峰至吊罗断裂地带，水温35℃，矿化度为1.008克/升，pH为6.3，氟(F)为10毫升/升，二氧化碳(CO)为18毫克/升，水质类型为Cl~NaCaMg。北大尖峰温泉有温泉五眼，分布成弯月形，大的近1平方米，小的0.25平方米，温度70℃~80℃。六连岭矿泉水位于六连岭北麓，属优质天然矿泉水，水中含有多种人体必需的微量元素，水质纯净。六连岭矿泉水是截至2010年海南发现的唯一“硒”元素达到命名标准的矿泉水——“偏硅酸硒型矿泉水”，硒含量最高值为0.01毫克/升。

2010年万宁市地表水资源综合成果一览表

表2-9

项目	单位	区域内总量	山区	平原	客水	
					山区	平原
集雨面积	平方千米	1984	1178	806	29.9	2.5
多年平均降雨量	毫米	2268	2400	2136	2500	2300
丰水(P=10%)	毫米	2976	3165	2793	3328	3059
平水(P=50%)	毫米	2191	2328	2054	2445	2249
枯水(P=90%)	毫米	1562	1659	1464	1743	1603
多年平均年径流量	亿立方米	28.1	17.78	10.65	0.48	0.04
丰水(P=10%)	亿立方米	42.04	26.32	15.72	0.74	0.6
平水(P=50%)	亿立方米	26.86	16.88	9.98	0.45	0.04
枯水(P=90%)	亿立方米	15.77	9.97	5.80	0.25	0.02
客水	亿立方米	0.52	0.48	0.04	—	—
小计	亿立方米	16.29	10.45	5.84	—	—
其中:浅层地下水	亿立方米	5.28	1.21	4.07	—	—
枯水(P=90%)水量可利用	亿立方米	7.06	2.27	4.79	—	—

第三节 动植物资源

一、植物资源

万宁境内植物资源丰富，共有壳斗科、樟科、天料科、龙脑科、蝶形科、罗汉松科、含羞草科、苏木科、桃金娘科、柿科、茶科等乔木近800种。

主要树种有：红绸、黑绸、油丹、毛丹、母生、青皮、坡垒、橄榄、花梨、竹柏、竹叶松、乌营、加卜、乌桐、胭脂、石梓、八角、绿楠、屯丹钓、樟（柳槁）、铁梭、油楠、竹柏、香椿、赤营、朱花木（山大尼）、红锥、阳香、黄樟（香槁）、叶樟（香楠）、糊脉永樟（奉储）、桢楠（厚壳桂）、大木篓、新木姜、幌伞枫、黄恫、海南草豆树、草磬、乌墨、山竹仔、多种佳木、多种榕树、多种蒲桃、多种厚壳桂、大花第伦桃（山枇杷）、白茶树、阿芳、琼崖柯、竹叶桐、红车、阴香、苦楝、麻栋、榄仁、黄槿、露兜树、厚皮树、木棉等。此外，人工林主要树种有小叶桉、窿缘桉、木麻黄、台湾相思、荔枝、龙眼、菠萝蜜、椰子等。其中，珍稀用材树种为红绸、黑绸、油丹、毛丹、母生、青皮、坡垒、橄榄、花梨、竹柏等。

（一）果树油料

果树品种 椰子、荔枝、龙眼、菠萝蜜、杨桃、柚、橘、柠檬、石榴、芒果、黄梅、芭蕉、菠萝等。

油料树种 海南海棠、竹柏、椰子、香芋、油棕等，还有珍贵油料作物藿香。

（二）药材

境内中草药资源丰富，是南药的重要产地之一。有些属于珍贵药材品种，如海南巴豆、海南龙血树、沉香、半枫荷、见血封喉等。有些属于经济药材，如槟榔、益智、巴戟、藿香等。

其他药用植物有：三丫苦、构藤、山苍子、黄毛马兜铃、石菖蒲、救必应、穿破石、鸭胆子、灵芝、天冬、无患子、千斤布、金不换、络石藤、葫芦茶、广商陆、马鞭草、计生、广狼毒、茅草根、郁金、排钱草、木棉，白皮、五指柑，三角枫，山银花，土茯苓，石楠藤、桑螵蛸、草扣仁、榕树须、金钱草、贯众、黑玉虎、鸡骨草、山芝麻、土花树、麦冬、石蚕、鸭脚木、王不留行、牛大力、过江龙、大青叶、觅勒藤、黄连藤、鸡血藤、土槿皮、仙茅、土砂仁、安息香、山柰、铁包金、白花茶、半边莲、良姜、七叶一枝花、海风藤、淡竹叶、骨粹补、山枝子、肉桂、土五加、入地金牛、海金沙、蓖麻、了哥王、火炭母、盘草、百部、紫珠、金盏银盘、颠茄、防风草、千斤拨、青葙子、布渣叶、倒扣草、稀莶草、苍耳子、荒巫、洋根花、草决明、旱莲草、鹅不食草、广东刘寄奴、土必太、草扣、土花椒、白花蛇舌草、土公英、望江南、紫苏、车前草、独脚金、宽筋茎、益母草、鸡蛋花、谷精草、磨盘草、香附、糯稻跟、田基黄、蔓荆子、相思豆、声色草等。

（三）藤、竹、花草、藻木

竹类 水竹、刺竹、石竹（黄竹仔）、麻竹、粉单竹、白眼竹、金竹、藤竹、七竹、假华笋竹等。

花草类 海南苏铁、福建茶雀梅等野生花木。草类主要有多种稻禾科小草，水虱草、球穗扁莎、多穗扁莎、水蜈蚣（三峡草）、牛虱草、画眉草、两耳草、竹叶草、莠狗屁草、飘拂草、细茎莎草、越南珍珠芋、龙爪芋、竹节草、长花马唐、狼尾草、纤毛鸭嘴草、鹧鸪草、一本芒、铺地黍、白芋等。

藤类 黄藤（红藤）、白藤（鸡藤）、苦藤、磕子藤（眼睛豆）、钩枝藤（车叶藤）、马蹄藤、多种瓜馥术、多种杜仲藤。

藻木类 多种谷木、多种密花树（打铁树）、桃金娘、银柴、黄牛木、多种蒲桃、叶下珠、刺葵、鱼尼葵、野牡丹、九节木等。

（四）藻类

海藻 红藻门中有紫菜、江篱、石花菜、马尼藻。绿藻门中有石菁、浒苔、礁膜、亚心形扁藻、小球藻、微球藻。硅藻门中有三角褐指藻、新月菱形藻、中肠骨条藻、角藻等。

淡水藻 板星藻、栅藻、颤藻、空球藻、裸藻、硅藻、绿藻、丝状藻、轮叶黑藻、小茨藻等。

二、动物资源

（一）鱼贝

万宁市东南临南海，海涂水域辽阔，大小河流纵横交错，池塘水库星罗棋布，加之气候温和，雨量充沛，水产资源极为丰富。据调查，常见的鱼类就有200余种，还有螺、鱼、虾、蟹、龟、鳖等多种水产动物。

海水鱼贝：(1)海涂洄游性鱼类。有马鲛鱼（黑鱼）、青干金枪鱼、圆舵鲣、扁舵鲣（竹棍）、鲔鱼（白卜）、宝刀鱼（西刀）、兰圆参鱼（竹景），鲐鱼（花身、长腰）、油好（吹鱼）、脂眼排（鲳）、刺鲳、印度鰆鲳（义尾鲳）、中华青鳞鱼、飞鱼、大黄鱼（域鱼）、黄绒排鲤（红线）、马六甲排鲤、真鲷、黄鲷、长棘绸（立鱼）、金色小沙丁（温志）、印度白姑鱼（白域）、断斑石鲈、棘鱼（硬头浪）、五棘艮鲈、蜞鳅、北棱鱼（烂楷）、胡椒鲷（柏铁、颚针鱼、颌针鱼、鳓鱼、黑纹条（土甘）、杜氏（油甘）、鲨鱼 、绒纹单角、黄鳍马面。

(2)海河洄游性鱼类。有斑鱼蔡、鲤鱼、海鳗、海鲶、四指马、五指马鲅(锅鱼)、棘头梅童鱼、黄鲫、七丝鲅鱼、刺鱼（排古）、鲻鱼、遮目鱼、梭鱼。

(3)定居性鱼类。有人眼鲷、马拉巴裸蠊（自鱼）、高体若鲹（脯鲳）、珍蟒、鱿鱼、红鳍笛鲷（红鱼）、金线鱼、梨头鳐、多鳞鳝、牙鲆（地鱼）、舌鳎（龙子）、石斑、蛇鲻（九棍）、海龙 、海马 、海鳝。

(4)内海鱼类。有缘布氏筋鱼（山瑞）、长棘艮鲈（换米）、五棘良鲈（艮米）、胡椒鲷（柏铁）、红鱿、鳜鱼、中华乌塘鳢、黄黝鱼（威母）海鲤、鳗鲡、弹涂鱼。

(5)虾类。有龙虾、斑节对虾、墨吉对虾、日本对虾、短钩对虾、布氏新对虾（尖头虾）、中型新对虾、毛虾。

(6)蟹类。有青蟹、梭子蟹、雷公蟹、花蟹。

(7)螺贝类。红螺、夜光螺、骨螺、鲍鱼、文蛤、泥蚶、缢蛏、马氏贝、蝶黑贝、扁叽、笠叽、忱吸、宝贝、牡蛎、蛤仔。

(8)软体动物:鱿鱼、墨鱼(乌贼)鲢鱼、海蜇。

(9)环节动物:星虫(沙虫)、海蚯蚓(土龙)

(10)棘皮动物:海参、海星、海胆。

另外还有海豚、鲸、珊瑚等。

淡水鱼贝

(1)鱼类。青鱼、草鱼(鲩)、鲢鱼(腩鱼)、鳙鱼、河鲤、镜鲤、红鲤、鲫鱼、鲮鱼、鲶鱼、胡子鲶、鳊鱼、鲂鱼、红鳍、短尾、赤目鳟、鯎鱼、花鳗、白鳗(中华鳗)黄鳝、鳜鱼(桂花鱼)、鲻鱼、遮目鱼、乌鱼(生鱼)、马口鱼、桃花鱼、泥鳅、花鳅、船钉鱼、小鱼、鲚皮鱼、攀鲈鱼、黄鳒鱼、段晚鱼、黄幼鱼、弹涂鱼、食蚊鱼、棘鲫鱼、塘虱鱼。

(2)虾蟹螺贝类。青虾(沼虾)、河蟹、田螺、钉螺、螺涂、河蚌。

(二)鸟类

常见的主要鸟类有:

海南山鹧鸪 国家一级保护野生动物,为鸟纲鸡形目雉科。腰背黑白两色相杂,头棕脚黄,栖息于密草丛、稀树低山丘陵地。成对或小群,善飞翔及奔跑,山区丘陵丛林均有。

原鸡 国家二级保护野生动物,为鸟纲鸡形目雉科。尾羽长,形态与家鸡相似,但体小,为家鸡远祖。在山野灌木丛中活动,喜结群,山区丛林有。

鸢(老鹰) 国家二级保护野生动物,为鸟纲隼形目鹰科。本地留鸟,山野常见。其足趾锐利,性凶猛。晴日常在高空作圈状滑翔,久而不息,见有饵物,直扑地面,爪掠而掳。

栗(红猫头鹰) 国家二级保护野生动物,为鸟纲鸮形目草科。栖息于山地沟谷丛林及丘陵次生林中,白昼静佚,夜出觅食。常发低声鸣叫。

鹭(白鹭) 国家二级保护野生动物,为鸟纲鹤形目鹭科。本地留鸟,好集群,活动于湖泊岸边或水田,嘴直而尖,飞翔时缩着颈,山野常见。

海南鹩哥(八哥) 省级保护野生动物,为鸟纲雀形目椋鸟科。黑羽自顶或白翅,结小群活动,鸣叫响亮而富有音韵,能仿他鸟叫声和人语,平原或林缘开阔田野间的树丛中常见。

金丝燕 省级保护野生动物,为鸟纲雀形目燕科。羽毛有金丝光泽,飞翔于云端,筑巢于海边绝崖上,吐丝结窝,系为珍贵补品,大洲岛独有。

绿翅鸭(小水鸭) 为鸟纲鹤形目鸭科,候鸟。多在本地越冬,结群活动于僻野的淡水域海滩上。

珠颈斑鸠 为鸟纲鸽形目鸠鸽科,本地留鸟,栖息于多树草地、郊野农田。常集小群活动,于树上停息,在地面觅食。

褐翅鸦鹃(毛鸡) 为鸟纲鹃形目杜鹃科。本地留鸟,栖息于灌木、簕竹或茅丛中,性机警、善隐蔽,多单独行动。

翠鸟(钓鱼精) 为鸟纲佛法僧目鸟利科。栖息于水域附近,俯视水中,发现鱼虾即如抛石入水,瞬间腾空而起,猎物已衔嘴中。

戴胜(鸡冠鸟) 为鸟纲佛法僧目戴胜科。常成对在草地上慢步觅食,筑巢于树洞、墙洞。

鹦哥 为鸟纲鹦形目鹦鹉科。本地留鸟。易驯养,能仿人语,栖息于深山密林,地点较固定。觅食时飞到山脚、河谷、平原及村庄附近。

大嘴乌鸦 为鸟纲雀形目鸦科。喜结群活动,鸣声悲切阴沉。在林缘、海滩、村野可常见。

麻雀 为鸟纲雀形目文鸟科。本地留鸟。在居民点、田野、晒场、牲口栏等周围觅食。黄昏时集大群于树上栖息,喧闹不休。

家燕 为鸟纲雀形目燕科。夏候鸟。营巢于村舍房檐下或横梁上。体态轻盈,飞行敏捷。几乎整日在田野上空飞翔,张口觅食。

还有画眉、鹌鹑、伯劳、竹鸡和鹤等。

(三)兽类

海南坡鹿 国家一级保护野生动物,为哺乳纲偶蹄目鹿科。多栖息于低丘平野,喜集群,晨昏特别活跃,警惕性很高,以水草树叶为食。茄新、南林等林区有分布,数量不多,其茸、胎、筋、鞭、尾、骨均为珍贵药品;肉可食,皮可制革,经济价值高。

水鹿 国家二级保护野生动物,为哺乳纲偶蹄目鹿科。多栖息于森林、谷壑间,好栖,多夜间活动,喜水浴。性机警,善奔跑,爱吃水草树叶,山区森林均有。其茸、胎、筋、鞭、尾、骨均可入药。

猕猴 国家二级保护野生动物,为哺乳纲灵长目猴科。具有观赏和药用价值。猕猴常在石山裸岩中或傍水崖壁地带活动,喜攀岩,往来极敏捷,长居树端,昼行野伏,常随食物迁徙,群栖,主食野果嫩叶和小动物。大花角自然保护区有200多只,南林、茄新等林区也有分布。

穿山甲(鳞鲤) 国家二级保护野生动物,为哺乳纲鳞甲目鲮鲤科。其甲、肉、血均可入药。栖息于湿润的树林、灌丛等多种环境。头小舌长,背披鳞甲,攒地如覆瓦,性怯懦,遇敌蜷曲以御,主食蚁类及昆虫蛹卵。山区、丘陵地带均有。

海南兔 省级保护野生动物,为哺乳纲食肉目兔科。主要分布在山丘野,栖息于灌木丛低草坡中,居草丛而不爱地穴,黄昏即活动,深夜憩息,性驯怯弱,以速逃和逃匿避敌。

果子狸 省级保护野生动物,为哺乳纲食肉目犬科。褐毛白鼻,栖息于多岩穴的丛林,居岩洞、石隙、土穴、树洞或灌木丛中。家族性群居,夜行性,听觉、嗅觉敏锐。

赤麂(黄猄) 省级保护野生动物,为哺乳纲偶蹄目鹿科。黄毛短角,性怯懦,善奔跑、栖息于山地、丘陵的灌木林中,晨昏活动频繁,爱叫。

野猪(山猪) 为哺乳纲偶蹄目猪科。系家猪远祖。毛粗性暴,多在林地、草丛栖息、黄昏或夜间活动，听觉、嗅觉敏锐。食野果，树根，杂粮等。

豪猪（扫尾豪猪） 为哺乳纲偶蹄目猪科。黑色或褐色，密生刺毛，穴居夜行，食野果树皮、性怯懦，遇敌则藏头蜷体，竖直刺毛以御之，山区均有。

赤腹松鼠（红胸松鼠） 为哺乳科啮齿目松鼠科。色黑褐，尾长，性活泼敏捷、晴天则相逐群嬉，风雨伏而不出，为树栖小动物，以椰子、野果、昆虫为食。

（四）爬行类

蛇类：(1)蟒蛇（南蛇）。国家一级保护野生动物，为爬行纲蛇目蟒科。大者逾百斤，口阔，能吞豕羊，性静寂而淫，畏石皮树，鞭之即瘫。肉味鲜美，皮可制革，栖息于山石灌丛中。山区、丘陵地带均有。

(2)银环蛇（簸箕甲蛇）。省级保护野生动物。为爬行纲蛇目眼镜蛇科。多夜间活动，树神经性毒蛇。山区旱地草隙、石隙间常见。

(3)眼镜蛇。省级保护野生动物。为爬行纲蛇目眼镜蛇科。昼夜均有活动，树神经性毒蛇。林区较多，丘陵、平原地带也可见。

(4)竹叶青蛇。为爬行纲蛇目蝰科。白唇竹叶青蛇有剧毒。多栖息于山区林间，善爬树，尾有缠绕性，昼夜均有活动，常见于山溪、沟壑间树枝、竹丛上。

(5)盲蛇（铁线蛇）。为爬行纲蛇目盲蛇科，栖息于泥土隙或杂乱堆中，晚上或阴雨天外出活动。境内各地常见。

还有火蛇、水蛇、藤蛇、灰蛇、七寸蛇等。

龟类：(1)三线闭壳龟（金钱龟）。国家二级保护野生动物。为爬行纲龟鳖目龟科。其肉味鲜美，且润肝明目，其甲壳入药、能滋阴补肾。生活于山区、丘陵地带的河涧附近，杂食。

(2)海龟。国家二级保护野生动物，为爬行纲龟鳖目海龟科。其肉可吃，龟板、血及胆可入药。在本县沿海有分布，以鱼贝、海藻为主食。

(3)玳瑁（十三鳞）。国家二级保护野生动物。为爬行纲龟鳖目海龟科。其肉可吃，甲片可入药，具清热解毒、镇惊息风、滋阴潜阳等功效，角质板可制饰品。本县沿海有分布，以其鱼贝、藻类为主食。

(4)黄喉水鱼草龟。均为省级保护野生动物。为爬行纲龟鳖目龟科。栖息于山林涧间、河沼或池塘中，杂食。

（五）昆虫类

境内常见昆虫有：蜜蜂、蝴蝶、蜻蜓、蜈蚣、地鳖、蚱蜢、蜥蜴、沙鳖、壁虎、蚂蟥、螳螂、蟋蟀、知了、蜘蛛、蜗牛、蚯蚓、守宫、蚕、苍蝇、蚂蚁、蛾虫、甲虫、蛀虫、蝗虫、臭虫、禾黄、青娘等。

随着原始森林毁坏退化、水土流失，生态环境发生很大的变化，加上山林、农田施用化肥、药物，有些昆虫濒临绝迹。

（六）两栖类

（1）黑框蟾蜍。为两栖纲无尾目蟾蜍科。栖居于住宅区或其附近的土隙或旱地作物园地。捕食虫、蚊，繁殖时进入水中。

（2）黑斑蛙（青蛙、田鸡）。为两栖无尾目蛙科。栖居于稻田、池塘、湖泽、河滨、水沟附近的草丛中。捕食虫、蚊，保护农作物。

（3）斑腿树蛙（土蛤）。为两栖纲无尾目树蛙科。栖居于灌木丛或树上，旱季休眠于竹节间或蕉叶隙。食虫、蚊。

（4）海蛙。为两栖纲无尾目海蛙科。白天隐居在海边红树林根穴或洞穴内，傍晚出海滩上捕食鱼贝、虾蟹。

第四节 矿产资源

万宁市境内已发现有金属矿产、非金属矿产和水气矿产3大类计11种。其中，金属矿产有钼矿、磁铁矿、褐铁矿、钛铁矿、锆英石矿、金矿；非金属矿产有高岭土、水晶矿、建筑用花岗岩、建筑用砂、砖瓦黏土岩类等；水气矿产有饮用天然矿泉水、热矿水。已探明资源储量的矿种共计10种，包括金属矿产4种、非金属矿产4种、水资源2种。

钛铁矿、锆英石探明和保有储量约占全省40.67%和38.92%，是海南有名的“钛锆之乡”，钛锆矿主要分布在万宁东部海岸太阳河中下游地区。近海浅水海域的钛锆砂矿的资源开采潜力较大。

一、金属矿产

（一）钛铁砂矿

钛铁砂矿主要矿床有5个，总储藏量为1557万吨。易开采的滨海砂矿，分布在乌场、保定、东澳、新梅、龙滚、山根等滨海一带。选性较差的残坡积砂矿布在长丰、兴隆、南桥一带。钛铁砂矿中主要伴生矿有锆英石、独居石、金红石、锡石和石英石等。

（1）保定钛铁砂矿床属全新世滨海砂矿，有6个主要层状矿体，长1500～6000米，宽240～800米，厚5～18米。钛铁砂矿含量平均15.36千克/立方米。锆英石3千克/立方米。精砂TiO_2 49.81%，总储藏量约为190多万吨，属大型矿床。

（2）东澳至龙保钛铁砂矿床属全新世滨海砂矿，3个层状矿体，长600～3500米，宽100～299米，厚3.5～6.8米。钛铁矿含量平均为7.8千克/立方米，锆英石1.79千克/立方米。总储藏量约为16万吨，属中型矿床。

（3）长丰钛铁砂矿床属残坡积砂矿，矿体长4400米，宽2700米，厚4.4～4.6米。钛铁矿含量平均约为33.3千克/立方米，锆英石1.04千克/立方米，精砂TiO_2 52.91%，总储藏量约1090万吨，属大型矿床。

(4)兴隆钛铁砂矿床属残坡积砂矿，有5个矿体，长930～3860米，宽43～2933米，厚1.8～4.4米。钛铁矿含量约为21.9千克/立方米，锆英石为1.63千克/立方米。精矿 TiO_2 48.19%，总储藏量约为210万吨，属大型矿床。

(5)南桥钛铁砂矿床属残坡积砂矿，4个矿体呈带状分布，长800～2200米，宽340～450米，厚2.4米。钛铁矿含量约为47.2千克/立方米，锆英石为0.83千克/立方米。总储藏量约为27万多吨，属中型矿床。

（二）硫铁矿

分布在龙滚、山根一带，属小型矿床。贮存于上泥盆统级上三迭统碎屑岩中，矿体似层状、透镜状。矿石以黄铁矿，磁黄铁为主。品位硫(S)为10.8%～40%，铜(Cu)为0.11%～0.81%。属中温热液充填交代型。

（三）金矿

分布于东澳、东岭一带，品位较低，不易开采。

二、非金属矿产

（一）水晶矿

分布于兴隆、南桥、北大等地。

（二）瓷土

分布于山根、礼纪、南桥等地。

（三）花岗岩

分布较广、尤以北坡的后山岭、港尾岭、高头岭储藏最多，具有开采价值，可制石条、石砖、碎石等。

（四）黏质沙土

分布于龙滚、山根、乐来、大茂、北坡、北大、南桥和三更罗等地，土质黏性较强，窑烧可制陶器、砖瓦。

三、水气矿产

医疗热矿水资源相当丰富，已发现或探明的共有4处，其中大型、中型热矿泉各一处，允许开采量8366立方米/日，水温35℃～70℃，属温水—热温水级氟/偏硅酸型医疗热矿水。主要分布在兴隆、礼纪南望、北大尖岭等地。

另外，已探明的饮用天然矿泉水产地5处，其中大型2处、中型3处，合计允许开采量2887立方米/日，特别是产于六连岭西侧的东岭农场矿泉水，水中含硒高达0.016～0.04毫克/升，偏硅酸71.5～76.8毫克/升，是难得的优良矿泉水品种，至2010年已开发利用。

第六章 资源保护

第一节 森林资源保护

1993年开始，钛矿销路转畅，沿海地区毁林采钛现象时有发生，县林业局坚决打击毁林采钛犯罪行为，与各林业所站签订森林资源管理目标责任制。据不完全统计，1993—2010年，共查处各类毁林案件481件，行政处罚377人，没收木材1349立方米，追回损失123.79万元。

1993—2010年万宁森林资源保护情况一览表

表2-10

年份	林业案件(件)	行政处罚(人)	没收非法木材(立方米)	追回损失款(元)
1993	12	2	103	14111
1994	18	18	124	16988
1995	171	10	307	42000
1996	—	—	—	—
1997	—	—	—	—
1998	107	6	85	7500

续表2-10

年份	林业案件(件)	行政处罚(人)	没收非法木材（立方米）	追回损失款(元)
1999	12	26	—	—
2000	—	—	—	—
2001	4	2	60	16000
2002	20	5	40	18000
2003	19	5	27	—
2004	15	15	—	—
2005	2	101	300	765300
2006	—	—	—	—
2007	12	30	100	30000
2008	5	71	—	168000
2009	47	47	101	70000
2010	37	39	102	90000

第二节 野生动植物保护

1991—2010年，依照《中华人民共和国自然保护区条例》，加强野生动植物保护与管理，万宁设有6个省级林业自然保护区，并对保护区进行功能区划分，分为核心区、缓冲区、实验区。同时将保护区全部纳入生态公益林管理，聘用专职管理人员分配到山头地块，落实管理责任。

万宁市的大洲岛鸟类中最珍贵的品种是生产燕窝的海南金丝燕，为大洲岛自然保护区的主要保护对象。自2003年起，大洲岛保护区采取封洞禁采燕窝等措施，促使金丝燕种群的数量逐渐恢复。

根据2008年底的调查，大洲岛有野生维管植物618种，隶属123科，407属。国家或省级重点保护的珍稀濒危植物有海南苏铁、台湾苏铁、海南(小花)龙血树、海南大风子、龙眼、荔枝、毛茶、竹节树和猪笼草9个种。大洲岛的野生动物主要是鸟类，共有94种，隶属11目，31科。

第三节 水资源保护

2005年11月,国家城市供水水质监测网海口监测站对万城镇22口有代表性的生活饮用水井的水质进行检测,结果表明,这22口水井均未达到饮用水的卫生标准。2006年,万宁市邀请10多名有代表性的市民参加封闭万宁市区114口地下水井听证会,对市区供水厂供水管网铺设范围内的114口地下水井进行封闭,全部拆除水井的供水设备,并为被封水井的集体单位、宾馆酒店接通自来水管网。

2007年,万宁水库被省政府定为饮用水水源地保护区,保护区总面积142.6平方千米,分一级保护区、二级保护区和准保护区。

2008年,对万宁水库进行除险加固,以保证水库资源不受污染,保障万宁人民的饮水安全。同年3月,万宁水库库区内出现乱采钛、乱挖筑鱼塘等违法行为,生态环境受到破坏,饮用水受到污染,市水务局依据《中华人民共和国水法》和《海南经济特区水条例》的有关规定,结合万宁市实际,研究制定《2008年度整顿打击在水库库区内乱采钛、乱挖筑鱼塘等活动实施方案》,严厉打击在库区采钛、乱挖筑鱼塘等活动,保护饮水安全。

截至2010年,为了保护好水资源,万宁市水务局分别对万宁境内的加坦水库、水声水库、黄山水库、落斗水库、香车水库、后庙水库、乐来水库、博冯水库、袁水水库、红色水库、老荒水库等水库进行除险加固,对太阳河分洪进行除险加固,实施龙尾河河口段防潮堤加固工程,并制定实施了《农村饮水安全工程》《小型水源及灌区配套和小型农田水利工程》等规定。至年底,完成第一批兴隆三合水水库、民族中学水井、后安中学水井3个村镇饮用水水源保护区划定工作,并投资23万元,设立界桩106个、道路警示牌6座,通过立碑定界等方式加大宣传保护力度。

1991—2010年,万宁县(市)将保护饮用水水源地作为为民办实事的实际行动,通过加强植被保护、水土保持、水源林保护和拆除、关闭无关的建设项目等措施,保护水源地。

第四节 海洋资源保护

万宁市的海岸线长109千米。主要港湾有乌场港、港北港、东澳港、坡头港和南燕湾等。

一、伏季休渔

自从国务院2000年实施伏季休渔以来，万宁市成立伏季休渔工作领导小组，下设办公室负责日常工作。

2000—2010年，市伏季休渔领导小组办公室开展多种形式的宣传活动，通过广播电视、悬挂横幅，在渔村、港口、码头、市场、油库等场所张贴通告，利用宣传车、宣传艇巡回宣传，张贴《伏季休渔通告》，为伏季休渔营造良好的社会氛围；共阻止应休渔船出海226艘次，处理违规渔船48艘次，没收渔获物1560千克，深入检查鱼货冷库16次，供冰厂23次，加油点28次，农贸市场18次，鱼货收购点56次，处理违规运鱼车8辆次。

二、近海海域渔业资源保护

万宁市对近海海域渔业资源进行专业保护起步较晚。2006年，全国开展近海海洋综合调查与评价专项工作（简称“908专项”），万宁市被确定为908专项试点市，3月2—22日，由国家海洋局第一海洋研究所及协作单位海南省海洋监测预测中心、万宁市海洋与渔业局组成的海岛综合调查队，对万宁市管辖的海岛和岛礁进行作业调查。调查历时20天，海上航程100多海里，重点对万宁市管辖海域内的大洲岛、洲仔岛、加井岛、甘蔗岛、白鞍岛等植被覆盖好、有较好开发前景的无居民岛进行登岛踏勘和取样调查，累计完成海岛岸线踏勘、修测总长24千米、DGPS测量点120个、调查剖面3条、调查站位14个，采集潮间带沉积化学样品6站、底栖生物样品8站，获取大量的观测、监测和调查数据及图像资料。2008年，万宁市对养殖用海开展全面普查，实行确权登记，当年完成养殖用海普查登记45宗，面积360.606公顷。至2010年，万宁市近海海域渔业资源保护力度逐步加强。

三、小海渔业资源保护

万宁市港北小海是全国最大的潟湖内海，海域总面积49.5平方千米。处于海陆交会的特殊地理位置，受河流和海水交替影响，成为天然的优良养殖场地。2007年，东澳镇沿海地区渔民在老爷海无序网箱养殖，违反海洋功能区划要求，高密度放置渔排养殖，一时间造成海水赤潮、咸化，出现鱼苗死亡现象。为此，对老爷海不符合海洋功能区划的习惯性网箱养殖16.17公顷的渔排进行拆除，保护老爷海生态环境，建设老爷海良好的海水养殖区。1991—2010年，万宁利用建设港北一级渔港的大好机遇，按照海域容量科学安排放置渔排数量，清理空置废弃渔排，控制渔排规模，重点抓好港区渔民生活垃圾处置工作，禁止居民将生活垃圾及废弃物倒入小海，最大限度地减少养殖排污对小海生态环境的影响，改善小海的生态环境。

四、近海钛矿资源保护

近海钛矿的无度开采将造成海洋资源的枯竭。2005年，东澳镇新群海域发现海上非法采钛行为,市海洋与渔业局及时配合公检法及国土资源局、东澳镇政府进行联合执法,投入11万元,出动渔船、摩托艇、渔政执法船84船次,人员212人次,打击破坏海洋资源的违法行为。现场烧毁三角床51个,砸毁螺旋24个,砸毁吸沙泵、增氧机、发电机13台,遏制海上采钛的违法行为,保护海洋自然生态。1991年以来,万宁市采取各项措施,对近海钛矿进行资源保护。

至2010年,万宁市做好海域使用管理工作,完成审批用海项目9宗,其中石梅湾游艇会开发项目3宗,中信泰富旅游娱乐用海项目4宗,海南海方投资公司用海项目2宗,用海面积为91.4222公顷,共征收海域使用金285.76万元。

五、海域管理及海洋环境保护

(一)海域管理

2007年开始,按照省海洋厅《关于开展养殖用海普查登记和专项执法工作的通知》要求,开展养殖用海普查登记工作,采取分步到位的普查登记方法,把围塘养殖和网箱养殖分成两大块,按符合与不符合海洋功能区划的基本要求实施普查登记。至2010年,共完成养殖用海普查登记45宗,总面积360.61公顷。其中符合海洋功能区划并已确权的围塘养殖用海13宗,面积340.44公顷,取水点1宗,面积4公顷,实现确权登记率100%。对老爷海不符合海洋功能区划的习惯性网箱养殖用海31宗,面积16.17公顷,全部拆除,恢复老爷海的生态环境,建立老爷海增殖区和旅游功能区。同年,共审批用海项目21宗,总面积401.67公顷。其中,养殖用海14宗,面积345.9公顷;港北港码头用海1宗,面积0.14公顷;旅游用海4宗,面积48.492公顷。完成年审项目用海19宗,征收海域使用金13.36万元。收回闲置项目用海海域使用权2宗,面积15.46公顷,全市实际审批确权的用海项目为19宗,总面积386.2公顷。

(二)海洋环境保护

2007年,海南省发布《海南省2007年海洋环境保护行动计划实施方案》,万宁市开展海洋环境保护宣传活动,结合2007年全省海洋环境保护行动计划内容,制订万宁市2007年海洋环境保护宣传活动方案,同市广播电视局策划、录像、制作万宁市海洋环境保护电视宣传片,同时采取张贴宣传标语、悬挂宣传横幅、广播电视宣传等形式开展海洋环境保护宣传。2007年"7·18"世界海洋日,配合省大篷车车队在万城镇文明中路设点开展宣传,发放宣传单500张、宣传资料200份,张贴宣传标语350张,悬挂横幅30条、彩旗80面。

2010年3月1日起施行的《中华人民共和国海岛保护法》,是全国首部海岛保护法规,同天,市海洋与渔业局积极开展《中华人民共和国海岛保护法》宣传活动,张贴宣传标语100张,悬挂横幅25条,发放《中华人民共和国海岛保护法》读本123册,在市政府门前设置宣传板一处,接受群众咨询56人次。2010年端午节,市海洋与渔业局出资8000元,在港上、港下村举办海洋渔业杯龙舟赛活动,加强海洋保护宣传。

第五节 自然保护区

一、国家级自然保护区

1990年9月30日，国务院批准建立海南万宁大洲岛国家级海洋生态自然保护区，这是国务院批准建立的第一批国家级海洋自然保护区之一，主要保护对象是海岛生态、金丝燕及其生境、岛屿周围海域的海洋生态系统。

大洲岛野生珍稀动植物品种多、数量大。截至2010年，已发现有野生维管植物618种，隶属123科、407属。国家或省级重点保护的珍稀濒危植物有海南苏铁、台湾苏铁、海南(小花)龙血树、海南大风子、龙眼、荔枝、毛茶、竹节树和猪笼草9个种；野生动物主要是鸟类，共有94种，隶属11目，31科，其中国家二级重点保护野生动物11种。

（一）管理机构

海南万宁大洲岛国家级海洋生态自然保护区主管部门是国家海洋局和海南省海洋与渔业厅。1992年2月26日，国家海洋局批准设立“海南万宁大洲岛国家海洋生态自然保护区管理处”，无内设机构，未定编。2002年11月经海南省编委核定，大洲岛国家级海洋生态自然保护区管理处编制4人，隶属海南省海洋与渔业厅，为正处级事业单位。至2010年，保护区有8名管理人员。

（二）位置面积

大洲岛位于万宁市东澳镇东南方向约3海里的海面上，呈葫芦形，是海南岛近海最大的岛屿。保护区为四边形区域，总面积为73.7平方千米，其中海岛面积4.36平方千米，海域面积为69.38平方千米。大洲岛保护区分为核心区、缓冲区和实验区。

（三）保护工作

自1990年9月30日大洲岛国家级海洋生态自然保护区建立后，从1992年起三年禁采燕窝，至1995年6月，经过近4个生殖季节的保护，金丝燕的种群数量上升到40余只。但1995年后又以协议的方式，在保护区管理处的监督下恢复采摘燕窝，导致金丝燕种群数量的恢复和发展受阻，金丝燕再次陷入生存危机，2002年8月仅采到2枚燕窝。2003年起，封洞禁采燕窝。

2003年，造礁珊瑚覆盖面积为0.8平方千米，2008年对大洲岛进行资源调查，造礁珊瑚覆盖面积增至1.2平方千米，造礁活珊瑚平均覆盖率从2003年的不到20%增至2008年的27.17%，至2010年，野生动植物生长情况良好，基本保持原始状态。

二、省级自然保护区

万宁境内共有6个省级林业自然保护区，分别为海南青皮林省级自然保护区、海南六连岭省级自然保护区、海南上溪省级自然保护区、海南尖岭森林省级自然保护区、海南南林省级自然保护区、海南加新省级自然保护区。6个保护区的总面积39633.3公顷,约占境内总面积的20.6%。在6个保护区中,天然林面积约30746 .7公顷(约占境内天然林面积的72%),人工林面积约8886.7公顷。

(一)青皮林省级自然保护区

位于礼纪镇石梅村至田新、茄新村一带的沿海沙滩,离潮汐线不到50米,保护对象主要是青皮林及其生境。1990年,经万宁县人民政府确权发证,该保护区总面积948.9公顷,其中,核心区面积318.9公顷,缓冲区面积525.1公顷,实验区面积104.9公顷。

(二)六连岭省级自然保护区

包括六连岭、北埇岭和上升岭三大块,跨和乐镇、山根镇、龙滚镇、后安镇、北大镇和国营东兴农场等行政区域,六连岭是海南革命23年红旗不倒的象征。保护区的保护对象主要是自然景观、人文景观、热带次雨林及其生境。1990年经万宁县人民政府确权发证,保护区总面积2745.5公顷。

(三)上溪省级自然保护区

包括灯火岭、上溪岭、熬盆岭、白石岭、船帆岭五大块,跨三更罗镇、长丰镇、兴隆旅游经济管委会、国营新中农场、国营东和农场等行政区域,保护对象主要是热带季雨林及其生境。1990年,经万宁县人民政府确权发证,保护区总面积11662.9公顷。

(四)尖岭省级自然保护区

包括水牛岭和牛角岭、崩坑岭、加参岭、军田岭、乌鸦岭、上坡桑岭六大块,跨北大镇、三更罗镇、长丰镇、国营东兴农场等行政区域,保护对象主要是热带季雨林及其生境。1990年,经万宁县人民政府确权发证,保护区总面积10922.7公顷。

(五)南林省级自然保护区

包括内田岭、灯芯草岭、大翁岭、黎志岭、火烧棚岭、打破岭、长坡岭七大块,跨南桥镇、国营南林农场等行政区域,保护对象主要是热带季雨林及其生境。1990年,经万宁县人民政府确权发证,该保护区总面积5775.3公顷。

(六)加新省级自然保护区

包括牛岭和分界岭、铜铁岭、东岭、西岭、黑岭仔岭五大块,跨南桥镇、国营南林农场等行政区域,保护对象主要是热带季雨林及其生境。1990年,经万宁县人民政府确权发证,保护区总面积7588.6公顷。2010年9月,为建设省旅游公路,省政府批复同意将该保护区东岭、西岭的198.8公顷调整出保护区范围。保护区实际管护的面积为7389.8公顷,其中,核心区面积2972.8公顷,缓冲区面积2436.9公顷,实验区面积1980.1公顷。

三、县级自然保护区

万宁大花角自然保护区位于和乐镇港北墟东南面海岸,距市区约18千米,于1984年经万宁县人民政府批准,列为万宁县县级自然保护区。保护面积106公顷,主要保护对象为猕猴和生态环境。业务主管部门为万宁市国土环境资源局;其直接的管理机构为大花角自然保护区管理站,股级建制。共有管理人员5人,其中技术人员1人。1991年,大花角原有国家二级保护动物猕猴3群60多只,至2010年,自然繁殖达6群200多只。

第七章 自然灾害

第一节 风灾

万宁市境域除南部和西部受台风影响略偏弱以外,其他大部分地区都处在台风高影响区域。

1991年,第06号台风在万宁南林登陆,出现大暴雨以及9级大风,最大阵风12级以上,大风持续时间长达20小时,对工农业生产造成重大影响,共计损失达7526.4万元。

1994年,第24号强热带风暴于9月12日23时在境内东北部沿海地区登陆。中心附近最大风力10级,阵风11级,全县普降暴雨到特大暴雨,在强台风和暴雨的共同侵袭下,部分地区交通中断,输电线路受损严重,导致全县停电达11个小时。台风造成的直接经济损失达1520.23万元。

1995年,第08号强热带风暴于8月28日9时从境内南部沿海地区登陆,中心附近最大风力11级,阵风12级以上,全县普降大暴雨至特大暴雨,造成万城地区停水停电长达30个小时;停泊在乌场港内的135艘渔船全部沉没和撞毁;一艘万吨远洋货轮受台风袭击后在东澳镇近海触礁。直接经济损失15493万元,10人死亡,10人受伤。

2000年,受第16号台风"悟空"影响,万宁出现大风、暴雨天气,部分地区受灾严重,死亡1人。直接经济损失24168万元。2001年,受第14号热带风暴"菲特"影响,出现特大暴雨降水天气,部分地区受灾严重,台风造成境内一处山体滑坡,堵塞高速公路,交通中断1小时,经济损失达2.25亿元。造成一处山体滑坡,长30米,堵塞高速公路,交通中断1小时。2003年,第08号强热带风暴"天鹅"于7月21日18时35分在万宁北坡沿海地区登陆,登陆时风力9级,海洋渔业及养殖业受损较为严重,全市直接经济损失达6418万元。

2005年9月26日,受第18号台风"达维"影响,出现30.8米/秒的大风和特大暴雨,导致海洋渔业、水产养殖、橡胶、胡椒、槟榔、水稻、瓜菜及房屋重大损失,2人死亡,经济损失超过12亿元。

2009年,第17号热带风暴"芭玛"造成全市12个乡镇33万人受灾,死亡3人,失踪1人。

第二节 水 灾

万宁市整体上属于暴雨洪涝的高影响区域。其中万城镇、大茂镇、后安镇、和乐镇、礼纪镇、长丰镇、南桥镇为万宁市受暴雨影响最为显著的乡镇。1994年9月12日，受第24号热带风暴的影响，万宁境内出现暴雨到特大暴雨，造成山洪暴发，大小水库及河流水位猛涨，洪水围困村庄8个，人口3500人。1995年8月28日，受第08号强热带风暴的影响，出现强降水天气，境内地区均出现大暴雨至特大暴雨现象，造成山洪暴发，海潮上涨，大小水库及河流水位猛升。

2000年10月12—16日，受冷空气及热带低压的共同影响，万宁市出现大暴雨到特大暴雨降水过程，部分地区受灾严重，死亡1人，直接经济损失达5.57亿元。其中受洪水围困的自然村209个，水浸村庄最深达2米多，受灾人口73282人，房屋倒塌224间，损坏1500间。水库垮坝1宗，损坏水库小(一)型2座，小(二)型9座，冲坏堤防25.5千米，决口15处1.19千米，渠道决口长7.38千米，冲毁长坝4座，损坏水闸54座，损坏水利桥涵25座，损坏管理设施12处，损坏机电站1座25千瓦，损坏海堤决口9处15千米，公路路基损坏187千米，冲坏公路桥涵36座，冲毁桥梁3座。粮食损失2535吨，经济作物损失2669公顷，禽畜损失52570头(只)。山体滑坡1处。

2010年10月1—8日，出现强降水天气，最深积水处达70厘米，造成35.77万人受灾，1人死亡，直接经济损失12.81亿元。13—18日，第二轮强降水造成农作物再次浸泡，全市共约31.3万人受灾，全市12个乡镇20737人被水围困，倒塌民房711间，经济损失达3.65亿元。

第三节 旱 灾

万宁市地处于海南东部沿海，相对全省而言，属于干旱的低风险区域，以冬春连旱及春夏旱为主，其中南桥镇与礼纪镇南部等地区属于旱情相对易发区域。

1991年，万宁早、晚造生产均遭严重的干旱袭击。早造受旱面积6666.7公顷，晚造受旱面积9666.7公顷。除万宁水库因建排水涵管排空库容外，小(一)、小(二)型水库干涸达17座；河流断流12条；水井干涸117口；257个村庄、5.4万人受灾情影响，人畜饮水困难。1993年1—8月，万宁县连续出现严重的干旱，18个乡镇都不同程度遭受到干旱的影响。至7月底，总降雨量仅有450毫米，比常年平均值少357.2毫米；总蓄水量减少到1610万立方米，有211口水井干涸，124个村庄2.9万人的生活用水困难。受旱水稻面积13333.3公顷，约占实际插秧面积的58.6%；成灾面积1653.3公顷，约占实际插秧面积的7.3%，枯死失收160公顷，无水耕种的131.5公顷。

2001年12月中旬至2002年7月中旬，万宁市发生了自1976年以来罕见的旱灾，全市除了几座大、中型水库尚存少量蓄水外，其余9座小(一)型和42座小(二)型水库水量降至死水位或干涸，97座塘坝全部干涸，全市14条大小河流大部分断流。18个乡镇不同程度地受到旱灾威胁。全市粮食作物受旱面积7666.7公顷，其中，水稻3933.3公顷，其他粮食作物3733.3公顷，干枯粮食作物约占30%；受旱热带作物21533.3公顷，其中受旱胡椒2466.7公顷，受旱水果6533.3公顷，全市251个村庄的6.3万人和3.95万头牲畜饮水困难，港北小海长时间没有淡水补充，海水咸度增高，水质污染，80%网箱养殖鱼死亡，仅港北镇受灾的养殖户就有418户，损失养殖8084口网箱，按市场价估算损失5926万元。

2005年，万宁市遭受自1977年以来受旱时间最长的跨年度旱灾。早造计划插秧7733.3公顷，因缺水未插面积达1866.7公顷。全市饮水困难人口23.2万人。在省防总的支持下，万宁市政府、群众共同筹资，重点挖掘改造饮用水井，解决8.1万人的饮水困难，但仍有450个自然村、15.1万人饮水难问题没有解决。这450个自然村中，饮水非常困难的村庄有350个，人口7.5万人，大牲畜5200头。沿海地区海水倒灌碱化影响8个村，水质碱化污染影响农田486.7公顷，造成近2.6万人饮水困难。

第四节 雷灾 虫灾

一、雷灾

万宁市属于雷电灾害的易发区域，年平均雷暴日54.3天。雷电灾害多出现在北部的龙滚、山根、北大等乡镇。2000年7月8日，境内出现强雷暴天气，造成全市电信局电话中断1～2小时。2001年6月8日雷暴天气造成乐来1人死亡。

二、虫灾

万宁市气候高温多雨，生物害虫较多，水稻病虫害主要有稻瘟病、白叶枯病、纹枯病、稻纵卷叶螟、稻飞虱、三叶螟等。热带作物及瓜菜的主要病虫害有霜霉病、炭疽病、褐斑病、枯萎病、病毒病、美洲斑潜蝇、蚜虫、根结线虫、蓟马等。

1991—1995年，万宁市病虫害的发生情况属中等偏轻年份，发生病虫害面积10.7万公顷，防治面积8万公顷。

1995年后，冬季瓜菜大面积推广种植，病虫害防治力度也不断加大。1996年，病虫害发生情况属中等年份，个别病、虫种类有突发性回升之势。全市“病虫草鼠害”的发生面积71786.7公顷，防治面积55333.3公顷。1997—2000年，病虫害的发生情况属中等偏轻年份，发生病虫害面积8万公顷，防治面积66666.7公顷。2001—2004年，病虫害的发生情况属中等偏轻年份，“病、虫、草、鼠”害的发生面积42666.7公顷，防治面积37333.3公顷。2005年，万宁市受东亚飞蝗虫灾面积达到13333.3公顷，为历史上受虫害面积最大、危害程度最高的虫灾。2006—2010年，全市的农作物发生的病虫害大为减轻。发生病虫害面积73333.3公顷，防治面积63333.3公顷。

第八章 环境保护

第一节 环境质量

一、大气环境质量状况

1991—2010年,万宁市(县)大气环境质量持续保持良好水平,年均空气污染指数均小于40,环境空气质量优良率为100%。大气主要污染物依次是颗粒物、二氧化氮、二氧化硫。颗粒物主要来源于燃料燃烧的烟尘、道路扬尘和建筑飘尘。二氧化硫主要来源于工业污染源排放,二氧化氮主要来源于移动污染源。可吸入颗粒物、二氧化硫、二氧化氮年均值均符合国家环境空气质量一级标准。

2004—2010年万宁市主要大气主要污染物浓度一览表

表2-11　　单位:毫克/立方米

年份	可吸入颗粒物	二氧化硫	二氧化氮
2004	0.035	0.006	0.014
2005	0.034	0.005	0.015
2006	0.034	0.004	0.014
2007	0.035	0.005	0.015
2008	0.036	0.004	0.015
2009	0.040	0.006	0.016
2010	0.044	0.007	0.017

说明:1991—2003年大气数据不规范,数据缺失

二、水环境与声环境质量状况

1991—2010年，万宁市（县）水环境质量总体保持良好，大部分水体达到《地表水环境质量标准》（GB 3838—2002）Ⅲ类标准。饮用水水源地水质达到地表水Ⅱ类标准，保持清洁状态，水环境功能区划水质达标率100%；近岸海域以一类海水为主，绝大部分海域水质处于清洁状态，海域水质符合水环境管理目标要求，主要指标达到相应的功能区标准；城市声环境质量总体良好，道路交通噪声、区域环境噪声符合声环境功能区管理要求。

三、固体废弃物处理状况

1991年，万宁的垃圾依靠运输车辆实行“收集点—处理厂”的直运方式，全市还没有投入使用的垃圾转运站。1995年，正式建立固体废弃物处理场，当年工业固体废弃物主要为炉渣，约225吨，其他工业垃圾355吨，炉渣用于铺路、填坑处理，其他工业垃圾由环卫部门送至生活垃圾场一并处置。随着社会经济的发展和人口的增多，万宁市垃圾产生量逐年增加。1996年，万城镇长星村新建红石生活垃圾简易处理场，占地面积33333.3平方米。同年，在礼纪镇九曲岭南侧天明采石场旁建设垃圾无害化处理厂，占地114316平方米，总库容88万立方米，设计填埋处理规模190吨/日，主要服务于万城镇、大茂镇、礼纪镇、东澳镇、长丰镇、和乐镇、龙滚镇、山根镇及兴隆农场，服务总人口15万人。

截至2010年，万宁市总人口达到61万多人，按照人均1.0千克/日的垃圾产生量估计，当年生活垃圾产生量约在600吨/日左右。万城镇在建的垃圾压缩转运站有2座，兴隆农场场部1座，设计处理规模50吨/日。红石生活垃圾简易处理场填埋垃圾51.52万吨。

第二节 环境监测

2009年前，万宁市尚未建设环境空气质量自动监测站，大气质量采用手工监测方法。2010年，万宁市大力推进空气、地表水、噪声等环境质量监测网络的建设，环境空气质量自动监测站建成投运。市环境监测站具备水（含大气降水）和废水、海水、环境空气和废气、土壤、噪声6大类监测项目参数的检测资质。同年，设有3个自动监测子站，即万宁市人民医院子站（后搬迁至万宁中学）、城北新区子站（后搬迁至北师大万宁附中）、万宁市水业公司子站(对照点)。监测项目为二氧化硫、氮氧化物和可吸入颗粒物。

2010年万宁市环境监测站监测能力一览表

表2-12

监测类别	具有监测能力的项目
河流、湖库	水温、pH值、溶解氧、高锰酸盐指数、COD、BOD、NH_3-H、总磷、氟化物、硒、砷、汞、六价铬、氰化物、挥发酚、石油类、阴离子表面活性剂、硫化物、粪大肠菌群
集中式饮用水源地	水温、pH值、溶解氧、高锰酸盐指数、COD、BOD、NH_3-H、总磷、氟化物、硒、砷、汞、铬、氰化物、挥发酚、石油类、阴离子表面活性剂、硫化物、粪大肠菌群、氯化物、硝酸盐
近岸海域海水	漂浮物质、色臭味、悬浮物质、粪大肠菌群、水温、pH值、溶解氧、高锰酸盐指数、COD、BOD、NH_3-H、总磷、氟化物、硒、砷、汞、铬、氰化物、挥发酚、石油类、阴离子表面活性剂、硫化物
环境空气	总悬浮颗粒物、氮氧化物、二氧化硫
大气降水	pH值、降雨量、电导率
噪声	区域环境噪声、交通噪声、厂界噪声、环境噪声
废水	pH值、色度、悬浮物、COD、BOD、NH_3-H、总磷、氟化物、石油类、动物油类、挥发酚、硫化物、阴离子表面活性剂、粪大肠菌群、总余氯、总有机碳、总汞、总铬、六价铬、总砷
废气	二氧化硫、氮氧化物、烟尘、粉尘、颗粒物

第三节 环境治理

一、水环境的保护与污染防治

1994年12月，兴隆温泉旅游度假区污水处理站建成投入使用，设计处理能力为6000吨/日。2000年，万宁市加大对重点污染企业的排污监管力度，加强对污染处理设施运转情况进行现场检查，严厉查处企业偷排、漏排违法违规现象，全市工业污染源全面达标排放，实现省国土厅下达的“一控双达标”任务。

2006年12月，万宁市在全省率先完成《万宁水库饮用水水源保护区规划》编制和审批工作，为水源地环境保护提供依据。同时，为加强万宁水库饮用水源地保护区规范化管理，还制订了《万宁市饮用水源保护区环境污染事故应急预案》和《万宁市万宁水库饮用水源保护区环境保护管理规定》，进一步促使饮用水源保护区管理走向规范。

2009年1月，华润石梅湾污水处理厂开始投入使用，设计处理能力为1万吨/日。2010年7月，万宁市污水处理厂投入运行，设计处理能力为2.5万吨/日。截至12月，万宁市兴隆、长丰、和乐、东澳、牛漏5个镇墟生活污水人工湿地处理工程已建成投入使用。其中兴隆墟生活污水人工湿地工程设计污水处理能力3000吨/日，总投资500万元；东澳镇生活污水湿地处理工程项目设计污水处理能力1600吨/日，总投资163万元；长丰镇生活污水湿地处理工程项目，设计污水处理能力400吨/日，总投资40万元；和乐镇生活污水湿地处理工程项目，设计污水处理能力1200吨/日，总投资160万元；牛漏镇生活污水人工湿地工程，设计污水处理能力400吨/日。生活污水人工湿地处理工程的建成投入使用，有效消除了生活污水随意排放现象，保障地表水环境安全。

2010年万宁市污水处理厂污水处理量一览表

表2-13

序号	处理厂名称	累计总投资（万元）	设计处理能力(万吨/日)	实际处理量(万吨)		
				2008年	2009年	2010年
1	华润石梅湾污水处理厂	5226.99	0.50	—	182.50	182.50
2	龙滚镇生活污水人工湿地处理工程	72.26	0.04	14.60	14.60	14.60
3	万宁市集中饮用水源地防治工程	554.84	0.30	—	109.50	109.50
4	兴隆温泉旅游度假城污水处理站	1359.15	0.60	219.00	219.00	219.00
5	东澳镇生活污水人工湿地处理工程	212.10	0.16	—	58.40	58.40
6	和乐镇生活污水人工湿地处理工程	150.60	0.12	—	—	43.80
7	长丰镇生活污水人工湿地处理工程	72.60	0.04	—	—	14.60
8	万宁市污水处理厂	16481.30	2.50	—	—	240.90
本年合计		28578.68	4.26	233.60	584.00	882.80

二、大气环境的保护与污染防治

万宁市大气环境的保护与污染防治起步较晚，2010年，建设自动监测站，大气环境监测才正式打开局面。当年，万宁市汽车环保定期检测率（含免检车辆）80%以上；汽车环保检验合格标志发放率90%以上；全市全面供应、销售国Ⅳ标准车用汽油和柴油，采取加强管理和油品升级的方法控制机动车氮氧化物的排放总量。淘汰黄标车，控制汽车增长率。

对建筑工地施工扬尘污染，主要通过督促建筑工地编制工期内扬尘污染防治方案，查处违法建筑和施工单位，对建筑工地实行现场标准化管理的方式来控制扬尘污染。

2010年，万宁市规划区大气污染总量控制分两个类型：西部自然保护区与南部滨海旅游风景区为一类区，其余为二类区。

三、固体废弃物处理

1991—2007年间，万宁对生活垃圾无害化处理还处在空白阶段，区域内还未建置属于自己的固体废弃物处理设施。

自2008年开始，万宁市投资6200多万元建设生活垃圾无害化处理场，于2010年6月验收并投入使用。该垃圾场位于东和农场南部山区的九曲岭，占地200多亩，场内容量88万立方米，日处理生活垃圾能力190吨，对生活垃圾进行无公害填埋处理，按照设计，该垃圾填埋场使用期限为14年。2010年，全市清运生活垃圾5.33万吨，无害化处理4.96万吨，无害化处理率达93.06%。

四、噪声污染防治

万宁市环境噪声主要来自文化娱乐场所和交通噪声。2000年开始，加强环境噪声污染防治，使其分阶段逐步达到噪声控制目标，规划风景旅游和自然生态保护区以及特别需要安静的区域达到0类标准；交通噪声重点治理地区为人民东路、红专中街、文明街，使其达到4类标准。

自2002年起，在102个可监测网格进行噪声监测，对位于居民集中区、党政办公区等环境敏感区的未采取隔音消声装置、噪声超标排放的娱乐项目，一律不予审批发证，从源头上控制新增噪声源。市交警部门加强对交通噪声的监控，确定16个监测点位对交通噪音进行监测，划定禁鸣区，并及时淘汰使用期限已满、噪声排放较大的营运三轮摩托车。

2010年，万宁市对于环境噪声污染的整治初见成效，从检测点的数据来看，噪声得到有效控制。

五、医疗废物管理

1991年后，万宁县加强医疗废物的管理，防止疾病传播。截至2010年，全市共有各类卫生机构119个（含诊所），其中医院7家、卫生院5家、妇幼保健院1家，医疗废物年产生量为116.97吨，均交由三亚宝齐来医疗废物处置公司集中处理，处理量为115.77吨，无害化处理率达98.97%。

第三编 居 民

第一章 人口

第一节 人口总量与分布

一、人口总量

1991年，万宁县人口总数为49.3万人，人口密度262人/平方千米。2000年，万宁市人口总数为55.16万人，人口密度273人/平方千米，人口总数较1991年增加5.86万人。2010年，万宁市人口总量为61.29万人，人口密度289人/平方千米，较2000年增加6.13万人。

1991—2010万宁市(县)户籍人口数及构成一览表

表3-1　　　　单位:人

年份	总人口	按农业、非农业分	
		农业人口	非农业人口
1991	492990	430793	62197
1992	497735	431633	66102
1993	506228	437115	69113
1994	513009	442113	70896
1995	522345	448117	74228
1996	532194	450361	81833
1997	537644	457277	80367
1998	541977	461213	80764

续表3-1

年份	总人口	按农业、非农业分	
		农业人口	非农业人口
1999	546089	466394	79695
2000	551563	473381	78182
2001	552998	473849	79149
2002	554544	475803	78741
2003	559611	480206	79405
2004	562822	395718	167104
2005	566808	394211	172597
2006	575155	404470	170685
2007	582610	408947	173663
2008	590994	413258	177736
2009	601012	419764	181248
2010	612904	427590	185314

说明：数据来源于《万宁统计年鉴》

二、人口分布

1991—2010年，万宁市（县）人口多聚居于太阳河、龙头河、龙滚河下游的沿海平原地区，如后安镇（含原乐来镇）、和乐镇（含原港北镇）、万城镇（含原北坡镇）。地区人口分布差异较大，特点是沿海地区人口密度最大，丘陵地区次之，山区、半山区最小。

万宁市（县）第四至第六次人口普查各镇、农场人口和家庭情况一览表

表3-2

地区	人口总数（人）			家庭户数（户）			家庭户平均每户人数（人）		
	1990	2000	2010	1990	2000	2010	1990	2000	2010
万城镇（含原北坡镇）	96849	114887	140015	20460	25703	38522	4.66	4.39	3.49
龙滚镇	20175	21426	22075	4678	5330	6459	4.16	3.94	3.32
和乐镇（含原港北镇）	48142	52788	57165	10320	11391	15297	4.59	4.69	3.7

续表3-2

地区	人口总数(人)			家庭户数(户)			家庭户平均每户人数(人)		
	1990	2000	2010	1990	2000	2010	1990	2000	2010
后安镇（含原乐来镇）	41065	43245	43845	9100	9497	12058	4.4	4.49	3.63
大茂镇	27334	31644	25309	5512	6723	6700	4.93	4.56	3.72
东澳镇	36199	35202	36401	6847	7518	10489	5.22	4.66	3.29
礼纪镇（含原新乡）	32453	32203	38919	6257	6773	9933	5.16	4.82	3.74
长丰镇(含原牛漏镇)	30715	33230	30248	6191	7205	8584	4.89	4.54	3.33
山根镇	10651	11977	11691	2365	2647	3004	4.4	4.44	3.83
北大镇(含原禄马乡)	18030	18586	19856	3648	2181	5455	4.83	4.63	3.57
南桥镇	11711	10736	10582	2219	2169	2839	5.25	4.9	3.66
三更罗镇	9182	9083	9901	1632	1807	2525	5.54	5	3.91
国营东兴(含原东岭农场)	26432	23782	21880	6526	6543	7276	3.7	3.64	2.92
国营东和农场	13619	12177	13043	4107	3144	4223	3.31	3.85	3.04
国营新中农场(含原南林农场)	33836	30909	27642	8475	8891	9384	3.73	3.44	2.82
兴隆华侨农场	25708	31729	36570	6413	8360	13007	3.58	3.56	2.55
地方国营六连林场	—	—	455	—	—	184	—	—	2.43

第二节 人口结构

一、性别结构

1990年末，根据第四次人口普查显示，男性252414人，女性229687人，性别比为109.89（女性=100，下同）。2000年，根据第五次人口普查显示，男性272751人，女性240853人，性别比为113.24，比1990年提高3.35%。2010年，根据第六次人口普查显示，男性292045人，比2000年增加19294人，比1990年增加39631人；女性253552人，比2000年增加12699人，比1990年增加23865人；性别比为115.18，比2000年提高1.94%。

1991—2010年间，万宁市（县）性别比呈上升趋势。

二、年龄结构

1990年末，根据第四次人口普查显示，全县1～14周岁人口占总人口的34.95%，15～64周岁人口占总人口的59.41%，65周岁以上人口占总人口的5.64%。2000年，根据第五次人口普查显示，全市1～14周岁人口占总人口的29.17%，比1990年末降低5.78%；15～64周岁人口占总人口的63.62%，比1990年末增加4.21%；65周岁以上人口占总人口的7.21%，比1990年末增加1.57%。

2010年，根据第六次人口普查显示，全市1～14周岁人口共10.94万人，占全市总人口的20.06%，比2000年降低9.11%；比1990年末减少5.9万人，比重下降14.89%。15～64周岁人口共38.96万人，占全市总人口的71.41%，比2000年增加7.79%；比1990年末增加10.32万人，比重上升12%。65周岁及以上人口共4.65万人，占全市总人口的8.53%，比2000年增加1.32个%；比1990年末增加1.93万人，比重上升2.89%。全市65周岁及以人口与1～14岁人口之比为42.5%（老少比），根据国际上通用的静态人口类型划分标准（少年儿童人口系数在30%以下、老年人口系数在7%以上、老少比在30%以上、年龄中位数在30岁以上的人口类型为老年型，万宁市人口的年龄结构符合以上四个判断标准），万宁人口类型已由成年型转变为老年型。

1991—2010年间，万宁人口出生率逐年下降，人均寿命不断提高，1～14岁少年儿童比重减小，15岁以上人口比重增大。

2010年万宁市人口性别、年龄构成一览表

表3-3

年龄(岁)	人口数(人)			比重(%)			性别比
	合计	男	女	合计	男	女	
总计	545597	292045	253552	100	53.53	46.47	115.18
0～4	38986	21654	17332	7.15	3.97	3.18	124.94
0	8016	4499	3517	1.47	0.82	0.64	127.92
1	8019	4447	3572	1.47	0.82	0.65	124.50
2	8068	4515	3553	1.48	0.83	0.65	127.08
3	7598	4135	3463	1.39	0.76	0.63	119.41
4	7285	4058	3227	1.34	0.74	0.59	125.75
5～9	33134	18640	14494	6.07	3.42	2.66	128.60
5	7278	4004	3274	1.33	0.73	0.60	122.30
6	6579	3672	2907	1.21	0.67	0.53	126.32
7	6195	3596	2599	1.14	0.66	0.48	138.36
8	6321	3613	2708	1.16	0.66	0.50	133.42
9	6761	3755	3006	1.24	0.69	0.55	124.92
10～14	33839	19442	14397	6.20	3.56	2.64	135.04
10	6189	3523	2666	1.13	0.65	0.49	132.15
11	5999	3430	2569	1.10	0.63	0.47	133.51
12	7103	4078	3025	1.30	0.75	0.55	134.81
13	7071	4133	2938	1.30	0.76	0.54	140.67
14	7477	4278	3199	1.37	0.78	0.59	133.73
15～19	44905	25642	19263	8.23	4.70	3.53	133.12
15	9499	4891	3608	1.56	0.90	0.66	135.56
16	8619	4906	3713	1.58	0.90	0.68	132.13
17	9248	5368	3880	1.70	0.98	0.71	138.35
18	9544	5518	4026	1.75	1.01	0.74	137.06

续表3-3

年龄(岁)	人口数(人)			比重(%)			性别比
19	8995	4959	4036	1.65	0.91	0.74	122.87
20～24	49917	26580	23337	9.15	4.87	4.28	113.90
20	10213	5540	4673	1.87	1.02	0.86	118.55
21	9592	5184	4408	1.76	0.95	0.81	117.60
22	9575	5093	4482	1.75	0.93	0.82	113.63
23	10424	5533	4891	1.91	1.01	0.90	113.13
24	10113	5230	4883	1.85	0.96	0.89	107.11
25～29	50344	26696	23648	9.23	4.89	4.33	112.89
25	10215	5271	4944	1.87	0.97	0.91	106.61
26	10695	5619	5076	1.96	1.03	0.93	110.70
27	10518	5615	4903	1.93	1.03	0.90	114.52
28	10329	5575	4754	1.89	1.02	0.87	117.27
29	8587	4616	3971	1.57	0.85	0.73	116.24
30～34	36930	19975	16955	6.77	3.66	3.11	117.81
30	9023	4851	4172	1.65	0.89	0.76	116.28
31	7948	4313	3635	1.46	0.79	0.67	118.65
32	7176	3960	3216	1.32	0.73	0.59	123.13
33	5911	3188	2723	1.08	0.58	0.50	117.08
34	6872	3663	3209	1.26	0.67	0.59	114.15
35～39	39738	21226	18512	7.28	3.89	3.39	114.66
35	7125	3778	3347	1.31	0.69	0.61	112.88
36	7694	4065	3629	1.41	0.7	0.67	112.01
37	8692	4506	3886	1.54	0.83	0.71	115.95
38	8822	4732	4090	1.62	0.87	0.75	115.70
39	7705	4145	3560	1.41	0.76	0.65	116.43
40～44	43641	22821	20820	8	4.18	3.82	109.61
40	9180	4808	4372	1.68	0.88	0.8	109.97
41	8668	4527	4141	1.59	0.83	0.76	109.32
42	9644	4948	4696	1.77	0.91	0.86	105.37

续表3-3

年龄(岁)	人口数(人)			比重(%)			性别比
43	7570	4050	3520	1.39	0.74	0.65	115.06
44	8579	4488	4091	1.57	0.82	0.75	109.70
45 ~ 49	4352	22936	20626	7.98	4.2	3.78	111.20
45	8988	4695	4293	1.65	0.86	0.79	109.36
46	9232	4868	4364	1.69	0.89	0.8	111.55
47	9766	5164	4602	1.79	0.95	0.84	112.21
48	10122	5320	4802	1.86	0.98	0.88	110.79
49	5454	2889	2565	1	0.53	0.47	112.63
50 ~ 54	32523	17406	15117	5.96	3.19	2.77	115.14
50	5904	3141	2763	1.08	0.58	0.51	113.68
51	5960	3232	2728	1.09	0.59	0.5	118.48
52	7614	4155	3459	1.4	0.76	0.63	120.12
53	6816	3588	3228	1.25	0.66	0.59	111.15
54	6229	3290	2939	1.14	0.6	0.54	111.94
55 ~ 59	29645	15308	14337	5.43	2.81	2.63	106.77
55	6881	3556	3325	1.26	0.65	0.61	106.95
56	6499	3353	3146	1.19	0.61	0.58	106.58
57	5831	3035	2796	1.07	0.56	0.51	108.55
58	5899	3008	2891	1.08	0.55	0.53	104.05
59	4535	2356	2179	0.83	0.43	0.4	108.12
60 ~ 64	20912	11069	9843	3.83	2.03	1.8	112.46
60	6302	3351	2951	1.16	0.61	0.54	113.55
61	4627	2508	2119	0.85	0.46	0.39	118.36
62	4021	2103	1918	0.74	0.39	0.35	109.65
63	3451	1796	1655	0.63	0.33	0.3	108.52
64	2511	1311	1200	0.46	0.24	0.22	109.25
65 ~ 69	10545	5459	5086	1.93	1	0.93	107.33
65	2058	1139	919	0.38	0.21	0.17	123.94
66	2086	1128	958	0.38	0.21	0.18	117.75

续表3-3

年龄(岁)	人口数(人)			比重(%)			性别比
67	2086	1058	1028	0.38	0.19	0.19	102.92
68	2184	1106	1078	0.4	0.2	0.2	102.60
69	2131	1028	1103	0.39	0.19	0.2	93.20
70～74	13349	6568	6781	2.45	1.2	1.24	96.86
70	2709	1313	1396	0.5	0.24	0.26	94.05
71	2386	1126	1260	0.44	0.21	0.23	89.37
72	2881	1402	1479	0.53	0.26	0.27	94.79
73	2691	1379	1312	0.49	0.25	0.24	105.11
74	2682	1348	1334	0.49	0.25	0.24	101.05
75～79	11004	5387	5617	2.02	0.99	1.03	95.91
75	2649	1296	1353	0.49	0.24	0.25	95.79
76	2343	1162	1181	0.43	0.21	0.22	98.39
77	2266	1166	1100	0.42	0.21	0.2	106.00
78	1988	927	1061	0.36	0.17	0.19	87.37
79	1758	836	922	0.32	0.15	0.17	90.67
80～84	7162	3238	3924	1.31	0.59	0.72	82.52
80	2104	1002	1102	0.39	0.18	0.2	90.93
81	1392	631	761	0.26	0.12	0.14	82.92
82	1441	640	801	0.26	0.12	0.15	79.90
83	1206	551	655	0.22	0.1	0.12	84.12
84	1019	414	605	0.19	0.08	0.11	68.43
85～89	3541	1407	2134	0.65	0.26	0.39	65.93
85	877	364	513	0.16	0.07	0.09	70.96
86	717	288	429	0.13	0.05	0.08	67.13
87	745	287	458	0.14	0.05	0.08	62.66
88	605	240	365	0.11	0.04	0.07	65.75
89	597	228	369	0.11	0.04	0.07	61.79
90～94	1416	471	945	0.26	0.09	0.17	49.84
90	544	201	343	0.1	0.04	0.06	58.60
91	274	82	192	0.05	0.02	0.04	42.71

续表 3-3

年龄(岁)	人口数(人)			比重(%)			性别比
92	259	85	174	0.05	0.02	0.03	48.85
93	190	64	126	0.03	0.01	0.02	50.79
94	149	39	110	0.03	0.01	0.02	35.45
95～99岁	393	96	297	0.07	0.02	0.05	32.32
95	130	35	95	0.02	0.01	0.02	36.84
96	82	18	64	0.02	—	0.01	28.13
97	84	22	62	0.02	—	0.01	35.48
98	55	10	45	0.01	—	0.01	22.22
99	42	11	31	0.01	—	0.01	35.48
100岁及以上	111	24	87	0.02	—	0.02	27.59

说明:以上数据来源于2010年第六次人口普查数据

三、民族结构

根据户籍人口统计,1991年,全县汉族人口427453人;少数民族人口共计65033人,占总人口的13.2%;少数民族人口中,黎族人口58354人,苗族人口4917人,壮族人口1654人,回族人口52人,其他少数民族人口56人。2000年,万宁市汉族人口473997人;少数民族人口共计77566人,占总人口的14.1%;少数民族人口中,黎族人口68412人,苗族人口6400人,壮族人口1849人,回族人口86人,其他少数民族人口819人。2010年,全市汉族人口505976人,较2000年增加31979人;全市少数人口共计106928人,占总人口的17.5%,较2000年增加29362人;少数民族人口中,黎族人口95264人,苗族人口7589人,壮族人口2840人,回族人口91人,其他少数民族人口共1144人。

1991—2010年万宁户籍人口民族构成一览表

表3-4　　　　单位:人、%

年份	汉族人数	少数民族人数	各族人口数					少数民族人口占总人口比重
			黎族	苗族	壮族	回族	其他	
1991	427453	65033	58354	4917	1654	52	56	13.2
1992	428652	69083	61016	5573	1832	115	547	13.9
1993	436198	70030	61434	5737	2246	69	544	13.8
1994	439886	73123	64311	6116	2200	71	425	14.3

续表3-4

年份	汉族人数	少数民族人数	各族人口数					少数民族人口占总人口比重
			黎族	苗族	壮族	回族	其他	
1995	446691	75654	66874	6395	1838	73	474	14.5
1996	454851	77343	67741	6479	2583	75	465	14.5
1997	460054	77590	68297	6606	2092	130	465	14.4
1998	465238	76739	68261	5989	1814	82	593	14.2
1999	468430	77659	68225	6652	1834	123	825	14.2
2000	473997	77566	68412	6400	1849	86	819	14.1
2001	474499	79445	70198	6464	1885	112	786	14.4
2002	480434	78354	68938	6613	1999	110	694	14.1
2003	485246	74365	65754	6541	1729	66	275	13.3
2004	462770	81180	71143	6939	2164	112	822	14.4
2005	462770	78897	68437	7333	2296	127	704	13.9
2006	480994	94161	83525	6907	2501	70	1158	19.4
2007	486905	95705	84786	7100	2563	76	1180	16.4
2008	493398	97596	86500	7272	2622	76	1126	16.5
2009	501447	99565	88191	7411	2680	78	1205	16.6
2010	505976	106928	95264	7589	2840	91	1144	17.5

四、文化结构

1990年末，根据第四次人口普查显示，万宁县6岁及以上的人口中，具有大专及以上文化程度的3199人，具有高中文化程度的49988人，具有初中文化程度的115371人，具有小学文化程度的167500人。每万人中拥有大专及以上文化程度的66.36人，拥有高中文化程度的1036.88人，拥有初中文化程度的2393.09人，拥有小学文化程度的3474.38人。文盲人口76075人，占总人口的15.78%。

2000年，根据第五次人口普查显示，全市6岁及以上的人口中，具有大专及以上文化程度的7992人，具有高中文化程度的62373人，具有初中文化程度的186768人，具有小学文化程度的179040人。每万人中拥有大专及以上文化程度的155.61人，拥有高中文化程度的1214.42人，拥有初中文化程度的3636.42人，拥有小学文化程度的3485.95人。文盲人口28659人，占总人口的5.58%，比1990年末文盲率比重降低10.20%。

2010年，根据第六次人口普查显示，万宁市6岁及以上的人口共499333人，其中，具有大专及以上文化程度的20731人，比2000年增加31993人，比1990年末增加63496人；具有高中文化程度的80090人，比2000年增加17717人，比1990年末增加30102人；具有初中文化程度的262340人，比2000年增加75572人，比1990年末增加146969人；具有小学文化程度的113688人；未上过学的22492

人。每万人中拥有大专及以上文化程度的379.97人，比2000年增加224.36人，比1990年末增加313.61人；拥有高中（含中专）文化程度的1467.82人，比2000年增加253.4人，比1990年末增加430.94人；拥有初中文化程度的4808.27人，比2000年增加1172人，比1990年末增加2415.18人；拥有小学文化程度的2083.74人。在全市总人口中，文盲人口（15岁及以上不识字的人）为19925人，同2000年相比减少8715人，文盲率降低至3.65%。

1991—2010年间，万宁市（县）6岁及以上受教育人口数量逐年增多，每万人中6岁及以上受到高程度教育人口比例逐年增加，6岁及以上文盲人口逐年减少，文盲率逐年降低。

五、城乡结构

1990年末，根据第四次人口普查显示，万宁县城镇人口为50717人，乡村人口为431384人，城镇占总人口10.52%。2000年，城镇人口为138159人，乡村人口为375445人，城镇人口占总人口26.90%，比1990年末比重增加16.38%。2010年，全市城镇人口为222058人，占总人口的40.70%；乡村人口为323539人，占总人口的59.3%。同2000年相比，城镇人口增加了83899人，乡村人口减少了51905人，城镇人口占总人口的比重提高了13.8%。

1991—2010年间，万宁市（县）城镇人口逐年递增，乡村人口逐年递减。

六、职业结构

1990年，全县从业人口231822人。其中，农林牧渔业183575人，占从业人口79.19%；工业制造业3861人，占从业人口1.69%；建筑业4236人，占从业人口1.83%；矿业及木材采运业4948人，占从业人口2.16%；电力、煤气、自来水的生产和供应612人，占从业人口的0.26%；交通运输、邮电通信业5213人，占从业人口2.25%；商业饮食、物资供销及仓储业11323人，占从业人口4.88%；教育文化艺术6081人，占从业人口2.62%；卫生体育和社会福利事业1983人，占从业人口0.83%；住宅管理、公共事业管理和居民服务业1346人，占从业人口0.5%；国家机关、党政和群众团体4545人，占从业人口1.96%；金融保险业818人，占从业人口0.35%；科研和综合技术服务事业183人，占从业人口0.08%。

2010年第六次人口普查数据显示，全市从业人口224116人。其中，农林牧渔业128958人，占从业人口57.54%，较1990年下降21.65个百分点；工业制造业与采矿业12647人，占从业人口5.64%；较1990年提高3.95个百分点；建筑业12340人，占从业人口的5.51%，较1990年提高3.68个百分点；电力、煤气和水的生产和供应业2460人，占从业人口1.09%，较1990年提高0.83个百分点；交通运输仓储及邮电通信业6180人，占从业人口2.76%；信息传输、计算及服务和软件业3890人，占从业人口1.74%；批发和零售业18159人，占从业人口8.1%；住宿和餐饮业14578人，占从业人口6.5%；金融业554人，占从业人口0.25%；房地产业603人，占从业人口0.26%；租赁和商务服务业1139人，占从业人口0.51%；科技和地质勘查业989人，占从业人口0.44%；水利、环境和公共设施管理业708人，占从业人口0.32%；居民服务和其他服务业9067人，占从业人口4.05%；教育5847人，占从业人口2.61%；卫生、社会保障和社会福利业1823人，占从业人口0.81%；文化、教育和娱乐业474人，占从业人口0.21%；公共管理和社会组织3700人，占从业人口1.65%。

20年间，万宁仍是以农业为主，但农业人口的占比下降了21.65个百分点，而第二、三产业的从业人员占比不断提高，特别是信息科技、商贸、餐饮服务、房地产、公共管理等行业迅速发展，在从业人口中的占比逐年提高。

第三节 人口流动

2010年全市户籍人口中外出半年以上人口（流出乡镇以外）达到108654人，比第五次人口普查增加19184人，占总人口的9.22%，比第五次人口普查提高2.32%。

随着万宁市经济的发展，人口流入趋势明显增强，第六次人口普查数据显示，全市流入人口为20110人，比第五次人口普查增加4745人，增长30.88%，年平均增长6.18%。其中从本省其他市县流入人口7041人，比第五次人口普查增加3122人，增长79.66%，从外省流入的人口13069人，比第五次人口普查增加1623人，增长14.18%。

1991—2010年万宁市（县）户籍人口机械变动一览表

表3-5　　单位：人、%

年份	总人口	年内迁入人数	迁入率	年内迁出人数	迁出率	机械增长人数	增长率
1991	492990	44	0.08	94	0.16	-50	-0.09
1992	497735	48	0.08	190	0.32	-142	-0.24
1993	506228	54	0.09	189	0.31	-135	-0.22
1994	513009	59	0.09	137	0.22	-78	-0.13
1995	522345	63	0.10	290	0.46	-227	-0.36
1996	532194	69	0.11	400	0.63	-331	-0.52
1997	537644	80	0.12	256	0.40	-176	-0.27
1998	541977	91	0.14	646	0.99	-555	-0.85
1999	546089	113	0.17	811	1.24	-698	-1.07
2000	551563	137	0.21	1415	2.15	-1278	-1.94
2001	552998	195	0.30	1927	2.92	-1732	-2.62
2002	554544	178	0.27	2040	3.08	-1862	-2.81
2003	559611	356	0.54	2741	4.14	-2385	-3.60
2004	562822	436	0.66	2771	4.20	-2335	-3.54
2005	566808	615	0.94	4115	6.28	-3500	-5.34
2006	575155	736	1.13	4218	6.48	-3482	-5.35
2007	582610	880	1.36	3026	4.67	-2146	-3.31
2008	590994	1045	1.63	4662	7.25	-3617	-5.63
2009	601012	1187	1.87	5506	8.66	-4319	-6.79
2010	612904	1474	2.33	7774	12.29	-6300	-9.96

第四节 婚姻 家庭 姓氏

一、婚姻状况

1990年，万宁县15岁及以上人口中，未婚人口75390人，其中男性45727人，占15岁及以上人口的14.58%；女性29663人，占15岁及以上人口的9.46%。有配偶的男性109382人，占15岁及以上人口的34.88%；女性109596人，占15岁及以上人口的34.95%；丧偶的男性4762人，女性13319人；离婚的男性937人，占15岁及以上人口的0.30%；女性937人，占15岁及以上人口的0.07%。

2000年，15岁及以上人口中，未婚人口共84144人，其中男性55015人，占15岁及以上人口的15.27%；女性32129人，占15岁及以上人口的8.91%；有配偶的男性125830人，占15岁及以上人口的34.91%；女性127890人，占15岁及以上人口的35.49%；丧偶的男性4681人，女性13481人；离婚的男性1370人，占15岁及以上人口的0.38%；女性507人，占15岁及以上人口的0.14%。

2010年，根据抽样普查，万宁市15岁及以上人口数据为41480人。其中，未婚人口10003人，男性6421人，占15岁及以上人口的15.48%；女性3582人，占15岁及以上人口的8.64%。有配偶的男性14354人，占15岁及以上人口比重34.60%；有配偶的女性14555人，占15岁及以上人口比重35.09%。共有606名男性丧偶，1661名女性丧偶。离婚人数中男性191人，占15岁及以上人口的0.46%；女性111人，占15岁及以上人口的0.27%。

1991—2010年间，全市（县）15岁及以上人口中，男性未婚人口比重加大，男性有配偶人口比重逐年缓慢减小，离婚人口比重加大。

二、家庭户数

1990年末，根据第四次人口普查显示，万宁县共有家庭户104750户，平均家庭人口规模为4.47人/户。2000年，根据第五次人口普查显示，全市共有家庭户117663户，平均家庭人口规模为4.23人/户，户数比1990年末增加12913户，家庭人口规模比1990年末减少0.24人/户。2010年，根据第六次人口普查显示，全市共有家庭户155939户，比2000年增加38276户，比1990年末增加51189户；平均每家庭人口规模为3.61人/户，比2000年减少0.62人/户，比1990年末减少0.86人/户。

1991—2010年间，万宁市（县）家庭人口规模逐渐缩小。

三、姓氏

万宁的姓氏有208个（以笔画为序）：丁、卜、下、万、马、文、方、云、王、韦、车、尤、区、贝、毛、仇、月、邓、尹、孔、许、冯、邝、宁、古、龙、东、石、甘、叶、申、卢、田、丘、包、白、伍、占、乌、皮、司、司徒、刘、齐、庄、江、池、关、西、麦、曲、朱、向、任、伦、纪、阮、阴、孙、良、祁、宋、疗、应、沈、汪、冷、农、吉、严、束、李、邢、劳、芬、苏、连、吴、肖、何、邱、陈、陆、张、欧、欧阳、宗、官、祈、庞、单、郑、武、苗、范、林、杨、易、岭、罗、吕、卓、周、余、岱、金、邹、屈、肃、客、诬、祝、洗、洪、施、相、壮、赵、项、胡、柳、符、钟、饶、俞、段、姚、除、骆、贺、费、高、唐、席、郭、贾、袁、秦、夏、莫、桔、桂、耿、顾、党、倪、爱、翁、殷、徐、候、陶、章、商、康、梁、雪、曹、黄、梅、龚、戚、盘、屠、窘、曾、谢、温、覃、韩、彭、植、蒋、蒙、雷、董、葛、傅、程、舒、鲁、蒲、潘、辜、赖、鄞、勤、蓝、鲍、詹、筒、辟、廖、谭、裴、缪、熊、管、鲜、镀、瞿、樊、颜、霓、黎、濮、戴、魏等。其中黄、陈、林等姓氏定居万宁年代较久,人口也较多;王、朱、李、吴、刘、杨、卓、郑、曾、符、翁等各姓次之。新增姓氏人口较少,爱姓仅有2人。

万宁许多姓氏有编修宗谱的习惯,内容多记述该姓的来龙去脉、祖先履历、祖训家规及修谱记录等。有的宗谱内容丰富,记叙详尽,某些内容可补充正史的不足,有一定的参考价值。如《陈氏宗谱》中记述陈姓的源流支系:宋代,因金兵南侵,中原士族纷纷南迁,陈氏宗族90多人移居福建,其后曾孙由福建迁广东,至明清两代,闽粤陈姓不少人渡海迁居海南。

据《陈氏族谱》载,清朝乾隆年间(1736—1795)陈氏迁入万宁,当时,陈逊公历任沅州太守,政声籍籍。晚年引退乡里(万宁县东澳镇水沟村)辞世,乡人为之修"陈太守祠",今遗址尚存。

又如《翁氏族谱》载:"周昭王立位三年,因游汪山,遇一女,封为汪山夫人。后孕十有二月生男,手拳三日未开,王命水沃之,两拳顿开。左文公字,右文羽字,遂赐姓翁名弘,食采盐官之。"

第五节 计划生育

一、机构

(一)万宁市人口和计划生育局

1991年,万宁县计划生育委员会内设"四股一办一站":计划股、宣传股、机构股、政策法规股、办公室、服务站。1996年2月,撤销万宁县计划生育委员会,成立万宁县计划生育局,内设办公室、宣传股、计划统计股、政策法规股、机关股、计划生育协会办公室,核定事业编制25人。同年8月,撤县设市,更名为万宁市计划生育局。同年12月,划归为政府工作部门,直接行使政府职能。2001年6月,内设机构调整为:办公室、规划发展统计股、政策法规宣传股、基层计划生育股、市直机关计划生育股、执法监督股,编制21人。2004年4月,更名为万宁市人口和计划生育局;同年12月,规划发展统计股改为计划统计股。2010年,市人口和计划生育局内设6个股级职能机构:办公室、政策法规股、发展规划与信息股、宣传教育股、科学技术服务股、流动人口服务管理股,行政编制19人。

(二)万宁市计划生育服务站

1991年,万宁县计划生育服务站核定事业编制15人。1996年8月,撤县设市,更名为万宁市计划生育服务站。2002年1月,设有咨询室、门诊室、检验室、妇科治疗室、B超室、乳腺诊断室、手术室、药房、注射室、供应室、药具管理发放室、档案室、宣教室、会议室、仓库和术后休息室。2006年1月,被省人口计生局评为"甲级服务站"。至2010年12月,单位名称未变,在编工作人员10人。

(三)万宁市乡镇计划生育服务所

2002年6月,根据《万宁市人民政府批转市计划生育局关于设立乡镇计划生育技术服务机构意见的通知》,设立龙滚、山根、和乐、后安、北大、大茂、长丰、礼纪、东澳、南桥、三更罗、北坡、兴隆等13所计划生育服务所,设在乡镇卫生院和兴隆红十字医院内,6个国营农场的计划生育技术服务工作由农场医院负责。一般乡镇服务所配备2名技术人员,市计生局和乡镇卫生院各配备1人,人口较多的配备3人,其中市计生局配备1人,乡镇卫生院配备2人。至2010年未变。

(四)万宁市计划生育协会

1991年1月,经县委、县政府批准,成立万宁县计划生育协会,为万宁县计划生育委员会内设机构,配2名行政编制。同年12月,万宁县计划生育协会第一届代表大会选举产生第一届理事会。1996年2月,计划生育协会改为计划生育协会办公室,编制2人。2001年6月后,不再设立计划生育协会办公室。2009年11月,重新设立万宁市计划生育协会,隶属万宁市人口和计划生育局,核定财政全额预算管理事业编制3人。至2010年未变。

二、宣传教育

1991—1994年,县政府发文要求各机关单位制作计划生育永久宣传标语,万城街道两旁共有硬性标语150块。1996年10月开始,在市广播电台开设计划生育宣传栏,定期广播计生内容。自1997年起,组织各级计生干部深入乡村,对群众进行面对面的宣传。

2000年,开展中共中央国务院《关于加强人口与计划生育工作稳定低生育水平的决定》宣传活动和中共中央《关于控制人口增长问题致全体共产党员共青团员的公开信》发表二十周年宣传活动。2003年,市计划生育局组织医务人员、聘请省医学院专家到礼纪、长丰、北大、三更罗、万城、大茂等镇开展义诊活动,直接为5000多名育龄群众提供服务,宣传覆盖人口达5万多人。同年,制作2000块硬性宣传牌,悬挂在街道两旁路灯柱上;在万城市区制作一块168平方米"关爱女孩行动"宣传牌,创办生育文化一条街,创办《健康男女》电视栏目等。2004年开始,每年组织开展"百天进百村"宣传服务活动,将关爱女孩宣传、"三查"服务、青春期知识教育和农技知识培训送到农村,送到千家万户。

2007年,邀请琼剧团下到各镇(场)进行演出,以群众喜闻乐见的琼剧剧目进行计划生育普及宣传。共制作、发放反映计划生育的琼剧《喜盈门》光盘3200个。2009年3月,全省人口计生宣教工作暨新农村建设会议组织参观龙镇镇新型婚育文化基地。各中学把青春期健康教育纳入教学内容,每学期安排6个课时。2010年,市电视台开设《计划生育之窗》栏目,市广播电台开设《计划生育之声》节目,《万宁政务》报开设《人口和计划生育》专栏。开展计划生育"爱心保险"工作,为全市2000户计划生育家庭办理计划生育"和谐之家"保险;开展"阳光助学"活动,为100名品学兼优的农村独生子女家庭、二女家庭学生发放自行车,解决上学距离较远孩子的交通问题;开展计划生育家庭"环岛行"活动,共100户计划生育家庭参加。开设万宁市人口和计划生育局门户网站,通过网络介绍计划生育有关法律法规和计划生育服务。

三、计划生育管理

(一)目标管理

1991年,万宁县成立计划生育领导小组,负责计生工作的协调与领导。1996年,市委、市政府联合下发《关于进一步加强和完善人口与计划生育目标管理责任制的规定》，以“三率”情况（出生率、计划生育率和计划生育外多孩率）为主要内容进行考核。2001年，建立分类考核新机制，市委、市政府做出关于加强人口与计划生育工作实现低生育水平的决定，将乡镇、农场分为先进单位、合格单位和重点管理单位，定类进档的必要条件为计划生育率、计划外多孩率和统计准确率达到标准要求。在此基础上，结合各类所列其他标准综合考核，确定类别。2005年年初，市委、市政府与各镇、农场、兴隆华侨农场、相关职能部门分别签订《人口计生工作目标管理责任书》和《综合治理出生人口性别比偏高问题目标管理责任书》。年底，对各镇、农场、兴隆华侨农场、相关职能部门《年度人口计生工作目标管理责任书》执行情况进行考核，依据考核结果，对先进单位给予表彰奖励，授予“人口和计划生育工作先进单位”称号，颁发奖金。

（二）村级管理

1994年6月，县委、县政府印发《关于在全县农村开展创建计划生育管理区活动的通知》，自7月起，县计生委派员驻各乡镇开展创建计划生育合格管理区活动，全县创建符合标准的管理区10多个。至2005年底，全市共有村（居）委会、农场连队534个，其中计划生育合格村（队）410个，合格村、队占76.7%，合格村、队人口270347人，合格村人口比重达到62%。2006年开始，按照省人口计生委的要求，各镇、场组织开展村（居）民自治试点创建工作。共发动创建村（居）民自治试点133个，其中龙滚镇福塘村委会和山根镇排溪村委会2个自治试点上报省人口计生委。2007年，市人口和计划生育局与山根镇政府、龙滚镇政府、礼纪镇政府等单位共投入近15万元，在计划生育工作开展比较好的横山村、排园村和合丰村创建市级计划生育示范村。2009年，出台《万宁市村（居）委会计划生育工作奖励办法》，将村级计生工作主要任务细化为孕情掌握、落实补救措施、人口信息采集、计生宣传“三栏”建设等7条指标，对达标的村（居）委会给予5000元奖励。至2010年，共创建新农村新家庭示范点37个、生育文化大院58个、知识长廊62个。

（三）流动人口管理

自1994年起，开展流动人口计划生育清查工作。2002年，全面建立城镇人口属地管理机制，万城镇按社区划定区域，分片包干，专人负责。2004年初，市委、市政府同公安、工商、劳动、建设等11个单位签订目标管理责任状，同时建立流动人口管理服务制度，每季度进行一次查验证工作，对流出人口进行发函跟踪管理。2006年，在流动人口比较集中的兴隆、礼纪、万城等地建立流动人口计划生育协会，加强对流动人口计划生育的管理和服务。兴隆地区流动人口由市人口计生局直接管理。2007年5月，在万城镇丰园社区万发街创建流动人口计划生育规范管理一条街。同时要求各镇（农场）在摸清辖区实有出租房屋底数的基础上，建立健全“一户一档”“一房一档”，逐个与出租房主签订计划生育责任书，落实管理责任和义务，严格监督房主落实租住人员登记报备制度，每月定期对出租房屋进行检查和回访，做到人来登记、人在管理、人走注销，实现对流动人口的有序管理。2008年初，创建和乐镇流出人口计划生育“六个一”服务（集中开展一次流动人口宣传教育活动，深入“空巢老人”家庭访视一次，对流动人口中的计划生育困难家庭开展一次慰问帮扶活动，集中免费办理一批流动人口婚育证明，为返乡流动人口提供一次免费生殖健康检查，开展一次维护流动人口合法权益集中培训活动）管理模式和丰园社区流入人口计划生育“划片区、分类管理”的服务管理模式，并逐步向全市推广，得到省人口计生委的肯定。2009年，印发《万宁市开展流动人口计划生育服务管理“一盘棋”工作方案》，在流动人口较集中的万城镇仁里社区、兴隆热带植物园新创建流动人口计划生育服务管理示范点2个。2010年9月，市公安局、市人口计生局在流动人口比较集中的万城镇和兴隆华侨农场分别设立“万宁市流动人口工作站”和“兴隆旅游区流动人口计划生育工作站”，加强对流动人口社会治安、信息采集和管理，市政府为万城镇10个社区增配1名流动人口电脑管理人员，强化中心城市流动人口管理。

（四）出生人口性别比偏高问题综合治理

2003年6月，国家人口与计生委将万宁市定为全国11个“关爱女孩行动”试点市县之一，8月，市政府成立关爱女孩行动试点工作领导小组，制定工作方案，印发《关于综合治理出生人口性别升高问题的通知》，市计生、卫生、公安、药监等11个部门联合下发《关于治理出生人口性别比升高问题的通知》等文件，采取综合措施治理万宁市出生人口性别比偏高问题。2003年，全市取缔3家私人诊所，取消10个医疗机构的计生手术业务，全市仅允许市医院和妇幼保健所开展计生手术业务。2006年。市药监局、卫生局和人口计生局等部门联合印发《妊娠药品管理有关规定的通知》，对药物购进渠道、管理和使用、执法监督等方面进行明确规定。2007年5月上旬，市政府出台《万宁市继续深入开展打击非法行医专项行动方案的通知》，市政府组织卫生、计生、公安、药监等部门开展打击非法行医和“两非”行为的活动，检查各级医疗保健机构和个体诊所134家，捣毁黑诊所15家，取缔无证行医28家，没收手机1部（价值1000多元）、摩托车2辆（价值6000多元），共罚款22.54万元。2008年，市政府成立万宁市计划生育执法稽查队，捣毁黑诊所15家，取缔无证行医19家，警告15家，责令整改14家，没收了一部价值5万多元的B超机，罚款5.1万元。2010年，市人口计生局、市卫生局、市公安局联合出台《关于加强新生婴儿出生实名登记和入户管理工作意见》，规定各助产单位要严格查验分娩孕产妇及其配偶的居民身份证、结婚证、生育服务证，“三证”齐全才能出具出生医学证明；对没有“三证”或“三证”不齐的，必须持有计生部门出具的“万宁市领取出生医学证明住院分娩人员计划生育证明”，才能出具出生医学证。

（五）信息化管理

从2000年起，万宁市开展统计年报工作。2003年，市政府专门拨款20万元，用于信息化建设。共为市一级单位、各镇场配备电脑24台，电脑管理人员24人，同时对全市卡册数据进行调整并集中录入，取消手工账卡，实现育龄群众信息化管理，推广和应用海南省育龄妇女信息管理系统（WIS系统）。2005年4月，全市计生系统联网，组织两次全市性录入核查工作，提高电脑信息准确率。2009—2010年，全市本级共投入90多万元用于“海南省人口和计划生育科学技术服务管理系统”“海南省人口计生基础信息管理系统”“海南省出生实名信息管理系统（即PIS系统，原版WIS系统停止使用）”“海南省流动人口计划生育服务管理平台（万宁版）”和“出生统计月月清工作平台”等5个人口计生信息化平台的建设及运用，提升信息化建设水平，提高全市人口计生服务和管理能力。

四、技术服务

1991—2000年，提供计生技术服务共计46682例。2001—2010年，提供计生技术服务共计53065例。2009年，投入46万元，把市计划生育服务站手术室改造为净化手术室；投入108万元，建设和乐镇、万城镇北坡、北大镇等3个镇级计划生育服务所；投入120万元，为12个镇配备计划生育服务车。

2010年，投入73万元，购置3台全数字便携超声显像诊断仪；投入200万元对市计划生育服务站进行甲级标准化改造，对各功能室进行改造，并为市计生服务站配置了乳腺诊断仪、电子阴道镜、护理床、医用冰箱、数字化超声引导妇科产科宫腔手术监视仪等医疗设备。

五、计划生育成果

万宁认真执行《海南省计划生育条例》，在发展理念上高度重视人口、环境资源与经济的协调发展，始终坚持稳定低生育水平，提高出生人口素质，圆满完成人口控制目标。至2010年，全市人口出生率、自然增长率分别由1991年的21.6‰、21.6‰下降到2010年的14.4‰、8.9‰。

第六节　人口普查

1991—2010年间，万宁市（县）共进行了2次人口普查，分别是第五次全国人口普查和第六次全国人口普查。

一、第五次全国人口普查

1999年1月，成立万宁市人口普查直辖市领导小组及其办公室。第五次人口普查登记的标准时间是2000年11月1日0时。2001年，对全市50多万人口的长表、短表、主表、出生死亡表进行审核，将人口普查工作办公室10多位工作人员分成四个小组，每组4～5人，采取分片包干、责任到人的办法，每小组审核乡镇、农场6个，全市人口普查审表时间3个月，15万张表；至年底，进行人口数据录入。2003年，将第五次人口普查资料整理汇总，编印成《2000年万宁市第五次人口普查资料》，印数200本，发送至万宁市四套领导班子和县委县政府所属各部门。

2000年第五次人口普查工作，万宁市严格按照《第五次全国人口普查办法》规定，依法进行普查。全市2000余名普查员和普查指导员入户登记，进行复查核对，按时完成人口普查的快速汇总，数据处理汇总等工作。同1990年第四次人口普查总人口486010人相比，10年增加了27594人，平均每年增加2759.4人，年平均增长率为5.68%。

二、第六次全国人口普查

根据国务院关于开展第六次全国人口普查的通知，万宁市以2010年11月1日零时为标准时点开展第六次全国人口普查。

第六次人口普查数据显示，万宁市总人口为545597人，同第五次人口普查总人口513604人相比，10年共增加了31993人，平均每年增加3199.3人，年平均增长率为0.61%。

万宁市（县）第五次、第六次人口普查情况一览表

表3-6

人口构成			第五次人口普查	第六次人口普查
人口年龄构成	总人口数（人）	0～14岁	149959	105959
		15～49岁	277190	309037
		50岁以上	86455	130601
		合计	513604	545597

续表3-6

<table>
<tr><th colspan="3">人口构成</th><th>第五次人口普查</th><th>第六次人口普查</th></tr>
<tr><td colspan="2" rowspan="3">占总人口比重(%)</td><td>0~14岁</td><td>29.20</td><td>19.42</td></tr>
<tr><td>15~49岁</td><td>53.97</td><td>56.64</td></tr>
<tr><td>50岁以上</td><td>16.93</td><td>23.94</td></tr>
<tr><td rowspan="5">人口性别比</td><td rowspan="2">总人口数(人)</td><td>男</td><td>272751</td><td>292045</td></tr>
<tr><td>女</td><td>240853</td><td>253552</td></tr>
<tr><td rowspan="2">占总人口比重(%)</td><td>男</td><td>53.11</td><td>53.53</td></tr>
<tr><td>女</td><td>46.89</td><td>46.47</td></tr>
<tr><td colspan="2">性别比(女=100)</td><td>113.24</td><td>115.18</td></tr>
<tr><td rowspan="6">民族人口构成</td><td rowspan="3">汉族</td><td>总人数(人)</td><td>442910</td><td>458018</td></tr>
<tr><td>占总人口比重(%)</td><td>86.24</td><td>83.95</td></tr>
<tr><td>年均增长率(%)</td><td>1.21</td><td>1.13</td></tr>
<tr><td rowspan="3">少数民族</td><td>总人数(人)</td><td>70694</td><td>87579</td></tr>
<tr><td>占总人口比重(%)</td><td>13.76</td><td>16.05</td></tr>
<tr><td>年均增长率(%)</td><td>1.17</td><td>1.37</td></tr>
<tr><td rowspan="5">劳动年龄人口</td><td>男</td><td>劳动人口数(人)</td><td>462535</td><td>198590</td></tr>
<tr><td></td><td>占劳动人口比重(%)</td><td>53.33</td><td>55.65</td></tr>
<tr><td rowspan="2">女</td><td>劳动人口数(人)</td><td>142224</td><td>158278</td></tr>
<tr><td>占劳动人口比重(%)</td><td>46.67</td><td>44.35</td></tr>
<tr><td colspan="2">劳动人口总数(人)</td><td>304759</td><td>356868</td></tr>
<tr><td rowspan="7">各年龄组就业人口</td><td colspan="2">总计</td><td>22476</td><td>29286</td></tr>
<tr><td rowspan="2">16~19岁</td><td>人数(人)</td><td>1437</td><td>1185</td></tr>
<tr><td>占就业人口比重(%)</td><td>6.39</td><td>4.05</td></tr>
<tr><td rowspan="2">20~49岁</td><td>人数(人)</td><td>17210</td><td>21832</td></tr>
<tr><td>占就业人口比重(%)</td><td>76.57</td><td>74.55</td></tr>
<tr><td rowspan="2">50岁以上</td><td>人数(人)</td><td>3829</td><td>6269</td></tr>
<tr><td>占就业人口比重(%)</td><td>17.04</td><td>21.40</td></tr>
</table>

万宁市各年龄组劳动年龄人口情况一览表

表3-7

年龄组	人口数(人)		各年龄组占劳动年龄人口比重(%)	
	2010年	2000年	2010年	2000年
总计	356868	304759	100	100
15～19	44905	55916	12.58	18.35
20～24	49917	35924	13.99	11.79
25～29	50344	38743	14.11	12.71
30～34	36930	42287	10.35	13.88
35～39	39738	42915	11.14	14.08
40～44	43641	31889	12.23	10.46
45～49	43562	29516	12.21	9.69
50～54	32523	21590	9.11	7.08
55～59	15308	5979	4.29	1.96

万宁市(县)各特定年龄组人口及其占比情况一览表

表3-8

指标	人口数(人)		占总人口的比重(%)		
	"五普"	"六普"	"五普"	"六普"	增减
总人口	513604	545597	100	100	0
婴幼儿人口	25340	31701	4.93	5.81	0.88
婴儿(0岁)	6568	8016	1.28	1.47	0.19

续表3-8

指标	人口数(人)		占总人口的比重(%)		
	"五普"	"六普"	"五普"	"六普"	增减
幼儿(1～3岁)	18772	23685	3.65	4.34	0.69
学龄前儿童(4～6岁)	25789	14642	5.02	2.68	-2.34
少年儿童(7～14岁)	98830	53116	19.24	9.74	-9.51
育龄妇女(15～49岁)	131921	143161	25.69	26.24	0.55
劳动年龄人口	292531	348369	56.96	63.85	6.89
男(16～59岁)	155868	193699	30.35	35.50	5.15
女(16～54岁)	156663	154670	26.61	28.35	1.74
退出劳动年龄人口	58886	82770	11.47	15.17	3.71
男(60岁及以上)	25662	33719	5.00	6.18	1.18
女(55岁及以上)	33224	49051	6.47	8.99	2.52

第二章 民族 宗教

第一节 民族

1991年，万宁县共有20个民族。其中汉族414777人，占总人口的86.04%；黎族59333人，占总人口的12.31%；苗族5192人，占总人口的1.08%；蒙古族20人，回族22人，彝族8人，壮族2090人，朝鲜族14人，满族43人，侗族47人，瑶族258人，土家族197人，哈萨克族5人，傣族3人，佤族1人，畲族23人，高山族3人，土族1人，仫佬族9人，京族45人，外国人加入中国籍10人。

2010年，据第六次全国人口普查统计数据显示，万宁市共有31个民族，其中汉族458018人，占总人口的83.95%；黎族75862人，占总人口的13.91%；苗族人口7190人，占总人口的1.32%；壮族2804人，瑶族472人，土家族374人，蒙古族156人，侗族120人，彝族90人，回族68人，藏族4人，维吾尔族39人，布依族35人，朝鲜族7人，满族72人，白族11人，哈尼族6人，哈萨克族35人，傣族54人，佤族11人，畲族4人，高山族13人，拉祜族3人，水族12人，东乡族2人，土族23人，仫佬族7人，布朗族23人，仡佬族4人，怒族43人，京族33人，其他未识别的民族2人。

一、汉族

汉族人口广泛分布于万宁境内。1991年，万宁地区汉族人口414777人，2000年为473997人，2010年为505976人。

二、黎族

居住在万宁境内的黎族分为杞黎、侾黎、本地黎3个支系，语言属汉藏语系壮侗语族黎语支，由于汉族、黎族、苗族等民族杂居，黎族内部自然形成不同方言群，现在大多数黎族同胞会讲海南话和普通话，黎族没有自己的文字，使用汉字，主要居住在南桥、三更罗、牛漏、北大等地。1991年，万宁地区黎族人口59333人，2000年为68412人，2010年为75862人。

三、苗族

居住在万宁境内的苗族，大部分是20世纪20年代从保亭、琼中、琼海等地迁徙到万宁，主要居住在龙滚、禄马、北大、牛漏、长丰、南桥、三更罗等地。1991年,万宁地区苗族人口5192人,2000年为6400人,2010年为7190人。

四、其他民族

万宁地区的回族是在宋元年间从印度支那半岛的占城驾船漂泊到海南的,最早迁居万城番村。壮族、土家族、蒙古族、瑶族、侗族等27个少数民族,是在1950年海南解放后从全国各地迁入的,从1991年起,有11个少数民族迁入万宁,分布在万宁市各区域。

第二节 宗教

至2010年,万宁有佛教和基督教两种宗教,信教群众12213人,分布在全市12个镇和4个国营(华侨)农场,成立有万宁市佛教协会、万宁市基督教"三自"爱国运动委员会和万宁市基督教协会。

一、佛教

佛教于唐代传入万宁,主要是汉传佛教。佛教徒多以信奉如来佛、观世音菩萨为主,最早的寺庙在东山岭。1991年,信教人数2750人。1996年,信教人数3920人。2000年,信教人数5200人。2006年,信教人数6166人。2010年,信教人数7356人。

截至2010年,经政府宗教事务部门批准设立登记的佛教活动场所主要有2处。

潮音寺 位于万宁市东山岭,是海南著名的佛教名寺之一,建筑面积818.7平方米,占地面积1884平方米。始建于宋代,前身是宋朝兴建的灵照堂。明朝永乐六年(1408年),万州百户凤翔在灵照堂的废墟上重建寺庙,更名为"海潮寺";清朝康熙八年(1669年),州游击理事夏仲英重修扩建,更名为"潮音寺"。"文化大革命"期间,潮音寺遭到破坏,文物、神像被毁。1985年3月,重新修建潮音寺,更名为"李纲祠"。1986年3月,文昌籍旅泰华人韩扬元大法师亲送释迦牟尼、观音菩萨等31尊铜铸金身铜像捐赠给潮音寺。1992年1月,泰国副僧王柏探班耶武里率领佛教朝拜团抵达潮音寺,为新建的潮音寺续赠佛像,并参加佛像开光盛典。2003年4月,潮音寺经政府宗教部门批准设立登记为宗教活动场所。至2010年,仍保持每年的元旦、除夕夜、菩萨圣诞日在潮音寺举办祈福法会、放生等活动。

广善庵 位于万宁市后安镇后安旧墟,占地面积1088.76平方米,建筑面积846.76平方米。广善庵始建于清康熙六十一年(1722年)。1950年海南解放初期,土改运动中,广善庵的四分之一房产被没收分给农民。"文化大革命"期间,广善庵的院子、园地被当地农民占用,神职人员被赶出庵,庵中财产遭受损失。1986年6月万宁县委落实宗教财产政策,将原广善庵的房屋、园地等财产退还广善庵使用。1990年广善庵重建。1997年3月广善庵经政府宗教部门批准设立登记为宗教活动场所。2010年11月被列为万宁市文物保护单位。

二、基督教

万宁基督教以整本圣经和《使徒信经》《尼西亚信经》所归纳的内容为信仰依据,并根据圣经的教导和教会的不同传统,主要实行两种圣礼,即洗礼(包括点水礼和浸礼)和圣餐礼。基督教徒多以信奉上帝、耶稣基督为主。1991年，仅在和乐镇、禄马乡、万城镇、北坡镇、龙滚镇、南桥镇、礼纪镇和新中农场有集会场所，信教人数4100人。1996年后，基督教发展较快，信教人数达4690人。2004年，政府宗教部门开始整顿基督教非法聚会场所，信教人数4980人。2010年，信教群众4857人，其中在合法场所参加活动的2510人。经认定备案的教职人员21人，其中牧师4人、长老5人、教师3人、传道员9人。

至2010年，经政府批准登记的基督教活动场所共有14处，其中，较有规模的共9处，分别为基督教勤赛堂、基督教禄马堂、基督教万州上堂、基督教番村堂、基督教北坡堂、基督教上城堂、基督教东兴堂、基督教兴隆堂、基督教合山堂。

基督教勤赛堂 1913年在和乐镇勤赛村建成，抗日战争时期教堂停止聚会。土地改革时期教堂被拆。1988年重建，建筑面积70平方米。1992年扩建，占地面积800平方米，建筑面积470平方米，参加聚会的信教群众700多人。1996年12月经政府宗教部门批准设立登记为宗教活动场所。

基督教禄马堂 1983年在北大镇禄马墟石边村建成，1990年从禄马石边村移至禄马墟。1997年扩建，占地面积1000平方米，建筑面积250平方米，参加聚会的信教群众500多人。1996年12月经政府宗教部门批准设立登记为宗教活动场所。

基督教万州堂 1915年在万城镇番村建成，土地改革时期被拆除。1978年在信众家里恢复活动。1987年在万城供电所旁设点聚会。1994年在万城镇红专西街建起教堂，命名为“万州堂”，占地面积291.6平方米，建筑面积220.4平方米，参加聚会的信教群众50人。1996年12月经政府宗教部门批准设立登记为宗教活动场所。1997年11月分为万州上堂和万州下堂进行聚会，万州下堂随后改为基督教番村堂。

基督教番村堂 1997年11月从万州堂分出，原为基督教万州下堂，2002年迁移回万城镇番村设立，2003年5月建成教堂，占地面积700平方米，建筑面积60平方米，参加聚会的信教群众70多人。2004年3月经政府宗教部门批准设立登记为宗教活动场所。

基督教北坡堂 1927年在原北坡镇旧墟设立聚会场所，“文化大革命”时期被学校占用，20世纪80年代在北坡岭东村建成教堂，占地面积230平方米，建筑面积180平方米，参加聚会的信教群众300多人。2002年7月经政府宗教部门批准设立登记为宗教活动场所。

基督教上城堂 1982年在龙滚镇上城村委会红寨村设点集会，1997年建成教堂，占地面积430平方米，建筑面积100平方米，参加聚会的信教群众70多人。1996年12月经政府宗教部门批准设立登记为宗教活动场所。

基督教东兴堂 2004年在东兴农场橡胶厂旁设立聚会场所，2007年在东兴墟建成教堂，占地面积800平方米，建筑面积260平方米，参加聚会的信教群众80多人。2008年3月经政府宗教部门批准设立登记为宗教活动场所。

基督教兴隆堂 1997年在兴隆华侨农场兴小路设立聚会场所。2006年建成教堂，占地面积760平方米，建筑面积460平方米，参加聚会的信教群众70多人。2008年3月经政府宗教部门批准设立登记为宗教活动场所。

基督教合山堂 1993年3月在礼纪镇合兴村设点聚会，2007年4月建起教堂，占地面积320平方米，建筑面积160平方米，参加聚会的信教群众80多人。2008年3月经政府宗教部门批准设立登记为宗教活动场所。

第三章 民俗

第一节 衣食住行

一、服饰

万宁人重饮食而疏于服饰。进入20世纪90年代,万宁人逐渐改变这种生活观念,在注重饮食的同时,越来越讲究穿衣打扮。平时里再看不到人们穿着打补丁的衣服,人们对衣服的需求,不仅数量上有所增加,质量上也有新提高。20世纪90年代前,购买衣服主要考虑价格因素,很少考虑是否美观合体,更不会考虑品牌;90年代后,价格已经不是人们购买服饰时考虑的主要因素,更多在意是否美观、舒适、时尚,不少人还注重品牌,品牌意识越来越强。90年代前,服饰样式简单,颜色灰暗,家里衣服也有限;90年代后,衣服的款式、色彩、款型越来越多,可以满足不同年龄段人群的需要,中老年人也喜欢穿颜色亮丽、时尚多彩的衣服,人们买衣服的数量也在增多,由“一季多衣”取代了过去的“一衣多季”。过去流行的绿色军布鞋、胶鞋被各式各样的皮鞋、高跟鞋、运动鞋、休闲鞋所取代。人们的衣着、服饰日趋时尚、个性、多元。

黎族、苗族同胞,平时已很少穿本民族的传统服饰,只有在“三月三”等民族节日或重大庆典活动时才穿民族服装,平时穿汉族的服饰,追求时尚、靓丽。

二、饮食

20世纪90年代以后,随着经济的增长,万宁百姓的饮食习惯也发生很大的变化,由吃饱转向了吃好。90年代前,70%以上的人们还在考虑温饱的问题,只要顿顿能吃饱就知足了,很少有人考虑食物的口味、营养、卫生问题;90年代以后,越来越多的人关注食物的口味、卫生和营养,不但要吃好,还要吃出健康。人们对食量也有所控制,不再追求胡吃海喝,而是开始关注健康饮食,讲究营养均衡、饮食适量。过去很多人家为了节省,自己种菜吃,很少进市场买菜,家里养的鸡鸭也舍不得杀,大多留到逢年过节待客时杀;90年代以后,种菜的人少了,鸡鸭也少养了,想吃什么就去农贸市场买。农贸市场里,蔬菜和畜禽品种丰富。

万宁人的主食是大米饭，每日三餐，或稀或干，随个人喜好而定。一般早、中餐，万宁人多喜吃稀饭，特别是加一些番薯，煮成番薯稀饭，更是万宁人喜欢吃的中餐。日常佐餐菜肴，乡下农户以家种蔬菜为主，鱼类次之。鱼多置于小瓦煲加少许清水煮，万宁人称："人参燕窝，不如鲜鱼汤。"逢鱼菜淡季，菜肴则多为咸鱼、萝卜干等。20世纪90年代，物资逐渐丰富起来，人们的饮食水平不断提高，花样也不断翻新，万宁人在饮食上讲究原汁原味。鱼以海鱼为主，以清水煮汤，加盐少许，清甜可口；鸡、鸭、鹅等肉类，也多白斩，喜蘸蘸料，其料为蒜泥辣椒拌以生酱鲜橘汁。万宁有不少特色美食，海南四大名菜中的万宁东山羊与和乐蟹、港北对虾、后安鲻鱼被称为"万宁四珍"。还有后安粉、和乐粽、猪肠粑、南瓜饼、东山烙饼、九层糕、东南亚特色小吃等特色小吃，名扬四海。

万宁酒民，喜喝自家或邻人酿制的米酒。改革开放后，随着生活水平的提高，各种名酒占领市场，本地自酿的米酒只是一些乡村好酒之人自酿自饮，市面上就很少见到了。20世纪80年代后，饮茶风气兴起，茶坊文化盛行，年轻人多喜到茶坊，三五成群，饮茶议事，年老的，则集中在老爸茶楼，谈古论今，怡然自得。村汉喜抽竹筒水烟，"咕噜咕噜"大口吸入，"呵呵"喷出，煞是得意。万宁人嗜嚼槟榔，拌以石灰蒌叶八角，别添一番风味。

进入21世纪后，人们不再为吃饭问题发愁。粤菜、潮菜、川菜、鲁菜传入，万宁人饮食渐求精美，山珍海味，成为时尚，高级饮料烟酒遍及城乡。

三、住宅

以前，万宁人多住土木结构的砖墙瓦顶屋，一般为一厅二厢，庭院两侧建造小屋为厨房柴房，呈四合院格式。盖房前请地理先生"看风水"，定座向，择吉日破土动工，升梁盖顶。大户人家，于客厅两壁，各竖大柱5根，每壁柱间厚板相连成板墙，两壁间椽条相系，神龛横木相牵，纵刮12级台风，也难倒塌瘫地，人称此屋为"十柱屋"。平常的房屋多一厅二厢。龙滚地区，一厢为一房，其他地区为二房。另于庭院两侧建造小屋而为厨房柴房，再筑起围墙大门，呈四合院格式。富裕人家，单家独院，居宇宽敞；贫穷人家，三代同堂，兄弟合院，妯娌共檐，禽畜相杂，异常狭挤。滨海渔村，多用礁石杂以碎瓦片和贝壳加石灰垒叠成墙，屋低矮而暗淡，更显陋拙简朴。

20世纪80年代以后，城乡改建或新建房屋较多，且多抹铺水泥地板，宽敞明亮。农村渐见钢筋水泥混凝结构的平顶屋。有的富裕农民或海外港澳台同胞之亲属还于乡间建起二三层高的楼房，设计美观，装潢华丽，前庭花草，后院果木，景致清幽。

1988年2月25日，国务院发布了《关于城镇分期分批推进住房制度改革的实施方案》，拉开中国住房体制改革的序幕。20世纪90年代初期，万宁开始"三个一点"（财政出一点、单位出一点、个人出一点）集资建房，大多为七层以下的楼房。此后，住房逐渐推向市场。1998年后，建立住房保障制度，经济开始快速发展，房屋样式也发生新的变化，高层建筑拔地而起，小区花园化，人居环境越来越舒适，花园洋房、独栋别墅，越来越多的建筑形式被挖掘，住房现代化程度越来越高。至2010年，过去的砖瓦房，在城镇已经不多，取而代之的是十层以上的中高层建筑。

农村的住宅还有不少四合院式的砖瓦房，进入21世纪后，农村新建住宅大多是钢筋水泥结构的平顶屋式小洋楼，不但美观，而且防风抗风能力也更强。至2010年，万宁乡村新建了不少小洋楼，农村的住宅条件也大为改善，那种几代同堂挤在一间老屋的情况已经很少。

山区少数民族地区，过去大多住的是草房，自90年代中期开始，政府开始实行少数民族地区茅草房改造工程。到2000年，万宁市的少数民族地区完成了茅草房改造。进入21世纪后，随着山区经济的发展，不少黎、苗族同胞发家致富后，也修建钢筋水泥结构的平房式小楼房。至2010年，山区少数民族地区的黎苗族同胞都住上砖瓦房或钢筋水泥结构的平房；条件好的，还建起楼房。

四、行旅

改革开放以后，个体运输开禁，长短途大中型客车到处都是，日夜行驶，乘坐方便。进入20世纪90年代，城乡居民多以摩托车代步，农用三轮摩托车（俗称“三脚猫”）载客，农民进城，基本上不再步行。高速公路缩短了到海口的路程，小轿车1小时30分可走完全程。进入21世纪，私家车逐年增多，不少人以轿车代步。城乡交通四通八达，乡村道路基本硬化，有专线长途客车直达海口、三亚等市县和广州、汕头、福州等地。2010年高铁开通后，人们的出行更加便利。人们渐喜外出旅游。有些人还到国外观光，足迹遍及亚欧美澳。

第二节 婚育寿丧

一、结婚

万宁地区的婚俗与海南其他地方大体相同。旧时有“定亲”的习俗，即由双方家长指定婚配对象，甚至有些是指腹为婚。新中国成立后，这种婚配习俗随着《婚姻法》的实施已废除。现在的青年男女，都是自由恋爱结婚。男女双方经过了解确定关系后，一起到民政部门登记领取结婚证，便是合法夫妻了。登记后，一般都要举行婚礼。婚礼前，男方家长先请算命先生根据男女双方的生辰八字择定结婚吉日，托媒人通报女方，同时送去聘金和聘礼，聘礼多为槟榔、糖果等，俗称“送油”。结婚这天，男女双方都摆酒设宴，宴请亲朋好友，亲友一般都随礼包“红包”，以示祝贺。旧时娶亲，有坐花轿、奏“八音”（民间乐队）的习俗，而现在已不多见，现在娶亲，一般是由名牌轿车组成的车队，前往女家娶亲。新娘娶回后，拜堂成亲，一对新人，便走进婚姻的殿堂。婚后第三天，新娘按习俗由新娘的亲弟领回娘家，俗称“回门”，至此，婚礼的仪式便全部完成。

女方嫁女时，一般都置办一定数量的嫁妆，嫁妆的多寡，视女方的家庭经济状况而定，一般都赠送一定数量的金银首饰作为嫁妆，家庭富裕的还赠送房产和轿车。

二、生育

中华人民共和国成立前，村妇生育，多由乡间接生婆接生，如头胎生下男孩，便在家中神龛上燃香点烛，敬告祖先，祈求保佑，并派人到产妇娘家报喜。同时在大门和产妇卧房门边悬吊野芋辟邪，禁止外人随便入屋，禁止周围喧哗吵闹，以免“冲犯”婴儿。5天后开“禁”。满12天，娘家女亲戚结伴备礼前来祝贺。满月时宴请亲戚朋友，赴宴者或馈赠礼品或送上礼金。中华人民共和国成立后，城乡逐渐建起卫生院，产妇多到卫生院妇科产房分娩，生育安全得到保证。

三、寿诞

万宁人敬老爱幼。做父母的，对年幼的孩子，从满周岁起，总会为其贺生日，给孩子吃染红的鸭蛋，以表贺意。男孩周岁生日最为隆重，父母多为其摆酒请客。客人赴宴要送礼物或礼金。有些地区还有孩子周岁“抓周”的习俗，将笔墨、书本、算盘、剪刀等物放置草席上，由婴儿拣拾，以其先拿之物为将来事业之象征。20世纪80年代以后，城镇效仿西方习俗，定制大蛋糕，于其上点燃生日彩烛，并购备糖饼水果饮料，请来孩子的朋友们开生日茶会，有的还开生日歌舞会。

父母年届花甲后，儿女们也为之祝贺诞辰。中华人民共和国成立前，贫穷人家只点红烛，吃红鸭蛋，以示祝贺。富裕人家，大摆酒席，宴请亲朋好友、族中伯叔兄弟。官宦豪门，除了摆酒请客外，还请文人作寿序，写寿联；亲友还敬送寿联寿匾。新中国成立后，给父母贺寿渐少，至20世纪80年代，又普遍复兴。赴寿宴者，或送寿匾鞭炮，或送美酒佳酿。

四、丧葬

万宁人注重丧葬礼仪，因而丧礼也较烦琐。

人死后，由死者家属为死者清洗尸体，换上白色寿服寿鞋寿帽，仰面安卧在厅堂的一张专供族人亡故时使用的寿凳上，再以白布覆盖。后用一小帽白布，写上“告父终”或“告母终”，挂在大门外以为讣告，并请邻人四出通报在外地的亲属和亲戚。午前逝者，同天入殓；午后亡者，次日入棺。棺前设纸工扎制的灵台，供吊唁者焚香跪拜。子女媳妇男左女右于柩旁日夜守灵。亲房眷属帮忙料理丧事。来吊唁者，或赠赙金，或送挽幛悬挂于室内外。来吊唁的男人，由死者一男性亲属陪同于灵台前焚香叩拜；女人则由死者女儿或媳妇陪同于棺旁哭泣。灵柩一般放置3至7天才出殡，富裕人家请道士设坛念经，演唱超度亡魂的戏，围观者众，既悲哀且热闹。出殡时，道士们奏着哀乐开道，童子扛着挽幛随后，接着是8名壮汉抬扛的棺柩。死者子女媳妇披麻戴孝穿草鞋扶棺哀号而行，儿子还需执幡棍捧神牌。送葬的亲戚朋友，男的颈上系白巾，女的头上披白布，跟在棺柩后面徐行。一路上哀乐长鸣，哭声悲怆，纸烟缕缕，爆竹声声。路人驻足观望，目送其往。到了墓地，按选好的时辰下棺于事先挖好的墓穴，子女用衣角裹包一撮土跪撒棺上，然后盖土埋棺。埋好后，子女媳妇换去丧服，其他送葬者也扔掉白布巾，大家都用手沾些事前备好的浸泡柚叶的水抹净双眼才离去。以后，按死者亡日算起，每隔7日祭祀1次，谓之“做七”。如“七”期遇上农历初七、十七和廿七为忌日，不能奠祭。此外，亡故满百日、周年、三年，都要祭祀。在外死亡者，遗体不能进村，只能放置村外入殓，搭棚安灵行祭。埋葬后，还需于适当时间请道士摇幡招魂。

中华人民共和国成立后，丧葬习俗略有改变。有些干部职工逝世，开个追悼会，死者同事好友参加，领导致辞，略述死者生平及贡献，大家鞠躬送别死者，但殓棺土葬之风未移。20世纪80年代以后，葬礼更讲排场，一些富家大户的父母逝世，丧礼极尽哀荣，送葬队伍车水马龙。

第三节 节日

一、春节

与全国各地一样，万宁人也视春节为一年最盛大的节日。腊月中旬，农事闲，家家户户便忙着置备过年用的物品，舂白米，磨米粉，笼鸡鸭，备干柴，裁新衣，买新帽，添新家具，置新器具等。农历廿三日晚上“送灶神”，以后是大洗涤，大扫除，制年糕等。除夕前一日，杀猪买肉，腌咸备用，并准备“除岁饭”用的蔬菜。除夕日，杀鸡祭祖先，贴春联春符。黄昏时分，换穿新衣服。小孩串门燃鞭炮嬉戏。入夜灯光通宵达旦。到了换岁时辰，全家人围聚点燃鞭炮，幼辈给长辈拜年，长辈给幼辈红包，然后全家团坐吃“岁饭”。“岁饭”为素食。菜色必具芹菜（以“芹”与“勤”谐音，寓意勤奋向上，积极进取）、蕹菜（表示健康长寿，胡白须长如蕹菜之根）、茄子（“茄”之琼音与“胜过”之琼语谐音，寓意出人头地）、生姜（喻其日子过得热烘烘、火辣辣）等。初一日，也多素餐。是日，宗族邻里互相串门拜年，喝茶吸烟嚼槟榔吃糖饼，说吉利话。次日开始外出给亲戚朋友拜年。一直延续至元宵的第二天。

1950年海南解放后，春节期间增加了拥军拥政爱民、慰问军烈属与开展文娱体育等活动。20世纪80年代以后，春节年味逐年加浓。一进入腊月，大街小巷，铺天盖地都是年货。品类齐全，令人目不暇接。购货人流，摩肩接踵，熙熙攘攘，热闹非凡。春节前后物价上涨，人们亦不在乎，都在疯狂购物，似乎一年的辛劳攒积，都是为了春节这一天。春节期间，除了政府有关部门组织的文体活动外，还有民间的游龙舞狮球赛，锣鼓喧天，鞭炮震耳；搓麻将，玩骨牌，进游戏中心，入影宫舞厅茶坊，人们彻底放松休闲，尽情玩乐。

二、元宵节

每年农历元月十五日，俗称“过小年”。万宁历来有闹元宵的习俗，此日东山岭庙宇极为热闹，善男信女们纷纷扛提着彩纸竹篾苇秆制的彩灯，带上鞭炮香烟和祭品敬献菩萨佛祖。有些巨型彩灯直径达数尺，上下内外划分多种层次，饰以各类宫殿屋宇、奇花异卉、珍禽猛兽、神仙人物，栩栩如生，绚丽多姿，璀璨夺目。保定村的佛公岭也有此盛况，但规模不如东山岭。

1985年和1988年元宵节，县城举行游灯盛会。同日，整个县城被金碧辉煌的彩门、箔金高悬的大红灯笼、红绸金字的巨幅对联标语、五彩纷呈的彩旗彩带彩灯打扮得溢彩流金。晚上，万家灯光，火树银花，闪烁耀眼；震耳欲聋的鞭炮声、锣鼓声、高音喇叭播送的音乐声，灌耳无绝。彩灯彩车队，舞龙戏狮队，高跷舞蹈队，载歌载舞，鱼贯徐行。人们都沉浸在欢乐氛围中，欢呼喝彩，喜庆空前。

三、三月三

农历三月初三日，是黎、苗族的传统节日。

相传很早以前，昌江与东方两县接壤处有座燕窝岭，岭上有间巨大的船形石屋，有位漂亮的黎族姑娘仙逝于屋，变为一尊石观音。次年三月初三日，一群黎苗族青年男女到山上游玩，入屋避雨，訇然石门紧闭，他们为观音娘娘所收留。后来为了纪念他们，黎族、苗族便以此日为重大节日加以庆祝。万宁的三更罗、南桥、牛漏、北大、禄马等少数民族聚居的地区，也视此为重大节日。

节日这天，黎村苗寨的青年男女，经过精心打扮后，分别集中到约定的旷野荒坡，齐跳欢乐的民族舞蹈，对唱撩人的情歌，寻觅意中情侣，然后双双遁入附近丛林，亲亲热热，甜甜蜜蜜。新中国成立以后，在政府有关部门的组织和指导下，这些少数民族聚居的地区每年都举行庆祝"三月三"的大型文体活动。

四、清明节

和全国各地一样，清明节万宁人有扫墓祭祖的习俗。这天去扫祭坟墓的，要带上锄头镰刀粪箕和鞭炮香烛纸钱纸幡，锄净坟墓周围杂草，劈除遮掩坟头的灌木枝丫，培高墓墩，并于其顶端覆盖两块尖端相向的圆棱台形草皮，再于草皮上插系着纸幡的树椏竹枝。然后焚香点烛、烧纸钱叩拜，燃放鞭炮后离去。到远地扫墓或阖族扫祭祖坟，多带上丰盛的祭品，如酒饭鸡鹅猪肉以至猪头肥羊，祭祀完，扫墓者便席地围坐吃用祭品，并布施给来观看的孩童。

中华人民共和国成立以后，增加了中小学校组织学生到烈士墓陵敬献花圈的悼念活动。20世纪80年代以后，人们倍加重视扫祭坟墓活动。在外地工作谋生的人，届时也多归里扫祭。

五、端午节

过端午节，万宁人普遍包粽子吃。其他活动随地区不同而异，或用野菠萝花和百日大红花浸水洗脸，驱邪去暑，或以雄黄调酒滴耳，或到河里洗"龙水"浴，或赛龙舟，或放巨型风筝。

六、中元节

俗称"鬼节"。大多数乡村家家户户都购买一定数量的香烛、箔银元宝、草纸、纸币、纸张(以为鬼魂之衣着布料)等，于黄昏祭祀先人时，摊派分烧给他们。晚上在屋外墙脚和路边，遍插香烛，施舍给孤鬼冤魂。有些地区，还将香烛点燃插在柚果上，再插上一根竹棍木棒，让孩子们举着相约列队游行，俗称"游灯柚"。还放系上鞭炮的"文灯"，半空飘荡，"噼噼啪啪"，驱魔逐鬼。

七、军坡节

何日闹军坡，各地情况不同。有些一年一次，有些一年两次；有些一次2或3天。例如礼纪墟为农历六月十五日，龙滚墟为农历六月廿一日，北坡墟为农历十月初十、十一、十二3天，乐来墟为农历二月十一日和六月十一日，后安墟农历六月十六和十月十六日。届时小商贩集拢到墟上摆摊设点，出售饮食、衣物、日用百货等物品，特别是儿童玩的各种哨子，有陶制的，有铁皮制的，还有竹管制的，哨声"唧唧"，犹如鸟鸣，故俗称"鸟呷(哨)"。有些军坡，还抬神出游，请琼剧团演戏，军坡的墟镇或村庄,家家户户准备好酒好菜,接待逛军坡的亲朋好友。

八、中秋节

万宁人以往过中秋节不太隆重,一般到中秋节给孩子们吃些中秋月饼或中秋糕点便可以了。20世纪80年代以后,人们生活水平逐年提高,中秋节作为传统的团圆节,为万宁人所重视。特别是进入21世纪以后,每到中秋节,家家户户都要购置月饼,杀鸡宰鹅,晚上吃月饼赏月,全家团圆,其乐融融。

第四节 称谓

一、亲属称呼

对曾祖父母分别称为“公太”和“婆太”或“太”。对祖父母分别称“阿公”和“阿婆”或“阿嬷”。对父母分别称为“阿父”或“阿爸”和“阿母”或“阿妈”或“姐”。有些地区,因生育不利、难于抚养的子女,也有称父母分别为“爹”或“叔”或“哥”和“姩”或“婶”或“嫂”。对继父母多分别称为“叔”和“娘”。对伯父母分别称为“阿爹”或“伯爹”和“阿姩”或“伯姩”。对叔父母分别称为“阿叔”和“阿婶”。对父母之姊,不分姑姨统称为“姆姩”。对外祖父母分别称为“外家公”和“外家嬷”。称舅母为“妗姩”或“妗娘”。称舅为“舅爹”或“阿舅”。

长辈对幼辈多直呼其名,也有爱称为“阿侬”。对媳妇,以前一般在“娘”字前冠以娘家所在村庄或街坊名称,如北坡娘”“上村娘”“南门娘”等等。新中国成立以后改呼其名。

龙滚地区对亲属的称谓,有别于县内各地而与邻县琼海相同。

二、一般社交称呼

一般社交按性别和年龄,分别泛称为“阿公”“阿婆”“伯爹”“阿叔”“阿婶”“阿哥”“阿姊”“阿弟”“阿妹”等。

20世纪50年代以后,与全国各地一样,统一以“同志”相称。同事之间,对上级于姓氏后加官职,如“刘书记”“吴局长”等;对同级或下级,于对方姓氏前按年龄大小分别加上个“老”字和“小”字,如“老王”“老张”“小李”“小陈”等。

第四章 语 言

万宁通用方言是海南话。但是，万宁话又同海口、琼山、文昌、琼海、陵水等地方言有些差异。由于龙滚镇一带讲的基本上是琼海方言，本志所指万宁话不包括龙滚方言。这里分别从语音、语汇和语法三个方面记述万宁话的特点以及县内各地方音的差异。

第一节 语 音

一、声母（19个，含零声母）

1. b波 b无 p坡 m看 t装 d刀 d浊 n挪 1罗 k哥 g饿 x汤 η俄 ts支 tθ生 s司 z余 O阿 h号

说明：1.b、d是带喉塞音的浊塞音，发音时略带吸气作用。

2. h是喉壁音，在i前腭化，接近j；在u前唇化，接近w。

3. tθ是齿间塞擦音。

二、韵母（47个）

1. 单韵母（5个）

a亚 o荷 e下 i医 u乌

2. 复韵母（11个）

ai哀 au黑 oi鞋 ia也 io腰 ua换 ue话 ui威 iu又 iau妖 uai（坏）

3. 鼻韵母（11个）

an安 en盐 in音 uan弯 un温 aη红 oη翁 eη英 iaη央 ioη凶凶 uaη汪

4. 入声韵母（20个）

at抑 it乙 ut核 uat挖 ak（鹤）ek益 ok握 iak（菊）iok约 a鸭 o学 e扼 i亿 u（秃）oi（雪）ia（迹）io药 ua活 ue划 iau（跃）

三、声调(8个)

表3-9

调号	1	2	3	4	5	6	7	8
调类	阴平	阳平	上声	阴去	阳去	混合去声	阴入	阳入
调值	33	22	21	13	42	51	41	21
例字	诗	时	死	四	是	视	失	实

第二节 语汇

一、常见用语

万宁话中的常见词语,同普通话差异较大(括号中为普通话):

日头 zit xau(太阳)

月娘 gue nio(月亮)

裤仔 xau kia(裤衩)

酒樽 tsiu tun(酒瓶)

鱼咸 hu ken(咸鱼)

饭粥 mue tok(稀饭)

印花 in hue(邮票)

咸腊 ken la(肥皂)

芳腊 paŋ la(香皂)

新官 tin kua(新郎)

乜乜 mi mi(什么东西)

行路 kia lau(走路)

食烟 tsia in(抽烟)

食酒 tsia tsiu(喝酒)

食水 tsia tui(喝水)

走棋 tau ki(下棋)

做雨to hau(下雨)

去市xu si(上街)

二、量词

万宁话很多量词都用“个[kai]、下[e]表示:一个牛(一头牛)一个蛇(一条蛇)一个手表(一只手表)一个镜(一面镜子)来一下(来一趟)练一下(练一次)头一下(头一回)喊一下(叫一声)坐一下(坐一会儿)

三、亲属称谓(后面括号中为普通话)

公koη,koη[阿公](祖父)

妈ma[阿妈](祖母)

父be[爹de兄hial哥ko叔su](父亲、爸爸)

母mai[娘nio、嫂to、姐tse、婶sin](母亲、妈妈)

伯爹be de[阿爹](伯父)

伯奸be nin[阿奸](伯母)

叔su[阿叔](叔叔)

婶sin[阿婶](婶母)

兄ial哥ko[阿兄、阿哥](哥哥)

嫂to[阿嫂、大嫂](嫂嫂)

弟di[阿弟、老弟]

姊tsi[姐、阿姐、大姊]

大姊哥 dua tsi ko[哥](姐夫)

妹mue[阿妹、姑母](妹妹)

丈dio[姑丈](妹夫)

第三节 语 法

你行过前。(你先走。)

你要去看电影不?(你要去看电影吗?)

我住两个月在农村。(我在农村住了两个月。)

把那本书来分我。(给我把那本书拿来。)

他无一分钱。(他一分钱都没有。)

他有百三银。(他有一百三十块钱。)

现在是四点九个字。(现在是四点四十五分。)

第三节 标音举例

一ziak 二no 三ta 四ti 五ηau 六Iak 七it 八boi 九kau 十tat
百be 千sai 万ban 刀do 尺sio 天xi 地di 日zit 月gue 云hun 雨hau
雷lui 电din 树siu 木mok 古u 柴sa 盐en 糖xO 酒tsiu 醋sau 酱tsio
米bi 稻diu5 谷siak 麦be 水tui 大dual 小de 高kua 矮oi 肥bui2 瘦tan
长do 短de 真tsin 假ke 好ho2 坏huai 寒kua2 冷le 山tua 岭nial
森sin 林lin 河ho 溪xoi 湖hu 海hai3 鬼kui 筷du 碗ua 盘bua
锅dia 灶tau 桶xaη 勺sia 斤kin 两lio 升tsin 斗dau 丈do 尺sio
寸sun 元zuan 角kak 分hun 东daη 西tai 南nan 北bak 左to
右ziu 上tsio 下e 中toη 外gua 里lai 前tai 后au 睡xOi 醒se
卧ai[ηo] 啼xi 笑sio 出sut 入zit 行kia 走tau 来lai 去xu 站[tsan]xia
坐tse 犁loi 耙be 锄xu 桌do 椅i 凳din 床so 被pue 衣ta 裤xau
帽mau 笠loi 鞋oi 袜bat 车sia 船tun 路lao 街koi 市si 买boi 卖boi
纸tua 笔bit 墨bak 瓜kue 菜sai 茶de 果kue 革ke 开xui 放Baη

第四节 市(县)内方言差异

市(县)内各地说的都是海南话,但地区不同,在语音方面略有差异。

(一)万城、北坡、东澳等地区,前鼻音韵母(—n)和后鼻音韵母(—η)混淆不清,多数人是发后鼻韵母。例如,“关”“光”不分,“弯”“汪”不分,“翁”“温”不分。

(二)万城人把“en”“ " eng”都混为 " in”。例如:阉en念“in”“砧”den念din。

(三)不同地区,使用语气词也有不同。例如:万城地区人说话常带“de”,后安和乐地区人说话常带“nu”,乐群、港北人说话常带有“le”和“ buai”。

(四)禄马乡的山牛田和石头寮的苗族同胞,同汉人说话就用海南话,若是他们谈话则说苗话。三更罗、南桥、牛漏地区的黎族同胞,在他们之间,也有说黎话。

第五章 居民生活

第一节 城乡居民收入

1991—1999年，万宁农村居民家庭收入来源主要是第一产业收入，大部分为现金收入；城镇居民家庭收入来源主要为工资性收入。其中1991年，农民人均收入885元，职工年均工资2091元；至1999年底，农民人均收入2774元，职工年均工资5461元。

2000—2005年，农村居民家庭收入来源以第一产业收入为主，务工及工资性收入比例逐年上升；职工年平均工资提升最快，城镇居民年人均可支配收入次之，农村年均收入增长较慢；2005年底，农村年均收入3331元，城镇居民年人均可支配收入6133元，职工年平均工资12368元；家庭经营收入3213.25元，其中第一产业收入2724.75元；城镇居民家庭人均收入来源工资性依然占主要比例，养老金或离退休金收入逐年增加；工资及补贴收入3598元，养老金或离退休金323元。

2006—2010年，城乡收入差距开始拉大；同时，农村居民家庭各个收入来源呈现均衡发展趋势，务工及工资性收入快速提升。至2010年底，农村年均收入5813元，城镇居民年人均可支配收入14830元，比农村年均收入多9017元；职工年平均工资30977元，比农村年均收入多25164元；同年，农村居民家庭务工及工资性收入为1569.6元；城镇居民家庭人均收入构成未有太大变化。

2005—2010年万宁市城镇居民家庭人均收入及构成一览表

表3-10 单位:元

项目	2005	2006	2007	2008	2009	2010
家庭总收入	6368.46	8251.36	9698.8	11285.69	13005.98	16048.04
工资性收入	4087.22	4550.37	4889.19	5538.84	5573.13	6921.91
工资及补贴收入	3598.37	4195.83	4478.69	5180.22	5344.67	6318.96
其他劳动收入	488.85	354.54	410.5	358.61	228.46	602.95
经营净收入	1619.62	2839.39	3766.06	4006.52	4769.64	5207.06
财产性收入	96.37	274.56	185.19	45.02	545.21	662.2
利息收入	33.19	—	9.15	—	1.31	—
股息与红利收入	—	—	—	—		—
其他投资收入	63.09	274.56	130.75	—	161.98	27.35
出租房屋收入	—	—	45.28	45.02	296.94	247.89
其他财产性收入	0.08	—	—	—	84.99	386.95
转移性收入	545.25	587.05	858.36	1695.31	2117.99	3256.87
养老金或离退休金	323.31	349.55	475.5	1449.38	1661.53	2497.51
社会救济收入	21.58	22.22	—	124.34	23.45	2.91
保险收入	2.69	3.33	—	2.09	—	—
赡养收入	64.02	72.45	38.35	24.23	7.54	24.39
捐赠收入	3.7	6.02	—	0.88	196.57	—
提取住房公积金	—	—	—	—	—	—
记账补贴	83.19	83.47	84.87	70.97	79.72	80.96
其他转移性收入	—	—	217.45	23.41	149.17	651.1
工资性收入	64.38	55.15	50.41	49.08	42.85	43.13
经营净收入	25.51	34.41	38.83	35.5	36.67	32.45
财产性收入	1.52	3.33	1.91	0.4	4.19	4.13
转移性收入	8.59	7.11	8.9	15.02	16.28	20.29

2005—2010年万宁市农村居民家庭人均收入及构成一览表

表3-11　　单位:元

项目	2005	2006	2007	2008	2009	2010
全年人均总收入	4191.41	5014.82	5486.24	6404	6959.17	7973.63
家庭经营收入	3213.25	3824.4	4188.39	4752	5104.04	5985
第一产业收入	2724.75	3241.24	3483.66	4033	4462.61	5274.72
第二产业收入	63.02	60.07	102.17	99	124.5	182.2
第三产业收入	425.48	523.09	602.56	621	516.93	528.08
务工及工资性收入	855.8	906.48	1086	1384	1426.35	1569.6
转移性收入	122.36	283.94	186.29	224	395.56	318.59
财产性收入	—	—	25.56	44	33.22	100.44
家庭经营收入	76.66	76.26	76.34	74.2	73.34	75.06
第一产业收入	65.01	64.63	63.5	62.98	64.13	66.15
第二产业收入	1.5	1.2	1.86	1.55	1.79	2.29
第三产业收入	10.15	10.43	10.98	9.7	7.43	6.62
务工及工资性收入	20.42	18.08	19.79	21.61	20.5	19.68
转移性收入	2.92	5.66	3.4	3.5	5.68	4
财产性收入	—	—	0.47	0.69	0.48	1.26

2005—2010年万宁市城乡居民储蓄存款余额(含农垦)一览表

表3-12　　单位:元

年份	城乡居民储蓄存款	区域		城乡居民储蓄存款人均余额
		城镇	农村	
1991	30127	23486	6641	611
1992	40336	31620	8716	818
1993	63565	49341	14224	1289
1994	83269	64685	18584	1689
1995	87928	67719	20209	1784
1996	99711	77526	22185	2023
1997	136320	112129	24191	2765
1998	149716	123416	26300	3037
1999	160206	131906	28300	3250
2000	162341	132669	29672	3293
2001	168125	138614	29511	3410
2002	185231	148804	36427	3757
2003	203094	163028	40066	4120
2004	223806	181291	42515	4540
2005	245510	201258	44252	4980
2006	289094	237512	51582	5864
2007	320429	258548	61881	6500
2008	376263	305809	70454	7632
2009	463855	375369	88486	9409
2010	593114	504628	88486	12030

第二节 城乡居民消费

1991—2000年，城乡居民家庭人均消费性支出主要用于食品消费。2001—2005年，随着消费水平的提高，城镇居民家庭人均消费中教育文化娱乐服务的支出比例增大，其中2005年，教育文化娱乐服务支出占总消费的2.42%，食品支出仍占主导地位；农村居民生活消费支出较高，占总消费的73.97%。至2010年，城乡消费构成逐渐接近，但消费比例仍出现较大差异，城镇居民食品消费比例占总消费支出的55.68%，衣着占6.34%，家庭设备用品及服务占9.26%，医疗保健占3.28%，交通与通信占7.66%，教育文化娱乐服务占8.12%，居住占7.39%，杂项商品与服务占2.29%；农村居民消费支出中，家庭经营费用占总消费的30.91%，税金占0.09%，生活消费支出占66.45%，食品占36.90%，衣着占2.65%，居住占7.67%，医疗保健占3.70%，家庭设备用品及服务占2.57%，文教娱乐用品及服务占4.46%，交通通信占4.99%，其他商品及服务占3.49%。

2005—2010年万宁城镇居民家庭人均消费支出及构成一览表

表3-13　　单位：元

项目	2005	2006	2007	2008	2009	2010
消费性支出	4000.62	4491.1	5294.96	5646.82	6459.88	10213.7
食品	2398.56	2516.21	2967.87	3246.12	3434.26	5686.79
衣着	250.71	232.73	333.87	317.06	477.36	647.14
家庭设备用品及服务	315.82	433.87	431.36	497.69	542.87	945.39
日用耐用消费品	11.4	17.25	47.41	60.32	164.65	25.75
医疗保健	126.38	132.67	342.07	174.08	413.11	334.84
交通与通讯	358.55	445.95	443.91	516.22	533.78	782.4
教育文化娱乐服务	96.84	182.41	184.74	389.54	514.94	829.19
文化娱乐用品	15.46	32.01	18.01	69.17	107.6	145.67
文化娱乐服务	1.85	0.28	4.69	29.92	97.17	213.18
教育	79.54	150.12	162.03	290.46	310.17	470.34

续表3-13

项目	2005	2006	2007	2008	2009	2010
居住	435.12	541.69	587.67	491.45	510.41	754.37
杂项商品与服务	18.64	5.56	3.49	14.64	33.14	233.58
食品	59.95	56.03	56.05	57.49	53.16	55.68
衣着	6.27	5.18	6.31	5.61	7.39	6.34
家庭设备用品及服务	7.89	9.66	8.15	8.81	8.4	9.26
医疗保健	3.16	2.95	6.46	3.08	6.4	3.28
交通与通信	8.96	9.93	8.38	9.14	8.26	7.66
教育文化娱乐服务	2.42	4.06	3.49	6.9	7.97	8.12
居住	10.88	12.06	11.1	8.7	7.9	7.39
杂项商品与服务	0.47	0.12	0.07	0.26	0.51	2.29

2005—2010年万宁市农村居民家庭人均支出及构成一览表

表3-14　　　　单位:元

项目	2005	2006	2007	2008	2009	2010
全年人均总支出	3356.55	3822.12	3897.9	4303	4588.2	5524.42
家庭经营费用	742.53	1155.44	1171.62	1398	1539.38	1707.75
税金	2.76	0.61	1.13	0.42	2.43	5.1
生活消费支出	2482.86	2503.51	2625.89	2824	2974.01	3670.81
食品	1452.06	1339.54	1534.7	1771	1660	2038.59
衣着	77.26	70.24	82.47	94	95.19	146.65
居住	123.31	263.99	231.72	210	293.81	423.9
医疗保健	132.02	148.83	101.26	115	269.13	204.62

续表3-14

项目	2005	2006	2007	2008	2009	2010
家庭设备用品及服务	78.07	78.84	71.21	67	110.03	142.23
文教娱乐用品及服务	308.58	254.8	237.42	224	218.58	246.39
交通通信	203.78	217.91	240.78	218	207.52	275.53
其他商品及服务	107.79	129.36	126.33	125	119.76	192.9
家庭经营费用	22.12	30.23	30.06	32.49	33.55	30.91
税金	0.08	0.02	0.03	0.01	0.05	0.09
生活消费支出	73.97	65.5	67.37	65.63	64.82	66.45
食品	43.26	35.05	39.37	41.16	36.18	36.9
衣着	2.3	1.84	2.12	2.18	2.07	2.65
居住	3.67	6.91	5.94	4.88	6.4	7.67
医疗保健	3.93	3.89	2.6	2.67	5.87	3.7
家庭设备用品及服务	2.33	2.06	1.83	1.56	2.4	2.57
文教娱乐用品及服务	9.19	6.67	6.09	5.21	4.76	4.46
交通通信	6.07	5.7	6.18	5.07	4.52	4.99
其他商品及服务	3.21	3.38	3.24	2.9	2.61	3.49

第三节 物质生活

根据万宁市统计年鉴数据显示，1991—2000年，万宁城乡居民的物质生活水平还处在起步阶段，以解决生存问题为主要目的。2001—2010年，万宁市人民物质生活水平显著提高，其中2005年，城镇每百户有彩色电视机126台，农村每百户有电视机111台，学龄儿童入学率99.52%，每万人中在校中学生607人，每万人中在校小学生896人，每万人中有医生8人，每万人中有医院病床位15张；2010年，城镇每百户有彩色电视机110台，农村每百户有电视机204台，学龄儿童入学率99.81%，每万人中在校中学生489人，每万人口中在校小学生741人，每万人中有医生9人，每万人中有医院病床位19张。

2005—2010年万宁市农村家庭每百户耐用消费品拥有量一览表

表3-15

项目	2005	2006	2007	2008	2009	2010
洗衣机(台)	9	15	—	26	13	16
电冰箱(台)	13	19	—	46	46	40
空调机(台)	1	—	—	2	2	2
抽油烟机(台)	1	1	—	4	4	4
吸尘器(台)	2	2	—	—	—	—
微波炉(台)	—	—	—	14	14	12
热水器(台)	8	13	—	22	22	24
自行车(辆)	34	37	—	50	—	—
摩托车(辆)	106	112	—	188	188	176
汽车(生活用) (辆)	1	3	—	4	4	2
电话机(部)	66	69	—	156	156	156
移动电话(部)	78	96	—	164	166	144
彩色电视机(台)	111	108	—	210	212	204
黑白电视机(台)	2	1	—	8	8	4
影碟机(台)	14	19	—	14	16	14
照相机(架)	—	4	—	—	—	—
家用计算机(台)	1	4	—	24	24	14

续表 3-15

项目	2005	2006	2007	2008	2009	2010
普通电话(部)	86.29	87.67	92	90	92	94
移动电话(部)	93.64	100	110	106	160	170

2005-2010年万宁市城镇家庭每百户耐用消费品拥有量一览表

表 3-16

项目	2005	2006	2007	2008	2009	2010
每百户年购买量	—	—	—	—	—	—
摩托车(辆)	4	3.96	—	3.96	2.04	—
家用汽车(辆)	—	—	—	—	—	—
洗衣机(台)	2.04	2.04	—	3.96	18	—
电冰箱(台)	2.04	—	—	—	12	—
彩色电视机(台)	—	2.04	—	—	—	2.04
家用电脑(台)	—		—	—	—	9.96
微波炉(台)	—	3.96	6	3.96	—	—
空调器(台)	—	—	—	—	—	2.04
普通电话(部)	—	2.04	2.04	2.04	2.04	—
移动电话(部)	3.96	6	6	12	3.96	6
每百户年拥有量	—	—	—	—	—	—
摩托车 (辆)	59.7	60.83	80	66	114	114
家用汽车(辆)	2.01	2	4	2	2	2
洗衣机(台)	73.74	75	76	76	82	82
电冰箱(台)	39.13	40	56	44	68	68
彩色电视机(台)	126.09	128	124	128	110	110
家用电脑(台)	6.02	6	10	6	26	34
组合音响(套)	32.94	33.67	46	34	34	34
照相机(架)	10.03	10.17	6	10	2	4
微波炉(台)	20.07	22.33	22	26	32	32
空调器(台)	16.05	16	24	20	36	38
淋浴热水器(台)	67.72	69.67	78	70	64	68
消毒碗柜(台)	58.2	58.33	52	62	38	38

第四编　规划 建设

第一章 规划

第一节 机构

1991年，主管规划的机构为万宁县建设委员会，内设行政办公室、规划股、设计室，下辖县建筑公司、自来水厂、房产管理所、工程质量安全监督站。1992年，撤销规划股，设立规划管理股。1995年11月，撤销万宁县建设委员会，设立万宁县建设与环境资源局。1996年，撤销万宁县建设与环境资源局，设立万宁市规划建设局，内设办公室、规划股、村镇股、施工股，下辖设计室、房产管理所、房地产开发公司、城市监察中队、环卫处、绿化所、测绘站、建设工程质量安全监督站、建设工程检测中心、建筑公司、建材公司。2001年3月，撤销万宁市规划建设局，设立万宁市建设局，内设机构增设市政股、执法股，当年万宁市人民防空办公室在局内挂牌办公。

2010年3月，撤销万宁市建设局，设立万宁市住房和城乡建设局，内设行政办公室、规划编制股、规划实施股、施工股、市政股、执法股，下辖设计室、房地产开发公司、城市建设监察中队、测绘站、建设工程质量安全监督站、建设工程检测中心、建筑公司、建材公司、自来水公司。

第二节 城市建设规划

一、万宁市城市总体规划

1993年，万宁县人民政府委托同济大学城市规划研究所海南分所编制完成《万城镇总体规划(1993—2010)》，报省人民政府批复，原则同意万城镇总体规划，同意至2005年万城镇规划人口为15万人，建设用地规模控制在15平方千米以内，人均建设用地指标为100平方米。2003年，市政府委托中国城市规划设计院海南分院完成《万宁市城市总体规划(2005—2020年)》修编，报省人民政府批复，原则同意修编后的万宁市城市总体规划。同意主城区规划范围为108.9平方千米，到2020年，万宁市中心城区人口规模为15万人，城市建设用地规模18平方千米，人均建设用地控制在120平方米以内。

《万宁市城市总体规划（2005—2020年）》中，城镇空间主要结构是“一核、二轴、三区、四片”。“一核”是以万城城市中心主城区为核心，“二轴”是以东线高速公路沿线乡镇和109千米海岸线为轴线，集中安排建设产业园，形成高效农业产业带和滨海旅游度假黄金海岸带，发展海洋产业，使海洋渔业和滨海旅游业成为万宁支柱产业。“三区”是将西部山区的南桥镇、国营南林农场、三更罗镇、国营新中农场辖地范围规划为生态保护和水源涵养区；北大镇、国营东兴农场、国营东岭农场、和乐镇组成特色农业经济区；兴隆旅游区、神州半岛旅游度假区，石梅湾旅游度假区、日月湾旅游度假区、博鳌亚洲论坛万宁片区和山钦湾旅游度假区共同组成滨海旅游产业发展区。“四片”是由龙滚镇、和乐镇、北大镇、礼纪镇4个重点镇组成4个片区。万城镇中心城区的空间布局结构规划为“五个功能区，四个中心和三条轴线”。“五个功能区”是万城城区、东山岭城市公园区、乌场滨海新区、独立居民区、生态农业生产养殖区。“四个中心”是城市主中心、城区副中心、老城区副中心、乌场滨海副中心。“三条轴线”是万州大道商业轴线、人民街商业轴线、环市二路行政轴线。

二、中心城市规划

《万宁市城市总体规划（2005—2020年）》的主城区规划范围为108.9平方千米。万城中心城区规划范围28.49平方千米。分为城北新区和城南片区，编制控制性详细规划。

城北新区地处万城镇北部包括城北区、部分旧城区、东星工业区和小海滨海新区。规划范围东至小海，西至东线高速公路，南至老城区人民中路，北至望海大道以北900米规划道路。规划建设用地面积18.79平方千米，城北新区是近期城市重点发展区，利用现有河流水系造湖增绿，改善城市景观，提高土地价值，依托人民广场和公园，建设新的大型市级文化设施，围绕行政中心区开发高质量居住地，形成多功能现代化环境优美的综合新区，体现万宁市新形象。

城南片区位于万城中心城区南部，规划范围东至万城镇东方村委会东山村，西至东线高速公路，南至长丰镇铜鼓岭，北至万安大道和人民中路。规划建设用地面积为9.7平方千米。城南片区将利用东线高速公路出入口的交通优势，规划安排交通运输，市政设施和商贸等主要功能，发展娱乐产业和交通服务设施，安排公共设施、教育用地、公园绿地和居住新区用地，形成城南片区的中心区。

老城区的开发建设已基本饱和，故老城区建设重点是旧城改造，改善现有环境，增加公共服务设施和公共空间。

第三节 城郊规划

在《万宁市城市总体规划》（近期2005—2010年）中，万宁市中心城区东为小海滨海新区和乌场滨海新区，其规划已纳入中心城区规划；西为长丰镇，规划范围为6.07平方千米。区域职能为特色农业、槟榔产业加工基地和热作南药产品集散地，重点发展高效农业。南为东澳镇，西南为礼纪镇，东澳镇规划范围为5.6平方千米，是万宁市副中心城镇，为万宁市重点旅游镇、农副产品集散地，重点发展滨海旅游业、海洋渔业和新型材料加工业。礼纪镇规划范围为8.13平方千米，规划为重点镇，是重点旅游镇、农副产品集散地，重点发展滨海旅游业、海洋渔业、热作南药加工业。北为大茂镇，规划范围为4.28平方千米，为镇域经济、政治、文化中心，以地域资源开发、农副产品集散和加工业为主。

第四节 乡镇建设规划

1991年，万宁县设置行政乡镇18个，1996年开始编制乡镇规划，按省建设厅的要求，乡镇建设用地范围控制在1平方千米以内。2001年，调整乡镇规划。2002年7月，乡镇撤并，设置行政镇12个，委托海南建筑设计院，海南津杭工程咨询公司、海南雅克城市规划设计有限公司修编，2007年完成12个镇的总体规划的编制。截至2010年，12个镇的总体规划均通过专家评审。乡镇规划分为4个等级。

一、中心城市镇——万城镇

范围为108.9平方千米，万城中心城区规划范围28.49平方千米，分为城北新区和城南片区，重点发展绿色加工工业、商贸业和旅游服务产业。

二、副中心城市镇

（一）和乐镇

规划建设用地5.32平方千米，是万宁市东部农产品集散中心、市域第二大城市及经济中心，重点发展海洋产品和水产品养殖加工工业。

（二）东澳镇

规划建设用地5.6平方千米，是万宁市农副产品集散地、重点旅游镇，重点发展滨海旅游业、海洋渔业和新型材料加工业。

三、重点镇

（一）礼纪镇

是万宁市热带水果（以菠萝生产为主）生产基地、农副产品集散中心，规划建设用地8.13平方千米，重点发展高效农业和农副产品加工业。

（二）龙滚镇

规划建设用地5.41平方千米，是热带水果生产基地、农副产品集散中心，重点发展高效农业和农副产品加工业。

（三）北大镇

国营东兴农场、国营东山岭农场规划建设用地4.29平方千米，为高效农业热带作物生产基地、农副产品集散地，重点发展高效农业和热带加工业。

（四）长丰镇

是万宁市特色农产品加工基地和集散地，规划建设用地6.07平方千米，重点发展高效农业和旅游业。

（五）大茂镇

是万宁市农副产品集散地，规划建设用地4.28平方千米，重点发展高效农业、轻型加工工业和水产养殖业。

（六）后安镇

规划建设用地6.84平方千米，以地方资源开发、农副产品集散和加工业为主。

四、建制镇

南桥镇、山根镇、三更罗镇　南桥镇及国营南林农场规划建设用地3.87平方千米；山根镇规划建设用地2.46平方千米，三更罗镇及国营新中农场规划建设用地2.68平方千米。建制镇为本镇域政治、经济、文化中心，以地方资源开发、农副产品集散和加工业为主。

第二章 城乡建设

第一节 市政建设

一、城市道路与桥涵建设

（一）市政道路建设

1991年，万城共有街道24条，总长22.8千米。主干道宽20~30米，次干道宽10~14米，光明街、人民街、文明街为全城最繁华、最热闹的地段。1993年后，市政府每年安排专项资金，建设和改造市政道路。1993年，投资294.7万元建设人民西水泥硬化路面13740.8平方米。1994年，投资290.433万元改造建设1800米长的万安大道；投资400万元改造建设路。1995年，投资2500万元兴建的万州大道建成通车。1999年，又投入890万元，对万州大道仁里桥段进行加宽改造。

2000年，投资123.46万元，对红专东和解放街进行改造。2003年，投资360.72万元，建设长336米、宽42米的环市一路。2004年，投资1572.62万元，改造万州大道2879米；投资340.61万元，建设环市三路；投资1230.5万元，建设纵一路1720米；投资2603.36万元，建设环市二路3168米。2005年，投资462.49万元，建设环市一路（第二施工段）319米。2006年，投资1218.91万元，建设环市二西路951米；投资1900.39万元，建设环市一西路1066米。2007年，投资243.82万元，对万城老城区道路、市第二中学道路、第三中学道路共1175.4米进行改造；投资9464.31万元，对海榆东线万城路段道路5159米进行改造，并建设配套项目。2009年，投资6841.96万元，建设2756米长的城西路；投资7771.27万元，建设市迎宾景观大道（第一标段）30600米；投资1011.87万元，改造建设南路605米。

2010年，投资199.73万元，改造建设横街601米。至此，万城市区主要道路有万州大道、万安大道、观海大道、人民（中、西）路、红专（东、中、西）路、城西路、环市（一、二、三）路、光明路、文明路、建设路、纵一路、解放路等16条道路，主要城区街巷有西门街、华侨街、万隆街、南门街、东门街、北门街、万新街、万海街、万农街、万寿街、朝阳街、武丁街、永福街等35条街56条巷。基本形成网格状城市路网。

2010年万宁城区主要街道一览表

表4-1

街道名称	长度(米)	宽度(米)	原名	起止
万州大道	3200	50	—	从仁里月色森林环一路口至新汽车站高速路桥
迎宾大道	3000	46	港外公路	从新汽车站至北师大万宁附中
万安大道	2150	50	—	从汽车修理厂至加六芳田高速路桥
环市一路	2450	36	—	从纵一路至建设北路(东1450米,西1000米)
环市二路	1600	50	—	从万利隆地产至火车站路口(东600米,西1000米)
环市三路东路	600	34	—	从旭日大酒店至新人民医院
纵一路	2000	30	—	(东900米,北1100米)
新海街	750	13	—	从矿大宾馆至红专东接口处
万隆街	550	15	—	从建设银行至光明路接口处维加茶楼
华侨街	550	15	—	从万隆大厦至光明路大茶楼
丰南街	500	12	—	(南200米,北300米)
中央街	720	18	—	(南420米,北300米)
万昌街	650	15	—	从万中门仔至农技中心
万海路	500	18	—	—
政府小区(一)	400	17	—	—
政府小区(二)	400	17	—	—
政府小区(三)	55	17	—	—
莲兴路	6600	18	—	—
县社路	150	15	—	—
北坡墟街	2000	36	—	从原北坡镇政府至扶峰岭
合计	20条街道,总长28825米			

（二）桥涵改造

万城市区有仁里桥、东山桥、柳园桥、仙人溪桥等4座桥梁，总长131.4米，至2010年，为适应城市交通发展的需要，先后对4座桥梁进行改造或重建。

仁里桥 位于城区北面，横跨仁里河，是海榆干线公路交通桥。1974年，海榆干线进入万城段改造从新区通过，在仁里河上建成三孔钢筋水泥拱桥，长55.6米，宽10米，承重20吨。1998年，对仁里桥进行加宽改造，改造后的桥面总宽为50米，行车道宽24米，桥跨组合为3×13米，设计荷载为汽车—20级。

东山桥 位于城区东北面，跨东山河，原为石桥，1976年改建成钢筋水泥桥，长36.5米，宽6.5米，承重15吨。2003年，再次对该桥进行改造。建成后，桥长38.9米，桥面总宽8.5米，行车道宽7米，设计荷载为汽—20、挂—100。

柳园桥 位于市区西面，为海榆干线公路交通桥，原为涵洞。1978年开挖万宁水库渠道时建成钢筋水泥桥，长7.5米，宽8.5米。2008年，对该桥进行改建。改建后，桥长20米，桥面总宽26米，行车道宽12.2米。设计荷载为公路Ⅱ级。

仙人溪桥 位于城区东北面，原为民国时期建造，石墩钢筋水泥桥，1958年改建，桥长32米，桥面总宽6米。2004年又进行改建，改建后，桥长58.9米，桥面总宽为9米，行车道宽7米，设计荷载为汽—20、挂—100。

二、城市给排水与照明

（一）供水

1991年，万宁有自来水厂1座，日供水量1800吨，供水管道场1.4万米，主要供应万城机关单位和居民区的生活用水。各镇负责本墟镇的供水设施。至2007年，利用挪威495万美元政府贷款兴建万宁供水厂，设计供水能力10万吨/日。项目一期工程于当年开工建设，2009年投入运营，实际供水能力5万吨/日。管网建设实现万城镇全覆盖，万城至港北、长丰、东澳、神州半岛、石梅湾、兴隆等地区的主管网铺设完成并投入使用。万宁水厂原水源地在太阳河，2009年又筹建牛路岭水库为水厂的新水源地。至2010年，万宁供水厂实际供水能力达5万立方米/日。

（二）排水

1991年来，随着城市建设的发展，万宁市区新建或改扩建的道路均按照雨污分流制建设排水管道，排水设施系统排水能力逐年提高。但老城区排水系统建设较早，主要以合流制建设，设计标准低，管径小，而且管道老化、年久失修，使管道排水能力下降，虽近年在对老城区街道改造的同时，也对老城区排水系统进行改造，但由于规划衔接原因，雨污分流系统未真正形成。截至2010年，万宁市城区道路排水系统共37.43千米，其中污水管道28.81千米，雨水管道28.81千米，雨污合流管道8.62千米，窨井3994座、雨水井4710座。

2009年2月，万宁市投资1.1亿元，建设万宁市污水处理厂及配套管网工程。建设规模为厂区占地50亩，建设一座日处理城市污水2.5万吨的污水处理厂，铺设城市污水收集和输送管道总长14.5千米。2010年7月建成试运行。污水处理厂采用了当时国内较先进的MSBR污水处理工艺。污水厂的建成运行，解决了万城地区污水处理问题。污水处理厂配套污水管网11.64公里，从万城新海社区开始，途经东方永范、红光到东澳分洪等田洋到厂区，污水经处理后，通过1100多米的出水管网从太阳河出海口排往外海。出水水质达到国家城镇污水处理排放I级B标准。

（三）照明

1991年初，万宁县路灯线长9千米，共安装路灯830盏。至2002年，万宁市通电村庄达1300个。2003年，万宁市12个镇已全部通电，拥有路灯379盏。2004年，万宁市路灯站对全市45个控制箱进行全面改造，使用微电脑控制器对全市各路段的公共照明实行科学管理，既节省了财力，又减轻了职工的工作量。2006年6月至2010年12月，分别为万城镇坡顶安置区、万城镇文化中心、万城镇滨河环境恢复与整治（人民公园）、万城镇东环安置区（一）和安置区（二），铺设高压钠灯1398盏，亮化美化城市。

三、城市园林绿化

1991年，万宁地区道路绿化数量少、品种单一。1993年后，把道路绿化纳入城区发展规划，加强城区道路绿化建设。2002年，万宁市道路绿化覆盖面积30公顷，园林绿地18公顷，公共绿地9公顷，人均公共绿地面积1.5平方米。2007年，做好城区树木花草的修剪、打药、浇水等管理工作，对公园树木和公共绿地进行一系列养护管理，对部分路段枯死的树木进行更新，对长势不良的草坪进行补植，对公共绿地和道路花坛内的花草及时修剪、浇水、施肥、除虫，维持良好的景观效果。全年共修剪树木6000多棵、各类乔灌木5万多株。2009年，加强绿化维护管理，补栽补种各类乔木、花灌木40000多株，同时做好全城区6000多株行道树、60多万平方米公共绿地和中心道路花坛修剪、除杂草、施肥及病虫害防治工作。至2010年，完成城区道路、转盘绿化43条（段），形成乔、灌、草、花相结合的城市街道绿化的景观物色，城区春有花，夏有荫，秋有果，冬有绿。

2004年11月，市政府投资2000多万元，在城北新区万州大道东侧建设人民公园，经过一年的施工，2005年10月竣工投入使用，占地面积87亩。公园设中心广场，面积约1万平方米，中心广场东侧中央位置，建有大型露天舞台。园中种植热带树木和花卉100多种，建有落水庭、天城亭、云苑亭、月亮亭、涌泉池和小花园、有曲折的小流水和林荫小道，是市里举行大型群众性活动、文艺表演和市民休闲、锻炼的场所。

截至2010年万宁市城区道路绿化一览表

表4-2

路段名称	数量(株)	绿地面积 (平方米)	道路长度 (米)
纵一路	423	2700	900
环三东路	141	1800	600
环三西路	39	450	150
建设横路	43	450	150
文明南小区路	217	2550	850
万新街	81	1650	550
万海路	109	2040	680
城西路	277	1650	550
建设北路	96	2250	750
十六米规划路	101	1950	650
支农、永福	425	2550	850
建设南路	124	1950	650
中央南街	121	1260	420
中央北街	77	900	300
丰南南街	54	600	200
丰南北街	60	900	300
文明北路	78	1350	450
环市二东路	—	3652	332
环市二西路	—	6523	593
迎宾大道	—	51703	3000
市纵一、大转盘	—	3629.84	—
万州大道	—	40804	3200
长丰高速路口	—	39635.7	—

续表4-2

路段名称	数量（株）	绿地面积（平方米）	道路长度（米）
十六米规划路	101	1950	650
大茂高速路口	—	110006	—
邮电新村对面街边绿地	—	1548	—
万安大道	—	8651	—
万中内外围墙	—	1050	—
西门东街	8	—	620
红专西路	264	4350	1450
红专中路	96	2460	820
红专东路	276	3600	1200
解放路	263	3600	1200
椰林湾路	200	1200	400
环一东路	254	9522	1450
环一西路	259	7000	1000
光明北路	154	1800	600
光明南路	117	2100	700
文明中路	89	1800	600
华侨街	115	1650	550
万隆街	110	1650	550
人民中路	141	2700	900
朝阳镇北	275	1650	550
人民西路	128	2940	980

1993—2010年万宁市市政建设工程项目统计表

表4-3

年份	建设单位	工程名称	建筑面积(平方米)	结算价格(元/平方米)	总造价(万元)	开竣工日期	施工单位	负责人
1993	县财政局	人民西砼道路	13740.8	—	294.7	1993年3月25日至5月25日	万城建筑公司	吴东京
1994	万宁县人民政府	人民西街至加劳芳田	1800	—	290.433	1993年11月15日至1994年1月30日	万宁县公路公司	朱真武
1994	加劳芳田-神州半岛公路	公路桥涵	5000	—	600.33	1994年1月28日至1994年8月30日	铁道部第二工程海南公司	王昌栋
1994	详浦万鑫实业有限公司	建设小路	680	—	400	1996年9月1日至1995年3月2日	中建七局第三建公司海南公司	林锡平
1995	县鸿基房地产开发总公司	混泥土路面 水沟	2800 400	100 500	48	1995年3月27日	万城建筑公司	温文飞
1995	海南易华实业有限公司	道路桥梁	道长580米 桥长210米	—	534	1995年11月28日至1996年3月30日	广东第三建筑公司海南公司	田利良
1996	万宁县和乐人民政府	和乐大道及排水沟	路长1500米 排水沟3000米	—	200	1996年5月20日至1996年10月20日	海军工程局	陈应辉
1998	万宁市兴和公司	市场道路、水沟	—	—	78.14	—	市建筑公司	杨居锋

续表4-3

年份	建设单位	工程名称	建筑面积(平方米)	结算价格(元/平方米)	总造价(万元)	开竣工日期	施工单位	负责人
1998	万宁市兴和公司	市场道路、水沟	—	—	78.14	—	市建筑公司	杨居锋
1999	市人民政府	万州大道、仁里桥、路灯	全长820米	—	890	1996年9月5日至1997年11月15日	内蒙古自治区第三公司海南公司	杨大明
1999	市计划统计局	兴梅公路路面续建	20384	—	181	1999年4月6日至1999年6月30日	万宁市第二建筑公司	李中杰
2000	万城市政管理委员会	红专东、解放街路面工程	水沟3100米改路1550米	—	123.46	2000年9月1日至2000年11月30日	市第二建筑公司	杨作炳
2001	琼山建委实业贸易公司	市场道路	1440	410	56	2001年4月12日至2001年10月12日	市第二建筑公司	陈建辉
2001	港北镇政府	砧道路	7069.5	—	65.69	2001年8月8日至2001年11月8日	万城建筑公司	温文飞（林劲书）
2001	龙滚镇人民政府	中心砼道路	8100	—	66.3	2001年9月20日至2001年11月5日	万宁市第二建筑公司	杨作炳
2002	海航酒店(集团)有限公司	兴梅大道改造工程	全长9200米，宽14米	—	1299.4237	—	汕头市龙华建筑海南公司	庄 进

续表4-3

年份	建设单位	工程名称	建筑面积(平方米)	结算价格(元/平方米)	总造价(万元)	开竣工日期	施工单位	负责人
2002	万宁市和乐镇人民政府	排污道路工程	长1560米，3960平方米	—	175.10	—	万城镇建筑公司	林劲书
2002	海航酒店(集团)有限公司	兴梅大道改造工程	全长9200米，宽14米	—	1299.4237	—	汕头市龙华建筑海南公司	庄 进
2002	万宁市和乐镇人民政府	排污道路工程	长1560米，3960平方米	—	175.10	—	万城镇建筑公司	林劲书
2003	万宁市经济贸易交易局	和乐新田桥	长84.84米，宽10米	—	77	—	福建省一建海南公司	朱文高
2003	万宁市建设局(市政府)	环市一路	长336米，宽42米	—	360.72	2003年4月28日—2003年7月28日	福建省第一建筑公司海南公司	朱文高 朱崇荣
2003	万宁市建设局(市政府委托)	兴隆过境道路排水沟	1400米	622.96/米	87.21	2003年10月30日—2004年1月30日	市建筑公司	李福兴
2003	海南华润石梅湾旅游开发有限公司	石梅湾主入口绿化景观工程	23800	—	627	2003年12月30日—2004年3月30日	华润建筑工程公司	王 安

续表4-3

年份	建设单位	工程名称	建筑面积(平方米)	结算价格（元/平方米）	总造价（万元）	开竣工日期	施工单位	负责人
2004	市城市投资建设有限公司	万城镇万州大道改造工程	2879米	—	1572.62	2004年5月8日—2004年10月18日	中国有色金属工业第二十三冶金建设公司海南分公司	阮志武
2004	城市投资建设有限公司	万城镇环市三路市政路工程	650米	—	340.61	2004年5月8日—2004年8月18日	中国有色金属工业第六冶金建设公司	张联荣
2004	城市投资建设有限公司	滨河环境恢复与整治(市民公园)	占地4万平方米	—	1738.83	2004年5月8日—2004年10月18日	海南建筑园林工程公司	王金和
2004	城市投资建设有限公司	万城镇纵一路市政道路工程	1720米	—	1230.50	2004年7月8日—2004年11月8日	海南省第二建筑工程公司	陆鸿和
2004	城市投资建设有限公司	万城镇环市二路市政道路工程	3168米	—	2603.36	2004年7月8日—2004年11月8日	海南琼山建筑公司	王绥明
2004	万宁市万城镇人民政府	朝仙街东关段道路排水沟	480米	2059.54	98.86	2004年5月15日—2004年8月25日	市一建公司	欧永明

续表4-3

年份	建设单位	工程名称	建筑面积(平方米)	结算价格(元/平方米)	总造价(万元)	开竣工日期	施工单位	负责人
2004	万宁市民族宗教事务局	柚树中桥工程	44.84米	16255.31	72.89	2004年12月20日—2005年6月20日	中建七局第三建筑公司海南分公司	林锡伟
2004	海南华润石梅湾旅游开发有限公司	市政工程(道路A、D工程)	1410米	—	500	2004年12月3日—2005年6月5日	华润建筑有限公司	贺兴伟
2005	市建设局	万城镇中学入口道路工程	225米	2065.51/m	46.47	2005年12月25日—2006年2月25日	市第二建筑公司	杨作炳
2005	万宁市城市投资建设有限公司	环市一路(第二施工段)	319米	—	462.49	—	海南中天建筑有限公司	陈广清
2006	海南华润石梅湾旅游开发有限公司	华润石梅湾F路市政工程	1800米	2777.78	500	2006年6月1日—2006年11月1日	华润建筑有限公司	贺兴伟
2006	中信泰富万宁(联合)开发有限公司	神州半岛风豪桥、2号道路、3号道路	桥长331米,路长7877.97米	—	4605.84	2006年7月1日—2007年12月31日	上海基础工程公司	陈武军

续表4-3

年份	建设单位	工程名称	建筑面积(平方米)	结算价格(元/平方米)	总造价(万元)	开竣工日期	施工单位	负责人
2006	海南华润石梅湾旅游开发有限公司	华润石梅湾F路市政工程	1800米	2777.78	500	2006年6月1日—2006年11月1日	华润建筑有限公司	贺兴伟
2006	中信泰富万宁(联合)开发有限公司	神州半岛风豪桥、2号道路、3号道路	桥长331米，路长7877.97米	—	4605.84	2006年7月1日—2007年12月31日	上海基础工程公司	陈武军
2006	万宁市城市投资建设有限公司	坡顶商业区路段网建设工程	约101亩	—	1473.81	以发包人书面通知为准	海南省第六建筑工程公司	陈宗发
2006	万宁市城市投资建设有限公司	兴隆旅游区温泉大道整治改造工程	长2455.7米，宽35米	—	2579.66	2006年6月18日—2007年7月10日	江苏苏辰公路工程有限公司	胡建军
2006	海南华润石梅湾旅游开发有限公司	华润石梅湾E路市政工程	2300.25米	4580.37	1055.44	2006年12月28日—2007年5月28日	华润建筑有限公司	贺兴伟
2006	万宁市城市投资建设有限公司	环市二西路市政道路建设工程	952米	—	1218.91	2006年11月20日—2007年9月20日	海南中天建筑工程有限公司	陈永晃
2006	万宁市城市投资建设有限公司	环市一西路市政道路建设工程	1066米	—	1900.39	2006年11月20日—2007年3月20日	海南省第二建筑公司	何焕广

续表4-3

年份	建设单位	工程名称	建筑面积(平方米)	结算价格(元/平方米)	总造价(万元)	开竣工日期	施工单位	负责人
2007	万宁市万城镇人民政府	万城镇老城区道路改造工程	路732.4米,沟1464.8米	—	175.48	2007年3月5日—2007年4月25日	万宁市建筑工程公司	欧先进
2007	市政环境卫生管理处	市第二中学道路工程(旧城改造)	123米	2541.46	31.26	2007年5月2日—2007年5月30日	万宁市第三建筑公司	林进军
2007	海南省华润石梅湾旅游开发有限公司	F道路两边景观工程	—	—	414.23	2007年5月21日—2007年8月11日	海南园林开发建设集团有限公司	姜高波
2007	万宁市政环境卫生管理处	第三中学道路改造工程	320米	—	37.08	2007年8月10日—2007年10月30日	万宁市第一建筑工程公司	欧永明
2007	万宁市城市投资建设有限公司	海榆东线万城区段道路改造及配套建设项目	5159.145米	—	9464.31	以总监工程师发出开工令为准	海南省第三建筑公司	陈育云
2007	海南华润石梅湾旅游开发有限公司	石梅湾KN路市政工程	K路长297米,宽11米,N路长885.162米,宽9米	—	900	2007年12月1日—2008年6月15日	中国第十七冶金建设有限公司	邱忠玉
2007	海南华润石梅湾旅游开发有限公司	石梅湾B路市政工程	2.805千米	—	2790	2008年1月8日—2008年7月7日	华润建筑有限公司	贺兴伟

续表4-3

年份	建设单位	工程名称	建筑面积(平方米)	结算价格（元/平方米）	总造价（万元）	开竣工日期	施工单位	负责人
2008	中信泰富万宁(联合)开发有限公司	神州半岛3号道路隧道工程	长263米，宽7米	—	746	2008年9月28日—2009年8月15日	中铁隧道集团有限公司	郑战清
2009	万宁市城市投资建设有限公司	迎宾路改造工程	1326米(宽35米）	—	3155.79	2009年2月19日—2009年8月19日	海南珠江工程监理有限公司	王立晶
2009	万宁市城市投资建设有限公司	城际轻轨万城站小区基础设施及配套建设项目(一期)城西路工程	2756米(宽30米)	—	6841.96	2009年2月19日—2009年12月19日	海南肯特工程顾问有限公司	卢勇
2009	万宁国瑞房地产开发有限公司	万宁市迎宾景观大道工程(第一标段）	3.0683千米	—	7771.27	2009年7月31日—2010年5月21日	海南肯特工程顾问有限公司	卢勇
2009	万宁市城市管理局	建设南路市政工程	604.99米	—	1011.87	2009年8月2日—2009年12月2日	海南佳信工程监理有限公司	符伟权
2010	万宁市城市管理局	建设横街市政工程	601.75米	—	199.73	2010年1月22日—2010年5月22日	海口百佳兴工程监理有限公司	符敏
2010	万宁长春城房地产开发有限公司	万宁兴隆旅游区长春城外部道路	727.56米	—	1014.39	2010年1月25日—2010年4月25日	海南佳信工程监理有限公司	符伟权

续表4-3

年份	建设单位	工程名称	建筑面积(平方米)	结算价格(元/平方米)	总造价(万元)	开竣工日期	施工单位	负责人
2010	万宁市礼纪镇人民政府	华润希望小镇主干道及附属市政工程(一期)	2.29千米	—	1836.15	2010年6月3日—2010年12月30日	海南时利和建设项目管理有限公司	杨永民
2010	万宁市和乐镇人民政府	和乐大道市政工程改造	2156米	—	358.65	2010年9月10日—2011年1月10日	海南君诚工程监理有限公司	吴国平
2010	万宁市交通运输局	莲花至兴隆市政道路工程	长6600米,宽30米	—	9763.88	2010年12月15日—2012年6月10日	湖南湖大建设监理有限公司	姜早龙

第二节 城市环境管理

一、机构

1991—2001年底,万宁市城市环境管理部门分为万城镇市政管理委员会和万宁市城市监察中队,其中万城镇市政管理委员会负责城区道路清扫保洁、园林绿化、路灯管理、市容市貌管理;万宁市城市监察中队负责市政设施、园林绿化、户外广告、市容环境卫生等监督和审批管理,上级主管部门分别为万城镇人民政府和万宁市规划建设局。2002年,城镇市政管理委员会更名为万宁市市政环境卫生管理处,隶属万宁市建设局,为副科级事业单位,内设办公室、清洁站、路灯站、园林站、市容监察队，有工作人员约300人。2008年，撤销万宁市市政环境卫生管理处和万宁市绿化管理所，组建万宁市城市管理局，隶属市政府正科级事业单位，设局长1人，副局长3人，内设办公室、环卫股、园林股、市政管理股、市容监察股，下设清洁站、园林站、路灯站、市容监察队4个股级事业单位，管理人员编制23人，工人编制158人，至2010年，内设机构、人员不变。

二、环境卫生管理

（一）道路保洁

1991年，万城城区道路环卫工人72人，密封式垃圾清运车3辆，吊斗式垃圾清运车1辆，洒水车1辆，手扶拖拉机6辆。2002年，有环卫车辆13辆。2007年，严把清运质量关，确保日产130余吨的生活垃圾日产日清，全部运往红石垃圾填埋场进行无害化处理，加班加点重点突击清理城区卫生死角20余处，清运死角垃圾200余立方米。2009年，购置密闭式垃圾压缩车1辆，密闭式垃圾运输手扶拖拉机2辆，生活垃圾场工作车1辆，提高道路保洁效率。2010年，全市道路保洁面积87万平方米，环卫工人176人，垃圾清运压缩车4辆，洒水车1辆，吸粪车1辆，手扶拖拉机6辆，三轮电动保洁车8辆，推车134辆，道路实行一天两扫，全天保洁，垃圾日产日清。

（二）环卫基础设施建设

万宁市环境卫生装备，从扫帚、竹筐、手推车发展到扫街车、垃圾自卸车等；街道保洁设施有果皮箱、垃圾箱、垃圾池、垃圾斗等；处理设施有公厕、垃圾处理场等。

果皮箱 1991年有果皮箱61个，2004年全市主要街道设果皮箱500多个，2010年有果皮箱800多个。

垃圾桶 1991年城区街道设置垃圾桶20多个。至2010年底182个，其中街道113个，单位79个。

公共厕所 1991年城区共有6座公共厕所，2004年城区共有10座公共厕所，2010年改造新建公共厕所10座，每座公厕均有专人管理，公厕卫生条件基本达到“五无”(无痰涕纸屑，无屎尿堵塞，无积尘、蛛网，无污泥积水，无蛆蝇)、“四净”(地面净，墙壁、门窗净，蹲位、尿槽净，取粪口净)标准。

垃圾处理场 1991—1995年，城区生活垃圾堆放在市区空地上或填埋低洼地。1996年，征用大茂镇长星村委会土地3.3公顷建设垃圾场，主要以简单堆放为主，这种处理方式影响周边环境卫生和市民的身体健康。2008年，政府投入6000多万元在东和农场九曲岭队建设第一座卫生填埋的生活垃圾无害化处理场，设计日处理垃圾190吨，使用年限14年，于2010年6月投入试运营。

转运站 2008年，万城、和乐、兴隆垃圾转运站作为垃圾无害化处理场配套设施，与垃圾无害化处理场同步建设，其中，和乐垃圾转运站作业间为一车位，配置1台后装式压缩运输车，日转运垃圾量50吨；万城转运站选用一站两厢式生活垃圾转运设备，日转运垃圾量100吨；兴隆垃圾转运站选用一站两厢式生活垃圾转运设备，日转运垃圾量50吨。

三、市容市貌管理

1991—2006年，主要整治贴画广告。2006年，加大力度清理城市“牛皮癣”（指在公共城市非法张贴或涂写小广告的现象），安排专职清理人员，实行分路段包干，每天撕掉大量不干胶贴，对城区乱涂写进行巡回粉刷。同时，采取蹲点查察办法，加大治理力度，对乱贴乱涂广告者进行打击。

2007年，落实“门前三包”（指临路、临街单位、门店、住户担负门前卫生、绿化、秩序的责任）责任制。利用横幅、宣传车、宣传栏和发通告等形式广泛宣传市政府《关于万城市区开展“门前三包”责任制工作的通告》和《万城市区环境综合整治工作实施方案》，同时，在市电视台开设《卫生监督》栏目进行舆论监督，对市容环境卫生搞得较好的单位和个人进行通报表扬，对违反“门前三包”有关规定的单位和个人视情节轻重，坚持教育为主、处罚为辅的原则，做出不同的处理，收到良好效果；同时，清理人员每天早晨8:00上岗及时揭除张贴在各类建筑物、构筑物上的非法广告，保证将新发生的非法广告于次日早8点前清理完；共使用各类涂料13桶，粉刷墙体乱喷乱涂1270余处；采取夜间蹲点布控等措施，共抓获乱贴非法小广告者60人；同年，通过揭除非法广告强化对流动摊贩和占道经营的管理，取缔占道经营85起，拆除违章遮阳棚。

2008年，强化对流动摊贩和占道经营管理，取缔占道经营585起，拆除违章遮阳棚80多个。2009年，共取缔占道经营450多起，流动摊贩40多处，拆除违章废品收购站6家，遮阳篷100多个；全年共出动清理人员2000余人次，清除“牛皮癣”1万余张，覆盖5000余处；着重对高速路沿线、出入口和市区主要街道“白色污染”进行集中清理，捡拾乱丢、乱放的塑料包装袋近1吨。至2010年，万宁的市容市貌得到改善。

第三节 镇村建设

一、中心镇建设

自2001年起，海南省推动百镇建设计划，万宁市和乐镇被评定为全国文明生态镇，龙滚镇、大茂镇、长丰镇、礼纪镇、东澳镇列入海南省百镇建设计划。至2010年，全市中心镇建设规模达53296公顷。共建街道172条，长18.44千米，排水排污沟251条，长21.12千米；绿化20038米，花树种125种，植株41832株。架设路灯9525盏，公厕79座，集贸市场30个，面积68237平方米。

二、农村建设

自2002年起，海南省开展生态文明村建设。同年，万宁市的三更罗荔枝坎村在政府的帮助下，绿化环境、修筑道路、建沼气池、用清洁能源、把自来水引入家家户户，村庄变成乡间花园。

至2010年，全市共建设村委会、国营农场分场、作业区办公楼（室）261幢，建筑面积44680平方米。创建文明村1096个，其中省级文明村167个。修建乡村道路933条，长1259.53千米。架设乡村路灯13361盏。为91575户、353783人安装自来水，自来水用户普及率65%；农村改厕28600间；建设文化室、阅览室268间，建球场162个，添置健身器材261套。

第三章 建筑业

第一节 勘察设计

一、机构

1991年，负责勘察设计工作的单位为万宁县建筑设计室。1996年8月，万宁撤县设市，相应更名为万宁市建筑设计室。2000年，改为国有企业单位，归口建委管理。单位实行自收自支、自负盈亏。内设办公室、总工办、设计一所、设计二所、编制预算室、文印出图室、晒图室、档案资料室、财务室。职工38人，其中工程技术人员31人，退休职工3人。至2010年，单位性质、机构设置、企业职能未变，职工36人。

二、建筑设计市场与质量管理

（一）市场管理

1991—1992年，万宁县建筑设计管理部门加强对设计项目的管理，建筑设计项目总体水平逐年提高。1996年开始，通过加强企业资质管理和实施《建设工程设计合同》审查鉴证制度来规范设计市场行为，制止不正当压价竞争和私人地下设计等违法行为，加强设计合同管理，对设计收费情况进行监督，严格按费率标准收费。2002年，市建设局根据海南省建设厅颁布的《关于加强勘察、规划设计市场管理工作的通知》精神，加强勘察、规划设计市场和企业资质管理，让社会参与监督，加强自身建设，遵守市场管理规定。2006年，根据国家有关规定，出台建筑设计市场管理一系列规定，对设计单位的资格认证、合同管理、收费管理、质量监督和企业经营等做出明确规定。至2010年，对建筑设计市场管理进行严格把控，管理日趋完善。

（二）质量管理

1991年，根据《海南省勘察设计管理若干规定》，健全校对、审核制度，由专业技术负责人对本专业的设计图纸和文件审核，出图鉴证。设计文件必须符合国家和海南的现行设计标准、规范、规程和要求。2002—2010年，建立和完善设计质量保证体系，完善和落实各项管理制度，加强质量管理机构建设。加强工程设计质量检查。首先由单位自查，选出设计质量差的项目备查，存在设计质量问题的项目必须全面复核设计，并进行修改或重新设计，已建成或开工的项目必须采取加固措施，经验收合格后才能使用或继续施工。

三、建筑设计成果审查

1991—2000年，城市开发建设规模较小，主要是基础设施建设。2000年后，大规模开发，在项目的带动下，涌现了一批建筑设计成果。2002年，先后设计完成英格兰度假村宾馆，罗德山广场公寓1、2、3号楼等。2003年，先后设计完成万宁中学教师宿舍楼、万宁市人民检察院技术综合楼、万宁市土产公司住宅楼、万宁市政府办5号住宅楼等。2004年，先后设计完成万宁市政府办6号住宅楼、万宁市汽车站综合楼、万城镇政府住宅楼等。2005年，先后设计完成万宁市公路局住宅楼，市委组织部住宅楼、白沙县人民法院审判大楼等。2006年，先后设计完成万宁市建设局职工住宅楼、神州半岛项目安置区安置房和公共建筑工程、万宁供电公司职工住宅楼A、B栋等。2007年，先后设计完成万宁市委组织部村级组织活动场所工程，万宁市委调干楼、万宁市乡镇卫生院病房改造等。2008年，先后设计完成万宁市职业技术学校工程、万宁市房产所廉租房、坡顶安置区商住楼等。2009年，先后设计完成北京村工程项目等工程。至2010年，共计完成工程项目588个。

第二节 工程招标管理和造价管理

一、工程招标管理

1991—1999年，在《中华人民共和国招标投标法》颁布实施前，万宁工程建设项目一般由工程建设单位成立工程建设项目领导机构（工程指挥部或工程领导小组）决定工程建设项目建设施工单位，进行工程建设。2000年1月，《中华人民共和国招标投标法》颁布实施。此后，所有工程建设项目业主单位均成立招标领导小组。至2010年，全市建设项目公开招标率达到100%。

二、工程造价管理

1991—2002年，万宁建筑工程造价由市建设局根据建材市场三大建筑材料（钢筋、水泥、木材）的动态价格和劳务市场的情况，结合全省工程造价标准，做出预算，由业主单位和承建企业根据预算造价，在上下浮动总造价的百分之三左右的情况下签订合同书后，进行工程施工。2002年后，万宁琼建工程造价咨询公司成立，市建设局委托该公司负责万宁市内建设工程主要材料市场价格调查、服务和指导工作，并根据各类工程成本数据、建筑价格动态数据、招投标动态数据库数据，编制和审查工程概算、预算和决算，招标标底，投标报价、建设项目投资估算和工程项目总造价。2010年，万宁琼建工程造价咨询公司做好计价解释和造价争议调解工作，工程造价公开、透明、合理。

第三节 质量安全管理

1991—2010年，根据《中华人民共和国建筑法》《中华人民共和国安全生产法》《建设工程安全生产管理条例》，万宁市住房和城乡建设局委托万宁市建设工程质量安全监督站对市内新建、扩建和改建的各类建筑工程的质量、安全生产和质量行为实施监督管理。在此期间，编制《建设工程质量监督方案》《建设工程安全监督方案》，依据方案，派出专业技术人员组成监督组，针对工程的特点、规模和技术复杂程度，具体明确监督管理的重点、要求、内容和方法。同时，对建设单位、勘察单位、设计单位、施工单位、监理单位、工程质量检测单位等质量主体单位和有关机构的质量行为进行全面监督管理。抽查责任主体执行法律法规工程技术标准、质量管理体系和实施情况，抽查施工作业面的施工质量，对重点工程地基、基础、主体结构和其他涉及结构安全有关部位实体质量检查，对工程竣工进行验收。

加强建筑工程安全质量的监督管理。主要对建设单位、监理单位、施工单位落实安全生产责任制的执行情况进行监督。施工现场安全生产监督主要抽查脚手架、基坑支护、模板工程、“三宝”（安全帽、安全带、安全网）的正确使用，洞口临边防护、施工用电、物料提升机、外用电梯、吊塔、吊起重吊装、文明施工的情况，及时发现安全隐患，预防安全事故的发生。万宁市建设工程质量安全监督站严格执行国家、海南省建设厅有关工程建设法律法规的规定，工程监督覆盖率达100%，所监督的工程未发生质量与安全事故。在此期间，被评为省优工程9项，建筑施工文明工地1项，绿岛杯1项。2004年，被中国建筑业协会工程建设质量监督分会评为全国工程质量系统先进工程监督站。2009年，被中国建筑业协会工程建设质量监督分会评为全国工程质量监督系统先进单位。

第四节 建筑市场管理

1991—1994年，万宁建筑市场管理较弱。自1995年起，对建筑市场进行全面规范管理，实行注册备案制，加强对施工企业营业执照资质等级、安全生产许可证、项目经理、“五大员”（技术员、质检员、预算员、资料员、安全员）等的资格审查，杜绝无资质和挂靠施工现象，强化企业信用手册的登记和管理，做好企业市场良好行为和不良行为的记载，及时记录企业和项目经理的市场行为，现场管理、质量管理、安全生产、文明施工及不服从管理等内容，实现市内建设市场规范化管理。

至2010年，万宁市住房和城乡建设局为全市建筑行业统一管理职能部门，由施工股负责市内企业和建筑市场管理。外地建筑企业进入万宁建设市场，必须持企业营业执照到市住建局登记审核，领取施工许可证，方能施工。

第五节 建筑企业

1991年，万宁共有6家建筑企业，分别为市建筑公司、万城建筑公司、建筑设计室、第三建筑工程公司、建筑工程质量安全监督站、第二建筑公司。1992年，建筑工程质量检测中心成立。1993年，成立第一建筑工程公司。2002年，万宁琼建工程造价咨询中心成立。至2010年，万宁市共有建筑企业9家。

万宁市建筑企业情况一览表

表4-4

企业名称	创建年份	企业性质	资质等级	注册资金（万元）	固定资产（万元）	员工人数（人）	其中技术人员				机械设备		
							合计（人）	高级（人）	中级（人）	初级（人）	设备（台）	总功率（千瓦）	净值（万元）
设计室	1980	国营	—	—	—	42	31	12	8	11	—	—	—
质量安全监督站	1986	国营	—	—	—	19	17	2	5	10	25	—	—
质量检测中心	1992	国营	—	—	—	15	11	1	5	5	55	—	—
工程造价咨询公司	2002	私营	—	20	—	15	13	1	3	9		—	—
市建筑公司	1951	集体	叁级	700	1600	195	34	1	11	22	210	4320	1500
万城建筑公司	1969	集体	叁级	960	900	227	53	—	11	42	362	5920	820
第一建筑公司	1993	私营	叁级	1280	1200	145	60	—	17	43	320	6200	880
第二建筑公司	1987	私营	叁级	750	879	727	72	4	16	52	432	6370	869
第三建筑公司	1984	私营	叁级	1000	635	385	52	2	12	38	316	5800	810
合计	—	—	—	4710	5214	1770	343	23	88	223	1720	28610	4879

第四章 房地产业

第一节 商品房开发

1991—2000年，万宁市（县）基本上没有商业房地产，房产大多是个人买地建私房、单位企业集资建房，集资建房的规模比商业房地产大。2006年，中信泰富、华润集团、中信国安等一批境内外知名企业开始进驻万宁市。

2008年，万宁房地产实施“大公司进入、大项目带动”的发展战略，知名房企纷纷抢滩登陆万宁，项目规模较大。2009年，万宁房地产投资增速迅猛，全年全市已有15家房地产公司动工建设，房地产完成投资额151889万元。至2010年，万宁的房地产开发主要分为三个板块：万城、神州半岛和兴隆。万城板块主要依托万宁中心城区齐全的生活配套而发展起来，代表楼盘为宝安开发的椰林湾项目；神州半岛板块依托一线的海景资源，代表楼盘为中信开发的神州半岛项目；兴隆板块发展相对比较成熟，依托热带园林、温泉等自然资源，代表楼盘为嘉地开发的石梅山庄项目。至2010年，万宁市共新建居民小区23个，用地面积125.7万平方米，建筑面积167万平方米，居住户数1.77户，居住人口5.1万人，居住建筑总投资为45.95亿元。

2010年万宁市居住小区统计表

表4-5

序号	居住小区名称	建设时间	用地规模（平方米）	建设规模（平方米）	居住户数（户）	居住人口（人）	投资总额（亿元）
1	市政府居住小区	2004.4	106560	43200	360	1440	0.864
2	金手指高夫夫小区	2008.1	45333	48261	400	1200	1.0

续表4-5

序号	居住小区名称	建设时间	用地规模（平方米）	建设规模（平方米）	居住户数（户）	居住人口（人）	投资总额(亿元)
3	万利隆	2008.7	61559	164081	1202	4207	3.77
4	椰林居·养生花园	2009.5	9750	7022	108	432	0.162
5	北京村小区	2009.6	31820	456010	450	1368	0.96
6	鑫桥小区	2009.12	71052	65564	863	2157	2.62
7	山根知言望海佳园小区	2009.12	39892	44077	756	2268	1
8	山泉海	2010.4	101600	198000	3310	6623	4.5
9	悦隆庄	2010.4	60400	19114	93	233	0.439
10	长春城	2010.5	66666	68165	270	810	1.57
11	中汇万城春天	2010.6	28084	55299	402	1202	1.27
12	港隆温泉度假小区	2010.7	38176	45046	224	7016	0.8
13	富加龙湾	2010.7	56244	90858	240	720	2
14	耀星小区	2010.7	94157	182718	2896	8688	4.2
15	椰林湾	2010.8	101383	162214	1474	4429	3.73
16	人民东安置小区	2010.8	25266	45480	379	1516	4.75
17	华亚花园小区	2010.1	34970	73265	910	2730	1.68
18	中央坡公馆	2010.1	34823	52234	688	2202	1.2
19	兴隆钓鱼台度假小区	2010.1	27727	22503	204	612	0.51
20	兴隆隆阁山庄	2010.1	73587	58796	367	2039	1.35
21	欧亚小区	2010.11	115664	104097	1206	3780	2.39
22	林业小区	2010.11	19753	44637	371	1060	0.892
23	新陶小区	2010.12	12663	29567	286	1144	0.68
24	合计	—	1257129	1669808	17729	51573	42.337

第二节 房地产交易

一、商品房销售

2001年开始，万宁市开始销售商品房。至2007年，万宁市共交易364套商品房，销售总金额达7570万元。

2009年底至2010年初，受海南建设国际旅游岛决策上升为国家战略的消息影响，消费者看好海南房地产，商品房销售火爆，售价一路飙升，甚至出现了“一天一价”的井喷猛增势头，2009年比2008年均价增长45%，2010年比2009年均价增长79%。2009年比2008年销售套数增长96%，而销售面积却只增长40%，商品房开始转向以休闲度假的小户型为主。购买者以内地人居多，占80%以上。

2001—2010年万宁商品房销售统计表

表4-6

年份	销售套数(套)	销售面积（万平方米）	销售均价（元/平方米）	销售金额（万元）	预售面积（万平方米）
2001—2007	364	4.56	1660	7570	18.87
2008	569	5.68	2350	13348	22.95
2009	1118	7.94	3400	26996	26.74
2010	4652	28.65	6090	174479	102.82

二、房产证办理

1991—1992年，万宁县房产证办理处于起步阶段，办理的数量较少。1993年，共办理395个房产证，办证同比增长72.53%。2007年，万宁房地产开始快速发展，办理房产证数量较2006年增长41.5%。2010年，在建设“国际旅游岛”的利好政策推动下，房地产业发展成熟，万宁市政府开始通过举办房展、旅游推介会向内陆其他省份宣传万宁，到万宁购买商品房的人迅速增多，年底，全市共核发房屋权属证书4.09万张，建筑面积775.03万平方米。

1993—2010年万宁房产办证统计表

表4-7

年份	办证量(张)	办证同比增减(%)	面积(万平方米)
1993	395	72.53	3.25
1994	750	89.87	6.93
1995	774	3.20	5.68
1996	479	-38.11	7.24
1997	971	102.71	12.54
1998	1455	49.85	16.49
1999	982	-32.51	12.87
2000	928	-5.50	15.32
2001	883	-4.85	12.46
2002	496	-43.83	7.64
2003	808	62.90	25.9
2004	950	17.57	40.9
2005	1067	12.32	47.26
2006	1082	1.41	29.43
2007	1531	41.5	49.2
2008	1258	-17.83	30.62
2009	885	-29.65	133.41
2010	1038	17.29	89.05

第三节 住房制度改革

1995年,万宁县政府颁布《万宁县出售公有住房暂行办法》。规定在提租补贴的同时,发动集资建房,改善城镇职工住房条件。1998年,国家出台《关于大力发展经济适用住房的若干意见》的通知,经济适用住房开始成为中低收入家庭满足住房需求的首选。1999年,省政府制定《海南省集资合作建房管理办法》。2000年,万宁市政府出台《关于职工购建住房由部分产权向全部产权过渡的通知》。至2007年,市政府不断出台新的管理政策,稳定快速地发展保障性住房。这段时间是集资建房、安居工程房的高峰期,同时商品房也开始快速发展。

2008年开始,受房地产迅猛发展、物价快速增长等因素影响,人民对保障性住房的需求日益迫切。中央开始下达任务,各地政府开始大规模的保障性住房建设。为满足各个收入阶层的需求,万宁市政府同时建设多种保障性住房:廉租住房、经济适用房、公共租赁房、限价房、棚户区改造房等。其中,廉租房主要供应低保户、低收入家庭,公共租赁住房则是面对中低收入家庭,这两类保障性住房是以租赁的方式供应给群众;经济适用房、限价房等则有独立产权。为规范保障性住房建设和管理,市政府出台《万宁市廉租住房保障办法》《万宁市经济适用住房建设和管理实施方案》《万宁市镇级周转房建设实施方案》《万宁市新行政中心综合服务区限价商品房配售实施方案》《万宁市保障性住房项目资金管理暂行办法》和《万宁市保障性住房质量安全监督管理细则》等,为扎实推进万宁市保障性住房的建设工作提供强有力的保证。

2008—2010年底,万宁市共建设各类保障性住房5319套,建筑面积46.4万平方米,总投资8.17亿元。其中,建设廉租住房1676套,建筑面积8.3万平方米,总投资1.3亿元;建设经济适用住房2552套,建筑面积30.5万平方米,总投资5.33亿元;建设公共租赁住房691套,建筑面积3.6万平方米,总投资5400万元;城市棚户区改造400户,建筑面积4万平方米,总投资1亿元。

第四节 集资建房

1994年9月至1995年6月,万宁县城镇职工购买公有住房是按标准价购房,拥有65%的部分产权,共办证251张,建筑面积2.62万平方米;1995年6月至2001年11月,万宁的城镇职工购买公有住房是按成本价购房,拥有100%的部分产权,共办证3952张,建筑面积37.82万平方米。

2001年6月至2010年12月，万宁的城镇职工购买公有住房是集资建房，拥有100%产权，共办证1536张，建筑面积26.6万平方米。

第五节　经济适用房与廉租房建设

一、经济适用房建设

经济适用住房单套建筑面积以60平方米左右为主，可参照省职工住宅建筑面积标准适度控制。万宁市经济适用房从2008年开始计划建设，缓解了干部职工的住房困难，2009年建设完成经济适用房542套，建筑面积6.35万平方米，总投资1.2亿元；2010年，建设完成经济适用房共2010套，建筑面积24.17万平方米，总投资4.13亿元。

二、廉租房建设

2008年，万宁市成立“保障性安居工程领导小组”，并将万宁市房改办与房产管理所合并成立万宁市住房保障与房产管理局。大力推进廉租房建设。2008年，完成廉租住房建设96套，建筑面积5000平方米，总投资750万元；2009年完成廉租住房建设1080套，建筑面积5.4万平方米，总投资8100万元；2010年完成廉租住房建设500套，建筑面积2.5万平方米，总投资5000万元。

廉租住房保障对象为人均住房建筑面积13平方米以下城镇(市人民政府所在地的镇)低保和低收入住房困难家庭。至2010年，廉租住房租金标准为1元/平方米/月，共安排577户城镇低收入家庭入住。

第五编　农　业

第一章 农业综述

第一节 机 构

1991年,万宁县农业委员会为主管农业工作的机构,内设办公室、会计辅导站、监察组、生产组、集镇组、调研组、土地开发组、经管组,编制35人。1993年,万宁县农业委员会内设机构由8个调整为7个,内设办公室、会计辅导站、生产计划组、经管组、科教组、经济开发组、信息调研组,人员编制不变。

1995年机构改革,撤销万宁县农业委员会,其行政职能归万宁县农业局,同时,林业中心、畜牧总站、热作中心、农机总站、水产事业中心、农技中心的行政职能也划归县农业局。1996年8月,万宁撤县设市,万宁县农业局相应改为万宁市农业局,编制36人。2000年,市农业局内设文秘行政股、农业科教管理股、农业生产管理股、热林管理股、水产畜牧管理股、农机管理股、扶贫开发股、经济实体管理股、纪检监察股,编制18人。2001年,市农业局内设办公室、种植业与畜牧业管理股、市场与经济信息管理股、农业综合执法监督股、农村经济管理股、科技培训推广股,人员编制不变。

2010年,市农业局内设6个股级机构:办公室、农业执法与质量监管股、农业生产股、市场与经济信息股、科技教育股、企业与农村经营管理股,编制18人。

第二节 农业区划

一、三大区划

1983年秋,万宁县开始进行农业资源和农业区划调查,经过丈量核实,土地总面积为188400公顷，耕地面积19172.8公顷，其中水旱田面积13451.8公顷，旱地面积5721公顷，人均有耕地0.06公顷，并将全县划分为三个农作物生产区。

（一）东南沿海平原渔、粮、经作、林、牧区

范围包括龙滚、山根、和乐、港北、后安、大茂、万城、北坡、东澳、礼纪等10个乡镇117个管区，以及县（市）良种场、农科所和林科所等单位。土地总面积为33002.8公顷，占全县（市）土地面积的17.5%，其中：耕地净面积12508.5公顷(水旱田9313.6公顷、旱地3194.9公顷)，占全县（市）耕地面积的54.8%；林地12331.9公顷，占全县（市）林地面积的16.9%；草地3351.1公顷，占全县（市）草地面积的43.7%。总人口196007人，其中农业劳动力66767人，劳均耕地0.2公顷。

（二）中部台地、丘陵热、林、蔗、牧区

范围包括龙滚、山根、和乐、乐来、大茂、长丰、礼纪等7个乡镇40个管区，7个乡办农场和国营六连林场。土地总面积43087.4公顷，占全县（市）总土地面积的22.8%，其中：耕地6042.6公顷(水旱田3678.5公顷、旱地2364.1公顷)，占全县（市）耕地面积的25.5%；热作地3239.9公顷，占全县（市）热作地面积的44.2%；经作地179.4公顷，占全县（市）经作地的9.8%；林地20705公顷，占全县（市）林地面积的28.4%；草地2546.6公顷，占全县（市）草地面积的33.2%。总人口71023人，其中农业劳动力20774人，劳均耕地0.3公顷。

（三）西部山地胶、林、粮、牧、南药区

范围包括禄马、北大、牛漏、三更罗、新梅、南桥等6个乡镇45个管区5个乡办农场以及东岭、东兴、东和、新中、南林、兴隆等6个国营农场。其土地总面积112257.1公顷(国营农场62000公顷)。其中：耕地面积4602.4公顷(水旱田2842.9公顷、旱地1759.5公顷)，林地39662.9公顷；草地1763.4公顷，热作地4321.4公顷，经作地599.4公顷。总人口145870人，其中农业劳动力15144人，劳均耕地0.3公顷。

二、四大区划

随着农业经济的发展和产业结构的调整，2004年万宁市农业局对万宁农业区划做了新的调整，划分为四大区域。

（一）海水养殖区域

区域范围主要有和乐、北坡、东澳、山根。海岸线长达109千米，港北内海45平方千米，依海生活人口不少于15万人，主要从事虾、鱼、蟹饲养以及近海捕捞等。

（二）粮食生产区域

区域范围主要有万城、东澳、龙滚、后安。全市生活在粮食区域人口约有20多万人，常年每造水稻实插面积不少于8000公顷，拥有4个万亩和23个千亩连片面积，具备发展粮食生产的良好条件。

（三）经济作物种植区域

区域范围主要以民族乡镇为主。全市适宜种植热带经济作物的区域面积2万余公顷，已种植20

万亩左右，生活在此区域的有10万多人口。

（四）冬种反季节瓜菜种植区域

区域范围主要在礼纪、万城、长丰、东澳、后安地区。全市常年瓜菜种植面积有6000公顷，产量18万~20万吨。

第三节 农村经济体制改革

一、农村土地管理制度改革

万宁农村土地管理制度按海南省的法律法规执行。1994年6月，海南省出台《海南经济特区土地管理条例》。1999年9月，海南省修订了《海南经济特区土地管理条例》。2006年3月，海南省通过了《关于修改〈海南经济特区土地管理条例〉的决定》第一次修正。2008年7月，海南省通过了《关于修改〈海南经济特区土地管理条例〉的决定》第二次修正，并于同年8月1日起正式施行。根据相关文件规定，万宁集体所有土地使用权可以依法出让、转让或者承包用于种植业、林业、畜牧业、渔业生产，也可以依法由农村集体经济组织兴办企业，或者与他人联合办企业，用于非农业建设。集体所有土地使用权可以依法抵押、继承。严格限制农用地转为建设用地，控制建设用地总量，对非农业建设占用耕地实行占补平衡，对生态公益林地实行特殊保护。农民集体所有的土地，由市、县、自治县人民政府登记造册，依法核发证书。至2010年，农村土地管理继续执行2008年颁布的条例未变。

二、农村承包责任制改革

（一）土地承包

1991年1月，县农委印发《总结经验教训，提高思想认识，进一步稳定完善我县家庭联产承包责任制》的通知；同年5月8日，县农委制定《深化农村改革，加强“三大管理”，继续稳定和完善家庭承包责任制工作方案》；同年8月8日，县农委下发《关于完善我县农村“三大管理”工作的意见》。1996年底起，第一轮土地承包期陆续期满，万宁市开始第二轮土地承包工作，成立第二轮土地承包工作领导小组。1997年4月，出台《万宁市第二轮土地承包工作方案》，正式开展农村土地二轮承包工作。7—8月，市政府选择具有沿海、平原、山区等特点的山根乡先行试点工作。10月，全面铺开第二轮土地承包工作。至2000年6月12日，全市2061个经济社（即原来的生产队）中，有2052个经济社采取“顺延、小调整、大调整”三种不同方式向72734个农户发包耕地14395.7公顷，占全市农户总数的96%，占全市耕地总面积的98%；签订家庭承包耕地合同70140份、发放“农民承包费用和劳务登记手册”70140册，占农户总数的96%；发放“集体土地经营权证书”46340册，占农户总数的63%。2005年，印发《万宁市完善农村二轮土地承包试点工作实施方案》，全市12个镇，完善家庭承包合同70104份，落实承包面积11924.4公顷，换发和补发家庭承包经营权证新证69541本，发证率99%。完善对内专业承包合同7580份，面积2319.9公顷；签订、完善对外专业承包合同675份，面积1907.5公顷；处置对外承包“三过”合同1份，面积8.7公顷。

依据2004年1月1日开始施行的《农村土地承包经营权证管理办法》，2005年，万宁市人民政府印发《万宁市完善农村第二轮土地承包工作方案》。至2009年，实行家庭联产承包农户70971户，完善家庭承包合同70971份，换发和补发家庭经营权证书70971本。至2010年，全市完成农村土地承包信息系统网络建设，实行农村土地合同“双档案”管理。

（二）土地流转

2001年12月30日，根据《关于做好农户承包地使用权流转工作的通知》文件，开展清理整顿农业开发用地流转工作.对全市农用地使用权的流转进行全面清理、整顿，摸清全市“四荒”地164宗，面积2538.7公顷；需要整顿规范的有126宗，面积2138.6公顷；整顿规范的114宗，面积1966.5公顷，完成率90%。出台《万宁市农用地流转若干规定》。2002—2009年，万宁市农村土地流转的规模较小，年度增减变化不大。2010年，全市家庭承包的土地除沿海平原地区有短期（半年）流转给外地人种植西瓜、毛豆等短期经济作物外，很少有长期流转，短期流转也只有口头合同。当年全市对外承包土地271宗，面积651公顷，均依法申请登记。

三、耕作制度改革

1991年，万宁开始试行冬季瓜菜生产，但规模不大。1993—1999年，深化稻田耕作制度改革，除低洼田、糊洋田外，其余水田大多实行水稻瓜菜轮作制。

自2000年起，海南冬季瓜菜生产优势不断显现，至2010年，万宁冬季瓜菜种植已具规模，各乡镇基本实行水稻瓜菜耕作制度，成为全国冬季瓜菜供应的重要产地之一。

第四节 农业产业结构调整

1991—1994年，万宁县的农业生产相对分散，产业结构也较为单一，基本上是以粮食生产为主，农业经济效益受到一定程度的制约。1995年初，县委县政府发动群众创办九大农业生产基地，即万亩菠萝种植基地、万亩椰子种植基地、万亩胡椒种植基地、万亩蔬菜种植基地、万亩水果种植基地、万亩对虾养殖基地、万亩淡水养殖基地、万头猪场养殖基地、百万只肉鸡养殖基地。12月，新种菠萝826.7公顷、瓜菜906.7公顷、椰子340公顷、胡椒286.7公顷、水果273.3公顷，新养殖对虾413.3公顷、淡水养殖453.3公顷，新养肉鸡35万只，兴建万头猪场1个。

1996—2000年，万宁农业产业结构调整继续稳步推进。2000年5月16日，市农业局印发《关于下达2000年5万亩农田改制种植各类经济作物计划的通知》，当年水稻种植总面积20934公顷，比1999

年实际缩减910公顷。

2001年，种植业结构调整步伐加快。全市水稻面积比2000年减少2140公顷；热带水果面积达6246.7公顷，产量5.20万吨；瓜菜面积达7986.7公顷，产量14.92万吨；高效热作面积达14993.3公顷。瓜菜、水果和热作实现产值5.11亿元。至2005年，初步形成平原地区以优质瓜菜为主，丘陵地区以菠萝、胡椒、荔枝、龙眼为主，山区以橡胶、南药、山寮鸡为主，沿海以海水养殖和深海捕捞为主，宜牧地区以饲养特色禽畜为主的优势产业带。龙滚镇的菠萝品种改良获得成功，第一批引种的金钻、苹果、珍珠等9个品种15.3公顷示范基地全面结果，每公顷产量达37.3余吨；第二批20公顷示范园植株长势更好；后安海鸭人工养殖被列为全省农业系统重点扶持项目，专门从省农业专项扶持资金中支出43万元用于扩大生产规模。广藿香生产、加工项目正式落户，建成全国最大的组培苗基地和藿香油加工厂，生产的藿香油质量达到国际标准。

2006年，市政府出台《关于加强农业和农村经济结构调整的实施意见》，《意见》以市场为导向，调大畜牧业、调强水产业，调精种植业，调活二、三产业，构建种植、畜牧、水产三足鼎立的格局，培植打工经济，创办生产基地，构建特色产业镇、产业村，做优丘陵地区菠萝、胡椒，山区槟榔、橡胶，平原瓜菜、水果，沿海养殖捕捞“四大产业带”。根据万宁的产业优势，精心打造具有万宁特色的农产品品牌，继续把“和乐螃蟹”“东山羊”“后安鲻鱼”“龙滚菠萝”“禄马苦瓜”“岛光香芋”和“三更罗山寮鸡”等一大批有知名度的农副产品做大做强，增加农民收入。北大镇以“禄马苦瓜”这一省优品牌产品调整产业结构，增加种植面积133.3公顷；同时，抓好建设农村经济结构调整典型示范村100例，以带动全市农业结构的调整。当年，先后在12个镇举办海水养殖、瓜菜、热作、超级水稻等各种培训班50多期，帮助农民提高技术水平；推广苦瓜、西瓜、南瓜、椒类等8个瓜菜种类的良种，推广面积1533.3公顷；引进台湾地区黑珍珠莲雾和无花果品种，种植面积13.3公顷；推广地膜覆盖技术、水稻抛秧技术、皇帝蕉高产栽培技术、香芋高产栽培技术、测土配方施肥技术和沙滩西瓜高产栽培技术等14项农业新技术，使全市瓜菜种植面积突破8446.7公顷，总产量突破22万吨，产值达3.40亿元。全市全年农林牧渔业生产总值达16.20亿元。

2007年，万宁市农业产业结构进一步优化，冬季瓜菜、热带水果、热作经济、海洋渔业和畜牧业等分别成为农业经济的支柱产业和极具潜力的优势产业，渔业和畜牧业占全市农业的比重达51%。农业区域化布局日趋完善，区域特色产业带基本形成。发挥资源优势、品牌优势和区域优势，发展基地农业，培育一批特色优势产业带，创建4000公顷菠萝生产基地、5333.3公顷槟榔生产基地、666.7公顷毛豆生产基地、1333.3公顷优质苦瓜生产基地、666.7公顷南药生产基地、666.7公顷荔枝生产基地、2666.7公顷优质西瓜生产基地、5万只东山羊饲养基地、1333.3公顷对虾养殖基地、6000口网箱石斑鱼养殖基地等十大生产基地。全市有万宁吴氏土特产贸易有限公司、万宁市南方调味食品厂等4家省级农业产业化龙头企业，联结2.99万农户。先后成立菠萝、荔枝、槟榔等13家农业行业协会，会员l426人。并有永青集团(永礼物流园区)、罗牛山集团(礼纪三星3.6万头养猪基地)2家省级重点龙头企业在万宁市落户，全市农业产业水平不断提升。

2008年，以生产基地发展为目标，引进良种良苗，推广良苗良法。在槟榔黄化病危害严重的南桥、三更罗、北大等镇扶持引导发展橡胶、柠檬、无胶菠萝蜜、咖啡、香草兰等热带高效经济作物533.3公顷。扶持冬季瓜菜生产，建设12个标准化瓜菜生产示范基地，推广应用膜覆盖、微滴灌等设施农业6666.7公顷。

至2010年，全市冬季瓜菜种植面积9466.7公顷，总产量29万吨，调运出岛量27.80万吨，瓜菜整体效益突破6.40亿元，农民在瓜菜产业中人均增收1038元以上。全市年出栏万头以上猪场有2个，年出栏5000头以上猪场3个，2000头以上猪场17个，500～2000头的猪场养殖专业户52户。全年肉类总产量4.43万吨，总产值6.02亿元。

第五节 农业产业化建设

一、农村合作经济组织

1997年，开始成立各种农民专业协会。1998年，在农村改革中出现了“农民+公司+机关+科技”型、专业大户生产经营型、公司开发型、运销大户型、基层政府指导型等五种新的经营形式。2003年，万宁市农业产业化组织36个，其中省级龙头企业2家，即万宁市吴氏土特产有限公司和万宁市果菜北运有限公司。产业类型以种植业为主，占67%；其次为水产业，占28%，畜牧业占5%。至2010年，全市各类农民专业合作经济组织达到94家。

二、农村经济发展

1991年，万宁农村经济总收入3.54亿元。1996年，总收入突破10亿大关，达11亿元；其中家庭经营收入仍占主导地位，农村家庭经营收入达8.84亿元，占总收入的82.6%；乡办企业收入达5991.3万元；种植业收入达3.1亿元，占总收入的29%；养殖业中渔业收入达1.22亿元，占总收入的11.4%。至2002年，全市农村经济总收入15.33亿元（含外出劳务所得8493.6万元，其他渠道所得4607.3万元）。2006年，万宁市农村经济发展较快，总收入19.34亿元，人均纯收入3144.2元，全市12个镇的农村人均纯收入都有不同程度的提高，但农民收入水平不平衡，龙滚镇的人均纯收入最高，为4452元，最低是南桥镇1367元。至2010年，全市农村经济总收入为29.22亿元，人均纯收入为5813元。

第二章 种植业

第一节 粮食作物

1991—2010年，万宁市（县）的粮食作物主要是水稻和番薯。1991年，万宁县水稻种植面积23484.3公顷，同年总产量86199吨；番薯种植面积5746.6公顷，同年总产量12580吨。

1995年，水稻种植面积22266公顷，总产量99562吨，比1991年减少种植面积1218.3公顷，总产量比1991年增产13363吨；番薯种植面积7136公顷，总产量25488吨，比1991年增产12908吨。

2000年，因农业产业结构调整，水稻种植面积、产量有所下降。同年水稻总种植面积20934公顷，比1995年减少1332公顷；总产量91518吨，比1995年减少8044吨。番薯种植面积6297公顷，比1995年减少839公顷；总产量为26614吨，比1995年增加1126吨。

2005年，水稻总种植面积14583.8公顷，比2000年减少6350.2公顷；同年总产量36473吨，比2000年减少55045吨。番薯种植面积4284.1公顷，比2000年减少2012.9公顷，总产量为19137吨，比2000年减少7477吨。

2010年，万宁市全年水稻总种植面积16207.1公顷，其中早造6619.1公顷，晚造9588公顷；全年总产量67240吨，其中早造总产量33410吨，晚造总产量33830吨。番薯种植面积3820.5公顷，总产量17807吨。

1991—2010年万宁市（县）主要粮食作物产量（不含农垦）一览表

表5-1

年份	水稻早造		水稻晚造		水稻总种植面积（公顷）	水稻总产量（吨）	番薯种植面积（公顷）	番薯总产量（吨）
	种植面积（公顷）	总产量（吨）	种植面积（公顷）	总产量（吨）				
1991	10758	36316	12726	49883	23484	86199	5859	12580
1992	10928	45194	12742	52131	23670	97325	6789	18479
1993	10794	42109	12033	51681	22826	93790	6958	22897
1994	10400	43927	12121	55398	22521	99325	7031	23209
1995	10057	43881	12209	55681	22266	99562	7136	25488
1996	10076	46901	12169	53474	22245	100375	7557	27256
1997	9961	47999	12046	57517	22007	105516	7475	27470
1998	9794	45258	12042	61140	21836	106398	7450	28653
1999	9811	47823	12033	63196	21844	111019	7332	30484
2000	9022	43068	11912	48450	20934	91518	6297	26614
2001	8513	39965	10860	44549	19373	84514	5667	24441
2002	8210	33335	10810	44848	19020	78183	4875	20253
2003	7779	32597	10421	39162	18200	71759	4149	19686
2004	7606	31851	10293	42325	17899	74176	3765	16252
2005	5811	14813	8773	21660	14584	36473	4284	19137
2006	6177	28440	8847	35533	15024	63973	2465	10865
2007	6794	32383	9529	39303	16323	71686	3326	17858
2008	6396	30238	9269	38056	15665	68294	3738	16564
2009	6422	31352	9323	43836	15745	75188	3818	17256
2010	6619	33410	9588	33830	16207	67240	3820	17807

第二节 经济作物

一、油料生产

1991—2010年间,万宁的油料作物主要是大豆和花生。大豆最高总产量在2010年,为443吨;最低总产量在2006年,为122吨。花生最高总产量在2010年,为3576吨;最低总产量在1991年,为1199吨。此外,1991—1993年还有少量芝麻生产,3年总产量共8吨,自1994年后,由于产量过少,不再作统计。

1991—2010年万宁市(县)主要油料作物产量(不含农垦)一览表

表5-2

年份	大豆		花生	
	种植面积(公顷)	总产量(吨)	种植面积(公顷)	总产量(吨)
1991	103	194	960	1199
1992	98	164	1203	1846
1993	159	275	1146	1887
1994	178	303	922	1347
1995	153	299	1262	1846
1996	231	534	1309	1978
1997	106	253	1333	2152
1998	105	288	1349	2919
1999	143	381	1401	3241
2000	138	371	1329	3329
2001	148	431	1287	3308
2002	161	359	1111	1982
2003	153	304	872	1576
2004	122	224	928	1894
2005	120	233	1013	2431
2006	8	122	726	1678
2007	91	187	760	1993
2008	138	332	895	2686
2009	153	396	920	3066
2010	158	443	946	3576

二、甘蔗生产

1991—2010年，万宁市的甘蔗生产主要是果蔗，年均种植面积为532.4公顷，年均产量为29623.2吨。1991—1995年，有糖蔗生产，其产量分别为46238吨、46842吨、29754吨、12227吨、5880吨。1996年，未有糖蔗生产。1997年，糖蔗生产有40吨。从1998年起糖蔗生产未见统计。

1991—2010年万宁市（县）果蔗生产情况一览表

表5-3

年份	面积（公顷）	产量（吨）
1991	267	7565
1992	399	20679
1993	476	25298
1994	488	25336
1995	560	29146
1996	693	36949
1997	700	37920
1998	753	40736
1999	658	25113
2000	569	29551
2001	574	33004
2002	517	31519
2003	472	33918
2004	586	38370
2005	593	38503
2006	577	25799
2007	490	27078
2008	451	28920
2009	451	29777
2010	375	27283

第三节 水果和瓜菜生产

一、水果生产

1991—2010年间，万宁生产的主要水果是香蕉和菠萝，其次是荔枝、龙眼、芒果、柑橘、橙、柚等。水果种植面积最大的年份在1998年，为7186公顷；收获总产量最高的年份在2010年，为102881吨。园林水果种植总面积最小的年份在1991年，为1840.5公顷；收获总产量最低的年份也在1991年，为16380吨。

1991—2010年万宁市(县)水果面积和产量(不含农场)一览表

表5-4

年份	合计			香蕉			菠萝		
	年末面积(公顷)	收获面积(公顷)	总产量（吨）	年末面积(公顷)	收获面积(公顷)	总产量（吨）	年末面积(公顷)	收获面积(公顷)	总产量（吨）
1991	1840	1475	16380	267	185	1265	1391	1237	14642
1992	2640	1636	23757	361	234	2155	1882	1226	20367
1993	3192	1688	26362	414	277	2213	2249	1219	22590
1994	4483	1737	31552	517	337	2448	2631	1084	25257
1995	5187	2099	35552	579	396	2912	3065	1262	28159
1996	6000	2859	42448	571	387	3477	3937	1193	26064
1997	6602	3314	56805	666	476	3870	4129	2019	45706
1998	7186	3748	68758	732	536	6979	4789	2336	54395
1999	6812	3682	72479	839	573	7855	4453	2135	57560
2000	6246	3521	64058	941	641	7065	3980	1966	52629
2001	5523	3108	55199	1109	808	5491	3301	1675	47008
2002	6710	2761	56413	1230	658	4083	3412	1502	50297
2003	4970	2439	63029	665	211	5729	3061	1406	53425
2004	5573	3162	67193	691	462	6358	3064	1524	55033

续表5-4

年份	合计			香蕉			菠萝		
	年末面积(公顷)	收获面积(公顷)	总产量（吨）	年末面积(公顷)	收获面积(公顷)	总产量（吨）	年末面积(公顷)	收获面积(公顷)	总产量（吨）
2005	5479	3162	71174	451	345	4238	3343	1688	60780
2006	5744	3528	79687	354	397	4812	3785	1848	66516
2007	6108	3561	84059	350	374	4324	4207	1959	69872
2008	6106	3842	93305	274	266	3351	4205	2264	86492
2009	6271	3974	101012	288	220	3219	4281	2465	87334
2010	6035	4269	102881	286	227	3398	4006	2760	88388

二、瓜菜生产

1991年，万宁县瓜菜生产总面积为3370.1公顷，总产量31337吨，但其中冬季瓜菜生产比重不大。1995年7月，县农业局与海南省种子站签订《冬种瓜菜新品种试验示范生产协议》，当年试验面积3.3公顷，其中丰椒2号2公顷、津春黄瓜0.7公顷、黑皮冬瓜0.7公顷。

1999年，瓜菜种植总面积6783公顷，总产量131620吨。2005年，全市瓜菜种植面积8391公顷，总产量187304吨，总产值2.88亿元。同年，禄马苦瓜、乐来果蔗、太阳河四棱豆、礼纪贡举泡椒、万城毛豆、无籽西瓜等产品被评为“海南省优质农产品”。

2010年，全市瓜菜种植面积达11344.5公顷，总产量253996吨，瓜菜整体效益突破6.40亿元，瓜菜产业使农民人均增收1038元以上。

1991—2010年万宁市（县）瓜菜面积和产量（不含农场）一览表

表5-5

年份	种植面积（公顷）	总产量（吨）
1991	3370	31337
1992	4005	40793
1993	4542	51483
1994	6329	65698
1995	5491	66011
1996	6868	91531
1997	7718	99075

续表5-5

年份	种植面积(公顷)	总产量(吨)
1998	7291	106394
1999	6783	131620
2000	7297	140717
2001	7510	149202
2002	7951	160928
2003	8442	175462
2004	9386	194273
2005	8391	187304
2006	9074	207431
2007	8519	193211
2008	9913	219921
2009	10779	246462
2010	11345	253996

第四节 热作生产管理

一、机构

1991年,万宁县热作局内设人事财会股、热作生产股、工贸股,编制14人,下属企业有热作产品供销公司、黄山苗圃、热作产品加工厂。1996年8月,万宁撤县设市,万宁县热作局改称为万宁市热作局;同年,政府机构改革,把万宁市热作局行政职能移交给万宁市农业局,将万宁市热作局改称为万宁市热带作物开发中心,业务上受市农业局指导,属于公益一类事业单位,正科级建制,核定编制16人,实有人员16人,其中农艺师6人,助理农艺师4人。下属单位有热带作物产品发展公司、黄山热作苗圃场和热作产品加工厂。至2010年,内设机构、人员编制未变。

二、热作生产

热带作物是万宁山区、丘陵地区农村经济三大支柱产业(热作、畜牧养殖和冬季瓜菜)之首。万宁的热带作物品种较多,有橡胶、槟榔、胡椒、椰子、菠萝、荔枝、香蕉、芒果、龙眼、柠檬、咖啡、可可、石榴、莲雾等,其中橡胶、槟榔、椰子、胡椒的种植面积较大,约占万宁热带作物生产面积的70%。

1991年,热作产值5530.54万元。2000年,热作产值1.94亿元,比1991年产值增加13868.46万元。2010年，热作产值达到10亿元，热作成为万宁农民尤其是山区农民增收的龙头产业。

1991—2010年万宁市（县）主要热带作物面积和产量情况一览表

表5-6

年份	胡椒		槟榔		橡胶		椰子	
	面积（公顷）	总产量（吨）	面积（公顷）	总产量（吨）	面积（公顷）	总产量（吨）	面积（公顷）	总产量（万个）
1991	—	—	1622	725	14477	3827	1495	712
1992	—	—	1880	950	5780	1600	1745	740
1993	1563	1600	2063	1680	5673	2160	2027	700
1994	1335	1920	2333	1800	5434	2500	2150	900
1995	1487	1050	2508	1960	5400	2800	2114	1080
1996	1525	1445	2786	2495	5322	2723	1878	1234
1997	1732	1500	3220	3500	5422	3500	2052	1250
1998	1843	1380	3845	2998	5528	2300	2466	1346
1999	2243	1778	3978	3358	5664	2576	3342	1507
2000	3576	2276	4045	3761	8373	5400	2646	1508
2001	4907	2913	4112	4212	8373	5994	2460	1332
2002	—	—	3436	4446	15288	4829	2676	1465
2003	2198	—	3436	4839	6940	5166	2676	1585
2004	1904	—	3543	5373	6727	5346	2096	1713
2005	1904	2451	5370	6114	8630	4565	2064	1419
2006	1971	2516	5470	7078	9053	4075	2045	709
2007	2041	2763	5947	8458	9415	4924	2082	863
2008	2101	2954	6214	10088	9500	6550	2108	951
2009	2000	3343	8000	10818	8000	5830	1968	1020
2010	2000	3360	10667	12221	8433	5880	1919	921

三、热作技术培训与指导

（一）热作生产技术培训

1991年，举办橡胶割胶及热作栽培管理技术培训班8期，其中60人获得1～3级割胶技术员证书。1995年，先后举办各类热作技术培训班8期，参训人员600多人次，印发培训资料2000册。1996—

2000年，共举办各类热作技术培训班54期，受训人员5320人次，印发培训资料9000册。

2001—2005年，共举办各类热作技术培训班68期，受训人员7000多人次，印发培训资料11000册，发放光盘88个。2006—2010年，共举办各类热作技术培训班109期，受训人员11000多人次，印发培训资料19000册。

至2010年，共举办各类培训班247期，培训农民约18560人次，印发培训资料约41000册，培训内容主要有橡胶新割制及割胶技术、槟榔鲜果烘干技术和橡胶、槟榔、菠萝、咖啡、柠檬、香蕉、莲雾等热带作物高产栽培技术。

（二）热作生产技术咨询

1991—2010年，年均接待来询群众约450人次，解答热作生产技术问题约800多个，同时开展热作生产热线电话咨询工作，年均接听热作技术咨询电话约850多人次，解答问题约2500多个。其中，2006年，开通9632203215热作技术咨询电话，长丰镇马坡村一位卓姓农民的三株槟榔叶片变黄，树干萎缩，拨打热线电话咨询后，技术人员一时无法确诊，第二天中心派出2名技术人员上门查明情况，给予相关技术指导。

（三）现场技术指导

1993年，抓好热带作物冬春生产管理工作，派出技术人员50人次分片包干，深入农村开展热作生产现场技术指导，当年全县热作总产增产15%左右。北大乡农场橡胶平均单株产量达到3.8千克，比1992年增产20%。1999年，做好热作冬春生产管理技术指导工作。全力以赴建造椰林工程，热带作物开发中心做好宣传发动、布局规划、任务安排、种苗组织、措施落实等工作，当年新种椰子876.4公顷，比计划任务866.7公顷，超额完成9.7公顷。

2005年，加大热带作物生产技术推广力度，做好灾后恢复生产技术指导工作。强台风“达维”正面袭击万宁市，给万宁市热作生产造成巨大损失。热作中心组织技术力量分为市北、市南两组，亲临受灾现场指导农民抢险救灾、恢复生产。现场指导共51场次，印发抢救、抢管技术资料8000份，帮助受灾群众恢复生产。2006年，以示范基地为核心，辐射带动周边群众利用热作生产新技术，引导、指导龙滚镇、山根镇农民进行菠萝标准化生产，指导长丰镇马坡村委会村民老卓处理深施不腐烂有机肥引起的槟榔烂根问题，全年共开展生产现场技术指导8场次，推广种植万宁金椰66.7公顷。2008年，在南桥镇、长丰镇、北大镇指导农民香蕉下水田33公顷。在龙滚镇、山根镇指导农民按菠萝生产标准种植菠萝666.67公顷。在长丰镇、大茂镇指导农民利用旱田种植海巴戟66.67公顷。在礼纪镇、长丰镇、大茂镇、北大镇、后安镇、和乐镇指导农民按莲雾生产标准种植莲雾533.33公顷。

2010年，派出技术员现场指导近120场次，培训人数近2600人次，特别是在当年万宁遭受特大洪水期间，及时派出技术员赶往受灾严重的龙滚、北大、万城、长丰等地区指导农民恢复生产，现场指导30场次，发放技术指导资料5000册。

1991—2010年，技术人员亲临生产现场指导，年均约120多场次，年均指导2600多人次。

四、生产示范基地建设与新品种引进推广

（一）生产示范基地建设

1991年，在三更罗石壁管理区山界头村租用荒山、荒地33.3公顷作为生产基地；1993—1994年，先后在长丰、乐来、东澳等乡镇创建7个椰子育苗基地。1996年，在龙滚创建一个333.3公顷的菠萝生产基地，在山根创建一个333.3公顷的胡椒生产基地，在长丰创建一个66.7公顷的槟榔生产基地。1997年，在礼纪创建一个200公顷的优质椰子基地和一个46.7公顷的槟榔基地。1999年，在乐来创建一个33.3公顷的热作综合示范基地，在礼纪创建一个66.7公顷的椰子基地，在东澳创建一个33.3公顷的槟榔基地。2001年，在龙滚创建一个胡椒生产示范基地，在和乐创建一个橡胶生产示范基地，在长丰创建一个槟榔和一个米香蕉生产示范基地。2006年，在长丰创建一个8.7公顷的香蕉下水田示范基地。

2010年，万宁共有生产示范基地11个；其中椰子生产示范基地4个，面积100公顷；槟榔生产示范基地2个，面积66.7公顷；胡椒生产示范基地2个，面积13.3公顷；香蕉生产示范基地2个，面积42公顷；橡胶生产示范基地1个，面积33.3公顷。

（二）新品种引进推广

1991—2010年，万宁共引进并推广种植热带作物新品种9个，其中引进橡胶新品种热研7-33-97号2万余亩，引进并推广万宁金椰1000余公顷，引进菠萝蜜马来西亚1号666.7公顷、莲雾黑金刚400公顷，推广槟榔热研一号6666.7公顷，引进荔枝品种妃子笑333.3公顷、白糖罂400公顷，引进米香蕉苗8.7公顷，引进并推广海巴戟面积200公顷、柠檬新品种种植面积333.3公顷。

第三章 林业

第一节 林业管理

一、机构

1991年,林业管理机构为万宁县林业局。1996年2月,改为万宁县林业发展管理中心,事业单位,人员编制39人。2007年8月,改为万宁市林业局,由财政差额预算管理事业单位转为财政全额预算管理的事业单位,内设办公室、林政股、营林股、保卫股、防火办等5个股级职能岗位;同年10月,转为正科级参照公务员法管理的事业单位,内设办公室、林政股、营林股、林权管理办公室、行政审批办公室、森林防火办公室等6个股级职能岗位;核定编制32人(参公人员28人、工勤人员4人),下辖单位15个:6个省级自然保护区(青皮林省级自然保护区、六连岭省级自然保护区、上溪省级自然保护区、尖岭省级自然保护区、南林省级自然保护区、加新省级自然保护区),属省级财政差额拨款管理事业单位;1个林业科学研究所和1个苗圃场,属市级财政差额拨款管理事业单位;6个木材检查站和1个森林植物检疫站,属自筹管理事业单位。全系统共有干部职工579人。

2010年,林业局内设办公室、林政股、营林股、林权办、防火办。下属单位有:万宁市森林公安局、万宁市林科所、森林植物检疫站、水声苗圃场、万城木材市场管理站、5个木材检查站(大茂、长丰、三更罗、兴隆、桥南)、6个自然保护区(六连岭、尖岭、上溪、南林、茄新、青皮林)。

二、木材管理

1991—1996年,共开展清理木材加工销售点检查8次,没收非法木材124立方米,折款26304元。堵住非法木材流通暗道,保护国家森林资源。

1997年，继续加大对无证非法林木加工点的查处力度，对全市木材经营加工单位和个人进行全面的清理整顿，要求凡1996年办理经营许可证的单位和个人限其在1997年6月30日前到林业部门换新证。

2001—2005年，市林业局7次组织人员检查木材加工经营单位，依法取缔6家无证经营木材加工点，依法没收67立方米无法提供合法来源的木材，有2家违法收购加工天然林木被责令停产整顿，责令2家扰乱木材市场秩序的厂家停业整顿，有1家因非法经营被取缔，同时没收其无证木材60立方米，同时对2家违法经营的加工厂分别给予1.6万元的罚款。

2006—2010年，全市共开展清理木材加工销售点检查10次，取缔无证非法锯木加工点20多个，没收非法木材82立方米，折款27060元。

三、采伐证、运输放行证管理

1993年开始，全市开始实行采伐证、运输放行证管理，严格执行采伐程序规定。人工采伐先由林农申请，当地管区、乡镇签署意见，林业部门派技术员实地测量，经审批同意后方可发放采伐许可证，根据砍伐的蓄积量核发运输放行证。在采伐管理方面，实行伐区设计，伐后检查验收。木材运输放行证由省林业局确认的专人负责核发，木材来源合法，手续完备，才能核发木材运输证。1993—2010年，全市发放采伐许可证78件，采伐面积66.67公顷左右；发放木材运输放行证500多件，林木蓄积1000多立方米。

四、重点公益林管理

2005年，万宁市成立重点公益林管理领导小组，负责对全市公益林的管理。全市列入中央补偿的公益林面积为37447.3公顷，分布在市内10个镇和兴隆华侨农场。其中沿海防护林2084.7公顷、牛路岭水库周边第一道山脊线坡面内有林地5789.3公顷、天然林29573.3公顷。同时，按照《海南省重点公益林专职护林员管理办法》《海南省公益林专职基数管理人员招聘办法》的要求，完成护林员、技术人员、管理人员的招聘、上报审批，与护林员签订管护责任合同，做好定员定岗，全面实施全市重点生态公益林工程。

2006年，全部完成市内省级生态公益林的区划。区划面积达13000余公顷，其中六连岭、尖岭、上溪、南林、加新、青皮林等6个省级自然保护区的省级生态公益林面积10400公顷，万宁水库周边林地及其上游两岸1千米内的部分林地、兴隆热带花园省级生态公益林面积2600公顷。

2007年，列入中央补偿的生态公益林面积37446.7公顷，列入省级财政补偿生态公益林面积10553.3公顷。万宁市与省林业主管部门签订管护合同，通过公开招聘，录用专职护林员190人、技术人员5人。

2008年，组织生态公益林区划界立桩工作。6个省级自然保护区全面完成保护区生态公益林划界立桩工作，制作、埋设界桩1886条，埋设界线长达782千米。

2010年，全市生态公益林地面积4.8万公顷，占林地面积的35.87%；商品林地面积8.58万公顷，占林地面积的64.13%。在生态公益林面积中，国家重点生态公益林面积4.79万公顷，省级重点生态公益林面积100公顷。

第二节 植树造林

一、退耕还林

2002年，万宁市开始实行退耕还林政策，2003年，省下达万宁市2866.7公顷退耕还林的任务，年初，市政府印发《万宁市2003年退耕还林工程实施方案》，同年11月，全市已基本兑现完成2002年度退耕还林钱粮补助。至2010年，共完成退耕还林4万余亩，发放退耕还林款5200万元。

2002—2010年万宁市退耕还林情况一览表

表5-7　　单位：公顷

年份	类型						备注
	计划面积	退耕地/封山育林	荒山荒地造林	实际完成	退耕地封山育林	荒山荒地造林	
2002	520	333	187	442	260	182	—
2003	2867	1200	1667	2944	1273	1671	实际完成多出面积为2002年未完成面积
2004	733	—	733	449	—	449	—
2005	800	333	467	254	—	254	—
2006	333	—	333	396	—	396	实际完成多出面积为2005年未完成面积
2007	667	—	667	—	—	—	—
2008	400	—	400	783	—	783	实际完成多出面积为2007年未完成面积
2009	—	—	—	—	—	—	—
2010	—	—	—	—	—	—	—

二、造林绿化

1991—1995年，全县完成造林任务2676.1公顷，其中中央丰产林202.4公顷、农综林330.9公顷、用材林23.3公顷、省丰产林122.4公顷、海防林569.6公顷、一般林359.5公顷、省联营林71.1公顷、经济林996.7公顷，超额完成省下达的三年（1993—1995年）绿化责任状1066.7公顷的总任务。全县造林绿化工作迈入消灭宜荒山林荒地先进县行列。

1997年3月，参加义务植树活动人数达26万人次，植树78万株，收缴绿化费5.2万元。1999年4月，海南第八届国际椰子节期间，全市共2万多人参与市政府开展的“万人万株椰子树”活动，共种树26317株。至2000年，全市完成造林3065.4公顷，其中海防林475.3公顷，经济林495.3公顷，一般林304.7公顷，椰子工程林516.8公顷，浆纸林1109.4公顷，其他林163.9公顷。

2001—2002年，共组织4次绿化大行动，造林525.5公顷，参与人数达40多万人次。至2005年，全市完成造林9368.5公顷，同时自筹资金培育50万株木麻黄袋苗，省林业局支持60万株马占相思袋苗，全市育苗达330万株。

2009年，全市已完成防护林工程造林1533.5公顷，完成造林计划任务的104.55%。至2010年，全市完成浆纸林造林2270.3公顷，造林面积核实率100%，造林成活率达85%以上，符合验收标准，超额完成省下达的海防林造林任务。

三、封山育林

（一）划定封山界线和埋立界桩

2008年5月上旬，全市6个省级自然保护区生态公益林的划界立桩工作启动。至6月25日，6个省级自然保护区全面完成保护区生态公益林划界立桩工作，完成制作、埋设界桩1216条，埋设界线长达782千米。其中：六连岭自然保护区完成立桩150条，埋设界线长度62千米；尖岭自然保护区立桩360条，埋设界线长度225千米；上溪自然保护区立桩300条，埋设界线长度228千米；南林自然保护区立桩160条，埋设界线长度125千米；加新自然保护区立桩195条，埋设界线长126千米；青皮林自然保护区立桩51条，埋设界线长度16千米。

2010年，开展自然保护区及沿海防护林界碑工程工作。6月中旬，基本完成界碑工程。6个省级自然保护区埋设界碑5731个，界定6个自然保护区国有天然林面积39333公顷；沿海防护林（沿海特殊保护林带）埋设界碑635个，界定沿海特殊保护林带面积约2万亩。

（二）落实育林措施

“十一五”期间，万宁市封山育林333公顷，森林面积和活立木总蓄积量分别达到12.87万公顷和677.65万立方米，比“十五”期末分别增长5.80%和20.09%，年均增长率分别为1.16%和4.02%。森林覆盖率达66.13%，比“十五”期末提高了3.13个百分点。在此期间，万宁市加大保护区建设力度，保护区基础设施明显改善，利用生态公益林补偿基金聘用专职护林员对保护区的山头地块进行管护，同时在6个自然保护区设立自然保护区界碑5731个，有效保护、恢复热带雨林和野生动植物资源及生物多样性。

第三节 林权改革

2009年,万宁市委、市政府按照省委、省政府关于加快推进集体林权制度改革工作部署,成立市集体林权改革领导小组及其办公室,制定《万宁市集体林业产权制度改革工作方案》。4月14日,召开万宁市集体林权制度改革动员大会,市委、市政府与全市12个镇党委、镇政府签订集体林权改革工作责任状,举办了5期市镇两级集体林改政策培训班,培训人数达1000多人次。5月,招聘90多名林改技术人员,并进行培训,为全面铺开镇村集体林改工作做了充分的技术储备。9月份,林改工作全面提速,至12月,全市完成勘测林改规划面积近25047公顷,完成林改规划测量面积28113公顷的89.09%。

2010年9月,全市完成勘界测量,规划林改面积28053公顷,完成率100%;完成确权发证面积20800公顷,发证宗地48380宗,发证29779本,发证率98.36%;完成村、镇、市三级林改归档工作,归档率100%。11月15—16日,万宁市集体林改主体改革成果通过省检查验收。

第四节 林产品加工

1993年,万宁县共组织出口桉木1.1万吨,创造价值201.6万元,获利润88.4万元,增加地方财政、税收17万多元。1998年,全市完成木片出口5000吨的生产任务,实现产值122.5万元;同年,全市有私营木材加工厂40家,年加工量2万立方米,绝大部分为更新的橡胶木及苦楝木、海棠木等人工林;全市全年木材加工创产值600万元。1999年,主要经济目标包括木片出口、木材加工、花卉生产、林产品销售等,全年共完成经济产值1949.9万元。全市木材加工厂近50家,全市年木材加工量达2.06万立方米,创产值824万元。

2000年,主要经济目标包括木片出口、木材加工、花卉生产、林产品销售等,全年共完成经济产值2727.2万元。全市年木材加工量达3.87万立方米,创产值1548万元。至2010年,全市木材加工企业76家,木材加工量年均增长速度加快,为万宁市带来较好的经济效益。

第五节 森林防火

万宁市抓好森林防火各项措施的落实。推行森林防火目标管理领导负责制。领导分片包干、划定防火责任区，哪里出问题，追究哪里的分管领导责任。宣传防火知识，做好预防工作。坚持森林防火值班制度与奖罚制度。特别是清明节期间，组织村委干部和森林民警巡逻值班，及时处置随时发生的火警。

1991—1995年，万宁县发生森林火灾3起，发生森林火警7起，过火面积3.2公顷，受害森林面积30.2公顷，损失林木蓄积447立方米，幼林9040株，损失价值为59000元。

1996—2000年，市有线电视站、广播站宣传森林防火知识157天次，印发防火相关文件1万份。在此期间，全市发生森林火灾9起，森林火警5起，受灾森林面积11.83公顷，损失林木蓄积127.1立方米，无火灾伤亡事故发生。

2001—2002年，未发生森林火灾。2003—2005年，全市发生森林火灾5起，森林火警火灾16起，过火面积26.85公顷，森林受害面积10.3公顷，无火灾伤亡事故发生。

2006—2010年，全市发生森林火灾9起，森林火警火灾21起，过火面积52.55公顷，受害面积17.28公顷，损失林木179.7立方米，损失幼树700株，无火灾伤亡事故发生。

第六节 森林病虫害防治

1991—2001年，物资贸易往来不多，森林病虫害很少发生。2002年，椰心叶甲虫传入万宁市，造成扩散，危害棕榈科植物。2003年，万宁市成立椰子虫害普查领导小组，调查统计表明：椰心叶甲疫情以万宁新车站为中心点，跨越万城和大茂两个镇，危及城区15个单位、10个村庄的棕榈科植物；疫区南北长4.3千米，东西宽1.6千米，为害面积618公顷；以及龙滚镇方园村、礼纪镇大桥坡和东岭农场场部。全市椰心叶甲染虫面积713公顷，受害棕榈植物7726株，有5742株植物出现被害症状。2003年4月开始喷药防治，至2006年2月，共喷药防治5.3万株，挂药包防治11.8万株，释放绿僵菌3.2万株，释放寄生蜂51.5万头。

2007年，释放寄生蜂3000多万头，完成疫区椰子树挂药包防治9万株次。2010年，挂药包防治9.2万株，洒绿僵菌防治1万株，释放寄生蜂700万头，至年底，椰心叶甲虫密度明显降低，椰心叶甲疫情得到遏制。

第七节 毁林案件处理

一、机构

1991年，万宁县公安局林业分局内设行政秘书股和治安股，编制11人，受海南省林业(森林)公安局直辖。1992年，万宁县公安局林业分局正式编入公安序列，成为公安机关的组成部分，行政上受地方林业行政机关的领导，业务上受地方公安机关的指导。1996年8月，万宁撤县设市，相应更名为万宁市公安局林业分局。

1997年，万宁市公安局林业分局下设青皮林、六连岭、上溪、加新、南林、尖岭等6个林业公安派出所，内设机构未变，全局机构定编定岗定员45人，派出所配所长、政治指导员各1人，警员3~5人不等。

2007年，万宁市公安局林业分局更名为万宁市森林公安局。2010年，市森林公安局下设青皮林、南林、六连岭、上溪加新、尖岭等6个林业公安派出所，内设机构未变。人员编制45人，其中局机关民警15人、工勤5人、6个基层派出所民警25人。

二、案件查处

1991年初，县森林公安侦破一宗影响较大的偷砍偷运保护区珍稀树木青皮林案，逮捕2人，在案发地石梅湾召开宣判大会。1995年，东澳新群一伙不法分子乘强台风来临之际，仅几天砍伐近67公顷的海防林，闪电式开挖采钛，后被中央电视台曝光，省林业厅列为督办案件，万宁森林公安组织警力，迅速侦破，追究主要责任者的刑事责任。

1997年，东澳乐南地区一些非法分子，擅自毁坏海防林，采钛，种植西瓜，森林公安加大打击力度，先后刑事拘留、行政拘留2名责任者。2001年，在北大六角岭破获猎捕宰杀大黑熊(国家二级保护野生动物)案，逮捕1人；自2001年开始，毁海防林、开挖高位池养虾违法犯罪活动猖獗，仅东澳新华海滩毁海防林开挖虾池就有50口，面积达20公顷。至2004年，森林公安加大力度组织填池复林行动。东澳一带海滩填池150口，复林面积33公顷；北坡一带海滩填池50口，复林17公顷；龙滚一带海滩填池20口，复林7公顷；山根一带海滩填池30口，复林10公顷；礼纪新梅一带海滩填池30口，复林10公顷。全市范围沿海沙滩共填池330口，复林97公顷。同年，立案查处尖岭保护区范围内毁林种植槟榔近7公顷的案件，刑事拘留4人、行政拘留10人、林业行政处罚20人。

至2010年，全市共立案查处在森林保护区范围内毁林开垦种植案件100余宗，惩罚100余人，追回损失款150万元；立案查处猎杀、盗卖国家保护动植物案件25件，惩罚20人，逮捕3人，林业、林区的社会治安形势好转。森林覆盖率从1991年的48%发展到2010年的60%。

第四章 畜牧业

第一节 机 构

1991—1995年11月，万宁县畜牧业局为副科级财政差额预算管理事业单位，内设办公室、兽医股、畜牧股、万宁县动物检疫站，人员编制48人。

1995年11月，机构改革，万宁县畜牧业局更名为万宁县畜牧总站。1996年8月，万宁撤县设市，相应更名为万宁市畜牧总站，隶属市农业局。2007年8月，从市农业局分离，万宁市畜牧总站更名为万宁市畜牧兽医局，由财政差额预算管理事业单位转为全额预算管理事业单位。2008年，转为参照公务员法管理事业单位。至2010年，万宁市畜牧兽医局内设办公室、兽医股、畜牧股、动物检疫站、预防控制中心、动物卫生监督所，人员编制31人。

第二节 家畜养殖

一、猪

万宁市养猪的主要品种有屯昌猪、文昌猪、临高猪、杂种黑猪和外来品种杜洛克、长白、大白和陆川猪。1991年生猪出栏9.29万头。自20世纪90年代起，农家养猪逐年减少，外来公司、企业引进良种猪创办规模养猪场逐渐发展起来。1994年，马来西亚华侨在和乐六连创办年出栏5000头的养猪场。1995年，海南罗牛山农工贸股份公司在山根立岭创办万头猪场，是年出栏14.9万头。2005年，海南罗牛山农工贸股份公司在礼纪三星村委会创办3万头种猪场；同年，海南农垦畜牧股份公司在礼纪创办2万头猪场，年内生猪出栏达到27.34万头。由于大公司、大企业带动，万宁市养猪业发展迅速，规模养殖比重不断加大。实现全市猪肉自给，结束了长期从岛外调猪的历史。至2010年，出栏万头以上规模养猪场4家，出栏5000头以上8家，养猪专业户235户；年内出栏34.195万头，达历史最高水平，开始调往岛外的广东、湖南等地。

二、牛

万宁市养牛的主要品种有兴隆水牛和海南黄牛，由于水牛使用功能的弱化，存栏逐年减少，黄牛饲养量逐年增多。1991年，存栏水牛4.138万头，黄牛0.6万头；1995年，存栏水牛4.98万头，黄牛1.028万头；2000年，存栏水牛4.26万头，黄牛1.158万头；2005年，存栏水牛3.41万头，黄牛1.5万头；2010年，存栏水牛2.96万头，黄牛2.018万头。兴隆水牛为名优品种，体型较大，体躯宽大，腰背微凹，四肢粗壮，关节显露，蹄大圆正，坚实。皮毛多为灰黑色，少数为白色，毛发稀疏。角粗长呈长弓形向后上方弯起，颈下有V字形的白色带。兴隆水牛因性情温驯，适应性强。很少发病，尤其是对血原虫病的抵抗能力较强。在1987年《广东省地理志·海南经济地理》中，被点评为优良畜禽品种；同年，在《广东省家禽家畜品种志》中，兴隆水牛作为代表品种录入该志。

三、羊

万宁市养羊的主要品种是黑山羊，以东山羊为代表。东山羊饲养集中于北大、南桥、三更罗、长丰等山区镇，饲养规模不大，一般农户饲养羊群30～50只，也有上百只羊群的，饲养方式一般采取自然放牧，中午12时后放牧，下午6时左右收牧。1991年，全县东山羊出栏量不足1万头。1995年，出栏1.2万头。2000年，出栏2.05万头。2005年，出栏4.199万头，东山羊饲养达历史最高水平。2006年，由海南万家兴公司组织一批东山羊（约300头）销往中国香港地区，开启万宁市东山羊销往香港的历史；此后，万宁仕源东山羊产销农民专业合作社空运东山羊到北京、上海等地。但由于大面积垦荒种植热带作物，放牧地减少，2006—2010年，东山羊年出栏量徘徊在3.3万～3.6万头之间。

第三节 家禽养殖

一、鸡

万宁市历来饲养本地鸡，其特点为体型小，生长缓慢，生产性低，但抗病力强，耐粗饲，肉质好，深受消费者青睐。从20世纪90年代中期开始引进广东麻花鸡、石岐杂鸡、来航鸡等品种，饲养量不大。1991年，全市出栏肉鸡96.11万只。1995年，出栏219万只。2000年，出栏199.2万只。2005年，出栏192.68万只。从2005年起，大茂、后安、长丰等地农民捕捉到养过年阉鸡的商机，养鸡专业户不断涌现，户养少则几百只，多则上千只。2005年北大镇六角岭苗族农民创办山鸡场，驯养山鸡成功。2010年，饲养规模达到存栏母鸡1万只，年出栏商品鸡10万只，鸡苗50万只，产品远销海口、三亚、儋州、保亭等市县；年内全市出栏肉鸡131.3万只。

二、鸭

万宁市养鸭的肉用品种主要有本地麻鸭、草鸭，并引进北京白鸭和番鸭，蛋鸭品种主要是绍兴麻鸭和金定鸭。主要分布在万城、和乐、后安、东澳等沿海地区。肉鸭、蛋鸭养殖量较大，产品主要销往省内的陵水、保亭、三亚等地。1991年，全市家禽肉总产量2765吨，家禽蛋产量882吨；1995年，全市家禽肉总产量7295万吨，家禽蛋产量1614吨；2000年，全市家禽肉总产量6215吨，家禽蛋产量1097吨；2005年，全市家禽肉总产量11751吨，家禽蛋产量906吨；2010年，全市家禽肉总产量9398吨，家禽蛋产量2954吨。

三、鹅

万宁市没有正规的鹅苗场，大部分鹅苗从广东引进，饲养量徘徊不前，主要品种有本地鹅和广东阳江鹅、狮头鹅等，农民养鹅以散养为主。1991年，全县出栏鹅8.3万只；1995年，出栏32万只；2000年后，散养逐渐减少，规模化、专业化养殖比重不断加大，年出栏14.57万只；2005年起，规模养殖场占绝对优势，在本市东澳和龙滚地区的特定养殖环境下，采用填肥技术，鹅肉品质优良，造就了东澳鹅和龙滚鹅品牌，年出栏14.96万只。2010年，出栏9.41万只。

1991—2010年家畜、家禽饲养数和肉产量一览表

表5-8

年份	猪				牛					羊		
	年末		年内出栏量(头)	肉总产量(吨)	年末			年内出栏量(头)	肉总产量(吨)	年末存栏量(头)	年内出栏量(头)	肉总产量(吨)
	存栏量(头)	能繁殖母猪(头)			存栏量(头)	黄牛	水牛					
1991	147759	8772	92909	7946	47416	6032	41384	5331	572	7763	3317	71
1992	178136	9809	108033	9023	51931	8483	43448	6698	795	7625	8487	149
1993	170411	11500	133757	10417	56706	9872	46834	9790	835	10421	9439	167
1994	160838	10213	131247	10729	59299	10284	49015	11258	1151	10063	9950	197
1995	130260	9210	149043	11264	61091	11290	49801	11469	1092	11395	12040	245
1996	145982	10144	153472	11435	60295	11528	48767	12698	1247	13500	13500	310
1997	149447	8273	166610	15205	62232	11447	50785	14378	1898	20429	16240	378
1998	159538	6646	162297	13526	64871	13394	52577	14535	1553	20455	16484	323
1999	123821	6686	139364	9749	52285	9506	42749	9570	794	21945	14985	247
2000	133855	7156	153424	11507	54246	11581	42635	10913	891	22994	20521	277
2001	151221	7068	175121	13281	53110	9485	43625	9800	941	23641	33135	337
2002	181661	7273	168557	13878	65099	17546	47553	10832	919	25549	29787	385
2003	152978	6491	204274	16388	50961	11617	39344	12871	1035	22762	44239	414
2004	174170	12182	239834	19058	55160	12292	42868	11959	1086	26373	41199	401
2005	229332	14026	273402	21864	49203	15058	34145	13434	1226	25010	41991	436
2006	171864	16721	288349	20355	45174	12801	32373	12337	1132	27209	33151	343
2007	175745	29190	282052	26759	35434	11702	23732	9972	1217	14580	36913	382
2008	216977	33706	339150	26396	50346	20361	29985	12686	1209	31577	32033	340
2009	199028	33729	353325	28947	48250	19466	28784	13943	1283	28325	33870	423
2010	210018	33529	341958	28965	49841	20180	29661	18740	1659	28588	36283	478

续表5-8

年份	家禽									
	年末(万只)				年内(万只)				肉总产量(吨)	家禽蛋产量(吨)
	存栏量	鸡	鸭	鹅	出栏量	鸡	鸭	鹅		
1991	355	170	167	18	212.5	96.11	108.09	8.3	2765	882
1992	246.71	106.87	130.75	9.09	246.69	106.88	130.75	9.06	4153	1055
1993	284	120	155	9	284.08	119.79	155.07	9.22	4851	1185
1994	449.11	293.56	146.95	8.6	419	202	189	28	6635	1523
1995	241	105	98	38	449	219	198	32	7295	1614
1996	313.29	147.09	157.42	8.78	494	233	220	41	8510	1708
1997	402.22	193.02	199.67	9.53	555.52	251.06	291.05	13.41	9238	962
1998	297.44	112.27	177.71	7.46	557.13	202.2	341.88	13.05	9240	1309
1999	143.39	79.17	61.52	2.7	446.35	167.24	267.38	11.73	5952	1343
2000	292.27	165.61	121.53	5.13	492.6	199.22	278.81	14.57	6215	1097
2001	184.52	82.77	96.67	5.08	464.73	135.68	314.7	14.35	7167	1224
2002	223.98	148.22	70.5	5.26	531.92	182.37	334.82	14.73	989	1331
2003	143.94	68.67	70.24	5.03	534.77	185.38	333.19	16.2	10562	867
2004	147.22	69.36	72.85	5.01	561.94	187.37	360	14.57	11099	899
2005	132.65	62.29	65.79	4.57	594.49	192.68	386.85	14.96	11751	906
2006	123.38	60.01	59.02	4.35	616.72	196.12	407.14	13.46	12190	1130
2007	134.43	66.26	62.45	5.72	479.76	151.61	318.08	10.07	10320	972
2008	152.37	67.26	78.06	7.05	547.4	175.74	357.62	14.04	12047	1161
2009	155.34	74.27	73.78	7.2	548.67	158.67	375	14.81	12086	2753
2010	110.07	54.55	48.05	7.74	420.24	131.3	279.52	9.41	9398	2954

第四节 检疫 疫病防治

一、机构

1991年，县畜牧业局下设万宁县检疫站。1993年9月，成立万宁县兽医卫生监督检验所。2007年8月，万宁市畜牧总站更名为万宁市畜牧兽医局，挂动物卫生监督所牌子，不再设检疫站，检疫工作由动物卫生监督所负责。

2009年，乡镇七所八站机构改革，镇畜牧兽医站撤并入镇农业服务中心，为适应当时的检疫需要，市畜牧兽医局组建了17个基层动物卫生监督分所，临时聘请检疫人员80人，负责辖区内动物检疫工作。至2010年未变。

二、检疫

1991年，全县畜禽及畜禽产品检疫工作由万宁县检疫站负责，乡镇检疫工作由县检疫站委托给乡镇畜牧兽医站实施，同年县生猪屠宰检疫收费为2元/头。1997年7月3日，国务院颁布《中华人民共和国动物防疫法》，动物防疫、检疫工作有了法律依据。同年12月19日，国务院发布《生猪屠宰管理条例》，万宁市开始实行生猪定点屠宰，集中检疫，统一完税。

1999年，市生猪屠宰检疫收费调整到7.5元/头，2008年调整为5.5元/头，2010年，生猪屠宰检疫收费调整为4.5元/头。

三、防治措施

1991—1998年，畜禽疫病预防实行自愿免疫。从2000年起，万宁市启动无规定动物疫病建设，至2010年，每年都实行春秋两季集中强制免疫和平时补免相结合，强制免疫的病种有牲畜口蹄疫、猪瘟、猪高致病性蓝耳病、鸡新城疫和高致病性禽流感。累计免疫猪口蹄疫32.5万头、牛口蹄疫8.2万头、羊口蹄疫3.3万只、猪高致病性蓝耳病32.5万头、鸡新城疫10万只。免疫所需疫苗经费由各级财政负担，省农业厅统一采购疫苗，免费发放，免疫不收费。

通过采取强制免疫、检疫、监测等综合防治手段，2001—2010年全市连续10年没有发生重大动物疫情。

四、疫情处置

猪瘟 1991年后，大量推广使用猪瘟细胞疫苗，防疫效果明显。至1999年，猪瘟病仅呈散发状态。1995年4月，在兴隆猪苗交易市场出现猪口蹄疫病，发病猪52头，据查，猪苗从广西博白调进，该批114头猪全部被扑杀深埋。1998年6月，和乐食品站从广西调回肉猪13头，全部感染猪口蹄疫病，市防治牲畜五号病指挥部对13头发病猪全部扑杀深埋。1999年春节前后，本市和乐、后安、万城、北坡、东澳、礼纪、长丰、三更罗镇发生大面积口蹄疫病情，猪、牛、羊均有发生。2000年起，万宁启动无规定动物疫病区建设，对口蹄疫实施强制免疫。至2010年连续10年全市未发生口蹄疫疫情。

禽流感 2004年初，全国内地个别省份出现H5N1禽流感疫情。2005年，万宁市成立高致病性病禽流感疫情防治工作指挥部，分管副市长任指挥长，市畜牧总站组织200人的紧急免疫注射队伍，对全市存栏家禽实行拉网式注射。注射疫苗为禽流感重组鸡痘病毒载体活疫苗（H5亚型）和禽流感灭活疫苗（H5N1亚型—1株），同年注射禽流感疫苗260万只次。至2010年，全市未发生禽流感疫情。

2010年，龙滚、乐来地区发生猪高热病，120多头猪死亡，经省疫控中心实验室检测为猪低致病性猪蓝耳病，经过处治，疫情得到控制。

第五章 渔 业

第一节 渔业概况

万宁市是海南省主要渔业产区，水产品种类近100种，主要有马鲛鱼、带鱼、金枪鱼、鱿鱼等，年资源可捕量为18万吨左右。1991年，区域内渔业镇1个，半渔半农镇9个，渔业管区2个，半渔半农管区34个；渔业户6768户，人口37344人，占万宁总人口的9.4%。全县水产系统干部职工196人。1991年，全县海洋捕捞量为7608吨，年总产值6086万元，渔业劳力年均收入5841元。1998年，全市渔业总产量24573吨，渔业总产值30185万元。

2007年，全市渔业总产量47797吨，渔业总产值64393万元。2008年，全市渔业总产量49130吨，渔业总产值64734万元。2009年，全市渔业总产量553060吨，渔业总产值70440万元。2010年，全市渔业总产量53950吨，渔业总产值86137万元。

至2010年，万宁淡水、海水养殖种苗主要从文昌市、琼海市等市县购买，万宁市水产种苗孵化没有形成规模。

第二节 渔业设施

1991—2004年，万宁市(县)大部分出海捕捞渔船为小型渔船，生产能力增长缓慢。2005年，引进中型渔船8艘，发展中深海捕捞生产，开发南沙渔场。发展刺网和钓业等新型先进的渔具300张，并更新改造小型渔船，优化设备，以提高生产能力。改造低位虾池133公顷，发展对虾养殖基地200公顷、上规模精养罗非鱼基地67公顷。

2006年，完成扩建港北渔港3号防风堤工程，可容纳150艘渔船安全防风。申请报废渔船11艘，并更新改造和引进渔船20艘，配备各种助渔导航设备6台。2010年，为改善小海地区渔业的硬件设施，争取国家投资建设港北一级渔港。至年底，港北一级渔港建设项目可行性研究报告上报农业部审批通过。

第三节 水产养殖与加工

一、淡水养殖

万宁市境内河流众多，水源充足，有万宁、军田、加坦三大水库，还有小型水库160座，全市水域面积4000公顷。1991年，养殖面积达1933公顷，占全县可养面积的69％，总产量达到1471吨（其中含乡镇山塘水库800公顷，产量624吨；国营农场鱼塘水库467公顷，产量364吨）。1992年，万宁县国营东和农场水库网箱养鱼经验推广获得成功，为海南省水库网箱养鱼创造出一个新模式。从2004年起，万宁市调优淡水养殖的产业结构，不断更新发展思路，因势利导地把新兴养殖项目作为发展的新亮点，重点培育。是年，后安镇安坡村养殖专业户李五利用本地资源优势，研究人工养殖后安鲻鱼3公顷，获得成功；长丰镇牛漏安乐村李文和利用太阳河上游塘池资源优势，研究人工养殖花鳗2公顷，获得成功。这两项养殖项目填补了万宁市特色养殖的空白。

从2005年起，万宁市把养殖罗非鱼和对虾作为优势水产品，建立多家淡水养殖基地，主要养殖基地有和乐镇红色水库罗非鱼养殖基地、万城铜鼓岭罗非鱼养殖基地、香车水库罗非鱼养殖基地、长丰牛漏高郎至下沟一带罗非鱼养殖基地。2008年，全市罗非鱼养殖面积达990公顷，产量达到6274吨，

2010年，万宁市池塘罗非鱼养殖面积1506公顷，年产量达7144吨。此外，还向国家海洋局和省海洋厅申报创建锯缘青蟹原种育苗场；创建标准化无公害对虾HACCP试验区、养殖龙胆斑出口示范基地、病害防治中心实验室以及无公害对虾优势产品示范养殖基地。全年全市淡水养殖面积达到3000公顷，养殖总产量11390吨，比2004年养殖面积增长6.7%，比2004年养殖产量增长94.4%。全年总产值为8540万元，比2004年产值增长109.3%。

二、海水养殖

1991年，港北镇专业养殖户建造3个浮排笼养龙虾，首次人工试养龙虾获得成功。海南省政府在万宁县召开对虾养殖现场大会，总结推广万宁对虾养殖经验。1992年，港北镇港上管区养殖专业户许辉志试养优质高产金钱斑鱼获得成功。1993年，全县开发海水养殖面积267公顷，年生产优质鱼、虾、蟹等210吨，年产值600万元，产品主要销往广州、深圳、中国香港地区和新加坡等国内外市场。1998年，山根镇沿海渔民连片开发高位池85公顷养殖对虾，年产虾量800吨；当年，全市海水养殖面积1200公顷，年总产量4553吨，年总产值19812万元，占渔业总产值的65.8%。2000年，全市开发养虾围塘1100公顷，占海南省养虾面积的1/5，网箱养殖鱼类1.7万箱，占海南省网箱养鱼网数量的1/2。

2003年，在港北英豪半岛开展对虾养殖项目，总投资1.2亿元，第一期工程兴建333公顷实验基地，引进美国夏威夷无病毒南美白对虾种苗，投产高位池9座，总面积1.37万平方米，全部采用大棚式

全天候生产，每公顷产量达到19403千克，当年收获对虾200吨。同年，经国家质量监督检验检疫总局检验，批准山根为对虾养殖基地，定为海南省首个南美对虾出口示范基地。2006年，全市海水养殖产量16226吨，养殖产值35697万元，创历史新高。

至2010年，全市海水养殖虾塘1270.1公顷，其中高位池养殖384.6公顷，普通低位池885.5公顷。全市海水养殖面积达到1630公顷(包括2004年改造的200公顷低位池在内)，全年养殖总产量16959吨，年产值72707万元。万宁成为全国10个"科技兴海示范区"之一。

三、水产品加工

1991—2001年，受发展主力产业影响，万宁市(县)水产品加工量较小。2002年，万宁市水产品加工能力为12480吨/年，加工总量为1204吨。至2006年，加工能力提高至19180吨/年，比2002年增长54%；加工总量提高至3545吨，比2002年增长194%。

2007—2010年，万宁市海发海洋产业开发公司、万宁盛昌食品开发有限公司等专业水产品加工企业进驻万宁，年水产品加工能力逐步提高。

第四节 海洋捕捞

自1991年起，万宁海洋捕捞业进入快速发展期，深海作业捕捞不断拓宽。2004年，新造8艘大船闯深海，实现远洋捕捞业的新突破。2006年，全市水产品产量为42452吨，渔业总产值54814万元。2010年，海洋捕捞机动生产渔船达到2198艘、13905吨位、70257.8千瓦。全市水产品产量增加到53800吨，比2006年增加了11348吨，增长率26.7%；渔业总产值增加到72000万元，比2006年增加了17186万元，增长率31.4%。同年，万宁市最大的远洋捕捞公司万宁顺达远洋捕捞有限公司和万宁春旺远洋捕捞开发公司相继投入远洋捕捞作业。

2001—2010年万宁市渔业生产情况一览表

表5-9 单位：吨、万元

年份	渔业总产量	淡水养殖	海洋捕捞	海水养殖	淡水捕捞	渔业总产值
2001	35449	6306	14381	13725	1037	45826
2002	38001	6747	15532	14659	1063	50035
2003	43656	6781	18346	17548	981	64294
2004	47849	7197	19624	20039	989	63710
2005	53599	7759	23148	21634	1058	71815
2006	53002	9950	25578	16226	1248	54814
2007	47797	8364	19687	18806	940	64556
2008	52400	9900	21600	19900	1000	71400
2009	53060	11105	22546	18290	1119	70440
2010	68211	11390	38700	16959	1162	86137

第五节 渔政渔监

一、机构

1991年，万宁县海洋与渔业局负责海洋管理与渔政渔监工作，为正科级事业单位。1993年，万宁县组建渔政渔监站，站址设在渔区港北墟，人员编制30人，配备两艘巡逻快艇，一部越野工作车；同年，万宁县海洋与渔业局增挂“万宁县渔政渔监监督管理局”牌子。1996年，万宁撤县设市，相应更名为万宁市海洋与渔业局，加挂“万宁县渔政渔监监督管理局”牌子。

2010年，市海洋与渔业局内设行政事务办、海洋管理股、渔政执法监督股、养殖捕捞管理股、市场信息股、渔港监督股以及技术推广股。局下属的渔政总站和渔监大队及其港北站、乌场站、坡头站，共有干部职工46人，万宁市海洋与渔业系统人员为62人。

二、渔业管理

2000年开始，开展伏季休渔工作，至2010年，共阻止应休渔船出海226艘次，处理违规渔船48艘次，没收渔获物1560千克，深入检查鱼货冷库16次，供冰厂23次，加油点28次，农贸市场18次，鱼货收购点56次，处理违规运鱼车8辆次，投入宣传发动经费6万元。加强安全管理，强化渔民安全生产意识，全年共出动宣传车（船）3次，悬挂横幅22条，张贴标语300副，发放渔业安全法律法规册子578本，安全小知识资料585册。同时加强渔港航标基础设施建设和管理，为渔业安全生产保驾护航，争取市政府15万元资金，建设乌场渔港航灯标，还争取省海洋与渔业厅4.5万元，全面更新港北和坡头航灯标，为渔船安全返港提供保障。

第六章 农业机械化

第一节 农机管理

一、机构

1991年,万宁县农机局内设农机股、生产股、农机研究所、农机安全监理站,全县18个乡镇均设立农机管理站,有专职人员20人,其业务上受县农委指导。1996年初,县农机局更名为万宁县农业机械化总站,单位性质由行政单位改为事业单位。同年8月撤县设市,万宁县农业机械化总站更名为万宁市农业机械化总站,单位性质、级别、隶属关系、人员编制、经费渠道不变。

2002年7月,全市乡镇撤并,18个乡镇农机管理服务站调整撤并为12个镇农机服务站,实行市农机总站和镇政府双重领导,为隶属镇政府的财政差额预算管理事业单位,股级建制。2010年,万宁市农业机械化总站内设办公室、农机股、人事保卫股、审计监察股、财会股,下属单位有市农机安全监督管理站、市农机技术推广站、市农机学校、市拖拉机站,核定编制65人,下辖12个镇农机管理服务站和市农机供应公司、市农机开发服务公司等2个企业单位,业务上受市农业局指导。

二、管理

1994年起,农业机械田间作业收费全部实行市场化。2005年,海南省政府在全省开展"科技兴农"工程,对大中小型农机具实行农机购置补贴政策,各种农机具逐年增加。2007年11月,南桥镇高龙村委会成立第一个农机专业合作社"万宁兴旺农机联合耕作专业合作社",注册资产120万元,机械化作业服务耕地面积40公顷,机具5台,入社成员8人。

2007—2010年,先后在万城镇、后安镇成立"万宁锦春农业机械专业合作社""万宁钟贤农机专业合作社”“万宁和鑫农机专业合作社”“万宁市后安三达农机专业合作社”等农机专业合作社，机械化作业耕地面积746.7公顷；机具数量27台，入社成员31人；农机专业合作社组织农业机械跨市县农田作业，实行有偿服务；农机合作社按照利益共享、风险共担的原则，对机具实行“五统一，一核算”管理（即统一订单作业、统一协调农机具、统一质量标准和收费标准、统一后勤保障、统一处理作业纠纷，实行单车核算），集体作业，单机核算、开展订单作业和合同作业，农业机械逐步形成标准化生产管理。

第二节 农业机械化水平

1991年，全市农业机械总值3266万元，农机总动力达3.08万千瓦，拥有大中型拖拉机310台，手扶拖拉机1790台，耕作机械2111台。农田机耕作业以东方红—LX754拖拉机配套（铧犁）和12马力小型拖拉机配套中耕犁进行趟地。农作物病虫害防治主要使用手动喷雾器，机械化水平低，作业效率低，对人体伤害大。全市耕地面积18236公顷，机耕面积729公顷，占耕地面积的4%，机械化收获面积135公顷，机械化程度达到35%。2000年后，传统农业向现代农业过渡，农业机械化成为新的投资热点。

2004年6月，《中华人民共和国农业机械化促进法》颁布实施。2005年，万宁市开始实施农机购置补贴惠农政策。2005—2010年，全市新增各类农机5561台，农机补贴资金达1269万元。至2010年，全市农业机械总值22978万元，农机总动力达348477千瓦，拥有大中型拖拉机4500台，小型拖拉机1849台，耕作机械拥有量4609台。全市耕地面积24387公顷，机耕面积17970公顷，占耕地面积的73%，机械化收获面积11533公顷，机械化程度达到80%。全市田间作业机械化综合程度达32%。其中机械耕地程度78%，机械收获程度达到63%，机械运输程度85%，农业机械化程度显著提高。

1991—2010年万宁市（县）农业机械使用情况一览表

表5-10

年份	农机总值（万元）	农机总动力（千瓦）	大中型拖拉机（台）	联合收割机（台）	大中型套农具（台）	小型配套农具（台）	农副产品加工机械（台）
1991	3266	30761	310	0	72	97	217
1992	3775	46037	598	0	76	116	266
1993	3873	46936	912	0	89	138	273
1994	4227.2	64424	1235	0	123	142	345
1995	4619	73749	1445	2	130	228	427

续表5-10

年份	农机总值（万元）	农机总动力（千瓦）	大中型拖拉机（台）	联合收割机（台）	大中型套农具（台）	小型配套农具（台）	农副产品加工机械（台）
1996	4396	57915	1471	13	156	265	763
1997	5625	82500	1815	12	163	328	463
1998	5353	81652	1804	12	195	328	780
1999	5962	86217	1645	14	197	440	653
2000	6032	75543	1630	18	204	244	1221
2001	5423	63839	1567	22	186	276	644
2002	6165	73129	1773	40	545	436	568
2003	6450	74592	1920	52	201	395	630
2004	6966	75617	2320	89	334	464	630
2005	7488	80000	2540	123	364	634	737
2006	7742	83885	2556	156	476	621	737
2007	18626	287580	3198	173	506	2149	1488
2008	20116	299531	3463	250	578	2497	1495
2009	20550	319838	3888	265	578	2573	1495
2010	22978	348477	4500	288	640	2593	1377

第三节 农机安全监理

一、年检、年审

1991年，全县有乡村农机人员9863人，其中拖拉机手2743人。2004年起，按照《海南省农业机械监督管理条例》《拖拉机驾驶证申领和使用规定》《道路交通管理法》的规定，开展安全教育和业务培训，经考试、考核，合格后持证上岗操作。当年，全市共有拖拉机3171台，拖拉机驾驶员3200人，年检审拖拉机3054台，年检审拖拉机驾驶员3086人。2005—2009年，市农机监理站每年组织开展农机监理流动服务，深入农村为农机手办理拖拉机、联合收割机等农业机械检验业务。至2010年，全市共有拖拉机4500台，拖拉机驾驶员4205人，年检审拖拉机4275台，年检审拖拉机驾驶员3963人。

二、“平安农机”创建活动

2006年开始，开展“平安农机”创建活动。至2010年，先后创建“平安农机”示范镇1个（万城镇）；创建“平安农机”示范村3个（万城镇东方村、礼纪镇贡举村、大茂镇龙尾村）、“平安农机”示范户30个。逐步构建农机安全生产的源头管理、执法监控、宣传教育“三大防线”，实现对农机安全生产全过程的监督管理。

第四节 农机区域交流合作

一、农业机械现场演示

2004年2月，万宁市开始推行农业机械现场演示，在保定三光洋举办拖拉机耕作和机械插秧演示会。市农机推广站技术人员现场向农民演示上海654型拖拉机携引各种农机具进行耕整、起垄、埋茬起浆的水旱田耕作技术和韩国东洋牌PF45SS型机动插秧机的机械插秧技术。同年5月，海南省农机局组织广东、上海、广西、福建等省（区、市）农机厂家在万宁市举办各种联合收割机、耕整、植保、排灌等农业机械演示会。进行演示的联合收割机、旋耕机、喷灌机等机械在万宁市得到大规模推广。此后至2010年，未再举办农业机械现场演示活动。

二、跨区作业交流合作

自1995年起，万宁农机作业服务队先后与陵水黎族自治县、乐东黎族自治县、东方市等市县服务队结成对子，联动互派机械，取得较好的社会效益和经济效益。1995—2000年，组建跨区机收服务队1个，签订作业合同680份，完成作业面积1413.3公顷。2001—2005年，组建跨区机收服务队3个，签订作业合同2600份，完成作业面积5669公顷。2006—2010年，组建跨区机收服务队5个，签订作业合同7300份，完成作业面积14546.7公顷。

第五节 农机服务

1991年，开始培育、扶持、发展镇、村两级农机合作服务和维修体系建设，基本形成以县为重点，镇、村为基地，农机专业服务组织和农机服务、维修大户为基础的农机化社会服务、维修体系。1995年以后，推广农副产品加工机具进行田间作业，围绕农业产前、产中、产后开展农机技术服务。2005年5月，成立万宁市农业机械协会，组织、协调会员开展农机跨区作业和各种农机作业服务活动。

至2010年，逐步建立、完善农机管理、维修、供应、培训教育等方面的管理与服务体系，集体和个体农机具维修店（点）、农机配件供应商店遍布城乡。至年底，全市有农机户23003户，农机服务组织5个，农机修理厂、站网点34个，从业技术员工136人；修理拖拉机3643台次，修理其他农机具4698台次；推广农田基本建设机械农用挖掘机等116台，畜牧水产业机械12127台，微耕机等小型农机具1376台。

第七章 农业技术推广

第一节 机 构

1991年，万宁县农业局主管全县的农业技术推广工作，内设办公室、粮产股、植保股、科教股、经作股、监察股、审计股、病虫测报站、种子股、土肥股、能源站，核定编制45人。1995年11月，进行机构改革，成立万宁县农业技术推广中心负责农技推广工作，隶属县农业局，为正科级事业单位，核定编制45人，实有人员32人，其中农艺师17人，助理农艺师4人。下属单位有：县农业科学研究所、县良种繁育场、县种子公司（2008年归属市国资委管理）和18个农业技术推广站（2010年撤并入镇农业服务中心，归镇政府管理）。1996年8月，万宁撤县设市，名称相应改为万宁市农业技术推广中心。

2010年，市农技中心主要负责粮食生产技术推广、瓜菜生产技术推广、植保与病虫害防治、土壤施肥、沼气池建设等工作，内设办公室、植保植检站、土肥站、种子站、农村环保与能源站、农作物病害预测预报站、粮产站，工作人员30人，下辖农科所、良种场。

第二节 技术推广

一、科技实验

1991年，万宁县开展田洋改造水稻中产田变高产田综合试验，试种面积527.5公顷（其中水旱田面积256公顷），经实割产量验收与田间原始数据核实，增产幅度较大，年均产粮815千克，总产达312.92万千克，单产395.5千克。该试验的成功，为全县4000公顷中低产田变高产田提供了科技依据。

1995年，开展早造稻秆还田示范实验。试验结果：全县6个试验示范点面积35.5公顷，总产量16.88万千克，平均每公顷产4693.5千克，比没有稻秆还田的对照区平均每公顷增产471千克，增长11%，总共增收粮食16736千克，可节约化肥45838千克。1996年，全市实施稻秆还田增肥技术面积4333.3公顷，其中早造3000公顷，晚造1333.3公顷，平均每公顷增产稻谷300千克，增产率6.3%。至2010年，推广秸秆还田、提升土壤肥力有机质15000公顷，推广应用腐秆剂524吨，建设示范点面积2133.3公顷。

二、新品种、新技术推广与示范基地建设

1994年开始，引进粤油223、粤油256、湛油12—1等花生新品种进行试验，比对照种“汕油27”每公顷分别增产354千克、117千克、117千克。1996年，由市农科所作为原种繁育基地，经市良种场、农技推广指导站及各基层农技站等18个单位繁育桂三、二青矮、青二占、朝二矮等良种54吨；市种子公司组织制育杂交稻组合汕优6号、63号、66号、广优4号及博优64号种子130吨，全市良种覆盖率达90%。2000年12月，市农业局下发《关于“中海香1号”常规稻试种示范工作实施方案》，次年试种8公顷。

2001年，引进、推介80多个农作物优良品种，优质稻覆盖率达80%；冬季瓜菜塑盘和营养袋育苗良种覆盖率达60%。至2006年，全市良种良苗覆盖率达96%，农业科技成果转化率达50%，科技进步贡献率达55%，被评为全省科技进步先进市。2007年，农业实用技术推广力度加大，引进新品种26个、新技术86项，创办高效作物示范基地76个，推广种植面积10666.7公顷。至2010年，大力推介46个主导瓜菜品种，并积极组织好种子(苗)供应，满足生产需要。办好瓜菜新品种新技术示范基地，投入资金100万元，创办2个面积为4公顷的蔬菜育苗基地，为受灾群众免费提供优质种苗；投资50万元，创办2个瓜菜新品种新技术试验基地。同时推广瓜菜实用技术，全市塑盘育苗技术达93%以上，应用薄膜覆盖技术达80%，推广面积6666.7公顷。

三、配方施肥

1991年，推广应用“喷施宝”面积3133.3公顷，提高水稻结实率和产量。2005年，全市配方施肥面积达13333.3公顷，试点区肥料利用率提高3%~5%，平均每公顷节肥300~750元，总节肥2000万元。2006年，全市推广水稻测土配方施肥面积19666.7公顷，全市节约肥料1150.5吨，节约化肥成本557.55万元，早造新增稻谷8100吨、产值1134万元；农民人均增加收入74元。2007年8月，根据《海南省农业厅关于建设测土配方施肥流动服务站的通知》要求，成立万宁市测土配方施肥流动服务站。2008年，推广测土配方施肥面积16666.7公顷。其中水稻13333.3公顷，平均每公顷产增产稻谷600千克，增产率13%，每公顷节约化肥成本180元，总节本增效1780万元；西瓜3333.3公顷，每公顷增产

4800千克，增产率10.7%，平均每公顷节本增效9750元。至2010年，完成测土配方施肥技术推广面积1万公顷，建立测土配方施肥示范点533.3公顷，实现每公顷节约化肥228元。

1991—2010年万宁市（县）农业种植情况（不含农垦）一览表

表5-11

年份	农药使用量（吨）	农田有效灌溉面积（公顷）	其中	化肥施用实物量（吨）	其中				旱涝保收面积（公顷）	种植用电（万千瓦时）
			电灌（公顷）		氮肥（吨）	磷肥（吨）	钾肥（吨）	复合肥（吨）		
1991	172	12736	1593	18261	8025	4926	2084	3226	4886	538
1992	226	11205	1298	19719	8617	5080	2411	3611	4895	653
1993	520	9425	1590	21261	8946	5485	2500	4330	5000	731
1994	246	9672	1390	21484	9042	5503	2344	4595	4701	1843
1995	387	9373	1827	21935	9089	5451	2474	4921	4059	803
1996	305	9610	1690	22421	9392	5297	2496	5236	5021	887
1997	154	9919	1077	17401	4566	3578	2055	4202	3423	665
1998	493	9459	1261	25793	9508	6337	3556	6392	3833	387
1999	328	9431	795	27733	11259	7450	3278	5746	5134	777
2000	376	8678	685	28967	11589	7473	3486	6419	4911	745
2001	228	9348	332	27893	10602	7037	3646	6608	4647	1223
2002	1122	9253	749	30995	11855	7572	4043	7525	5807	906
2003	1063	9253	11235	32922	12597	9272	4020	7033	5807	1274
2004	1219	9510	791	42040	13918	9550	6501	12071	5779	1314
2005	1535	9455	1027	40389	12366	9572	6679	11772	5945	1790
2006	1491	9556	816	43685	13133	10210	6766	13576	5933	1813
2007	1400	9661	859	45057	13211	10604	6886	14356	5833	1933
2008	1470	9701	817	47370	13846	11219	7320	14985	5833	2332
2009	1503	9140	1212	47915	14454	10177	7686	15598	5566	3001
2010	1622	9040	1429	43320	14920	13503	5332	14391	4063	2166

第三节 新型农民科技培训

为适应现代农业发展的需要，培养新型农民，万宁市不断加大农技培训工作的力度。

1991—1995年，在各乡、镇、村举办水稻高产栽培技术、反季节瓜菜种植技术培训班；每年发放杂交水稻栽培资料5000册、反季节瓜菜种植技术宣传图片10000份。

1996—2000年，在各乡、镇、村举办水稻抛秧技术、冬季瓜菜种植技术培训班；每年发放水稻抛秧光盘100个、抛秧技术资料10000册、辣椒栽培技术图书5000册、西瓜种植技术5000册。2001—2005年，在各乡、镇、村举办瓜果菜病虫害绿色防控技术、水稻病虫害统防统治技术以及东亚飞蝗防控技术培训班。每年发放瓜果菜病虫害防控技术资料5000册、水稻病虫害统防统治技术资料5000册、东亚飞蝗防控技术资料5000册。

2006—2010年，在各乡、镇、村举办瓜果菜病虫害防控技术、东亚飞蝗防控技术、测土配方施肥技术、水稻高产栽培技术培训班。每年发放瓜果菜病虫害防控技术图书6000册、东亚飞蝗防控资料10000册、发放测土配方施肥技术资料10000册、水稻高产栽培技术资料5000册。

1991年以来，每年举办培训班200期以上，培训人员达20000多人次，印发科技资料20000多册。

第四节 农村沼气池建设

从20世纪80年代万宁开始建设农村户用沼气池。90年代开始，同农业部签订省柴节煤灶科技协助合同后，全县大力推广省柴节煤灶，农村户用沼气池建设有所滞后。1991—2002年，全市（县）建农村户用沼气池仅约850个。

2003年，建设农村户用沼气池被列为国债资金项目，加快了农村户用沼气池的建设步伐。同年，共建农村户用沼气池3000口。2004—2010年，共建农村户用沼气池15148口，沼气联户34个，沼气养殖小区6个，完成6口大中型沼气池和2个乡村沼气服务网点建设。沼气池的建设改变了农村的生产、生活条件，有效节约资源，保护生态环境。

第八章 农业服务

第一节 无公害农产品管理

1996年,万宁市开始开展植物检疫工作,在省市二级赋予签发省间瓜菜调运检疫证书权力,同年签发省间瓜菜检疫证书1500多批(车)次,产品1万多吨,有效地控制检疫对象蔓延及扩散。2000年11月,市农业局下发《关于统一设置"无公害"瓜菜生产示范基地显示牌的通知》,明确规定"无公害"瓜菜生产的主要技术措施。

2001年,先后印发《海南省无公害瓜果菜保护管理规定》《海南省无公害瓜菜生产基地考核认定办法》和《关于无公害农产品推介使用农药品种及安全使用方法》,按照省制定的无公害瓜菜生产规定及技术标准,制定《万宁市无公害瓜菜生产实施方案》,同年全市共创办500亩以上的无公害瓜菜生产示范基地31个,面积共1787公顷。自2002年起,万宁市大力宣传农产品质量安全法,制订和印发无公害瓜菜标准和生产技术规程,指导群众生产,提高瓜菜质量。至2010年,全市基本上实现无公害瓜菜生产。加强农药监管,全市138家农药经营店负责人签订了放心农资经营承诺书;推广使用农业部门推荐的150种可替代农药和33种无公害瓜菜施用肥料,杜绝使用13种禁限用化学农药;开展对瓜菜产品质量检测工作,累计检测样品29173个,合格样品29027个,样品合格率达99.2%。

2002—2010年万宁市获得无公害农产品认证情况(含外来驻市单位)一览表

表5-12

生产单位	产地名称	产地地址	产品名称	颁证日期	证书有效期	颁证单位
万宁市农业技术推广中心	万宁市无公害瓜果菜生产基地	万宁市无公害瓜果菜生产基地	瓜菜类、椒类、豆类及菠萝等水果类	2002.12.27	3年	海南省农业厅
海南省国营东和农场	国营东和无公害热带水果生产基地	万宁东和农场	荔枝、龙眼	2003.4.30	3年	海南省农业厅
海南省国营东岭农场	国营东岭农场无公害“六连岭”妃子笑荔枝生产基地	万宁市东岭农场	荔枝	2003.7.15	3年	海南省农业厅
中国热带农业科学院香料饮料研究所	中国热带农业科学院兴隆热带植物园	海南省万宁市兴隆植物园	香草兰、胡椒、咖啡、苦丁茶等	2003.10.20	3年	海南省农业厅
海南省国营东兴农场	国营东兴农场无公害热带农产品生产基地	万宁市国营东兴农场	茶叶、胡椒、槟榔、荔枝、龙眼、菠萝等	2004.6.5	3年	海南省农业厅
海南省国营新中农场	海南省国营新中农场柠檬、荔枝、槟榔生产基地	海南省万宁市新中农场	柠檬、荔枝、槟榔	2004.10.30	3年	海南省农业厅
万宁鑫果园实业有限公司	万宁鑫果园实业有限公司无公害荔枝示范基地	海南省万宁市三更罗镇大坡农场	“妃子笑”荔枝	2007.1.30	3年	海南省农业厅
万宁市农业技术推广中心	万宁市无公害瓜果菜生产基地	海南省万宁市	瓜菜类、椒类、豆类及菠萝等水果类	2008.5.30	3年	海南省农业厅

第二节 农产品加工与销售服务

一、农产品加工

万宁市农产品加工业起步较早,主要槟榔半成品加工。1991—1995年,建成投产的有老朱槟榔加工厂、崔亚川槟榔加工厂、南林槟榔加工厂、西门槟榔加工厂、施亚六槟榔加工厂、平山槟榔加工厂、亚虎槟榔加工厂、亚三槟榔加工厂、亚东槟榔加工厂、德强槟榔加工厂、少雄槟榔加工厂。1998年,建成投产的有鸿金达槟榔加工厂、万宁吴氏土特产贸易有限公司和椰岛股份有限公司,其中规模最大的是椰岛股份有限公司,年产值约3400万元。2005年,全市农产品加工企业共有179家。主要加工的农产品有槟榔、土特产、水果等。

至2010年,全市农产品加工企业发展到312家,投资总额42250万元,年产值82656万元。

二、农产品销售

1991—1994年,万宁农产品销售工作相对滞后,农民常常为产品销售而发愁。1995年,县委、县政府鼓励和扶持国营、集体、个体和联合体共同搞流通,万宁的农副产品远销国内10多个省市,总销售额约为797.87万元。1996年,市供销系统在武汉、东北等地设立贸易"窗口",了解大城市销售价格信息,扩大贸易市场,打开产品销路,全市农副产品销售额达847万元,比1995年增长5.8%。市政府还充分发挥龙头企业的作用,主要依靠海南永青公司,利用其冷藏加工能力强、资金雄厚、国内外市场广宽、瓜菜代理商分布广的优势,带动全市瓜菜的运销。

1998年,首届中国(海南)国际热带农产品冬季交易会(简称"冬交会")在海口市举行。万宁市发动、组织全市各主要农产品参展促销,同年冬,按照签约订单北调瓜菜产品总量约9万吨,占总产量的81.5%,总值约为13275万元。从此,"冬交会"成为万宁市农产品销售的重要渠道。2001年"冬交会",共签订合同27宗,订单总量24.78万吨,交易金额2.76亿元。其中冬季瓜菜订单16宗,总量16.37万吨(发种订单3.47万吨,保价订单12.90万吨);水果保价订单8份,总量7.53万吨;热作产品(槟榔)保价订单1份,总量0.80万吨;水产品和加工品订单各1份,总量分别为1万吨和100吨。2005年"冬交会",共签订瓜果菜购销合同24份,成交量20.75万吨,成交金额3.37亿元。其中瓜菜合同16份,成交量17.55万吨,成交额3.04亿元;水果合同8份,成交量3.2万吨,成交金额0.331亿元。2008年"冬交会",共签订农产销售交易合同61份,交易总量26.36万吨,金额5.92亿元。2010年"冬交会",共接收订单178份,同意签约151份,意向订单27份,打破历届"冬交会"纪录。

至2010年底,全市共有固定收购点79家,流动收购点1326个,直接参与瓜菜流通人员达4205人,基本解决全市瓜菜"销售难"的问题。

第三节 农产品检测

自2001年开始，对农贸市场的本地瓜菜进行定期与不定期相结合的抽样检测。至2006年，每月检测20个样品，检测结果向省农业厅汇报。

2007—2008年，定期对本地瓜菜进行每周一次的检测，每次50个样品。检测结果按时向省农业厅汇报。2009年以后，农产品检测工作主要由农业局牵头组织安排，全市各镇均设有检测站，除了对本地农贸市场的瓜菜进行定期检测之外，还对全市的北调瓜菜，主要是豆角、苦瓜、西瓜、辣椒等进行检测，检测率达100%，并凭检测合格证出岛。

2010年，每周对万城市场瓜、果、菜抽检一次，检测品种30～50个，对各大洋和大基地的每个收获品种，抽检1～2次，出岛瓜果菜100%进行检测，逐步做到农产品从田洋到餐桌实行全程安全检验检测。

第四节 惠农政策

一、农税减免

从2000年开始，按照农业税和农业特产税不重复交叉征收和逐年调低税率的原则，万宁市适时降低南药等部分农业特产税应税品目税率。

从2001年起，万宁市的农业税(公粮)以农民第二轮土地承包为基础作为计税土地面积，按税率逐年降低的原则核算到户征收，其税率计征为5%，同年全市仅征收公粮税350万元左右，占农业“四税”(公粮、特产税、耕地占用税、契税)的9%，减轻了农民的负担。至2005年，万宁全面取消公粮的收购。

2003年，农业发展和农民收入受“非典”影响，为确保农民利益，万宁市在5—6月间，全面减免上市的冬季瓜菜和鱼、虾等应税农产品的税款。2004年3月，省政府废止《海南省农业特产税征收办法》。同年，万宁市的农业特产税由2003年的2914万元减至347万元，降幅达88.1%。2005年，市政府又执行省政府相关规定，全面取消农业税和农业特产税的征收（比国家规定提前一年），至2010年相关农税减免政策未变。

二、农机购置税补贴

2004年6月，国家出台《中华人民共和国农业机械化促进法》。2005年，万宁市开始实施农机购置补贴惠农政策，调动农民购买农机的积极性，提高农业现代化水平。当年全市拥有农机总动力

8000千瓦，比2004年(未补贴前，下同)增加4383千瓦，其中大中型拖拉机增加220台、联合收割机增加34台。全年农机购置补贴25万元。此后，万宁地区农民购买农机人数不断增加，购置农机补贴也逐年大幅提升。

2010年，农业机械化水平大幅提高。与2004年相比，农机总动力增加272860千瓦，达348477千瓦；大中型拖拉机增加2180台，达4500台；联合收割机增加199台，达288台；大中型配套农具增加306台，达640台；小型配套农具增加2129台，达2593台；农副产品加工机械增加747台，达1377台。至2010年，累计农机购置补贴1299万元。

2005—2010年购置农机补贴资金一览表

表5-13　　单位:万元

年份	补贴总金额	资金来源	
		中央资金	省级资金
2005	25	—	—
2006	64	45	19
2007	100	95	5
2008	180	170	10
2009	410	—	—
2010	520	490	30
合计	1299	—	—

第九章 农业综合开发

第一节 机 构

1991年，万宁县农业综合开发领导小组下设办公室，由农业、农技、水利、林业、财政等单位人员组成，负责项目规划、立项、勘测、设计和实施等工作。1996年8月，万宁撤县设市，县农业综合开发领导小组相应改为市农业综合开发领导小组。

2001年后，市委、市政府根据海南省委、省人民政府《关于全省农业综合开发办公室归属财政管理的通知》精神，2001年7月25日撤销市农业综合开发领导小组及其办公室，设立市农业综合开发办公室，为行政副科级建制，挂靠市财政局，核定行政编制人员3人。至2010年底，未做新的调整。

第二节 资金投入

一、资金构成

农业综合开发资金由财政资金和自筹资金两大部分构成，统一纳入项目投资计划，用于土地治理和产业化经营两大项目。1991—1997年，用于土地治理项目的财政资金，一半为有偿补贴，一半为无偿补贴，用于土地治理项目的自筹资金为中央财政资金的30%；1998—2010年，全部为无偿补贴，用于土地治理项目的自筹资金为中央财政资金的10%。

1991—2003年，用于产业化经营项目的财政资金全部为有偿补贴；2004—2006年，70%为有偿补贴，30%为无偿补贴；2007年有偿补贴、无偿补贴各占一半；2008—2010年，全部为无偿补贴。1991—

1997年,用于产业化经营项目的自筹资金与中央财政资金投入比为1∶1;1998—2010年,改为1∶0.5。

二、资金投入

1992年,投入资金301.3万元,其中,国家和省投资为251.15万元,县配套50.15万元。1993年,总投资为300.5万元,其中,中央拨款150.25万元,省级配套100.07万元,县级配套50.18万元。

1993—2010年(2000年无项目),17年累计投入资金33642.5万元,其中:财政资金22655.2万元,筹措资金投入10987.3万元。财政资金中,中央财政资金投入13783.5万元,地方财政配套资金投入8871.7万元(其中:省级财政配套资金6363.4万元,市级财政配套资金2508.3万元)。以上资金,土地治理项目投入23397.4万元,产业化经营项目投入10245.1万元。

第三节 开发规模

一、农田整治

1991年以来,以万宁水库灌区为核心,先后在万城、东澳、礼纪、龙滚、山根、后安、和乐以及南桥等8个镇,高标准(方格化)整治大乳、大太、南门、保定、红光、冯家、龙巢、南海、贡举、镜门、曙光、琉川、百家、五星、凤尾、文田、文甲、金牛、横山、华明、高龙洋21个大中田洋。其中1991年整治农田2000公顷,2005年整治1067公顷,2010年整治1267公顷。

至2010年底,共整治面积10447公顷;建设田间硬化排灌渠道833.11千米,其中:支渠119.7千米,农渠149.78千米,斗渠66.57千米;支排124.8千米,农排203.78千米,斗排87.47千米。在建设田间排灌渠道中,配套桥、涵、闸、放水口、生活台阶等渠系建筑物33252宗(座)。建设田间道路326.26千米,其中:简易公路65.3千米,机耕路260.96千米,硬化简易公路2.15千米。在大乳、大太、南门、保定四大田洋周边沙滩,实施防风固沙、治土保水措施,营造农田防护林(木麻黄林)467公顷。

二、改良土壤

1991年以来,万宁县农业综合开发领导小组致力于改良土壤,以开发更好的土地耕种环境,当年改良土壤1593公顷。2005年改良153公顷。至2010年,共改良土壤23044公顷,其中:种植专用、兼用绿肥改土6600公顷,深耕、渗沙入泥或渗泥入沙、治咸治酸改土1267公顷,秸秆回田改土5067公顷,测土配方施肥改土15177公顷。

三、购置农机具

1991年以来,万宁县农业综合开发领导小组大力支持农民购置农业机械。1995年扶持2户农民购置2台联合收割机;2005年,扶持33户农民购置犁田机15台、农用拖拉机17台;2010年,扶持16户农民购置联合收割机2台、挖掘机1台、农用拖拉机13台。

至2010年，共扶持152户农民购置农机具152台（套），其中：农田基本建设机械（挖掘机）4台，犁田机33台，联台收割机62台（套），农用拖拉机52台，碾米机1台（套）。

四、建设种养加工流通基地

1991年，万宁县着重建设种养加工流通基地，以龙头企业为依托，发展更高效的产业经济。1995年，扶持万宁县农业投资开发有限公司等3家公司建设海水养殖基地3个，面积17公顷；2005年，扶持海南永清绿色农业食品加工有限公司等2家龙头企业建设流通设施项目和水产品加工项目各1个。至2010年，先后扶持15家农业龙头企业和1家农民专业合作社发展农业经济，建设种植、养殖、加工、流通基地17个，其中：热带水果种植基地1个，面积233公顷；花卉基地2个，面积27公顷；海水对虾养殖基地2个，面积27公顷；海水石斑鱼养殖基地3个，面积45公顷；生猪养殖基地3个，年出栏量3000头；水产品加工基地1个，年产量1000吨；藿香油加工基地1个，年产量105吨；冬种瓜菜和水果收购、贮藏基地1个，日流量500吨，日冷冻贮存量1000吨。

第四节 开发效益

一、经济效益

1991年，新增粮食4500吨。1995年，新增粮食6000吨；2005年，新增粮食4080吨。至2010年，项目区新增粮食生产能力37742吨，新增瓜菜生产能力67.2万吨，项目区农民纯收入增加42754.2万元，比非项目区农民人均增加收入168元。

二、社会效益

（一）灌溉效益

1991—1997年，全县（市）改善农田灌溉面积4833公顷，恢复灌溉面积3147公顷，增加除涝面积400公顷。2003年，在万城镇保定洋修建105条硬化灌溉渠道，共计45.28千米。2005—2010年，在红光、龙巢、琉川等9个田洋修建584条硬化灌溉渠道，共计316.47千米。至2010年，新增灌溉面积1820公顷，改善灌溉面积10160公顷，新增防涝面积3773公顷，改善防涝面积5867公顷，年节约用水132万立方米。

（二）民生效益

1991年，万城镇三联村委会的内村和东澳镇明灯村委会的城内仔村，没有道路通入村庄，同时两个村又被一条“无头溪”隔开，村民的生产、生活极其不方便。1993年，整治大乳洋时，建设一座12米长的机耕桥连接两村，还在市食品厂至分洪大坝开通一条宽4米、长4.34千米的机耕路。至2010年，农业综合开发在整治的21个田洋里修建326.26千米的田间道路，方便了农业生产。

（三）辐射效益

1991—2010年，万宁市（县）境内的农业龙头企业作为农业综合开发的业主，对加快产业结构调整起到辐射带动作用。2005年，海南永青绿色农业食品加工有限公司在礼纪镇建设冬种瓜菜流通基地，就地收购冬季瓜菜，采取“公司+农民+科技”的方式，以批发市场为依托，带动农民种植瓜菜，当年全市冬种瓜菜种植面积达8240公顷。

1991—2010年万宁市（县）农业综合开发投资情况统计表

表5-14 单位：万元

年份	合计	土地治理项目					产业化经营项目				
		小计	中央财政资金	省财政配套资金	市财政配套资金	自筹资金	小计	中央财政资金	省财政配套资金	市财政配套资金	自筹资金
1991	303	303	151.5	100.8	50.7	—	—	—	—	—	—
1992	301.3	301.3	150.76	100.39	50.15	—	—	—	—	—	—
1993	300.5	300.5	150.25	100.07	50.18	—	—	—	—	—	—
1994	349.1	299.1	149.55	103.03	46.52	—	50	—	50	—	—
1995	558.45	518.45	217	131.4	85.6	84.45	40	—	32	8	—
1996	687.05	595.05	253.3	152.1	99.6	90.05	92	—	74	18	—
1997	703.9	593.9	253.9	152.3	99.8	87.9	110	—	88	22	—
1998	1362	987	241	160.6	235.4	350	375	112.5	75	62.5	125
1999	567	437	158	105.2	48.8	125	130	40	25	15	50
2000	0	—	—	—	—	—	—	—	—	—	—
2001	682	682	260	185	75	162	—	—	—	—	—
2002	2375	620	310	148.5	71.5	90	1755	585	409.5	175.5	585

续表5-14

年份	合计	土地治理项目					产业化经营项目				
		小计	中央财政资金	省财政配套资金	市财政配套资金	自筹资金	小计	中央财政资金	省财政配套资金	市财政配套资金	自筹资金
2003	2318	1684	707	472	185	320	634	270	161	68	135
2004	3243	1827	845	275	134	573	1416	490	234	60	632
2005	4600	2200	1020	345	119	716	2400	1000	480	120	800
2006	2057.2	2057.2	1053	350	119	535.2	—	—	—	—	—
2007	2430.1	1777.5	836	371.9	149.9	419.7	652.6	300	96	24	232.6
2008	2258	2258	1168	434	134	522	—	—	—	—	—
2009	3725.5	2457	1283	440	102	632	1268.5	180	58	14	1016.5
2010	5425.7	4103.7	1701	590.8	150	1661.9	1322	200	64	16	1042

第五节 扶贫开发

一、机构

1989年，万宁县扶贫开发办公室成立。1996年8月，万宁县扶贫开发办公室改为万宁市老区建设服务中心，2009年4月，万宁市老区建设服务中心改为万宁市扶贫工作办公室，编制15人，参照公务员管理，至2010年未变。

二、贫困地区基本情况

1988年，万宁县被列为国家重点扶贫县，1994年，万宁县被列为国家实施“八七”扶贫攻坚计划中的扶持贫困县，1996年8月万宁设市后，全国重点扶贫县资格被取消。2004年，万宁市贫困地区的贫困人口9997人，低收入人口27750人。其中，人均收入637元以下的有1510人，人均收入638～882元有8487人；人均收入883～1000元有27750人。列入扶贫规划的40个行政村，贫困人口有6062人，低收入人口有18790人。由于省下达指标有限，民族镇中没有列入扶贫规划的贫困行政村有5个，贫困人口有844人，低收入人口有2582人；汉族聚居区没有列入扶贫规划的贫困行政村有8个，贫困人口有309人，低收入人口有6378人。全市其他村庄大约有12000多贫困人口。至2010年，年人均纯收入2680元以下的农村贫困人口还有2.849万人(各时间段对贫困人口标准不同)。万宁市贫困人口主要分布在少数民族地区、山区和库区。

三、扶贫开发方式与成果

万宁市扶贫开发大体分为3个阶段。1991—2000年为第一阶段,扶贫工作以特困村为主战场,以贫困人口为主攻对象,坚持"以区域划类型,以类型选路子,以路子定项目,以项目效益覆盖贫困人口"的基本战略,集中全市人力、物力、财力进村入户,扶贫攻坚;2001—2005年为第二阶段,市政府制定第一个扶贫开发规划,对5年扶贫开发做出具体部署,提出奋斗目标;2005—2010年为第三阶段,制定2006—2010年贫困村扶贫开发规划,把2000年没有列入扶贫范围的13个贫困村列入规划。2007年贯彻执行省政府关于"三集中"(集中扶贫对象、集中扶贫资金、集中解决贫困地区发展的突出问题)扶贫工作实施意见;2009年实施市委市政府印发的《市直单位"联村进企促发展"行动计划》,推动扶贫开发,取得明显的阶段性成果。

(一)整村推进

1991年以来,万宁结合社会主义新农村建设,制定整村推进规划,分期分批实施。发展特色支柱产业,统筹各类涉农资金和社会帮扶资源,集中投入,实施水、电、路、气、房和环境改善"六到农家"工程。贫困村相对集中的地方连片开发。

1993—2000年,全市新修或改造乡村道路288公里,主要村庄实现电信、电视全覆盖;建设110千伏变电站1座,部分贫困村庄通电。2001—2010年,共投入资金2592万元,修建乡村道路104条,长155.67公里,其中硬化道路49条24.82公里,解决76370农村人口交通难问题。建设自来水工程15项,打井132眼,建设拦水坝2座,自来水管2350米,添置供水设备2套,解决12708农村人口安全饮水问题。维修水利设施5处,解决142公顷耕地的灌溉问题。实施1处搬迁工程,建房400平方米,解决7户29人库区移民住房。建设小学教学楼1幢,面积460平方米。建设贫困村办公室10间;初步完成40个贫困村整村推进的预定目标任务。

2010年,全市贫困地区的贫困人口从1991年底的4.7万人减少到2.89万人;贫困率从11%降至1.8%;贫困地区人均收入从1120元增加到2680元。

(二)产业化扶贫

2001年,投入扶贫贷款100万元,支持农民创办海产品冰冻厂;投入扶贫资金260万元,创办"港北对虾养殖基地";投入扶贫资金260万元,扶持农民创办"三更罗槟榔种植基地"。2002年,投入50万元,创办"北大荔枝种植基地";2005年,将海南科源霍香公司作为国家扶贫龙头企业向上申报,扶持各类扶贫资金200多万元;同时抓好槟榔厂、农副产品加工厂等各类龙头企业建设,发展"公司+基地+农户""市场+基地+农户""市场+企业+农户"等经营模式。在产业化扶贫中,立足本地资源优势。此外还投入资金建立橡胶基地、菠萝蜜基地等,发展并形成贫困农民脱贫的支柱产业。

(三)社会帮扶

2001—2010年,全市各部门为贫困地区投入资金1520万元,组织机关单位1000多名干部到贫困村开展定点帮扶、联户帮扶活动。在贫困地区修建村道52条,长48千米,建文化室5间,改造电线线路15千米,维修水利设施20处,建沼气池250口,举办各种培训班120期。社会各界也积极采取智力扶贫、科技扶贫、电力扶贫、水利扶贫、交通扶贫、教育扶贫、文化卫生扶贫等形式扶持贫困地区发展。

(四)扶贫培训

1991—2000年,万宁市(县)投入扶贫资金100多万元,开办贫困村农民实用技术培训班110多期,参训人数达1200多人次,举办劳务输出培训班20期,劳务输出2200多人。2002年,投入财政扶贫资金10万元,举办各类培训班6期,参训人数3000多人次,印发各种资料3000多份。其中:投入4万元,在北大镇、南桥镇举办荔枝、龙眼、菠萝蜜技术推广培训班2期;投入4万元在三更罗镇、南桥镇、市委礼堂举办养鸡、养猪等技术培训班3期;投入2万元,组织5个贫困镇分管扶贫工作领导、40个贫困村种植大户到保亭、琼海二地扶贫水果示范基地参观学习。2004年,投入扶贫基金6万元举办培训班6期,培训人员600多人次。其中:举办贫困村党政领导干部及农用技术培训班4期,培训人员400人次;举办贫困村剩余劳动力转移培训班2期,培训人员200人次,并组织160多人到广东等地打工。争取省扶贫办在市举办培训班3期,培训人员300人次;投入4万元组织4个贫困镇的分管扶贫领导及部分贫困村代表到华东、华南扶贫致富农村参观学习。2005年,组织科研单位、专家等到贫困村举办农用技术培训班,全年投入扶贫资金4万元,共举办各类农用技术培训班4期,参训人数600多人次,同时投入扶贫资金8万元,举办贫困村剩余劳动力转移培训班4期,参训人数450人次,并组织200多人到外省打工就业。2006—2010年,投入资金185万元举办各类培训班95期,参训人数9956人次,其中,举办农民实用技术培训班60期,参训人数6320人次;举办劳动力转移短期培训班24期,参训人数2815人次;举办贫困地区干部培训班11期,参训人数821人次。为省“雨露计划”学历班输送贫困生716人。其中:2~3年中专班学生677人,短期培训班39人。

四、扶贫资金与管理

(一)扶贫资金

2000年前,万宁市获得下拨的专项扶贫资金较少。2001—2005年,中央、省和市财政投资扶贫资金逐年增加,2001年下拨160万元,2002年下拨351万元,2003年下拨429万元,2004年下拨515万元,2005—2007年省下达中央财政扶贫项目资金1010万元,财政扶贫资金项目管理费17万元。其中:2005年,扶贫项目30个,资金295万元;2006年,扶贫项目28个,340万元;2007年,项目24个,资金373万元。2008年,省下达中央财政扶贫资金471万元,项目管理费8.5万元,共479.5万元;2010年,省下达中央财政扶贫资金785万元,项目管理费12万元,共797万元。

(二)资金管理

对于上级下达的扶贫资金,市财政局与市扶贫办自2001年起建立管理使用制度。

项目执行管理 项目资金下达后,经请示市政府领导同意,在市电视台和市政府网站进行公告公示，接受社会和群众监督。同时与有关部门协商，制订财政扶持资金项目实施方案，集体讨论拟定后报市政府审批。之后，市扶贫办召开会议，集体讨论决定项目领导小组和议标领导小组人选。项目管理整个过程由领导小组集体负责实施。项目启动后，管理按有关规定进行；项目竣工后，及时组织有关部门进行验收，并将项目竣工情况、财务开支情况等进行公示，整个项目执行过程接受纪检、监察、财政和社会监督，同时接受审计部门审计。2008年，市扶贫办贯彻落实国家五部委《关于对扶贫资金监管中存在的突出问题开展专项治理的通知》文件精神，开展2005—2007年扶贫资金项目监管自查。

项目管理费管理 按照财政部、国务院扶贫开发领导小组、国家发展计划委员会印发的《财政扶贫项目管理费管理办法》(试用)进行使用管理。主要用于项目建档立卡、材料打印、检查验收等。

财政扶贫资金管理 按照财政部、国务院扶贫开发领导小组、国家发改委员会印发的《财政扶贫资金管理办法(试行)》和省财政厅《海南省财政支农资金报账制管理办法》执行。一是扶贫资金下达市财政局，由国库集中支付；二是项目资金的使用按规定程序与工程进度实行报账拨付；三是项目资金做到专款专用，扶贫资金使用建立监测体系。至2010年，市扶贫办每年都将年度财政扶贫资金使用情况总结上报。

第十章 水利

第一节 机构与体制改革

一、机构

1991年，万宁县水利电力局设办公室、工程管理、计财、农电等股室，人员编制30人。1996年8月，撤县设市，县水利电力局改为市水利电力局。2002年10月，改为万宁市水务局，设办公室、计财股、建设与管理股、农村水利股、水资源水土保持股(含水政监察大队)等5个股（室），工作人员43人。下辖自来水公司、水利物资公司、万宁水库工程管理处、军田水库工程管理处、龙滚河系联合管理处、碑头水库工程管理处、黄山水库（包括袁水水库）工程管理所、水声水库工程管理所、香车水库工程管理所、北坡小海堤防工程管理所10个直属单位。2010年，市水务局内设市防风防汛防旱指挥部办公室1个（副科级）；5个股级职能机构，即办公室、规划计划股、水资源水土保持股、建设与管理股、农村水利股，行政编制19人。

二、水利管理体制改革

1991年，水利工程管理体制由县、乡镇、管理区分级管理。大中型以上水库（万宁、军用碑头、加坦水库）、小型骨干水库（香车、水声水库）和跨乡镇的小（一）型水库（黄山、袁水水库）以及较大的堤围（太阳河、龙滚河分洪堤、小海北坡防潮堤）等工程设立工程管理处，属于县管；小（一）型水库（老风、后庙、红色等水库）和捍卫乡镇面积较大的堤围（和乐、后安、华明分洪堤和东澳等11条海堤），以及灌溉面积较大的水陂闸坝等工程设立工程管理所，属于乡镇管理；灌溉本管区农田的小（一）型水库（博冯、落斗、乐来等水库）和小（二）型水库以下的塘坝、水陂、机电、井灌等提水和小水电工程，属于乡镇水管站或管区水管组管理；乡镇水管站业务上受水务局领导，行政上受乡镇政府领导，管区水管组受乡镇水管站直接领导。2002年，国务院颁布《水利管理体制改革实施意见》，万宁将小型水利统归市管理，将小型水库管理经费纳入市财政。2003年，国务院转发《水利管理体制改革实施意见》，要求各地对水利“五小工程”进行承包、租赁、拍卖、股份合作形式的产权改革。2006年，省政府召开全省水利管理体制改革工作会议，要求各市县完成“两定”“两费”测算工作，落实人员基本支出经费。同年，万宁市对小型水库统一收归市统一管理，将小型水库管理经费纳入市财政预算，并落实管护主体、管理人员和管理经费，按月拨付管理人员工资和管理经费。至2010年，未做新的调整。

第二节 水利工程

一、蓄水工程

1991年，万宁县共有蓄水工程41座，总库容1.94亿万立方米，灌溉面积9067公顷。2004年，碑头水库除险加固工程完成，总投资1073.76万元，集雨面积14平方千米，灌溉面积267公顷，正常库容941万立方米。

2005年，实施军田水库除险加固工程，总投资1319.21万元，集雨面积35平方千米，灌溉面积1.71万立方米，正常库容3634万立方米。至2006年，工程完成建设。2006年开始，实施万宁水库除险加固工程，总投资5370.33万元，集雨面积429平方千米，实际灌溉面积4533公顷，正常库容7600万立方米。至2010年底，工程还在建设当中。2008年，实施加坦水库除险加固工程，总投资1457.78万元，集雨面积102.6平方千米，实际灌溉面积500公顷，正常库容400万立方米。至2010年，工程完成建设。

2009年，实施香车水库除险加固工程，总投资548.33万元，集雨面积7.5平方千米，实际灌溉面积333.3公顷，正常库容558万立方米，于2010年完成建设。同年，实施后庙水库除险加固工程，总投资338.49万元，集雨面积1.85平方千米，实际灌溉面积6.7公顷，正常库容143万立方米，于2010年完成建设。同年，实施红色水库除险加固工程，集雨面积9.6平方千米，实际灌溉面积333.3公顷，正常库容460万立方米，于2010年完成建设。

2010年，完成7座水库的除险加固工程的建设，即老荒水库、落斗水库、博冯水库、袁水水库、黄山水库、乐来水库、水声水库。其中老荒水库集雨面积1.07平方千米，实际灌溉面积40公顷，正常库容98万立方米；落斗水库总投资244.66万元；博冯水库总投资466.77万元、集雨面积2.1平方千米，实际灌溉面积66.7公顷，正常库容89万立方米；袁水水库总投资352.5万元，集雨面积2.22平方千米，实际灌溉面积66.7公顷，正常库容312万立方米；黄山水库总投资483.08万元，集雨面积10.52平方千米，实际灌溉286.7公顷，正常库容749.94万立方米；乐来水库总投资272.75万元，集雨面积1.15平方千米，实际灌溉面积33.3公顷，正常库容143立方米；水声水库总投资540.8万元，集雨面积10.66平方千米，实际灌溉面积80公顷，正常库容749.94万立方米。至2010年，全市有大型水库一座，即位于长丰镇的万宁水库，灌溉面积为5733.3公顷，年发电量为400万千瓦时；中型水库4座，即北大镇的军田水库、龙滚镇的加坦水库、礼纪镇的碑头水库和兴隆农场的沉香湾水库，总控制集雨面积185.1平方千米，总库容7018.1万立方米，设计灌溉面积5480公顷，实际灌溉2280公顷；小(一)型水库共16座，分别是山根镇的香车水库，后安镇的水声水库、乐来水库，和乐镇的红色水库，龙滚镇的熊仔水库，长丰镇的黄山水库、袁水水库，北大镇的后庙水库，礼纪镇的博冯水库、老荒水库，东澳镇的落斗水库，东和农场的金寮水库，兴隆农场的南旺水库、三角水水库和南林农场的新风水库、高峰水库，总控制集雨面积共82.41平方千米，总库容5011万立方米，设计灌溉面积3726公顷，实际灌溉1786.7公顷；小（二）型水库共29座，分别是龙滚地区的排园、上坡、翁官、岭后、九排、九埠等6座，和乐镇的六连岭、岭腰等2座，后安镇的水响、打称勾、独田，车斗等4宗，北大镇的双军、芦文洪、槟榔行、客公园等4座，礼纪镇的南场、杨梅等2座，长丰镇的大园、七甲、榕村堀、加尧，打秀滩等5座，三更罗镇的大洋、风秋田等2座，南桥镇的打片、艾春等2座，东澳镇的后风坑，南林农场的常青水库，总控制集雨面积共26.8平方千米，总库容965.6万立方米，设计灌溉面积657.7公顷，实际灌溉面积641公顷；全市山塘、平塘共97座，控制集雨面积29.55平方千米，总库容373万立方米，设计灌溉面积325.3公顷，实际灌溉面积233.3公顷。万宁市总蓄水工程为1.8297亿立方米。

二、提水工程

机械灌溉方面，1991年，全县共有固定抽水站13处，装机14台，268匹马力；至2010年，全市仅存有机械抽水9处，装机10台，188匹马力，灌溉面积177公顷。

电力灌溉方面，1991年，全县有电灌站39处，装机41台，容量630. 5千瓦，提水流量0.2立方米/秒，灌溉面积80公顷。1998年后，由于取水环境恶化、管理不善，部分电灌站灌溉效益下降，一批电灌站因无法运行或失去存在的意义而被废弃。至2010年底，有电灌站46处，装机48台，容量720千瓦，灌溉面积207公顷。

水轮泵提水方面，1991年，有水轮泵站95台，马力41匹，灌溉面积19公顷。之后，由于各种提水工具耗水量大，缺少维修零件等原因，水轮泵大量损耗。至2010年，全市仅存桥中岭头、联合、六连岭等站装机3部。

喷灌和滴灌方面，1991年，全县有滴灌机5部，灌溉面积133.3公顷。之后，由于管理不善，于2009年开始不再使用滴灌的提水方式。至2010年，全市仅有喷灌机9台，36匹马力，灌溉面积80公顷。至2010年，万宁市总提水工程1305万立方米。

三、引水工程

1991年，万宁县共有引水工程95处，引水流量3.51立方米/秒，灌溉面积1287公顷。其中水陂19座，引水流量58.5立方米/秒，可灌溉耕地81公顷；闸坝5座，引水流量2.43立方米/秒，可灌溉耕地933公顷。由于消力池基础差，后安桥闸、和乐桥闸、华明水闸的坡坝部分及9座小型坝被洪水冲毁，1991年政府投资2300万元，对三合水闸及3座坡坝进行维修，2010年竣工。

至2010年，万宁市共有引水工程95处，主要闸坝工程有龙滚桥闸、后安桥闸、和乐桥闸、文曲水闸、华明水闸、新陂闸坝工程；主要水陂工程有清明田水陂、风排水陂、南门水陂、桥北水陂、桥中水陂、泗水闸坝、琉川闸坝、新村闸坝。引水流量3.51立方米/秒，保灌面积1287公顷。万宁市总引水工程量为2540万亿立方米。

四、防洪防潮工程

（一）小海北坡防潮堤除险加固工程

2001年，开始实施小海北坡防潮堤除险加固工程，为海南省重点水利建设项目，工程可保护北坡沿海地区农田、水产养殖基地和村庄免遭风暴潮袭击，防潮标准为20年一遇，工程分为三年三期实施。2003年5月9日，万宁市小海北坡防潮堤除险加固工程一期完成验收，至2004年底，该工程全部完工，工程总投资3960万元，东起大长坡，西至南山河旧河口，总长8.06千米。北坡防潮堤除险加固工程完工后，使周边的乌场、春园、集庄、南岛、南星、新庄等6个村委会100多个自然村约2万名群众的饮水问题及133.3公顷虾池、533.3公顷水田的防潮等问题得到全面解决。

（二）龙滚河文曲堤防除险加固工程

文曲防潮（洪）堤位于龙滚河出海口，距万泉河、九曲江及龙滚河三江汇集的沙美内海约5千米。文曲堤防工程由南堤、北堤及文曲水闸组成，该堤经多年风浪淘刷及水流侵蚀作用，堤身水土流失严重，抵御洪水能力差，一遇大洪水必泛滥成灾，严重威胁当地人民群众生命财产安全。

2010年开始，对龙滚河文曲防潮（洪）堤进行除险加固。工程总投资1220万元，其中中央投资610万元，省级配套305万元，市级配套305万元。该项目加固完成后，可提高下游河口段防洪防潮能力，保障堤内农田安全及文曲村等63个自然村庄人民群众的生命财产安全，保护面积1000公顷。至2010年年底，已完成该工程的前期开工准备工作。

第三节 水库移民安置

至1991年，万宁县已建设完成因水库征用而移民的村庄（简称迁安村庄）45个，安置1942户6499人居住，建房面积99073平方米（包括公用仓库），占迁安建房总面积的95%，已基本完成水库移民安置及后期扶持工作。

2006年7月起，向移民发放后期扶持补助资金，统一由财政部门通过指定银行（农村信用社），以“惠民一卡通”方式将补助资金直接划入移民户账户，补助标准为每人每月50元。同年8月，省政府要求对大中型水库移民人口开展后期扶持登记工作。万宁市水库库区及安置区共涉及万宁、军田、加坦、碑头、牛路岭、南塘、中平仔、黎跃、升钟等9座大中型水库，涉及万宁市长丰、北大、三更罗、龙滚、礼纪、万城、南桥、和乐、东澳、山根10个镇、53个村民委员会、110个自然村，至2010年核定移民人口6001人。

第四节 “三防”工作

一、机构

1991年，万宁县三防办为财政差额拨款事业单位。1996年8月，万宁撤县设市，县三防办改为市三防办。2001年10月，改为市财政全额拨款事业单位。2007年4月，定为参照公务员法管理的事业单位。2010年3月，定为市水务局的内设机构。

二、防风防汛

1992年6月上旬至7月下旬，万宁县连续特大暴雨，加上第4号台风的袭击，造成严重洪灾，总计经济损失5746.69万元。灾后，万宁县总共抢修水毁工程量：土方47.2万立方米，石方1634.5立方米，其中浆砌石方1643.5立方米，砼254.3立方米。恢复灌溉867公顷。1993年10月15—18日，万宁县各地降雨411.5～622.9毫米，造成山洪暴发，总计经济损失4423万元。万宁县共计投入抗洪救灾人数5.5万人。

2000年9月9日，第16号台风在万宁市新梅乡至陵水县沿海地区登陆，台风中心最大风力11级，全市总降雨量124.0毫米，受灾比较严重的有东澳、北坡、礼纪、新梅、长丰、南桥、牛漏等乡镇。10月11—15日，普降特大暴雨，灾情特别严重。据统计，共造成直接经济损失8.46亿元。2005年9月26日，第18号强台风"达维"于凌晨4时从万宁市山根、龙滚地区登陆，受其影响，全市普降暴雨到大暴雨。据不完全统计，台风"达维"造成的直接经济损失高达17.53亿元。市直机关干部、公安武警、部队及预备役部队官兵，农村基层干部以及群众5万多人次参加抗风救灾。

2006年8月，万宁制定《万宁市防汛工作应急预案》，编制完成全市各大中型水库的防汛抢险方案。市政府拨款15万元，购买一部防汛防风专用车，购置13部无线电话发放到各个水库管理处（所），购置沙包1.3万个，增加沙料20000立方米。组织5000多人加入抗灾抢险队伍。2010年10月1—19日，万宁市遭受历史上罕见的强降雨过程，最大雨量达2148毫米，全市各水库水位猛涨，直接威胁各水库大坝安全。水务部门紧急调动抢险队伍5支，共900多人，对南桥镇的打片水库、长丰打秀滩水库等水利工程进行应急抢险，万宁水库六次指挥调度排洪，最大排洪量达到每秒1200个流量，保证大坝安全。市三防办及时启动防风防汛三级应急响应，调动万城镇、南桥镇、后安镇、长丰镇应急抢险队伍，安全撤离转移319个自然村的10.1万名被洪水围困的群众。

1991—2010年，影响较大的洪灾共有5次，其中3次因暴雨引起，2次因台风引起。

三、防旱抗旱

1991年，万宁县早、晚造生产均遭严重的干旱袭击。全县共投入抗旱柴油抽水机621台，柴油450吨；农民群众自筹资金26万元，购置和利用龙骨车等抗旱工具15110件；投入抗旱人数4.16万人；封江堵河151处，打井767眼，维修与新挖渠道124.6千米，解决150个村庄、3.5万人的饮水困难问题。由于抗旱措施切实有效，同年晚造粮食生产仍获得大丰收，总产量10.33万吨，平均每公顷产3480千克，比1990年总产增加1.947万吨，增长23.1%。

1993年1—8月，万宁县连续出现严重的干旱，18个乡镇都不同程度受到干旱的影响。全县共投入抗旱人力9.75万人次；动用各种柴油机680台、4225马力、汽油机140台、720千瓦，其他抗旱机具39600多件；封江堵河203处，挖田头井2518眼，维修大小渠道468条，长386千米，新挖渠道10条，长16.5千米；完成土方898万立方米，石方78立方米。全县成功抢插抢管水稻22760公顷，改种573.3公顷。

2001年12月中旬至2002年7月中旬，万宁市发生自1976年以来罕见的旱灾。18个乡镇不同程度地受到旱灾威胁。全市投入人力11.05万人次，投入抗旱柴油机2606台12747马力，汽油机10台550千瓦，抗旱用油311吨，其他抗旱机具29600多件，投入抗旱资金398.462万元，其中群众自筹283.5万元，机关捐款11.272万元。全市封江堵河103处，挖田头井143眼，修复大小渠道273条、长299千米，新挖大小渠道50条、长17.1千米，修山塘13座。经全市干部群众的共同奋战，全市308.3公顷粮食作物旱情缓解，1066.7公顷胡椒等热带经济作物旱情减轻。2.5万人、1.6万头牲畜饮水困难问题基本得到解决。

2005年，万宁市遭受自1977年以来历时最久的跨年度旱灾。全市有6个镇启动运水送水方案，解决2.5万人饮水困难。3月中旬，市三防指挥部向全市发出《继续做好防旱抗旱工作的通知》，组织抗旱调查小组深入灾区了解旱情。全市共投入抗旱救灾资金1725.2万元(含投入北坡供水工程890万元)，其中中央、省支持资金1018.2万元，市政府贷款150万元(投入北坡供水工程)，市政府拨款20万元，市直机关党员捐款8.2万元，省直工委捐款10万元，群众筹资618.8万元。建成抗旱饮水项目1936处，其中新挖水井562口，加深改造1374口；管道供水一处，解决农村21万人、大牲畜0.6万头的饮水问题；农业生产灌溉项目1443处，其中电灌站10座，柴油机抽水机站5座。7月底，省气象局及时组织万宁地区火箭人工增雨作业。万宁人工增雨小组增雨作业历时400天，在不同时间、不同地点共流动作业82次，发射火箭86枚。其中6次降大到暴雨、局部暴雨，缓解了旱情。全市投入抗旱人力13万人次，投入各种抗旱柴油机、汽油机5000多台套，4630匹马力，抗旱用油1000吨，疏通灌溉渠道57条，长29千米，封江堵河28处，新挖改造田头井850眼，灌溉面积2533.3公顷。抢插抢管水稻5933.3公顷，保苗3533.3公顷，抽水抢种抢管瓜菜6866.7公顷。

第五节 农村用水

1991年，万宁县农村用水主要来自中型灌区，其中，中型灌区主要包括万宁水库灌区、军田水库灌区、碑头水库灌区，同年设计灌溉面积11146.7公顷，输水量24.3立方米/秒。

至2010年，完成渠道防渗加固2059条1454.2千米，完成28座水库除险加固工程，新建水源工程167处，完成73座山塘整治工作，新增灌溉面积1006.7公顷，恢复灌溉面积1633.3公顷(包括重灌面积)，改善灌溉面积22193.3公顷(包括重灌面积)，新增节水灌溉面积9260公顷，新增防涝面积2706.7公顷，改造中低产田8493.3公顷，增加蓄水能力366.1万公顷，年节水量1305万立方米。

第六编　交通 邮政 通信

第一章 交通

第一节 交通设施

一、公路

1991年，万宁县境有海榆东线（G223）k138+000～k227+500路段国道1条，全长89.5千米；省道牛营线1条，全长25.3千米；县道14条，共计96.22千米，均为砂土路。1995年，海南东线高速公路（右幅）全线竣工。1997年，海南东线高速公路（左幅）启动扩建工程。至2001年，该工程全面竣工。高速公路贯穿万宁南北，境内全长60多千米，出口8个：龙滚、山根、万宁北、万宁南、礼纪、兴隆、石梅湾、日月湾。至2010年，万宁公路分局管养公路里程285.19千米，其中：国道1条，省道1条，全程114.3千米；县道14条，共计170.89千米。养护路面种类为:水泥路面159.056千米，沥青路面95.535千米，砂土路面30.01千米。

（一）高速公路

1991年12月，海南东线高速公路右幅开工建设，1995年全线竣工通车，全线长251千米，其中万宁段长60多千米，沿途经万宁县的龙滚、山根、和乐、后安（乐来）、大茂、万城、长丰、礼纪、兴隆等地。同时，在龙滚、山根、万宁、石梅湾等地设置出口。1997年，海南东线高速公路（左幅）扩建，2001年全线竣工，万宁市境内新设万宁南、礼纪、兴隆、日月湾等出口。至2010年，万宁市境内共设置8个高速公路出口，并对其进行相应的公路养护工作与道路维护、维修工程。

（二）国道

1991—2007年，万宁市（县）境内的国道为海榆东线k138+000～k227+500，计89.5千米。2007年开始进行改造，改造后里程桩号为k138+000～k227+000，计89.5千米，沿途经过龙滚、山根、和乐、乐来、大茂、万城、长丰、兴隆农场、南林农场、南桥等地。

1991年前为沥青路面，路面等级是次高级路面，部分路基、弯道、纵坡没有达到三级路面标准，交通事故常有发生，公路养护工作压力大。1994年，海南省公路局对万城—长丰路段进行油路大修，简称CBM工程。路基补强层按设计要求进行，水沟全部用片石砌墙为硬化水沟排水，油路铺设中心分道线、边缘线、水沟边缘处刷长白灰，安装反光标志的轮廓桩等设施。同年，修建东星至万宁大酒店路段水泥路面，全长2.4千米。2007年初，省交通厅按三级公路国家设计标准对国道223线万宁路段进行全线改造。路面实现水泥路面、沥青混凝土路面，排水沟实现硬化水泥（即用片石砌墙污水沟），2009年竣工投入使用。至2010年，该国道投入使用、路道保养情况良好。

（三）省道

万宁市境内省道主要是牛营线，即牛漏至琼中黎族苗族自治县营根路段；从牛营线k0+000～k25+300，即三更罗乡路段。1991年牛营路段全长为25.3千米，牛营线路段属等外路即山区公路，纵坡大，弯道急，又是砂土路，行车视距短，路基宽度小，给公路行车安全造成很大的威胁。1995年，省交通厅按三级公路标准改造牛营线至三更罗（新中农场场部）公路。1996年底，路段改造竣工通车，由万宁市七甲道班管养。2002年，省交通厅将该路段由砂土路面改造为水泥混凝土路面，水沟同时改建为硬化水沟，山区公路的排水系统第一次实现硬化水沟，至2010年未变。

（四）县道

1991年前，万宁县道公路都是砂土路（即等外路），路基和路面都是5～6米，年平均好路率65%。路基、路面、水沟等都不符合公路养护的技术要求，路况相对较差，给行车安全带来较大隐患。2000年后，政府对整改（兴建）道路加大投入。至2010年，先后对万宁境内的三港线、大后线、乐红支线、龙南线、万东线、石石线、东盐线、万神线、万北线、吴东线、长东线共11条公路进行整改（兴建）。其中，属万宁市公路分局管养的县道共14条计170.71千米。

三港线 三港线即从和乐三角路至港北墟，全长6.6千米，低级路面等外路，路基仅5～6米。1996年初，和乐镇政府以出让土地的形式引进资金投入建设，从和乐三角路至和乐粮所（现和乐镇小学），将原来的砂土路面改建为水泥混凝土路面，路基由原来5～6米加宽至12米，水沟全部实现硬化水沟排级。2003年，省交通厅将和乐镇小学至港北路段改建为沥青混凝土路面，水沟全部实现硬化排放。2006年7月，省交通厅投资将该线路改建路面宽度为24米的水泥混凝土和沥青混凝土路面。

大后线 大茂至后安支线，全长6.5千米。1991—2003年为砂土路。2004年，经省交通厅审批同意后，该路段由原来的砂土路面改建为沥青混凝土路面，部分水沟砌为硬化片石水沟。

乐红支线 乐红线是东兴农场、东岭农场的主要交通要道，起点为乐来墟，终点为东岭农场红岩队，全长27.84千米。1991—2005年为砂土路。2006年，省交通厅投资改造该线路，建成一条宽为7米的沥青混凝土路面。

龙南线 龙南线是龙滚至南港的县道，全长8千米。1991—2007年为砂土路。2008年3月，由中信集团投资改建，由砂土路面改建为沥青混凝土面层结构。

万东线 万东线公路为四级线路，起点为万城镇，终点为东沃镇，是万宁市人口比较密集的地方，全长12千米。1991—2008年为砂土路。2009年12月，省交通厅将该线路修建成一条宽为5.5米的水泥混凝土路面。

石石线 石石线是万宁公路分局管养的石龟水库太阳三角路口至石梅的县道，是通往南燕湾、石梅湾、神州半岛开发区的重要交通要道，全长13.32千米。1991—2008年为砂土路。2009年12月，海南省交通厅将原来16.7千米（包含长丰墟至太阳三角路）的砂土路改建成为一条路面宽为5.5米的水泥混凝土路面。

东盐线 东盐线起点位于人口比较密集的万宁市东星高速公路出口，终点为港北港口，全长28.394千米。1991—2004年为砂土路。2005年7月，该线路由省交通厅改建，由原来的砂土路改建成路面宽度为7米的沥青混凝土路面。

万神线 1994年底，万宁县政府与神州半岛投资商共同修建海榆东线主干线加劳芳田油库旁至东澳镇境处路段，新建路段里程长14千米，按三级路标准进行测试施工，并新建一座太阳河大桥，全长103米，1995年底竣工，交由万宁公路分局万城道班养护。2000年，万宁市政府将新建路段由砂土路改建为水泥混凝土路面，于2001年竣工验收。2006年2月，省交通厅改建为7米宽的沥青混凝土和水泥混凝土相结合的路面。

万北线 全长9千米，起点为万城旧车站，终点为北坡墟。1991—2001年，该线路是砂土路。2002年，由省交通厅将原来砂土路面改建成为7米宽的沥青混凝土路面。

吴东线 全长3.5千米，起点为吴村仔，终点为东山公园。1991—2006年为砂土路。2007年，由原来的砂土路改建成为水泥混凝土路面。

长东线 全长15.6千米，起点为长丰镇，终点为东澳镇。1991—2005年为砂土路，2006年，由省交通厅将原来的砂土路改建成为水泥混凝土路面。

二、铁路

2007年9月，海南东环铁路开工建设。万宁段管辖线路总长66.9千米，北起琼海市与万宁市交界口k158+000m，南至k224+900m与陵水县相接。沿线途经龙滚、山根、和乐、后安、大茂、万城、礼纪等7个镇，设龙滚、和乐、万城、神州等4个警务区。万宁段内建有和乐、万宁、神州等3个车站；沿线建有桥梁26座、隧道5座，桥隧总长26.6千米；低路基71处，总长40.3千米；跨线桥8座、涵洞139个（其中交通涵63个、水涵76个）、通信基站13个、中继站2个、AT分区所1个、牵引变电所1个、配电所2个、箱式变电站26个。铁路正线为双线，线路设计速度为250千米/小时。

2010年6月20日，东环铁路铺轨实现南北双线全线贯通。2010年12月31日，海南东环高铁正式对外营运。按照计划，每天有25～30对列车在东环铁路上进行营运工作，每30分钟有一趟车经过。

三、桥梁（不含高速公路和高铁）

1991年，万宁县共有公路桥梁98座，其中县级以上公路桥梁63座，地方公路桥梁35座。至2010年，万宁境内共有桥梁98座，其中：属万宁市地方公路道班管养的桥梁有8座；属万宁市公路分局管养的桥梁有90座，其中：大桥4座，中桥16座，小桥70座；涵洞416道。

（一）大型桥梁

龙滚大桥 位于海榆东线G223上，桩号为k141+966，1971年8月建，2005年11月改建，改建后桥长为104.84米，桥面总宽为12米，净宽为9米，桥跨组合为5×20米。桥型为预应力空心板桥，双柱式墩，双肋式桥台，设计荷载为公路II级。

龙尾湾桥 位于海榆东线G223上，桩号为k172+646，1963年9月建，2005年3月改建，改建后桥长为106.08米，桥面总宽为12.5米，净宽为9米，桥跨组合为5×20米。桥型为预应力空心板桥，灌注柱墩，灌注柱桥台，设计荷载为公路II级。

深田桥 位于海榆东线G223上，桩号为k193+990，1966年1月建，2008年2月改建，改建后桥长为146.08米，桥面总宽为12米，净宽为9米，桥跨组合为7×20米。桥型为预应力空心板桥，灌注柱墩，灌注柱桥台，设计荷载为公路II级。

合口大桥 位于海榆东线G223上，桩号为k207+807，1952年4月建，2008年3月改建，改建后桥长为166.08米，桥面总宽为12米，净宽为9米，桥跨组合为8×20米。桥型为预应力空心板桥，灌注柱墩，灌注柱桥台，设计荷载为公路II级。

太阳河大桥 位于海榆东线G223上，桩号为k3+818，1980年建，2010年改建，改建后桥长为103米，桥面总宽为11.4米，净宽为9米，桥跨组合为5×20米。桥型为钢筋砼T形梁桥，灌注柱墩，埋置式桥台，设计荷载为公路II级。

（二）中型桥梁

龙滚分洪大桥 位于海榆东线G223上，桩号为k142+223，1976年10月建，2008年12月改建，改建后桥长为129.6米，桥面总宽为12×米，净宽为8.2米，桥跨组合为7×10米。桥型为钢筋砼梁桥，重力式墩，U形桥台，设计荷载为汽车–10级。

龙头湾桥 位于海榆东线G223上，桩号为k162+549，1962年12月建，2005年10月改建，改建后桥长为62.1米，桥面总宽为9.1米，净宽为7米，桥跨组合为3×15米。桥型为板拱，重力式墩，轻型桥台，设计荷载为汽车–10级。

仁里桥 位于海榆东线G223上，桩号为k180+810，1998年6月建，桥长为47米，桥面总宽为50米，净宽为24米，桥跨组合为3×13米。桥型为T形梁，灌注柱墩，灌注柱桥台，设计荷载为汽车-20级。至2010年,未进行改建。

牛枥园桥 位于海榆东线G223上,桩号为k203+563,1951年建,2008年2月改建,桥长为40.54米,桥面总宽为12米,净宽为9米,桥跨组合为1×11.2+2×9.5米。桥型为T形梁加宽部分钢筋砼空心板,重力式灌注柱墩,U形灌注柱桥台,设计荷载为公路II级。

三更罗一桥 位于省道牛营线S304上,桩号为k12+034,1995年10月改建,桥长为71.7米,桥面总宽为12米,净宽为9米,桥跨组合为3×20米。桥型为钢筋T形梁桥,灌注柱墩,埋置式桥台,设计荷载为汽车-20级。

大群铺桥 位于省道牛营线S304上,桩号为k20+121,1985年5月建,2005年4月改建,桥长为33.5米,桥面总宽为8.6米,净宽为7.2米,桥跨组合为1×22米。桥型为板拱桥,轻型桥台,设计荷载为汽车-20级。

东兴桥 位于县道乐红线X423上,桩号为k10+951,1968年建,桥长为73.6米,桥面总宽为9米,净宽为7米,桥跨组合为1×30+4×6米。桥型为空腹石拱桥,重力式墩,U形桥台,设计荷载为公路II级。

后安水利桥 位于县道后麻线X424上,桩号为k0+000,1985年建,桥长为68.2米,桥面总宽为6米,净宽为4.5米,桥跨组合为4×9.8+2×8米。桥型为钢筋砼梁桥,重力式墩,U形桥台,设计荷载为公路II级。

北坡大桥 位于县道东盐线X432上,桩号为k6+995,1991年建,桥长为100米,桥面总宽为7米,净宽为6.5米,桥跨组合为6×16米。桥型为钢筋砼T形梁桥,灌注桩墩,埋置式桥台,设计荷载为公路II级。

岭东桥 位于县道东盐线X432上,桩号为k8+850,1978年建,桥长为84.04米,桥面总宽为10米,净宽为8米,桥跨组合为5×16米。桥型为预应力空心板桥,灌桩式墩,轻型桥台,设计荷载为公路I级。

四、车站(场)

1991年,万宁县有车站1座,即万宁车站(旧),1951年建,占地面积4692.77平方米,客运站建筑面积1346.28平方米,地址在红专街,站内班车通往省内海口市、三亚市、琼中黎族苗族自治县等市县。2001年,投资1400多万元建设新的万宁车站,地址在万州大道离高速口50米处,于2002年9月1日投入营业。新车站建成后,主要发跨省、跨市县的客运班线,旧车站主要发市内各镇的班车。截至2010年,万宁市共有8个车站(场),即海汽万宁新车站、海汽万宁旧车站、城北停车场、长丰客运站、东澳客运站、和乐客运站、兴隆客运站和山根客运站,开通客运班线27条,日发班次601个,其中,高速路班次111个,农村客运班次483个。省驻班线1条,农村客运班线14条,农村行政村通车率81%。

2010年万宁市车站（场）情况一览表

表6-1 单位：人

序号	名称	性质	等级	主要运往方向	开业时间	从业人员（人）
1	万宁车站（新）	国有	二级	省际市县际班线	2002.10.1	169
2	万宁车站（旧）	国有	未定	市内农村班线	1951.11.1	57
3	城北停车场	私营	未定	市内农村班线	2001.8.27	8
4	万宁长丰汽车站	国有	四级	市县际班线 车途经中转	2007.7.26	10
5	东澳客运站	农村客运站	四级	市内万城—东澳、万城—神州半岛车辆	2009.7.28	9
6	和乐客运站	农村客运站	四级	和乐线路车辆	2009.12.5	8
7	兴隆汽车站	国有	四级	市县际客运班线	2005.5.4	5
8	山根客运站	农村客运站	五级	市县际班线，车（往北向）途经补票	未开业	—

五、港口、渡口

乌场港位于万城镇东部，距县政府所在地14千米。1987年，国务院批准扩建乌场港。1988年，2个1000吨泊位码头以及港外公路投入施工。1992年底，2个1000吨泊位码头建成。1994年，经省政府同意，乌场港下放由万宁县政府管理。2010年万宁市共有2个港口：乌场港和港北港。港北港位于万宁和乐镇，距市政府所在地30千米，港口宽度200米，水深5米。

1991年，万宁县有渡口1座，即港北渡口，为当地盐墩村村民集资所建，并承包给个体户经营船只客运。至2010年，市内有渡口2座：港北渡口和军田渡口。港北渡口位于万宁市和乐镇，2006—2010年，省交通运输厅投入资金50万元，对港北渡口的基础设施进行改造；至2010年有钢质渡船1艘，渡口工人9人，日过渡1100人次，年货运量1800吨，由和乐镇盐墩村委会盐墩村集体经营。军田渡口位于万宁市国营东兴农场军田水库库区，2007年由省交通运输厅拨款4万元修建。至2010年有钢质渡船1艘，渡口渡工2人，由国营东兴农场生产专用，属义渡性质。

第二节 运输

一、公路运输

1991年，万宁县客运量为1670万人，旅客周转量38795万人/千米，货运量417万吨，货物周转量25190万吨/千米。2000年，客运量为2971万人，旅客周转量74321万人/千米，货运量954万吨，货物周转量64547万吨/千米；与1991年比，客运量增长77.9%，旅客周转量增长129.6%，货运量增长160%，货物周转量增长156%。2010年，万宁市客运量为7397万人，旅客周转量250032万人/千米，货运量2826万吨，货物周转量275942万吨/千米；与2000年比，客运量增长149%，旅客周转量增长236%，货运量增长196%，货物周转量增长327%。

1991—2010年万宁市(县)公路运输量及增长情况一览表

表6-2

年份	客运量(万人)	旅客周转量(万人千米)	货运量(万吨)	货物周转量(万吨千米)
1991	1670	38795	417	25190
1992	1681	38970	466	27710
1993	1690	39041	501	30481
1994	1778	39952	531	33224
1995	1902	41380	568	35882
1996	2092	47587	627	38198
1997	2343	55201	692	42677
1998	2735	59617	782	48226
1999	2847	64982	860	55644
2000	2971	74321	954	64547
2001	3082	81009	1084	74229
2002	3351	89111	1149	83878
2003	3534	94766	1241	93944
2004	3319	103277	1234	104818
2005	3601	112675	1340	114252
2006	3953	122056	1438	128728

续表6-2

年份	客运量(万人)	旅客周转量(万人千米)	货运量(万吨)	货物周转量(万吨千米)
2007	4516	143427	1728	155488
2008	5358	170788	2048	183962
2009	6269	204945	2375	220754
2010	7397	250032	2826	275942

二、公交运输

1991—2001年,万宁市城区的交通出行主要以三轮车为交通工具。2001年9月,万宁市开通城市公交运营,至2002年,公交车基本上是保本经营;2003起,每月每车约盈利3000元左右。2010年底,共有公交线路3条(城乡公交2条,城区公交1条),公交车34辆,由万宁同达公共汽车有限公司经营,其中:长丰经万城至大茂16辆,万城至乌场8辆,邮电新村至北坡10辆。开通运营的公交线路尚未覆盖万城市区的主要街道,未能较好地满足民众的出行需求,三轮车仍作为客运市场的必要补充。

三、水路运输

万宁市没有内河运输和海上运输,水路运输主要为港北渡口运输,基本上为客运。1993年,客运量为36万元,游客周转量为18万人千米。2010年,客运量为45.6万元,游客周转量为22.8万人千米;与1993年相比,客运量增长26.67%,旅客周转增长26.67%。

1993—2010年万宁市(县)水路(港北渡口)运输量一览表

表6-3

年份	客运量(万元)	游客周转量(万人千米)	年份	客运量(万元)	游客周转量(万人千米)
1993	36	18	2002	3.6	19.8
1994	37.2	18.6	2003	38.4	19.2
1995	39.6	19.8	2004	37.2	18.6
1996	38.4	19.2	2005	36	18
1997	40.8	20.4	2006	40.8	20.4
1998	37.2	18.6	2007	38.4	19.2
1999	42	21	2008	42	21
2000	36	18	2009	43.2	21.6
2001	37.2	18.6	2010	45.6	22.8

四、运输公司

(一)海南省汽车运输总公司万宁汽车站

1991年,海南省汽车运输总公司万宁汽车站(即万宁汽车站)实行集体经营,1992—1997年8月,实行职工承包责任经营的生产方式。1997年9月至1998年1月,万宁汽车站先后投资600多万元购置6台高档豪华客车,冠名“省汽快车”经营万宁至海口、兴隆至海口班线。1998年1月,万宁汽车站名称变更为海南省汽车运输总公司万宁公司,“省汽快车”也随后更名为海汽快车。2000年12月,总公司投资1400多万元,在万城镇万州大道东侧,新建万宁汽车站。2002年9月,开张营运。车站内部设置综合部、计财部、经营发展部、车队、治安保卫部、站务部、修理厂、快递部等部门,实行经理负责的经营管理模式。2004年,万宁汽车站导入ISO 9001:2000质量管理体系,将“安全、舒适、快捷”作为海汽的服务理念,为广大旅客提供优质服务。

2007年10月,海南省汽车运输总公司万宁公司名称变更为“海南海汽运输集团有限公司万宁分公司”(即海汽集团万宁分公司)。2010年,海汽集团万宁分公司在职员工195人,总营运车辆51台,主要班线有:万宁—海口、兴隆—海口、和乐—海口、新中—海口、万宁—三亚、万宁—文昌、万宁—屯昌、万宁—陵水、万宁—保亭、万宁—五指山、万宁—琼中、万宁—儋州等。全年主营收入为3786.33万元,利润295万元。

1991—2010年海汽万宁分公司基本经营情况一览表

表6-4

年份	运量(人)	周转量(人千米)	年份	运量(人)	周转量(人千米)
1991	379349	31366901	2001	992248	989295546
1992	421499	35046817	2002	1043676	102662910
1993	473594	38940908	2003	1100470	108954057
1994	526215	43267675	2004	1269833	128681160
1995	576311	47386786	2005	1175510	1228873310
1996	689257	49785611	2006	1151560	122975131
1997	859200	67618938	2007	1367390	157950404
1998	744470	88862956	2008	1393250	165650466
1999	637205	82467733	2009	1250020	149393855
2000	1033644	111352127	2010	1656570	204311919

（二）万宁同达公共汽车有限公司

2001年9月，万宁同达公共汽车有限公司进驻万宁，开展万宁城郊间的公共交通业务，共投放公交车34辆，主要经营路线有3条：长丰经万城至大茂线（16辆）、万城至乌场线（8辆）、邮电新村至北坡线（10辆）等。经营管理模式为承包经营，按线路分布，于早上6点钟发班、晚上9点半收班。至2010年底，公交车采用承包经营，方便了城乡群众的出行（因经营模式为承包经营，其具体业绩未做相关统计）。

第三节 交通管理

一、机构

（一）万宁市交通运输局

1991年，万宁县交通局内设行政秘书股、公路运政保卫股、财务计划股、公路规费稽查队和交通运输管理总站，编制35人；下辖县地道站、县汽车修理厂、县运输公司。1995年11月，撤销县交通局，成立县交通事业管理中心，内设秘书股、纪检监察股、财务会计股、运输管理股、运政保卫股、机动车驾驶员培训管理办公室、机动车车辆维修行业管理办公室，编制128人；下属单位有县交通运输管理所、县地方公路管理站、县汽车修理厂、县道路建设工程公司、县运输公司。1996年9月，撤销县交通事业管理中心，成立市交通运输局，内设秘书股、纪检监察股、财务会计股、运输管理股、运政保卫股、机动车驾驶员培训管理办公室、机动车车辆维修行业管理办公室、交通战备办公室，编制116人；下属事业单位有市交通运输管理所、市交通稽查大队、市交通运输兴隆管理站、市乌场港务管理站、市地方公路管理站；下属企业单位有市运输公司、市交通工程公司、市汽车修理厂。

2001年3月实施机构改革，市工业局、贸易局和交通运输局合并组建市经济贸易交通局，内设办公室、交通管理股、贸易市场管理股、地方公路管理股、经济运行管理股、企业与安全生产管理股，编制22人，下属事业单位有市交通运输管理所、市地方公路管理站；下属企业单位有纺织厂、香料厂、陶器厂、汽车修理厂、上坡糖厂、食品厂、选钛厂、瓷器厂、农机修造厂、印刷厂、运输公司、交通工程公司。2004年1月，撤销市经济贸易交通局，设立万宁市交通局、万宁市安全生产监督管理局、万宁市商务局。万宁市交通局内设办公室、交通管理股、地方公路管理股、港航管理股，编制13人；下属事业单位有市交通运输管理所、市地方公路管理站、市港航管理所；下属企业单位有市运输公司、运丰工程公司。2010年，万宁市交通局改为万宁市交通运输局，挂交通战备办公室牌子，内设4个股级职能机构，即办公室、交通运输管理股、地方公路管理股、港航管理股；行政编制11人；下属事业单位有市交通运输管理所、市地方公路管理站、市港航管理所；下属企业单位有市运输公司、运丰工程公司。

（二）海南省公路管理局万宁公路分局

1991年，万宁县公路分局为正科级建制，内设5股1站，即人事秘书股、生产技术股、机械材料股、计划财务股、路政保卫股、公路养路费征收站，编制283人。1996年1月，海南省公路管理局撤销，各市（县）公路分局直属省交通运输厅管辖。2006年7月，海南省公路管理局挂牌恢复，万宁市公路分局复归省公路管理局管辖。2009年3月，万宁市公路分局更名为海南省公路管理局万宁公路分局，是省公路管理局直接领导的正科级事业单位。公路分局下设办公室、技术股、机料股、财务股、路政股，编制190人。同时，保留原编制建有党支部和工会委员会。至2010年底，单位名称、机构未变。

（三）万宁市交通规费征稽所

1991—1993年，名称为征稽站，是万宁县公路局的内设机构。1994年机构改革，征稽站脱离万宁县公路局，名称变更为万宁县交通规费征稽所，由省交通规费征稽局直接领导，定编17人，下设工会、行政股、财务股、征收股、稽查股。1996年8月撤县设市，相应更名为万宁市交通规费征稽所。至2010年，机构名称、人员编制未变。

二、公路养护

（一）养护管理

养护机械化　1991—1994年，公路养护机械数量不多，每年万宁公路分局仅有2～3部四轮牵引机计划下达到道班。四轮牵引机是半自卸式机车，投入路面作业也不理想。1995年，省交通厅直接管理全省各公路分局。公路养护费由各分局上缴省交通厅，完成任务后，超出部分按三七分成，公路养护资金相对比较稳定，养护费用基本满足生产需求，砂土路养护基本上实现机车养护。2006年之前，各公路分局的养护机械按需求上报海南省交通厅，由省交通厅统一采购下拨。同年7月，恢复由省公路局管理后，各公路分局的养护机械按需求上报海南省公路管理局，由其统一采购下拨。至2010年，万宁公路分局有压路机、洒水车、工程车、沥青洒布机、装载机车（挖掘机车）、水泥切割机等设备，各道班养护公路都配备1～2部自卸式机车，满足道班养护对机械的需求，基本实现养护工作机械化。

抢险救灾　2005年9月，超强台风（达维）袭击海南，万宁公路路边树木倒塌，阻塞交通，部分路段被洪水淹没不能通车。万宁公路分局把人员分为市北片和市南片两个小组投入抢修工作。经过近两天的抢修，水毁路段全部修复畅通。

2010年10月，持续大暴雨，造成多条公路水毁严重，多处出现山体滑坡、桥涵被冲毁现象。龙南线k2+300处、k5+300处、k5+350处三道涵洞被大水完全冲垮，数处路面、路基被冲坏，交通完全中断；万神线太阳河大桥南岸搭板底下基础被掏空，搭板下沉，车辆不能通行；海榆东线国道多处路面过水，交通被阻断；特别是省道牛营线k6+100处，10月3—19日，先后发生9次山体滑坡，泥土覆盖整个路面，造成交通完全中断。万宁公路分局立即启动应急预案，在国道上安排人员与交警部门一起维持交通，在龙南线、万神线设置警示标志，在牛营线雇用挖掘机、装载机、东风车等迅速投入抢修工作，以最快速度抢通道路，恢复交通。

（二）路政管理

1991—1996年，万宁公路分局路政部门加强巡查力度，共制止搭建违章建筑72处。1997—2002年，万宁公路分局路政部门共制止搭建路边违章建筑96处。1997年7月全国人大通过《中华人民共和国公路法》，公路路政管理有了法律依据，万宁公路分局对新颁布的《公路法》进行广泛宣传。

2003—2010年，万宁公路分局路政部门对未经公路主管部门批准、违反《中华人民共和国路政管理规定》和《中华人民共和国公路法》、擅自在国道223线k106处建筑控制区内修建的房屋进行拆除，共拆除违建的房屋14间。其间，制作路政宣传牌15个，制止违法损坏路产行为16起，清理路障21处，推毁非法开口3处，拆除非法广告牌10块，恢复公路标志牌5块，查处各类路政案件1701件，结案率100%，办理行政许可项目30项。

三、交通规费征稽

海南省政府在1994年出台《海南省经济特区机动车辆通行附加费征收管理条例》，在国内率先开创"一脚油门踩到底"的公路规费征收体制改革，将原来的公路养路费、过路费、过桥费和公路运输管理费"四费合一"，统一征收燃油附加费。柴油机动车辆采取按车定额的办法征收，汽油仍按照价外计费的方式征收，形成海南省燃油附加费固定的征费模式。改革初期的3年，主要使用手工开票手工建立车辆征费档案。

1997—2010年，万宁市（县）交通规费征稽所向省财税厅上缴交通规费5.15亿元，先后为海南省内琼中营根至万宁牛漏、琼中乌石至儋州那大、通什毛阳至乐东抱由、通什什运至白沙牙叉、陵水芒果坡至保亭县城、三亚天涯至乐东抱由等6条公路的改造工程提供一定的资金支持。

1997—2010年万宁市通行附加费征收情况一览表

表6-5 单位：万元

年份	汽油通行费（已核销）	柴油通行费实收	滞纳金	柴油通行费小计	通行费实收合计（已核销）	罚没收入
1997	635.68	—	—	—	1954.13	—
1998	1647.18	—	—	—	3034.31	—
1999	1634.73	—	—	—	3014.82	—
2000	1438.58	—	—	—	3153.98	—
2001	1476.69	—	—	—	2939.91	—

续表6-5

年份	汽油通行费（已核销）	柴油通行费实收	滞纳金	柴油通行费小计	通行费实收合计（已核销）	罚没收入
2002	1655.97	—	—	—	3101.02	—
2003	1859.58	—	—	—	3357.21	105.99
2004	2103.14	—	—	—	3682.59	134.11
2005	2256.62	—	—	—	4021.00	90.02
2006	2540.69	—	—	—	4407.95	91.24
2007	3084.54	—	—	—	5232.17	120.27
2008	3027.14	—	—	—	5462.53	76.15
2009	2394.72	1372.08	27.95	1400.03	3800.90	39.81
2010	2957.43	1395.81	30.29	1426.09	4384.64	34.66

四、运输市场管理

（一）客货运输管理

1991—1995年，在客运方面，跨市县班车线路由县交通局申报，经省交通厅审批后经营；县内区域班车线路由县交通局审批经营。货运方面，经营者向县交通局申请办理营运证经营。1995年，成立万宁县交通运输管理所，由县交通局授权负责境内客货运输管理和行政执法，2004年7月1日起，市成立打击“黑车”小组，严肃整治无证无照、异地经营车辆，打击非法经营和其他各种突出的运输违法行为。采取流动设岗、设点检查和突击行动相结合的做法，不定时地对车场站点及重点区域的非法营运“黑车”进行打击。

至2010年，共查扣违章营运车辆775台，结案775台；查扣证件2040起，结案2040起，违章案件结案率达100%。全市农村实现客运通达率80%以上，基本实现全市所有公路无“三乱”目标，道路运输无重大、特大交通事故，交通企业无重大火灾、爆炸事故。安全事故直接经济损失、死亡人数均控制在市政府目标内。

（二）机动车车辆维修行业管理

1991年开始，加强对机动车车辆维修行业的管理。至2010年底，全市有二类汽车维修企业7家，三类67家。全市共举办维修从业人员培训班6期，共185人次；对维修检测行业进行检查315次，受理维修检测质量投诉6起，处理6起，处理办结率100%。

（三）机动车驾驶员培训管理

1995年以前，驾校属于公安部门管理。1996年，随着体制改革，驾校划归交通部门管理，市交通局成立万宁市机动车驾驶员培训行业管理办公室，属市交通局下属单位。2001年12月30日，万宁市机动车驾驶学校正式成立，为万宁市第一家驾校。2006年2月17日，万宁驰达机动车驾驶学校注册成立，经营范围包括汽车、摩托车驾驶员培训等。2010年，万宁市有驾校2所，有教练员186人，培训驾驶员15689人次。

（四）交通规费征收

1991—1993年，收取交通运输管理费，由市交通部门使用；1994年起，海南省实行燃油附加费改革后，受委托代征小吨位（1吨以下）柴油车养路费，全部上缴省征稽局。2007年后取消委托，不再收取，收取的购置附加费全部上缴省交通厅。

1991—2006年万宁市（县）各种规费征收情况一览表

表6-6　　单位：万元

年份	费种	
	交通规费	购置附加费
1991	52	3.5
1992	56	3
1993	62	5
1994	65	6
1995	68	6.5
1996	72	8
1997	70	9
1998	75	9
1999	83	10
2000	90	12
2001	112	11
2002	118	13
2003	133	13
2004	147	15
2005	157	—
2006	172	—

第二章 邮政

第一节 机构

1991—1996年,万宁邮政、电信合为一家,单位名称为万宁县邮电局。1997年,邮政与电信分营管理,同年10月挂牌成立万宁市邮政局,下设三部一室一公司,即储汇部、财务部、邮政运营部、办公室和万宁县邮政发展服务有限公司,全局从业人员182人。农村邮电(政)支局18个,生产班组12个,代办所9个,邮政储蓄网点21个。2007年3月,中国邮政银行挂牌成立。2008年,成立中国邮政储蓄银行万宁市支行,邮政储蓄业务迅速发展,同年共设有22个邮储网点提供金融服务。2010年,市邮政局内设综合办公室、市场经营部,后台班组设邮件处理中心、投递中心、安保中心及邮政营业中心。全局网点共22个,其中,邮政营业网点2个,代理金融网点18个,代办所2个。全局职工173人,服务人口55万。

第二节 业务发展

一、函件

1991年,万宁县函件业务量为38.5万件。1995年,函件业务发展缓慢,业务量持续出现负增长,函件业务收入占邮政总收入的比例逐年下降,1995年下降至27.67万件。2000年,函件业务收入仅占邮政总收入的7%,而邮政储蓄等派生业务收入比例却占70%以上;至2001年,万宁邮政函件业务构成比例快速下降，函件已失去品牌业务的地位，当年函件业务量为24.53万件。2005年开始，主要将账单开发的重点锁定在公用事业类、通信类、金融类、保险类、交警类等五大重点行业大客户二次开发和深度开发基础上，拓宽账单行业使用客户和账单种类，把邮资封片卡业务作为函件的新亮点、新增长点来抓，扩大函件业务收入，当年收入达48.95万元。至2010年，函件业务为15.34万件，收入为81.62万元。

二、包裹

1991年，万宁县包裹业务量4.4万件，随着时代的发展和交通运输的发达，以及邮政服务能力的增强和邮政业务种类的增多，普包业务逐步向特快专递业务转变，普包业务量呈现逐年减少的趋势；2000年包裹业务量减少至2.33万件；2010年，包件9800件，收入8.66万元。

三、汇兑业务

1991年，万宁县汇兑采取手工操作和实物传递方式，分为普通汇款和电报汇款，同年汇票业务量为10.11万张。1996年12月，全国范围内停止普通汇款和电报汇款业务，汇兑业务全部实现电子化，一律通过全国联网的邮政电子汇兑系统进行，同年业务量为8.35万张。从2003年起，市内开办电子汇款业务，至2010年汇票达5.55万件。

四、邮政快件

1991年，万宁县的邮政快件业务为1.05万件。1993年，万宁邮政开办特快专递业务，以迅速安全为特点，特快业务实行直封，专人投递，以“EMS专递”的品牌，“全心、全速、全球”为客户服务，同年特快专递业务量达1.23万件。特快专递开办以来，顺利完成高考录取通知书的投递工作，实现无积压延误、丢失案件，无用户有理由投诉和无不良媒体曝光事件的发生，塑造邮政EMS良好品牌形象；同时做好服务“三农”的化肥分销业务，特别是确保2008北京奥运会邮政特快寄递安全工作。2010年，邮政特快业务量61533件，业务收入完成72.76万元，完成计划186.56%。

五、集邮业务

1991年以来，万宁集邮业务逐年递增。1991年，集邮业务收入为5.54万元；1995年，集邮业务收入为7.83万元；2000年，集邮业务收入为7.94万元；2006年，集邮业务收入达到历史最高32.2万元；2010年，集邮业务收入为20.7万元。1991—2010年，年平均递增16.66%。

1991—2010年集邮业务收入明细表

表6-7

年度	业务收入(万元)	增长率(%)
1991	5.54	10.3
1992	5.02	-9.39
1993	4.66	-7.17
1994	5.87	25.97
1995	7.83	33.39
1996	6.88	-12.13
1997	5.97	-14.68
1998	6.42	7.54
1999	6.88	7.17
2000	7.94	15.41
2001	8.30	4.53
2002	7.65	-7.83
2003	9.28	21.31
2004	10.36	11.64
2005	8.66	-16.41
2006	32.2	271.82
2007	14.05	-56.37
2008	20.86	48.47
2009	22.28	6.81
2010	20.7	-7.09

六、订销报纸及杂志业务

1991年,订销报纸累计份数为254.3万份,杂志为3.13万份。1995年,订销报纸累计份数为282.6万份,杂志5.34万份。2000年,订销报纸累计份数为332.6万份,杂志8.36万份。2005年,订销报纸累计份数为375.6万份,杂志11.21万份。2010年。订销报纸累计份数为687.98万份,杂志13.52万份,比1991年分别增长了62%和77%。

1991—2010年万宁市(县)邮政主要业务量一览表

表6-8

年份	函件（万件）	包裹（万件）	汇票（万张）	邮政储蓄平均余额（万元）	特快专递（万件）	订销报纸份数(万份)	订销杂志份数(万份)
1991	38.5	4.4	10.11	16722	1.05	254.3	3.13
1992	35.63	4.26	9.87	19898	1.16	255.4	3.65
1993	32.64	4.01	9.51	22440	1.23	262.7	4.02
1994	29.87	3.86	9.12	24651	1.42	256.9	4.61
1995	27.67	3.62	8.49	25687	1.17	282.6	5.34
1996	25.66	3.07	8.35	26345	1.49	296.2	6.3
1997	24.91	2.89	8.02	27250	1.56	302.61	6.99
1998	24.26	2.76	7.92	30192	1.87	309.21	7.52
1999	25.77	2.57	7.65	35233	1.92	315.68	8.21
2000	26.31	2.33	7.26	42193	1.81	332.6	8.36
2001	24.53	2.04	7.15	47215	1.95	325.8	9.02
2002	24.12	1.96	6.96	52198	2.02	336.7	9.65
2003	23.82	1.8	7.02	58112	2.13	349.3	10.05
2004	23.61	1.55	6.88	63420	2.27	363.2	10.63
2005	23.25	1.38	6.24	68571	2.32	375.6	11.21
2006	24.63	1.19	5.09	76824	2.44	387.83	11.83
2007	16.39	1.19	8.71	86403	2.86	406.35	12.28
2008	14.94	1.19	10.4	103906	3.43	439.75	12.78
2009	12.5	0.99	10.82	126681	4.75	535.83	13.03
2010	15.34	0.98	5.55	111190	6.15	687.98	13.52

第三节 邮路与网络建设

一、邮路

1991—1994年，万宁县共有邮路54条，邮路总长1915.3千米。其中城区摩托车邮路6条，邮路总长60.1千米，投递员6人；农村自行车邮路46条，邮路总长1591.7千米，乡邮员35人；汽车邮路2条，邮路总长263.5千米。1994年，所有农村自行车邮路全部实现摩托车投递。1995年，城区邮路延长19.1千米，农村邮路延长134千米，兴隆沉香湾线邮路改用汽车投递，汽车邮路延长60千米。2008年，城区增设3条邮路，其中1条速递段汽车邮路，2条摩托车邮路，城区邮路延长77.7千米，至2010年，全市共有邮路57条，邮路总长2146.1千米，其中：汽车邮路总长323.5千米，摩托车邮路总长1822.6千米。城乡共有投递人员44人。

二、网络

1991—1994年，万宁的邮政网络还未建立。1995年，邮政储蓄使用电脑操作系统，代替手工作业；1996年底，市储蓄班、兴隆、大茂、建设、红专、镇北、东兴、和乐、人民路等9个网点安装绿卡系统，实现全国联网通存通兑。2000年，全市邮政支局系统、电子汇兑系统上线，实现邮政业务网上操作；同年，全市所有网点安装绿卡系统，实现全国联网通存通兑。2002年，开通局域网，市局内部实现数据共享；2008—2010年，11185、11183等电子政务系统陆续上线，互联互通，促进运维生产管理的规范化和科学化，提高管理水平和工作效率。

第三章 通信

第一节 企业管理

一、机构

1991—1996年,万宁县设邮电局,邮政和电信合为一家。1997年10月,中国电信股份有限公司万宁分公司(简称中国电信万宁分公司)成立,是中国电信股份有限公司海南分公司的下属公司,邮电实行分营,各自独立运作,中国电信万宁分公司经营电信业务。

1999年3月31日,中国电信万宁分公司移动业务剥离,成立中国移动万宁分公司,独立运作,主要经营移动业务。中国电信万宁分公司仅经营固定电话,无线寻呼等电信业务。2000年5月,中国电信万宁分公司将主管业务中的营销末梢和代办代维从主业中分离出来,内部组建万宁营销有限公司。2002年3月,万宁营销有限公司撤销,合并入中国电信万宁分公司。2004年5月,成立海南省电信有限公司万宁市分公司,承接中国电信万宁分公司的全部业务,海南省电信有限公司万宁市分公司和中国电信万宁分公司实行两个机构并行、一套人员运作管理体制。2006年12月,成立万宁区域中心局,琼中县电信分公司受万宁市电信分公司管理。2009年12月,万宁区域中心局撤销。

2008年3月,撤销海南省电信有限公司万宁市分公司,成立中国电信万宁分公司(属上市公司),中国电信万宁分公司承接海南省电信有限公司万宁市分公司的全部业务,与万宁市电信局两个机构、一套人员运作。同年10月,中国电信万宁分公司承接中国联通万宁分公司CDMA移动网络,实现电信全业务经营。至2010年,业务经营模式未变。

二、经营管理

1991—1996年，开展“树邮电新风、创优质服务”活动，整治“吃拿卡要”行为，同时实施抓营业窗口标准化建设，推广50句文明用语和窗口用语，成立投诉办公室，设180电信服务投诉热线，建立用户投诉箱和用户意见箱等。1997年，确定为“邮电服务年”，开展承诺服务活动，向社会公开承诺服务的内容。

1998—2002年，设置大客户洽谈室，终端展销柜等，努力解决违章公用电话等热点问题，对用户的投诉做到件件有回音、次次有答复；开办189服务窗口，开通客户热线，采取措施加强卡式电话和公用电话计费器的维护管理，加强对公用电话收费和信息纠纷问题的监督和检查，做好大客户服务工作；落实省公司下发的23个维护管理制度，对大客户推行“绿色通道”服务，逐步推行首问负责制；细分大客户市场，采取灵活的弹性资费，对大客户实施差异化服务，2002年开通1000号服务功能。

2003—2010年，对用户的申诉，实行“首问负责制”，并在营业厅增设多媒体触摸查询系统，方便用户查询。成立客户服务中心负责服务工作，开展政企“阳光服务”提升工程。到2010年，在全市的专营店安装眼球监控，对营业厅做到每日监控、每周通报、每月考核，及时解决服务短板、降低服务投诉率，推行“六项宽带服务承诺”“十项提醒”“五个服务承诺”，为大客户提供一站式服务。

第二节 业务发展

一、移动电话

1991—2000年，万宁的移动电话业务还在零数据的状态。2001年，万宁市电信局开始发展移动电话业务，同年共发展8000户，2005年已发展至5万户。至2010年，共发展23.87万户。

二、城市与农村电话用户(固话)

1991年，城市电话用户为1680户，其中：住宅电话为1487户，公用电话为193户；农村电话用户为360户。2000年，业务量迅速发展，同年城市电话用户为16794户，其中住宅电话14275户，公用电话2519户；农村电话用户发展至59875户。2001年5月18日零时，万宁市固定电话与全省一样记为8位、全省统一长途区号0898。至2010年，由于移动通信技术的快速发展，固话已无法满足大多数人的社交需求，城市电话用户降低至17413户，其中：住宅为15709户，公用电话用户降低至1704户；农村电话用户为55199户。

三、无线寻呼

1991—1994年,万宁的无线寻呼发展缓慢。1995年,开始迅速发展,同年达3500部,到2000年达10000部。随着手机的普及,传呼用户不再增加,并且传呼数量开始急剧下降,2001年,年内统计仅存6400部,至2005年以后,寻呼机淡出历史舞台。

1991—2010年中国电信万宁分公司主要业务量一览表

表6-9

年份	移动电话用户(万户)	类型			农村电话用户(户)
		城市电话用户(户)	住宅电话(户)	公用电话(户)	
1991	—	1680	1487	193	360
1992	—	2960	2517	443	750
1993	—	3385	2900	485	3587
1994	—	4100	3444	656	8261
1995	—	7800	7020	780	21468
1996	—	9500	8455	1045	32460
1997	—	11400	9575	1825	33244
1998	—	13600	11591	2009	42241
1999	—	15400	13172	2228	51741
2000	—	16794	14275	2519	59875
2001	0.8	17800	15111	2689	62100
2002	1	20089	17478	2611	64015
2003	1.4	24516	21084	3432	66484
2004	3.7	23458	20644	2814	65238
2005	5	21860	19458	2402	64256
2006	6.8	19713	17740	1973	64009
2007	9.2	17615	16095	1520	63954
2008	12.44	17111	15213	1898	62220
2009	16.85	16189	14404	1785	56753
2010	23.87	17413	15709	1704	55199

四、无线电管理

1989年，万宁县无线电管理委员会成立，是万宁县政府办公室的内设机构，是负责全市无线电管理工作的职能部门，编制2人，一名主任，一名干部。业务工作是贯彻执行国家、省关于无线电管理的方针、政策和法规；协调处理万宁县党政军民无线电管理的重大问题；编制万宁无线电频谱规划；负责无线电频率的划分与分配；依法监督管理万宁境内的无线电台；负责无线电监测、检测、干扰查处，维护空中电波秩序；收取无线电频率资源相关费用等。

1992年，按省无线电管理委员会安排，万宁县召开无线电管理委员会扩大会议，整顿短波无线电通信秩序，对非法通信、人员违反通规通纪、擅自设台等情况进行清查，边查边纠，进一步加强了万宁县无线电通信工作的领导和管理。

1999年12月，海南无线电管理机构改革，万宁无线电管理委员会撤销，业务工作划归入琼海无线电管理委员会，人员分流到移动公司。

第三节 通信网络建设

1991年，18个邮电支局所全部实现自办邮路，农村邮路总长达到1560千米。同年，开通长途自动交换设备，万宁县长途交换通信进入全国自动大网；开通兴隆1000门程控电话，增开长途十二路载波机2部、长途业务电路6条、三路特高频3套。1992—1993年，开通无线寻呼（126台BB机）业务，增加19条长途电路，建设2条中继光缆47皮长千米。

1994年，开通海口至万宁1920路数字微波，全县80%的农话交换点实现交换程控化，63%的自动点实现传输数字化。1996年，开通北坡和乌场2个模拟交换点完成改造。同时，建设129台无线寻呼、兴隆、龙滚无线寻呼基站。2000年，完成万城至港北至乌场光缆和17个接入网点光缆103.73千米；新建17个接入网点工程4160线，扩容交换机9216线，增加管道15.53孔千米。完成万城、龙滚等7个999电信寻呼基站的安装工作。2005年，完成交换扩容1696线、光缆工程79.69芯千米、大客户光缆35.5芯千米、通信管道3.22孔千米、ADSL设备扩容1296线、完成主干电缆扩建801对千米、农村新增配线14006.07对千米，新增配线电缆262.16皮长千米。2007年，配合市政府完成国安大道、东线国道管道及杆路迁移工程及万城交接箱改造等工程。全年战略投资完成112万元。2009年，配合新建C网基站7个，开通基站6个，同时实现联通11个新建基站共享。2010年，全年增加宽带端口6368个，完成48个EFON设备工程，新建C网基站22个，开通基站13个。2010年，增加宽带端口6368个，完成48个EFON设备工程，新建C网基站22个，开通基站13个。

第四节 信息化建设与应用

一、信息化建设

1997—2001年为万宁市信息化建设初期阶段，主要以学习培训、应用推进、设施建设等为主。完成通信工程项目70多项，铺设电缆53000对千米。到2000年底，全市电话用户总数达33832户，普及率达到6.13部/百人；移动电话用户数达到13500户，普及率达到2.4部/百人；有线电视传输网覆盖全万城地区，用户发展到9242户，有线电视线总长2470千米，各镇也建成各自的有线电视网，97%以上的农村实现电信村村通。全市中等专业学校和普通中学都把计算机知识和操作技能作为必修课程，小学也逐步普及计算机知识教育；同时注重对政府公务员的培训，共举办公务员电脑培训班11期，培训人员779人；利用广播、电视、报纸、图片展、多媒体演示、发放资料、技术咨询、计算机知识与操作技能、政府上网工程、家庭上网工程、企业上网工程、宽带网等方式进行信息化宣传，普及信息技术知识，提高全民信息化意识。至2001年9月底，全市接受信息及计算机技术培训、初步掌握计算机知识的人员占全市人口的32%。

2002—2005年，为万宁市加速推进信息化建设阶段。主要以党政机关信息化建设为重点，加强接入网、城域网建设，提升电信、移动通信的规模、容量、技术。至2005年9月，万宁市家庭电脑拥有率、家庭上网率、居民上网率与2001年同期相比，年平均增长率分别为15%、20%和22%。全市固定电话用户总数突破10000部，普及率达到3部/百人；光纤总长532皮长千米；移动电话用户数38000部，普及率达到5.7部/百人；全市互联网用户达到5630户。

2006—2010年，为万宁市“十一五”期间的信息化建设阶段。通信基础设施建设有序推进、协调平衡、规范管理，光纤网络和通迅信号均已覆盖全市。逐步开通以“政务、办事、招商、旅游、三农”五大板块的政府门户网站。至2010年，全市共有20个单位建立门户网站，建成一批企业欢迎、百姓受益的电子政务项目。同时信息化建设深入各行各业，推进光纤网网通、户户通，实现村村通电话，互联网覆盖率达85%。2010年2月，全市开通“三网融合”业务，电话网、有线电视网和互联网都以宽带传送为基础，实现共用宽带，“三网”实现“业务融合”。

二、电子政务应用

万宁市电子政务起步于2001年。同年1月，万宁市人民政府网站正式开通。2004年10月，万宁市政府门户网站荣获全省市县评比第二名。

2004年8月,万宁成立市农业科技服务"110"网站,主要包括农业实用技术数据库、网上多媒体培训、网上专家咨询,网上科技信息发布与查询等服务功能。2005年11月,万宁市行政审批系统正式运行,25个行政事业单位273项审批项目进驻,面向企业和个人的行政审批事务综合服务的电子政务"一站式"服务统一门户,为申请人提供统一的行政审批事务受理门户、统一的内部业务处理以及统一的消息反馈渠道,所有的行政审批事务均可在这个平台进行处理。

2008年,市政府出台《万宁市电子政务总体规划》,电子政务的应用为各级行政管理、办公提供方便,提高办事效率。2009年,万宁市人民政府网站获全省市县评比第三名。

2010年6月,市政府建设市政务服务中心,市委、市政府投入资金676.34万元,为市政务服务中心、各镇政府及兴隆经济区13个镇(区)便民中心、39个村便民服务点统一购置设备,升级改造市政务服务中心系统及政府门户网站系统等;建立连接政务服务中心、12个镇、1个经济区管委会和39个村的电子政务外网及局域网平台,实现全市共24个审批单位、271项政务服务项目集中在市政务服务中心大厅现场办理;同年7月,由市财政一次性投入423.32万元建设万宁市绩效管理电子政务系统,主要内容有万宁市政务外网中心机房建设、基础网络建设、党政办公系统建设、党政绩效考核管理系统建设、万宁市二级公文交换中心建设、手机办公系统建设以及政府12345服务热线建设等。至年底,万宁市的电子政务应用分别为政府网站、农业科技"110"、行政审批系统、电子政务平台、党政绩效管理电子政务系统。

第五节 企业选介

一、中国移动通信集团海南有限公司万宁分公司

(一)机构

1999年成立海南移动通信公司万宁分公司,下设市场部和综合部;同年11月,更名为海南移动通信有限责任公司万宁分公司,在职员工17人。2001年11月,公司迁址至万宁市人民中街(万宁市财政局对面),一楼为营业厅,二楼为办公室,增设市场开发中心和大客户服务部。2002年2月,设立业务管理员和客服管理员两个管理岗位,以及营业员、代办员、客户经理等岗位。2003年,对机构进行调整,设3组1班,即:综合组、营销组、客服组和营业班。2004年7月,设市场部、客服组、合作组、营业班。2006年10月,海南移动通信有限责任公司万宁分公司更名为中国移动通信集团海南有限公司万宁分公司(简称中国移动海南公司万宁分公司)。2007年11月,位于万宁市万城镇万州大道西侧的公司综合办公楼落成,楼层5层。2008年2月,公司迁至新办公楼,结束租用场地办公的历史;同年10月,根据省公司总体部署,成立二级管理机构"两部三中

心”，即：市场经营部、综合部、重点客户中心、合作渠道管理中心、营业中心，共有在职员工43人。至2010年，公司名称未变，员工人数达54人。

1999年，中国移动海南公司万宁分公司只有7个代办点和1个租用的移动业务受理专柜，专柜设在原万宁电信营业大厅内。2001年11月成立万城营业厅，结束了与电信共用一个大厅办公的历史。至2010年末，公司渠道网点已达199家，服务范围覆盖全市各大乡镇和行政村。

（二）客户服务

2001年，通过节假日上门走访、提供个性化服务、收集客户意见等方式加强对大客户的服务工作。2004年3月，对万城营业厅进行改造，成为集营业、大客户接待、手机销售、业务宣传、客户休息于一体的多元化服务场所。同年4月，建立健全值班长制度、早班会制度和业务学习培训制度等营业厅制度，开展“关心客户服务月”和“营业天使”评选活动，提升营业厅服务水平。2006年起，公司每年开展高考客户现场服务活动，举办“全球通VIP讲堂之高考填报志愿专题讲座”。2008年，以“金牌服务，满意100”为全年服务主题，在营业厅设立全球通专柜并开展积分回报活动，提高全球通客户的满意度；设立业务高峰期温馨提示指南，安排流动咨询员疏导客户并推广自助缴费终端，缩短客户在高峰期的等候时长。同年，落实和推广“五心”（奥运服务全程创优，为盛事添欢心；携手治理垃圾信息，让消费更舒心；量身优选资费套餐，让选择更省心；强化增值业务监督，让使用更放心；广开便捷电子渠道，让服务更随心）服务，开展“走近奥运，走进中国移动”客户互动和体验活动。

2009年，开展服务明星、新业务推荐能手和服务业务大比拼等活动，营业服务质量有较大提升，多次被评为省级服务示范点。2010年，以“满意、诚信、便捷”为核心，科学规范服务，打造“便捷服务，满意100”服务窗口。万城营业厅服务质量在全省名列前茅，并荣获“全国质量信得过班组”和“全国巾帼文明岗”称号。同年，推广网上营业厅、短信营业厅、手机缴费通、自助终端等电子渠道，使客户方便、快捷缴纳话费和办理业务。

二、中国联合网络通信有限公司万宁市分公司

（一）机构

2001年4月，中国联合网络通信有限公司海南省分公司成立，万宁市区域内的联通业务直接受其管理。2004年8月，成立中国联通有限公司万宁市分公司（简称中国联通万宁市分公司），主要经营万宁市境内的长话、市话、移动通信业务和增值业务。内设机构有总经理办公室、市场营销部、集团客户部、综合财务部、客户服务部、网络运行与维护部，共有员工8人。办公地址和通信主机房均设在人民中路。

2009年2月，中国联通万宁分公司与中国网通万宁分公司合并，改称中国联合网络通信有限公司万宁市分公司，办公地址设在人民中路。内设机构有市场营销部、集团客户事业部、综合财务部、网络建设部、客户服务部，共有员工40人。至2010年底，分公司名称、办公地址、内设机构未变。

（二）营销服务

2001—2003年，配合省公司先后推出包括“两网通”“三网通”“一点通”“联通在信”“TSP”等在内的20项新业务，取得良好的社会效益和经济效益。2000年7月，万宁地区的数据通信网建成开通，开始经营固定数据业务，提供互联网接入业务（网号165，有专线接入和拨号接入两种方式）、ATM/FR数据专线业务、VOIP业务（即IP长途电话业务，接入号码17911和17910，其中17911为一次拨号，17910为二次拨号）。2008年，中国联通万宁分公司开始经营包括市内电话在内的所有通信业务，成为全业务通信运营商。

2009年5月，中国联通WCDMA沃3G试商用，开始提供3G业务和服务，共推出手机上网、手机音乐、手机电视、可视电话、手机报和无线上网卡等6项3G业务。10月1日，沃3G正式商用。11月1日，iPhone首售仪式在海口举办，iPhone智能手机在海南上市。

2010年，3G业务强劲增长，用户市场份额达30%，3G手机上网户均流量达8030M；宽带业务快速发展，用户市场份额达19%；集团业务实现新突破，3G行业应用取得显著突破，实施电力抄表、手机定损、视频监控、移动办公、车辆智能化、警务通、消防通等一批应用项目；推广视频直播、企税通、校园手机一卡通等本省3G特色应用产品。

（三）品牌建设

1997年8月，130数字移动网在海南开通运营，“联通130”品牌开始运营工作。2002年4月，随着CDMA网正式运营，中国联合网络通信有限公司海南省分公司在万宁区域内推出“联通新时空”业务，逐步发展成为行业客户品牌。2003年7月，中国联合网络通信有限公司海南省分公司在万宁区域内推出“如意通”品牌，面向大众的业务品牌正式运营。2004年8月，中国联合网络通信有限公司海南省分公司在万宁区域内推出“世界风”业务品牌，实现C、G两网双模业务。同年，“联通130”品牌融入客户品牌。2005年3月，中国联通万宁分公司推出针对青少年客户的“UP新势力”品牌，逐步在校园用户市场形成影响力。2006年6月，全面升级的青少年客户品牌为“新势力”。2005年4月，“世界风”品牌全面升级，转变为社会精英群体、中高端客户的客户品牌，打破了C、G两网区隔。2006年，中国联通万宁分公司按照《中国联通品牌传播实施指导规范》，改变了以技术、产品来区隔C、G两网业务的历史，统一品牌口号，形成“世界风”“新势力”“如意通”“联通新时空”全新的四大品牌体系，并通过多形式营销服务，增强品牌的核心价值。2009年5月，全业务品牌“沃”正式上市。“沃”品牌作为全业务品牌，分别推出面向个人、家庭、商务、青少年四大客户群体。

（四）营销渠道

2001年，中国联合网络通信有限公司海南省分公司在万宁区域内的营销渠道建设采取低成本的策略，提出“销售社会化，服务社会化”，在万宁率先采用“特许营业厅和网络服务商”的分销渠道模式，全年新建1家特许营业厅，20多家代办点。2002年，随着CDMA网的开通，万宁地区筹划建设CDMA专营店，扩大了CDMA的品牌形象宣传。2003年，在万宁地区推出店员积分计划，充分调动渠道店员的积极性。2007年6月，中国联通万宁分公司开始建设乡镇"一村一点"村级便利服务网点，截至2003年末，已发展便利网点近120家。至2010年底，中国联通万宁分公司社会合作渠道网点近40家，乡镇便利点50余家，占所有实体渠道的90%，直接为社会提供100多个就业岗位。

营业收入。2000年，万宁地区联通完成寻呼业务收入178万多元，移动网业务收入700多万元，总收入800多万元。2003年，完成业务总收入1350万元，超年计划的8.86%。2005年，完成业务总收入1650万元。2008年，电信行业重组后完成移动网及固网业务总收入约1000万元。2010年，完成业务收入4000万元。

（五）服务社会

2001—2010年，中国联通万宁分公司创建"总经理接待日"制度，听取客户的意见与投诉并认真解决问题；建立乡镇服务网点，提供话费清单打印、业务办理等服务；推出"金农通"农业信息平台、"电子农务通"项目；同时，通过10010平台及时发送暴雨预警气象服务信息，还通过手机钱包、10010网上营业厅等服务方式为用户提供应急服务；在公司内部开展受灾慰问活动，帮助受灾员工渡过难关、重建家园。2002年1月，中国联通万宁分公司成立"大客户俱乐部"，专门针对VIP客户和特色俱乐部会员提供差异化特色服务。VIP客户分为至尊卡、钻石卡、金卡和银卡会员四类，服务内容涵盖通信、商旅、餐饮、金融、交通、旅游、医疗、休闲、娱乐等行业。2010年，随着沃3G网络日益完善，中国联通万宁分公司"iPhone俱乐部""139俱乐部"相继成立，为提供客户3G业务应用体验服务、一对一全新体验服务。

第七编　工业 商业 旅游业

第一章 工业

第一节 工业综述

一、机构

1991—2010年间，万宁市工业管理机构变动较大，主管工业的部门先后是县经济委员会、县工业与交通局、市工业局、市经济贸易交通局、市发展和改革局、市工业和科技信息产业局。

1991年，万宁县经济委员会内设工业股，负责管理全市的工业管理。1996年8月，万宁县经济委员会的工业管理职能移交至万宁市工业与交通局工业股。1997年3月，万宁工业由万宁市工业局管理，编制20人，在职23人。2001年1月，工业管理职能移交至万宁市经济贸易交通局工业股。2004年3月，万宁工业由万宁市发展和改革局工业股管理。2010年3月，万宁市工业由市工业和科技信息产业局工业股管理，人员编制2人。

二、发展状况

1991年，万宁县共有国营、集体、私营等工业企业1017家，完成工业总产值10165万元；行业涉及20多种，从业人员近6万人，是省内以采矿为主的重点工业企业市县之一。1995年，万宁县共有工业企业901个，年产值115701万元。2000年，工业企业增至1040个，年产值114099万元。2005年，全市工业总产值156773万元，其中规模以上工业完成工业总产值66778万元，规模以下工业完成工业总产值89995万元。主要工业产品产量为：家具76630件；机制纸及纸板770吨；纸制品5968吨；发电量325万千瓦时；塑料制品693吨；供电量19797万千瓦时。2006—2010年间，全市工业企业产值年均递增4.7%。至2010年，全市共有工业企业1737家，其中规模以上企业26家（含国有工业企业3家），工业总产值达222978万元，其中规模以上工业完成工业总产值86762万元，规模以下工业完成工业总产值136216万元，增长12.1%。主要工业产品产量为：家具85003件，纸制品9057吨，全社会供电量36978万千瓦时。全市工业企业实现工业增加值7.29亿元，其中规模以上工业实现增加值2.63亿元，规模以下工业实现增加值4.6亿元。

1991—2010年万宁工业企业数量、产值一览表

表7-1

年份	工业企业单位数(个)			工业总产值(现价,万元)		
	总计	规模以上	规模以下	总计	规模以上	规模以下
1991	1017	—	—	10165	—	—
1992	1002	—	—	16068	—	—
1993	1113	—	—	50960	—	—
1994	1089	—	—	102380	—	—
1995	901	—	—	115701	—	—
1996	1375	—	—	144775	—	—
1997	2743	—	—	102655	—	—
1998	964	38	926	123510	32389	91121
1999	1028	35	993	126501	25805	100696
2000	1040	28	1012	114099	23771	90328
2001	883	29	854	116652	26918	89734
2002	770	30	740	141188	32231	108957
2003	780	40	740	153630	52085	101545
2004	2067	40	2027	146986	57485	89501
2005	2065	38	2027	156773	66778	89995
2006	2063	36	2027	170703	70362	100341
2007	2056	29	2027	204484	80663	123821
2008	2056	29	2027	221900	88278	133622
2009	1734	26	1708	212032	85780	126252
2010	1737	26	1711	222978	86762	136216

说明:本表中“规模以上”与“规模以下”工业企业区分标准:1991—1997年,“规模以上”为乡及乡以上企业,“规模以下”为农村村办、城乡合作及个体工业;1998—2006年,“规模以上”为全部国有工业企业及年销售收入500万元以上(包括500万元)非国有工业企业;2007—2010年“规模以上”为年销售收入500万元以上(包括500万元)工业企业

1991—2010年万宁市(县)不同经济类型产值一览表(当年价)

表7-2　　单位:万元

年份	工业总产值	按经济类型分		
		国有经济	集体经济	其他类型经济
1991	10165	3418	939	5808
1992	16068	3779	544	11745
1993	50960	3709	1471	45780
1994	102380	3782	1056	97542
1995	130443	6439	1487	122517
(按新规定计算)				
1995	115701	5712	1319	108670
1996	144775	7147	1650	135978
1997	102655	5068	1170	96417
1998	123510	8723	—	114787
1999	126501	8617	—	117884
2000	114099	9524	—	104575
2001	116652	10611	—	106041
2002	141188	11935	—	129253
2003	153630	15512	—	138118
2004	146986	13906	—	133080
2005	156773	21645	—	135128
2006	170703	24920	—	145783
2007	204484	18325	—	186159
2008	221900	20598	—	201302
2009	212032	23552	—	188480
2010	222978	26573	—	196405

说明:从2004年开始,工业生产速度采用工业生产指数紧缩法计算,表中2004年及2005年的工业总产值已经紧缩为可比价格。2004年数据重新采用经济普查数据

1998—2010年万宁市规模以上工业企业单位分类表

表7-3 单位：个

年份	总计	按企业经济组织类型分					
		国有企业	集体企业	股份合作企业	股份制企业	外商及港澳台投资	其他经济
1998	38	21	—	—	—	4	13
1999	35	20	—	—	—	6	9
2000	28	14	—	—	—	6	8
2001	29	14	—	—	1	6	8
2002	30	14	—	—	2	6	8
2003	40	15	—	—	5	4	16
2004	37	13	—	—	5	4	15
2005	38	15	—	—	5	3	15
2006	36	15	—	—	5	2	14
2007	29	3	—	—	13	2	11
2008	29	3	—	—	13	3	10
2009	26	2	—	—	18	4	2
2010	26	3	—	—	12	3	8

三、国有工业企业管理及改革

1991—1995年，万宁县工业逐步从传统的计划经济管理体制向社会主义市场经济体制转变。通过推进经济体制改革，实行对内搞活、对外开放，为工业经济持续、快速、健康发展创造良好的机遇和环境。

1996—2000年，万宁市探索建立“产权清晰、权责明确、政企分开、管理科学”的现代企业制度。推行公司化改组改造，使国有企业真正成为自主经营、自负盈亏、自我发展、自我约束的法人实体和市场竞争主体，成为这一时期改革的重要任务。工业布局及行业结构调整重点是，以各具特色的资源为依托，重点发展农产品加工、旅游工艺品、水产品加工、木材加工和家具业等轻工业和石英砂矿和钛铁矿的深加工业。

2001年起，万宁市在国有企业改革基本完成的基础上，国有及国有控股企业保持健康发展。万宁确立“立足资源优势,发展特色加工业”的工业发展思路,以优势资源策划优势项目,先后推出一批资源型工业项目对外招商。仅2003年,共引进工业项目10个,计划投资5亿多元,其中资源型工业项目7个,计划投资3.6亿元,呈现出良好的发展势头,成为万宁工业发展新的增长点。2010年市政府印发《万宁市属五家国有工业企业改革实施方案》和《万宁市国有工业企业改革职工安置方案》,依法关闭市陶器厂、市交通汽车修理厂、市龙滚瓷器厂、市香料工业公司和市农机修理制造厂,并以2010年12月31日为基准日,启动5家国有工业企业改革工作。

四、非公有制企业

1991—2010年,万宁市(县)非公有制企业从少至多,由弱变强。在全市工业总产值中,非公有制企业工业总产值所占比重逐年增加。

1991年,全县非公有制经济总产值5808万元,占全县工业总产值的57%。之后,非公有制企业工业总产值所占比重逐年增加。至2010年,全市非公有制经济总产值19.64亿元,占全市工业总产值的88%。其中,规模较大的非公有制企业有海南万新矿业开发有限公司、海南好土墩海洋科技有限公司、海南任氏实业有限公司、海南南洋芦荟生物工程(美国)有限公司等。

五、节能减排工作

2006年,万宁市开始实施节能减排工作。

2008年,万宁市依法对使用淘汰落后设备的实心黏土砖生产企业进行治理,加快发展新型墙体材料,积极推进废弃材料的再利用。全面开展公共节能活动,开征新型环保墙体材料基金和污水处理费。加强公用水源保护和环境保护执法,挂牌督办一批违法排污企业,强制砖瓦行业使用优质低硫燃煤生产。2009年,万宁市积极推进新型节能产品应用,推广节能灯3.86万只。加快推广新型墙体材料,建设环保机砖厂5家。全市万元生产总值能耗0.788吨标准煤。

2010年,万宁市工业和科技信息产业局、万宁市机关事务管理局联合,举办万宁市节能减排公益宣传活动暨万宁市节能减排新技术新产品大型展览巡回活动。市工业和科技信息产业局的工作人员现场向群众发放“节能减排”科普材料、节能减排法律法规及节能减排使用手册、地震安全知识等宣传手册、宣传单9800多份,发放各类节能减排科技VCD光盘3000多个。

至2010年,万宁市强化节能减排管理,关闭4家实心黏土砖厂,取缔非法采石点43个,建成32个太阳能灯示范村,推广节能灯11.2万只,建设生活污水人工湿地处理工程5个、墟镇污水处理项目3个。

第二节 电力工业

一、机构

1991年，主管电力工程的机构为万宁县农电公司（1982年11月成立）。1995年6月，万宁县农电公司加入海南电业股份有限公司，成为海南电业股份有限公司的子公司，更名为“万宁电业公司”。1999年，更名为“万宁供电公司”。2004年9月，海南电网加入中国南方电网公司，改称为“海南电网万宁供电公司”。

2010年，按照南方电网公司一体化管理要求，改称为“海南电网公司万宁供电局”，设置9个职能部门，即办公室、人力资源部、财务部、计划建设部、市场营销部、生产技术部、安全监察部、监察审计部、党群工作部；4个二级单位，即输电管理所、变电管理所、电力调度控制中心、物资仓储配送站；9个供电营业所，即万城所、兴隆所、龙滚所、和乐所、东兴所、大茂所、长丰所、东澳所、石梅湾所。职工人数1002人，其中：在岗520人，内退292人，分流2人，退休188人。

二、电力设备

（一）输电线路

1991年，万宁县区域内共有110千伏变电站1座，35千伏变电站1座、高压线路643.7千米，低压线路96.5千米。1993年，建成东星35千伏变电站和万宁—东星35千伏输电线路。1995年7月，建成兴隆旅游城35千伏变电站。1998—2000年，在全国开展的改造农村电网、改革农电管理体制、实现城乡用电同网同价的“两改一同价”工作中，万宁供电公司接管乡镇电管站15个，同时成立19个供电营业所，建设和改造农村电网线路3113.65千米。其中：110千伏线路7条103千米，35千伏线路5条32.85千米，10千伏线路412条1141千米，0.4千伏线路1836千米。

2004年9月，万宁供电局加入中国南方电网公司。2008—2009年，接管东兴、东岭、东和、新中、南林5个国营农场和兴隆华侨农场的供电网络并进行建设改造，结束了分散的、零星的、粗放的供电状态，形成全市范围内供电网络的统一管理体系。

至2010年，投入资金11350万元，建设神州220千伏（动车）牵引变电站和配套的220千伏红石—神州输变电线路15.7千米；投入资金28665.84万元，建设神州、北坡2座110千伏变电站及其配套的110千伏输变电线路50.2千米；建设新中1座35千伏变电站及其配套的35千伏输配电线路31.15千米；建设10千伏线路87条416.91千米，0.4千伏线路302条1024.43千米。形成110千伏、35千伏、10

千伏和0.4千伏/0.22千伏的高低压供电电网框架体系。

(二)电网改造

从1998开始至2005年,经过一、二期农网改造、县城网改造、农网完善,无电村电力建设和各电压等级变电站建设等工程累计投资5.56亿元,主要改造了万城主线、水库线、红专线、万专线、专线、中央坡线等6条10千伏线路,建设与改造各电压等级线路3617.86公里,变压器1450台容量共189.77兆伏安,改造居民用户计量11.29万户。在网架结构方面。全市现有220千伏变电站1座,110千伏变电站5座,35千伏变电站7座,10千伏开闭所2座,总容量为21.02万千伏安。110千伏变电站分布万宁市东西南北中五个区域,35千伏变电站分布在全市经济发展较快的乡镇,各级电压供电线路不断扩展延伸,电网覆盖全市,满足全市电力发展的需求。

2006年—2010年,全力推进第二、三批县城网改造项目,切实解决群众用电的实际问题。已实施的项目是:拖拉机站箱式变315千伏安/1台;红专线泵头公变50千伏安/1台,检察院公变100千伏安/1台,市委新宿舍区低压线路400米,建设万州大道迁移10千伏线路1.78千米及6个配变台区等项目。10千伏计划建设项目11个,新建线路5.04千米;新建箱式配变10台,总容量4405千伏安,新建柱上配变14台,总容量4865千伏安,路真空开关3台,计划投资929.24万元;0.4千伏计划建设项目21个,新建和改造380伏线路33.553千米、220伏线路0.24千米,改造用户12477户,计划投资481.9万元。主网项目建设主要是新梅110千伏输变电工程和北坡110千伏输变电工程两个工程项目。

(三)变电站

1993年,万宁县第一个变电站投入运营,即东星35千伏变电站。至2000年,万宁市(县)区投入运营的变电站增加到3座,即东星35千伏变电站、旅游城35千伏变电站和山根35千伏变电站。2010年,供电辖区内共有变电站16座。其中:220千伏变电站2座,主变4台;110千伏变电站6座,主变9台,变电容量31.45兆伏安;35千伏变电站8座,主变11台,变电容量79.85兆伏安;10千伏开闭所3座。管辖110千伏输电线路9条,长度202.84千米;35千伏输电线路28条,长度111.86千米;10千伏线路159条,长度2442.6千米。全市有配电变压器2590台,其中:公用变压器1502台,容量142.765兆伏安;专用变压器1088台,容量144.525兆伏安。

110千伏兴隆站位于万宁市兴隆农场,占地8亩,2001年11月开工,2003年3月投产,2010年两台主变压器(40000千伏安+31500千伏安)主要供电兴隆农场、南林镇。

110千伏北坡站位于万城东北部,占地10亩,2007年10月开工,2009年6月投产,2010年两台主变压器(40000千伏安+20000千伏安)主要供电万城镇、大茂镇。

110千伏神州站位于万宁东澳镇,占地13亩,2004年10月开工,2005年5月投产,2010年两台主变压器(31500千伏安+20000千伏安)主要供电东澳镇。

35千伏东星站位于万宁东星,占地8.5亩,1991年12月开工,1993年1月投产,2010年两台主变压器(8000千伏安+8000千伏安)主要供电万城镇、大茂镇。

35千伏乐来站位于万宁乐来镇,占地5.2亩,1981年1月开工,1982年3月投产,2010年两台主变压器(6300千伏安+6300千伏安)主要供电乐来镇。

35千伏旅游城站位于万宁兴隆，占地8亩，1989年2月开工，1990年6月投产，2010年两台主变压器（6300千伏安+6300千伏安）主要供电兴隆镇。

35千伏东澳城站位于万宁东澳镇，占地10.83亩，2000年3月开工，2001年10月投产，2010年两台主变压器（6300千伏安+6300千伏安），主要供电东澳镇。

35千伏新中站位于万宁新中农场，占地10.83亩，2001年3月开工，2002年7月投产，2010年一台主变压器（8000千伏安）主要供电新中农场。

35千伏龙滚站位于万宁龙滚镇，占地3.85亩，2003年2月开工，2004年1月投产，2010年两台主变压器（6300千伏安+6300千伏安），主要供电龙滚镇。

35千伏南林站位于万宁南林镇，占地4.25亩，2008年5月开工，2010年9月投产，2010年两台主变压器（6300千伏安+10000千伏安），主要供电南林镇。

35千伏山根站位于万宁山根镇，占地14.28亩，1998年5月开工，2000年11月投产，2010年两台主变压器（6300千伏安+6300千伏安），主要供电山根镇。

1991—2010年万宁市（县）110千伏变电站一览表

表7-4

变电站名称	变压器容量（台×万千伏安）	出线电压等级（千伏）	出线回路数	投运年度
兴隆	1×31500+1×20000	110/35/10	2/4/13	2003
和乐	1×31500+1×40000	110/35/10	2/5/7	2004
神州	1×31500+1×20000	110/35/10	2/5/5	2005
北坡	1×40000+1×20000	110/35/10	2/0/13	2009

1991—2010年万宁市（县）110千伏变电线路一览表

表7-5

线路名称	导线型号	线路长度	建设年度
110千伏官和线	LGJ-240	35.5	2003
110千伏红万北Ⅰ线	LGJX-240	12.1	2005
110千伏红万北Ⅱ线	LGJX-240	12.1	2005
110千伏红神Ⅰ线	LGJX-240	32.767	2005
110kV红神Ⅱ线	LGJX-240	32.767	2005
110千伏陵港线	LGJ-150	12.5	2010

续表7-5

线路名称	导线型号	线路长度	建设年度
110千伏兴港线	LGJ-150	43.8	2010

1991—2010年万宁市(县)35千伏变电站一览表

表7-6

变电站名称	变压器容量(台×万千伏安)	出线电压等级(千伏)	出线回路数	投运年度
东星站	2×8000	35/10	1/11	1993
旅游城站	2×6300	35/10	2/10	1995
山根站	1×6300+1×4000	35/10	1/7	2000
东澳站	2×6300	35/10	2/9	2001
新中站	1×8000	35/10	1/3	2002
龙滚站	1×6300	35/10	2/8	2004
北大站	1×6300	35/10	1/3	2010
南林站	1×6300	35/10	1/4	2010

1991—2010年万宁市(县)35千伏及以下输配电线路一览表

表7-7

年份	高压线路(千米)			低压线路(千米)	10千伏/0.4千伏配变	
	合计	35千伏	10千伏		台	容量(千伏安)
1991	643.7	33.7	610	96.5	516	44560
1992	704.7	33.7	671	1086	557	49560
1993	766.7	33.7	728	1190	592	55560
1994	823.7	33.7	785	1280	650	61560
1995	883.7	33.7	845	1460	687	67760
1996	916.7	33.7	878	1690	780	71780
1997	939.7	33.7	901	1795	860	74500
1998	965.5	33.7	926.8	1820	1443	78450
1999	1067.7	33.7	1034	1930	1641	114486

续表7-7

年份	高压线路(千米)			低压线路（千米）	10千伏/0.4千伏配变	
	合计	35千伏	10千伏		台	容量(千伏安)
2000	1440.9	96.9	1344	2063	1852	152888
2001	1652.9	96.9	1556	2221	1950	170724
2002	2053.9	96.9	1957	2318	2003	180370
2003	2263.9	96.9	2167	2430	2147	206578
2004	2383.9	96.9	2287	2565	2259	226962
2005	2447.08	98.08	2349	2614	2318	237700
2006	2487.08	98.08	2389	2647	2378	248620
2007	2502.08	98.08	2404	2684	2438	259540
2008	2522.08	98.08	2424	2769	2468	265000
2009	2522.08	98.08	2424	2802	2528	275920
2010	2554.46	111.86	2442.6	2835	2590	287270

三、供电

1991年，全县年供电量2799万千瓦时。之后，随着万宁经济的发展，特别是工业企业的增加，供电量不断增加。2000年，全市供电量9412万千瓦时。2010年，全市供电量45698万千瓦时。20年间，市区供电量年均增加16.28%。

1991—2010年万宁市(县)供电指标统计表

表7-8

年份	最高负荷（万千瓦）	购电量（万千瓦时）	售电量（万千瓦时）	线损率(%)	城镇供电可靠率(%)	农村供电可靠率(%)
1991	11.82	2694	2202	22.34	60.51	41.22
1992	12.77	3208	2539	20.85	62.44	43.56
1993	13.91	3610	2956	18.11	68.52	47.34
1994	14.28	4722	3907	17.25	70.15	52.50

续表7-8

年份	最高负荷（万千瓦）	购电量（万千瓦时）	售电量（万千瓦时）	线损率(%)	城镇供电可靠率(%)	农村供电可靠率(%)
1995	15.42	5469	4538	17.01	75.33	60.20
1996	16.57	6924	5751	16.94	78.42	64.35
1997	17.35	7501	6258	16.57	82.34	67.28
1998	18.40	8559	7178	16.13	85.57	73.84
1999	24.33	8930	7536	15.60	91.38	79.37
2000	29.92	9107	7722	15.20	96.20	85.42
2001	35.21	9827	8352	15.00	98.24	97.67
2002	38.44	12949	11058	14.60	99.04	98.86
2003	42.31	18008	15576	13.50	99.28	99.18
2004	45.33	24122	21003	12.93	99.50	99.24
2005	48.95	22490	19933	12.32	99.70	99.28
2006	51.79	24504	21544	12.22	99.76	99.33
2007	60.54	28426	25115	11.65	99.80	99.35
2008	67.58	32630	28748	11.90	99.86	99.48
2009	76.23	36125	32046	11.29	99.88	99.55
2010	80.71	41412	36125	10.66	99.8933	99.65

1991—2010年万宁市（县）实际完成购电量、售电量和线损率统计表

表7-9

年份	购电量（万千瓦时）	同比增长（%）	售电量（万千瓦时）	同比增长（%）	线损率（%）	同比增减（%）
1991	2799	8.63	2236	9.22	20.10	−2.20
1992	3450	23.26	2784	24.52	19.28	−0.82
1993	3884	12.58	3223	15.75	17.01	−2.27
1994	5377	38.44	4462	38.46	17.00	0
1995	6923	28.75	5759	29.06	16.80	−0.11
1996	7501	8.34	6267	8.85	16.45	−0.45
1997	8059	7.44	6782	8.22	15.84	−0.61
1998	8671	7.59	7342	8.26	15.32	−0.52
1999	9100	4.95	7725	5.22	15.10	−0.22
2000	9412	3.43	8005	3.62	14.94	−0.16
2001	10370	10.18	8854	10.61	14.61	−0.33
2002	14228	37.20	12254	38.39	13.87	−0.47
2003	20845	46.51	18160	48.19	12.88	−0.73
2004	23972	15.00	21066	16.00	12.12	−0.26
2005	25648	6.99	22580	7.19	11.96	−0.76
2006	28080	9.48	24874	10.16	11.42	−0.54
2007	31097	10.74	27605	10.98	11.23	−0.19
2008	34786	11.86	30921	12.01	11.11	−0.12
2009	39385	13.22	35250	14.00	10.50	−0.61
2010	45698	16.03	40955	16.18	10.38	−0.12

四、用电

1991年，万宁县用电总量2694万千瓦时。其中：农业用电206.36万千瓦时，工业用电701.25万千瓦时，第三产业用电516.17万千瓦时，城乡居民生活用电1270.22万千瓦时，分别占总用电量的7.66%、26.03%、19.16%和47.15%。随着经济的发展，万宁用电量逐年增加。至2010年，万宁市用电总量36329.3万千瓦时。其中：农业用电3979.99千瓦时，工业用电10049.64万千瓦时，第三产业用电10327.16万千瓦时，城乡居民生活用电11972.51万千瓦时，分别占总用电量的10.96%、27.66%28.43%和32.96%。

万宁市电网销售电价表

表7-10 单位:元/千瓦时

用电分类		电压等级	1991—1992年	1993—1995年	1996年	1997年	1998年	1999—2001年	2002年	2003—2006年	2007—2008年	2009—2010年
居民生活用电		不满1千伏	0.300	0.415	0.476	0.526	0.541	0.571	0.600	0.6083	0.6083	0.6083
		1千伏及以上		0.403	0.464	0.514	0.529	0.559	0.580	0.5883	0.5883	0.5883
大宗工业		35千伏以下		0.428	0.489	0.499	0.514	0.524	0.534			
		35千伏及以上		0.423	0.484	0.494	0.509	0.519	0.529			
基本电价(其中1种计收)		35千伏										
最大需量(元/千瓦·月)		35千伏				15	15	15	15	30	33	38
变压器容量(元/千伏安·月)		35千伏				10	10	10	10	20	23	26
普通工业及非工业		不满1千伏	0.350	0.458	0.519	0.559	0.574	0.584	0.594			
		1千伏及以上		0.453	0.514	0.554	0.569	0.579	0.584			
工商业及其他用电		35千伏								0.535	0.571	0.607
		35千伏以下								0.545	0.581	0.617
		不满1千伏								0.765	0.800	0.836
		1千伏及以上								0.755	0.790	0.826
第三产业用电	金融、保险、宾馆(含旅店、招待所)、饮食业、舞厅(含卡拉OK)服务业、房地产业建筑业、照相馆		0.450	0.740	0.801	0.841	0.856	0.856	0.800			
	影剧院、灯光环场溜冰场、游泳场、邮电			0.640	0.701	0.741	0.756	0.756	0.800			
	供销、商业、物资交通、仓储			0.590	0.651	0.691	0.706	0.706	0.800			
农业生产用电	不满1千伏							0.640	0.469	0.469	0.710	
	1千伏及以上							0.600	0.464	0.464	0.680	
粮食作物排灌	不满1千伏	0.250	0.358	0.419	0.459	0.459	0.459				0.480	
	1千伏及以上		0.353	0.414	0.454	0.454	0.454				0.470	

第三节 国有企业简介

万宁（县）市食品厂 成立于1958年，注册资金80.1万元，厂址位于万城镇西门街番村，主要经营饼干、糖果、酱油、益智果、益智茶、酱瓜等。1991—1992年经营连续亏损，1993年停产。工厂拖欠（单位部分）职工基本养老保险金125.34万元，账面资产359.1万元，账面负债382.1万元。停产后至2010年，厂房、场地先后出租给万州福利包装有限公司、万宁塑料再生厂、万宁钛加工厂等企业，租金收入维持留守人员的生活费和日常费用。至2010年，职工人数210人，其中下岗待岗职工104人，离退休职工106人。

万宁（县）市印刷厂 成立于1958年，为独立核算的国有企业，注册资金70万元。1991—1995年，经营范围为印刷品、书刊、商标、塑料制品以及行政许可项目的其他产品。主要印刷中小学课本、练习本、各种文件资料、公文用纸、账册票据、装潢商标、塑料薄吹膜及其他零星印刷。1996年，更名为万宁市印刷厂。市印刷厂被安排搬迁到万城镇西门街。厂区划分为生产区、生活区和办公业务区。1998年生产总值108万元，销售额达128万元。2000年，印刷市场开放，竞争激烈，加上技术、机械设备落后，导致经营亏损而停产。工厂拖欠（单位部分）职工基本养老保险金179.21万元，账面资产307.8万元，账面负债347.9万元。停产后厂房、场地出租给“快乐宝岛”幼儿园，车间承包给个人搞印刷业务，租金收入支付留守人员生活费和日常费用。至2010年底，职工人数144人，其中待岗职工96人，离退休职工48人。

万宁（县）市二轻工业总公司 前身是县二轻工业局，正科级行政编制单位。1995年11月，改制为万宁县二轻工业总公司，属国有企业，注册资金300万元。主要经营民营橡胶、橡胶木改性、化肥、建材、农副产品、饮料、汽车配件、摩托车配件、机电产品，兼营五金交电产品、百货、纺织品、食用油和瓜菜等。1999年，因资金紧缺，经营不善而停业，总公司没有资产也没有债务。至2010年底，职工人数17人。

万宁农机修理制造厂 成立于1958年，位于万城镇西门街，主要经营吸沙泵、流动碾米机、人力打谷机、钢圈、农机（凭许可证经营的农机产品）。1991—1992年，由于技术落后，经营不善，连年亏损。1993年停产，工厂拖欠职工基本养老保险金113.71万元，账面资产144.6万元，账面负债674万元。至2010年，厂房、场地先后出租给广海家具厂、王云家具厂，车间实行承包，租金收入维持留守人员的生活费；职工人数148人，其中：待岗职工59人，离退休职工89人。

万宁（县）市选钛厂 前身是1960年创建的县农业机械站，1986年改为县选钛厂，主要经营钛精矿、锆英精矿、独居石、金红石等钛产品。由于销路不畅，1992年停产，工厂拖欠（单位部分）职工基本养老保险金258.76万元，账面资产950.9万元，账面负债1769.51万元。停产后至2010年，先后将锆英车间出租给新里程修汽厂，精选车间出租给君汉泡沫厂和亚明制冰厂，租金收入维持留守人员的生活费和日常费用。至2010年，职工人数149人，其中待岗职工106人，离退休职工43人。

万宁(县)市医药总公司 成立于1984年，注册资金175万元，正科级国有企业。总公司位于万城镇红专中街(市政府大门对面)。主要经营中西成药、中药材，化学药剂、抗生素、化学原料药等。下属3个子公司：市医药公司、市药材公司和市医药经济信托贸易公司。1992—2006年，公司业务连年亏损，至2007年停业，亏损挂账202万元，资产负债率达104%。至2010年，职工人数294人，其中：待岗职工181人，离退休职工113人。

第四节 高新技术企业

"海南万州绿色制药有限公司"是截至2010年万宁市唯一的一家高新技术企业。

海南万州绿色制药有限公司是一家集研发、生产、销售为一体的新型现代化制药企业。公司2005年、2008年被认定为高新技术企业，也是首家获海南省工业发展基金支持的制药企业。公司生产基地面积80亩、GMP厂房5000平方米，拥有颗粒剂、口服液体制剂、片剂、合剂、胶囊制剂等现代化生产线及高效液相等现代化检测设备，具备高水平的药品生产和质量检测能力。2004年公司首次通过GMP认证，2009年再次通过药品GMP认证。

公司将药品研发视为企业的核心竞争力，投入大量资金用于自主及合作研发新产品、新技术，申报新药发明专利。至2010年，具有发明专利的产品"枫蓼肠胃康合剂""柴芩清宁片""锦珠颗粒"均获"海南省高新技术产品证书"。其中"柴芩清宁片""锦珠颗粒"是中药六类原创新药，均获得科技部创新基金支持，"柴芩清宁片"国家创新基金项目于2009年8月通过验收，获"国家重点新产品"称号。

第五节 乡镇工业企业

一、机构

1991年，万宁县乡镇企业管理局内设办公室、生产管理股、供销管理股和技术管理股，人员编制15人，其中正副职领导3人、管理人员10人、工勤2人。1995年实行机构改革，更名为万宁县乡镇企业管理中心，为正科级事业单位，内设机构和领导职数未变，人员编制15人，实有16人。1996年8月，万宁撤县设市，单位名称相应改为万宁市乡镇企业管理中心。2007年，单位性质改为参公单位，隶属于万宁市发展和改革局，内设办公室、生产管理股、供销管理股、技术管理股，定编15人，实有16人，其中正职领导1人、副职领导2人，至2010年未变。

二、发展情况

1991年,万宁县乡镇企业有县属集体企业、乡镇集体企业、管区集体企业、联合体企业和个体企业。主要行业有采矿业、钛锆矿品加工业、木材加工业、农机具制造业、竹器编织业、食品加工业、农副产品加工业、建材业、轧钢业、家具制造业和交通运输业。全县有乡镇企业6652家、工业企业1098家、乡办企业48家、村办企业42家、联办企业432家。主要产品有打谷机、龙骨水车、吊锯、铁制农具、竹器用品、钛锆原料、木制家具等。乡镇企业总产值达1.4亿元,集体企业成为万宁农村经济发展的主力军。

1992—1996年,万宁乡镇企业步入快速发展时期。这一时期,县政府制定《关于加快发展我县乡镇企业的决定》,对乡镇企业引进项目、引进技术和筹措资金给予扶持。主要产品有钛精矿、锆英精矿、独居石、金红石、改性木产品、钢筋、木制家具、瓜菜、南药、胡椒、多功能农用机、渔船、割胶刀具、中小农具、爆竹等。1996年,万宁的乡镇企业总产值达15.1亿元,乡镇工业产值8.8亿元,年创利润1.04亿元,上缴税金3390万元,新上项目30个,新增投资1.5亿元。乡镇企业成为万宁市经济的四大支柱之一。

1997—2004年,乡镇企业的发展优势逐渐减弱。部分企业进行改革,采取联合股份制、租赁、承包、合并等方式,使企业成为自主经营、自负盈亏、自我约束的经济实体。由此,万宁乡镇企业大部分成为私营、股份制企业,集体企业仍以承包的形式存在。

2005—2010年,万宁乡镇企业依靠资源优势,发展槟榔加工业和农产品加工业,创办休闲企业果园观光区,进入新的发展时期。由于矿产加工原料紧缺,有的矿品加工厂处于停产、半停产状况,一些矿产加工企业兼并或转产。2007年,市政府提出搞好一带二区的同时,明确提出发展休闲农业的思路。新办企业发展椰子加工业、槟榔制品加工业、蔬菜保鲜冷冻加工业、乡村休闲农业观光区等,尤以休闲农业发展较好。至2009年,全市休闲农业共有13个,其中休闲农庄11个、农家乐2个,资产3.32亿元。经营较好的如莲花村农庄,港尾海上乐园农家乐等。在这一时期,万宁培育农产品龙头企业,使乡镇企业在新形势下,仍然保持平稳运行的态势,对实现万宁市经济增长发挥了重要作用。主要产品有:钛、锆产品、稀土产品、改性木材、红砖、椰子饼干、椰子糖果、槟榔制品、反季节瓜菜、保鲜海产品、水产品等。2010年,全市乡镇企业(不包括个体工商户)有795家,企业从业人数13920人,年总产值15.9亿元,乡镇企业工业产值9.9亿元,上缴税金3619万元。

三、体制改革

20世纪90年代初期,乡镇企业政企不分、管理滞后、效益低下、企业产品科技含量不高的弊病不断地显露出来,一些企业严重亏损。1995年,按照农业部发布的《乡镇企业承包经营责任制规定》的要求,万宁县乡镇企业管理中心制定实行承包责任制的具体方案,从经营权、承包对象、承包方式等方面做了明确规定,在12个县属集体企业中,真正实行经营承包责任制的有和乐农业机械厂、后安农业机械厂等9家企业。全县108家矿品加工厂中,有30多家实行承包责任制。

1998年，根据农业部《关于深化产权制度改革进一步推进乡镇企业机制创新的意见》，万宁市乡镇企业管理中心制定乡镇企业产权改革方案。对正常经营、有一定规模的企业改制为股份合作制企业，对已实行股份合作制企业进一步规范运作和优化；对经营不善、负债较大，包袱较重的企业，在承担企业债务的前提下，将产权出售处理。乡镇办的集体企业，保留集体企业产权，进行发包或租赁。对经营较好的企业实行股份制改革；对挂靠集体企业牌号的企业，全部转为私营企业。1998—2006年，万宁市属集体企业12家，实行承包5家，实行出售5家。在108家的矿品加工厂中，实行股份合作制的有6家，如万宁市跃海矿业有限公司、万宁百利恒矿业有限公司等。实行股份制的厂矿有51家，如万宁市第八选钛厂、万宁市永达选钛厂、万宁市水东联营厂等。实行租赁的有8家，如万宁市万通选钛厂。至此，万宁市企业体制改革基本完成。

四、重点企业选介

(一)万宁市跃海矿业有限公司

2005年成立，位于万宁市的东澳镇，主营矿山开发、矿品加工、矿产品贸易、物流等，主要产品有钛精矿、锆英石、金红石等。同年拥有年产钛精矿25000吨、锆英石7000吨、金红石2000吨、独居石500吨的大型锆钛矿综合加工厂。至2010年，公司有职工57人，总资产2088万元。年加工能力：钛精矿25000吨，锆英石7000吨，金红石2000吨，独居石500吨。总产值4235万元，年上缴税金369万元。

(二)海南万宁市万州木业有限公司

前身是“万宁县万州木材加工厂”，1988年创办，位于后安镇水声三角路旁边，属私营企业，占地1600平方米，有2个车间，6个窑灶，主要生产改性橡胶木。1993年后，生产规模扩大，从原来的手工操作走向机械作业，从粗加工走向深加工。1999年，正式注册成立，更名为海南万宁市万州木业有限公司，注册资金120万元。至2010年，拥有工人320人，车间6个，窑灶26个，建筑面积达12000平方米，年生产木材1万立方米，年销售额2600万元，年上缴税金80万元。

(三)海南省万宁市旺奇食品有限公司

位于万宁市太阳河畔的国营东和农场粮油加工厂区，占地面积9500平方米，产品有薄饼、酥糖、酥饼、椰糯糕等四大类、23种规格。1996年成立，总投资350多万元。至2010年，公司拥有员工100多人，年加工椰子80多万公斤，年产值1000多万元。

(四)万宁市兴海养殖有限公司

是万宁市较早从事海水养殖、海产品加工和运销一条龙的民营企业。公司所在地和乐镇，主要养殖基地在港北小海，2000年成立。公司有海水网箱养殖石斑鱼苗基地30亩，年可供石斑鱼苗150万尾；池塘咸水养殖和乐蟹基地230亩，可年产肥蟹6万公斤；网箱养殖石斑鱼400多亩，年产石斑鱼4万~5万公斤。公司还建有水产品加工厂，年加工水产品9300吨，加工的水产品出口日本、韩国、欧美市场。2006年，公司被市政府确定为和乐蟹养殖产业化龙头企业，公司总经理翁振文于2006年被科技部、农业部评为星火计划先进个人。2007年，公司被商务部确定为万村千乡市场工程试点企业。至2010年，公司先后被评为“海南省海洋渔业产业化龙头企业”“海南省水产出口示范基地”“万宁市和乐蟹养殖产业化龙头企业”。

（五）万宁市第十五选钛厂

1978年创建，厂址在万城镇中央坡。占地面积15亩，厂房、车间面积1800平方米，晒庭1000平方米，拥有螺选、电选、摇床等设备。主要产品有钛精砂、锆英精矿、金红石、独居石等。至2010年，公司拥有员工30人，其中管理人员3人，中级技术人员3人。年生产钛精矿3600吨，锆英矿1600吨，金红石500吨。年收入1060万元，年上缴税金26万元。

（六）海南万宁市果菜北运有限公司

位于万宁市东线高速长丰出口处西侧。2010年7月创建，同年11月投产。占地面积3000平方米，总资产800万元(其中固定资产500万元)，拥有库房5间，总面积700平方米。库房总容量4060立方米，吨位676吨。主要经营冷藏保鲜。年冷冻保鲜果菜8200吨，年收入2620万元，年利润178万元，解决就业人数60人。

（七）海南任氏实业有限公司

1999年11月经海南省人民政府批准成立的外商独资企业，由香港黄河家具工业集团全资投资设立，坐落在万宁市乡镇企业园区。同年公司整体规划占地30万平方米，厂房面积3万多平方米，员工480人，其中：高级技术人员16人，中级技术员23人。是一家专业的家具制造、销售企业。该公司主要生产有酒吧柜系列、洗手盆柜系列、手绘仿古家私系列、书房系列、餐厅系列、客厅系列、沙发系列家具，出口美国、加拿大、欧洲、中东、亚洲等十几个国家和地区，年出口量达380个货柜。至2010年，公司拥有员工500人，年出口量500多个集装箱，年产值2000多万元。

（八）海南口味王科技发展有限公司

坐落在后安镇七星村(223国道163千米处)，2010年8月创建，同年12月投产。公司是由湖南口味王集团投资1亿元兴建的中型槟榔加工企业。公司占地面积104.8亩，第一期工程以加工槟榔食品为主，已建成投入使用车间2.66万平方米。公司员工1000余人。

（九）海南万宁吴氏土特产贸易公司椰岛槟榔切片加工厂

位于山根镇东线高速路口处，占地面积200亩。2006年始建，2007年8月正式投产。总投资3000万元。第一期工程于2007年建成煮洗、烤果、切片、包装4个车间，出产“南嚼果”“烟果精”“青果槟榔”“咖啡槟榔”等食用槟榔系列产品，销往台湾、福建、湖南、湖北、汕头等地区。2008年，海南万宁吴氏土特产贸易公司被海南省政府评为“省农业化重点龙头企业”。2010年，年加工槟榔干果7500吨，年收入1900多万元，从业人员1000多人。

第二章 商业

第一节 机构

1991年，万宁县商贸主管部门为万宁县财贸办公室。1995年11月机构改革，撤销县财贸办公室，成立县贸易局，内设办公室、内贸股、外贸股3个股室以及局机关党委，共有编制人员14人。

1996年8月，撤县设市，相应更名为万宁市贸易局。2001年1月，与万宁市工业局、万宁市交通局合并为万宁市经济贸易交通局，设办公室、交通管理股、贸易管理股、地方公路管理股、经济运行管理股、企业与安全生产管理股6个股室以及局机关党委。2004年1月，从万宁市经济贸易交通局分离，成立万宁市商务局，设办公室、内贸岗、外贸岗3个股室以及局机关党委，共有编制人员7人。2009年，设3个股级职能机构，即办公室(服务贸易股)、市场运行管理股、涉外经贸管理股，行政编制7人。至2010年底，机构名称、内设机构、人员编制未变。

第二节 商业市场

一、农贸市场建设

1991年，全县共有农贸市场12家。至1995年，新建农贸市场5家，共有农贸市场17家。2000年，共有农贸市场21家。2010年，全市共有贸易市场27家。其中：全民所有制8家、民营19家，正常营业的25家，建筑面积59098平方米，经营摊位4560个，年均交易额达5.51亿元以上。

2010年万宁市农贸市场一览表

表7-11　　单位:平方米

农贸市场名称	位置	性质	面积(平方米)
万城镇第一集贸市场	万城镇	国有	1095
万城镇第二集贸市场	万城镇	国有	29200
万城镇第三集贸市场	万城镇	国有	840
万城人民综合市场	万城镇	私营	4942
万城城北农贸综合市场	万城镇	私营	未正常营业
万城中央坡综合市场	万城镇	私营	500
万城信达集贸市场	万城镇	私营	未正常营业
东光农贸市场	万城镇	私营	183
牛漏集贸市场	长丰镇	私营	183
山根集贸市场	山根镇	私营	730
东澳集贸市场	东澳镇	私营	1095
乐来农贸市场	后安镇乐来墟	私营	730
龙滚集贸市场	龙滚镇	私营	1460
大茂综合农贸市场	大茂镇	私营	548
长丰镇农贸市场	长丰镇	私营	292
东兴农场职工集贸市场	东兴农场	国有	1432
新中农场集贸市场	新中农场	国有	1665
万城镇北坡集贸市场	万城镇	私营	2300
和乐镇农贸市场	和乐镇	私营	2008
兴隆华侨农场购物中心	兴隆农场	国有	2500
后安集贸市场	后安墟	私营	1022
礼纪中心集贸市场	礼纪镇	私营	912
南林农场职工集贸市场	南林农场	国有	1520
东岭农场集贸市场	东岭农场	国有	3200
港北集贸市场	和乐镇港北墟	国有	584

二、商贸管理

(一)生猪屠宰管理

1997年12月19日,国务院《生猪屠宰管理条例》颁布实施,1998年万宁市实现生猪定点屠宰管理,同年对全市生猪定点屠宰(场)厂进行升级改造。2010年,全市有17家生猪定点屠宰(场)厂,年生猪屠宰量达12.6万头,代收各种税费739万元。生猪屠宰进点率城区达到98%,各镇达到95%以上。

(二)成品油市场管理

1991年,全县有加油站4家,1995年有加油站15家。2000年,全市有加油站25家。2004年,有加油站28家。截至2010年,全市共有33家加油站,其中中石化22家、中石油4家、私营企业7家。加油站均经过严格审查批准设立,基础设施、消防器材、技术指导等,经相关部门检验,符合相关标准要求。

(三)酒类流通行业管理

2006年1月1日,商务部《酒类流通管理办法》发布施行,商务部门开始对酒类流通企业实行行业管理。2006年全市酒类流通网点备案登记93家,2007年备案登记141家,2008年备案登记191家,2009年备案登记233家,至2010年,全市酒类流通网点备案登记共237家。市商务局坚持以备案登记为基础,购销台账为依据,以酒类流通"随附单"为主线,定期或不定期对酒类批发商、超市和餐饮企业开展执法检查,打击制售假冒伪劣酒类商品等违法行为,实现溯源化管理。

三、主要商贸企业

(一)万宁市商业总公司

1991年,县商业局为行政建制正科级单位,内设政工股、业务股、财务股。1995年9月,根据万宁县编委《关于撤销商业局成立万宁县商业总公司的通知》及县委、县政府《关于行政机关行政性公司建制转为经济实体的暂行规定的通知》要求,县商业局改制为县商业总公司,为商业系统的主管单位,注册资金100万元;下属独立核算单位有百货公司、糖烟酒公司、五金交电化工公司、华侨特需商品供应公司、饮食服务公司、食品公司(2007年6月从商业总公司分离)和商业综合公司等7家专业公司。主要经营:日用百货、五金交电、建筑材料、糖烟酒、石油化工、毛猪批发、肉品供应。

1996年8月,撤县设市,相应更名为万宁市商业总公司。市商业总公司成立时正值国家经济体制改革,由计划经济转为市场经济,总公司失去政府(银行)的经济支撑,注册资金没到位,无法参与市场竞争和拓展业务,至2010年一直停业。

1995—2001年,隶属贸易局;2002—2003年,隶属市经济贸易交通局;2004—2010年隶属市商务局。2010年职工人数50人,其中,离退休28人,待岗22人。

(二)万宁市对外贸易总公司

1991年,为万宁县外贸局,属行政事业编正科级单位。1995年12月体制改革,改制为县对外贸易总公司，属对外贸易出口的国有企业，隶属县外经委。同年，因经营亏损、资无抵债而停业。1996年8月，万宁撤县设市，更名为市对外贸易总公司，注册资金110万元，2004年后隶属市商务局。2010年，职工人数110人，其中，退休职工30人，待岗80人。

公司主要经营农副土特产品、轻工产品、矿产品、服装工艺品、家具、水产品等业务。

（三）万宁市对外经济发展总公司

1986年4月成立，注册资金100万元。1988年4月，更名为万宁县对外经济发展公司。1996年，万宁撤县设市，更名为万宁市对外经济发展总公司。至1999年4月初，由于国家对外贸易企业政策调整、银行收紧银根等原因，企业经营困难，连年亏损，于4月正式停业。至2010年，职工人数74人，其中，待岗59人，退休15人。1991年，万宁市对外经济发展总公司隶属于县政府；1992—2004年，隶属于县外经委；2004—2010年，隶属于市商务局。1991—1998年底，公司主要经营对外经济贸易、经济合作、咨询联络、引进技术设备、开发旅游和房地产、进出口业务，经济效益较好。此后，因债务无法收回、市场竞争激烈等原因，公司正式停业。至2010年，公司总资产为100万元。

1991—1999年万宁对外经济发展总公司财务状况一览表

表7-12　　　　单位：元

年份	上年度结余	同期支出	结余	备注
1991	556000	56000	440000	于1999年全员办理下岗，公司正式停业
1992	500000	61000	79000	
1993	439000	72000	307000	
1994	367000	800000	287000	
1995	287000	100000	187000	
1996	187000	46000	141000	
1997	141000	31000	110000	
1998	110000	28000	82000	
1999	82000	5000	77000	

（四）万宁市对外经济信托贸易总公司

前身为万宁县土特产公司，注册资金10万元。1983年3月更名为“万宁县信托投资公司”，下属单位有海外玻璃钢船厂。1990年6月，改名为“万宁县对外经济信托贸易公司”，副科级建制。1993年，改名为“万宁县对外经济信托贸易总公司”，正科级建制，有总经理1人、副总经理2人，内设政工股、业务股和财务股。1996年8月，万宁撤县设市，改名为万宁市对外经济信托贸易总公司。公司于

2001年停业，截至2010年，职工人数98人。1991—1992年，隶属于万宁县对外经济工作委员会；1993—2003年，隶属于(市)县贸易局；2004—2010年隶属于市商务局。主要资产为位于万城东星工业区南段万宁万州煤气站(合资，公司占股49%，后更名为“万宁永安煤气站”)、红专中街信托总公司综合大楼(商铺4间4层楼，占地900平方米)。主要经营煤气、煤气用具、农副产品、药材等业务。1993—2001年11月，以经营煤气销售为主。2001年12月，公司万州煤气站被政府征用，建市人民公园，公司搬迁到新地址万城东星工业区。2004年总公司与私人合资重建，更名为“万宁永安煤气站”。由于交通不便、资金紧缺，至2010年，一直未经营。

1991—2001年万宁对外经济信托贸易总公司情况一览表

表7-13　　单位：人、万元

年份	职工人数	经营额	经营收益(盈亏)
1991	38	6.4	-1.7
1992	40	6.3	-1
1993	50	6.1	-2
1994	56	6.0	-3
1995	65	6.1	-6.8
1996	78	4	-2
1997	86	4	-1.3
1998	98	3	-1
1999	98	5	-0.2
2000	98	6	-0.03
2001	98	6	-0.2

(五)万宁市物资总公司

前身为万宁县物资管理局，属正科级行政单位。1986年，成立县物资总公司，实行“一套人马、二块牌子”的管理模式。1991年后，由计划经济转入市场经济，物资管理局(物资总公司)对物资的审批、划拨等行政职能逐渐消失。1995年，根据政府的机构改制文件精神，物资管理局撤销，保留物资总公司，注册资金200万元，实行独立核算、自负盈亏的企业管理模式，下属独立核算单位有县物资生产资料服务公司、县化建煤炭公司、县金属机电公司、县民用爆破器材专营公司、县物资汽车贸易中心等5个子公司。由于物资市场竞争激烈、公司经营机制不灵活、经营连年亏损，1998年，总公司和下属5个子公司全部停业。至2010年，总公司(不含子公司)职工人数33人，其中，待岗29人，离退休职工4人。1991—1994年，隶属于县物资管理局；1995—2003年，隶属于市发改局。2004—2010年，隶属于市商务局。

(六)市物资生产资料服务公司

1984年成立，注册资金50万元。1991年为县物资生产资料服务公司，1996年改为市物资生产资料服务公司。1991年隶属县物资局,1995年隶属县发改局、县物资总公司,2004年隶属市商务局、市物资总公司。主要经营汽车、钢筋、水泥,1991年停业。2010年职工人数36人。

(七)市物资汽车贸易中心

1985年成立,注册资金50万元。1991年为县物资汽车贸易中心,1996年改名为市物资汽车贸易中心。1991年隶属于县物资局;1995年隶属于县发改局、县物资总公司;2004年隶属于市商务局、市物资总公司。主要经营汽车、汽车配件,1991年停业,2010年职工人数34人。

(八)市化建煤炭公司

1983年成立,注册资金50万元。1991年为县化建煤炭公司,1996年改名为市化建煤炭公司。1991年隶属于县物资局,1995年隶属于县发改局、县物资总公司,2004年隶属市商务局、市物资总公司。主要经营化工商品、煤炭、建筑材料、钢铝材、水泥,1993年停业。2010年职工人数54人。

(九)市金属机电公司

1983年成立,注册资金50万元,1991年为县金属机电公司,1996年改名为市金属机电公司。1991年隶属于县物资局;1995年隶属于县发改局、县物资总公司;2004年隶属市商务局、市物资总公司。主要经营金属类商品、工业机电等。1993年停业,2010年职工人数31人。

(十)民用爆破器材专营公司

1997年成立,注册资金50万元。1997年隶属市发改局、市物资总公司,2004年隶属市商务局、市物资总公司。主要经营民用炸药、爆破器材等,1998年停业。2010年职工人数12人,其中退休2人,待业10人。

1991—1998年万宁市(县)物资系统经营情况一览表

表7-14　　　　单位:万元

年 份	销售及其他收入	成本及费用支出	经营收益
1991	280	390	-110
1992	310	413	-103
1993	232	322	-90
1994	173	266	-93
1995	191	276	-85
1996	32	93	-61
1997	18	81	-63
1998	3	12	-9

(十一)万宁市开发建设总公司

1984年6月成立,注册资金300万元,是综合性新型经济实体,具有事业管理和独立经营双重职能。1985年,总公司属事业单位性质、企业化管理单位,隶属县政府。1990年隶属外经委;1993年后先后隶属外贸局、商贸工交局和商务局。1995年公司改为国有企业。公司内设1室3部,即办公室、进出口贸易部、物业发展部、财务部。下属独立核算股级单位有海口办事处、羽绒加工厂和万发贸易公司。1997年停业。1991—1997年经营总额3000万元(含下属子公司),除依法纳税外,每年向市财政上交包干利润1万元。1997年停业,共亏损154万元(含羽绒厂)。2010年职工人数48人,其中,待业职工40人,退休职工8人。

四、民营商业

改革开放后,社会主义市场经济逐步繁荣起来,私营商业也随之发展壮大,成为活跃城乡经济的主力军。1991年,全县工商户共222家。其中私营个体户100家。1995年,商业体制改革,商业企业和供销企业大多实行承包经营,私营商业进一步繁荣,发展到370家,其中私营个体户175家。2000年,全市工商户共有696家,其中个体户385家。2005年,工商户发展到2220家,其中个体户1714家。2010年,工商户共7581家,其中个体户6567家,占工商户总数的87%。

1991—2010年万宁市(县)私营商业个体户数据统计表

表7-15　　单位:家

年份	工商户总数	其中私营个体户	年份	工商户总数	其中私营个体户
1991	222	100	2001	773	436
1992	286	150	2002	868	495
1993	327	163	2003	1032	621
1994	351	170	2004	1845	1384
1995	370	175	2005	2220	1714
1996	445	230	2006	2575	2034
1997	476	237	2007	3294	2692
1998	510	246	2008	4556	3851
1999	548	262	2009	5825	5010
2000	696	385	2010	7581	6567

1991—2010年万宁市(县)社会消费品零售总额

表7-16　　单位:万元

年份	社会消费品			按城乡分	
	零售总额	批发零售贸易业	住宿餐饮业	城镇	农村
1991	19817	11291	1631	8564	11253
1992	23235	15237	1492	11034	12210
1993	26681	14748	—	12600	14081
1994	38199	23558	2919	17773	20426
1995	52971	35836	4015	25980	26991
1996	56678	32157	9860	25989	30689
1997	60683	33415	10128	25504	35179
1998	64547	41997	10446	28855	35692
1999	67804	43684	11399	30082	37722
2000	72588	47045	12081	32192	40396
2001	76908	49946	12600	35078	41830
2002	84030	54716	14023	39405	44625
2003	88367	72621	14737	42363	46004
2004	98649	80478	16645	47225	51424
2005	131303	103269	24780	63270	68033
2006	150100	116580	29195	73321	76779
2007	175617	136265	34183	85943	89674
2008	216129	168104	41627	106340	109789
2009	260804	204487	56317	131372	129432
2010	311400	238591	72809	233384	78016

第三节 供销社商业

一、机构

1991年，万宁县供销合作联社（以下简称县供销联社）内设9个股，即行政、财会、计统、基层、业务、审计、物价、人事教育、保卫监察股。县供销系统在职干部职工1785人，离休人员87人，退休人员373人。县供销社为事业单位性质，企业化管理，员工工资费用从向所属基层供销社、直属公司收取的管理费中支付，下设万宁县供销开发公司、万宁县供销经济贸易公司。1994年4月，撤销万宁县供销开发公司、万宁县供销经济贸易公司，成立万宁县供销企业总公司。1996年8月，万宁撤县设市，县供销联社相应改为万宁市供销合作社联社。

2003年，万宁市供销合作社联社内设6个股室，即办公室、财务资产管理、计划物价、业务基层、人事教育、保卫监察股；设17个基层供销社，即龙滚、山根、和乐、港北、后安、乐来、东兴、禄马、大茂、万城、北坡、东澳、礼纪、长丰、牛漏、三更罗、南桥供销社，为市供销联社直接管理的下属单位，具有法人资格，独立核算，自负盈亏，至2010年未变。

2010年，供销社有在职干部职工1153人，离休人员23人，退休人员739人；同年，继续保留4个直属公司，即万宁市土产公司、万宁市农业生产资料公司、万宁市供销企业总公司、万宁市果菜副食品公司。

二、体制改革

1991年，供销社系统门店实行“联销计酬”管理，即单位定员到门店，出一定商品资金给职工经营，供销合作社维持原渠道运行，内部设置不变，所需经费从所属基层社、直属公司收取管理费；基层供销社、直属公司自主经营，自负盈亏，除办公室管理人员外，其余人员安排到门店承包经营，由于人员多，门店经济效益有限，大部分职工自愿保留身份，自谋职业。1993—1994年，实施门店“换血经营”“包干上缴”方案，即单位收回门店商品资金，定月上缴。1995年，基层供销社从单纯的业务经营向综合服务转变，开始实行门店承包经营，定月上缴承包款，一般3年左右为一轮承包期，同年，供销社从单纯业务经营转为“三农”服务。

2000年4月，按照《海南省人民政府关于加快供销合作社体制改革的决定》文件要求，市供销社系统着力抓农资经营、农村日用消费品网络建设、农副产品购销、创办领办农民专业合作社、妥善处理还清历史拖欠的长城公司债务。2004年，长丰、龙滚、山根、礼纪供销社创办专业合作社，不断推进各基层供销社领办农民专业合作社。2009年，按照《国务院关于加快供销合作社改革发展的若干意见》

文件精神，市供销社加快推进供销合作社现代流通网络建设，加快发展农业生产资料现代经营服务网络、农村日用消费品现代经营网络、农副产品现代购销网络、再生资源回收利用网络（简称“新网工程”建设）。至2010年，供销社领办农民专业合作社18家。

三、供销网点

1991年，供销社门店共389间（门店长租30~70年），其中17个基层供销社327间（包括农村购销站、代购代销店62间）；网点较多的有：和乐供销社75间，万城供销社50间，东澳供销社13间，4个直属公司共62间。同时，设立供销合作医疗所，在海口得胜沙路设有办事处。1992年，供销社系统通过引资联营，改造建设门店314间，乐来供销社建设农贸市场摊位45个。

1995年，经营的供销社门店数量开始减少，共314间，其中基层供销社249间（含购销站、代购代销店32间），直属公司65间。1998年，市土产公司、市农业生产资料公司联营建设万城人民综合市场，分得摊位90个。至2002年底，经营门店已减少至230间，其中基层供销社182间（购销站、代购代销店仅存10间），直属公司48间。

2007年，发展“新网工程”建设（即农资、日用品、农产品、再生资源网络建设），农资网络建设主要抓职工承包农资店，不断扩大社会个体农资店加盟基层供销社，在镇墟发展农村日用品超市。至2010年，大茂、龙滚、北坡、礼纪、禄马、三更罗供销社改造建设农村日用品超市9家，长丰、山根、龙滚、礼纪供销社建设农副产品购销站4个。同年，全市供销社系统的经营门店有197间；其中，门店较多的是东兴、龙滚供销社，分别为35间和39间；后安、南桥供销社因市场转移，旧门店破败，无门店；北坡供销社门店已全部长租，无门店；长丰、礼纪、三更罗供销社长租土地70年，全部由职工出资建设门店，一次性或按月收取土地管理费。

1992—2010年万宁市（县）基层供销社、直属公司建设统计表

表7-17

类别＼年份	1992—1994			1995—2002			2003—2010		
	门店（间）	摊位（个）	宿舍（套）	门店（间）	摊位（个）	宿舍（套）	门店（间）	摊位（个）	宿舍（套）
基层供销社	42	45	—	129	—		7	—	—
基层供销社职工宿舍	—	—	—	—	—	147	—	—	6
直属公司	3	—	—	17	90	—	—	—	—
直属公司职工宿舍	—	—	—	—	—	70		—	—
合计	45	45	—	146	90	217	7	—	6

四、经营业务管理

（一）副食品经营管理

1991年，基层供销社、果菜副食品公司、副食门市部共24间，主要经营食用油、盐、醋、饼干、粉丝、糖等副食品，1995年后，承包门店职工综合经营副食品与日用消费品。1996年，万宁开始实行食盐专营，供销社受委托经营加碘食盐；至2004年，由市果菜副食品公司负责食盐调拨工作。2005—2010年，市供销社负责食盐调拨工作。至2010年底，食盐继续由供销社经营，当年，有综合副食店19间。

（二）土特产经营管理

1991—1993年，东兴、龙滚、山根、乐来、禄马、礼纪、三更罗等供销社收购胡椒、橡胶、益智等土特产，其中东兴供销社组织资金200万元收购胡椒，与海南省农业生产资料公司兑换化肥销售，年经营额600万～700万元，1991年东兴供销社被商业部评为农副产品经营先进单位；其他供销社也组织资金30万～40万元，经营胡椒、橡胶、益智等土特产，销售较好时达50万～60万元，其中，三更罗、南桥供销社在1991年收购益智，运销大陆市场销售，至1994年，停止收购。

1995—2002年，长丰供销社利用庭院闲置地，自己烘烤槟榔干果销往湖南。三更罗供销社于1995—1998年利用该社生产橡胶收割制干胶片，还收购当地农民生产橡胶的干胶片进行生产销售，年销售额70万元左右，后停止收购。2010年，基层供销社因资金困难，停止收购土特产。长丰、礼纪、牛漏、大茂等供销社职工个人自筹资金，联合农民或个人收购槟榔销售，其中长丰供销社职工联合农民，自筹资金100万元，烘烤槟榔干果，年销售额370万元左右。

（三）烟花爆竹经营管理

1991年，烟花爆竹销售量较低，经营额约17万元。1998年，市土产公司与占井南大商贸有限公司联合经营，定年缴交利润，联营方出资进货，基层供销社销售，年销售额220万元。1999年，市政府规定市土产公司为批发业务单位，零售户由市公安局核发爆炸物品销售许可证才能销售。2001年，市土产公司采取联合经营的方式，成立万宁万联烟花爆竹有限公司，由联营方出资进货，定年缴交利润，各基层供销社布点零售，年销售额380万元。2003年，市土产公司经法院判决解除合作合同，同年，与联营方成立万宁新兴烟花爆竹专营有限公司，负责批发业务。按照市政府文件，成立领导小组，加强市场安全经营管理。2004年，销售额为450万元。至2007年底，销售额上升至610万元，同年，成立万宁市烟花爆竹行业协会，会员126人。2010年，市委市政府召开协调会议，由市土产公司经营烟花爆竹。市土产公司重新寻找合作商联营，成立万宁正兴烟花爆竹经营有限公司，定年利润，联营方全额出资在大茂镇大联村建设A级、B级仓库2000多平方米，年销售总额825万元。

（四）供销支农

化肥销售 1991年，供销社系统有农资门店38间，年销售化肥11255吨，农药112吨。1996年，市供销社系统有农资门店42间，年销售化肥13755吨，农药124吨。1998年后，农资市场全面放开，受市场冲击，基层供销社的农资门店拖欠货款数额不断增大，农资经营困难，至2002年底，化肥年销售量降至3700吨，农药销售量为205吨。龙滚、山根供销社等联系生产基地大户，对困难农民赊销化肥，待产品收获后回收货款，销量逐步回升。2009年，省供销联社鼓励基层供销社联系个体农资门店加盟供销社,挂供销社标识招牌。2010年,市供销社系统有农资门店20个,年销售化肥10290吨,农药715吨,有农资连锁加盟店9个。

瓜菜运输 1995年开始,长丰供销社联合农民集资20万元,收购1400吨冬季瓜菜运销省外市场,创利20万元。1997年,市供销联社组织长丰、礼纪、龙滚供销社联合运销冬季瓜菜省外市场。1998年,市供销联社派基层供销社有果瓜菜购销经验的人员参加市政府组织的考察组,到大陆大中城市果菜批发市场考察,寻找合作伙伴,邀请客商参加中国(海口)冬季农副产品交易会(以下简称"冬交会")。同年,长丰供销社成立瓜菜收购中心,收购瓜菜运销武汉、郑州、山东的寿光瓜菜批发市场。1999—2010年,长丰、龙滚、山根、礼纪供销社发动职工联合农民,通过代购或直销方式,将菠萝、西瓜、瓜菜等销售到省外市场,年运销量不断增加;其中,2002年基层供销社冬季果瓜菜年运销量20840万吨,2006年运往省外市场的销量为21200万吨,至2010年底,年运销量达到22500万吨。

瓜菜种植 1996年开始,长丰供销社在长丰镇长丰村委会文昌园村发动、指导农民种植冬季瓜菜6.7公顷,吸收农民入社,成立万宁市长丰供销合作社瓜菜产销专业合作社。2004年,龙滚供销社吸收农民入社,成立万宁市龙滚供销合作社胡椒菠萝产销专业合作社。山根供销社吸收农民入社,成立万宁市山根供销合作社菠萝产销专业合作社。2008年,《中华人民共和国农民专业合作社法》颁布,基层供销社按照办社章程和入社自愿、退社自由原则,吸收农民入社,领办农民专业合作社。至2010年,市供销社系统基层供销社,社办公司领办菠萝、荔枝、槟榔、橡胶、瓜菜、养鱼、养猪农民专业合作社18个。

第四节 粮油商业

一、粮油机构

1991年,万宁县粮食局共有粮所17个,分别为:龙滚、山根、和乐、港北、后安、乐来、北大、禄马、大茂、万城、北坡、东袄、礼记、长丰、牛漏、三更罗、南桥粮所;粮食供应站1个,即兴隆粮食供应站;公司2个,分别为:粮贸公司、工贸公司(1989年成立);仓库62座。1993年,全县粮食系统第一次实行分流,精简机构,分流人员,参与市场竞争,将原管理人员271人缩减为120人。1994年,为适应市场化管理,万宁县粮食局划小核算单位,分账管理。将和乐粮所划分为和乐粮食贸易分公司、港北粮食贸易分公司、和乐粮食加工分公司,除万城粮所基础设施较差、牛漏粮所因墟镇改造需拆迁外,其余17个基层单位都按照和乐粮所模式转化经营机制。1996年,粮食局改为粮食储备管理局,同时设立粮油贸易总公司,将11个股室合并为7个股室,65名干部职工缩编为40人。1998年,调整配备收储和附营两个企业的领导班子,收储业务与附营业务分离;明确万宁市粮食局的政府粮食行政管理职能,确定行政编制25人,粮食行政主管部门不参与粮食经营,不干预企业的自主经营活动,与粮食企业人、财、物脱钩;同年,成立粮食市场监察中队,事业编制5人。

2002年,设立万宁市粮食储备公司和万宁军供站。2003年9月,设立万宁市粮食储备库,成立万宁市粮食市场应急指挥中心。2007年，万宁市粮食储备管理局改为万宁市粮食局，由财政差额预算管理事业单位转为财政全额预算管理的事业单位，隶属万宁市发展和改革局，负责全市粮食流通综合管理、行业指导和储备粮管理工作，为正科级事业单位。

至2010年，内设办公室、调运储备股、统计股、粮食监察中队4个股级职能岗位；核定财政全额预算管理事业编制19人。

二、粮油购销

1991年，万宁县继续沿用1985年的粮食征购政策，在1971年“一定五年”的基础上，按国家计划与农户签订合同定购，合同定购以外的粮食由市场调节供求。1992年，转换企业经营机制，实行价格改革后，粮食销量锐减。1993年6月，粮食价格与经营放开，粮食企业进入市场，由于粮商哄抬粮价抢购，粮食收购量减少。1996年，受自然灾害影响，粮食产量锐减，在收购定价高于市场粮价的情况下，收购量增加，总库存量达到7632吨。1997年，万宁市粮食储备管理局对粮食收购实行钱粮兼收，公粮以财政收代金为主，收购量减少；1998年，粮食实物入库仅1165吨，库存5520吨。至1999年，积压陈化粮数量达3294吨。2000年，海南省粮食收购从指令性计划改为指导性收购计划指标，受16号强台风和特大洪水的影响，收购量减少(1996—1999年，实行的保护价收购积累的库存因确保灾区群众口粮供应、平抑市场以及不适应市场化管理无法顺价销售等因素，积压贸易粮6256吨)。2001年，海南省率先放开粮食购销市场。2003年，处置1997—2000年度按保护价收购的商品周转库存粮食3822吨。2003年后，改为储备粮管理，不再实施购销。

三、网点建设

1991年，万宁县粮食局下辖17个粮所、站，2个公司，共有粮食门店22间，仓容62座，容量10.8万吨。1992年，万宁县增加门店99间，共计121间，建筑面积4284平方米。1993年，增加门店50间，粮食门店共计171间。1994年，增加门店59间，粮食门店共计230间。1997年，万宁市粮食储备管理局增加门店4间，粮食门店共计234间；新建北坡400吨仓库一座。2000年建立龙滚、北坡、和乐、牛漏4个省级储备粮库点。2007年，万宁市有国有粮食企业35家，大部分企业停止经营多年。根据国有粮食企业改革总体要求和万宁市实际情况，关闭国有粮食企业33家。至2010年，万宁市粮食局有万城、兴隆、龙滚、东兴、和乐、礼纪6个粮情监测站，有8座仓库，共计3800吨粮食，承担储备粮储备和轮换工作。

四、粮油调控

随着万宁常住人口和流动人口的增加，粮食需求量也逐年增加，万宁市(县)粮油调入总量呈增加趋势。

1991年，受台风袭击和城镇人口增加的影响，粮食销售量远超过购入量，为平抑粮价、稳定粮食市场，万宁县加大粮油调入量。1992年，粮食价格改革后，销量锐减，粮食调拨量也随之下降，全年调拨1450吨，比原计划少调8500吨。1993年，试行公粮收取代金，库存减少。1994年，省外调入粮油3000吨，省内调入粮油5550吨。2004年，年初粮食库存总量18351吨，全年供给总量146799吨，全年粮食消费总量143561吨，年末库存粮食总量19258吨。2005年，对2004年度社会粮食供需平衡进行调查表明，万宁市属于缺粮市县，粮食市场供需平衡需通过省外市外调剂。2007年，受水灾影响，粮食作物减产，调入量增至6万吨。2009年，成立万城、兴隆、龙滚、和乐、东兴、礼纪6个粮情检测站，收集粮情信息，适时适度轮换销售储备粮调节粮食市场，确保粮食供应，稳定粮价。2010年9月30日至10月18日，万宁市连续遭受两轮强暴雨袭击，造成严重洪涝灾害。万宁市粮食局承担灾中粮食应急供应工作，紧急调进大米2473吨发放灾区，全年调入总量5.7万吨。

五、国有粮食企业改革

1991年，粮食价格改革，实行粮食经营与价格"双轨制"，把政府行为与企业行为分开。1993年6月1日粮食价格与经营放开，粮食企业进入市场，粮商哄抬粮价抢购，粮食市场监管无力，国有粮食企业亏损。1996年，粮食部门实行"两条线运行"改革，即政策性业务和商业性经营分开，建立两条线运行机制。国有粮食企业承担的政策性业务实行财务分开、核算分开，严格划分政策性业务费用和商业性业务费用，经营资金由农业发展银行划转有关商业银行。1998年，国家实行以"四分开一完善"（即政企分开、中央与地方责任分开、储备与经营分开、新老财务账目分开，完善粮食价格机制）为重点的粮食流通体制改革。重点推进"三项政策，一项改革"，即按保护价敞开收购农民余粮、粮食收储企业实行顺价销售、粮食收购资金封闭运行的举措，加快国有粮食企业自身改革。

2001年，海南省率先放开粮食购销市场。自2002年开始，万宁市对国有粮食企业的人、财、物进行调查，为"粮改"做准备。据统计：全市粮食系统固定资产10124万元，负债12041万元，资产负债率为118.9%。2004年，国家实施退耕还林政策，市粮食局承担粮食补助发放任务，同年供应退耕还林农户221户，补助粮食1985吨。同年，国家全面放开粮食收购价格和收购市场，实行粮食购销市场化改革。2005年，为贯彻落实国家《关于国有粮食购销企业粮食财务挂账处理意见》，万宁市开展粮食财务挂账工作，对1998年6月1日至2004年6月30日万宁市粮食购销企业挂账情况进行审计，完成18家国有粮食购销企业的审计挂账，核定挂账金额1757万元。2006年8月，海南省人民政府签署《海南省粮食收购许可管理若干规定》，万宁市实施粮食收购许可制度。2007年，万宁市关闭国有粮食企业33家，与547名职工解除劳动关系，完善253名离退休人员的社保手续，解决330名职工住房问题，处置国有资产收入670万元，发放各类安置费1147.55万元，补缴养老保险和失业保险364.85万元（医疗保险未缴），成功实施万宁市第一例全行业、全系统改革。

六、粮食市场监管

1991年，万宁县粮食实行统购政策。1992年，取消粮食统购，实行合同定购，粮油订购价逐步接近市场价。受粮食价格改革的影响，粮食销量减少，库存量大，实行平议并销，国有粮食企业亏损情况仍然严重。1993年，实行粮食统购统销改革，即放开粮食销售价格和销售市场，对粮食流通环节的补贴改为对消费者的直接补贴，国有粮食企业成为自主经营、自负盈亏的市场主体。1994年，万宁县粮食局联合政府有关部门整顿粮食市场，打击无照经营和抢购粮食的违法行为。1998年6月，国务院发布施行《粮食收购条例》，万宁市粮食局成立粮食市场监管中队，清理整顿粮食行为，同年查封抢购粮食的私营加工厂6家。1999年，万宁市粮食局开展粮食市场整顿治理工作，查处粮食违规违纪案件

90宗，发给147户个体粮食零售店“粮食零售经营许可证”，打击个体大米加工厂以及私商贩粮，规范万宁市粮食收购、批发、零售市场管理。2000年，发给178户个体粮食零售店“粮食零售经营许可证”。

2002年，粮食市场化改革，实行“收购、市场、价格”三放开，万宁市粮食局配合万宁市工商局和质量监督部门监督管理万宁市粮食企业，设立6个粮食信息点，收集每年粮食销售及价格数据，并分析预测粮食供求变化和发展趋势，为粮食调控和生产流通提供权威信息，维护粮食市场稳定。2005年，按照万宁市人民政府《关于加强我市粮食工作意见》，关注粮食市场变化，掌握粮情走势，做好粮情监测、预警和应急工作，完成在万宁市全市范围开展的社会粮食供需平衡统计调查工作，进行粮食市场应急预案启动的准备，设立3个粮情信息采集点。2006年8月1日海南省人民政府签署《海南省粮食收购许可管理若干规定》，万宁市实施粮食收购许可制度。2007年，根据《国家粮食流通统计制度》，扩大粮食流通统计覆盖面，粮食统计按照周报、旬报、月报和年报审核汇总上报，同时制订《万宁市粮食应急预案》，增设2个粮情信息采集点，全市粮情信息采集点达到5个。2008年，建立万宁市农户粮情固定调查点及其数据库。2010年，全市粮食加工厂5家，粮食销售门店138家，其中3家粮食加工厂和万宁市粮食局签订粮食应急加工、销售协议，93家销售企业和万宁市粮食局签订应急销售协议，保证粮油市场的供应和价格稳定。

2004—2010年万宁市粮食供求情况一览表

表7-18　　　　单位：吨

年份	粮食供给量	粮食总产量	商品粮	省外市外购进量	粮食需求量	城镇人口口粮	农村人口口粮	饲料用粮	种子粮	食品、副食品、酿造业及工业用粮
2004	146799	93200	5630	53599	143561	31309	91359	2010	2890	334
2005	154371	105716	58500	47216	144377	31310	110399			2338
2006	151649	94094	11300	57555	145325	31480	91143	15252	3136	4314
2007	144377	89000	—	60404	144377	31317	91344	13760	2800	5156
2008	145165	89000	—	56165	145165	31317	91356	10782	2800	3920
2009	—	95300	—	50000	—	—	—	—	—	—
2010	152000	95000	—	57000	—	—	—	—	—	—

第五节 专卖业

一、烟草

（一）管理机构

1989年8月，万宁县烟草专卖局和万宁县烟草公司正式成立，实行"一套机构、两个牌子"的运作模式。1991年，万宁县烟草专卖局（公司）内设行政办、专卖办、计财股、业务股、生产股5个股室。1993年，成立"万宁县检察院烟草检察室"，进一步加强专卖管理，发展烟草经济。1996年8月，万宁撤县设市，相应更名为万宁市烟草专卖局（公司）。2000年，市烟草专卖局（公司）内设办公室、人事股、纪检办、专卖办、业务股、计财股等6个股室、5个下伸批发点和1个稽查大队，职工58人，其中专职稽查队员12人。

2003年12月，根据全省行业商业企业体制改革总体方案的有关要求，海南省烟草专卖局（总公司）下发《关于授予海口、三亚、琼海、儋州市烟草专卖局专卖管理权限的通知》，琼海市烟草专卖局依法对万宁市辖区内的烟草专卖管理工作进行监督和指导。自2004年起，万宁市烟草专卖局（公司）依法取消法人资格，更名为万宁市烟草专卖局（营销部），隶属海南省烟草公司琼海公司。至2010年，机构名称未变。

（二）网点建设

1991年，万宁市烟草公司开始在和乐、南林、东兴设点批发，销售额达497万元。1994年，成立销售地产烟领导小组，全县18个乡镇、6个国营农场分为5个片区，实行各股（室）包点管片；同年，在兴隆镇设立卷烟经销部。1995年，下伸批发网点达到6个，分别为兴隆、长安、龙滚、和乐、东兴、城郊卷烟经销部。1997年，撤销城郊经销部，新增万城经销部。1999年，网络建设工作逐步开展。

2000年8月，市局进行人员优化调整，兴隆批发部调整为9人，和乐批发部为6人，其余网点各配备5人。2001年，市局对1400多个零售户实行有效的访销配送，入网销售率达100%，持证零售户入网率达96%，城网送货率达85%以上，农网送货率达90%以上。2003年4月开始，实施访送分离为核心的"强化营销、电话订货、集中配送、电子结算"的网络运行模式，卷烟销售网络改革开始逐步推行；同年11月，先后将万城、和乐、大茂、兴隆、长丰5个网点全部撤销；12月，全面推行新网络运行模式。2004年，采取对全市的电子结算户给予2‰折扣的方式，推动电子结算的进程；全市共办理IC卡582

户，占入网销售户数的50%，刷卡金额占销售额的75.6%。2005年，逐步健全城网和农网客户基本档案和动态管理档案，同年，电子结算率达到92.2%。2007年，全年入网零售户达到1781户，占总人口比例的3.18‰；电子结算率达到95%。至2010年，入网销售、电子结算率不断提高，提升了卷烟的销售水平。

（三）销售

1991—1995年，地产烟市场疲软，价格不稳定，万宁县实行地产烟最低限价规定，同时通过县政府发文，推行合同订购制度化。1998年，全年购进卷烟34944件，总销售额3731万元，毛利305万元，毛利率8.17%，其中，购进地产烟24637件，比1998年增加622件。

2002年，万宁市烟草专卖局（公司）开始推行商业体制改革，以卷烟销售网络为依托，加强市场调控力度，优化卷烟品种结构，强化价格监管力度，卷烟销售上新台阶。全年销售地产烟44998件、省外烟30017件、名优烟22188件，卷烟销售收入10035万元。全年利润总额382万元，同比增长46.39%。2007年，市局（营销部）加大品牌整合力度，按照“城市上结构，农村上销量”的总体要求，通过扩大一类烟经营规模作为结构优化的重点，二类烟着力发展符合效益水平相对较高的大品牌，做好品牌之间的衔接和品牌培育，保持全年的销量增长，实现销售收入24230万元。2010年，销售卷烟25354.22箱，销售额为47547.93万元；销售全国性重点骨干品牌卷烟21726.65箱。

1991—2010年万宁市（县）卷烟销售情况一览表

表7-19

年份	销售量（万箱）	销售额（万元）	实现利税（万元）	年份	销售量（万箱）	销售额（万元）	实现利税（万元）
1991	0.61	1897.00	75.00	2001	1.46	9204.60	530.00
1992	—	3033.00	137.00	2002	1.50	10035.00	659.00
1993	—	2543.00	176.00	2003	1.56	11435.00	819.00
1994	0.92	3807.00	205.00	2004	1.79	14800.00	980.00
1995	0.70	3119.00	93.00	2005	1.88	17104.00	—
1996	0.79	4404.00	286.60	2006	1.96	22989.00	1432.00
1997	0.74	3886.00	35.00	2007	2.09	24230.00	1831.00
1998	0.70	3731.00	55.00	2008	2.11	27341.00	2263.00
1999	0.57	3092.00	45.70	2009	2.32	24572.31	—
2000	1.37	—	650.00	2010	2.54	47547.93	—

（四）市场整治

1991年，万宁县烟草专卖局查办违章案件31件，其中假冒商标案5件，无准运证运销案26件，没收走私外烟8045.3条，总价值20.71万元，上缴县财政26.98万元。1994年，查获走私烟4件，违章运输烟22件，总价值11万元。1997年，查没卷烟53.6件，价值5.59万元。2000年，清理卷烟经营户2381户，查处无证经营458户，立案查处7户，换发许可证2070个，查没假冒卷烟316件，走私烟32.3条，查扣违章烟578.1条，没收烟叶、烟丝6.37吨及一批非法制造烟用机械，案件总值54万元。

2002年，查获违法进货卷烟1500条，总案值7.8万余元，捣毁藏假售假窝点4个，打掉地下烟丝加工厂2个，查获非法生产卷烟1200条，非法生产烟丝2吨，对非法制假卷烟的不法商贩进行严厉打击。2006年，开展"夏日风暴2号"卷烟专项打假行动，与公安、工商、边防等执法部门联合执法，依法对涉及烟草专卖品的各类违法活动给予打击；查获"555""椰王""宝岛"等4个品种的非法生产卷烟69条，涉案金额0.94万元；查获"双喜""红梅""云烟"等11个品种的非法生产卷烟560.3条，涉案金额5.8万元；查获"椰王""宝岛""琼花"等非法生产卷烟259.4条，涉案金额1.3万余元。2008年破获"1·30""2·1"等9起案件。清理整顿无证户251户，工商罚没30户。2010年，查获无证运输卷烟39个品种，3113条，涉案金额34.15万元。

二、食盐

（一）机构

1996年，万宁市食盐实行专营，市政府成立盐政领导小组，委托供销社经营加碘食盐。2004年，市果菜副食品公司负责加碘食盐调拨工作。2009年，省盐务局收回食盐经营权，经市政府协调后，2010年，万宁市加碘食盐仍由供销社经营，

（二）销售

1996年，加碘食盐任务2200吨、生产盐500吨，按各镇人口安排销售量到基层供销社；市供销联社组织专人负责，从陵水盐务公司进货调拨给基层供销社销售。1997年之后，人民生活水平逐步提高，对精装盐的需求量逐步高于粗盐。至2010年，全年销售2600吨，其中精装盐1900吨，粗盐700吨。

（三）市场管理

为普及食用碘盐，每年利用广播电视向社会宣传。每年"5·15"食用碘盐宣传日，在人口流动密集街道设咨询和宣传活动点，发宣传品3000～4000份，在各镇、街道利用宣传车巡回宣传，挂宣传条幅。组织市供销、工商、卫生、技术监督、公安等部门，每月对全市食盐市场检查二至三次，依法没收非碘盐、假冒碘盐、劣质盐，取缔无照经营。1998年没收12吨，2003年没收7吨，2004年没收42.5吨，2005年没收69吨，2008年没收12.7吨，2009年没收4吨。2004—2005年，卫生部门对沿海地区、山区进行食用碘盐测检，合格率分别为87%、88%，对万城宾馆、食店抽查，合格率100%。

三、石油

（一）机构

1991年，万宁石油分公司为副科级建制，归属县商业局领导。1993年，有职工189人。1994年开始征收燃油附加费后，有部分职工开始调出或停薪留职。1995年6月，石油公司归属县贸易局领导。

1996年8月，万宁撤县设市，更名为万宁市石油公司。1998年9月，按照国务院组建两大集团的决定，万宁市石油公司划转入中国石油化工集团公司，至1999年，有职工139人。2000年，按照国务院和海南石油总公司的要求，万宁市石油公司开展资产重组，进行优质资产剥离，成立中国石化海南万宁石油分公司和万宁市石油公司。2001年，进行改制分流，万宁石油分公司有92位干部职工协议解除劳动合同。2002年2月，海南石油分公司成立5个区域公司，万宁石油分公司归属琼海石油分公司管理。2005年3月，海南石油分公司撤销5个区域公司，成立万宁经营部，由片区经理（ME）管理加油站。2006年3月，万宁市石油公司（实业公司部分）注销，原资产和人员划归并入中国石化股份有限公司海南资产经营管理有限公司管理。2010年，恢复万宁石油分公司，有职工116人。

（二）网点建设

1993年，先后设置乐来、龙滚、加劳芳田、中石化兴隆加油站等4座加油站（其中，中石化兴隆加油站拥有40%有股份），5个门市部，以及1个容量为100立方米的油库，固定资产167万元，占地面积1.4万平方米。1999年11月，万宁市石油公司拥有万州、加劳芳田、乐来、东沃、东和等5座加油站（其中，东沃、东和加油站为租赁站），占地面积5.8万平方米。2000年，实现收支两条线核算管理，开始进行大规模资产收购，先后收购金来、城北、美孚、山根、旅游城、龙滚加油站。至2010年，万宁石油分公司在万宁地区有加油站22座，即万州、城北、东光、东沃、美孚、乐来、东兴、山根、金来、龙滚、加劳芳田、高速路南、宏发、莲花、莲花东、石梅湾、兴隆、兴隆旅游城、东和、新中、港北港、乌场加油站。

（三）销售

1993年开始，价格实行“双轨制”，即计划油价格与议价油价格。1999年，有固定资产769万元，轻油年销售5362吨，销售收入1715万元，同年实现净利润9.46万元。至2010年，万宁石油公司固定资产6038.63万元，占地面积6.2万平方米，轻油年销量4.76万吨，销售收入5.21亿元，非油品年销售41万元，上缴税款543.6万元。

第六节 对外经济贸易

一、外贸进出口业务

1991年，万宁县进出口贸易业务由万宁县对外贸易总公司和万宁县对外贸易（集团）总公司两家企业负责，主要产品有胡椒、藿香油、香茅油、改性橡胶木、部分海产品；异地口岸出口产品有电缆、坯布等。

2000年，万宁市出口企业包括国有企业和外来企业。国有企业有万宁市对外贸易总公司、万宁市对外贸易（集团）总公司、万宁市万杰实业有限公司等；外来企业有万新矿业有限公司、海南绿宝农业开发有限公司、海南万宁嘉泰摩托车厂出口企业等6家，主要产品为改性橡胶木、木制工艺品、矿加工产品、绿藻粉等，进口产品主要有冰醋酸及少量挪威复合肥。

2010年，万宁市有外贸出口备案企业18家，其中产品境内出口的有5家，出口产品主要有芦荟粉、木制仿古家私、南美白对虾、机电产品，部分木制工艺品。进口产品主要有机械设备、钛矿原料、芦荟苗等。进出口地区主要集中在美国、日本、韩国和东南亚等市场。全年进出口总额972.5万美元，其中出口总额901万美元，进口总额71.5万美元。

二、利用外资与进出口情况

1991—2010年，有30多家境外企业或个人投资建设项目，累计实际利用外资6.04亿美元。1991年，出口350万美元，进口45万美元。1995年，出口420万美元，进口60万美元。2000年，出口415万美元，进口70万美元。2010年，出口901万美元，进口71.5万美元，总额达到972.5万美元，是1991年进出口总额的2.46倍。

1991—2010年万宁市（县）进出口总额及利用外资状况一览表

表7-20　　单位：万美元、%

年份	进出口总额			比上年同期增长率	实际利用外资金额	比上年同期增长率
	合计	出口总额	进口总额			
1991	395	350	45	7	500	25
1992	378	330	48	-4.3	550	10
1993	395	330	65	4.4	630	14.5
1994	420	360	60	6.3	750	19
1995	480	420	60	14.3	230	-69
1996	520	460	60	8.3	210	-8.7
1997	493	430	63	-5	525	150
1998	498	430	68	1	640	21.9
1999	475	405	70	-4	300	-53.1
2000	485	415	70	2.1	760	153.3
2001	575	520	55	18.6	900	18.4
2002	610	553	57	6	1150	27.8

续表7-20

年份	进出口总额			比上年同期增长率	实际利用外资金额	比上年同期增长率
	合计	出口总额	进口总额			
2003	693	618	75	13.6	1230	7
2004	491	438	53	−29.6	1345	9.3
2005	516	445	71	6	1311	−2.5
2006	587	475.6	111.4	13.8	3865	195
2007	644.6	532.9	111.7	9.8	6360	64.6
2008	655.4	579.4	76	2	11430	79.7
2009	627.1	524.1	103	−4.3	18354.47	60.6
2010	972.5	901	71.5	55.1	9372.24	−49

第三章 旅游业

第一节 旅游综述

一、主要旅游资源

万宁的旅游资源丰富多样、独具特色。因地处热带和亚热带的交界处，属热带海洋性季风气候，年均气温25.2℃，气候宜人，使得万宁旅游业具有得天独厚的地理优势。以奇山、异石、温泉、海滩、岛屿、河流、瀑布、珍稀植物、热带雨林等众多旅游资源，成为享有盛名的休闲旅游胜地。万宁享有“世界长寿之乡”“世界冲浪胜地”“中国槟榔之乡”“温泉之乡”“南药之乡”“植物王国”“佛教圣地”“美食之都”等美誉。

2010年万宁市主要旅游资源一览表

表7-21

序号	主类	基本类型	名称
1	自然景观	沙滩型旅游地	神州半岛、石梅湾、日月湾、新潭湾、山钦湾、英豪半岛
2	地文景观	山丘型旅游地	东山岭、六连岭、灯火岭、兴隆侨乡国家森林公园
3	生物景观	植物	青梅林、兴隆热带花园、兴隆热带植物园、南国热带雨林、海南天涯热带雨林博物馆
		野生动物栖息地	大花角（猕猴）、大洲岛

续表7-21

序号	主类	基本类型	名称
4	建筑与设施类	归葬地	太子墓
		碑碣	青梅林禁碑、石梅湾青皮林自然保护区界碑、万宁沿海特殊保护林带界碑
		摩崖石刻	东山岭摩崖石刻
5	水域风光类	地热与温泉	尖岭温泉、兴隆温泉
		瀑布	兴隆爱情谷瀑布、日月湾铜铁岭瀑布、南林新三瀑布

二、发展历程

万宁是海南开发旅游较早的市县之一，至2010年，万宁旅游发展历史可分为三个阶段：萌芽期（1959—1987年）、发展期（1988—2000年）、鼎盛期（2001—2010年）。

（一）萌芽期（1959—1987年）

万宁的旅游接待起源于兴隆华侨农场。1959年，兴隆华侨农场兴建万宁第一家招待所——兴隆华侨农场招待所，主要用于公务接待。多次接待党和国家领导人及外国政要。1987年，万宁县旅游发展公司成立，标志着万宁旅游的起步。

（二）发展期（1988—2000年）

1988年海南建省办经济特区，旅游产业逐渐兴起。1990年8月，在万宁县旅游发展公司的基础上，成立万宁县旅游局，实行"一套人马、两块牌子"，标志着万宁旅游进入发展阶段。1992年，归侨郑文泰创办兴隆热带花园，至1995年对外免费开放。

1992—1994年，兴隆归侨承包经营兴隆温泉宾馆，最先开发兴隆娱乐项目，并把兴隆咖啡、椰饼等旅游商品引进酒店销售。1993年，省政府提出"全民发展旅游"的理念，同时审批了兴隆旅游城建设规划，正式确定兴隆重点发展旅游的地位。1995年，归侨集资建设兴隆东南亚风情村，多家旅游宾馆酒店相继建成，如康乐园大酒店、兴隆温泉度假中心、兴隆温泉宾馆等。1997年，兴隆先后建成槟榔园和温泉宾馆等2家东南亚风情表演剧场，吸引国内游客争相观赏。万宁旅游接待迅速发展，至2000年，宾馆酒店发展到33家；同年，旅游接待人数达到158.76万人次。1995—2000年6年间，万宁旅游进入高速增长期，年均增长40.9%。

（三）鼎盛期（2001—2010年）

以2001年兴隆热带植物园创建AAAA级景区为标志，万宁旅游进入鼎盛期。10年间逐渐形成东山岭、兴隆热带花园、兴隆热带植物园、兴隆东南亚风情村，以及后起的兴隆亚洲风情园、兴隆南药园、兴隆根艺园、日月湾台湾村等8家国家A级景区，建成康乐园东南亚风情表演剧场等7家商演剧场，拥有宾馆酒店145家，兴隆成为海南省著名的旅游区。2004年8月，世界小姐总决赛在三亚举行，兴隆康乐园大酒店负责举办世界小姐万宁行"文灯节及文艺联欢晚会"。2005年7月，中国百名电影明星在万宁石梅湾举办"百花奖"颁奖大会。2006年9月，万宁举办"激情石梅湾"文艺晚会，特邀韩国明星安七炫在石梅湾演出。2010年11月，万宁在日月湾举办第一届国际冲浪节，来自世界30多个国家的选手在日月湾进行比赛。2010年12月，万宁举办“万宁城市口号”“万宁城市标徽”征集评选活动，全国500多名参赛选手投稿。几年间，通过一系列宣传活动，提高了万宁在国内外的知名度。

三、旅游规划

（一）兴隆旅游度假区总体规划

区域范围 规划范围总面积为83.81平方千米，西起西部山岭山边、北至太阳河北岸、东以主要乡村道路为界、南至高速公路。

规划期限 2007—2020年，其中近期为2007—2010年。

总体定位 以温泉为主题，热带植物、东南亚风情为特色，集温泉疗养、归侨文化体验、观光度假、旅游服务于一体的综合性大型旅游度假区。

（二）万宁市旅游发展总体规划

2010年，在国务院出台《关于加快发展旅游业的意见》和《关于推进海南国际旅游岛建设发展的若干意见》后，万宁市编制了《万宁市旅游发展总体规划》，提出将万宁发展成为国际旅游岛的旅游第三极，打造国际化产品，如温泉度假、游艇俱乐部、海岸高尔夫、旅游房车小镇、潜水旅游等；同时，探索开发免税购物旅游区等政策。

规划片区 万宁市按照“一带两区两片”总体结构进行战略布局，一带即东部沿海从北至南的109千米的海岸带；两区即大兴隆旅游区、大万城旅游区；两片即东山岭旅游片、龙滚—六连岭旅游片。

规划项目 石梅湾度假区项目是海南省“十一五”重点项目，总体面积为12平方千米。由华润集团统一规划、统一开发、统一招商、统一管理，总投资额约80亿元(目前已投资约15亿元)，建设周期15年，并聘请世界顶级的规划公司——英国伟信(Scott Wilson)为项目进行整体规划设计和市场策略研究，重点项目包括6个五星级度假酒店、游艇会、高尔夫球场、文化村、SHOPPING MALL、直升机停机坪、度假公寓、别墅及其配套的海上活动设施等。

神州半岛旅游度假区位于万宁市城南30千米，总面积24平方千米，三面环海，一面陆地。由中信泰富公司投资建设，计划总投资100亿元，建设周期为10年，该项目已累计完成投资20亿元。神州半岛地区总体规划布局结构为“一轴两区”。“一轴”指老爷海及两侧的红树林共同构成的自然生态轴；“两区”指生态轴西南侧的滨海休闲旅游度假区和生态轴东北侧的现代化新市镇社区。

乌场湾项目位于海南万宁市东部海滨的保定—乌场湾一带，东临南海，西至太阳河旧河道两岸，北起小海南岸至乌场岭(含甘蔗岛)一线，南抵保定湾南部的太阳河分洪口两岸。项目占地17平方千米，是未来万宁乌场滨海新区的主要组成部分。规划性质属于滨海城区土地综合开发及滨海旅游度假项目。

中信博鳌山钦湾山崖海景国际社区位于海南博鳌核心规划区，项目规划用地面积为62.4公顷，一期开发27.3公顷，总建筑面积19.26万平方米，将建一所超星级酒店，5000多套高档酒店式公寓，独立式度假别墅和配套完善的休闲度假设施。

南燕湾全球华商500强俱乐部海南会所总体规划为233.3公顷，占海岸线5千米。是一个集五星级酒店(山地别墅群)、烽火台古堡酒店、海洋旅游、海上运动、游艇、航空俱乐部、高尔夫球会、海洋湿地公园、温泉、理疗于一体的国际休闲度假中心。项目已经奠基。

（三）规划板块

万城板块 万城板块利用万宁市政府所在地的城市价值发展房地产，随着基础设施的完善和国际旅游岛重大规划利好，万城板块的房地产开发火热，万城东扩向滨海发展。

兴隆板块 拥有1300多年历史的万宁兴隆镇，被誉为中国华侨之乡、温泉之乡、咖啡之乡，地处热带与亚热带交接处，区内自然旅游、休闲度假资源十分优越。年平均气温25度左右；城市森林面积11.3万公顷，森林覆盖率62%，依山傍水，环境优美。兴隆旅游度假区的两大拳头产品是休闲高尔夫与温泉资源，并且拥兴隆热带植物园和热带花园。

四、红色旅游开发

1991年，万宁县已开发的红色旅游项目有盐涛和港“一二”惨案纪念碑（1957年建）、六连岭烈士陵园（1961年建）、万宁革命烈士陵园（1961年建）、阎克林4等位革命烈士纪念碑（1963年建）。

1992年，李振亚纪念园开放参观，1993年庄田纪念馆开放参观，1995年，陈维新烈士故居展览馆开放参观，2007年月塘村“三二一”惨案纪念碑开放参观。至2010年，万宁已确定的重要革命遗址共19处，其中已开发的红色旅游项目8处，待开发的革命遗址11处，分别是：乐万地下交通联络站遗址、田头村会议遗址、万宁苏维埃政府成立旧址、琼崖抗日军事政治干部学校遗址、红军医院遗址、红军机械厂遗址、万宁县高级列宁学校遗址、六连岭红军洞、红色娘子军第二连成立旧址、杨树兴故居、徐成章烈士墓。

附：六连岭革命烈士纪念园

1927年，中共万宁地方组织带领农民武装开往六连岭，建立琼崖第一个农村革命根据地。1928年，万宁县苏维埃政府在六连岭下的田头村成立。1941年，琼崖革命领导人冯白驹、李振亚等决定在六连岭创办“琼崖抗日军事政治干部学校”。1942年初，第三支队到达六连岭，根据地的人员和规模不断发展扩大，六连岭根据地成为琼崖东区革命斗争的大本营。在长期的革命斗争中，六连岭周围100多个村庄，前后牺牲了2000多人，许多村庄成了“无人村”。但是，当地人民群众的革命意志丝毫没有动摇，以六连岭为依托，坚持斗争、前仆后继，创造了“二十三年红旗不倒”的革命业绩，在海南乃至中国革命史上留下来光辉的一页。1957年，党和国家领导人朱德、董必武分别为六连岭革命根据地题词：“六连岭上现彩云，竖起红旗革命军。二十余年游击战，海南人民树功勋。”“六连岭树红旗日，五指山防白匪时，二十三年根据地，一心革命贵坚持。”充分肯定了六连岭革命根据地的历史地位。

1961年秋，万宁县人民政府在六连岭修建“革命烈士纪念碑”和“纪念亭”。1976年以后逐渐扩建为六连岭革命烈士陵园，占地16.1公顷，建筑面积2500平方米。1989年，国务院批准为全国重点烈士纪念建筑物保护单位；1997年4月，海南省委宣传部批准为省级爱国主义教育基地；

1998年，被列为国家级爱国主义教育基地；2009年5月被中宣部列为第四批全国爱国主义教育基地。至2010年，已发展成为红色教育基地和红色旅游景点。每年清明节，万宁市委、市政府组织机关干部、学生到六连岭烈士园开展“清明祭英烈”活动。海府地区和海南其他市县、万宁各乡镇（农场）及有关部门多次在清明节、七一、国庆等重大节日，组织党员、共青团员、少先队员和中小学生，到六连岭开展“缅怀英烈”“入党宣誓”“先进性教育”“红心向党”等活动，进行革命传统和爱国主义教育。至2010年，六连岭烈士纪念园参观人数达36.5万人次。

第二节 旅游服务

一、旅游设施

（一）星级酒店

20世纪90年代初兴隆开始发展旅游业，最早的旅游酒店是在兴隆华侨农场温泉招待所的基础上发展起来的兴隆温泉迎宾馆，自此，万宁酒店业开始发展。1989年，康乐园海航度假酒店开业，带动了兴隆旅游业的发展。1991—1996年，先后建成绿岛阳光度假、明阳山庄、金银岛大酒店、明珠大酒店等一批星级酒店，2000年8月，康乐园海航度假酒店被评为五星级度假酒店，随着旅游业的发展，万宁酒店业迅速发展。

至2010年，万宁有星级酒店42家，其中五星级2家、四星级11家、三星级24家、二星级5家。

2010年万宁市星级酒店一览表

表7-22　　　　单位：公顷

酒店名称	星级	开业时间	占地面积
兴隆康乐园海航度假酒店	五星	1989.11.18	40.2
石梅湾艾美度假酒店	五星	2008.9	11.7
兴隆明珠温泉酒店	四星	1989.9	6.7
兴隆金银岛大酒店	四星	1996.9	6.4
兴隆金叶桃源温泉度假村	四星	1996.1	12.7
兴隆银湖假日酒店	四星	2003.2	8.0
兴隆明月假日酒店	四星	2004.2	1.7
兴隆正昊寿仙温泉酒店	四星	2003.11	2.0
兴隆明阳山庄	四星	1996.7	3.0
兴隆港隆酒店	四星	1994.2	0.8
兴隆鑫桥度假酒店	四星	2005.1	2.7
兴隆温泉金日酒店	四星	2006.1	20.1
兴隆温泉宾馆	四星	1999.2	7.4

续表7-22

酒店名称	星级	开业时间	占地面积
兴隆天元假日酒店	三星	1999.9	4.0
兴隆碧海温泉大酒店	三星	2004.11	1.7
兴隆鑫兴假日酒店	三星	2004.1	0.4
兴隆太阳岛假度假酒店	三星	2005.12	6.7
兴隆惠康假日酒店	三星	1989.1	2.0
兴隆绿岛阳光度假村	三星	1997.11	0.6
兴隆金汇假日酒店	三星	1992.5	0.4
兴隆太阳河度假中心	三星	1993.5	2.7
兴隆云祥酒店	三星	2004.10	0.4
兴隆安富度假村	三星	2002	1.5
兴隆温泉迎宾馆	三星	2000.3	9.9
兴隆银潮度假村	三星	1983.11	0.7
兴隆天健花园酒店	三星	1994.4	0.7
兴隆金新温泉山庄	三星	1998.10	1.2
兴隆南山温泉度假村	三星	1998.12	1.5
兴隆东方花园大酒店	三星	2002.1	0.5
太阳湖度假村	三星	2002.11	2.5
万宁大酒店	三星	1995.1	0.8
万都大酒店	三星	1998.6	0.5
绿春园酒店	三星	1996.10	0.7
乐园酒店	三星	2002.1	0.4
兴隆景天温泉酒店	三星	2003.12	0.5
兴隆乐金霄大酒店	三星	2002.10	0.3
兴隆冠皇酒店	三星	2004.1	0.7
琼州国际大酒店	二星	2002.12	3.1
芙蓉大酒店	二星	1999.8	1.3
兴隆海烟度假村	二星	2001.2	3.4
兴隆邮电度假村	二星	1990.1	0.8
兴隆巨龙(中水)酒店	二星	1987.10	0.4

(二)农家乐

1991年以来,万宁地区的旅游业迅速发展,农家乐在旅游业快速发展的市场背景下应运而生。至2010年,万宁市主要的农家乐经营户已发展至16家。

2010年万宁市农家乐一览表

表7-23

名称	地址
海的女儿水上海鲜餐厅	海南省万宁市礼纪镇神州半岛保利一号大桥下(神州半岛保安亭大门左转大桥下)
港北老渔民海鲜坊	港北龙舟小镇滨海东路边防派出所斜对面
新中酒家	万城镇人民公园对面
福满楼酒家	万城镇万州大道
伊萨娜印尼餐厅	兴隆旅游区工业大道(冠煌酒店隔壁)
槟郎园生态农庄	兴隆旅游区223国道往兴隆热带植物园方向
兴隆龙腾酒家	兴隆旅游区工业大道(冠煌酒店对面)
黎苗风味园	兴隆旅游区兴梅大道北纬18°对面
梁城椰子鸡排档	
石梅湾行云流水海鲜舫	石梅湾旅游区餐饮中心
南燕湾海鲜城	万宁南燕湾旅游区
渔人码头海鲜舫	
碧水连天海鲜坊	北坡镇乌场港码头

续表7-23

名称	地址
竹埇村农家乐	从G98高速路万宁北出口(大茂出口)下高速,即可看到乡村旅游指示路牌,沿路牌即可到达
文通村世外桃源水上餐厅	从兴隆镇出发,沿G223国道往万宁市区方向,距离兴隆镇大概3千米处,路边有文通村路牌,沿路牌指示即可到达
兴隆隆苑有机咖啡庄园	兴隆华侨农场三十队

(三)车队

1991年,万宁地区旅游业迅速发展的同时,配套服务也相应跟上。至2010年,万宁市车队服务发展完善,路线贯穿整个万宁市区的各个旅游景点及周边旅游景点。

2010年万宁市车队服务一览表

表7-24

班车	起始点	终站点	发车时间
1号线	兴隆工会	神州火车站	7:00、7:30、9:10、10:10、12:00、13:45、14:30 (16:30班次不前往神州火车站)
2号线	惠众城超市	沉香湾水库	7:00、10:30、14:00(17:00 星期五 17:15 发车)
3号线	温泉宾馆	热带雨林博物馆	8:00、9:00、10:00、11:00、14:30、16:00
4号线	惠众城超市	石梅山庄	7:30、9:30、12:30、14:30、16:30
5号线	兴隆工会	日月湾	8:20、10:20、14:20、16:20
6号线	兴隆工会	神州半岛商业广场	7:00、8:00、9:30、10:30、12:30、14:00、15:00、17:00、18:10
7号线	惠众城超市	奥特莱斯购物中心	(7:00班次终点站为石梅山庄)(8:30班次终点站为石梅山庄)10:30、15:30
8号线	兴隆工会	南燕湾	7:00、7:30、9:30、10:30、11:30、12:30、14:00、15:30、17:00、18:30、21:30

续表7-24

班车	起始点	终站点	发车时间
市域2号线	万宁老车站	东山岭文化旅游区	6:00—22:30分，班次间隔10分钟
市域102号线	万城	兴隆旅游区	7:00—18:00分，班次间隔30分钟
专线	兴隆旅游区	石梅湾艾美度假酒店	7:50—21:30分，班次间隔45分钟
三亚专线	万宁旅游三亚集散服务中心	万宁首创奥特莱斯文化旅游区	万宁发车时间：09:10、10:10； 三亚发车时间：13:25、14:20

二、旅游客源

1991—2000年，万宁的国内游客主要来自广州、北京、上海、重庆等地区，还有一些海南本省游客，主要以家庭游、朋友游及情侣游出行为主，团散游客比例达2:8。2000年后，万宁市境外游客人数大幅增长，入境游客大部分来自韩国、马来西亚、新加坡、俄罗斯等，主要接待酒店为石梅湾艾美酒店、兴隆康乐园海航度假酒店、兴隆中奥戴斯酒店、兴隆吉森温泉酒店等，受境外游客喜爱的旅游产品主要为森林生态游、高端度假游及美食购物游等。2010年，万宁市与世界两大冲浪组织ASP、ISA合作，举办国际冲浪比赛，此外还举办中华龙舟赛、国际海钓比赛、中非论坛等活动，吸引了大量国内外游客。

至2010年，万宁市有A级旅游景区5家，其中国家AAAA级旅游景区3家，分别是兴隆热带植物园、兴隆热带花园、东山岭旅游区，AAA级旅游景区2家，分别是万宁首创奥特莱斯文化旅游区、兴隆热带药用植物园。有宾馆酒店213家，其中星级饭店42家。可满足国内外不同档次的会议、不同类型的旅游团体和游客的各种需求。电信、交通、能源等各种旅游设施日趋完善，能为游客提供吃、住、行、游、购、娱、会等一条龙服务。

三、旅游线路推介

（一）活力运动滨海游

日月湾（冲浪、森林客栈、沙滩捉蟹）—石梅湾（游艇会、加井岛观光游玩、艾美酒店）—神州半岛（高尔夫运动、喜来登福朋酒店、沙滩俱乐部）—滨海旅游公路（滨海观光、骑行、拉网捕鱼、垂钓）。

（二）观山品海自驾游

中国龙舟小镇和乐镇（小海观光、渔家风情）—东山岭文化旅游区（祈福）—万宁首创奥特莱斯文化旅游区（品牌购物）—兴隆热带植物园（手工巧克力DIY）/兴隆热带花园（雨林休闲、东南亚美食、赏花）—滨海旅游公路（滨海观光、骑行、拉网捕鱼、垂钓）—石梅湾（游艇会、加井岛观光游玩、艾美酒店）—日月湾（冲浪、森林客栈、沙滩捉蟹）。

（三）侨乡风情文化游

红艺人表演（兴隆康乐大剧场、兴隆景鑫剧场）—兴隆咖啡（兴隆有机咖啡园、兴隆咖啡谷、兴隆老咖街）—兴隆南药温泉—热带雨林（兴隆热带植物园、兴隆热带花园、兴隆绿道、兴隆三角梅公园）。

（四）品牌折扣购物游

万宁首创奥特莱斯文化旅游区（品牌购物）—兴隆热带植物园（香草兰系列、椰香系列、可可系列、兴隆咖啡等）—兴隆太阳河咖啡厂—兴隆怡然咖啡文化博览园—兴隆热带药用植物园（植物精油）。

（五）手工体验亲子游

兴隆热带植物园（手工巧克力DIY）—兴隆有机咖啡园（咖啡采摘、研磨、冲泡）—东山岭（升学祈福）—神州半岛沙滩俱乐部（沙滩娱乐、洲仔岛观光游玩）—日月湾（冲浪、森林客栈、沙滩捉蟹）。

（六）万宁家园乡村游

乡村民俗文化之旅：山根镇排溪村椰林渔舍（渔家风情、滨海观光）—中国龙舟小镇和乐镇（小海观光、渔家风情）—北大镇竹埇村（竹林休闲）—大茂镇大园村（爱情文化）—万城镇溪边村（三角梅、民俗文化）—长丰镇文通村（黎家风情、木屋）。

兴隆咖啡休闲之旅：兴隆热带花园（雨林休闲、东南亚美食、赏花）—兴隆绿道（骑行）—兴隆有机咖啡园（咖啡采摘、研磨、冲泡）—兴隆咖啡谷（咖啡）—兴隆爱情谷瀑布（雨林休闲、探险）—长丰镇文通村（黎家风情、木屋）—兴隆橄榄树山庄（山林木屋）。

（七）寻幽探秘生态游

山钦湾（龙抬头、燕子洞）—尖岭温泉（温泉）—中国龙舟小镇和乐镇（小海观光、渔家风情）—大花角（观鹅卵石）—滨海旅游公路（滨海观光、骑行、拉网捕鱼、垂钓）—新潭湾（山海相连）—兴隆侨乡国家森林公园（原始热带雨林）—兴隆爱情谷瀑布（雨林休闲、探险）/日月湾铜铁岭瀑布/南林瀑布。

第三节 旅游管理与效益

一、机构

1991年，万宁县旅游局内设秘书宣传股、接待股。1996年8月撤县设市，更名为万宁市旅游局。1997年，成立万宁市旅游质量监督管理所，为旅游局内设机构。2000年，成立万宁市旅游协会，会员由旅游饭店、景区点、旅游购物点、旅游餐饮点、旅游演艺场所等旅游企业组成。2010年，万宁市旅游局内设3个股级职能机构：办公室、规划与市场推广股、监督管理股；行政编制9人。

二、景区整治

1991年，万宁县的景区大都存在观赏节目雷同、景区规模小、旅游服务标准低等问题。1992年开始，通过县政府拨款和省旅游发展建设项目转款的方式，对景区（点）建设给予资金支持。从1998年

10月开始，由省旅游局牵头，省公安、监察、工商、物价、技术监督等部门和市旅游、公安、工商、物价部门组成综合检查工作组，专驻兴隆，对兴隆景区进行为期2个月的专项整治工作，主要打击欺客宰客行为。1999年4月，市政府组织开展兴隆旅游区环境综合整治工作，对兴隆旅游区的脏、乱、差现象进行整治。

2000年8月，市政府组织开展万宁市旅游景区综合整治，对景区内降价竞争、高额回扣、诱骗游客消费、旅游区公共环境、社会治安进行综合整治。2010年，针对东山岭潮音寺诱导游客烧高香拜佛问题，万宁市民族宗教事务局立即对旅游区下达4条整改意见，即：景区内导不得带团入寺进行讲解，诱导游客消费；寺庙按照传统方式敬香礼佛，不准开展抽签、解签等活动；工作人员不得诱导恐吓游客烧高香；信众和游客请法必须坚持自愿原则，潮音寺不得采取各种手段诱导游客购物。至2010年底，市政府共投资80万元，用于景区的整治。

三、旅游市场管理

（一）旅游市场监管

1991—1997年，万宁市（县）旅游市场主要由省政府统一管理，未制定专门的管理方案。1998—2007年，市政府对旅游市场加强管理，制定一系列的管理制度并加以整治落实，共组织执法检查活动373次，受理投诉案件181宗，为游客挽回经济损失113155多元。

2008年，省委、省政府确定该年为“旅游优质服务年”。市政府印发《2008万宁市旅游优质服务年工作方案》，通过“旅游优质服务年”，进一步强化服务意识，规范从业人员行为，爱岗敬业，加强行业自律，引导旅游经营者诚信守法经营。2009年，制定《万宁市旅游行业2009年“椰岛杯”城镇环境综合整治工作方案》，从2009年起，争取用3年时间创建文明旅游环境，提高旅游服务质量。2010年，省委、省政府确定该年为“海南国际旅游岛建设环境综合整治年”。市政府制定《海南国际旅游岛建设万宁市旅游市场环境综合整治工作实施细则》，下大力气整治影响海南国际旅游岛建设环境的突出问题，为国际旅游岛建设营造安全和谐、文明有序的发展环境。及时处理旅游投诉，保障旅游经营者和游客的合法权益。市旅游质量监督管理所负责旅游投诉受理工作，建立完善“有诉必接，有接必查，有查必果”的旅游投诉处理机制，并实行首问责任制。所有投诉都得到及时妥善的处理，结案率100%。

1998—2010年万宁市旅游市场整治落实情况一览表

表7-25

年份	组织执法检查活动（次）	检查导游人员（人次）	检查旅游企业（家次）	处理违规导游员（人次）	责令整改旅游企业（家次）	受理投诉案件（件）	为游客挽回经济损失（元）
1998	32	286	68	11	11	8	9800
1999	26	183	55	56	8	16	4855

续表7-25

年份	组织执法检查活动（次）	检查导游人员（人次）	检查旅游企业（家次）	处理违规导游员（人次）	责令整改旅游企业（家次）	受理投诉案件（件）	为游客挽回经济损失（元）
2000	28	240	55	17	3	12	8500
2001	25	168	58	6	—	15	8000
2002	138	258	19	19	—	28	11000
2003	38	380	56	22（黑导3人）	—	45	15000
2004	22	500	36	38（黑导5人）	—	22	6500
2005	80多	1800	150	12（黑导7人）	—	18	35000
2006	32	380	121	3（黑车3辆、黑店2家）	—	13	8500
2007	32	150	140多	黑导3人	12	4	6000多
2008	147	2800多	550	黑导2人	8	12	152000多
2009	56	360	280		13	13	9500多
2010	48	292	152	2（现场纠正25名导游员违规行为）	13	25	13000

（二）旅游饭店管理

根据《旅游饭店星级的划分与评定》的国家标准，对旅游饭店的硬件设施、服务项目，操作程序、服务规范、清洁卫生、维护保养、安全管理、服务质量等方面进行日常监督和管理。按照标准要求，1991年以来，每年对星级饭店进行年度复核检查，并进行动态管理，对服务设施、服务质量、日常管理达不到相应星级标准的饭店，取消星级，开除出星级饭店队伍。同时，市政府引导和支持一些服务设施老化、陈旧、服务标准低的饭店投入资金改造升级，提高服务档次。每年投入改造资金2000多万元。2010年1月，针对兴隆海鲜第一家的宰客问题，万宁市工商局对该店做出停业处理；同年，针对兴隆宾馆酒店桑拿按摩中色情宰客和兴隆地区出租车司机串通海鲜大排档、按摩中心宰客的问题，万宁市公安机关和交通部门加大整治力度，对兴隆地区所有的桑拿接摩点的从业人员开展宣传教育，至3月份，关闭桑拿按摩中心12家，海鲜大排档7家。

（三）旅游从业人员管理

加强旅游从业人员的培训，举办服务技能大赛，提高旅游行业服务人员业务素质和服务水平。

1991以来，每年组织开展旅游行业全员培训，开设旅游安全管理、前厅服务、客房服务、餐饮服务、保安服务、景区导游员、旅游购物点导购员等培训班，培训对象基本涵盖旅游行业各岗位，培训内容为服务文明礼仪、职业道德规范、服务技能知识等，每年举办培训班5～6期，培训旅游从业人员1000多人。举办旅游服务技能大赛，提升旅游服务的整体质量。1994年1月，在兴隆康乐园大酒店举办首届旅游饭店服务技能大赛。1998年12月，在兴隆明珠温泉酒店举办旅游饭店服务技能大赛。自2009年开始，在每年6—7月都举办一届旅游饭店服务技能大赛；2010年，为让每一个旅游服务从业人员都成为万宁旅游形象大使，举办万宁市旅游服务之星风采大赛，内容包括风采展示、服务讲解、才艺展示、知识问答等，选手通过比赛展示个人风采和企业形象；服务讲解内容包括“欢迎词”“产品商品讲解”和“才艺展示”等，通过一系列的比赛、活动和培训，提升万宁旅游服务整体水平，打造“温情海岸，如家万宁”的形象，吸引更多国内外游客到万宁旅游度假。

四、旅游效益

1991年，万宁旅游产业发展迅速，市政府加大对旅游市场的管理，旅游效益持续向好。1991年，接待国内外游客19.6万人次，其中国际旅游者4.8万人次，旅游外汇收入334万元。

1995年，星级酒店接待人数增至74万人次，其中，接待国际游客4.5万人次，总收入达到0.83亿元，旅游外汇收入达300万美元。2000年，旅游酒店接待人数达169.62万次，比上年增长19.9%，总收入达到2.16亿元。2010年，旅游人数265.08万人次，总收入18.41亿元；同比增长22.1%。

1995—2010年万宁市（县）市宾馆旅游接待人数及效益情况一览表

表7-26

年份	接待人数				旅游总收入（亿元）	同比增长率（%）
	总人数（万人）	同比增长率（%）	其中：境外（人次）	同比增长率（%）		
1995	74	—	43651	—	0.83	—
1996	74.2	0.3	39343	-9.9	0.85	2.4
1997	101.9	37.3	74385	89	1.2	41.2
1998	130	27.6	75789	1.9	1.23	2.5
1999	141.5	8.8	102541	35.3	1.63	32.5
2000	169.62	19.9	90314	-11.9	2.16	32.5
2001	202.82	19.6	67558	-25.2	4.66	120
2002	230	13.4	49539	-26.7	5.37	15.2
2003	230	持平	43157	-12.9	5.7	6.1

续表7-26

年份	接待人数				旅游总收入（亿元）	同比增长率(%)
	总人数（万人）	同比增长率（%）	其中:境外（人次）	同比增长率（%）		
2004	248	7.9	42276	-2.04	6.57	15.26
2005	267.1	7.7	47791	13	7.48	13.9
2006	268	0.34	69461	45.3	7.84	4.8
2007	257.33	—	38260	-44.9	14.27	—
2008	256.3	-0.62	32777	-14.33	13.94	-2.3
2009	262.34	2.36	23803	-27.38	15.08	8.2
2010	265.08	1.04	36853	54.83	18.41	22.1

说明:1995—2006年的接待人数和旅游收入是以万宁市单独口径统计,自2007年开始,接待人数与省统一口径统计,并按省公布的花费标准推算旅游收入

2001—2010年万宁市旅游景区接待及效益情况一览表

表7-27

年份	接待人数（万人次）	同比增长率（%）	总收入（万元）	同比增长率（%）	门票收入（万元）	同比增长率（%）
2001	221.6	—	1295.6	—	655.2	—
2002	337.7	52.39	2213.6	70.86	726.3	10.85
2003	440.18	30.35	1832.04	-17.24	805.5	10.86
2004	667	51.53	5681.7	210.13	1158.6	43.84
2005	563.53	-15.51	4001.4	-29.57	1111.82	-4.04
2006	272	-51.73	3872.25	-3.22	1896.25	70.55
2007	416.64	53.18	5346	38.06	3414.2	80.05
2008	381.35	-8.5	5555.45	3.92	3334.05	-2.35
2009	382.73	0.4	7153.4	28.76	3913.5	17.38
2010	248.72	-35	5533.91	-22.64	2716.89	-30.7

第四节 主要景区(选介)

一、东山岭

(一)海南第一山——东山岭

东山岭坐落在海南省东海岸，距万宁市区1.5千米，面积10平方千米，由三座山峰相依而成，海拔184米，素有“海外桃源”“海南第一山”之称。大自然的灵气给东山岭造就了雄奇俊秀的美景。七峡巢云、正笏凌霄、仙舟系缆、蓬莱香窟、瑶台望海、冠盖飞霞、海眼流丹、碧水环龙，东山八景驰名中外。登山一般从“云路初阶”开始，有山高路远之意。

沿花岗石道拾级而上，但见峰峦屏立，怪石擎天。一路上，山花烂漫，峰回路转。山上古今石刻历历在目，尤以“海南第一山”“南天斗宿”“洞天福地”“东山耸翠”等最为壮观。

东山岭是海南的佛教圣地，山上最大的寺庙为潮音寺，为纪念南宋抗金名将李纲而修建。一年四季游客络绎不绝，香火鼎盛。游览景点弥勒宫、李纲塑像、龙洞迷宫令游人啧啧称奇。东山岭上建有宾馆，其东山羊、和乐蟹、后安鲻鱼、港北对虾、东山烙饼等风味美食令游人大饱口福。在海南的山中，东山岭不算高，然而从古至今，论名气之大，推崇者之多，海南没有哪座山可与之媲美。早在晋朝，文人墨客就在此地留下笔墨石刻。明代万州牧曾光祖题写了“海南第一山”几个大字，由工匠镌刻在东山岭上，成为东山岭的代名词。

(二)东山岭摩崖石刻

东山岭摩崖石刻群范围东西长约500米，南北宽约400米，有诗词等题刻约90处，宋代题刻1处，明、清时期题刻约25处，民国时期题刻约20处，另有约45处题刻，无年款。

在华封仙岩内的题刻，以宋代题刻“华封岩”为最早。明正德《琼台志》记载，宋宣和四年(1122年)刻“华封”；清道光《万州志》又载，宋人刻“华封岩”，字径53厘米，无署名。华封仙岩还刻有明正统四年(1439年)广东都司凤阳张玉的题刻：

为爱东山景致幽，携琴载酒任遨游。
云迷路径人烟少，翠拥峰峦树木稠。
丹灶无存仙已往，华封有迹字空留。
管他世上尘凡事，春自春来秋自秋。

题刻诗幅1.5平方米，字径12厘米；在华封仙岩洞外有明万历万州牧梁必强题刻“万山第一”，字径60厘米；明代雷州府推官刘琯题刻“东山耸翠”，字径170厘米；明代节推张才题刻“天开古洞”，字径28厘米；清道光二十年(1840年)题刻“云壁凌霄”，字高200厘米、宽100厘米，署名漫漶不清；清光绪八年(1882年)会阳王国霖行书题刻“仙山佛国”,字径40厘米。

东山岭摩崖石刻上,颇多为历史名人题刻,如明代广东都司佥事王清诗刻、海南卫昭勇将军诗刻、海南卫明威将军李翊题刻等。隶、楷、行、草等多种字体琳琅满目,其历史之久、书艺之高、石刻之多,称得上一部书法大全。东山岭也因此被誉为“文化名山”。

东山“摩崖石刻”群为海南省最大的石刻群,在数百块硕石上刻着长短不一的诗词、题句,完全称得上一座集古今书法之大成的书法艺术宝库。山上古今石刻历历在目,“海南第一山”的题刻为明代万州牧曾光祖题写,成了东山岭的代名词。最早的石刻是东山岭山腰处一块天然硕石壁上,刻着的“华封岩”三个大字,每字53厘米见方,是宋朝文人手迹,字体气势雄伟。在大量摩崖的边上有一个石洞,洞口的上方刻有“华峰仙岩”四个大字,在石洞的两边刻着一副对联:山外无景景外无山,洞中有天天中有洞。在石洞口之南的石壁上刻有“东山耸翠”四个大字,每个字1.7米见方,是东山摩崖石刻中字体最大的一幅。“东山耸翠”四个大字由明代雷州府推官刘琯所题,也是东山岭摩崖石刻群中最大的一幅石刻。“正笏凌霄”是一块名副其实的功名石,与东山岭脚下的青云塔遥相呼应,为万宁当地百姓所敬仰。

(三)东山岭佛教文化

东山岭的佛教文化源远流长,自古就有“仙山佛国”之称。唐朝时期,东山岭就有了佛事活动,据史料记载,唐朝僧人雷真海最早在东山建寺,传法讲佛,于是便有了华封寺。这是东山岭最早的寺院。唐天宝七年(748年),唐代高僧鉴真大师,第五次东渡日本,随风浪飘流到振州(今三亚),住了一年多,鉴真一行从陆路回扬州时途经万安州(今万宁),鉴真率弟子专程上东山岭讲经弘法。之后,返回扬州再次东渡日本,获得成功。东山岭上的华封寺、潮音寺、东灵寺等寺庙,历代虽经废毁,但又重建,一千多年来,东山岭佛事鼎盛,香火不断,是海南最早的佛教文化名山。

1985年3月,泰国高僧隆高奉大师弟子韩扬元大法师(海南文昌人)归国到东山岭考察,发现东山岭与其师傅所描述的梦中情景一样。1986年3月,韩扬光大法师偕同弟子80多人由泰国亲自护送五尊金身佛像到潮音寺供奉,并举行了盛大的开光典礼。1991年,泰国僧王柏深班耶武里率领70多人的礼佛朝拜团再次向潮音寺赠送佛像。1995年,柏深班耶武里再次率领朝拜团到潮音寺朝拜,为潮音寺全部佛像贴金。

东山岭除了华封寺、潮音寺、东灵寺等佛教寺庙外,还有灵霄殿、真武殿等道教寺庙,这五座古寺,晨钟暮鼓,香火缭绕,成就了东山岭仙山佛国的文化内涵。

二、兴隆温泉旅游区

兴隆温泉旅游区位于万宁市太阳河畔,距市区20千米,是海南省唯一的归侨文化旅游区,聚居着21个国家的归侨和侨眷,也是万宁重点旅游度假区,规划占地面积10平方千米。兴隆温泉水质一流,享誉海内外,属地热含硫黄等矿物质地下热泉,有多种对人体健康有益的元素,对人体各种皮肤病、关节炎等有显著疗效。兴隆温泉最早开发于20世纪50年代末,是当时兴隆华侨农场的招待所(即现今的兴隆温泉宾馆)。20世纪90年代中期开始,逐渐发展为兴隆温泉旅游城,至2010年,兴隆温泉旅游区已建成开业的旅游宾馆近50家,发展成为海南三大旅游板块之一。

三、兴隆热带花园

兴隆热带花园位于兴隆青梅山下（位于北纬18°1′30″，东经110°13′07″，为世界三大热带区之一的印度尼西亚—马来热带区北缘，是海南东线上离海岸最近的保护较完好的低海拔热带雨林区），是一座融自然、人文、园林与生态保护于一体的大型综合性景区。1992年，爱国华人郑文泰与兴隆华侨农场合作，个人出资规划设计，在这片既有老化橡胶园、丢荒耕地，同时又有残留沟谷雨林的土地上，开始了兴隆热带花园的建设。本着保护和恢复热带雨林资源，优化生态环境，促进海南旅游业可持续发展的初衷，开展热带雨林的原结构恢复和保护工作，并对许多珍稀热带雨林物种进行迁地保护。兴隆热带花园占地面积388.6公顷，包括植物观赏区、热带雨林观赏区、生物哺育区、再造热带雨林区(名人植树区)、园艺观赏区、森林野营区等游览区。2010年，园内生物种类繁多、热带雨林繁茂，初步恢复了本地区的生物多样性，形成良性循环的生态环境。兴隆热带花园是热带植物的“王国”和珍稀濒危植物的宝库。

至2010年，已种植数千种热带观赏植物几十万株，其中珍稀濒危植物65种，列入《中国植物红皮书》的有27种，引进栽培珍稀濒危植物8种，许多濒临灭绝的植物，得到迁地保护、繁殖并形成群落。兴隆热带花园被确定为国家旅游优先发展建设项目，是中国政府确定的4个环境生态示范教育基地之一和物种基因库，被评为海南省十佳旅游景区。

1997年，兴隆热带花园被中国政府确定为向联合国推荐的“全球环境500佳”评选项目，被海南省科技厅、环境资源厅确定为“青少年生物知识科普基地”和“海南省生物多样性保护基地”及“青少年环境知识教育基地”。2002年，被中国侨联授予“科教兴国示范基地”荣誉称号。2003年，花园的“热带雨林恢复与保护”项目被外国专家局确定为“引进国外智力成果示范推广基地”。

四、兴隆热带植物园

兴隆热带植物园，位于海南省著名风景旅游区兴隆温泉旅游区内，距海口市163千米，距三亚市97千米；这里东临南海(距海边约10千米)、三面环山，日照充足、长夏无冬，湿度大、雨量充沛而均匀，属典型热带季风气候，适宜于各种热带亚热带植物的生长发育。

由于兴隆独特的地理位置和气候条件，1957年中国热带农业科学院香料饮料研究所选定这里作为收集保存国内外热带亚热带作物（植物）种质资源的重要基地，建立兴隆热带植物园。研究所按照“科学研究、产品开发、科普示范三位一体”改革模式的发展，至2010年，兴隆热带植物园已收集保存有2300多种独具特色的热带、亚热带作物（植物）种子，并发展成为集科研、科普、生产、加工、观光和种质资源保护于一体的综合性热带植物园。

兴隆热带植物园分为五大功能区：植物观赏区、试验示范区、科技研发区、立体种养区和生态休闲区；收集有12类植物：热带香辛料植物、热带饮料植物、热带果树、热带经济林木、热带观赏植物、热带药用植物、棕榈植物、热带水生植物、热带濒危植物、热带珍奇植物、热带沙生植物和蔬菜作物等。走进植物园，便如同打开一本关于热带植物的百科全书。1997年后，兴隆热带植物园大力开发特色旅游项目：开展热带植物观赏、湖中垂钓等活动，为旅游者提供一个热带植物观光、休闲场所；开展农业科研考察活动，为专业团体进行考察、交流、合作研究提供试验示范基地；开展农业科普教育活动，为青少年提供热带农业科普知识和环境保护意识教育;开展农业耕作、收获活动,为旅游者提供参与农业活动的实践和乐趣。

1996年兴隆热带植物园被国家旅游局、共青团中央联合命名为首批旅游景区(点)全国“青年文明号”;2000年被共青团中央命名为第三批“全国青少年教育基地”;2001年被国家旅游局评为“国家AAAA级旅游区(点)”、首批“全国农业旅游示范点”;2002年被中国科协命名为“全国农村科普示范基地”,同年通过ISO 9001质量管理体系认证和ISO 14001环境管理体系认证;2003年被海南省委命名为“海南文明风景旅游区示范点”;2004年被海南省政府评为“海南省优秀旅游景区(点)”“海南省十佳旅游景(区)点”。

五、兴隆温泉宾馆

兴隆温泉宾馆前身是温泉招待所,1959年开业,经过几代侨乡人的努力,由温泉招待所发展为具有国际四星级标准的旅游酒店,曾经先后接待了党和国家领导人,以及日本前首相田中角荣等外国元首、驻华使节。

1992年,兴隆温泉宾馆正式对外营业。2006年,兴隆温泉宾馆重新进行装修。截至2010年,宾馆占地面积110多亩,建筑面积18888平方米,共有舒适豪华客房538间,其中豪华标准客房496间、豪华大套房6套、小套房3套、豪华池景客房33间,并提供粤港名菜、东南亚风味的餐饮。此外,会议、购物、机票代售、豪华多功能歌舞厅、桑拿、美容健身、网吧、网球场、休闲广场、音乐喷泉等服务设施功能齐全。已投入使用的庭院式温泉水泳池是旅游度假城内的唯一的一座超大型纯温泉水泳池。

六、海南天涯雨林博物馆

海南天涯雨林博物馆位于万宁市兴隆华侨农场兴隆旅游度假城内,2003年7月由印度尼西亚归侨罗德山先生兴建。

天涯雨林博物馆占地5.3公顷,包括三部分内容,即:(1)4000多平方米的根雕、根艺展馆;(2)文化长廊、演艺厅、手工作坊;(3)园林、园艺。该馆主展馆约为3000平方米,模仿热带雨林原貌进行装修布局。一进主展馆,好像置身于原始森林,里面有蓊郁的大树,有流泉飞瀑、峭壁岩石、古木苍龙,有小桥流水、鱼跃鸟鸣。更多的则是巨型的根雕、根艺。这些巨型的根雕、根艺,有的重达几吨或几十吨,有的高达9米,大小作品有数千件之多。它们造型奇特,形貌多样,大多数作品都是热带雨林濒临灭绝的树种,部分是已经灭绝的树种。如坡垒、子京、母生、红绸、青皮木等都是相当罕见的,相当一部分作品被有关专家誉为“无价之宝”。

天涯雨林博物馆的园林、园艺占相当大的面积,里面花草遍地,奇石林立,更有“金不换”种植园,花梨山、钓鱼台、花草种植成的八卦阵等美景,让人流连忘返,回味无穷。

七、日月湾海门游览区

日月湾海门游览区是国家AAA级旅游景区,位于万宁市日月湾海边,从东线高速公路日月湾互通口进入景区只有500米,是一处具有特色自然海洋文化海门石景和台湾风情文化的风景区。日月湾游览区,分为海门公园和台湾民俗文化游览区台湾村两部分。海门公园主要景观和配套服务项目有海门奇观、休闲广场、沙滩娱乐等；台湾民俗文化在一条湾蜒小河为主线的牵引下，将“天长地久”大拱门、清水造雾、外婆家、台湾兰苑、盘古掌、人造瀑布、快活柳林、风情演艺等，依次展现在游客面前。

1992年台商投资开发日月湾，建成以台湾历史文化以及民族风情为主题的台湾村。此后，以台湾村为基础，逐渐发展为现在的国家级AAA级旅游景区。

日月湾是世界上拥有高质量定点浪型和沙滩浪型的海域之一，水质清澈，海水年平均温度在26.5摄氏度左右，全年适宜冲浪。2米的大浪是从10月到次年3月，长达半年，海浪绵长且有力，起浪频率高，是中国冲浪资源最优的海湾，备受国内外冲浪运动爱好者的喜爱。2010年万宁市政府成功举办了首届中国海南万宁国际冲浪节，日月湾开始受到来自全世界冲浪爱好者的关注，从此日月湾成为世界冲浪界的聚焦点，被写入了世界冲浪胜地地理图片。

八、六连岭红色旅游景区

六连岭位于海南万宁市西北部，距万城30公里，距海南东线高速公路山根出口3.5公里。六连岭革命根据地创建于1927年，是中国共产党领导人民群众在海南坚持对敌斗争时间最长、规模最大的革命根据地之一，是琼崖革命“23年红旗不倒”的缩影。为纪念海南人民在大革命时期以及抗日战争、解放战争中牺牲的革命烈士，党和政府于1961年在六连岭五峰之下的南麓兴建六连岭革命烈士陵园，主要建筑物有革命烈士纪念碑一座和烈士纪念亭一座。

1976年扩建为“六连岭烈士陵园”。陵园占地面积242亩，建筑面积1000多平方米。大门为绿色琉璃瓦顶，上面有海南省委第一任书记许士杰的题字：“六连岭烈士陵园”。大门左上方是朱德题诗：“六连岭上现彩云，竖起红旗革命军。二十余年游击战，海南人民树功勋。”园里有赣湘闽粤四省百县青年代表营造的10多亩成片纪念林，大道两旁椰树挺拔，松柏苍翠，花果琳琅。1989年8月20日，国务院批准将万宁六连岭革命烈士陵园列为全国重点烈士纪念建筑保护单位。

九、石梅湾旅游度假区

位于万宁市东南部海滨，由两个形似新月的海湾组成，长达六公里的碧海银滩，为植被茂盛的低缓山坡所环绕，被世界旅游组织专家赞誉为海南现存未开发的最美丽海湾。区内自然资源丰富多彩，集碧海、青山、白沙、奇石、岛屿、溪流、树林于一体，山清水秀，景色宜人，交错着原始的热带原生态自然风光。沿海湾绵延数十公里的茂密青皮林有4000年历史，现列为省级自然保护区。2009年5月22日，被中宣部列为第四批全国爱国主义教育示范基地。

海中加井岛状如海龟，岛周边海底分布茂盛的珊瑚群、种类繁多的水生物与色彩斑斓的热带鱼，形成蔚为壮观的海底花园，是优良的潜水天堂。现已开业的全海景石梅湾餐饮水上活动中心，是海南岛东海岸黄金旅游线上的休闲驿站。

第五节 万宁美食

一、美食种类

万宁美食按食材来源及功能划分，主要有海产、陆产、小吃、糕点、饮品、主食、蘸料等六类。

海产类 万宁海鲜品类繁多，品质优良，主要有和乐蟹、港北对虾、后安鲻鱼、马鲛鱼、石斑鱼、鱿鱼、金线鱼。海产菜品最能体现万宁的传统烹制工艺，著名的菜品有清蒸和乐蟹、水煮港北对虾、小海鱼汤，煎港北马鲛鱼等。

陆产类 包括畜禽、蔬菜、水果、淡水水产品、飞禽走兽等，畜禽有东山羊、海鲜猪、万宁阉鸡、东澳鹅、山寮鸡、山猪、北大山鸡（原鸡）、小海鸭、七彩鸡等；蔬菜有崩大碗、五指山野菜、革命菜、芹菜、兴隆四角豆、禄马苦瓜等；水果有小米蕉（皇帝蕉）、龙滚菠萝、荔枝、龙眼、西瓜等；淡水水产品有罗非鱼、鳝鱼、鳗鱼等。

小吃与糕点类 万宁小吃与糕点的品种和数量，在海南各市县中独领风骚，由两部分组成。一是万宁本土特产，分布在万宁各乡镇，地方饮食文化色彩浓郁，如后安粉汤、万宁猪肠粑、炸香芋卷等；二是南洋小吃和糕点，花样繁多，如印尼千层糕、咖啡粽、珍多冰、木薯球等。

饮品类 万宁饮品种类丰富，品质独特优异，共有三个类或称三杯水、五个品种系列，包括咖啡（兴隆咖啡）、可可、茶（鹧鸪茶、五月茶、香草兰茶、苦丁茶）、果汁（椰子汁、柠檬汁、油梨汁）、酒（山兰酒、农家米酒）。兴隆咖啡是其中的代表，是著名的咖啡品牌，品种有焙烤、速溶两种；万宁茶品多达十几种，鹧鸪茶以东山岭鹧鸪茶品质最佳，产量不大，弥足珍贵；五月茶是黎族医药和保健的瑰宝，由百种草药组合而成，既是一般的茶饮品，又具有一定的保健医疗作用；香草兰茶是兴隆热带作物研究所将香草兰与其他茶品合成新品茶，有10个品种；兴隆可可是目前中国仅有的可可饮品，产量较小，但醇香诱人。万宁果汁包括椰子水和椰子汁、柠檬水和柠檬汁。其中，新中柠檬汁的口味最为独特，省内外闻名，油梨汁则为兴隆地区独有。万宁原产酒，当属黎家山兰酒和汉族农家米酒。

主食类 万宁地处热带，适合水稻种植，大米自然成了万宁人喜爱的主食。此外，种植的杂粮也不少，如地瓜、木薯、芋头等。万宁的主食有以下几种：一是以海产品为辅料的粥品，如老虎鱼（气鼓鱼）粥、蟹粥、龙虾粥等，最具万宁特色，原汁原味，鲜香诱人。二是以烹煮为特色，现做现用，过程也较为简单，如鸡（鸭、鹅）饭、地瓜粥、芋头饭、竹筒饭等。三是煮制，工艺上更为讲究，如八宝饭、椰子饭及黎苗家的五色饭、三色饭等。四是以烹炒为主的主食，如万宁炒粉、万宁炒面、印尼炒饭。

蘸料类 万宁蘸料的品种较多，用途甚广，主要有以下四个方面：一是水果蘸料，如吃菠萝、石榴、杨桃等时，用辣椒盐作为蘸料；二是小吃与糕点蘸料，大多数有甜、咸、酸、辣味，种类较多；

三是菜品蘸料，在食用鱼肉等情况下常用。蘸料有蒜、姜、葱末、胡椒、辣椒、芝麻酱、生抽、糖、麻油、橘子等；四是万宁特有的蘸料如糟粕、蟹酱、虾酱等。

二、美食特色

万宁美食的特色可概括为食材天然、烹饪简约、开放包容、品配科学等四个方面。

（一）食材天然，天成地就

在万宁，自然地理与食材之间的匹配是如此紧密，鲜明而典型，这在一些菜品上清晰可见。如东山羊、鹧鸪茶的风味独步天下，源于东山岭特殊的低丘山地、品质上乘的花岗岩裂隙泉水及受到海风滋润的草木；岛光村一带的芋头、地瓜口感极好，源于其特有的地理位置与土壤特性；小海的海鲜特别的鲜美，小海周边农家海鲜猪又鲜又香，源于小海丰富的海泥、海虾、海菜等食物；万宁近海的马鲛鱼特别鲜美，源于近海渔场内丰富的浮游生物和海草；大洲燕窝，南桥、三更罗的野菜，龙滚菠萝等都与独特的地理环境、土壤特性密切相关，万宁的美食可谓是天成地就。

（二）烹饪简约，率性而为

万宁菜品鲜美，工艺却简略异常，如东山羊、和乐蟹、马鲛鱼、小海鱼汤、鹧鸪茶、五月茶等美食的烹制，就是极好的例子。东山羊、和乐蟹在海南四大名菜之列，以东山羊为主要食材的菜品多达30余款，这些菜品中，辅料大多不超过两种，配料也甚平常，烹制的方法一点也不复杂，甚至可以说是简单之极，却并不妨碍味道的鲜美。和乐蟹的烹制过程就更为简略，一般情况下，甚至连辅料都省略了，如清蒸和乐蟹，小海鱼汤只是一锅清水，加上若干小海鱼慢慢煮制就可。“简单、简略”在万宁美食文化中代代相传，是万宁人率真性情在美食文化中的充分体现。

（三）开放发展，兼容并收

万宁美食文化是一个开放的体系，体现了本土原汁原味的美食文化，从来不拒绝外来美食的引进和改造，如兴隆的东南亚美食品种丰富，风味独特，菜品数量在30款以上，小吃与点心则在40款以上，自成体系。菜品普遍使用咖喱、番茄酱等作为调料或蘸料。小吃与点心则用米面及其他的杂粮、甜食为主，其造型多种多样，好看又好吃，经过几十年的发展和改造，南洋美食不再局限于兴隆地区，而是辐射到万宁其他乡镇。从此可见万宁美食文化兼容并收的开放特质。

（四）品配科学，长寿健康

万宁美食讲究品配科学。如和乐粽子配鹧鸪茶，去腻；港北对虾配椰子饭，芳香可口；香煎马鲛鱼配白粥，咸淡适宜；海鲜猪肉配上炸弹鱼煮萝卜干，百吃不厌；糟粕空心菜配地瓜粥，养胃祛暑；兴隆咖啡配南洋糕点，边饮边食，富有情调。一日三餐的食品搭配，看似随意，实则科学合理，万宁成为长寿之乡，与其饮食习惯和饮食结构不无关系。

三、万宁美食选介

万宁东山羊 是海南省万宁地区的传统特色美食，因主产于万宁的东山岭，故而得名。东山羊与加积鸭、文昌鸡、和乐蟹并称为海南四大名菜，以优质的羊肉而闻名岛内外。东山羊的食法多样，有红焖、清汤、干煸、白切、火锅等多种吃法。烹饪时，根据吃法配以各种佐料，采用不同的方法烹制而成。吃起来肉质酥烂，润滑适口，气味芳香，味道鲜美。

和乐螃蟹 是海南省万宁地区的传统特色美食，海南四大名菜之一，中国国家地理标志产品。和乐蟹具有肉嫩、味美、膏肥等特点。食用方法多样，可清蒸或炒食，可做蟹酱汤，也可清水煮熟后切成块，配以蒜茸、姜茸、酱油、胡椒粉、醋、橘汁等调成的佐料，食之鲜嫩爽口，独具风味。

港北对虾 是海南省万宁地区的特色美吃之一，与东山羊、和乐蟹、后安鲻鱼合称为“万宁四珍”。港北对虾产于万宁东部的港北小海淡水与海水交流之处，肉鲜红，皮有光泽，颈部有淡黄色。以港北对虾为原料可制作成多种菜肴，食之皮脆肉嫩，鲜而不腥，口齿留香。

清蒸后安鲻鱼 是海南省万宁市的特色美食。后安鲻鱼盛产于后安小海，吃法有红烧、清蒸、生炒、煮汤、油煎等，以清蒸最能体现原汁原味。清蒸安鲻鱼的主要制作原料有后安鲻鱼、香葱、生抽、白糖、味精、花生油、姜丝等。成菜色彩鲜艳，肉质嫩滑，味道鲜美。

万宁后安海鸭 主要以海螺、海藻、小鱼小虾为食。海鸭的肉味鲜美，营养价值高，还有滋阴补肾的药用功能，深受人们的喜爱。

万宁东澳鹅 原产于万宁东澳镇一带。东澳鹅生长在水草丰盛、鱼虾众多的老爷海边，除了在坡上食青草，到稻田啃食田螺、稻谷外，还喜欢食海里的鱼虾贝类。鹅肉具有益气补虚、和胃止渴、止咳化痰和解铅毒等作用。东澳鹅脯大、肉厚，脂肪少，口感鲜甜而略带有咸味。焖制的鹅肉，更是香味醇厚，百吃不腻。

三更罗白切黎家土香猪 是万宁市三更罗一带黎族、苗族流行的菜品。土香猪食用的饲料，主要为混有当地野生小鱼的一般猪饲料，结合野外放养，使该猪有较高的瘦肉率，口感更好，更有嚼劲，胆固醇和脂肪也很低。白切的做法，符合人们低油脂、低盐的健康饮食要求，营养丰富，健康生态。

柠檬老鸭汤 长期以来，海南人就有煮制老鸭汤的传统，而万宁新中农场腌制的柠檬煮老鸭汤，却是一种创新。柠檬能提高人体免疫力，老鸭利水消肿，和柠檬一起炖汤，吃了阴虚不见燥，阳虚不见冷，风味独特，常吃不腻。

后安粉 是海南省万宁市的著名特色小吃之一，因产于后安镇而得名。后安粉条是用当地优质灿米制成的，后安粉汤底是用猪骨、粉肠、大肠、小虾、海螺、猪内脏等熬成的。食用时，煮好粉条，加上一个鸡蛋，配以猪肚、大肠、小肠，葱花等，再加入熬制的汤就可以吃了。

万宁八宝饭 宋代起就有制作，至今已有1000多年历史，久负盛名，被称为“饭中之饭”。浇露八宝饭，造型美观，色泽艳丽，是万宁家庭团聚、婚嫁喜宴上必不可少的一道主食。八宝饭集八宝之长，取各食材之功效，搭配组合，常吃能补血助神、强壮身体，是营养进补之上品。

万宁岛光香芋 万宁市民间有中元节吃芋头驱鬼的习俗，这让万宁的芋头蒙上了一层神秘色彩。万宁市东澳镇岛光村所产芋头个大，淀粉、糖分含量高，制成芋头糕，口感粉嫩酥松。芋头中所含的多种微量元素，能增强人体的免疫功能，可起到防治癌症的作用，多吃对身体很有益处。

和乐粽子 和乐三角路，自古就是万宁通往海口途中驿站之一。和乐粽子便是出自于此。由于风味佳美，便于携带，受到南来北往客人的喜爱。和乐粽原材料特殊、工序复杂，新鲜采摘的豆蔻叶，搭配和乐黑猪肉、咸水鸭鸭蛋以及产自和乐的糯米,经过高温蒸煮,食材与食材之间相互渗透,营养软滑、香糯可口。

兴隆黄金糕 属于万宁特色小吃,主要材料为木薯粉和椰汁。从外表看,每一块黄金糕,都泛着黄金般诱人的色泽,细密整齐的小孔,布满全身,这是它被称之为千孔糕的一个主要原因。吃一口,香甜滑爽,富有弹性,椰油的清香、牛油的醇香,撩拨味蕾,回味无穷。

兴隆蕉叶糯米条 万宁是海南著名的侨乡,尤其是兴隆华侨农场,受东南亚文化影响较深,很多饮食沿袭了东南亚风格,各式东南亚糕点琳琅满目,蕉叶糯米条,便是其中一样很有味道的小吃。取下芭蕉叶上的牙签,打开烤得微焦的蕉叶,黄色的糯米条映入眼帘,糯米混合着芭蕉叶的清香扑鼻而来,让人食欲大开。

龙滚菜 起源于万宁市龙滚镇,流行于万宁市及整个海南岛,是一道颇具特色的佳肴。龙滚菜始于清朝,盛行于20世纪80年代。龙滚菜既有富含高蛋白质的鱿鱼、虾米,又有温肾助阳的韭菜,还有纤细丝滑的粉丝,选料可谓煞费心思。这道菜向来是龙滚地区家庭主妇们的拿手私房菜,平日只给辛苦劳作的丈夫烹炒。在龙滚地区,龙滚菜一定是首盘上桌的菜肴。在民间,流传着"鱿鱼韭菜吃光光,萝卜菜头没人看"的谚语。

新中柠檬老鸭汤 主要分布在万宁的国营新中农场、兴隆华侨旅游经济区等地,腌制柠檬老鸭汤是利用当地生产的老鸭和腌制的柠檬一起熬汤,汤色黄中透白,味道酸甜可口,肉质酥松,带有淡淡的柠檬香味。

三更罗山寮鸡 是山鸡和家鸡的杂交品种,因其白天在山林觅食,晚上栖息于山中小寮屋而得名,是万宁市三更罗地区优质土鸡品种。山寮鸡生长速度慢,一年的鸡,最大可达1.25公斤。阉山寮鸡,最大可达1.5公斤。山寮鸡吃起来有嚼劲,爽口、甘甜、口感好,具有天然的清香。有益气补血、滋肾益脾的功效。

万宁酸辣肉皮汤 万宁的酸辣肉皮汤以万城镇出品的最为有名。原料有猪皮、酸笋、灯笼椒、瘦肉、鸡肉、葱花、鸡蛋、盐、味精、胡椒粉、米醋等。酸辣肉皮汤是一道个性鲜明、适用范围甚广的汤品,要在热气腾腾的时候喝,才能感受到十足的酸辣味。一碗热汤下去,身子顿时热了起来,汗水逐渐冒出,烦人的暑气突然间消失无踪,顿时胃口大开。

万宁鹅 包括东澳鹅和龙滚鹅两种。典型的菜品有白斩农家鹅、焖鹅、烤鹅、炖鹅等。鹅,万宁各乡镇都有生产,以龙滚和东澳两镇生产的鹅最有特色。每年的端午节,是万宁人享用鹅肉的最好时节。这时节,鹅长的格外肥美,也是宰杀的最佳时间。端午节这一天,城乡随处都可闻到鹅的香味,鹅是万宁人端午饭桌上不可缺少的菜肴。

万宁粿汤 又称米条汤,万宁市各乡镇都有出品。粿汤的制作原料,主要有本地产的新鲜籼米、老椰子肉、红糖、姜和食盐。粿汤有甜粿汤和咸粿汤两种,在制作时,根据个人的喜好,加入椰丝和盐煮成咸味的米条汤,加入红糖和碎姜即为甜味的米条汤。在万宁,粿汤是一种普通而又富有地方特色的小吃。

万宁猪肠粑 又称椰丝糯米卷，海南全省都有制作，但被称为“猪肠粑”的只见于万宁，因其形状像肥猪肠而得名，是万宁的一道著名小吃。一条猪肠粑，约有10公斤重，可供几十人食用。现在，万宁能做一米长猪肠粑的，恐怕只有严家兴师傅一家了，他家制作的猪肠粑据说有百年的历史，是许多万宁人割舍不了的美食。

椰香薄饼 原产于东南亚，20世纪50年代随着华侨归国被引进兴隆，成为万宁的特色小吃。椰香薄饼以脆、酥、香为主要特色，色香味俱全，味道纯正，口感醇香。

兴隆咖啡 兴隆咖啡，特指生长在万宁兴隆华侨农场及其周边的南桥镇、长丰镇、三更罗镇、礼纪镇界定区域内的咖啡。兴隆咖啡享有“中国第一咖啡”的美称，“浓而不苦，香而不烈，平顺柔滑”是兴隆咖啡的显著特点。1952年，新中国第一家咖啡厂“兴隆华侨农场咖啡厂”诞生。其生产的“太阳河牌”咖啡成为新中国第一包咖啡。周恩来总理给予兴隆咖啡很高的评价：“我喝过许多外国咖啡，还是兴隆咖啡好喝，兴隆咖啡是世界一流的。”

万宁鹧鸪茶 茶树的分布范围较窄，在中国仅见于海南岛以及广东南部少数几个市县。以万宁的长丰、礼纪、三更罗、牛漏、南桥等生产的鹧鸪茶质量最好，东山岭所产的鹧鸪茶品质尤佳，名气最响。鹧鸪茶制作简单，摘下老叶，清洗，自然晒成干，再慢慢晾晒收藏。据清道光《万州志》记载，万宁鹧鸪茶为国朝土贡之一，具有解腻、降压、清热、解毒、去暑、健脾养胃的功效。

第八编　开放 开发

第一章 招商引资

第一节 招商渠道

一、会展

1993年开始,使用会展渠道进行项目招商。同年,万宁县政府组团参加海南省政府在海口市举办的“海南经贸洽谈会”。在主会场布展厅,陈列万宁县的工农业优质产品,宣传、推介万宁。会议期间签订意向项目10个。1997年,借助万宁市设市一周年庆典机会,举办招商恳谈会,邀请国内外300多位商客参加,会议期间共签订意向项目12个。2004年,万宁市政府先后组团参加首届“泛珠三角‘9+2’经贸洽谈会”、第八届(厦门)中国投资贸易洽谈会、海南(香港)经洽会等招商活动。在首届“泛珠三角‘9+2’经贸洽谈会”上,万宁市在海南展馆推介以“兴隆旅游、阳光海岸、南药基地、资源加工”为主题策划的28个招商项目,会议期间签约了宝安椰林湾商住城等5个项目,合同投资9.6亿元。在第八届“夏洽会”上,万宁市组成40多人的经贸代表团参会,带上50个招商项目推介。会议期间签约5个项目,合同投资6.4亿元。在海南(香港)经贸洽谈会上,万宁市与香港中信集团、华润集团、恒隆集团、恒通集团等香港知名公司进行项目洽谈。2005年,中信泰富集团投资万宁神州半岛项目,华润集团启动石梅湾艾美五星级酒店建设。2010年5月,万宁市招商局积极组团参加在海口举办的首届内蒙古、海南两地商贸投资洽谈会暨海南省内蒙古商会成立挂牌仪式,充分利用本次会议提供的招商平台,向来自内蒙古的几十家企业代表发放万宁兴隆、东山岭宣传材料及万宁招商项目100多份;同年6月底,参加省政府组织的“第六届泛珠三角区域合作与发展论坛暨经济洽谈会”和“2010海南—环渤海经贸洽谈会”

活动，签约旅游项目1个，计划总投资260亿元。

二、"以侨引商"

1994年开始，万宁县采用"以侨引商"的方式进行招商。同年，万宁县第一次在本土举办马来西亚万宁嘉年华会，500多位客居世界各地的万宁籍同胞回乡参会，共引入2个项目，即"万隆华侨街项目"、养猪场项目。2004年，万宁市利用第八届世界海南乡团联谊会的契机，设立万宁分会场，邀请回乡参加联谊会的华侨、侨胞、港澳台同胞200多位到万宁开展联谊活动，借机宣传万宁、推介项目。

三、"走出去"

自1995年开始，万宁县采用"走出去"的方式进行项目招商，至2006年，万宁市招商小团队先后到美国、日本等国家及国内浙江、江苏、山东、上海、北京等地招商，与当地知名公司进行项目洽谈。赴美国招商团队引进投资商创办"雄鹰农牧示范场项目"，赴日本招商团队引进日商投资创办"海南青山纤维制品项目"，赴浙江招商团队引进浙商投资神州半岛龙保大桥项目等。其中，赴内地招商，引进联营合作项目100多个，合同投资额4.5亿元。2006—2008年，万宁市招商团队先后到武汉、湖南、北京、哈尔滨、长春、天津、山东、上海等地招商考察，对接交流洽谈项目。赴湖南，重点推介农产品项目，特别是槟榔深加工项目；赴北京、哈尔滨、长春、天津、山东等地，重点推介旅游房产项目。招商期间，引进了长春城项目、山泉海项目、口味王槟榔深加工等项目。2010年，由市领导带队，有关部门和项目业主参加，组成招商小分队，到国内山东、上海、江苏、浙江、广东等地实地考察，对接交流，大力推介项目，成功引进山东南山集团开发日月湾综合旅游开发等项目。

四、"请进来"

1998年，开始以"请进来"的形式进行招商。同年，通过海南省经济合作厅邀请，组织60多位大公司总裁到万宁进行为期2天的考察。在项目对接会上，推出15个项目面对面进行洽谈对接。2007年，万宁市政府策划组织兴隆老榕树山顶温泉度假村项目开工仪式暨海南省江苏商会万宁考察活动，邀请海南省江苏商会100多位企业家到万宁进行经济洽谈考察，面对面洽谈对接20多个重点招商项目。海南嘉地房地产公司在兴隆投资开发"石梅山庄"项目。

五、"责任招商"

自2001年开始，采用"责任招商"的方式进行项目招商。至2003年，万宁市把引进资金项目的指标下达到市领导成员、乡镇、党政工作部门。规定市党政两套班子成员在年内引进投资规模在1000万元以上的项目在万宁落户建设，市人大、政协班子成员、党政工作部门年内引进投资规模500万元以上的项目在万宁落户建设;各乡镇年内分别引进投资规模在500万～1500万元以上项目在本镇落户建设。出台考核办法,年终进行考核。

六、网上招商

2003年,万宁市开始在海南省招商网站上开展网上招商。2005年,万宁市政府网站建立后,每年都精选一批招商项目,在网页上发布、更新。同时更新内容还包括万宁经济环境、投资范例、优惠政策、投资指南、办事流程等。很多投资商通过这一平台获取项目信息后,来函、来电或亲自到万宁考察咨询,进行项目洽谈。

至2010年,利用已在万宁市成功投资创办项目的大企业或知名企业家的商业网络,引进企业项目。中信泰富集团公司、华润集团公司、奥特莱斯公司都是国内知名公司,分别在万宁投资神州半岛项目、石梅湾项目、奥特莱斯万宁世界名牌购物中心项目,配合这些大公司大企业在万宁进行项目开发,以境外跨国公司、国内大企业为重点招商对象,以优势产业项目为载体进行招商。同年,新潭湾旅游开发区通过以商引商方式,新引进美国米高梅电影娱乐品牌。

第二节 招商活动

1991—1993年,3年共引进项目(企业)165个(1993年出现投资热,引进项目达119个),其中工业项目45个,农业项目13个,旅游业93个,其他项目14个,合同投资18.58亿元,实际利用外来资金36.60亿元。引进投资项目逐年增加,但投资项目小,主要向工业、旅游业倾斜。1994—1995年,外引内联发展保持良好的势头。1996—1999年,处于低迷时期,年平均引进项目不超过10个。这一时期,受1997年亚洲金融风暴及市场因素的影响,一些投资企业退出,投资项目停建、搁置或消失。

2003年后,重视资源合理配置。2007年,明确提出“一流资源必须与一流企业一流的项目相配置”的招商理念,提高项目准入门槛,重点推进“一带两区”项目建设,引进一批“大”“好”项目。2003—2010年,全市共引进外来投资项目180个,其中工业项目28个,农业项目25个,旅游及房产项目97个,其他项目30个,合同投资1014.7亿元,实际利用外来资金155.2亿元。主要有宝安椰林湾商住城项目、兴隆老榕树山顶温泉度假村项目、太阳河文化商业城项目、五星级艾美滨海度假酒店项目、石梅山庄项目、兴隆污水处理项目、绿中海项目、神州半岛旅游开发区项目、博鳌特别规划区万宁区—山钦湾项目、石梅湾(华润)旅游开发区项目、兴隆大康乐项目、万宁奥特莱斯购物中心项目、南山日月湾旅游综合开发项目等。

1991—2010年万宁市(县)引进项目资金一览表

表8-1　　单位:个、万元

年份	引进项目	其中				合同投资	年度实际利用资金
		工业项目	农业项目	旅游及房产项目	其他项目		
1991	15	—	—	—	——	2424	2030
1992	33	11	3	9	10	48912	4980
1993	119	26	8	83	2	134000	22900
1994	48	21	9	15	3	86000	38000
1995	17	5	4	5	3	65000	47400
1996	5	0	2	1	2	23500	55200
1997	8	2	2	4	0	30400	46900
1998	6	0	2	3	1	13900	45000
1999	9	4	1	4	0	21100	17100
2000	12	2	5	5	0	41600	18200
2001	42	10	17	11	4	122000	24200
2002	52	13	21	12	6	312000	31100
2003	58	13	16	20	9	186000	38500
2004	25	6	5	7	7	532800	62600
2005	28	2	1	15	10	1710000	58000
2006	6	2	0	3	1	236000	72000
2007	11	1	0	9	1	2302000	112600
2008	18	2	1	14	1	800000	337500
2009	15	2	1	11	1	780000	415000
2010	19	0	1	18	0	3600000	456000
合计	498	111	96	240	51	10996300	1898200

说明:1991年合同投资金额为美元,折合成人民币,兑换率按1:6.6785计算

第三节 投资环境整治

1991—2004年，万宁市（县）出台一系列招商政策，改善招商引资的低迷状况，加大投资环境建设的力度，投资环境持续向好。1997年出台《关于鼓励境内外投资的若干规定》，1999年出台《关于进一步鼓励投资的若干意见》，这两个文件规定，对投资额在3000万元以上的项目做个案处理，实行特事特办。同年共引进2000万元以上的项目7个，总投资额1.64亿万元。2003年，出台《关于工业项目建设用地出让金优惠办法》《万宁市鼓励投资建设工业项目的优惠办法》等优惠政策，鼓励外来资金到万宁投资办厂。出台优惠政策的同时，万宁加大投资环境的整治力度。

2005年，出台《万宁市投资治安环境治理工作方案》《万宁投资环境监督工作方案》等一系列改善投资治安环境的方案措施，建立维护投资治安环境治理的长效机制，维护投资者的合法权益。著名企业中信泰富集团顺利投资开发神州半岛及太阳河流域碑头水库旅游项目，市委成立项目洽谈、用地调查和环境整治3个小组，做好前期各项工作。中信泰富集团的企业名称核准、工商注册登记、设立外资企业的审批、公司代码证审批等原来需要20天才能办理完毕的事项，市招商局采取提前介入服务的做法，仅用2天就办结；中信泰富项目规划需28个部门提供相关资料，原需15天才能完成，仅用5个工作日便解决了。良好的服务加快了开发项目的迅速上马，当年3月，中信泰富海南发展有限公司落户万宁市，注册资本2500万美元。

2010年，先后在《万宁政务》及市新闻媒体刊登招商信息、经济开发情况等10多篇文章，宣传万宁招商引资政策，建立外来投资企业档案，纳入日常化服务管理，采取“集中审批，分头办理”的做法，促使项目进入快车道，早落户、早开工、早发挥经济效益。

第四节 招商服务

一、日常服务

1999年，设立万宁市投资服务中心，与招商局实行“两块牌子、一套人员”办公。2002年，万宁市设立“万宁市投资服务窗口”。由万宁市招商局、发展改革局、国土环境资源局、建设局、林业局等15个具有行政审批事项的部门组成。窗口服务实行“窗口受理、全程代办、限时办结”制度，投资者办理项目相关证照手续，在窗口受理岗申报，工作人员受理转送相关部门办理后，返回窗口发件岗送达投资者。

2005年6月，在窗口服务的基础上，成立“万宁市政务服务中心”。在中心现场办理的单位成立行政审批办公室，使用行政审批专用章，部门向窗口充分授权，改变以往行政服务中心的“受理中转”运行模式，实行“一门受理、一次告知、相关联办、现场审批、限时办结、统一收费”的“一站式”行政审批办理模式。政务中心大厅位于万宁市党政办公大楼前，占地1480平方米，内设38个服务窗口和1家银行代办处，市监察局在大厅设立监察室。全市有35个审批单位297项面向公民、法人和其他社会组织的政务服务项目统一集中在中心办理，其中有24个审批单位273项政务服务项目在大厅现场办理，另有11个审批单位、24项常年审批量很少的政务服务项目，在中心设立综合代理窗口，由中心统一受理并转送相关单位办理后返回送达申请人。

二、重点服务

1991—1993年，积极为投资者代拟合同、章程，代办各种项目手续。至1993年，为投资者建立了较为完善的一条龙式服务体系。1994—2000年，实行目标责任制服务管理。确定重点推进项目64个，其中工业项目15个、农业项目11个、旅游商贸项目31个、基础设施项目7个。1999年，设立企业投诉中心，同时设立投诉电话，对促进政府各行政职能部门改进工作，提高办事效率，制止“三乱”（即乱收费、乱摊派、乱罚款），创造一流的投资环境，起了重大作用。

2001—2005年，确定重点推进服务项目52个，其中工业项目12个、农业项目8个、旅游商业21个、基础设施项目11个。仅2004年上半年就召开5次现场办公会，共协调解决20个问题。2006—2010年，确定重点推进服务项目142个，计划投资332.28亿元。2006年，有重点项目40个，年度计划投资81.3亿元；2007年，有重点项目38个，年度计划投资43.7亿元；2008年，有重点项目37个，年度计划投资83.6亿元；2009年，有重点项目49个，年度计划投资67.6亿元；2010年，有重点项目77个，年度计划72亿元。2006年召开42现场办公会，妥善解决87个问题；2007年召开19次场办公会，协调解决42个问题。

2010年，万城先后完成坡顶安置区、城西安置（一）、城西安置（二）和2个公墓建设；兴隆先后完成兴隆安置（一）、安置（二）和1个公墓建设，为万城、兴隆等地的项目征地搬迁安置、坟墓迁移提供服务。此外还通过开展优质服务年、重点项目优质服务月活动，加大重点项目跟踪服务力度，全面推进重点项目建设。其中：1994—2000年有38个项目建成投产开业，2001—2005年有21个项目建成投产开业，2006—2010年有59个项目建成投产开业。

第五节　招商引资项目选介

一、海南奥特莱斯旗舰中心现代服务产业区项目

项目由首创置业股份有限公司投资建设，选址在礼纪镇莲花村（莲兴路北）。项目用地面积

100公顷，其中一期46.7公顷，总投资80亿元，总建设面积65万平方米，其中奥特莱斯商业建设面积25万平方米。建设内容包括10万平方米的奥特莱斯世界名品折扣店，15万平方米的特色商业酒店、儿童主题游乐场、民俗特色风情街、酒店式公寓等，其余为低密度高尚住宅社区。项目一期于2010年12月启动建设，前期准备工作已完成投资4150万元。

二、兴隆大康乐项目

兴隆大康乐项目是海南海航酒店投资有限公司在康乐园大酒店的基础上增建、扩建的系列项目。至2010年，项目完成投资8.82亿元，五星级康乐园大酒店已营运，橡树林高尔夫球场、高尔夫会所已建成使用。康乐园五期、大剧场、兴隆污水处理厂项目等在建设中。

三、兴隆石梅山庄项目

项目由海南嘉地房地产公司投资建设。项目占地53.3公顷，其中南区30公顷，建设内容为商业街、酒店会所及别墅；北区23.3公顷主要建设花园洋房，总建筑面积40万平方米，总投资35亿元。至2010年，项目已完成投资10.2亿元，64栋别墅已完工，在销售中，17栋公寓楼正在装修。

四、兴隆绿中海项目

项目由大庆新潮集团投资建设。用地面积20.5公顷，总投资9亿元，建设高级别墅、花园洋房及部分小高层楼房和多功能文化、购物广场，总建筑面积15万平方米。项目于2009年8月动工建设，至2010年，项目已完成投资5.2亿元，楼房、景观绿化、配套等设施在建设中。

五、宝安椰林湾商住城项目

项目由中国宝安集团股份有限公司投资建设，占地13.5公顷，总投资6.98亿元。其中一期用地4.1公顷，建设内容为1座会所和10栋商住楼，其中8栋11层，2栋15层，总建筑面积6.9万平方米。项目于2009年5月开工建设，已完成投资2.87亿元。至2010年，在建设施工中。

六、万城山泉海房地产项目

项目由天津城投公司投资建设。项目占地面积10公顷，总投资8.44亿元。建设公寓楼22栋，其中18层6栋，11层15栋，4层1栋。另外，商业住宅3层、2层各1栋。总建筑面积为19.6万平方米。项目于2009年7月开工建设。至2010年，在施工建设当中。

七、口味王扩建项目

项目由海南口味王科技发展有限公司投资建设。项目用地面积7公顷，总投资1.2亿元，建设一条现代化槟榔深加工生产线，厂房6座，科研及宿舍等辅助设施5座，总建筑面积为26600平方米。项目于2010年5月开工建设，已完成投资8000万元。

第二章 开发区建设

第一节 机 构

1991—2010年，凡在万宁境内的开发区开发建设的项目，市委、市政府均成立建设项目指挥部或领导小组，分别由市委、市人大常委会、市政府、市政协主要领导担任指挥（组长），市分管领导，市联系点（蹲点）领导任副指挥（副组长），成员由开发建设项目所在镇、国营农场、市发改委、国土资源局、住建局、交通局、林业局、水务局、公安局、司法局等单位人员组成，分设宣传发动组、规划建设组、征地调查组、拆迁安置组、法制法规组，治安保卫组，后勤服务组等，并根据项目开发建设进度，成立项目开发建设推进组，派出国土资源局、住建局相关单位的专业业务人员，常驻开发区负责协助项目开发建设工作，保证项目建设顺利进行。

第二节 开发建设

1991年以来，万宁市委、市政府秉承“政府创造环境、企业创造财富”的服务理念，完善投资服务体系，简化审批手续，实施项目绿色服务通道，鼓励外来投资，除了实施国家和海南省人民政府的投资优惠政策外，市政府还制定一系列的优惠政策，吸引外资，进行工农业、旅游项目开发，一批工业开发区、农业开发区、旅游开发区陆续投资建设，基本形成“一核、二轴、三区、四片”的发展布局。“一核”即以万城与乌城港加工区组合形成的城市中心城区，为全市的政治、经济、文化、信息和交通中心；“二轴”即东线公路城镇发展轴和滨海旅游发展轴，在东线高速公路沿线城镇相对集中安排建设产业园区，形成热带高效农业产业带，将109公里海岸线打造成海洋产业和热带海滨旅游度假的黄金海岸带；“三区”即生态保护区及水源涵养区(西部山区)、特色农业经济区、大兴隆旅游产业发展区;"四片"即四个重点城镇,包括龙滚镇、和乐镇、兴隆区和东澳镇。

一、神州半岛开发区

神州半岛位于海南省万宁市东澳镇镜内,呈钥匙状。面积24平方千米,东西长8.75千米,南北宽2.75千米,东依牛届岭,南濒南海,面临老爷海,北靠东澳港,年平均气温24.4℃,岛上全年空气清新,PM2.5在8~12之间。神州半岛上由东至西排列着东渥湾、辽前湾、渥子湾、西渥湾、南荣湾等5个美丽的海湾和牛届岭、石门岭、凤岭、渥仔岭、马鞍岭、南荣岭等6座大小起伏跌宕的山岭。

(一)规模与规划

神州半岛项目总体规划面积18平方千米,与亚龙湾18.6平方千米的面积规模相当,是海南开发项目中规模最大的滨海度假综合体之一,也是《海南省国际旅游岛建设发展规划纲要》的重点项目。总建筑面积406万平方米,总体容积率仅为0.34。

中信泰富集团计划投资200亿元,对神州半岛进行统一规划建设、运营管理。聘请全球著名的规划设计公司——AECOM为神州半岛做整体规划:全岛共规划4个商业中心、六大主题俱乐部、六大高端品牌酒店、八大主题公园,9种交通体系,规划常住人口7万人。

(二)投资建设

神州半岛首期开发项目2009年完成投资21.36亿元,2010年完成投资14.53亿元(含购买土地款),开工至2010年累计完成投资60.3亿元。

(三)建设项目

至2010年,仍在建设的项目有:君临海小区(2009年6月开工,截至2010年完成了主体施工,完成投资2.5亿元)、星悦海岸一期(计划投资1.7亿元,已开始桩基施工,截至2010年完成投资1250万元)、高尔夫别墅项目(计划投资2.88亿元,至2010年底,桩基施工及静载试验已完成)、喜来登酒店(2009年12月动工,按五星级酒店标准建设,客房308套,至2010年底累计完成投资6.79亿元)、福朋酒店(2009年12月动工,按四星级标准建设,客房338套,至2010年底累计完成投资2.8亿元)、君悦酒店(2008动工,占地面积25.7公顷,2010年6月已进行土方回填施工,至年底已完成投资2.5亿元,按五星级标准建设,客房358套,已完成全部的基础及地下室结构工程)、朝阳海岸地产(2009开始动工,2010年底,已完成投资2.78亿元,样板房精装修工程已施工完成,开始楼盘销售)、高尔夫球场东场(2009年6月动工,面积157.3公顷,至2010年,18个球道已完成16个球道,完成投资2.59亿元)、高尔夫会所(2009年动工,面积5500平方米,至2010年投资3500万元,安装、装修、室外工程等已基本施工完成,进入验收阶段)、沙滩俱乐部(2009年6月动工,面积5000平方米,2010年7月份竣工并投入使用,至年底共投资0.9亿元)、游艇俱乐部(占地约53.3公顷,2010年5月动工,至年底投资450万元)、污水处理厂和燃气站工程(2010年3月动工,面积5.3公顷,至2010年投资5000万元,污水处理厂安装及装修工程已全部施工完成)。

至2010年,已完成建设的项目有:东桥(2006年动工,投资1980万元,全长325米,2009年9月建成通车)、西桥(2007年动工,投资2200万元,全长320米,2010年9月建成通车)、区内道路

（2007年动工，投资1亿元，总长13.1千米的一、二、三、四号路全面开工；其中，一、二、四号路，2009年9月开工，已建成通车，景观绿化工程基本完成；三号路2009年开工，完成道路清表72%）、供水工程（2007年动工，投资2200万元，2007年9月使用，管网总长18千米的万城—神州半岛供水工程已竣工并顺利供水）、供电工程（2009年动工，投资1200万元，2010年使用，35千伏变电站及10千伏开闭所变配电设备安装完成顺利供电）、高尔夫球场（2008年动工，面积244.8公顷，投资3亿元，18洞、练习场、维保中心已建成，2010年已投入使用）。

（四）征地

移民安置 2006年4月29日成立神州半岛征地及搬迁安置工作领导小组，2006年7月16日出台《万宁市神州半岛项目征地补偿安置方案》，启动神州半岛10个自然村和新村居民点搬迁。安置921户居民，截至2010年底，749户已签订《搬迁安置协议书》，尚有172户未签订《搬迁安置协议书》。

2010年底，神州半岛904.7公顷土地已全部征收完毕，余下老爷海北岸土地约164公顷未征收。规划开发土地中，余留第四湾土地和老爷海北岸新华村委会大华、海圯、桥仔三个村民小组部分土地尚未征收，其他已经全部征收完毕。原先在半岛上拥有国有土地使用权证的搬迁户约10户的证件未回收，每户面积70～95平方米不等。

渔排拆迁 至2010年，老爷海原有渔排738个，已拆436个，有302个未拆除，新增约50个新排，渔排拆迁难度大。

（五）搬迁农民安置

住房安置 凤华园安置区位于万宁市东澳墟北侧大太坡，占地36.5公顷，总建筑面积12.9万平方米。神州半岛10个自然村和新村居民点启动搬迁安置的安置对象户数为921户，神州半岛项目2006年7月16日启动搬迁安置工作以来，市政府已在凤华园安置区分两期建设了60平方米户型至180平方米户型安置房1096套，其中一期900套、二期196套，主体工程于2010年初全部完工。建成的安置房已全部安排给10个自然村搬迁户865套、新村居民点搬迁户20套、神州半岛项目区域外出人员150套、风壕福团村（北岸）搬迁户61套。安置区学校、幼儿园、市场等基础设施建设齐全，有绿地和文化娱乐设施。至2010年，第三期安置房81套正在建设中，为以后神州半岛北岸搬迁安置工作做好前期准备。

就业安置 至2010年，在中信公司固定就业的有114人、临时工90人、政府公益性岗位安排就业的有206人，其他均为自谋职业；至2010年，生产基地安排就业人数1500人。

农转非安置 按照《万宁市神州半岛项目征地补偿安置方案》文件要求，承诺为神州半岛项目安置对象中的农业人口办理农业户口转为城镇户口，享受城镇户口人员的待遇。此项工作从2006年7月16日开始，至2010年“三证”(安置证、房产证、社保证)已全部落实。

二、石梅湾旅游开发区

石梅湾旅游区是省政府确定的重点项目之一，是省政府审批的万宁市成片开发建设的第二个旅游规划区。2003年5月，省政府批准“海南华润石梅湾”为湾区主开发商，实施统一规划、统一开发、统一招商和统一管理。2003年11月编制石梅湾旅游开发区总体规划和控制性详细规划，经省政府批准实施。石梅湾旅游区总体规划范围面积12平方千米，控制性详细规划范围面积892.9公顷。除去25坡度以上不可开发的89.7公顷土地，东环铁路、东线高速公路用地52.8公顷，沙滩地20公顷，石梅溪、海田溪13.9公顷，青皮林保护区114公顷外，可开发建设土地面积约602.5公顷。2010年4月，市委、市政府做出《关于加快石梅湾旅游度假区开发建设的决定》，成立石梅湾旅游区开发建设领导小组，领导小组下设指挥部，指挥部专门负责跟踪、协调、服务于石梅湾的开发建设工作。石梅湾旅游区项目华润公司计划自筹投资200亿元。至2010年，石梅湾项目片区主要包括房地产、游艇码头、高端酒店、餐饮中心、直升机坪、污水处理厂等。

2005年5月海南华润石梅湾旅游开发有限公司石梅湾餐饮中心正式营业。与大海咫尺相连的“行云流水”石梅湾海鲜舫可同时容纳350~500人就餐，拥有7个贵宾包厢和1个独立多功能厅。

石梅湾污水处理厂占地面积19980平方米，厂区分两期建设，一期日处理5000吨污水，二期可日处理5000吨污水。厂区土建、设备、自控、化验仪器、绿化等总投资3942万元(不含土地成本)，其中土建安装1947万元，设备960万元，自控210万元。2008年5月28日污水厂开工建设，2008年12月底施工验收完毕，2009年1月1日开始调试，污水厂实际日处理水量1200~2800吨，处理过后均能达到城市中水回用标准，水量能满足现有园区各中水使用单位使用。

石梅湾艾美度假酒店位于湾内滨海酒店板块，占地面积11.6公顷，总投资8亿元，客房数275间。2008年9月18日艾美度假酒店开业，标志着万宁109千米海岸线上的首家五星级滨海度假酒店建成。

直升机坪项目位于石梅湾旅游度假区东南面，紧邻南海，东面、南面为大海，西面为山区，高程335.7米的芒坡岭距起降点1.8千米，起降点北面近距离为区内青皮林保护区，东北面为针叶林，于2009年10月动工，总用地面积16816平方米，总投资1390万元，2010年5月15日竣工，2010年底已投入使用。

三、兴隆旅游开发区

兴隆是万宁最早开发也是重点开发地区之一，1993年2月，海南省人民政府正式批准在兴隆兴建“兴隆华侨旅游度假城”，兴隆开发进入一个新的发展时期。至1996年，到兴隆旅游开发区投资建设的中外客商已达110余家，协议建设资金达21亿元，转让土地21300亩，兴隆发展成为海南著名的华侨旅游城。2009年国家海南国际旅游岛建设政策出台后，兴隆是海南国际旅游岛建设发展规划的三大重点区域之一，在万宁市“一带两区”的发展战略中，也是重点发展区域，侧重于开发旅游房地产业，将兴隆建设成为休闲度假区和理想的第二居住地，相继引进10多家大企业到兴隆投资。至2010年，石梅山庄、绿中海、吉森北纬18度、长春城、太阳谷温泉城等高端旅游地产先后开工建设。兴隆旅游开发区逐步发展成为集温泉疗养、华侨文化体验、旅游观光、休闲度假、娱乐购物于一体的综合性旅游度假胜地。

四、南燕湾开发区

南燕湾开发区占地面积912.4公顷，依山傍水，风景秀丽，东与神州半岛相邻、南依坡头港小海，并相连南大海，西北两侧丘陵围绕。

1995年，引进日本一家观光有限公司开发旅游休闲项目，开办南燕湾高尔夫球会所。项目征用桥海村港门岭土地80公顷，涉及搬迁310户、1360人。2004年，华凯集团公司在桥海“港门岭”前端征用2.1公顷，开发房地产项目，涉及搬迁50户、160人。2007年华凯公司继续开发扩大项目建设，加大投资力度，征用桥海村“双坑岭”33.3公顷，涉及搬迁150户、680人。2007年，保利集团公司在桥海村坡头港“面前洋”至胥家寮征用面积56.31公顷，投资50亿元开发建设高档商住区和旅游码头。至2010年，已平整清理土地青苗补偿10.4公顷，涉及搬迁375户、1505人。同年，“百创公司”海景会项目桥海“港门岭”征用15.7公顷，开发建设旅游休闲度假村；涉及搬迁284户、1136人。同年，耀星公司在后城“大环岭”征用4.3公顷，开发建设旅游休闲度假村；涉及搬迁284户、810人。

五、东山岭旅游开发区

东山岭旅游景点位于万城东边3千米处。自然景观秀丽，人文景观独具特色。该开发区从1974年开始建设。至1992年，除东山公园管理处自身贷款10万元用于东山岭旅游开发区的投资外，其他贷款均由万宁县政府做经济担保。1993年，成立东山岭风景游览区股份有限公司筹建领导小组，小组成员由万宁县旅游局、省旅游局、东山岭管理处、县政府办公室、土地管理局、财政局、审计局等单位派员组成，办公地点在万宁县旅游局。该股份公司注册资本为5000万元，同年，东山岭旅游开发区的具体项目规划为：装修八景、建设观日亭、开设娱乐场、开辟空中缆车、修建环岭路、新建大别墅、建设大酒店、开设风味小吃街、建设沿河商品街、开设天然射击场、建设大型停车场、增设大型简易餐厅。经过2002—2007年的旅游“黄金期”后，东山岭旅游发展开始走下坡路。至2010年，该开发区发展停滞不前。

六、山钦湾开发区

山钦湾开发区由中信国安公司投资建设，项目占地291.5公顷，由2个18洞高尔夫球场及占地62.4公顷的滨海旅游度假村和五星级酒店组成，总建筑面积50万平方米。该项目属博鳌亚洲论坛特别规划区的重要功能板块，建设周期5年，总投资25亿元。项目于2007年启动建设，至2010年，已完成投资7.16亿元，山钦湾酒店、山钦湾高尔夫球场、后勤区会所等仍在建设中。

第九编　财税 金融

第一章 财政

第一节 机构

1991年,万宁县财政局内设机构10个,下辖19个财政所,编制35人,实有工作人员48人。1995年,财政局和地方税务局合并为万宁县财税局,编制66人,实有工作人员223人。1996年8月,撤县设市,相应更名为万宁市财税局,内设机构、人员编制未变。1998年,财政税务分开,重新成立市财政局,编制45人,实有工作人员79人。2002年7月,乡镇撤并,全市原18个乡镇撤并为12个镇,镇财政所也相应撤并为12个,加上兴隆财政分局,市财政局共下辖13个基层所(分局)。

2009年,机构改革后,万宁市财政局内设12个股级职能机构:办公室、综合股、预算股、国库股、行财股、农业股、社会保障股、企业股、政府采购管理股、资产管理股、会计股、绩效评价股,挂靠单位有市财政监督稽查办公室和市农业综合开发办公室2个副科级机构,行政编制34人,机关工勤人员财政预算管理事业编制3人。至2010年,机构名称、人员编制未变。

第二节 财政收入

一、收入结构

1991年,万宁县财政收入由预算收入和预算外资金收入组成,全县一般预算收入1638万元,预算外收入3540万元,预算外收入占的比重较大,预算外收入与地方一般预算收入的比率为2.16∶1,1992年下降到0.94∶1,两项收入接近。从1997年起,万宁市将工业、交通、文教、农业等部门的部分基金及附加收入作为政府性基金,从预算外纳入政府性基金管理、独立决算、专款专用。至2010年,万宁市的财政收入由预算收入、预算外资金收入和政府性基金收入组成。

二、收入情况

1991年，万宁县地方财政总收入为5178万元。1993年，地方财政收入增幅较大，达到10662万元，首次突破亿元大关，不仅从资金上保证各方面支出的需要，还填补历年财政赤字271万元，摘掉财政赤字县的帽子。1996年8月，万宁撤县设市，全市财政收入增至17977万元，比1991年增加12799万元，增长247.2%。2001年，在经历前两年的低潮后，万宁市财政收入出现了增长势头，全市地方财政收入完成12845万元。2005年，全市地方财政收入达到46906万元，比上年增收9802万元，增长26.4%。2010年，由于建设国际旅游岛政策的拉动，地方经济快速发展，全市地方财政收入达到286854万元，其中，一般预算收入为62711万元，政府基金收入224143万元。2010年的地方财政收入是1991年的55.4倍。1991—2010年，全市一般预算收入累计313370万元；政府基金收入累计424397万元，一般预算收入和政府基金收入成为万宁市地方政府性收入的主要来源。

1991—2010年，各个时期全县（市）一般预算收入为："八五"计划时期（1991—1995年）26340万元，年均5268万元；"九五"计划时期（1996—2000年）56866万元，年均11373.2万元，比"八五"计划时期年均增长53.7%；"十五"计划时期（2001—2005年）68319万元，年均13663.8万元，比"九五"计划时期年均增长17%；"十一五"计划时期（2006—2010年）162176万元，年均32435.2万元，比"十五"计划时期年均增长57.9%。

1991—2010年万宁（县）市地方政府性收入统计表

表9-1　　　　单位：万元

年度	一般预算收入	政府基金收入	预算外收入	收入合计
1991	1638	—	3540	5178
1992	2602	—	2437	5039
1993	5669	—	4993	10662
1994	7581	—	—	—
1995	8519	—	5017	13536
1996	11394	—	6583	17977
1997	11722	135	—	—
1998	11770	2191	4129	18090
1999	11130	2561	4624	18315

续表9-1

年度	一般预算收入	政府基金收入	预算外收入	收入合计
2000	10850	238	4466	15554
2001	12656	189	5207	18052
2002	14094	314	5662	20070
2003	16512	750	6918	24180
2004	12337	616	4810	17763
2005	12720	750	5511	18981
2006	14856	1742	5089	21687
2007	17246	4721	5112	27079
2008	28213	71612	10655	110480
2009	39150	114435	11778	165363
2010	62711	224143	13550	300404

第三节 财政支出

一、支出结构

1991年，万宁县的财政支出由一般预算支出、预算外资金支出组成,主要有经济建设支出、科技文卫支出、社会保障支出、行政管理支出、政府性基金支出、其他支出等。1997年，万宁市开始实施基金预算，全市基金支出82万元。此后直至2010年，万宁市的财政支出由一般预算支出、预算外资金支出和政府性基金支出组成，预算外资金、政府性基金和一般预算支出的比率为0.004:0.40:1。

二、支出情况

1991—1995年，万宁县坚持紧缩的方针，严格控制支出，对各项行政经费开支采取“核实基数、全年包干、超支不补、结余留用”的包干办法。5年财政预算支出累计46446万元，年平均支出9289.2万元。1996—2000年，坚持“保工资、保工作、保重点”的支出原则，累计财政支出82333万元，年均支出16466.6万元。2001—2005年，地方财政支出进入快速增长期，累计预算支出153145万元，年均支出30629万元。2006—2010年，地方财政支出继续高速增长，累计支出608592万元，年均支出121718.4

万元。2010年财政预算支出206676万元与1991年的5205万元相比，20年间财政预算支出增长了38.7倍，为万宁经济社会的发展提供资金支持。

1991—2010年，万宁财政支出主要有以下几方面：一是保障市委、市政府中心工作经费需求，推动国际旅游岛建设；二是落实各项增资政策，优先保证基本支出；三是保障和改善民生；四是加大农业支出；五是支持社会事业发展；六是保障抗洪救灾及灾后重建资金供给；七是解决历史遗留问题。据不完全统计，20年间，共支出资金490126.7万元，促进万宁经济社会的全面发展。

1991—2010年万宁（县）市地方政府性支出统计表

表9-2　　单位：万元

年度	一般预算支出	政府基金支出	预算外支出	支出合计
1991	5205	—	—	—
1992	6397	—	—	—
1993	10231	—	3512	13743
1994	11746	—	3248	14994
1995	12867	—	2727	15594
1996	16423	—	5140	21563
1997	17010	82	—	—
1998	16336	2224	—	—
1999	16563	2965	3598	23126
2000	16001	254	1026	17281
2001	20608	264	1394	22266
2002	25150	595	1402	27147
2003	30337	703	1700	32740
2004	33602	747	3338	37687
2005	43448	1690	1732	46870
2006	50418	3375	2647	56440
2007	62535	7231	2719	72485
2008	119679	73706	2756	196141
2009	169284	109918	2512	281714
2010	206676	183559	4886	395121

第四节 财政管理

一、财政体制改革

（一）分税制

根据《国务院关于实行分税制财政管理体制的决定》精神，万宁县从1994年开始与全国同步推行分税制财政体制，完善县级财力与上级政府财力之间的分配方式。分税制的实施，充分调动县级和上级政府财税部门征税的积极性，促进万宁税收的大幅增长。1994年，万宁“农业四税”收入2209万元，完成年计划的122.73%，比1993年增收653万元，增长41.9%。至2010年，分税制体制未变。

（二）乡镇财政包干

1993年7月，万宁县在乐来、龙滚、南桥、长丰、和乐5个乡镇实行乡镇一级财政包干试点工作，探索乡镇政府生财、聚财的新路子。在取得经验的基础上，认真调查摸底，掌握税源，制定乡镇包干方案，合理确定收支基数和超收分成比例，县财政与乡镇财政均衡负担。1994年1月，万宁县全面铺开乡镇财政包干，全县18个乡镇分别与县政府签订了财政包干责任合同。1994年，全县地方财政收入7581万元，完成计划的101.1%，比上年增收1912万元，增长33.7%，高于全省平均增长水平。第一期乡镇财政包干至1998年4月结束。

1998年5月，万宁市实施第二期乡镇财政包干。市政府制定《万宁市第二期乡镇财政包干方案》，进一步完善乡镇财政包干体制。按各乡镇前三年（即1995—1997年）预算内实有收入的平均数，加上按一定增长比例得出的增长额重新核定和调整各乡镇收支基数。明确划分收支范围，规范财政收支行为，并在包干期内，实行“财政管理和政府工作政绩相挂钩”的考核制度。乡镇财政包干继续实行“核定收支，分级包干，定期补助（或定额上缴），超收全留，超支不补，一定三年不变”。1998年乡镇财政总收入为6409万元，为预算的105.7%，上缴市财政支出24万元，收支相抵，乡镇一级财政当年结余32万元。二期乡镇财政包工实行了3年，此后万宁市再未执行乡镇财政包工政策。

（三）农税职能划转

根据中央有关文件精神，农业税作为国家税收的主要组成部分，其征收管理职能要划转到地方税收部门，由地方税收部门统一征管，万宁财政部门从1999年3月起，停止农税入库工作，划转给万宁市地方税务局。

（四）农村税费改革

2002年，万宁市成立以市委书记为组长的农村税费改革领导小组，加强对农村税费改革的领导和协调。领导小组下设办公室，具体负责税改工作。2003年5月，出台《万宁市农村税费改革试点方案》，以“减轻、规范、稳定”为指导，以“三个确保”（即确保农民负担明显减轻、不反弹，确保农村义务教育正常经费，确保乡镇机构和村级组织正常运转）为标准，开展农村税费改革试点工作。一是计税土地面积的核定；二是计税常年产量的核定；三是确定税率；四是发放《农民负担手册》；五是制定《农业税征收管理实施办法》《农业特产税征收管理实施办法》《积累工、义务工和村内兴办集体生产公益事业筹资筹劳管理办法》等。农业税计税常年产量以统计部门统计的1998—2002年农作物平均产量为参考数，实行统一税率，农业征税率为6.5%，农业税附加为农业正税的20%；至10月底，农村税费改革试点工作基本结束。此后，在全市范围内全面铺开，执行到2006年新的农税政策出台为止。

（五）取消农业特产税

从2006年1月1日起，万宁市执行国家的有关政策，全面停止“农业四税”（农业税、屠宰税、牧业税、农林特产税）的征收，大幅度减轻农民的负担。

（六）地方国有农场税费改革

2007年12月，万宁市开始国有农场税费改革，改革涵盖万宁所有的各类地方和国有农场。改革的主要内容：一是免除农工承担的类似“乡镇五项统筹”的各项收费；二是对地方国有农场税费改革予以补助；三是清理和规范地方国有农场对农工的其他各种收费。2008年1月，《万宁市地方国有农场税费改革方案》正式出台，全市18个地方国有农场每年补助金总额为21万元，按各地方国有农场的职工总人数和总承包面积的一定比例分配补助金。其中，按各地方国有农场职工总人数的60%分配补助金，补助金额为12.6万元；按各地方国有农场总承包面积的40%分配补助金，补助金额为8.4万元。至2010年，完成地方国有农场税费改革。

（七）以国库集中支付为核心的财政管理体制改革

2006年，万宁市开始运用政府财政管理信息系统（GFMHS）拨付财政资金，结束了手工拨付的历史。2007年10月，政府财政管理信息系统在市级预算部门全面应用，国库集中支付改革工作全面进入实施阶段。2008年9月，将市本级所有70个一级预算单位全部纳入国库集中支付改革范围，在财政资金收支各个环节建立起一套科学规范、公开透明、安全快捷的管理办法，减少了拨款环节，提高了资金使用效益。2009年，将国库集中支付改革范围扩大到市本级所有预算单位。至2010年，完成国库集中支付改革。

（八）镇财市管

自1995年开始，万宁市全面实行乡镇财政管理体制改革，建立科学、公平、合理的市对镇财力转移支付制度，规范镇财政收支行为，防范和化解镇债务风险，提高镇财政保障能力和财政资金使用效益。与此同时，切实做好消化历史债务工作。

市对镇补助支出1.29亿元，增长79%。其中，均衡性转移支付791万元，体制补助支出3838万元，调整工资转移支付1450万元，专项转移支付5239万元。从新增财力中安排420万元帮助万城、山根等4个镇全部消化了历年财政库存赤字，全市12个镇均实现财政收支平衡，略有结余，结束了镇级财政赤字的历史。

二、预算管理

（一）预算的编制与执行

1991—2010年，万宁市（县）经历了“八五”到“十一五”四个发展时期。每个时期，市（县）委、市

(县)政府根据万宁经济社会发展和经济增长预期,制订科学的发展(计划)规划。财政预算的编制,是根据各个时期市(县)的发展规划(计划)和财政划分的收支范围,结合上级主管部门下达的收支指标和市(县)政府的中心工作需要,参考万宁市(县)本年度和中长期计划中的有关数据以及可能影响下年度收支的有利和不利因素,按照"以收定支、收支平衡"和"保工资、保工作、保重点"的原则,制订市(县)年度收支总预算方案,报市(县)人民代表大会批准后执行。万宁市(县)财政部门根据批准的预算,组织收入,将应邀的预算款项及时足额收纳入库,按预算支出计划及时合理拨付预算资金,保证经济社会发展和各项工业的需要,万宁市(县)财政部门在市(县)人民政府的领导下,负责实施本级预算。

(二)决算的编制与审批

决算的编制是从预算以基层单位开始的。每年的第四季度,市(县)财政局就布置政府各部门和下级政府决算草案的编制工作。按照法定程序,逐级编审汇报。1991—2010年,每年年终先由执行预算的基层单位根据及时、准确、完整的要求,编制单位决算草案,经领导审核签字后,逐级报主管部门汇编成本部门的决算草案,然后报市(县)财政局,由市(县)财政局汇总编制成本县总决算(包括总决算说明书),报市(县)政府审批后,由市(县)人民政府提请市(县)人民代表大会常委会审查和批准。

三、会计管理

(一)机构及人员编制

1991年,万宁县财政局设有会计事务管理股。2000年,设立万宁市会计事务管理中心,为财政局内设副科级机构。2003年增挂"万宁市财政局国库支付局"牌子,实行两块牌子一套人马办公。2007年,设有5个股级职能岗位,19个会计核算站(7个市级核算站,12个镇核算站),核定事业人员编制115人。

1992年开始,会计职称由评聘转为考试,分为高级、中级和初级考试,实行全国统一考试。至2010年,全市持有会计职业资格证书人数1258人,会计师32人,助理会计师156人。

(二)会计集中核算

2000年10月,实施会计委派制度。通过考试,全市第一批录用政府委派会计人员31人,派驻市本级行政政法机关和实行收支两条线管理的事业单位67个(行政政法单位27个,事业单位40个)。2002年4月,开展镇一级政府会计委派工作,考试录用政府委派会计52名派驻各镇,12个镇财务集中核算站正式挂牌工作。至此,市本级和镇级行政事业单位全部实行会计委派制度,实现会计集中核算,切实加强会计工作管理。2007年,市本级预算单位开始采用GFMIS财务系统(政府财政信息系统)。2010年3月,镇级预算单位财务核算统一运用GFMIS财务系统。

(三)财政工资统发

自2003年4月开始,万宁市运用工资统发系统。2008年11月,运用网络版工资统发系统,2009年12月,以信息方式发送个人工资信息。2010年,将全市公务员津贴补贴纳入财政工资网络系统。全市纳入工资统发的单位240个。至2010年底,发放工资总额达26784万元。

四、彩票与国债发行管理

（一）彩票发行管理

海南省彩票管理中心万宁市彩票部为万宁市财政局下属事业单位，股级建制，业务上接受海南省彩票管理中心指导，负责全市彩票发行与管理。

1991年，在万宁县发行的彩票有“公共建设彩票”和“爱岛建设大彩券”。1996年，福利体育彩票在万宁发行。同年5月，县政府成立万宁县体育彩票管理领导小组，加强对彩票发行管理的领导。在公彩发行的同时，私彩活动猖獗，严重影响公彩的发行和人民群众的生活秩序，政府严厉打击私彩，仅2008年就组织人员深入乡镇开展打击取缔私彩活动3次，取缔违法经营点23处，收取罚没票39万元。2008年5月，发行电脑福利彩票“快2”游戏。这一年，体育彩票电脑销售31万元，福利彩票（双色球）电脑销售188万元，电脑福利彩票“快2”游戏5—10月销售688万元。2009年，万宁市彩票管理部筹备“海南体彩4+1”上市销售，是海南省经财政部批准发行的又一地方性公益彩票。

（二）国债发行管理

20世纪80年代初，国家为筹集资金进行重点建设，开始在全国范围内发行国债。1991年1月，成立万宁县国债服务部，负责国债的发行管理。国债的发行，是在国家财力困难的情况下筹集建设资金的基本措施。1991—1992年，每年国家分配给万宁县的国债销售任务：国库券100万元，特种国债12万元，万宁县采取包干负责的办法，切实抓好销售，完成国债的销售任务。同时，做好国债的兑现和转让工作。1992年后，随着经济形势的好转，国债发行工作也随之取消。

五、政府采购

2001年9月，成立万宁市政府采购中心，股级建制，是万宁市财政局的下属单位，核定市财政事业编4名，负责全市政府采购工作。主要按照询价采购和邀请性招标等方式组织政府采购。2002—2010年，共开展政府采购311次，政府采购预算资金8257.3万元，实际采购资金7791万元，比预算金额节约466.3万元，节约率为5.65％。

2002—2010年万宁市政府采购一览表

表9-3

年度	次数（次）	预算资金（万元）	采购资金（万元）	节约资金（万元）	节约率（％）
2002	30	317	286	33	11
2003	20	231	215	16	6.9
2004	18	328	311	17	5.2
2005	20	392	369	23	5.9

续表9-3

年度	次数(次)	预算资金(万元)	采购资金(万元)	节约资金(万元)	节约率(%)
2006	27	578	545	33	5.6
2007	35	686	648	38	5.5
2008	40	946	899	47	4.9
2009	46	724	682	42	5.8
2010	75	4055.3	3836	219.3	5.4

六、财政督查

万宁市(县)财政局不断加大对民生领域的关注,对“三农”、社保、教育、卫生等重点投资项目开展专项检查。1991年,对全县有关单位进行财务税收大检查,共查出违纪金额215万元,应入库金额41.2万元,全部入库。1997—1998年,加强预算和资金管理,实行“收支两条线”管理,对市公安局、法院、规划建设局、交通局等12个单位进行重点检查,查出应缴未缴财政专户资金130万元,检查后上缴财政专户95.1万元。1999年,根据省财政厅《财政资金账户管理的暂行规定》和《关于清理市县财政资金账户的实施方案》,对全市251个行政事业单位的资金账户进行清理,设立资金账户421个,撤并账户154个,保留270个。2003年,开展财务税收大检查,清缴违纪金额406万元入库。2004年,开展全市非税收入检查和财政纪律大检查,查出应缴未缴非税收入292万元,催缴入库147万元,应缴税款269万元,收缴入库173万元。2005年,开展非税收入检查,查出应缴未缴非税收入150万元,催缴入库136万元。2006年,对全市各单位、企业、酒店进行财经纪律专项检查,税费催缴入库近千万元。2009年,按照中央厉行节约八项规定的工作部署,对全市225个预算单位进行经费压缩工作,共压缩经费2036.78万元。至2010年,因公出国(境)支出、车辆购置及运行费支出、公务接待费支出等均比上年减少20%以上。

2009—2010年,根据海南省关于治理“小金库”的工作要求,万宁市制定《万宁市“小金库”专项治理工作实施方案》,从全市317个自查单位中选择社会团体7家、国有企业52家作为检查的重点对象,成立了4个检查组,在各单位自查的基础上,对52家国有企业、7家社会团体进行重点检查。先后查出“小金库”50个,其中,党政机关2个,事业单位48个。清理“小金库”资金63.76万元,收缴入库37.4万元。

七、国有资产管理

1995年,万宁县实行机构改革,成立国有资产管理办公室。1997年,成立市国有资产管理局(市财政局内设副科级单位)。2001年,成立市国有资产管理委员会办公室(市分管领导兼任办公室主任）。2004年，根据省政府关于机构设置要求，国有资产管理委员会撤销，市财政局成立国有资产管理股，编制2人。至2010年，国有资产管理机构、人员编制不变。

（一）国有资产登记

1997年，万宁市（县）依据国务院颁布的《企业国有资产产权登记管理办法》和国家资产管理局颁布的《企业国有资产产权登记管理办法实施细则》，在全市开展1997年企业国有资产产权登记和1996年度产权登记检查工作，对全市60家国有企业资产产权进行登记，核发产权登记证。同时，做好年度检查工作，防止国有资产流失。

（二）行政事业单位资产清查

2007年，按照财政部和省财政厅的统一部署，全市范围内开展行政事业单位资产清查工作。据统计，纳入资产清查的全市行政事业单位户数为400户。其中，行政单位81户，事业单位319户。市政府还聘请社会中介机构对全市118家行政事业单位资产清查结果进行专项审计。此次资产清查，基本摸清全市行政事业单位资产“家底”，掌握资产存量及使用情况。在资产清查的基础上，建立行政事业单位国有资产管理信息系统和基础数据库，实施行政事业单位国有资产的动态管理。

（三）资产处置

2009年，万宁市根据《行政单位国有资产管理暂行办法》和《事业单位国有资产管理暂行办法》，制定《万宁市行政事业单位国有资产处置管理暂行办法》，规范国有资产处置行为。拟处置的国有资产，必须呈市政府审批，以国有资产评估价格为参考价，采取公开拍卖等方式进行资产处置。同时，加强国有资产收益的收缴工作，及时足额入库。至2010年，全市组织拍卖一批陈旧设备、闲置房屋及土地，取得较好的经济效益。

（四）国企改革

万宁市有国有企业60家。其中，国有工业企业12家，商业企业21家，其他企业27家。从1993年开始，万宁市（县）积极稳妥推进国有企业改革：一是对发展前景较好、资产质量较优的国有企业，进行改制和资产重组，如对东山岭旅游发展有限公司进行委托运营，对市三家医药企业进行资产重组，都取得较好的效果；二是引进省内外企业嫁接改造万宁国有企业，如引进制药企业在原万宁纺织厂厂址创办万州制药厂；三是根据省政府对全省国有粮食企业改革的部署，从2004年开始，经过三年的努力，完成了万宁市33家国有粮食企业改革。

至2010年，万宁市基本完成国有企业资产登记、清产核资、处置等项工作，为国企的全面改革打下基础。

第二章 税收

第一节 机构

一、万宁市(县)国家税务局

1994年,国家实行分税制,国税、地税分设。9月,成立万宁县国家税务局,为海南省国家税务局垂直管理机构,正科级建制。内设5个分局,即万宁县国税局第一、二、三、四、五税务分局,行政编制104人,事业编制6人。1996年8月撤县设市后,相应改为万宁市国家税务局,内设机构不变,下设分局相应改为万宁市国家税务局第一、二、三、四、五税务分局。

1997年,市国税局开始应用计算机进行税收征管和行政管理,主要是文字处理、表格设计、数据录入和信息存储等。1998年,依托局域网,建立办税服务大厅。2001年9月成立信息中心,负责市局信息化建设。至2010年,内设机构、分局设立不变,在职干部113人,党员72人,退休干部83人。

二、万宁市(县)地方税务局

1991年,税收机构为万宁县税务局,内设人秘、税赋、计会、涉外税、地方税、审计等6个股室,下辖18个税务所。全县税务职工334人,助征员64人。1994年9月,国税、地税分设,万宁县税务机构分设为国税局、地税局、征稽中心三家,各自行使职能。

1995年,地税局和财政局合并为万宁县财政税务局。同年,征稽中心并入财税所。同时,设置税务稽查大队,1997年更名为税务稽查分局,属财税局内设机构。

1996年,撤销国营企业税务所,设立万宁县地方财政税务局征税大厅。8月撤县设市后,各机构名称相应改变。

1998年8月,万宁市财税局分设为市财政局和市地方税务局。市地税局为市政府正科级组成部门,下设稽查分局。市局机关编制42人(含稽查编制20人),基层地方税务所编制118人。同年12月,为省地方税务局垂直管理单位。内设6个职能股室,即:办公室、计划财务股、人事教育监察股、征收管理股、税政法规股、所得税管理股；1个稽查分局，1个征税大厅，20个基层税务所。1999年10月，地税系统实行省以下地方税务机关垂直管理体制，“万宁市地方税务局”更名为“海南省万宁地方税务局”。

2000年，成立万宁市社会保险征稽局，负责社会保险费的征收，属地税局的内设局，编制15人。

2003年4月，调整机构设置，万宁地税局内设办公室、计划财务室、人事教育室（与机关单位、机关工会会署办公）、监察室（与纪检组合署办公）、征收管理室、法规税政室6个股室，17个正股级基层税收所，1个信息中心。

2010年10月，“海南省万宁地方税务局”更名为“海南省万宁市地方税务局”，同时撤销各基层税务所，成立税务分局。同年，农税局撤销，设立地税直属分局，为地税局直属的参照公务员法管理的正科级事业单位。万宁市地税局内设机构调整为7个：办公室（加挂信访室牌子）、计统室、财务装备室、组织人事室（挂老干部管理室牌子，与机关党委、机关工会、团委合署办公）、监察内审室（与纪检组合署办公）、征收管理室、税政法规室（加挂行政审批办公室牌子）；2个直属机构：万宁市地方税务局社会保险费征管局和万宁市地方税务局直属分局；6个下设机构（副科级）：纳税服务管理局，纳税评估管理局，第一、二、三、四税务分局；1个附属机构（股级事业单位）：电子税务管理中心。

三、万宁市（县）农业税征收管理局

1991—1998年12月，万宁市（县）乡镇农业税收管理工作由财政局的农税股负责。1998年12月，市地税局成立农业税征收管理分局，负责农业税征管工作，人员编制77人，人员从各基层财政所负责农税工作人员中划拨。

2000年10月，成立万宁市农业税征收管理局，属市政府直属工作部门，为正局级建制，内设办公室、征管股、稽查队，基层农税所19个，为股级建制，全局核定人员编制88名。

2002年7月，万宁市乡镇政区调整，原18个乡镇调整撤并为12个乡镇，农税所也相应调整撤并为13个。

2010年10月，市农税局撤销，业务划归市地税局管理，设立万宁市地方税务局直属分局，为正科级参照公务员管理事业单位，内设综合室、业务室2个股室，人员编制14人。

第二节 税收征管

一、国税征管

（一）信息化管理

1994—1997年，万宁市（县）国税局按照征管和检查两分离的税收征管模式进行管理。1998—2002年，围绕“以报纳税和优化服务为基础，以计算机网络为依托，集中征收，重点稽查”的征管模式，建立以纳税人自行申报纳税为核心的申报缴税体系、以办税服务厅为载体的优化服务体系、以计算机

网络为依托的管理监控体系、人工与计算机相结合的选择稽查体系等四大征管基础体系，规范化、科学化管理程度不断提高。2003—2004年，按照“以信息集中共享、网络互联互通、优化管理服务、强化执法监督”为主要内容的税务管理信息系统（CTAIS）进行管理，从机制上解决“疏于管理、淡化责任”的问题。2005—2010年，主要是以省国税局的“三大工程”为核心，充分发挥信息技术现代化的支撑作用，以信息化带动税收管理现代化，推动税收征管的现代化建设。

市国税局自1994年成立以来，实行户籍动态管理。对全市农民专业合作社，按照“户数清、数据准”的目标要求，建立纳税分户手册，夯实户籍征收基础，与地税、工商部门进行信息链接，及时发现新开户、漏登户、注销户，及时将停歇业的基本情况在纳税公开栏公示，接受社会各界监督，对纳税人办理有时限的涉税事项，及时提醒，催办催缴。

至2010年，万宁市国税局创建与使用15个税收管理系统，包括税库银横向联网系统、公文处理系统、税务人事管理系统等，涵盖税收征管的各个领域。

（二）发票管理与税源控管

1999年，万宁国税局借鉴专用发票的管理方法，在全省国税系统率先推行普通发票三级控管制，同时开展发票清理检查工作，对全市的发票进行全面的检查清理，重点检查328户，占用票面1009户的38%，查处发票违章违纪行为77件，罚款25500元。2001年，把整顿和规范个体经济税收秩序当作推进依法治税的一项重要内容，确立了8项重要内容，加强与地税、农税、公检法司等部门的密切配合，整顿和规范个体经济税收秩序。认真落实发票管理办法，严格执行发票领、用、存和验的制度。加强增值税专用发票和“四小票”特别是农副产品收购发票、海关代征增值税专用缴款书的管理。十多年来，年均向一般纳税人发售增值税发票12000多张，没有出现差错，准确率100%。

做好税源分类管理。按照“抓住两头、管好中间”的思路，抓好重点税源企业和一般纳税人、个体双定户、小规模纳税人的管理。自国税部门成立以来，在抓好重点税源征管的基础上，加强对零散税源和易于流失税源的征收管理，做到大小税源一起抓，特别是加强对水产品、橡胶、生猪、胡椒、槟榔等易于流失税源的征管。以1998年为例，全市国税系统零散税源共入库147.6万元。

（三）稽查

自1994年以来，国税稽查部门积极开展专项检查与日常检查，按照执法秩序办事，严肃稽查纪律，坚持依法稽查、阳光稽查，围绕三项主要稽查指标（处罚率、入库率、查实率），提升稽查质量，据不完全统计，1995—2003年，共组织税务稽查759户，年平均稽查84户，稽查面达到10%以上，选案准确率（即检查有问题户占全部检查户数比例）达到40%以上，罚款率在新征管法实施前保持在10%以上，新征管法实施后保持在50%以上，以查促管、以查促收，促进征管水平提升。

二、地税征管

（一）信息化管理

2001年，万宁市地税局各基层税务所开始应用单机版华兴软件，地税部门第一次引入计算机征收手段，实行征、管分离。应用博思征收管理软件，实现了全省地税系统联网，提高税收会计核算的准确性。同年5月，基层税务所停止手工开具税票。2010年，省地税系统开始启动数据大集中，海南省地税费征管信息系统在全省上线试运行，全省地税系统统一使用一个综合业务处理平台，实现税收征管数据的省级集中处理，新的征管系统涵盖了从税务登记到税款入库、税收稽查、违法违规处理等整个税收过程。

（二）税款征收与纳税申报

1994年，建立征税大厅，引进金融部门在大厅代收税款，除了零星税款用现金征收外，其余税款都由金融部门代收。1997年，以申报纳税和优化服务为基础，以计算机为依托进行集中征收。税款缴交方式主要为到金融机构缴纳现金或银行转账。从2010年11月开始，纳税人除了自主到税务部门申报外，还可以通过邮寄申报、网上申报等方式进行申报缴交。

（三）跟踪服务与稽查

1994年国税、地税分设后，万宁市地税局认真做好重点税源、重点行业等大项目的跟踪服务管理工作。对纳入管理的重点项目建立相关税收档案，每月进行跟踪服务，2008年纳入跟踪服务管理的81个重点项目，1—10月共入库各项收入4500万元，占全市地税总收入的31.5%。2009年纳入跟踪服务管理的65个重点项目实现税收4836.37万元。对重点税源的跟踪服务，对税收收入的增长起到有力的支撑作用。

1995年，税务稽查大队成立后，稽查成为常态化。万宁地税局依照国家税法，每年组织税务稽查人员对纳税人（单位）进行税务检查，日常检查与专项检查相结合，有力打击偷税、漏税的违法行为。2008年，以房地产、建筑安装、交通运输等为重点，开展税务稽查。随机抽查兴隆华侨农场、琼海烟草公司万宁营销部等单位，检查2007年以前年度经营纳税情况，共查补税款465万元。2010年，联合市公安局开展“税收专项检查和区域税收专项整治自查自纠暨发票专项突出检查”活动，共查补税款滞纳金及罚款672.19万元。同年，还开展“两税”清理工作，召开“两税”清理现场观摩会，建立和完善“两税”台账，查清“两税”底数，追缴税款2982万元。至2010年，地税稽查部门坚持依法治税、加强税务稽查，促进税收工作各项任务完成。

三、农税征管

1991—2005年农业税（公粮）取消前，农业税的计税为查田定产，另加地方附加，核产到户。农业税由乡镇基层所统一征收，入乡镇级库，征收方式主要有实物征收和货币结算二种。每年夏季由乡镇政府统一组织农户公粮实物，以户为单位缴交当地粮所，财政（农税）部门会同粮食部门按当年粮食收购价格，经政府批准后折代金缴纳。

农业特产税是农业税的重要组成部分，1991年至农业税取消前，万宁征收的特产税主要有槟榔、橡胶、原木、西瓜、椰子、菠萝、鱼、虾等16个应税品目。其计税税率按财政部5%~16%分类，分别按生产环节和收购环节确定执行。征收方式主要有查账征收、评产定税和按实际交易征收三种。耕地占用税以市（县）为单位按人均占有确定税额，一次性征收。2007年前，万宁市（县）核定每亩征收耕地占用税4000元；2008年起，调整为每亩16000元。征收方法为“先税后证”，即按先缴纳税款，后办理土地使用权证为原则，国土、建设部门协同监管。一是据实征收。以实际占地面积计征；二是根据用地批文依率计征。契税是1997年10月1日开始实施，万宁市按3%税率计征，税款全额入市级库。自2007年起，契税收入按25%、75%的比例分别入省级库和市级库。

第三节 税法宣传

万宁市税务系统以“税收宣传月”活动为契机，利用新闻媒体，采取开设税法宣传栏、组织宣传车、举办系列讲座、组织文艺表演等灵活多样的形式进行税法宣传，2000年4月，国税部门围绕“税收与未来”的宣传主题，推出内容丰富多彩的13项宣传活动，印发3500份宣传资料，开展税法宣传下乡和向纳税人发放“权益卡”活动，同年9月，市委宣传部、市国税局、市地税局联手开展税收大宣传，在全市兴起学税法、懂税法、守税法的热潮。

2002年4月，围绕“诚信纳税、利国利民”的主题，在市委市政府的大力支持下，税务系统各部门密切配合，联手开展表彰一批诚信纳税企业，公开曝光一批涉税案件。至2010年，每年税收宣传月期间，万宁市税务系统都开展内容丰富多彩、形式多样的宣传活动，使税法宣传延伸到机关、学校、企业和百姓，提高全民纳税意识，促进社会各界对税收工作的关心和支持，营造依法治税的良好社会环境。

第四节 税收收入

一、国税收入

国税征收的税种主要有增值税、消费税、营业税、企业所得税、利息个人所得税、车辆购置税等。1994年是国税征收的第一年，这一年万宁国税收入1167.9万元。1995年，万宁国税收入稳定在二三千万元之间。2000年后，万宁国税收入有明显提高。2002年突破4000万元，2010年国税收入8117万元，1994—2010年万宁市国税收入年均增长12.88%。

二、地税收入

地税征收的税种主要有营业税、企业所得税、涉外企业所得税、个人所得税、资源税、印花税、土地使用税、房产税、屠宰税、车船税等。1991—2010年间，地税收入除个别年份略有减收外，这一时期地税收入呈现不同幅度的增长态势。1993年万宁地税收入为3776万元，1995年为6749万元，2000年为4290万元，2006年首次突破亿元，2010年达到46177万元，2010年比1993年增长了11倍多。

三、农税收入

农业税收入主要包括农业税（公粮）、农业特产税、耕地占用税和契税四大类。1991年，万宁农业税收入为602万元，1992年万宁农业税收入为1028万元，比上一年增加了426万元。此后至2004年，万宁农业税收入为稳步增长时期，稳定在3000万元左右。2005年，海南免征农业和农业特产税、农业“四税”只保留征收契税、耕地占用税，这一年农业税仅收入611万元。2006年后，随着开发热潮的到来，契税和耕地占用税收入大幅度增加，2010年农业税收入突破亿元，为14272万元。

1991—2010年万宁市（县）税收收入情况一览表

表9-4　　单位：万元

年度	国税收入	地税收入	农税收入	年度	国税收入	地税收入	农税收入
1991	—	—	602	2001	3192	5273	2775
1992	—	—	1028	2002	4183	5941	3546
1993	—	3776	1556	2003	6110	6525	3837
1994	1167.9	5388	2209	2004	5793	7373	1307
1995	2056.9	6749	2980	2005	6322	8051	611
1996	3471.1	5710	2546	2006	7158	10384	1324
1997	3090.4	5530	2388	2007	7617	10105	3710
1998	2189.6	5080	2479	2008	6299	17080	4237
1999	2374	4332	2681	2009	6157	24267	9026
2000	2854	4290	2560	2010	8117	46177	14272

第五节　税种及收入

一、流转税类

（一）增值税

增值税由国家税务局负责征收，75%为中央财政收入，25%为地方收入。在征收管理上按照一定的标准划分为一般纳税人和小规模纳税人。增值税税率适用于一般纳税人，有17%、13%、11%和6%共四档税率；增值税的征收率适用于小规模纳税人和特定一般纳税人，小规模纳税人统一按照3%的征收率计征，对一些特定的一般纳税人，则适用于6%、5%、4%、3%四档征收率。1994年实行分税制前，增值税较少，1991—1993年3年仅收290万元。实行分税制后，增值税征收增长较快，1994年为375万元，比上一年增长286.60%，2000年为427万元，2005—2010年连续6年增值税收入达千万元以上。

1991—2010年，万宁市（县）增值税共收入12965万元。

（二）营业税

营业税属于流转税制中的一个主要税种，营业税税率按照行业、类别不同分别采用不同的比例税率。交通运输为3%，出售、出租无形资产为5%，销售不动产为5%。

1991年，万宁县营业税收入571万元，1993年为3144万元，较1991年增加2573万元，增长率达450.6%。1993—1998年，进入稳定增长期，年平均收入3086.5万元。1999年为1407万元，较1998年减少1744万元。1999—2010年总体为增长趋势，2010年为21213万元，是1999年的15.08倍。

1991—2010年，万宁市（县）营业税共收入82689万元。

（三）消费税

消费税是以消费前的流转额作为征税对象的各种税收的统称，是1994年税制改革在流转中新设置的一个税种。从1994年1月1日起开征消费税，新征收的税全部上交作为中央收入。1994年，万宁国税局消费税税项收入50.3万元；1995—1997年消费税收入连续3年超过千万元；1998年，减少为489.3万元；此后，逐年减少，2004—2010年，年仅1万元。

1994—2010年，万宁市（县）消费税共收入5259.8万元。

（四）产品税

1993年12月，《中华人民共和国增值税暂行条例》颁布，产品税退出中国税制历史舞台，1994年，万宁县不再征收产品税。1991—1993年，万宁产品税共收入124万元。

1991—2010年万宁市（县）流转税收入统计表

表9-5　　　　单位：万元

年度	增值税	营业税	消费税	产品税
1991	122	571	—	51
1992	71	1196	—	37
1993	97	3144	—	36
1994	375	2841	50.3	—
1995	352	3019	1048.5	—
1996	644	3130	1156.7	—
1997	347	3234	1323	—

续表9-5

年度	增值税	营业税	消费税	产品税
1998	363	3151	489.3	—
1999	439	1407	280	—
2000	427	1476	388	—
2001	415	1735	109	—
2002	619	2199	197	—
2003	987	2293	213	—
2004	948	2872	1	—
2005	1033	3052	0	—
2006	1165	4253	0	—
2007	1239	3800	1	—
2008	1044	7758	1	—
2009	1067	10345	1	—
2010	1211	21213	1	—

二、所得税类

（一）企业所得税

企业所得税是对我国内资企业和经营单位经营所得和其他所得征收的一种税，税率为25%的比例税率。

1993年，万宁县企业所得税收入为116万元，1996年，大幅度提高，增至1042万元，比上一年增收968元。1998—2005年企业所得税收入增减幅度较小，平均每年完成115.38万元。2006年起，进入高速增长期。2006年完成108万元，2007年比2006年增收100万元，增长95.6%。2010年，达到1639万元。

1993—2010年，万宁市（县）企业所得税共收入5355万元。

（二）个人所得税

1991年，万宁县完成个人所得税15万元，1993年增加到54万元。1994—2001年，万宁市（县）个人所得税收入总体呈上升趋势，1994年完成308万元，2001年完成1197万元，年增长率为18.5%。2002—2009年，万宁市个人所得税收入不稳定，各年有增有减，平均每年完成468.88万元。2010年，个人所得税收入为999万元，比上一年增长66.5%。

1991—2010年，万宁市（县）个人所得税共收入10870万元。

(三)储蓄存款利息所得个人所得税

1991—2008年10月,万宁市(县)实行20%的比例税率征收储蓄存款利息所得及个人所得税,共征税款5630万元。自2008年10月9日起,对储蓄存款利息所得暂免征收个人所得税。

1991—2010年万宁市(县)所得税收统计表

表9-6 单位:万元

年度	企业所得税	个人所得税	储蓄存款利息所得个人所得税	年度	企业所得税	个人所得税	储蓄存款利息所得个人所得税
1991	—	15	—	2001	146	1197	596
1992	—	13	—	2002	91	314	597
1993	116	54	—	2003	92	292	559
1994	85	308	—	2004	126	358	570
1995	74	514	—	2005	87	553	636
1996	1042	722	—	2006	108	575	743
1997	—	745	—	2007	208	554	825
1998	62	708	—	2008	408	505	496
1999	192	864	1	2009	752	600	—
2000	127	980	372	2010	1639	999	—

三、财产税类

(一)房产税

1991—2003年,万宁市(县)房产税收入持续稳定增长,从1991年的16万元增加到2003年的1097万元,年均增长42.2%。2004年较2003年减少151万元,至2008年,平均每年完成889.2万元。2010年,完成1048万元。

1991—2010年,万宁市(县)房产税共收入10884万元。

(二)土地增值税

土地增值税是对房地产企业收益影响较大的税种之一。

万宁于1995年开征土地增值税,是年土地增值税为31万元。1996—1999年,万宁市土地增值税收入维持在较低水平,累计收入10万元,年平均收入为2.5万元。2000—2003年,几乎没有土地增值税收入。2004年起,随着房地产开发热潮的到来,土地增值税逐年增加,2004年为10万元,2007年为364万元,2010年达到3462万元。

1995—2010年,万宁市(县)土地增值税共收入4773万元。

1991—2010年万宁市(县)财产税收入统计表

表9-7　　单位:万元

年度	房产税	土地增值税	年度	房产税	土地增值税
1991	16	—	2001	591	—
1992	21	—	2002	828	—
1993	41	—	2003	1097	—
1994	49	—	2004	946	10
1995	59	31	2005	867	40
1996	113	2	2006	868	26
1997	272	2	2007	886	364
1998	296	1	2008	879	341
1999	466	5	2009	1172	489
2000	369	—	2010	1048	3462

四、特定目的和行为税类

(一)屠宰税

海南屠宰税主要对屠宰生猪、菜羊、菜牛征税。1991年,全县收取屠宰税19万元,至2003年,累计征收屠宰税933万元。2003年7月,海南省人民政府颁布《海南省农村税费改革试点方案》,决定取消屠宰税,除按国家规定收取的检疫费等合法收费外,原来随屠宰税附征的其他收费项目也一律停征。2004年,万宁市不再征收屠宰税。

(二)印花税

1991年,万宁印花税收入为4万元。至1998年,各年有增有减,年平均收入23.38万元。1999年,印花税收入为101万元,比上一年增长140.5%。2000年,印花税收入仅为12万元,比上一年减少89万元,降幅为88.1%,2001—2005年,印花税收入稳定在两位数的水平,年平均收入为71.6万元。2006年起,万宁市印花税进入持续增长期,2006年征收246万元,2010年征收632万元。

1991—2010年,万宁市(县)印花税共收入2270万元。

（三）车船税

1991年，根据国务院1988年颁布的《中华人民共和国车船使用税暂行条例》，海南省颁布《海南省车船使用税实施细则》，明确海南省车船免纳使用税的范围，具体规定了海南省机动车和船舶的免税额标准。1991年，万宁县车船使用税征收29万元。2000年，万宁市车船使用税收入首次超过百万元，为132万元。从这一年起，万宁市车船使用税收入进入稳定增长期。2000—2010年，车船税年均收入为221.9万元。

1991—2010年，万宁市（县）车船税共收入2826万元。

（四）城市维护建设税

1991年，万宁县征收城市维护建设税22万元，1996年征收142万元，比1991年增加120万元，增幅达545.5%。1997—2000年，万宁市（县）城市维护建设税逐年增长，年均收入107万元。2001—2010年，万宁市城市维护建设税进入稳定增长期，年平均收入564.2万元。

1991—2010年，万宁市（县）城市维护建设税共收入6483万元。

（五）车辆购置税

车辆购置税开征于2001年1月1日，是在原由交通部门征收的车辆购置附加费的基础上，经过“费改税”形成的新税种。车辆购置税由国税局征收，所得收入100%归属中央。自开征起至2010年，万宁国税局共征得车辆购置税716万元，全部归中央收入。

1991—2010万宁市（县）特定目的和行为税类收入统计表

表9-8　　　　单位：万元

年度	屠宰税	印花税	车船税	城市维护建设税	车辆购置税
1991	19	4	29	22	—
1992	14	10	18	24	—
1993	22	23	35	62	—
1994	24	30	36	78	—
1995	33	10	40	85	—
1996	34	17	50	142	—
1997	80	51	50	116	—
1998	93	42	38	113	—
1999	101	101	89	94	—
2000	113	12	132	105	—
2001	122	71	164	142	数据缺失
2002	150	69	245	182	数据缺失
2003	128	83	354	255	数据缺失
2004	—	51	397	286	数据缺失
2005	—	84	212	481	95
2006	—	246	145	757	60
2007	—	185	85	717	75
2008	—	213	414	818	88
2009	—	336	223	891	133
2010	—	632	70	1113	265

五、资源税类

(一)城镇土地使用税

1991—1995年,万宁县城镇土地使用税收入维持在较低水平,5年累计征收18万元。1996—2003年,年平均收入32万元。2004—2010年,万宁市城镇土地使用税增长迅猛。2004年为125万元,2010年达到3417万元,2010年比2004年增长27.34倍。

1991—2010年,万宁市(县)城镇土地使用税共收入7535万元。

(二)资源税

资源税包括矿产品资源税和盐税。万宁市矿产资源主要有钛、锆、独居石、金红石、石英石等,以钛矿最为丰富。海南省从1992年起征收矿产品资源税。1994年税制改革时,将盐税并入资源税,作为其中的一个税目,简化征税规定。1994—1996年,资源税仅收入24万元。1997—2001年,万宁市资源税累计征收291万元,年平均收入48.5万元。2002年,万宁市资源税收入超过百万元,此后至2010年,资源税收入有增有减,年平均收入为110.78万元。

1991—2010年,万宁市(县)资源税共收入1312万元。

1991—2010年万宁市(县)财产税收入统计表

表9-9 单位:万元

年度	城镇土地使用税	资源税	年度	城镇土地使用税	资源税
1991	1	—	2001	24	67
1992	3	—	2002	63	126
1993	3	—	2003	60	116
1994	8	1	2004	125	101
1995	3	1	2005	115	74
1996	12	21	2006	209	91
1997	25	59	2007	246	141
1998	19	47	2008	799	142
1999	27	40	2009	2350	121
2000	26	57	2010	3417	85

六、农业税

1991—1995年,万宁县农业“四税”(农业税、农业特产税、契税、耕地占用税)收入稳定增长,1991

年为602万元，1995年增加到2980万元，年均增幅达49.2%。

1996年，由于12号、18号台风的袭击，万宁市的农作物包括橡胶等热带经济作物遭受严重破坏，还有10月、11月上旬连续暴雨天气，农业税、农业特产税等税种收入受到严重影响，加上橡胶销售市场疲软，价格下跌，销路不畅，影响了农业税的收入，1996年农业"四税"完成2546万元，比1995年减少434万元，下降14.5%。

1998—2003年，万宁市农业"四税"稳定增长，年均收入2979.67万元。

2005年开始，海南免征农业税和农业特产税，比国家规定时间提前一年。1991—2004年，万宁市共征收农业税5247万元，农业特产税22520万元。

2006—2010年，万宁市契税和耕地占用税收入总体呈增长趋势。

1991—2010年，万宁市农业"四税"共收入65665万元。

1991—2010万宁市(县)农业税收入统计表

表9-10　　单位:万元

年度	农业税	农业特产税	契税	耕地占用税	年度	农业税	农业特产税	契税	耕地占用税
1991	223	364	2	13	2001	342	2244	173	16
1992	145	508	306	69	2002	387	2836	233	90
1993	232	584	67	673	2003	348	2914	530	45
1994	308	1433	179	289	2004	442	347	426	92
1995	585	2063	123	209	2005	—	—	291	317
1996	608	1798	119	21	2006	—	—	335	989
1997	422	1895	10	61	2007	—	—	1961	1749
1998	408	1678	121	272	2008	—	—	2340	1897
1999	447	1930	92	212	2009	—	—	3200	5826
2000	350	1926	234	50	2010	—	—	5701	8571

第六节 税制改革

1991年，中国的税制共设有33种税收，即产品税、增值税、盐税、特别消费税、烧油特制税、营业税、工商统一税、关税、国营企业所得税、集体企业所得税、私营企业所得税、外商投资企业和外国企业所得税、个人所得税、城乡个体工商业户所得税、个人收入调节税、国营企业奖金税、集体企业奖金税、事业单位奖金税、国营企业工资调节税、房产税、城市房地产税、城镇土地使用税、耕地占用税、契税、资源税、车船使用税、车船使用牌照税、印花税、筵席税、牲畜交易税、集体交易税、农业税和牧业税等。

至1993年，初步建成一套内外有别、城乡不同，以货物和劳务税、所得税为主，财产税和其他税收相配合的新的税制体系。

1994年，进一步实施工商税制改革，这是新中国成立以来规模最大、范围最广、内容最深刻、力度最强的结构性改革。第一，全面改革货物和劳务税制，实行比较规范的增值税为主体，消费税、营业税并行，内外统一的货物和劳务税制；第二，改革企业所得税，将过去对国营企业、集体企业和私营企业分别征收的多种企业所得税合并为统一的企业所得税；第三，改革个人所得税制，将过去对外国人征收的个人所得税、对中国人征收的个人收入调节税和城乡个体工商户所得税合并为统一的个人所得税；第四，大幅度调整其他税，扩大了资源税的征收范围，开征土地增值税，取消盐税、烧油特别税、集市交易税等12个税种，并将屠宰税、筵席税的管理权下放到省级地方政府，增设遗产税、证券交易税（这两种税后来没有立法开征）。

1994年税制改革后，中国税制共有22种，即增值税、消费税、营业税、关税、企业所得税、外商投资企业和外国企业所得税、个人所得税、土地增值税、房产税、城市房地产税、遗产税、城镇土地使用税、耕地占用税、契税、资源税、车船使用税、车船使用牌照税、印花税、屠宰税、筵席税、农业税和牧业税等。

同年，省以下税务机构分设为国家税务局、地方税务局两个系统。

1995年以后，为适应建立完善的社会主义市场经济体制的需要，继续完善税制，分步实施了一系列重大改革，基本实现税制的城乡统一，内外统一。

1.改革农业税制：2000年，中共中央国务院发出《关于进行农村税费改革试点工作的通知》，此后，农村税费改革逐步推进。2004年，海南取消屠宰税；2005年，海南全省较全国早一年取消农业税。

2.完善货物和劳务税制：2000年，国务院颁发了《中华人民共和国车辆购置税暂行条例》，自2001年起施行。2003年，国务院公布了新的关税条例，自2004年起施行。2008年，国务院修订了增值税暂行条例、消费税暂行条例和营业税暂行条例，初步完成增值税从“生产型”向“消费型”转变，结合成品油税费改革调整了消费税，自2009年起施行。

3.完善所得税制：2007年，全国人民代表大会将过去对内资企业和外资企业分别征收的企业所得税合并，制定了《中华人民共和国企业所得税法》，自2008年起施行。

4.完善财产税制：1997年，国务院发布了《中华人民共和国契税暂行条例》，自当年10月起施行。自2001年起，国务院将船舶吨税重新纳入财政预算管理。2006年，国务院将对内征收的车船使用税与对外征收的车船使用牌照税合并为车船税，公布《中华人民共和国车船税暂行条例》，自2007年起施行。2009年，国务院先后修改了城镇土地使用税暂行条例、耕地占用税改为内外统一征收，分别自2007年、2008年起施行；自2009年起取消对外征收的城市房地产税，规定中外纳税人统一缴纳房产税。此外，国务院先后于2000年停止征收固定资产投资方向调节税，2008年取消了筵席税，自2010年12月起，将外商投资企业和外国企业纳入城市维护建设税的纳税人的范围。

经过1994年以来的税制改革和逐步完善，中国初步建立了适应社会主义市场经济体制需要的税收制度，税制逐步简化、规范，税负更加公平，对于保证财政收入，加强宏观调控，促进经济和社会的发展，起到重要作用，并为以后全面深化税制改革奠定了坚实的基础。

第三章 金融

第一节 银行

一、中国人民银行万宁市支行

(一)机构

1991年,中国人民银行万宁县支行内设人秘股、会计股、发行股、金稽股、计划股、保卫股和外管股7个股室,在职干部职工40人。1996年8月,万宁撤县设市,中国人民银行万宁县支行更名为中国人民银行万宁市支行,国家外汇管理局万宁县支局更名为国家外汇管理局万宁市支局。2000年,金稽股更名为金管股,其他股室不变,在职干部职工38人。随着金融体制改革的进一步深入,2003年,成立中国银行业监督管理委员会(简称银监会),人民银行对银行业金融机构的监管职能(《中国人民银行法》规定的除外)剥离到银监会,至此,人民银行和银监会分家,人民银行的职责由之前的制定和执行货币政策、实施金融监管、提供金融服务三大方面转变为:制定和执行货币政策、维护金融稳定、提供金融服务。至2010年12月,中国人民银行万宁市支行内设办公室、货币信贷与统计股、营业室、外汇管理股、货币金银股、保卫股6个股室,在职干部职工33人。

(二)传导货币政策

1991年,人行万宁县支行贯彻区别对待、扶优限劣的信贷政策。在资金的使用上,注意引导专业银行向重点行业、重点企业和重点产品倾斜,支持经济的稳定发展。重点保证粮食生产的资金需要,大力支持农行发放生产资料贷款,保证种子、化肥、农药等生产资料的资金供给;采取倾斜政策,推动地方工业的发展。

1992年,人行万宁县支行严格控制信贷和现金规模。由于新能源股份公司成片开发石梅湾地区,掀起万宁县前所未有的地产热,加上万宁县大规模上马基建项目,高速公路万宁路段的建设施工，造成万宁县现金投放的压力很大，人民银行万宁县支行先后两次召开专业银行行长联席会议，分析当前的经济、金融形势，制订措施严格控制信贷、现金规模，使之控制在计划内，没有突破指标。

1993年，人行万宁县支行认真执行“五优先”“五从严”“八不贷”的信贷政策，支持高产、高效、创汇、优质农业；支持旅游业和海水养殖业的发展；支持邮电基础设施建设和出口创汇企业；支持质量高、销路畅的工业生产和商品流通；保证农副产品收购资金的需要等。

2001年，人行万宁市支行密切注意辖区经济的发展信息。坚持在每季联席会议上向金融机构通报信息，引导金融机构信贷投向，支持地方经济结构的调整，特别是重大项目的出台，要求金融机构主动评估、申报，利用支农再贷款的发放，支持辖区热带高效农业的发展，在限额之内周转使用，全年累计发放支农再贷款3000万元，发挥了“窗口”指导作用。

2005年，人行万宁市支行发挥窗口指导作用，优化信贷结构。进一步加强信贷资金行业结构、地区结构和企业结构的监测分析，根据货币信贷增长形势，有针对性地加强窗口指导和信贷风险提示，引导辖区内各银行类金融机构坚持区别对待原则，合理配置信贷资源。开展金融支持中小企业的情况调研，积极探讨信贷支持中小企业发展的新路子。利用工作纲要、指导意见、季度例会、情况通报、个别指导等方式和渠道，发挥窗口指导作用，指导各金融机构积极开展面向中小企业、非公有企业、农业、助学和再就业信贷。

2010年，人行万宁市支行紧紧围绕央行中心工作，提高金融宏观调控能力。(1)围绕支持海南国际旅游岛建设这一主题，先后开展了神州半岛、农信社支农贷款、大学生村官创业金融支持、小额信贷推广、房地产市场运行、担保创新、新型农村金融机构等专题调研，其中《对万宁市和乐镇和港农村资金互助社发展情况的调查》等8篇文章被海口中支和省政府采用。(2)坚持和完善经济金融形势分析会制度，促进银政合作，搭建银企对话平台。通过加强与地方党委政府、有关职能部门和各金融机构的沟通，通报经济金融运行情况，确保国家宏观经济政策畅通。在2010年上半年经济金融形势分析会上提出了“金融为国际旅游岛建设添砖加瓦”的建议，受到政府和企业的好评。(3)强化“窗口指导”，当好支持地方经济发展的“指导员”。制定《2010年万宁市金融支持海南国际旅游岛建设的若干意见》，指导辖区金融机构齐心协力开展优质服务，加大对灾后重建的信贷支持，在2010年万宁市遭受50年一遇的水灾后，人行万宁市支行迅速召开辖内金融机构支持灾区灾后重建大会，督促各银行机构落实信贷措施，为灾后重建提供资金支持；引导金融机构创新信贷产品，优化信贷投向结构，加大对万宁基础设施、重点项目、现代服务业、旅游业及“三农”的信贷投放力度。

（三）实施金融监管

人行万宁市支行加强对辖区金融机构的设立审核、业务审批、高级管理人员任职资格审查和日常监督管理等的直接监管，强化辖区金融机构的监督管理。

1993年，人民银行万宁县支行抓好全县金融部门执行金融政策情况的自查自纠工作和存贷款利息执行情况的检查，对工商银行财政性存款缴存情况进行稽核，对农村信用社开展常规委托稽核。1997年，成立了城市信用社监管领导小组，并向惠丰城市信用社派出一名专管员驻社监管。对惠丰城市信用社的资产风险、负债、偿还能力及内部管理情况进行调查、清理，全方位地对惠丰城市信用社实施有效监管和控制。年底按照整体部署,惠丰城市信用社平稳并入海南发展银行,成功地解决了城市信用社问题。同时,成立了农村合作金融管理股,重点加强对辖区农村信用合作社的监管,对北坡、东澳、长安、南桥、东岭5个高风险农村信用合作社,人行万宁市支行派专门人员对这些网点的业务进行全天候监控,随时了解情况,严防金融风险发生。

1998年,人民银行万宁市支行加强监管、防范和化解金融风险工作。关注城市信用社归并海南发展银行工作,完成关闭海南发展银行交工商银行托管的任务。1997年12月按照海南省人民银行统一布置,配合海南发展银行万宁支行开展清产核资,1998年2月底完成清产核资工作。5月中旬,督促海南发展银行万宁支行贯彻落实省政府关于"清资产保支付"紧急会议精神,市政府牵头成立依法清收贷款领导小组,市人民银行、公安局、检察院、法院、政法委等单位领导为小组成员,利用法律、行政手段帮助海南发展银行催收到期贷款。6月20日,开始组织实施关闭海南发展银行交由万宁工商银行托管工作。

加强对农村信用社的监管,确保其合规平稳运行。一是对部分农信社进行稽核检查,抓好内控制度建设。1998年,人行万宁市支行分别对东岭、东兴、南桥、港北等信用社进行常规稽核检查,发现问题及时处理;二是对农信社进行风险普查,弄清农村信用社风险存在情况,以采取措施及时处理;三是帮助信用社做好联社主任、副主任的资格审查和推荐工作,对联社现有领导班子做了认真的考察,并根据金融机构管理人员任职资格有关规定和万宁市农村信用社的实际情况,对乐来、北坡、后安、长安、东兴、大茂等信用社拟任主任进行严格审核,严把用人关。

2001年,人民银行万宁市支行加大金融监督力度,防范和化解金融风险。一是对万宁市农村信用社1997—2000年新增不良贷款情况进行现场检查,认真分析贷款质量和形成不良贷款的主要原因,指出管理中的关键问题,督促市联社对不良贷款进行分门别类,把清收责任落实到人,加大清收不良贷款力度。二是开展对1999—2000年支农再贷款使用情况的检查,摸清1999年和2000年发放的4320万元支农再贷款的使用管理情况、贷款的合规性情况、贷款的管理状况、贷款质量和存在问题。三是加强非现场监管,指定专人负责非现场监管报表的收集、整理、统计分析和上报工作,从月报、季报中分析信用社的经营指标变化,发现异常情况,采取现场检查方法跟踪监督,使监管工作不失效,对问题能及时纠正。

切实加强对银行机构的监督。2001年对国有商业银行监管的重点是抓不良贷款的压缩工作,通过采取每月跟踪监督,组织联手制裁等措施综合治理,全市收回不良贷款4213万元。

从2003年起,随着人民银行金融监管职能的剥离,中国银行业监督管理委员会专门履行对金融机构的监管,至此,人行万宁市支行不再履行对辖区金融机构的直接监管职责。

(四)维护金融稳定

2003—2010年,中国人民银行金融监管职责转变为维护金融稳定。人行万宁市支行加强对辖区金融风险的监测工作,及时、准确统计辖区金融机构各项经营指标情况,认真做好辖区房地产金融信息、民间融资活动和商品物价等情况的监测,及时进行分析预警,并积极加强人民币的流通管理,做好辖区反假人民币工作。2004年起,人民银行新增组织协调全国反洗钱工作的职能。人行万宁市支行设立反洗钱专职岗位，负责辖区大额和可疑支付交易报告制度的实施，承担反洗钱的资金监测和协查工作，维护辖区金融秩序稳定，防范和化解辖区系统性金融风险。与地方政府部门和金融机构合作，建立健全三套协调机制：金融稳定协调机制、反洗钱工作联席会议制度、反假币工作联席制度。

（五）金融服务

征信管理工作 自2002年起，人民银行新增征信管理职能，人民银行企业信用信息基础数据库管理系统也随之上线运行，征信管理工作正式开展，人行万宁市支行也相应设立征信管理专职岗位。2003—2010年，人行万宁市支行采集所有在辖区银行有贷款余额的企业信用信息，同时实现政策性银行、国有商业银行、农村信用社企业信用信息的联网，通过企业信用信息基础数据库管理系统，为企事业单位核发贷款卡并按年进行年审，及时更新企事业单位的信用信息，健全辖区企事业单位信用信息数据库，至2009年，录入中小企业档案信息282家，占全市中小企业总数的92.5%。自2008年起，个人信用信息基础数据库实现上线运行，人行万宁市支行可为个人办理征信报告查询工作，通过了解个人信用情况，进一步优化辖区信用环境。2010年，全市金融机构对个人征信查询8489笔，日均23笔。

支付结算服务 1991—1993年，人行万宁市支行对于银行往来资金，通过手工进行核算。1994—2002年，随着人民银行"天地对接系统"的使用，人行万宁市支行通过该系统办理电子汇划业务，但存在办理手续繁杂、资金汇划速度较慢等问题。大小额支付系统分别于2003年和2006年在万宁地区上线运行，作为现代化支付系统，以电子方式实时全额处理跨行及跨区支付业务，有效发挥了中央银行的清算职能，为用户提供更加快捷、高效、安全的支付清算服务，满足了金融机构之间资金清算需求，实现不同地区、不同银行营业网点的资源共享。

经理国库业务 1991—2006年，人行万宁市支行通过手工记账方式进行税款入库工作。2007年，随着财税库银横向联网系统（TIPS）的运行，实现了税库银联网电子缴税工作，税款、费款的实时入库，为税收入库提供极大便利。1991—2002年，人行万宁市支行通过手工方式办理国库会计业务的核算。2003—2008年，通过国库会计核算实现电算化。2009年，随着国库会计集中核算系统（TCBS）正式上线，实现国库业务的整合，将传统国库会计业务"逐级上划"的方式，变为采用全程自动、逐笔实时处理模式，实现"收入直达入库""支出即时到账""数据集中摆放"，国库会计核算效率有了较大提高，服务水平有了质的飞跃。2010年，通过ABS（中央银行会计核算系统）处理会计联行业务4865条，通过TCBS拨付各类财政款项30.72亿元，其中集中支付支出718笔，支出8.51亿元，电子支付实拨22.21亿元。

货币发行工作 1991—2010年，人行万宁市支行做好现金管理及货币发行工作，做好现金需求分析、预测与调查工作，确保辖区现金供应，优化货币流通环境。一是库安全管理。货币金银股坚持严格管理，规范操作程序：保卫部门坚持24小时双人武装值班，每月及重大节日都组织安全检查，及时消除安全隐患，确保发行库安全无事故。二是加强反假币管理。开展反假币宣传。仅2009年，出动宣传人员112人、宣传车3辆，制作宣传栏8个，印制宣传资料5000多份，挂条幅280条，受教育人数5万多人，开展反假币培训一次，参加培训人员178人。三是加强现金投放回笼检测，合理供应现金。

2010年，拨发现金24.62亿元，同比增加3.07亿元，增幅14.2%；现金回笼17.92亿元，同比增长1.23亿元，增幅7.36亿元；现金净投放6.7亿元。完成中国人民银行万宁支行调入发行基金11.58亿元，调往海口支库已残缺兑换人民币2.03亿元。加大对原封新券以及小面额券别的投放力度，提高流通中人民币的整洁度。

1991—2010年万宁市(县)金融机构存贷款余额统计表

表9-11　　　　单位:亿元

年份	存款	贷款	年份	存款	贷款
1991	3.18	3.82	2001	19.59	9.12
1992	5.07	4.6	2002	22.2	9.3
1993	8.08	6.22	2003	24.92	10.21
1994	9.12	7.51	2004	27.35	10.08
1995	8.64	7.7	2005	29.55	10.01
1996	9.33	8.67	2006	37.23	9.82
1997	15.86	11.29	2007	44.84	10.16
1998	16.9	10.69	2008	54.46	6.67
1999	18.53	12.42	2009	90.32	11.41
2000	18.96	9.36	2010	112.67	19.45

二、中国农业发展银行万宁支行

(一)机构

中国农业发展银行万宁支行成立于1996年12月18日，内设信贷业务部、办公室、会计出纳部等3个部门，隶属农发行海南省分行，至2010年，内设机构未变，有正式员工16人，派遣员工5人。

(二)存贷款业务

1997年，农发行万宁支行各项存款余额0.0111亿元，各项贷款余额1.62亿元。2005年，各项存款余额0.521亿元，各项贷款余额0.8065亿元。2010年，各项存款余额2.555亿元，各项贷款余额3.5646亿元。

1997—2010年农发行万宁支行存贷款业务情况一览表

表9-12　　　　单位:亿元

年份	存款	贷款	年份	存款	贷款
1997	0.0111	1.62	2004	0.498	0.819
1998	0.12	1.12	2005	0.521	0.8065
1999	0.233	0.9682	2006	0.546	0.8402
2000	0.369	0.8578	2007	0.669	0.9904
2001	0.225	0.778	2008	0.621	3.0765
2002	0.312	0.8112	2009	0.743	3.5414
2003	0.122	0.796	2010	2.555	3.5646

(三)经营绩效

1997年以来,中国农业发展银行万宁支行不断减少粮食挂账贷款金额,不良贷款率逐年下降。2009年,营销新万中、兴隆污水处理厂、康乐园剧场等项目,业务范围不断拓宽。2010年,实现盈利789万元。

1997—2010年农发行万宁支行利润情况一览表

表9-13　　　　单位:万元

年度	1997	1998	1999	2000	2001	2002	2003
利润	-256	-201.33	-196.36	-69	-168	-150	-163.11
年度	2004	2005	2006	2007	2008	2009	2010
利润	-186	-190	-117	-66.56	-122.2	-80.07	789

三、中国工商银行万宁支行

（一）机构

1991年，中国工商银行万宁支行县内设人事股、秘书股、稽核股、保卫股、会计股、出纳股、储蓄股、工贷股、商贷股、计划股10个股室，下设营业网点9个，从业人员193人。1996年8月撤县设市，相应更名为中国工商银行万宁市支行，内设机构未变。1999年，为适应中国将加入WTO后与国际商业银行接轨的新形势，万宁工行根据省行统一法人管理体制的要求，精简内设机构，整合区域网点结构，至2002年，实行机构改革，内设办公室、业务部两个部门，下设营业部、中心分理处，兴隆分理处3个网点，人员分流后，在职人员共计53人。2006年10月工行股改上市后，更名为中国工商银行股份有限公司万宁支行，人员减至45人，内设机构1个，为综合管理部，网点2个，分别为支行营业部、红专路支行。至2010年末，工行万宁市支行内设营业部、红专路支行、综合管理部3个部门。

（二）存贷款业务

1991年，全行各项存款余额7202.8万元，贷款余额12305.3万元。2000年，各项存款余额28967万元，贷款余额4524万元。2010年，全行各项存款余额突破14亿元，达到14.163亿元；各项贷款规模499万元，其中存量不良贷款102万元。在贷款流动性受限、政策受限的情况下，工行万宁支行引进省行直接贷款、吸收其他兄弟行前来放款，引进上海工行参与贷款，大力引进资金支持万宁产业发展。

1991—2010年工行万宁支行存贷款情况一览表

表9-14　　　　单位：万美元

年份	存款	贷款	年份	存款	贷款
1991	7202.8	12305.3	2001	31752	5413
1992	10304	14826	2002	31289	3789
1993	14512	16316	2003	34716	4374
1994	17771	15489	2004	39134	3795
1995	17560	10611	2005	40117	2688
1996	19138	17382	2006	46803	2435
1997	21352	18487	2007	43837	1906
1998	24540	17508	2008	72850	619
1999	27294	13412	2009	93244	470
2000	28967	4524	2010	141630	499

（三）现金投放

工行万宁支行在实现自身稳健发展的同时，积极履行社会责任，加大资金投放，支持重大项目建设。至2010年，成功向威斯汀酒店、神州喜来登、华润集团等地产、旅游项目投放贷款2.7亿元；向华亚富通、首创芭蕾雨等多家优质房产开发商和优良房地产项目注入贷款资金3.5亿元，促进万宁经济社会又好又快发展。

1991—2010年工行万宁支行现金投放情况一览表

表9-15 单位：万元

年度	1991	1992	1993	1994	1995	1996	1997	1998	1999	2000
现金投放	27653.8	26391.1	24301	22473	11377	11369	8200	12313	14288	-3533
年度	2001	2002	2003	2004	2005	2006	2007	2008	2009	2010
现金投放	-3677	-998	-963	-389	2731	6471	5960	7797	88972	65430

（四）外汇业务

1991—2005年，外汇业务发展缓慢，外汇市场份额小。2006年后，万宁地区对外贸易企业不断增加，国际结算需求增大，万宁工行抓住机遇，在辖内网点全数覆盖外汇业务经营许可证，凭借其自身网点优势，着力打造“外汇资本金结算”“外汇业务经常项目往来”“速汇金”等外汇业务品牌，把外汇业务和人民币业务有机结合，实现外汇业务的有效突破，由1995年的2.6万美元，发展到2010年的17.6万美元。

1995—2010年工商银行万宁支行外汇收支情况一览表

表9-16 单位：万元

年度	1995	1996	1997	1998	1999	2000	2001	2002
外汇收支	2.6	3.1	2.9	2.6	2.1	2.4	5.1	4.9
年度	2003	2004	2005	2006	2007	2008	2009	2010
外汇收支	4.4	5.8	7.9	9	11	13.9	14.8	17.6

(五)中间业务

工行的中间业务,除传统的个人结算业务外,还有电子银行业务、银行卡业务、传统代理业务和新兴代理业务、各类理财业务等。1991年,中间业务收入仅为7.3万元。2000年,也只有15.8万元。2002年后,中间业务量不断增大。2006年,中间业务收入达到了126万元。2010年,中间业务收入达到了315.3万元。

工行万宁支行1991—2010年中间业务收入情况一览表

表9-17　　单位:万元

年度	1991	1992	1993	1994	1995	1996	1997	1998	1999	2000
中间收入	7.3	7.6	6.8	11	15.1	13.4	8.7	11.9	12.6	15.8
年度	2001	2002	2003	2004	2005	2006	2007	2008	2009	2010
中间收入	17.6	34	48.5	74.3	79.6	126	244	241	259	315.3

(六)经营效益

1991年以来,万宁工行建立"合规经营、严谨内控、高效率营运、科学化管理"的内管模式,经营效益逐年好转。1991—1994年是经营效益最差时期,连年亏损上千万元,1994年达到亏损2655万元的历史高位。1995年后,通过债务剥离,逐年减亏,2007年,转亏为盈,实现利润25万元。2008年,利润大幅度增加,达到1312万元,2010年,实现利润1859万元。

1991—2010年工行万宁支行经营效益情况一览表

表9-18　　单位:万元

年度	1991	1992	1993	1994	1995	1996	1997	1998	1999	2000
效益	-1631	-1661	-2533	-2655	-889	-2111	-1322	-2101	-1954	-965
年度	2001	2002	2003	2004	2005	2006	2007	2008	2009	2010
效益	-565	-521	-508	-67.7	-5.07	-253	25	1312	794	1859

说明:表中效益指净利润

(七)电子化建设

早在20世纪90年代,万宁工行在同业中较早开办ATM自动取款、电话银行等业务,创办门户网站,进行电子银行业务的探索。2000年初,工商银行总部着手筹建电子银行部,电子化业务从此走上"统一规划、统一管理、统一开发、统一营销"的发展道路。建立由网上银行、电话银行、手机银行和自助银行组成的完善的电子化渠道服务体系,并逐步构建起完整的电子银行产品、市场、服务和风险管理体系。

2000—2010年,工商行万宁支行依托工行先进的核心信息系统,将大量柜台产品搬到电子渠道,企业网上银行、95588电话银行、U盾、密码器等电子银行产品总数达到1085个,占全行产品总数的

45.9%。万宁工行企业银行客户由5户增加到300多户，个人客户由1100多户增加至11万户。2010年，万宁工行电子银行业务量占全行总业务量的50%以上。

四、中国农业银行股份有限公司万宁市支行

（一）机构

1991年，中国农业银行万宁县支行内设办公室、人事股、集约办、工会、监察室、稽核办、教育股、政工办、会计出纳股、计划股、信贷办、资金组织股、信合股、保卫股、国际业务部、电脑信息股、第一营业部、第二营业部，下设营业网点45个，内有从业人员274人。1996年8月撤县设市，相应更名为中国农业银行万宁市支行，内设机构未变。2003年，在职人员340人，营业网点216人。自2009年1月股改上市后，更名为中国农业银行股份有限公司万宁市支行。2010年，内设有综合管理部、财会运营部、信贷管理部、客户部等4个部门，辖内下设营业网点10个，其中城区营业网点3个（支行营业部、红专支行、光明分理处）、乡镇营业网点7个（兴隆支行、兴隆分理处、南林分理处、三更罗分理处、东兴分理处、龙滚分理处、和乐分理处）。在职人员共计185人，其中机关本部44人，营业网点141人。

（二）存贷款业务

1991年，农行万宁支行各项存款业务余额为2.582亿元，各项贷款业务为2.856亿元。1995年，各项存款业务余额为4.532亿元，各项贷款业务为4.047亿元。2000年，各项存款业务余额为6.363亿元，各项贷款业务为4.535亿元。2005年，各项存款业务余额为9.199亿元，各项贷款业务为4.782亿元。2008年，不良资产处置量拨离4.086亿元，不良贷款余额占比降至0.5%以内。至2010年末，各项存款余额为33.06亿元，各项贷款余额为7196万元。

1991—2010年农行万宁支行存贷款业务情况一览表

表9-19　　单位：亿元

年份	存款	贷款	年份	存款	贷款
1991	2.582	2.856	2001	6.083	4.318
1992	3.465	3.337	2002	6.738	5.437
1993	4.471	3.942	2003	7.741	5.003
1994	4.891	3.909	2004	8.227	4.854
1995	4.532	4.047	2005	9.199	4.782
1996	4.532	4.547	2006	10.477	3.554
1997	4.828	4.742	2007	12.061	3.538
1998	5.185	5.746	2008	15.091	3.521
1999	5.891	7.002	2009	22.652	0.233
2000	6.363	4.535	2010	33.061	0.719

(三)现金投放

1991—2010年,现金投放总量为49.763亿元,年平均现金投放量为2.764亿元。其中,2010年现金投放量最高,为11.920亿元,2001年现金投放量最低,为-0.2780亿元。

1991—2010年农行万宁市支行现金投放情况一览表

表9-20 单位:万元

年份	1991	1992	1993	1994	1995	1996	1997	1998	1999	2000
现金投放	11852	12318	14958	26532	19167	21926	7055	14032	15689	2245
年份	2001	2002	2003	2004	2005	2006	2007	2008	2009	2010
现金投放	-2780	-972	283	-286	6481	32225	47710	65855	108309	119201

说明:"-"为回笼资金

(四)中间业务

万宁农行中间业务主要有:西联汇款、借记卡发卡、个人电话银行、企业网银、个人网上银行、消息服务、现金管理客户、自主理财、自助设备金融性交易、代理保险、基金销售等。随着中间业务量的扩大,中间业务收入逐年增加。1991年仅为2.81万元,1995年为8.01万元,2000年为16.84万元,2005年达到170.01万元,2010年增加到723.21万元。

1991—2010年农行万宁市支行中间业务收入情况一览表

表9-21 单位:万元

年份	1991	1992	1993	1994	1995	1996	1997	1998	1999	2000
业务收入	2.81	3.21	4.01	6.02	8.01	9.02	7.81	8.21	12.21	16.84
年份	2001	2002	2003	2004	2005	2006	2007	2008	2009	2010
业务收入	18.01	21.23	31.71	117.51	170.01	251.52	371.76	398.02	507.91	723.21

（五）经营利润

1991年，经营亏损3852万元。至2000年，每年亏损在3000万元左右。2001年后，亏损在2000万元以下，2008年亏损降到176万元。2009年，实现“扭亏为盈”工作目标，拨备后利润首次实现正增长，为843万元。至2010年末，实现拨备后利润2863万元，比上年同期增盈2028万元。

1991—2010年农行万宁市支行经营利润情况一览表

表9-22　　单位：万元

年份	经营利润	年份	经营利润
1991	-3852	2001	-1245
1992	-3698	2002	-1756
1993	-3256	2003	-1369
1994	-3221	2004	-1081
1995	-3021	2005	-1304
1996	-2963	2006	-1693
1997	-2879	2007	-1436
1998	-2932	2008	-176
1999	-2820	2009	843
2000	-2888	2010	2863

（六）电子化建设

自1997年起，万宁农行加快电子化建设的进程，为客户提供优质的服务。至2010年，完成网点服务终端ABIS系统建设、对公结算电子计算机操作、机关办公电子化建设，设立在行式ATM机共计10部、自助服务查询机12台，投放POS机9部，设立“智付通”服务点5个。

五、中国银行股份有限公司万宁支行

（一）机构

中国银行万宁支行于1989年11月成立，自2006年股改上市后，改名为中国银行股份有限公司万宁支行。支行内设3个机构：综合管理部、业务发展部、营业部，下属一个经营性机构——兴隆支行。至2010年底，支行在职人员44人。

（二）存贷款业务

1991年，中行万宁支行各项存款业务余额为2533万元，各项贷款业务为877万元。1995年，各项存款业务余额为12200万元，各项贷款业务为5303万元。2000年，各项存款业务余额为16356万元，各项贷款业务为3430万元。2005年，各项存款业务余额为29931万元，各项贷款业务为7596万元。至2010年末，各项存款余额为123307万元，市场占有率为48.73%，各项贷款余额为22710万元。

1991—2010年中行万宁支行存贷款业务情况一览表

表9-23 单位:万元

年份	存款	贷款	年份	存款	贷款
1991	2533	877	2001	17713	3150
1992	6417	1252	2002	29377	2905
1993	10201	1393	2003	23973	7045
1994	11513	5105	2004	28326	7581
1995	12200	5303	2005	29931	7596
1996	14111	5500	2006	36745	9658
1997	16373	5700	2007	45627	7334
1998	18423	5896	2008	62670	7289
1999	17827	6398	2009	103451	13837
2000	16356	3430	2010	123307	22710

(三)外币存款业务

随着对外开放,中行万宁支行外币存款逐年提高。1991年,外币存款为97万美元;1995年,外币存款为226万美元,比1991年增加了2.3倍多;2000年,外币存款为408万美元,比1995年增加了1.8倍多;2002—2014年,外币存款连续三年达到500万美元以上,其中2002年外币存款514万美元,为历史最高;2005年后,外币存款有所减少,2010年,外币存款为300万美元。外币存款中,中行万宁支行个人外币存款227万美元,市场占有率为73%,保持个人外币存款市场首位。

1991—2010年中行万宁支行外币存款情况一览表

表9-24 单位:万美元

年份	1991	1992	1993	1994	1995	1996	1997	1998	1999	2000
外币存款	97	134.7	235	243.14	226	219	226	258	340	408
年份	2001	2002	2003	2004	2005	2006	2007	2008	2009	2010
外币存款	437	514	509	503	428	410	322	261	249	300

(四)中间业务

1999年,开始发展中间业务,当年中间业务收入仅为22万元。此后,中间业务逐年增多,收入也逐年增加,2006年达到121万元,2007年达到312万元,为历史最高。2010年,中间业务收入为274万元。

1999—2010年中行万宁支行中间业务收入情况一览表

表9-25 单位:万元

年份	1999	2000	2001	2002	2003	2004	2005	2006	2007	2008	2009	2010
中间业务收入	22	29	37	34	38	61	73	121	312	243	201	274

(五)电子化建设

1995年1月,投放全市第一部ATM自动取款机,至2010年,共投放ATM自动取款机25部,日均交易约3000笔,ATM取款机遍布全市各主要街道、宾馆酒店,延伸中行服务窗口。

六、中国建设银行股份有限公司万宁支行

(一)机构

1991年,中国人民建设银行海南省万宁县支行内设储蓄筹资股、信贷股、房金股、建经股、保卫股、办公室、会计股、计划股、审计股、监察室,下设4个营业网点(营业部、乌场办事处、兴隆办事处、康乐储蓄所),有员工63人。1996年8月,改为"中国建设银行海南省万宁市支行"。至1997年,新增9个网点:文明南储蓄所、文明北储蓄所、和乐储蓄所、龙滚储蓄所、光明储蓄所、人民中储蓄所、金日储蓄所、光明南储蓄所、税务专柜(储蓄所),共有13个营业网点,从业人员最高时达143人。2004年9月,更名为中国建设银行股份有限公司万宁支行(简称:建设银行万宁支行)。2007年底,建设银行万宁支行原下设和乐储蓄所、龙滚储蓄所、人民中储蓄所、金日储蓄所、文明南储蓄所、文明北储蓄所、税务专柜(储蓄所)、光明储蓄所、乌场办事处、康乐储蓄所等10个网点先后撤销,其业务归并入万宁支行营业部。2010年底,支行内设营业部、兴隆分理处、客户部、办公室4个部门,在职员工30名。

(二)存贷款业务

1991年,建行万宁支行各项存款业务余额6338万元,各项贷款余额1362万元。1995年,全市各项存款业务余额10836万元,各项贷款余额5353万元。2000年,全市各项存款业务余额15347万元,各项贷款余额1454万元。2005年,各项存款业务余额41815万元,各项贷款余额345万元。2010年,各项存款业务余额107035万元,各项贷款余额3766万元。

1991—2010年建行万宁支行存贷款业务情况一览表

表9-26　　单位:亿元

年份	存款	贷款	年份	存款	贷款
1991	6338	1362	2001	16279	418
1992	7560	1850	2002	17255	310
1993	8253	2822	2003	16346	361
1994	8964	8336	2004	17377	306
1995	10836	5353	2005	41815	345
1996	14004	3007	2006	52849	1048
1997	15893	3171	2007	61192	1048
1998	16095	3365	2008	53842	1276
1999	16900	2847	2009	179241	2268
2000	15347	1454	2010	107035	3766

（三）现金投放

建行的现金投放最主要的形成基础是广大客户的存取款业务和通存通兑业务，而贷款投放和单位工资费用支出形成的现金投放量所占比例较小。1991—2010年，现金投放总量为22.14亿元。

1991—2010年建行万宁支行现金投放情况一览表

表9-27　　单位:万元

年度	1991	1992	1993	1994	1995	1996	1997	1998	1999	2000
投放量	5000	6000	7000	6000	6000	9000	8000	7000	8000	9000
年度	2001	2002	2003	2004	2005	2006	2007	2008	2009	2010
投放量	8000	9000	11100	13200	11400	19600	17300	17900	21100	31800

（四）外汇收支

1991—1998年，万宁建行没有外汇收支。1999—2004年，有零星个人外汇收入发生。自2005年起，随着境外公司的进驻，逐渐有一定量的外汇收支业务发生，外汇业务量逐年增加。2010年，外汇收支量为3653万美元。

1991—2010年建行万宁支行外汇收支情况一览表

表9-28 单位：万美元

年度	1991	1992	1993	1994	1995	1996	1997	1998	1999	2000
收支量	0	0	0	0	0	0	0	0	31	46
年度	2001	2002	2003	2004	2005	2006	2007	2008	2009	2010
收支量	67	66	45	100	2840	2262	480	1194	1176	3653

（五）中间业务

1991—2003年，万宁建行中间业务量不大，中间业务收入较少。2004年起，代理业务、基金销售、ATM机跨行交易、外汇结算、理财产品销售等不断增加，中间业务收入逐年提高。

1991—2010年建行万宁支行中间业务收入情况一览表

表9-29 单位：万元

年度	1991	1992	1993	1994	1995	1996	1997	1998	1999	2000
中间收入	0.1	0.2	0.1	0.3	0.4	0.5	1.6	4	6	8
年度	2001	2002	2003	2004	2005	2006	2007	2008	2009	2010
中间收入	10	13	19	26.1	56.3	91	227	132	156	238.7

（六）经营效益

1991—2005年，建行万宁支行存贷规模小，中间业务形不成规模，经营效益较差。2006—2010年，建行万宁支行抓住机遇，成功营销到中信泰富、华润等大企业，为业务发展和经济效益提升带来巨大空间。2006年转亏为盈，实现利润764万元。2010年，利润达到1231万元。

1991—2010年建行万宁支行经营效益情况一览表

表9-30　　　　单位:万元

年份	净利润	年份	净利润
1991	-15	2001	-296
1992	-18	2002	-206
1993	-24	2003	-362
1994	-53	2004	-247
1995	-3	2005	-89.5
1996	202	2006	764
1997	24	2007	698
1998	-509	2008	410
1999	-40	2009	607
2000	74	2010	1231

（七）电子化建设

1991—1993年,万宁建行的柜台存取款结算业务尝试使用计算机和手工并行方式。至1995年,全部网点采用电脑进行结算管理,但仅限于存折业务,也未开通全省联网通存通兑业务。1996年开始,开办银行储蓄卡业务,并与全省建行业务联网结算,即实现全省通存通兑。此后,随着省行采用A18中型计算机集中管理、结算银行业务,万宁建行全面加快电子化建设的步伐。至2010年,万宁建行电子化建设程度与省行同步达到国际先进水平。

至2010年,万宁建行的电子化建设设备及产品有:银行IC卡、自助银行、网上银行、手机银行、短信银行、95533客服系统、重要客户服务系统、电子对账系统等。建行电子银行品牌标志为"e路通"。

七、中国邮政储蓄银行万宁支行

（一）机构

2008年5月16日,中国邮政储蓄银行万宁市支行挂牌成立,它是在改革邮政储蓄管理体制基础上组建的商业银行,为省直属一级支行。共设有综合管理部、综合业务部、信贷业务部、会计核算部4个职能部门。全行共有干部职工81人,有22个邮储网点提供金融服务,其中4个自营网点、9个二级支行、9个代理网点,服务范围覆盖各乡镇。至2010年,机构设置未变。

（二）存款业务

2008年，个人储蓄存款余额为103906万元，其中自营网点为33065万元，市场占有率达27.18%，个人用户达28万户；同年新开办了公司存款业务，实现对公业务的有效拓展，至年底，对公余额达1417万元。2009年，储蓄余额达126681万元，其中自营网点达40420万元，全年累计净增7354万元，余额市场占有率达到27.31%，累计净增余额市场占有率达到26%，至年底，对公余额达到2.23亿元，全年日均余额达到9000万元，实现跨越式增长。2010年，自营网点个人储蓄余额达到50041万元，累计净增余额9622万元；全市个人储蓄余额达到161235万元，全年累计净增34554万元。

（三）贷款业务

2008年6月底，开办小额贷款业务。资产类业务的开办，结束了邮政储蓄银行长期以来“只存不贷”的经营模式，是加快邮储银行向商业银行转型的关键一步。2008年，共发放小额信贷677万元，结余606.50万元，没有出现逾期贷款。小额贷款为各类种植业、养殖业及个体户资金服务。

2009年5月，成功开办个人商务贷款，累计发放730万元。2010年，在小额和个商的基础上开办了二手房贷款业务，截至12月底，贷款业务结余4227万元，其中，小额贷款余额1357.03万元，个人商务贷款余额2772.93万元，住房按揭贷款结余97万元。

（四）中间业务

邮政储蓄银行万宁支行以基金业务为切入点，全面推进保险、基金、国债等业务发展，促进业务结构调整，带动中间业务投入提升。2008年，邮政银行试行信用卡业务。2009年，退出理财类产品，全年销售理财类产品817万元。2010年，正式发行信用卡，共发行信用卡414张，成为拉动中间业务创收的新生力量。同年，开办个人网银和POS收单业务，发展POS收单机4部，个人网银3785户，电话银行3785户。

八、万宁市农村信用合作社

（一）机构

1991年，万宁县农村信用合作社由农业银行领导和管理。1996年11月，农村信用社与农行脱离行政隶属关系，成为独立核算的机构，万宁市农村信用合作社联合社，内设办公室、财务会计股、资金营运股、安全保卫股、稽核监察股，开始对全市18个农村信用社（含联社营业部）统一管理。2004年9月，市联社机关将各股（室）改为“一室四部”，即办公室、财务会计部、资金营运部、安全保卫部、稽核监察部。2007年8月10日，万宁市农村信用社联合社正式挂牌成立，属地方性金融机构，受海南省农村信用社联合社直接领导和管理。2009年8月，成立万宁市小额信贷项目部。

2010年，成立市级统一法人单位“万宁市农村信用合作联社”，隶属海南省人民政府和海南省农村信用社联合社直接领导。内设办公室、人力资源部、计划财务部（下设资金清算中心）、信贷管理部（下设小额信贷部）、资产风险管理部、稽核保卫部、电脑信息部、银行同部。同年10月，对机关职能部门进行再次调整，设置了综合部、计划财务部、信贷管理部、法律合规部、稽核监察部、电脑信息部、安全保卫部、资金部、清收保全部。至年底，万宁市农村信用合作联社一共有29个营业网点，下辖1个营业部、14个信用社、14个分社,正式职工231人。

(二)存贷款业务

1996年末,各项存款2.45亿元,各项贷款1.23亿元。2007年末,各项存款余额为7.17亿元,其中储蓄存款6.19亿元,对公存款9801万元;各项贷款余额为4.58亿元。2009年末,总资产为14.15亿元,各项贷款余额5.85亿元,总负债为16.13亿元;各项存款余额10.84亿元,在各项存款当中,储蓄存款余额8.85亿元,占81.60%。2010年末,各项存款余额15.67亿元,其中:对公存款余额3.31亿元,占存款总额的21 %;储蓄存款余额12.36亿元,占存款总额的79 %,市场份额占比为14.31%。各项贷款余额为12.04亿元,其中:涉农贷款余额8.32亿元,占69%,市场份额占比为61.92%。

(三)中间业务

2009年前,万宁市农信社中间业务发生量较少。2009年,开始办理银行卡业务,当年累计发银行卡1084923张,其中:惠民卡74724张、社保卡10964张、烟草代扣卡1330张。2010年发银行卡52170张,其中:惠民卡36570张、社保卡257张、金卡212张;烟草代扣捆绑数量1110户,交易金额22139万元;有线电视代收受理286笔,交易金额5.54万元。

(四)电子化建设

2009年6月,全省农村信用社实现了联网,办理通存通兑业务。10月,联社营业部等4个网点率先实现电脑(单机无联网)办理业务。2009年3月,在联社营业部安装第一台ATM自动取款机,至年底,先后在兴隆分社、东星分社、万城信用社等安装ATM机5部、POS机3部。至2010年,在全市12个镇安装EPOS机332台,其中:在行政村共安装117台,有电信信号的行政村实现了全覆盖;安装ATM机6台,实现了乡镇ATM机全覆盖。

1991—2010年万宁县(市)农村信用社资产统计表

表9-31　　　　单位:万元

项目 年度	资产合计	各项贷款				现金	其他资产
		合计	短期贷款	中长期贷款	其他贷款		
1991	6131	5384	4432	493	459	236	511
1992	7304	6299	5215	492	592	286	719
1993	16454	7682	670	2505	4507	238	8534
1994	21845	9666	1050	4000	4616	447	11732
1995	30175	10513	1113	5542	3858	446	19216
1996	32907	12266	3452	3486	5328	726	19915

续表9-31

项目 / 年度	资产合计	各项贷款				现金	其他资产
		合计	短期贷款	中长期贷款	其他贷款		
1997	33667	12874	1101	4983	6790	1011	19782
1998	33635	13879	4495	1999	7385	1135	18621
1999	36604	14362	7133	1042	6187	2513	19729
2000	46284	18392	5972	80	12340	3282	24610
2001	49846	19745	8105	0	11640	2159	27942
2002	56708	23874	8305	5774	9795	805	32029
2003	62680	32498	15556	8545	8397	1459	28723
2004	59594	32660	11494	1907	19259	2283	24651
2005	59958	33733	12217	2784	18732	2229	23996
2006	74356	39327	16395	5178	17754	1801	33228
2007	90322	45752	14566	5052	26134	1441	43129
2008	105678	45678	13714	2567	29397	1957	58043
2009	141502	58452	15326	15986	27140	1794	81256
2010	264407	120407	15479	94408	10520	3132	140868

第二节 保 险

一、保险机构

1991年,万宁县保险机构仅有中国人民保险公司万宁支公司。1993年,中国太平洋保险公司进驻万宁。至此,万宁县有两家保险机构。2003年,保险事业实行改革,由国有公司转为股份制上市公司,此后,相继有平安保险(2005年)、阳光保险(2006年)、大地保险(2006年)、天安保险(2007年)进驻万宁。至2010年,万宁市共有6家财产保险公司。其中,1996年,中国人民保险公司万宁支公司分成财产保险和人寿保险两家公司。另外,在此期间还有新华人寿、永康人寿等几家人寿保险公司或代办点进驻万宁;2008年后,保险业务进一步放开,有些财产保险公司也增设人寿保险业务,人寿保险公司也增设财产保险业务。

二、主要保险公司简介

（一）中国人民财产保险股份有限公司万宁支公司

1991年，保费收入190.4万元，赔款支出116.1万元。1996年，寿险业务分离，中国人民财产保险公司万宁支公司正式成立，内设车险部和财产部两个部门，有从业人员12人。2000年，保费收入351.32万元，较1991年增加160.92万元，增长84.52%；赔款支出154.78万元，较1991年增加38.68万元，增长33.32%。2003年7月，中国人民保险公司重组改制，中国人民财产保险公司万宁支公司更名为中国人民财产保险股份有限公司万宁支公司。2010年，内设车险部、理赔部、综合部和财产部，从业人员15人。2010年，保费收入782.58万元，较2000年增加431.26万元，增长122.75%；赔款支出256.45万元，较2000年增加101.68万元，增长65.69%。

1991—2010年中国人民财产保险股份有限公司万宁支公司保费及理赔情况一览表

表9-32　　　　单位:元

年份	保费收入	赔款支出
1991	1903636.00	1160999.00
1992	2059596.00	1506996.00
1993	2303655.00	1206939.00
1994	2509375.00	1506976.00
1995	2706956.00	1803939.00
1996	2765060.00	1506535.00
1997	3063696.00	1136093.00
1998	3742445.00	1833507.00
1999	3814299.25	1414863.56
2000	3513192.66	1547755.56
2001	2879317.26	1030304.02
2002	3208075.31	1476626.93
2003	3194733.65	1549656.83
2004	4590740.31	1440800.43
2005	5130772.12	2456429.58
2006	4726270.41	2950604.31
2007	8159562.46	2328589.63
2008	5397490.60	4489492.58
2009	4299065.70	4751128.40
2010	7825758.13	2564540.83

（二）中国人寿保险股份有限公司万宁市支公司

1991—1995年，与中国人民财产保险公司合并经营。1996年，财险、人寿险分离，公司成为独立经营企业，系中国人寿保险集团公司下属分支公司，内设业务部，有管理人员6人。1996年，中国人寿保险股份有限公司万宁市支公司保费收入638.79万元，理赔支出525.27万元。2000年，保费收入达1647.41万元，比1996年增加1008.62万元；理赔支出为376.61万元，比1996年减少148.66万元。至2010年，保费收入4823.21万元，比2000年增加3175.8万元；理赔支出1416.85万元，比2000年增加1040.24万元。1996—2010年，先后在万宁地区设立12个保险营销服务网点和一个客户服务中心。2010年，编制10人，单位名称和机构性质未变。主要经营人寿保险、健康保险、人身意外保险、银行代理保险、分红型保险等险种。

1996—2010年中国人寿保险公司万宁支公司保费及理赔情况一览表

表9-33　　单位：万元

年份	保费收入	理赔支出
1996	638.79	525.27
1997	719.09	229.63
1998	930.46	512.83
1999	1721.56	462.55
2000	1647.41	376.61
2001	1569.57	647.19
2002	2135.26	492.03
2003	2634.3	213.69
2004	2879.91	195.17
2005	3160.86	193.83
2006	2736.24	243.01
2007	3274.09	808.3
2008	4444.4	1459.95
2009	4922.37	1992.93
2010	4823.21	1416.85

第十编　综合经济管理

第一章 计划

第一节 机构

1991年,万宁县计划委员会内设秘书组、工农业计划组、科教计划组、社会发展组,共有编制15人。1995年11月,撤销万宁县计划委员会,成立万宁县计划统计局,同时增挂万宁县物价局牌子,行政编制17人。1996年8月,万宁县计划统计局更名为万宁市计划统计局,万宁县物价局更名为万宁市物价局。

2001年2月,撤销万宁市计划统计局,组建万宁市发展计划局,挂经济动员办公室牌子,将万宁市物价局划为局内设机构,其他内设机构未变。2004年3月,万宁市发展计划局改组为万宁市发展和改革局,内设物价局(副科级)、办公室、规划综合股、经济股、工业股、社会发展股、价格股、收费管理股。2010年,设物价局1个副科级机构,7个股级职能机构:办公室、规划综合股、投资发展股、产业经济股、社会事业股、价格监管股、收费管理股;行政编制15人。

第二节 体制改革

"八五""九五"时期(1991—2000年),以深化企业改革为重点,通过对企业进行承包制、股份制、兼并、租赁等各项改革,改善企业经营机制,提高企业经济效益。同时,继续完善农机联产承包责任制,增加和健全产前、产中、产后的生产、科技、供销等社会服务体系。

"十五"时期(2001—2005年),一是推进行政区划调整体制改革,将18个乡镇并为12个镇;二是建立市行政服务中心,创新行政服务机制,提高行政办事效益;三是进一步完善国有资产管理体制改革,政府部门与所有的经济实体彻底脱钩;四是稳妥推进人事制度改革,党政机关编制由1929名减为1572名,精简18.5%;五是财政体制改革继续深化,实行会计委派、乡镇集中核算、政府采购、国库集中支付、国有资产公开拍卖等制度;六是农村税费改革全面完成。

"十一五"期间(2006—2010年),体制改革在稳步推进中不断深化,完成会计委派改革、兴隆华侨农场改革、农村综合改革、国有粮食体制改革、集体林权改革、文化体制改革、社保征缴体制改革、政府机构改革、农垦职工五项社保和中小学校移交等改革任务。行政审批体制改革、医药卫生体制改革、国有工业企业改革等有较大进展。

第三节 计划编制与实施

一、十年规划和"八五"计划(1991—1995年)编制和实施

(一)编制

根据县委、县政府五年计划编制工作的要求,依据《中共海南省委关于制定国民经济和社会发展第十个五年规划》的建议和工作意图,县计划统计局负责起草了《万宁县国民经济和社会发展十年规划和"八五"规划纲要》,1991年2月完成,报县政府后提交县人民代表大会会议审议通过。

总战略目标是:实现中央提出的现代化建设的第二步战略目标,人民生活达到小康水平,国民经济整体素质提高到一个新水平。

在大力提高经济效益和优化经济结构的基础上,人均国内生产总值1995年超过全国平均水平,1997年或1998年达到"小康"水平(即人均国内生产总值800美元),经济发展水平在"八五"期间翻一番,"九五"期间再翻一番。最终形成以工业为主导产业、三大产业协调发展的较合理的产业结构;逐步提高第一、第三产业在国内生产总值中的比重,第一、第二、第三产业占国内生产总值比重比例,由1990年的69.5:10.5:20发展到1995年的52.6:19.8:27.6、2000年的46.2:23:30.8。逐步形成外向型的经济模式。自产商品出口创汇总值占工农业总值比重,1995年为17.5%,2000年为30%;利用外资占全社会固定资产投资总额,1995年为42%,2000年为60%。粮食自给率1995年为70%,总产量为14.7万吨;2000年为80%,总产量为17.8万吨。

在五年内,使全县5.9万贫困人口基本摆脱贫困。形成一批以矿产品加工业和热作、水产平加工业为主的"支柱产业",并以其"拳头产业"打进国内国际市场。社会主义精神文明建设达到新的水平。

主要指标:社会总产值1995年为163000万元,其中地方145000万元,"八五"期间年平均增长分别为15.7%和17.4%;2000年为320000万元,其中地方300000万元。国内生产总值1995年为101200万元,其中地方为90000万元,"八五"年间年平均增长分别为15%和16%,2000年为195000万元,其中地方180000万元。国民收入1995年为89000万元,其中地方为79000万元,"八五"期间年平均增长分别为15.6%和17%,2000年为170000万元,其中地方158000万元。工农业总产值(按1980年不

变价计算)1995年为66700万元,其中地方56000万元,"八五"期间年平均增长分别为20%和29%;2000年为74200万元,其中地方70000万元。外贸进出口总值1995年为3700万美元,"八五"期间年平均增长54%,其中出口总值为2500万美元,"八五"期间年平均增长66%;2000年进出口总值为15000万美元,其中出口总值为8800万美元。全社会固定资产投资总额,"八五"期间累计100000万元,比"七五"期间累计投资总额增长2.16倍;"九五"期间累计250000万元,比"八五"期间累计数增长1.5倍。1995年,社会商品购买力为53000万元,"八五"期间年平均增长15%,社会商品零售总额1995年为38000万元,"八五"期间年平均增长13%,2000年,社会商品购买为98000万元,社会商品零售总额为65000万元。1995年财政收入为7000万元,支出为7000万元,实现收支平衡;2000年财政收入为14000万元,支出为12000万元。1995年,全县职工工资总额为15775万元,职工年人均工资为2215元,农民人均纯收入为1200元,2000年,全县职工工资总额为44500万元,职工年人均工资为4495元,农民人均纯收入为2800元。

(二)实施

1991年,社会总产值达61000万元(含兴隆农场,不含农垦;按1990年价格计算,增长速度按可比价格计算。下同),比上年的57979万元增长8.1%,完成年计划的85%;国民生产总值45000万元,比上年的40261万元增长8.2%,完成年计划的93%;国民收入34400万元,比上年的32840万元增长4.5%,完成年计划的92%;工农业总产值47654万元,比上年的38740万元增长23%,完成年计划的119%;全社会固定资产投资6141万元,比上年的5181万元增长18%;地方财政收入1507万元,比上年的1193万元增长26.3%,完成年计划的104%;职工年人均工资收入达2096元,比上年增长6.8%;农村农民人均收入689元,比上年增长2%。

1995年全县(含兴隆、农垦,下同)生产总值达到18.6亿元,比上年的15.6亿元增长19.2%(增长比例按可比价格计算),完成年计划的100%,工农业总产值22.5亿元(按1990年不变价格计算),比上年的19.4亿元增长15.98%,完成年计划的103.6%,其中工业总产值12.3亿元,比上年的10.2亿元增长20.6%,完成年计划的102.5%,农业总产值10.5亿元,比上年的9.2亿元增长14.1%,完成年计划的105%;粮食总产量12.7万吨,比上年的12.3万吨增长3.2%,完成年计划的98.4%;乡镇企业总产值12.8亿元,比上年的9.3亿元增长37.6%,完成年计划的106.2%;全社会固定资产投资7亿元,比上年的5.6亿元增长25%,完成年计划的70%;地方财政收入8518万元;比上年的7581万元增长12.4%,完成年计划的85.2%;财政支出12882万元,比上年增长9%;职工人均收入4000元,比上年的3701元增长8%,农民人均纯收入1651元,比上年的1459元增长13.2%。

二、"九五"计划(1996—2000年)编制和实施

(一)编制

根据市委、市政府五年计划编制工作的要求,依据《中共海南省委关于制定国民经济和社会发展第九个五年规划》的建议和工作意图,县计划统计局负责起草了《万宁县国民经济和社会发展"九五"规划纲要》,于1996年4月份完成,报县政府后提交县人民代表大会会议审议通过。

"九五"期间,万宁国民经济和社会发展总体目标为:万宁市国民经济持续快速健康发展,社会事业蓬勃发展,基础设施不断加强,城乡面貌大为改观,人民生活总体上达到小康水平,农村贫困人口温饱问题基本解决;开放型经济迅速发展,社会主义市场经济体制初步建立;社会主义精神文明建设

取得积极成果，民主法制建设不断加强。其中，1996年计划经济指标为：国内生产总值达到22亿元，比1995年增长18.9%；工农业总产值达到27.4亿元，比1995年增长20%；其中，农业总产值12.1亿元，比1995年增长15%；工业总产值14.8亿元，比1995年增长20.3%；全社会固定资产投资达到9亿元，比1995年增长28.6%；乡镇企业总产值达到16.6亿元，比1995年增长30%；粮食总产量13.1万吨，比1995年增长3%；肉类总产量24000吨，比1995年增长20%；水产品总量17510吨，比1995年增长15.5%；全社会消费品零售总额7.2亿元，比1995年增长35%；商品零售物价指数涨幅控制在10%以下；地方财政10000万元，比1995年增长17.4%；农民人均纯收入1850元，比1995年增长12%。

（二）实施

2000年，全市国内生产总值达到27.16亿元，增长8.9%，人均国内生产总值达到6237元，地方财政收入达到1.1089亿元。以经济效益为中心，以市场为导向，大力推进产业结构调整，种植业结构调整力度较大，主要农作物种植面积“三增(蔬菜、水果、热作种植面积增加)一减(粮食种植面积减少)”。其中粮食种植面积比上年减少1140公顷，在总面积减少的同时，优质品种的种植面积却得到扩大。全年粮食减产1.91万吨，减产约12.8%，其中约2/3是受主动调减种植面积因素影响，1/3是受台风洪涝等自然灾害因素影响。在区域结构方面，粮食、蔬菜、水果、热作等主要农作物生产进一步向优势产区集中，初步形成产业带。畜牧业结构调整稳步推进，牛、羊、猪肉和鸡、鸭、鹅肉产量增长较快，水产养殖发展势头较好，农产品加工业发展速度加快。瓜菜、水果、水产生产成为万宁市农业生产的支柱产业，全年农业增加值达到10.8亿元，比上年增长8.2%。工业生产形成木材加工、矿产品加工等一批拳头产品，全年工业增加值达到3.9亿元，比上年增长7.7%。全年接待旅游人数达160万人次，比上年增长14%，旅游总收入达到1.93亿元，比上年增长14.88%，全年第三产业增加值达到8.86亿元，比上年增长9.3%。

三、“十五”计划（2001—2005年）编制和实施

（一）编制

根据市委、市政府五年计划编制工作的要求，依据《中共海南省委关于制定国民经济和社会发展第十个五年规划》的建议和工作意图，市发展计划局负责起草了《万宁市国民经济和社会发展“十五”规划纲要》，2001年2月完成，报市政府后提交市人民代表大会会议审议通过。

“十五”期间，万宁市国民经济和社会发展的总体目标为：国民经济持续快速健康发展，经济结构的战略、调整及经济增长方式的根本性转变取得明显成效，经济运行质量和效益得到显著提高，人均国内生产总值突破1万元。

2005年，全市经济实力进一步增强，国内生产总值按可比价格计算达到50亿元，年均增长14%。

经济结构方面，产业结构明显改善，产业竞争力进一步提高，一、二、三产业的比重由2000年的39.1∶26.9∶34调整为2005年的29∶34.6∶36.4，工业占整个经济总量的比重达到18%以上。

人民生活方面，城乡居民收入较快增长。按2000年可比价格计算，城镇居民人均可支配收入2005年达到6318元，年均增长8%。农民人均纯收入2005年达到4784元，年均增长10.4%。城乡居民环境明显改善，城乡分别普及高中教育和“9+1”教育，城乡医疗卫生条件继续改善。

(二)实施

“十五”时期,战胜了干旱、台风、蝗虫等重大自然灾害,成功地阻击了非典、禽流感等疫情的发生,完成了第十个五年计划,全市经济和社会事业持续健康稳步发展。

经济实力明显增强。2005年与2000年相比,全市生产总值由24.01亿元增加到37.92亿元,年均增长9.6%。地方财政收入由0.85亿元增加到1.37亿元,年均增长9.5%。全社会固定资产投资5年累计完成47.86亿元,年均增长7.7%。社会消费品零售总额13.13亿元,年均增长12.4%。投入资金14.43亿元改善旅游基础设施和建设旅游项目,开发了石梅湾旅游区等一批新的旅游景区。2005年全市接待过夜游客267.1万人次,旅游收入7.48亿元,分别比2000年增长59%和98.4%。

招商引资实现历史性突破。2003年,引进香港中信泰富、中信国安、上海鹏欣集团、山东鲁能集团等一批知名企业落户万宁。全年引进大项目28个,计划投资171亿元。其中神州半岛项目区域规划范围约37.93平方公里,总投资100亿元,是全市历年来引进外来企业投资建设最大的项目,也是海南独家投资最大的项目。5年累计引进各类项目143个,合同利用外资18.8亿美元。

基础设施日趋完善。完成了万城10万吨供水工程、农村电网改造和3个110千伏变电站、6个35千伏变电站建设。建成了人民公园、新车站。建设和改造了万城镇万州大道、环市一路、光明北路和兴海大道、兴隆过境道路等主要街道的路面、排水系统和路灯设施,改造和修建了尖岭至三更罗等783条乡村公路,长1919公里。加固水库25宗,修复水毁工程615处,加固防潮堤11公里,新建各类防渗渠道228.3公里,连片综合整治了大奶洋、红光洋等农田8.6万亩,2005年荣获全省农业综合开发农田整治一等奖。建成北坡、港北供水工程,解决周边12.2万人的饮水难问题。

人民生活逐步提高。2005年,城镇居民人均可支配收入6133元,农民人均纯收入由2000年的2398元提高到3331元,年均增长6.8%。在岗职工年人均收入比2000年的6202元增长27.7%。企业基本养老金按时足额发放率达100%。五年累计发放社会失业救济金499.9万元,发放最低生活保障金1985.6万元。

四、“十一五”规划(2006—2010年)编制和实施

(一)编制

根据市委、市政府五年计划编制工作的要求,依据《中共海南省委关于制定国民经济和社会发展第十一个五年规划》的建议和工作意图,市发展和改革局负责起草了《万宁市国民经济和社会发展“十一五”规划纲要》,2008年5月份完成,报市政府后提交市人民代表大会会议审议通过。

“十一五”期间,总体目标是:至2010年,全市生产总值达到62.5亿元,年均增长10.5%,人均地区生产总值达到12318元,年均增长9.5%;努力提高财政收入占地区生产总值的比重,提高税收收入占财政收入的比重,地方财政收入达到2.8亿元,年均增长15.7%。产业结构明显改善,一、二、三产业的比重由2005年的36.7∶19.9∶43.4调整为2010年的30∶25∶45。固定资产投资总规模达到156亿元左右,年平均超过31.2亿元,年均增长32%左右。城镇社会保障制度进一步完善,农村社会保障体系初步建立。城乡居民收入持续增加,按2005年可比价格计算,城镇居民人均可支配收入2010年达到9436元,年均增长9%。农民人均纯收入2010年达到4894元,年均增长8%。

(二)实施

“十五”时期是全市经济社会发展极不平凡的五年,面对国际金融危机的巨大冲击和特大洪涝灾害,全市人民紧紧扭住科学发展不放松,全力抢抓发展机遇,务实拼搏,超额完成“十一五”规划所确定的目标和任务。

经济实力在加速发展中显著提升。生产总值累计完成316亿元,是“十五”时期的2.1倍,年均增长15.2%。地方财政一般预算收入累计完成16亿元,是“十五”时期的2.4倍,年均增长36%。全社会固定资产投资累计完成211亿元,是“十五”时期的4.5倍,年均增长45.5%。社会消费品零售总额累计完成110亿元,是“十五”时期的2.3倍,年均增长17.7%。经济增长明显提速,质量和效益明显提高,为全面建设小康社会奠定了坚实基础。

重点项目在创优环境中顺利推进。积极开展“招商引资年”“项目推进年”“优质服务年”等一系列活动,大力实施“一带两区”发展战略,引进中信泰富、华润、中信国安、南山集团、中城建集团、奥特莱斯公司等一批大型知名企业落户万宁。重点项目累计投资162亿元,是“十五”时期的4.9倍。神州半岛、石梅湾、山钦湾、兴隆大康乐、中央新增投资等重点项目顺利推进。“大企业进入,大项目带动”效应凸显。

基础设施在扩大投入中日趋完善。累计投入43亿元,是“十五”时期的7.7倍,一批事关长远发展的基础设施建成使用。完成城乡电网改造,改建农村公路686公里,实施广播电视村村通工程,有线电视用户突破8万户,东环铁路建成通车,路网、水网、电网、通信网、广电网覆盖城乡。

民生社会事业在统筹协调中和谐发展。累计投入29亿元用于改善民生,是“十五”时期的4倍,年均增长34.2%。投入6.1亿元,开工建设各类保障性住房6107套。全面实施义务教育,发放“两免一补”资金1.6亿元,创办6所九年一贯制学校,完成147所农村学校改造,拆除D级危房校舍7.34万平方米,新建校舍16.37万平方米,城乡教育均衡发展。建设疾控中心大楼,改造卫生院业务房,实施农村卫生室标准化工程,市镇村三级医疗卫生体系更加健全。深入推进城乡低保、大病医疗救助、孤儿政府赡养全覆盖等工作,建立更加完善的社会救助体系。投入8976万元,偿还拖欠工程款;投入4749万元,解决工商、质监系统体制改革遗留问题;投入9817万元,化解农村义务教育债务和偿还历年拖欠教师工资。人民群众在和谐社会建设中得到更多实惠。

5年来,先后获全国科技进步先进市、全国政务公开工作示范市、全国“四五”普法先进市、全国第二次农业普查先进集体、全国流动人口计划生育先进集体、全国计划生育优质服务先进市县、全国第一次污染普查先进集体、全国生猪养殖先进市等荣誉称号。

第四节 重点项目管理

1991—1993年,万宁县没有确定重点推进项目。1994年,万宁县政府确定绿藻厂、兴隆森林公园、日月湾台湾度假村等24个项目为重点推进项目,同时构建完善重点项目例会制度、重点项目月报制度、重点项目问责制度、重点项目服务奖励制度等。至2000年,万宁市共确定重点推荐项目64个;

2001—2005年,确定重点推进服务项目52个。

2007年,市重点项目主要有中信泰富的神州半岛开发旅游项目、中信国安的博鳌特别规划旅游区万宁区项目、香港华润集团的石梅湾旅游项目、中海永青物流加工项目等。其中,中信国安的博鳌特别规划旅游区万宁区项目可研报告获市政府同意并上报省发改厅;万宁市和国家开发银行海南省分行签订的100亿元开发性金融合作,编制了《开发性金融支持海南省万宁市区域发展规划》,制定了《万宁市利用开行资金使用计划》《万宁市利用开行资金加快万宁发展实施方案》,并将《万宁市2007年向国家开发银行海南省分行申请贷款项目及额度》向省开发银行申报,得到国家开发银行海南省分行的大力支持,至2010年部分项目资金陆续到位;万城旧城改造项目中《海榆东线公路万城区段市政道路改造工程项目》动工建设。

2009年,确定神州半岛旅游开发区、石梅湾旅游开发区和兴隆大康乐项目等49个项目为市重点项目,开工建设项目34个,全年完成投资53.9亿元。神州半岛旅游开发项目全年完成投资18.8亿元,高尔夫球场东场完工,西场全面施工;区内一号、四号路基本完成,二号、三号路加紧施工;加神公路建成并交付使用。石梅湾旅游开发项目全年完成投资19.7亿元,至2010年后勤基地、艾美公寓、健康体检中心仍在实施,项目二线用地征地1800亩,供地1200亩。希望小镇主干道路及附属设施市政工程(一期)完成,兴隆大康乐项目全年完成1.7亿元,演艺剧场、体育公园会馆主体工程封顶,污水处理厂前期工作完成。石梅山庄、绿中海、山泉海、长春城、老榕树山顶温泉酒店、椰林湾、万利隆花园小区等一批房地产项目建设顺利推进。东环铁路项目全年完成投资7.66亿元。总投资2.04亿元的万宁中学新校区(高中部)一期工程顺利开工建设,二期工程也进入施工阶段。计划总投资4.07亿元的万宁望海大道项目完成投资9000元。总投资1.93亿元的莲兴路项目完成项目前期工作。总投资2.4亿元的新水源项目可研获批复,至2010年仍在设计中。坡顶安置区完成征地拆迁补偿和路网等基础设施建设,完成总工程量的85%。廉租住房建设完成1080套。计划建设542套的经济适用房项目开工建设。

2010年,全市列入省重点项目4个,年度计划投资27亿元。至12月底,完成投资32.27亿元,完成年度计划的119.5%。神州半岛项目完成投资14.53亿元,完成年度计划的145.4%。喜来登、福朋酒店进入装修阶段。东、西桥和莲神公路等区内外配套设施建设基本完成,大部分投入使用。石梅湾旅游区完成投资10.53亿万元,完成年度投资计划的105.3%。区内基础设施建设基本完成,投资1400万元的直升机起降场项目竣工并投入使用。同年6月底,投资2亿多元的华润希望小镇施工完成。山钦湾旅游区完成投资4.055亿元,完成年度投资计划的101.4%。山钦湾酒店主楼完成基础工程,附楼封顶。山钦湾高尔夫球场建设基本完成。兴隆大康乐项目完成投资3.15亿元,完成年度投资计划的105%。至年底,市重点项目77个,计划投资72亿元,完成投资56亿元。其中,社会投资项目42个,计划投资59亿元,完成投资49.5亿元;政府投资项目35个,计划投资13亿元,完成投资6.5亿元。万宁市中央扩大内需投资第一至四批32个项目已全部开工建设,其中26个项目交付使用。

第二章 统计

第一节 机构

1991年，万宁县统计局内设办公室、农业股、工交股、贸易股等股室，人员编制11人，为正科级政府组成部门。1995年11月，实施县级机构改革，县统计局与县计划局合并，称计划统计局，统计局改为万宁县经济信息中心，为计划统计局内设正局级事业单位，事业编制22人，履行政府统计职能。1996年，万宁撤县设市，更名为万宁市经济信息中心。

2001年，根据国家机构改革的要求，万宁市经济信息中心从计划统计局分离，成立万宁市统计局，为市政府组成部门，行政编制为13人，工勤人员1人，内设8个股室，1个中心，即：办公室、法规股、综合核算股、工交投资股、能源股、农村经济股、贸易社会旅游股、城乡经济调查股、普查中心。至2010年，机构设置未变，行政编制13人，机关工勤人员财政预算管理事业编制2人。

第二节 统计调查

一、普查

（一）人口普查

1991—1992年，第四次人口普查进入收尾阶段，主要是对全部的人口资料加工整理，编写人口普查报告书，编印成册，共印制600本。同时，利用第四次人口普查资料的数据，编写了各类分析报告，主要有《万宁县农村人口现状初析》《略论我县妇女生育水平下降的因素》《万宁县老年人口状况分析》《万宁县人口增长与社会经济发展的矛盾简析》《万宁县家庭状况浅析》《万宁县人口的文化程度状况简析》等。

1999年1月，着手做好全国第五次人口普查的准备阶段工作，成立万宁市人口普查领导小组及其办公室，印发《关于认真做好第五次人口普查工作的通知》，派员参加省人普办召开的各种人口普查布置会议和实地试点工作会议。2001年，由于第五次人口普查的情况较前几次复杂，主要是人口流动性大、瞒报出生人口、漏登情况严重，万宁开展了复查工作。主要办法为：自查、互查、议查。经过全方位的查漏补漏工作，补漏人数4526人。同时，认真组织审表，确保普查表质量，对全市50多万人口的长表、短表、主表、出生死亡表进行审核。并将人普办10多位工作人员分成四个小组，每组4～5人，采取分片包干、责任到人的办法，对全市18个乡镇、6个国营（华侨）农场人口普查资料进行审核，普查审表共3个月时间，各类表格共15万张。至年底，进行人口数据录入。2002年，将录入的数据编排，并进行普查表编码工作，最后转化为普查资料。普查登记和快速汇总结束后，抽调熟悉业务的工作人员对普查登记的总人口、出生、死亡人口等主要指标进行质量抽查，每个乡镇（农场）抽取一个普查区，每个普查区抽取一个调查小区，共抽查24个调查小区1805户7380人。经过多次查漏补漏和核实订正后，最后抽查结果是总人口比普查登记净差11人，净差率1.5%，出生人口差错率2.5%，死亡人口差错率3%，从总的情况分析，万宁市这几项主要指标均符合国家规定的质量验收标准。2003年，将第五次人口普查资料整理汇总成册，共印《2000年万宁市第五次人口普查资料》200本，发送至市四套领导班子和各部门。

2009年10月，成立万宁市第六次人口普查领导小组及其办公室，组长由分管统计工作的常务副市长担任。2010年1月底，全市12个镇和5个国营（华侨）农（林）场全部成立第六次人口普查领导小组及其办公室，组长由镇长、场长担任。5月底，全市261个村（居）委会和农场作业区均成立了人口普查工作小组，市人普办24人，镇、场人普办56人，村、作业区普查员715人，共投入经费424.6万元。6月底，完成普查区划分；7月底，完成普查小区划分；8月底，完成普查小区房屋分布图的绘制。全市共划分普查区261个，普查小区2486个；选调普查指导员902人，普查员3125人，每5个普查小区配备一个村干部或作业区干部当指导员。8月4—12日，在兴隆温泉金日酒店举办3期镇、场、村、作业区人口普查业务骨干指导员培训班，参训人员达380人；9月6—27日，分两个讲师团奔赴各镇、场举办普查员和指导员培训班40场，参训人员达4027人。自11月1日开始，全市组织3125个普查员和902个普查指导员挨家挨户入户做好登记，每日12:00前收集截止到前一日累计登记的结果，及时上报省人普办。12月15日，万宁市65万多人的普查短表上送省普查办光电录入并顺利通过。至年底，完成万宁市第六次人口普查表录入工作。

1991—2010年，万宁县经历第四次人口普查收尾工作及第五、第六次人口普查工作。

（二）第三产业普查

1993年，开始第一次第三产业普查，至年底，已完成第一阶段的普查登记填报工作。1994年，进行第三产业普查数据录入，数据汇总表约500多张，统计局用2个多月的时间完成该项工作。随后，对第一次第三产业普查基层单位进行表彰，评出国家先进单位3个，先进个人3个；省级先进单位8个，先进个人8个。此后，原定2003年第二次第三产业普查推迟，并合并到其他产业普查中，没有再进行单独的第三产业普查工作。

（三）经济普查

2004年，开展了第一次经济普查工作，万宁市成立各级普查领导小组，设立普查办公室，认真做好普查前期的准备工作。全年在市电视台共播放普查新闻6次，在《万宁政务报》等刊载普查宣传资料5期，利用宣传车深入各镇、农场巡回宣传15天、悬挂横额230幅、张贴宣传图片2100张、标语13000张，发放《致调查户一封信》25000张，使此次经济普查在全市范围内家喻户晓。全市共划分普查小区401个，共选调普查员429人，普查指导107人。据统计，全市法人和产业活动单位1511个，个体经营户17600个。2005年，经济普查的主要工作是入户登记和数据处理，由市统计局专业人员负责法人和产业活动单位的数据处理，抽调7名统计人员对个体户进行审核，聘请技校30名学生将数据录入。普查结果显示，全市有法人单位733家，产业活动单位1205家，年营业收入181932万元，个体户17607户，年营业收入196713万元。

2008年，省发布了《海南省人民政府关于做好第二次经济普查工作的通知》，万宁市及各镇、兴隆农场成立第二次经济普查领导小组及其办公室，全市共选调普查指导员250人、普查员350人，同时制定《万宁市第二次经济普查实施方案》，下发至各镇、场普查办贯彻实施。与各镇、场签订《万宁市第二季经济普查目标责任书》。9月22—23日，在兴隆温泉宾馆召开全市第二次经济普查清查摸底动员暨业务培训会议，参训人员350人，参训率100%。用20天时间，采取“地毯式”清查摸底形式进行调查工作。调查结果显示：全市个体经营户24000户，法人产业活动单位1300个。

（四）农业普查

2005年，海南省发布《省政府关于开展第二次全国农业普查的通知》文件。2006年，根据文件精神，万宁市、镇、兴隆农场相应成立农业普查领导小组及其办公室，负责全市农业普查的组织和实施，各村委会、农场作业区也相应成立普查工作组，形成三级普查领导机构，每个镇、场普查办配3个指导员，每个村委会普查区配1名指导员，指导员一般是镇和村干部，每个小区配一个普查员，即村民小组长。全市共选调普查指导员293人，普查员2651人，制定了《万宁市第二次农业普查实施方案》，以市普查办名义下发至各镇、场普查办贯彻实施，市农普办还与各镇、场签订了《万宁市第二次农业普查目标责任书》；同时由市农普办组织全市普查指导员在兴隆集中封闭培训，摸清普查登记对象，清查结果为：全市法人单位69个，产业活动单位56个，农村住户属普查对象户84064户，集体户67户，不属于登记对象户1333户。

为了更好地开展普查工作，市农普办与市委宣传部联合制定《万宁市第二次全国农业普查宣传工作实施方案》，通过电视、广播共播放普查会议新闻9次，在全市各镇、街道悬挂横额340条，在农村张贴标语21000张，张贴图画与通告各3200张，发放《致普查对象的一封信》90000张；借助《万宁政务报》刊登普查宣传资料5期，发放15000份；用普通话和海南方言录制《全国农业普查条例》《致普查对象的一封信》，利用宣传车在全市各镇、场进行巡回宣传18天。2007年初，全面完成83356户和94个单位的普查登记工作，并抽调13名业务骨干和40名各镇农普骨干，分成审核、编码和抄录三大组，于当年5月10日，全部完成83356户和94个单位普查表的审核、编码、录入工作，经省普查办验收合格通过，第二次农业普查工作完成。

二、其他调查

自1991年开始，万宁统计局每年都开展农经抽样调查，为反映农民经济收支水平提供可靠依据。农经抽样调查样本定为80户，并定期检查农户台账登记。1999年开始，万宁市农经调查样本抽查户数由80户增加至157户。

1995年，省统计局等有关单位联合发出《关于开展全省工业统计检查的通知》与《关于开展全省统计执法重点抽查的通知》，县经济信息中心，成立抽查小组和办公室，同时抽选4个乡镇为重点抽样单位，完成抽查工作和总结上报工作任务。

自1995年开始，进行1%人口抽样调查，每年以县总人口为总体单位进行1%人口抽样调查，至2005年，结果显示，常驻总人口14451人，出生人口190人，死亡人口92人，出生率13.15%，死亡率3.6%，人口自然增长率9.55%。

自2001年开始，每年进行批发零售贸易、餐饮业抽样调查，准确汇总全社会批发零售贸易、餐饮业统计数据，反映商品市场运行情况。调查办法为：在全市抽取4个工商所作为一级样本单位，其中，企业2个所，农村2个所；被抽中的工商所将其所辖的全部限额以下批零贸易、餐饮业经营户随机抽取样本作为二级样本单位，每个工商所抽取20户，共80户；每个工商所派一名辅助调查员于调查周的前一天布置限额以下批发零售贸易业、餐饮业周记账表，每户记一周的账，一周后进行收集、审核、整理，最后由市统计局录入、汇总，并上报省统计局。

2006年，开展农村住户调查、城镇住户调查、劳动和人口抽样调查、规模以下工业、限额以下批零、旅游增加值等调查工作。

2008年，进行7项统计调查，分别为规模以下工业企业抽样调查、批发零售业抽样调查、旅游增加值抽样调查、农村住户登记调查、城镇住户抽样调查、人口变动和劳动力抽样调查、文化产业调查等，并将其数据上报至省统计局。2009—2010年，由于第二次经济普查和第六次人口普查的工作，未进行其他专项调查。

第三节 社会经济统计

1991年，万宁县生产总值为5.14亿元，第一产业生产总值占比很重，为3.30亿元；人均生产总值1049元。1995年，据万宁县生产总值统计，全县生产总值为14.93亿元，比1991年增加9.79亿元；第一产业仍占主导地位，较1991年增长率有所减慢，为5.3%，第二产业增长率为20.7%，第三产业增长率为0.7%；人均生产总值增加至3301元，是1991年的3倍多。

2000年，万宁市生产总值为28.01亿元，第一、二产业年增长率均有所下降，第三产业生产总值比重增加。2005年，第三产业开始占经济主导地位，当年第三产业生产总值18.60亿元，占全市生产总值的45%；人均生产总值7296元，人均生产总值增长率为8.6%。

2010年，万宁市全市生产总值97.45亿元，是2000年的3.5倍，是1991的19倍；人均生产总值由1991年的1049元增至2010年的16056元，人均生产总值增长率为15.3%。

1991—2010年万宁市（县）社会经济统计表（不含农垦）一览表

表10-1

年份	生产总值（亿元）				生产总值增长率（%）			人均生产总值	
	生产总值	第一产业	第二产业	第三产业	生产总值增长率	第一产业	第二产业	人均生产总值（元）	人均生产总值增长率（%）
1991	5.14	3.30	0.58	1.26	11.4	8.2	19.2	1049	9.7
1992	6.18	3.50	0.89	1.79	11.7	7.4	3.2	1241	10.6
1993	9.48	5.20	1.99	2.29	11.0	8.2	34.2	1871	10.5
1994	12.89	5.58	3.89	3.42	18.0	12.1	11.2	2923	28.1
1995	14.93	6.29	4.94	3.70	8.7	5.3	20.7	3301	7.1
1996	18.83	8.09	5.60	5.14	5.9	-6.5	8.0	4129	5.7
1997	20.24	8.56	5.67	6.02	8.1	5.2	1.2	4343	5.6
1998	24.82	10.70	6.33	7.78	8.3	8.3	-1.2	4578	7.4
1999	26.35	10.83	6.71	8.81	9.0	8.7	8.9	4844	8.1

续表10-1

年份	生产总值(亿元)				生产总值增长率(%)			人均生产总值	
	生产总值	第一产业	第二产业	第三产业	生产总值增长率	第一产业	第二产业	人均生产总值(元)	人均生产总值增长率(%)
2000	28.01	11.46	7.23	9.31	8.0	7.7	9.5	5082	6.7
2001	28.74	11.37	7.29	10.08	6.3	7.8	0.9	5226	6.5
2002	31.90	12.69	8.05	11.15	8.4	8.7	9.5	5768	8.5
2003	35.63	14.31	7.38	13.93	10.0	9.6	11.8	6368	8.8
2004	37.14	15.28	6.67	15.19	10.0	11.2	8.6	6618	9.5
2005	41.21	14.97	7.63	18.60	9.3	-4.0	12.6	7296	8.6
2006	46.83	18.79	8.68	19.36	11.6	19.4	17.0	8201	10.4
2007	53.90	21.68	11.40	20.81	12.2	10.8	28.7	9311	10.7
2008	68.05	20.21	15.50	32.34	14.8	11.1	19.4	11597	13.2
2009	76.61	25.78	19.02	31.82	14.4	4.4	26.9	12855	12.6
2010	97.45	30.22	23.77	43.47	17.4	6.4	21.7	16056	15.3

说明:数据来源于《万宁市统计年鉴》

第四节 统计服务

1991年,确定长丰镇为统计网络试点,在长丰镇召开全县乡镇统计人员现场会,培训农村基层统计人员。1992年,采取多种形式,及时提供统计服务。全年编印统计资料季报、半年报、年报、快报共150份,为有关部门提供统计决策服务;印制第四次人口普查报告书600册;根据年报统计资料和第四次人口普查资料,有针对性地写出分析报告,如《万宁县农村人口现状初析》等报告;利用统计信息,为各经济部门提供咨询服务380多人次。

1993年,全面整理工业、农业、商业、劳动工资、固定资产投资、物资、外经、旅游、平衡、交通、财政、金融等专业的统计资料付印成册,印刷300本,发至县四套班子领导及各主管部门。为党代会、人大及撤县设市提供报告资料和统计数据,全年共为上门的来访者提供数据300多次。

1994年,开展统计服务,共向180个部门提供数据。1998年,做好专业统计工作,提供优质服务,当年的专业统计工作中,外经专业获得一等奖、旅游专业获得二等奖、劳动工资获得三等奖、科技专业获得二等奖、农业统计获得二等奖、建筑专业获得优秀奖、固定资产获得优秀奖。

1999—2003年,做好统计专业的年报工作。其中2003年,综合统计专业被省评为一等奖;能源统计专业被省评为二等奖;建筑业统计专业、旅游统计专业、劳动工资统计专业、科技统计专业被省评为三等奖。

2005年，组织撰写综合统计分析报告16期，为市委、市政府提供决策参考。组织撰写统计政务信息37篇，上报省局并被采纳登载。全年共编写综合统计报告达125份，均在万宁电视台和万宁政府网上发布，统计服务水平日趋提升。2006—2007年，万宁市统计局对采集到的数据，进行测算分析，及时编写每年的万宁市国民经济和社会发展公报，发放至全市各单位，得到社会各界好评。2008年，全年共撰写政务信息50条上报省局，全部被采纳；向各级党政领导及社会各界提供统计信息咨询300多人次，扩大了统计服务；编印发放《透过数字看万宁》《万宁跨越发展20年》《万宁市第二次农业普查资料》各110册，为查阅经济社会数据信息者提供优质服务。

2010年，组织专业人员撰写月、季统计分析报告12期，撰写万宁市2009年度小康检测报告、统计政务信息36篇，及时为市委、市政府和社会公众提供科学决策依据。组织编印《万宁2009年经济和社会发展统计公报》200册，为公众提供更好的统计服务。

第五节　统计信息化建设

1991—1992年，万宁县的数据统计主要为人工录入。自1993年开始，万宁县使用微机进行统计数据处理，当年共购进386电脑两台，安排电脑工作室一间，同时配备电脑工作人员。至1999年，万宁市经济信息中心先后购进电脑4部，分期派人员到省信息中心、省统计局学习培训，统计人员基本掌握文字打印、表格绘制、数据录入等操作技能。

2003年，加快信息化建设进程，12个镇全部配备电脑，实现市、镇两级电脑直报。市统计局购买了一台复印机，3台电脑，基本上实现每个专业人员一台机的需求，并租用海南省2M线路和IP电话，建设统计信息专网。

2006年，投资12万元，为市统计局机关购置电脑4台，投影仪1部，并为12个镇全部配备电脑和激光打印机，统一为13个基层统计站制作牌子，加强统计基础的建设。

2009年，开通万宁统计信息网，同时实施市、镇联网直报、规模以上工业企业联网直报、旅游增加值联网直报。至2010年，建成局域网，加快统计信息的传送速度。

第三章 审计

第一节 机构

1991年,万宁县审计局内设有政工股、企业审计股、行政事业审计股、外资审计股等4个股级职能机构,人员编制22人,实有工作人员20人。1992年末,调整为6个股级职能机构:政工股、监察统计股、行政事业审计股、商业贸易审计股、工业交通审计股、财税金融审计股,人员编制22人,实有工作人员21人。1996年,万宁撤县设市,相应改为万宁市审计局。

2001年,行政编制调整为20人。2007年,设有5个股级职能机构:办公室、财政金融与外资审计股、行政事业审计股、经贸与固定资产投资审计股、经济责任审计与内部审计股,人员编制20人。2010年3月,经济责任审计与内部审计股改为经济责任审计股,其他股室不变,人员编制20人。

第二节 财政审计

主要是对市本级预算执行、税务系统征收征管、部门预算执行等情况进行审计,查找财政财务管理方面存在不规范、不真实、不合法的违规违纪行为,以及在政府转移支付、招商引资、预算执行、税收征管中存在的违规规纪现象,防止在财政资金使用方面的违规行为,保障财政资金合理有效分配,提高资金的使用效率。

1996—2000年,对9个财政审计项目完成审计,查出违规金额700万元,管理不规范金额7918万元,其中,收入不实85万元,未按规定征收及缴纳预算收入4126万元,延解占压财政库款601万元,截留挤占挪用40万元,其他涉及金额3746万元。

2001—2005年,对39个财政审计项目完成审计,查出违规金额597万元,管理不规范金额14296

万元。其中，预算编制不规范1977万元、收入不实2611万元；少征隐瞒挤挤减免收入2134万元；延解占压财政库款103万元，违规办理财政结算279万元，截留挤占挪用126万元，延压滞留预算资金1577万元，其他涉及金额6086万元。

2006—2010年，对30个财政审计项目完成审计，查出违规金额1632万元，管理不规范金额85420万元。其中，预算编制不规范28万元，收入不实1896万元，未按规定征收及缴纳预算收入7418万元，违规改变资金用途1570万元，延压滞留预算资金45543万元，其他涉及金额30597万元。

1996—2010年财政审计项目完成情况一览表

表10-2 单位：万元

年度	项目个数	违规金额	管理不规范金额	查出的主要问题											审计决定处理处罚	
				预算编制不规范	财政收入不实	少征、隐瞒、挤挤、减免收入	未按规定征收、缴纳预算收入	违规改变资金用途	延解占压财政库款	违规办理财政结算	截留挤占挪用	延压滞留预算资金	其他	小计	应缴财政资金	已缴财政资金
1996	1	562	2016	0	85	0	1931	0	0	0	0	0	562	2578	0	0
1997	2	0	2420	0	0	0	0	0	0	0	0	0	2420	2420	0	0
1998	—	—	—	—	—	—	—	—	—	—	—	—	—	—	—	—
1999	1	51	41	0	0	0	0	0	0	0	40	0	52	92	0	0
2000	5	87	3441	0	0	20	2195	0	601	0	0	0	712	3528	0	0
2001	7	4	2381	0	0	1981	0	0	103	279	18	0	4	2385	291	89
2002	6	33	1017	0	0	12	0	0	0	0	0	0	1038	1050	2	1
2003	9	471	332	0	0	128	0	0	0	0	106	225	344	803	8	0
2004	8	29	4682	1977	995	7	0	0	0	0	2	848	882	4711	0	0
2005	9	60	5884	0	1616	6	0	0	0	0	0	504	3818	5944	32	26

续表10-2

年度	项目个数	违规金额	管理不规范金额	查出的主要问题											审计决定处理处罚	
				预算编制不规范	财政收入不实	少征、隐瞒、挖挤、减免收入	未按规定征收、缴纳预算收入	违规改变资金用途	延解占压财政库款	违规办理财政结算	截留挤占挪用	延压滞留预算资金	其他	小计	应缴财政资金	已缴财政资金
2006	7	112	1093	0	725	0	36	35	0	0	0	0	409	1205	36	36
2007	5	107	4824	0	1085	0	131	—	0	0	0	80	3635	4931	107	0
2008	6	304	2094	0	64	0	13	1420	0	0	0	218	683	2398	13	13
2009	6	679	6445	0	22	0	679	113	0	0	0	0	6310	7124	679	122
2010	6	430	70964	28	0	0	6559	2	0	0	0	45245	19560	71394	430	319
合计	78	2929	107634	2005	4592	2154	11544	1570	704	279	166	47120	40429	110563	1598	606

说明:1998年数据缺失

第三节 财政收支审计

一、企业财务收支审计

主要对企业经营管理不善、内部制度不健全、损失浪费、执行会计制度不严格等问题进行审计,以促进企业加强管理,提高经营效益,或减少不必要的损失。1991—1995年,对26个企业的财务进行收支审计。1996—2000年,对20个企业的财务进行收支审计。2001—2005年,对13个企业的财务进行收支审计。2006—2007年,对3个企业的财务进行收支审计。

查出的问题主要集中在资金违规使用、资金管理不规范、申报收入和损失不实、挪用占用资金和偷税漏税等方面。2008年后,国有企业改制,万宁市大部分国有企业关、停、并、转,市审计局不再开展企业财务收支审计。

1991—2007年万宁市（县）企业收支审计项目完成情况一览表

表10-3　　单位：个、万元

年度	项目个数	违规金额	管理不规范金额	损失浪费金额	查出的主要问题									审计决定处理处罚	
					收入不实	损益不实	资产不实	偷税漏税	虚列成本费用	挤占挪用	负债不实	其他	小计	应缴财政资金	已缴财政资金
1991	3	27	130	0	3	0	3	0	4	16	0	134	157	4	0
1992	9	374	225	0	2	195	0	16	24	53	0	309	599	14	14
1993	7	223	941	0	530	0	0	10	1	210	0	413	1164	10	10
1994	3	111	229	0	73	0	49	18	19	168	0	13	340	0	0
1995	4	91	1093	0	49	212	15	2	0	34	0	872	1184	15	0
1996	2	44	16	0	0	13	0	17	8	22	0	0	60	17	0
1997	7	269	650	0	2	285	45	7	0	0	0	580	919	10	10
1998	3	70	441	0	0	2	0	3	0	5	0	466	511	0	0
1999	6	791	337	0	214	15	170	122	218	0	0	389	1128	75	0
2000	2	700	0	0	0	3	0	3	0	700	0	0	700	0	0
2001	2	136	108	0	100	85	0	0	0	0	0	59	244	85	85
2002	6	102	80	0	0	82	6	10	4	0	0	80	182	10	7
2003	1	215	4168	0	0	0	0	6	18	0	191	4168	4383	6	0
2004	1	16	1	0	0	13	1	3	0	0	0	0	17	3	3
2005	3	389	0	0	0	0	6	5	0	0	1	377	389	8	5
2006	2	175	0	26	76	0	28	0	1	0	0	96	201	0	0
2007	1	0	100	0	0	0	10	0	0	0	0	90	100	0	0

二、行政事业单位财务收支审计

主要是对行政事业单位的财政、财务收支进行审计。

1991—1995年，对41个行政事业单位的财务进行收支审计。1996—2000年，对33个行政事业单位的财务进行收支审计。2001—2005年，对15个行政事业单位的财务进行收支审计。2006—2010年，对11个企业的财务进行收支审计。

至2010年底，共对100个行政事业单位进行财务收支审计，查处违规金额共计4482万元，管理不规范金额共计6007万元。其中，查出违规虚列支出费用涉及金额85万元，隐瞒截留收入涉及金额483万元，未缴财政专户资金涉及金额230万元，应缴未缴涉及金额1228万元，乱收乱罚涉及金额61万元，账外资产涉及金额1538万元，截留挤占挪用涉及金额567万元，其他涉及金额6403万元。

1991—2010年万宁市（县）行政事业单位收支审计项目完成情况一览表

表10-4　　单位：万元

年度	项目个数	违规金额	管理不规范金额	查出的主要问题									审计决定处理处罚		备注
				违规虚列支出费用	隐瞒截留收入	未缴财政专户资金	应缴未缴	乱收乱罚	账外资产	截留挤占挪用	其他	小计	应缴财政资金	已缴财政资金	
1991	9	295	73	4	66	0	64	0	0	11	223	368	35	10	—
1992	6	125	89	0	70	0	11	0	0	110	23	214	41	26	—
1993	11	180	64	4	6	0	136	0	0	57	42	245	95	43	—
1994	12	669	956	0	29	6	252	0	209	170	959	1625	277	160	—
1995	3	162	283	0	58	0	248	0	0	82	57	445	248	105	—
1996	9	181	697	62	17	63	41	0	26	99	570	878	115	90	—
1997	7	67	75	4	5	9	9	1	0	0	114	142	14	14	—
1998	4	69	162	0	0	0	14	0	150	0	67	231	14	14	数据不全
1999	6	156	1141	0	18	0	6	0	372	3	898	1297	5	0	—
2000	7	487	154	4	126	29	14	7	0	3	458	641	39	0	—
2001	3	12	14	0	0	0	0	7	0	18	1	26	0	0	—
2002	4	1315	1141	0	0	54	429	6	664	3	1300	2456	55	0	—

续表10-4

年度	项目个数	违规金额	管理不规范金额	查出的主要问题									审计决定处理处罚		备注
				违规虚列支出费用	隐瞒截留收入	未缴财政专户资金	应缴未缴	乱收乱罚	账外资产	截留挤占挪用	其他	小计	应缴财政资金	已缴财政资金	
2003	4	92	31	0	7	50	0	0	48	0	18	123	51	0	—
2004	4	338	168	7	81	19	0	0	24	11	469	611	23	0	—
2005	—	—	—	—	—	—	—	—	—	—	—	—	—	—	无审计项目
2006	3	320	13	0	0	0	4	40	0	0	289	333	4	0	—
2007	—	—	—	—	—	—	—	—	—	—	—	—	—	—	无审计项目
2008	2	0	5	0	0	0	0	0	0	0	5	5	0	0	—
2009	2	0	362	0	0	0	0	0	0	0	362	362	0	0	—
2010	4	14	579	0	0	0	0	0	45	0	548	593	0	0	—
合计	100	4482	6007	85	483	230	1228	61	1538	567	6403	10595	1016	462	—

第四节 经济责任审计

从1995年开始，开展经济责任审计工作，主要是对任期内所在单位的财务收支、目标完成和管理情况、遵守国家财经法规及个人廉洁自律等情况进行审计。同年，完成1个经济责任审计项目，查出主管责任造成的管理不规范金额81万元 。

1996—2000年，完成20个项目的审计。2001—2005年，完成26个项目的审计。2006—2010年，完成32个项目的审计。截至2010年底（自1995年起计），共完成79个经济责任项目的财务收支审计，查出违规金额1924万元，管理不规范金额8574万元。根据审计结果，共有13人受到平调处理，7人受到降职处理，6人受到免职处理。

1991—2010年万宁市(县)经济责任审计项目完成情况一览表

表10-5　　　　　　　　　　　　　　　　　　　　　　单位:个、万元

年度	项目个数	违规金额			管理不规范金额			损失浪费			审计结果参考情况			审计决定处理处罚	
		主管责任	直接责任	小计	主管责任	直接责任	小计	主管责任	直接责任	小计	平调	降职	免职	应缴财政资金	已缴财政资金
1995	1	0	0	0	81	0	81	0	0	0	0	0	0	14	0
1996	2	233	0	233	197	0	197	0	0	0	0	0	0	0	0
1997	1	0	0	0	738	0	738	0	0	0	0	0	0	0	0
1998	—	—	—	—	—	—	—	—	—	—	—	—	—	—	—
1999	3	33	0	33	76	0	76	0	0	0	0	0	0	0	0
2000	14	1089	0	1089	3923	0	3923	0	0	0	0	0	0	3	0
2001	9	0	251	251	0	664	664	0	0	0	3	4	2	206	4
2002	4	35	27	62	0	0	0	0	0	0	1	—	3	0	0
2003	5	94	53	147	82	—	82	0	0	0	3	1	1	0	0
2004	5	32	23	55	205	88	293	0	0	0	4	1	0	0	0
2005	3	9	7	16	—	10	10	0	0	0	2	1	0	0	0
2006	7	4	0	4	28	0	28	0	0	0	0	0	0	0	0
2007	3	17	1	18	86	5	91	0	0	0	0	0	0	0	0
2008	12	0	1	1	1407	242	1649	0	0	0	0	0	0	0	0
2009	3	0	7	7	146	147	293		3	3	0	0	0	7	0
2010	7	0	8	8	419	30	449	0	0	0	0	0	0	0	0
合计	79	1546	378	1924	7388	1186	8574	0	3	3	13	7	6	230	4

说明:1998年数据缺失

第五节 专项资金审计

主要是审计专项资金是否专款专用。1991—1995年,完成39个专项资金项目的审计;1996—2000年,完成27个专项资金项目的审计;2001—2005年,完成12个专项资金项目的审计;2006—2010年,完成29个专项资金项目的审计。

至2010年底,共对107个专项资金项目进行审计,查出违规金额4728万元,管理不规范金额10944万元。其中,查出改变资金投向涉及金额73万元,截留挤占挪用金额1840万元,账外资产涉及金额134万元,未纳入财政专户管理金额295万元,虚列支出费用涉及金额共计80万元,资金闲置金额585万元,配套资金不落实涉及金额1499万元,其他金额11165万元。

1991—2010年万宁市(县)专项资金审计项目完成情况一览表

表10-6 单位:个、万元

年度	项目个数	违规金额	管理不规范金额	查出的主要问题									审计决定处理处罚		备注
				改变资金投向	截留挤占挪用	账外资产	未纳入财政专户管理	虚列支出费用	资金闲置	配套资金不落实	其他	小计	应缴财政资金	已缴财政资金	
1991	8	69	2765	0	418	0	0	0	0	0	2416	2834	25	10	—
1992	7	84	1838	0	25	0	47	0	0	0	1850	1922	0	0	—
1993	8	76	123	0	61	0	11	2	0	0	125	199	11	11	—
1994	8	0	516	0	4	0	0	0	0	386	126	516	0	0	—
1995	8	3209	753	0	139	17	17	—	20	101	3668	3962	22	0	—
1996	7	310	16	0	5	0	0	37	0	0	284	326	1	0	—

续表10-6

年度	项目个数	违规金额	管理不规范金额	查出的主要问题									审计决定处理处罚		备注
				改变资金投向	截留挤占挪用	账外资产	未纳入财政专户管理	虚列支出费用	资金闲置	配套资金不落实	其他	小计	应缴财政资金	已缴财政资金	
1997	6	18	531	0	4	0	0	2	0	450	93	549	8	8	—
1998	6	453	369	0	434	13	0	0	0	295	80	822	7	0	资料不全
1999	5	203	24	0	58	0	5	2	0	20	142	227	0	0	—
2000	3	171	0	0	0	0	101	0	0	0	69	170	0	0	—
2001	4	0	764	65	690	0	0	0	0	0	9	764	0	0	—
2002	—	—	—	—	—	—	—	—	—	—	—	—	—	—	无审计项目
2003	1	52	7	0	0	0	0	0	0	0	59	59	0	0	—
2004	4	0	163	0	0	100	0	0	0	0	63	163	0	0	—
2005	3	22	87	0	2	0	0	20	0	0	87	109	0	0	—
2006	6	0	820	0	0	0	0	0	0	247	573	820	0	0	—
2007	9	53	1848	8	0	0	114	17	377	0	1385	1901	0	0	—
2008	4	5	216	0	0	4	0	0	188	0	29	221	0	0	—
2009	6	0	104	0	0	0	0	0	0	0	104	104	0	0	—
2010	4	3	0	0	0	0	0	0	0	0	3	3	0	0	—
合计	107	4728	10944	73	1840	134	295	80	585	1499	11165	15671	74	29	—

说明:2002年数据缺失

第六节 固定资产投资审计

1991—1995年，仅1993年对1个固定资产投资项目完成审计，查出违规金额1万元，管理不规范金额164万元，其他4年无固定资产投资审计项目。1996—2000年，仅1997年对2个固定资产投资项目完成审计，查出管理不规范金额1546万元。其中，资金不落实1535万元，多付税款8万元，长期借款3万元。其他4年无固定资产投资审计项目。

2001—2005年，仅2002年对2个固定资产投资项目完成审计，查出违规金额15万元、管理不规范金额2万元。其他4年无固定资产投资审计项目。2007—2010年，对30个固定资产投资项目完成审计，共查出违规金额7040万元，管理不规范金额1459万元（其中，资金不落实1459万元），工程价款不实7037万元，其他情况涉及金额3万元。

1993—2010年底，共完成35个固定资产投资项目的审计，涉及的违规金额7056万元，管理不规范金额3171万元，在项目投资额3171万元中，完成核减投资额3000万元，查出资金不落实金额3158万元，工程价款不实金额7037万元，其他问题造成的金额共计32万元。

第七节 审计调查

1991年，对县工商银行信贷资金和县商业、供销系统一次性销价处理积压商品等2个审计项目进行审计调查。同年，县工商银行信贷资金在1990年底仍有逾期贷款6801万元，建议加强信贷资金管理，严格执行内控制度，加大力度追收逾期贷款，促进信贷资金合理投放；县商业、供销系统一次性削价处理积压商品审计涉及管理不规范金额208万元。

1992年，对举报反映的县水利局卢某以权谋私和严重违法乱纪问题进行专项调查，调查结果表明举报情况基本失实。

1993年，对三个全县性会议经费进行专项调查，发现存在个别费用支出超支、挤占其他经费、报销单据不合规等问题，涉及问题金额5万元。

1998年，对港北镇联丰村委会1993—1997年度财务收支、联丰村委会多德经济社1993—1997年8月财务收支和民政局1997—1998年10月救灾物资等3个项目进行审计调查，主要存在报销手续不齐全、资金管理不严、财务管理混乱等问题，涉及的违规金额30万元、管理不规范金额120万元。1999年，对港北镇英豪村委会1993—1998财务收支和港北镇英文村委会1981—1998财务收支进行审计调查，发现存在报销单据及手续不齐全、挤占其他项目资金及接待费过大等问题，涉及违规金额0.68万元，管理不规范金额47万元。

2002年，对市政府和海南嘉泰摩托车公司等单位联营投资创办的海南万州福利包装有限公司进行审计调查，发现存在未经董事会批准，擅自垫付重庆包装制品厂员工的工资及社会保险等费用99.19万元，生产潜力没有得到充分发挥(实际产值754万元)，公司成本(5284万元，占收入100.17%)较高，销售收入没有及时回笼应收账款223.85万元，不良资产52.79万元等问题。2003年，对开展政府外债管理体制和海南省电力有限公司万宁供电公司所办经济体制实体等2个项目进行专项审计调查，涉及金额4076万元，其中管理不规范金额446万元。

2004年，对2003年度城市居民最低生活保障资金拨付和使用情况及全市中小学校2004年春季教育收费等2个项目进行专项调查，涉及调查金额3408万元，其中违规金额7万元。2005年，对全市中小学校2004年和2005年教育收费、乡镇财政状况、投资软环境、扶贫专项资金及村委会财务情况等5个项目共7个单位进行审计调查，涉及审计调查金额7881万元，其中管理不规范金额137万元。

2008年，对端熙村委会进行审计调查，发现端熙村委会支付建设款14万元的单据均属白条，白条抵支的情况严重，在一定程度上造成国家税款流失，建议追究村委会干部冯某的领导责任。

至2010年，共对20个审计项目进行调查，查出管理不规范资金1280万元，违约资金56.7万元。

1991—2010年万宁市(县)审计局审计项目完成情况一览表

表10-7　　　　单位:万元

年份	计划审计项目	实际审计项目	完成计划比率	查出违规金额	管理不规范	审计(调查)处理情况						
						应上缴财政	已上缴财政	应追还侵占挪用资金	应归还原渠道资金	应调账处理	应自行纠正金额	应减少财政拨款或补贴资金
1991	27	22	81.48%	391	—	64	20	63	63	—	—	—
1992	22	23	104.55%	583	—	55	40	28	28	—	—	—
1993	22	23	104.55%	481	—	116	62	3	3	—	—	46

续表10-7

年份	计划审计项目	实际审计项目	完成计划比率	查出违规金额	管理不规范	审计(调查)处理情况						
						应上缴财政	已上缴财政	应追还侵占挪用资金	应归还原渠道资金	应调账处理	应自行纠正金额	应减少财政拨款或补贴资金
1994	20	23	115.00%	780	—	277	160	90	90	—	—	—
1995	14	23	164.29%	3462	—	299	105	8	8	—	—	10
1996	16	35	218.75%	1330	—	133	90	102	102	—	—	300
1997	18	25	138.89%	354	—	32	195	9	9	—	—	—
1998	18	30	166.67%	1195	—	185	144	482	482	—	—	—
1999	16	21	131.25%	1234	—	80	—	354	354	—	—	—
2000	18	33	183.33%	2534	—	41	—	83	83	—	—	——
2001	14	25	178.57%	403	3931	291	89	823	823	—	3220	—
2002	16	23	143.75%	1527	2240	81	22	—	—	781	2240	—
2003	25	22	88.00%	977	5066	65	—	—	142	535	5301	—

续表10-7

年份	计划审计项目	实际审计项目	完成计划比率	查出违规金额	管理不规范	审计(调查)处理情况						
						应上缴财政	已上缴财政	应追还侵占挪用资金	应归还原渠道资金	应调账处理	应自行纠正金额	应减少财政拨款或补贴资金
2004	26	24	92.31%	445	5307	26	3	—	11	408	5307	—
2005	25	23	92.00%	487	6118	40	26	—	6	418	6118	20
2006	27	25	92.59%	611	1954	40	36	—	27	544	1954	—
2007	28	22	78.57%	178	8322	125	—	—	18	1306	7016	35
2008	33	28	84.85%	1594	3964	13	13	—	292	—	3964	1289
2009	29	24	82.76%	4878	7204	686	122	—	——	—	7204	4192
2010	37	36	97.30%	1981	71992	430	319	—	11	—	72006	1526
合计	451	510	113.08%	25425	116098	3079	1446	2045	2552	3992	114330	7418

第四章 价格

第一节 价格管理体制改革

一、管理机构

(一)万宁市物价局

1991年,万宁县物价局为正科级建制单位,内设行政秘书股、收费股、工农产品价格股和综合股,行政编制10人。1995年,改为万宁县物价检查所,为副科级事业单位,归万宁县计划统计局管理,内设行政秘书股、收费股、工农产品价格股、综合股和价格监督检查股,编制11人。1996年,更名为万宁市物价检查所。2001年,改为万宁市物价局,副科级行政单位,为发展计划局内设机构,内设价格股和收费管理股。至2010年,人员编制、内设机构未变。

(二)万宁市物价检查所

1991年,万宁县物价检查所,内设办公室和检查股,编制5人。1995年,更名为万城物价检查队,为股级事业单位性质,主要负责万城地区的物价监督检查工作,核定事业编制11人。2002年,更名为万宁市物价检查所,为股级全额预算事业单位,编制7人,为发展计划局下属单位,业务上直接接受物价局的领导。2007年,改为股级全额预算事业单位,内设办公室、价格检查股2个股级岗位,核定编制6人。2009年,变更为发展和改革局直属正股级行政单位,核定行政编制8人。至2010年,单位名称、内设机构、人员编制未变。

(三)万宁市价格认证中心

1994年,成立万宁县价格事务所,为股级事业单位,挂靠县物价局,主要办理价格事务工作,实行有偿服务,独立核算,自负盈亏的管理体制,人员自行招聘。2002年,更名为万宁市价格认证中心,股级建制,全额预算事业单位,核定编制5人,为发展计划局下属事业单位,作为司法机关指定的涉案物品价格鉴证机构，业务上直接接受物价局的领导。至2010年，机构名称、性质、人员编制未变。

二、价格放开

随着计划经济向市场经济的转变，万宁物价管理也逐步由政府定价体制向市场放开价格管理体制转变，政府工作重心转为对市场价格的宏观调控。

1991年4月，对历史以来粮食价格购销倒挂的不合理状况进行改革，实行城乡购销同价。四号大米价格从500克0.147元，上升到0.27元，同时给城镇居民每人每月补贴10元。在价格形成上由国家定价改为国家指导价。同时提高石油产品的销售价格，实行费用率管理。同年还审查批准了万城地区207种建筑工程材料的预算价格，放开了卷烟市场价格。修订了1989年制订的价格管理目录，将国家定价的137种商品价格及收费项目，减少为100种。减少国家定价的价格审批品种，从原来的27种减少到7种。

1992年，取消原实行费率管理的185种商品的价格管理。对钢材、水泥等16种生产资料价格实现由计划价格和协议价格并存的双轨制价格向市场调节价合并的并轨制转变。

1993年，改革液化气产品的管理办法，从固定价格改为实行作价费率管理和报价备案制度。1994年，改革石油产品，生产资料、粮食流通的价格管理体制，全面放开粮食价格。对农业生产资料实行计划内外价格并轨，由企业自行定价。至此，已基本上放开大部分生活资料和工农业生产资料价格。1995年后，随着价格管理体制改革的不断深入，价格基本放开，价格形成机制向市场的转变基本完成，对商品价格管理的范围不断缩小。2003年，海南省发展计划厅公布了《海南省定价目录》，进一步明确了政府定价的商品范围，加强对关系民生的城市供水、液化石油气、电力和基本药品价格的管理。与此同时，价格主管部门的工作重点，主要是抓好行政事业性收费管理、价格调控和监测、市场监管和价格认证工作。

第二节 价格调控与管理

生活资料价格放开后，市场价格水平发生较大幅度的上涨。以1990年为基期，1995年升幅达223.8%，2000年升幅为240.5%，2005年为237.1%，2010年为285.1%。

一、价格调控

1991年开始，万宁县结合当地实际情况，每年都制定价格水平变动目标，控制市场价格水平的大幅波动。同年，价格水平确定的责任目标为上升9.5%，实际上升幅度为4%。

2004年，对同年因发生非典病情而涉及的治疗用药，实行价格变动报告制度，启用12358价格举报电话，采取市场巡查等方式对非典用药进行监管。非典期间，万宁市的药品、药械市场价格保持平稳。2005年，对液化气和砖瓦价格进行监管，促使这两种商品价格保持在合理价位。2007年，对主要工程的建筑材料水泥价格实行严格的干预措施。查处水泥市场囤积居奇、串通哄抬价格的违法行为。同年水泥价格从最高时的每吨840元,降为560元，降幅达33%。

2008年，对牛肉实行阶段性的临时限价，还对影响人们生产生活较大的商品实行价格临时干预措施。将5家商场超市、9家粮食销售企业、2家粮食加工批发企业、1家猪肉牛肉零售企业、2家食品油批发企业、1家化肥销售企业等29家企业列为临时价格干预单位。印发了《关于公布万宁市实行临时价格干预措施期间商品粮等具休品种和企业名单及监管内容的通知》，要求企业在规定的品种范围内如需提高价格，必须在提价前7个工作日内向当地政府价格主管部门备案。凡未按规定履行申报备案手续的一律按《价格法》的相关规定给予处罚。

2009—2010年，对辖区影响居民生产、生活较大商品实行价格临时干预措施，这两年万宁主要商品价格同2008年对比，变动不大。

1991—2010年万宁市(县)居民消费价格指数统计表

表10-8　　单位:%

年 份	比上年同期增幅	年 份	比上年同期增幅
1991	4	2001	−3.8
1992	9.6	2002	−0.8
1993	26.7	2003	0.3
1994	32.2	2004	4.4
1995	17.2	2005	1.5
1996	6.3	2006	1.5
1997	2.4	2007	5.0
1998	−1.2	2008	6.9
1999	−3.3	2009	−0.7
2000	1.9	2010	4.8

二、价格管理

1991年至1994年4月14日，万宁县自来水供水价格调整为：生活用水每吨0.45元，工商业用水每吨0.50元，建筑业用水每吨0.60元。1994年4月15日至2001年1月底，调整为：生活用水每吨0.62元(消防、环卫与生活用水同价)，工业用水每吨0.90元，第三产业用水每吨1.10元，建筑业用水每吨1.60元。2001年2月1日至2007年3月底，调整为：居民生活用水每吨0.90元；消防、园林绿化和环卫用水每吨0.85元；工业用水每吨1.1 0元；经营服务业用水每吨1.60元。自2007年4月1日起调整为：居民生活用水每吨1.20元；消防、园林绿化和环卫用水每吨1.30元；工业用水每吨1.40元；经营服务业用水每吨1.80元。2008年,制定万宁市城镇污水处理费收费标准,居民用户0.60元/吨,其他用户0.90元/吨,城镇低保户0.40元/吨,低保户实行政府补贴制度,补贴标准0.20元/吨,至2010年未变。

2001年,制定万宁市大茂至长丰公共汽车票价,实行分段计费,大茂至老车站1元,老车站至长丰1元,全程票价2元。2002—2010年,价格未变。

1991—2010年,万宁市(县)物价部门对价格的管理与干预主要表现在水价和公共汽车票价上。

三、收费管理

(一)教育收费管理

1991年,调整中小学、幼儿园收费标准。中学学费由每学期的150~170元/人调整为每学期200元/人;小学学费由每学期的38~60元/人调整为每学期80元/人,明确代收费项目和收费标准。2004年,制定和调整华兴等私立学校收费标准。同年,在全市中小学校全面推行"一费制"(在严格核定杂费、课本和作业费的基础上,确定一个收费总额,一次性向学生收取),每年可减轻学生家长负担500多万元。2005年,制定和调整海之南等私立学校收费标准。2006年,制定和调整东北爱心小学等2所私立学校收费标准。自2007年春季学期起,义务教育阶段公办学校的中小学生一律免交课本费和信息技术教育费,义务教育阶段的公办学校只收取住宿费、借读费和代收作业本费,其中农村义务教育阶段公办学校不再收取借读费。至2010年,收费标准未变。

中小学校学杂费收费标准表

表10-9 单位:元/人

名称	中学										小学		
	海南中学		国兴中学、师院附中、海口一中、侨中、实验中学、琼山中学、农垦中学		海南二中、海南其他中学、琼山侨中、府城中学、各市县重点中学		各市县政府所在地一般中学		乡镇中学		重点小学	各市县政府所在地小学	农村小学
	高中	初中	高中	初中	高中	初中	高中	初中	高中	初中			
学费	60	—	50	—	40	—	30	—	20	—	—	—	—
杂费	220	170	195	150	150	95~125	120~140	80~105	95~120	65~95	60~90	55~80	38~60

中小学校住宿费收费标准表

表10-10　　　　　　　　　　　　　　　　　　　　　　　　　　　　单位:元/人

名称	中学										小学		
	海南中学		国兴中学、师院附中、海口一中、侨中、实验中学、琼山中学、农垦中学		海南二中、海南其他中学、琼山侨中、府城中学、各市县重点中学		各市县政府所在地一般中学		乡镇中学		重点小学	各市县政府所在地小学	农村小学
	高中	初中	高中	初中	高中	初中	高中	初中	高中	初中			
公寓	150	120	150	120	120	100	100	80	60	55	50	40	—
钢筋混凝土结构	90	70	80	60	60	50	50	40	40	35	35	30	25
土木结构	50	40	50	40	40	35	35	30	35	25	25	20	20

说明:2007—2010年万宁中小学校统一按照海南省教育厅的收费标准收取

(二)营业性收费管理

1991年,制定长途自动拨号用户电话技术改造费、自来水增容建设费、兴隆华侨农场农贸市场摊位费和街道卫生清洁费收费标准。1992—1995年,制定和调整万城镇第二停车场收费标准,万城镇、龙滚镇、牛漏镇、和乐镇和兴隆农场街道卫生和停车场收费标准;制定大茂、长丰镇和南林农场农贸市场固定摊位收费标准。

1995年,核定和调整了县广播电视局、兴隆华侨农场的有线电视收费标准。1999年,调整市有线电视入网费与维护管理费标准,取消通信设备改造费等3个收费项目。2000年后不再进行营业性收费管理检查。

(三)收费许可和年审管理

1992年,万宁县工商局成立行政事业性收费年审办公室,根据国家收费管理规定,对行政事业性收费单位实行收费年审,每年进行一次,每3年重新核发一次收费许可证,并对收费单位收费许可实行网络信息化管理,进一步完善行政事业性收费单位的收费管理。1992—1993年,收费年审282个单位,换发了200个单位收费许可证。1996—1997年,收费年审100个单位,核(换)发82个单位收费许可证。2004年,核(换)发320个单位收费许可证。2007—2008年,核(换)发210个单位收费许可证

2010年，收费年审20个单位，核(换)发50个单位收费许可证。

(四)清费治乱工作

1991—1997年，取消市卫生局收取的保健代劳服务费、药品质量培训费；市公安局自定的出租屋许可工本费、公共场所合格证工本费等项目。废止乱收费项目39个，纠正21项收费标准，减轻企业与农民负担250万元。1998年，取消市交警中队收取的三轮摩托车停车场费、市交通局收取的道路运输车开业审查服务费。废止乱收费项目28个，降低9项收费标准，减轻企业和农民负担120万元。1999年，建立企业缴费登记制度，向企业发放“企业缴费登记卡”60本。

2000年，全面整治各种强制性、垄断性乱收费，纠正市交通运输管理部门提高标准收取的营运证、非营运证和技术证的乱收费行为。废止乱收费项目9个，降低收费标准3项，纠正乱收费项目6项，减轻企业与农民负担135万元。全面落实企业缴费登记制度，向企业、个体工商户发放企业“缴费登记卡”4500多本，不断增强收费透明度。2005年，取消的103项收费项目，进行全面清理，取消不符合规定收费项目。2006年，制定私立学校收费标准，实行中小学“一费制”管理制度，当年减轻学生家长负担500多万元。2007—2008年，继续抓好中小学“一费制”管理工作；2009年全面推行了行政事业单位收费公示制度；2010年，对收费许可实行信息化管理，同年核(拨)出收费许可证50多件。

(五)收费公示制度

自1999年开始，全面推行行政事业收费公示制度。在全市291个中小学校推行“收费告示牌”制度，公开学校收费项目和标准，增强收费公开透明度。2002年，按照省物价局要求，在镇、村推行收费公示制度，100多个行政村设置涉农价格收费公示牌。至2010年，12个镇、207个村(社区)全部贴挂涉农收费标准告示牌，涉农收费标准在公示牌上一目了然，增加了收费的透明性。

四、旅游价格和收费管理

(一)酒店客房价格

自2005年开始，加强对旅游市场价格的调控，规定星级酒店在旺季及节假日期间价格可在中准价的基础向上向下浮动。对旅游景点门票价格进行复审，打击利用门票价格实行高额回扣行为。

2006年，省物价局制定了兴隆地区星级饭店客房成本价和最高调控价。其中，一星级成本价为每间50元/夜，最高调控价为每间350元/夜；二星级成本价为每间60元/夜，最高调控价为每间550元/夜；三星级成本价为每间80元/夜，最高调控价为每间750元/夜；四星级成本价为每间100元/夜，最高调控价为每间1300元/夜；五星级成本价为每间180元/夜，最高调控价为每间1650元/夜。星级饭店客房淡季不得低于成本价竞销，旺季(含“五一”“十一”、春节黄金周)不得突破最高限价经营。

2010年，加强对“五一”“十一”期间宾馆酒店客房价格实施临时干预等综合调控措施，以宾馆酒店各类客房的实际门市销售价格为基价，上涨幅度分别不得超过基价的50%和10%。

(二)旅游景区景点价格

兴隆旅游景区景点价格制定与调整情况：自1997年1月1日起，兴隆热带植物园门票价格15元/人；自2006年9月1日起，门票价格调整为20元/人；自2009年5月1日起，门票价格调整为45元/人；自2010年1月11日起，门票价格调整为60元/人。

东山岭旅游景区景点价格制定与调整情况：自1995年2月21日起，门票价格5元/人；自1995年2月21日起，门票价格调整为10元/人；自1997年5月1日起，门票价格调整为15元/人；自2002年5月1日起，门票价格调整为38元/人；自2004年3月1日起，门票调整为散客18元/人，团队15元/人；自2010年3月1日起，门票价格调整为50元/人。旅游团购票实行价格优惠最高不得超过门票价格的30%。

第三节 价格监督检查

一、物价大检查

1991年，万宁县组织开展物价大检查，共检查82个单位，查处违纪案件28件，查出违纪金额25万元，经济制裁总额11.34万元，其中：没收上缴国库6.71万元，退还消费者4.63万元。

1992年大检查，发自查自报表180份，收回180份，重点检查了69个单位，查处违纪案件39件，经济制裁总额46.37万元。其中：没收上缴国库17.28万元，退还消费者9万元，废止使用自制收费票据100套。1994年，查处违纪案件8件，经济制裁总额6.5万元，其中：没收上缴国库1.1万元，退还消费者4.5万元。自1998年起，停止年度税收、财务、物价联合大检查，由物价部门独立开展价格收费等检查。

二、行政事业性单位收费监督检查

1991—2010年，查处违纪单位765个，查出违纪金额694.76万元，经济制裁总额805.47万元，其中：没收上缴国库196.33万元，罚款20.88万元，退还消费者582.51万元。1991—1995年，开展对政府行政机关的收费检查。组织1643人次对交通、环保、计生、国土、人事、公安和乡镇等82个单位进行检查。发现公安局系统18个乡镇派出所、公安局证件管理部门，在1991年至1992年4月办理居民身份证时，违反有关规定，提高标准收费，多收10.52万元。交警大队在进行车辆年检和年审时，巧立名目和超标准收费，共计10.6万元，全部作没收处理。开展对教育、卫生收费检查，检查了县人民医院、18个乡镇和6个国营农场的卫生院医疗服务收费，查处违法案件3宗，违纪金额1.7万元，全部罚没上缴国库；查处20所中小学秋季开学乱收费46.86万元，没收金额17.66万元。

1996—2000年，重点查处了市交通局自立交通规费项目，查出非法收费7.1万元，全部没收上缴国库；查处了北坡中学、东澳镇中心小学违规向学生收取建校费、强化班费及资料费6.54万元。查处一些乡镇计划生育部门提高婚育证收费标准的行为。

2001—2005年，重点检查了43个教育收费单位，查出有37所中心小学和教育行政部门擅自设立晚修费、试卷费、赞助费、电风扇费、建校费、单车保管费等项目收费，乱收费金额96.96万元，其中地方学校43.60万元，农垦系统中小学校53.36万元；检查了医疗卫生系统，发现违法收取病人术前备皮费1.264万元,全部没收上缴国库。

2006—2010年,物价部门与纪检监察、教育和审计等部门相互配合,在全市开展教育收费专项检查工作,查出违纪收费金额44.68万元,纠正乱收费项目8个;对18个乡镇卫生院、5个国营农场医院的医疗收费和品药价格进行检查。

1991—2007年万宁市(县)行政事业性收费检查统计表

表10-11　　单位:家、元

年份	查处违纪单位	查出违纪金额	经济制裁总额	没收上缴国库	罚款	退还消费者	备注
1991	82	250000	116530	67140	0	46295	—
1992	39	815376	463687	358487	0	105200	—
1993	9	0	98550	115055	0	0	含上年入库金额
1994	178	0	115905	36000	25261	54244	—
1995	43	660000	119000	119000	0	0	—
1996	17	0	133000	133000	0	0	—
1997	66	2025000	1502000	243000	0	1259000	—
1998	12	0	332900	45300	0	287600	—
2000	45	0	913600	100100	0	813500	—
2002	26	0	369300	171300	0	198000	—
2003	37	969600	969600	0	0	969600	教育收费
2004	24	0	520000	29400	8000	371100	—
2005	127	1114100	1119100	442000	5000	672100	—
2006	35	629400	797400	41000	168000	629400	—
2007	25	484100	484100	62500	2500	419100	教育收费

三、经营性单位价格监督检查

自1996年开始，物价部门加强对经营性单位开展价格管理检查，特别是对兴隆景区的宾馆、酒店以及第三产业供电价格和粮食购销价格等开展监督检查，确保万宁经济社会市场价格稳定。同年，根据群众举报，对兴隆旅游景区的宾馆、酒店在春节期间随意提高房价，违反价格法规等问题进行查处。对兴隆明阳山庄等10多家宾馆、酒店在节假日擅自提高房价，非法获利4.6万元的行为，实行经济制裁，对兴隆石化109夜总会宰客行为罚款0.3万元。

1998年，开展粮食购销价格检查，纠正粮食企业在收购粮食过程中，在粮价中代扣其他款项及挤占粮食收购资金等问题。同年还开展电价大检查，对市农电公司万城供电所执行农业生产用电、城镇居民照明用电、工业生产用电情况进行检查，纠正电价收费中存在的不合理现象。1999年，重点开展电价检查。全市组织3个专项检查组，先后对万城地区、兴隆旅游区以及18个乡镇电力价格进行专项检查。查出违法所得10.6万元，除没收2.6万元上缴国库外，其余责成供电部门全部退还给农户。同年，还对市民反映强烈的液化气价格开展专项检查。查出违法所得金额0.3万元，全部没收上缴国库。全年共立案查处价格违法案件6件，查出违纪金额18.26万元，经济制裁18.26万元，其中退还消费者及用户7.33万元，当年没收上缴地方财政2.9万元。

2000年，重点检查农村生活用电价格违规行为，责令供电部门将多收的电表损耗费返还给农户。2004年，在对中石化海宁站等5家液化石油气站专项检查中，查出上述企业不执行政府指导价，提价销售，多收价款3704元，全部没收上缴国库，并罚款0.8万元。2006年，开展以“菜篮子”“米袋子”“火炉子”为重点的物价检查工作。对重大节假日的旅游市场价格进行检查，查处兴隆海达酒店等40家酒店和度假村降价竞争、降低团队游客用餐标准的价格违法行为，并处罚款4万元，上缴国库。2009—2010年，重点对全市近150家餐饮业向每位客人收1元钱一次性餐具消费的违规行为查处。近150家餐饮店全部停收一次性消毒餐具的使用费。

四、价格举报

1996年，根据举报电话的投诉，物价部门对兴隆中石化109夜总会宰客行为进行检查，责成该企业向消费者退回200元，并罚款3000元。1997年，对消费者举报的兴隆旅游区两起卡拉OK歌舞厅宰客行为进行查处，罚款1440元，在《海南日报》和《海口晚报》等媒体上曝光。

2005年，根据车主举报万宁汽车站对营客运车业主收取10%的客运代理费，共计5.32万元，物价局及时查处，并将多收款项退还了客运车主。

2006年，后安镇初级中学多收学生学杂费8.88万元，物价部门责令全部退还学生，并对该校处以0.80万元罚款。2007年，对万宁市第二中学乱收学杂费等问题进行查处，责令将多收的学杂费2.43万元全部退还学生家长。

2010年，接到价格举报4件，价格咨询12件，迅速对所举报的情况进行调查处理。

1991—2010年,共受理各类价格投诉举报258件,调查处理252件,平均办结率为97.77%,接待价格信访30件次,办结30件次,解答消费者价格咨询15件次。

1993—2010年万宁市(县)价格举报情况统计表

表10-12　　　　单位:件

年度	价格举报	调查处理	接待价格信访	价格咨询	备注
1993	30	30	0	0	—
1996	1	1	0	0	—
1997	10	8	30	0	接待群众价格信访,全部答复
1998	12	12	0	0	—
2000	21	17	0	0	—
2003	56	56	0	0	—
2004	56	56	0	0	—
2005	31	31	0	0	—
2006	21	21	0	0	—
2007	16	16	0	0	—
2009	—	—	0	3	—
2010	4	4	0	12	—
合计	258	252	30	15	—

五、明码标价

自1994年开始,建立明码标价制度,推动明码标价工作。从3月起,利用宣传车、电视、广播等,大力宣传推行明码标价。在县人大常委会,政协、工商行政管理、公安、广播电视等部门配合下,对万城地区的商品明码标价工作进行全面检查,检查650个经营单位,罚款0.606万元,对一些卡拉OK歌舞厅采用价格欺诈行为,欺诈顾客,进行严肃查处,罚款1.3万元。

1995年,由政府分管县长牵头,抽调工商管理、邮电企业和监察等部门人员,先后在万城、兴隆地区1016家国营企业、个体经营户中进行商品明码标价全面检查，对尚未实行明码标价的经营单位和个体工商户责成其限期完成。至年底，全县经营单位的明码标价率达到85%以上。印制了“卡拉OK歌舞厅计价单”1500本发到各相关经营单位。

2004年，先后发放3.6万张商品明码标价签，全市主要街道的个体工商户、大型超市出售商品的明码标价率达90%以上。2005年，开展对旅游市场的明码标价工作检查。重点检查6家旅游景点景区内263个商品摊档，兴隆地区43家宾馆酒店、9家旅游餐饮大排档、8家大型旅游购物点和商场的明码标价情况。发放商品标价签1万余张。2006年，重点开展对旅游市场的明码标价工作检查，打击虚高标价行为。对全市9家旅游景点景区内370个商品摊档、78家宾馆酒店、29家旅游餐饮大排档、22家大型旅游购物点和商场、1家珠宝店的明码标价工作进行检查。发放商品明码标价签3万张、打击价格欺诈行为宣传资料400多份。

2010年，在明码标价工作的基础上，要求兴隆各大酒店制作客房价格公示牌，标示当时酒店客房实际价格，逐步实现明码标价到明码实价的转变。

六、价格鉴证

1991—2010年，物价部门共完成刑事涉案物品价值鉴证1913件，鉴证价值总额842.15万元，其他类物品价值鉴证337件，鉴证价值总额643.99万元。

1991—2010年万宁市（县）价格鉴证情况统计表

表10-13　　单位：件、万元

年份	刑事涉案物品价值鉴定	价值	其他类物品价值鉴定	价值	备注
1991	200	6.00	0	0	—
1992	150	5.00	2	70.00	经济案件
1993	90	7.00	5	60.00	财产评估
1995	50	60.00	0	0	—
1996	38	57.30	0	0	—
1997	69	39.40	0	0	—
1998	59	23.07	1	1.37	民事案件
1999	100	17.41	3	28.36	民事案件

续表10-13

年份	刑事涉案物品价值鉴定	价值	其他类物品价值鉴定	价值	备 注
2000	68	19.97	1	35.46	经济案件
2003	90	35.00	8	13.00	民事、经济、行政案件
2004	85	51.20	6	24.80	民事、行政、仲裁案件
2005	133	91.20	6	75.10	民事、行政案件
2006	148	91.60	7	14.90	民事案件
2007	142	52.00	0	0	—
2008	130	115.00	15	45.00	民事、经济、行政案件
2009	163	73.00	96	98.00	行政、车损案件和财产评估
2010	198	98.00	187	178.00	行政、交通事故等案件
合计	1913	842.15	337	643.99	—

第五章 国土资源管理

第一节 机 构

1991年，万宁县实施国土管理的主要机构为万宁县国土局。1992年10月，更名为万宁县土地管理局。1996年8月，万宁撤县设市，相应更名为万宁市土地管理局。2000年，更名为万宁市国土环境资源局，内设行政秘书股、法制宣传股、环境管理股、资源管理股、环境监测站、环境监理所、矿山管理站、大花角自然保护站，编制30人。

2010年，万宁市国土环境资源局内设10个股级职能机构：办公室、法规监察股、规划股、耕地保护股、土地利用管理股、地籍管理股（不动产登记局）、测绘管理股、污染控制股、生态环境保护股、矿产资源管理股，行政编制30人。

第二节 土地储备

1991—2000年，万宁未设立土地资源规划机构，土地储备情况不详。

2001年9月，经万宁市机构编制委员会批准成立万宁市土地开发整理储备中心，为万宁市国土环境资源局内设的副科级全额拨款事业单位。2006年，建设礼纪镇土地整理项目，建设规模593.85公顷。2007年，建设北海洋万亩灾毁地土地复垦项目，建设规模514.2公顷。2008年，建设和乐镇土地整理项目，建设规模149.18公顷；同年还建设耕地占补项目，建设规模282.16公顷。2009年，建设后安镇基本农田整理项目，建设规模701.27公顷；建设耕地补充开垦项目，建设规模244.65公顷；同年5月8日，根据《海南省人民政府关于印发海南省2008年度省级土地储备及近期出让计划的通知》《海南省人民政府省长办公会议纪要》（第140期）和《海南省国土环境资源厅关于落实东环铁路沿线4800

亩省级储备土地有关问题的通知》等文件，将东环铁路万宁站站前广场为中心的整个地块，总面积为84.07公顷，东至万洲大道，南至环市一路，西至火车铁路用地，北至环市二路范围内的土地划为省级土地储备用地。2010年，建设龙滚镇土地开发整理项目、山根镇土地开发整理项目，建设规模266.19公顷。

至2010年，万宁市已收储的储备土地1宗，面积244.26公顷；建设的土地整理项目总规模2206.03公顷，总投资额达5620.65万元；建设的土地开垦占补项目总规模793公顷，总投资2672.27万元。

第三节 土地开发利用

2001年，成立万宁市土地开发整理储备中心后，加强土地规划，规范土地的开发和利用。2005年末，万宁市耕地保有量为29194.11公顷。

至2010年，万宁市土地总面积为189985.83公顷。其中，农用地面积为161548.49公顷（耕地面积29785.45公顷、园地68326.61公顷、林地56570.34公顷、其他农用地6866公顷），占全市土地总面积的85.03%；建设用地为22227.03公顷（城镇村及工矿用地面积为16655.62公顷、交通用地2697.5公顷，水利设施用地4456.15公顷），占土地总面积的11.70%；未利用地为6210.31公顷，占全市土地总面积的3.27%。

一、农用地结构与布局

1991年，万宁耕地在平原的分布多于西部山区（其中，水田主要分布在河积平原、海成阶地和丘陵谷地等地势较平坦的地区；旱地在万宁各地均有分布，以中部各镇旱地面积分布较广，连片性较好，西部和东部的旱地相对较少）；园地主要分布在西部丘陵和东部台地地区（其中，其他园地主要分布在国营农场、南桥、北大、龙滚、三更罗、礼纪等镇）；林地主要分布在西南部、西部和西北部，其中以西部和西南部的北大镇、三更罗镇、南桥镇、新中农场以及六连林场等地区以及龙滚镇北部分布较多；牧草主要分布在东澳、礼纪、山根等镇；其他农用地包括养殖水面、农村道路、沟渠及坑塘水面等，遍布于万宁各地。

至2010年，万宁市农用地结构布局未有大的改变。全市耕地面积增至29785.45公顷（其中，水田面积21199.92公顷，水浇地22.94公顷，旱地面积8562.58公顷），占全市土地总面积的15.68%；园地面积为68326.61公顷（其中，其他园地面积62028.57公顷），占全市土地总面积的35.96%；林地面积为56570.34公顷，占全市土地总面积的29.78%；人工牧草地189.82公顷，占全市土地总面积的0.10%；其他农用地面积4972.69公顷，占全市土地总面积的2.62%。

二、建设用地结构与布局

1991年，万宁城镇村及工矿用地包含建制镇、村庄、采矿用地、风景名胜及特殊用地。至2001年，万宁建设用地结构和布局未发生大的改变。

至2010年，万宁市用地面积16655.62公顷，占全市土地总面积的8.77%。其中，城镇用地面积2027.29公顷，占全市土地总面积的1.07%，分布于全市各镇及农场，以经济相对发达、人口稠密的万城镇、礼纪镇、东澳镇和兴隆华侨旅游经济区管理委员会分布最多；独立工矿用地面积376.26公顷，占全市土地总面积的0.20%，主要分布在礼纪镇、长丰镇、后安镇、万城镇、东澳镇等工贸型乡镇；农村居民点用地面积10440.91公顷，占全市土地总面积的5.49%，在全市各镇均有分布，但各镇间人均用地分布不均匀，且布局散乱；交通运输用地面积2697.5公顷，占全市土地总面积的1.42%，分布于全市各镇及农场；水利设施用地4456.15公顷，占全市土地总面积的2.35%，主要分布在北大镇、三更罗、南桥、长丰等镇的部分丘陵和山地；其他建设用地面积3812.8公顷，占全市土地总面积的2.01%，分布于全市各镇及农场。

三、未利用地现状

1991—2009年，万宁市未利用土地面积、分布变化不大，主要为草地、滩涂地，其中未利用草场17.9公顷、滩涂772.6公顷。在万宁市土地利用总体规划（2006—2020年）中，首次将未利用土地统计数据纳入其中。

2010年，未利用地面积减少至6210.31公顷，其中水域用地2053.73公顷，占全市土地总面积的1.08%；滩涂沼泽1551.4公顷，占全市土地总面积的0.82%；自然保留地2605.18公顷，占全市土地总面积的1.37%。

第四节　土地分级

万宁市土地分级始于2010年，按全国第二次土地调查分类标准，全市土地总面积189985.83公顷，人均土地面积约0.34公顷。全市有8个一级类，34个二级类，其中林地、园地和耕地占比较大，土地类型的多样性为农林牧副渔业的全面发展提供了良好的基础条件。全市农业生产与土地利用类型有较好的匹配关系，农业生产具有明显的区域化特征，西部低山、高丘地带，土地利用以林地、橡胶为主；中北部阶地、台地地带，土地利用以旱作、热作和人工林为主；东南部沿海地带，土地利用则以水稻种植和海水养殖为主。

2010年万宁市农村土地利用一级分类面积统计表

表10-14　　单位：公顷

行政区总面积	耕地	园地	林地	草地
189985.83	29785.45	68326.61	56570.34	2151.04
城镇村及工矿用地	交通运输用地	水域及水利设施用地	其他土地	—
16655.62	2697.50	10716.58	3082.69	—

第五节 耕地保护及保有量

一、耕地保护目标实施情况

1991年来，万宁市(县)逐步完善基本农田保护制度体系，实行农田保护动态巡查制度，基本农田综合整治制度及耕地保护协管制度等，做好耕地后备资源调查评价、土地正路规划编制、项目库建设、基本农田保护标志建设等工作。2005年，编制《万宁市土地利用总体规划(2006—2010)》,报省政府同意实施。2007年7月，按照省政府的统一部署，开展第二次土地调查工作，全面掌握全市耕地的基本情况。同时，结合第二次土地调查，做好耕地后备资源评估工作，实施补充耕地项目建设，2006—2010年，万宁市实施土地正路项目9个，建设总规模2454.20公顷，总计投资7237.74万元，全部通过验收。

至2010年，万宁市耕地面积29785.45公顷，占全市土地总面积15.68%，沿海平原分布多于西部山区，其中：水田面积21199.92公顷，占耕地面积的71.18%，主要分布在河积平原、海成阶地和丘陵谷地等地势较平坦的地区；旱地面积8562.58公顷，占耕地面积的28.75%，在全市各地均有分布，以中部各镇旱地面积分布较广，连片性较好，西部和东部的旱地相对较少。

二、耕地保有量

根据《万宁市土地利用总体规划(2006—2020年)》，万宁市耕地保有量统计数据最早为2005年，为29194.11公顷，现行规划确定2020年万宁市耕地保有量为28881公顷。2010年末，万宁市实有耕地面积29785.45公顷，比现行规划确定的耕地保有量多904.45公顷，为规划目标的103.13%。

第六节 矿产资源管理

万宁境内矿产资源丰富，主要采用露天开采方式，对矿山及周围土地、草地、森林等造成生态环境破坏。1991—2006年，万宁市国土局主要针对本行政区域内的矿产资源进行勘查、开采和保护。2007年，省国土环境资源厅下发《矿山地质环境保护与治理暂行规定》文件，落实相关的矿山地质环境治理责任，缴存矿山地质环境治理保证金，按治理计划专款专用。

2007—2009年，共投入资金1031.96万元，对保定锆钛独居石砂矿矿山、大长岭建筑石料矿矿山、和乐至龙滚锆钛独居石砂矿矿山、大头锆英石钛铁矿砂矿矿山地址环境进行恢复治理，共恢复治理面积5.3078平方千米。

至2010年底，全市有闭坑矿山9家，其中建筑用花岗岩矿8家，锆钛砂矿1家，矿区面积0.9546平方千米，恢复治理面积0.9526平方千米，已闭坑矿山地质环境治理率达99.8%。

2008—2010年万宁市闭坑矿山地质环境治理情况一览表

表10-15　　单位：平方千米

矿山名称	矿区面积	恢复治理面积	闭坑时间
万宁市海铁钛矿有限公司和乐小海锆钛砂矿	0.927	0.927	2008.9
海南万宁天明石料有限公司东和九曲岭普通建筑用花岗岩矿	0.0019	0.0019	2009.8
万宁市和乐镇罗万进岭林天和普通建筑用花岗岩矿	0.0011	0.0011	2008.7
万宁市黄业芳万城后山岭普通建筑用花岗岩矿	0.002	0.002	2009.8
万宁市杨生珠长丰黄加架普通建筑用花岗岩矿	0.0019	0.0019	2009.8
万宁市长丰镇名峰普通建筑用花岗岩矿	0.0025	0	2010.6
海南万州海洋养殖有限公司罗万进岭石场	0.0037	0.0037	2009.10
万宁市龙滚上城加作岭普通建筑用花岗岩矿	0.0123	0.0123	2010.8
万宁市二轻工业供销公司长丰宁山普通建筑用花岗岩矿	0.0022	0.0022	2009.8
合计	0.9546	0.9526	—

第六章 工商行政管理

第一节 机构

1991年,万宁县工商局内设“一室九股”,即:办公室、人事教育股、监察股、法制股、市场股、企业登记股、个体股、经检股、合同股、商标广告股;18个派出机构,即:万城工商所、东门工商所、北坡工商所、大茂工商所、后安工商所、和乐工商所、港北工商所、山根工商所、龙滚工商所、东兴工商所、东岭工商所、长丰工商所、牛漏工商所、东澳工商所、礼纪工商所、兴隆工商所、南林工商所、新中工商所;2个挂靠单位:消费者协会和个体私营企业协会。1996年,万宁撤县设市,万宁县工商局更名为万宁市工商局。1997年,万宁市工商局增设3个内设机构:经济检查总队、车管所、外资科;增设3个派出机构:城北工商所、东山工商所、新梅工商所。

2000年,万宁市工商局内设机构改为6个:办公室、政策法规室、组织人事室、纪检监察室、企业监管室(内挂行政审批办公室牌子)、市场规范管理室;派出机构改为16个,即万城工商所、城北工商所、东山工商所、大茂工商所、后安工商所、和乐工商所、山根工商所、龙滚工商所、东兴工商所、东岭工商所、长丰工商所、东澳工商所、礼纪工商所、兴隆工商所、南林工商所、新中工商所等。

至2010年,万宁市工商局内设机构未变,有公务员编制216人,工勤编制2人。

第二节 工商行政体制改革

1991—2010年,万宁市工商局历经两次较大的体制改革。其中:第一次(1996—1999年),完成“办管脱钩”改革,即工商部门开办市场职能与监管职能脱钩改革,并实行财政收支两条线。在此期间,工商部门将自己开办的9个集贸市场移交给物业管理中心管理。第二次(2000—2003年),完成工商行政管理机构改革，即省以下垂直管理。在省工商局体改工作领导小组和市政府的统一领导下，先后完成人员清理、档案交接、干部过渡、工人录用、机构设置等工作。在此期间，对未录用为公务员的下岗分流人员540人进行分流安置。其中：清退125人，分流到物业中心77人，一次性领取补偿金388人；提前离岗的干部5人，提前退休的干部17人、工人15人；通过过渡考试和录用考试确定为国家公务员216人（干部66人、工人150人）。

第三节 登记注册管理

1991年，共有1026家企业（国有521家、集体301家、外资45家）进行工商注册登记，从业人员71528人，注册资金39560万元；符合注册要求并通过登记注册的个体工商户3775家、私营企业125家，从业人员5702人，注册资金1048万元。1995年，已登记注册企业1634家（国有493家、集体307家、外资149家），从业人员73690人，注册资金43745万元。登记注册的个体工商户5412家，私营企业97家，从业人员7369人，注册资金18963万元。

2000年，共有1589家企业（国有493家，集体307家，外资149家）进行注册登记，从业人员10857人，注册资金171815万元；个体工商户6663家，私营企业331家，从业人员10857人，注册资金33211万元。2005年，登记注册的企业共1791家（国有728家，集体613家，外资6家），个体工商户10241家，私营企业694家，从业人员12733人，注册资金49027万元。

2010年，登记注册的企业共2511家（国有703家，集体739家，外资55家），从业人员74037人，注册资金144.447亿元；个体工商户12124家，私营企业1375家，从业人员11246人，注册资金44.9433亿元。

1991—2010年万宁市（县）企业工商注册登记一览表

表10-16　　单位：户

年份	企业性质								合计
	国有	集体	其他	股份公司	有限责任公司	外资企业	合伙企业	个体户	
1991	521	301	25	0	102	45	32	0	1026
1992	533	476	0	0	0	0	94	0	1103
1993	505	748	2	0	16	91	0	0	1362
1994	485	307	472	0	11	146	101	0	1522
1995	493	307	564	0	14	149	107	0	1634

续表10-16

年份	企业性质								合计
	国有	集体	其他	股份公司	有限责任公司	外资企业	合伙企业	个体户	
1996	497	427	436	0	24	158	114	1	1657
1997	538	498	346	0	63	135	120	2	1702
1998	535	489	320	0	124	114	118	1	1701
1999	567	478	226	0	155	98	205	4	1733
2000	733	596	5	7	177	65	4	2	1589
2001	736	563	289	1	54	64	3	2	1712
2002	671	578	0	8	137	59	19	0	1472
2003	701	512	155	1	84	62	13	15	1543
2004	685	507	372	1	105	2	8	16	1696
2005	728	613	322	1	109	6	7	5	1791
2006	719	635	369	2	84	68	1	8	1886
2007	735	657	479	3	87	6	2	1	1970
2008	689	681	598	2	106	6	4	3	2089
2009	715	728	615	1	114	11	2	10	2196
2010	703	739	783	1	205	55	13	12	2511

1991—2010年万宁市(县)个体工商户注册登记一览表

表10-17　　单位:户

年份	行　业									合计
	批发零售	居民服务	制造业	住宿餐饮	交通运输	农林牧渔	计算机信息服务	娱乐业	其他	
1991	2045	235	134	114	506	125	14	18	584	3775
1992	2012	238	253	107	604	116	17	15	472	3834
1993	1092	105	102	95	302	103	10	8	183	2000

续表 10-17

年份	行业									合计
	批发零售	居民服务	制造业	住宿餐饮	交通运输	农林牧渔	计算机信息服务	娱乐业	其他	
1994	2137	258	132	117	613	176	24	16	705	4178
1995	2957	295	327	128	621	256	35	39	754	5412
1996	3101	312	308	135	632	276	41	40	614	5459
1997	4237	351	321	138	597	237	43	38	556	6518
1998	4137	347	314	135	578	265	32	27	505	6340
1999	4758	329	357	128	614	237	43	37	560	7063
2000	4694	312	401	117	594	307	51	38	149	6663
2001	4973	315	393	137	618	314	71	47	721	7589
2002	4858	351	323	161	604	212	53	51	701	7314
2003	4946	363	448	117	559	312	42	40	656	7483
2004	5957	391	419	181	689	319	71	65	710	8802
2005	6919	459	516	189	678	384	62	83	951	10241
2006	6203	463	475	135	601	378	57	74	776	9162
2007	7618	482	585	237	692	490	64	94	812	11074
2008	7179	599	697	370	671	516	86	84	778	10980
2009	7939	694	685	489	745	529	93	94	798	12056
2010	8066	744	749	532	683	540	72	97	641	12124

1991—2010年万宁市(县)私营企业工商注册登记一览表

表10-18 单位:户

年份	行业									合计
	批发零售	居民服务	制造业	住宿餐饮	交通运输	农林牧渔	计算机信息服务	娱乐业	其他	
1991	101	18	2	2	1	0	0	1	0	125
1992	54	13	1	1	1	0	0	0	0	70
1993	78	7	4	2	1	2	0	1	0	95
1994	58	11	6	2	3	2	1	1	0	84
1995	67	23	1	1	2	1	1	1	0	97
1996	83	21	3	1	1	5	2	1	0	117
1997	130	32	5	3	2	8	2	1	0	183
1998	140	30	3	2	3	8	3	2	0	191
1999	166	29	5	3	5	17	2	1	0	228
2000	270	31	6	10	2	9	1	2	0	331
2001	344	41	7	16	4	9	1	1	0	423
2002	343	52	8	12	1	17	2	6	0	441
2003	386	62	9	17	2	26	5	5	0	512
2004	492	77	19	17	4	28	3	3	0	643
2005	546	81	13	15	3	31	2	3	0	694
2006	473	82	16	17	4	29	8	2	0	631
2007	591	72	13	7	3	24	1	1	0	712
2008	563	80	14	8	3	25	3	2	0	698
2009	550	73	12	2	1	23	8	4	0	673
2010	1080	194	28	27	5	24	9	8	0	1375

第四节 经济合同管理

1991—1994年，万宁县工商局开展“重合同、守信用”活动，受理调解企业经济合同纠纷4件，接受企业咨询200多人次，检查企业合同2500份，为企业追回贷款40多万元，发示范合同文本300份，指导企业建立合同管理制度20家。全县有41家企业被授予“重合同、守信用”单位；表彰叶亚凤等38名“文明经营户”，新中农场市场被评为1992年省级文明市场，受到表彰；先后派出人员8人次，为各类企业追回欠款43万元。全县鉴证合同61件，金额1654万元。

1995—2000年，积极向企业推行经济合同示范文本制度，共推行使用经济合同示范文本2.7万多份，授予自来水公司等6家企业为“重合同、守信用”单位。共检查合同190份，金额6705万元；鉴证合同73份，金额112万元；动产抵押登记11份，金额880万元。深入企业34家，举办《合同法》培训班一期，培训企业人职工250人，发放《合同法》单行本250册，张贴宣传标语150份。

2001—2010年，对56家企业的156份合同进行检查，合同金额734万元。发放建筑合同文本和买卖合同文本5500份，向企业推荐“中国最新合同范本乙本”77本，检查合同60份，金额452万元，调解合同纠纷4宗，金额26万元。

1997—2010年万宁市经济合同管理一览表

表10-19

年份	鉴证（份）	调解（件）	仲裁（件）	重合同守信用企业(家)	推广规范合同文本（本）
1997	17	0	0	0	2
1998	25	0	0	0	98
1999	13	0	0	0	0
2000	17	0	0	0	1
2001	2	0	0	0	0
2002	12	4	0	0	77
2003	0	0	0	0	2
2004	0	0	0	0	0
2005	3	0	0	0	1

续表10-19

年份	鉴证(份)	调解(件)	仲裁(件)	重合同守信用企业(家)	推广规范合同文本(本)
2006	0	2	0	0	1
2007	0	0	0	0	0
2008	0	0	0	0	0
2009	0	0	0	0	0
2010	0	0	0	5	1
合计	89	6	0	5	183

第五节 商标广告管理

1991—1995年，在全县范围内广泛开展商标广告宣传，加强对商标广告的规范管理。严厉打击冒充海南省皖海（万宁）工贸联合公司生产的“三环牌”农用三轮车的生产点和销售点；县工商局注册商标8种，指导、协助4家企业向国家商标局申请注册商标4种，查处商标侵权案8件。1997年，保护培育“兴隆牌”咖啡和“六连岭牌”矿泉水等注册商标。查获假冒“兴隆牌”咖啡商标包装2万张，查获假冒“白沙牌”绿茶125包，对5家广告企业（业主）进行重新核准登记，举办2期广告业务培训班，查处虎牌、生力、贝克、百威、奥克等5家啤酒厂和“红桃K口服液”违法广告，处罚5.5万元，拆除广告牌12块。1999年，查处万城镇乾坤印刷厂侵权、盗版行为和仿冒“椰树”牌天然椰子汁行为，没收假冒椰子汁72箱、1728瓶；共检查52个单位，查获汇仁肾宝、七子填精、金芦荟等印刷品8种，没收违法印刷广告5800张，拆除招牌、灯箱、路牌27块。

2001年，拆除违法违章广告横幅428幅，罚没1.5万元，户外广告登记500多条，没收印刷品广告000多张，拆除违章广告牌48块，查处仿冒商标案件3件，罚款1500元，收缴侵权商标标识5000张。2002年，拆除违法违章广告横幅88幅，户外广告登记1012条，广告招牌12块，车体广告8辆，墙体广告12幅，没收印刷品广告1500张，收缴侵权商标标识10万多张。2004—2010年间，辖区内假冒商标案件较少，工作重心以引导企业申请注册商标为主，共引导注册商标56件，申报海南著名商标3件（小旺奇、兴科、太阳河牌咖啡）。

第六节 集贸市场管理

1991—1995年，投入15万元修复因台风造成损坏的集贸市场设施；向26家经营户发放食盐销售许可证；取缔个体粮贩17个、个体商贩25个；拆除违章搭建48处，取缔无照经营39家；搬迁个体摆设摊点122家，纠正占用人行道摆放商品点143家；支持乐来、大茂和县食品公司投资建设永久性集贸市场3座，肉菜市场面积达2100平方米。全县城乡集市贸易成交额达1.6亿元，投资3000万元用于建设集贸市场。

1997年，拨款15万元帮助山根、合山、东澳等市场建立标准化摊位，改造卫生条件。取缔违章摊点131家，没收假劣商品63种2164件，价值13.4万元，罚款13850元。1999年，加强对各类集贸市场商业门店、出租柜台和各类商品展销会开办单位的管理，查处超范围经营45件，无照经营51件，不按规定明码标价668件，乱设摊点32件，掺杂使假45件，假冒伪劣216件，罚没金额4125元。

2001年，在落实开办市场职能与监管市场职能脱钩的体制改革中（简称办管脱钩），万宁工商局将工商部门投建的10个集贸市场全部移交给万宁市物业管理中心管理，市场产权归物业管理中心所有。集贸市场摊位、卫生、收费均由市场开办者和物业管理中心管理。

第七节 经济监管

一、扫黄打非

1991—1993年，取缔私人彩票点10个，摧毁地下窝点5个，取缔假彩票点21个。1994年，共查出“兴隆玉源俱乐部”“万城某某娱乐场”等15家企业有参与赌博活动的违法行为，对这些企业做出停业整顿、扣缴营业执照等处理。1997年，工商局参与对文化市场进行检查，责令8家无“三证”的药店停业整顿，取缔宰客酒吧、发廊15家，查封11家有严重违法经营的歌舞厅，罚款4689元。1999年，工商局参与扫黄打非禁毒等活动，取缔赌场8家。

2002年，通过市场整治，查获盗版书刊95册、淫秽光盘122张等各类非法出版物，立案62件，罚款6.61万元。2010年，工商行政管理部门在扫黄打非行动中共出动执法人员1975人次，没收和销毁淫秽光盘113张、淫秽书刊127册、进口淫秽药品13件，清理传销人员457人，留置56人，清理出租房2[illegible]间，传讯屋主6人，教育动员自动离岛260人，吊销营业执照3家，捣毁传销窝点7处，遣送传销人员235人次，查扣涉嫌传销款6000元，罚没款2.3万元；共取缔非法经营音像店5家、没收盗版光盘1[illegible]片、非法出版书刊172册、封存取缔地下非法印刷厂7家。

二、商业贿赂治理

2006年，万宁工商部门正式介入商业贿赂治理，成立专项整治工作领导小组，开展以工程建设、土地出让、产权交易、医药购销、旅游市场、政府采购等特定领域和行业为主要范围的商业贿赂专项整治行动，并以旅游行业为突破口，先后查办了海南某科技有限公司、海南某热带雨林旅游开发有限公司等4家涉嫌商业贿赂行为的公司，同时对教育、医药、书店等行业的商业贿赂行为进行治理和查处。据统计，至2010年，共查处商业贿赂案6件，罚没金额102万元。

三、护农专项行动

1997年万宁市农贸市场逐渐形成，为使农贸市场健康发展，万宁工商行政管理部门不断加强监管力度，除加强日常监管外，1997—2010年间，每季度开展1次以上“红盾护农”专项整治行动。据统计，自开展“红盾护农”行动以来，工商部门共查处假冒伪劣化肥65吨，价值22万元，没收伪劣和无标签种子3种，取缔无证经营户35户。

第八节 消费者权益保护

1991年，先后出动车辆57辆次，派出人员409人次，取缔个体粮贩17个、个体商贩25个；没收香烟2056条，价值20.8万元；没收化肥5.9吨，价值2664.8元；没收橡胶3吨，大米8532千克；销毁假化肥11吨，假冒伪劣酒、饮料、酱油1200多瓶。1994年，共出动350人次，成立4个“打假”小组，配合各工商所，进行4次大规模的“打假”行动，对全县各乡镇的集贸市场、商店和各类工厂进行突击检查，共查获假冒伪劣商品18种1568件，没收野生保护动物14只，放归大自然。

1997年，组织中小学生、机关干部、商店、宾馆职员组成300多人的游行队伍，在万城主要街道游行，张贴标语，发放宣传资料3500份，接受咨询2500人次，处理投诉案件36件，悬挂宣传横幅64幅，受教育人数达10万人次。

2000年，以“明明白白消费”为主题，邀请市人大常委会、政府、政协等主要领导，财政、卫生、旅游、公安、物价部门干部，以及企业主、工商户代表参加座谈会，受理消费者投诉215次，立案查处3件，调解处理302件，移送其他部门处理10件，为消费者挽回经济损失5万多元。2003年，完善“一个中心分级执法”的维权工作机制，实行节假日重要活动24小时值班，接投诉举报210件，处理195件，挽回经济损失1.8万元。2004年，开展食品安全整治工作，悬挂宣传横幅12条，散发传单1000余张，利用市有线电视宣传报道3次，提高食品安全意识。

2005年，充分发挥“12315”职能作用，旅游景区“12315”警示申诉服务电话进场率达100%。

2010年，在节假日期间分别驻点兴隆旅游区和东山岭旅游区，实行驻点监管，对3个旅游购物点（大茂新新水果店、龙滚龙果水果店、大茂戴比尔珠宝店）设置“12315”投诉服务台，实行“坐堂式”监管。

据统计，1991—2010年，累计接听投诉电话1981万多次，接访消费者7020多人次，调解消费纠纷[illegible]081件，调解金额达300多万元。

第七章 质量技术监督管理

第一节 机构

1991年，万宁县标准计量管理局下设万宁县计量测试所，承担授权计量检定范围内的衡器计量检定和避雷针检测职责。1993年，万宁县标准计量管理局改称为万宁县技术监督局。1994年11月，县技术监督局新增组织机构代码管理职能。1995年，万宁县技术监督局改称为万宁县技术监督室，副科级建制，加挂万宁县技术监督局牌子。1996年8月，撤县建市，万宁县技术监督室（局）和万宁县计量测试所分别改称为万宁市技术监督室（局）和万宁市计量测试所；同年，万宁市组织机构代码管理中心成立，受万宁市技术监督室（局）管理，作为一个独立机构负责组织机构代码管理工作。

2001年2月，海南省人民政府印发了《海南省人民政府关于印发全省质量技术监督管理体制改革方案的通知》，实行省以下技术监督系统垂直管理。2001年3月，撤销万宁市技术监督室（局）、万宁市计量测试所、万宁市组织机构代码管理中心，成立海南省万宁质量技术监督局(简称万宁质监局)，为正科级建制，内设6个室，即：办公室、质量监督室、计量管理室、标准化管理室、执法监督室、特种设备安全监察室，核定编制8名，加挂海南省万宁质量技术监督稽查队的牌子；同时下设一个直属事业单位，即海南省万宁质量技术监督技术所（简称万宁技术所），核定事业编制5名。至2010年，万宁质监局机构设置未变，行政编制增至12名。

第二节 计量监督管理

检验授权 1991年以来，万宁县计量测试所在授权的计量检定范围内开展计量检定、校准及避雷针检测工作，并配合海南省计量测试所对燃油加油机、天平、B超、X光机等用于贸易结算、医疗卫生的计量器具进行周期性检定。1992年,万宁县计量测试所具备了加油机容量检定能力和资质,用于贸易结算、医疗卫生、安全防护等方面的计量器具数量逐年增多,计量检定技术机构的技术能力持续加强,相继建立了若干社会公用计量标准。1999年,血压计(表)社会公用计量标准建立。2003年,精密压力表标准装置社会公用计量标准建立。2008年,F2等级大砝码标准器组社会公用计量标准建立,具备了检定四等砝码的能力,结束四等砝码装车运输至外地进行检定的历史。2009年,万宁技术所获得定量包装商品净含量计量检验授权。

防雷检测 1991年,万宁县人民政府指定万宁地区的防雷装置检测由计量检定技术机构统一负责,但在实际防雷装置检测中,却是多方机构共同参与。2005年,万宁市气象部门与万宁技术所共同开展防雷装置检测。至2006年,防雷装置检测职能调整,万宁技术所终止了防雷装置检测活动,至2006年,万宁技术所年均检测避雷针约1000支。

计量检定 1991—2008年,由于强制检定需依法缴纳检定费用,集贸市场小摊小贩对计量器具强制检定普遍带有一定的抵制情绪,致使万宁地区强制检定计量器具受检率偏低。2009年,集贸市场计量器具强制检定费用被列入财政预算,集贸市场内的计量器具免费强制检定活动顺利实行。2010年,31家集贸市场3200多件计量器具按期接受免费强制检定,受检率大幅提高,集贸市场计量器具免费检定工作进入正轨。同年,基层医疗卫生机构(县以下)医疗计量器具强制检定也被纳入免费检定的对象。自1995年开始,杆秤在万宁公众贸易中逐步被禁止使用,成为计量行政监督部门清缴对象。至2010年,万宁市集贸市场固定铺档、超市、商行、商户均不再使用杆秤,但个体商贩在公众交易中仍存在使用杆秤的现象。

第三节 标准化管理

1991—1992年间,万宁县标准计量管理局加强企业标准的备案管理,指导帮扶生产企业制定企业标准。帮扶制定的企业标准有柠檬汽水、柠檬汁及兴隆咖啡。至2001年,万宁市标准化主管部门先后受理了31家生产企业五大类产品的企业标准备案,主要有食品、机械(摩托车)、床垫、铝制品及石英粉,共计100个标准文本。其中,备案的食品类产品企业标准90个,占备案标准的90%,备案的企业标准大部分在实施后并未执行三年一复审的规定。至2009年6月,《中华人民共和国食品安全法》实施后,食品安全企业标准备案职能归属卫生行政部门,万宁质监局不再受理食品安全企业标准备案。

1994年1月,组织机构代码标识正式使用。11月,万宁县技术监督室(局)开始进行组织机构代码管理工作,并具有独立的组织机构代码赋码权。1996年8月,万宁市组织机构代码管理中心成立,专职负责万宁市辖区组织机构代码管理工作。2001年3月,万宁市组织机构代码管理中心撤销,由万宁质监局接替负责辖区内组织机构代码管理工作,同年共办理各类组织机构代码证797个。2010年,共办理各类组织机构代码证1710个。

1999年11月，海南省质量技术监督局部署的省级消灭无标生产工作全面启动，万宁市成立消灭无标生产工作领导小组，并制定了具体实施方案。2001年7月，万宁市人民政府办公室印发了《进一步做好消灭无标生产工作的通知》，消灭无标生产工作顺利推进。至10月底，在消灭无标生产范围内的72家生产企业生产的179种产品中，有69家企业生产的173种产品消灭了无标生产，消灭无标生产企业覆盖率达96%，产品标准覆盖率达97%，产品质量抽查合格率达82%。11月，万宁市消灭无标生产工作通过海南省质量技术监督局检查验收。12月，获得国家质量监督检验检疫总局颁发的"消灭无标准生产县（市）验收合格证书"。2002—2010年，万宁质监局每年备案的企业标准数量在30～50个，针对生产企业执行标准的情况，每年至少组织一次专项检查。

自2001年开始，万宁质监局积极推进农业标准化工作。2002年初，万宁质监局向海南省质量技术监督局提出，在万宁市山根镇南部建设一个面积达60公顷的万宁市南美白对虾海水养殖标准化示范区的申请，4月，万宁市人民政府专函向海南省质量技术监督局提交了该标准化示范区的申报，6月，该标准化示范区建设被列入同年省级农业标准化工作计划，海南省质量技术监督局向万宁市人民政府下达了建设计划，建设期从2002年7月1日至2005年6月30日，万宁市农业标准化示范区建设实现零的突破，至2007年7月，万宁市南美白对虾海水养殖标准化示范区建设通过验收。2008年，万宁市质监局申报国家级菠萝标准化示范区通过验收。至2010年11月，先后获批建设并通过验收的有槟榔、后安野海鸭、广藿香、海巴戟等4个国家级农业标准化示范区。

2006年6—7月，万宁市质监局相继发布了DB 460006/T 1-2006《无公害食品 菠萝生产技术规程》、DB 460006/T2-2006《广藿香种植技术规程》、DB 460006/T3-2006《高良姜种植技术规程》、DB 460006/T 4-2006《益智种植技术规程》等4个万宁市地方标准；同年，海南省质量技术监督局发布了DB 46/63-2006《地理标志产品 兴隆咖啡》，为万宁市兴隆咖啡顺利申报国家地理标志产品打下良好的标准化基础。2009年，万宁质监局为配合万宁市创建中国优秀旅游城市形象工作，开展标志用公共信息图形符号专项监督检查，督促旅游服务业主动自觉贯彻执行国家、行业旅游服务标准。至2010年，万宁市制定地方标准5个，地方标准化管理日趋完善。

第四节 质量监督管理

1991—2000年，万宁县（市）技术监督室（局）按年度抽查计划实施产品质量监督抽查，并送往海南省产品质量监督检验所检验。在此期间，因人力和财力、技术手段等的制约，监督抽查主要以执法打假为主，所抽查的产品以食品占比较大。

2001年，以食品、建材、农资、电网、汽车摩托车配件等五大类产品为重点，开展专项整治及执法检查活动，先后检查了277家生产、批发、销售商店，查处假冒伪劣商品18类8.04万件，货值97.95万元，取缔制假窝点22个，监督抽查产品（含食品）104个批次，罚没16.41万元。同年，组织万人质量知识问答竞赛，开展质量知识宣传。

2002年,组织开展食品、手机、服装皮鞋、纸箱、汽车摩托车配件、农资及消除一次性塑料餐具白色污染和氟利昂制冷剂等七大专项整治工作,先后检查生产企业、销售商店296家,涉案物品9.32万件,货值57.53万元,立案35件,罚没20.8万元。监督抽查73家生产销售单位(其中,28家生产单位,45家销售单位)生产销售的产品114批次(其中,生产单位35批次,销售单位79批次)。利用2个月的时间对万宁市117家工业生产企业质量管理状况进行调查,最终形成《万宁市工业生产企业质量管理状况调查报告》。

2003年,主要开展食品、假冒名酒、皮鞋、服装、五金、农资、非典型肺炎防治产品的质量执法监督检查及标准化专项检查,严厉打击制假售假的违法违规行为,先后对108家产品生产、销售企业进行执法监督抽查,共监督抽查建材、食品、珠宝等产品174批次,查获假冒伪劣商品货值85.31万元,办理产品质量案件28件。5月,对与非典型肺炎防治工作相关的医用口罩和过氧乙酸消毒液进行抽查,查处了一批不符合强制性国家标准的医用口罩。8月,对销售列入强制性认证产品目录(即"3C"认证)的电器、电线、电缆等产品的商场商店进行执法检查,打击销售无"3C"认证标志产品的违法行为。11月,牵头组织农业等有关部门,先后两次深入辖区内15个西瓜基地、9个农药销售店及其仓库进行检查,查获24公斤高剧毒农药"呋喃丹"。

2004年,开展食品、建材、农资等产品的专项整治活动。先后抽查产品91个批次,立案23件,罚没14.24万元。完成116家生产企业质量管理档案建立工作,实现信息化管理,鼓励及帮扶无自检能力的企业实行委托检验。3月,对24家农资销售店进行检查,查获无生产许可证潜水泵21台、假冒伪劣的硫酸钾复合肥21包。10月,按要求回收了3个放心商店牌匾。

2005年,全年立案查处各类产品质量违法案件25件,罚没13.08万元,先后抽查红砖、茶叶、珠宝、饼干、橡胶等产品共150个批次。9月,着力对旅游购物商店进行监督检查,查扣一批涉嫌假冒伪劣的旅游商品,涉案金额12.7万元,对涉事商家依法予以行政处罚。

2006年,主要开展对农资质量、"黑心棉""3C"认证标志产品的专项整治工作,同时,综合整治旅游市场,依法抽查红砖、珠宝、茶叶、饼干、月饼、兴隆咖啡等产品77个批次,全年办结23件质量违法案件,罚没15.8万元。2007年,按照上级工作部署,重点开展产品质量和食品安全整治工作。先后抽查咖啡、饼干、茶叶、月饼、红砖、橡胶、珠宝等产品133个批次,办结质量违法案件37件,罚没14.24万元。加大力度推动产品电子监管网建设,有8家企业加入电子监管网。

2008年,全面强化家具、玩具、服装、油漆涂料、仿真饰品、汽车配件、絮用纤维制品、人造板、装饰材料、洗涤用品等10类重点产品的质量监管,完善质量档案及企业产品标准体系,加强日常巡查,确保产品质量安全。先后抽查大米、固体饮料、珠宝和红砖等产品95个批次。开展春耕农忙时节农资打假专项工作,对全市12个镇的31家农药化肥销售店进行执法检查,抽查了11个批次的农资产品,其中,5个批次的产品检验不合格;开展建材专项整治工作,对万宁市3家重点建筑工程工地使用的钢筋产品和扣件进行执法检查,抽查的5个批次钢筋产品和1个批次扣件,经检验属不合格产品,依法予以查处,并处以2.8万元的罚款。此外全年还抽查食品、床垫、建材、珠宝玉石等产品103个批次。

2010年,重点开展农资执法打假和建材执法打假行动,对全市60多家农药销售店进行执法检查,共查扣标签不合格的农药价值1.5万元；查获不合格钢筋85吨，对企业处以7.3万元的罚款。抽查食品、化肥、建材、珠宝等产品104个批次，配合省级质检机构抽查橡胶、珠宝首饰等产品39个批次。

第五节 食品生产安全监管

1991—2000年，万宁食品的生产经营按《中华人民共和国食品卫生法》标准执行，由卫生行政部门行使监督管理职能。根据《中华人民共和国产品质量法》，从1993年9月起，万宁县（市）技术监督室（局）对流通和生产领域的食品质量进行监督抽查。至2001年，全国质量技术监督体制改革完成后，明确了质监部门承担生产加工环节的食品安全监督管理职能。

2001—2010年，质监部门每年都对大米、植物食用油、糕点、水产制品、饮料等食品开展专项检查和整治，特别是在重要节假日对带季节性特点的食品开展安全专项整治行动。2002年，万宁质监局负责食品生产企业申请资料的初审工作，并承担现场核查观察员职责，海南省质量技术监督局负责食品生产许可审批及发证。7月，食品安全市场准入制度正式建立并启动，食品生产实行生产许可，生产的食品接受强制检验，检验合格后，张贴带有"QS"和"质量安全"字样的市场准入标志。

2007年，部署风暴打假行动，整肃食品生产加工小作坊，严厉查处和打击60多家无证生产食品的小作坊。2008年，开展乳制品专项整治工作，清查含三聚氰胺乳制品，打击添加三聚氰胺的违法行为。2009—2010年，重点开展打击违法添加非食用物质和滥用食品添加剂的专项整治工作，防范食品生产企业在生产过程中滥用食品添加剂。

第六节 特种设备安全监察

1991—2000年，特种设备安全监察职能归属劳动部门。2001年后，特种设备安全监察职能被划入质量技术监督部门。特种设备安全监察对象主要为锅炉、压力管道、压力容器（含气瓶）、电梯、客运索道等。

2001年8月，万宁市质量技术监督局利用近一个月的时间首次对万宁地区在用的锅炉、压力容器、压力管道及特种设备开展普查登记，实行动态管理。普查结果显示：2001年万宁地区在用锅炉1台，压力容器18台，电梯8部，主要分布在一些工业生产和公共服务场所。2002年上半年，再次对万宁地区的特种设备进行普查登记，普查结果显示，当年万宁地区在用锅炉21台，压力容器19台，电梯12部。至2010年，锅炉、电梯、压力容器、索道等特种设备在生产生活领域使用数量逐年增长，至年底，万宁市液化石油气气瓶数量突破5万个，较2002年普查时的1.7万个增长了近2倍，压力管道达到14.576千米，比2002年增长了近8倍。

2007年,万宁市质量技术监督局对存在安全隐患的充装气站、索道、锅炉、压力管道和电梯等的使用单位以及制冰行业进行监督检查。同年,向省级稽查机构移交了一起违规充装5个超期未检气瓶和41个瓶充装气瓶均未贴合格证的案件。2008年,特种设备安全状况年度报告制度施行,万宁质监局按照要求每年分别向海南省质量技术监督局和万宁市人民政府呈报数据翔实的年度特种设备安全状况报告。同年,万宁质监局在一家豆制品加工作坊查获一台土锅炉,当场进行了拆除。同年,与29家重大危险源的单位负责人签订《海南省特种设备安全使用承诺书》,加强培训特种设备作业人员,持证上岗率达100%,加大对违规使用特种设备的查处力度,达到7个100%的特种设备监管目标要求。2009年,对3家充装、销售超期未检气瓶,未张贴安全警示标志气瓶充装站,处以2.1万元罚款;2010年,对2家气瓶充装气站未贴充装安全警示标志、1家提供上门送气服务的违规行为予以处罚,处以6000元罚款。

2010年,万宁市质量质量技术监督局提交的年度特种设备安全状况报告显示,万宁市共有特种设备438台(件),安全性能经过测试均符合标准。

2001—2010年万宁市在用特种设备数量统计表

表10-20

项目 数据 年份	锅炉(台)	压力容器(台)	电梯(台)	客运索道(条)	起重机械(台)	厂内机动车辆(辆)	合计
2001	14	18	8	1	—	—	41
2002	21	19	12	1	1	49	103
2003	—	—	—	1	—	—	96
2004	—	—	—	1	—	—	98
2005	—	—	—	1	—	—	171
2006	—	—	—	1	—	—	189
2007	—	—	—	1	—	—	249
2008	33	125	56	1	8	82	305
2009	33	130	56	1	15	82	317
2010	36	160	123	1	32	86	438

第七节 质量兴市

1996年12月，根据国务院颁布的《质量振兴纲要》，万宁市开展质量振兴活动，后逐渐演变为质量兴市工作。1997—2003年底，质量振兴活动重点在质量兴企方面，万宁质监局通过帮助企业建立健全质量管理制度，分析产品质量原因，帮扶企业不断提高产品质量，从而达到质量兴企的目的。

2004年，海南省人民政府部署启动了质量兴省工作。2005年8月，万宁市人民政府召开万宁市开展质量兴市工作动员大会，成立由分管质量工作的副市长担任组长的万宁市质量兴市工作协调小组，下设办公室，设在万宁质监局，负责日常组织协调工作。

2007年，万宁质监局制定《万宁市2007年质量兴市工作计划》和《万宁市开展产品质量和食品安全专项整治工作总体方案》。全面启动质量兴市工作。全年组织执法力量达6000多人次，在全市开展纵向到底、横向到边的拉网式检查，检查企业1500多家次，查处无证经营300多家，责令46家无卫生许可证企业停业整顿，取缔违法经营企业51家，没收、销毁假酒和“二氧化硫”超标的冬瓜糖等2.75吨。2008年，万宁市质量兴市工作协调小组更名为万宁市质量兴市工作领导小组。

2009年，根据《海南省质量兴省工作领导小组关于印发2009年海南省质量兴省工作目标责任分解的通知》要求，结合万宁市2009年质量兴市工作计划，印发了《2009年万宁市质量兴市工作目标责任分解的通知》，将质量兴市工作目标任务分解到各个相关部门，形成“政府领导、部门协作、企业主体、社会参与”的质量工作格局。

2010年，为推动国际旅游岛建设，万宁市召开2010年度全市安全生产食品安全质量兴市工作会议，部署全市安全生产、食品安全和质量兴市工作任务。

第八节 名牌产品培育

2001年9月《海南省名牌产品认定管理办法》颁布实施。2002年，万宁市名牌产品培育工作正式启动，市质监局大力培育和推荐辖区内符合条件的企业争创海南省名牌产品，提高产品知名度。2003年，万宁市辖区内的海南香圣天然食品有限公司生产的香兰茶系列产品被评为海南省名牌产品；2005年，中国热带农业科学院兴隆热带植物园生产的“兴科牌”兴隆咖啡被评为海南省名牌产品。2006年，中国热带农业科学院兴隆热带植物园生产的“香草兰绿茶”被评为海南省名牌产品。

至2010年底，万宁市实际保有在有效期内的海南省名牌产品2个，即中国热带农业科学院兴隆热带植物园生产的“兴科牌”兴隆咖啡和“香草兰绿茶”。

第八章 食品药品监督管理

第一节 机 构

2002年3月底，海南省万宁药品监督管理局被批准成立，属海南省药品监督管理局垂直管理单位，负有对万宁市药品的生产、经营和使用进行市场监管的职能，4月28日正式挂牌办公。

2004年2月，更名为海南省万宁食品药品监督管理局，增加履行万宁市食品安全协调委员会办公室的职责。

2010年3月，实行机构改革，食品药品监督管理局划归地方政府管理，更名为万宁市食品药品监督管理局，为市政府工作部门。改革后，将食品安全综合监督、组织协调和依法组织开展对食品安全重大事故查处的职责划给市卫生局，划入原市卫生局承担的餐饮业、食堂等餐饮服务环节食品、保健食品、化妆品行政许可及监督管理的职责。内设4个股级职能机构，即：办公室、药品（含医疗器械）市场监督管理股、药品安全监督管理股（药品不良反应监测中心）、餐饮服务监督管理股（保健食品与化妆品）；行政编制7名，其中：局长1名，副局长1名，科员和办事员5名；机关工勤人员财政预算管理事业编制1名。2010年9月，与市卫生局完成了食品综合协调职能划出、餐饮服务环节（保健食品与化妆品）职能划入的交接工作。

第二节 食品安全监管

1991—2003年，万宁市未设立专门的食品安全监管部门。2004年，海南省万宁食品药品监督管理局新增了食品安全协调职责，同年，制定了《万宁市实施食品药品放心工程工作方案》，成立食品药品放心工程领导小组。从2004年开始，每年市政府与全市12个镇、6个国营农场、13个监管职能部门签订《万宁市食品安全工作责任书》，落实食品安全工作责任。

2004年，组织协调政府职能部门，开展市场食品监督检查，当年协调各职能部门张挂横幅60多条，宣传食品安全；出动执法车辆70多车次，执法人员近100人次，检查商场50多家、旅游景点8处、集贸市场18个。在行动中，责令1家企业停止生产不合格粉丝，扣留不合格奶粉219包、假冒伪劣黑人牙膏1344支。

2005年，根据省人民政府制定的《海南省食品安全信用体系建设试点工作方案》及万宁市实际，制定下发《万宁市食品安全信用体系建设试点工作方案》，成立以市政府分管副市长为组长、食安委成员单位主要领导为副组长的试点工作领导小组，选择万城镇、龙滚镇和国营兴隆华侨农场3个单位为工作试点单位。同年，在开展食品安全专项治理活动中，共出动执法检查3120人次、执法车辆380车次，检查食品生产加工经营户4650家，查处违法违规经营行为105家，没收私宰肉品500公斤，销毁死猪肉849公斤，取缔无证生产经营窝点14家，卫生行政处罚233家经营户，销毁假冒伪劣食品557公斤，没收各类不合格食品2862件，罚没上缴财政收入约2.3万元；建立食品生产、加工企业和个体作坊质量管理档案82家。协调市质量技术监督局、市工商行政管理局、市卫生局、市农业局、市公安局等有关单位制定了《万宁市食品安全事故应急预案》。

2006年，食安办主编三期《万宁市食品安全工作简报》（季刊）；6月，举办万宁市第一期学校食堂从业人员安全培训班，参加人员近100人；12月，举办万宁市农村食品药品质量监督协管员、信息员培训班，参训人员343人，达90%以上。建立食品安全应急机制，6月17日，和乐镇新田村委会24名少年儿童误食椰果"麻风果"中毒，市食药监局及时启动食品安全应急机制，经市人民医院和镇卫生院的及时救治，6月22日，中毒少年儿童全部康复出院；11月27日，东澳镇西瓜种植基地29名农民食物中毒，市食药监局及时启动食品安全应急机制，组织医疗力量救治，6月28日中毒农民全部康复出院。在进行食品安全市场监管中，全年共出动执法人员238人次，查获一批假冒伪劣和无证产品，涉案货值6085元；查获无证加工店3家，查封无证大米25袋，货值1250元；查处无证加工酱油料点2家，查扣各类酱油料2760瓶，货值1791元。

2007年，组织协调市食安委成员单位，多次在万城、兴隆等重点地区组织开展主题为"关注食品安全 构建和谐社会"的食品安全宣传周活动，发放《食品安全基本知识》《食品安全应急指南》等宣传资料累计1500多份，悬挂宣传横幅53条；开展食品安全进课堂活动，在校区制作食品安全宣传栏12个，发放宣传画册资料5000多份；举办一期全市各镇、农（林）场食品安全监管骨干培训班，50多人受训；编辑出刊了6期《万宁食品安全信息》。

2008年，认真做好三鹿奶粉事件的处置工作。全市共筛查婴幼儿9440人，确诊患儿15人，收住院治疗8人次，全部康复出院。开展食品安全专项整治工作，一是突出重点时段，认真开展元旦和春节、亚洲博鳌论坛、五一、北京奥运会、中秋和国庆等重大节假日食品安全专项整治活动；二是突出重点品种，开展全市食用油、中秋月饼、婴幼儿奶粉、奶制品和生猪肉等专项整治，在工作中采取企业自查与现场检查的方式，从生产工场到商场、超市、农贸市场及餐饮单位进行拉网式检查；三是突出重点环节，加强对农村自办宴席和学校食堂及周边流动摊点的监管，对全市范围内的小作坊进行全方位排查,取得较好的成效。

2010年,共检查小作坊28个,集贸市场16处。同时,进一步推进万宁市餐饮服务环节食品安全整顿工作。根据《海南省餐饮服务环节食品安全专项整治行动方案》和《万宁市食品安全整顿工作实施方案》的通知精神,制定《万宁市餐饮服务环节食品安全专项整治行动方案》,实施餐饮服务食品安全行政许可制度,严把准入关口。全年受理申领餐饮服务许可证93家,予以行政许可57家。同年,万宁市食品药品监督管理局联合卫生部门在2010年全国钓鱼锦标赛万宁站、2010年海南万宁国际冲浪节、2010年海南万宁国际海钓精英邀请赛等重大活动期间,根据重大活动保障工作目标及要求,制订食品安全保障方案,派食品安全监督人员进驻嘉宾、运动员食宿酒店,对食品购进、加工等环节的食品安全工作,进行现场监督检查。

第三节 药品安全监管

1991—2001年,万宁市药品监督管理局成立之前,万宁市药品市场由市卫生局管理。2002年,药品监管局挂牌办公后,利用1个月的时间,对万宁市全部药品经营、使用单位进行全面调查摸底,基本掌握了全市174家药品经营企业和348家药品使用单位的基本情况。为加强药品与医疗器械市场的监管,规范市场秩序,出动执法检查39次,立案查处严重违规案件17宗,限期整改违法违规企业35家,没收违法经营药品货值3万多元。取缔无证批发药品窝点2个,纠正零售药店违规经营批发行为19起,整顿规范143家药品零售企业和92家使用药品医疗机构的药品购进渠道,帮促盘活了3家国有药品批发企业,使其扭亏为盈,并承担起全市医药市场批发业务,保证了整顿期间全市医药市场的正常运转。

2003年,开展中药材市场整顿和规范工作,清查过期失效中药材11种,货值576元。对一些未建立完整的购销记录、中药标示名称不规范的单位要求其限期整改并进行复查,收效显著;开展特殊药品专项整治工作。出动执法人员70人次对万宁市160多家药品经营企业、100家医疗机构进行检查,没收过期失效精神药品“安定”“苯巴比妥”针2个品种18瓶(盒),货值300多元。增强了特殊药品企业和使用单位的法律意识,健全和完善特殊药品的专人、专账等“五专”管理制度,提高了特殊药品的安全防范意识。2003年6月全面完成万宁市160多家零售药品企业换证工作,同时在换证过程中,不断地向企业灌输GSP认证的理念,促使企业朝GSP标准化方向发展。

2004年,累计出动执法车辆93车次,出动执法人员245人次,检查医疗机构165次,零售药店272家次,检查的覆盖面达90%以上,没收假劣药品医疗器械货值1391元,立案查处涉药案件2宗,罚款2782元,整顿违法广告15宗,狠狠地打击了制售假劣药品医疗器械的违法行为,为万宁市医药市场的进一步净化提供了有力保障。

2005年,认真履行职责,切实抓好药品市场日常监管和专项整治工作。一年来,累计出动执法车辆89车次，出动执法人员230人次，监督检查医疗机构152家，药品零售店281家次，日常监督检查的覆盖面达95%以上，没收假劣药品医疗器械货值900多元，立案查处涉药案件9宗，罚款1150元，整顿违法药品广告17宗。成立了GSP认证工作领导小组，并制定了《万宁市药品零售企业GSP认证工作方案》，全市151家药品零售企业，有147家通过了GSP认证改造。

2006年，开展齐齐哈尔某制药有限公司涉案药品及丙二醇的专项整治工作。共出动执法人员183人次，检查药品生产企业1家（占总数100%）、批发企业2家（占总数100%）、市级医疗机构6家（占总数100%）、农场医院6家（占总数100%）、乡镇卫生院18家（占总数100%）、药品零售企业148家（占总数100%）、个体医疗机构73家（占总数91%）、村级卫生室135家（占总数46%），查封齐齐哈尔第二制药厂药品“双黄连口服液”637支。全年共立案查处涉药案件25宗，罚没款计5859.7元，没收假劣药品71个品种，货值2078元，对16家药品零售企业进行扣分，同时完成了全年监督抽检任务15件。

2007年，开展整顿和规范药品医疗器械市场秩序工作。累计出动执法人员901人次，检查药品生产企业1家，批发企业2家、配送中心2家、零售企业156家、医疗机构359家，建立巡查记录近500份。对经营行为不规范、药品购进记录建立不完善、卫生条件差等行为发出限期整改通知书87份，取缔无证经营行为3家，采取强制措施下架处理违法广告药品14个品种，立案查处药品医疗器械案件19宗，依法没收并销毁一批假劣药品医疗器械货值20928元，罚款23640元。

2008年，开展兴奋剂专项治理，进行拉网式排查，与企业签订161份《兴奋剂经营承诺书》，为奥运会期间万宁市不发生药源性兴奋剂事件夯实了基础；开展整治不凭处方销售含特殊药品复方制剂专项行动，规范了含特殊药品复方制剂的经营行为；对全市乡镇130多家药品零售企业进行GSP认证后跟踪检查，确保不出现认证后反弹、滑坡现象；全面实施了药品流通市场日常监督巡查制度，做到城区每月巡查一次，乡镇每两个月巡查一次，高标准、严要求地开展巡查工作。2008年共查处销售假劣药品案件19宗，没收假劣药品货值436元，罚款2153元，没收违法所得230元。

2009年，共出动执法巡查车辆150车次，执法巡查人员近400人次，检查医疗机构约36家，药品批发企业18家，药品零售企业774家，建立巡查记录177份。巡查中，给予行政警告处罚的零售企业22家，进行违规扣分处理33家，行政处罚12家。

2010年，结合日常监督巡查工作，加大了整治不凭处方销售含特殊药品复方制剂的工作力度。工作中，逐一登记经营含可待因复方口服液的品种名称、数量，同时要求不得采用登记、抄写处方等变通方式销售。2010年全市没有发生一起不凭处方销售含特殊药品复方制剂的违规行为。一年来，共出动执法车辆160车次，执法人员近400人次，检查医疗机构18家36次，药品批发企业3家18次，药品零售企业177家774次，建立日常监督巡查记录834份。给予行政警告处罚的零售企业共23家，进行违规扣分处理9家，行政处罚13家，罚没款10024元。

第九章 安全生产监督管理

第一节 机构

1991年，万宁县人事局负责万宁县安全生产管理。1995年12月，由万宁县工业局行使安全生产管理职能。2001年2月，安全生产监督管理的职能转到万宁市经济贸易交通局企业安全生产股，配主办科员1人。2004年3月，正式设立万宁市安全生产监督管理局，在市人事劳动保障局加挂市安全生产监督管理局牌子，副科级建制，行政编制2人。

2010年3月，市安全生产监督管理职能从市人事劳动保障局分离，正式成立万宁市安全生产监督管理局，升格为正科级政府组成部门，挂万宁市安全生产委员会办公室牌子。内设3个股级职能机构，即：办公室、工矿商贸行业监督管理股、危险化学品监督管理股，行政编制7人。

第二节 安全生产责任目标

1991—2004年，万宁市安全生产工作责任目标没有进行年度考核。2005年，市政府把安全生产工作职责履行情况和安全生产死亡事故控制指标完成情况列为安全生产目标考核范围。3月，市政府召开全市安全生产工作会议，会上，市长分别与全市各镇政府和交警、交通、建设等11个重点行业主管部门的第一把手签订年度安全生产工作责任目标书。年底，市政府印发《万宁市2005年安全生产工作责任目标考核实施方案》，首次对全市12个镇政府和11个重点行业主管部门进行安全生产目标考核。

2005—2010年，市政府每年都在年初召开一次全市安全生产工作会议，部署全年安全生产工作目标计划，与各镇政府，各重点行业主管部门及各重点企业的负责人签订年度安全生产工作目标责任书，将安全生产目标列为对镇政府和部门的年度考核内容，对年度安全生产考核不达标的单位实行“一票否决”。2007年，安全生产责任目标考核中，万宁市公安局交警大队因道路交通事故死亡人数超标，被评为不达标单位。2010年，全市发生道路交通事故死亡人数34人，超出省政府下达的控制指标6人。其中，发生一次死亡3人以上的较大道路交通安全生产事故2起（一起6人死亡，一起3人死亡）。当年市政府被省政府考核评定为安全生产不达标市县，万宁市公安局交警大队被市政府评定为安全生产不达标单位。

第三节　安全生产专项整治

2002年，《安全生产法》颁布实施后，安全生产监管法律体系逐步完善，万宁市从2002年起，开展重点领域安全生产专项整治工作。2002—2010年，市安全生产委员会每年都发出开展全市安全生产专项整治工作的通知，要求各部门按照工作职责从4月至9月对道路交通、水上交通、危险化学品、人员密集场所消防火灾、农业机械、海洋渔业、非煤矿山、民爆物品、烟花爆竹等重点行业领域开展为期半年的安全生产专项整治行动。

一、非煤矿山专项整治

1991—2001年，非煤矿山工作发展不平衡，缺少具体的政策支持。2002年，根据颁发部门《关于加强非煤矿山安全整治工作的意见》，2003年万宁市全面部署非煤矿山专项整治工作，对万宁市境内的非煤矿山进行专项整治。同年，万宁市辖区内有14家露天采石场，石场开采机械化水平较低，开采条件简陋，管理落后，从业人员流动非常频繁，安全意识淡薄，石场开采作业主要采取“一面墙”、掏采、扩壶爆破等不安全开采方式。2005年，市安监局组织中介机构对全市14家采石场定期进行A、B、C、D四级安全评估，对达到A、B级的采石场，政府部门加强服务，促进管理优化；对仅达到C级的矿山企业，限期整改，同时加强执法监管；对仅为D级的矿山企业责令停产停业整顿，经限期整改和停产整顿后仍达不到基本安全生产条件要求的，进行关闭。经过安全评估，同年有4家露天采石场被评为C级的矿山企业，市安监局针对安全评估机构提出的安全隐患问题，责令这4家露天采石场停产整改3个月，整改完毕后，由企业申请，市安监局委托海南省工业研究所对这4家采石场的安全生产条件重新评估。整改后，4家采石场达到B级矿山安全条件。自2005年开始，国土管理部门经过矿产资源整合，国家对非煤矿山实施安全生产许可证制度，对露天采石场的安全生产条件审核越来越严，安全准入门槛越来越高，一些达不到安全生产条件的矿山企业因资源整合或者整改资金投入以及市场需求的影响，主动或被动地退出矿山行业。

至2010年，全市仅剩下7家采石场，生产能力和安全管理水平得到较大的提升。2004—2010年，全市非煤矿山企业没有发生死亡安全生产事故。

二、烟花爆竹专项整治

1991—1999年，万宁地区的烟花爆竹由供销社和公安机关协商定点销售。自2000年开始，由供销社负责烟花爆竹的销售工作。2005年，正式将烟花爆竹的安全管理职能纳入供销社，这是第一次将烟花爆竹安全管理纳入主管部门职权范围内。2007年12月5日，安监局开始正式接管烟花爆竹安全监管职能。自2007年底开始，市安监局每年都在烟花爆竹产售旺季的元旦、春节等时段，牵头组织公安、工商、质监、供销等部门联合执法，对烟花爆竹生产、批发、零售、运输等环节进行整治，对从非法渠道上市的烟花爆竹予以没收销毁，重拳打击烟花爆竹产销环节中的非法行为。2008年春节前，联合执法队伍在大茂镇美浮加油站对面取缔一个烟花爆竹非法生产地下窝点，没收销毁非法生产的成品、半成品烟花爆竹703件，价值16万元。2009年12月，联合执法队伍在后安镇良田村没收销毁一批非法储存烟花爆竹成品516件，价值5万元。2010年，春节前，组织打击取缔地下烟花爆竹小作坊和非法储存烟花爆竹窝点。2007—2010年没有发生过烟花爆竹死亡事故。

三、危险化学品专项整治

1991—2003年，万宁地区每年对危险化学品进行检查，督促企业整改事故隐患，为开展危险化学品专项整治做前期准备。

2004年下半年，市安监局组织召开3次加油站主要负责人会议，部署全市31家加油站做好迎接安全评价工作。同时，组织人员开展全市危险化学品从业单位普查登记造册。同年年底，海南省安监局组织省工业研究所完成万宁辖区11家私营加油站安全评价，2家加油站因高压电线跨越加油棚被评为不合格，市安监局发出停业整改通知书，限期整改。2005年10月，安监局联合质监、国土管理部门对全市9家液化石油气站和一家液化石油气钢瓶检测站进行专项检查整治。对存在安全阀超期未检、检测设备超期未检、没有开展应急事故演习等问题单位下达8份限期整改责令书，要求整改。至2010年，每年都组织一次危险化学品专项整治行动，其间没有发生过危险化学品安全生产死亡事故。

第四节 安全生产应急救援体系

1991—2010年，万宁市工业化发展水平不高，辖区内没有大型化工企业，也没有大型工厂。在此期间也没有发生过一次死亡10人以上的重大安全生产事故。万宁市未设立专门的安全生产应急救援中心，专业的应急救援力量主要依靠市消防部门。市政府为消防部门配备专业的破拆、搜救、灭火等专业事故救援装备。2005年，市政府制定全市突发事故应急救援总体预案。总体预案由各相关部门的子预案组成，应急指挥中心设在市政府，由市长亲任总指挥。2006年，市安委会组织开展一次应急救援资源普查，对全市各部门各单位能在突发事故发生时第一时间调用、联系的社会援救资源进行登记。

2008年，海南省安监局建立健全安全生产应急专家名单库，把各行业领域的安全生产应急救援专家名单下发到各市县共享。市安监局在每年"安全生产月"期间，组织烟花爆竹生产企业、非煤矿山、危险化学企业开展应急演练。各行业主管部门也组织相关行业开展应急救援演练活动，检验应急预案的可操作性，提高事故应急状态下的处置水平。同年，市消防大队联合安监、商务、文体等相关职能部门，在市文化体育广场组织消防应急演练，150人参加应急演练，观摩群众达600多人。

2010年11月，万宁市政府制定《开展应急救援队伍建设工作实施方案》，成立市应急救援工作领导小组，由市委常委、市政府常务副市长担任组长、市政府办公室副主任担任副组长，领导小组下设办公室，办公室设在市公安局消防大队；同年，成立和乐镇、石梅湾开发区、神州半岛开发区合同制应急救援队，全市聘用合同制应急救援队员38人。

第五节　安全生产许可证制度

2004年1月，《安全生产许可证条例》实施。自此，万宁市对矿山企业（非煤矿山）、危险化学品、烟花爆竹、民用爆破器材生产企业实行安全生产许可制度。经有资质的安全生产服务中介机构进行安全生产评价，对具备合格条件的生产经营企业由市安监局做初审意见后报送海南省安全生产监督管理局复核颁发安全生产许可证。2005年底，对全市14家采石场、33家加油站，1家烟花爆竹生产企业颁发安全生产许可证。

2007年，烟花爆竹安全监管职能调整到市安监局后，安全生产许可证的颁发管理工作遵守企业申请、两级发证（省、市）、属地管理的原则。至2010年，市安监局经审核合格对全市123家烟花爆竹零售企业颁发许可证。

第六节　安全生产日常监督管理

1991—2003年，安全生产监督检查工作主要是由多个部门根据实际工作需要自行组织安排，没有形成常态化的机制，缺少责任追究，只停留在要求整改的层面，威慑力相对薄弱。

自2004年开始，市安监局每季度安排人员对全市的采石场、加油站、烟花爆竹进行一次安全生产例行检查，督促企业排查整改事故隐患，开展日常的安全监督管理。自2005年开始，每年年初市政府召开全市安全生产会议，市安监局负责起草全市年度安全生产工作要点，印发至各镇政府、国营农(林)场、有关职能单位实施，年中由安委会组织督查组对各职能部门和企业落实情况进行督查。至2010年，市安监局共组织安全生产督查22次，发出督查通报30份，督促各单位各企业落实安全生产监管事项56项，督促有关职能部门、企业落实安全生产监管责任和主体责任，实现安全生产综合监管目标。

第七节 安全生产事故调查处理

1991—2004年，市安全生产监督管理局成立前，各行业发生的一般安全生产事故由主管部门牵头组织协调处理。2004年后，安全生产事故调查处理主要由安监局牵头相关部门依据相关法律法规进行处理。2005—2006年，工贸商贸行业死亡5人，道路交通死亡49人。2007年6月国务院施行《生产安全事故报告和调查处理条例》，严格安全生产事故责任调查处理，同年道路交通死亡42人。

2008年，道路交通死亡23人。2009年，为万宁安全生产事故较多的一年，是年交通安全生产事故死亡23人，其中发生一次死亡3人的较大交通事故。特别是同年3月27日，礼纪镇博冯水库在修复施工过程发生护坝坍塌事故，造成较大的影响，直接经济损失600.94万元，市政府组成调查组进行调查处理，对3名主管部门主要负责人给予行政免职处分，并移送司法机关追究刑事责任。2010年，工贸商贸行业死亡1人，道路交通死亡34人，其中重大死亡事故2起，一起死亡6人，一起死亡3人，市政府启动问责制度，对相关责任人进行问责。

第八节 安全生产宣传教育

从2002年起，国家把每年的6月定为安全生产月。每年安全生产月期间，市安监局都制订活动方案下发到各行业企业，部署开展安全生产宣传活动，同时印制安全生产宣传标语、宣传画、横幅，下发到各乡镇、企业张贴、悬挂。

市安全生产监督局编印5000册《安全生产知识手册》发放到各生产经营企业、单位，宣传安全生产知识；12月29日，市政府邀请省安全生产监督局领导到万宁市对全市各部门领导干部和重点企业主要负责人进行安全生产知识专题培训，参加人数达250人。2006年，市安监局联合市教育局、万宁供电公司组织万宁市中小学生“电力安全杯”安全生产知识征文比赛。

2007年，在全市组织巡回放映《生命至上》《血的代价——重大事故案例剖析》《安全发展、预防为主》等安全生产宣传教育片19场次。2008年11月26—27日，市安监局联合中铁十九局集团有限公司海南东环铁路指挥部举办首届“东环安全杯”羽毛球比赛。

2009年5月28日至6月5日，在全市开展“安全伴我行”演讲选拔活动。借助“全国安全生产月”活动，在主要街道、市场、车站、商场、学校等公众活动场所，设立18个安全市场知识咨询点。同时，组织安全生产专题和事故图片在全市巡回展览。安全生产月期间，全市共计挂横幅468幅，张贴标语13506条，出动宣传车65辆次，播放宣传光盘85个次，发放宣传资料20060份。

2010年，市旅游、消防等机关企业单位开展应急救援演练；市交警部门联合司法局开展“交通安全进机关”活动，组织全市机关单位1.6万人进行《道路交通安全法》考试；市安监局会同市人社局组织1600名建筑施工农民进行安全生产知识培训。全市印制安全生产宣传标语5000份，下发到全市城区、乡村张贴，营造浓厚的安全生产氛围。

第十一编　中国共产党地方组织

第一章 党员和党代会代表

第一节 党 员

1991年后，以企业、农村生产第一线为重点发展对象，同时为解决党员队伍年龄偏大、文化偏低、结构不合理的问题，着重发展年龄在35岁以下、文化程度在高中以上的党员。同年，万宁县共有党员13776人，其中新党员429人。2000年，全市共发展新党员525人，较1991年发展人数增加96人。

2010年，全市共发展新党员712人，其中35岁以下的党员427人，占60%；大专以上学历的196人，占28%；妇女党员163人，占23%；生产和工作在一线的党员685人，占96.2%。

1991—2010年万宁市(县)发展党员统计表

表11-1

年份	发展数(人)	年份	发展数(人)
1991	429	2001	529
1992	321	2002	463
1993	267	2003	675
1994	398	2004	582
1995	423	2005	603
1996	539	2006	623
1997	462	2007	592
1998	483	2008	651
1999	521	2009	672
2000	525	2010	712

1991—2010年万宁市(县)党员基本情况表

表11-2 单位:人

年份		1991	1992	1993	1994	1995	1996	1997	1998	1999	2000
党员总数		13776	13856	14091	14417	14985	15298	15436	15981	16211	16545
女党员		1636	1653	1740	1790	1825	1920	1934	1985	2106	2175
少数民族		1226	1235	1248	1289	1315	1409	1468	15101	1572	1607
年龄	35岁以下	1672	1523	1491	1620	1824	2196	2261	2453	2586	2704
	36～45岁	3759	3762	3817	3796	3621	3573	3572	3497	3342	3388
	46～60岁	5602	5428	5393	5331	5644	5430	5392	5381	5421	5369
	61岁以上	2743	3143	3390	3667	3896	4099	4211	4650	4862	5084
文化程度	大专及以上	1062	1123	1290	1452	1721	1881	1932	2264	2410	2558
	中专	1055	1085	1138	1262	1342	1421	1480	1582	1628	1714
	高中	2680	2726	2866	3048	3377	3527	3682	3892	4012	4198
	初中及以下	8979	8922	8797	8655	8542	8469	8342	8243	8161	8075
职业分布	在岗职工	5047	5144	5347	5538	5684	5996	6112	6214	6285	6355
	农牧渔民	7414	7374	7345	7233	7425	7485	7635	7751	7822	7963
	军人武警	5	0	0	0	0	4	0	0	0	0
	学生	1	0	0	0	0	2	0	2	0	14
	离退休人员	991	1012	1047	1124	1152	1244	1317	1425	1526	1662
	其他	318	326	352	522	724	567	372	589	578	551

年份	2001	2002	2003	2004	2005	2006	2007	2008	2009	2010
党员总数	16925	17201	17738	18156	18288	19015	19312	19824	20541	21253

续表11-2

年 份		2001	2002	2003	2004	2005	2006	2007	2008	2009	2010
女党员		2227	2382	2495	2550	2612	2730	2893	2943	3031	3194
少数民族		1599	1644	1740	1768	1810	1862	1903	1942	1986	2011
年龄	35岁以下	2742	2958	3195	3399	3412	3562	3612	3785	3921	4123
	36～45岁	3284	3361	3630	3480	3153	3619	3632	3763	3884	4015
	46～60岁	5322	5392	5471	5980	6013	6052	6286	6435	6765	7034
	61岁以上	5577	5490	5637	5627	5710	5782	5791	5841	5971	6081
文化程度	大专及以上	2668	2839	3072	3241	3321	3418	3485	3582	3694	3752
	中 专	1893	1954	1996	2098	2156	2223	2292	2367	2526	2781
	高 中	4431	4653	4925	5243	5362	5482	5562	5785	5978	6158
	初中及以下	7903	7755	7745	7574	7449	7892	7973	8090	8343	8562
职业分布	在岗职工	6044	5930	5412	5494	5510	5702	5791	5872	5942	6185
	农牧渔民	8249	8304	8775	8959	9012	9323	9412	9567	9949	10129
	军人武警	0	0	0	0	0	0	0	0	0	0
	学 生	10	8	7	5	3	0	3	3	6	8
	离退休人员	1841	1995	2176	2198	2230	2310	2352	2461	2541	2613
	其 他	781	972	1375	1500	1533	1680	1754	1921	2103	2318

第二节 党代会代表

一、市党代会代表选举

（一）选举产生中共万宁县第八次代表大会代表

1993年1月21日，中共万宁县委员会印发《关于认真做好召开中共万宁县第八次代表大会工作的通知》，成立县第八届党代会筹备领导小组，林玉权任组长，陈金云、刘崇书任副组长，启动代表选举工作。全市共设38个选举单位，各乡镇党委、各国营农场党委、县直机关各战线（口）党委、县人武部党委、县公安局党委、上坡糖厂党委、兴隆试验站党委、县委机关工委、县政府机关工委分别设一个选举单位。各选举单位按照县委分配的代表名额、类别和代表条件要求，先由基层党组织和党员酝酿、推荐，提出代表候选人初步人选，然后根据民主集中制原则，在广泛征求基层党组织和党员意见的基础上召开党委（扩大）会议，按照候选代表多于应选代表20%的比例酝酿协商确定代表候选人预备名单，报县委审核同意后，召开党员代表大会或党员大会，采取无记名投票的办法选举产生。2月20日，代表选举工作全部结束，共选出代表269名，其中领导干部159名，占59.1%；各条战线先进人物60名，占22.3%；各类专业技术人员50名，占18.6%；妇女代表50名，占18.6%；少数民族代表25名，占9.3%。

（二）选举产生中共万宁市第九次代表大会代表

1998年3月2日，中共万宁市委员会印发《关于中共万宁市第九次代表大会代表选举工作方案的通知》，启动代表选举工作。全市共设36个选举单位，其中基层党委设29个，国营农场党委设6个，万宁市人武部党委和万宁市边防局党委合设1个。各选举单位按照市委分配的代表名额、构成比例和代表条件要求，组织党支部和党员自下而上提名推荐代表候选人初步人选，然后根据民主集中制原则，在广泛征求基层党组织和党员意见的基础上召开党委（扩大）会议，按照候选代表多于应选代表20%的比例酝酿协商确定代表候选人预备名单，报市委组织部审核同意后召开党员代表大会，采取无记名投票的办法选举产生。3月24日，代表选举工作全部结束，共选出代表250名，其中领导干部178名，占71.2%；各条战线先进模范人物37名，占14.8%；各类专业技术人员32名，占12.8%；解放军、武警部队代表3名，占1.2%；老干部代表3名，占1.2%；妇女代表32名，占12.8%；少数民族代表22名，占8.8%；50岁以下（含50岁）代表125名，占50%。

（三）选举产生中共万宁市第十次代表大会代表

2003年2月13日，中共万宁市委员会印发《关于中共万宁市第十次代表大会代表选举工作方案的通知》,启动代表选举工作。全市共设选举单位27个,其中各镇党委12个,市直机关党委(工委)11个,万宁市人武部党委1个,万宁市边防局党委1个,兴隆香料所党委1个,兴隆药植所党委1个。各选举单位按照市委分配的代表名额、构成比例和代表条件要求,组织党支部和党员自下而上提名推荐代表候选人初步人选,然后根据民主集中制原则,在广泛征求基层党组织和党员意见的基础上召开党委(扩大)会议,按照候选代表多于应选代表20%的比例酝酿协商确定代表候选人预备名单,报市委审核原则同意后,召开党员代表大会或党员大会,采取无记名投票的办法选举产生。3月6日,代表选举工作全部结束,共选出代表253名,其中领导干部127名,占50.2%;各条战线先进模范人物48名,占19%;各类专业技术人员52名,占20.6%;解放军、武警部队代表3名,占1.2%;妇女代表38名,占15%;少数民族代表25名,占9.9%;45岁以下(含45岁)代表127名,占50.2%。

(四)选举产生中共万宁市第十一次代表大会代表

2006年8月29日,中共万宁市委员会印发《关于中共万宁市第十一次代表大会换届选举工作方案的通知》,启动代表选举工作。全市共设选举单位31个,其中各镇党委12个,市直机关党委(工委)14个,万宁市人武部党委1个,万宁市边防支队党委1个,兴隆香饮所党委1个,兴隆药植所党委1个,消防大队基层党委(武警中队)1个。各选举单位按照市委分配的代表名额、构成比例和代表条件要求,组织党支部和党员自下而上提名推荐代表候选人初步人选,然后根据民主集中制原则,在广泛征求基层党组织和党员意见的基础上召开党委(扩大)会议,按照候选代表多于应选代表20%的比例酝酿协商,确定代表候选人预备名单,报市委审核原则同意后,召开党员代表大会或党员大会,采取无记名投票的办法选举产生。10月31日,代表选举工作全部结束,共选出代表263名,其中领导干部153名,占58.2%;各条战线先进模范人物43名,占16.3%;各类专业技术人员47名,占17.9%;解放军、武警部队代表6名,占2.3%;妇女代表36名,占13.7%;少数民族代表26名,占9.9%;45岁以下(含45岁)代表134名,占51%。

二、省党代会代表选举

(一)选举产生中共海南省第二次代表大会代表

1993年6月18日,中共万宁县代表大会召开,应到代表140名,实到代表114名。大会根据省委分配的代表名额、构成比例和代表条件要求,在充分酝酿讨论的基础上,采用候选人不少于应选人120%的比例,以无记名投票方式选举方光荣、邢英梅、刘名启、许福容、吴光英、何君才、林荣、林玉权、顾贤建、翁宏平、龚秉之、符玉霞、黎辉云等13人为万宁县出席中共海南省第二次代表大会代表。

(二)选举产生中共海南省第三次代表大会代表

1997年12月30日,中共万宁市代表大会召开,应到代表176名,实到代表160名。大会根据省委分配的代表名额、构成比例和代表条件要求,在充分酝酿讨论的基础上,采用候选人不少于应选人120%的比例,以无记名投票方式选举许寿年、李东生、严国华、吴昌元、吴淑香、陈金云、陈秋川、林玉权、林儒秀、范高净、龚秉之、符玉霞、谭进川等13人为万宁市出席中共海南省第三次代表大会代表。在13名代表中，领导干部11名，占84.6%；先进模范人物2名，占15.4%；妇女代表2名，占15.4%；少数民族代表1名，占7.7%；50岁以下代表6名，占46.2%。

（三）选举产生中共海南省第四次代表大会代表

2002年3月13日，中共万宁市代表大会召开，应到代表154名，实到代表149名。大会根据省委分配的代表名额、构成比例和代表条件要求，在充分酝酿讨论的基础上，采用候选人不少于应选人120%的比例，以无记名投票方式选举丁尚清、杨树岷、吴淑香、岑少霞、张志平、张海国、张德春、陈金云、林先平、林儒秀、范高净、符玉统、符立东、符海宁、韩精华等15人为万宁市出席中共海南省第四次代表大会代表。在15名代表中，领导干部13名，占86.7%；先进模范人物2名（包括林先平），占13.3%；专业技术人员1名，占6.7%；妇女代表3名，占20%；少数民族代表1名，占6.7%；50岁以下代表8名，占53.3%。

（四）选举产生中共海南省第五次代表大会代表

2007年1月19日，中共万宁市第十一次代表大会在万城召开，应到代表265名，实到代表260名。大会根据省委分配的代表名额、构成比例和代表条件要求，在充分酝酿讨论的基础上，采用候选人不少于应选人120%的比例，以无记名投票方式选举丁伯东、王敬春、韦章运、文明光、邓泽永、冯汉芬、李东屿、李志杰、吴淑香、林兴胜、罗保铭、赵微、胡光辉、符立东、符进和、符海宁、廖勇锋等17人为万宁市出席中共海南省第五次代表大会代表。在17名代表中，领导干部13名，占76.5%；先进模范人物1名，占5.9%；专业技术人员3名，占17.6%；妇女代表3名，占17.6%；少数民族代表2名，占11.8%；50岁以下代表12名，占70.6%。

第二章 组织机构

第一节 党的代表大会

1991—2010年，中共万宁市(县)委员会共召开4次代表大会，即中国共产党万宁县(市)第八至第十一次代表大会。

中共万宁县第八次代表大会 1993年2月25—27日在万城召开，出席大会代表269人。大会审议通过林玉权代表中共万宁县第七届委员会所做的工作报告；选举产生中共万宁县第八届委员会和纪律检查委员会。中共万宁县第八届委员会委员25人，名单如下(按姓氏笔画为序)：方光荣、刘崇书、许寿年、杨树岷、李仕昌、严国华、肖冠汉、吴钟秀、吴淑香、何君才、邱炳伦、陈金云、陈道光、林玉权、林儒秀、苻玉霞、苻海宁、欧德荣、胡劲强、翁正琼、黄有福、龚秉之、温玉珍、蒋应雄、谭进川；候补委员3人，名单如下：苻忠诚、周泽海、邢英梅。纪委委员19名，名单如下：王章銮、王朝介、叶常青、刘金典、杨仕雄、杨善元、杨兹俊、李贵波、岑少霞、陈雄、陈星安、苻致胜、卓云、翁亚梅、龚秉之、蔡光炳、陈北雄、周传琼、殷增民。

中共万宁市第九次代表大会 1998年3月27—28日在万城举行，出席大会代表250人。会议审议通过宋建海代表中共万宁市第八届委员会所做的工作报告和中共万宁市纪律检查委员会工作报告(书面)，选举出中共万宁市第九届委员会和中共万宁市纪律检查委员会。中共万宁市第九届委员会委员：宋建海、陈金云、符玉统、吴淑香、欧德荣、龚秉之、范高净、莫翠岗、易仁生、麦贤荣、符海宁、黄有福、林礼森、何君才、杨树岷、叶宁、林道忠、严国华、卓云、周传琼、周德兴、李宁、符玉霞、符忠英、陈秋川；候补委员：文荣山、关日清、倪燕、林天学、司永泽。中共万宁市纪律检查委员会委员：龚秉之、岑少霞、陈爱民、蒋亚和、吴亚育、刘金典、符雄、陈光雄、王章銮、陈玉和、周家积、史培育、林明干、许尧、李星荣、杨仕雄、李亚炳。

中共万宁市第十次代表大会 2003年3月25—27日在万城举行，出席大会代表252人。会议审议通过丁尚清代表中共万宁市第九届委员会所做的工作报告和中共万宁市纪律检查委员会工作报告

（书面），选举出中共万宁市第十届委员会和中共万宁市纪律检查委员会。中共万宁市第十届委员会委员：丁尚清、张志平、范高净、韩精华、陈国平、符立东、杨树岷、符海宁、陈兰光、文明光、陈金云、吴淑香、欧德荣、何君才、何一文、林儒秀、章华忠、李彪、王时启、欧东顺、符玉霞、王华民、吴忠、肖淑霞、谭成强；候补委员：陈儒川、冯清连、黄小平、符忠英、姚建勇。中共万宁市纪律检查委员会委员：陈国平、陈儒平、陈业秀、蒋亚和、符雄、蔡笃雄、卢业龙、冯小良、李明岩、何光祖、陈少宁、陈表兴、周国光、倪燕、史培育、游宪忠。

中共万宁市第十一次代表大会 2007年1月18—19日在万城召开。应到代表265人，实到260人。会议审议通过胡光辉代表中共万宁市第十届委员会所做的工作报告和中共万宁市纪律检查委员会工作报告（书面）；确定之后5年的奋斗目标、战略方针；选举产生了新一届市委领导机构和市纪律检查委员会领导机构。中共万宁市第十一届委员会委员：胡光辉、邓泽永、符海宁、吴淑香、符立东、李东屿、李志杰、韦章运、文明光、冯汉芬、叶步高、符平、林道忠、岑少霞、黄小平、赵微、吴明阳、李时军、文强、林天学、符玉霞、李彪、刘虎、王德海、符雄、叶彬、陈雨丝、林兴胜、卓林梅、李宁、肖淑霞、吴明、陈儒川、林明干、欧俊宁、莫儒钊、顾时坤、温桂春、谢建萍；候补委员：陈施展、蔡胜华、林松、钟红霞、许春养、吴忠、游宪忠。中共万宁市纪律检查委员会委员：冯汉芬、符雄、朱牧、陈玉和、林基、盘日升、朱武雄、刘运平、王芳学、陈燕、陈表兴、陈忠清、许大雄、李让金、陈国庆、陈星界、符少宁、符福洪、陈海英、林国雄。

第二节 市（县）委全体委员会

1990年3月至2010年底，中共万宁市（县）委共产生5届委员会，即第七至十一届委员会。在此期间，共召开37次全体会议。

一、中共万宁县第七届委员会

1990年3月至1993年2月，中共万宁县第七届委员会共召开8次全体会议。

第一次全体会议 1990年3月28日在万城召开，到会县委委员23名，缺席1名；候补委员4名；14名纪委委员列席了会议。会议经过充分酝酿，采取等额选举的方法和无记名投票的方式进行选举产生了中共万宁县第七届委员会常务委员会委员和正副书记。批准了中共万宁县纪律检查委员会第一次全体会议选举产生的书记、副书记和常务委员会人选。当选的中共万宁县第七届委员会常务委员9名：梁华忠、林玉权、陈金云、司永泽、陈光浩、刘崇书、梁亚凤、魏天华、苻树标。梁华忠当选为中共万宁县第七届委员会书记，林玉权、陈金云当选为副书记。中共万宁县纪律检查委员会常务委员会委员：陈光浩、唐时荣、符致胜、龚秉之、岑少霞（女）、李贵波、杨善元、卓云，书记：陈光浩，副书记：唐时荣、符致胜、龚秉之。

第二次全体会议 1990年4月9日在万城召开,中共万宁县委书记梁华忠主持会议,中共万宁县委委员、候补委员24人出席会议。会议的议题是:学习党的十三届六中全会决定、《中共中央关于加强党同人民群众联系决定的通知》。

第三次全体会议 1991年1月21日在万城召开,中共万宁县委副书记(代管全面工作)林玉权主持会议,中共万宁县委委员、候补委员24人出席会议。会议讨论《中共万宁县委第七届委员会工作条例》《中共万宁县委第七届委员会常委工作规则》《中共万宁县委第七届委员会常委会议议事规则》《万宁县"八五"计划和十年规划设想》《万宁县1991年国民经济和社会发展计划》。林玉权就之后的县委工作做了部署。

第四次全体会议 1991年4月15日在万城召开,中共万宁县委书记林玉权主持会议,中共万宁县委委员、候补委员21人出席会议。会议讨论《万宁县1991年国民经济和社会发展计划》,审议通过《万宁县"八五"计划和十年规划设想》。

第五次全体会议 1992年1月11日在万城召开,中共万宁县委书记林玉权主持会议,中共万宁县委委员、候补委员11人出席会议。会议学习党的十三届八中全会精神,推荐万宁县出席党的十四大代表。

第六次全体会议 1992年5月30日在万城召开,中共万宁县委书记林玉权主持会议,中共万宁县委委员、候补委员16人出席会议。会议推选并选举产生万宁县出席海南省党代会代表4名。

第七次全体会议 1993年2月6日在万城召开,中共万宁县委副书记陈金云主持会议,中共万宁县委委员、候补委员21人出席会议。会议议题:讨论审议《中共万宁县委3年来工作总结》,确定召开中国共产党万宁县第八次代表大会时间、代表名额、大会方案和组织全会机构。

第八次全体会议 1993年2月23日在万城召开,中共万宁县委书记林玉权主持会议,中共万宁县委委员、候补委员19人出席会议。全会讨论中国共产党万宁县第八届委员会委员名单,通过中国共产党万宁县第八届委员会委员、候补委员、纪委委员名单。

二、中共万宁市(县)委第八届委员会

1993年2月至1998年3月,中共万宁市(县)委第八届委员会共召开8次全体会议。

第一次全体会议 1993年2月27日在万城举行。出席这次全会的有中共万宁县委员会委员25人、候补委员3人,中共万宁县纪委委员列席会议。全会选举产生中共万宁县委常委、书记、副书记;批准了中共万宁县纪律检查委员会第一次全体会议选举的书记、副书记和常务委员会人选。中共万宁县委常务委员会委员:林玉权、陈金云、刘崇书、谭进川、林儒秀、蒋应雄、吴淑香、欧德荣、方光荣、吴钟秀、龚秉之,书记:林玉权,副书记:陈金云、刘崇书、谭进川;中共万宁县纪律检查委员会常务委员会委员:龚秉之、符致胜、卓云、李贵波、杨善元、岑少霞,书记:龚秉之,副书记:符致胜、卓云。

1996年8月5日,经国务院批准,撤销万宁县,设立万宁市,8月27日,万宁市举行撤县设市挂牌仪式,原中共万宁县委员会改称中共万宁市委员会,原中共万宁县纪律检查委员会改称中共万宁市

纪律检查委员会。

第二次全体会议 1993年6月8日在万城召开，中共万宁县委书记林玉权主持会议，中共万宁县委委员、候补委员21人参加会议。全会推荐万宁县出席海南省第二次党代会代表预备人选16名，学习国务院有关文件。

第三次全体会议 1994年1月10日在万城召开，中共万宁县委书记林玉权主持会议，中共万宁县委委员、候补委员20人参加会议。全会审议通过林玉权代表中共万宁县委总结1993年的工作和1994年的工作计划。

第四次全体会议 1995年2月9日在万城召开，中共万宁县委副书记陈金云主持会议，中共万宁县委委员、候补委员22人参加会议。全会审议通过林玉权代表中共万宁县委所做的工作报告，审议通过《万宁县1995年国民经济和社会事业发展计划的报告》，补选3名市委委员，通过全体会议决议。

第五次全体会议 1996年1月22日在万城召开，中共万宁县委副书记陈金云主持会议，中共万宁县委委员、候补委员22人参加会议。林玉权代表中共万宁县委总结1995年工作情况并提出1996年工作意见，全会审议通过《万宁县1996年国民经济和社会发展计划》《万宁县“九五”计划和2000年远景目标纲要》。

第六次全体会议 1997年1月16日在万城召开，中共万宁市委常委方光荣主持会议，中共万宁市委委员、候补委员18人参加会议。全会审议通过《中共万宁市委1996年工作报告》《万宁市1997年国民经济和社会发展计划安排说明》。

第七次全体会议 1998年2月23日在万城召开，中共万宁市委书记宋建海主持会议，中共万宁市委委员、候补委员22人参加会议。全会学习传达贯彻海南省第三次党代会精神，审议召开中国共产党万宁市第九次代表大会决议和选举办法，审议中共万宁市第九届市委、市纪委组成机构、人员名额、代表名额分配、构成原则。

第八次全体会议 1998年3月25日在万城召开，中共万宁市委书记宋建海主持会议，中共万宁市委委员、候补委员19人参加会议。全会讨论审议万宁市第九次党代会报告，确定大会召开时间。

三、中共万宁市第九届委员会

1998年3月至2003年1月，中共万宁市第九届委员会共召开9次全体会议。

第一次全体会议 1998年3月29日在万城举行。出席这次全会的有中共万宁市委员会委员25人、候补委员5人，中共万宁市纪委委员和有关方面负责人列席会议。全会选举产生中共万宁市委常委、书记、副书记；批准了中共万宁市纪律检查委员会第一次全体会议选举的书记、副书记和常务委员会人选。中共万宁市委常务委员会委员：宋建海、陈金云、符玉统、吴淑香、欧德荣、范高净、莫翠岗、易仁生、麦贤荣、龚秉之、符海宁，书记：宋建海，副书记：陈金云、符玉统；中共万宁市纪律检查委员会常务委员会委员：龚秉之、陈爱民、岑少霞、蒋亚和、吴亚育、刘金典、符雄，书记：龚秉之，副书记：陈爱民、岑少霞。

第二次全体(扩大)会议 1998年12月7日在万城召开。会议审议通过《关于进一步加强万宁农业和农村工作的意见》。该《意见》是20世纪末万宁市农业和农村工作的纲领性文件。

第三次全体(扩大)会议 1999年1月20日在万城召开。会议审议并通过宋建海代表市委所做的《抓住机遇,奋力拼搏,扎扎实实推进万宁两个文明建设》的工作报告。

第四次全体(扩大)会议 2000年1月9日在万城召开。会议总结1999年市委工作,部署2000年市委工作,提出2000年国内生产总值要比上年增长11%,力争实现12%。会议通过宋建海代表市委常委会所做的《抓住机遇,加快发展,把万宁现代化建设推向新世纪》的工作报告;通过《关于贯彻党的十五届四中全会精神,推进国有企业改革和发展的意见》。

第五次全体(扩大)会议 2000年4月14日在万城召开。会议全面总结“三讲”教育工作。会议通过了宋建海所做的《以整风精神开展“三讲”教育,切实加强领导班子和领导干部思想政治建设》的工作报告。省委“三讲”教育巡视组组长李万兴在会上做了讲话。

第六次全体(扩大)会议 2000年9月8日在万城召开。会议做出《关于深入学习“三个代表”重要思想的决议》。

第七次全体(扩大)会议 2001年2月22—23日在万城召开。会议审议通过《中共万宁市委九届七次全体会议报告》和《中共万宁市委关于制定万宁市国民经济和社会发展第十个五年计划的建议》。

第八次全体(扩大)会议 2002年3月13日在万城召开。会议审议通过了市委书记丁尚清代表市委常委会所作题为《与时俱进,奋发有为,努力开创万宁经济社会发展新局面》的报告。

第九次全体(扩大)会议 2003年1月10日在万城召开。会议审议和通过了《关于召开中国共产党万宁市第十次代表大会的决议(草案)》。

四、中共万宁市第十届委员会

2003年3月至2006年12月,中共万宁市第十届委员会共召开6次全体会议。

第一次全体会议 2003年3月27日在万城举行。出席这次全会的有中共万宁市委员会委员25人、候补委员5人,中共万宁市纪委委员和有关方面负责人列席了会议。全会由中共万宁市委常委会主持,中共万宁市委书记丁尚清做了讲话。全会选举产生中共万宁市委常委、书记、副书记;批准了中共万宁市纪律检查委员会第一次全体会议选举的书记、副书记和常务委员会人选。中共万宁市委常务委员会委员:丁尚清、张志平、范高净、韩精华、陈国平、符立东、杨树岷、符海宁、陈兰光、文明光,书记:丁尚清,副书记:张志平、范高净、韩精华、陈国平;中共万宁市纪律检查委员会常务委员会委员:陈国平、陈儒平、陈业秀、蒋亚和、符雄、蔡笃雄、卢业龙,书记:陈国平,副书记:陈儒平、陈业秀。

第二次全体(扩大)会议 2004年1月16日在万城隆重举行。全体市委委员、候补委员出席会议。纪委委员,市人大、市政府、市政协领导,各镇、国营(华侨)农场党政主要领导,市直机关、市直企事单位、人民团体主要负责人,国家、省驻万宁单位主要负责人,市人武部及驻万三警部队主要领导列席会议。全会审议通过《中共万宁市委十届二次全体会议工作报告》《关于中共万宁市纪律检查委员会工作报告》和《关于确定万宁文化理念的建议》。

第三次全体（扩大）会议 2005年3月3日在万城隆重举行。全体市委委员、候补委员出席会议。市纪委委员，市人大、市政府、市政协领导，各镇、国营（华侨）农场党政主要领导，市直机关、市直企事业单位、人民团体主要负责人，国家、省驻万宁单位主要负责人，市人武部及驻万三警部队主要领导列席会议。市委书记胡光辉代表中共万宁市委常委会向大会做了《夯实基础，开拓创新，努力建设繁荣和谐的万宁》的工作报告。

第四次全体（扩大）会议 2006年2月17日在市党政办公大楼九楼会议厅隆重举行。全体市委委员、候补委员出席会议。市纪委委员，市人大、市政府、市政协领导，各镇、国营（华侨）农场党政主要领导，市直机关、市直企事业单位、人民团体主要负责人，国家、省驻万宁单位主要负责人，市人武部及驻万三警部队主要领导列席会议。会议审议通过《中共万宁市委十届四次全体会议关于中共万宁市委常委会工作报告的决议（草案）》和《中共万宁市十届四次全体会议关于中共万宁市纪律检查委员会工作报告的决议（草案）》以及《中共万宁市委关于进一步加强农村基层组织建设的意见》。

第五次全体会议 2006年10月18日举行。中共万宁市委员会委员、候补委员出席会议，中共万宁市纪委委员和有关方面负责同志列席了会议。会议审议并通过《中国共产党万宁市第十届委员会第五次全体会议关于召开中国共产党万宁市第十一次代表大会的决议》。参加全会的市委委员经过充分的酝酿、讨论、审议，全体代表以举手表决的方式通过了《关于召开中国共产党万宁市第十一次代表大会的决议》。会议决定：中国共产党万宁市第十一次代表大会于2007年1月18—19日在万城召开。

第六次全体会议 2006年12月28日在万城举行。中共万宁市委员会委员、候补委员出席会议，中共万宁市纪委委员和有关方面负责人列席会议。会议由市委常委会主持。会议表决通过万宁市推荐海南省出席中国共产党第十七次全国代表大会代表候选人22名。大会还选举产生万宁市出席中国共产党海南省第五次代表大会代表候选人20名。

五、中共万宁市第十一届委员会

2007年1月至2010年12月，中共万宁市第十一届委员会共召开6次全体会议。

第一次全体会议 2007年1月19日在万城举行。出席全会的委员39人、候补委员7人。全会选举产生中共万宁市委常委、书记、副书记；批准了中共万宁市纪律检查委员会第一次全体会议选举的书记、副书记和常务委员会人选。中共万宁市委常务委员会委员：胡光辉、邓泽永、符立东、李东屿、李志杰、韦章运、文明光、冯汉芬、叶步高、符平，书记：胡光辉，副书记：邓泽永、符立东。中共万宁市纪律检查委员会常务委员会委员：冯汉芬（女）、符雄、蔡冰晶（女）、朱牧、林基、陈玉和、盘日升（苗陈星界，书记：冯汉芬（女），副书记：符雄、蔡冰晶（女）。

第二次全体（扩大）会议 2007年11月2日在万城举行。出席全会的委员35人、候补委员7人。会议听取了市委书记李秀领传达党的十七大的基本情况和主要精神；听取市委副书记、市长邓泽永传达省委五届二次全体（扩大）会议精神；听取市委书记李秀领向大会所做的《深入学习贯彻十七大精神，推动万宁又好又快发展》的工作报告；审议通过《中共万宁市委关于学习宣传贯彻党的十七大精神的意见》《中共万宁市委关于加快万宁开发建设的若干意见》《中共万宁市委关于加强干部队伍建设的若干意见》。

第三次全体会议 2008年2月26日在万城举行。出席全会的委员35人、候补委员7人。市委书记李秀领代表中共万宁市委常委会向大会做了《认清形势，真抓实干，努力实现万宁发展新突破》的工作报告。全会审议通过《中共万宁市委十一届三次全会工作报告的决议（草案）》。

第四次全体会议 2008年12月26日在万城举行。出席委员35人、候补委员7人。全会传达了中共海南省委五届四次全会精神，决定于2008年12月29日在万城召开中国共产党万宁市第十一届代表大会第二次会议，审议通过《中共万宁市委常委会工作的报告》《中共万宁市纪委常委会的工作报告》《万宁市实行党代表任期制和试行党代表大会常任制暂行办法》《中共万宁市委关于推进社会主义新农村建设的意见》《中共万宁市委关于大力改善民生推进基本公共服务均等化的实施意见》《中共万宁市委关于加强执行力建设的意见》，并同意将这些材料提交中国共产党万宁市第十一届代表大会第二次会议审议。全会通报了万宁市2007年以来党费收缴管理使用情况和汶川大地震"特殊党费"收缴管理情况、中共万宁市委常委会2008年度干部选拔任用工作情况；对中共万宁市委常委会2008年度干部选拔任用工作进行民主评议，对2008年度新提拔的党政主要领导干部进行民主测评。

第五次全体会议 2009年12月30日在万城举行。出席委员34人、候补委员7人。全会决定于2009年12月31日在万城召开中国共产党万宁市第十一届代表大会第三次会议，审议通过中共万宁市委常委会的工作报告、中共万宁市纪委常委会的工作报告、《中共万宁市委关于进一步加强和改进党的建设若干问题的意见（审议稿）》，并同意将这些材料提交中国共产党万宁市第十一届代表大会第三次会议审议。会议递补了陈施展为市委十一届委员。全会通报了万宁市党费收缴管理使用情况、中共万宁市委常委会2009年度干部选拔任用工作情况；对中共万宁市委常委会2009年度干部选拔任用工作进行民主评议，对2009年度新提拔的党政主要领导干部进行民主测评。

第六次全体会议 2010年12月28日下午在万城举行。出席委员35人、候补委员3人。中共万宁市纪委委员和有关方面负责人列席会议。全会由中共万宁市委常委会主持。全会决定于2010年12月29日在万城召开中国共产党万宁市第十一届代表大会第四次会议；通报万宁市2010年度党费收缴管理使用情况；审议通过了中共万宁市委常委会的报告、中共万宁市纪委常委会的工作报告、《中共万宁市委关于制定国民经济和社会发展第十二个五年规划的建议（草案）》，同意将这些材料提交中国共产党万宁市第十一届代表大会第四次会议审议。

第三节 中共万宁市(县)委员会常务委员会

1991—2010年,万宁市(县)共产生5届中共万宁市(县)委员会常务委员会,即第七、八、九、十、十一届县委常委会。第七届县委常委会有常委10名,其中书记1名,副书记2名。1992年,增补常委1名。第八届市(县)委常委会有常委12名,其中书记1名,副书记3名。第九届市委常委会有常委11名,其中书记1名,副书记2名。第十届市委常委会有常委10名,其中书记1名,副书记4名。第十一届市委常委会有常委10名,其中书记1名,副书记2名。

1991—2010年中共万宁市(县)委常委会委员一览表

表11-3

届次	职务	姓名	任职时间	备注
中共万宁县第七届委员会	书记	梁华忠	1990.3—1990.9	—
		林玉权	1991.3—1993.2	其中1990.9—1991.3代管全面工作
	副书记	林玉权	1990.3—1991.2	—
		陈金云	1990.3—1991.2	
		刘崇书	1992.6—1993.2	
	常委	陈光浩	1990.3—1993.2	—
		刘崇书	1990.3—1992.6	
		符树标	1990.3—1992.5	
		魏天华	1990.3—1991.5	
		梁亚凤	1990.3—1991.12	
		欧德荣	1990.7—1993.2	
		吴淑香	1990.12—1993.2	

续表11-3

届次	职务	姓名	任职时间	备注
中共万宁市(县)第八届委员会	书记	林玉权	1993.2—1998.1	—
		宋建海	1998.2—1998.3	
	副书记	陈金云	1993.2—1998.3	—
		刘崇书	1993.2—1994.11	
		谭进川	1993.2—1998.3	
	常委	林儒秀	1993.2—1998.3	—
		蒋应雄	1993.2—1996.7	
		吴淑香	1993.2—1998.3	
		欧德荣	1993.2—1998.3	
		方光荣	1993.2—1997.9	
		吴钟秀	1993.2—1998.3	
		龚秉之	1993.2—1998.3	
		许丁良	1996.5—1998.3	
		范高净	1997.10—1998.3	
中共万宁市第九届委员会	书记	宋建海	1998.3—2000.9	—
		丁尚清	2000.9—2003.3	
	副书记	陈金云	1998.3—2000.8	—
		符玉统	1998.3—2003.3	
		张志平	1999.10—2003.3	
		范高净	2000.10—2003.3	
		韩精华	2002.9—2003.3	

续表11-3

届次	职务	姓名	任职时间	备注
	常委	吴淑香 欧德荣 范高净 莫翠岗 易仁生 麦贤荣 龚秉之 符海宁 黄良辉 符史夫 韩精华 符立东 李友发 杨树岷 陈兰光	1998.3—2003.3 1998.3—2003.3 1998.3—2000.10 1998.3—1999.11 1998.3—1999.12 1998.3—2001.6 1998.3—1999.2 1998.3—2003.3 2002.1—2003.3 1999.2—2001.7 1999.12—2002.9 2001.2—2003.3 2001.6—2002.8 2001.12—2003.3 2002.8—2003.3	—
中共万宁市第十届委员会	书记	丁尚清 胡光辉	2003.3—2004.6 2004.7—2007.1	—
	副书记	张志平 范高净 韩精华 陈国平 邓泽永 杨树岷 严　正 符立东	2003.3—2005.1 2003.3—2006.3 2003.3—2003.9 2003.3—2007.1 2005.1—2007.1 2003.9—2005.7 2006.3—2006.11 2006.12—2007.1	—

续表11-3

届次	职务	姓名	任职时间	备注
	常委	符立东 杨树岷 符海宁 陈兰光 文明光 姜陆泉 陈鸿亮 冯汉芬 叶步高 李志杰 李东屿 韦章运	2003.3—2006.12 2003.3—2003.9 2003.3—2007.1 2003.3—2005.6 2003.3—2007.1 2005.6—2006.6 2004.6—2006.12 2004.9—2007.1 2006.6—2007.1 2006.12—2007.1 2006.12—2007.1 2006.12—2007.1	—
中共万宁市第十一届委员会	书记	胡光辉 李秀领	2007.1—2007.5 2007.5—	—
	副书记	邓泽永 符立东 丁式江 符　平	2007.1—2008.12 2007.1—2009.9 2008.12— 2009.11—	—
	常委	李东屿 李志杰 韦章运 文明光 冯汉芬 叶步高 符　平 刘峰松 张兆腾 童光政 杨应龙 贺建忠	2007.1— 2007.1— 2007.1— 2007.1—2009.11 2007.1—2010.8 2007.1—2010.8 2007.1—2009.11 2009.5—2009.11 2009.11— 2010.6— 2010.6— 2010.8—	—

第四节 市委工作机构

1991年，中共万宁县委工作机构和直属单位有纪律检查委员会、办公室、组织部、宣传部、统战部、政法委、机关工委、党校、政策研究室、老干部局、党史研究室、机要科、保密局（保密委办）、对台办、信访办、接待办。1993年6月，设立体制改革办公室，7月设立管理科，12月设立综治办。

1995年11月，对党政机关工作机构进行改革，实行撤并、精简机构，县委工作机构从原来的18个部、委、办、局（科）、室减少到13个，其中行政机构7个，即：纪律检查委员会、办公室、组织部、宣传部、统战部、政法委、机关工委；直属事业单位6个，即：党校（正局级事业单位）、农村经济发展研究中心（撤销政策研究室、体改办后设立，正局级事业单位）、史志研究室（县委党史研究室和县志办合并后设立，正局级事业单位）、机关事务管理局（撤销县委办行政组、县政府办行政组、管理科、保卫科后设立，正局级事业单位）、新闻办（1995年12月设立，正局级事业单位）、接待办（升格为正局级事业单位）；内设挂靠机构6个，即：机要室（机要科更名为机要室，为县委办内设机构，副科级建制）、保密室（保密委办，保密科更名为保密室，为县委办内设机构，副科级建制）、老干部局（改为组织部内设机构，副局级建制）、台办（撤销对台办后设立，为统战部内设机构，副科级建制）、民宗局（撤销县民委后设立，为统战部内设机构，副科级建制）、综治办（挂靠政法委，副科级建制）。

1996年8月5日，撤销万宁县设立万宁市。同年8月27日，万宁市举行撤县设市挂牌仪式。万宁撤县设市后机构设置不变，10月原县委工作机构各部、委、办、局（科）、室改称市委各部、委、办、局（科）、室。

1997年11月，民宗局划为市政府办管理，改为市政府办内设机构。

2001年，万宁市农村经济发展研究中心更名为万宁市委政策研究室，隶属关系未变。2009年11月，设立市委党代表联络工作办公室，为市委办的挂靠机构，正科级建制。

至2010年底，市委工作机构共有8个：市纪委监察局（市监察局与市纪委合署办公）、市委办公室、市委组织部、市委宣传部、市委统战部、市委政法委（挂市综治办牌子）、市委直单位工委、市委编委办；直属事业机构4个：市委党校、市委政策研究室、市委史志研究室、市接待办；部门管理机构5个：市委机要局、市委党代表联络工作办公室、市委老干部局、市民宗局、市台办。

第五节 党的基层组织

1991年，县委下发《关于加强和改善县直机关、企事业单位党的工作意见》等文件，先后批准成立教育、卫生、公安、财贸、经委、建委、计委、农口、外贸等9个战线党委。同年，全县有基层党委28个，党总支40个，党支部642个。1994年，在12个乡镇115个管理区建立党员电教点，初步建立县、乡、管理区三级党员电化教育网络，并成立县党员电化教育中心。

2000年，结合1999年排查出来的突出问题，开展后进村和不稳定村党支部整顿和建设工作。健全和乐镇乐群村，后安镇白石村、坡仔村，北坡镇春园村，港北镇英文村、英豪村等6个村党支部领导班子，并对龙滚镇治坡村，北坡镇春园村，后安镇坡仔村，港北镇英文村、英豪村5个村委会领导班子进行换届选举。

2005年，增设发展和改革局党委、建设局党委、商务局党委、交通局党委等4个党委，调整归口管理党支部46个，撤并党支部16个，新成立党支部4个。共增配了126名党支部班子成员，其中25名党支部书记；调整了81名党支部班子成员，其中31名党支部书记。2007年，9家规模以上、3家非规模以上非公企业建立了党组织。至2010年底，全市有基层党工委31个，党总支38个，党支部726个。

第六节 乡镇、农场党委

1991年，万宁县设18个乡镇党委和6个农场党委，18个乡镇党委，即万城镇、龙滚镇、和乐镇、乐来镇、后安镇、港北镇、大茂镇、北坡镇、东澳镇、礼纪镇、长丰镇、牛漏镇12个镇党委和山根乡、北大乡、禄马乡、南桥乡、三更罗乡、新梅乡6个乡党委；6个农场党委即兴隆、南林、东和、新中、东兴、东岭农场党委。

2002年7月，根据省政府关于乡镇撤并的要求，万宁市18个乡镇党委机构撤并为12个，撤掉乐来镇、港北镇、北坡镇、牛漏镇4个镇党委和禄马乡、新梅乡2个乡党委，设万城镇、龙滚镇、和乐镇、后安镇、大茂镇、东澳镇、礼纪镇、长丰镇、山根镇、北大镇、南桥镇、三更罗镇12个镇党委，6个农场党委未变。2010年，万宁市仍为原有的12个镇党委和6个农场党委。

第三章 市委重大决策

第一节 派驻农村奔小康工作队

1993年，县委决定大力发展农村经济，带领农民在20世纪90年代末实现小康目标，以小康目标为指导，统揽农村全面工作。6月，成立县委农村奔小康工作领导小组，设立农村奔小康办公室，制定《万宁县农村奔小康实施方案》，抽调机关、企事业单位工作人员组成农村奔小康工作队，进村入户帮助农民发展经济。

1993—2001年，全市（县）共抽调干部8200多人，分18批（期）下乡村带领农民奔小康，派驻全市（县）202个村（居）委会，1636个自然村，1366个村民小组，帮助农民找资金、找项目、找人才、找技术、找客户，提供市场信息。为带动农村经济发展，带领农民奔小康，市县委确定发展九大支柱产业：一是利用大田洋发展粮食种植业；二是利用深海和沿海滩涂发展捕捞业和海水养殖业；三是利用山区和丘陵地带发展菠萝、芒果、龙眼、胡椒等热带作物（水果）种植业；四是利用低产田发展反季节瓜菜和淡水养殖业；五是发展旅游业；六是利用草坡地发展畜牧业；七是利用矿产资源发展采矿业；八是利用农村剩余劳动力发展第二、第三产业；九是利用东星工业区发展外引内联企业。至2001年，按国务院农村发展研究中心规定的农村小康生活16项标准，万宁市有14项达到小康水平。

第二节 小城镇建设

1995年，万宁县城镇基础设施建设和商品房建设投资1.96亿元，改造万城镇文明北街和红专西街，拆除街道两旁的旧房，建起3层以上楼房，总面积20.48万平方米；在人民西街出口处、电影院三岔路口等处安装高杆灯，在万州大道安装路灯80盏；建设新海商业街、光明北街、建设北街、万隆华侨商业街、中央街、丰南街等，城镇道路总长增加到25.8公里，万城城区面积增加到16.8平方公里，县城和集镇面貌有很大改观。

1996年，万宁市委制定《关于加快小城镇建设的意见》，对小城镇建设实行科学规划、合理布局、综合开发，增强小城镇的吸纳和辐射功能，逐步实现农业现代化、乡村城镇化、城乡一体化的新城镇体系。同年，在万城累计投入资金5.7亿元，新建和改造街道12条、商业小区5个；各乡镇筹资2.52亿元，在中心墟建设街道23条长26公里，硬化道路12条长16公里，楼房建筑面积10万平方米；新建农贸市场6个，扩建农贸市场10个，总建筑面积6600平方米。

1999年，万宁市加强小城镇建设规划工作，全市18个乡镇有13个完成了小城镇建设规划，新建房6万多平方米，其中私人建房5万多平方米，比上年增长1倍。各镇严格执行报建制度，1999年强行拆除300多间违反规划或没有报建的建筑物。实行常住户口放宽政策，允许农民进城经商，鼓励农民进城盖房，在政策许可范围内给予办理农转非等政策，扩大城镇人口，转移农村剩余劳动力。龙滚镇在镇上建起一座供销城，鼓励农民进城做个体户，农民在镇上盖起小楼房116栋，自筹资金硬化5条街道，安装路灯和进行绿化，引进侨资兴建华侨新街；北坡镇筹资260万元实现街道路面水泥化，投资490万元建饮水工程；和乐镇招商兴建商业街，成为该镇农副产品的重要集散地。

到2001年，龙滚镇、和乐镇、礼纪镇近期规划建设基本完成，其他各个乡镇近期规划建设均超过50%，龙滚镇、和乐镇、北坡镇、礼纪镇基本实现绿化、美化、净化、亮化，全市所有的乡镇和60%的村庄基本消灭脏乱差。

第三节 人文环境建设

一、倡导“厚德远志，同心共赢”的文化理念和“天造山水、人创商机”的发展理念

从2003年3月开始，万宁市广泛开展“厚德远志，同心共赢”文化理念学习宣传活动，通过加强人文环境建设，努力提升万宁文化理念，营造以人为本、以邻为善、诚实守信、顾全大局、团结合作、共同发展的良好氛围，推动万宁物质文明、政治文明和精神文明协调发展，建设一个新万宁。文化理念学习宣传活动包括举办报告会、文艺会演、专题征文比赛、创建文明诚信单位、创建文明美德家庭、创办企业信用协会等。由万宁市委、市政府主办，市委宣传部、市文化体育局承办的文化理念学习宣传报告会暨文艺会演从5月开始，先在全市12个系统举行预赛、决赛。全市总决赛在9月2日举行，有9个系统和4个镇的代表队进入总决赛，宣传文化系统选送的琼剧《恶梦惊醒》获一等奖，教育系统选送的舞蹈《红旗颂》和经贸交通系统选送的琼剧《造交通人的新形象》获二等奖，政府系统选送的舞蹈《这

片热土》、农林水系统选送的琼剧《张文秀》选段《偷包服》、党群系统选送的独唱《天下第一情》和长丰镇选送的独舞《雪儿》获三等奖。

“我为万宁发展做什么”大型演讲活动大力倡导“天造山水、人创商机”的发展理念。由万宁市委、万宁市政府主办，海南南燕湾海洋旅业开发有限公司协办的“我为万宁发展做什么”大型演讲比赛从2003年9月1日开始，历时4个月，分单位演讲比赛、系统演讲比赛、全市的预赛和决赛三个层次进行。全市各条战线和各个国营农场、各镇都开展演讲比赛，每周举行1场选拔赛和2场预赛。全市总决赛于2003年12月25日落下帷幕，宣传文化系统选手周皓颖获总决赛一等奖，礼纪镇选手欧俊宁和旅游系统选手朱彧获二等奖，商会系统选手翁启金、许惠海和教育系统选手钟红蕾获三等奖；教育系统获组织奖一等奖，商会系统、经贸交通系统、礼纪镇获组织奖二等奖，党群系统、政府系统、宣传文化系统、农林水系统、后安镇、东澳镇获组织奖三等奖。

二、树立“万宁精神”

2004年2月，万宁市第十二届人民代表大会第二次会议审议通过《关于确定万宁文化理念的决定》，确定“厚德远志、同心共赢”为“万宁精神”的基本内涵。4月21日，召开“万宁精神”学习宣传教育工作会议，提出弘扬“万宁精神”从现在做起、从我做起、从小事做起，积极行动起来，为万宁市的改革开放和全面建成小康社会提供强有力的精神支撑。“万宁精神”学习宣传教育活动分单位学习、系统和镇报告会、市委大型报告会三个层次进行。从4月开始，全市各个机关单位和207个村、社区都积极参加学习宣传教育活动，推荐1~2名选手参加本系统结合文艺会演一起举行的报告会，各个系统通过比赛选出2名选手和2个文艺节目参加市委举办的大型报告会和文艺会演。万宁市还通过开展弘扬“万宁精神”征文比赛、文明诚信单位创建活动和文明美德家庭创建活动，弘扬“我是万宁人”的时代精神，增强责任意识。

三、选派中青年领导干部到清华大学培训

2002年10月，万宁市委选派30名副科级以上领导干部到清华大学培训，为期3个月的第一期清华培训班开学。培训班学习内容以公共管理为主，共学习政府经济学、组织行为学、面向21世纪的干部全面素质建设等32门课程，同时围绕主题举办各种专题讲座。11月，万宁市同清华大学公共管理学院达成长期培训协议，利用公共管理学院资源为万宁市举办中青年领导干部培训班，培训近几年通过竞争上岗担任市直机关或镇副科级以上的领导干部。2002—2004年，万宁市每年都拨出100万元作为专项培训经费，培训中青年领导干部。第二期培训班2003年9月开学，24名副科级以上领导干部学习3个月；第三期培训班2004年5月开学，30名副科级以上领导干部在清华大学人文社会科学学院学习70天。万宁市通过选派中青年干部到清华大学培训，带动万宁人文理念的提升和发展。

第四节 派驻“三农”工作队

一、“三农”工作队

2003年5月至2006年4月，万宁市共派出4批“三农”（农业、农村、农民）工作队，每批为期5个月。第一批“三农”工作队2003年5月7日进村，379名工作人员进驻102个行政村，建设农村“五网”和文明生态村。第一批“三农”工作队共筹资319.55万元，发动群众投工投劳8.73万个，新建、扩建和维修村道111条298.53千米；筹资419.13万元，发动群众投工投劳8.49万个，建设文明生态村92个，建成文明生态村进村道、中心道、环村道189条、球场24个、文化室18间；筹资157.47万元，发动群众投工投劳9270个，修建水利渠道30条长55.7千米，桥涵、渡槽、水闸和拦水坝33座，整治农田2594亩；筹资4732.6万元，推进“千户双百”工程项目54个；实施退耕还林19669亩，电网改造6837户，新建有线电视或微波电视网通到自然村154个；新建沼气池342个。

第二批“三农”工作队2004年3月12日进村，290名工作队员进驻85个行政村；第三批“三农”工作队2004年11月10日进村，186名工作队员进驻81个行政村；第四批“三农”工作队2005年9月30日进村，182名工作队员进驻81个行政村。“三农”工作队主要做好加强农村基础设施建设、提高农业产业化和生产标准化水平、加快农村劳动力转移、大力发展农村教育、扶持农村贫困群体、加强农村基层党组织建设六项工作。四批“三农”工作队共筹集资金5369.82万元投入农村建设；组织群众投工投劳70多万个；新建、扩建、改建和维修农村道路391条长903.11千米，1200多个自然村30多万人受益；修建和清理水利渠道590条长382千米，改善灌溉面积7.1万亩，解决2万人饮水困难问题，抢种改种水稻和耐旱经济作物2万亩。

二、“新农村建设”工作队

2006年5月，根据新农村建设的需要，第五批“三农”工作队改名为“新农村建设”工作队，187名工作队员分成81个工作组，进驻81个行政村。2006年5月至2009年4月，共派出3批“新农村建设”工作队，每批驻村6个月。2007年4月，万宁市委、市政府出台《万宁市关于组织工作队下乡推进新农村建设的实施方案》，从指导思想、工作目标、组织形式、措施与要求等5个方面完善“新农村建设”工作队的工作。第五批“新农村建设”工作队引导和动员驻点村农民利用土地、劳动力等生产要素与农产品购销企业建立利益联结机制，种植尖椒、苦瓜、木瓜、香芋、菠萝、槟榔等经济作物3.7万亩，推行农田测土配方3622亩，实施苦瓜、黄瓜、黑皮冬瓜、香芋等高效作物下水田1.1万亩，转移劳动力就业2369人；筹集资金783.22万元新建、扩建、维修村道142条134.66千米，筹集资金450.06万元创建和巩固提高文明生态村57个，开通文明生态村进村道、中心道、环村道280条89.68千米，硬化排水沟82条25.57千米，建设休闲景点37个、建设球场19个，建设文化室15间，安装路灯1026盏，改水改厕312户，受益群众4.2万人；举办“八荣八耻”、农村法治、实用技术培训班360期，培训农民3.3万人。

2007年4月，第六批“新农村建设”工作队下乡，143名工作队员分成47个工作组，进驻47个行政村；2008年5月，第七批“新农村建设”工作队下乡，148名工作队员分成45个工作组，进驻45个行政村。各个“新农村建设”工作队围绕着“促进农民增收、加强基层民主建设、创建文明生态村、培育新型农民、营造平安农村”的主要目标进村入户，带领和组织农民推进社会主义新农村建设。2007年全市农民人均纯收入4206元，增长15.7%；2008年全市农民人均纯收入4869元，增长17.6%。

三、“联村进企促发展”行动

2009年4月，万宁市委、市政府结合第一批学习实践科学发展观活动第二阶段，将第八批“新农村建设”工作队改为“联村进企促发展”工作队，全市110个市直单位派出工作队联系207个行政村、社区和48个重点项目，着力做好“保增长、保民生、保稳定”工作，跟踪服务项目用地前相关事项的审批工作；抓强农惠民政策落实及农民增收工作，通过“三联三问三帮”问需于民、问计于民，确保公平正义；抓排查调处矛盾隐患，建设平安村，确保社会平安和谐。10月，第一批学习实践科学发展观活动第二阶段结束，全市受帮扶的农村党员群众和困难户1200多户，落实帮扶项目360余个，排查出各类矛盾纠纷430起，调处成功率达98%，化解和妥善处置群体事件26起；督促联系村落实党务村务公开制度，推进管理民主化、规范化；引进资金和企业投资农业，发展农村经济，促进农民增收，2009年全市农民人均纯收入达5268元，增长8.2%。

2010年1月，市委调整“联村进企促发展”行动工作队，全市113个市直单位派出工作队联系207个行政村、社区，对行政村、社区进行帮扶。同年，全市农民人均纯收入达5813元，增长10.4%。2010年国庆节期间，万宁市发生特大洪涝灾害，各“联村进企促发展”工作队坚守岗位，紧急转移群众10.0[illegible]万人，发放帐篷236顶、矿泉水7.3万箱、八宝粥2.01万箱、饼干2.73万箱、食用油5400瓶、方便面1.4[illegible]万箱、大米461吨、蔬菜1.25万公斤、衣被和毛毯5.91万件、席子1万张、手电筒8000支，确保灾区群众基本的生活。

第五节 争创全国科技进步先进市

2005年5月，万宁市提出创建全国科技进步先进市目标。9月，万宁市政府同省科技厅签约，共同创建全国科技进步先进市。在省科技厅的支持下，万宁市加大资金投入，突出农业科技服务“110”工作，实施南药GAP种植与产业化开发示范项目，以后安野海鸭养殖基地、东山羊养殖复壮基地、礼纪黑山羊养殖示范基地、东澳鹅养殖示范基地、港北小海海水养殖基地、广藿香推广示范基地、南桥“琼柚1号”生产示范基地、南桥南药生产示范基地、北大母猪肉猪饲养示范基地和龙滚优质菠萝示范基地等十大基地为依托，带动农村种养业向基地化、产业化发展。

制定《关于加强科技创新，促进科技进步的意见》《关于实施万宁市开展创建全国与全省科技进步先进市工作方案》等方案，加大“五大”科技信息培训力度，促进科技进步。2004—2005年，全市举办各类技术培训班298期，培训人员7.5万人次，90%以上的农村基层干部和50%以上的农村劳动力接受培训；成立12个农业科技“110”服务站和33个广藿香、海巴戟、野海鸭、益智等科技服务点，接待求助农民12万多人次，解决生产中的“杂症”“顽症”2.1万例，挽回经济损失3668万元；免费发放图书与科技资料14.5万份、科技光盘8450张。2006年2月，科技部考核万宁市创建全国科技进步先进市工作，“党委和政府重视科技工作”“科技管理部门建设与履行职能”“保障科技三项经费投入”三大项31个指标达均到科技部的要求，创建全国科技进步先进市通过科技部考核。

2006年7月，万宁市《广藿香种植技术规程》《益智种植技术规程》《高良姜种植技术规程》《槟榔种植技术规程》等4个南药重点项目通过省质量技术监督局的审定，广藿香、益智、高良姜、槟榔种植技术有了地方标准。10月，创办了后安镇六底盟村、大茂镇红石村、和乐镇和乐村、礼纪镇乌石园村、北大镇竹埇村、长丰镇马坡村、万城镇车头村7个科技示范村，在兴隆建成南药科技馆。2007年9月，万宁市南药GAP种植与产业化开发示范项目通过省科技厅验收。10月，在和乐镇成立水产养殖“110”服务站，为周边8000多水产养殖专业户提供科技服务。12月，由万宁市与中国医学科学院药用植物研究所海南分所共同筹建的南药资源保护与开发重点实验室通过验收，评审通过“新型的精选钛锆矿成套设备、海南南药品种GAP种植与产业化开发示范、测土配方施肥新技术的应用与推广、一种含水松散型塑料单元螺杆挤出机、肉鸭快速饲养技术的研究与推广、多粘类芽孢杆菌制剂——康地蕾德防治黄瓜枯萎病的应用和推广、灯笼椒栽培技术与应用”7个科技项目。2007年万宁市市本级科技支出856万元，占全市财政支出1.36%。2008年1月，万宁市被评为2005—2006年度全国科技进步先进市。

2008年，万宁市市本级科技支出1564万元，占全市财政支出的1.31%。科技经费继续投入建设30个科技示范基地、25个信息化科技示范村、15个省级科技“110”标准服务站，新增25个科技“110”标准服务点，成立科技“110”南药服务站。到2008年底，全市共建设科技信息化示范村66个、科技示范基地38个、农业科技“110”服务站23个、服务点65个，其中龙头服务站2个、省级标准服务站12个、市级标准服务站9个，全市农业科技“110”系统受理求助电话5.2万多人次，提供技术咨询服务15万多人次，到田间开展技术服务6万多人次；举办培训班218期，培训群众5万多人次；印发各类科技资料30万份，免费提供科技光盘3.8万张；举办科技大集市8场，参加人数4万多人次；组织实施益智种植与深加工技术研究、槟榔黄化病防治等国家、省科技计划项目40多项。2009年12月，万宁市再次被评为2007—2008年度全国科技进步先进市。

第六节 “一带两区”产业发展战略

2007年11月，万宁市委提出“一带两区”产业发展思路，把109千米海岸带和万城、兴隆片区作为现阶段开发建设的重点，努力做大做强旅游业和房地产业，构建万宁发展新蓝图。万宁市围绕“一带两区”产业发展思路，聘请多家境内外规划机构编制了《万宁市城市总体规划》《兴隆旅游度假区总体规划》《万宁市滨海旅游区概念性总体规划》《环小海地区概念性总体规划》《石梅湾旅游度假区控制性详细规划（修编）》《万城镇城北新区控制性详细规划》等一系列规划，将109千米海岸带和万城、兴隆进行新的目标市场定位，分别建设成为黄金海岸带、中等滨海城市和国家热带公园。按照规划编制，万宁市委制定了《关于进一步加快开发建设的若干意见》，提出了10条加快开发、促进经济社会发展的意见。

在发展方式上坚持以项目建设为抓手，着力引进对万宁长远发展有重要支撑作用的大企业、大项目；在发展理念上大力倡导“主动去办、马上去办、全力去办”的执行理念，推行一线工作法，完善重点项目建设“直通车”服务机制和联合办公制度，使项目建设不断提速增效，通过加大投资和招商引资力度，完成迎宾大道改造、莲神公路、兴隆污水处理厂、加神公路、石梅湾供水工程、万城城北新区“三横二纵”路网、海榆东线公路万城段改造等项目建设。通过参加“泛珠三角经贸洽谈会”“夏洽会”等，引进海南金手指集团、天津城投公司等企业进驻万宁投资开发建设项目11个，投资230.2亿元。2007年全市实现生产总值51.38亿元，增长15.1%；2008年全市实现生产总值63.1亿元，增长15.3%。2008年12月29日，中共万宁委第十一届代表大会第二次会议明确提出，加快实施神州半岛项目项目、华润希望小镇项目、康乐园五期工程、绿地公园建设、山钦湾中信地产等项目建设，以大项目拉动大发展，促使“两带一区”发展格局基本形成。2009年实施大公司进入、大项目战略拉动推动万宁经济平稳快速发展，全市实现生产总值71.1亿元，增长15%；2010年全市生产总值增长18.8%。

第四章 纪律检查

第一节 机 构

1991年，万宁县纪委设有办公室、检查科、信访科、审理科，有编制24人。1992年，全县18个乡镇成立纪检监察组，由党委副书记担任组长，另配股级纪检监察员2人，全县共增编专职纪检干部54人。1993年7月，县纪委和县监察局正式合署办公，实行“两块牌子、一套人马”办公，内设办公室、纪检监察室、审理室、信访室、调研教育室、执法监察室、党风廉政建设室，共有32名干部。

1996年8月，万宁撤县设市，原“中国共产党万宁县纪律检查委员会”和“万宁县监察局”改为“中国共产党万宁市纪律检查委员会”和“万宁市监察局”。1999年6月，市监察局加挂万宁市纠正行业不正之风办公室牌子。2001年，市纪委成立3个派驻纪检监察组，分别从市政府办、教育局、公安局、司法局、国土环境资源局、建设局等6个部门抽调6名行政编制作为3个派驻纪检监察组的编制。

2004年12月，6名派驻纪检监察员编制转划到市纪委，中共万宁市委印发《万宁市纪律检查委员会、万宁市监察局派驻纪检检查组工作范围及职责规定》。2003年，市编办核定市纪委监察局行政编制26人，工勤编制3人，委局设有7个科室，3个派驻组。2009年，市纪委内部增设纠风室（挂纠正行业不正之风办公室牌子）和纪检监察二室，原“纪检监察室”改为“纪检监察一室”，增加行政编制4人。至2010年，市纪委监察局内设9个科室，3个纪检监察派驻组，行政编制30人，工勤3人。

第二节 党风廉政建设

1991年以来，万宁市（县）纪委监察局每年印制《党风廉政建设责任书》和《党风廉政建议和反腐败工作意见》，与全市（县）各单位签订，实行党风廉政建设目标责任制，年终进行考核。每年组织全市党员干部观看警示教育片，上党课、学习先进人物事迹，通过电视、广播、户外广告等多种手段营造尚廉社会氛围。

1993年，创办《万宁市纪检监察简报》，及时报送纪检监察工作动态。1996年4月，在市有线电视台创办“勤政教育之窗”栏目，每周三晚上8—9时播放党风廉政建设正反典型电教片。1999年，在市电视台和广播台开办“勤廉电视之窗”和“勤廉广播之窗”栏目，在市委大院设立专栏，利用广播电视和宣传栏披露和剖析党员干部的违法、违纪案件。

2003年，市纪委联合市委组织部、市委宣传部在全市开展“艰苦奋斗，廉洁从政，树立正确权力观”主题教育活动；9月，组织全市副科级以上党员领导干部开展廉洁从政知识测试。2005年，在全市范围内开展学习宣传《建立健全教育、制度、监督并重的惩治和预防腐败体系实施纲要》。2007年，成立万宁市廉政文化建设工作协调小组，确定廉政建设“六进”活动的责任单位、责任人和示范点单位，深入开展廉政文化“六进”活动。

2008年，每季度组织市四套班子领导成员集中观看一次警示教育片；组织全市470多名党员干部到三亚参观“反腐倡廉警示教育展览”；组织全市党员干部1016人参加中纪委举办的党风廉政知识答题活动。2009年，开展“党风廉政宣传教育月”活动，组织全市机关单位干部观看《警钟》《椰岛警示录》等廉政教育片，并在12个镇进行巡回展播，每月向全市副科级以上党员干部和农村“二委”干部发送廉政短信，全年发送5128条。2010年，组织全市党员领导干部学习《中国共产党党员领导干部廉洁从政若干准则》。同年，挑选市纪委查处的48个典型案例，在市内设固定展厅，组织全市党员干部职工参观；同时制作流动展板，深入全市12个镇进行巡回展览，全市2万多党员干部群众受到教育。

第三节　执法监察

每年按照常规工作安排，开展“收支两条线”“小金库”治理等执法工作检查，开展教育乱收费，商业贿赂、医疗购销等纠风工作。

1993年，在全县范围内按照中央廉洁自律的五条规定自查自纠，县四套班子及副处级以上20多位领导干部，自报在公务活动中拒收礼金人民币60万元，美元2000元，港币2.7万元；自报并主动清退在公务活动中接受的礼金人民币2万多元，空调机2台，手表60多块，相机9部，股票1万元等；开展减轻农民负担工作，共为全县农民减轻不合理负担823.6万元，每人平均减少不合理负担22.8元；开展执法监察和财经检查，共收缴违纪收费金额16万元，清理小钱柜金额61万元。

1996年，开展乡镇财务和扶贫资金使用的专项检查，共清理挤占挪用扶贫资金74万余元，纠正乡镇违规管理资金100万余元。

2000年，开展社会保障资金管理使用情况的执法监察，查出社会保障局挤占养老金27.62万元、民政局挤占低保款3.1万元。2007年，成立清理评比达标表彰活动领导小组，对全市150个单位56个评比表彰达标活动项目进行清理，拟保留项目8个，撤销项目48个。

2008年，对扶贫等专项资金管理使用情况进行检查，对挪用、挤占、虚投、冒领专项资金的违纪行为进行处理。对38个村(居)委会的村务财务公开进行检查，规范村务财务公开工作。开展教育、卫生系统的行风评议，促进行风好转。继续开展国有土地使用权出让情况清理检查，进一步纠正医药购销不正之风，逐步完善健全药品销售价格、服务项目收费标准的监督机制。2009年4月，开通"政风行风热线"广播直播节目，同年该栏目已开播19期，有19个单位上热线直播栏目；会同市财政局等部门开展"小金库"治理工作，共查出"小金库"50个，合计104.69万元，全部上缴国库。

2010年6月，市政府新建政务大厅揭牌运行，全市有36个审批单位、297项政务服务项目集中在大厅受理办理，市纪委及时跟进做好监督运行工作。

第四节 执纪办案

1991—1995年，共立案92件，处分124人，挽回经济损失476.2万元。1991年，查办了原龙滚镇委书记王某某挪用公款3.2万元案件、和乐粮所副主任夏某某贪污公款2万元进行私分的案件。1994年，查处了东兴税务所所长陈某、副所长陈某某等人利用职权，以招待客人为由，在个体纳税户店里取物赊账不开税票抵消国家税款10897元的案件。

1996—2000年，共立案230件，处分220人，挽回经济损失761.2万元。1998年，重点查处了市糖烟酒公司经理陈某某因官僚失职造成公司经济损失29万元、3年接待经费开支31.1万元、公司随意占用职工集资建房款32万多元等严重违纪问题。同年，市纪委向社会公开举报电话，设立举报箱，建立健全领导接访日制度，健全信访网络，全市18个乡镇和市直机关9个战线口党委均成立信访领导小组，共有信访员295人。实行"四定一包"(定领导、定人员、定时间、定质量、包案查处)查办案件责任制，较大问题的转办件由纪委常委、监察局副局长包案，重大问题的转办件由纪委副书记包案，特别重大问题的转办件由纪委主要领导包案。

2001—2005年，共立案92件，处分109人，挽回经济损失326.5万元。2001年，查处了万宁市建筑公司经理利用职务之便，贪污收取的公款13700元的案件。2003年，市纪委、监察局调查礼纪镇在2002年财政收支缺口的情况下，向个体户借高利息款无力偿还、引起群众上访等问题，在全市进行通报批评。2006—2010年，共立案66件，处分72人，挽回经济损失1277万元。

1991—2010年万宁机关、企事业单位工作人员违法违纪案件一览表

表11-4

年份	立案数（件）	处分人数（人）	挽回经济损失（万元）	年份	立案数（件）	处分人数（人）	挽回经济损失（万元）	年份	立案数（件）	处分人数（人）	挽回经济损失（万元）
1991	17	31	—	1998	7	8	154.2	2005	14	20	26
1992	14	15	37	1999	22	20	40	2006	20	19	300
1993	11	15	56	2000	57	43	425	2007	13	13	365
1994	27	39	230	2001	35	33	120	2008	12	10	234
1995	23	24	153.2	2002	18	25	—	2009	13	17	124
1996	116	120	48	2003	12	16	—	2010	8	13	254
1997	28	29	94	2004	13	15	180.5				

第五章 组织工作

第一节 机 构

1991年,中共万宁县委组织部内设办公室、组织组、干部组、干部培训与知识分子工作组4个股级职能岗位,行政编制17人。1995年,万宁县党政机关工作机构改革,将老干局纳入组织部内设机构,副科级建制,编制8人。

1996年8月,撤县设市,改为中共万宁市委组织部。至2010年,内设办公室(挂信访办公室牌子)、研究室、组织科、干部科(挂公务员管理科牌子)、干部监督科(挂举报中心牌子)、干部培训科、人才工作科〔挂人才工作领导(协调)小组办公室牌子〕7个副科级机构,行政编制22名。有挂靠机构:老干部局,行政编制7名;党建工作巡回检查办公室,参公事业编制3名。有隶属单位:组织部党员电化教育中心(挂农村党员干部现代远程教育工作领导协调小组办公室牌子),参公事业编制3名;干部信息管理办公室,参公事业编制3名。

第二节 组织建设

一、干部人事制度改革

自1991年起,逐步完善干部考核、调配、任免、回避交流等方面的规章制度,逐步实行正科级干部的交流,推行干部能上能下制度。1994年,万宁县委出台《关于县直企事业单位全面实行聘任制的暂行规定》,在18个企业单位成立人事管理机构,建立人事管理制度。积极推行聘任制试点,向全省公开招聘县商业总公司总经理和县供销合作联社主任。

1999年,在万宁市政法系统中层干部中开展竞争上岗。2000年,制订并开始实施《公开选拔市直单位正副科级领导干部暂行办法》《科级领导干部任前公示制度》和《万宁市直属单位中层干部竞争上岗的暂行办法》等制度。市法院、市公安局对有关中层岗位实行竞争上岗，以点带面，逐步推进。1999—2007年，公开选拔28个单位49个领导干部职位。

2005年，制订《万宁市干部交流轮岗工作暂行规定》并逐步实施。全市正科级干部交流23人，股级干部轮岗85人。2008年，以后备干部公开选拔制度为主线，建立领导干部初始提名推荐制度和群众推荐制度。2008年1月和2009年1月分别在市四套班子领导成员中，对15个正职领导岗位实施初始推荐提名。2010年，统筹政策性、需求性、调整性和激励性“四个交流”，安排9名与各镇经济社会发展方向相符的专业技能干部到镇领导班子任职。同年，共有74人申请并办理了提前退休手续。

二、干部培养与培训

1993年3—5月，连续举办6期副科级以上领导干部市场经济研讨班，聘请华南农业大学干训部教授，对全市579名领导干部进行轮训。1994年，组织农委、乡镇企业等单位组成贯彻十四届四中全会精神讲师团分赴18个乡镇进行巡回培训。筹集资金126万元，在12个乡镇115个管理区建立党员电教点，初步建立县、乡、管理区三级党员电化教育网络，并成立县党员电化教育中心。

1995—1999年，共举办各类培训班137期，培训年轻干部3500人，占年轻干部总数的87%，共选派13名年轻干部下基层挂职锻炼，355名年轻干部进行岗位交流；先后提拔64名35岁以下年轻干部进领导班子，并建立一支130人的年轻后备干部队伍。在此期间，培训女干部2150人次，组织女干部23人到国内外考察学习，至2000年，全市95%以上的科级女领导达到大专以上学历。1997年5月，组成政治理论、法制教育和农村实用技术3个讲师团，对全市党员干部进行教育培训。

2000年，公开选拔24名优秀年轻干部到乡镇挂职副书记和科技副乡（镇）长；配合省委组织部，将分配给万宁市的15名公开招录优秀应届毕业生，按要求全部安排到乡镇和村委会；对全市企事业单位362名30岁以下和党政机关148名35岁以下普通高校毕业的年轻干部登记造册，建立人才库，加强后备干部队伍建设。2006年起，每年在市委党校举办1～2期股级以上妇女、少数民族和党外干部教育培训班。

2007年，建立以公推公选为主要方式的后备干部选拔工作机制，即“公选后备干部+公推后备干部+初始提名推荐+民主测评+挂职锻炼+正式任用”一条龙的科级后备干部选拔培养工作机制，建立科级后备干部人才库。其中，在规范干部任用提名方面，明确了公选、公推、领导实名推荐、单位党组推荐等4个方面的提名渠道，高薪吸引来自全国各地的优秀人才。在全市范围内公开选拔60名后备干部。

2010年，万宁市首批农村干部大专学历班开班，85名村“两委”干部参加学习。在村级干部中开展大专学历教育，满足农村基层组织建设需要，提高农村干部文化、思想素养，更好地带领村民建设社会主义新农村。

三、干部考察考核

自1991年以来，坚持干部考察考核制度，考核工作注重实绩，鼓励竞争，民主评议、公开监督；自1994年起，考核采取定性和定量相结合的方式进行，通过考核，对全县副科级以上干部全面进行分类排队。自2000年起，坚持实事求是、民主公开、注重实绩的原则，对乡镇和市直机关、事业单位干部进行全面考核，为“双向选择、竞争上岗”提供依据。

2003年，将市委考核对象范围由原来的各镇、市直党政工作部门、法院、检察院和部分事业单位、省管单位的领导班子扩大到市人大机关、政协机关、群团和事业单位的领导班子。逐步建立以考核为基础的激励淘汰机制，解决干部能“进”能“出”的问题。对单位考核结果分为5个档次，一档单位不安排淘汰指标，二、三、四、五档单位分别按照干部职工总数的1%、2%、3%、5%的比例，确定分流名额。对分流人员，采取离岗学习、待岗、辞退或解聘等办法进行处置。同时，针对有些单位任用干部程序不规范、手续不完备、超越权限等问题，及时下发《关于下放股级干部管理权限的补充规定》，进一步明确股级干部管理职责。

2007年，考核指标突出财政、农业结构调整、计生、综治、基层组织建设、神州半岛搬迁等方面工作，实行累计加分办法；对墟镇环境卫生、安全生产、信访、行政效能等指标实行减分办法。探索建立干部考核后评估制度，了解被考核单位对考核组的看法，是否存在不公平、违规操作等问题。

2010年，建立“三联三问三帮”工作机制，各级党员干部主动问政于民、问需于民、问计于民，进一步密切党群、干群关系，同年全市参加“三联三问三帮”活动的支部459个，占支部总数的62.3%；党员11636人，占党员总数的57.2%。万宁市把“三联三问三帮”行动，纳入领导班子和干部考核的重要内容。

四、干部监督管理

1991年以来，加强对干部的日常监督管理。对各级领导班子和领导干部跟踪考察，对不协调班子及时谈话，限期改正。1995年，建立干部谈话制度，及时掌把握干部思想、工作、作风等重大问题，变“秋后算账”为“警钟长鸣”。2004年，提出党政领导干部交流轮岗工作意见，构建干部网络。

2005年，对拟选拔任用的干部情况征求纪检监察、计生等相关部门的意见。对拟提拔为副科级以上的领导干部均进行任前公示。坚持和完善干部经济责任审计制度。安排新提拔的副科级领导干部、新录用的国家公务员到市信访局挂职锻炼。对不作为的干部进行问责。在干部上任、离任、工作变动或者群众反映存在问题时，及时找干部谈话，防止干部带病上岗。严把领导干部因公出国政审关。

2007年，落实领导干部述职述廉制度。重点监督检查领导干部在任职期间，是否按照廉洁自律各项规定，向上级主管部门和本单位职工就履行情况作廉政述职。延伸对领导干部的监督管理，加强对领导干部八小时以外的监督。

2008年，建立和完善领导干部任职全程审计制度，强化动态经济责任监督。班子内部监督与群众监督、舆论监督相结合，设立举报电话、信箱，及时受理来信来访，定期召开干部座谈会，认真听取老干部、民主党派人士和广大干部群众对干部的意见和建议。自2009年起，实行试用期制。对新提拔的副科级领导干部实行一年的试用期。坚持函询、诫勉谈话和问责制度，发挥市委全委会的监督作用。2009年12月30日，在市十一届五次全委会上对干部选拔任用工作进行“一报告两评议”，全委会委员满意率达到100%。

第三节 党员干部思想建设

1995年，在全市党员中组织开展学习党章和建设有中国特色社会主义理论活动的“双学”活动（即：学马克思列宁主义理论，学中国共产党的党章），共有15021党员参与“双学”活动。同年，在全县党、团员中开展“献真情、筑丰碑”活动，了解海南战争史，缅怀革命先烈。1995年，召开学习孔繁森事迹座谈会，组织全县各党委、工委播放收看孔繁森先进事迹录像片。

2000年，举行“万宁市优秀党员先进事迹报告会”、纪念“七一”电影电视周、青年党团员“学习‘三个代表’重要思想，担负起新世纪历史重任”演讲会、优秀党员和老党员座谈会等活动，对全市党员进行党性党风和革命传统教育。2001年，组织835名党政干部收看纪念建党80周年优秀共产党员先进事迹电视专题片展播。2005年1月至2006年6月，万宁市分三批组织开展保持共产党员先进性教育活动，每半年开展一批，共28个党委、33个党总支、18523名党员参加活动。

2007年，组织创先争优优秀共产党员先进事迹巡回报告团，分别在北部片区龙滚镇、南部片区兴隆华侨旅游经济区和市委礼堂举行万宁市创先争优优秀共产党员先进事迹报告会，用身边先进典型感动广大党员群众，形成学先进、比先进、赶超先进的浓厚氛围。

2009年，全市分两批开展实践科学发展观教育活动，实施“五大行动计划”。第一批从3月开始，到8月底结束。参加的单位122个，党组34个、党委19个、党总支31个、党支部361个、党员6519人。第二批从9月开始，至2010年2月结束。参加第二批学习实践活动的单位有10个镇、205个村（社区）、35个中小学校、14个基层医疗单位、9个“两新”组织的党组织共398个，党员13628人。每月组织一次专题讲座，内容包括审计、统计、城乡规划、海南革命史等。2010年6月，启动创先争优互动，以“联村进企促发展、创先争优强核心”为载体，宣传先进典型人物与事迹。

第六章 宣传工作

第一节 机 构

1991年,中共万宁县委宣传部内设办公室、理论组、社会宣传组、对外宣传组、文明办,编制12个。1996年8月,撤县设市,改为中共万宁市委宣传部。1999年精简机构,编制减为9个。2010年,内设办公室、理论组、宣传组,办公室加挂牌文明办牌子,行政编制8人,工勤1人。

第二节 理论学习

1991年,组织广大干部群众学习党的十三届七中全会和省委一届五次全会精神,学习中共中央《关于社会主义精神文明建设指导方针的决定》和省委、县委有关加强精神文明建设的文件。重点学习江泽民总书记"七一"讲话和全国"八五"规划及党内法规。1992年,深入学习党的十四大精神和邓小平南方谈话及江泽民同志在海南建省办经济特区五周年庆祝大会上的讲话精神,学习中央、省委有关加强精神文明建设的文件,坚持做到两手抓,两手都要硬,推动精神文明建设深入开展,为经济发展提供强大的精神动力。1993年,重点学习党的十四大精神和江泽民同志在中纪委二次全会上的讲话精神,抓好党风廉政建设。1997年5月,邀请省理论专家作《社会主义市场经济》专题报告,全市副科级以上领导干部参加学习活动;9月,全市掀起学习党的十五大精神热潮。1998年8月开展学习邓小平理论,推动经济社会发展。

2001年,学习党的十五届六中全会精神和省委三届九次全会精神,切实抓好党的作风建设。2002年6月,开展学习党的十六大精神活动;12月,组织市委宣讲团深入各镇、企业、学校宣讲党的十六大精神。2003年,学习党的十六届三中全会、省四届四次会议精神,重点学习《中共中央关于完善社会主义市场经济体制若干问题的决定》《中共海南省委关于海南经济特区体制创新的若干意见》及加强和改进党的建设等内容。2004年,学习科学发展观、党的十六届四中全会精神,学习《中共中央关于加强党的执政能力建设的决定》《中国共产党纪委处分条例》及《中国共产党党内监督条例(试行)》。2005年,全面开展保持共产党员先进性教育活动。开展“万宁市万名现代农民培训活动”,在农村做专题报告24场,与群众进行理论面对面,解答群众提出的疑难问题。2006年,学习党的十六届五中、六中全会精神,学习《江泽民文选》《科学发展观读本》及胡锦涛总书记关于树立社会主义荣辱观的重要讲话。邀请省理论专家做报告4场,全市副科级以上的领导干部听了报告。市委宣讲团深入农村作专题理论报告12场,3000多名农村党员干部参加了报告会。开展“百名新农村理论之星评选活动”,广大农村党员干部通过学习、演讲活动,增长了知识,提高了理论水平。2007年12月,开展学习党的十七大精神,全面贯彻落实科学发展观,推进“一带两区”建设。2008年4月,学习胡锦涛总书记在党的十七届二中全会第二次会议上的讲话精神。2009年,深入学习科学发展观,树立社会主义核心价值观。2010年,重点学习中国特色社会主义理论、科学发展观和社会主义核心价值观及有关法律法规,推动学习型党组织建设。

第三节 宣传活动

市委宣传部围绕经济建设中心任务和党的各项工作,利用广播电视、报刊、宣传栏、横幅等载体,开展一系列的宣传活动,重点宣传中央、省、市委的重要会议精神,宣传万宁社会发展和资源优势,宣传各条战线涌现出的先进事迹和先进人物,弘扬爱国主义精神和无私奉献精神,扩大万宁的知名度和影响力。

1991—1992年,重点宣传党的十三届七中全会,党的十四大精神和邓小平南方谈话及江泽民总书记在海南建省办经济特区五周年庆祝大会上的讲话精神。宣传改革开放后取得的伟大成就和海南建省办经济特区的历史意义和重要作用。1993年,继续宣传党的十四大精神,推动农村奔小康工作。开展纪念毛泽东诞辰100周年宣传活动,组织全市各单位、国营农场、兴隆华侨农场歌咏队进行歌咏比赛。制作彩车参加海南建省办特区五周年暨第二届椰子节庆祝活动,荣获全省第二名。

1994年,编写出版《崛起的万宁》画册,获海南省优秀精神产品一等奖。拍摄电视片《宝岛明珠——万宁篇》获全省评比第一名。组织人员参加全省“现代科学技术基础知识”电视大奖赛,初赛和决赛均获全省第一名。1996年8月5日,国务院批准撤销万宁县设立万宁市,利用这一契机,宣传万宁的自然优势、人文景观、社会发展及招商引资优惠政策,推动万宁的经济建设和社会发展。开展全国万里边疆文化长廊建设活动;被评为全国万里边疆文化长廊建设先进地区。

1997年2月举办撤县设市庆祝活动,邀请著名歌唱家到万宁演唱;开展向吴金印学习宣传活动,弘扬吴金印无私奉献的革命精神。7月1日,举办“庆七一·迎回归、爱祖国”文艺晚会。在全市开展学习宣传贯彻党的十五大精神活动。组织开展迎接香港回归读书活动,获全省读书活动优秀组织奖。开展全省“公民知识、思想道德、法律知识”读书活动,获全省电视赛三等奖和优秀组织奖。参加海南省第四届青年歌手电视大奖赛活动,万宁市选送的歌手获一等奖。

1999年，学习宣传贯彻温家宝同志在海南考察时的讲话精神，开展宣传“三讲”（讲学习、讲政治、讲正气）教育活动。万宁市被国家广播电影电视总局评为“全国广播电视先进市”。2000年，在全市开展“不捕食天然野生保护动物万人签名活动周”活动，《人民日报》报道了这次活动。组织拍摄制作电视风光片在海南卫视台播放，制成VCD光盘《万宁之旅》《海南明珠》和《海之南——万宁》等上网宣传。制作画册《迈向新世纪的万宁》2000册。在《人民日报》海外版刊登《宝岛明珠——万宁市》，并在兴隆康乐园酒店举办“宝岛明珠——万宁市”大型图片展览。

2003年，中国发生非典型肺炎疫情后，万宁市组织志愿者服务队深入农村、企业、学校宣传预防非典知识，使防疫宣传深入人心。同年，开展向郑培民学习活动，宣传郑培民的先进事迹。举办“碧海情深杯”“我为万宁发展做什么”大型演讲比赛，宣传“三个代表”重要思想和党的十六大精神，全市600多个单位参与，662名选手参加演讲比赛。

2004年2月，开展以“革除陋习，美化家园，把文明带回家”为主题的图片展览宣传活动。深入开展宣传十六届三中全会和省委四届四次全会精神，宣传“厚德远志，同心共赢”的万宁文化理念。市委宣传部牵头开展“红色之旅——缅怀革命先辈体验教育”活动。4月，20集电视剧《红色娘子军》在万宁拍摄。同年5月，组织开展“食品安全关系你和我”为主题的食品安全宣传周活动。同年8月，深入农村宣传艾滋病的防治知识。9月2日晚，万宁举行“厚德远志，同心共赢”文化理念学习宣传活动文艺会演总决赛，收到良好的效果。市委宣传部组织宣讲团深入农村宣讲换届选举工作有关法律法规12场。11月21日，莫莉夫人和第54届世界小姐109名佳丽到万宁参加2004年万宁国际文灯节，在兴隆热带花园种植“世界小姐林”。利用这一契机，宣传万宁旅游资源和“东山羊”“和乐蟹”等美食品牌，提高万宁旅游的知名度。

2005年，在三亚市参加金鸡和百花电影节暨中国电影百年庆典的100多名影视明星，到石梅湾同万宁市各族人民一道，庆祝2005年万宁国际文灯节，影视明星在标注着“保护青皮林，建设生态市”的标板上签名，宣传生态文化建设。2005年，全面开展保持共产党员先进性教育活动。开展“万宁市万名现代农民培训活动”，在农村做专题报告24场，与群众进行理论面对面，解答群众提出的疑难问题。

2008年5月5日，2008年北京奥运圣火在万宁境内传递，利用这一契机，宣传创建旅游强市的优势资源和秀美风光、人文景观及特色美食。结合四川“5·12”地震，宣传抗震救灾中先进人物和事迹，弘扬募捐活动中无私奉献精神。

2010年，在“2010中国海南万宁国际冲浪节”“全国钓鱼锦标赛”“海南环岛国际自行车赛”“海南万宁国际海钓精英邀请赛”活动中，国家、省及境外主流媒体对万宁进行一系列的宣传报道，提升万宁的知名度。

第四节 精神文明建设

1991年，在机关、企事业单位开展“三抓三创”（抓职业道德教育，创优质服务；抓社会公德教育，创优良秩序；抓环境卫生教育，创优美环境）竞赛活动；在农村开展“百个文明村”竞赛活动和创建“4个文明家庭”评比活动；在学校开展“文明学校”竞赛活动。同时，开展“爱我万城，美化万城”活动，净化、绿化、美化万城，整治万城“脏乱差”现象。在开展竞赛活动中，涌现出一批先进单位、文明单位、文明村、文明学校和先进个人。县教育局、和乐镇委、东澳镇委被县委、县政府评为“先进单位”；县邮电局、县农电公司、长丰文化站等9个单位被评为“文明单位”；大茂镇上截山村、和乐镇鱼弄尾村等10个村被评为“文明村”；大茂中心小学等9所学校被评为“文明学校”；陈忠植等68人被评为“先进个人”。

1993年8月，县委把旅游、工业、农业和精神文明建设作为重点工作来抓，开展文明村、文明单位的创建活动，组织奔小康工作队进村入户，筹措资金建设文明村。牛漏镇边肚村被海南省委、省政府评为“文明单位”。1997年2月，开展“迎香港回归，创最优服务”活动，树立“爱岗敬业、诚实守信、服务群众、奉献社会”道德风尚。4月，开展“塑造良好形象活动月”活动和创建“十星级文明村镇”“十星级文明户”和“文明小区”活动。开展创建“全国文化先进市”活动，制作《万宁市精神文明建设巡礼》10集电视专题片在海南的电视台播放。开展创建“文明街，做合格市民”活动。9月开展“讲文明树新风”活动。10月开展“环境优美城镇”“环境优美村庄”活动。

2000年10月20日，市文明办在全市城乡广泛开展“文明月活动”。市委常委、宣传部部长吴淑香深入农村、企业检查创建工作。2002年10月29日，龙滚镇被评为“全国创建文明镇先进镇”。11月，市委制定了《万宁市文明生态村建设的八年发展规划》。全市202个行政村1764个自然村，力争创建省级文明生态村示范村18个，市级文明生态村示范村36个。

2003—2009年，以点带面，共创建市级文明生态村121个，还创建了龙滚镇的福塘村，山根镇的荔枝坎村，北大镇的竹埇村，和乐镇的六连村，后安镇的六底村、盟村，大茂镇的看天塘村、万城镇的坡顶村、下东山村，礼纪镇的黑石园村、下深湾村、老黄村等12个省级文明生态村。在2008年首届海南十大名镇（村）评选活动中，兴隆获“文化名镇”称号，万城镇东方村获“文化名村”称号。2009年，中央文明委授予龙滚镇“全国文明村镇”称号，授予市人民医院和市国税局为“全国文明单位”称号，授予市邮政局和市气象局为“全国精神文明建设工作先进单位”称号。

2010年，全市采取“五个一点”办法筹措资金3208万元（其中市财政拨款978.8万元），创建文明生态村100个，其中省级12个，市级88个，六连岭文明生态村大片区建设取得较好成效。

第七章 统战工作

第一节 机 构

1991年，万宁县统战部有内设机构1个，编制7人。1995年，内设机构对台办，改为台办，副局级建制；同年，撤销县民族事务委员会，成立民族宗教事务局，为副局级建制。1996年8月，万宁撤县设市，改为万宁市统战部，内置机构相应改名。2001年，万宁市实施机构改革，统战部取消各组室，设立办公室岗、党派岗、"三胞"（台湾同胞、港澳同胞、国外侨胞）联络岗、台湾事务办公室，机构定编人员13人。2010年，内设机构、人员编制不变。

第二节 民主党派人士工作

1991年，万宁县有1个民主党派，即中国民主同盟万宁县委员会（民盟万宁县委员会）。1998年，中国民主促进会万宁市支部委员会成立。至2010年，万宁市有2个民主党派，即民盟万宁市委员会和民进万宁市支部，民盟盟员94人，民进会员45人。

1991—2010年，民盟万宁市委及其盟员共提交21份议案和203份提案，民进万宁市支部及其会员共提交15份议案和140份提案。先后有民盟盟员3人次担任市人大代表，2人次担任市人大常委，61人次担任市政协委员，6人次担任市政协常委，民盟主任委员陈晗和柳成荫分别担任过万宁市人大常委会第十二、第十三届常委会副主任和政协万宁市第九届副主席。民进会员先后有2人次担任市人大代表，1人次担任市人大常委，12人次担任市政协委员，民进万宁市支部主委陈美华先后担任过万宁市人大常委会第十一届、第十二届副主任和政协万宁市第八届副主席。

第三节 侨务和港澳事务

1991年来，海外三胞平均每年有300多人次回乡开展各种联谊交流活动，其中以经贸活动为主。港澳台侨胞投资创办公司实业、捐款出资修路、办学、资助家乡困难群众。马来西亚侨胞祝清坤捐款80万元兴办“后安清坤小学”；马来西亚侨胞黄桂春投资兴建“万隆华侨商业街”；台湾同胞陈台神出资200万元修建日月湾度假村出入口大道等。

2008年3月，香港万宁同乡会成立，任良广为香港万宁同乡会第一任会长。2010年，万宁遭受新中国成立以来最大的洪涝灾害，香港同乡会及时组织捐款10万元，捐大米25吨，棉被1000床派慰问团送到灾区。

第四节 涉台事务

1993年8月，经县编制委员会批准，成立万宁县台湾工作办公室和台湾事务办公室，隶属县委统战部内设机构，负责对台工作和对台事务，机构定编5人。至2010年，编制缩减至3人。

1991年以来，涉台工作主要从落实政策转变为在“和平统一、一国两制”方针指导下，加快两岸“三通”，促进人员往来，尤其是经济贸易、科技文化、学术交流等领域的往来。在琼台交流往来中，经济交流活动尤为突出。万宁市和台湾农业交流和农业项目投资合作成为20世纪90年代和21世纪初的主要经贸交流活动。先后有30多家台资、台商到万宁市投资创办实业，投资总额达5亿元。

2002年，台资企业发起并成立“万宁市第一届台商联谊会”，会长为卓训熙。2010年，配合省台联在万宁市日月湾举办“2010年中秋联谊会”，万宁籍台胞30万人参加联谊。至2010年，万宁居民涉台婚姻有200多人。

1991—2010年台商在万宁投资情况一览表

表11-5

时间	项目	投资人	投资额
1992年10月	海南日月湾度假村	陈台神	70万美元
1993年11月	海南绿藻农业开发有限公司	叶万顺	500万美元

续表11-5

时间	项目	投资人	投资额
1994年8月	海南大兴农业开发有限公司	潘大川	200万美元
1994年8月	海南宜皇针织有限公司	卢景行	150万美元
1996年12月	海南直田农业开发有限公司	黄启民	100万元
1998年4月	海南五洲牧业开发有限公司	黄森池	300万元
1999年12月	海南展莹水产养殖公司	黄诗西	160万元

第五节 非公经济人士工作

1991—2010年，非公经济人士有3人担任过市人大常委，8人担任过市人大代表，2人担任过省人大代表；56人次担任过市政协委员，16人次担任过市政协常委，1人担任过市政协副主席。共提交议案10份，提案40份。非公经济人士还捐款84.8万元扶助贫困高考生、捐款500万元抗洪救灾，各种公益事业的捐款达到920万元。

至2010年，万宁市工商联有非公企业会员236个，团体会员5个，个人会员285个，这些企业会员和个人会员是万宁市非公经济的主要代表，解决了将近3万人的就业，每年向国家和地方政府缴纳的税款占全市总税收的80%。

第六节 党外代表人士工作

1991—2010年，万宁市比较有影响的党外代表人士有民盟万宁市委员会的刘武、陈晗、柳成荫；民进万宁市支部委员会的陈美华、肖音；无党派人士冯昌晟；非公经济人士张会强；万宁市基督教协会的朱飞深、冯柏宁；香港万宁同乡会会长任良广等人。

至2010年，万宁市党外代表人士后备队伍纳入优秀人才信息资料库的共有41人，其中民盟盟员10人，民进会员8人，无党派人士22人，共青团组织1人；具有高级职称的17人，中级职称的13人，初级职称的6人；在行政机关工作的5人。

第八章 政法工作

第一节 机 构

1991年，中共万宁县委政法委员会，内设办公室、政工室、执法监管协调室，编制6人，设书记1人，副书记2人；1995年11月党政机构改革，设专职副书记3人，兼职副书记3人（为公、检、法主要领导），机构设置和人员编制不变；1996年撤县设市，相应改为万宁市委政法委员会；2008年，调整增加编制2人，共编制8人。至2010年底，市委政法委内设机构3个，挂靠机构3个，人员编制8人。

第二节 综治机制与防控体系建设

一、综治机制建设

（一）联调机制

按照“分级负责，归口管理”的要求，落实责任单位、责任人，限期解决。定期不定期组织开展矛盾纠纷排查，对直接由镇、农场要求调处或其他部门转入的矛盾纠纷和群众来信来访，实行统一受理、统一分流、统一协调、统一督办、统一反馈。重大矛盾或涉及两个部门（单位）的矛盾纠纷，由矛盾纠纷调处工作中心直接调处或指定有关部门（单位）调处。规范工作流程，力争做到“小事不出村，大事不出镇，矛盾不上交”。

（二）联防机制

定期进行治安形势分析，提出针对性工作意见，及时发布治安预警预报；建立健全以综治协管员与平安中心户长为骨干、治安巡防队为主体的治安工作网络，组织开展多种形式的治安巡防活动；积极推广科技防范手段，落实治安防控措施；指导督促企事业单位建立健全治安防控网络，落实内部安全保卫措施。

（三）联勤机制

统一组织安排、调配使用综治工作中心各组成部门及工作人员，落实值班备勤考核制度，并纳入突发性、群发性事件预警处置工作体系，发生突发性、群发性的事件，在市委、市政府的指挥下，镇、农场综治工作中心及时组织协调有关部门依法妥善处理。

（四）联治机制

按照上级的统一部署，定期摸排、梳理辖区治安突出地区，确定重点整治地区、行业、部位，广泛发动，统一组织开展"严打"整治斗争及专项整治行动。

（五）联管机制

督促、指导和落实流动人口治安管理和服务措施，指导企事业单位设立综治工作站与外来员工服务中心，积极探索"一站式"管理与服务模式；开展社区矫正工作，做好刑释解教人员帮教工作；开展预防青少年违法犯罪活动，落实对农村留守儿童的教育、管理、服务等各项帮扶措施。

（六）联创机制

围绕"平安建设"目标，开展"平安镇（农场）""平安村（单位）"创建活动。在全市12个镇、4个国营农场、207个行政村、36个作业区，建立镇、农场综治工作中心和矛盾调解中心16个。建立行政村、作业区综治工作站和矛盾纠纷调解工作站221个，1635个自然村有综治信息员1833名，及时搜集和报告综治信息。

二、防控体系建设

（一）农村治安防范体系建设

针对城镇案件多发的地区，以公安派出所为主体，以协警为补充，治安联防队员配合，在市区主要街道、中心贸易市场和酒吧、餐饮等娱乐场所聚集区加强治安巡逻，在农村易发案、多发案的部位和地段，加强治安管控。在全市207个村委会，36个作业区成立治安巡逻队264支，共有队员2379人。市公安局还成立88个警务室，把公安警务工作延伸到城乡每个角落，确保一方平安。

（二）"技防工程"建设

一是平安市区技防工程。2009年，市委市政府召开全市科技防范建设推进会，市财政拨出1000万元专款，以万城为重点，在原有基础上，在市区重点地段继续安装视频监控，不断加大技防覆盖面。二是平安小区技防工程。对新建小区，落实开发商技防措施建设责任，从规划设计开始把关，确保技防建设与主体工程同规划、同设计、同施工、同验收。三是平安单位技防工程。对党政机关、金融网点，公共复杂场所，严格按照技防设施建设的有关标准，加强单位内部监控、联网预警等技防设施建设，金融网点与公安"110"联网，大超市、公共复杂场所安装视频监控系统。

（三）构建三级群防网络

一是构建城区巡逻防控网络。将万城地区划为四个巡逻区，进行全天候巡逻。2009年，市政府投入200万元，组织70名协管员在万城、神州半岛开发区、和乐镇、大茂镇、长丰镇重点区域加强巡逻。二是构建单位防范网络。在机关、企事业单位配备治安保卫人员，实行领导带班值班制度，全面落实物防、技防措施。三是构建农村群防网络。各村委会、作业区全部成立治安联防队，建立健全各项规章制度，加强值班和巡逻看护，遏制各类案件发生，创造安居乐业的城乡社会环境。

第三节 社会治安综合治理

1991—1999年，贯彻“严打”方针，“以打促防、打防并举”，做好香港回归等重大时期的安保维稳工作，开展以农村、社区为重点的创建安全文明小区（村）活动，落实人口管理，将农村和城市分为二块登记造册，办理暂住证，实行社会治安综合治理，确保万宁一方平安。1992年，全县建立了治保会47个，成员3143人，成立护村队、护校（厂）队、保安队、巡逻队2055支共17100人，在社会治安综合治理中发挥积极作用，全年提供案件线索871条，协助破获各类刑事案件89起，查处治安案件113起，调解民事纠纷176起，较好地清除了大量的治安隐患。1995年，全县治保会、调解会协助公安机关破获案件34起，抓获案犯39名（其中在逃犯8名），处理治安案件92起、调解矛盾纠纷173起。全县的群防群治队伍达432支、437人。1998年，加强保安人员培训，全年保安培训人员298人，经考核全部取得保安服务人员资格证书。1999年，治安联防共协助抓获各类犯罪嫌疑人32人。

2000-2003年，大力开展学校及周边治安秩序整治活动，成立万宁市校园周边环境整治工作领导小组，加强预防青少年违法犯罪工作。加强对刑释解教人员的帮教安置工作，消除不稳定因素。成立了市禁毒办为禁毒工作专门机构，开展创建“安全文明社区”和“无毒社区（村庄）”“禁毒优秀社区（村庄）”活动；同时对全市无毒村队、涉毒村队、无毒村居委会、涉毒村居委会人员具体情况造册建档；始终贯彻“打防结合，预防为主”的工作方针，深入开展“严打”工作，打击“两抢”“黄、赌、毒”，共破获各类刑事案件1132件。其间，在2002年建立健全市、镇、村三级联防网络202个，群防群治队伍132支。2003年，成立联防队伍225支，以镇为单位19支，村为单位206支，充分发挥群防群治队伍作用为公安机关提供犯罪线索1235条，协助抓获违法犯罪人员253人。

2004—2006年，加强镇、农林场社会治安综合治理办公室建设，按照分管综治工作的副职领导专职综治办副主任、专职综治工作人员的“三专”标准配齐配强综治办主任、副主任和工作人员，使基层综治办真正成为管人管事的一级综治办事机构。在各镇、村委会、厂矿、企业组织治安联防队18支、4369人，在辖区派出所的指导和带领下开展治安巡逻。

2007—2010年，组织开展“打黑除恶”“缉枪治爆”“扫黄打非”、打击“两抢一盗”等专项整治行动全市政法机关密切配合，重拳出击，广大人民群众积极参与。在万城地区开展公安民警与边防、武警官兵联勤巡逻控制，打击违法犯罪。2009年11月，组建了“飞豹”大队。2010年，市公安局组建巡控大队，在重点地区流动进行打击，遏制违法犯罪活动。全市共立刑事案件1244起，破获刑事案件63起，破案率50.6％，抓获犯罪嫌疑人497人，逮捕373人，起诉421人，判处刑事案件377起。全市立治安案件1751起，查处治安案件1525起，查处率占87%，摧毁各类犯罪团伙3个。在全省公安机关开展“破案会战”专项行动和组织侦破积压命案、缉枪治爆等专项行动中，通过重拳严打，保持高压态势，实现了打击有新突破、战果有新提升、治安有新好转，得到广大干部群众的好评，有效提升了执法司法公信力。市检察院受理提请逮捕 360 件、413 人，决定批准逮捕 320 件、366 人，批捕率占 88.9 %和 88.6%，受理移送起诉案件 407 件 、457 人，起诉 367 件、405 人，起诉率占 90.2% 和 88.6%。立侦查职务犯罪案件 8 起、14 人，挽回经济损失 24.97 多万元。市法院共受理各类刑事案件 388 件，结案 377 件，结案率占 97.16 %；受理民商事纠纷案件 1675 件，已审结 1482 件，审结率为 88.47%，调解率为 79.14%，调撤率为 79.14%；行政案件 5 件，结案 5 件，结案率占 100 %；执行案件 519 件，结案 480 件，占 92.48%，和解率为 69.16 %；执行标的 3357.83612 万元。通过严打整治，维护了社会治安大局稳定和人民群众安全感。

第四节 平安创建活动

按照全省的统一部署，万宁市综治委印发《关于携手共创平安活动的方案》，从 2006 年 1 月至 2008 年 12 月，开展平安创建活动。各镇、农场按照市委、市政府提出的每年实现三分之一村委会、作业区达到平安创建标准的要求，全力开展创建工作：市妇联按照市综治委提出创建“平安家庭”工作要求，在和乐镇六连村抓创建“平安家庭”示范点，六连村被全国妇联授予“平安家庭先进示范村”的称号。市综治办、市教育局、团市委联合开展“平安校园”创建活动，至 2018 年底，全市 243 个村委会、作业区达到平安标准的有 219 个，占 90%，18 个镇、农场达到“平安镇（农场）”平安标准的有 14 个，占 77.8%。全市有 156406 户达到平安标准，占 95%。全市 208 所学校达到平安标准的有 199 所，占 96.7%。2010 年 11 月，全市组织开展了平安考评工作，全市 16 个镇、农场创建命名 16 个，占 100%；全市 88 个机关单位、创建命名 88 个，占 100%；全市 207 个村委会、198 个农场生产队，达到平安标准的有 365 个，占 90%；全市 135 所学校，达到平安标准的 128 所，占 95%。创建平安活动，营造了人人共创平安、人人共享平安的社会氛围，社会治安持续向好。

第九章 政策研究

第一节 机构

1991年，政策研究室隶属中共万宁县委，为正科级行政单位，编制8人。1993年6月，成立万宁县体制改革办公室，隶属中共万宁县委，为正科级行政单位，与政策研究室合署办公，一套人马，两块牌子。同年6月，成立中共万宁县委农村奔小康领导小组，下设办公室，为县委的临时工作机构，办公室设在政策研究室，增挂万宁县农村奔小康办公室牌子。1995年11月，机构改革，撤销县委政策研究室和县体制改革办公室，成立中共万宁县委农村经济发展研究中心，为正科级财政全额拨款事业单位，编制8人。1996年8月，撤县设市，更名为中共万宁市委农村经济发展研究中心。保留农村奔小康办公室牌子，与研究中心合署办公。

2001年，中共万宁市委农村经济发展研究中心，更名为中共万宁市委政策研究室，为正科级事业单位，重新定编6人。2010年，市委政策研究室内设办公室、调研股、信息股，人员编制不变。

第二节 农村奔小康工作

1993—2001年，共抽调县（市）机关、企事业单位干部8200多人，分18批（期）下乡村带领农民奔小康，派驻全县（市）202个村（居）委会，1636个自然村，1366个村民小组（生产队）。奔小康工作队下村任务归纳为“五找一提供”，即帮助农民找资金，找项目，找人才，找技术，找客户，提供经济信息。1993年，第一、第二批760名工作队下乡，帮助农民找到资金7914.32万元，开发项目468个，找能人198人、技术150项、客户432家，提供经济信息675条。同年年终统计，全县农民人均纯收入1038元，比1992年增长24%。至2001年，按国务院农村发展研究中心规定的农村小康生活水平16项标准，万宁市有14项达到小康水平。全市18个乡镇有15个基本达到小康，全市76303个农户，有63000个基本达到小康，全市小康权数分值为96.6分（全省为84分，全国为80分）。

第三节 政研工作

1991年以来，万宁市（县）政策研究室在市委领导下，单独或联合相关部门开展政策研究，起草政策性文件、市（县）委领导讲话稿、市（县）委年终总结等工作，开展经济社会发展重大课题调研，为市（县）委决策提供参考。1991年，政策研究室不定期编辑印发《调研简报》，刊登调研成果，1995年停刊，2001年又恢复《调研简报》的编辑。1993年，新增《奔小康简报》，主要介绍各地奔小康工作经验，宣传党的农村政策，指导农村开展精神文明建设和农村基层党组织建设。至2001年停刊，共编印800多期。

2001年开始，编辑《决策参考》，不定期出版。

在政研工作中，结合万宁发展实际，精心挑选课题，做深入细致的调研，撰写调研报告，为领导决策服务。2008年，联合万宁农调队和长丰镇委就农村经济和社会发展等课题进行调研。撰写《从人均收入的差距看劳动力素质的高低——我市农村住户人均纯收入情况调查》和《从提升槟榔产业促进增收——长丰镇槟榔产业发展情况的调查》等专题调研报告。2009年，调研撰写《让改革开放发展成果惠及困难群众——万宁市农村低保发放情况调查》《推广绩效管理带来乡村发展——山根镇村班子和村干部考核调查》和《返乡农民工就业问题不容忽视》等专题调研报告。2010年，针对群众关注的热点问题开展调研，撰写《挑战“教育信任危机”——我市大力发展教育事业的情况调查》《以制度管事、以制度管财——我市建立财政监督检查长效管理机制的情况调查》和《万宁市农村居民最低生活保障金发放情况的调查》等专题调研报告。这些调研成果，为市委、市政府决策提供参考，较好地发挥了调研成果为市委、市政府决策提供参考，政研为决策服务的功能。至2010年，共编印《调研简报》53期，《决策参考》26期。

第四节 政务报编辑工作

2003年，市委成立《万宁政务》报编辑部，编辑工作由市政策研究室负责，市政策研究室加挂《万宁政务》编辑部牌子。《万宁政务》广泛报道万宁市经济、政治、文化和社会事业各方面建设的新进展、新成就，宣传各行各业涌现出来的先进典型人物及好人好事。每年编辑出版《万宁政务》52期。至2010年，共编辑出版416期，充分发挥了市委喉舌作用。

第十章 党校工作

第一节 机构

1991年，中共万宁县委党校为事业单位，编制21人，内设办公室、教研室和教务室（函授站）。1996年，更名为中共万宁市委党校。2007年，万宁市委党校为参照公务员法管理的事业单位。2009年，撤销函授站。至2010年，内设机构为办公室、教研室、教务室，在职人员14人，其中教学与管理人员10人，其他人员4人。

第二节 在职学历教育

1991—1999年，万宁市（县）委党校共开设15个中央党校函授学院函授班次，其中大专班9个班次，本科班6个班次，毕业学员共609人。2000年秋季，万宁市委党校承办海南省委党校经济管理专业本科学历班1个，学制2年半，毕业82人。2001年春季，承办法律专业本科学历班1个，学制2年半毕业114人；秋季，承办经济管理专业本科学历班1个，学制2年半，毕业112人。2001年10月份，协同市委组织部、人事劳动局承办南京航空航天大学招收的在职研究生班1个，学员有40多人。

2002—2006年，承办中央党校函授学院函授班有8个班次，其中大专班3个，本科班5个，毕业学员共有253人。自2007年起，根据《中共中央党校工作条例》精神，全国各级党校停止在职学历教育函授招生。万宁市委党校停止在职学历教育函授招生工作。

2008年8月，万宁市委党校在干部教育培训中积极落实人口理论教育和科研工作任务，在函授班中开设“国策省情与人口理论教育”课程，加强函授班学员进行人口理论教育。

1991—2010年万宁市委党校开办中央党校函授学院函授班一览表

表11-6

年级	班次	专业	学制	毕业学员
1991级	大专班	经济管理	3年	37人
	本科班	政治	2年半	21人
1992级	大专班	经济管理	3年	19人
1993级	大专班	经济管理	3年	79人
	本科班	经济管理	2年半	42人
1994级	大专班	经济管理	3年	98人
	本科班	经济管理	2年半	66人
1995级	大专班	经济管理	3年	50人
	本科班	经济管理	2年半	45人
1996级	大专班	经济管理	3年	16人
1997级	大专班	经济管理	3年	33人
1998级	大专班	经济管理	3年	29人
1999级	本科班	行政管理	2年半	27人
	大专班	经济管理	3年	24人
	本科班	行政管理	2年半	23人
2002级	本科班	法律	2年半	16人
2003级	本科班	经济管理	2年半	31人
2004级	大专班	经济管理	3年	39人
2004级	本科班	经济管理	2年半	28人
2005级	大专班	经济管理	3年	40人
2005级	本科班	经济管理	2年半	32人
2006级	大专班	经济管理	3年	39人
2006级	本科班	法律	2年半	28人
人数合计				862人

第三节 党员培训

1991年，举办全县乡镇管区支部书记学习班，参加学习人数230多人；举办县机关副科级党员领导干部和乡镇副科级党员干部培训班4期，参加培训人员530多人；配合县纪委举办党员骨干学习班3期，参加学习培训人员400多人。1992年，配合县委组织部举办全县科局、乡镇党员领导干部培训班5期，参加培训人员780人；党校派出优秀教员到各国营农场、财贸、政法、银行、水电、公路和公安等系统，给党员上党课，讲解党的路线方针政策，参加人数共有1000多人。1993年，举办全县股级干部培训班3期，参加培训人数有500多人；举办乡镇管区支部书记学习培训班2期，参加人数200多人；举办全县科局乡镇正科级党员领导干部培训班，参加人数150多人。

1994年，举办全县市直机关、企事业副科级以上领导干部培训班3期，参加人数570多人；举办乡镇管区支部书记学习培训班2期，参加人数230多人；受公安局、烟草专卖局、邮电局等单位委托，党校派出教员对上述单位的党员进行理论知识学习培训，参加人数400多人。1995年，配合县委组织部举办县科局乡镇党员领导干部培训一期，参加人员150多人；举办全县各国营农场作业区、连队支部书记理论学习培训班，参加人员80多人；举办全县股级干部学习培训班4期，参加人数600多人；举办全县乡镇管区支部书记学习培训班2期，参加人数230多人。

1996年，举办副局级以上党员领导干部专题培训班，参加人数500多人；配合县纪委对党员进行专题理论培训，参加人数50多人；举办全县乡镇管区支部书记党性知识教育培训，参加人数230多人；对全县各国营农场作业区、连队党支书记进行党性知识教育培训，参加人数80多人。1997年，举办副科级以上干部政治理论培训班3期，参加人数1200多人次。1999年，举办村党支部书记培训班期，参加人数250人。

2001年，协同组织部、宣传部举办农村“三个代表”重要思想学习教育活动骨干培训班2期，参加培训学习的有500多人；协同组织部、宣传部举办市直机关、企事业单位骨干培训班2期和乡镇党员培训班18期，培训内容为学习江泽民“七一”重要讲话精神，参加学习人数分别为300多人和9000多人。同年10月，协同市委组织部、市妇联举办副股级以上妇女干部培训班1期，参加培训学习的有200多人。2004年，党校与市委组织部先后联合举办全市副科级以上领导干部培训班2期、全市优秀股级干部培训班1期、镇干部和村干部培训班4期，专题为《如何加强党的执政能力建设》，参加培训人员分别为350多人、60多人和600多人。2007年，党校与市直机关工委联合举办“入党积极分子专题培训班”和“市直机关单位支部书记培训班”，参加学习人数300多人；同年6—7月，与市委组织部联合举办“万宁市镇村干部教育培训班”“市正副科级干部培训班”和“优秀股级干部培训班”，共培训750人。

2010年，市党校与国土环境资源局、机关工委、市扶贫办、万城镇委等单位联合举办多期培训班，参加人数1300多人。配合组织部、宣传部、法制办、机关工委等单位举办村干部培训班和机关股级干部培训班8期，参训人数1400多人次。

第四节 教研成果

1996年，万宁党校教员祁一波撰写《切实抓好机关的反腐败斗争》一文，发表在《大特区党风》1996年11月总第46期。2003年，党校教员叶竞春撰写的论文《齐心塑造特区共产党的高大形象》入选全省第六次党建理论研讨会，同年论文被编入国家行政学院出版社出版的《中国二十一世纪发展优秀文库》。

2004年1月，中共万宁市委十届二次会议提出加强万宁人文环境建设，打造"信用万宁"奋斗目标，党校副校长叶竞春撰写论文《同心打造"信用万宁"》，刊登在2004年5月5日的《万宁政务》上。3月，党校教员祁一波与他人合著《中国通史》第二卷《中国近代史》上卷(黑龙江人民出版社出版)，共43万字；8月份，副校长叶竞春参加由省委宣传部、省委党校、省委党史研究室、省教育厅、省社会科学界联合会、省军区政治部联合举办的纪念邓小平100周年诞辰理论研讨会征文活动，撰写的论文《在全党全社会大兴"尊重知识、尊重人才"之风》，入选该次理论研讨会，并被评为优秀论文。

2005年，党校组织教员到机关、镇、企业、村委会进行社会调查，教员祁一波撰写的文章《从辉煌到解散——前苏联共产党丧失先进性的深刻教训》，发表在《海南师范学院学报》(2005年第1期)上。2007年，党校教员叶竞春、祁一波撰写的论文《干部教育培训要突出党的建设的主线》《学习贯彻十七大精神，促进万宁经济又好又快发展》入选海南省党校系统学习贯彻党的十七大精神理论研讨会，刊登在海南省向国内外公开发行的综合性刊物《新东方》(2007年第12期)上。党的十七大系统提出科学发展观理论后，党校组织教员下乡调研，教员祁一波撰写的论文《用科学发展观指导山区经济发展要做好三篇文章》，被编入国家行政学院出版社出版的《深入学习实践科学发展观大参考》一书；祁一波撰写的论文《关于新时期实现万宁市农民增收问题的思考》，被编入国家行政学院出版社出版的《实践科学发展观与党建工作创新》一书。

2008年8月，开展人口理论科研工作，党校教员蔡扬穆撰写的论文《关于党校开展人口理论教学和科研工作的思考》入选海南省委党校与海南省人口和计划生育委员会主办的"人口理论教学工作研讨会"；并把专题讲稿整理为论文《全面建设小康社会必须始终重视人口与计划生育》，被编入国家行政学院出版社出版的《中国改革开放三十年理论与实践》一书。为进一步贯彻人口理论教学和科研工作主题，2010年7月，教员祁一波撰写论文《万宁市农村纯女户超生原因分析及其对策》，被编入国家行政学院出版社出版的《深入贯彻落实科学发展观理论与实践》一书。

第十一章 老干部工作

第一节 万宁市(县)老干部局

一、机构

1991年,万宁县老干部局内设办公室、政治股、生活股,编制6人,下设万宁县老干部活动中心,股级建制。1995年11月,万宁县老干部局升格为副科级建制,为县委组织部内设机构。1996年8月,万宁撤县设市,万宁县老干部局更名为中共万宁市委老干部局。

2009年11月,升为正科级建制,下设办公室、政治股、生活股3个岗位。2010年9月,兴隆华侨农场归属万宁地方政府管理后,华侨农场的离休干部也相应归属万宁市老干部局管理,同年成立的万宁市老年大学归口于万宁市老干部局管理,至年底,内设机构、下设机构不变,行政编制7人,工勤1人。

二、主要工作

1991年,老干部局组织享受县(处)级以上离休干部在烈士陵园老干部之家阅文学习4次(一季度一次),参加学习的离休干部达121人次;组织参加万宁县委组织的重大报告会议一次,参加会议的离休干部代表30人;组织开展离休干部"二年一度"的免费健康检查1次,参加健康检查的离休干部170人;对10名因病去世的离休干部,老干部局派员上门送花圈吊唁。

1994年,组织享受县处级待遇的离休干部集中在烈士陵园老干部之家阅文学习4次,参加学习的离休干部120人次;组织享受县(处)级以上待遇的离休干部参加万宁县委通报会2次,参加人数60人次;11月中旬,组织离休干部开展免费健康检查1次,参加检查的离休干部169人;对8名去世的离休干部,老干部局派员送花圈吊唁。1997年,组织离休干部到省外参观考察2次,参加的离休干部100人次;组织参加万宁市委召开通报会1次,参加通报会的离休干部代表20人;对9名去世的离休干部,老干部局派员送花圈吊唁。

2001年,组织享受县(处)以上待遇的离休干部在老干部活动中心图书室阅文学习4次(一季度一次),参加阅文学习的离休干部120人次;组织到兴隆旅游区参观考察1次,参加考察的老干部120人;参加万宁市委、万宁市政府召开的通报会2次,组织参加通报会的老干部代表40人次;春节前夕,召开老干部春节迎春座谈会1次,参加座谈会的享受县(处)级老干部代表80人;春节期间,安排走访慰问一般老干部138人,对走访慰问的老干部分别送上慰问信、慰问金与慰问品;至年底,组织老干部(包括原任万宁市(县)四套班子的退休老领导)开展"二年一度"的免费健康检查,参加检查的老干部162人;对10名去世的离休干部,老干部局派员送花圈吊唁。

2004年,组织享受县处级待遇的离休干部集中在万宁市老干部活动中心三楼图书室阅文学习12次(即每月1次),参加阅文学习的老干部240人次;组织到海口、三亚等外市县参观考察1次,参加考察的老干部120人;组织参加万宁市委召开的重大通报会2次,组织老干部参加通报会的代表60人次;春节前夕,召开老干部迎春座谈会1次,参加座谈的老干部(包括原任市(县)四套班子退休老领导)80人;春节期间,老干部局组织走访慰问一般老干部118人,对走访慰问的离休干部均分别送上慰问品、慰问金、慰问信;11月中旬,组织离休干部免费健康检查1次,参加检查的老干部142人;对7名去世的离休干部,老干部局派员送上花圈吊唁。

2007年,组织离休干部集中在万宁市老干部活动中心图书室阅文学习12次(每月1次),参加阅文学习的离休干部240人次,组织到万宁市级文明示范点参观1次,兴隆旅游区参观考察1次,参加参观的离休干部达168人次;组织享受县(处)级以上的老干部代表40人次参加万宁市召开的通报会2次;12月中旬,组织老干部在万宁市活动中心三楼开展免费健康检查1次,参加检查的老干部140人;中秋节期间,对享受一般待遇离休干部126人,老干部局负责分别送上中秋月饼;春节前夕,召开老干部迎春座谈会,参加座谈会的享受县处级与科级老干部80人;配合万宁市委、市政府领导走访慰问享受县(处)级以上离休干部41人、享受一般股级干部的离休干部107人;对去世的11名离休干部,老干部局派员到家中送上花圈吊唁。

2010年,组织享受县(处)以上离休干部在万宁市老干部活动中心三楼图书阅览室阅文学习12次(即每月1次),参加阅文学习的离休干部120人次;组织老干部到兴隆、石梅湾、神州半岛、琼海市博鳌参观考察2次,参加的老干部180人次;组织参加万宁市委召开的通报会2次,参加通报会的老干部40人次;中秋节期间,对享受一般股级、科级的离休干部,由老干部局负责分别送上中秋月饼;春节前夕,万宁市委召开老干部春节座谈会,参加座谈的老干部80人,老干部局组织走访、慰问股级、科级离休干部124人,并送上慰问品、慰问金慰问信;12月中旬,特聘海南省干部疗养院的专家到万宁老干部活动中心三楼,开展健康检查,参加检查的老干部110人,对检查出老干部所患的各种疾病,分别采取相应治疗措施开展治疗,直至康复为止;同年,对去世的9名离休干部,老干部局派员送去花圈吊唁。

第二节 万宁老干部活动中心

一、机构

于1990年8月成立，为老干部局下属的财政全额拨款的股级事业单位，其主要工作任务及职责为老干部提供文体活动场所和服务，承办上级主管部门交办的其他工作。原地址在万城红专中街，烈士陵园南面，三层矮楼结构，面积达300平方米。1991年，设置主任1名，管理人员5名。1995年5月，县政府拨出专款200万元将旧址拆除后在原地扩建起七层大楼，总面积4500平方米。1997年10月，老干部活动中心大楼落成，还在东侧建起市老干部局干部职工宿舍，四层楼面积920平方米，其中第三层楼为老干部活动中心，其余楼层外租；活动中心设有办公室、图书阅览室、老干部活动场所。1996年，老干部活动中心有管理工人编制20名。2010年1月，市政府拨出专项经费80万元，在活动中心大楼的北边，利用烈士陵园东侧建起门球、地掷球馆，面积1300平方米。

二、主要工作

1991年，组织老干部每天晚上在万宁烈士陵园老干部之家开展地掷球、门球活动，参加活动的老干部2400人次。1994年，组织老干部在原烈士陵园老干部之家下棋、太极剑等活动12次，参加活动的离休干部240人次。1997年，组织老干部在新建老干部活动中心大楼三楼开展乒乓球、太极拳剑、象棋等活动20次，参加活动的老干部1000人次。2001年，在老干部活动中心三楼，打乒乓球、太极拳剑、象棋48次，参加活动的老干部280人次。2004年，组织在老干部活动中心三楼，开展太极拳剑、象棋活动48次，参加活动的老干部300人次；在万宁烈士陵园坚持每天早晚开展地掷球、门球活动，参加活动的老干部每次不少于20人。2007年，在老干部活动中心三楼，开展太极拳剑、乒乓球等活动，参加活动的老干部320人次。2010年，在活动中心3楼开展象棋、乒乓球等活动，每天参加活动场40人，全年参加活动达720人次；开展地掷球、门球活动，坚持每天早晚各1次，每天参加活动老年人60人。

第三节 万宁市老年体育协会

1984年10月万宁县老年人体育协会建立，由原县人大常委会副主任林昌儒任主席，1990年5月由离休干部陈任平任主席，马命军、章圣华、王伍、欧方强任副主席。2003年9月换届，由离休干部马命军任万宁市老年体育协会主席，王伍、陈任平、钟标文、章圣华、欧方强任副主席，欧方强兼秘书长。2008年3月举行代表大会，选举产生第一届班子，李开政当选主席（原万宁市人大常委会副主任），吴名雄、钟福雄（兼职）、欧方强当选为副主席，欧方强兼秘书长。

市老体协下设12个工作委员会(简称工委)和1个琼剧团，即太极拳(剑)，健身气功，健身球操，广场舞，柔力球，门球，地掷球，乒乓球，羽毛球，保健操，中国象棋，钓鱼工作委员会，夕阳红琼剧团。

全市建立党委的15个机关单位以及12个镇207个村委会（社区）全部成立了老年体育协会或老年体育工作领导小组。2010年全市上下有老体协组织235个，领导成员1343人(男1149人，女194人，在职的486人，退休的857人)，建立和完善全市老年人体育协会网络，做到有组织有领导地组织全市6万多老年人开展体育健身活动。

老年体育活动的骨干“四员”全覆盖：各项目的教练员432人，裁判员86人，指导员388人，辅导员412人。全市经常参加体育活动的老年体育团队有1899个，人数约5.5万人。其中：市级115个，人数1250人，镇(区)级393个，人数4860人，社区、村级1391个，人数17730人。全市老年人体育活动已经进村入户，早晚到处看到老年人体育活动的身影。

第四节 万宁市关心下一代工作委员会

1993年6月，万宁县关心下一代工作委员会成立。1996年8月撤县设市，更名为万宁市关心下代工作委员会(简称万宁市关工委)，下设办公室，挂靠市委老干局，属群众性工作组织，主要由离退休干部、教师、科技工作者等人员组成。设主任1人，常务副主任3人，副主任9人，秘书长1人，副秘书长1人，办公室主任1人(办公室主任由老干部局干部担任)。关工委下面成立爱国主义教育团、法制教育团、关爱团、家庭教育团、科技教育团和一个理论研究小组。

至2010年，全市共健全关工组织268个。其中，市级2个，镇级12个，村(居)委会207个，学校36个。参加关工组织的“五老”(老党员、老专家、老教师、老战士、老模范)798人，其中镇一级的“五老”有240人。关工小组成员999人，其中现职523人，“五老”476人。全市有中学、小学、中心学校252所，成立关工组织的有227所，有798名老教师参加关工组织。

关工委以关心下一代工作为己任，开展爱国主义教育和各种科普活动，培养下一代爱国、爱人民、爱科学的情操。在“七一”、清明节等节日，组织青少年学生到烈士陵园开展扫墓、缅怀革命先烈活动。清明节，关工委在团市委、市教育局的配合下，组织万宁中学大同中学、民族中学、万城小学等15所中小学校师生，分别到万宁市烈士陵园、盐涛和港纪念碑、乐来解放海南烈士纪念碑开展“清明祭英灵”、缅怀革命烈士活动。2010年5月，组织7个巡回报告团，分别到全市23所中学开展巡回报告活动，接受宣传教育的师生1万多人。

2008年，市关工委对山根镇农村学校开展“助学奖学”活动情况进行调研，向市委提出在山根镇召开“助学奖学”活动现场会的建议，现场会共筹善款40余万元，资助贫困生40多名，资助金额5万余元；奖励优秀教师80余人，优秀学生162人，大学新生50多人，奖励金额达16.7万元。

此后，在全市各镇推广山根经验，各镇、村纷纷成立“助学联席会议”，向社会筹措资金。资助贫困学子完成学业，全市助学奖学蔚然成风。

2009年5月，市关工委和市科技与信息产业局、教育局共同组织万宁中学、万宁第三中学、市职业学校学生，到兴隆中国热带农业学院香料饮料研究所，兴隆热带植物园、中国医学科学院药用植物研究所海南分所原生态南药园、海南省南药资源开发与保护重点实验室、海南南药科技馆与科研院所开展热作，南药科普知识教育，受到学生的欢迎。2010年5月，配合科技信息产业局等单位在后安镇举办“5·12“防灾减灾大型图片展，并在万城主要街道设立宣传点，进行地震知识科普宣传。

第五节 万宁市老年大学

2010年5月，市委常委会议讨论决定创办万宁市老年大学，并批准成立市老年大学的领导机构。副市长赵薇担任名誉校长，退休老干部、市人大常委会原主任陈金云担任校长，退休老干部、市人大常委会原副主任林儒秀，退休老干部、市人大常委会原副主任李开政，退休干部、市委政策研究室原主任陈坚，退休干部、万宁中学原副校长王天琦等4人担任副校长，陈坚兼任办公室主任。市老年大学是由市委批准、市政府主办、市委老干部局主管的老年人非学历教育机构。老年大学的工作经费纳入财政预算，老年大学基础设施建设纳入国民经济发展规划。市老年大学校址定于原市师范进修学校；同年决定开设文学创作班、书画创作班，音乐班、舞蹈班和琼剧班。第一期招收老年学员110人。

第六节 万宁市老年书画研究会

1991年10月成立。第一届（1991年1月至1994年2月）陈平波任会长，殷勤轩任秘书长。第二届（1994年3月至1997年5月）殷勤轩任会长，罗廷良任秘书长。第三届（1997年6月至2000年12月）陈明星任会长，罗廷良任秘书长。第四届（2001年1月至2010年7月）何子东任会长，陈俊民任秘书长。第五届（2010年8月— ）肖光东任会长，李光胜任秘书长。

万宁老年书画研究会没有固定办公室，历届都以会长的个人住房作为临时办公室，以老有所学、老有所为、老有所乐为宗旨，组织老年人、老干部研究书画创作，积极投稿，出版老年人诗书画作品。经费来源，按各时期的需要，向社会寻求赞助或由财政支持部分经费。

1991年，老年书画研究会组织采风，撰写诗歌6篇、散文8篇。1995年，组织老年人书画展28幅，展出一期。1999年，组织老年人开展书画展，展出作品60幅，13位老人踊跃投稿。2002—2008年，由于班子成员年老多病，没有按时换届与开展活动，研究会有名无实。2010年12月底，重新恢复老年书画研究会，并选出万宁老年书画研究会领导成员。

第十二章 机关工委工作

第一节 机 构

1991年,中共万宁县委机关工作委员会和中共万宁县政府机关工作委员会设书记1人,副书记2人,编制各5人。1995年11月,中共万宁县委机关工作委员会、中共万宁县政府机关工作委员会、驻万宁企事业工作委员会合并,更名为中共万宁县直属机关与企事业工作委员会,为市委派出机构,正科级建制;设书记1人,副书记2人,编制 10人,内设组织纪检、宣传调研、办公室3个岗位。

2001年,中共万宁县直属机关与企事业工作委员会更名为中共万宁市直属单位工作委员会,内设岗位3个,编制7人。2002年4月,设立驻万宁单位党委、企业党委,挂靠市直属单位工委;驻万单位党委负责管理农垦驻万宁办事处等省驻万单位23个党组织;驻万宁企业党委负责管理市物资总公司等企业的79个党组织。至2010年,内设机构、人员编制未变。

第二节 党性党风教育

1991年,组织党员干部开展学习党内法规、学习十大标兵活动,以十大标兵为榜样做好本职工作。 1995年,组织开展党员干部学习党章和邓小平理论活动,结合“三讲”(讲学习、讲政治、讲正气)的党性党风教育,教育党员增强党性,做新时期合格的党员。

2000年,抓好机关党的思想建设。针对“三讲”教育中群众对机关提出的突出问题,组织机关各级党组织和各单位认真开展“五个查摆”活动,即查摆理想信念是否坚定;查摆各项规章制度是否健全落实;查摆对上级指示决定执行是否坚决,政令是否畅通;查摆是否牢记党的宗旨,为基层服务、为群众服务做得怎么样;查摆是否做到清正廉洁、一身正气。组织机关党员、干部认真学习“三个代表”重要思想。同年,做好发展党员工作,举办入党积极分子培训班,对250名入党积极分子进行为期3天的培训。

2005年,结合开展共产党员先进性教育活动,围绕提高党员素质的目标要求,开展形式多样学教活动。同年，在调研的基础上，起草《万宁市直属单位开展劳动纪律整顿和办公环境整治活动的方案》和《万宁市劳动纪律量化考核评分暂行办法》，报市委、市政府同意后执行。为严明机关纪律，工委组织领导小组成员市委办等8个单位，对市直机关65个副科级以上单位开展经常性的上下班工作纪律检查，做到每月检查2次，通报一次。同年，做好下乡驻点“三农”工作、募捐救灾活动；“达维”台风肆虐万宁后，组织市直机关党员干部职工参加救灾募捐活动，在2个月时间内，募捐53万元支持灾区。

2008年8月，举办两新企业组织党支部书记培训班，学习党务工作规范化管理等知识。在机关党组织中开展“营造投资环境，抓住机遇”的大讨论，引导党员干部转变观念，转变作风。组织机关党员学习十七大报告和修改后的《党章》，把政治理论学习与工作结合起来，促进工作任务的完成。2009年，加强理论学习，在机关党组织中开展“解放思想，提高执行力”大讨论，在机关党组织推进“一把手讲党课”工作，发挥“一把手”示范带动作用，促进广大党员干部共同学习、共同进步。组织学习《党章》《纪律处分条例》等党纪法规，提高机关党员干部廉洁自律意识。

2010年，坚持“三会一课”制度，对党员进行再教育，通过上党课，对党员进行党的基本理论、基本知识教育，使党员加强党性修养，坚定对党的信念。同年，定期或不定期督查、指导基层党组织的活动，检查落实“三会一课”制度的执行情况，及时帮助，分析问题，并围绕党员干部思想实际，有针对性地开展教育与管理，督查、指导率达到80%以上。同年8月，召开了市直机关党建工作会议。直属各总支、支部书记，机关工委各委员共计110人参加会议。会上，通报和部署2010年市直机关党建工作。同年，开展“非公先锋”“党员先锋岗”等活动，增强党组织的凝聚力和影响力。

第三节 基层党组织建设

1991年，督促任期届满的机关总支、支部按时换届选举58个次，发展党员52人。开展“创先争优”活动，表彰先进党（总）支部6个次，优秀党（总）支书记5人次，优秀共产党员4人次。1995年，督促任期届满的机关总支、支部按时换届选举70个次。同年，发展党员48人。2000年，督促任期届满的机关总支、支部按时换届选举62个次。同年，发展党员74人。2005年，督促任期届满的机关支部按时换届选举69个次，企业支部4个次，驻万宁单位党支部22个次。同时，抓好非公有制企业党组织建设，在调研的基础上帮助具备条件的非公有制企业——芙蓉大酒店建立了党支部。做好发展党员工作，举办入党积极分子培训班2期，对500多名申请入党积极分子进行为期3天的培训，发展党员140名，其中企业党组织20名，高中学生（重点在万宁中学）50名。

2010年，及时调整基层党组织的设置，合并新设立基层党组织2个，党组织按时换届70个，及时增补总支（支部）委员130余人。同年4月14—17日，举办市直机关二期入党积极分子培训班，对市直机关、企事业单位，省驻万宁单位党组织确定选送的403名申请入党对象进行为期1周的培训。全年共发展新党员42名，其中大中专文化程度34名；高中文化8名；25岁以下7名；26～35岁20名；36～40岁15名，审批预备党员转正28名。

第十二编　政权 政协

第一章 地方人民代表大会

第一节 人大代表选举

一、万宁县第九届人民代表大会换届选举

万宁县第九届人民代表大会换届选举工作从1990年2月开始，4月选举产生县、乡镇两级人大代表，5月举行新一届人民代表大会第一次会议，顺利完成县、乡镇两级人大换届选举工作。全县选民28.13万人，参加选举的25.71万人，参选率91.4%；全县有17.72万选民参加酝酿提名代表候选人，占选民数的63%，提出县人大代表初步候选人836人，是应选代表数的3.14倍；提出乡镇人大代表初步候选人1471人，是应选代表数的1.6倍。

全县共选出县人大代表266名，乡（镇）人大代表910名。县人大代表中，中专（高中）以上文化程度的有233人，占县人大代表总数的87.6%，比上届增加10%；乡镇人大代表中，中专（高中）以上文化程度的有708人，占乡镇人大代表总数的77.8%，比上届增加8.4%；县乡镇人大代表中，55岁以下的分别占88.3%和90.3%，比上届分别增加4.5%和7%。

在选举产生的12名县人大常委会组成人员中，具有中专（高中）以上文化程度的占76.9%，比上届增加42.9%，其中大专文化程度的占61.5%；35岁以下的占15.4%，比上届增加100%；36～55岁的占30.8%，比上届增加54.5%；人大常委会组成人员平均年龄为48.2岁，比上届降低3.4岁。在当选的4名县人大常委会正、副主任中，中专（高中）以上文化程度的占75%，比上届增加100%，其中大专文化程度的占75%；正、副主任平均年龄为54.5岁，比上届降低1.3岁。在当选的正、副县长5人中，中专（高中）以上文化程度占100%，比上届提高17%，其中大专文化程度的占80%。正、副县长55岁以下的占100%，比上届提高17%。平均年龄为45岁，比上届降低6.3岁。

二、万宁县第十届人民代表大会换届选举

万宁县（市）第十届人民代表大会换届选举工作从1992年11月中旬开始，至1993年2月下旬选举产生了县、乡（镇）两级人大代表。1993年4月10日前，县、乡（镇）都先后召开了新一届人大一次会议，顺利完成县、乡镇两级人大换届选举工作。

全县选民29.18万人，参加选举的27.83万人，参选率为95.37%，港北镇第一选区英文选民小组有选民946人，参加投票选举的有946名选民，参选率100%。

全县共选出县人大代表293名，乡镇人大代表1003名。县人大代表中，大专以上文化程度的有86人，占代表总数的29.4%，比上届增加6.8%；乡镇人大代表中，大专以上文化程度的有103人，占代表总数的10.3%，比上届增加2.5%；代表的群众结构有所改善。县人大代表，55岁以下有271人，占代表总数的92.4%，比上届增加4.1%；乡镇代表中，55岁以下的有950人，占代表总数的94.7%，比上届增加4.4%。非党代表44人，占15.07%，比上届的6%提高了9.07%，妇女代表46人，占15.75%，比上届的9%提高了6.75%。工农代表153名，占52.4%，比上届的47.3%提高35.1%。

在当选的15名县人大常委会组成人员中，36～55岁的占61.5%，比上届增加30.7%；正、副主任平均年龄为51岁，比上届降低3.4岁；在当选的7名正、副县长中，大专以上文化程度的占100%，比上届提高了20%；正、副县长55岁以下的占100%，与上届基本相同，平均年龄44岁，比上届降低1岁。

三、万宁市第十一届人民代表大会换届选举

万宁市第十一届人民代表大会换届选举工作，从1998年2月开始至3月底结束。全市选民31.58万人，参加选举的有30.72万人，参选率97.3%，比上届选举参选率95.4%提高1.9%。和乐镇等10个乡镇参选率达99%～100%；有龙滚镇等6个镇参选率达98%～99%。

全市134个选区，选出市人大代表237名，其中：中共党员代表222人，占93.7%；干部代表136人，占57.4%；妇女代表22人，占9.3%；非党代表12人，占5.1%；农民代表76人，占32.1%；少数民族代表28人，占11.8%；还有解放军、归侨等方面的代表。代表的知识结构明显改善，在237名市人大代表中，大专以上文化程度的有130人，占代表总数的58.2%；比上届的29.4%增加了28.8%。代表的年龄结构有所下降，各行各业的代表分布趋于合理。

在当选的19名市人大常委会组成人员中，30～55岁的占92.9%，比上届的61.5%增加31.4%；大专以上文化程度的占92.9%；5名主任、副主任中，大专以上文化程度的占100%，与上届相同，其中研究生1名。在当选的7名正、副市长中，55岁以下的占100%，平均年龄44岁，与上届相同，其中35岁的1名。

四、万宁市第十二届人民代表大会换届选举

万宁市第十二届人民代表大会换届选举工作从2002年9月开始，至2003年2月12日选举产生了万宁市第十二届人民代表大会代表236名，2003年4月举行第十二届人民代表大会第一次会议。

全市选民35.27万人，参加选举的有34.15万人，参选率96.8%。选举产生的236名代表中，其中干部代表158人、农民和职工代表78人；男性代表215人、女性代表21人；农民企业家代表8人，党员代表221人，民主党派、无党派人士代表15人，少数民族代表30人，上届连任代表54人。

在当选的19名市人大常委会组成人员中，56岁以上1人，占5%，30～55岁的18人，占95%；比上届提高32.1%；大专以上文化程度的代表占100%，与上届相同。在当选的6名市政府市长、副市长中，35岁以下的1人，占16.6%，35～55岁的5人，占83.4%，平均年龄为43.7岁，比上届降低0.3岁。大专以上文化程度为100%。

五、万宁市第十三届人民代表大会换届选举

万宁市第十三届人民代表大会换届选举工作自2006年7月开始，2006年12月12日选举产生市十三届人大代表234名，2007年1月28—30日召开第十三届人民代表大会第一次会议。全市选民36.50万人，参加选举的35万人，参选率96.1%，选民和参加选举的人数都比上届有所增加。

全市选出的市人大代表234名，其中：55岁以上的有24人，占代表总数的10.3%，36～54岁有192人，占代表总数的82.1%，35岁以下有18人，占代表总数的7.6%；高中（中专）文化程度的114人，占代表总数的48.7%，大专以上文化程度的120人，占代表总数的51.3%；农民、职工代表88人，占代表总数的37.6%，干部代表146人，占代表总数的62.4%；中共党员代表223人，占代表总数的95.3%，非党代表11人，占代表总数的4.7%，汉族代表206人，占代表总数88%，少数民族代表28人，占代表总数的12%；男性代表212人，占代表总数的90.6%。

在当选的25名市人大常委会组成人员中，具有大专以上文化程度的占100%，在当选的7名正、副市长中，具有大专以上文化程度的占100%，其中，3名副市长为在职研究生、硕士；在25名市人大常委会组成人员中，55岁以上的1人，占4%，35～55岁的23人，占92%，35岁以下的1人，占4%；在市人大常委会组成人员25名中，非党人士2人，占8%，在正、副市长中，非党人士1人，占14.3%。

第二节 人民代表大会

一、万宁县第九届人民代表大会

（一）第一次代表大会

1990年4月28—30日在万城举行，会议情况记载在第一轮《万宁县志》。

（二）第二次代表大会

1991年4月22—24日在万城举行。到会代表263名，列席人员178名。大会听取和审议关于万宁县国民经济和社会发展十年规划和第八个五年计划纲要的报告、第九届人大常委会工作报告、人

民法院工作报告、人民检察院工作报告；审查和批准万宁县国民经济和社会发展十年规划和第八个五年计划纲要、1990年国民经济与社会发展计划执行情况和1991年计划草案的报告、1990年财政决算和1991年财政预算草案的报告；通过关于万宁县国民经济和社会发展十年规划和"八五"计划纲要及关于《纲要》报告等6个报告的决议；补选许寿年为第九届人民代表大会常务委员会主任、蒋伯学为第九届人民代表大会常务委员会委员、林儒秀为人民政府副县长。

（三）第三次代表大会

1992年5月18—20日，在万城举行。到会代表266名，列席人员143名。大会听取省人代会六次会议精神的传达报告、万宁县人民政府工作报告、人大常委会工作报告、人民法院工作报告、人民检察院工作报告；审查和批准万宁县1991年国民经济与社会发展计划执行情况和1992年计划草案的报告、1991年财政决算和1992年财政预算草案的报告；通过万宁县人民政府工作报告等6个报告的决议；学习《中华人民共和国全国人民代表大会和地方各级人民代表大会代表法》。

（四）第四次代表大会

1992年11月30日，在万城举行。到会代表212名。大会选举万宁县出席海南省第一届人民代表大会代表。选出了出席省一届人大代表21名（含省推荐的5名）：韦泽芳、邓发、陈善增、林风生、夏仲勋、林玉权、许寿年、黄有福、李仕昌、王立勇、黄炳松、苏启忠、翁宏平、李文安、王辉光、朱光清、陈吴华、林玉兰、翁振清、夏壮雄、谭翠亨。

二、万宁县第十届人民代表大会

（一）第一次代表大会

1993年3月8—11日，在万城举行。到会代表293名，列席人员178名。大会听取省一届人大一次会议精神的传达报告、万宁县人民政府工作报告、第九届人大常委会工作报告、人民法院工作报告、人民检察院工作报告；审查和批准1992年国民经济和社会发展计划执行情况与1993年国民经济社会发展计划草案的报告、1992年财政预算执行情况和1993年财政预算草案的报告；选举产生万宁县第十届人民代表大会常务委员会组成人员、县长、副县长、人民法院院长、人民检察院检察长；通过关于万宁县人民政府工作报告等6个报告的决议。

会议以无记名投票方式，选举许寿年为万宁县第十届人民代表大会常务委员会主任，黄有福、苏德楠、李开政、陈美华为副主任，选举刘武、刘胜雄、吴金容、陈国材、陈国定、柳兴荣、钱才敏、蒋伯学为委员；选举林玉权为万宁县第十届人民政府县长，谭进川、林儒秀、蒋应雄、王立勇、林礼深、莫翠岗为副县长；选举翁育飞为万宁县人民法院院长；选举林荣为万宁县人民检察院检察长。

（二）第二次代表大会

1994年3月15—18日，在万城举行。到会代表287名，列席人员162名。大会听取和审议县政府工作报告、人大常委会工作报告、人民法院工作报告、人民检察院工作报告；审查批准1993年国民经济和社会发展计划执行情况与1994年国民经济和社会发展计划草案的报告、1993年财政预算执行情况和1994年财政预算草案的报告；会议补选方光荣、王辉光、翁宏平、谢绪民为万宁县第十届人大常委会委员；表决通过《政府工作报告的决议》等6个报告的决议。

(三)第三次代表大会

1995年3月8—10日,在万城举行。到会代表284名,列席人员166名。大会听取和审议县政府工作报告、1994年国民经济和社会发展计划执行情况与1995年国民经济和社会发展计划草案的报告、人大常委会工作报告、人民法院工作报告、人民检察院工作报告;审查和批准1994年财政预算执行情况和1995年财政预算草案的报告;表决通过政府工作报告等6个报告的决议。

(四)第四次代表大会

1996年3月11—14日,在万城举行。到会代表282名,列席人员163名。大会听取和审议县政府工作报告;审查和批准1995年国民经济和社会发展计划执行情况与1996年国民经济和社会发展计划草案的报告、审查和批准1995年财政预算执行情况和1996年财政预算草案的报告、批准1996年国民经济和社会发展计划、批准1995年财政预算执行情况与1996年财政预算、国民经济和社会发展"九五"计划和2010年远景目标纲要(书面);补选杨应文为第十届人大常委会委员、补选周传琼为万宁县人民检察院检察长,会议做出《关于接受林荣辞去万宁县人民检察院检察长职务的请求的决定》;会议表决通过《关于万宁县国民经济和社会发展"九五"计划和二〇一〇年远景目标纲要的决议》及《政府工作报告的决议》等7个决议,批准万宁县国民经济和社会发展"九五"计划和2010年远景目标纲要。

(五)第五次代表大会

1997年3月3—6日,在万城举行。到会代表277名,列席人员186名。大会听取和审议政府工作报告、1996年国民经济和社会发展计划执行情况与1997年国民经济和社会发展计划草案的报告、1996年地方财政决算和1997年财政预算草案的报告、人大常委会工作报告、人民法院工作报告、人民检察院工作报告;审查和批准1996年国民经济和社会发展计划执行情况与1997年国民经济和社会发展计划、1996年财政预算执行情况和1997年财政预算草案的报告、1996年财政预算执行情况与1997年财政预算;会议表决通过了政府工作报告等6个报告的决议。

三、万宁市第十一届人民代表大会

(一)第一次代表大会

1998年3月18—20日,在万城举行。到会代表237名,列席人员158名。大会听取和审议市政府工作报告、1997年国民经济和社会发展计划执行情况与1998年国民经济和社会发展计划草案的报告、1997年地方财政决算和1998年财政预算草案的报告、人大常委会工作报告、人民法院工作报告、人民检察院工作报告;审查和批准万宁市1997年国民经济和社会发展计划执行情况与1998年国民经济和社会发展计划、1997年地方财政决算和1998年财政预算、调整万宁市国民经济和社会发展"九五"计划主要经济指标草案的报告;会议通过了《关于万宁市人民政府工作报告的决议》等6个决议。会议选举产生万宁市第十一届人大常委会组成人员,市长、副市长、人民法院院长、人民检察院检察长。

会议选举陈金云为人大常委会主任,黄有福、李开政、林儒秀、王立勇为副主任,刘运智、陈章发、王朝介、陈施展、陈晗、翁宏平、赖云飞、文北贵、吴光海、林红锋、温玉珍、欧阳荣、张福春、曾庆强为委员；选举宋建海为市长，林礼深、莫翠岗、易仁生、何君才、杨树岷、叶宁为副市长；选举卓云为万宁市人民法院院长、周传琼为万宁市人民检察院检察长。会议选举张德春、肖若海、林玉权、陈育明、宋建海、陈金云、陈晗、黄有福、黄炳松、黄清雄、符忠英、林天学、陈美华、陈列亚、李文安、王立勇、王万吉、林进雄、冯驹、许和新、余细妹为万宁市出席省第二届人大会代表。

（二）第二次代表大会

1999年3月8—11日，在万城举行。到会代表236名，列席人员102名。大会听取和审议市人民政府工作报告、1998年国民经济和社会发展计划执行情况与1999年国民经济和社会发展计划草案的报告、1998年万宁市和市本级预算执行情况及1999年万宁市和市本级预算草案的报告、人大常委会工作报告、人民法院工作报告、人民检察院工作报告；审查和批准1998年国民经济和社会发展计划执行情况报告与1999年国民经济和社会发展计划、1998年市本级预算执行情况的报告及1999年市本级预算。大会表决通过关于政府工作报告的决议等6个决议。

（三）第三次代表大会

2000年3月21—24日，在万城举行。到会代表234名，列席人员112名。大会听取和审议市政府工作报告、审查批准1998年预算执行情况报告和1999年国民经济和社会发展计划执行情况与2000年国民经济和社会发展计划草案的报告、1999年万宁市和市本级预算执行情况及2000年万宁市和市本级预算草案的报告、人大常委会工作报告、人民法院工作报告、人民检察院工作报告；审查、批准万宁市1999年国民经济和社会发展计划执行情况的报告与万宁市2000年国民经济和社会发展计划、1999年万宁市和市本级预算；会议通过《关于万宁市人民政府工作报告的决议》等6个决议。会议补选张志平为万宁市人民政府市长、王时启为万宁市人民检察院检察长。

（四）第四次代表大会

2001年3月28—31日，在万城举行。到会代表227名，列席人员110名。大会听取和审议市政府关于万宁市国民经济和社会发展“十五”计划纲要的报告、2000年国民经济和社会发展计划执行情况与2001年国民经济和社会发展计划草案的报告、2000年万宁市和市本级预算执行情况及2001年万宁市和市本级预算草案的报告、人大常委会工作报告、人民法院工作报告、人民检察院工作报告；审查、批准万宁市国民经济和社会发展“十五”计划纲要、2000年国民经济和社会发展计划执行情况的报告与万宁市2001年国民经济和社会发展计划、2000年万宁市和市本级预算执行情况的报告及2001年万宁市和市本级预算；会议通过《关于万宁市国民经济和社会发展“十五”计划纲要的报告的决议》等6个决议。会议补选冯清连为第十一届人大常委会委员。

（五）第五次代表大会

2002年3月19—22日，在万城举行。到会代表223名，列席人员141名。大会听取和审议市政府工作报告、2001年国民经济和社会发展计划执行情况与2002年国民经济和社会发展计划草案的报告、2001年万宁市和市本级预算执行情况及2002年万宁市和市本级预算草案的报告、人大常委会工作报告、人民法院工作报告、人民检察院工作报告；审查和批准万宁市2001年国民经济和社会发展计划执行情况的报告与万宁市2002年国民经济和社会发展计划、2001年万宁市和市本级预算执行情况的报告及2002年万宁市和市本级预算；会议通过了《关于万宁市人民政府工作报告的决议》等6个决议。

大会选举秦醒民、夏恩恕、白在林、王绥雄、何云霞、杨宜生、丁尚清、张志平、陈金云、范高净、欧德荣、黄有福、李家淦、黄炳松、林天学、林青、崔天星、许和新、蒋玉美、曾良为海南省第三届人民代表大会代表。

四、万宁市第十二届人民代表大会

(一)第一次代表大会

2003年4月26—29日,在万城举行。到会代表234名,列席人员128名。大会听取和审议政府工作报告、2002年国民经济和社会发展计划执行情况与2003年国民经济和社会发展计划草案的报告、2002年万宁市和市本级预算执行情况及2003年万宁市和市本级预算草案报告、人大常委会工作报告、人民法院工作报告、人民检察院工作报告;审查和批准万宁市2002年国民经济和社会发展计划、2003年万宁市和市本级预算;会议通过了《关于万宁市人民政府工作报告的决议》等6个决议。会议选举产生万宁市第十二届人大常委会组成人员,市长、副市长、法院院长、检察院检察长。陈金云为人大常委会主任,林儒秀、吴淑香、岑少霞、陈晗为副主任,卢家端、史培育、许春养、纪作云、李曼、李光雄、张福春、陈业秀、欧阳顺、卓祥博、周国光、蒋亚和、曾良、谢绪民为委员;张志平为市长,杨树岷、何君才、章华忠、李家淦、何一文为副市长;李彪为人民法院院长;王时启为人民检察院检察长。

(二)第二次代表大会

2004年2月20—22日,在万城举行。到会代表234名,列席人员126名。大会听取和审议政府工作报告、2003年国民经济和社会发展计划执行情况与2004年国民经济和社会发展计划草案报告、2003年万宁市和市本级执行情况及2004年万宁市和市本级预算草案报告、人大常委会工作报告、人民法院工作报告、人民检察院工作报告;审查、批准2003年国民经济和社会发展计划执行情况的报告及2004年国民经济和社会发展计划、2003年万宁市和市本级预算执行情况的报告及2004年万宁市和市本级预算草案;会议表决通过了《政府工作报告的决议》《确定万宁文化理念的决议》等7个决议。会议补选黄东和为万宁市第十二届人大常委会委员。

(三)第三次代表大会

2004年12月19—20日,在万城举行。到会代表210名,列席人员123名。大会听取和审议市政府关于2004年招商引资工作及地方财政收支情况分析报告;会议补选胡光辉为海南省第三届人民代表大会代表。

(四)第四次代表大会

2005年3月8—10日,在万城举行。到会代表229名,列席人员125名。大会听取和审议政府工作报告、2004年国民经济和社会发展计划执行情况与2005年国民经济和社会发展计划草案报告、2004年万宁市和市本级预算执行情况及2005年万宁市和市本级预算草案报告、人大常委会工作报告、人民法院工作报告、人民检察院工作报告;审查和批准2004年国民经济和社会发展计划执行情况的报告及2005年国民经济和社会发展计划、2004年市本级预算执行情况的报告及2005年市本级预算;大会补选邓泽永为万宁市政府市长;表决通过《政府工作报告的决议》等6个决议。

（五）第五次代表大会

2006年2月21—23日，在万城举行。到会代表223名，列席人员124名。大会听取和审议关于万宁市国民经济和社会发展第十一个五年规划纲要的报告，审查和批准万宁市国民经济和社会发展第十一个五年规划纲要、人民代表大会常务委员会工作报告、人民法院工作报告、人民检察院工作报告；审议2005年国民经济和社会发展计划执行情况与2006年国民经济和社会发展计划草案报告、2005年万宁市和市本级预算执行情况及2006年万宁市和市本级预算草案报告；审查和批准万宁市2005年国民经济和社会发展计划执行情况的报告及2006年国民经济和社会发展计划、2005年市本级预算执行情况的报告及2006年市本级预算；大会补选刘虎为市检察院检察长；会议通过《关于接受王时启辞去万宁市人民检察院检察长职务的决定》《政府工作报告的决议》等6个决议。

五、万宁市第十三届人民代表大会

（一）第一次代表大会

2007年1月28—30日，在万城举行。到会代表234名，列席人员125名。大会听取和审议市政府工作报告、人大常委会工作报告、人民法院工作报告、人民检察院工作报告；审议2006年国民经济和社会发展计划执行情况与2007年国民经济和社会发展计划草案报告、2006年万宁市和市本级预算执行情况及2007年万宁市和市本级预算草案报告；审查和批准万宁市2006年国民经济和社会发展计划执行情况报告及2007年国民经济和社会发展计划；批准2006年市本级预算执行情况的报告及2007年市本级预算。会议通过《关于万宁市人民政府工作报告的决议》等6个决议。会议选举产生万宁市第十三届人大常委会组成人员，市长、副市长、人民法院院长、人民检察院检察长。选举符海宁为主任，林道忠、岑少霞、陈晗、黄小平为副主任，李光雄、谢绪民、欧阳顺、黄东和、李曼、卢家端、纪作云、史培育、许春养、卓祥博、张福春、曾良、蔡冰晶、李仕文、钟红霞、王敬春、黄循荣、林松、李云、冯驹为人大常委会委员；选举邓泽永为市市长，李志杰、赵微、李家淦、吴明阳、李时军、文强为副市长；李彪为万宁市人民法院院长；刘虎为万宁市人民检察院检察长。

（二）第二次代表大会

2007年11月28—29日，在万城举行。到会代表236名，列席人员32名。会议选举于迅、刘明贵、杨宜生、何云霞、钟业昌、李秀领、邓泽永、符海宁、符立东、李东屿、岑少霞、李家淦、梁森奎、汤祝军、王敬春、卓林梅、肖音、曾良、陈香聪、蒋玉美、陈菊等21人为万宁市出席海南省第四届人民代表大会代表。补选刘运平为万宁市第十三届人大常委会委员。

（三）第三次代表大会

2008年3月26—28日，在万城举行。到会代表235名，列席人员102名。大会听取和审议市政府工作报告、人大常委会工作报告、人民法院工作报告、人民检察院工作报告；审查和批准万宁市2007年国民经济和社会发展计划执行情况的报告与万宁市2008年国民经济和社会发展计划；审查和批准2007年万宁市和市本级预算执行情况报告及2008年万宁市和市级预算；会议通过《关于万宁市人民政府工作报告的决议》等6个决议。

（四）第四次代表大会

2009年3月3—5日，在万城举行。到会代表230名，列席人员101名。大会听取和审议市政府工作报告、人大常委会工作报告、人民法院工作报告、人民检察院工作报告、人民政府关于建设环小海旅游经济综合开发区的议案；做出“关于建设环小海旅游经济区的决定”；审查和批准万宁市2008年国民经济和社会发展计划执行情况的报告与万宁市2009年国民经济和社会发展计划；2008年万宁市和市本级预算执行情况的报告及2009年万宁市和市本级预算；会议表决通过《关于万宁市人民政府工作报告的决议》等6个决议。会议接受邓泽永辞去万宁市人民政府市长职务，刘虎辞去万宁市人民检察院检察长职务，李仕文、钟红霞辞去万宁市人大常委会委员职务；补选丁式江为万宁市人民政府市长，赵喜和为万宁市人民检察院检察长。

（五）第五次代表大会

2010年2月25—27日，在万城举行。到会代表236名，列席人员94名。会议听取和审议市政府工作报告、人大常委会工作报告、人民法院工作报告、人民检察院工作报告；审查和批准2009年国民经济和社会发展计划执行情况与2010年国民经济和社会发展计划草案的报告；审查2009年万宁市和市本级预算执行情况及2010年万宁市和市本级预算草案的报告；批准万宁市2010年经济和社会发展计划，批准万宁市和市本级预算。会议表决通过《关于万宁市人民政府工作报告的决议》等6个决议。会议接受林道忠辞去万宁市人大常委会副主任职务、纪作云辞去万宁市人大常委会委员职务；补选王振羽、吴小莉、林俊杰为市十三届人大常委会委员。

第三节 人大常务委员会及其工作机构

一、人大常务委员会

1990—2010年，选举产生了万宁县（市）五届人大常委会。1990年5月，县第九届人民代表大会第一次会议选举产生第九届人大常委会，主任梁华忠；1991年4月补选许寿年为主任，副主任黄宜耀、黄有福，委员9名；设办公室、法制工委、财经工委、教科文卫工委等4个办事机构。1993年3月，县第十届人民代表大会第一次会议选举产生第十届人大常委会，主任1名，副主任4名，委员8名；第二次会议补选委员4名；第四次会议补选委员1名。

1998年3月，市第十一届人民代表大会选举产生第十一届人大常委会，主任1名，副主任4名，委员14名；第四次会议补选委员1名，办事机构与上一届相同，2002年增设选举任免联络室。2003年4月，市第十二届人民代表大会选举产生市第十二届人大常委会，主任1名，副主任4名，委员14名；第二次会议，蒋亚和委员辞职，补选黄东和为委员；办事机构不变。

2007年1月，市第十三届人民代表大会选举产生市第十三届常委会，主任、副主任职数不变，一正四副，委员20名；第二次会议李光雄委员辞职，补选刘运平为委员；第五次会议纪作云辞职，补选王振羽、吴小莉、林俊杰为委员，办事机构不变。

1991—2010年万宁市(县)历届人大常委会组成人员名录

表12-1

届别	任期	主任	副主任	委员
第9届	1990年5月至1993年3月	梁华忠、许寿年	黄宜耀、黄有福	刘明锋、陈燕、陈试平、陈国材、欧德荣、胡绍经、钱才敏、黄小平、蒋立雄、蒋伯学
第10届	1993年3月至1998年3月	许寿年	黄有福、苏德楠、李开政、陈美华	刘 武、刘胜雄、吴金容、陈国材、陈国定、柳兴容、钱才敏、蒋伯学 第二次会议补选：方光荣、王辉光、翁宏平、谢绪民；第四次会议补选：杨应文
第11届	1998年3月至2003年4月	陈金云	黄有福、李开政、林儒秀、王立勇	刘运智、陈章发、王朝介、陈施展、陈晗、翁宏平、赖云飞、文北贵、吴光海、林红锋、温玉珍、欧阳荣、张福春、曾庆强 第四次会议补选：冯清连
第12届	2003年4月至2007年1月	陈金云	林儒秀、吴淑香、岑少霞、陈晗	卢家端、史培育、许春养、纪作云、李曼、李光雄、张福春、陈业秀、欧阳顺、卓祥博、周国光、蒋亚和、曾良、谢绪民 第二次会议，蒋亚和辞职，补选黄东和
第13届	2007年1月至2012年1月	符海宁	林道忠、岑少霞、陈晗、黄小平	李光雄、谢绪民、欧阳顺、黄东和、李曼、卢家端、纪作云、史培育、许春养、卓祥博、张福春、曾良、蔡冰晶、李仕文、钟红霞、王敬春、黄循荣、林松、李云、冯驹 第二次会议，李光雄辞职，补选刘运平；第五次会议，纪作云辞职，补选：王振羽、吴小莉、林俊杰

二、工作机构

1991—2003年,市(县)人大常委会工作机构有办公室、法制工作委员会、财经工作委员会、科教文卫工作委员会,均为正科级行政建制。各工作机构设主任一名,副主任2~3名。2003年4月第十二届人大代表大会后,人大常委会设秘书长,增设选举任免联络室,正科级建制。至此,市人大工作机构共5个。至2010年,机构不变。

第四节 主要工作

一、监督工作

(一)评议工作

1991—1998年,县(市)第十届人大常委会议先后听取了教育局、经济合作局、法院、财政局、水电局、水产局、建委、侨务办、工商局、卫生局、民政局、土地管理局、环境资源局、人事劳动局、计划统计局、政府办公室、外事侨务办、计划生育局、检察院主要负责人的述职报告,进行了评议。组织人大代表先后对农委、公安局、检察院、法院以及全市各乡镇基层所站工作进行评议。2000年11月,组织万宁市的省人大代表、市人大代表、有关部门的人员以及离退休干部90余人对市公安局工作进行评议,组织7个调查组深入市公安局股所队室办、政法系统机关、企事业单位、人民团体、学校、医院、国营农场、宾馆酒店等106个单位展开评议。同年,听取了市环境资源局、司法局、文体局主要负责人的述职报告,进行评议。2004年,市人大常委会分别听取市建设局、国土环资局两位局长和市法院一名副院长的述职报告,进行评议。2005年4月,组织128家企业对政府机关34个单位进行评议,收集到评议意见和建议136条,形成《关于百家企业评议市政府机关阶段性情况的报告》,提交市委、市政府,要求政府部门认真整改,取得较好成效。

(二)执法检查

1991—1997年,县(市)人大常委会先后对《工会法》《全民所有制工业企业转换经营机制条例》《教师法》《义务教育法》《产品质量法》《反不正当竞争法》《消费者权益保护法》《关于惩治生产、销售伪劣商品犯罪的决定》《环境保护法》《妇女权益保障法》《婚姻法》《科学技术进步法》《海南省社会治安综合治理条例》《归侨侨眷权益保护法》《农业法》《农村集体经济承包合同管理条例》等法律法规的实施情况进行检查。

1998—2004年,市人大常委会对《药品管理法》《土地管理法》《农业法》《刑事诉讼法》《海洋环境保护法》《森林法》《海南省各级人大常委会监督条例》《税收征收管理法》《森林法》《野生动物保护法》《海南省计划生育条例》《海南省人民代表大会关于建设生态省的决定》《行政处罚法》《工会法》《海南省工会条例》《村民委员会组织法》《渔业法》《义务教育法》《教育法》《税收征管法》《退耕还林条例》

《农村土地承包法》《城市规划法》等法律贯彻实施情况进行执法检查。

2005—2010年，市人大常委会组织执法检查组分别对《防震减灾法》《水污染防治法》《税收征管法》《机构设置和编制管理规定》《档案法》《海南省禁毒条例》《森林法》《矿产资源法》《海南矿产资源管理条例》《食品安全法》《农村土地承包法》《海南省实施〈农村土地承包法〉办法》《海南经济特区限制生产运输销售储存使用一次性塑料制品规定》《道路交通安全法》《禁毒条例》等法律法规的贯彻实施情况进行检查。在加强对法律法规落实情况检查的同时，加大环保的执法检查力度，1996年开始，开展"海南万宁世纪行"执法检查活动，对检查中发现的乱砍滥伐、占用耕地、污染环境等问题，督促有关部门加大执法力度，限期纠正。

（三）调查研究

1991—1997年组织调研组，县（市）人大常委会对农民负担、文化市场、科技兴农、义务教育、旅游业规划开发情况、少数民族权益保障情况进行调研。

1998年8月中旬，市人大常委会组织5个调查组，深入全市18个乡镇、6个国营农场、公安系统30多个单位，对公安工作进行调研，形成《公安工作情况调研报告》，向省人大常委会和市委报告。1999年3月，对群众反映的万宁方利矿业有限公司越界非法开采钛矿、毁坏农田的问题进行调查，形成《主任会议纪要》，提出钛区整顿七条意见，提交政府部门落实。

2000年4—5月，市人大常委会组织4个专题调研组，对干部述职评议工作、超期羁押犯罪嫌疑人、英豪半岛和港北海洋水产养殖、万城日供水10万吨工程及市容市貌情况进行专题调研，向市人大常委会提交了调研报告，市人大常委会向政府及有关部门提出改进意见和建议。

2001—2004年，市人大常委会先后对教育工作、禁毒工作、全市填池复林专项治理工作、计划生育工作、旅游业、城市道路交通秩序管理情况、万城地区网吧、露天娱乐场所管理和整治情况开展调研。2005年，市人大常委会组织调研组分别对水污染防治、税收征管、百家企业评议政府机关、教育管理工作情况开展调研。

2007年，市人大常委会组织调研组对全市中小学教育资源配置情况开展调研，形成调研报告提交市人大常委会和市政府。

2008—2010年，市人大常委会对万宁市重点项目建设情况、兴隆华侨农场改革发展情况、高中阶段教育发展情况、城乡居民最低生活保障情况、城镇医疗保险及新型农村合作医疗情况、科技推广应用情况、中央新增投资项目和省重点投资项目建设情况、海南国际旅游岛建设发展情况、兴隆华侨农场土地使用情况、历史文化遗产保护情况、法院民事案件审判情况、检察院年度工作情况开展调研。其中较有影响的调研活动有如下几次：(1)对市自来水厂牛路岭水库饮用水新水源地项目建设情况的调研。自来水厂饮用水水源地原为万宁水库，由于种种原因，万宁水库水质污染情况较严重。2005年5月，市人大常委会组织开展水污染防治法执法检查暨海南万宁江河环保世纪行活动。向市委、市政府提出在牛路岭水库建立饮用水新水源地的建议。市委、市政府对人大常委会的建议高度重视。把建立牛路岭水库新水源地列为2009年万宁市重点民生工程项目。2009年2月，市发改部门批准牛路岭水库新水源建设项目立项。该项目建设开始进入实施阶段。(2)对市烈士陵园管理情况的专题调研。2008年6月，市人大常委会组织部分市人大常委会委员、人大代表、老干部以及有关部门的领导，对烈士陵园管理情况开展专题调研。之后形成调研报告，向市委、市政府提出改造扩建烈士陵园的建议。市政府及有关部门十分重视，抓紧对烈士陵园的改造扩建工程进行规划设计，从财政中拨出专款用于工程建设。经过一年多的改造扩建，烈士陵园面貌焕然一新，原来环境卫生较差的地方，现在已经变成环境整洁优雅的小公园，成了人们散步、健身、休憩的好去处。

（四）代表视察

1991年8月中旬，县人大常委会组织人大常委会委员和部分县人大代表共80人，深入工厂、公司、商店、万城街道、看守所、收审所、派出所、有关乡镇、国营农场，对财经工作、社会治安工作和《海南省天然橡胶保护管理暂行条例》执行情况进行视察。1992年1月，组织七届全国人大代表、省人代会代表和部分县人大代表，对1991年国民经济和社会发展计划及财政预算执行情况、“纠风治乱”工作情况、农业综合开发投入及效益情况、乡镇企业经济发展情况进行视察。1993年7月中旬，组织部分县人大代表深入工厂、企业、农村、墟镇、机关，对县社会治安综合治理情况和贯彻实施《全民所有制工业企业转换经营机制条例》《乡村集体所有制企业条例》情况进行视察。1993年12月中旬至1994年1月上旬，组织万宁县的省人大代表和部分县人大代表，对反腐败工作、土地管理、农业生产、旅游业开发、打击抢劫、流氓斗殴犯罪的情况进行视察。1994年1月，组织省、县两级人大代表对贯彻实施《农业法》《农业技术推广法》《科学技术进步法》情况进行视察。

1995年7月，县人大常委会组织省、县两级人大代表对县国有企业改革和打击违法犯罪活动情况进行视察。1996年，组织省、市两级人大代表分别对市重大经济建设项目进展、农业生产基地建设、严打斗争、加强精神文明建设、依法治理“三乱”工作等情况进行视察。

1998年，市人大常委会组织省、市两级人大代表先后对市乡镇财政包干、中小学校收费、行政事业性收费管理、农业和农村扶贫工作、旅游市场管理、检察院工作情况进行视察。1999年8月，市人大常委会组织省、市两级人大代表对万宁市城镇建设管理工作进行视察，市人大常委会会议听取并审议了视察情况的报告，做出了《关于城镇建设管理工作若干问题的决议》。2000年8月，组织省、市两级人大代表分为4个视察小组，深入12个镇，对万宁市农业和农村经济结构调整工作进行视察，形成视察情况报告，市人大常委会听取并审议了视察情况报告，提出改进意见和建议。

2001—2005年，市人大常委会先后组织人大代表对万城日供水10万吨自来水厂供水管理情况、万宁市教育工作、重点项目建设、社会治安、生态保护、税收征管情况、万城城市建设和“四五”普法工作情况、兴隆旅游区规划建设管理情况进行视察。

2007年8月，组织28名市人大代表，以“围绕中心促发展，关注建设促和谐”为主题，对万城城市化建设进行视察，形成视察报告提交市委。

2008—2010年，组织省、市两级人大代表对港北小海生态环境及整治情况、海榆东线公路大茂段改建工程建设情况、牛路岭水库饮用水新水源建设情况、基层卫生院建设发展情况、万宁市旅游资源开发利用和旅游业发展情况、保障性住房建设情况、新水源地项目建设、新万中（即北师大万宁附中）项目建设、市人民医院新院建设情况进行视察。

（五）重大事项决定

在九届人大至十三届人大期间，常委会议共通过涉及全市（县）政治、经济、文化等重大事项的决议、决定共33项，推动了万宁社会经济文化的发展。

1991—2010年万宁市（县）人大常委会议通过的主要决议决定一览表

表12-2

时间	人大常委会会议		决议、决定名称
	届别	次别	
1991	九	十二	《关于进一步开展法制宣传教育的决定》
1993	十	三	《关于进一步加强社会治安综合治理有关问题的决议》
	十	五	《关于开发神州半岛的决议》
1994	十	十	《关于批准实施〈万宁县旅游业规划的决议〉》
	十	十	《关于同意上报神州半岛风景名胜区总体规划的决议》
	十	九	《关于批准扩建万城镇五条街道的决议》
1995	十	十七	《关于对县政府副县长开展述职工作并进行评议的决定》
1996	十	二十六	《关于万宁市政府职能部门机构、职务名称更改的决定》
	十	二十六	《关于继续深入开展法制宣传教育的决议》
	十	二十六	《关于批准建设神州半岛龙保大桥及公路工程的决定》
1997	十	三十	《关于组织人大代表评议万宁市人民检察院工作的决定》
	十	三十四	《关于批准调整一九九七年地方财政预算的决议》
1998	十一	二	《关于做好审查规范性文件工作的决定》
	十一	六	《关于批准调整我市1998年地方财政预算的决议》
1999	十一	九	《关于对选举及任命干部进行述职评议的决定》
2000	十二	九	《关于批准万宁市2000年国民经济与社会发展计划部分变更的决议》
	十一	二十一	《关于批准万宁市2000年地方财政预算部分变更的决议》
2003	十一	三十五	《关于批准《兴隆温泉旅游区整治规划》的决议》
	十二	四	《关于批准城市基础设施项目贷款的决定》
2004	十二	六	《关于批准创办万宁高级中学的决定》

续表 12-2

时间	人大常委会会议		决议、决定名称
	届别	次别	
	十二	九	《关于批准2004年万宁市和市本级财政预算调整的决定》
2005	十二	十四	《关于进一步改善投资环境的决定》
2006	十二	二十	《关于进一步加强自然资源保护及严格执行规划的决定》
2007	十三	四	《关于批准同意万宁中学新校区(高中部)更改选址的决定》
	十三	四	《关于批准万宁市2006年市本级财政决算的决议》
2008	十三	十二	《关于批准同意万宁市垃圾处理项目回购资金列入年度预算的决定》
	十三	十三	《关于批准万宁市2008年市本级新增财力安排的决定》
2009	十三	十六	《关于批准同意万宁市污水处理厂及配套管网工程项目回购资金列入年度预算的决定》
	十三	十八	《关于批准万宁市人民医院新院等五个项目回购资金列入年度财政预算的议案的决定》
	十三	十九	《关于批准万宁市饮用水新水源项目建设资金的议案的决定》
	十三	二十	《关于批准调整追加2009年基金支出预算的决定》
2010	十三	二十一	《关于批准将太阳河两岸改造项目贷款本息纳入财政预算的决定》
	十三	二十四	《关于批准2009年市本级财政决算的决定》
	十三	二十六	《关于批准万宁市和市本级新增财力安排的决定》
	十三	二十六	《关于批准2010年万宁市市本级一般预算调整方案的决定》

二、人事任免

1993—1997年，市（县）十届人大常委会依法任免本级国家机关工作人员191人次，其中任命市（县）人大常委会干部12人，免职2人；任命市政府代理市长1人、副市长2人，免职2人；任命市（县）政府组成人员82人次，免职54人；任命市（县）法院工作人员15人次，免职3人；任命市（县）检察院工作人员18人次。1998—2002年，市十一届人大常委会依法任命本级国家机关工作人员149人次，免职61人次，接受辞职5人。

2003—2006年，市十二届人大常委会依法任免本级国家机关工作人员153人次。2007—2010年，市十三届人大常委会依法任命本级国家机关工作人员110人次，免职39人次，接受辞职5人。

三、议案建议办理

办理代表建议是人大工作的一项重要内容。由一名常委会副主任具体分管，常委会选举任免联络室专门负责，做好登记、整理、交办、检查、督办等工作。在办理过程中，市人大常委会采取组织代表专题视察、检查督办、听取承办单位专题汇报等形式跟踪督办，有力推动代表建议办理工作，不断提高代表建议办理工作成效。1991—2010年，共收到代表建议1578件，办理1571件。建议内容涉及农林水电、土地管理、环境保护、墟镇道路建设、财政经济、基层民政、教科文卫、旅游等方面。每年办理结果总的情况是：所提问题已解决或基本解决的占建议总数25%；正在解决或列入计划逐步解决的占建议总数54%；因条件限制或其他原因无法解决的占建议总数的21%。

1992年，吴汉平等12位代表提出“要求帮助解决三脚田村苗胞搬迁的实际困难”的建议，县政府责成县政府办公室牵头，从有关部门抽调人员，组成联合调查组，深入三脚田村实地调查，协助拟订搬迁方案，积极稳妥地做好搬迁工作。1994年，北大乡代表团要求支持少数民族地区办学问题的建议，县政府及教育部门在全县6个民族乡镇边远地区都增设了一些教学点，并在当年全县公开招考的代课教师中选派34人到这些民族乡镇任教。黄国平、陈福兴代表提出“要求整治高速公路东星出口处环境”的建议，市政府及时将高速公路东星出口处周边环境列入万城镇环境综合整治方案中的重点整治项目，一是拆除临时停车场，选址建设新的临时停车场，基本解决了该路段乱停车、抢客营运交通秩序混乱的问题；二是提请市法院强制拆除大道两旁的铁皮屋90间、瓦房13间、土木结构房屋32间、搭棚7间，拆除违章广告牌27块；三是规划建设该路段的排水、绿化工程，解决排污和绿化美化问题。

2002年，王立勇代表提出“拨款兴建市机关幼儿园教学楼”的建议，市政府同意将该项目列为当年为民办实事中的一件。教学楼建筑面积1425平方米，教室12间，总投资145万元。经市政府常务会议讨论，同意从市财政拨款作为建设用款。该项目于2002年6月动工兴建，2003年4月竣工。200年，许廷标等代表提出“加快万城至和乐自来水管道铺设工程”的建议，市政府已筹措资金650万元由万宁水业公司负责实施该项目。2005年12月底，已完成管道铺设工程，和乐、港北地区的群众已用上干净的自来水。2006年，廖勇锋等代表提出“整体搬迁后朗小学”的建议，市政府十分重视，采纳了该建议，重新选址建设后朗小学新校。2010年10月，新校已建成并投入使用。2009年，市政府提请审议的《关于建设环小海旅游经济区的议案》，已交由市十三届人大四次会议审议通过，决定把环小海旅游经济区建设列入万宁市国民经济和社会发展规划。

1991—2010年代表建议办理情况一览表

表12-3

年份	收到代表建议(件)	办理(件)	办结率(%)
1991	53	51	96
1992	87	87	100
1993	87	87	100
1994	80	79	99
1995	73	73	100
1996	56	52	93
1997	53	53	100
1998	80	80	100
1999	58	58	100
2000	64	64	100
2001	69	69	100
2002	73	73	100
2003	132	132	100
2004	75	75	100
2005	88	88	100
2006	71	71	100
2007	107	107	100
2008	88	88	100
2009	94	94	100
2010	90	90	100
合计	1578	1571	99

四、人民代表工作

1993年,万宁县九届人大常委会研究制订了县、乡(镇)两级人大换届选举工作方案,精心组织,认真实施,全县共选出县十届人大代表293名,乡(镇)人大代表1003名。自1997年10月开始,进行市十一届人大代表选举工作,市人大常委会按照人大换届选举工作总体部署,统筹安排,精心组织,

1998年3月15日，全市选出市人大代表237名。12月，市人大常委会分别在兴隆、万城、东兴、市直机关4个片点召开市人大代表座谈会，向代表通报常委会一年来的工作情况，并就做好常委会1999年工作征求意见。

1999年10月，市人大常委会办公室和市政协办公室共同研究起草了《关于设立市人大代表政协委员建言献策"直通快车"的意见》，报市委、市政府研究后同意批转执行，建立了人大代表建言献策"直通快车"制度。2000年，市人大常委会分上、下半年两次分片召开市人大代表座谈会，向人大代表通报常委会的工作情况，听取人大代表对市人大常委会和"一府两院"工作的意见。2001年，市人大常委会分别在和乐、礼纪两个片点召开市人大代表座谈会，向代表通报常委会一年来的工作情况，并就做好常委会2002年工作征求意见。

自2002年9月开始，开展市十二届人大代表选举工作，市人大常委会按照人大换届选举工作总体部署，统筹安排，精心组织，依法办事，2003年2月12日在全市选出市人大代表234名。2003年，建立健全市人大代表小组22个，制定了小组开展活动的办法，每半年召开一次代表小组座谈会，通报市人大常委会工作情况，征求代表意见，了解人民群众反映强烈的突出问题。2004年，市人大常委会制定了《万宁市人民代表大会代表议案、建议、批评和意见办理办法》，并对重点建议实行常委会主任会议组成人员督办制。

自2006年7月开始，进行市十三届人大代表选举工作。按照人大换届选举工作总体部署，全市各级先后成立选举工作机构，培训选举工作骨干，划分选区，分配代表名额，宣传发动，选民登记，推荐代表候选人，2006年12月12日在全市选出市人大代表234名。2007年至2010年7月，市人大常委会在兴隆举办4期市人大代表培训班，80多名代表参加了为期两天的培训。培训班邀请省人大常委会法律专家对《中华人民共和国地方各级人民大表大会和地方各级人民政府组织法》《中华人民共和国地方各级人民大表大会常务委员会监督法》《中华人民共和国地方各级人民大表大会代表法》进行辅导，重点培训了如何规范撰写代表议案、建议，如何依法组织召开镇人民代表大会。镇人大主席、副主席，市人大代表小组长，部门人大代表280人参加培训。

从1996年起，连续14年，市人大常委会组织人大代表列席常委会会议，参加市人大和"一府两院"的有关座谈会，参加人民法院庭审旁听。邀请人大代表参加有关执法检查和专题调研活动。为代表订阅发送人大工作的报刊和业务学习资料。开展走访代表活动，听取代表的意见和建议，接受代表监督，拓宽代表知情知政的渠道，为代表依法履职创造有利条件。

五、信访工作

市（县）人大常委会重视信访工作，指定专门机构，配备专职人员负责人民群众来信来访工作，建立健全《信访工作守则》《接待来访制度》《办理来信制度》等制度。坚持领导阅批信访件，对一些重要信访案件，人大常委会主任、副主任亲自阅批和出面协调督办。对于来信来访，做到认真登记，热情接待，及时转办，积极催办。

1991—2010年，共办理群众来信2139件，接待群众来访4050人次。通过自办、交办、转办、督办等形式，对人民群众反映强烈的问题，督促有关部门认真研究解决，使一批涉法涉诉、土地权属纠纷、国企改制、换届选举、征地拆迁安置补偿、民生保障、群众权益等方面的问题得到妥善处理，维护了人民群众的合法权益和社会和谐稳定。

1991—2010年万宁市(县)人大办理群众来信来访统计表

表12-4

年份	受理群众来信(件)	接待群众来访(人次)	办结率(%)
1991	58	63	100
1992	52	56	100
1993	42	58	100
1994	40	55	100
1995	36	50	100
1996	55	62	100
1997	48	53	100
1998	78	215	100
1999	110	160	100
2000	260	549	96
2001	586	985	95
2002	148	59	98
2003	94	189	100
2004	124	235	97
2005	81	183	100
2006	93	519	99
2007	66	138	100
2008	42	160	100

续表12-4

年份	受理群众来信(件)	接待群众来访(人次)	办结率(%)
2009	54	125	100
2010	72	136	100
合计	2139	4050	98

六、指导乡镇人大工作

1991—2010年，万宁市(县)乡镇人大先后进行了5次换届选举。1993年3月，乡镇人大代表换届选举结束后，全县18个乡镇相继召开第十届人民代表大会第一次会议，选举乡镇长18人、副乡镇长54人，人大主席18人、人大专职秘书18人。1996年4—5月，18个乡镇相继召开第十一届人民代表大会第一次会议，选举乡镇长18人、副乡镇长54人，人大主席18人、副主席18人。1999年4—5月，18个乡镇相继召开第十二届人民代表大会第一次会议，选举乡镇长18人、副乡镇长54人，人大主席18人、副主席18人。2002年7月，万宁市撤乡并镇，18个乡镇合并为12个镇。2002年11—12月，12个镇相继召开第十三届人民代表大会第一次会议，选举镇长12人、副镇长36人，人大主席12人(均由各镇党委书记兼任)、副主席12人。2006年12月，12个镇相继召开第十四届人民代表大会第一次会议，选举镇长12人、副镇长36人，人大主席12人(均由各镇党委书记兼任)、副主席12人。

各镇每次进行换届选举时，市人大常委会都依法做好指导工作。市、镇两级人大换届选举同时进行，市、镇设立选举委员会，统一领导市、镇两级人大换届选举工作。各镇召开人代会期间，市人大常委会均派出指导小组，做好换届选举指导工作，以保证换届选举顺利进行。

镇人大主席团是镇人大的常设机构。主席团行使会议及闭会期间的职权。主席团设主席、副主席，由人民代表大会从代表中选出，任期同本级人民代表大会每届任期相同。

镇人大每年至少召开一次会议，均由镇人大主席团主持。会议主要议题是：听取和审议人大主席团工作报告、镇人民政府工作报告、镇财政预算报告，选举镇长、副镇长、镇人大主席团主席、副主席。

闭会期间，镇人大主席团的主要工作是：(1)组织开展代表小组活动；(2)督办代表提出的建议和意见；(3)联系代表和选民；(4)配合市人大做好代表培训工作，组织新当选的代表学习《宪法》《各级人民代表大会和地方各级人民政府组织法》《地方各级人民代表大会代表法》《地方各级人民代表大会常务委员会监督法》等法律法规；(5)列席市人大常委会会议；(6)筹备、召集镇人民代表大会。

第二章 地方人民政府

第一节 机构

一、政府组成及工作机构

1991—2010年,万宁市(县)第九至十三届人大共选举产生了五届市(县)人民政府。1990年4月28日,县第九届人大第一次会议选举产生县长1名,副县长7名。根据县长林玉权提请,县第九届人大常委会任命了县政府组成人员,县政府组成部门54个。1993年3月8日,县十届人大第一次会议选举产生县长1名,副县长7名。根据县长林玉权提请,县第十届人大常委会任命了县政府组成人员,政府组成部门保持54个不变。1995年全省市县党政机构改革,改革后万宁县人民政府组成部门20个。1996年8月,经国务院批准,万宁撤县设市(县级市),8月27日第十届人大第五次会议通过关于万宁撤县设市后机构、职务、名称更改的决定,原万宁县人民政府改为万宁市人民政府,政府领导人改称市长、副市长。1998年3月18—20日,市第十二届人大第一次会议选举产生市长1名,副市长7名。根据市长宋建海提请,市第十一届人大常委会任命了市政府组成人员。市政府组成部门20个。

2003年4月25—28日,市第十一届人大第一次会议选举产生市长1名,副市长5名。根据市长张志平的提请,市第十二届人大常委会任命了市政府组成人员。市政府组成部门21个。2007年1月27—30日,市第十三届人大第一次会议选举产生市长1名,副市长6名。经市长邓泽永提请,市第十三届人大常委会任命了市政府组成人员。市政府组成部门21个。2009年,市政府机构改革,市政府组成部门24个。

1991—2010年万宁市（县）人民政府历任市（县）长一览表

表12-5

姓名	性别	民族	文化程度	籍贯	任期
林玉权	男	汉	大学本科	海南儋州	1990.4—1998.1
宋建海	男	汉	硕士研究生	广东惠阳	1998.2—1999.4 （其中1998.2-1998.3代市长）
张志平	男	汉	大学本科	河北	1999.10—2004.12
邓泽永	男	苗	大学学历	海南乐东	2004.12-2008.12 （其中2004.12-2005.2为代市长）
丁式江	男	汉	研究生	浙江天台	2008.12- （其中2008.12-2009.3为代市长）

1991—2010年万宁市（县）人民政府历任副市（县）长一览表

表12-6

姓 名	性 别	民 族	文化程度	籍贯	任 期
严国华	男	汉	高中	万宁万城	1990.4—1993.3
符树标	男	汉	大专	万宁山根	1990.4—1992.5
谭进川	男	汉	大专	万宁和乐	1990.4—1998.3
袁锡之	男	汉	大专	国营南岛农场	1991.5—1998.3
蒋应雄	男	汉	函授本科	万宁万城	1990.12—1996.7
林儒秀	男	汉	大专	万宁三更罗	1991.4—1998.3

续表12-6

姓 名	性 别	民 族	文化程度	籍贯	任 期
王立勇	男	汉	大学本科	万宁万城	1993.3—1998.3
林礼深	男	汉	大专	万宁和乐	1993.3—2000.6
莫翠岗	男	汉	大专	万宁山根	1993.3—1999.10
易仁生	男	汉	—	湖南涟源	1996.10—1999.11
何君才	男	汉	大学专科	万宁龙滚	1998.3—2008.3
杨树岷	男	汉	中央党校 大学学历	万宁长丰	1998.3—2003.10
叶 宁	男	汉	大学本科	万宁万城	1998.3—2003.3
章华忠	男	汉	大学本科	安徽东至	1998.1—2006.12
李家淦	男	汉	大学专科	海南琼海	2001.3—2010.12
何一文	男	汉	—	—	2001.9—2004.9
李志杰	男	汉	大学本科	广西灵川	2006.12—2012.8
赵 微	女	汉	大学本科	安徽萧县	2007.1—
吴明阳	男	汉	大学专科	万宁和乐	2007.1—
李时军	男	汉	省党校 在职研究生	万宁东澳	2007.1—2010.12
文 强	男	黎	大学本科	万宁大茂	2007.1—2010.12
符立东	男	汉	研究生	海南儋州	2003.9-2006.12
杨天梁	男	汉	研究生	陕西渭南	2004.4-2005.7
林道忠	男	汉	中专	万宁北大	1988.3-2003.3

1990—2010年万宁市(县)政府组成部门一览表

表12-7　　　　单位：个

届次	时间	数量	名　称	备　注
九届 十届	1990 — 1994	54	办公室、计划委员会、财政局、税务局、工商行政管理局、审计局、安监局、工业局、二轻局、乡镇企业局、农业局、经济合作局、交通局、建设局、环境保护局、国土局、科学技术委员会、文化局、卫生局、计划生育委员会、广播电视局、体育运动委员会、人事局、劳动局、民政局、旅游局、民族事务委员会、公安局、国家安全局、侨务工作室、口岸办、物价局、标准计量局、统计局、物资局、农机局、公路分局、邮政局、林业局、水电局、水产局、畜牧局、三防办公室、外贸局、商业局、粮食局、烟草专卖局、地旅办公室、热带作物局、教育局、扶贫工作办公室、老区工作办公室、编制委员会办公室、外事工作办公室、信访工作办公室	—
十届 十一届	1995 — 1999	20	办公室、计划统计局、教育与科学技术局、公安局、国家安全局、监察局、民政局、司法局、财政税务局、人事劳动局、建设与环境资源局、工业交通局、农业局、水利电力局、贸易局、文化体育局、卫生与计划生育局、审计局、工商行政管理局、外事侨务办公室	县(市)政府机构设18个(不计监察局、国家安全局)。其中,办公室挂行政复议办公室牌子,内设信访室;计划统计局挂物价局牌子;财政税务局挂地方税务局牌子;工业交通局挂技术监督局牌子;贸易局挂粮食局牌子;农业局挂林业局牌子、乡镇企业局牌子;建设与环境资源局挂土地管理局牌子
十一届 十二届 十三届	2000 — 2008	21	办公室、发展计划局、经济贸易交通局、教育局、科学技术与信息产业局、公安局、监察局、民政局、司法局、财政局、人事劳动保障局、国土环境资源局、建设局、农业局、海洋与渔业局、文化广电体育局、卫生局、审计局、旅游局、统计局、计划生育局	市政府设置工作部门20个。其中,政府办公室内设信访局,挂法制办公室、外交侨务办公室牌子;发展计划局内设物价局,挂经济动员办公室牌子;监察局与市纪委机关合署办公,列入市政府工作机构序列、不计政府机构个数;国有资产管理委员会办公室挂靠财政局;机构编制委员会办公室挂靠人才劳动保障局;建设局挂人民防空办公室牌子

续表12-7

届次	时间	数量	名　称	备 注
十三届	2009—	24	办公室、发展和改革局、旅游局、农业局、工业和科技信息产业局、财政局、人力资源和社会保障局、教育局、文化广电出版体育局、卫生局、公安局、司法局、监察局、民政局、民族宗教事务局、国土环境资源局、住房和城乡建设局、交通运输局、商务局、海洋与渔业局、审计局、水务局、人口和计划生育局、统计局、安全生产监督管理局、食品药品监督管理局	市人民政府设置工作部门24个。监察局与纪律检查委员会机关合署办公,民族宗教事务局与市委统战部合署办公,列入市政府工作部门序列,不计入政府机构个数;办公室内设信访局、外交侨务办公室、法制办公室;发展和改革局内设物价局,挂经济动员办公室牌子;工业和科技信息产业局挂地震局牌子;住房和城乡建设局挂人民防空办公室牌子;交通运输局挂交通战备办公室牌子

二、基层行政机构

1991年,万宁县设12个镇,6个乡,共18个基层行政机构:龙滚、和乐、港北、后安、大茂、乐来、万城、北坡、东澳、礼纪、长丰、牛漏镇;山根、北大、禄马、南桥、三更罗、新海乡。

2002年7月,万宁市乡镇行政区域调整,撤销北坡镇并入万城镇,撤销港北镇并入和乐镇,撤销乐来镇并入后安镇,撤销禄马乡并入北大镇,撤销牛漏镇并入长丰镇,撤销新海乡并入礼纪镇。18个乡镇调整为12个乡镇。

至2010年,万宁市设万城、龙滚、山根、和乐、后安、北大、大茂、长丰、东澳、礼纪、南桥、三更罗12个镇。

第二节 施政纪要

1991—2010年,万宁市(县)人民政府按照集体领导与个人分工负责相结合的原则,实行党组会议、市(县)长办公会议、政府常务会议、现场办公会议等制度,研究决定全市(县)改革开放、经济建设和社会事业发展规划、年度计划及其他重要事项。1991—1999年,召开政府常务会议22次,市(县)长办公会议41次。2000年后,讨论决定各项重要事项,主要是通过召开政府常务会议讨论决定,至2010年,召开政府常务会议127次。政府常务会议、市(县)长办公会议讨论决定的各项重要事项,市(县)委、市(县)政府加强督促检查,各项工作均取得较大成效。1996年8月,撤县设市后,万宁经济社会跨入一个新的发展时期。2007年，市委市政府提出并实施“一带两区”发展战略，经济持续健康发展，改革开放步伐加快，民生得到较大改善，社会保持安定和谐。

一、扩大招商引资，发展旅游业

1991年7月5日，县政府批转县旅游局《关于加强旅游业管理的暂行规定》的通知，优先发展旅游业。同年11月，县政府和海南新能源股份有限公司签订《万宁县石梅湾旅游公司开发合同》，投资开发石梅湾旅游度假区。1992年，县政府把旅游业当作经济先导和支柱产业，重点开发建设109公里长的黄金海岸和兴隆、东山岭等旅游区，南燕湾、石梅湾、日月湾、春园湾等成为开放建设的热点。

1992年10月，动工兴建石梅湾至南燕湾旅游公路。1993年9月28日，县政府与海南神州国际俱乐部有限公司、海南神州实业有限公司签订合作开发海南神州半岛国际旅游娱乐中心的合同。1994年7月22日，《万宁县旅游发展规划》在北京通过评审，《规划》分为近期初创阶段、中期发展阶段、远期发达阶段3个时期实施，将把万宁建成一个以滨海、温泉、森林、美食为特色的旅游度假胜地。至1998年，兴隆旅游城、东山岭旅游区、日月湾度假区、春园湾度假中心、石梅湾旅游区、南燕湾高尔夫球场等旅游项目建成运营，提高了旅游产品的品位与档次，万宁已发展为旅游强市。

2002年，举办“海南岛欢乐节万宁文灯节”活动，宣传万宁民俗文化，提高知名度。2003年，省政府批准海南华润石梅湾开发公司为石梅湾12平方公里的开发商，建设周期为13年。12月30日，石梅湾旅游度假项目举行开工仪式。

1998—2003年，旅游业发展势头强劲，经济效益进一步提高。5年共投入资金10.27亿元用于旅游基础设施和旅游项目建设，新建续建一批旅游宾馆和景点，完善旅游基础设施建设，改造扩建兴梅大道，美化兴隆旅游区。投资2000多万元修编万宁市旅游业发展总体规划和石梅湾旅游区总体规划。理顺和完善东山岭旅游区的经营管理体制，盘活东山岭旅游资源。

2003年，举办首届万宁美食节，弘扬万宁美食文化。

2004年，成功举办世界小姐万宁行暨万宁国际文灯节活动，制作发行《锦绣万宁》旅游明信片和《万宁旅游》小册子，扩大万宁旅游知名度。

2005年3月，第一期工程投资2.4亿元的碧海情深海洋世界正式开业。5月，海航集团投资6000多万元在兴隆太阳河畔兴建的拥有18洞72标准杆的国际锦标级高尔夫球场开杆试业。9月，太阳河运动生态公园工程竣工。

2008年3月，投资5亿元、占地11.6公顷的“石梅湾威斯汀度假酒店”破土动工；同年9月，投资1[illegible]亿元，占地11.6公顷，客房275间的海南万宁石梅湾艾美度假酒店正式对外营业，这是万宁市109公里海岸带上的首家五星级滨海度假酒店。

2010年11月，吉林森工集团海南万宁润达实业有限公司投资8亿元兴建的兴隆吉森北纬18°温泉山庄举行奠基仪式。

至2010年，全市共建有旅游景区（点）9家，其中AAAA级景区1家，AAA级景区5家。以热带植物、经济作物观赏为主题的景区5家。全市有五星级酒店1家、四星级酒店11家、三星级酒店24家。

1995年，全县旅游接待74万人，其中境外4.37万人，旅游总收入0.83亿元；2000年，全市旅游接待169.62万人，其中境外9.03万人，旅游总收入2.16亿元；2005年，全市旅游接待267.1万人，其中境外4.78万人，旅游总收入13.9亿元；2010年，全市旅游接待265.08万人，其中境外3.69万人，旅游总收入18.4亿元。

二、深化企业改革，加快工业发展

重点抓好国有企业资产重组、盘活工作。采取股份合作制、兼并、转让、承包、租赁等形式转变国有工业企业的经营方式。一是实行一厂多制、资产重组；二是实行联合开发、引资改造；三是实行厂权转让、租赁兼并；四是实行股份制合作，使纺织厂、印刷厂、万州制药厂、万吨造钛厂、食品厂等国有企业顺利转型，放开搞活国有工业企业。

大力发展资源加工业，培育支柱产业和优势企业。从本地优势出发，重点发展木材、钛矿、农产品和水产品加工业，培育一批支柱产业和名牌产品。引进黄河集团等木制品加工企业，扶持永盛矿业、万新矿业等企业，做大、做精钛矿加工业，帮助旺奇食品提高产品档次。积极扶持非公经济加快发展。鼓励私营、个体、外资等多种经济成分参与国有企业改组改造，引导非公有制企业进行股份合作或公司改造。

创办工业科技园区，促进工业超常规发展。从1991年开始，县政府先后出台一系列优惠政策，扩大招商引资，加快工业发展。1992年，创办东星工业园，重庆多家企业到东星工业区投资办厂，海渝橡胶厂、嘉泰摩托车厂、天诚饮料厂、台湾绿藻厂、香港东华鞋厂、三元石料厂、万城电子汽配厂等工业项目陆续进入工业园区。大力培育园区骨干企业，形成名优产业。如嘉陵摩托车、绿藻系列产品迅速占领国内外市场。2006年，全国第一家南药科技馆在兴隆建成开业，占地面积80亩，汇集活体南药植物1180种，成为科技旅游产业园。2010年，湖南口味王集团投资1亿元，在后安镇七星村兴建槟榔加工厂，年底投产，年产值达2.5亿元。

1991年，全县工业企业为1017家，全部为规模以下工业企业，工业总产值10165万元。2000年，经过10年的发展，规模化程度逐年提高，全市工业企业1028家，规模以上工业企业28家，工业总产值达到114099万元。2010年，全市工业企业1737家，规模以上工业企业26家，工业总产值达到222978万元。

三、做好"三农"工作，促进农村经济快速发展

市委市政府一直把解决"三农"问题作为全市工作的重中之重，切实抓紧抓好。组织机关干部下乡开展"三农"工作，以开展农村奔小康、文明生态村创建等活动为载体，整治农村生态环境，帮助农民发展生产，增加农民收入，推进社会主义新农村建设。

加强农业基础设施建设，以改善水利条件和改造中低产田为重点，抓好山水田林路综合治理。

1991年11月，北坡小海防潮堤第一期工程竣工，2000多亩水田将可稳产高产。1993—1997年，全县（市）投入资金8500多万元，修建大小渠道5000多公里，改善和增加排灌面积5.8万亩，改造中低产田5.1万亩。1998—2002年，全市投入建设资金9293万元，改善和恢复灌溉面积和25.8万亩，改造低产田4.7万亩。2003年，投入资金4000多万元，新建扩大和维修农村四级标准道路316公里，维修配套排灌渠道2222.3公里，新建渠道94公里。2006年，市政府投入水利建设资金2501万元，用于水库、水毁工程、渠道等项目建设，维修和新建排灌渠道320多公里，解决12万亩农田灌溉和15万人饮水困难；利用农业综合开发资金1765万元，整治东澳安置区大太坡、龙巢坡面积达2万多亩；利用中央、省级专项基建资金2838万元，用于病险水库维修加固等项建设。到2010年，全市以万宁水库灌区为核心，先后在万城、东澳、礼纪等8个镇，高标准整治大乳、大太、南门等21个大中田洋，整治面积15.67万亩。建设田间硬化排灌渠道833.11公里，其中支渠119.7公里，农渠149.78公里，斗渠66.575公里，支排124.8公里，农排203.78公里，斗排87.475公里，在建设田间排灌渠道中，配套桥、涵、闸、放水口、生活台阶等渠系建筑物33252座。建设田间道路326.26公里，其中简易公路65.3公里，机耕路260.96公里。在大乳、大太、南门、保定四大田洋周边沙滩，实施防风固沙、治土保水措施，营造农田防护林0.7万亩。

1995年初，县政府发动群众创办了九大农业生产基地，即万亩菠萝、万亩椰子、万亩胡椒、万亩蔬菜、万亩水果、万亩对虾养殖、万亩淡水养殖、万头猪场、百万只肉鸡养殖基地。同年，全县新种菠萝1.24万亩、瓜菜1.36万亩、椰子0.51万亩、胡椒0.43万亩、水果0.41万亩、新养殖对虾0.62万亩、淡水养殖0.68万亩、新养肉鸡35万只、兴建万头猪场1个。1998年12月7日，万宁市印发《关于进一步加强万宁农业和农村工作的意见》，从2001年起，全市开始推进农业产业化。2005年初步形成平原地区以优质瓜菜为主，丘陵地区以菠萝、胡椒、荔枝、龙眼为主，山区以橡胶、南药、山寮鸡为主，沿海地区以海水养殖和深海捕捞为主，宜牧地区以饲养特色禽畜为主的优势产业带。2006年市政府出台《关于加强农业和农村经济结构调整的实施意见》。大力发展热带高效特色农业，扶持兴隆咖啡产业化开发与新品种推广，扶持三更罗山寮鸡、东山羊、后安野海鸭繁育生产基地建设。实施品牌带动战略，依托“兴隆咖啡”“和乐蟹”两大国家地理标志产品及“东山羊”“龙滚菠萝”等一批知名产品，扩大品牌效应，促进农民增收。2010年12月，在国家热带农产品冬季交易会上，万宁选送八大名牌农产品共80多个名优特品种参展和交易。万宁市共落实订单198份，总量41.25万吨，金额达14.36亿元，其中合同订单163个，意向订单35个。

1990年，全县农业总产值（不含农垦）为2.91亿元，2000年，全市农业总产值达到15.6亿元，2010年，全市农业总产值达到39.5亿元。在发展农业经济的同时，加强农村精神文明建设。2000—2005年，万宁投入资金3236.3万元，建设文明生态村554个，其中省级文明生态村73个，市级文明生态村481个，建成各种村道总长1068公里，建设宣传文化室61间，灯光篮排球场88个，休闲点505个，沼气池1148个，改厕改水改厨4354间，安装路灯2954盏，绿化、净化、亮化环境，农村面貌发生深刻的变化，2005年，万宁市被评为“海南省文明生态村创建工作示范市”。至2010年，全市投入建设资金

7600多万元。群众投工投劳180多万人，创建文明生态村983个，占全市自然村总数的60.7%。

四、加强城市基础建设，打造花园城市名片

按照“统一规划、合理布局、综合开发、配套建设”的原则，搞好城镇建设。重点抓好万城、兴隆的建设，带动其他墟镇的发展。1991年，万城先后改建扩建解放街、万隆街、红专街，新建光明街、文明街、人民街、建设街、人民西街，全城共有24条街道，总长22.8公里。是年8月25日，海南省政府批准万宁城镇总体规划。1994年1月，万城人民街建成通车，全长11公里，宽36米，投资1600万元。1995年2月，海南万州金府潭开发建设总公司投资2500万元兴建的万州大道建成通车，大道全长2公里，宽50米。同时铺设供水管道1.5万米，供水能力达5000吨。1996年，万隆华侨新城建成，是万宁市集吃、住、玩于一体的多功能综合商业区。2004—2010年，市城投公司向国家开发银行融资贷款1.641亿元，用于投资建设万城镇环市一(东、西)路，环市二(东、西)路，环市三(东、西)路，纵一(中段)路，城西(南段)路等9条新市政道路。建设道路总长7110米，宽30～50米。建设内容包括道路工程、给排水工程、照明工程、绿化工程和交通工程。2006年10月，总投资约3000万元，建筑面积14000平方米的万宁文化商业广场部分设施建成并投入使用。2006年6月至2010年12月，市城投公司利用国家开发银行贷款1.267亿元，投资建设万城镇坡顶安置区、万城镇文化中心、万城镇滨河环境恢复与整治(人民公园)、万城镇东环安置区(一)和安置区(二)共5个市政配套设施项目，占地总面积737亩，建设内容包括土方工程、给排水工程、区内道路工程、照明工程、绿化工程等。2009年2月至2010年，市城投公司利用国家开发银行1亿元贷款和政府资金共1.4亿元，投资建设万宁市污水处理厂及配套管网工程项目。

2004年，投资2000多万元建设人民公园，园中建有1000平方米办公用房，公厕2座，并建起落水庭、天城亭、云苑亭、涌泉池等措施，种植树木、花卉100多种，为市民提供休闲、舒适的活动场所，提升城市品位。2007年，投资200多万元，按公园模式改造烈士陵园，增设晨练广场、门球场、健身场、观光走廊、凉亭、休闲道路，栽树种花草，将其打造成为休闲散步、游玩锻炼的好去处。

1993年后，万宁把道路绿化纳入城区发展规划，加强城区道路绿化建设。至2010年，完成城区道路、转盘绿化43条(段)，总长29695米，种植行道绿化树5215株，城市绿地面积296752.54平方米。形成乔、灌、草、花相结合的城市街道立体绿化景观，打造花园城市的名片。

五、生态环保，保护青山绿水

市委市政府始终把保护环境、节约资源放在发展的首位，大力植树造林，保护好英豪半岛、小海、热带雨林、太阳河流域、大洲岛、青皮林、大花角等自然资源，森林覆盖率逐年提高，1991年，森林覆盖率为48%，至2010年，达到63.2%。

2003年底，市政府制订“做好退耕还林，重塑绿色屏障”的工作计划，全市12个乡镇及5个国营农场完成退耕还林面积44251.59亩。

2008年，万宁市全面开展公共节能活动，开征新型环保墙体材料基金和污水处理费，加强水资源

保护和环境保护执法，挂牌督办一批违法排污企业，强制砖瓦行业使用优质低硫燃煤生产。2009年，推进新型节能产品供应，推广节能灯3.86万支，建设环保机砖厂5家。2010年，强化节能减排管理，关闭4家实心黏土砖厂，取缔非法采石点43个，建成32个太阳能灯示范村，推广节能灯11.2万支。2010年，万元生产总值能耗为0.7573吨标准煤，同比下降3.6%，化学需氧量、二氧化硫排放量均控制在海南省下达的年度指标，环境综合治理定量考核和环境保护目标责任制考核顺利通过海南省人民政府的验收。

2006年12月，万宁市在全省率先完成《万宁水库饮用水水源保护区规划》的编制和审批工作，制订《万宁市饮用水源保护区环境污染事故应急预案》及《万宁市万宁水库饮用水源保护区环境保护管理规定》，进一步规范饮用水源保护区管理。2009年1月，华润石梅湾污水处理厂投入运行，设计处理能力为1万吨/日；2010年7月万宁市污水处理厂投入运行，设计能力为2.5万吨/日。2010年12月，万宁市兴隆、长丰、和乐、东澳、牛漏5个镇墟生活污水人工湿地处理工程建成投入使用。

2008年，万宁投资6200多万元建设生活垃圾无害处理场。垃圾场位于东和农场南部山区的九曲岭，占地200多亩，场内容量88万立方米，日处理生活垃圾能力190吨，2010年6月验收并投入使用。

万宁境内共有8个自然保护区。其中大洲岛为国家级海洋生态自然保护区，主要保护对象是珍稀鸟类金丝燕和海岛海洋生态系统。石梅青皮林、茄新、尖岭、南林、六连岭、上溪6个为省级自然保护区。另外，在东澳镇仍保留了一片野生水稻田，并建立野生水稻自然保护区，用于保护海南野生水稻优良基因。

六、推进民生工程建设，改革成果普惠民众

始终把改善民生作为政府的主要工作，大力推进民生工程建设，让人民群众更多地享受到改革发展成果。1992年12月，万宁县开通海南省联网无线寻呼127台。同年，全县18个乡镇及6个国营农场开通程控电话，从此结束手摇电话的历史。1995年8月1日，中石化海宁石油气联营公司供气站在万城加劳芳田建成供气，投资430万元，贮罐储量为150万平方米，年供气量2000吨。1997年9月万宁市在全省各市县中第一个建立微波系统，全市12个乡镇及2个国营农场可以通过微波天线接收万宁微波站传输的12套有线电视节目。2000年12月13日，总投资1.5亿元的万宁10万吨供水工程建成投产。2008年3月，万宁气象网站正式开通。同年3月，万宁启动“农家书屋”工程建设。2009年6月，市政府与中国电信海南分公司签订战略合作框架协议，全面启动“无线宽带数字万宁”建设项目。

1994—1996年，修建地方主支线公路（万神线、三港线）2条，全长20.6公里；2002—2005年，修建地方支线（万北线、大后线）3条，全长43.9公里；2006—2010年新建改建地方支线（乐红支线、龙南线、万东线、万石线、吴东线、长东线）6条，全长85.64公里。至此，全市100%的村委会能通行汽车。在修建公路的同时，做好架桥工作。1995年10月，改建长33.5米、宽8.6米的大群铺桥。1998年，建长4[illegible]米、宽50米的仁里大桥。2005年，3月改建长106.08米、宽12.5米的龙尾湾大桥，4月改建长33米、宽8.6米的大群铺桥，10月改建长62.1米、宽9.1米的龙头湾桥，11月改建长104.84米、宽12米的龙滚大

桥。2008年，2月改建长146.08米、宽12米的深田桥，3月改建长166.08米、宽12米的合口大桥。2010年，改建长103米、宽11.4米的太阳河大桥。

1993年，万宁开始建设集资房，全县共建集资房2555套，面积250390平方米。2008年10月，万宁市廉租住房第一期工程破土动工，2009年二至三期相继开工。至2010年，全市共建廉租房1676套，建筑面积80800平方米；经济适用房1716套，建筑面积205487平方米；公共租赁住房319套，建筑面积25100平方米；公共租赁周转房300套，建筑面积11284平方米。2009年，全市12个镇全面启动农村危房改造，至2010年共建房屋1368间，建筑面积129960平方米。

1992年1月，万宁建立社会养老保险制度。1994—1995年，万宁国有企业从业人员全部参加工伤保险。1995年6月，开始实施农村居民最低生活保障制度。1996年起，一些集体企业和私营企业参加工伤保险。1998年8月，万宁实施医疗保险制度。1999年以后，机关、事业单位的从业人员也按规定参加工伤保险；9月，万宁实施城市居民最低生活保障制度，保障标准为156元/人·月。2001年4月，重新修订《万宁市实施〈海南省经济特区城镇从业人员医疗条例〉方案》，把全市机关和企事业单位的从业人员全部纳入医疗保险范围。2002年1月1日，万宁市开始实施《海南省从业人员生育保险办法》。2005年，开始实施城乡居民医疗救助制度。2006年，万宁实施失地农民养老保险工作，到2010年失地农民参加养老保险2700人，享受养老保险待遇人员325人。2009年，万宁农垦系统保险工作移交万宁社会保障局管理，到2010年全市参保人数42083万人。

优先发展教育事业。教育经费实行财政预算并单列，开展以提高教育教学水平为核心的“教育质量年”活动，实施中小学教师全员培训，完善教师绩效工资制度，安排万城地区骨干教师到边远贫困地区支教，促进义务教育均衡发展，大力发展职业教育，整合职业教育资源，加快市职业技术学校建设。引进北师大附中优势办学资源，发挥名校品牌效应，促进办学水平大幅度提升。2009年4月，北师大万宁附属中学举行奠基仪式，规划用地353.79亩，总建筑面积72704.93平方米，总投资为20391.64万元。2010年建设万宁市思源实验学校，总投资约4821万元，校舍建筑面积22003平方米。2010年9月，万宁在原长丰中学校址建设万宁职业学校新校区。

发展公共医疗，加强疾病预防控制，大力发展社区卫生服务。截至2010年末，市级公立医疗预防保健及卫生监督机构有市人民医院、市疾病预防控制中心、市妇幼保健院、市皮肤病防治所、市结核病防治所和市卫生监督所等7个，镇卫生院18个，国营（华侨）农场医院6个，民营医院1个，社区卫生服务中心（站）7个，诊所（卫生所、医务院）74个，其他医疗机构5个。全市202个行政村共设有326个村卫生室，实现村卫生室100%覆盖。2010年建设万宁市人民医院新院（第一期工程），占地面积192亩，病床编制400张，计划投入资金2亿元。

七、依法行政，建设服务型政府

坚持依法治市、依法行政，认真执行市人大及其常务委员会的决议、决定，定期向市人大及其常务委员会报告工作。自觉接受市人大的法律监督、工作监督和政协的民主监督。认真办理人大代表、政协委员提出的议案，完善反腐倡廉监督机制，严肃查处各种违纪违法案件。深入开展普法教育，认真处理人民群众采集采访，及时化解社会矛盾和民间纠纷，深入开展"三讲"教育、"三个代表"重要思想、"科学发展观"等学习活动，提高各级领导干部和政府机关工作人员思想政治素质，机关作风明显好转。全面推行直接办理制、窗口服务制、社会服务承诺制，深入开展政务、厂务、村务公开，办事效率和服务质量不断提高。从1991年开始，政府每年公开承诺为民办十件好事实事，至2010年，从不间断。20年来，共为民办好实事200件。为方便群众办事，2005年，万宁市政务中心成立，大厅面积仅160平方米，只能采取"受理与审批分离"的运行模式。2009年，市委市政府根据社会经济发展要求和人民意愿，投入资金新建政务大厅，新建的政务大厅总面积1480平方米，设置38个服务窗口，把全市36个具有行政审批许可权的部门、297项审批项目集中在政务大厅各窗口受理办理，实行"一门受理、一次性告知、相关联办、现场审批、限时办结、统一收费"的工作模式，从2010年6月8日正式成立至6月底，当月共受理项目1356件，办结1319件，平均办结时间为1.5个工作日，与原来平均办结时间5个工作日相比，缩短了办结时限，赢得广大群众好评。

第三节　港澳事务和外事侨务

一、机构

1995年12月，经万宁县编制委员会批准组建万宁县外事侨务办公室，属政府工作部门，行政正科级建制。1996年1月16日，万宁县编制委员会核定批准万宁县外事侨务办公室职能配置、内设机构（岗位）和人员编制，核定行政编制10人。

2001年2月，根据中共万宁市委《关于万宁市党政机构设置的通知》，市外事侨务办公室由市政府工作部门改为市政府办公室挂牌机构。2010年3月，按照《万宁市人民政府办公室主要职责内设机构和人员编制规定的通知》，市外事侨务办公室为市政府办公室内设副科级机构，编制4人，工勤人员3人。

二、外事工作

接待来访　1991—2010年，接待来访的团组460个次，6800多人次，接待的主要团组有：1996年3月，泰国最高检察院副检察长威他耶·北禾蓬一行18人到万宁县参观访问，县长林玉权、副县长莫翠岗和外事办主任黄泰章接待，陪同客人参观兴隆热带花园并植树留念。2002年1月10日，斯洛伐克议长约瑟夫、半加什一行25人来访。2002年1月19日，西非共同体驻华大使一行30人到万宁市参观访问。2002年2月28日，乌克兰最高苏维埃主席议会议长普柳希代表一行50人到万宁市参观访问，市人大主任陈金云陪同客人参观兴隆热带花园并与客人植树留念。2002年3月30日，老挝人民革命党副主席朱马里率代表团到万宁参观访问，市委书记丁尚清陪同客人参观兴隆热带花园并植树留念。2003年9月20日，非洲共同体驻华使节团到万宁参观访问，副市长杨树岷陪同参观兴隆热带花园。

公务出访 1991年以后，万宁市（县）对外更加开放，经济迅速发展，与国（境）外的交流日益频繁，公务出访活动也随之增加，出访地主要有中国香港、澳门地区和新加坡、马来西亚、日本、泰国、印度尼西亚、澳大利亚、新西兰、挪威、美国、韩国等国家，出访目的主要有政事访问、友好访问、洽谈经贸、考察学习、技术培训等。出访的主要团组有：1994年5月，副县长严国华等6人团组赴美国考察，在美停留15天，出访目的主要是招商引资开发海南神州国际俱乐部项目；1994年7月，副县长谭进川等5人团组赴德国考察，引进了德国90年代AFG701-4“锆英砂超细磨粉”成套先进设备和生产工艺；1995年1月，县长林玉权等4人赴泰国考察菠萝汁加工设备和洽谈有关合作事宜；1997年，以市委书记、市长林玉权为考察团团长，一行7人赴挪威考察，引进资金4600万元建设大型供水工程合作项目；1999年11月9日，市委书记宋建海一行4人赴马来西亚参加第六届海南世界乡团联谊大会；2007年10月12—17日，市政府副市长赵微和市外事侨务办主任苏斌赴文莱参加第十届海南乡团联谊大会；2009年3月，市委副书记符立东等一行5人前往中国香港地区参加香港万宁同乡会成立一周年的庆祝大会；2009年4月21日至5月2日，市政府副市长、市商务局局长和市海洋与渔业局局长等一行3人随省商务厅、海洋与渔业厅组团前往欧洲参加2009年布鲁塞尔渔业博览会并考察欧盟水产品市场；2009年5月25—28日，市委书记李秀领、市长丁式江应香港中信泰富有限公司的邀请，赴中国香港地区参加该公司在香港召开的高层决策会议和项目投资决策；7月，市政府常务副市长赴中国香港地区参加香港万宁同乡会会议；10月28—30日，市外事侨务办主任苏斌赴新加坡参加第十一届世界海南乡团联谊大会。

智力引进 1991年，在省引进办的帮助下，聘请美国专家张保寿到万宁县技术指导种植香草兰，使万宁县香草兰种植获得成功。1994年，香草兰种植面积达到286亩，同年共收干豆340公斤，创汇23600美元。同年，县外事办聘请泰国韩珑元传授养殖斑节对虾的技术和经验，对虾养殖亩产量由原来75公斤提高到350公斤，取得较好的经济效益，对虾养殖技术在全省推广。为企业申报“对虾养殖技术”“香兰草种植技术”“锆英砂加工技术”引进项目，获得国家引进办资助10.49万元，借助款6.3万美元。

1995年10月，聘请荷兰专家斯巴塔恩到万宁县指导海水对虾养殖和防治技术。同年，引进日本原正市专家指导传授旱育稀植水稻技术，在万城镇月塘管区试种旱育稀植水稻13亩，获得平均亩产干谷315.7千克，与当地传统水稻亩产230.5千克相比，亩产量高出85.2千克，增产率为36.9%。同年，县外事办还为有关企业申报“人工标粗石斑鱼技术”“高瘦肉猪的饲养技术”等4个引进项目，人工标粗石斑鱼技术引进项目获得国家外专局批准。1991—2010年，市外事侨务办向国家外专局申报引智项目20个，获得国家外专局援助资金200多万元。

利民工程 2002—2010年，先后得到各国使领馆援助“利民工程”项目10个，援助资金250万元。“利民工程”主要援助项目有：2002年7月，后安镇群兴小学修建教师宿舍项目，获得德国政府无偿援助资金6万元，教育局配套资金3万元，修建教师宿舍6间，解决该校12名教师住宿难的问题。2004年，向美国驻华使馆申报建设后安镇安坡小学教学大楼项目，获得美国政府无偿援助资金81万元。2006年6月27日，万宁市南桥镇小管小学获得日本政府提供利民工程无偿援助资金38.3万元，兴建教学楼1幢。同年12月，万宁市三更罗石福小学获得日本政府提供利民工程无偿援助资金37.8万元，建设教学楼1幢。2007年8月，万宁市万城镇溪边小学获得荷兰政府小额无偿援助3.35万元，建造学校厕所。2008年1月，万宁市南桥中学学生宿舍楼建设项目获得日本政府提供利民工程无偿援助83317美元（约合人民币61.7万元）。同时，日本国誉株式会社独资公司国誉贸易（深圳）有限公司还向南桥镇中学捐赠1112个笔记本。

对外宣传 1991—2010年，市外事侨务办每年都开展对外宣传，向来访外宾、海外乡亲赠送《万宁简介》《万宁旅游指南》《万宁投资指南》《崛起的万宁》《海南侨报》《万宁政务》等宣传材料，共8000多份。

三、侨务工作

侨务扶贫 1991—1992年，共扶持归侨困难户12户，发放扶贫资金6万元发展生产。1995年，发放扶贫款7.5万元，扶持龙滚镇归侨侨眷11户创办2个扶贫示范点。开发种植菠萝300亩，鱼塘18亩，种植杨桃17亩，种植槟榔4000株。1996年，发放扶贫款3.2万元，扶持龙滚镇新市村委会12户归侨侨眷困难户组成的联合体，发展立体农业。2002年，发放扶贫款7万元，扶持7户贫困归侨侨眷户发展菠萝种植、东山羊饲养、水产养殖等项目。2003年，发放扶贫款6.2万元，扶持6户贫困归侨侨眷，创办种养业联合体1个。至2010年，累计发放扶贫资金58万元。

落实侨房政策 1991—1995年，落实农村侨房40间，面积4831.11平方米；落实城镇侨房23间，面积3114.56平方米，基本完成侨房政策落实工作。2001年开始，实施侨居工程，主要采取“四个一点”的做法，即争取省侨办拨一点，市民政局配套一点，镇政府或村里支持一点，个人自筹一点，落实建房或维修房屋资金。至2010年，共发放侨居工程款65万元，帮助101户无房或危房的归侨侨眷贫困户新建或维修房屋。

发放归侨退休职工生活补贴 2006年，省人事劳动厅、省外事侨务办公室、省财政厅联合下发《关于发放归侨退休职工生活补贴的通知》，在国家机关和企事业单位工作并在本省办理退休手续的归侨职工，其月退休费（养老金）低于当地从业人员上年度月社会平均工资的，每人每月定额发给生活补贴。市外事侨务办公室为符合条件的归侨退休职工办理增加生活补贴手续。至2010年，给398名归侨退休职工发放生活补贴，每人每月补贴100元，总计106万元。

侨务信访 1991—2010年，共受理解决华侨华人、归侨侨眷来信来访1020多件次。1996年，归侨知识分子王世辉早年在礼纪小学任教，后因语言不通擅自离队，62岁的王老孤身一人，多次向市教育局申诉照顾晚年生活，但多年来未得到解决。市外事侨务办公室接到申诉后，与教育、劳动人事等部门协调，安排王世辉在市光荣院安度晚年。同年6月，归侨谢章农向市外事侨务办公室申诉，1961年其因病从国营新中农场退职回家，晚年生活没有保障，市外事侨务办公室到新中、龙滚、琼海等地调查取证，并将情况向市政府报告，市政府做出决定给予谢章农发放定额生活补贴，由市财税局拨给每月补贴费70元，使归侨谢章农晚年生活有了保障。1997年，龙滚镇凤园村委会岭头村海外侨民会代表谢善金博士等人来信申诉,该村谢氏宗祠被岭头村经济社(生产队)长期占用,诉求退还原主,后经市外事侨务办公室出面调解,终使谢氏宗祠退还原主。1999年,马来西亚侨胞黄桂春在祖籍北坡镇保定村发生祖坟移迁纠纷,后经市外事侨务办公室出面调解,制止了冲突,妥善解决祖坟移迁问题。1999年,山根乡华明村委会归侨符献仁,双眼患白内障,生活不能自理,市侨务部门知情后,主动与市民政局和市人民医院联系,给他做了眼部手术。2002年,后安镇曙光村委会冯村侨眷冯荣等人来信来访申诉,该村麻山坡10多座华侨祖墓将在农田整治中被移迁,市外事侨务办走访后安镇政府、曙光村委会和冯村,了解情况,实地查看,后将调查情况书面报告市政府,提出合理的处理意见,终使该村10多座华侨祖墓在农田整治中保留下来。

对外联谊 1991—2010年,共向海外社团和知名人士寄发慰问信、贺年卡2800多份,赠送各种宣传资料2500件、书籍1800册、宣传录像带600盒。共接待回乡海外乡亲6000多人次,利用椰子节、县庆、市庆、欢乐节、乡团联谊会等重大庆典之机,邀请海外侨领、知名人士回乡,观光考察。

1991年,万宁县举办建县1360周年的县庆活动,邀请海外侨领、知名人士及海外乡亲代表85人参加。1994年11月,马来西亚槟榔屿万宁同乡会在万宁县成功举办马来西亚第三届万宁嘉年华会。海外乡亲代表200多人欢聚一堂,共叙乡情。1999年5月25—27日,由市外事侨务办主办,市归国华侨联合会、市团委和马来西亚万宁同乡会总会协办的“99马来西亚万宁籍(祖)青少年夏令营”,在万宁东山岭隆重举行,两地青少年共42人参加。2000年12月14—17日,由市外事侨务办、马来西亚万宁同乡会总会、市归国华侨联合会主办,共青团万宁市委员会、万宁中学、马来西亚雪隆万宁同乡会、槟城万宁同乡会、马六甲万宁社、柔佛州万宁同乡会协办的“2000马来西亚万宁籍(祖)青少年冬令营”在兴隆旅游区举行,参加冬令营的两地青少年共65人,其中来自马来西亚的万宁籍(祖)青少年45人。2001年,万宁市派出市委常委、宣传部部长吴淑香和市人大常委会副主任李开政赴泰国参加世界第七届海南乡团联谊大会。2004年3月31日至4月1日,万宁市举办第八届世界海南乡团联谊会(万宁分会场)活动,参加这次活动的有来自马来西亚、新加坡、美国、柬埔寨、新西兰、澳大利亚等7个国家和中国香港、澳门、台湾地区的82位境外乡亲代表。2004年5月6—24日,应马来西亚雪隆万宁同乡会的邀请,市长张志平、市人大常委会副主任岑少霞等团组一行6人出访马来西亚参加雪隆万宁同乡会新会址庆典活动,出访期间,代表团还拜会了马来西亚海南会馆,马来西亚马六甲万宁社、马来西亚槟榔屿万宁同乡会社团侨领等海外乡亲代表。

四、侨胞和港澳同胞投资、捐资

(一)投资创业

1992年,香港同胞郑文泰投资1612万元,在万宁兴隆创办兴隆热带花园旅游业;祖籍北坡镇保定村的马来西亚侨胞黄桂春、黄成福、黄名镇和祖籍北坡镇保定村的香港同胞李嘉伟投资1000万元,创办海南万隆房地产开发有限公司,开发建设万宁万隆华侨新街。1993年,祖籍后安镇良田村的马来西亚侨胞祝清坤和马来西亚乡亲赖天恕投资320万元,在万宁和乐镇创办海南万昌发养猪场。1994年,祖籍礼纪镇贡举村香港同胞曾庆彪投资810万元在万宁创办二月花酒店。1995年,曾庆彪又投资

300万元创办海南钻茂超声波工程有限公司,生产超声波振荡清洗设备。同年,祖籍万城镇的新加坡侨胞王明川,投资24万美元,在万宁文明街创办海南文明大厦有限公司,建设文明大厦(酒店)。1996年,马来西亚乡亲赖相皇投资24万美元,在龙滚镇成立万宁赖兄弟农业有限公司,发展畜牧养殖业。1998年,祖籍万城镇的香港同胞任良广在礼纪镇投资460万美元,创办海南任氏实业有限公司,创办黄河家具厂。2001年,新加坡乡亲林春光投资1940万美元,成立海南好士敦海洋生物科技公司,在英豪半岛发展水产养殖业。1991—2010年,华侨华人、港澳同胞在万宁投资的侨资企业累计有30家,共投资4.83亿元。

(二)公益事业

1991—2010年,海外华侨华人和港澳同胞支持家乡的文化教育、文明生态村建设,修建乡村道路、建水井、建医院、救灾等,共捐资捐物折合人民币5800多万元。1992年,祖籍后安镇良田村的马来西亚侨领祝清坤捐资130万元,创办后安清坤小学,设立教学奖励基金30万元。2000年,又捐资60万元,建设清坤小学科学馆。同年,万宁市发生历史罕见的特大洪灾,马来西亚万宁同乡总会向故乡人民捐赠7500千克大米;祖籍万城镇的新加坡侨胞王明福先生向市红十字会捐款1万元。

2001—2010年,祖籍万城镇的香港同胞任良广先生累计捐款捐物折合430万元,为万宁市白内障患者做复明手术,修建万宁中学篮、排球场,为龙滚镇建设桥梁,捐助修建校舍资助失学儿童、捐助特困大学生上学,建设生态文明村,救助特困户、五保户等。

附1:海南省人民政府表彰并授予荣誉称号的万宁华侨及港澳人士

1992年4月6日

郑文泰(爱琼赤子)、祝清坤(爱琼赤子)、

李城燕(爱琼赤子)

1993年4月8日

黄桂春(赤子楷模)、卓训熙(赤子楷模)、卓伟(爱琼赤子)、

祝清坤(爱琼赤子)、陈台神(爱琼赤子)

1994年4月8日

陈台神(赤子楷模)、卓伟(赤子楷模)、黄桂春(赤子楷模)、

许禄谦(赤子模范)、黄桂春(爱琼赤子)、

梁源居(爱琼赤子)

1998年4月12日

黄桂春(赤子楷模)、郑文泰(赤子模范)、

祝清坤(爱琼赤子)、韩春梅(爱琼赤子)、

陈台神(杰出台商)、潘大川(杰出台商)

2006年2月24日(1998—2004年以来有突出贡献)

郑文泰(赤子楷模)、曾庆彪(赤子楷模)、任良广(赤子楷模)、

朱德明（赤子楷模）、

任良广（赤子模范）、祝清坤（爱琼赤子）、黄雄忠（爱琼赤子）、

李嘉伟（爱琼赤子）

附2：万宁市人民政府表彰并授予荣誉称号的万宁华侨及港澳人士

万宁市特等荣誉市民：

祝清坤 韩春梅（女） 任良广

万宁市荣誉市民：

李嘉伟 郑文泰 黄桂春 潘大川 许清直 卓训熙

上西康青 青山康夫

爱乡模范：

谢门照、邢定颜夫妇

爱乡赤子：

谢组明 谢组安 谢组梅（女） 谢怡金（女） 李琼洋

符圣任 冯俊新 陈启云 陈光荣 文清海 文进益

吴世才 许禄谦 王永雄 谢一龙 钟健光 黄敦礼

李琼兰 王 琨 梁崑生 刘运添 陈训才 黄雄忠

朱运吉 陈华茂 李耀平 王利华 郭远世 冯锦飞

蔡业

第四节 法制工作

一、机构

1992年10月8日，成立万宁县人民政府行政复议办公室，为县政府办公室内设机构。1996年11月21日，改称为万宁市人民政府法制办公室，挂靠市政府办公室。至2010年，为万宁市人民政府办公室内设机构。

二、文件审核

自1996年起，市政府法制机构开始参与规范性文件审核，同年审核3件。2005年起按《海南省规范性文件制定与备案登记规定》向海南省政府报送备案，并审查各镇（区）、各部门报备的规范性文件，做到备案率、及时率、规范率达100%，形成规范性文件管理规范化，至2010年共计审核市政府规

范性文件863件。

2010年，根据《万宁市规范性文件清理工作方案》的要求，市法制办组织对全市规范性文件进行全面清理，共废止文件187件、修改69件。同年9月起，实行规范性文件网上发布制度。

三、执法监督

执法责任制 1996年，市政府法制办牵头建立行政工作规范制度。2007年，建立万宁市行政执法部门执法责任制度，全市45个单位全面推行行政执法责任制工作。2008年组织对全市各单位行政执法依据进行梳理，全市32个具有行政执法权的单位对照本单位的行政执法事项，逐项进行执法依据梳理，相继出台《万宁市行政执法评议考核办法》《万宁市行政执法过错责任追究办法》等规章制度，严格执行行政执法过错责任追究相关规定。

行政处罚 1996年《行政处罚法》实施后，万宁市政府法制办会同各有关部门组织开展执法检查，督促行政处罚行为规范行使。2008年，市政府法制办正式施行行政执法案卷评查年度制度，市法制办每年都组织开展行政执法案卷检查活动，由市法制办牵头组织市监察局、市司法局、市政务服务中心等单位组成检查组，对32个具有行政执法权的单位进行依法行政工作检查，抽取130宗行政执法卷宗进行抽样评查，对16个存在执法主体不合法、事实认定不清楚、使用法律不正确、程序不合法、格式文本不规范等明显错误的行政执法卷宗要求立即整改。在2009—2010年执法卷宗抽样评查中，要求整改24件。

行政许可 自2005年起，全市组织大规模的《行政许可法》培训宣传活动，同年市法制办组织法制讲座31场次。2010年共举办法制讲座63场次、执法人员培训班1期。制定统一受理行政许可申请、统一送达行政许可的工作制度，发布《万宁市行政许可过错责任追究办法》，建立行政许可工作责任追究制。同年，梳理出全市政务服务事项437项。

执法证件 自2008年起，按省政府的工作要求，组织报送具有大学专科以上学历且具有法定行政执法职权的行政机关、法定授权组织、受委托组织、派出机构等从事行政执法工作的在编在职人员参加行政执法人员资格考试，并每年7月定期举办专题培训班。至2010年，组织执法人员参加省行政执法人员执法资格考试1827人次，考试合格统一颁发海南省行政执法证的人员达到1356人。

四、复议应诉

1990年的《行政诉讼法》《行政复议条例》和1999年的《行政复议法》颁布实施，是行政复议应诉工作的三个重要节点，经过10多年的发展，万宁市的行政复议和应诉工作从无到有，逐步规范。

行政复议 1992—2000年，共收到复议申请78件，受理76件，办结76件。2001—2005年，共收到复议申请64件，受理件64件，办结64件。2006—2010年，共收到复议申请89件，受理件89件，办结89件。1993—2010年，不服市政府的具体行政行为、向海南省政府申请行政复议案件71件，其中审理后维持原议的案件58件，当事人撤诉4件，撤销9件。

行政应诉 1992—2010年，市法制办共承办市政府应诉案件278件，其中1992—2000年，出庭应诉案件67件,其中判决维持原议的30件,判决驳回诉讼请求的15件,裁定驳回起诉的10件,判决撤销的9件,当事人撤诉的3件。2001—2005年,出庭应诉案96件,其中判决维持的49件,判决驳回诉讼请求的12件,裁定驳回起诉的17件,判决撤销的16件,当事人撤诉的2件;2006—2010年,出庭应诉案件131件,其中判决维持的53件,判决驳回诉讼请求的31件,裁定驳回起诉的19件,撤销23件,当事人撤诉5件。应诉案件涉及的案情主要以土地、房产管理为主,其中在拆迁过程中的行政行为违反程序法是导致政府败诉的主要原因。

第五节 信访工作

一、机构

1991年,万宁县信访办公室,隶属于县政府办公室,配备有8名干部,领导职数一正二副。1996年8月,撤县设市,相应改为"万宁市信访办公室"。2001年8月,万宁市信访办公室更名为万宁市信访局,副科级建制,编制3人,隶属于市政府办公室,配备3名干部,其中一名局长。2006年11月,万宁市机构编制委员会同意给市信访局增加2名行政编制,信访局编制增至5人。2010年3月,万宁市人民政府办公室发文规定信访局为市政府办内设机构,副科级单位,设置正局长1名(副科级),副局长1名(股级)。

二、信访网络建设

1991年,根据县委、县政府信访工作的要求,各部、委、办、局的信访工作,由一名领导和一名专职或兼职信访干部负责;各乡镇设立信访领导小组,配备3人,由党委副书记任组长,成员由一名副乡(镇)长和一名专职或兼职信访干部组成,乡镇辖下的管区均配备一名信访信息员,形成县(市)、乡镇、管区三级信访网络,矛盾纠纷得到及时化解,信访事项得到有效解决。同年,建立县委、县政府领导干部接待日制度,规定每周星期五下午为县领导干部接待日,县领导轮流值班接访。2004年9月,建立万宁市处理信访突出问题及群体性事件联席会议制度,由市委副书记任总召集人,下设办公室,办公室设在市信访局,由35个机关单位任成员,设有5个专项工作小组。至2010年12月,共召开15次信访联席会议,讨论制定信访工作机制,解决信访历史遗留问题等事宜。

2008年3月,开始互联网上信访事项的受理工作,工作人员把信访人在互联网上反映的信访事项经过整理,转交相关单位办理,办理完成后,在互联网上给予信访人答复。至2010年,共受理网上信访事项135件,办结115件。

自2008年起,每年举行一次市委书记和政法系统领导干部联合大接访活动。2009年制定下发《中共万宁市委办公室、万宁市人民政府办公室转发关于建立健全领导干部接待群众来访长效机制意见的通知》,要求采取现场接访、带案下访、重点约访等方式深入开展领导干部大接访大下访活动,解决当前发生的信访突出问题及信访积案。制定《矛盾纠纷排查化解工作制度》，对不稳定因素进行全面排查。重点排查化解由社会“热点、难点”问题引发的上访问题；排查久调不决的矛盾纠纷；排查群体性事件。至2010年，共举行3次大接访，市领导有26人次参加联合大接访活动，共接待上访群众162批、1342人次。

三、信访案件处理

1991—1995年，万宁县信访总量较少，共772件次，群众信访主要以来信为主。信访工作以化解群体访案件为重点，成功调解了四川峨眉山市对外贸易公司和二十二矿厂联办铁合芯生产线厂，征地100亩，与当地群众产生的纠纷问题。

1996—2000年，信访总量有所增加，共3386件次，特别是上访人次增加的幅度较大。主要采取分片包干、实地调查处理的方式，及时化解各类矛盾纠纷问题。成功解决了万城粮所20多名退休工人的工资问题。

2001—2005年，群众上访的人次和来信都明显增加，共9945件次。主要采取加强基层人民调解、行政调解和司法调解工作，切实化解重信重访问题。对东澳镇龙山村委会群众反映采钛者乱采滥挖、破坏水利设施和防风林带，造成群众生产、生活环境恶化的问题进行调查处理，整顿取缔了采钛作业，填复钛堀，恢复生产条件。

2006—2010年，群众信访主要以上访为主，共3725件次。按照“属地管理、分级负责、谁主管、谁负责”的原则，及时化解各类信访问题，特别是重信重访、越级上访、历史遗留等问题，信访案件办结率逐年提高。2008年，市财政拨出3000多万元解决市工商系统下岗分流人员反映的工资待遇、生活补助、养老保险等问题；拨出专款4102万元，一次性全部偿还市政府历年拖欠的教职工工资；治理万宁水库周边非法采矿，出动人员330人次，其中警力60多人次，共打击取缔库区非法采钛点25个。

1991—2010年万宁市（县）群众来信来访情况统计表

表12-8　　　　单位：件、%

年 份	信访总数	其 中		办结情况	
		来信	来访	数量	办结率
1991	151（按人次统计）	61	90（按人次统计）	—	—
1992	162（按人次统计）	51	111（按人次统计）	—	—
1993	172（按人次统计）	58	114（按人次统计）	—	—
1994	154（按人次统计）	57	97（按人次统计）	—	—
1995	133（按人次统计）	81	52（按人次统计）	—	—
1996	145（按人次统计）	48	97（按人次统计）	—	—

续表 12-8

年份	信访总数	其中		办结情况	
		来信	来访	数量	办结率
1997	333(按人次统计)	247	86(按人次统计)	—	—
1998	810(按人次统计)	231	578(按人次统计)	—	—
1999	1066(按人次统计)	224	842(按人次统计)	—	—
2000	1032(按人次统计)	269	763(按人次统计)	—	—
2001	906(按人次统计)	285	621(按人次统计)	—	—
2002	1521(按人次统计)	331	1190(按人次统计)	—	—
2003	1323(按人次统计)	208	1115(按人次统计)	—	—
2004	3654(按人次统计)	168	3486(按人次统计)	—	—
2005	2541(按人次统计)	55	2486(按人次统计)	—	—
2006	2485(按人次统计)	61	2424(按人次统计)	—	—
2007	198(按批次统计)	45	153(按批次统计)	179	90.4
2008	418(按批次统计)	41	377(按批次统计)	385	92.1
2009	335(按批次统计)	55	280(按批次统计)	313	93.4
2010	289(按批次统计)	49	240(按批次统计)	275	95.2

第六节 民族宗教事务管理

一、机构

1991年,万宁县委统战部内设宗教事务组。1995年11月,宗教事务组从县委统战部划出,并入万宁县民族事务工作委员会,改设为万宁县民族宗教局,归口县委统战部,为副科级建制。1997年撤县设市后,从市委统战部划出,列入政府工作部门序列,更名为“万宁市民族宗教事务局”,为副科级建制。

2001年8月又归口市委统战部,列入市委工作部门序列,为副科级建制。2009年机构改革,设置万宁市民族宗教事务局,与市委统战部合署办公,列入市政府工作部门序列,为正科级建制。设3个股级职能机构:办公室、民族事务股、宗教事务股。行政编制5人,领导职数为一正二副。至2010年,单位名称、机构设置未变。

二、民族事务

1991年，万宁县政府投入资金共计22.03万元，帮助少数民族地区改善生活条件。1995年，投入54万元，支持教育事业、卫生事业及民族干部培训。2000年，帮助少数民族地区改造民房321户，面积26733平方米，受益人口1555人。2005年，改造危房270户，维护少数民族居住地区村道7.7公里，建桥梁2座，农田水利设施2处、渡槽1座、拦水坝1座，受益人口共计19689人。

2010年，市政府投入160.6万元，用于改造少数民族地区的危房150户，改造面积达10390平方米，受益人口1250人；投入363万元，用于维修村道11条，全长24.95公里，其中硬化道路8条，长9.55公里；投入20万元用于扶持六角岭山鸡养殖推广项目。

三、宗教事务

万宁地区主要的宗教有佛教和基督教。1991—2010年，经市（县）民宗局批准设立的佛教活动场所有潮音寺和广善庵。至2010年，每年元旦、除夕夜、菩萨圣诞日，在潮音寺举办祈福法会、放生及书写字画等活动。

至2010年，经政府批准登记的基督教活动场所共有14处，其中教堂9处，固定活动场所5处，分别为基督教勤赛堂、基督教禄马堂、基督教万州上堂、基督教番村堂、基督教北坡堂、基督教上城堂、基督教东兴堂、基督教兴隆堂、基督教合山堂；基督教南桥固定活动处所、基督教乐善固定活动处所、基督教新海固定活动处所、基督教加朝固定活动处所、基督教田新固定活动处所。

1991—2010万宁市（县）政府在少数民族地区投入项目一览表

表12-9　　单位：万元

年份	项目名称及内容	项目投资	社会效益
1991	建5间学校校舍	14	改善办学条件，提升教育质量
	修建村道2条18公里	4.5	—
	架设3个村电线	1.5	解决3个村照明用电
	打井7口	0.7	解决7个村庄256人饮水难问题
	帮助灾后重建、恢复家园	1.33	—
1992	扶持创办木制加工厂以及投入教育、卫生事业	17.5	—
1993	打井7眼	4	—
	扶持少数民族农民饲养黄牛、海狸、珍珠熊等动物	6.5	—

续表12-9

年份	项目名称及内容	项目投资	社会效益
	改造民房1100户，面积76692平方米	110	—
	建7间学校校舍	23.6	—
	扶持发展淡水养殖8亩	2.8	—
1994	扶持种植槟榔1500株、糖蔗50亩，打井、拉电灯以及文教、卫生事业	22.8	—
	支持5间中小学校搞建设	17.3	—
1995	支持教育事业、卫生事业及民族干部培训	54	—
	改造民房474户	—	—
1996	补助民族地区工作的干部、教师及医务人员50人，每人400元	2	—
	改造民房514间，43176平方米	—	受益人口2914人
1997	改造民房255户，面积22749平方米	—	受益人口1287人
1998	改造民房694户，面积58553平方米	—	受益人口3609人
1999	改造民房102户，面积32156平方米	—	受益人口2210人
	建桥梁1座,修建道路1条长6公里,建学校宿舍400平方米	100	—
2000	改造民房321户，面积26733平方米	—	受益人口1555人
2001	改造民房271户，面积16260平方米	80	受益人口1385人
2002	改造危房202户，面积12280平方米	27	受益人口1018人
	建桥梁1座，饮水工程1宗，维修村道1条长1.3公里，建小学教师宿舍200平方米	50	受益人口386人，解决10名教师住宿难问题
2003	改造危房220户，面积13280平方米	40	受益人口1178人
	建桥梁1座，维修村道6公里	50.5	受益人口5287人
2004	改造危房258户，面积17388平方米	65	受益人口1298人
	维修村道7.5公里，建桥梁1座长44.8米	133.65	受益人口2823人

续表12-9

年份	项目名称及内容	项目投资	社会效益
2005	改造危房270户	—	受益人口1689人
	维修村道7.7公里，建桥梁2座，农田水利设施2处、渡槽1座、拦水坝1座	—	受益人口18000人
2007	改造危房260户，面积1768 0平方米	65	受益人口1568人
	维修村道18.5公里，其中硬化道路1.8公里；建小型桥梁1座	84	受益人口4846人
2008	改造危房150户，面积10280平方米	283.82	受益人口923人
	维修村道8条长34.4公里，其中硬化道路2条长2.53公里	265	—
2009	改造危房150户，面积10390平方米	184	受益人口1200人
	维修村道5条长9.8公里，其中硬化道路3条长3.1公里；建饮水工程2宗	270	—
	建卫生院医务人员住房1宗	108	—
2010	改造危房150户，面积10390平方米	160.6	受益人口1250人
	维修村道11条长24.95公里，其中硬化道路8条长9.55公里	363	—
	扶持六角岭山鸡养殖推广项目一个	20	为贫困少数民族群众无偿提供山鸡种苗60000只
合　计		2632.10	

第七节 机关事务管理

一、机构

1996年1月，成立万宁县机关事务管理局，内设办公室、大楼管理股、保卫股、综合股，为正局级事业单位，核定事业编制90人。8月撤县设市，更名为万宁市机关事务管理局。2004年12月，增设公务小汽车定编办公室。2007年7月，转万宁市人民政府管辖，为正科级事业单位，核定财政全额预算管理事业编制77人，内设机构未变。同年8月，列入参照公务员法管理范围。2009年11月，增设公共机构节能工作管理办公室。至2010年，内设机构为办公室、大楼管理股、保卫股、综合股、公务小汽车定编办公室、公共机构节能工作管理办公室，编制77人。

二、后勤保障服务

1996年，在市委、市政府大院建设篮球场1个、羽毛球场2个。至2009年，分别在市委大院建设3幢住宅楼，解决了市委市政府大院66户干部职工居住的土木结构危房问题。

2007年，投入资金130多万元，改造市党政综合办公大楼前后停车场和大院出入主道，增加70个停车位；对大院自来水管道进行整体改造，为大院生活用水安全提供保障；改造市政府旧办公楼庭院土木结构车库危房，建成9间混凝土停车库，解决部分单位工作用车停放问题。

2008年，对市委、市政府大院近600户的用电主线和入户线路、用户电表进行全面的电网改造，建成省安全用电示范小区，每年可节约电费15万元；同年，投入19万元，按期完成市委市政府大院44幢楼房的防雷设施维修整改。

2009年，投入60多万元建造40平方米发电机房，并购置功率440千瓦柴油发电机一部，以更换旧机；同年，修建水泥硬化大院道路4条，总长80多米；投入资金20多万元改造市政府旧办公楼外围临街铸铁栏杆围墙211.7平方米；改造出入主道路344.5平方米；安装照明灯具18套；铺设彩砖540平方米、路缘石110米，安装石椅6张。

2007年至2010年，市委、市政府大院共种植印度紫檀、非洲楝等树木1000多株，绿篱700多米，绿地960平方米。平均每年完成市党代会、市"两会"、视频会议、部门工作会议等各类大小会议服务600余场次、制作横幅80条。

三、公务用车管理

1996—2004年，市机关事务管理局主要负责市领导工作用车的保养、维护和调度工作，保障市领导工作用车。2004年12月，增设万宁市公务小汽车定编办公室，进一步明确具体工作职责。2005年，对全市各单位的公务车辆配置情况及技术状况进行汇总，完善全市公务车辆数据库，按标准核定全市各单位一般公务用车编制。至2010年，市机关事务管理局公务小汽车定编办公室每年定期为全市各单位的公务用车办理定编证和进出省委省政府机关大院车辆通行证，按时缴纳全市机关单位工作车辆年度的车船使用税，为各单位公务车辆开展工作提供便利服务。同时，每年组织各单位司机人员参加道路交通安全法等相关法律法规知识培训班一期。万宁市政府办公室《关于印发万宁市行政事业单位公务用车购置和处置管理程序的通知》印发后，市机关事务管理局公务小汽车定编办公室协助配合市纪委、市财政局等部门，进一步制定完善车辆购置和报废审批备案制度，对全市各单位公务用车按单位、按车辆建档，做到一车一档，加强公务车辆的规范管理。

四、公共机构节能

2008年，万宁市印发《万宁市贯彻〈公共机构节能条例〉实施方案》《公共机构节能工作联席会议制度》《万宁市2009—2010年公共机构节能规划》，对节能工作进行具体安排与部署。完成全市2005—2008年度公共机构的能源资源能耗统计，制定印发《关于印发能耗统计机关编码的通知》《关于印发万宁市公共机构节能联络员工作办法的通知》等；2009—2010年，每年在全市范围内开展"节能宣传周"活动一次，共发放节能宣传画1110份、节能知识手册2650份；制作节水节电标识；组织开展能源紧缺体验活动、地球"一小时"活动等公共机构节能工作。至2010年，在市委市政府大院中安装太阳能示范灯10盏。

第三章 政协地方组织

第一节 政协委员

1990—2010年，万宁市（县）政协产生5届委员会，即第五届、第六届 、第七届、第八届、第九届政协委员会。

第五届政协委员由中国共产党、中国民主同盟、中国民主促进会、无党派人士、中国共青团、总工会、妇女联合会、工商联、医药卫生界、科学技术界、文化艺术界、教育界、体育界、农林界、社会救济福利团体、少数民族、归国华侨、宗教界、特别邀请人士等19个界别组成，共115人。其中中共党员15人，占委员总数的13%；非中共党员100人，占委员总数的87%；本届共有女委员14人，占委员总数的12.17%。任期3年。

第六届政协委员由中国共产党、中国民主同盟、中国民主促进会、中国共青团、总工会、妇女联合会、工商联、文化艺术界、科学技术界、社会科学界、农林界、教育界、体育界、新闻界、医药卫生界、对外友好团体、宗教界、科学技术协会、经济贸易界、黄埔学校学生、特别邀请人士等21个界别组成，共130人。其中中共党员33人，占委员总数的25.4%；非中共党员97人，占委员总数的74.6%；本届共有女委员13人，占委员总数的10%；有少数民族委员7人，占委员总数的5.38%。任期5年。

第七届政协委员由中国共产党、中国民主同盟、中国民主促进会、中国共青团、总工会、妇女联合会、工商联、文化艺术界、科学技术界、社会科学界、农林界、教育界、体育界、新闻界、医药卫生界、对外友好团体、社会救济福利团体、少数民族、归国华侨、港澳台同胞、海外华侨台属侨眷联合会、宗教界、科学技术协会、经济贸易界、黄埔学校学生、特别邀请人士等26个界别组成，共167人。其中中共党员53人，占委员总数的31.7%；非中共党员114人，占委员总数的68.3%；本届共有女委员19人，占委员总数的11.37%。任期5年零1个月。

第八届政协委员由中国共产党、中国民主同盟、中国民主促进会、无党派人士、中国共青团、总工会、妇女联合会、工商联、经济贸易界、科学技术协会、华侨联合会、台胞台属侨眷、文化艺术界、科学技术界、社会科学界、农业界、教育界、体育界、新闻界、医药卫生界、对外友好人士、社会福利与社会保障界、少数民族界、宗教界、特别邀请人士等25个界别组成,共187人。其中中共党员69人,占委员总数的36.9%;非中共党员118人,占委员总数的63.1%;本届共有女委员25人,占委员总数的13.37%。任期4年。

第九届政协委员由中国共产党、中国民主同盟、中国民主促进会、无党派人士、中国共青团、总工会、妇女联合会、工商联、科学技术协会、归国华侨联合会、台湾同胞联谊会、文化艺术界、科学技术界、社会科学界、经济贸易界、农业界、教育界、体育界、新闻界、医药卫生界、对外友好人士、社会福利与社会保障界、少数民族界、宗教界、特别邀请人士等25个界别组成,共183人。其中中共党员62人,占委员总数的33.9%;非中共党员121人,占委员总数的66.1%;本届共有女委员30人,占委员总数的16.39%。任期5年。

1988年建省后,至2010年,海南省政协产生了5届委员会。1—5届海南省政协委员会,万宁(县)市(县)共有17人当选为省政协委员。

1988—2010年万宁市历届省政协委员一览表

表12-10

届　别	姓名	性别	民族	籍　贯	政治面貌
第一届(1988.8—1993.1)	陈开岩	男	汉族	万宁	中共党员
	许秀年	男	汉族	万宁	中共党员
	黄光荣	男	汉族	万宁	无党派
	黄菊梅	女	黎族	万宁	中共党员
第二届(1993.1—1998.4)	严国华	男	汉族	万宁	中共党员
	司永泽	男	汉族	琼海	中共党员
	黄光荣	男	汉族	万宁	无党派
第三届(1998.4—2003.1)	严国华	男	汉族	万宁	中共党员
	司永泽	男	汉族	琼海	中共党员
	黄光荣	男	汉族	万宁	无党派
第四届(2003.1—2008.1)	欧德荣	男	汉族	万宁	中共党员
	林天学	男	黎族	万宁	中共党员
	吴淑香	女	汉族	万宁	中共党员
第五届(2008.1—)	吴淑香	女	汉族	万宁	中共党员
	林天学	男	黎族	万宁	中共党员

第二节 政协委员会

一、政协万宁县第五届委员会

政协万宁市常务委员会由主席1人、副主席和常务委员若干人、秘书长（第五、六届称办公室主任）1人组成。

1990年4月至1992年5月，政协万宁县第五届委员会共举行了4次全体委员会议。

第一次会议 1990年4月29日至5月1日在万城召开，出席委员105人，列席15人，黄光荣致开幕词，许寿年做县政协工作报告，陈开岩致闭幕词。会议听取和审议县政协第四届委员会工作报告，听取县委领导所做的政治报告，学习党中央《关于坚持和完善中国共产党领导的多党合作和政治协商的意见》，列席县人大九届一次会议，选举产生县政协第五届委员会主席、副主席、常务委员。

第二次会议 1990年12月27—28日在万城召开，出席委员106人。会议听取并审议陈开岩所做的政协工作报告，听取并讨论县政府工作报告等，增选副主席2人、常委1人。委员还列席市人大九届二次会议。

第三次会议 1991年4月21—22日在万城召开，会议听取并审议陈开岩所做的政协工作报告，列席市人大九届三次会议，听取并讨论县政府工作报告等，调整县政协内设机构。

第四次会议 1992年5月17—19日在万城召开，会议听取并审议陈开岩所做的政协工作报告，列席市人大九届四次会议，听取并讨论县政府工作报告等。

二、政协万宁县（市）第六届委员会

1993年4月至1997年3月，政协万宁县（市）第六届委员会共举行了6次全体委员会议。

第一次会议 1993年4月20—24日在万城召开，出席委员126人。会议听取并审议政协万宁县五届常委会工作报告和政协万宁县五届委员会提案工作报告；列席县人大十届一次会议；通过相应的决议。委员会选举产生政协万宁县（市）第六届委员会主席1名、副主席6名、常委23名；还通过内设机构的有关人事任免；会议收到委员提案51件。

第二次会议 1994年3月14—17日在万城召开，出席委员129人。会议听取县委领导讲话；听取并审议政协工作报告和政协六届一次会议以来提案工作情况的报告；列席县人大十届二次会议；通过相应的决议；会议收到委员提案38件。

第三次会议 1995年3月8—10日在万城召开，出席委员128名。会议听取县委领导讲话；审议政协工作报告和政协六届二次会议以来提案工作情况的报告；列席县人大十届三次会议；通过相应

的决议；会议收到委员提案45件。

第四次会议 1996年3月11—13日在万城召开，出席委员145名。会议听取县委领导讲话；听取并审议政协工作报告和政协六届三次会议以来提案工作情况的报告；列席县人大十届四次会议；通过相应的决议；会议收到委员提案43件。

第五次会议 1996年11月13日在万城召开，出席委员132人。会议审议通过撤县设市后机构、领导职务和委员名称更改的决议；审议通过关于撤县设市原政协万宁县委员会领导职务名称更改的决议；审议通过关于许志光、刘明锋不再担任副主席的决议和免去陈超市政协常委职务的决议；列席市人大十届五次会议。

第六次会议 1997年3月3—5日在万城召开，出席委员136名。会议听取并审议了政协工作报告和政协六届四次会议以来提案工作情况报告；听取市委领导讲话；列席市人大十届六次会议；通过相应的决议；会议收到委员提案46件。

三、政协万宁市第七届委员会

1998年3月至2003年4月，万宁市政协第七届委员会共举行了5次全体委员会议。

第一次会议 1998年3月17—19日在万城召开，出席委员151名。会议分别听取省政协领导和市委领导的讲话；听取并审议政协六届常委会工作报告和六届委员会提案工作情况的报告；列席市人大十一届一次会议；通过相应的决议；选举产生第七届委员会主席1名、副主席3名、常委23名；会议收到委员提案73件。

第二次会议 1999年3月8—10日在万城召开，出席委员159名。会议听取省政协领导和市委领导讲话；听取并审议政协常委会工作报告和政协七届一次会议以来提案工作情况的报告；列席市人大十一届二次会议；通过相应的决议；会议收到委员提案46件。

第三次会议 2000年3月21—23日在万城召开，出席委员146名。会议分别听取省政协领导和市委领导讲话，听取并审议政协常委会工作报告和政协七届二次会议以来提案工作情况的报告；列席市人大十一届三次会议，增选政协常委2名；通过相应的决议；会议收到委员提案63件。

第四次会议 2001年3月28—30日在万城召开，出席委员152名。会议分别听取省政协领导和市委领导讲话；听取并审议政协常委会工作报告和政协七届三次会议以来提案工作情况的报告；列席市人大十一届四次会议；通过相应的决议；会议收到委员提案50件。

第五次会议 2002年3月11—20日在万城召开，出席委员157名。会议听取省政协领导和市委领导讲话；听取并审议政协常委会工作报告和政协七届四次会议以来提案工作情况的报告；列席市人大十一届五次会议；通过相应的决议；会议收到委员提案87件。

四、政协万宁市第八届委员会

2003年4月至2007年3月，政协万宁市第八届委员会共举行了4次全体委员会议。

第一次会议 2003年4月25—27日在万城召开，出席委员177名。会议分别听取省政协领导和市委领导讲话；听取并审议政协万宁市七届常委会工作报告和政协万宁市七届委员会提案工作情况的报告；列席市人大十二届一次会议；选举产生政协万宁市第八届委员会主席1名、副主席4名、常务委员29名；通过相应的决议；会议收到委员提案81件。

第二次会议 2004年2月20—22日在万城召开，出席委员177名。会议听取市委领导讲话；听取并审议政协常委会工作报告和政协八届一次会议以来提案工作情况报告；列席市人大十二届二次会议；通过相应的决议；增选政协第八届委员会常委6名，秘书长1名；会议收到委员提案79件。

第三次会议 2005年3月7—9日在万城召开，出席委员162名。会议听取市委领导讲话；听取并审议政协常委会工作报告和政协八届二次会议以来提案工作情况的报告；列席市人大十二届三次会议；通过相应的决议；会议收到委员提案88件。

第四次会议 2006年2月20—22日在万城召开，出席委员179名。会议听取市委领导讲话；听取并审议政协常委会工作报告和政协八届三次会议以来提案工作情况的报告；列席市人大十二届四次会议；通过相应的决议；会议收到委员提案72件。

五、政协万宁市第九届委员会

2007年1月至2010年2月，政协万宁市第九届委员会共举行了4次全体委员会议。

第一次会议 2007年1月27—29日在万城召开，出席委员166名。会议听取市委领导的讲话；听取并审议政协万宁市第八届委员会常委会工作报告和政协万宁市第八届委员会提案工作情况的报告；列席市人大十三届一次会议；选举产生政协万宁市第九届委员会主席1名、副主席4名、常务委员29名；通过相应的决议；会议收到委员提案65件。

第二次会议 2008年3月25—27日在万城召开，出席委员161名。会议听取并审议市政协第九届委员会常委会工作报告和市政协九届一次会议以来提案工作情况的报告；列席市人大十三届二次会议；补选秘书长1名，常务委员2名；通过相应的决议；会议收到委员提案64件。

第三次会议 2009年3月2—4日在万城召开，出席委员163名。会议听取并审议市政协常委会工作报告和市政协九届二次会议以来提案工作情况的报告；列席市人大十三届三次会议；通过相应的决议；会议收到委员提案54件。

第四次会议 2010年2月24—26日在万城召开，出席委员156名。会议听取并审议市政协常委会工作报告和市政协九届三次会议以来提案工作情况的报告；列席市人大十三届四次会议；通过相应的决议；会议收到委员提案63件。

第三节 政协常委会及其工作机构

一、政协常委会

1990年4月至2010年12月底，万宁市（县）政协第五届至第九届常务委员会共召开常委会议84次。

（一）第五届政协常委会

1990年4月至1993年4月，政协万宁县第五届委员会共召开12次政协常委会议，主要传达全国政协、省政协和县委有关会议精神，审议通过政协年度工作计划、调研视察方案、人事任免和全委会文件等。

（二）第六届政协常委会

1993年4月至1998年3月，政协万宁县（市）第六届委员会共召开25次政协常委会议，主要传达学习全国政协、省政协和县（市）委有关会议精神，审议通过各年度工作计划、调研视察方案、提案办理工作、文史资料征集、人事任免（含增补和辞退委员）和召开全委会工作等文件。

（三）第七届政协常委会

1998年3月至2003年4月，政协万宁市第七届委员会共召开20次政协常委会议，主要传达学习全国政协、省政协和市委有关会议精神，审议通过各年度调研视察方案、提案办理工作、文史资料征集、人事任免（含增补和辞退委员）和召开全委会工作等文件。

（四）第八届政协常委会

2003年4月至2007年1月，政协万宁市第八届委员会共召开16次政协常委会议，主要传达学习全国政协、省政协和市委有关会议精神，审议通过各年度调研视察方案、提案办理工作、文史资料《委员风采》的征集和出版、制定《万宁市政协规章制度汇编》、政协4个专委会的机构设置以及人事任免（含增补和辞退委员）和召开全委会工作等文件。

（五）第九届政协常委会

2007年1月至2010年12月底，共召开16次政协常委会议。主要传达学习全国政协、省政协和市委有关会议精神，审议通过各年度调研视察方案、提案办理工作、《兴隆华侨农场专辑》《万宁小海捕捞文化》等文史资料征集编写、人事任免（含增补和辞退委员）和召开全委会工作等文件。

1990—2010年万宁市（县）历届政协主席、副主席、秘书长（政协办主任）一览表

表12-11

届别	职务	姓名	性别	民族	籍贯	政治面貌	任职时间
第五届	主席	陈开岩	男	汉	海南万宁	中共党员	1990.4—1993.4
	副主席	许寿年	男	汉	海南万宁	中共党员	1990.4—1993.4
		黄光荣	男	汉	海南万宁	无党派	1990.4—1993.4
		王立勇	男	汉	海南万宁	无党派	1990.4—1993.4
		许志光	男	汉	海南文昌	民盟盟员	1990.4—1993.4
		司永泽	男	汉	海南琼海	中共党员	1990.12—1993.4
		高秀永	男	黎	海南万宁	中共党员	1990.12—1993.04
	主任	李克峰	男	汉	海南万宁	中共党员	1990.4—1993.4
第六届	主席	严国华	男	汉	海南万宁	中共党员	1993.4—1998.3
	副主席	王鼎定	男	汉	海南万宁	中共党员	1993.4—1995
		刘明锋	男	汉	海南万宁	民盟盟员	1993.4—1996.11
		司永泽	男	汉	海南琼海	中共党员	1993.4—1998.3
		高秀永	男	黎	海南万宁	中共党员	1993.4—1998.3
		黄光荣	男	汉	海南万宁	无党派	1993.4—1998.3
		许志光	男	汉	海南文昌	民盟盟员	1993.4—1996.11
	主任	朱小平	男	汉	海南万宁	中共党员	1993.4—1998.3

续表12-11

届别	职 务	姓 名	性别	民族	籍 贯	政治面貌	任职时间
第七届	主 席	严国华	男	汉	海南万宁	中共党员	1998.3—2003.4
	副主席	司永泽	男	汉	海南琼海	中共党员	1998.3—2003.4
		高秀永	男	黎	海南万宁	中共党员	1998.3—2003.4
		陈美华	女	汉	海南万宁	民进会员	1998.3—2003.4
	秘书长	朱小平	男	汉	海南万宁	中共党员	1998.3—2003.4
第八届	主 席	欧德荣	男	汉	海南万宁	中共党员	2003.4—2007.1
	副主席	林道忠	男	汉	海南万宁	中共党员	2003.4—2007.1
		陈美华	女	汉	海南万宁	民进会员	2003.4—2007.1
		林天学	男	黎	海南万宁	中共党员	2003.4—2007.1
		张会强	男	汉	海南万宁	无党派	2003.4—2007.1
	秘书长	陈忠植	男	汉	海南万宁	中共党员	2003.4—2007.1
第九届	主 席	吴淑香	女	汉	海南万宁	中共党员	2007.1—
	副主席	林天学	男	黎	海南万宁	中共党员	2007.1—
		符玉霞	女	汉	海南万宁	中共党员	2007.1—
		张会强	男	汉	海南万宁	无党派	2007.1—
		柳成荫	男	汉	海南万宁	民盟盟员	2007.1—
	秘书长	林国庆	男	汉	海南万宁	中共党员	2007.1—

二、工作机构

政协在大会闭会期间，由常务委员会主持日常工作，下设办公室。政协常务委员会由主席、副主席、办公室主任（撤县设市后改为秘书长）和常务委员组成。

1990—1993年，政协万宁县第五届委员会内设“一室三组”，即办公室、提案审理组、文史资料组、文史资料研究委员会，同时设有10个工作组，即科技、教育、文体、医卫、妇女、农业、经济管理、侨务、对台事务、民族宗教事务。1993—1998年，政协万宁县（市）第六届委员会内设政协办公室、文史办公室、提案办公室、“三胞”联络办公室。

1998—2003年，政协万宁市第七届委员会内设机构沿袭第六届县（市）政协机构不变；2003年，根据万宁市机构编制委员会文件，政协万宁市委员会下设4个专门委员会：提案委员会、文史委员会、港澳台侨外事委员会、教科文卫体委员会；设一个科级综合办事机构：办公室；专委会主任一般都是常务委员。

2003—2007年，政协万宁市第八届委员会内设市政协办公室、提案委员会、港澳台侨外事委员会、文史委员会、科教文卫体委员会。2007—2010年，政协万宁市第九届委员会内设机构沿袭第八届市政协机构未变。

第四节　主要工作

一、政治协商

政协万宁市（县）第五、六、七、八、九届委员会高度重视政治协商工作，县（市）发生的重大事项和重要问题，都通过召开政协常委会议、各界别座谈会、对口协商会等形式，听取意见和建议，综合意见和建议形成报告，上报市（县）委，提供决策参考。

1990—1993年，第五届政协委员会请求县政府通报全县经济和社会发展各方面情况，为委员们知情出力创造条件。1997年3月3日，政协万宁市第六届委员会召开委员座谈会，针对万宁市“九五”规划和2010年远景目标纲要，开展政治协商，提出43条意见和建议，得到市委、市政府领导的重视，多数建议被采纳。

1999年3月8日，政协万宁市第七届委员会通过例会，组织委员讨论政府工作报告、国民经济和社会发展计划等，提出意见和建议。2003—2007年，政协万宁市第八届委员会召开各类专题协商会

22次，针对实施“十一五”规划等发展问题，深入讨论，提出有价值的意见建议68条，为市委、市政府科学决策提供参考。2007—2010年，政协万宁市第九届委员会多形式开展政治协商活动，有全委会集中协商、常委会专题协商、主席会议重点协商、专委会对口协商，重点为万宁发展和推进“一带两区”建议建言献策。

二、民主监督

政协万宁市（县）第五、六届委员会实际未真正开展民主监督工作。从第七届委员会开始，对民主监督的路子进行积极探索，对市（县）委、市（县）政府、市（县）法院、市（县）检察院工作开展民主监督。至第九届委员会，政协万宁市委员会主要通过例会讨论、专题视察、专题调研、民主评议、反映社情民意等方式进行民主监督。委派政协委员担任监督员，对全县（市）开展各项重大活动进行监督。

政协万宁市第七届常委会讨论制定《关于开展民主监督方案》，重点抓好五方面工作，通过例会讨论、专题视察、专题调研、民主评议、反映社情民意等方式，进行监督。初步形成民主监督的工作机制，明确民主监督的思路，增强民主监督的信心。

政协万宁市第八届委员会曾组织100多名委员对市投资环境建设情况和41个政府工作部门工作情况开展民主评议，提出了41条意见、建议。

政协万宁市第九届委员会对万宁市农村垃圾围村情况进行民主监督，把“关于我市农村垃圾污染现状与对策”的提案当作市政协主席会议成员督办的重点提案，监督市政府实施和整改，市政府制定《万宁市环境卫生专项规划》《万宁市城乡环境卫生长效管理工作方案》和《万宁市村镇环境卫生监控办法》，建立了市、镇、村三级垃圾统筹处理机制，农村垃圾污染问题初步得到解决。

三、参政议政

第五届政协委员会对万宁县重大的人事变动事项向县委和县人大常委会提出意见和建议。

第六届政协委员会正、副主席参加县（市）四套班子会议95次，提出意见建议185条，参加有关部门会议145次，提出意见建议172条，随同省政协在本县（市）开展视察活动25次，提出可行性建议52条，组织委员对万宁县（市）的工业、农业、市政建设、文化教育事业等12个课题开展视察，提出意见建设65条，为县（市）委、县（市）政府推动当地经济社会发展提供决策参考。

第七届市政协自行组织或会同省政协组织专题调研16次，撰写16篇调研报告，提出136条的意见和建议；组织政协委员和有关部门领导，对本市医疗卫生、教育工作、戒毒工作、热带高效农业、海洋开发、旅游业等9大课题开展视察，提出115条意见建议，市政府及有关部门采纳了许多建议，并付诸行动。如对万城镇市政管理方面的建议，市政府制定《万城镇市政卫生管理办法》，组织力量对万城镇的市容市貌、环境卫生进行整治，投资250多万元硬化红专东街、解放街、新海街路面，使万城镇的城市面貌得到初步改观。

第八届市政协围绕市委、市政府全面建设小康社会的目标，组织委员217人次开展专题视察8次，提出切实可行的意见建议64条，开展25次专题调研活动，提出意见建议84条。

第九届市政协积极开展调研视察活动，不断加大政协参政议政的力度，共组织开展30次专题调研活动，提出许多意见和建议。2008年，组织专门调研小组，深入神州半岛了解失地农民的社保情况，形成《关于万宁市失地农民社会保障情况的调研报告》，市委、市政府对报告提出的意见建议予以采纳。2009年，政协提出的旅游市场开发、教师绩效津贴发放管理、财政资金使用效益的意见和建议，均被市委、市政府采纳，制订了相应措施加以推行。

四、视察调研

1990—2010年，政协万宁市（县）第五、六、七、八、九届委员会以委员界别为单位，正副主席率队，分别围绕县（市）委、县（市）政府的中心工作开展调研视察活动。

第五届县政协组织政协常委、部分委员和省政协委员对民族地区扶贫脱贫、糖蔗生产、地方道路、和乐小海管理和学校环境的问题进行视察，写出5个视察报告，实事求是地分析以上五方面工作的成绩和存在的问题，提出切实可行的建议，引起县委、县政府和县人大常委会的重视。其中和乐小海管理和校界划定的两个建议，被县人民代表大会作为重要议案予以通过，这在万宁政协史上是第一次；组织工业生产、渔业生产、精神文明建设3个视察小组，开展视察，分别写出视察报告，建言献策，对万宁县这三项工作起到一定的推动作用；配合海南省政协文卫视察组视察万宁县卫生工作，得到省政协和视察组的充分肯定。

第六届县（市）政协围绕“三高”（高产、高质、高经济效）农业生产、乡镇企业、商品流通、科技兴农、旅游发展、台资企业、港澳台侨工作、民族地区教育、社会治安、农村奔小康等13个课题开展调研活动，写出13篇调研报告，对万宁的工业发展、农业发展、市政建设、文化教育、社会治安等12个课题开展视察活动，撰写出12篇视察报告。调研视察报告均呈报县（市）委、县（市）政府，为当地发展提供决策参考。

第七届市政协围绕文化市场建设、民族地区群众生活、台资企业发展、国有工业改革、港北小海和老爷海整治、旅游市场整顿、民主法制建设、港澳台侨工作等8个课题开展调研活动，写出8篇调研报告；针对医疗卫生、教育工作、戒毒工作、热带高效农业、万城镇市政建设、海洋开发利用、检察院工作、“三资”企业发展、旅游业发展等9个课题进行视察，写出9篇视察报告。调研视察报告获市委、市政府领导的充分肯定。

第八届市政协围绕万宁经济、科技、法制、教育、卫生、文化、体育、民族、宗教和实施“十一五”规划出现的问题开展调研活动，撰写20篇调研报告；对全市推进“千户双百”工程、教育工作、农村耕地的保护和利用、招商年项目开发、机关干部作风建设、食品卫生安全、文明生态村建设、中小学危房改造等8个专题，开展视察活动，撰写8篇视察报告。调研视察报告呈报市委、市政府，市委、市政府主要领导批示有关部门抓紧整改落实。

第九届市政协围绕“一带两区”建设，聚焦“保增长、保民生、保稳定”问题，开展调研活动，撰写30篇调研报告；围绕新型农村合作医疗工作、文明生态村建设、重点项目跟踪服务和环境综合整治等课题开展视察活动，撰写视察报告，提出切实可行的意见建议。调研视察报告引起市委、市政府的高度重视，制订工作方案，出台实施办法，扎实解决实际问题，让调研视察报告转化为成果。

五、提案工作

第五届县政协共收到提案131件（含在大会讨论中的提案），经充分讨论审查，确定可以立案移交承办的70件，其余的61件因案由不清，缺乏科学性、可行性，予以撤案。办得好的提案主要有：关于保证县人民医院正常供电的提案；关于拨回销粮救济少数民族群众生活困难的提案；关于建立健全乡镇科普协会的提案；关于加强地方公路建设的提案。特别是关于筹建县中医院的建议和关于整修治理万城镇部分街道“乱脏差”问题的建议，县委、县政府列入全县十件大事来抓，取得成效；对于要求解决三更罗地区群众诊病难的建议，1992年10月县卫生局恢复三更罗全乡合作医疗制度，解决该乡少数民族群众诊病难的问题，受到省卫生厅的表扬。

第六届县（市）政协委员提出提案233件，经提案审查委员会审查立案210件，办复208件，占应办的98%。1996年，市委书记、市长林玉权对委员提出的43件提案，逐个审阅批示，要求承办单位抓紧落实。

第七届市政协委员和政协各参加单位及政协各专委会，共提出提案319件，立案288件，办复288件。

第八届市政协提案316件，立案297件，转为委员来信处理15件，撤案4件，截至2006年12月，已全部办复。其中关于整治太阳河分洪和港北小海水资源污染问题的建议，被省政协上升为主席会议成员督办案，引起省政府重视，纳入省“十一五”规划，并被省政协评为优秀提案，市委、市政府组织实施，解决周边16多万群众生产生活用水问题。

第九届市政协各参加单位和政协委员提交提案311件，经审查，立案266件，并案8件，转为来信处理21件，撤案16件，办结263件，办复率占98.9%。2008年，关于刻不容缓整治万宁水库生活用水问题的建议，市委、市政府予以采纳，决定将万宁市城乡居民生活饮用水水源移至牛路岭水库。

1991—2010年万宁市(县)历届政协委员提案情况一览表

表12-12　　单位:件、%

届数	提案		提案内容											
	收到数	立案数	经济、建设方面		教科、文卫体方面		城建、交通、环保方面		政法、劳动、人事方面		统战、民政、宗教、党群方面		群众生活等其他方面	
			件数	占比	件数	占比	件数	占比	件数	占比	件数	占比	件数	占比
五	131	70	—	—	—	—	—	—	—	—	—	—	—	—
六	223	210	65	29.1	53	23.7	37	16.59	15	6.7	28	12.5	25	11.2
七	319	288	87	27.2	75	23.5	56	17.5	29	9.0	35	10.9	37	11.59
八	320	300	86	26.8	79	24.68	58	18.1	27	8.4	38	11.8	34	10.6
九	260	213	45	17.3	55	21.15	50	19.23	23	8.84	30	11.53	27	10.38
合计	1253	1081	283	25.22	262	23.35	201	17.91	94	8.37	131	11.67	123	10.96

六、文史工作

1995年7月,六届市(县)政协编辑出版《铁蹄下的血泪仇》文史资料第五辑,7.3万字,发行2000册。2002年12月,《万宁华侨华人史料》上下册(《文史资料》第六辑),60万字,发行1000册。2005年12月,八届市政协编辑出版《委员风采》文史资料第七辑,5.5万字,发行1000册。2009年2月,九届市政协编辑出版《六连岭红旗不倒》文史资料第八辑,28.5万字,发行1000册。

1991—2010年,历届县(市)政协文史委员会先后征集、编辑和内部出版《万宁文史》资料第五至十辑,共176.3万字。这些文史资料分别寄往中国国家图书馆、首都图书馆、清华大学、北京大学、全国政协、中央党史研究室和海南省图书馆等单位。此外,有关文史资料专辑还寄往海外华侨万宁同乡会,起着沟通乡情、促进联谊、扩大万宁知名度和美誉度的作用。

七、港澳台侨联谊工作

第五届县政协开展海外联谊交友活动,为经济建设牵线搭桥。特别是1991年,积极参加县三次组团出国考察访问和纪念建县1360周年的活动,做了很多具体工作。全县邀请100多位侨胞、台胞、港澳同胞回县参加"县庆"活动。同时做好"三胞"接待工作,热情支持"三胞"回乡办企业和在家乡举办公益事业。侨胞祝清坤捐资建设家乡后安镇龙田小学;卓伟在万宁创办鞋厂。

第六届县政协开始设置港澳台侨办公室,安排专人负责这项工作,其中,3次派出3位正副主席随同市政府赴美国、马来西亚等国家和中国香港地区拜会港澳台同胞和海外华侨华人。

第七届市政协加强港澳台侨工作,接待港澳台侨685人次。

第八届市政协加强联系,积极开展各种联谊活动,向海外乡亲发出贺岁卡700多张,宣传资料1000份,让海外乡亲了解万宁,提高万宁的知名度。

第九届市政协加强与"三胞"、侨眷的沟通联系,着力做好协调关系和化解矛盾的工作。走访慰问"三胞"、侨眷280人次,拜访海外知名人士27人次,接待美国、英国、德国、日本、韩国等访问团12批次280人次,接待侨团3批78人次。

第十三编　民主党派 人民团体

第一章 民主党派

第一节 中国民主同盟万宁市委员会

一、机构

1987年4月成立民盟万宁县委。配备有主委一名、副主委二名、秘书长一名和若干名委员。盟员主要由文化教育科学技术界中高级知识分子组成。1990年4月进行第二届换届选举,改选后,加强基层组织建设。同年共有8个基层组织,即:兴隆农场支部委员会、县医院支部委员会、万宁机关支部委员会、万宁中学支部筹委、县剧团小组、长安中学小组、职中小组、万宁华侨中学小组。

1997年5月至2006年,民盟万宁市委按照《中国民主同盟章程》规定,进行第三届(1997年)、第四届(2001年)、第五届(2006年)换届改选。2001年,完成市二中支部、市医院支部等3个支部的换届选举工作。2003年,万宁二中和万城镇中学有几名教师加入民盟组织,至2010年,共有民盟组织98人。

2010年,民盟万宁市委以健全各项制度为抓手,推进盟委建设。制定“盟市委议事规则”“盟市委例会”等规章制度,健全集体领导和民主集中制,确立践行社会主义核心价值体系,得到市委统战部的肯定。

二、理论学习

1991—1993年,组织盟员学习《中共中央关于坚持和完善共产党领导的多党合作和政治协商制度的意见》《努力发展最广泛的爱国统一战线》等重要文件,学习贯彻《中共中央国民经济和社会发展十年规划和第八个五年计划纲要》及《万宁县国民经济和社会发展十年规划和第八年五年计划经济纲要》。

1994年,组织全体盟员学习《中共中央关于坚持和完善中国共产党领导的多党合作和政治协商制度的意见》,使全体盟员认识到参政党地位作用的重大意义。

1997年，组织全体盟员学习党的十四届五中六中全会的有关文件。学习党的十五次全国代表大会工作报告。

2007年，学习中共十六大会议精神和中共中央文件，时刻与中共中央保持一致。2008年，民盟万宁市委组织一次大型政治学习教育活动。2009年，采用多种形式，推动盟内的政治理论学习，结合重大时事政治进行学习，学习科学发展观、学习“三个代表”重要思想、学习贯彻十七届四中全会精神。

2010年，结合新农村建设课题，组织盟员开展专题调研、参观考察等活动。

三、参政议政

盟员积极走上领导工作岗位，参政议政。1993年，万宁县人大、政府、政协换届及政府的职能部门换届时，民盟主任委员刘武当选县人大代表、县人大常委会常委；许志光、刘明锋担任政协副主席；陈晗、陈长春、许育美、祝建坤等任政协常委,许育美还担任政协常委会办公室副主任等。1998年，民盟主委陈晗当选海南省人大代表、市人大常委。2007年，市人大、政协换届时，陈晗当选为市人大常委会副主任，柳成荫当选市政协副主席，蔡赛绒当选政协常委。

盟员深入调查研究，积极撰写提案，为市委市政府提供科学的决策依据。1994年，针对礼纪镇边防派出所与当地群众关系紧张的问题，主任委员刘武提出对派出所进行视察的提案，经人大代表视察和调解关系，此后干警与当地群众关系十分融洽，群众大为称赞。2000年，市民盟支部的文忠和祁永峰代表支部向政协提交了题为《关于加强对万宁市“风采” 三轮车和载客摩托车的管理》的提案，被纳入万宁市交通管理工作的重要议程。2001年换届后，主任委员陈晗组织盟员参与对市财政预算审议和国民经济计划等重大事项的审议，对政府职能部门和司法机关进行测评与监督。2003年，在市人大工作的陈晗委员参与了对万宁市年财政预算审议和国民经济计划等重大事项的审议、决定，参与对政府职能部门和司法机关进行测评与监督。

2006年，组织民盟盟员撰写《进一步加强对在校青少年法制教育》《关于改善太阳河农业生态环境》《关于拓宽仁里河面及建设沿江街》《保护石梅湾植物群落带——青皮树》《建议市政府加大对农村中小学教育投入力度》等提案，被市政府采纳，为决策提供参考。2010年，盟委撰写了《关于修建连接保定湾至神州半岛、石梅湾滨海大道的提案》《关于加强东山岭建设的五点建议》《关于给万宁市完全中学在校高中生拨付教育经费的建议》《关于建设以春园湾为中心的万宁市公共假日海滩的建议》《关于建设港北港乌场港自然预警设施的建议》《建议精心构建，全力打造“花园式万宁”》《 改造仁里河的建议》《建议市政府在十一五期间筹建一座现代化的少年宫》《加强神州半岛海岸防护林的保护建议》《加快我市保障性住房建设的建议》等。

四、海外联谊

1991年，民盟万宁县委积极发动侨胞联谊，组织“华侨回乡恳谈会”，为万宁县发展教育捐款及捐物，发动新加坡侨胞李多容、梁礼案、李光龙、卢星萍、翁逢轩等人捐款20多万元，在龙滚镇中心小学建起教学大楼二幢，教室14间，流芳馆1间，为市华侨中学建教室3间，流芳馆1间；发动印尼侨领许业强捐款2万元建起龙滚镇中心小学校门，捐款1万元为市华侨中学装修教学楼。

1997年，民盟侨中小组长李玉雄积极开展“三胞”工作，发动海外侨胞捐助786万元，捐建中小学26间、医院1所、幼儿园1所、桥梁6座。还配合龙滚镇委、镇政府发动华侨集资兴建了4条街道，完善街道设施。同年，协助镇政府与有关部门引进侨资3000多万元，办起十余家侨资企业，120多家侨属企业。这些企业拥有大、中型豪华旅游客车16辆、丰田小客车28辆、大货车15辆，各种机动车468辆，解决了侨属子女2000多人就业。促进了龙滚地区经济的发展。

2004年3月，协助有关部门举办第八届海南乡团联谊大会万宁分会场活动，来自新加坡、马来西亚、泰国、美国的万宁籍乡亲参加分会场活动，并参观万宁中学、兴隆热带花园、碧海情深海洋动物世界项目。

2006—2010年，每逢重大节日和庆典活动，民盟万宁市委采取发贺电、贺卡、明信电等方式，邀请海外华侨、侨胞回乡参加活动。与新加坡、马来西亚社团联手，每年组织一次海外华校师生和万宁的中学师生联谊活动，已有新加坡、马来西亚的海外师生285人次到万宁开展青少年联谊活动。2010年，筛选5名中学师生赴新加坡参加中学生论坛；同年，聘请2名印尼歌舞教师到万宁职业中学举办印尼歌舞培训班；协助学校引进3名外籍教师到学校开展英语教学。

五、社会服务

1992年，与海南大学经济学院合办会计大专自考班。招收学员60人，为社会培养一批会计人才。委员吴乾和为鸭农进行蛋鸭饲养技术培训，促进万宁的蛋鸭饲养业的发展。吴乾和编写的《万宁县年产一百万只肉用商品鸡饲养基地可行性报告》《万宁县创办年产十万肉独商品基地可行性报告》被万宁县政府采纳；编写的《畜禽饲养基础知识》丛书在全省科技支农评选活动中获二等奖。

1993年，创办民盟科技咨询服务中心。同年，盟员教师杨树斌筹建万宁县田边私立观德初级中学，是万宁创办的第一家私立学校。1995年，盟员深入农村，查考日本军队侵华期间在万县制造的四次惨案，主持编辑《铁蹄下的血泪仇》。同年，刘明锋、许育美编纂70万字的《农村乡情人物》一书由南海出版公司出版。

2001年，盟员吴乾和编写《东山羊的饲养管理技术》《野海鸭的饲养技术》《山寮鸡的简易饲养方法》等饲养管理书籍，被列为市五大科技培训讲稿之一。2003年，在抗击“非典”时期，市民盟组织12支志愿者服务队，深入乡村、社区、学校开展抗击“非典”宣传活动。组织市卫校学生和青年医务工作者开展“非典”咨询活动。

2005年，盟委协助市委、市政府做好“达维”台风后救灾工作，发动盟员捐款给灾区送去赈灾粮食，帮助安置房屋倒塌、无家可归的灾区群众，配合政府消毒饮用水源，发动群众力量处理垃圾、人畜粪便和死畜，消灭蚊蝇鼠害等，开设卫生防疫专栏，大力宣传卫生防疫知识。2010年，组织盟内知名教师、学科带头人等送教下乡；组织开展学科讲座、教学示范、文化下乡等活动。

第二节 中国民主促进会万宁市支部委员会

一、机构

1998年11月民进万宁市支部委员会成立，陈美华任主任委员，肖音任副主任委员，同年有会员19人。2001年12月31日进行换届选举，陈美华任主任委员，肖音、欧阳育任副主任委员，同年有会员27个。2005年底，民进万宁市支部委员会有会员30人。至2010年，会员总数48人，具有高级职称13人，中级职称31人，讲师1人；会员中有省人大代表1人，市政协委员12人。

二、主要活动

1998—2005年，民进万宁市支部委员会积极组织会内政协委员和骨干会员参加市政协等部门开展的视察、调研活动，针对“万宁市学前办学的管理问题”“万宁市教育改革与发展问题”“万宁市农村教育情况”“太阳河下游一带群众的饮水安全问题”“万宁市小学英语教育情况”“万宁市乡镇医疗卫生机构建设”“民族寄宿班学生生活补贴标准”“少数民族地区教育均衡发展”“万宁市财政资金使用效益情况”“万宁市生态文明村建设”等进行调查研究，撰写了很多有价值的调研报告，如：《关于治理太阳河下游北坡地区水污染问题的建议》被市政协定为“主席督办提案”，并被评为“优秀提案”。

1999年，陈美华主任委员和谢菊花、黄辉等会员到万宁市车头小学开展“学校扶弱工程”，经过艰苦的“传帮带”，使该校面貌发生可喜的变化，同年，该校被评为“市一级文明学校”。2004年，筹措资金支持万宁市北大镇中兴村委会建设文明生态村和支持万城镇南岛村委会修路架桥；筹措资金帮助山根镇排溪村委会贫困户购买肥料、种子和耕牛等，并帮助3名贫困生复学。

2008年8月，民进万宁支部整合会内资源，充分发挥会员技术资源优势，在万城开展社会服务活动，组织骨干会员开展智力支边活动，组织文艺界会员送戏下乡、开展义务检修电脑等活动。2008年，在市政协全会上提出的《加大管理和扶持力度，促进少数民族地区教育均衡发展》的提案，得到在座的好评。

2010年，在民进万宁支部召开支委（扩大）会议暨参政议政工作会议上，进一步修改完善2009年7月调研编写的《关于万宁市小学英语教育情况的调查报告》，以党派提案提交市政协全会，并在“两会”期间，积极向市委市政府进一步完善有关工作建言献策。2010年，在60年一遇的特大水灾中，民进万宁支部全体会员积极为灾区人民捐款奉献爱心，民进万宁支部会员以各种形式捐款5360元。

第二章 人民团体

第一节 市总工会

一、机构设置

1991年8月，县总工会内设生产部、女职工部、组宣部和办公室。1995年5月，万宁县总工会设立经费审查委员会办公室(股级建制)。

1996年8月，万宁撤县设市，万宁县总工会改为万宁市总工会。1999年，市总工会内设股级机构5个，即:办公室、组宣部、生产部、女工部、经审办；财政全额拨款事业编制11人。2003年9月，市总工会机关内设机构调整为4个，即:办公室、组宣经济部、女工部、经审办公室,人员编制10人。截至2010年，万宁市总工会内设机构、人员编制未变。

二、代表大会

1991—2010年间，召开了第八次、第九次、第十次和第十一次职工代表大会，选举产生了八至十一届市(县)总工会领导机构及执委、常委、正副主席等。

万宁县工会第八次代表大会。会议选举肖冠汉为主席，副主席为吴金容(任职到1996年)、林红峰、蒋亚和(任职到1994年4月)。其他情况不详。

万宁市工会第九次代表大会。1998年7月15日，万宁市工会第九次代表大会在万城召开。应到会代表106人，实到会代表81人。文荣山代表市总八届委员会向大会做工作报告，林红峰做经审工作报告。会议选举产生市总工会九届委员会委员16人，常委7人，经审委员5人。文荣山当选市总工会主席，林红峰当选市总工会副主席兼经审委员会主任。

万宁市工会第十次代表大会。2003年7月3日，万宁市工会第十次代表大会在万城召开。出席会议的正式代表123人，特邀代表16人，列席代表7人。许春养代表市总工会第九届委员会向大会做工作报告，市委副书记陈国平到会讲话。会议选举产生了万宁市总工会第十届领导机构，选举市总工会委员21人，其中常委11人，正、副主席3人。许春养当选市总工会主席，林红峰、兰惠玲当选市总工会副主席，林红峰当选市总经审委员会主任（兼）。

万宁市工会第十一次代表大会。2009年10月27日，万宁市工会第十一次代表大会在万城召开。出席会议的正式代表129人，特邀代表13人，列席代表35人。省总工会常务副主席陈菁到会祝贺。符玉霞代表市总工会十届委员会做工作报告。王义雄作经审工作报告。会议选举产生市总工会第十一届委员25人，常委11人。符玉霞当选市总工会主席，许春养当选市总工会常务副主席，王义雄、黄瑞贞当选市总工会副主席，王义雄当选市总工会经审委员会主任（兼）。

三、经费保障

1991—2007年，工会经费由总工会自收。将任务分配到各个小组，各小组按全市（县）应缴工会经费的企业足额收取后上缴市总工会。年均工会经费收入约14万元。

2008年6月开始，工会经费由地税代收，各相关单位按应缴工会经费数额，自行到当地税务部门缴纳，存入市总工会账户。2008年和2009年，地税代收工会经费分别为35.8万元、73.1万元。2010年开始，市财政局按职工应缴工会经费的60%按月划拨到市总工会账户，当年拨入工会经费108万元。市工会经费得到保障，数额也比以前大幅提升，确保工会各项工作的顺利开展。

四、对外交流

1991—2008年，市总工会对外交流开展不多。2008年后，逐渐加强对外交流，走出去、请进来，注意学习别人的好经验，好做法。

2008年10月，市总工会主席许春养随省总工会代表团赴瑞典、挪威访问。

2010年3月，市总工会常务副主席许春养随省总工会考察团赴黑龙江省和湖北省考察困难职工帮扶中心工作；5月，全国总工会副主席乔传秀一行6人到万宁市兴隆考察；8月，市总工会副主席王义雄带领市困难职工帮扶中心一行8人，到黑龙江省牡丹江市和辽宁省沈阳市考察困难职工帮扶工作。

五、困难职工帮扶

1991—2000年，市（县）总工会主动对市（县）内发生的大型事故进行救助，并对事故的家属和受伤职工实施帮扶。1993年7月，万宁县琼剧团到琼山演出途中发生车祸，死亡1人，伤11人，服装道具损坏70%，总工会前往慰问死难家属和受伤职工，发动社会各界和个人捐助人民币13万元。

2001—2005年，市总工会围绕特困职工的低保情况和下岗职工的再就业情况进行帮扶。2002年，全市有204名特困职工纳入低保，464名下岗职工实现再就业，1989名下岗职工在市就业中心领到了保险金。2005年9月，市总工会开展第一次“金秋助学”活动，为18名考取大专院校的特困职工子女每人发放500～1000元不等的助学金；9月，18号强台风“达维”袭击万宁市，造成部分职工房屋损毁、经济作物和水产养殖减产减收，市总工会深入基层工会调查，将职工受灾情况报市民政部门，拨款帮助职工恢复生产、重建家园。

2006—2010年，市总工会建立全市企事业单位困难职工档案，继续开展“金秋助学”活动，对子女考上大学的困难农民工家庭和困难职工家庭实施救助。2006年，全市建档的困难职工3065人。2008年10月，成立万宁市工会困难职工帮扶中心，12月，市总工会举行帮扶中心揭牌仪式，同时为5名特困职工发放救助金，每人500元。2010年9月，共为符合帮扶条件的特困职工160多人发放帮扶资金11.4万元，每人500～1000元。同年10月，万宁市连降特大暴雨，造成重大洪涝灾害和经济损失。全市受灾职工1321户、5144人，倒塌房屋64间，市总工会发出向受灾职工捐款捐物倡议书，与市民政局联合举办赈灾义演，给受灾的388户职工发放大米9700公斤，每户25公斤；给64户房屋倒塌的受灾职工发放救助金3.2万元，每户500元。

至2010年，共发放帮扶资金421.8万元。其中，2008年发放85万元，2009年发放123万元，2010年发放213.8万元。

六、维护职工合法权益

1991年，某房地产公司一名女工向领导泼污水被开除公职，县总工会深入调查后向县政府报告，认为开除处分不当，县政府采纳县总工会意见，撤销开除该职工的决定；同年，县电影公司一名副经理因擅自提高电影票价，县委组织部准备给予撤职处分，县总工会调查后认为，虽然副经理提高票价，但没有从中谋取私利，不应撤职，县委组织部听取县总工会意见，保留了副经理职务。

1992年，万宁县轮船厂发生工人触电死亡事故，县总工会与县劳动局立即组成联合调查组，调查事故原因，分清责任，安抚家属，合理赔偿。并将事故通报全县，在全县企业开展安全生产大检查。

1996—2000年，市（县）总工会积极帮助职工办理职工医疗补充保险等工作。2000年11月，市总工会为市总机关和文化宫21名职工办理职工医疗补充保险。此后，为市环卫处、市农税局、万宁中学等3个单位共367名职工办理职工医疗补充保险。自2002年4月起，为市总工会及文化宫38名干部职工缴交养老保险费用。

2006—2010年，市总工会开展维护农民工合法权益问题的调研工作。深入了解农民工安全生产、劳动工资、劳动合同等情况，对拖欠农民工工资和未签订劳动合同等问题责成用人单位整改。2006年6月，市总工会和市人劳局、市建设局联合组织开展对农民工工资支付情况专项检查活动。重点检查农民工较多的建筑、餐饮企业，对拖欠农民工工资的用人单位依法处理。同时规范企业用工行为，引导农民工与企业签订劳动合同，为40名农民工追回拖欠工资7万余元。2010年4月，四川籍农民工汪登民在兴隆一建筑工地施工时从高空坠地受伤，公司方在支付第一次医疗费2.69万元后，就不愿再支付第二轮手术医疗费用，该农民工向市总工会求助，经市总工会调解，双方达成协议，公司一次性赔偿医疗费及人身伤害补偿费5.8万元。

七、劳模管理

1991—2010年，先后有9人荣获“全国劳动模范”称号、14人荣获“省劳动模范”称号。市总工会认真落实劳模的有关规定，加强对劳模的管理。每年“五一”前后，组织开展对劳模的慰问活动，对生活困难的劳模按规定给予照顾。2002年10月，市总工会对全市劳模生活状况进行调查。据调查统计，全市健在劳模36人，其中因体弱多病、下岗失业等原因造成生活困难的劳模11人。市政府拨款8800元，对11名困难劳模进行救助。2008年4月30日，市总工会召开纪念“五一”国际劳动节劳模座谈会，全国劳模、五一劳动奖章获得者、省级劳模共26人参加会议。

八、基层工会组织建设

1991年，全县共有196个基层工会，职工13097人，其中女工3602人；共有10928名会员，其中女会员3417人；专职工会干部15人。

1993年4月，开展三资企业组建工会工作，7月，海南省总工会在万宁县召开全省三资企业工会组建工作现场会，万宁县在会上做经验介绍。至年底，全县共组建三资企业工会36家。

2000年，万宁市基层工会发展至203个，职工总人数为13462人，其中女职工5023人；会员人数为12790人，其中女会员4785人；专职工会干部共计13人。

2006年1月，万城镇在全市率先建立镇总工会。至3月底，全市各镇也先后建立了镇总工会。全市共有161个基层工会，共有职工11794人，其中女工4934人；共有11440名会员，其中女会员4763人；专职工会干部12人。

2010年，全市12个镇总工会全部进行法人资格登记，并开设工会银行专户。2010年，万宁市基层工会增加至329个，比1991年增加133个；会员21370人，比1991年增加10442人；专职干部25人。20年间，工会组织增长了1.68倍，会员人数增长了1.96倍。

1991—2010年万宁市（县）工会基层工会组织统计表

表13-1　　单位：人

年度	基层工会数	职工人数	其中女工	会员人数	其中女会员	专职工会干部
1991	196	13097	3602	10928	3417	15
1992	201	13431	3693	11469	3504	16
1993	213	15760	3913	12840	3713	17
1994	273	16212	5015	14240	4758	17
1995	274	16271	5033	14292	4775	16
1996	275	16498	5961	15452	5406	20
1997	269	16928	6375	14464	5416	20
1998	275	13965	5994	12681	5324	15
1999	260	15212	6105	13784	5427	23
2000	203	13462	5023	12790	4785	13

续表13-1

年度	基层工会数	职工人数	其中女工	会员人数	其中女会员	专职工会干部
2001	199	11592	4636	10762	4304	15
2002	165	10513	4203	9879	3919	20
2003	153	12409	4884	11883	4629	11
2004	161	12164	4794	10865	4434	22
2005	161	12273	4925	11781	4777	12
2006	165	11794	4934	11440	4763	12
2007	207	14439	6094	13802	5746	17
2008	280	17805	7692	17464	7554	16
2009	306	18109	7882	17825	7850	25
2010	329	21383	9909	21370	9907	25

第二节 共青团万宁市委员会

一、机构组织

1991年，共青团万宁县委员会内设办公室、组织部、宣传部、学校部、直属机关团委，有8个行政编制，书记一正二副。1996年万宁撤县设市后，改为共青团万宁市委员会。2004年，设办公室、组宣部、学少部、直属机关团委，编制7人。至2010年，内设机构、人员编制未变，全市共有基层团组织（团委、团总支）40个，团干部162人，团支部492个，团员10515人。全市共有少先队大队55个，中队1489个，大队辅导员55人，中队辅导员1489人，少先队员49061人。

二、代表大会

1991—2010年，共青团万宁市（县）委共召开4次代表大会。

第十届共青团代表大会 1994年11月召开，出席会议代表192人，会议听取并通过第九届团县委工作报告，选举产生第十届团县委。第一次会议选举李宁为书记，何君颖为副书记。

第十一届共青团代表大会 2000年1月召开，出席会议代表201人，会议听取并通过第十届团市委工作报告，选举产生第十一届团市委。第一次会议选举吴立为书记，陈文君为副书记。

第十二届共青团代表大会 2004年1月召开，出席会议代表179人，会议听取并通过第十一届团市委工作报告，选举产生第十二届团市委。第一次会议选举李海宁为书记，陈文君为副书记。

第十三届共青团代表大会 2007年6月份召开，出席会议代表182人，会议听取并通过第十二届团市委工作报告，选举产生第十三届团市委，选举欧俊宁为书记，陈云锋为副书记。

三、主要活动

(一)青少年德育教育

1991—1993年，主要以开展爱国主义、社会主义、集体主义教育为主，以清明节、“五四”青年节、“六一”儿童节、国庆节等节庆日为契机，组织各校青少年学生开展缅怀革命先烈、“爱读书、读好书”“手拉手”等活动。1994—1996年，以《爱国主义实施纲要》为主要内容，组织青年团员读好书、唱革命歌曲，观看百部爱国主义传统教育片。以庆祝中华人民共和国成立45周年为契机，在国庆节开展“少先队员和叔叔阿姨升挂国旗”活动，开展“迎接97香港回归祖国读书活动”。

1997—1999年，以党的十五大召开、香港回归、澳门回归和共青团成立75周年为契机，切实抓好青少年思想道德文化建设，开展爱国主义教育和革命传统教育。在建省十周年、五四青年节、国庆节期间，开展“国情、省情、市情、乡情”教育、“新团员集体宣誓”活动。在新中国成立50周年和澳门回归期间，举办十八岁成年人宣誓仪式，组织万名青少年代表在100米长布卷上题词、绘画、签名。

2005年，联合市有关单位启动“法律进校园”活动仪式，在万宁中学、万宁二中等22所学校巡回开展《宪法》《国防法》《国旗法》《义务教育法》和《预防未成年人犯罪法》等普法知识讲座22场。2007年，在全市启动“祭英烈、树新风、见行动”青少年革命传统主题教育活动仪式，组织青少年参加第二届海南省青少年书画比赛，开展“继承革命传统，弘扬六连精神”暨“五四”纪念系列活动。

2008—2010年，组织开展“保护母亲河”植绿护绿行动、“一助一”结对帮扶、助残助老、送法下乡、法律援助、“亮睛工程”医疗进社区、环岛自行车赛、海南岛欢乐节文艺晚会等青年志愿者活动。

（二）青年对外交流

1991年，15名基层团委书记参加三亚团干培训班学习；1994年，乡镇44名团干部参加团省委主办的乡镇团干部培训班；1999年，团市委、市外事侨务办、市侨联联合举办马来西亚青少年夏令营活动，参加活动的有马来西亚籍华人20名，其中有学生、青年企业家、记者、公务员等。2002年，团市委选派1名基层团干部到团省委挂职锻炼。至2010年，先后有20多名团干部参加团中央、团省委举办的学习培训班。

（三）青年志愿者行动

1994年，启动青年志愿者活动，抓好志愿者招募工作，建立青年志愿者“档案”。11月底，成立志愿服务队68个，招募志愿人员3100多人，各类专业技能志愿人员54人，结对服务对象57户。

1996年，组织开展青少年植绿护绿行动，义务植树近万株，被评为“1996年春季青少志愿者植绿护绿行动组织工作先进单位”。

2000—2004年，各基层团委招募青年志愿者2000多人次。在2000年的抗洪救灾中，12个乡镇组织1000名青年志愿者组成15支服务队，为灾区群众捐款捐物2万多元；招募200多名有文艺特长的青年志愿者组成“三个代表”艺术团深入到10个乡镇演出11场，观众达2万多人。

2007年，全市注册志愿者已达500多人。设有卫生环保、帮扶助困、健康文明、消防监督、治安巡逻等特色志愿者服务队13支，有志愿者服务站（点）21个。2010年，特大洪灾袭击万宁，共青团万宁市委组织23支防洪救灾青年突击队、卫生防疫宣传队和救灾物资运送队，动员青年志愿者600余人次参与防汛救灾工作，转移受灾群众2000多人，先后为灾区提供价值2万多元的食品、药品、饮用水、衣物等救灾物资。

（四）大学生社会实践活动

从2004年开始，共青团万宁市委组织大学生进行社会实践活动。同年，共招募万宁籍大学生志愿者21人，组建万宁市2004年大学生志愿者“青春红丝带”行动暨“三下乡”面对面服务农村活动宣传教育服务队。2009年，联合就业局开展就业援助宣传活动，邀请万宁各级青年文明号企业6家现场举办小型招聘会，为贫困大学生提供“勤工助学”假期短工岗位28个；成立“美在心灵”万宁分队到万宁边远山区支教。

2010年1月，陈德望、林焕柳同学为山区孩子发起“图书接力，爱心传递”捐书活动，共收到501本课外书，捐给支教小学。2月，第一次举办了高三学子高考复习交流会。7月，发起万宁分队第一届大学生乡村支教活动，参与志愿者共40人。

（五）“青年文明号”创建活动

1995年起，团万宁县委在万宁县金融、邮电、交通、旅游系统开展创建“青年文明号”活动。同年，万宁县邮电局邮政储蓄营业班和万宁县兴隆康乐园国际大酒店客房部被评为万宁县首批“青年文明号”；万宁县邮电局、万宁县交通局、万宁县旅游局被评为万宁县财贸系统“青年文明号”集体。

1999年，万宁市邮政储蓄营业班、中国人民银行万宁市支行、农行万宁市支行兴隆储蓄所、建行万宁市支行人民路储蓄所连续三年荣获海南省“青年文明号”集体。至2003年，在创建的青年文明号活动中，获得国家级“青年文明号”集体5个，省级23个，“岗位能手”6人，市级“青年文明号”32个、“青年文明岗”57个，“岗位能手”68人。

2004年，万宁边防支队机动中队、万宁地方税务局办税服务厅、海南省电信有限公司万宁市公司客户服务中心、海南移动通信有限责任公司万宁分公司、兴隆邮政支局、万宁芙蓉大酒店餐饮部、兴隆明珠温泉酒店客房部、兴隆正昊寿仙温泉大酒店前厅部、万宁市邮政局储蓄班、中国人寿保险公司万宁市支公司等10个集体被授予“青年文明号”称号。

2008—2010年，万宁共创建国家级青年文明号5家，省级青年文明号15家，市级青年文明号24家。创建了中国移动万宁分公司、兴隆热带植物园和万宁市人民医院等5家省级青年文明号“微笑窗口”，黄晓佳等5名青年获得文明号“微笑使者”。

四、希望工程

1992年，希望工程开始在万宁县实施。1993年，帮扶250名失学儿童重返校园，帮扶175名面临失学儿童继续就学；企业家冯驹在禄马乡投资建设石井玉兰希望小学。1994年，县委组织部、团县委发起为希望工程缴纳特殊党费、团费活动。

1996年，团市委开展“爱心储蓄”活动，发动捐款30多万元。1997年4月，与市建设银行建立“希望工程”捐款受理处，销售“希望工程如意卡”筹资2万余元。1998年，建行金盘支行向禄马中心小学捐赠1.2万元，用于救助失学儿童；团市委争取到市政府拨款18万元，建设后安镇群兴村福和希望小学。1999年，筹集40万元，建设礼纪太阳中山完美希望小学；组织人员对北坡镇红荣村蔡鸿"第一代乡村大学生"奖学金调查，通过中青会初审。

2002年六一前夕，与金银岛大酒店联手开展"金银心、济困情"捐助活动，为礼纪镇新梅小学贫困学生赠送价值3000元的书包、文具盒、圆珠笔和书籍。

2008年，开展慈善助学大型募捐活动，社会各界共捐爱心助学款162.98万元（其中：市政府专项助学基金30万元，机关、企事业单位和乡镇捐款42.95万元，爱心企业和个人捐款90.03万元），资助贫困大学新生307人，发放爱心助学金105.5万元；资助贫困中小学生182人。

2009年，希望工程北京捐助中心支持资金25万元，万宁市政府配套20万元，援建北大镇国家电网希望小学，该小学荣获国家级希望小学的称号。

2010年，通过与市民政局、市总工会、市计生局等单位合作，累计发放资金94.8万元，共资助311名贫困大学生。

第三节 市妇女联合会

一、机构

1991年，万宁县妇女联合会内设办公室、权益部、宣传部、发展部、儿童部、妇儿工委办，财政全额拨款事业编制8人。

1996年8月，万宁撤县设市，万宁县妇女联合会改为万宁市妇女联合会。至2010年，市妇联市内设机构编制不变。

二、代表大会

1991—2010年间，召开了第八次、第九次和第十次妇女代表大会，选举产生执委、常委、正副主席等领导机构成员。2000—2004年，全市成立19个机关妇委会、207个村（社区）妇代会（197个村妇代会、10个社区妇代会）。2010年，女性进入村（社区）"两委"组织（党支部、村委会）的比例达到100%。

第八届妇女代表大会　1993年10月29日召开，出席代表200人，邀请代表3人。大会听取并审议第七届县妇联执委会工作报告，第一次会议选举产生了县妇联第八届执委会。选出县妇联执行委员29人，常务委员11人，主席1人，副主席2人。主席：柳兴荣；副主席：翁亚梅、温玉珍、李曼。

第九届妇女代表大会　2000年3月17日召开，出席代表238人，特邀代表2人。大会听取并审议市妇联第八届市妇联执委会的工作报告，审议市第九届妇女联合会成员名单，第一次会议选举产生万宁市妇联第九届执委27人，常委9人，主席1人，副主席2人。主席：冯秀容；副主席：温玉珍、翁亚梅。

第十届妇女代表大会　2006年9月29日召开，大会审议第九届市妇联执委会的工作报告，审议市第十届妇女联合会成员名单，第一次会议选举产生执委23人，常委9人，大会同时选举产生市妇联新一届领导班子，主席 1 人，副主席 2 人。主席：钟红霞；副主席：黄琼荣、吴小莉。2010年1月15日，市妇联召开第十届四次执委扩大会议，增补市妇联第十届执委 5 名，选举吴小莉为市妇联主席（原主席届中调动）。

三、主要活动

（一）妇女“双学双比”活动

1991—2010年，市（县）妇联在开展“双学双比”（学文化、学技术、比成绩、比贡献）竞赛活动中，举办各类农技培训班573期，参加培训妇女13.6万人次，妇女脱盲率达90%，1976名妇女获得农民技术员职称，90%妇女劳力掌握2门以上农村实用技术，302名妇女获得助理农技师职称，以妇女为主的种养户有2070户。其中，礼纪镇蔡春香养鹅示范基地被全国妇联评为“双学双比”示范基地。

1991—2010年万宁市（县）开展“双学双比”情况一览表

表13-2　　单位：次、人

<table>
<tr><th>年份</th><th>“双学双比”项目</th><th>培训次数</th><th>参加人数</th><th>备注</th></tr>
<tr><td rowspan="3">1991</td><td>农科培训班</td><td>42</td><td>2980</td><td>—</td></tr>
<tr><td>文化班</td><td>54</td><td>1080</td><td>脱盲率90%</td></tr>
<tr><td>水稻、热作和养殖培训班期</td><td>4</td><td>350</td><td>95人获得农民技术员证书</td></tr>
<tr><td rowspan="2">1992</td><td>农村妇女骨干实用技术培训班</td><td>10</td><td>688</td><td>—</td></tr>
<tr><td>农业技术员培训班</td><td>2</td><td>115</td><td>104人通过考试获得技术员职称</td></tr>
<tr><td>1994</td><td>实用技术骨干培训班</td><td>6</td><td>484</td><td>—</td></tr>
<tr><td>1995</td><td>农村实用培训班</td><td>18</td><td>932</td><td>146名妇女获得技术员证书</td></tr>
<tr><td rowspan="2">1996</td><td>农技培训班</td><td>7</td><td>504</td><td>345名妇女通过考核取得农民技术职称</td></tr>
<tr><td>反季节瓜菜、抛秧新技术推广和管理实用技术培训</td><td>41</td><td>5735</td><td>—</td></tr>
<tr><td>2001</td><td>农技培训</td><td>25</td><td>1064</td><td>—</td></tr>
</table>

续表13-2

年份	“双学双比”项目	培训次数	参加人数	备注
2002	农技培训	37	8720	—
2003	种养科技培训班	35	10000	全市90%以上的农村妇女掌握1～2门农业生产技术，以妇女为主的种养户达到2070户
2004	科技培训班	51	8000	380名科技人员参加了科技服务，150名妇女成为农民技术员
2005	农技培训班	3	128	礼纪镇蔡春香养鹅示范基地被全国妇联评为“双学双比”示范基地
	培训班	26	2760	
2006	种养技术培训班	43	3800	—
2008	实施“巾帼科技致富工程”。举办农业实用技术培训班	38	80000	有90%的妇女通过培训掌握2门以上农业实用技术
2009	发动360名妇女参与市农业科技服务“110”专家团	0	360	—
	在三更罗镇举办咖啡高产栽培技术培训和防震知识培训	1	230	—
	举办全市第三批农村返乡农民工技能培训	1	120	—
2010	召开妇女贷款座谈会，宣传妇女小额贷款、贴息贷款政策，鼓励妇女贷款创业	12	2418	全年市妇女小额贴息贷款金额2400万元，贴息17.6万元
	联合市保健院在牛漏卫生院开展科技送卫生下乡义诊活动	1	100	发放资料1400份，药品2000元，义诊农村妇女儿童100多人

（二）妇女“建功立业” 活动

市（县）妇联大力宣传各行各业中的妇女先进典型，推出一批有理想、有道德、有文化、有纪律，具有自立自强精神的女性楷模。

1991—1994年，开展“为八五计划建功”的主题活动，在全县开展“双学双比”竞赛活动，表彰25个先进妇女组织和54名先进妇女干部。1997年，开展以“文明经商、优质服务”为主题的巾帼建功活动。1999年，开展“巾帼文明示范岗”创建活动，参加的单位和人员中，获得省妇联表彰的“巾帼建功标兵”2名，先进单位1个，“巾帼文明示范岗”3个。

2002年，开展“巾帼扶贫”活动，建立扶贫点47个，联系户210户，结对12600户；组织妇女参与“三八绿色工程”活动，创建“三八绿色工程”基地4个，总面积45亩。2007—2008年，组织10家省级“巾帼文明岗”单位开展“十岗联十村”活动。市供电公司等10个单位联合北大镇中兴村等10个村，开展文明新风创建活动。2009年，通过宣传媒体，大力宣传全国“双学双比”女能手——北大镇竹埇村吴成梅、全国“三八红旗集体”——市地税大厅的先进事迹。2010年，组织全国、省级“巾帼示范岗”单位——市国税局妇女委员会为后安镇群兴村、后安村安装路灯、修路、设置宣传栏等，组织市医院妇委会为和乐镇乐群村小学捐款捐书，建图书室等。

1991—2010年，有3个单位获得巾帼建功先进单位，创建巾帼文明示范岗22个，35人获得“巾帼标兵”称号，16人被评为巾帼建功先进个人。1998年，市建行营业部女工小组被省妇联评为“三八红旗”集体，何元荣、庞劲虹获得省“三八红旗手”称号；2005年，市邮政储蓄所、保险征稽局、国税局、农行、供电公司获得省“巾帼文明示范岗”称号；2009年，东澳镇明丁村吴作荣荣获“海南省孝老爱心模范”称号，市农行王晓荣获全国、省“三八红旗手”称号，市计生局荣获全国“三八红旗集体”称号。2010年，市国税局陈华琳获省妇联“十佳女杰”提名奖，市妇幼保健院、市邮政局被省妇联评为“三八红旗”集体，方朝霞等4人获得“三八红旗手”称号。

（三）妇女“建文明家庭”活动

通过评选“好丈夫”“五好家庭”“平安家庭”“五好文明标兵”等活动，树立家庭道德模范。

1991—1996年，评选文明家庭229户，表彰好丈夫19人，文明家庭标兵50户，和乐镇文家深家庭获省“五好家庭”称号。1997年，将创评五好文明家庭纳入精神文明建设总体规划，重点开展家庭美德教育，培训家政骨干76人，全市举办培训班43期，参培妇女1470人。创建牛漏镇边肚村“五好文明家庭”示范点。

1998年，全市各级妇联组织开展创评五好文明家庭活动，评送文明家庭26803户，五好文明家庭331户。2001年，“6·26”期间，组织300名妇女组成“不让毒品进我家”宣传队进行戒毒宣传。2003—2004年，举办“美德在农家”培训班34期，受训人数5058人。2006年，在龙滚镇福塘村创建“平安家庭”示范点。2007年，启动“寻找万宁好家风”活动，每周三在“万宁新闻”栏目播放一户好家风家庭，连续播放25户。2009年，开展“平安与家庭同行”宣传活动，创建“平安家庭”示范点3个，发放倡议书1万份。

2010年，万城镇仁里社区被评为“全国创建学习型家庭社区”，东澳镇的吴作荣一家被评为全国

“五好文明家庭”，万宁中学方杏一家被评为“低碳家庭”。

（四）妇女维权活动

通过开展各种形式的维权宣传、法律知识培训等活动，提高妇女维权意识和能力，处理并调解来信来访妇女家庭纠纷，维护妇女合法权益。

1991—1993年，重点宣传《婚姻法》《继承法》《妇女权益保障法》，举办培训班21期，张贴标语4.5万张，设宣传栏30个，组织宣传车上街下村宣传56车次。1995—2001年，举办各类培训班106期，发放《婚姻法》手册1万多册，9670人参加培训。1995年，成立万宁县妇女权益保障委员会。

2002年，联合司法局开展“三八”维权周活动，活动周期间，设立咨询点18个，举办“二法一规”知识竞赛，发放宣传资料3000多份，接受妇女来电来访85宗，调处解决62宗。2007年，联合司法局开展“三八”维权周活动。在12个镇举办“不让毒品进我家”和“预防艾滋病”等活动，发放宣传资料19000份，制作宣传栏18个，咨询人数达9480多人。

截至2010年，共受理妇女维权的群众来信来访1907件，办结率在90%以上。

四、关爱妇女儿童工程

主要通过开展“六一”慰问、妇女健康检查和妇幼保健知识宣传活动，体现对妇女儿童的关爱。

1991年，发起兴建县第二幼儿园倡议，解决儿童入园难问题；1993年，开展儿童书画比赛，表彰320个少先队工作先进集体、80名少先队辅导员、110名优秀少先队员；1995年“六一”节，慰问10所幼儿园，表彰儿童工作先进集体5个、先进工作者21人、先进教师180人、优秀幼儿515人。

1997年，开展“年轻妈妈”读书活动，订阅《年轻妈妈》400册，推荐一名年轻妈妈参加省妇联演讲比赛，获第二名。开展“三优”（优生、优育、优教）知识宣传学习，组织300名各阶层妇女进行抽样测试。1998年“六一”节期间，组织“百万少儿向母亲写书信”，有9万多中小学生参加，选送10封书信参加省妇联评选，获省级一等奖2名，二等奖2名，三等奖1名。开展妇科病普查普治工作，有2000多名妇女接受检查。

2002年“六一”节，联合团市委开展“手拉手”助团活动，为贫困的失学儿童赠送助学金及学习生活用品。

2006年，实施“春蕾助学行动”，在南桥镇小管、南桥村开办“江素惠春蕾班”，扶持50名小学生至小学毕业。

2007年，开展“情系留守儿童”赠话卡活动，向万宁二小13名留守儿童赠送100元话卡。开展留守儿童“给父母的一封信”征文评选活动，关爱留守儿童。

2010年，“六一”节慰问了南桥镇中心小学、小管小学50名春蕾班学生，给他们带去价值3000元的学习用品、体育用品和扶助金；联合礼纪镇妇联在礼纪镇茄新小学举办同在“蓝天下，爱心手牵手”庆“六一”活动，发放价值3000多元的书籍、学习用品等礼物。

五、妇女干部队伍建设

1992年，向人才库推荐副科级以上女领导干部16人，组织妇联干部20人到北京参加培训。1995年，18个乡镇中有11个乡镇配备妇女领导干部，其中正职4人，向组织部门推荐优秀妇女干部24人。

1997年，18个乡镇中有17个乡镇配备了妇女领导干部，妇女乡镇领导干部23人，占乡镇领导干部的14%。2001年，鼓励妇女干部参加各级领导岗位竞选，有66名妇女干部参加竞岗，9名被录用；向组织部门推荐19名优秀妇女干部，3名被任用，2名被安排到重要岗位。

2004年，在村委会换届选举中，全市197村、10个社区的154名妇女进入村（社区）级组织任职。

2010年，选拔21名妇女干部。其中，提拔正科级的领导干部3人，副科级领导干部6人，交流副科级以上女领导干部12人，镇级领导班子全部配备妇女领导干部。

1991—2010年间，市县妇联积极加强对妇女干部的培训，向当地组织部门推荐优秀女干部。

六、妇女基层组织建设

1991年7月3日，县委党群战线妇女工作委员会成立。全县有妇代小组1624个，妇女代表4920人。1993年，建立了18个乡镇妇联会、205个村妇代会、13个机关及事业单位妇委会。

1995年，共有202个村妇代会。配备妇代会正副主任290人，妇女进村支委89人。

1997年，市委批转了《基层妇女组织建设方案》，在市妇联的具体指导下，10个乡镇182个妇代会完成换届选举工作。党政机关教科文卫等事业单位建立妇委会17个，个体劳动者协会及分会建立妇委会19个。

至2010年，实现"妇女之家"村（社区）阵地全覆盖，207个村（社区）都挂牌成立"妇女之家"，长丰文通村、万城永范村成为创建"妇女之家"示范点。

1991—2010年，市妇联不断完善基层组织建设，逐步配齐乡镇妇联干部，扩大机关妇委会范围，创建"妇女之家"活动阵地。

第四节 市归国华侨联合会

一、机构设置

1991年，万宁县归国华侨联合会成立。配备干部5名，其中主席1名，与万宁县侨务办公室合署办公。

1993年10月，侨联与侨务办公室分离、独立办公。县侨联内设办公室、经济工作岗、宣传联络岗，编制7名，其中主席1名，专职副主席1名，秘书长1名，其他人员4名。1996年8月万宁撤县设市，相应更名为万宁市归国华侨联合会。1999年机构改革，侨联编制缩减1人，核定编制6名，参照公务员管理。2006年6月，市侨联与市外事侨务办又实行一套人员、两个牌子合署办公。至2010年，人员编制和岗位设置未变。

二、归侨侨眷代表大会

1993年10月，召开第四次归侨侨眷代表大会，选举产生第四届委员会，黄会伍当选为主席，陈昌富为专职副主席，其他3名副主席为兼职。2000年8月，召开第五次归侨侨眷代表大会，选举产生第五届委员会，李曼当选为主席，苏斌为专职副主席，其他3名副主席为兼职。2003年9月原主席届中调动，市政府任命苏斌为主席。

1991—2010年，万宁市（县）侨联共召开2次归侨侨眷代表大会，选举产生第四届、第五届侨联领导机构。

三、主要活动

（一）扶贫帮困

1996年开始，万宁市（县）侨联在海外乡亲、侨属企业和侨界人士的支持下，自筹资金帮助龙滚镇排园村委会、凤园村委会和水坡村委会建设文明村，资助特困归侨侨眷改造危房、侨界贫困学生上学、扶持特困归侨侨眷发展生产。至2010年，累计资助146名侨界学生上大学，发放助学金43.8万元；投入资金65.2万元帮扶特困户改造危房。每年春节，组织开展侨界"送温暖，献爱心"慰问活动。

（二）参政议政

1991年以来，侨界在万宁市（县）人大代表和政协委员中占有一定的份额。第六届至第八届人民代表大会，侨界代表分别占5.1%、8.4%，9.6%；第七届至第九届政协委员，侨界分别占6%、9.2%、10.5%。其提案、议案的数量、质量逐年提高，被政府及有关部门采纳的占85%。2006年，万宁侨联《改善我市投资环境刻不容缓》的提案，被选定为市两会发言材料。

（三）侨界捐助

1991—2010年，万宁接受海外乡亲捐助共计1500余万元，主要用于科教文卫、公共设施，扶贫救灾等公益事业建设。1992年12月，马来西亚著名侨领祝清坤捐资兴建的后安清坤小学落成。此外，以海外侨胞名字命名建设的还有和乐兴华小学、龙滚昭才小学、华侨中学淑英楼等。至2010年，3人被万宁市政府授予"万宁市特等荣誉市民"称号，9人被授予"万宁市荣誉市民" 称号，2人被授予"爱乡模范" 称号，30人被授予"爱乡赤子"称号。

（四）维护侨益

1991—1994年，县侨联作为落实侨务政策小组成员之一，主要参与落实侨务政策复查和补漏等工作。通过开展"侨法宣传月"和"侨法进社区、进乡村"等活动，大力宣传侨法，加大普及侨法覆盖面，依法维护侨益等。1996年9月，开展"侨法宣传月"活动，通过开设广播电视专栏、领导发表电视讲话、举办侨法座谈会、宣传车、现场咨询等大力宣传侨法，印发资料10000多册。

2006年8月，组织机关涉侨干部60余人参加侨法知识考试；2007—2009年，在兴隆、万城、后安、龙滚重点侨乡，建立4个"侨法宣传角"，挂牌成立3个"海南省侨联法顾委（律师团）法律咨询服务站"。2010年10月，组织镇村干部职工、归侨侨眷200余人参加涉侨法律法规知识测试。1994—2010年，共举办侨法学习班4场次，参加学习230人次；调处华侨祖宅基地纠纷32宗件、归侨侨眷各种诉求57件，为18位归侨干部确定国外工龄。

四、海外联谊

1991—1992年，县侨联主要通过信函、贺卡、明信片和接待回乡探亲旅游的海外乡亲等方式开展海外联谊。在龙滚镇归侨侨眷中倡导的"一人一封信"联谊活动，被作为先进经验向全县推广。1994年11月，马来西亚万宁同乡会总会主席祝清坤应万宁政府邀请，携槟城、雪隆，马六甲、柔佛4个属会主席，带领500余名海外乡亲返乡，在万城举行“马来西亚第三届万宁嘉年华会”。1999年8月，协同马来西亚雪隆万宁同乡会，组织42名祖籍万宁的青少年，在东山岭举办夏令营活动；2000年12月，协同马来西亚万宁同乡会总会组织65名祖籍万宁的青少年在兴隆举行“千禧寻根之旅”冬令营活动。

2006年9月，邀请新加坡海南会馆琼剧团一行36人到万宁交流演出，2000余名市民在人民公园观看演出。同年，万宁举办撤县设市十周年、海南欢乐节等庆典活动，市侨联配合市政府，邀请并接待来自新加坡、澳大利亚、韩国、马来西亚等12个国家和地区的300余名海外乡亲参加庆典活动。2008年开始，连续3年与新加坡海南会馆联合组织新加坡华裔青少年学生（每年一次，每次30余人），到万宁中学开展“红丝带·心连心”交流联谊活动，派员派车接送海外青少年回乡省亲祭祖、领略亲情乡谊，增进他们对祖籍的认同。

至2010年，万宁市（县）侨联先后派人赴国（境）外参加38届世界海南乡团联谊大会，与12个国家和地区的同乡会、社团建立常态性联系。

第五节 市科学技术协会

一、机构

1991年，县科学技术协会设办公室，编制7人，实有工作人员6人。1993年，内设机构3个，即：办公室、科普股、学会（青少年）股，编制10人，实有工作人员9人；同年，成立下属机构“万宁县科技咨询服务中心”，编制6人。

1995年，编制增至11个，实有工作人员10人。1996年8月，随着万宁撤县设市，相应改名为市科学技术学会。1999年，内设办公室、科普股、学会股，事业编制10人，撤并万宁市科技咨询服务中心，原有工作人员4人定为科协超编人员进行分流。2003年，政府机构改革，科协重新定编9个编制。2010年底，内设机构、编制未变，实有工作人员8人。

二、科技活动

（一）科技服务活动

1991年以来，科协围绕“普及现代科技、建设和谐万宁”的主题，采取多种形式开展多系列、多层次的科技服务活动，在城乡大力普及科技知识，推广科技成果。坚持每年举办2次大型科技下乡活动、3次科普大集市。

1991—1994年，举办对虾养殖、水稻高产栽培、芒果种植、胡椒病虫害的防治等培训班30多期。1995—1999年，以农村党员、基层干部为主体举办各类实用技术培训班加强技术培训，90%以上农村党员、基层干部掌握1～2门实用技术。2000—2003年，举办高产栽培、海水养殖，南美白对虾淡化健康养殖、果树栽培管理与防治病虫害等实用技术培训班40期。2004年，举办“EM原露”技术、无公害瓜菜栽培、海水养殖、果树栽培、畜牧、植保等实用技术培训班35期。从2005年开始，在农村举办培训班年均50期，年培训农民近3000人次，印发技术资料2万多份，制作科技光碟3000余个。至2010年，已有2800余名农民被确认为农民技术员，186名被普升为助理农技师，有2920余名农民成为科普致富带头人。

（二）科普活动

开展科技活动周活动 2002年，成立科技活动周组委会，正式开展科技周活动。2003年，“非典”期间，先后发放《传染性非典型肺炎预防知识》《农村预防传染性非典型肺炎广播宣传材料》近万本，科普挂图2000张，宣传横幅86条。2004年，科技周活动以“科技以人为本，全面建设小康”为宗旨，在万城镇主要干道设立科技服务点，开展形式多样的科普活动。2005—2010年，每年联合各部门开展科技活动月活动。

举办“全国科普日”活动 从2003年开始，举办“全国科普日” 活动。2004—2006年，在各中小学举办不同主题的校园专题报告会和大型图片展，在各镇开展科技下乡等活动。2007年，全国科普日活动期间，开展面向未成年人、农民、城镇劳动者、集墟居民的科普宣传、培训行动和义诊活动。2009年，举办各类农民技术培训班30场，参训人数6000多人次；举办青少年科普讲座8场，听众2000多人次；开展流动义诊车队活动，接受群众健康生活咨询、举办义诊10000多人次。2010年，组织举办各类活动工作宣传达300多人次，建设宣传栏12个（次），展出各类展板1100多幅，张贴宣传挂图1026张，举办培训11场次2260人，群众受益面2万余人，各类青少年科技创新成果获奖作品100多件。

举办“科技月”活动 2005年开始，万宁市举办科技活动月活动。2005年，首届科技活动月活动正式启动，34个相关部门开展科技大集市活动。2006年，第二届以“自主创新，科技进步，建设新农村”为主题的科技活动月在万宁市政府办公楼广场隆重开幕，30多家单位、企业的近100名专家、医生、工程技术人员、科技工作者开展大规模的科技大集市咨询活动和专家义诊。2007年，在第三届科技活动月期间，组织开展多系列、多层次的群众性科普宣传教育活动；同年，万宁市科协获得海南省“科技活动月”活动组织一等奖。2008—2009年，制定《万宁市科协科技月活动方案》，开展科普进社区、科普进校园、科技下乡等活动。自开展活动以来至2010年，累计组织科技工作人员30人次，举办培训班5期1200人次，发放科普书册6000多本，展板展出1200多场次，观看展板、科普咨询、获取资料的群众达8000人次。

开展“科普惠农兴村计划”活动 从2006年开始，开展“科普惠农兴村计划”活动。2007年，农民苏候波获海南省“科普惠农兴村计划”先进个人。2008年，后安镇潮港海水养殖协会、农村科普带头人符儒民分别获海南省“科普惠农兴村计划”先进单位和个人。2009年，潮港海水养殖协会获中国科协和财政部授予的“先进农村专业技术协会”称号，和乐镇农民周先雄获得“海南省先进农村科普带头人”称号。2010年，和港水产养殖科普示范基地获得“全省优秀科普示范基地”称号，和乐镇农民周先雄获得“全国科普惠农先进个人”称号。

实施《全民科学素质行动计划纲要》 从2006年起开始实施。2008年，各成员单位落实《纲要》各项目标。2009—2010年，深入实施《全民科学素质行动计划纲要》，努力提高全民科学文化素质，促进社会经济和谐发展。

（三）青少年科技活动

1991年以来，坚持每年组织青少年开展科技普及活动，培养青少年从小热爱科学知识。1996年，联合教育局开展科学小论文比赛活动，推选15名中小学生到省科协参加比赛，获得三等奖3名。1997年，在海南省第四届青少年生物百项科技活动中，筛选6名中小学生作品送省科协参加比赛，获得三等奖6名。1999年，在评选海南省科技教育示范学校活动中，确定礼纪中学、番村小学两所学校为海南省科技教育示范学校。在第五届海南省青少年生物和环境科学实践活动中，礼纪中学1个作品获得优秀活动奖，并在第五届全国青少年生物和环境科学探索评选活动中获得生物表扬奖。从

2000年开始，每年组织中小学生参加海南省青少年科技创新大赛。2006—2010年，由国家级科技专家组成的报告团每年在万宁市举办“大手拉小手——科普报告希望行”活动，每年约有2000名师生聆听了报告会；联合市教育局每年在各中小学组织、选拔优秀的中小学生参加海南省科普小先生演讲比赛、七巧板竞赛、车模航模竞赛等。2006年，万宁中学陈跃怡、冯秋萍，万城小学卢裕刃获得海南省第三届“科普小先生”优秀奖。2007年，万宁市科协获得海南省第四届“科普小先生”优秀组织奖，万城小学陈雷雨获得个人优秀表演奖。

三、科普工作

1994年，成立行业专业学会3个，分别是农学会、水产养殖学会和气象学会。1995年，18个乡镇成立15个乡镇科普协会。1996年，18个乡镇有乡镇科普协会16个。1999年，成立乡镇科普协会和乡镇企业协会22个，成立行业专业学会10个。2002年，成立创建科普示范市领导小组和科技周组委会。

2003—2005年，政府机构改革，12个乡镇都成立了镇科普协会。2006年，根据海南省科协关于创建“一站一栏一员”的文件精神，制作4块科普宣传栏安放在4个省、市级生态文明村当仁村、六底村、乌石园村和内岭村；同年，万宁市槟榔产销协会在“海南省科协系统审计农村专业协会先进集体”评选活动中获得省级农作协先进集体。2007年，围绕科普惠农“一站一栏一员”建设目标，又制作了1个20米长的“万宁市科普之窗”，安放在市委办公区大道西侧。2008年，完成“一站一栏一员”工作目标，建成镇科普活动站12个、科普宣传栏12个、配备科普信息员12个。2009年，实施科普惠农计划行动，创建农技协11个，创建大型示范基地10个。

至2010年，已建立科技攻关小组、农村技术职称评定小组、科技周领导小组、技术评定领导小组、创建科普示范领导小组等科普领导机构，成立科技咨询中心、各类学会、农技协会等科普组织，科普小组175个，科技服务组3000个，成立各行业专业学会15个，协会9个，农技协会11个；完成“一站一栏一员”工作目标，创建镇科普活动站12个，并配备科普信息员12人，建设固定科普宣传栏12个，形成市、镇、村三级实用技术推广网络，建成科普文明村56个。

四、科普示范基地建设

从2005年开始，开展科普示范基地建设。至2010年，帮助各镇建成科技养殖、种植的大型示范基地主要有：龙滚菠萝协会“菠萝种植科普示范基地”、长丰黄山芒果协会“芒果种植科普示范基地”、港北养殖协会“港北海山养殖科普示范基地”、乌场南美白对虾科普养殖示范基地、后安潮港海水养殖协会“鱼蟹混养科普示范基地”、新梅椰子协会“椰子种植科普示范基地”、礼纪瓜菜协会“冬种瓜菜科普示范基地”、北坡水稻协会“水稻高产种植科普示范基地”、科普带头人符儒民创办的镜门水稻高产种植示范基地、科普带头人周先雄创办的“和港水产养殖科普示范基地”等10个，利用基地推广“笼养肉用番鸭”“虾蟹混养”“龙眼提前开花结果”“芒果催花P333剂”“新型果树促控制PBO”“南美白对虾”“半精养”“高位池精养”和“抛禾技术”等科技成果和先进适用技术53项，为农村经济和农业生产的发展做出积极贡献。

第六节　市工商联(总商会)

一、会员代表大会

万宁市(县)工商联在1991—2010年期间,共召开3次会员代表大会,分别为第六届会员代表大会、第七届会员代表大会、第八届会员代表大会。2006年,万宁市工商联机关列入公务员序列管理单位。2007年,市工商联设立党组。至2010年,无内设机构。

第六届会员代表大会。1996年12月在万城召开,选举产生第六届执行委员会,选举陈涛为会长,并选举产生副会长7人,秘书长1人。

第七届会员代表大会。2001年12月在万城召开,选举产生第七届执行委员会,选举张会强为会长,选举产生副会长10人,秘书长1人。在此期间共推荐会员成为省人大代表者1人,市人大代表者4人,市政协委员者27人。

第八届会员代表大会。2007年1月在万城召开,共有526名会员参加,其中企业会员236人,团体会员5人,个体会员285人。选举产生第八届执行委员会,选举曾良为会长,选举产生副会长16人,秘书长1人。先后成立龙滚镇、东澳镇、大茂镇商会分会。在此期间,共推荐会员成为省人大代表1人,市政协委员29人。

二、主要活动

1991—2010年,市县工商联先后接待全国各地到万宁考察及旅游观光的企业;组织会员举办和参加各种对内对外展销会、交易会,组织会员出国、出境考察访问,帮助会员开拓国内、国际市场;增进与中国香港、澳门、台湾地区和世界各国工商社团及工商经济界人士的联系和友谊,促进经济、技术和贸易合作。

万宁市工商业联合会积引导会员与企业参与“光彩事业”,慷慨资助,回报社会。2005年,“达维”台风灾后,跃海实业有限公司捐款50万元,支持灾区群众重建家园;2007年,工商业联合会筹资30万元,资助120名贫困大学生上学就读;2009年,筹资38万元,资助86名贫困学生上大学就读;2010年,在万宁市遭受特大洪涝灾害后,李杰实业有限公司捐款100万元,全市会员非公人士与企业共捐款130多万元,支援全市灾区群众重建家园。

第七节 市文学艺术界联合会

一、机构

（一）万宁市文学艺术界联合会

1991年，万宁县文学艺术界联合会，无内设机构，在编2人。1996年8月万宁撤县设市，更名为万宁市文学艺术界联合会。1999年1月，万宁市文学艺术界联合会编制增至5人，即：主席1人，副主席1人，科员或办事员3人，内设办公室、编辑部。2003年，市编委重新确定岗位和人员，万宁市文学艺术界联合会人员调整为主席1人，专职副主席1人，办公室2人，编辑部1人。至2010年，内设机构和人员编制均不变。1998年，市文学艺术界联合会创刊《东山文艺》，曾亚运担任主编，至2005年停刊。

2005年9月，万宁文联组织成立万宁市作家协会。2007年5月，作家协会创刊《万宁文艺》。

至2010年，先后成立万宁市书法家协会、万宁市作家协会、万宁市诗词学会、万宁市音乐舞蹈协会、万宁市美术工作者协会、万宁市摄影摄像协会、万宁市民间文艺家协会、万宁市戏剧工作者协会、万宁市盆景根雕协会等市文联下属协会组织。市根雕文化艺术协会、市孔子学会和颖川历史研究会、万宁市文学创作研究会为市文联挂靠组织。各协会、学会等共有会员624人。

（二）协会组织

万宁市诗词学会 成立于1988年9月，原名万宁县诗词学会。成立时会员84人，钟植松为第一届理事会会长。创会刊《龙吟》。1998年学会将会刊《龙吟》名称更改为《东山诗苑》，刘明锋任主编。1992年9月，学会换届，成立第二届理事会，刘明锋为会长。至2010年，会员59人。

万宁市民间文艺家协会 1998年1月成立，原名为万宁县民间文艺工作者协会。协会主席为何子东，副主席曾亚运、杨汉声，陈亚平为秘书长，会员34人。至2010年未变。

万宁市诗歌协会 2003年12月成立。谭风云任协会主席，刘文川、叶必源任副主席。会员168人。至2010年未变。

万宁市作家协会 2005年9月成立，曾亚运任第一届作协主席。王天奇、翁汉民、林先平、杨汉声、陈燕、吴江秀等人任作协副主席，当年作协会员达18人。2007年5月，该会创办《万宁文艺》，曾亚运担任主编，至2010年，出版了《春满天涯》《爱洒南疆》《天边的笛声》《河边草》《星星草》《六连风云》《沧桑拾忆》等万宁作家丛书，会员发展至55人。

万宁市书法家协会 原名万宁县书法篆刻协会，1983年10月成立，肖冠汉任第一届书协主席，会员54人。2004年2月，书法篆刻协会换届选举，更名为万宁市书法协会，林道飞任主席。欧东顺、陈鸿诚、梁安邦、曹世忠、符国虎任副主席、苏君运任秘书长、理事成员17人。杨树岷、吴淑香、魏家喜为协会顾问。2004—2010年，万宁书协不断发展，协会组织和人员队伍不断扩大。含后安镇书协、后安校园书画研究会、万宁中学书画研究会3个团体会员，总人数近385人。在此期间，增补苏君运、李让金为书协副主席，谭人虎为秘书长。理事人数增至24人。至2010年，肖冠汉、魏家喜、林道飞、陈鸿诚、李让金、苏君运、陈才坤等7人为中国书法协会会员，另有省级书法协会会员31人。

2004—2010年，协会组织举办全国性书法展2次。在海南省书画院和海南省博物馆举办省级规模的书画作品展5次。在县市举办全市性书法展出20次。组织出版《万宁市设市十周年书画作品展作品集》《万宁市首届青年书法展作品集》《万宁市庆祝建省20周年书画作品展作品集》《万宁市庆祝中国共产党成立90周年政协委员书画作品展作品集》《香飘南天——全国十一市县、旗（区）政协委员书画作品展作品集》和《山高水长——北京大学书法研究生与万宁书协会员书法作品展作品集》，出版《中国书画名家系列——林道飞书画精品集》和《陈鸿诚书法作品集》等8部作品集。总发行数量12000多册。2008年，协会被中国书法协会评为"中国书法家进万家"先进集体。2010年被中国硬笔书法协会评为先进单位。书法作品国展获奖2人，入选国展9人次；省展获奖15人，入选省展30多人次。

万宁市美术工作者协会 1991年6月成立，主席：陈石森。副主席：魏继琼、刘运通、林明富。会员人数25人。

万宁摄影工作者协会 1991年6月 成立，主席吴振文，会员人数25人。2004年6月，成立了万宁摄影摄像协会。主席：倪平，副主席：冯推德、翁启金、符忠良、梁崇海；秘书长：陈武；会员及爱好者136人。摄影摄像协会先后编辑出版先后《百年洪水》《万宁旅游》《春华秋实》《为民服务》等9部摄影画册。制作专题摄影摄像片8部。

万宁市戏剧家协会 2004年7月成立，肖琦海担任主席，李伟、陈万丰、王博明担任副主席，秘书长龙育飞，协会会员96人，入选并获全国地方戏业余组奖1人，获省琼剧唱腔比赛10强2人。至2010年，协会主席、副主席、秘书长担任成员未变。

万宁市音乐舞蹈工作者协会 1991年6月成立，主席莫儒才，副主席翁亚良、蔡曼丽，秘书长李映明，理事13人，会员34人。协会下设乐队、歌队和舞队开展活动。2003年8月，市音乐协会举行第二届换届。主席莫儒才，副主席潘培（兼秘书长）、邢秀琴、吕伟、王亚文、黄茂荪、王健，理事21人，协会聘请陈山柏为顾问。2010年协会发展会员人数75人。

2003年，音舞协会应万宁市第一届体育运动会筹委邀请举办大型音乐舞蹈文艺晚会。2004—2010年，先后配合万宁市各部门系统举办文艺会演大合唱12次。

万宁市乡土文化研究会 2009年成立，为万宁市文联挂靠下属群众文艺团体，第一届研究会会长陈雨丝。2010年，研究会推选第二届理事会，推选王文为会长，梁崇海为副会长，会员165人，理事2人。

万宁市根雕文化艺术协会 2010年6月18日成立。为万宁市文联挂靠下属群众文艺团体，协会会长黄劲民，副会长李让金，理事18人，会员60人。

二、代表大会

万宁县文学艺术界联合会第一届代表大会 1985年12月5日召开。参加会议的文联委员19人，代表会员56人。选举陈开岩为主席。何子东、许育美为副主席。秘书长由何子东兼任。

万宁县文学艺术界联合会第二届代表大会 1992年7月23日召开。参加会议的文联委员130人，代表会员326人。会议推举李世忠为县文联主席，何子东为专职副主席兼秘书长。此后，未再召开文代会，至2010年底。

第八节 市残疾人联合会

一、机构

1991年，万宁县残疾人联合会是隶属市民政局的副科级事业单位，内设办公室、康复教育股、社会福利股，编制5人。1995年3月，县残联升格为正科级事业团体单位。1996年1月，和市民政局分开办公，内设机构有行政秘书股、康复教育股、社会福利股，工作人员8人。同年8月，万宁撤县设市，万宁县残疾人联合会更名为万宁市残疾人联合会。2010年，市残联内设机构有办公室、康复教育股、社会福利股，有公务员编制7人，工勤编制1人。

二、救助

（一）生活生产救济

1991—1995年，元旦、春节、全国助残日、国际助残日、盲人节、聋人节等节假日期间，走访慰问残疾人及残疾人家庭1695人次，发放慰问金及慰问品83万元。1996—2000年，全市投入扶持发展生产资金96万元，扶持305户贫困残疾人发展种植业、养殖业和家庭手工业。

2001年，贯彻落实"扶持自救为主，政府救助为辅"的方针，采取社会化方式，有计划、有步骤地开展包、帮、带、扶活动，扶持南桥、三更罗、北大等民族乡镇残疾人贫困户种植胡椒、橡胶、槟榔以及饲养山羊等，扶持残疾人贫困户285户，投入扶持资金83万元。2005年，省残联下达项目扶贫贷款100万元，用于扶持和乐、港北地区养殖网箱对虾、龙虾、鱼等综合项目，同时扶持三更罗、北大、牛漏等比较贫困的3个乡镇的残疾人发展生产，项目资金足额到位、足额安排，扶持残疾人家庭70户。

至2010年，落实符合城乡低保的残疾人家庭3568户、五保户50人，受益残疾人9634人。农村标准200元、城镇标准280元，农村年平均补差98元，城镇年平均补差198元。保障了残疾人的基本生活。

（二）教育救助

1991—1994年，共资助义务教育阶段的残疾学生和残疾人子女学生240人，投入资金2.4万元；普通高等院校的残疾学生和残疾人子女学生16人，投入资金4.8万元。1995年，投入资金1.2万元，资助普通高等院校录取的残疾考生4名；投入资金2.9万元，资助义务教育阶段的残疾学生和残疾人子女学生302名。

1996—2000年，投入资金43万元，资助义务教育阶段残疾学生及残疾人子女学生406人，普通高等院校的残疾学生及残疾人子女学生（含中专）60人。2000—2010年，对685名义务教育、高中教育阶段的残疾学生，67名考取普通高等院校的残疾学生和残疾子女学生（含中专）进行救助，救助资金130.79万元。

（三）安居工程

2006年，开始实施残疾人危房改造工程，至2010年，中央、省和市财政投入危房改造资金295万元，帮助390户残疾人无主房户和危房户新建和改造，受益残疾人群众850多人。2006年，开始实施阳光安居工程。2010年，全市共有1890名丧失自理能力的重度残疾人享受居家托养服务补贴。每人每年补贴标准为1800元，资金由省财政拨补和市财政配套解决。

（四）重度残疾人生活补助

2009年，开始开展重度残疾人生活补助活动，发放重度残疾人生活补贴，补助标准为每人每月100元，其中，省财政补助50元，市财政配套补助50元。至2010年，全市有2107名重度残疾人纳入补助范围，以一卡通形式发放。

（五）基本医疗保险、基本养老保险

2008年开始，实施城市残疾人基本医疗保险和基本养老保险。城乡残疾人参加新型农村医疗保险人数达到100%、养老保险达到80%，一、二级重度残疾人，由万宁市政府分别按每人每月50～100元的缴费标准为其代缴垫付，所需资金由省财政和万宁市财政分担。至2010年，投入资金60万元，为全市残疾人代缴垫付新型农村医疗保险和养老保险。

（六）助残日活动

1991—1995年助残日期间，围绕助残日主题，通过专栏、专版、专题节目，利用广播、电视广告等宣传媒体，多渠道、多形式、多层面地进行宣传报道，共开展大型宣传6次，发放资料10000份，共慰问残疾人职工350人次，赠送慰问品及慰问金9000元。1995年，开展全国助残日活动，在东兴福利木材家具厂、大茂福利木材家具厂、兴隆海兴酒家、万宁市福利包装厂等4家集中安排残疾人就业的福利企业开展走访慰问、召开残疾人及亲友座谈会等活动。

1996—2000年助残日期间，举办6期摄影、绘画、美术、书法等活动，丰富残疾人文化生活，引导残疾人走出家门、融入社会，共享社会物质文化成果。1997—1998年助残日，省残联理事长伍群带队到万宁大茂镇群爱村委会、万城镇镇南街慰问残疾人五保户殷忠琼以及一户多残家庭符福书等6人，送慰问品及慰问金4800元。

1999—2000年，组织走访慰问全市贫困残疾人80多人，送慰问金4万元。

2003年5月22日，配合省残联、省农垦总局残联在南林农场成功举办“生命、阳光”文化助残文艺晚会。通过文化助残，当晚捐献人民币5万多元。2007年，以“农家书屋爱心助残书柜”为载体，开展向社区、农村残疾人捐赠图书活动，为万城镇西门社区、仁里社区等赠送法律援助工作手册100册、百姓常用法律知识问答等图书500册。2008年，市残联、市文体局联合组织举办“歌舞青春、迎接奥运”文艺晚会，丰富残疾人文化生活，增进残疾人与健康人之间的联谊。2009年十九次全国助残日期间，慰问残疾人13人，送慰问金6500元。

2010年第二十次全国助残日，全市共走访慰问贫困残疾人34名，送慰问品及慰问金17000元。

三、残疾人就业

1991—1995年，通过集中就业、分散就业以及自谋职业等措施，多渠道、多层次的就业途径帮助残疾人，在东兴福利木材家具厂、大茂福利木材家具厂、兴隆海兴酒家、万宁市福利包装厂等4家福利企业以及企业单位，内联企业和外商投资企业等，集中安排407名残疾人就业，分散安置就业670人。

1996—2000年，共集中安置残疾人就业470人，分散安置就业1007人。2001—2005年，新增集中安置就业624人，分散安置就业835人。至2010年底，全市残疾人共集中安置就业3283人；分散安置就业6879人，残疾人就业率稳步上升；扶持2633名农村残疾人发展家庭经济，摆脱贫困；有2000多名残疾人接受职业培训和职业教育。

四、康复工作

1991—1995年，实施复明手术658例、视力患者配用助视器42人，盲人定向行走训练125人、肢体矫治手术42例、装配假肢和矫形器43例、聋儿听力语言训练42例，智力残疾儿童训练38人。肢体系统训练528人，帮助110名重症精神病患者得到综合治疗，组织供应各类辅助器具430件。

1996—2000年，采取设立定医疗机构与医疗队相结合的方式，开展贫困白内障患者复明工程，推动"白内障无障碍县"建设，完成白内障复明手术923例。完善低视力康复服务网络，组织开展低视力康复救助，对低视力患者配用助听视器80人，开展盲人定向行走和生活技能训练服务，培训盲人定向行走145人。实施贫困聋儿康复听力语言训练81人，智力残疾儿童系统训练90人，肢体残疾人士系统训练250人，肢体矫治手术80例。装配肢体和矫形器90例。帮助135名重症精神病患者得到综合治疗和救助。组织供应各类辅助器具625件。实施5年以来，组织举办残疾人技术，技能培训12期，共培训残疾人600人次。

2001—2005年，实施海南省残疾人事业"十五"计划纲要，完成各项康复措施任务。5年间实施聋儿康复听力语言训练81人，为80名低视力者配用助视器，开展视力功能训练；培训30名低视力儿童家长，开展盲人定向行走和生活技能训练服务，训练盲人定向行走108名；帮助智力残疾系统训练35人，肢体残疾系统训练250人，肢体矫治手术80例，装配假肢和矫形器90例，帮助135名重症精神病患者得到综合治疗和门诊服药救助，组织适配各类残疾人用品用具625件。2001—2003年，市残联配合任祯禄(香港)慈善基金会，开展救助贫困白内障患者复明工程，3年共实施复明手术1080例。2005年，成功地为全市180名贫困白内障患者实施复明手术。

2006—2010年，全市12个镇建立了残疾人康复服务指导机构，80%的镇、村(社区)建立了各类社会康复站，社会化的康复服务体系在全市基本形成；各类残疾人得到不同程度的康复治疗和康复训练服务。共完成白内障康复手术3500例，低视力配用助视器和培训200人，盲人定向行走和生活技能训练150例，肢体残疾矫治手术200例，聋儿听力语言训练220例，智力儿童系统训练150人，肢体残疾系统训练660人。180名重症精神病患者得到综合治疗救助，组织供应适配各类辅助器具1500件。

五、残联维权

1991年以来，市委、市政府高度重视残疾人的法律法规建设。2005年，修订《万宁市关于保护残疾人合法权益的若干规定》，在司法部门设立残疾人律师事务所。2008年，成立"万宁市残疾人法律援助工作部"，为残疾人提供法律咨询、服务和援助。建立维权工作机制和调处化解矛盾纠纷综合平台，畅通和规范群众诉求表达、利益协调、权益保障，建立重大事项和重大政策制定的社会稳定风险评估机制，按照《信访条例》做好信访工作，把苗头解决在萌芽状态，控制和避免残疾人集体越级上访和恶性事件发生，切实维护社会稳定。

至2010年，共接待处理残疾人和回乡残疾军人的来信来访368人(件)次，调解管理各类矛盾纠纷59件，调解成功57件，调解成功率达96%。协调民政局帮助困难残疾人和回乡残疾军人解决医疗参保和基本生活保障213人。

第九节 市红十字会

一、机构

万宁市红十字会成立于1983年，是万宁市从事人道主义工作的社会救助团体，是全市灾害现场“急救员”的培训基地，并承担着全市无偿献血的宣传、组织工作。建制为事业全额拨款股级单位，编制3人，全市有红十字会会员1356人，会员来源于市内各市级、镇级医院的医生和护士，志愿者11人。

二、主要活动

无偿献血 市红十字会主要通过制作广告牌、张贴标语、发放无偿献血倡议书和设置咨询点等方式，向社会各界人士广泛宣传无偿献血、捐献骨髓的目的和意义。采取多设献血点，组织献血活动和街头流动献血等多种方式，方便公民自由、自愿献血。1996—2010年，有6019人次参加各种形式的无偿献血活动，献血总量达2069100毫升。

灾害现场急救员培训 从2008年开始，市红十字会积极组织和配合省红十字会培训中心，分别对市供电公司、万宁驰达驾校、兴隆旅游区、神州半岛等单位员工进行灾害现场急救员培训工作。至2010年，共培训8期，有338人领取了急救员证。每年对中学学生开展一次灾害现场知识讲座，提高全市青少年防灾自救知识。

实施全球基金疟疾项目 2008年，全球基金海南省红十字会疟疾项目办分配给万宁市18个乡镇（场）180个村（队）31000顶长效防疟蚊帐，市红十字会深入基层宣传发动，举办骨干培训班。开展疟区调查摸底、造册登记、张榜公示，确定受益家庭，蚊帐运输、签收、开包发放等一系列工作。

救灾募捐 在2004年印度尼西亚海啸灾害发生后，共募捐到善款24万元；在2008年汶川特大地震发生后，共募捐到善款2895107.50元，此次募捐款项仅次于海口、三亚，为全省各县（县级市）第一；在2013年雅安地震发生后，共募捐善款130205.70元。所有募捐款全部上缴海南省红十字会，统一汇往灾区，支持灾区人民群众救灾和重建家园。市自然灾害主要为台风和洪涝，自市红十字会成立至2010年，共接收大米、棉被、矿泉水、衣服、家庭救灾包等救灾物资价值约400万元，全部按照市政府统一安排发放到灾区人民群众手中。

2010年，万宁市遭受“达维”台风袭击，引发特大洪涝灾害，造成重大的经济损失。市红十字会及时上报灾情并呼吁社会救助，海南省红十字会下拨救灾善款269万元，三亚市红十字会捐助11.6万元，在重灾区万城镇的大芒村委会、联星村委会，龙滚镇的文曲村委会、文渊村委会，东澳镇的明灯村委会各援建一栋两层占地150平方米的防洪楼，修建了东澳镇明灯村、南道村，龙滚镇新寨村3条水毁村道。

第十四编　法治 军事

第一章 公安

第一节 机构

1991年，万宁县公安局位于光明南路153号，内设机构22个，即政工办、纪检组、汽车培训中心、收审所、行拘所、看守所；刑警队、特警队、交警大队、交警中队、行政股、户政股、秘书股、监察股、通讯股、政保股、内保股、法制股、签证股、信访股、治安股、预审股，均为股级建制。设基层派出所16个：万城、环城、东山岭、北坡、大茂、后安、乐来、和乐、山根、北大、禄马、长丰、东澳、牛漏、南桥和三更罗派出所，均为股级综合派出所。全局共有民警225人。

1996年8月，万宁撤县设市后，更名为万宁市公安局，并进行第一轮的机构及人员调整。1997年，调整后的万宁市公安局内设机构为20个，撤销特警队，增设巡警队和万城交警中队。内设机构名称相应调整为：秘书股、政工办、纪律检查委员会、监察股、政保股、刑警队、治安股、内保股、法制股、行政股、签证股、信访股、预审股、汽车培训中心、保安公司、指挥中心、看守所、治安拘留所、追捕队、戒毒所，均为股级单位。派出所增至19个，增设城北、城西和新梅3个综合派出所。全局民警增至302人，其中：机关150人，派出所152人。2002年，万宁市公安局完成第二轮机构调整，公安民警过渡为国家公务员。2003年开始，通过公务员考试的形式统一招录人民警察。

2008年，根据公安部《关于县级公安机关机构设置的指导意见》要求，省公安厅组织开展全省公安机关机构改革，市公安局于年底完成机构整合撤并和人员调配工作。机构改革后，内设机构精简为14个，统一规范称谓为所、队、室，分别是政工监督室（督察大队）、办公室（指挥中心）、法制室、警务保障室、国内安全保卫大队、刑事侦查大队、经济犯罪侦查大队、治安管理大队（爆炸危险物品监管大队）、禁毒大队、出入境管理大队、交通管理警察大队、看守所、隔离戒毒所（升格为副科级建制）、拘留所。同时，兴隆分局收编为市公安局下属机构，属正科级建制，内设办公室、治安大队、交警大队、刑侦大队，均为股级建制。派出机构河东派出所和河西派出所为副科级建制。库区派出所收编为市公安局派出机构。这次机构改革，撤并了乐来、禄马、牛漏、东星和东山岭5个派出所，派出所整合为23

个。万城、城北、城西、城南、库区、河东和河西派出所为副科级建制，其他派出所为股级建制。公安机构改革后，全局在职在岗正式民警344名，其中机关223名，派出所121名。

至2010年，内设机构、派出机构、人员编制不变。

第二节 刑事侦查

1991年以来，万宁市公安局刑事侦查工作以刑事侦查大队（原刑警队）为主，治安管理大队、派出所配合，全力开展打击各种刑事犯罪活动。1996年，根据《中华人民共和国刑事诉讼法》第18条第二款及相关规定，原由检察机关立案侦查的偷税漏税、假冒商标等经济犯罪案件划归公安机关管辖。根据侦查需要，刑事警察队内设经济犯罪中队，负责侦查经济犯罪案件。

2003年，按照公安部的统一部署，市公安局开展刑侦机构改革，实行侦审合一，将刑警队和预审股合并，更名为刑事侦查大队，升格为副科建制，编制60人。配设大队长、教导员各1名，副大队长2名。下设办公室、万城中队、万北中队、万南中队、技术中队、重案中队、追捕中队、兴隆中队、机动中队等9个股级建制单位。2004年5月，公安部在全国组织开展“刑侦大练兵”活动。万宁市公安局刑事侦查大队按照省公安厅的部署，开展刑侦“大练兵”活动，达到公安部提出的“会侦查、会取证、会缉捕、会审讯、会做卷”的工作要求。2005年，按照公安部的统一部署，刑事侦查大队开展大接访活动。对群众来信来访的积压案件重新进行清理，落实办案工作责任制，侦破了一大批重特大积案。

2008年2月，全国公安机关组织开展“打盗抢抓逃犯”专项斗争，刑事侦查大队侦破“两抢一盗”案件162起，抓获犯罪嫌疑人174人。9月，省政法委决定在全省开展为期16个月的侦破处置积压命案专项行动。刑侦大队在此次专项行动中侦破积压命案7起，其中积压10年以上的命案5起。省政法委授予万宁市公安局“侦破处置积压命案标兵单位”称号。10月，市公安局开展打黑除恶专项行动，刑事侦查大队摧毁以吴某良和吴某军为首的两个恶势力团伙，抓获团伙成员17名，侦破万城商业广场爆炸案等15起故意伤害案件。2009年2月，刑侦大队开展为期3个月的“缉枪治爆”专项斗争，侦破涉枪涉爆案件12起，遏制了全市特别是万城地区“山猪炮”爆炸案件的发生。2010年，刑事侦查大队开展打击“两抢一盗”铁拳行动，侦破以翁某乐为首的3人团伙系列抢劫摩托车案；以三亚籍董某武为首的团伙系列流窜盗窃耕牛案；王某和李某发系列剪撬防盗网入室盗窃案等一批重特大系列案件。同年开展打黑除恶专项斗争，摧毁以翁某景为首和吴某厚为首的两个恶势力团伙，抓获团伙成员19人，侦破爆炸案2起、故意伤害案6起、非法持有枪支案1起、财物毁坏案1起。

1991—2010年，全市（县）共发生刑事案件8157起，侦破5772起，抓获犯罪嫌疑人7934名，摧毁犯罪团伙652个，成员1974人，维护全市社会治安大局持续稳定。

第三节 追捕逃犯

市(县)局实行追逃工作责任制,一般其由在逃犯所在辖区派出所负责抓捕,重大在逃犯由预审股组织市局追捕队抓捕。

1991年,登记在逃犯犯罪嫌疑人328人,潜逃10年以上的有159人,3~9年的有96人,1~3年有73人。公、检、法三家联合发布《敦促在逃人员投案自首通告》,采取动员投案自首与追踪缉捕的方法开展追捕工作,共抓获和动员投案自首105人。1992年2月13日,公安部预审局在全国推广万宁市成功追逃经验。

1999年,全国追逃工作开始采取网上追逃的方式。2003年,万宁市公安局组建刑事侦查大队后,由刑侦大队负责追逃工作。万宁市公安机关共抓获网上在逃犯790人,其中协助外省、外市县抓获网上逃犯23人。1991—2010年,共抓获在逃犯1976名,协助外省、外市县抓获124名。

第四节 治安管理

2002年7月1日,治安股更名为治安管理大队,仍为股级建制。2009年4月17日,万宁市编委同意设为治安大队(加挂爆炸危险物品监管大队牌子),升格为副科建制,为市公安局内设机构。下设治安管理中队、巡警大队、户政中队、网络监察大队等4个股级单位,设大队长1名、教导员1名、副大队长4名。

一、户政管理

1991年下半年,万宁县自主开发人口信息管理系统。1993年,人口信息管理系统投入使用。1994年,完成全县常住人口的录入工作,并在全县公安派出所实行微机管理常住人口。1995年,按照公安部《租赁房屋治安管理规定》,对出租房实行门牌编号管理。1997年,人口信息管理系统升级转换为公安部指定的鸿达5.0单机版本。1998年,实现全市人口信息管理系统联网。2000年,进行第五次全国人口普查,万宁市常住(户籍)人口499510人,其中男性302264人,女性197246人。2004年12月,人口信息管理系统再次升级,为换发第二代居民身份证提供数据基础。2005年8月,万宁市启动换发第二代居民身份证。2010年11月1日,开展第六次全国人口普查,全市户籍人口为601012人,其中男性384329人,女性216683人。

二、民爆管理

1991年，民爆管理工作模式为民爆使用单位依法按照规定程序，申请办理使用许可及购买爆炸物品，使用单位配置“三大员”（爆破员、安全员、管理员）。申请审批购置的爆炸物品放置在使用单位临时仓库管理使用。

1993年，为减少安全隐患，爆炸物品统一存放在万宁民用爆炸器材专营有限公司，统一管理。管理单位每次给使用单位配送两天的使用量，避免使用单位存留过多的爆炸物品。1994年后，依据《中华人民共和国民用爆炸物品管理条例》和《万宁市公安局民用爆破器材管理规定》，严格民用爆破物品的申购、销售、运输、储存爆破器材的手续，做到凭证销售，凭证购买。

2000年，万宁市公安局配合有关部门对全市的烟花爆竹厂、作坊、民爆物品经营点以及烟花爆竹专营单位进行全面检查，共检查烟花爆竹厂和作坊3家、民爆公司仓库1个、土产公司烟花爆竹仓库1个，对以上单位检查发现的问题发出整改通知书，限期整改。

2001年，配合省公安厅对涉爆人员进行培训，共培训安全员26人、保管员18人、爆破员15人。2002年，全市收缴非法枪支138支、炸药76公斤、雷管251枚、导火索1.6米，检查涉爆单位24个，发现隐患7个，对存在隐患单位责令停业整顿。2003年，按照省公安厅的部署，市公安机关加强危爆物品管理，海南合安爆破工程有限公司万宁分公司被定为万宁市唯一爆破合法使用许可单位，所有企业爆破员均由合安公司管理，爆炸物品一律采取日用量配送使用方式。当天使用剩余的物品要退回归库管理，杜绝使用单位存放爆炸物品，消除和减少行业管理隐患，确保使用和储运安全。同时加强对危爆物品生产、运输、销售、储存、使用的安全监督和检查，对存在隐患的5个单位责令停业整顿。收缴非法的民爆物品，共收缴炸药490公斤、导火线1500米。取缔并清理非法生产厂27家。同年，开展治爆缉枪专项行动，查处非法制造买卖爆炸物品案3起、非法买卖鼠毒强案1起、私藏爆炸物品案12起，治安拘留3人，刑事拘留11人，收缴火药枪17支、炸药16.59公斤、导火索7.7米、雷管9枚、“山猪炮”4枚。

2006年4月26日国务院第134次常务会议通过《民用爆炸物品安全管理条例》，自2006年9月1日起施行。此后，万宁市公安局依据《民用爆炸物品安全管理条例》管理民爆物品。

2007年，开展治爆缉枪斗争，加大对枪支弹药、易燃易爆物品、剧毒物品的监督管理力度，查处涉枪案件5起，刑拘9人；涉爆案件2起，治安拘留2人，收缴各类枪支30支、子弹13发、废旧炮弹1枚、黑火药2.5公斤、炸药1.7公斤、管制刀具82把。同时对全年涉爆涉枪单位进行全面安全检查，督促落实安全防范措施。全年没有发生枪支、民爆物品丢失、被盗、被抢案件。

2010年，收缴各类枪支108支、子弹166发、制式铅弹526粒、铅弹1包、仿制铅弹16.66公斤，收缴炸药166.5公斤、黑火药10.3公斤、雷管35枚、炸鱼炮18枚、导火索4.04米，收缴管制刀具132件。

三、旅馆业管理

1991年以来，按照公安部制定的《旅馆业治安管理规定》对旅游业进行管理，旅馆业经营开业要向公安机关申报审批，办理许可证。2005年，公安部要求加强对旅馆业许可审批管理工作，业主与市公安局签订责任书，建立健全住宿登记、住宿规定和经营服务等各种规章制度。辖区派出所具体负责对旅馆业采取定期或不定期的安全检查，发现隐患及时督促整改。同时加强民警和从业人员的培训，提高管理和经营旅馆业的水平，切实加强旅馆业的治安管理。

2008年，以奥运安保工作为契机，加快旅馆业治安管理信息系统建设，全市安装旅馆业治安管理信息系统91家。

至2010年，共举办民警和旅馆业从业人员培训班20期，培训民警230多人次，培训业主及从业人员3400多人次；开展安全检查40多次，出动警力220多人次，取缔非法经营旅馆业32家次，行政处罚18人次；查处违规经营旅馆业12家，行政拘留9人，罚款3人。破获涉及旅馆业卖淫嫖娼案件15起，抓获违法人员75人。

四、社区和农村警务

2006年开始，根据公安部《关于实施社区和农村警务战略的决定》，结合万宁市警务工作实际，市公安局在全市范围内逐步建立社区、农村警务工作新机制。全市各派出所根据辖区规模大小、人口多少、治安状况、警力数量等因素，科学划分警务区，合理配置警力，原则上以一个或两个村委会划分为一个警务区，实行一区一警或一区多警，并以相邻警务区联勤形式，加强协作。全市共设社区、农村警务室88个，配置警力176人。警务区责任民警每周不少于20小时在责任区开展治安管理工作，贴近群众，了解治安动态，准确掌握治安信息，为领导决策提供依据。

五、互联网服务营业场所管理

中华人民共和国国务院令发布《互联网服务营业场所管理条例》，自2002年9月29日起实施。2003—2004年，网吧等互联网服务营业场所由市公安局信息通讯股管理，2004年，全市网吧21家，2005年移交治安大队管理。

自2005年开始，市公安局治安大队对网吧的管理采取定期和不定期的方式进行检查，督促网吧严格落实上网实名制和安装安全管理系统、视频监控等安全技术防范措施，做到"实名、实情、实数、实时"登记与录入。依法查处违规行为，从严整治带有色情、赌博色彩的网络游戏，严厉打击利用网络游戏赌博的行为。对于存在越过"实名上网"红线等违法违规行为的网吧，依据相关法律法规，按照程序严格执法。对于多次违法的网吧，一律取消上网服务营业场所信息网络安全审核意见书，并建议文化部门吊销其网络文化经营许可证。

2010年，依照国务院颁布的《互联网上网服务营业场所管理条例》《无照经营查处取缔办法》，文化部、工商总局等14个部门联合发布的《关于进一步加强网吧及网络游戏管理工作的通知》，公安部颁布的《计算机信息网络国际联网安全保护管理办法》《互联网安全保护技术措施规定》的要求，与市工商局、文体部门建立联合执法快速反应工作机制，始终保持打击取缔"黑网吧" 高压态势，彻底铲除"黑网吧"滋生的空间，有力维护辖区社会和谐稳定。至2010年，公安部门与本地工商、文体部门多次联合执法，取缔“黑网吧”52家，扣押非法营业上网电脑620多部。

六、治安联防

1991年，万宁县公安局在全县建立护村队、护校（厂）队、保安队、巡逻队2055支共17100人，实行群防群治，确保万宁一方平安。1992年，全县建立治保会47个，成员3143人，他们提供线索871条，协助破获各类刑事案件89起、查处治安案件113起，调解民事纠纷176起，较好地消除了大量的治安隐患。

1995年，全县治保会、调解会协助万宁公安机关破坏刑事案件34起，抓获案犯39名，其中在逃犯8名，处理治安案件92起，调解矛盾和纠纷173起。全县的群防群治队伍达432支，共4372人。

1998年，举办保安人员培训班，对保安人员进行安保业务知识培训，共培训保安人员298人，经考核全部取得保安服务人员资格证书。1999年治安联防共协助抓获各类犯罪嫌疑人32人。

2002年，切实加强内保组织、保安服务公司和群防群治队伍建设，建立健全市、镇、村三级联防网络202个，群防群治队伍132支。2003年，成立联防队伍225支1308人，其中镇联防队19支109人，村联防队206支1199人，为公安机关提供犯罪线索1235条，协助抓获违法犯罪人员253人。

2006年，市公安局应对严峻的治安形势，在万城地区开展公安民警与边防、武警官兵联勤巡逻控制，打击违法犯罪。2009年11月，组建“飞豹”大队，2010年，市公安局组建巡控大队，在重点地区流动打击违法犯罪活动。

至2010年，在全市各镇、村（社区）、工矿、企业成立治安联防队183支4369人，在辖区派出所的指导和带领下开展治安巡逻，保持社会治安稳定。

第五节　查禁“黄、赌、毒”

一、扫黄禁赌

按照省公安厅关于“扫黄禁赌”的部署和市（县）政府的要求，万宁市（县）公安部门采取措施，常抓不懈，对“黄赌毒”形成高压态势。一是成立扫黄禁黄赌工作领导小组，加强领导；二是针对重点地区和重点部位进行专项整治；三是部署足够警力，分区分组，明确责任；四是明察暗访，突出重点、严厉打击；五是从重处罚违法犯罪分子，重点打击幕后操纵者和保护伞。

1991—1992年，进行了5次规模较大的统一清查行动，抓获卖淫嫖娼犯罪分子23人，其中暗娼11人，嫖客12人，推毁卖淫嫖娼窝点1个，成员2人，查处发廊95间，拆除按摩房20间，有力打击违法犯罪活动。1993—1995年，先后开展12次大行动，抓获卖淫人员62名，异性按摩26名，清理整顿发廊59间，出租屋173间，牌机室21间，桑拿按摩房12间，歌舞厅9间，捣毁色情场所69处，取缔卡拉OK12家，抓获介绍妇女卖淫皮条客19名（其中投案3名），销毁按摩床286张，遣送三陪小姐290人出岛，送妇教所16名，罚款19名，送3名皮条客进教养所，刑拘62人，收审15人。推毁赌窝35处，抓获涉赌人员196名，没收赌具83副。

1998年，共取缔利用电子游戏机进行赌博的地下赌场48家，查处其他形式进行赌博活动的赌场22场，抓获处理涉赌人员187人次，罚款人民币36万元，没收电脑主机3部，显像机36部，牌机电路板38块，骰子12副，骨牌4副等一批赌具。先后组织6次扫黄禁赌统一行动，捣毁色情活动场所51处，抓获卖淫人员45名（送劳教15名、收容教育8名、治安拘留22名），抓获嫖客24名，皮条客17名，分别给予治安处罚。1999年，共组织禁赌禁娼统一行动8次，取缔利用电子游戏、开心天地进行赌博的地下赌场60场次，没收赌资5.6万元，抓获参赌人员422名，治安拘留97名，罚款263.2万元。抓获卖淫人员6名。治安联防共抓获各类犯罪嫌疑人32人。2000年，共查处赌博案件61起，查封、取缔、捣毁各类涉赌场所23家。缴获电脑主机8台，扑克机83台，电脑板45块，抓获涉赌人员117名，治安拘留并处罚62人，罚款处理52人，罚没款总计18.2万元。抓获涉黄人员21人，治安拘留5人，刑事拘留12人，收容教育5人，报捕1人。共查处“宰客”案件5起，处罚违法人员7名，抓获卖淫人员6名。

2001年，全年共查处赌博案件27起，处罚参赌人员101名，罚款80人，没收赌资11.5万元和赌具及设备一批；共查处容留妇女卖淫案件4起，刑事拘留26名，处罚卖淫女34名，嫖客12名；共查处“宰客”案件6起，处罚当事人6名。取缔在学校周围200米以内开设的电子游戏室27家。责令不符合规定条件的12家歌舞厅、21家桑拿按摩中心、15家美容美发中心停业整顿，限期整改，拆除违反规定的16家桑拿按摩中心。2003年，配合彩票管理部门打击“私彩”活动，查处非法经营“私彩”人员293人。加大加强打击赌、黄工作力度，实行“谁主管、谁负责”的属地管理原则，做到露头就打，查处赌博28场，处罚涉赌人员123人；查获涉黄人员7名，其中卖淫女3名，嫖客2名，容留妇女卖淫1名，皮条客1名，整顿特种行业，取缔无证经营典当行、废旧业4家；责令不符合条件的歌舞厅、美容美发中心、桑拿按摩中心16家停业整顿，取缔违反规定的美容美发按摩中心5家。2005年，查处涉黄案件6起，处罚违法犯罪人员13名；查处赌博案件344起（其中牌机43起，网络赌博1起，私彩289起，牌九6起，其他5起），处罚违法犯罪人员452名，没收赌资4.845万元，罚款85.824万元。

2007年，开展打击赌博活动，查处赌博案件68起，没收赌资13.738万元，罚款36.038万元，治安拘留62人，有效遏制了赌博活动。开展打非扫黄行动，协同文化等部门对全市音像、图书等市场进行清理，共查获盗版图书90多册，音像制品130件，捣毁非法制造假发票窝点1个，其中涉黄案件5起，处罚违法人员11人。

2010年取缔赌博场所59家，抓获涉赌人员205人，收缴赌资18.68万元，扣押赌博工具一批，破获涉黄案件7起，抓获犯罪嫌疑人2人，查处违法人员8人，缴获淫秽光碟484张、盗版光碟2597张、盗版出版物45册。

二、禁毒工作

1991—1994年，禁毒工作主要由万宁县公安局刑警大队、治安股及派出所负责，全县毒品犯罪相对较少。后来外部环境变化，毒品犯罪活动开始向万宁漫延。

1995年，共破获贩毒案件68起，抓获贩毒犯罪嫌疑人76名，缴获毒品135克。全年强制戒毒353

人次，办班戒毒265人次，全市登记在册吸毒人员1799名。

1996年，县边防分局捣毁一个重大贩毒团伙，抓获犯罪嫌疑人10人，吸毒人员16人，缴获毒品海洛因50克，这是万宁破获的第一起特大贩毒案件。1997年，市公安局在刑事警察队组建缉毒队，负责侦破毒品案件。同年市公安局开展统一清查毒品犯罪行动和打击贩毒吸毒专项斗争，破获贩卖毒品案件23起，查获吸毒人员81名，全市登记在册的吸毒人员749人。市政府在开展"创建无毒市"活动中评定新梅、三更罗、南桥乡为"无毒乡"。1998年，开展禁毒专项斗争。4月17日兴隆公安分局破获杨某妹等贩毒团伙案，抓获犯罪嫌疑人4名，缴获毒品100克。同年，市公安局开展的禁毒专项打击行动，破获贩毒案件15起，查获吸毒人员555名，捣毁贩毒窝点5个、吸毒窝点128个，缴获毒品海洛因200多克。同年，市政府评定国营东岭农场为"无毒农场"。

1999年，万宁市公安局共破获贩毒案件32起，抓获贩毒犯罪嫌疑人49名。开展全市吸毒人员普查，全市登记在册的吸毒人员1187人。2000年10月，筹建大茂戒毒基地，全市吸毒人员集中在基地戒毒。

2001年，设立禁毒咨询点18个，发放《珍爱生命，远离毒品》禁毒宣传书籍2000本，禁毒资料3000份，禁毒传单12000份，张贴图片1000张，挂图24套，悬挂禁毒旋律从横幅660条，播放禁毒录像12场次，在市电视台播放禁毒纪录片8次，在全市12个镇6个农场巡回展挂禁毒图片22场，受教育群众达20多万人次。缉毒队被省公安厅授予"人民满意公安基层单位"。三更罗、南桥镇被省政府评定为"无毒社区"。2002年6月，市公安局成立禁毒大队，人员从刑事侦查大队调配，撤销刑侦缉毒中队，侦破毒品案件由禁毒大队负责。2003年11月，组建市公安局戒毒康复中心。同年禁毒大队被省公安厅授予"全省优秀公安基层单位"称号。被省政法委、省综治委评定为"全省严打整治先进集体"；南林农场被省政府评定为"无毒社区"。2004年，新中农场被省政府评定为"无毒社区"。市局禁毒大队被公安部评定为"2003—2004年度全国优秀公安基层单位"。2005年，破获"7·18""7·19"特大贩毒案，这是万宁截至2005年缴获毒品海洛因数量最多的贩毒案。同年，东和农场被省政府评定为"无毒社区"。

2006年8月，市中医院设立万城镇朝阳社区美沙酮维持治疗门诊，开办戒毒学习班。同年万宁市禁毒综合工作被省禁毒委评为全省第六名。万宁市禁毒信息系统考核被省禁毒委评为全省第二名。东岭农场被省政府评定"无毒社区"。2007年，市公安局开展"猎鹰一号"及"大普查、大打击、大收戒"打击毒品犯罪专项行动，共破获贩毒案件72起，抓获犯罪嫌疑人75人，收戒吸毒人员560人。全市登记在册的吸毒人员2058人.2008年，首次查获新型毒品氯胺酮（K粉）；禁毒综合工作被省禁毒委评定为全省第三名。市公安局被省禁毒委评定为全省公安机关禁毒综合考评第二名；被省公安厅评为"全省集中收戒吸毒人员专项斗争行动先进单位"。2009年，破获"12·18"特大贩毒案，抓获犯罪嫌疑人7人，缴获氯胺酮（K粉）、海洛因，仿真手枪1支，子弹53发，军用手榴弹1枚。2010年，首次查获甲基安非他明（冰毒）。开展对全市吸毒人员"大排查"和管控工作，全市登记在册的吸毒人员3857人。5月18日成立乌场毒品检查站、港北港口毒品检查点、市汽车站毒品检查点。同年，万宁市被省禁毒委列为毒品重点整治地区，市禁毒委将万城、和乐定为重点整治镇。是年侦破毒品案件172起，抓获犯罪嫌疑人183名，缴获毒品，毒资19万多元，强制戒毒1075人，自愿戒毒252人。市公安局被省禁毒委评为全省公安机关禁毒综合考评第二名；被省禁毒委评为2010年度“禁毒专项斗争先进单位”。

2008—2010年，万宁市连续3年被省政府评为“禁毒优秀市”。

1991—2010年，市公安局共破获贩卖毒品现行案件1398起，抓获犯罪嫌疑人1428人次，缴获各类毒品总量2196.48克。

第六节 公安110

1991年，万宁县公安局成立通信股(指挥中心前身)。主要职能为传达领导指令、指示，接受和处置各类案情，收集传递各种公安信息等。1995年，县公安局建立覆盖全县的公安无线通信网。1996年，通信股改称为指挥中心。按照公安部要求，县公安局正式设立“110”报警服务台，向社会承诺“有警必接，有险必救，有难必帮，有求必应”。

1996年8月，万宁撤县设市后，县公安局指挥中心改称为万宁市公安局指挥中心，设立110报警服务台，接受群众报警求助。先后建立110、119、122“三台合一”接处警系统，覆盖全市的警用350兆(5+1)同频同播无线通信网，公安内部专用数字程控电话交换机，服务社会的电子技防自动报警系统，接处警车辆GPS卫星定位系统和公安信息综合应用计算机网络。指挥中心实行指挥长轮值制度，配备3名指挥长，在指挥中心每天24小时全天候轮流带班，接到报警后，由指挥长指挥接处警，确保接处警准确无误。

2010年，全年共接到110有效报警11509次，出警11509次。

第七节 出入境管理

1991年，出入境管理工作由县公安局签证股负责。1997年签证股更名为出入境管理股。2003年，更名为出入境管理室，2009年，全国公安机关改革，更名为出入境管理大队，升格为副科建制。

1997年，在开展学习济南交警活动中，出入境管理大队被市委政法委评为全市“文明窗口示范单位”。1998—1999年，万宁市发生4起涉外案件，出入境部门按职能管辖范围及时立案，做深入细致的调查，全部依法查处。

2000年,启用出入境管理系统受理公民出境申请，公民申请出入境证件开始在网上受理、审批、制证办理。启用97版护照、99版贴纸签注。同年发生涉外案件1起，依法查处1起。

2005年，出入境管理部门启用“境外人员临时住宿登记管理系统”，出入境申请手续不断简化，出入境申请条件放宽，公民赴港澳台探亲申请可在5个工作日上报，赴港澳台旅游申请材料在2个工作日上报，公民因私申请护照可在10个工作日内领取。

2006年，出入境管理部门推行低台办公，推行公安部“三十项”便民利民措施，推行按预约时间取证承诺制，增强审批办结的透明度，简化办证手续程序，实行受理、报批、办证“一条龙”服务。2007年，万宁市公安局出入境管理大队被评为“全国公安机关出入境管理部门达标文明窗口”。是年10月，为规范公安派出所外国人住宿登记管理工作，公安部出台了《公安派出所外国人住宿登记管理办法（试行）》。2008年，万宁市旅馆业启用住宿人员登记管理系统（含境内、外人员），对住宿人员进行微机登记管理。2009年，万宁市出入境管理部门被省公安厅评为“先进集体”。同年4月，按照省公安厅《关于做好大陆居民赴台湾地区旅游出入境管理工作的通知》要求，本市居民可以在指定的旅行社参团赴台旅游。2010年7月，市公安局出入境管理部门推出公民办理出入境证件急事急办绿色通道服务项目。是年9月，实施申请人在受理地公安机关即可领取出入境证件的便民措施，同年10月启动公民赴港澳地区旅游（除备案国家工作人员、部队现役军人外）无须再出具单位和派出所意见的创新举措。

至2010年，出入境管理部门受理申请赴港澳探亲、定居2936人次；受理护照申请11522人次；受理赴台湾探亲、定居3502人次。

第八节 监所管理

一、看守所

万宁市看守所始建于1963年，1991年后，市看守所遵循《中华人民共和国看守所条例》，建立和完善了一整套管理教育的规章制度。1992年开始，看守所严格执行公安部规定，对新入监人员进行体检，防止不安定因素进监室。1994年，公安局在看守所开展打击处理牢头狱霸专项行动，保护在押人员的人身安全和合法权益。根据财政部、公安部《看守所在押人员伙食实物量标准》规定，自1996年4月1日起，在押人员伙食由原来的每人70元提高到95元，医疗、押解、水电、教育费调到每人每月25元。1997年，根据公安部《关于开展“严格执法，文明管理”看守所创建活动的通知》精神，市看守所实行规范文明管理，采取多种手段和形式开展教育转化工作。1999年，市看守所开展创建规范化、人性化管理活动，积极实施等级化管理，逢年过节、重大节假日给在押人员加菜，发放糖果等各类物品，同时组织开展娱乐活动、文体活动、读书活动。2000年，市看守所实行换押证制度，即公、检、法部门受理、移交案件换押手续。2002年，市看守所围绕打击专项行动，发挥第二战场作用，利用监所犯罪“信息库”的优势，为侦查部门提供刑事犯罪线索78条，协助查破刑事案件67起，抓获犯罪嫌疑人26人。2006年，建立看守所“数字化”警务管理信息系统，全面推进电子台账管理。2007年，设立过渡监室，执行过渡监室管理和新入所人员跟踪观察制度。建立并实行在押人员约见驻所检察官制度，保障在押人员合法权益。2008年4月1日起，在押人伙食标准每人每月提高到128元，并调整医疗、押解、水电、教育费等项目。2010年12月，按照公安部监所管理局《关于全面推行看守所对社会开放工作的通知》要求，市看守所首次向社会开放，邀请市人大代表、政协委员、公安特邀监督员和群众代表、媒体记者及被监管家属等社会各界人士走进看守所参观，了解看守所严格、文明管理，尊重、保障人权的教育管理工作情况。

至2010年，市看守所严格执法、文明管理，确保监所的绝对安全，从未发生过暴狱、逃跑等重大事件。1999年以来，先后被公安部评定为“全国公安系统先进单位”“文明单位标兵”“人民满意的公安基层单位”“全国公安监管系统深挖犯罪工作先进集体”“全国看守所勤务模式改革示范单位”；连续6年被评为全国一级看守所。省公安厅先后批准荣立集体二等功4次。2005年被公安部、最高人民检察院授予“‘双加强、双保障’示范单位”称号。

二、戒毒所

万宁市公安局强制戒毒所原位于万城镇光明街，始建于1997年5月，将原市看守所旧监室改装建成。2003年，市委、市政府将位于大茂镇群益村委会原市农业技术学校校舍改建为万宁戒毒康复中心，收戒自愿戒毒人员。2005年9月，市公安局强制戒毒所与市戒毒康复中心合并，实行两块牌子、一套人员管理。2008年6月1日，《中华人民共和国禁毒法》颁布实施，依照《禁毒法》有关规定，市公安局强制戒毒所更名为万宁市强制隔离戒毒所。

强制隔离戒毒所占地面积34.68亩，总建筑面积4978平方米，分为办公区、戒毒区、治疗区、康复区和劳动生产区。设有病室37间，戒毒康复床位1000张，属全省大型戒毒所。

强制隔离戒毒所建所以来，严格执行《中华人民共和国禁毒法》和公安部《强制隔离戒毒所管理办法》，在全面推进公安监所规范化建设中成绩突出，工作达标，2009年、2010年连续2年被评为“全国二级戒毒所”。

据统计，1997年5月至2000年共收治戒毒人员2051名；2001—2005年共收治戒毒人员2544名；2006—2010年共收治戒毒人员4551名。

三、拘留所

2006年3月，《中华人民共和国治安管理处罚法》实施，更名为“万宁市拘留所”。2008年1月，迁往大茂镇，与市强制隔离戒毒所合并，实行“两块牌子，一个机构”管理。

拘留所依照《中华人民共和国治安管理处罚法》收押尚不够追究刑事责任的违法人员。2008年6月1日，《中华人民共和国禁毒法》实施后，依法收押初次吸食毒品的违法人员。2009年被评为全国二级拘留所。

市拘留所坚持“教育、感化、挽救”的基本方针和“管教并举、教育为先”的基本原则，推行管理教育新模式。把教育人、改造人、挽救人放在第一位，对被拘留人员深入开展以法制、道德、行为养成为主要内容的知错、认错、改错教育。主要采取集体教育与个别教育、所内教育与所外帮教相结合的多层次、多渠道、多形式的教育方式，注重心理疏导，教育感化，从而达到“教育、感化、挽救”的目的。至2010年，市拘留所共教育、感化、挽救被拘留人员25372人次，其中教育挽救初次吸毒人员2013人次，教育挽救各类违法人员23359人次。2010年再次被评为“全国二级拘留所”。

第九节 内保管理

2004年12月1日施行《企事业单位内部治安保卫条例》后，市公安局治安管理大队按照《条例》和有关法律、法规规定，开展治安保卫工作，对金融单位、“三电”单位、医院、学校等企业事业单位采取定期或不定期的安全检查，发现隐患及时督促整改。举办企业事业单位相关负责人培训班，提高思想认识，担负起维护单位内部安全稳定的重大政治责任，从思想认识、组织领导、工作部署、措施落实等方面做好单位内部治安保卫工作。企事业单位开展自查，及时发现内部防范措施和门卫、值班、管理制度等方面存在的安全隐患，及时整改。按照《企事业单位内部治安保卫条例》制定和完善各类内部治安保卫制度，加强人防、物防、技防设施建设；指导、监督企事业单位内部治安保卫工作，消除各种安全隐患，明确责任领导和责任人，落实治安保卫工作责任制。

1991—2010年，共举办培训班18期，培训单位内部保卫人员3000多人次，开展安全检查38次，检查企事业单位500多家次，出动警力210多人次，发现整改隐患106处。开展校园及周边治安整治专项行动44次，取缔校园（幼儿园）周边网吧23家、电子游戏场所25家，消除治安隐患42处。查处涉校案件99起，查处违法犯罪人员112人。开展打击盗窃破坏“三电”设施专项行动16次，破获“三电”案件23起，抓获涉案人员18人。

第十节 道路交通管理

1991年，万宁县交通警察大队原隶属海南省公安厅交警总队，副科建制。内设大队办公室、检考股、交管股3个部门。1996年8月，万宁撤县设市后，改称为万宁市交通警察大队，仍隶属省公安厅交警总队管辖，在原机构设置基础上加设高速公路巡逻中队。2009年，公安机构改革，万宁市机构编制委员会核定交警大队为市公安局内设机构，副科建制，行政编制12名，内设办公室、事故处理中队、车管所、万城中队、和乐中队、北大中队、东澳中队、高速公路中队、三更罗中队等9个股级职能单位。同年，全省道路交通违法处理信息系统启用，省公安厅交警总队将兴隆公安分局交警大队划归市公安局交警大队管辖。

2009年8月8日，经省公安厅交警总队批准，交警大队车辆管理所挂牌成立，其人员编制由市公安局在交警大队编制中调配。同年10月，和乐交警中队在和乐镇挂牌成立，主要职能是维护龙滚、山根、和乐、后安等镇道路交通秩序，消除道路交通管理盲区。

一、道路交通安全教育与宣传

1991年以来，市（县）交警大队把交通安全宣传放在重要位置来抓，成立宣传组，负责宣传工作。在全市（县）推进交通安全“五进”（进机关、进学校、进企业、进农村、进社区）活动，通过电视台播放公益广告及交通管理通告、悬挂横幅、展出展板、播放光盘、宣传车巡回宣传等方式进行广泛宣传。2001年，悬挂横幅102条、张贴标语4000张、发放宣传资料3万份，出动宣传车32台次，举办咨询活动6次，出刊黑板报12期，举办驾驶员学习班15期，直接受教育人员1740人。

2005年共出动宣传车60多辆次，分别在万城和其他乡镇、农场巡回宣传，播放宣传光盘58场，制作宣传展板27块，展出30场，发放宣传材料18900份，吊挂横幅48条。通过万宁市电视台发布整治交通秩序通告、通知等15篇，进行关于交通安全法等法律法规的电视讲座2次，播放旅游信息12条、公益广告5条，举办驾驶员学习班18次，深入到各中小学开展交通法规课15次。2010年，在万宁电视台播放交通管理通告和公益广告36次，在全市范围内悬挂横幅500多条，展出展板和播放光盘180多场次，张贴宣传画和交通管理通告6000多张，散发各种宣传资料8000份，宣传车巡回宣传60天次，在223国道长丰至南桥路段的104个路口，每个路口设置宣传牌一个，教育广大群众遵守交通法规、安全出行。

二、交通事故处理

在处理交通事故中，坚持按照1988年海南省政府颁发的《道路交通事故处理（暂行）办法》，做到事实清楚、证据确凿、证明材料齐全、公正裁决。1991年，发生交通事故145起，死亡8人，伤34人，直接损失21万元；1996年，发生交通事故113起，死亡21人，伤65人，直接损失42.5万元；2001年，处理交通事故136起，死亡25人，伤133人，直接损失42.1万元；2005年处理交通事故512起，死亡20人，伤115人，直接损失70.2万元。2010年，处理交通事故1647起，死亡29人，伤1120人，直接损失307.98万元。

1991—2010年万宁市（县）交通事故统计表

表14-1

年度	数量（起）	死亡人数（人）	受伤人数（人）	经济损失（万元）
1991	145	8	34	21
1992	148	11	32	22.5
1993	203	—	—	—
1994	206	—	—	—
1995	203	—	—	—

续表14-1

年度	数量(起)	死亡人数(人)	受伤人数(人)	经济损失(万元)
1996	113	21	65	42.5
1997	277	—	—	—
1998	264	48	240	96.42
1999	128	31	157	59.5
2000	172	—	—	—
2001	136	25	133	42.1
2002	161	30	207	38
2003	106	21	92	8.8
2004	474	—	—	—
2005	512	20	115	70.2
2006	305	—	—	—
2007	556	42	615	73.2
2008	913	30	811	176.8230
2009	1310	50	1094	24.8100
2010	1647	29	1120	307.98

说明：表中部分数据缺失

第十一节 消防管理

1991年，万宁消防大队下辖万城1个中队，2辆老式东风消防车，11名官兵。2010年下辖万城、兴隆、神州、和乐4个消防中队和1个专职消防站，共有官兵66人，合同制消防员22人，各类主力作战消防车16辆，硬件设施位居全省前列，担负着万宁市人民群众生命财产安全和全市经济发展的重任，部队多次受到省、市两级党委政府和消防总队表彰，3次荣立集体三等功，战斗二班荣立集体二等功，3人次荣立二等功，76人次荣立三等功，先后连续多年获得“好班子”“先进单位”“标兵单位”“青年文明号”等多项荣誉。

一、消防训练

1991—2001年间，万宁消防大队组训工作十分单一，生活工作环境相当艰苦，中队驻扎在市东山岭，基层部队战斗班长期训练项目依赖两盘水带连接、两节拉梯和挂钩梯三个单项，部队战术意识、全员练兵意识和合成演练意识薄弱，战斗力不强。随着消防部队职能的逐渐拓宽，灭火救援、抢险救灾和处置突发事件的任务日趋繁重。2002年后，大队积极响应总队大比武号召，连续多年组织中队开展总队练兵大比武活动。2007年，总队岗位大比武片区赛取得第一名，总队决赛取得第二名，2008年，岗位练兵大比武取得市县大队第二名。

2002—2007年，大队结合总队训练大纲制定具有万宁特色的岗位练兵，制定完成63份关于火灾、抢险救援的《灭火救援预案》，落实62个消火栓“一栓一卡”制度，完善辖区《水源手册》。自行制作训练器械及灭火器具，修缮训练场地，绿化营区。建立灭火救援协同作战机制，通过练兵大比武和应用性灭火救援战术演练，部队整体战斗力大幅提升。注重科技练兵，利用科技手段，加强练兵工作，响应总队要求加强学习使用消防安全重点单位信息系统、火灾统计系统、消防监督业务信息系统等，实现总队、大队两级联网，初步实现无纸化、自动化办公。举行由地方政府组织、社会共同参与的高层建筑、化学危险品、人员物资密集场所灭火救援演练170次。

二、灭火救助

1991年以来，消防大队提请市政府建立消防联席会议制度，定期召开消防工作会议，层层签订消防工作目标责任书。全市各级政府及部门层层抓落实，消防工作步入良性发展轨道。同时，大队对社会各界群众，加强“点、线、面”的消防公安管理，建立起群防群治火灾防控体系。提请市政府出台《万宁市人民政府加强农村消防工作方案》，明确农村消防建设标准，不断促进农村消防工作。加强商场、市场、饭店、宾馆、学校、医院、公共娱乐场所等人员密集场所的消防安全标准化管理，加大督查力度，及时发现并消除火灾隐患，最大限度减少火灾对人民群众生命财产造成的损失。

至2010年建队24年来，全市消防部队进行灭火救援和社会救助13500起，年均562.5起；救助群众2670名，抢救财产价值3.25亿多元，保护财产损失21.44亿元，出动车辆1465台次，人员4171人次。完成“8·8”太阳河大桥坍塌、“ 12·14”冬季强降雨抗洪救援、抗击台风“海鸥”“威马逊”、“2·7”口味王仓库火灾、“4.2”高速公路房车火灾、“5·16”木材厂烘干窑火灾扑救等急、难、险、重任务。

三、后勤保障

1991—2003年间，市政府拨付20万元为车辆装备更新费。万宁消防部队原有执勤消防车辆绝大部分载水量为3.5吨的东风水罐消防车，消防车辆结构单一、消防装备功能老化，战斗力弱。2003年7月，市政府出台《万宁市城镇消防规划建设实施办法》，在财政预算增设消防科目，按照当地国民经济和社会发展状况，调整消防业务经费标准。

2003—2006年，消防员基本防护装备全部配备完成，配置空气呼吸器、呼救器、灭火救援服等装备，单衣单靴全部更换为棉衣棉靴。2007—2010年，购置一大批车辆装备器材，配备到大队及各个中队，新购置5吨消防车4辆，消防车载水量增加一倍多。

四、消防宣传

大队以消防宣传“六进”（进机关、进学校、进农村、进社区、进企业、进家庭）活动为载体，结合“法制宣传日”“科普活动周”“安全生产月”“119”等主题宣传活动，通过开放消防电视专栏、群发消防宣传短信、建立消防信息网页、悬挂大型公益广告、印制宣传贺年卡片等多样化宣传方式，提高消防宣传的科普性、趣味性、参与性，收到良好的效果。1991—2010年，大队深入农村、社区、企业、学校、农场开展各类消防活动200多次，组织消防培训班60多场次，直接受教育人员20多万人次；发放宣传图册近20万册，宣传光盘1万张。2008年开始，每年悬挂大型消防公益广告不少于2处，群发消防短信近万条，消防站对外开放30多次，受教育人数近万人次。

第十二节　立功创模

万宁市县公安局自成立之日起，高度重视立功创模工作。1992年有8个股、所、队被评为省、县公安系统先进单位，55名干警被评为省、县公安系统先进工作者，9名干警被评为优秀党员和优秀党务工作者，1名干警荣立三等功。1993年，有13个股、所、队被评为先进单位，86名干警被评为公安先进工作者；1个支部被评为“优秀党支部”，3名党员干警被评为“优秀共产党员”，21名干警受嘉奖。1995年，有102名干警和10个局属单位被省公安厅批准荣立集体三等功，1个单位荣立集体二等功，9名干警荣立个人三等功，2名警官被评为优秀指挥员和破案能手；3名警官被万宁县委评为先进党员，2人被评为优秀领导干部，1个党支部被评为优秀党支部；1个单位被省委、省政府评为先进单位，6人荣获“先进个人”称号，1人被评为省劳动模范；1人被评为全国优秀警官、1人被评为海南省优秀警官。

1997年万宁市看守所被公安部评定为二级看守所，龙滚派出所被评为全省“十佳”派出所，法制股被评为全省法制先进单位，刑警队、看守所、消防大队、东兴派出所、北坡派出所等5个单位荣立集体三等功，1名民警被评为全国优秀民警，10名民警荣立三等功。1998年市看守所被公安部评定为一级看守所，10个单位被评为市公安系统先进集体，1名民警被评为“全国优秀民警”，10名民警被评为市公安系统“十佳民警”。2000年，市看守所荣立集体二等功，2个单位荣立集体三等功，周德兴局长被评为“全省优秀人民警察”，8名民警荣立个人三等功，18个单位被评为公安系统先进单位，132名同志被评为公安系统先进个人。同时，在积极开展争创“人民满意单位（民警）”活动中，有2个基层派出所被评为优秀单位，4名民警被评为“人民满意民警”。市公安局被省厅评为“先进单位”，4名民警分别被评为省、市“抗洪救灾先进个人”。

2001年，万宁市公安局缉毒队被省公安厅授予“人民满意公安基层单位”。2003年，万宁市公安局禁毒大队被省公安厅授予“全省优秀公安基层单位”称号，被省政法委、省综治委评定为“全省严打整治先进集体”。和乐派出所被评为“全市优秀公安基层单位”；禁毒大队被记集体三等功1次、同时被授予"全省优秀公安基层单位"荣誉称号;东兴、大茂派出所被省厅记集体"二等功"1次,大茂派出所、国保大队被记集体"三等功"1次,民警王铭胜被评为"全省优秀人民警察",2位民警被记"二等功"1次,9位民警被记"三等功"1次,6位民警被记"个人嘉奖"。

2004年,万宁市公安局禁毒大队被公安部评定为"2003—2004年度全国优秀公安基层单位"。大茂派出所被省厅评为全省优秀派出所,陈希龙被省厅评为全省优秀社区民警。2005年,市看守所被公安部评为一级看守所,记集体二等功1次;大茂、东兴、城北派出所被公安部评为"一级公安派出所";城西、长安派出所被公安部评为"二级公安派出所";12个派出所被省厅评为"三级公安派出所";禁毒大队被公安部评为全国优秀公安基层单位;2个单位荣立集体三等功1次,3人荣立个人二等功1次,15人荣立三等功1次,96人受到嘉奖表彰,1人被省厅授予"执法为民十佳民警"荣誉称号。

2006年度"全省优秀公安基层单位"1个、全省优秀警察1人、集体记功单位2个。市看守所被评为全国一级看守所,是全省连续4年被评为全国一级看守所的唯一单位。国保大队杨达正在"全国国保先锋工程"活动中被公安部授予"刻苦钻研,精益求精"模范称号,并被省公安厅评为"全省国保优秀指挥员"。1人在"2006年博鳌亚洲论坛年会"安全保卫工作被省厅记三等功,5人受嘉奖;2007年荣获"全省优秀公安基层单位"1个,集体三等功单位3个,个人三等功12人,个人嘉奖3人。同年,万宁市公安局出入境管理大队被评为"全国公安机关出入境管理部门达标文明窗口"。

2008年,万宁市公安局被省政法委授予"侦破处置积压命案标兵单位"称号,被省公安厅评为"全省集中收戒吸毒人员专项斗争行动先进单位";有2名警察被省公安厅记个人三等功,15名个人受嘉奖,1人被评为先进个人。市公安局强制隔离戒毒所被省厅授予全省公安机关"三基"工程建设先进单位,同时被市委市政府授予2008年度社会治安综合治理工作先进机关单位。2009年,万宁市出入境管理部门被省公安厅评为"先进集体"。2010年,万宁市公安局被省公安厅评定为博鳌亚洲论坛年会安全保卫工作先进集体;叶青被市委市政府评选为第一批深入学习实践科学发展观活动先进个人;6名万宁人民警察被海南省公安厅政治部颁发"人民警察从警30年"纪念章。

第二章 检察

第一节 机构

1991年，万宁县人民检察院设有刑事检察一股、刑事检察二股、贪污贿赂检察股、法纪检察股、监所检察股、控告申诉检察股、人事政工股、办公室、法律政策研究室，在岗人员56人。1993年7月，内部股室改为科室，分别为：刑事检察一科、刑事检察二科、贪污贿赂检察科、法纪检察科、监所检察科、控告申诉检察科、人事政工科、办公室、法律政策研究室。

1996年6月，成立万城镇监察室。8月，万宁撤县设市，万宁县人民检察院更名为万宁市人民检察院。1997年3月，恢复设立财政地税检察室、工商检察室、烟草检察室。是年8月，内设“科”改为“室”，具体为办公室、政工科、反贪污贿赂局、审查批捕室、审查起诉室、法纪检察室、监所检察室、控告申诉检察室、民事行政检察室、万城镇检察室（派出机构）。

2002年机构改革，市检察院内设10个科室，分别为：政工科、办公室、反贪污贿赂局、渎职侵权罪案侦查局、侦查监督科、公诉科、监所检察科、控告申诉检察科、民事行政检察科、职务犯罪预防科。核定行政编制64名，机关工勤编制5名。2006年8月，渎职侵权罪案侦查局更改为反渎职侵权局。2007年，万宁检察院增加编制3名，解决检察院系统因接收军转干部超编问题。

2009年2月，经上级批准，兴隆检察室挂牌设立。同年6月，和乐检察室挂牌设立；万宁检察院增加4名编制。2010年5月，市检察院内设机构增设党组纪检组、监察科、计划财务装备科、法律政策研究室、司法警察大队等副科级内设机构。至2010年底，行政编制71名，机关工勤编制5名。

第二节 刑事检察

1991—2010年，共受理侦查机关提请批捕的案件6519件，经审查，依法批准逮捕3655件5611人；受理侦查机关移送起诉的案件4247件6173人，经审查依法提起公诉3533件4881人。

一、审查批捕

1991—1995年，坚持“从重从快”方针，针对批捕工作超期严重的问题，把杜绝刑拘案件超期审结作为重点来抓，制定了“谁超期，谁负责”的工作责任制，刑拘案件随到随办，在3天内审结，杜绝刑拘案件超期未结现象。1991年，提请批捕128件305人，批准逮捕115件270人，不捕12人，退查15人。1995年，提请批捕94件211人，批准逮捕82件169人，不捕2人，退查26人。1996年，根据中央、省委、市委关于“严打”统一行动的部署，成立领导小组，积极开展“严打”统一行动。共受理批捕案117件302人，比1995年同期增加23件91人。

1997年，主动提前介入，从快批捕重大刑事案件。坚持把杀人、抢劫、涉枪、爆炸、涉毒以及带有黑社会性质的犯罪团伙和流氓恶性暴力等犯罪作为打击的重点。当年，共受理重特大案件21件30人，提前介入9件16人，分别占42.9%和53.5%。2001年，加强同公安局、法院及有关部门的联系与配合，召开公捕公判大会3次，公开宣布逮捕犯罪嫌疑人28名，参加统一大搜捕行动2次，抓获批捕在逃犯2名。2006年，在坚持“严打”方针的同时，认真落实“宽严相济”刑事政策，对主观恶性小、犯罪情节轻微的案件以及未成年人犯罪、初犯、偶犯、过失犯依法从宽处理，不批准逮捕3件3人。

1991—2010年，县（市）人民检察院共受理公安机关提请批捕3941件6519人，经审查，批准逮捕3655件5611人，不捕411人，退查503人。

二、审查起诉

自1991年开始，刑检部门实行办案责任制，加快办案速度，减少案件积压。同年起诉案件仅积存8件，是历年积案最少的一年。1996年，参加全国“严打”统一行动，共受理起诉、免诉案185件362人，同比增长93.68%和168.14%。2000年，推行主诉检察官办案责任制。9月，省检察院审批万宁市检察院两名符合条件的干警为主诉检察官。

2002年，在开展清理无罪判决专项行动中，对2000—2001年提起公诉的453件590人案件进行清理，1件作无罪判决。2010年，案件受理数达到20年来最多，共受理移审查起诉案件422件546人。其中，侵犯公民权利案件86件132人；故意伤害案件66件97人；强奸案件11件14人；故意杀人案件5件9人；非法拘禁案件3件9人；妨害社会管理秩序案件148件164人；贩卖毒品案件131件139人；侵犯财产案件93件129人；盗窃案件54件68人；抢劫案件23件32人，抢夺案件7件9人。按管辖规定报送一分院审查起诉20件48人；退回侦查机关补充侦查70件102人；适用简易程序95件110人；出庭支持公诉222次；不起诉案件5件5人；撤回起诉案件1件1人；经审查，依法提起公诉330件418人，所提起的公诉案件，法院均做有罪判决。

1991—2010年，市（县）人民检察院共受理移送审查起诉案件4247件6173人，决定起诉3533件4881人，不起诉93人，退查711件1039人。

三、诉讼监督

自1994年开始，加强诉讼监督，主动到公安机关了解刑事发案情况及公安机关立破案、收审、报捕等情况。2000年，提起抗诉2件，法院均做了改判。

2002年，开展立案监督、集中清理纠正超期羁押、集中清理控告申诉积压线索、清理无罪判决4个专项行动。全年共通知立案4件9人，公安机关全部立案；口头提出纠正意见45次，书面提出25次，向公安机关发出《纠正违法通知书》1份；纠正超期羁押172人；对2001年以来的来信来访的举报线索进行清理，结合实际作了分流处理，处理了2个老上访户的问题。落实张某东刑事赔偿案，解决赔偿金支付问题。对2000—2001年提起公诉的453件590人案件进行清理，发现1件作无罪判决。2009年，和乐检察室深入税务、工商等行政执法部门进行立案监督检查，发现万宁某土特产公司涉嫌逃税80万元，配合侦监部门发出《移送案件通知书》，跟踪监督市农税局向市公安局移送了这起逃税4年多的犯罪案件。

1991—2010年，追捕补捕犯罪嫌疑人182人，追诉45人，提起抗诉12件。

第三节 惩治与预防职务犯罪

1991—1997年，万宁市（县）检察院共立案侦查自侦职务犯罪案件83件106人，其中较有影响的案件有：1995年立案查处北坡信用社信贷员殷某谦贪污185万元案，万宁县中国银行原行长李某发挪用公款200万元案，1996年立案查处万宁康曼水产产业有限公司法人代表总经理王某国、会计陈某海虚开增值税发票案。1997年《刑法》修改实施后，新《刑法》对检察机关自侦案件的管辖有了新的界定。1999年，反贪局内设预防职务犯罪工作小组，开展职务犯罪的预防工作。2000年，挂牌成立以市委书记为主任的“预防职务犯罪工作指导委员会”，初步建立预防网络。1998—2010年，市检察院共立案侦查自侦案件116件135人，其中较有影响的案件有：2002年立案查处原海南嘉泰摩托车有限公司财务部部长何某伟挪用公款55万元案；2003年立案查处市公路规费征稽所原所长赵某勇私分罚没财物107万元案，市社会保障局原局长关某清贪污案；2008年立案查处市海洋与渔业局原副局长王某受贿案；2009年立案查处“3·27”博冯水库溃坝事件中涉嫌渎职犯罪的万宁市水务局原副局长杨某奋玩忽职守案等。

2008年开通行贿犯罪档案查询系统；2010年共接受92个单位申请行贿犯罪档案查询166次，被查询单位和个人790个次。

1991—2010年，市检察院院共立案侦查职务犯罪案件199件241人，其中贪污贿赂案件161件196人，渎职侵权案件38件45人。

第四节 民事行政检察

1991—1997年，万宁市（县）检察院民事行政申诉案件较少。1998—2007年间，受理民事行政申诉34件。2008年,市检察院建立民事行政检察工作联络员制度,深入开展民事督促起诉工作。受理民事行政申诉案件3件,移送海南省检察院第一分院1件,自审2件,接待群众来访8人次。2009年,受理民事行政申诉案件11件,执行民事督促起诉工作2件,为国家挽回经济损失263万元。

2010年,发出民事督促起诉68份,为市财政局、国土环境资源局、信用联社、国营农场追回可能流失的国有资产共计2415.22万元。

1998—2010年,共受理民事行政申诉案件106件(民事行政申诉案件50件,民事督促起诉70件),提出抗诉8件。

第五节 控告申诉检察

1991年以来,市检察院重视控告申诉工作,认真处理群众来信来访,对群众的控申举报做到不推、不拖、不压、不漏。1993年,市检察院设立举报申诉接待室,由专人接待群众来访、处理群众来信、梳理信访线索。同时认真落实检察长接待日制度,开展矛盾纠纷调处工作,解决群众的涉法涉诉、特别是涉检信访问题。

1991—1997年没有统计数据,群众来信来访情况不详。1998—1999年,共受理群众来信171件,接待来访40次,其中集体访8次,筹措资金1万元奖励举报有功人员。2000—2005年,受理群众来信416件,接待来访64次,其中集体访17次。2003年控申接待室被省检察院评为“2000—2003年度文明接待室”。2006—2010年。受理群众来信318件,接待来访161次,检察长接访38次134人。2009年,实现“零”涉检信访。

至2010年,市检察院共受理来访2450件(次),其中来信2083件,来访367人次。

第六节 监所检察

1991—1997年,共纠正公安监管人员违法行为60起,清理超期关押127人,监督违法接见92次,监督公安机关依法按期释放已决犯28名,催促按时投监25批208人,回访考察监外执行罪犯,发现22名不宜继续监外执行的罪犯,并建议收监,通过对监外执行罪犯的回访考察,1995年发现并立案查处原看守所所长梁某平私放罪犯案。

1997年1月1日修改后的《刑事诉讼法》实施,取消收容审查制度。1998—2004年,重点监督超期羁押,共纠正超期羁押213人次,催促按时投监35批609人,纠正违法接见人犯36次;对保外就医的案犯进行回访考察,发现7名案犯不宜继续保外就医,建议公安机关收监。2004年,看守所实现“零”超期羁押,监所检察室被省检察院评为二级规范化驻所检察室。

2005—2010年,继续清理纠正超期羁押,保持“零超期”羁押;开展减刑、保外就医专项检察,对4

名保外就医到期的罪犯建议收监关押；开展留所服刑人员（余刑一年以下）清理工作，对121名刑满释放人员和55名余刑在一年以下的罪犯进行全面检查，对12名不宜留所服刑的罪犯建议送监狱服刑；对被判处管制、剥夺政治权利、宣告缓刑、假释、暂于监外执行的87名罪犯进行全面回访考察，纠正违法行为4件次，对9名脱管漏管罪犯重新落实监管措施。纠正市法院错误折抵刑期案件4件4人，纠正法院不及时送达执行通知书2件3人。

第七节 检务保障与信息化建设

1991年，万宁县检察院开始在华侨街原址建设新的办公楼，1992年建成投入使用，新办公楼建筑面积800平方米。2003年7月，万宁市检察院办案和技术用房动工兴建，2006年6月投入使用。“两房”位于万城镇环市一东路，占地面积13.93亩，是集办案、技术用房和办公用房为一体的综合楼，7层框架结构，总建筑面积4305.66平方米，内设办案区、办公区、机房、档案库房、多功能会议室等。

2007年为“全省检察机关信息化应用推进年”，根据省检察院的部署，通过信息化技术在检察工作中的应用，建立检察业务、队伍建设和信息化建设“三位一体”的机制。至2010年，建成检察专线网三级接入，实现与全省各级检察院点对点的互联互通。安装网络服务器、局域网交换机、加密机、UTM防火墙、UPS电源三套、台式电脑、笔记本电脑、打印机、复印机、扫描仪、数码摄像机、数码照相机、录音笔等，计算机普及率达100%。建成视频会议、机要文件收发通道、侦查指挥、同步录音录像、警务办公监控等系统，通过视频实现与讯（询）问室、警务区环境、侦查指挥中心和视频会议的对接，可利用网络视频开展同步录音录像、远程案件讨论，并将网上办案系统应用于案件管理、考核和评价。初步实现办案、办公的信息化。2008年，万宁市开始执行最高检和海南省相关规定，落实基层检察院经费保障标准。

第三章 法院

第一节 机构

1991年，万宁县人民法院设有9个内设机构和4个派出法庭，9个内设机构为办公室、政工室、刑事审判庭、民事审判庭、经济审判庭、行政审判庭、告诉申诉庭、执行庭、司法警察大队；4个派出法庭是万城人民法庭、和乐人民法庭、龙滚人民法庭、牛漏人民法庭。同时指导兴隆、南林、东和、新中、东兴、东岭等国营农场法庭的业务工作。1996年8月，万宁撤县设市，更名为万宁市人民法院。

1999年，撤销龙滚、万城、牛漏法庭，同时兴隆、南林、东和、新中、东兴、东岭等国营农场人民法庭不再设立，保留和乐人民法庭，增设兴隆人民法庭，对法庭收案范围进行重新划定。2001年，民事审判庭更名为民事审判第一庭，经济审判庭更名为民事审判第二庭；同年，撤销告诉申诉庭，增设立案庭和审判监督庭。2002年，实施机构改革，万宁市法院设10个内设机构和2个派出法庭。行政编人员71人，工勤编5人。2010年，增设东澳人民法庭、监察室、研究室、审判事务管理办公室，执行庭更名为执行局，并增设2名审判委员会专职委员。行政编81人，工勤编5人，在职在岗行政编65人，工勤编5人(机构编制)。

从2007年起，随着案件的不断增加，市法院逐年增加人员编制，至2010年，行政编制81人，工勤编制5人。

第二节 审判制度改革

一、庭审方式改革

根据1996年颁布的《中华人民共和国刑事诉讼法》等法律文件，万宁市法院从1996年开始推行审判方式改革。1997年，相继出台《万宁市人民法院关于民事经济案件审理流程的具体规定》《万宁市人民法院关于案件审限催告工作的暂行规定》等6项规章制度，规范法官审判行为，明确举证责任。刑事案件审判由原来的纠问式向控辩式转变，形成控、辩、审职责分明的格局。民事、经济案件推行“有理说在法庭、有证举在法庭”，强调当事人的举证责任。

二、简易程序（案件审理）

1991年，《中华人民共和国民事诉讼法》颁布实施，规定了简易程序。1996年，海南省高院制定《简易程序运作规程》，全省法院统一简易程序审理案件操作程序。自1999年起，万宁市法院全面推行民事、经济案件简易程序审理方式，即在立案时对案件事实清楚、法律关系简单、争议标的不大的民事、经济案件实行简易程序审理，可以当场开庭、当庭判决。有利于缩短审理期限，提高司法效率。

三、巡回审判

1999年下半年，仅保留和乐法庭、兴隆法庭。各国营农场法庭，龙滚法庭、牛漏法庭、万城法庭撤销。兴隆人民法庭从2003年起分别在受案辖区的乡镇、农场、村委会设立巡回投诉点23个，定时到投诉点巡回审判，当场立案、当场调解、当场开庭、当场判决。2005年，采取设立“假日法庭”“夜间法庭”“田头法庭”、电话立案、预约开庭、巡回办案、就地审理、繁简分流等多种便民利民措施，开展冬季瓜果菜买卖合同、农村土地承包合同、劳动争议、借款合同、人身损害赔偿纠纷等专项审判。2006年12月13日，市法院民一庭在长丰镇长丰村委会办公室就地公开开庭审理人身损害赔偿纠纷案，当地农村干部群众90多人旁听这次庭审，很多普通老百姓第一次现场观看庭审过程，受到一次法治教育。2009—2010年，继续开展“法律进乡村”“法律进机关”活动，开展巡回审判，就地解纷，共巡回审理案件33件，解决一批涉农纠纷案件。

四、人民陪审员制度

2004年，第十届全国人民代表大会常务委员会通过《关于完善人民陪审员制度的决定》，同年最高人民法院、司法部联合发布《关于人民陪审员选任、培训、考核工作的实施意见》，万宁市人民法院按照上述两个规定全面落实人民陪审员制度。2005年，在全市范围内公开选任人民陪审员10名，人民陪审员的任期为5年。2009年，保障人民陪审员依法行使职权，提高审判工作的透明度，督促法官秉公办案，12名陪审员陪审案件210件。2010年，在全市范围内公开选任25名人民陪审员，参加陪审率达91%。

第三节　民事审判

1991—2000年，万宁市法院共审结民事诉讼案件3447件，其中婚姻家庭纠纷案件2570件，占总案件数的74.56%；债务纠纷案件298件，损害赔偿案件99件，其他类型纠纷案件480件。

从2001年起，万宁民事诉讼案件不断增加，当年共审结各类民事诉讼案件455件，其中婚姻家庭纠纷案件275件，占总数的60.5%；债务纠纷114件，其他类型案件66件。

2002—2006年，共审结民事诉讼案件2817件，其中婚姻家庭纠纷案件1565件，合同纠纷案件532件，侵权纠纷案件421件，其他类型案件299件；审结一批新类型案件和在全市有较大影响的涉农案件；主要有2004年因私人存款被跨行跨地域盗取而引发的原告严某玉诉被告中国银行万宁支行储蓄存款合同纠纷案、2005年中国银行海南省分行申请兴隆绿都度假酒店破产案、原告礼纪镇莲花村委会老罗等4个村民小组与被告礼纪镇莲花村委会、海南莲华农业开发有限公司1000多亩土地承包合同纠纷案、原告许某霞等3位村民与被告和乐镇联丰村委会高良村民小组承包地征收补偿款分配纠纷案等。

从2007年8月开始，立案庭对双方当事人同时到立案大厅提起民事诉讼，且权利义务比较明确、争议不大的案件，采取即立、即调、即结等的工作模式给予办理。2007—2010年，全院共审结民事诉讼案件3241件，调解撤诉1873件，调撤率57.79%。

第四节 行政审判

1991年，成立行政审判庭，同年受理行政案件4件，审结4件。1992—1999年，行政审判庭重点处理农村承包土地纠纷案件，共审结行政案件43件，其中土地行政案件22件，占51.16%。维持行政机关具体行政行为6件，撤销具体行政行为3件，原告申请撤诉11件，驳回起诉5件，执结非诉行政执行案件128件，执行到位标的额16.45万元。

2000—2007年，审结行政案件90件，居全省22家基层法院同期同类案件的第三位。2007年，在行政案件的审理中，万宁市质量技术监督局局长作为被告的法定代表人出庭应诉，开创万宁市法院行政审判中行政首长出庭应诉的先例。审结90件案件中，驳回起诉10件，不予受理3件，原告主动撤诉15件，驳回诉讼请求13件，撤销行政行为21件，维持行政行为24件。

2008—2010年，审结行政案件20件，其中维持行政行为9件，撤销行政行为4件，原告主动撤诉2件，驳回诉讼请求4件，不予受理1件。

第五节 经济审判

1991年，开始运用法律手段调节经济合同关系。1995年，开展积案清理工作，同年消化陈年积案6件，及时审结新收案件11件，使经济纠纷案件的平均诉讼周期比以往缩短了82天。1993—1996年，共审结经济纠纷案件85件，解决争议标的金额656.2万元。

1997年，受理各类经济纠纷案件49件，审结率达96%，解决争议标的总额1495万元。同年，万宁法院重点开展借款合同纠纷专项审判，保障万宁市金融安全。全年受理并审结借款合同纠纷案件33

件，解决争议标的额1221万元。给借款人发出支付令61件，生效支付令所确定的标的额达241万元。

1998年，受理各类经济纠纷案件22件，解决讼争标的总额1403万元，审结率为91%。集中审理涉贷案件，依法制裁逃贷行为，防范和化解金融风险，审结案件中合同纠纷占45%，涉贷金额1220万元；审结购销合同纠纷案件5件，解决争议金额49.6万元。

1999年，依法办理实施查封房地产、冻结银行存款等诉讼保全4件，涉及财产价值830多万元。在审理某建设工程承包合同纠纷案时，依法冻结被告在市某家银行的存款445万元。全年审结借款合同案件27件，涉贷金额达2600多万元。全年审结经济纠纷案件50件，当事人提出上诉的2件，上诉率为4%，二审裁判正确率达100%。

2000年8月，撤销经济审判庭，改为民事审判庭。同年，万宁市法院经济案件年末审结率首次达到100%。2001年，经济审判庭改设为民事审判第二庭，经济合同纠纷案件改由民事审判部门审理。

第六节 刑事审判

1991—1997年，万宁市（县）人民法院共受理刑事案件596件983人，全部审结，结案率100%。在596件案件中，盗窃案件217件，抢劫案件122件，流氓案件33件，故意伤害案件53件，强奸案件14件，敲诈勒索案件20件，贪污案件16件，重婚案件9件，诈骗案件8件，这几类案件数量占案件总数的82.55%。983人中，判处10年以上有期徒刑110人，5年以上、10年以下有期徒刑279人，5年以下有期徒刑510人，缓刑56人，拘役3人，免予刑事处罚3人，按撤诉处理16人，判处无罪6人。

从1998年起，万宁的刑事案件有所增加，特别是毒品犯罪案件增多。1998—2000年，万宁市人民法院根据国家1997年出台的《刑法》和《刑事诉讼法》共受理刑事案件439件618人，全部审结，结案率100%。在439件案件中，盗窃案件58件，抢劫案件37件，各类涉农犯罪案件233件，毒品犯罪案件82件，改变起诉书定性确实不当的案件22件，这几类案件数量占案件总数的98.41%。2000年，开展严打整治斗争。

2001—2010年，结合严打整治斗争，共受理刑事案件2521件3112人，审结2521件3112人，结案率100%。2521件案件中，毒品犯罪案件819件，两抢案件240件，盗窃案件391件，故意伤害案件512件，这几类案件数量占案件总数的77.83%。

第七节 执 行

1991—2010年，万宁市（县）人民法院共受理执行案件3449件，执结2523件，执结率73.15%，全院执行结案标的总额为44999.1421万元。其中，1997—2003年及2010年，执行案件次数较多，均超过200件，特别是1999—2001年，每年的执行案件都超过300件，涉及金额较大的为2001年和2006年，均超出5000万元。在此期间,先后开展了7次执行积案专项清理行动。

1997年4—8月,开展以整治部门保护主义及执法不严、裁判不公为主要内容的执法大检查,重点对1995年和1996年办结的民事、经济和执行案件进行检查。1999年7月,采用集中执行等方法,对申请执行标的总额为3000万元以上的200余件未结执行案件进行全面摸底排查。市委就法院的"执行难"问题还专门召开常委会议,听取了市法院执行工作情况的汇报。

2001年,执结各类案件306件,执结率高达83.64%,被省高院授予"全省法院集中清理未结执行案件先进集体"称号。2002年,开展集中清理执行积案行动3次。一是执结市建设局申请强制拆除被执行人万宁建达实业有限公司位于万城镇城北新区环市一路的"万年春露天舞场"用地范围内的违章建筑案,二是执结海南好士敦海洋产业开发公司申请强制退出位于港北英豪半岛163亩沿海滩涂案,三是执结中国华融资产管理公司海口办事处申请执行万宁市物资总公司拖欠银行贷款436.7万元案等案件。

2009年,按照中央政法委和最高人民法院的统一部署,开展集中清理执行积案行动共2次,将纳入清理范围的67件有财产可供执行和109件无财产可供执行的案件全部清结,执结标的547万元。在清理积案的同时,抓紧新收案件的执行,执结案件160件,执结标的2578.2万元。增强执行威慑力,充分运用罚款、拘留、财产申报、财产调查、限制出境、公开曝光等方式,促使被执行人自动履行。建立起司法救助专项资金,拨出专款近200万元,用于解决乡镇政府、学校等特殊主体长期拖欠工程款和部分刑事被害人、涉诉信访人、申请执行人的紧急生活困难。

至2010年底,先后出台《执行案件财产申报规定》《关于执行案件中被执行人财产申报的操作规程(试行)》《执行工作流程管理办法(试行)》《执行案件救助基金管理办法》等四项规定,进一步规范案件执行工作。

1991—2010年万宁市(县)人民法院执结状况一览表

表14-2　　单位:件、万元

年度	收案	结案	执行标的	年度	收案	结案	执行标的
1991	111	31	—	2001	366	306	5972.58
1992	130	38	—	2002	243	193	4403
1993	135	37	138.46	2003	227	193	4759.4
1994	174	82	84.4	2004	176	151	1848.27
1995	205	104	152.25	2005	192	153	—
1996	222	159	339	2006	198	179	6303.6
1997	250	242	766	2007	150	132	3506
1998	295	206	344	2008	148	132	2628
1999	361	187	3002	2009	178	160	2578.2
2000	362	137	3215	2010	213	185	2222

第八节 监督工作

1991年，万宁县人民法院根据县委的部署，进行法院工作作风整顿。4月，根据全省法院院长会议精神，在干警中开展“廉洁从政，努力做好廉政、勤政的人民法官”活动。8月，根据省高院指示和县委部署，在全体干警中开展了为期4个多月的纠正行业不正之风活动。1992年，万宁法院组织了两次案件评查工作。

1994年，以模范法官鹿道有为正面典型，以海南省法院系统贪赃枉法的梁某华、王某平为反面教材，对全体工作人员进行理想、信念、风纪和职业道德教育。同时，建立“司法统计工作考核评比办法”“错案责任追究实施细则”等8项规章制度，加强对案件审判工作的监督。1995年，不定期邀请县检察院检察长林荣列席审判委员会会议，对重大疑难的刑事案件13件18人讨论定案。还制定了万元以上的经济罪案呈报省高院统一平衡制度，制订、修订了制约和监督的规章制度7项。

2000年，合议庭和独任审判员真正成为行使审判权的主体，严格追究超审限案件责任人，加大对二审改判和发回重审案件的责任追究力度。当年有1名法官受到纪律处分，6名干警被通报批评，当年的上诉案件二审改判和发回重审率比1999年下降4.3个百分点。2001年，健全《领导班子廉政承诺》《审判纪律六要求》《工作作风六要求》《案件审判流程管理规定》《各庭室队目标管理考核方案》等内控管理制度。对是年犯受贿罪的和乐法庭原副庭长周某某给予“双开”的党纪政纪处分，对原审监庭一副庭长给予行政记大过的纪律处分。

2004年l0月中旬至11月下旬，对2003年7月1日至2004年10月已审结和执结以及正在审理和执行中的46起银行借款合同纠纷、案件，在立案、审理、执行三个重点环节中是否违反程序办案的问题进行自查。查处2件违法违纪案件。

2005年，坚持把党风廉政建设作为先进性教育和专项整改活动的关键环节来抓，4月下旬，万宁市法院院长李彪作为万宁市法院党风廉政建设的第一责任人、副院长陈国庆作为直接责任人，与市委、市政府签订《万宁市2005年党风廉政建设目标责任书》。在5月上旬召开的全院干警大会上，3位副院长分别与院长李彪，各庭室队及人民法庭主要负责人分别与分管副院长签订了《万宁市人民法院2005年党风廉政建设责任状》，把党风廉政建设的目标任务层层分解量化，使各部门和干警明确了党风廉政建设的指导思想、责任目标、考核标准、考核对象、考核方法等。

2007年，《中华人民共和国各级人民代表大会常务委员会监督法》颁布实施后，市法院邀请人大代表、政协委员到院旁听重大案件庭审和现场监督执行活动。发放调查问卷，征求当事人及社会各界对法院审判工作和队伍建设的意见和建议，自觉接受人大与社会的监督。

2009年，市法院建立廉政监察制度，选拔8名廉政监察员，履行日常监督职责。此外，还公布举报电话，提高审判工作的透明度。12名陪审员在该年共陪审案件210件。

2010年，市法院成立审判管理办公室，开展案件评查。全年共评查案件50件，发现2006年存在一般瑕疵案件4件，占当年全年结案的3.94%。

第九节 告诉申诉审判

1991年，接待群众来访163人次。1995年，县法院机关和各个派出法庭共接待群众来访357人次。2001年，撤销告诉申诉庭，设立立案庭。2004年，设立“立案大厅”，集立案、信访、接待、查询于一体，为当事人实行“一站式”服务。坚持每周三院领导接访制度，重点抓好复查听证和上级批转件的处理等两个环节。是年，接待群众来访1836人次。

2005年，开始实行正、副院长每周一、三、五轮流在立案大厅接待和处理群众来信来访制度，形成院长办信访的新格局。仅1—11月共接访435人次，处理群众来信46件，做到件件有回音、事事有着落，使173件刑事、民商事和行政诉讼案件以及执行案件的当事人通过院长办信访而服判、息诉、罢访。

2006年，坚持每周一、五正、副院长在立案大厅轮流接待群众来信来访制度，并从当年6月起推行每周三院领导和有关审判业务庭庭长在立案大厅集中接访制度。是年，4位院领导接访听证和参加判后释明案件66人次，处理涉诉信访案件30件，其中省高院交办2件、海南中院交办4件、市人大交办3件；处理申诉复查案件5件，其中海南中院交办2件。2007年，院领导共接待群众来访286人次，处理群众来信26件，做到“六有”：有批示、有办理、有结果、有检查、有反馈、有报表。

2008年，开展排查化解重信重访工作，消化一批上访老户和重信重访案件，接待群众来访28人次，成功处理20人次，实现北京奥运会期间无进京上访的目标。2009年，万宁市法院开展“大排查、大调解、大调研”活动，实行院领导下法庭蹲点指导制度，设立立案信访窗口，负责派出法庭的信访工作。同年，接待群众来访15人次，成功处理20人次。

2010年，立案信访服务台发放便民服务材料1530份，开展诉讼指导服务活动89次，共接待群众来访254人次，处理各类来信23件，处理信访案件3件，其中“院长接待日”接待79人次，处理信件18件。

1991—2010年，共接待群众来访5621人次。

第四章 司法行政

第一节 机构

万宁市司法局成立于1981年，位于万城镇万寿街。1990年前，专门负责万宁县区域内的法制宣传、公证、律师等事务。1991年后，司法队伍随着职能的不断扩充而逐渐壮大。1992年，司法局行政编制48人（含18个乡镇各一名司法员编制），内设法制宣传股、办公室、基层工作股、公证处、律师事务所等5个股级职能岗位。

1996年8月，万宁撤县设市，更名为万宁市司法局；1999年1月，万宁市司法局内设机构为办公室、财务装备股、法制宣传股、教育培训股、基层工作股、公证处和律师事务所等7个股级职能岗位，其中公证处和律师事务所划归为非独立核算事业单位。

2002年1月，在全市18个乡镇设立18个司法所；2002年7月，原有的18个乡镇合并为12个镇，原有的18个司法所随之合并为12个司法所，18名人员编制不变。

2010年4月，核定人员编制51名（含18名司法所人员编制），其中：局长1名，副局长2名，科员和办事员45名，工勤人员3名；设办公室、法制宣传教育股、基层工作指导股（监所外执行股）、财务规划装备股、律师公证指导股、法律援助处。

第二节 普法宣传教育

1991—2000年，主要通过图片展览、出动宣传车、设法律咨询点、出刊墙报、张贴标语、横额、学习考试等形式进行法制宣传。2001年，在“6·26”国际禁毒日活动中，在万城地区组织由政法、教育、卫生、乡镇、妇联、财税、青年团等11个方队1500人的禁毒游行队伍，进行禁毒宣传教育活动。

2002年，实施“送法下乡”工程和“法制宣传广告”工程。共组织普法讲师团深入到市直机关、乡镇、农村、学校、企事业等单位上法制课50场次，编写印发普法宣传资料50000多份，举办“严打”“禁毒”《婚姻法》宣传图片展览46期，播放电视录像5场次，出动法制宣传车26辆次，上街开设法律咨询活动5场次，送法下乡暨开展法律咨询活动20多场次，制作文明生态示范村法制宣传广告牌1块，标语牌2块，法制宣传广告牌2块，张贴大小标语3000多张，悬挂“12·4”宣传横额60多条，出刊法制宣传栏10期，订购发放《干部法律知识读本》500多册、《法制宣传资料》400多册，编印《农村常用法律法规汇编》3000多册。

2002年11月，成立万宁市“12·4”全国法制宣传日宣传活动领导小组，下设办公室负责宣传活动的具体事宜。根据省委宣传部、省司法厅《关于开展2002年“12·4”全国法制宣传日宣传活动的通知》精神，制定《关于开展2002年“12·4”全国法制宣传日宣传活动方案》，通过发表电视讲话、发布公益广告、召开学习宣传宪法专题座谈会、法律咨询一条街活动、悬挂横额和法制宣传车进行巡回宣传、举行宣誓仪式、开展游行暨签名活动、举行升国旗仪式、送法下乡活动、举办宪法专题讲座、制作法制宣传广告牌等“12·4”全国法制宣传日活动，并制作一块高3米、宽2米的宪法书牌和38块专业法律书牌，组织全市政法系统干警、人武部、预备役部队、武警部队和市政府执法部门等38个单位约1500名执法人员，于12月4日上午8时30分，集中在市委综合办公大楼前庭，举行以“忠实于宪法、维护国家法制权威和尊严”为主题的宣誓仪式。宣誓完毕后，组织参加宣誓的人员，编成39个方队，扛着宪法和部门专业法律书牌，以警车开路，两辆大型法制宣传车为先导，在万宁市区的红专、文明、人民、光明4条街道开展游行暨签名活动。

2003—2006年，共组织普法讲师团深入农村、机关、学校等单位上法制课589场次，受教育群众58.78万人，组织全市干部7000多人集中进行法律知识考试，编写普法考试复习资料7000多本，编写印发宣传资料10万多份，举办“禁毒”《婚姻法》宣传图片展览88期，播放电视录像93场次，出动宣传车117辆次，开展法律咨询活动336场次，送法下乡20多场次，制作文明生态村法制宣传广告牌2幅，悬挂横额328多条，制作法制宣传栏275期，编印《农村常用法律法规汇编》11.53万册。

2007年，实施“法律进乡村”工程，共向农民发放《农民常用法律法规知识手册》等资料8.97万册；在全市207个行政村粉刷普法标语414条；巡回法庭进村就地开庭审理案件16场；现场示范调解105场；联合编排法制文艺节目深入农村演出63场次，观看人数达7.9万人次；举办法制讲座181场，听课人数达8.2万人次；法律咨询132场，咨询群众达3.9万人次；培训农村基层干部1000多人，建立农村法制宣传栏207个，出版法制内容356期，出动法制宣传车、制作法制宣传图片下乡巡回展览50场次；207个行政村全部聘请了法律顾问；建立法律援助工作站24个，联络员207名，提供法律援助407件；帮助农民解决法律疑难等实际问题751件；向政府提出司法建议37件；被中央电视台、省广播电视台《老爸茶访》栏目、《法制时报》《万宁政报》等8家新闻媒体播放、刊登稿件173篇。

2008年，市司法局会同教育局制定并印发《万宁市“法律进学校”工程实施方案》，在全市219所中小学校开展“法律进学校”工程。发放《中学生法律知识读本》1100本、《小学生法律知识读本》3500本、《小小律师》光盘213套，《成长航灯》光盘270套、《禁毒法》8000本、《禁毒法律知识读本》3330本、其他普法资料85254份。聘任兼职法制副校长219名，配备学生法制宣传员536名，出刊墙板报1566

期，出版校报1528期，在校园醒目位置制作普法标语438条，举办普法图片展234场次，举办法制讲座219场次，开展校园现身说法74场次，受教育人数达7万多人次。校园法制文艺演出49场，播放法制教育影视专题片714场次，观看人数3.31万人次。举办法制教育主题班会2.02万班次，开展丰富多彩的校园法制文化活动2845场次。其中，征文活动69次、演讲活动72场次、绘画活动104次、诗歌朗诵188场次、模拟法庭107场次、法律知识竞赛1906场次，参加人数14.34万人次。

2009年，推进“法律进机关”工程，共组织理论中心组学法121场次，其中，市委理论中心组集体学法3次，参加学习的班子成员613人次；共发放基本教材2448册，印发辅助教材1万册，发放其他资料2万份；举办法制讲座27场次，听课人数1.25万人次，其中班子成员18人次；举办法律培训班45期，培训2450人，参训率达98%；检查学习笔记3次，撰写学习心得论文146篇，开交流会45场次，有96个单位完成学习计划；参观警示基地10场次，参观人数510人次；观看警示教育录像片95场2550人次；聆听现身说法4场420人次；重大事项决策前听证共20次，听证人数1110人；有18个单位聘请法律顾问18人；制定学法用法制度58个。

2010年，组织市普法讲师团成员、司法行政干警、律师、公证员、法律工作者、法律援助志愿者50多人分两次在万城闹市区举办法律援助咨询活动，为群众提供面对面的法制宣传和法律服务。参加法律援助咨询活动的群众达3000多人，解答法律咨询1000人次，现场受理法律援助申请250件，代书35件，赠送“法律援助知识”小扇子2000把；发放法律知识书籍5000多册；悬挂法制宣传横幅20幅；张贴宣传画、散发法制宣传资料1万多张。6月24日，市司法局以“6·26”国际禁毒日为契机，组织力量深入全市娱乐服务场所，开展“拒绝毒品、健康娱乐”法制宣传活动，向娱乐服务场所发放《海南经济特区禁毒条例》等法制书籍、传单和致“娱乐服务场所从业人员一封信”等宣传资料，同时组织全市服务行业代表150人，参加集体宣誓活动。7月22日，举办“法律进单位”活动法制讲座，邀请省普法讲师团成员、律师王龙奎主讲“服务业与消费者权益保障”，全市各窗口服务行业干部、职工约250人参加讲座。通过开展“法律进单位”活动，市人民医院等68个服务行业单位聘请了法律顾问，82个服务行业每个单位配备了1名法宣联络员，帮助服务行业解决实际问题23件。7月下旬至8月中旬，市司法局会同市法宣办从有关部门抽调人员组成6个检查验收组，对全市各镇、农场、市直各单位、省驻万宁131个单位开展“五五”普法工作情况检查验收，同时做好迎接省“五五”普法检查验收，顺利通过省“五五”普法检查验收组对万宁市的检查验收。

第三节　普法考试

1991—1995年，开展第二个5年普法（简称“二五”普法）工作。全县开展专业法学习的单位143个，举办学习班89期，制作法制宣传栏563个。全县有普法领导小组321个，5年间，县普法办共举办261期培训班，4.7万人参加培训，组织2次普法考试，有8443人参加“二五”普法考试，8359人合格，合格率99%。普法工作先进集体有13个，先进个人有22人。

1996—2000年,开展第三个5年普法(简称“三五”普法)工作。全市有普法领导小组357个,5年间县普法办共举办了283期培训班,5.09万人参加培训,组织5次普法考试,有8362人参加“三五”普法考试,8362人合格,合格率100%。普法工作先进集体有22个,先进个人有23人。2000年8月,海南省“三五”普法检查验收组到万宁市检查验收普法工作。经检查评比,万宁市被评为“三五”普法达标市县。

2001—2005年,开展第四个5年普法(简称“四五”普法)工作。全市有普法领导小组382个,5年间,县普法办共举办413期培训班,7.43万人参加培训,组织5次普法考试,有9339人参加“四五”普法考试,9339人合格,合格率100%。普法工作先进集体有25个,先进个人有24人。

2006—2010年,开展第五个5年普法(简称“五五”普法)工作。全市有普法领导小组385个,5年间,市普法办共举办了572期培训班,10.3万人参加培训,组织5次普法考试,有7681人参加“五五”普法考试,7681人合格,合格率100%。普法工作先进集体有25个,先进个人有26人。

第四节 人民调解

1991—1997年,全市(县)共发生民事纠纷9982件,调处成功9604件,调处成功率达96%。其中:濒于激化纠纷1221件,防止械斗136件。

1998年,选派司法助理员、法律工作者到省司法厅培训学习。全市202个村级调解会主任和18名专职司法助理员分四期四批进行集中培训;先后8次组织基层工作股干部深入各乡镇对全市人民调解组织网络进行摸底检查,逐个进行编名造册,对市、镇、村委会三类调解组织进行清理整顿。全市18个乡镇共发生民事纠纷1419件,调处成功1372件,调处成功率达96.7%。其中:濒于激化纠纷121件,防止械斗29件。帮教两劳释放回乡人员4人。

1999年,全市18个乡镇共发生民事纠纷1412件,调解成功1401件,调解成功率达99%,及时率达100%。2000年,在全省率先设立司法调解中心。全市18个乡镇共发生民事纠纷1289件,调解成功1261件,调解成功率97.8%,及时率达100%。

2001—2004年,全市18个乡镇共发生各类民事纠纷6985件,调解成功6659件,调解成功率95%。

2005年,建立三级纠纷预警机制,指导市、镇、村三级调解组织快速处置矛盾纠纷。全市共发生各类矛盾纠纷846件,组织调处847件(启动一级预警处置1件,二级预警处置327件,三级预警处置519件),调处率达成100%,调解成功804件,调处成功率达95%。防止民间矛盾激化9件,防止群体性械斗3件,制止群体性上访3件,防止因矛盾纠纷引起自杀4人次,防止民转刑5件。

2006—2010年,全市共发生矛盾纠纷3916件,调解成功3822件,调解率97.6%。防止群众上访1194人次,制止群体性械斗21次,防止民间矛盾引起自杀事件2件3人,防止民转刑案件34件40人。2007年8月,万宁市和乐镇人民调解委员会被最高人民法院、司法部授予“全国模范人民调解委员会先进单位”称号。

1998—2010年万宁市民事调解统计表

表14-3

年份	调解纠纷		防止民间纠纷引起死亡（件）	防止民转刑案（件）	协调解决民间纠纷（件）	调解各类案件（件）	防止上访（件/人）	制止械斗（件/人）
	调解数（件）	调解成功（件）						
1998	1419	1372	—	—	121	—	—	29
1999	1412	1401	—	—	—	—	—	—
2000	1289	1261	—	—	—	—	—	—
2001	1386	1204	—	—	5	23	—	—
2002	2672	2612	—	—	—	—	—	—
2003	2060	1996	—	—	9	—	—	—
2004	847	804	—	—	—	—	—	—
2005	846	804	4	5	9	—	3	3
2006	786	769	3	8	—	—	51/452	5/82
2007	774	758	—	15	—	—	9/341	3
2008	638	611	—	9	—	—	5/92	4
2009	760	744	—	9	—	—	8/320	5
2010	768	752	—	9	—	—	9/330	7

第五节 法律援助

1991—1998年，办理法律援助案件689件，其中，诉讼案件235件，非诉讼案件454件，提供法律咨询7220人次。

1999年5月，开通“148”法律服务专线，同年接到各类求助电话961个，其中自动服务516个，人工服务445个，指派律师承办案件71起，公证处承办证件83件，基层法律服务或承办案件75起，接待当事人来访124批180人次，提供上门服务案件92起，避免或挽回经济损失约374万元，

2000年,接听各类求助电话1706个,接待来访513人次,指派律师事务所承办法律事务120件,公证处承办150件,基层法律服务所承办167件,提供上门服务163件,提供法律援助128件,避免或挽回经济损失602万元。

2001年初,省委、省政府把开展法律援助工作当作2001年为民办11项实事之一。万宁市法律援助处及军人军属法律援助中心在全省率先成立。同年,办理各类援助案件26件,其中刑事案件23件,民事案件3件,赢得社会的好评。

2002—2010年,法援处共办结各类案件1334件,解答法律咨询4469人次。

第六节 律师事务

1991—1998年,承办各类案件277件,其中:承办刑事案件99件,代理民事案件145件,代理经济案件13件,代理行政案件12件,代理非诉讼案件8件;担任常年法律顾问单位4家,代写法律事务文书467份,解答法律咨询1492人次。

1999年,办理各类案件26件,其中,办理刑事案件4件,代理民事案件13件,代理经济案件2件,代理行政案件3件;代写法律文件30件,解答法律咨询190多人次,担任常年法律顾问单位4家,为顾问单位和当事人避免经济损失180多万元。

2000年,律师事务所共承办各类案件31件,其中,代理刑事案件5件,代理民事诉讼案件16件,代理经济案件4件,代理行政案件2件、代写法律文书42件,担任常年法律顾问单位4家,为当事人提供法律咨询130人次,为当事人挽回经济损失1398万元。

2004年,经海南省司法厅批准,在万宁市设立6个基层法律事务所。同年,共协办公证14件,办理鉴证42件,代写法律文书98件,参加非诉讼代理和诉讼代理43件,上法制课70场次,解答法律咨询306人次。

2005—2010年,办理鉴证78件,代写法律文书1041件,参加非诉讼代理和诉讼代理698件,上法制课72场次,解答法律咨询19607人次,挽回经济损失1310余万元。

第七节 公证工作

1991—1997年,公证机关共办理各类公证2565件。其中,国内民事公证869件,国内经济合同公证428件,涉外民事公证1268件。

1998年,主动登门办证。全年办结各类公证488件,其中主动上门办证174件,占总数35.66%。同年9月,针对公司、企业之间时常出现各种合同纠纷,市公证机关采取主动上门的方式,及时深入到市各企业单位提供法律帮助，与海南汇龙实业有限公司签订“聘请法律顾问合同”，由公证员担任该企业法律顾问，这在万宁市还是首例。

1999—2010年，局公证机关共办理各类公证9368件。其中：国内民事公证1189件，国内经济合同公证1363件，涉外民事公证6816件。

1998—2010年万宁市公证办案状况一览表

表14-4　　单位：件

年度	办结案件	其　中		
		涉外民事公证	国内民事公证	国内经济合同公证
1998	488	399	51	38
1999	481	395	46	40
2000	618	503	42	73
2001	571	466	55	50
2002	628	—	—	—
2003	717	—	—	—
2004年	628	—	—	—
2005年	717	—	—	—
2006年	849	—	—	—
2007年	1005	924	81	
2008年	1153	1100	53	
2009年	1041	1009	32	
2010年	954	666	288	

说明：表中部分数据缺失

第八节 基层司法所建设

1991—1998年,先后建立18个乡镇法律服务所。

1999—2000年,抓好乡镇法律服务所业务的发展,根据不同类型的所提出不同要求,对边远地区的法律服务所,及时派员深入下去帮助理顺与乡镇领导的关系。对经济发达地区的法律服务所,侧重从业务的深度、广度给予指导、帮助其拓展新的服务领域,争创文明法律服务所。

2001—2002年,集中精力抓好乡镇司法所建设。全市12个镇全面挂牌成立司法所,配备司法所长及司法工作人员,9个所有独立办公用房,3个所与镇社会事务办合署办公,添置新的办公设施,建立工作制度,逐步规范司法所工作。

2003年,市司法局把开展“队伍集中教育整顿”的活动摆在精神文明建设的突出位置,同“争创文明机关”活动紧密结合起来,教育和引导干警在法律教育、法律服务、法律保障工作中树立起“为谁掌权、为谁执法、为谁服务”的思想意识。龙滚、和乐司法所以“教育整顿”促进调解工作。9月中旬,司法部部长张福森等领导到龙滚司法所考察时,对市司法局的工作给予肯定。

2004年,根据省司法厅《关于做好司法所建设有关工作的紧急通知》要求,万宁市司法局把基层司法所建设项目选址工作纳入基层司法行政工作的重要议事日程,当年,全市12个司法所建设用地选址意见书、建设项目选址审批表和市政府关于解决司法所建设征地费和相关的建设性取费的承诺函全部按要求上报省司法厅,为下一步司法所建设工作夯实基础。

2005—2007年,抓好司法所办公用房建设,落实基层司法所办公用房建设用地、报建手续、配套资金等问题。至2007年,中央预算内国债资金87.6万元和地方配套资金60万元已全部划拨到位,全市除万城司法所办公用房因位置不确定尚未开工外,其余11个司法所办公用房建设已竣工。其中,和乐、礼纪、东澳等3个司法所办公用房建设面积为180平方米,龙滚、山根、北大、大茂、后安、长丰、三更罗、南桥等8个司法所办公用房建设面积为150平方米。

2008—2010年,不断加大司法所的建设力度。一是增加司法所装备。配备了打印机、传真机、照相机、办公桌椅、沙发椅、调解桌椅、档案柜、摩托车、电话、电脑、饮水机等办公设施和普法装备,为司法所开展工作提供物质保障。二是强化司法所规范化达标建设。组织全市司法行政系统干部到海口等地司法所参观学习规范化达标建设工作。实行局领导班子成员及中层干部对司法所归档工作包干指导。局主要领导及基层股长包干司法所上墙制度的编制、把关工作。通过狠抓以上几项措施的落实,到2010年为止,全市12个司法所(除万城司法所未建办公楼,没有达标外)已有龙滚、礼纪等7个司法所通过省司法厅验收达标,尚有后安、和乐等4个司法所(因办公楼借用搞林改工作)未达标。

第九节 安置帮教

1991—1998年,全市“刑释解教”(刑释解教为刑满释放和解除劳教的统称,刑满释放是指在监狱服刑终止,刑期结束释放,解除劳教是指在劳改农场、劳教所、戒毒所等机构完成规定的教养活动后回归社会)回归人员128人,实施帮教116人,帮教率达90.6%。

1999—2003年,采取编名造册、政策攻心、法律攻心、家庭伦理教育和举办“两劳人员”法制培训班等形式进行跟踪帮教。全市“刑释解教”回归人员198人,实施帮教182人,帮教率达92%。

2004年,采取领导和干警包工分片指导的方式,指导督促各镇(农场)成立“两劳”人员安置帮教领导机构,以列表形式指导各镇(农场)对“两劳”人员帮教工作实行“三包”(即包管理、包教育、包转化),做到责任到人。此外,指导各镇(农场)利用举办学习班、召开座谈会等多种形式对“两劳”人员进行跟踪帮教,有效地预防和减少“两劳”人员重新犯罪。同年,全市刑释解教人员186人,实行帮教186人,帮教率达100%。

2005—2010年,按照分片包干指导的方式,全市刑释解教人员回归社会的有1820人,帮教1775人,安置1318人,帮教率达98%。

第五章 军事

第一节 人民武装

一、机构

(一)万宁市人民武装部

1991年,中国人民解放军万宁县人民武装部(简称“县人武部”)为地方建制,受海南省军区和中共万宁县委双重领导,中共万宁县委书记兼任武装部第一政委和党委第一书记。内设政工科、军事科和后勤科。从1996年4月1日起,万宁县人武部由地方建制收归军队建制,全称为“中国人民解放军海南省万宁县人民武装部”。设有军事科、政工科和后勤科。编制20人,其中现役军官14人,职工6人,另编地方职工3人。同年8月,万宁撤县设市后,改称“中国人民解放军海南省万宁市人民武装部”。

2003年11月在部队新一轮的精简整编中,人武部现役干部编制压缩为8人,副部长兼任军事科长。2010年,设有军事科、政工科、后勤科,现役干部8人,工勤人员9人。

(二)基层人民武装部

按照国家有关法规,在镇、农场和企事业单位设立基层人民武装部,是基层民兵预备役工作的领导机构,受同级党委、政府和万宁市(县)人武部双重领导。

1991—1995年,万宁县设18个乡镇人民武装部和6个农场人民武装部,18个乡镇基层人民武装部为龙滚、山根、和乐、港北、乐来、大茂、后安、北大、禄马、万城、环城、北坡、东澳、礼纪、新梅、三更罗、长丰和牛漏人民武装部;6个农场人民武装部为兴隆、南林、东和、新中、东兴、东岭农场人民武装部。2003年,万宁市原有的18个乡镇合并为12个镇,原有的18个乡镇武装部随之调整合并为12个镇人民武装部,即万城、龙滚、山根、和乐、北大、后安、大茂、长丰、东澳、礼纪、南桥和三更罗镇人民武装部,6个农场人民武装部不变;共配备基层专职武装干部19人。2010年,万宁市保持12个镇人民武装部不变,共配备专职武装干部18人。

(三)万宁市(县)人民武装委员会

人民武装委员会(简称武委会),是由各级地方党委、军事机关和政府有关部门,以及工会、青年、妇女等群众团体的主要负责人组成的领导民兵工作的协调机构。主要任务是在党委和政府的领导下,负责协调各方面的力量,贯彻落实党委关于民兵工作的方针、政策和完成各个时期的民兵工作任务。

1991年,万宁县人民武装委员会主任林玉权,副主任有魏天华、欧德荣、蒋应雄、邱炳伦;1992年5月,重新调整万宁县人民武装委员会领导成员,县委书记、县长林玉权任主任,陈金云、刘崇书、许丁良、欧德荣为副主任;1996年7月,重新调整万宁县人民武装委员会领导成员;1996年8月,万宁撤县设市,改称为万宁市人民武装委员会,市委副书记、副市长谭进川任主任,许丁良、麦贤荣、陈学才任副主任;1997年6月,调整万宁市人民武装委员会,同时成立万宁市国防动员委员会,实行两块牌子,一套人马管理。

(四)万宁市国防动员委员会

1997年6月,成立万宁市国防动员委员会,由市委书记、市长林玉权兼任国防动员委员会主任,分管军事工作的市委副书记谭进川任常务副主任,市委常委、副市长易仁生、市人武部部长许丁良、政委麦贤荣任副主任,市委、市政府、市人武部相关领导干部任成员。此后,市国防动员委员会组成人员随着主要负责人的变动而多次进行调整。下设综合办公室、人民武装动员办公室、经济动员办公室、人民防空动员办公室、交通战备动员办公室、科学技术动员办公室、信息动员办公室和政治动员办公室等专业办公室。综合办设在市人武部,承担国防动员委员会的日常工作。2005年3月8日,内设机构调整为综合办公室、国防教育、人民武装动员、国民经济动员、人民防空、交通战备和政治动员等7个办公室,至2010年不变。

二、民兵

(一)宣传教育

万宁市人武部党组织一贯重视思想政治教育,1991年后,结合各个时期的任务和特点,针对不同层次人员的思想和实际,进行教育和引导。重点抓好党委中心组和人武部机关政治理论学习,每年度集中7~10天时间完成1~2个专题的学习内容。1991—1992年主要进行“坚持四项基本原则、反对资产阶级自由化”专题教育;1993—1995年主要学习党的十四大精神和“社会主义初级阶段”理论;1996—1998年主要学习人武部收归部队建制的文件精神、党的十五大精神和邓小平理论,结合香港回归开展弘扬爱国主义精神教育;1999年—2010年,主要开展“讲学习、讲政治、讲正气”的“三讲”教育、“三个代表”教育活动,科学发展观教育和保持共产党员先进性教育,通过经常性的思想宣传教育,有效加强人武干部和民兵队伍政治思想建设,提高人武干部和广大民兵的政治思想觉悟和政治理论水平。

1991—1992年,县人武部结合征兵、训练、整组、完成急难险重任务、拥军优属活动和节假日、重大纪念日等活动，对民兵、预备役人员开展国防观念、国防义务、国防基础知识等专题教育。结合形势和任务对民兵有针对性地进行党的民兵建设思想、工作方式、政策和《宪法》《兵役法》《国防法》《民兵工作条例》《征兵工作条例》等有关国防后备力量建设的法律、法规教育。

1993—1995年，按照海南省民兵建设标准要求，抓好乡镇农场武装部民兵营、连的正规化建设，组织开展以爱国主义为核心的国防教育，贯彻《爱国主义教育实施纲要》，树立服从大局和在经济建设中练兵强兵的观念。在此期间，有6个基层武装部被海南军区评为"民兵基层建设达标先进单位"，市民兵军械仓库被评为"红旗库"。

1996—2000年，对基干民兵一般以连或排为单位进行每年不少于4次的政治教育，普通民兵一般以连为单位进行每年不少于2次的政治教育。因执行任务、外出打工、生产经营的民兵，不便于集中教育的，采用分散教育的办法。

2001—2005年，在民兵中深入开展学习中共十五大、十六大精神的学习，加强民兵组织整顿。整顿一般安排在每年农闲时的8、9月进行，2003年，根据总参文件，统一调整为每年的第一季度进行，同年4月进行检查验收。2005年，主要进行"讲学习、讲政治、讲正气"的"三讲"教育和"三个代表"重要思想的专题学习，组织"自律"教育和保持共产党员先进性教育，在此期间，有5份学习经验材料被海南军区转发，40多篇理论学习文章被《海南武装》刊登。

2006—2010年，海上民兵分队成为重要的民兵力量，整组时间调整为每年南海休渔期的6、7月份进行。

（二）军事训练

1991年后，人武部贯彻中央军委、省军区有关加强部队军事训练的一系列指示精神，狠抓机关干部技术、战术基础训练。武装干部除了进行射击、队列等必训科目外，重点学习毛泽东军事思想，研究军事理论，以民兵训练课题为主要内容，着重提高组织指挥和任教能力。1991—1996年，人武部移交地方期间，除进行共同科目训练外，还突出本级战役、战术科目和室内想定图上作业等内容的学习训练。1996年，人武部收归军队建制后，部党委加强干部军事训练。1996年7月，人武部11名干部分两批参加海南军区组织的干部集训。1998年3月，人武部组织全市人武干部进行10天的新条令强化训练；1998年8月，人武部组织全体干部进行人武业务知识、半自动步枪实弹射击以及炮兵、高机、通信专业的基本操作和"四会"教学训练，在海南军区全区21个人武部考核中，取得第五名的好成绩；2000年6—7月，人武部14名干部分两批参加省军区组织的人武业务集训，系统学习人武业务知识，人武干部的军事素养得到提高。

民兵的军事训练，重点进行民兵警备和专业分队训练。民兵应急分队每年训练15天、120个小时以上。新任职连、排长训练每年都在30天以上。对民兵应急分队训练，按照先共同后分业、先技术后战术、先分练后合练的方法成建制组织实施。分队战术训练，按照分段作业、连级作业、综合演练的步骤进行，重点是班、连两级的分段作业。应急连战术训练都组织新传兵种专业分队共同参加，重点进行战术协同训练，并适时采取检验性方法进行战术综合演练。

三、兵役

（一）兵员征集

按照《征兵工作条例规定》，新兵征集工作通常是由征兵季时成立的征兵工作领导小组组织实施，组长一般由市（县）人民政府市（县）长担任，成员通常是由和征兵相关的兵役机关和宣传、公安、卫生、监察、教育、交通、财政、民政等部门的领导担当。下设征兵办公室，承担办理征兵工作的日常事务，设有政审组、体检组和后勤保障组。征兵工作程序按照宣传教育、体格检查、政治审查、审批定兵、交接运输等几个步骤进行。

1991—1994年，万宁县适龄青年报名参军率保持在应征青年的90%以上。1995年起，在市人武部设置了集中体检站，配备必要的体检器械，实行全封闭体检。随着部队建设对高素质兵员的要求，除把体检关外，在政审中落实责任制，严格"三级把关、严格联审"规程，着重查清应征青年的现实表现，对其文化程度和实际年龄也进行严格审查。在审批新兵时，坚持"四方联审、合议定兵"，由人武部、公安局、主检医生和接兵部队负责人召开联席会议定兵。2003年后，进一步明确地方征兵工作机构的主体责任，接兵单位不再参与定兵。2009年开始，部队开始从地方应届大学生和高职院校毕业生中直接招收士官，经部队院校培训后，直接编入部队服役。

（二）预备役

根据《兵役法》规定，凡是参加民兵组织和经过预备役登记的，都属于服预备役。1998年新修订的《中华人民共和国兵役法》实行后，对服一类预备役人员的军事素质和专业技能提出更高要求，增强技术含量。每年结合全市国防潜力调查，对预备役人员进行全面调查摸底。经汇总，2010年全市一类预备役和二类预备役人数分别占到人口总数的2%和7%，其中一类预备役人员中退伍军人占总数的80%以上，二类预备役人员中退伍兵占60%以上。

退出现役的军人和依照法律应服兵役而未入伍的公民，按照规定编入预备役，根据国防需要随时准备应征入伍。1981年恢复预备役登记制度后，万宁县人武部按照总参谋部规定的专业号码，结合民兵整组，对转业、复员、退伍军人进行登记核对和建卡归档工作。1993年6月，万宁县人武部对全县1989年始退出现役而符合转服预备役的转业干部进行转服预备役登记、核对。

四、拥政爱民

（一）支援地方建设

1996年人武部收归军队建制后，开展形式多样、内容丰富的拥政爱民活动。在全市创建文明卫生城市活动中，人武部干部开展军民共建一条街活动，帮助治理脏、乱、差环境，定期参加社会公益事业劳动，清除垃圾，打扫卫生，为创建活动贡献力量。参加和支援地方重点工程建设。协助地方党委、政府及时调整义务兵优待金标准，完善退伍兵安置规定，成立维护军人军属合法权益协调站组21个，先后协调处理涉军案件218起，调解纠纷486起，开展社会性的"爱心献功臣"活动，解决825名优抚对象生活难、住房难、医疗难的难题。利用“八一”“十一”、春节等重大节日，主动派人到地方政府、有关部门和人民群众中进行走访，广泛征求意见，检查执行群众纪律情况。万宁市16年没有发生军民纠纷。

2007年，万宁市人武部派出“三农”工作队到北大镇大发村驻点进行扶贫帮困，开展“三联三帮”活动。协助当地镇委、镇政府理顺村党支部和村委会的关系，完善“两委”的各项制度，加强基层组织的基础设施建设。民兵预备役在全市12个镇、6个农场中成立18支由民兵应急分队人员组成的治安联防队，协助地方公安部门共抓获打架斗殴人员120人，制止违法犯罪行为62起，抓获偷胶分子187人次，为维护社会治安做贡献。2007年，市人武部抽调127人次、8车次协助地方警力维持秩序。捐资11万余元支持新农村建设，捐助10万余元，帮助贫困学生完成学业。出动2万多人次参加经济建设和抢险救灾。2008年，向汶川地震灾区捐款捐物支持灾区重建。交纳“特殊党费”4850元，捐款3000元。

2010年，人武部派出工作队到长丰镇长安村、马坡村驻点进行扶贫帮困，开展“三联三帮”活动。共筹措资金3万元，其中武装部出资8000元，改建村委会办公室4间，修建村务公开栏和宣传栏2个，购置办公桌椅12张，档案柜2个。另外筹措资金近11万元,投入农村“五网”建设，其中人武部筹措资金1.3万元，组织民兵预备役部队出动9820人次,修建、改建、扩建（硬化）农村道路6条，长约18公里。

（二）抢险救灾

2000年9月9日，第16号台风在万宁市新梅乡至陵水黎族自治县沿海地区登陆，市人武部立即组织民兵、预备役人员投入抗洪救灾，转移五保户、特困户476户，帮助受灾群众抢收水稻14500亩，扶正橡胶树23.5万株，清理路障580公里，维护低压电线、通信线路723公里，修复网箱1650口，修筑水毁堤坝3500米，挽回经济损失5600万元。

2005年9月24日，为抗击18号强台风“达维”，市人武部组织基干民兵和民兵应急分队，由各镇、农场18个基层人武部具体调度，在“达维”到来之前，共转移群众1400多人，挽救经济损失120多万元。9月26日上午7时，市“三防办”紧急来电，辖区内的大型水库——万宁水库水位告急，接到通知后，市人武部迅速组织万城镇、长丰镇民兵应急排65人，加入军民堵堤坝行列中，共运送石砂260多立方米，背沙袋4500个，排除险情6处。

2007年10月，台风“利奇马”袭击万宁市，市人武部按抢险救灾预案紧急调动2个镇的3支民兵应急分队，分赴龙滚、和乐、东澳等重灾区组织救灾抢险，挽回直接经济损失数十万元。2008年6月5日，万宁地区普降大到暴雨，南桥镇高龙村委会高田村部分农户被淹，万宁水库下游分洪滚水坝超过警戒水位。南桥镇派出民兵应急分队约40人转移受淹群众，万城镇和东澳镇出动民兵加固滚水坝，排除险情。同年10月中旬，受连续降雨影响，万宁市平均降雨量达400余毫米，全市39座水库中有36座水库超过警戒水位，部分道路被淹，3座桥梁被冲垮，2座水电站告急，13个村庄被淹，部分群众受灾。市人武部迅速集结民兵预备役人员参与抢险救灾，加固堤坝、排洪泄洪、清理障碍、疏通管道、修复道路，转移群众100余户580余人，转移孤寡老人6人。2009年3月27日晚上10时左右，博冯水库溃坝，造成东线高速公路坍塌近20米，两辆小车及司乘人员遇险，交通堵塞，部分居民受灾。市人武部迅速组织民兵全力抢险，搜救遇险人员，疏导车辆，转移受灾群众。10月12日，热带风暴"芭玛"袭击万宁，万宁市东澳镇9名渔民擅自驾船出海到离岸约200米处收取定置网，返回时渔船被风浪打沉，船上所有人员落海。市边防支队、民兵预备役人员及地方有关部门共120余人迅速进行搜救，5人被及时救起。10月21日，受持续降雨影响，南林农场新丰水库大坝坝脚滑坡，危及水库及下游南桥镇部分村庄安全。市人武部迅速组织南林农场民兵应急分队120余人、南桥镇民兵应急分队80余人组成"保新丰"突击队，采取打木桩、垒沙袋、用土干膜覆盖滑坡等方法稳固坝体，并转移水库下游群众2000余名。经过连续23个小时的抢险，水库坝体险情排除。

2000年10月1—12日，万宁市因受16号台风"悟空"袭击，遭遇百年不遇特大洪涝灾害，市人武部组织基干民兵和预备役部队、普通民兵，主动承担急难险重任务，先后转移群众6万余人，挖掘疏通泄洪渠485米，疏通道路78公里，加固堤坝930米，清理垃圾2300余吨，输送生活物资115吨，民兵预备役人员抢险救灾的先进事迹被《解放军报》等媒体广泛报道，市人武部被省军区表彰为抢险救灾先进单位。

第二节 人民防空

一、人防组织

1991年，万宁县的人民防空工作，由县人民政府和县人武部领导，设立人民防空领导小组。2000年8月，万宁市人民政府、市人武部下发《关于调整万宁市国防动员委员会及各办公室组成人员的通知》，成立人民防空工作专业办公室，办公室设在住建局，由住建局局长任主任，负责人防的日常工作。2002年底，人防专业队伍组建完成，至2010年，每年均按照规定的教育和训练课题进行训练，并组织全市性的演习。

二、人防设施

针对万宁市存在建筑密度大，公共场所、广场、绿地不足，不利于防空需要等实际问题，从规划入手，严格控制市区建筑密度，留下一定的绿地和广场，以保证战时防空快速疏散和隐藏。到2008年，老市区建筑密度下降了4%，绿化面积平均每年增长1%。注重对人防工程的检查、维护和建设。组织专业队伍和人员对全市现有人防工程进行一次全面检查，做好管理。对原前进街防空指挥部办公室进行维修。

2002年，万宁市建成覆盖全市区的防空警报系统，同年10月24日上午9时30分试鸣“预先警报”等3种防空警报的信号。这是万宁首次人民防空警报测试。此后每年10月24日均试鸣“防空警报”一次。市人防办制定《万宁市战时人员疏散实施方案》，对各部门的隐蔽地域进行划分，并对疏散组织和疏散后的保障措施做了具体安排，全市设有5个疏散点。2005年，投资500多万元建设万宁水库，使市区供水能力比原来提高一倍。借助于新城区建设和老城区改造、兴隆旅游经济区和神州半岛、石梅湾开发的有利时机，新建人防工事、地下防空设施，将市政管线埋在地下，确保市政设施的隐藏和安全，保证战时供水、供电、道路畅通。

三、人防宣传

万宁市政府和军事机关，特别是人防办成立后，经常利用民兵训练、整组、学生军训和节假日、纪念日等有利时机，把人防宣传教育作为做好和平时期人防工作的一项基础性工作，充分利用报刊、广播、电视等新闻媒体，制作固定广告宣传牌，张贴标语和出黑板报，出动宣传车等多种宣传方式，对干部群众广泛、深入地宣传《中华人民共和国人民防空法》《海南省实施〈人民防空法〉办法》等法律、法规。

每年10月24日定期在城区进行防空警报试鸣，促使民众在和平建设时期要居安思危。在训练方面，依据《中华人民共和国人民防空法》和《海南省实施〈人民防空法〉办法》等法律、法规，每年组织防空指挥干部、防空专业队伍对毛泽东军事思想、敌方空袭的基本原则和手段、现代战争中防空袭斗争的特点、任务以及组织指挥的内容、程序和方法进行学习，对防空袭行动、消除空袭后果行动进行训练和演练。注重公民的防空知识教育和训练，使居民熟悉防空警报信号和疏散路线，学会在遭敌方空袭时的基本防护技能。

第三节 驻 军

一、预备役

1993年10月28日，中国人民解放军海南陆军预备役步兵师一团二营在万宁县成立，营部设在县武装部。1993—1999年，在兴隆农场、南林农场、东和农场、南桥镇等地；在新中农场、三更罗、礼纪、长丰等地；在龙滚镇、后安、山根、和乐镇等地；在万城镇、大茂镇、东澳镇等地；在东兴农场、东岭农场、北大镇等地设立不同的预备役组织。

1998年，预备役部队调整改革以后，营长由现役军官担任，其他人员分别编制在市级机关有关部门和镇、农场。2003年12月，二营随团参加海南省军区成立阅兵仪式。2008年，二营随团在海口参加预备役师组建10周年庆典和军事大比武活动。2010年，参加实战背景下的渡海登岛实兵演习。

二、武警中队

1991年，人民武装警察部队万宁县中队为正连级编制单位。1996年万宁县撤县设市后，称为万宁市武警中队。主要担负万宁市看守所的外围武装警戒及维护万宁市社会治安任务。

（一）军事训练

军事及训练方面，武警中队进行专勤专训和执勤方案演练；机动中队和特战中队突出防暴器材使用，人武结合防暴队形训练和战备演练，使部队形成基本处突能力；特战分队和应急班突出反恐基础知识和特种战术训练。

1991—2002年，主要进行单兵战术训练，执勤分队完成在队训练、勤训轮换和兵力抽组演练，完成以处突内容为重点的单兵技能和夜间反恐战术训练，提高单兵战术水平。

2003—2007年，主要进行成班（组）、分队战斗（勤务）行动和兵力抽组等内容训练。主要内容为班（组）、分队战斗行动和处突维稳抢险救援等，全面形成执行多样化任务能力。

2008—2016年，抓好车队训练落实，搞好专勤专训和勤训轮换，深入开展“军事大练兵”活动，提高训练质量和效益。结合任务实际，突出抓好反暴（动）、反冲击、反袭击、反爆炸、反劫持等课题训练和执勤抽组兵力实案化演练，提高部队快速反应和应急能力。

（二）执勤执法

中队协助公安机关实施抓捕、押解、处突工作，维护社会稳定。1991—2010年，万宁市武警中队参加临时勤务46次，完成一、二级警卫任务4次，参与重要会议、重大活动的安全保卫任务7次，担负押解、追逃等任务和公捕公判大会警戒任务20次，押解犯人852人次，参与处置群体性事件6起。

参与地方抢险救灾，保护人民群众生命财产安全。2010年，万宁市连续突降历史罕见的特大暴雨，大批群众受水灾围困，长丰镇打纸秀水库大坝堤岸发生滑坡，中队官兵迅速赶往大坝堤岸进行加固。经过5个多小时的抢险，保住了大坝。抢险抗洪期间，中队官兵辗转受灾最严重的4个镇、13个村庄，为被困群众配送食品、生活物资和医疗药品。1991—2010年，中队先后发动官兵660多人次参加抗洪抢险，体现了人民子弟兵为人民的情怀。

（三）部队管理

1991—2002年，中队侧重规范化、正规化建设，组织全体官兵学习《基层建设纲要》《部队管理规定》《条令条例》《军队政治工作条例》等内容，严抓细抠条令条例，严格执行条令条例，使部队养成自觉按条令条例行动的好习惯。

2003—2010年，坚持按纲施训，全面加强正规化训练，开展优秀教练员和“执勤能手”“训练尖子”“技术能手”评比竞赛活动。组织官兵参加狙击手、指挥士官、侦察兵、军械员、网络维护员等各类重点岗位培训50多次，为中队培养了一批优秀骨干。

（四）文明共建

组织官兵深入社区、农村和企业，开展文明共建活动，中队与万宁市东山岭旅游景区、兴隆植物园、万宁市中西医结合医院结成文明共建单位，帮助共建单位维护治安，开展军事日活动。广泛开展“为驻地人民献爱心”“学雷锋”和助学活动，通过走访慰问、参加义务劳动等方式为驻地群众排忧解难。1991—2010年，先后出动兵力300多人次，车辆50车次，支援地方建设冬修水利、清理街道、清理垃圾、植树造林等活动。先后为困难群众送去大米、食用油、生活用品等，价值15000多元，资助现金

10000多元,捐助助学金12000元,资助贫困学生12人。中队还利用每年秋季开学初组织官兵到部分学校新生进行军训,开展国防训练法制宣传教育,受训学生7000余人。

三、边防支队

中国人民武装警察部队万宁边防支队成立于1980年,隶属于公安部边防管理局,是具有武警部队和人民警察双重性质的公安现役部队。1995年4月,支队组建机动中队,担负边防执勤、保卫、抢险、救灾等机动任务。万宁撤县设市后,1996年11月,武警万宁县边防支队改称万宁市公安局边防分局。

2002年5月,万宁市公安局边防分局改称万宁市公安边防支队,建制由副团级升为正团级,下辖的边防工作站改称边防派出所。

至2010年,下辖龙滚、礼纪、东澳、港北、乌场、山根、新梅7个边防派出所和1个机动中队。担负着万宁市394.7平方公里陆地、2550平方公里海域、109.4公里边境线(海防线)的治安管理、人口管理、船舶管理,打击偷渡引渡、走私、贩毒、缉枪等重要任务,是一支集军事和执法于一体的武装力量。

(一)军事训练

1991—2002年,扎实苦练基本功,每年结合辖区维稳处突和业务工作实际,有针对性开展军事业务训练,重点抓好新训工作和日常军事训练工作。2000年,根据海南边防总队的部署要求,开展为期一年的"大练兵"活动,组织官兵重点开展擒敌、400米障碍、抓捕技能、实弹射击等科目训练。

2003—2007年,每年组织开展法律月学习培训、跟班学习业务,组织全体官兵分批集中到机动中队开展军事轮训,重点学习军事理论知识和救援、抓捕、防爆处突训练等军事技能,提高官兵执勤执法、侦查办案能力水平。2004年,公安部边防管理局部署开展"大比武"活动,组织官兵分批次到机动中队进行强化训练,重点进行枪支分解操作、射击、警务实战、防爆处突等内容训练,官兵的军事训练水平和战斗力得到提高。

2008—2010年,开展"军事大练兵"活动,严格按照年度军事训练计划开展日常军事训练,组织官兵参加各种岗位轮训,集中开展擒敌术、警务实战技能、射击、防爆处突等军事训练。组织26次处置群体性事件演练,7次与地方党委政府、相关海事部门联合开展海上处突救护演练,提高官兵处突能力和实战技能。

(二)执勤执法

1991—2000年,针对万宁边防辖区私藏、使用枪支、炸药等危害社会治安稳定的问题,支队加大宣传教育力度,积极开展缉枪治爆等专项整治行动,打击各类违法犯罪活动,维护辖区治安大局稳定,保障人民群众生命财产安全。1994年,支队共收缴粉枪53支、气枪4支、山猪炮2个,炸药250千克,雷管1035枚,导火线2150米。1996年4月30日,乌场港发生一起海上蒙面持枪抢劫案,9名歹徒抢劫价值约20万元的鱼苗后逃走,支队官兵从乌场港海上一直追击到三亚红沙港将9名歹徒抓获。1996年6月15日,在万城镇破获一重大贩毒、吸毒案,捣毁毒窝2个(万宁、海口各1个),打掉贩毒团伙2个,抓获毒贩林某阳等8名贩毒嫌疑人和18名吸毒人员。1999年,乌场边防派出所根据网上被通缉的逃犯，对辖区暂住人员进行统一清查，抓获1名江苏省网上通缉的特大袭警案犯。支队还多次主动配合县公安局开展追捕工作。1994年12月19日，支队配合市公安局在兴隆康乐园围捕“持枪、手榴弹杀害四川省一名公安干警和炸伤8名群众的李某林等6名案犯，当场抓获李某林、张某青、邓某强等犯罪嫌疑人。1995年5月10日，支队机动中队配合市公安局围捕万宁持枪杀人犯刘某军，并将其击毙。1996年6月4日，支队配合县刑警队在万宁县山尾村抓获“万宁一号持枪杀人潜逃犯李某鹏”，当场缴获已上膛的“五四”手枪1支，子弹6发。

2001—2010年，支队立足主业，以“队组结合”警务运行模式为依托，先后组织开展社会治安冬季行动、国际旅游岛治安整治、打击两抢一盗铁拳行动、打黑除恶、缉枪治爆、破案追逃、禁毒专项斗争、严打整治等专项行动。支队共立刑事案件581件，破获325件；受理行政案件1698起，查处1370起；共收缴各类枪支，各类子弹，山猪炮，炸药，军用手榴弹，军用迫击炮弹，雷管，渔炮，保证了人民生命财产的安全和社会的稳定。协助有关职能部门取缔非法采矿点568家，有效遏制非法采钛活动。同时，完成各项重大边防保卫和抢险救灾任务，完成奥运安保、国庆60周年安保、博鳌亚洲论坛年会、建省办经济特区20周年庆典、奥运火炬海南（万宁站）传递、环岛自行车赛、陵水富力湾“5·14”“9·16”、三亚海棠湾、港北“3·26”“6·15”、龙滚“6·20”山钦湾群体性事件、辖区村级基层组织换届选举等边防保卫和处突任务。2008年奥运安保期间，化解上访事件苗头11次，实现零上访目标。2009年，国庆安保期间，帮助化解各类矛盾纠纷和隐患苗头32起。加强对辖区重点地段、时段的巡逻防控，保障国庆期间边防辖区无重大刑事案件、无群体性事件。特别是2010年国庆期间，万宁市遭遇60年一遇的特大洪涝灾害，支队全体官兵安全转移和救助遇险群众17525人，转移渔船867艘，加固鱼排65个，加固堤坝3处，挽回经济损失2120万元。

（三）综合保障

1991—2000年，先后投入40余万元用于5个基层单位营房维修补漏，建成龙滚、礼纪、港北、乌场边防工作站4个基层单位车库和篮球场。1995年，支队建成机动中队新营房，营区占地面积10.5亩，建有官兵宿舍楼、车库、篮球场、训练场、晾衣场等基础设施。同时，组织中队官兵亲自动手开垦菜地2亩，自挖鱼塘1个，自盖猪圈3个。

2001—2003年，先后投入30余万元用于基层单位营房维修补漏，机动中队油库改造，修建东澳、新梅、山根3个边防派出所车库。2002年，支队先后建成东澳、新梅、山根3个边防派出所营房，同年，支队相继揭牌成立东澳、新梅、山根3个边防派出所。同年开始动工兴建新机关办公楼。2003年，支队新机关办公楼建成，营区占地面积19亩，建有五层办公大楼、官兵宿舍楼、指挥中心综合办公楼、训练场、车库、篮球场等基础设施。

2004—2007年，在总队的帮助下安装了7个边防派出所视频会议系统，为基层配发15台电脑，对全支队警用350兆无线通信网络重新改造升级，自购32部对讲机配发各基层所队；购置26个监控摄像头安装在营区重要部位，建立内部视频监控系统。2008年，支队在机关营区动工兴建公寓楼，在礼纪边防派出所原营区的基础上建设新办公楼。2009年，支队公寓楼顺利建成并投入使用，公寓楼建有3个单元，共36套房；礼纪边防派出所三层新办公楼建成并投入使用，改善了官兵的办公、生活条件。2010年，建成港北边防派出所海防监控站并投入使用。

（四）文明共建

1991—2000年，共走访群众29860户104850人，走访覆盖率达到92%，实现全员走访、定期走访的工作目标。共排查化解矛盾纠纷183起，预防各类案件85起，向党委政府汇报各类情报信息162条，处置各类突发事件84起，建立警政、警民大联勤、联动预警和处置机制。帮助边防辖区36名困难儿童、118名孤寡老人、残疾人等弱势群体纳入党委政府和社会各界救助帮扶体系，落实便民利民惠民措施，警民关系进一步融洽。

2001—2007年，实施“爱民固边”战略，共创建爱民固边模范村8个，为47名困难儿童全部办理了低保，纳入社会救助体系，捐款6000余元帮助部分困难儿童解决了上学和生活困难。实施社区和农村警务战略，开展走访群众活动，共走（回）访群众21750户105793人次；支队共划分警务区17个，设立警务室12个，33名辖区民警兼任村官，在工作中发挥了积极作用。乌场边防派出所在爱民固边模范村创建点保定村建设中，成绩突出，乌场边防派出所被市委授予“爱民固边模范派出所”称号。

2008—2010年，支援地方建设冬修水利10000多米，义务植树50000多株，清理沟渠3000余米。协调地方党委、政府争取海防资金3847.9万元（含市政府配套资金400万元）修筑20.57公里海防公路、9个视频监控站、1个监控中心、2个执勤码头和2栋执勤房，既符合国防战备需要，又方便群众生产生活，改善了沿海村庄的交通环境。与31所学校和企事业单位建立警民共建关系，利用每年秋季开学的时机组织官兵为共建学校新生进行义务军训，开展国防和法制宣传教育，受训学生15000余人，受教育师生达50000余人。坚持开展“学雷锋”活动，通过走访慰问、义务劳动、上门服务等形式，共为困难群众、无助儿童送去大米、食用油、书包、图书等价值50000余元的生活和学习用品，捐助现金56000余元。建立关爱无助儿童基金会3个，官兵捐款3.1万元，资助33名失学儿童重返校园，为21名儿童报领最低生活保障金。为群众办好事、办实事3500余件，解决实际困难653个；与240余户特困家庭和五保户建立了帮扶关系；并摸排207名各类弱势群体，全部协调纳入地方政府救助体系。同时，积极开展“文明大行动”活动，组织官兵认真学习《军人道德规范》《国际旅游岛公民文明守则》等内容；设立“党员先锋岗”、成立“党员服务队”，开展美化环境、义务劳动、助人为乐等服务活动。

第十五编　人事 劳动 民政

第一章 人事劳动

第一节 机构

1991—1995年11月，万宁县人事劳动和社会保障工作分别由人事局和劳动局两个部门负责。1995年11月，机构改革，万宁县人事局和万宁县劳动局合并为万宁县人事劳动局。1996年8月，撤县设市，更名为万宁市人事劳动局。2000年12月，更名为万宁市人事劳动保障局，加挂万宁市机构编制委员会办公室和万宁市安全生产监督管理局牌子。

2010年3月，更名为万宁市人力资源和社会保障局（简称市人社局），内设8个股级职能机构，即：办公室、就业管理股、专业技术人员管理股、工资福利股、社会保险股、劳动保障监察股、市劳动（人事）争议仲裁委员会办公室和公务员管理股；行政编制23人（公务员20人，工勤3人）。市人社局下辖万宁市社会保险事业局、万宁市就业服务局、万宁市新型农村社会养老保险局和万宁市劳动保障监察中队4家事业单位。

第二节 人事制度改革

一、干部管理及人员调配

1991—1993年，万宁县干部的录用、聘用由人事局审核，报省人事劳动厅批准。从1997年开始，国家统一招收的大中专毕业生逐步实行“双向选择”分配制度，就业后实行聘用合同制管理。结合计划分配方式，属万宁市生源的国家统一招收的大中专院校毕业生，由人事局统一安排就业至1997年。1997年12月，人事局最后一次呈报大中专毕业生工作安排方案，此后再未对大中专毕业生实行统一分配。1998年开始，全面实施大中专毕业生双向选择、自主择业就业政策。

1998—2010年，结合机关、事业单位机构改革，加强人员和编制管理，对机关、团体和事业单位超编人员、自聘人员进行分流。1998年12月，分流乡镇自筹经费的基层学校以工代教教师86人。1999年12月，分流公安系统假干部、违规进入人员81人；1999年8月至2000年12月，分流机关（含乡镇）、团体和事业单位超编人员99人；2002年12月，实施工商系统体制改革分流超编人员540人；2003年6月实施质监系统体制改革，分流超编人员49人；同年12月，实施地税系统体制改革，分流超编人员147人。

1998—2010年，从市外调进干部86人，调出市外干部104人，在市内流动的干部328人；从市外调进工人65人，调出市外工人80人，在市内流动的工人234人。办理干部辞职手续4人。

二、事业单位人员招聘

1991—2008年，万宁市（县）事业单位没有公开招聘工作人员。从2009年开始，事业单位新进人员开始实行“凡进必考”的公开招聘制度。至2010年，先后公开招聘事业单位工作人员243人，其中：教育系统招聘教师138人，卫生系统招聘专业技术人员105人。实行“以考代分”，有序缓解大、中专毕业生就业压力，优化干部队伍结构。

三、部队转业干部安置

（一）部队转业干部和随军家属安置

1991—2003年，万宁市（县）军转干部一般都安排在机关或者财政拨款的事业单位工作。2004—2010年，万宁市（县）军转干部原则上安排在机关或者“参公”单位工作。

1991—2010年，万宁市（县）接收军转干部165人，其中自主择业11人，安置随军家属36人。

（二）企业军转干部社会保障

1991—2001年，军转干部主要安排到机关事业单位工作。2002年以后，全面解决全市140多名困难企业军转干部生活困难问题，补发历史拖欠的工资、社会保险费和医疗费，在职人员的工资按不低于上年度在职职工平均工资标准发放，在此基础上再给予生活困难补助；企业军转干部退休年龄下划5年，退休后的养老金按不低于上年度企业退休人员平均养老金标准发放，在此基础上再给予生活困难补助，彻底解决企业军转干部生活困难问题。至2010年底，万宁市有困难企业军转干部142人。其中，省驻万宁企业73人，本市企业69人；在职人员31人，退休人员111人。

第三节 公务员管理

一、公务员过渡

1996年，行政机关逐步推行公务员制度。按照《关于抓紧做好市县党政机关工作人员向党政机关工作者、国家公务员过渡工作的通知》精神，1998年，万宁市22个行政机关396名工作人员过渡为国家公务员。

1999年，万宁市18个乡镇机关302名工作人员过渡为国家公务员。2002年，万宁市从企事业单位调入行政机关担任副科以上领导干部13人过渡为国家公务员。2004年,市公安局269名工作人员过渡为国家公务员。

二、公务员登记

2005年,《公务员法》实施后,行政机关公务员实行登记工作。2007年,万宁市行政机关1060名公务员进行登记。2007年,万宁市政府系列事业单位列入参照公务员法管理事业单位26个。2008年,万宁市参照公务员法管理事业单位290名工作人员进行登记。2010年,万宁市乡镇财政所列入参照公务员法管理事业单位,乡镇财政所102名工作人员进行登记。

三、公务员招录

2005年,《公务员法》实施后,按照"凡进必考"原则,2007年录用9人,2008年录用6人。至2010年,万宁市共录用公务员112人(其中,包括未实施公务员法之前2002年录用的9人,2004年录用的36人)。

第四节 专业技术人员管理

1991年,全县专业技术人员4538人,其中事业单位4048人,企业单位490人,有高级专业技术职称人员59人,中级专业技术职称693人,初级专业技术职称3786人。专业技术人员大多从事教育、医疗、卫生、农业(含林业、农机、水产、水利、畜牧等)、文化、艺术、建筑、国土环境等部门工作。1994年,经县各初级专业技术职称评审机构评审通过,核准、办理292名初级专业技术人员任职资格,经省有关专业系列中、高级评审委员会评审通过,万宁市1人获得高级工程师,2人获得高级讲师任职资格。1995年,全县评选出15名优秀中青年专业技术人才报县政府批准,每人每月享受政府50元津贴。

1996年,县职改办确认57名见习期满的大中专毕业生初级专业技术任职资格,评审通过257名初级专业技术人员任职资格,省教育厅评审通过万宁市中学高级教师任职资格33人。1998年,在全市开展专业技术人员职称计算机应用能力等级培训考试,共组织教育、医疗卫生、农业、建筑、金融、邮电等行业的专业技术人员500多人参加培训考试,470人获得合格证书。同年起,这一证书为万宁市申报中、高级专业技术职称人员必备条件。

2000年,教育系列528人获得教师初级专业技术任职资格,农业等系列73人获得相应的专业技术人员初级任职资格。

2003年,医疗卫生、经济、统计等专业均实行以考代评制度,当年全市通过各专业考试获得相应的初级技术职称95人,中、高级专业技术任职资格32人。

2005年,卫生系统85名卫技人员取得相应的初、中级专业技术资格。

2008年,经省教育厅,省人事劳动保障厅评审通过,55名教师被评为中学高级教师,135名教师被评为中学一级教师;388名教师被评为小学高级教师。338名专技人员获得教师、工程、农业、畜牧兽医、图书档案、建筑、林业等专业的初级职称,74人获得卫生初级专业技术职称,26人获得卫生中级专业技术职称，5人获得卫生副高级专业技术职称。

2010年，建筑系统2人获得建筑工程师任职资格，医疗卫生系统6人获得高级专业技术资格，教育系统320人获得中学高级、一级，小学高级教师任职资格，397人分别获得教师、医疗卫生、农林、水、档案、图书、建筑、实验、文化艺术等相应的初级专业技术任职资格。组织全市353名专业技术人员参加省组织的全国专业技术人员职称外语统一考试。至年底，万宁市共有各类专业技术人员7458人，其中：高级职称409人，中级职称3240人，初级职称3890人（数据有误，总项小于分项之和）；从事教育教学的有5882人，从事医疗卫生的有1157人，从事工程技术工作的125人，从事农业技术工作的有96人，从事经济统计工作的有9人，财会人员135人，从事图书档案工作24人，从事文博工作、新闻出版、文学艺术等工作25人。全市公有制经济企业和集体经济企业共有各类专业技术人才145人。其中：中级专业技术职务11人，初级专业、技术职务134人，主要从事工程技术、经济管理、财务管理、统计、政工等工作。

第五节 退休待遇

1991—2010年，机关、企事业单位工作人员办理退休退职手续，仍按《国务院关于安置老弱病残干部的暂行办法》和《国务院关于工人退休，退职的暂行办法》执行，机关、事业单位工作人员退休后不住公房易地安家或确实需要修理房屋的，原单位给予一次性易地安家或房屋修缮补助1800元。机关事业单位退休人员退休费随在职人员工资水平增长而相应调整增加，企业退休人员养老金从1995年1月1日起每年调整。

从2009年6月起，企业职工退休手续下放市社会保障事业局办理。2010年底，全市退休干部共3399人，其中：机关单位713人，事业单位2686人。

1993—2010年万宁市（县）机关事业单位工作人员（离退休人员）月工资水平一览表

表15-1　　单位：元

年份	1993		1994		1995		1996		1997		1998		1999	
人员类别	在职	离退休	在职	离退休	在职	离退休	在职	离退休	在职	离退休	在职	离退休	在职	离退休
月人均工资	595	804	602	813	639	835	642	836	645	839	516	669	518	672
年份	2000		2001		2002		2003		2004		2005		2006	
人员类别	在职	离退休	在职	离退休	在职	离退休	在职	离退休	在职	离退休	在职	离退休	在职	离退休
月人均工资	648	839	689	869	898	748	939	793	1220	1202	1423	1391	1462	1374

续表15-1

年份	2007		2008		2009		2010	
人员类别	在职	离退休	在职	离退休	在职	离退休	在职	离退休
月人均工资	1638	1902	1963	2001	2597	2211	3556	3212

第六节 劳动人事争议仲裁

万宁县劳动争议仲裁委员会成立于1989年；1996年，更名为万宁市劳动争议仲裁委员会；2004年，改为万宁市人事（劳动）争议仲裁委员会；负责处理万宁辖区用人单位与劳动者之间的人事劳动争议案件。

1991—2010年，共处理劳动争议案件192件，主要涉及确认劳动关系、经济补偿、社会保险、工伤赔偿、双倍工资等，涉及人数176人，涉案金额133.09万元。

1991—2010年万宁市（县）劳动争议案件办理情况一览表

表15-2

年份	处理案件数（件）	受理案件数（件）	不受理案件数（件）	裁决结案数（件）	调解结案数（件）	撤诉案件数（件）	涉案人数（人）	涉案金额（万元）
1991—2003	30	16	14	12	1	1	27	5.27
2004	15	13	2	12	1	—	13	9.31
2005	23	17	6	14	2	1	37	11.28
2006	19	15	4	13	1	1	15	11.63
2007	19	17	2	16	1	—	17	20.23
2008	26	18	8	16	—	2	20	21.50
2009	29	19	10	17	—	2	29	25.74
2010	31	18	13	15	3	—	18	28.13

第七节 劳动保障监察

1995年12月，成立劳动监察中队，隶属万宁县劳动局。主要负责监督万宁辖区用人单位遵守《劳动法》，维护劳动者和用人单位的合法权益。

1996—2010年，劳动监察中队共组织检查用人单位3127家，主要存在问题是用人单位未与劳动者签订劳动合同，多以口头协议为主。涉及职工14784人。在此期间，补办劳动合同48419份，劳动合同签订率逐年上升。督促用人单位办理用工备案1527个。查处劳动监察案件691件，追回欠薪2821万元。

第八节 职业技能培训

1991—2003年，职业技能培训仅局限于劳动招工计划指标内的培训。从2003年下半年起，开始进行大规模职业技能培训。主要培训餐饮业、家电类、种植养殖、农村劳务输出等技能和常规性劳动合同、劳动保障合法权益等法律法规有关内容。至2010年底，万宁市就业服务局共为31650人提供免费职业介绍服务，举办免费的各类型培训班303期，参加培训人员达68539人，其中下岗失业人员14300人，就业困难的大中专毕业生2030人，“4050”大龄人员（劳动年龄段中女40岁以上、男50岁以上）4590人，城镇居民零就业家庭人员6110人。

2003—2010年万宁市城乡富余农村劳动力培训统计表

表15-3

年份	培训批次(期)	参加培训人数(人)
2003	10	1044
2004	12	3120
2005	20	5240
2006	41	10732
2007	28	7756
2008	18	6430
2009	16	6800
2010	24	2583

第九节 就业 再就业

1991年，就业再就业工作具体由县劳动局下属单位劳动服务公司负责，向社会提供劳动力供求信息，进行就业介绍，开展就业指导与服务等。为便民就业，1994年，18个乡镇相应成立劳动服务管理站。1995年，县劳动服务公司改为县就业服务局（副科级事业单位，隶属县人事劳动局）。1996年，撤县设市后，相应改为万宁市就业服务局。2010年，在机构改革中，18个乡镇劳动服务站被撤销，职能并入镇社会事务服务局。

一、再就业扶持政策

1994年，县政府制订《万宁县劳动用工、工资制度改革实施办法》《关于加强我县招聘广告管理的通知》等，完善在市场经济条件下招工用工程序的办理办法，为劳动用工提供政策性指导与管理。1998年，根据《劳动法》，印发《关于招收职工办理备案手续的通知》，建立万宁市中心劳务市场，为企业单位招人用人提供良好的场地、设施服务，贯彻"先培训、后就业，先培训、后上岗"的用工原则，抓好就业许可证的办理，为"民工潮"的有序流动提供有效服务。完善市中心劳务市场双向选择的招聘活动，办理招用备案审批手续。同年，市政府成立万宁市就业再就业领导小组，具体负责安置国有企业下岗职工。

1999年，制订"创建国有企业下岗职工再就业便民一条街实施方案"，拓宽下岗职工再就业渠道。2003年9月，市委、市政府印发《关于进一步做好下岗失业人员再就业工作的通知》，制订下岗人员从事个体经常收费优惠政策。同时，成立万宁市就业再就业工作领导协调小组，印发《万宁市就业再就业工作计划及专项扶持资金安排意见的通知》。

在各镇设立劳动保障服务中心，全市成立12个镇劳动保障服务中心，万城镇10个社区成立10个劳动保障服务站等，加强对就业再就业工作的领导、指导。

2004年，制订"万人就业"工作方案，主要从下岗失业人员就业再就业培训、退伍军人及大中专毕业生失业登记培训、农村劳务培训输出，城镇零就业家庭等方面扩大新增城镇就业岗位，机关事业单位设立公益性岗位等。

2005年12月，制订就业再就业"十一五"工作规划，针对万宁市就业再就业状况，采取有效措施拓宽就业再就业渠道。分步实施"万人就业"培训工程，至2010年，就业服务机构共为31650人提供免费职业介绍服务，举办免费的各类型培训班303期，参加培训人员达68539人。万宁市失业控制率控制在2.5%以内。

二、再就业服务工作

（一）就业平台建设

自1993年开始，建立起“职业介绍、失业保险、职业培训、劳服企业”四位一体的管理框架，初步形成新的职业（就业）介绍模式，为用人单位和求职者提供市场就业服务“一条龙”的就业新体制。1993—1997年底，在市劳动力市场求职登记的人数达到6025人次，用人单位有95家，累计求职成功人数5423人次，成功率为90%；办理外来人员就业许可证和外出务工登记卡累计2625张，乡镇劳动管理站发展到15个，从业管理人员40人。

2002年下半年，把原海皇酒店收回扩建成一个建筑面积200平方米的人才劳动力市场。

2003—2004年，相继在全市12个乡镇设立劳动保障服务中心，在万城镇10个社区设立劳动保障服务站，发放“就业优惠证”182份，全市享受税费减免政策登记的从事个体经营的下岗失业人员有189人，享受自主创业自谋职业减免税费18.9万元。

2006年，市政府在万城镇环市西路设立就业一条街，安排就业困难人员60人实现再就业。据统计，2005—2010年底，全市发放社会失业保险金5824.3万元，57950人次享受到社会失业保险。2007年1月至2010年12月底，市政府开发公益性岗位6批，安排1610人（包括国企下岗失业困难职工、机关事业单位改革分流人员、城镇“零就业”家庭成员、就业困难的大中专毕业生、城镇退役军人、项目区失地农民等就业困难群体）工作，解决再就业安置问题。

此外，在原来新增城镇就业岗位1244个的基础上，从2003年至2010年，逐年不断递增到新增城镇就业岗位1800个，充分实现城乡富余劳力转移就业。

2007—2010年万宁市公益性岗位安置就业困难对象一览表

表15-4　　单位：人

年份	批次	设公益性岗位指标	其中国企失业者安置就业	困难大中专毕业生安置	项目区失地农民安置	机关、事业单位体改下岗分流人员	城镇退役军人安置	城镇零就业家庭成员安置
2007	3	70	60	10	—	—	—	—
2008	3	456	150	50	56	138	12	106
2009	4	414	81	90	56	71	14	107
2010	5	670	60	65	18	50	30	73
合计	—	1610	351	215	130	259	56	286

2003—2010年度就业再就业服务工作进展情况一览表

表15-5

年份	省厅下达计划任务(个)	新增城镇就业岗位(个)	国企下岗失业人员再就业(人)	其中4050人员(人)	失业控制率(%)	完成占省厅任务百分比(%)
2003	800	1244	935	243	3.1	155
2004	1000	1500	902	212	3.3	150
2005	1500	2000	857	248	3.5	133
2006	2000	2208	813	266	3.8	127.78
2007	1950	2300	764	246	3.3	110.4
2008	1900	4500	800	350	2.2	236
2009	1850	5000	600	300	2.2	270
2010	1800	4500	550	336	2.3	250

(二)就业扶持

自2003年10月底开始,贯彻就业再就业工作有关的社保补贴、税费减免、小额贷款担保补贴、就业援助、就业培训以及就业服务与管理等方面的就业扶持政策。同年,万宁市将省级安排320万元专项基金与200万元小额贷款担保基金落实到位,专户管理。并在市财政安排再就业配套资金50万元的基础上每年再追加50万元的预算,确保相关的社保补贴、税费减免、小额贷款担保贴息、就业援助与社区服务平台等各项就业再就业工作的扶持政策落到实处。2004—2010年,上级转移支付资金和市财政补助资金逐年增加,确保这项工作取得良好成效。

(三)就业宣传

万宁就业宣传工作主要从2003年开始,每年举行“春风行动送温暖”宣传活动,每年利用各种媒体宣传车12车次,广播电视宣传24次,“送政策、送岗位、送温暖”咨询活动计45场次。至2010年,散发各种就业咨询宣传资料5.2万份,参加活动人数达12万人次。

(四)项目吸收

2003年,万宁市出台文件,要求外来企业在万宁市招收员工时,除招用部分专业技术人员外,按本地受惠优先的原则,吸纳60%本地劳动力就业,按10%比例解决下岗失业人员再就业问题。至2010年,外来投资企业吸纳本地劳力就业累计19000人。

三、农村富余劳动力转移就业

万宁人向来有外出经商打工的习惯。1991—2002年,主要分布在省内各市县经商或打工;2003

年后，省内外企业大发展，大批招工用工，加上农村第二轮土地承包后实现机械化耕作进程加快，农村剩余劳动力逐年增加。2003—2005年，每年自发输出农村富余劳力近5000人，但未进行有组织的对外劳务输出。

2006—2007年，万宁市有组织地输出农村富余劳动力转移就业12655人，其中省外转移6944人，省内5711人。此外，农村富余劳动力自发转移就业9594人，其中省外4511人，省内5083人。

2008年，全市有组织地输出农村富余劳动力8660人，其中省内、省外分别转移劳动力4443人、4217人。2009年，全市有组织地输出农村富余劳动力11015人，其中省内、省外分别转移劳动力6671人、4344人。2010年，全市有组织地输出农村富余劳动力11000人，其中省内、省外分别转移劳动力6647人、4353人。

第十节 工资福利

一、机关事业单位工作人员工资制度改革

1991年，继续实行六类区工资，即：国家机关事业单位工作人员均以职务工资为主要内容的结构工资制，由基础工资、职务工资、工龄津贴、奖励工资四个部分组成。

1993年10月，实施机关事业单位工作人员工资改革，建立正常增资制度，发放原地区津贴和物价补贴。机关工作人员(除工勤人员外)实行职务级别工资制(简称职级工资制)，由职务工资、级别工资、基础工资和工龄工资等4个部分组成。对机关工人工资进行改革，技术工人实行岗位技术等级工资制，由岗位工资、技术等级（职务）工资和奖金三部分组成，普通工人实行岗位工资，其工资由岗位工资和奖金两部分组成。在此基础上，统一加70%浮动工资。事业单位工作人员工资建立新的分类管理制度，对全额拨款、差额拨款、自收自支三种不同类型的事业单位实行不同的管理办法，工资构成上主要分为职务工资和津贴两部分。在此基础上，实行统一加70%浮动工资。离休人员按所在单位在职人员做法进行套改，增加离休费。退休人员按所在单位在职人员做法进行套改，按相应的退休比例折算后增加退休费。从2006年7月1日起，机关事业单位工作人员工资重新进行套改，停止执行浮动工资政策，将机关事业单位工作人员原执行的浮动工资转为特区津贴和特区生活补贴，建立正常增资制度。

公务员（含参照公务员法管理工作人员）实行统一的职务和级别相结合的工资制度，同级职务人员实行统一的职务工资，级别工资按简历重新给予套改。完善机关工人工资制度，由技术等级（职务）工资和岗位工资两项构成，按初级工、中级工、高级工、技师、高级技师等5个技术等级设置；事业单位实行岗位绩效工资制度，岗位绩效工资由岗位工资、薪级工资、绩效工资和津贴补贴四部分组

成;离退休人员按职务层次增加相对应的离退休费。

2006年12月,取消了各项违规的津贴补贴,统一划分为工作性津贴和生活性补贴,按公务员职务层次发放公务员津贴补贴,参照万宁市经济发展水平,建立正常调整(晋升)机制,离退休人员相应发放生活补贴。从2009年1月1日起,参照公务员津贴补贴水平,义务教育学校教职工实施绩效工资。从2010年1月1日起,除义务教育学校外的其他事业单位按义务教育学校绩效工资总额水平的95%实施绩效工资。建立全市事业单位绩效工资水平随公务员津贴补贴标准调整(晋升)而相应调整的制度。

二、机关事业单位工作人员工资调整(浮动)

1991—1997年工资无调整。从1997年7月1日起,调整机关事业单位工作人员工资标准。机关工作人员的基础工资标准,从原每人每月155元提高到189元;事业单位工作人员工资标准相应调整。

从1999年7月1日起,机关工作人员的基础工资标准由原来的每人每月189元提高到308元,级别工资统一标准,由十五级至一级每人每月55~470元提高至85~720元。同时,适当调整机关工人的岗位工资和技术等级(职务)工资,事业单位工作人员工资标准相应调整。

2001年,机关事业单位工作人员(含退休人员)工资标准由原统一加浮动70%调整为海南省统一工资标准,并兑现历次调整(晋升)的工资,从2001年1月1日起执行。离休人员继续执行统一加浮动70%工资,机关工作人员的基础工资标准由原来的每人每月308元提高到391元,级别工资统一标准,由十五级至一级每人每月85~720元提高至115~903元。同时,适当调整机关工人的岗位工资和技术等级(职务)工资,事业单位工作人员工资标准相应调整。同年10月1日起,公务员(含参照公务员制度管理的人员)各职务层次工资起点标准由50~330元提高到100~850元。同时,适当调整机关工人的岗位工资和技术等级(职务)工资,事业单位工作人员工资构成中的固定部分工资标准相应调整。

从2003年7月1日起,公务员(含参照公务员制度管理的人员)各职务层次工资起点标准由100~850元提高到130~1150元,并在此基础上浮动10%。同时,适当调整机关工人的岗位工资和技术等级(职务)工资,事业单位工作人员工资构成中固定部分工资标准相应调整。是年10月1日,机关事业单位工作人员工资标准由原海南省统一标准调整为统一加浮动10%标准,退休人员同样相应增加退休费。

2004年5月,机关事业单位工作人员工资标准由原统一加浮动10%标准调整为统一加浮动20%标准,退休人员同样相应增加退休费。

2004—2005年,万宁市分两次对机关事业单位工作人员工资浮动标准进行调整,从2004年10月1日起浮动50%,从2005年10月1日起浮动70%,全市机关事业单位工作人员(含离退休人员)工资收入达全省水平。2006—2010年工资无调整。

三、解决历史拖欠工资及离退休费

1993—2003年间，由于本市（县）财政收入紧缺，万宁市（县）所在财政供养人员（包括离退休人员）工资发放都未按标准执行，特别是在乡镇财政包干期间，大多数乡镇财政收入困难，除未及时按当时工资标准（市规定）发放外，还存在延时现象（有些乡镇存在延时3～4个月之久）。

2009年，根据《海南省解决拖欠中小学教师工资问题工作方法》文件精神，市人社局对历年拖欠全市教育战线财政供养人员（包括离退休人员）工资进行清算，给予补发。共计补发3964万元，其中，在职教职员工，补发金额3498万元；离退休教职工，补发金额466万元。

2010年，历年拖欠其他财政供养人员的工资问题，市人社局也在进行清算中，其中，在职干部职员工，应补发金额3669万元；离退休干部职工，应补发金额272万元。

四、企业工资管理

1991—1994年，根据国家关于进一步转换企业经营机制的决定精神，国有企业工资管理进一步放开，国有企业工资实行工资总额同经济效益挂钩。

1994年，依据海南省人事劳动厅、海南省财政税务厅《关于修订海南省国有企业参考工资标准的指导意见》精神，万宁县最后一次审批国有企业和城镇集体企业工资。万宁县89家有经营效益的企业职工工资获得调整。同年1月，根据部分国有企业出现亏损等实际情况，海南省人民政府办公厅印发《关于做好国有企业职工和离退休人员基本生活保障工作的通知》，指导做好国有企业和城镇集体企业职工和离退休人员基本生活保障工作。是年12月，劳动部印发《工资支付暂行规定》，进一步规范企业工资支付行为。同年，海南省人民政府发布《海南省企业最低工资规定》，规定劳动者的收入不得低于最低工资标准。此后企业最低工资适时调整，成为工资管理机制。当年，万宁县企业职工月最低工资标准为180元。

1998—2010年，根据《海南省1998年度企业工资增长指导线意见》，每年发布企业货币平均工资增长的基准线和预警线，指导企业做好工资分配工作。2007年，万宁市33家粮食企业关闭，职工得到补发的历史拖欠工资或生活费补偿，666名职工获得补偿金529.4万元。

2009年，万宁市调查国有企业和城镇集体企业拖欠职工工资情况，筹措资金1100万元（其中上级财政补助715.15万元）补发历史拖欠工资，涉及73家国有企业和城镇集体企业的6849名职工。是年，万宁市龙滚瓷器厂、万宁市汽车修理厂、万宁市农机修造厂、地方国营万宁市陶器厂和万宁市香料公司关闭，职工得到补发的历史拖欠工资或生活费补偿，366名职工获得补偿金399.5万元。

2010年，为贯彻海南省人力资源和社会保障厅《关于调整2010年度最低工资标准的通知》文件，万宁市企业将职工月最低工资调整为680元，当年万宁市在岗职工平均工资达到2581元，已超过最低工资标准。

1991—2010年万宁市(县)企业职工月最低工资标准表

表15-6　　单位:元/月

年 份	1991	1992	1993	1994	1995	1996	1997	1998	1999	2000
企业最低工资	—	—	—	180	180	180	200	200	250	250
年 份	2001	2002	2003	2004	2005	2006	2007	2008	2009	2010
企业最低工资	300	300	300	350	350	430	480	480	480	680

1991—2010年万宁市在岗职工月平均工资一览表

表15-7　　单位:元/月

年 份	1991	1992	1993	1994	1995	1996	1997	1998	1999	2000
在岗职工平均工资	177	214	277	308	341	373	409	417	524	517
年 份	2001	2002	2003	2004	2005	2006	2007	2008	2009	2010
在岗职工平均工资	567	642	723	842	1031	1287	1487	1860	2090	2581

第二章 机构编制管理

第一节 机 构

1991年，万宁县编制委员会主任由县长担任，编委会由组织部、人社局、编委办、县委办、政府办、财政局等单位主要领导组成，编委会下设办公室，内设编制股、事业编制股。1995年，根据海南省机构编制委员会《关于万宁县党政机构改革方案的通知》精神，机构编制委员会办公室是市机构编制委员会的办事机构，列入市委工作部门序列，挂靠市人事劳动保障局。

2003年12月，增挂"万宁市事业单位登记管理局"牌子，实行"两块牌子、一套人马"的办公制度。2009年，原挂靠市人事劳动保障局的市机构编制委员会办公室单独设置，仍属市委工作机构序列。2010年，核定市机构编制委员会办公室行政编制4人，内设机关编制股、事业编制股2个股级职能机构。

第二节 人员编制

1991年，全县共设置行政机构94个，其中：人民代表大会常务委员会、政治协商会议、人民武装部各1个，核定行政编制86名（含县委常委、政府副县长、人大常委会正副主任、政协正副主席）；党委工作部门13个，其中：正科级12个，副科级1个；核定编制189人，其中：行政编制168人，事业编制5人，自筹编制5人，单列编制11人。政府工作部门54个，其中：正科级53个，副科级1个；核定编制1459人，其中：行政编制961人，事业编制331人，自筹编制89人，单列编制78人；群众团体6个，核定编制44人，其中：行政编制34人，事业编制8人，单列编制2人；乡镇18个，核定编制635人。事业单位13个，其中：正科级8个，副科级3个，股级2个；核定编制88人，其中：行政编制3人，事业编制85人；乡镇卫生院18个，核定财政差额预算管理事业编制598人；各乡镇均设"七所八站"。

1996年，机构改革后，核定县级行政机关编制（不含政府系统）650人，比原来1375人减少725人，精简52.7%。

1998年，全市中小学校286所。其中，完全中学5所，初级中学16所，中等专业学校3所，小学262所。核定教职工编制5725人。其中：教职工编制5326人，机动编制399人。

2010年，全市共设行政机构60个，事业单位251个。其中：正科级32个，副科级22个，股级161个，未定级别36个；核定编制9964人，其中：财政全额预算编制7783人，财政差额预算编制1599人，自筹事业编制582人。按系统分类，中小学校47所，其中专业学校3所、中学20所、小学24所，核定教职工编制6077人；卫生系统事业单位33家，核定事业编制1505人，其中：财政全额预算编制297人，财政差额预算编制1098人，自筹事业编制110人。

2010年万宁市行政机构编制统计表

表15-8

部门	单位数量(个)	行政编制(人)	工勤人员(人)	编制合计(名)
党委工作部门	8	139	14	153
政府工作部门	23	397	45	442
部门所属行政单位	2	48	3	51
政法系统机关	4	587	50	637
人大、政协、群众机关	50	39	9	48
镇	12	446	41	487

第三节 编制管理

1991—2010年间，涉及人员编制的事宜，必须提交市编委会讨论审批，行政改革涉及人员编制的重大问题，必须报市委、市政府审议决定。全面推行“空岗卡”管理制度，除在编制内安置少数转业干部和按规定从中专毕业生中录取的固定公务员外，市党群机关和事业单位原则上不得新增人员，也不得逆向流动(企业单位人员流向事业单位、自筹单位人员流向差额单位、差额单位人员流向全额单位、全额事业单位人员流向机关)。

一、党政机构改革

（一）1996年党政机构改革

1996年，根据海南省机构编制委员会印发《万宁县党政机构改革方案的通知》精神，按照省委、省政府的统一部署，万宁县实施党政机构改革。

1.党委机构改革

主要是理顺关系，调整结构，精简内设机构和人员，改善干部队伍结构，提高工作效率。改革后设置党委工作部门7个：办公室、组织部、宣传部、统一战线工作部、政法委员会、直属机关与企事业工作委员会。县委机构7个，其中：纪律检查委员会机关与监察局合署办公，一个机构两块牌子；办公室内设机要室、保密室；组织部内设老干部局；统一战线工作部挂县人民政府台湾事务办公室、民族宗教事务局牌子；政法委员会挂社会综合治理办公室牌子。机构编制委员会办公室是机构编制委员会的办事机构，既是县委的机构，又是政府机构，挂靠人事劳动局。

2.政府机构改革

主要是进一步转变职能，理顺政府部门之间、政府与企事业单位之间的关系，裁减专业经济部门，增加宏观调控能力，建立健全适应经济特区的行政管理体制，改革后设置政府工作部门18个（不计监察局、国家安全局），具体为：政府办公室、计划统计局、教育与科学技术局、公安局、民政局、司法局、财政税务局、人事劳动局、建设与环境资源局、工业交通局、农业局、水利电力局、贸易局、文化体育局、卫生与计划生育局、审计局、工商行政管理局、外事侨务办公室。其中：政府办公室挂行政复议办公室牌子，内设信访室；计划统计局挂物价局牌子；财政税务局挂地方税务局牌子；工业交通局挂技术监督局牌子；贸易局挂粮食局牌子；农业局挂林业局牌子、乡镇企业管理局牌子；建设与环境资源局挂土地管理局牌子。

3.乡镇行政区划改革

主要是以发展农村经济为中心，在加强基层党组织建设和政权建设的同时，增强乡镇政府的服务意识，变管理型为服务型，建立健全农业社会化服务体系，加快发展农业生产，培育农村市场。全县共设立18个乡镇，具体为：万城镇、北坡镇、和乐镇、东澳镇、礼纪镇、龙滚镇、山根镇、乐来镇、禄马乡、北大乡、大茂镇、后安镇、长丰镇、牛漏镇、三更罗镇、南桥乡、新梅乡、港北镇，核定行政编制总数656人。

（二）2000年党政机构改革

2000年，根据《中共海南省委、海南省人民政府关于万宁市党政机构改革方案的通知》文件精神，按照省委、省政府关于市县机构改革的部署，对万宁市党政和乡镇机关机构进行新一轮机构改革。

1.重新设置市委工作部门8个，即：纪律检查委员会机关、办公室、组织部、宣传部、统一战线工作部、政法委员会、直属单位工作委员会、机构编制委员会办公室。其中：纪律检查委员会机关与市监察局合署办公；办公室内设保密局、机要局；老干部局由组织部管理；统一战线工作部内设民族宗教事务局，挂市人民政府台湾事务办公室牌子；政法委员会挂市社会治安综合治理办公室牌子；机构编制委员会办公室列入市委工作部门序列,挂靠市人事劳动保障局,不计入市委机构个数。

2.重新设置政府工作部门20个,即:办公室、发展计划局、经济贸易交通局、教育局、科学技术与信息产业局、公安局、监察局(不计政府机构个数)、民政局、司法局、财政局、人事劳动保障局、国土环境资源局、建设局、农业局、海洋与渔业局、文化广电体育局、卫生局、审计局、旅游局、统计局、计划生育局。其中:政府办公室内设信访局,挂法制办公室、外事侨务办公室牌子;发展计划局内设物价局,挂经济动员办公室牌子;经济贸易交通局挂交通战备办公室牌子;监察局与市纪委机关合署办公,列入市政府工作机构序列,不计政府机构个数;国有资产管理委员会办公室挂靠财政局;机构编制委员会办公室挂靠市人事劳动保障局;建设局挂人民防空办公室牌子;核定市级机关行政编制(不含政法系统编制)650名。

3.乡镇机构改革,主要是以发展农村经济为中心,在加强基层党建党组织建设和政权建设的同时,增强乡镇政府的服务意识,变管理型为服务型,建立健全农业社会化服务体系,加快发展农业生产和培育农村市场。设立18个乡镇,具体为:万城镇、北坡镇、和乐镇、东澳镇、礼纪镇、龙滚镇、山根乡、乐来镇、大茂镇、后安镇、长丰镇、牛漏镇、港北镇、禄马乡、北大乡、南桥乡、新梅乡、三更罗乡。核定行政编制551名。

2002年,根据《中共海南省委办公厅、海南省人民政府办公厅关于乡镇机构改革的意见》和《海南省人民政府关于同意调整万宁市乡镇行政区划的批复》精神,撤销北坡镇、港北镇、乐来镇、禄马乡、新梅乡、牛漏镇,全市设置12个镇:万城镇、和乐镇、东澳镇、礼纪镇、龙滚镇、山根镇、大茂镇、后安镇、长丰镇、北大镇、南桥镇、三更罗镇。12个镇共核定编制541人(其中:行政编制500人,工勤人员事业编制41人)。

(三)2009年党政机构改革

2009年,根据《中共海南省委、海南省人民政府关于市县政府机构改革的意见》的要求进行改革,改革后市政府工作部门设置:办公室、发展和改革局、旅游局、农业局、工业和科技信息产业局、财政局、人力资源和社会保障局、教育局、文化广电出版体育局、卫生局、公安局、司法局、监察局、民族宗教事务局(监察局、民族宗教事务局不计入政府机构个数)、民政局、国土环境资源局、住房和城乡建设局、交通运输局、商务局、海洋与渔业局、审计局、水务局、人口和计划生育局、统计局、安全生产监督管理局、食品药品监督管理局,共24个工作部门。其中:监察局与纪律检查委员会机关合署办公,民族宗教事务局与市委统一战线工作部合署办公(合署办公机构列入市政府工作部门,不计入政府机构个数);办公室内设信访局、外事侨务办公室、法制办公室;发展和改革局内设物价局,挂经济动员办公室;工业和科技信息产业局挂地震局牌子;住房和城乡建设局挂人民防空办公室牌子;交通局挂战备办公室牌子。

镇机构设置,按照精简、统一、效能、适用的原则,不搞上下对口,不搞一事一职。镇机关设党政综合办公室(加挂"社会治安综合治理办公室"牌子),经济发展办公室、社会事务办公室(加挂"计划生育办公室"牌子)3个内设机构。人大、纪委、人民武装部、工会、团委、妇联等机构按有关法律、章程规定设置。将涉农技术服务单位综合设置为农业服务中心,将涉及社会公共事务服务单位综合设置为社会事务服务中心;保留卫生院(加挂"乡镇计划生育技术服务中心"牌子)。原事业站所全部予以撤销。镇行政编制和事业编制一律由省一级实行总量控制管理,市级在总量内调剂使用,确保5年内镇财政供养人员只减不增。各镇行政编制精简10%,全市12个镇,核定编制共487人(其中:行政编制446人,工勤人员事业编制41人)。

二、事业单位机构改革

2000年,《海南省事业单位机构改革方案》出台后,万宁市按照方案要求,首先调查摸底,将全市270个事业单位的职能、结构、性质、编制、预算管理、人员结构等基本情况进行分类,做好事业单位机构改革的基础工作,出台《万宁市机关事业单位工作人员激励淘汰暂行规定》,建立以实绩为核心的考核机制,实行绩效工资制度。改革事业单位人事用工及分配管理制度,依照国家公务员制度管理事业单位编制核定与审批。2002年,对具有一定行政职能的事业单位实行参照公务员管理、事业单位招录人员必经市人事部门统一招录,严格实行编制管理,逢进必考,严把进口关。重点在卫生和教育系统进行事业单位机构改革。在卫生系统,全市18个镇卫生院实行竞聘上岗、全员聘用制度,全市镇卫生院签订聘用合同工434人。在教育系统,先后出台《万宁市教育改革与发展实施细则》《万宁市鼓励教师到农村任教办法》《万宁市中小学教师聘任方案》等一系列改革方案,在全市中小学试行全员聘任制,对全市教育资源、教职工进行优化配置,鼓励教师到农村缺编学校任教。至2010年,事业单位从270个缩减到251个,缩减了7%,核定编制9964人。

三、农税体制调整改革

1998年,撤销市农税机构,设立市地税局直属分局,为市地税局直属的参照公务员法管理的正科级事业单位。将市农税机构承担的耕地占用税和契税征管职能划转地税部门,新型农村合作医疗基金征收等其他职能划转财政部门,将市社保费征管机构及人员编制划转市地税局管理。将农税局机关人员编制划转市地税部门,镇农税所人员编制划转镇财政所。人员先清理后划转,清退人员由县政府妥善安置。清理后的人员,按照空编考录等办法分别确认为公务员或工勤人员,并按编制数进行划转。9月底,市地税局社保费征管局和直属分局正式设立,完成机构和业务移交工作。

四、农垦教育改革

2009年,根据省政府和万宁市政府的有关文件精神,海南农垦中小学全面移交市县管理,将企业自办学校分离移交地方政府。市政府发文接收境内东兴农场、东和农场、新中农场移交人民政府管理的中小学共33所。接收东兴等3个国营农场中小学校教职工1233名。东和农场、东兴农场、新中农场移交中小学的土地面积共694.135亩、房屋和建筑物等共92868.3平方米。

五、兴隆华侨农场体制改革

2007年,海南省人民政府将兴隆华侨农场移交到属地万宁市管理,成立万宁市兴隆华侨旅游经济区,实行政企分离,明确管理体制。万宁市政府接收兴隆华侨农场中小学校和兴隆红十字医院在职人员450人(其中:中小学校在职人员313人,医院137人),离退休人员248人(其中:中小学校离退休人员160人,医院离退休人员88人)。

2009年,根据省政府《关于推进华侨农场改革和发展的实施方案的审核意见》《关于设立万宁市兴隆华侨旅游经济区管理委员会等问题的批复》精神,市政府成立筹备管委会小组,负责做好兴隆农场移交的各项工作。至2010年底,各项移交工作基本完成。

第四节 在编人员构成

1991—2010年间,万宁在编在岗人员变动较大,20世纪90年代初期存在机关乱进人现象,在此期间,几次机构改革中精简人员,特别是1999—2000年,在政法、工商系统清退了一部分不合格人员。

至2010年,全市在职在岗人员共11615人,其中:行政机关在职在岗人员共1762人(公务员1500人,未过渡干部64人,工勤人员198人),事业单位在职在岗人员共9853人(参照公务员管理工作人员383人,干部5946人,工人3524人)。

2010年行政机关在职在岗人员情况一览表

表15-9　　单位:人

行政机关单位	公务员	未过渡干部	工勤人员	合计
党政府机关	530	21	71	622
政法系统	543	38	70	651
人大政协群团机关	79	5	17	101
各镇机关	348	0	40	388

第三章 社会保障

第一节 机 构

1991年，万宁县劳动保险公司负责社会养老保险费征收，为股级建制事业单位，行政主管部门为万宁县劳动局。1992年2月，更名为万宁县社会保障局，升格为副科级建制事业单位，行政主管部门为万宁县劳动局，内设办公室、养老保险股、工伤保险股。

1994年10月，升格为正科级建制事业单位。2004年，增设医疗保险股、基金管理股、社会保险关系股。2010年，内设机构有办公室、养老保险股、工伤保险股、医疗保险股、基金管理股、社会保险关系股。

第二节 养老保险

一、参保情况

1991—1993年，主要是对企事业单位新招入合同工人进行养老保险费征收。1994年1月，根据海南省1993年12月颁布的《海南经济特区城镇从业人员养老保险条例》，开始征收事业单位从业人员的养老保险费。

1998年1月，开征城镇居民和灵活就业人员养老保险费，费率为当地上年度社会月平均工资总额的20%。2004年10月，市农村养老保险局并入市社会保障局，其业务及工作人员全部移交市社会保障局管理。同年移交农村参保人员有3450人，养老保险费125万元。

2006年，万宁市实施失地农民养老保险工作，至2010年，失地农民参加养老保险人数2700人，享受养老保险待遇人员325人。2009年，万宁市农垦系统社会保险工作移交市社会保险事业局管理。移交管理的农场有南林农场、东和农场、新中农场、东兴农场、东岭农场。移交参保人数21658人，其中离退休人员16900人。至2010年，全市参保人数67695人，其中参保从业人员42083人、离退休人员表25612人、参保率达92%。

二、保险费征收发放

1992—2000年，养老保险基金实行自收自支的管理制度，即养老保险费由万宁市社会保障局征收，退休人员的养老金由市社会保障局发放。在这个阶段，参保单位少，离退休人员多，基金严重缺口，离退休人员养老金经常出现拖欠现象。直至2000年底，市政府通过财政补助才全部清还。从2000年起，实施养老保险基金管理制度改革，实行收支两条线管理。即，征收工作由市社会保险费征稽局征收，退休工资由市社会保障局计发，养老保险基金由市财政局开设专户管理。离退休金由银行发放。从2000年1月起，离退休人员的养老金实现按时足额发放，不再出现拖欠情况。此后，建立参保人员缴费和退休人员养老金计发信息库，全部实行数字化管理。

1992年1月至2000年10月31日，养老保险费征收费率为从业人员工资总额的21%，其中单位缴纳18%、个人缴纳3%。从业人员缴费10年，达到国家法定退休年龄，男60岁，女职工50岁，女干部55岁，可以办理退休，按月领取养老金。2000年11月至2003年9月，养老保险费征收费率调整为从业人员工资总额的25%，其中单位缴纳20%、个人缴纳5%。2003年10月至2005年12月，调整为单位缴纳20%，个人缴纳6%。自2006年1月起，单位缴纳20%，个人缴纳8%。缴费满15年，达到国家法定年龄，男60岁，女职工50岁，女干部55岁，可以办理退休，按月领取养老金。

第三节 医疗保险

一、城镇从业人员基本医疗保险

1995年2月，海南省颁布《海南经济特区城镇从业人员医疗保险条例》。1998年8月，万宁开始实行《海南经济特区城镇从业人员医疗保险条例》。基于当时市财政现状，市政府实行分级管理(即市直机关事业单位由市财政全额拨款管理，个人部分从本人工资中扣除，乡镇级机关事业单位由各乡镇财政拨款管理)。从业人员医疗保险，首先在市直财政全额拨款的机关事业单位中实施。时间为1998—2000年。在支付市直财政全额拨款的机关事业单位从业人员的医疗费中，分为两块支付：一块是市直属的中小学校从业人员的住院医疗费，市财政局拨款给市教育局支付；一块是除市直属学校之外的市财政全额拨款的机关事业单位从业人员住院医疗费，由市财政局拨款给市社会保障局管理支付。在此期间，由于乡镇财政收入困难，大部分乡镇未能支付乡镇级机关事业单位医疗保险金，造成乡镇财政供养人员住院医疗费无法报销，特别是将企业单位人员医疗保险拒之门外，社会矛盾较大。

2001年4月，万宁市重新修订《万宁市实施〈海南经济特区城镇从业人员医疗条例〉方案》。把全市机关和企事业单位的从业人员全部纳入医疗保险范围。当年，有17857人参加医疗保险，收取医疗保险金228.80万元。对1998—2000年间乡镇财政管理人员的住院医疗费全部给予报销。同时，发动企业从业人员参加医疗保险，并且规范医疗保险工作，按照费率8%收缴医疗保险费，即按从业人员工资总额的8%缴费，其中单位缴交6%，个人缴交2%。实行分账管理，建立个人账户，住院医疗费从统筹账户支付，个人账户由个人支付，并且建立定点医疗机构。2001年4月至2008年8月，全市累计有26155人参加医疗保险，收取医疗保险金6603万元，为住院患者报销医疗费3967.20万元。

2008年6月，全市还未参保的城镇人员全部吸纳入医疗保险范围，一些经济困难的企业职工，特别是经济困难的国有企业职工。全市机关事业、企业单位的所有人员中医疗保险参保和待遇实施全覆盖。至2010年，全市参加医疗保险56625人，其中参保从业人员33035人，离退休23590人，参保率达到94.5%。

市医疗保险服务机构分3级管理，即基层乡镇卫生院、市级医院、省级医疗。

二、城镇居民基本医疗保险

（一）新型农村合作医疗

2006年5月，万宁市新型农村合作医疗管理委员会办公室成立，为隶属市卫生局全额拨款事业单位。至2007年，全市有33.25万人参加新农合，参合率85%，年人均筹资50元，共筹资金166.50万元。全市享受到新农合补偿的有1752人次，补偿金额116.27万元。其中，住院补偿1261人次，补偿金额113.0149万元；家庭账户补偿408人次，补偿金额1.5937万元；分娩补偿83人次，补偿金额1.66万元。

2008年，全市有36.62万人参加新农合，参合率90.5%，年人均筹资91元（其中，中央、省、市各级财政补助资金分别为40元、32元、9元，个人缴费10元），共筹资金额3332.36万元，全市享受到新农合补偿的有65698人次，补偿金额2284.4783万元，其中住院补偿14068人次，补偿资金1782.9003万元；家庭账户补偿39630人次，补偿金额190.2028万元；分娩补偿83人次，补偿金额1.66万元。

2009年，全市有39.23万人参加新农合，参合率95.93%，年人均筹资120元（其中，中央、省、市各级财政补助资金分别为40元、48元、12元，个人缴费20元），共筹资金额4707.88万元，加上历年累计结转的1230.89万元，全年筹资总额5938.77万元。全市享受到新农合补偿共24.61万人次，补偿金额4445.35万元，其中住院补偿19578人次，补偿资金3724.41万元；家庭账户补偿52807人次，补偿金额272.73万元；分娩补偿5000人次，补偿金额150.09万元；特殊病种大额门诊补偿2697人次，补偿金额36.90万元，其他补偿6人次，补偿资金1.49万元。

2010年，全市有39.86万人参加新农合，参合率98.21%，年人均筹资140元（其中，中央、省、市各级财政补助资金分别为60元、48元、12元，个人缴费20元），共筹资金额5579.92万元，加上历年累计结转的1230.89万元，全年筹资总额6810.81万元。全市享受到新农合补偿共343455人次，补偿金额6049.66万元，其中住院补偿24891人次，补偿资金5306.64万元；门诊补偿296358人次，补偿金额456.83万元；家庭账户补偿14935人次，补偿金额97.81万元；分娩补偿4256人次，补偿金额127.26万元；特殊病种大额门诊补偿3015人次，补偿金额61.12万元。

新农合实现省内异地就医联网即时结算。至2010年，全市定点医疗机构55家，定点直报范围覆盖到市内2家市级医院、5家农场医院、18家卫生院、16家省二三级医院。

（二）城镇居民基本医疗保险

1991—2006年底，城镇非从业居民未参加基本医疗保险，从2007年起开展城镇居民基本医疗保险试点工作。2008年，万宁市城镇居民参保率达80%，并确保同年7月1日后，万宁市落实患病的参保居民实现待遇支付。2010年1月1日，万宁市城镇居民基本医疗保险实施门诊统筹，城镇居民基本医疗保险统筹基金最高支付限额调整为8万元。从9月份起开始缴纳本年度基本医疗保险费,其中,成年人缴交90元,未成年缴交30元。

第四节 工伤保险

1994年,根据《海南经济特区城镇从业人员工伤保险条例》,万宁县国有企业从业人员,全部参加工伤保险。自1996年起,一些集体企业和私营企业也陆陆续续参加工伤保险。

1999年以后,机关、事业单位的从业人员按有关规定参加工伤保险。一些安全风险大(如石场、建筑行业)的农民工,也纳入工伤保险的范围。

工伤保险费根据行业的工伤风险类别和工伤事故及职业病的发生频率实行差别费率,按用人单位从业人员工资总额的0.5%~1.5%征缴,由用人单位负担。

工伤保险费征收,实行收支两条线管理,财政设立专户,每年工伤保险基金都略有节余。参加工伤保险的从业人员发生工伤事故后,市人事劳动保障局、市社会保障局按规定参加事故处理,并及时支付工伤保险待遇。

至2010年,全市工伤保险参保人数达到37412人。

第五节 生育保险

2002年1月,万宁市开始实施海南省2001年9月颁发的《海南省城镇从业人员生育保险办法》,在全市所有机关、事业单位、企业、社会团体、民办非企业单位及其全部从业人员征收生育保险费。生育保险的费率为用人单位从业人员月工资总额的0.5%,由用人单位缴纳。生育保险费由地方税务机关按月征收,并按规定纳入社会保险基金财政专户管理。单位及其从业人员,具备条件的,享受生育保险待遇。从业人员已按规定参加生育保险,用人单位已按规定缴纳该从业人员生育保险。生育符合国家规定有关政策的生育保险待遇由市社会保险事业单位核发。

至2010年,全市生育保险参保人员达到27406人。

第六节 最低生活保障

一、城市最低生活保障

1999年9月,万宁市城镇开始实行城市居民最低生活保障制度,保障标准为156元/人·月,首次享受城市低保的人员有167户、279人,按月发放低保金,人均月补差70~80元,按照市政府文件规定,保障金由市、镇两级财政分担,万城地区由市财政承担85%,万城镇承担15%;其他乡镇市财政承担80%,乡镇承担20%。城市居民“低保”实施动态管理,每半年重新核定保障对象。

2001年，城市居民享受低保人员增加到190户、316人，保障金由市、镇两级财政分担，由乡镇统一发放。2002年，新增城市低保对象2329户、3652人，月发低保金29.75万元，全年发放低保金357万元，人均月补差81.5元。2003年，新增城市居民低保障对象1957户、2957人，全市共有保障对象4286户、6609人，全年发放低保金504万元，人均月补差76.2元。2004年，农垦系统困难职工纳入低保对象1534户、1893人，全市共有保障对象5822户、8502人，全年发放低保金624万元，人均月补差73.3元。城市低保工作实现应保尽保。

2005年，城市居民低保对象5863户、8558人，全年发放低保金624万元，人均月补差72.9元。2006年，新增兴隆农场特困职工低保对象189户、322人，全市有低保对象6052户、8882人，全年发放低保金626.7万元，兴隆农场低保户通过农行发放53.1万元。同时对不符合低保条件204户、384人取消资格，停发低保金。

2008年，开展城市居民低保核查工作，共取消城市居民低保对象1086户1545人。从1月起，城市居民低保对象每人每月增加15元。根据省民政厅、省财政厅《关于切实做好提高城乡低保标准的通知》精神，从4月起城市低保标准由原来每人每月156元提高到160元。是年全市共有保障对象7348户10575人，全年发放低保金1474.8万元。

2009年，共清退城市低保对象324户495人。新增城市低保对象415户781人。全市共有城市低保对象7207户10666人，全年发放低保金2333万元。城市低保标准从原来每人每月160元提高到170元。

2010年，共清退城市低保对象293户、423人。新增城市低保对象295户、570人。全市共有城市低保对象7143户、10759人，全年发放低保金3027万元。低保金实行“一卡通”发放。

二、农村最低生活保障

自1995年6月起，开始实施农村居民最低生活保障制度，根据《万宁市农村居民最低生活保障实施办法》的精神，组织市、镇、村三级有关人员进村入户，对申请低保的农村困难居民家庭劳力、经济状况、子女入学等方面进行调查、核实。全市享受农村低保的居民5825户、7906人；保障标准为70元，从10月1日起开始每月兑付低保金，平均补差30元。

2006年10月，本着“低标准、广覆盖”的原则，扩大农村低保面，符合低保条件的困难村民全部纳入低保对象。新增低保对象3392户、4072人，全市农村低保对象11978人，保障面达2.99%，人均月补助30元，月发放低保金33.1万元。自2007年1月起，农村低保对象每人每月增加10元。

2008年，取消农村低保待遇800户、1008人。据统计，农村低保对象8543户、10943人，保障标准从70元提高到100元，增长率42.8%；全年发放低保金806.5万元。

2009年，清退农村低保对象581户、719人，新增农村低保对象529户、1175人。从7月起，农村低保对象每人每月提高13元，人均补差达70元。全市农村低保对象8796户、12115人，全年发放低保金1811万元。

2010年，共清退农村低保对象413户、625人，新增农村低保对象552户、1219人。全市农村低保对象8965户、12809人，保障面3.15%，全市发放低保金1876万元。全面实行“一卡通”发放。

第四章 民政

第一节 机构

一、行政机构

1991年，民政局行政编制22人，事业编制3人，内设办公室、民政股、救灾救济股、优抚股、退伍军人安置股。1994年4月，增设社会福利股、民间组织股、地名管理办公室和划区地名股，同时将民政股更名为基层政权和社区建设股。1996年8月，万宁市成立双拥工作领导小组，办公室设在民政局。

2000年体制改革，民政局内设办公室、优抚安置股、救灾救济股、社会福利和民间组织股、基层政权社区建设和划区地名股等股室。2005年1月，设立万宁市老龄工作委员会办公室，整建制划入民政局。2007年9月，增设低保股，2009年更名为社会救助股。

至2010年，局机关股室设置不变，在职人员18人，其中，公务员14人，工勤人员2人，未过渡公务员1人，编外人员1人。

二、直属事业单位

万宁市光荣院 建于1972年，设院长1人，工作人员2人，主要收养有功革命老人和遗孀，1991年收养革命老人和遗孀11人。2001年收养革命老人和遗孀9人。2010年收养老人10人。

万宁市革命烈士陵园 万宁市革命烈士陵园，成立于1991年，设主任1人，工作人员2人。陵园占地面积为24亩，园内建有一座12米高的纪念碑、二层豪华型的纪念亭2座，园内还建有160平方米的庄田将军纪念馆（庄田将军生平资料展）、纪念像等设施。

六连岭革命烈士陵园 始建于1961年，园内建有1座14米高的纪念碑、2座纪念亭，还有200多平方米的革命斗争史博物馆，主要陈列琼崖坚持革命斗争23年红旗不倒的革命历史，占地面积176亩。1992年设立六连岭革命烈士陵园管理处，设主任1人，工作人员2人。

万宁市有奖募捐委员会办公室 1990年设立，设主任1人，工作人员3人。2000年，企事业单位体制改革时撤销。

万宁市离退休军官管理所 1990年设立，设所长1人，工作人员5人。至2010年，接收安置军休干部50人，军工17人。

万宁市农村社会养老保障局 1996年成立，编制6人，副科级建制事业单位。2006年，合并到市劳动保障局。

万宁市殡葬管理所 2008年成立，编制5人，副科级建制事业单位。

第二节 基层自治组织建设

一、村委会换届选举

1996年，根据《中共海南省委办公厅海南省人民政府办公厅关于转发省民政厅〈关于加强我省村民委员会建设的请示〉的通知》关于“撤销管理区，设立村民委员会”的规定，万宁县撤销197个管理区，设立197个村民委员会。村民委员会按《村民委员会组织法》行使管理职能，实行民主选举、民主决策、民主管理、民主监督。各村委会建立、健全村务公开制度及各项管理制度。

1996年7月，万宁县开展第一届村（居）民委员会民主选举。通过民主选举，全县197个村委会、5个居委会，共选出村（居）民委员会班子成员903人、主任202人。其中，大专文化以上学历4人，选民参选率89.6%。

1999年7月，进行第二届村（居）民委员会换届选举，全市197个村委会、5个居委会，共选出村（居）民委员会班子成员853人、主任202人。其中，党员占86.1 %，村（居）委会班子中，女性占10%，大专文化以上学历8人。选民参选率88.9%。

2001年7月，进行第三届村（居）民委员会换届选举，全市197个村委会、5个居委会，共选出村（居）民委员会班子成员811人。其中，实行书记、主任“一肩挑”的村126个，占全市行政村总数的62.4%。村（居）民委员会班子成员中，党员700人，占86.3%；平均年龄41岁；大专文化以上学历14人，占1.7%；选民参选率95.7%。

2004年7月，进行第四届村（居）民委员会民主选举，全市207个村（居）委会，共选出村（居）民委员会班子成员874人，其中，实行书记、主任“一肩挑”的村171个，占全市行政村总数的82.6%。村（居）民委员会班子成员中，党员730人，占83.5%；平均年龄43.5岁；大专文化以上学历18人，占2.1%；女性主任3人，占0.3%；进入村（居）委会班子的女性149人，占17.0%。

2007年7月，进行第五届村（居）民委员会民主选举，全市207个村（居）委会，共选出村（居）民委员会班子成员908人。其中，实行书记、主任“一肩挑”的村189个，占全市行政村总数的91.3%。村（居）民委员会班子成员中，党员741人，占81.6%；平均年龄43.4岁；大专文化以上学历25人，占2.8%；女性主任2人，占0.2%；进入村（居）委会班子的女性209人，占23.0%。

2010年7月，进行第六届村（居）民委员会换届选举，全市207个村（居）委会，共选出村（居）民委员会班子成员915人。其中，实行书记、主任“一肩挑”的村195个，占全市行政村总数的94.2%。村（居）民委员会班子成员中，副书记、副主任、委员交叉任职561人，占61.3%；党员697人，占76.2 %；平均年龄42岁；大专文化以上学历人数41人，占4.5 %；女性主任2人，占0.97%；进入村（居）委会班子的女性209人，占22.8%。

二、居委会建设

1991—2002年，万城镇原有居民委员会5个。后来万城市区不断扩建，区域面积规模不断扩大，根据市人民政府的工作部署，2002年，将原来的仁群居民委员会调整为仁里、新海、万隆、番村、丰园、光明等6个居民委员会，全市城市居民委员会由原来5个增加为10个，即朝阳、镇南、西门、裕光、仁里、新海、万隆、番村、丰园、光明居民委员会。同时进行换届选举。居民委员会成员产生按照《中华人民共和国城市居民委员会组织法》有关规定，由居民民主选举产生，同时更名为社区居民委员会。此后，每三年进行一次换届选举，与村级组织换届同步进行。

1996年，市民政局开展“星光计划”项目，投入资金15万元，扶持仁群居委会办公室建设，建筑面积250平方米。2003年，投入资金10万元，建设朝阳社区居委会办公室，建筑面积267平方米。2008年，争取民政部“四站一中心”建设项目，投入资金59万多元，建设西门社区服务站，建筑面积300平方米。2009年，投入资金56万多元，建设裕光社区服务站，建筑面积300平方米。2010年，投入资金45万多元，建设镇南社区服务站，建筑面积300平方米，社区办公用房得到较好的改善。

第三节 社会行政管理

一、地名管理

1994年，成立万宁县地名管理办公室，主要负责全县街道名称、大型建筑物名称的审核、命（更）名、设置标准街道路牌等工作。

1995年，对21条道路街（万州大道、万安大道、环市一东路、环市二东路和万寿街、万隆街、万兴街、中央南街、中央北街、丰南南街、丰南北街、朝新街、红专中南街、万新街、万海街、万发街、万乐街、万利街、万明街、万德街、文明一横街、文明二横街）与4个市场（朝阳街市场、文明南路市场、建设南路市场、红专西路市场）重新命名。有17条路更名：人民东、中、西街更名为人民东、中、西路，文明南、中、北街更名为文明南、中、北路，光明南、北街更名为光明南、北路，建设南、北街更名为建设南、北路，红专东、中、西街更名为红专东、中、西路，前进街更名为仙河北街，支农街更名为武丁北街，万农街更名万昌街，解放街更名为解放路；恢复6条街名：仙河南街、仙河横街、武丁东街、武丁南街、迎恩街、南门街；保留10条街名：西门东街、西门西街、永福东街、永福南街、永福北街，镇南街、镇北街、新兴街、朝阳街、朝阳横街；对58条巷名进行命名。

1996年，按照《海南省地名补查和资料更新工作实施方案》的要求，以1980年地名普查为基础，对遗漏的地名和普查后新产生的地名进行补查。制作出地名补查和资料更新成果1195个，其中居民点782个，自然地理实体350个，企事业单位和人工建筑56个，名胜古迹纪念地7个。1997年，在万城市区设置156个街道路牌，86块巷牌，6567块门楼牌。

2000年，对兴隆旅游区14条道路命名：兴隆大道、兴梅大道、温泉路、天山路、金新路、天健路、中水路、惠康路、明珠路、钓鱼台路、康乐园路、红椰路、金日路、花园路。2002年，按照国家标牌标准，设置8个标准街道路牌。2006年，开展对无居民海岛的命名工作，全市有无居民海岛20个。对洲仔岛、大洲岛、加井岛、白鞍岛、甘蔗岛、洲仔岛、英歌石、大花角等8个海岛进行正式命名；对担石、港门石、外峙、内峙、双移石、小担石、大担石、乌石姆、象鼻排、红鱼排、沉船石、黑石等12个海岛地名进确认。

2008年，对石梅湾度假区道12条路命名：石梅大道、海田路、新梅路、滨海路、凤凰路、加井路、青梅路、莲花路、杨梅路、西岭路、艺坡岭路、苗圃路。同年，设置20个一级标准灯箱街道路牌。2010年，开展第二次全国地名普查试点工作，共采集11大类47个子类的地名信息，共采集地名数据3454条。普查类别为：水系类18条，陆地形类154条，行政区域及其他区域类434条，居民点类1535条，交通运输设施类424条，水利电力设施类111条，纪念地旅游景点类32条，建筑物类33条，单位类(党政机关，事业，企业，民间组织，军事单位)713条。采集标志牌信息447条，标注1:5万地形图11张，采集地名经纬度3967条，地名标准化处理166条，设置重要地名标志牌20个，采集登记地名标志牌447个，拍摄地名图片3317张。省民政厅拨给3台地名信息触摸屏，分别安装在市政务服务大厅、市政府一楼大厅和万宁汽车站等，方便群众查询地名信息。

二、社会团体管理

万宁市（县）认真贯彻落实《海南省社会团体登记管理方法》《海南省社会团体管理实施细则》，做好万宁辖区内社会团体的登记管理工作。

1991年，主要从社会团体结社的性质、程序、结构及内容等方面开展社团登记与管理。

1992年，批准登记万宁县红十字会、万宁县卫生工作者协会、万宁县医学会和万宁县计划生育协会等4个社团。

1994年，批准登记万宁县老干部书画研究会、万宁老干部协会2个社会团体。

1995年，开展社团清理整顿和复查登记，全县境内有社团27个，其中13个参加省地社团登记；7个暂不够登记条件；依法进行登记7个社团：万宁县新闻工作者协会、万宁县基督教协会、万宁县畜牧学会、万宁县个体劳动者协会、万宁县老年人体育协会、万宁县集邮协会和万宁县林学协会。

2000年，批准登记万宁市槟榔协会、万宁市后安养虾协会和万宁市水产养殖协会等3个社团。

2002年，批准登记万宁市农副产品产销协会、万宁市菠萝产销协会和市医学协会等3个社团。

2004年，批准登记万宁市书法篆刻协会、万宁市乒乓球协会、万宁市东澳岛光香芋协会、万宁市龙滚满菠萝标准化生产协会4个社团；批准登记万隆学校、新教育幼儿园等2个民办非企业单位。

2005年，批准登记万宁市兴隆华侨演艺行业协会、万宁市海之南实验学校等2个民办非企业单位。

2006年，登记万宁市东山羊养殖协会、万宁市钛矿协会、万宁市旅游饭店协会、民航高尔夫球俱乐部等4家社团，完成全市民办非企业换证工作，并组织社团组织负责人参加省民政厅举办的会计培训班。

2007年，登记万宁市槟榔产销协会、万宁市横山瓜果菜协会、万宁市海巴戟种植协会等12个农业协会。

至2010年，全市有社团组织40个，其中，学术性社团6个、行业性社团32个、事业性社团2个；民办非企业社团34个，其中教育行业31个、科学技术行业3个。

三、婚姻登记管理

1991—2003年,全市(县)有19个婚姻登记处,含18个镇婚姻登记处和万宁市(县)人民政府婚姻登记处1个。市(县)政府婚姻登记处登记员由民政局指派,主要负责涉外婚姻登记,乡镇登记员一般由民政助理担任。乡镇婚姻登记机关登记的婚姻档案由乡镇政府统一保管。申请婚姻登记的要符合男满22周岁,女满20周岁,双方均无配偶,双方非直系血亲和三代以内旁亲血亲关系。2001年前,还必须提供婚前医学检查证明,指定市(县)妇幼保健院为婚前体检单位,2001年后,婚姻登记不再强制双方婚前体检。

2003年,新《婚姻登记条例》颁布后,婚姻登记员必须经省级培训班培训获得资格证书,方能上岗。

2004年,婚姻登记机关进行调整,撤销18个乡镇人民政府婚姻登记处和1个万宁市人民政府婚姻登记处,设立"万宁市民政局婚姻登记处",负责全市婚姻登记工作。乡镇婚姻登记机关登记的婚姻档案全部移交市民政局统一保存,市民政局聘请市档案局的技术人员帮助建档。当年开始,涉外结婚、离婚登记需到省登记部门办理。

2005年,为方便边远乡镇居民婚姻登记,经请示省民政厅,增设万宁市民政局南桥婚姻登记处、万宁市民政局三更罗婚姻登记处、万宁市民政局龙滚婚姻登记处、万宁市民政局北大婚姻登记处。

2006年,共8人分三批参加省民政厅举办的婚姻登记员培训班的培训,经考试合格,均取得婚姻登记员资格证书。同年,市民政局建成一个27平方米的婚姻登记资料档案室。

2007—2010年,全市有登记员8人,其中万宁市民政局婚姻登记处4人、龙滚婚姻登记处、三更罗婚姻登记处、南桥婚姻登记处、北大婚姻登记处各1人。

2006—2010年,保存婚姻档案8.7万对,按照有关规定婚姻档案保存有效期100年。

1991—2010年万宁市(县)婚姻登记情况统计表

表15-10 单位:对

年份	结婚登记	离 婚	涉外结婚登记	涉外离婚
1991	4616	13	38	—
1992	5000	10	58	1
1993	1935	10	62	—
1994	687	5	22	1
1995	1277	0	50	—
1996	1687	12	16	—
1997	882	15	12	1
1998	3244	31	25	—

续表15-10

年份	结婚登记	离 婚	涉外结婚登记	涉外离婚
1999	1688	11	20	1
2000	1570	21	19	—
2001	1488	31	30	1
2002	1112	32	18	—
2003	1410	28	25	—
2004	1854	66	—	—
2005	1921	81	—	—
2006	2465	115	—	—
2007	6443	131	—	—
2008	6745	145	—	—
2009	5806	149	—	—
2010	6564	237	—	—

四、老龄工作

2005年，万宁开始实施优待证政策，60～69岁的老人可持优待证到旅游景点半价优惠购买景点门票，70岁以上老人可持优待证在旅游景点享受门票免费、乘坐公交免费的优待，共办理老人优待证857张。同年，设立万宁市老龄工作问题委员会办公室。2006年，万宁市老龄工作问题委员会办公室更名为万宁市老龄工作委员会办公室。12个镇成立老龄工作协会，负责老龄人口的统计、优待证发放和老龄生活补贴等工作。2005—2010年，共办理老人优待证6986张。

2006年，全市100岁以上老人103人，对每位百岁老人每月发放生活补贴200元；2008年，百岁以上老人生活补贴提高到300元/月；2010年，全市共有90～99岁高龄老人2422人，每人每月可享受生活补贴200元；100岁以上老人113人，对每位百岁老人每月发放生活补贴500元。

2010年末，万宁市有60周岁以上老人61142人，占总人口的9.95%，其中80岁以上老人11129人，占60岁以上老人的15.7%；100岁以上老人113人，占80岁以上老人的1.01%。根据国家标准，100岁以上老人，占总人口的十万分之七，可评定为“长寿之乡”。万宁百岁以上老人占总人口的十万分之十八点五，远超我国“长寿之乡”标准。

五、收养收容

收养 1991—1995年，共开展收养工作12件次，收养12人。1996—2000年，共开展收养工作15件次，收养15人。2001—2005年，共办理弃婴收养登记15件，收养为15人。2006—2010年，共办理弃婴收养登记14件，收养14人。

收容 1991—2002年，收容遣送具有强制性。2003年，国务院颁布《城市生活无着的流浪乞讨人员救助管理办法》规定，流浪乞讨人员救助不再有强制性，属于社会救助范畴。1991—2010年，万宁市(县)共收容遣送与救助流浪乞讨人员672人次。

1991—2010年收养收容情况登记表

表15-11　　单位：件、人

年份	收养件数	收养人数	收容人数
1991	3	3	29
1992	2	2	22
1993	2	2	26
1994	3	3	19
1995	2	2	31
1996	3	3	34
1997	1	1	29
1998	4	4	24
1999	4	4	27
2000	3	3	39
2001	2	2	22
2002	4	4	29
2003	4	4	47
2004	2	2	52
2005	3	3	40
2006	1	1	49
2007	2	2	59
2008	5	5	68
2009	2	2	37
2010	4	4	43

六、殡葬管理

2004年,成立万宁市殡葬管理所,负责全市公益性公墓的规划、建设及管理等工作。本着提倡火葬、建立公墓、有利于发展生产的原则,政府利用荒山瘠地,统一规划土葬用地,建立公墓区,平地深埋,不留坟头的葬法,大力提倡厚养薄葬习俗。

2007年,建设镇级公益性公墓4个:

东澳镇公益性公墓,位于东澳镇岛光村委会大埇岭,占地面积200亩,设计墓穴8000个,投入资金2000万元,截至2010年,迁入公墓地有5000座。

礼纪镇公益性公墓,位于礼纪镇农联村委会坎尾前坡,占地面积153亩,设计墓穴4200个,投入资金2500万元。截至2010年,迁入公墓地有400座。

龙滚镇公益性公墓,位于龙滚镇凤园村委会加晓岭,占地面积159亩,设计墓穴4255个,投入资金1164万元。截至2010年,迁入公墓地有250座。

兴隆区公益性公墓,位于兴隆区第一作业区十九队附近,占地面积146亩,设计墓穴5000个,投入资金1064万元。截至2010年,迁入公墓地有2500座。

2009年,建设市级公益性公墓3个,即后山岭、福山、加道仔岭公益性公墓。

后山岭公益性公墓位于万城镇红山村委会的后山岭,占地面积300亩,设计墓穴16000个,投入资金6500万元。截至2010年,迁入公墓地有450座。

福山公益性公墓位于长丰镇福田村委会的藤竹竿岭,占地面积635亩,设计墓穴29000个,投入资金9655.5万元,一期工程完成道路、墓穴和绿化、美化等工程。至2010年,二期工程在筹备中,计划投资7000万元。

加道仔岭公益性公墓位于后安镇农场的加道仔岭,占地面积318亩,设计墓穴18000个,投入资金7000万元。

第四节 社会福利

一、社会捐款与福利企业

(一)社会捐款

1992年,万宁县开展风灾募捐活动,发动全县机关干部、企事业单位职工和社会各界人士捐款,共接收捐助款21.8万元。1993年水灾,全县机关干部、企事业单位职工和社会各界人士积极捐款,共捐赠16.3万元。

2000年风灾,全市机关干部、企事业单位职工和社会各界人士共捐赠1089.5万元。2005年风灾,全市机关干部、企事业单位职工和社会各界人士捐赠225.7万元。2008年,开展“5·12”四川汶川震灾募捐活动,全市共向灾区捐款26.8万元。

2010年,开展向青海玉树地震灾区人民捐赠活动,全市共向灾区捐款95万元。下半年,万宁遭受50年一遇的强降暴雨,社会各界捐赠1187.6万元。每年接收捐助款项都全部用于支持灾区群众恢复生产及生活支出。

2010年万宁市社会各界捐款情况一览表

表15-12　　单位:万元

捐款单位名称	捐款金额
长江商学院EMBA13期北京班	50
万宁凯德投资有限公司	50
长江商学院EMBA13期上海班	37.546
海南鑫桥实业有限公司	10
成都万华投资有限责任公司	100
南燕湾海洋实业开发有限公司	30
长江商学院EMBA12期牛顿班	25
万宁市建筑工程公司	1

(二)福利企业

1994—2010年,万宁市(县)共有福利企业6家,其中,市民政局直属福利企业2家(万宁县牛漏福利选钛厂、万宁县福利经销公司)、股份制企业1家(万宁县包装纸箱福利厂)、民办3家(兴隆福利饮食业综合服务部、后安福利木材加工厂、北大福利橡胶加工厂)。持有省民政厅颁发的福利企业证书的有5家:万宁县牛漏福利选钛厂、万宁县包装纸箱福利厂、兴隆福利饮食业服务部、后安福利木材加工厂、北大福利橡胶加工厂,共有从业人员265人,其中残疾职工62人。其中,兴隆福利饮食业服务部、后安福利木材加工厂、北大福利橡胶加工厂3家企业均于1991年开办,1999年停产。

牛漏福利选钛厂 创建于1991年,是万宁县民政局独家投资兴办的集体福利企业,位于牛漏墟。1992年投产,先后生产钛矿、浩英矿、红英石等产品,累计投资30万元,每年上缴民政局管理费(承包费)1万~2万元。2002年销售收入为50万元,有职工15人,其中残疾职工5人。有福利企业证书,享受税收减免政策,2005年钛厂停产。

包装纸箱福利厂 1998年,由市经委办牵头引资项目,属股份制集体福利企业,位于万城镇食品厂原旧厂址。1999年11月投产,累计投资170.4万元。有职工50人,其中残疾职工18人。投产后经济效益较好,年产值1000多万元,享受免税政策。主要产品有包装纸、包装纸箱。至2010年,正常经营。

福利经销公司 1987年由民政局独立承办, 1989年开始营业,累计投资13.7万元。有职工5人,其中残疾职工3人。主要经营钢材、家具、农副产品等。由于经营管理不善,连年处于亏损状态。1999年,体制改革转包他人经营。

二、福利院与敬老院

（一）福利院

万宁市儿童福利院是中央、省福利彩票资助项目,于2007年4月立项批复, 2008年7月动工,2009年10月竣工。项目位于万城镇丰园社区,占地1.45亩,建一幢二层框架结构综合服务大楼,建筑面积1200平方米,设计床位100个,总投资460万元。2009年12月,已完成绿化和其他配套实施,截至2010年,尚未有儿童入住。

（二）敬老院

1991年,万宁县仅有1所敬老院,即万宁县光荣院。1992年建北大敬老院,1994年建山根敬老院。2000年后,共兴建5所敬老院,即龙滚敬老院、红光老人活动中心、万宁市敬老院、兴隆敬老院、集庄老人照料中心。截至2010年,全市共有8所敬老院(中心),其中万宁市敬老院、兴隆敬老院在建设中。

万宁市光荣院 万宁市光荣院始建于1973年。2005年, 投入资金132万元,在万城镇丰园社区(即北坡农场)建设“三院合一”项目(即光荣院、敬老院、养老院与救助站),占地面积5亩,一幢二层框架结构大楼建筑面积1490平方米。主要收养有功革命老人和革命的遗孀, 2010年底,11位老人入住。

龙滚敬老院 2008年建成投入使用。总投资75万元,建四幢钢筋平房,建筑面积380平方米,床位20个。至2010年,有13位老人入住。

北大敬老院 建于1992年,建一幢平房120平方米, 床位20个。2010年,市民政局投资10多万元进行全修缮,环境改造,种花植草绿化周边, 至2010年,有10位老人入住。

山根敬老院 于1994年建瓦房,2008年民政局投入资金进行改造, 平板房12间, 2010年底,入住人数6人。

红光老人活动中心 2002年开始注册建立,位于万城镇红光村委会,建筑面积290平方米,投入资金60万元;内设活动室、棋牌室、健身房等设施。至2010年已投入使用。

万宁市敬老院 位于大茂镇群爱村,占地2.5亩,总投资1000多万元,建二层框架结构大楼二幢,建筑面积2000平方米, 设计100个床位。2010年投入建设。

兴隆敬老院 位于兴隆墟,占地30亩,总投资1500多万元,建二层框架结构楼房二幢,面积2000平方米, 设计200个床位。2010年投入建设。

集庄老人照料中心 2009年建成,总投资164万元,建钢筋二层楼房一幢,建筑面积300平方米,设计床位20个,2010年底,尚未有人入住。

三、慈善事业

1991年，实施“明天计划”残疾孤儿手术康复行动，共为5名小儿麻痹后遗症孤儿进行矫形康复手术。1995年，为6名先天性心脏病孤儿施行康复手术。

2000年，开展“重生行动,全市贫困家庭唇腭裂儿童手术康复计划”,共为5名唇腭裂儿童施行康复手术。2005年，香港黄氏集团“助跑贫困学子、希望工程圆梦行动”,共资助16名贫困学生上大学。2009年,实施“无白内障市(亮睛工程)免费复明手术项目行动”，为1368名白内障患者施行复明手术。

2010年,开展“爱心育才行动”，资助13名孤儿免费上中专。

四、福利彩票

1991年10月1日，万宁县民政局在县文化宫举办即开型福利彩票发行活动，20天共销售福利彩票320万元，筹集县级福利金30万元。

1994年12月，民政部印发《中国福利彩票管理暂行办法》，改称福利彩票。1996年,万宁县发行中国福利彩票280万元，销售280万元。2000年,开始销售电脑福利彩票,设投注点13个。

2010年末，全市共有16个电脑福利彩票投注点，其中市区6个、镇10个。当年销售福利彩票833.88万元，筹集公益金77.16万元。

第五节 救灾救济

一、社会救助

（一）五保户及孤儿供养

万宁五保户及孤儿供养方式为集中供养和分散供养，集中供养是通过敬老院和福利院实现，但至2010年，万宁福利院尚未有孤儿入住；分散供养是在自家居住。

五保户供养 1991年，全县五保供养人员839户，845人。除每人每年1套单衣、三年1套棉衣、五年1套被褥外，分散供养的，每人每年供给口粮240公斤（稻谷）、菜金80元；集中供养的，每人年供给口粮240公斤（稻谷）、花生油4公斤、菜金160元。

1994年，分散和集中供养五保户，实行统一标准，人年均口粮240公斤（稻谷）、菜金360元。

2001年，全市开展第二次农村五保对象普查。普查前，全市共有五保对象839户、845人；通过普查，全县五保对象增至1264户、1442人，其中集中供养96人，分散供养1346人；当年，供养标准略有提高，集中供养的人年均口粮200公斤（大米）、菜金960元，分散供养人年均口粮185公斤（大米）、菜金500元。

2004年，根据相关文件，万宁将五保户的批准权限由乡政府改为市民政局，五保供养实行应保尽保。

2005年，万宁市落实税费改革政策，农村五保户供养费由乡镇统筹变为由市财政转移支付，供养标准有较大提高，增至1440元/人·年。

2006年1月,国务院颁发《农村五保供养工作条例》,规定农村五保供养资金在地方人民政府财政预算中安排。

至2010年,全市有五保供养对象2183人,并将供养标准由每人每年1440元增至1920元,增加480元/年。五保供养对象死亡,对其实行保葬制度。农村五保供养对象死亡,按死亡日起计20个月的生活补贴一次性发放。

孤儿供养 2006年前,孤儿纳入低保对象。2007—2010年间,全市有孤儿788人,其中农村孤儿469人,城市孤儿319人。农村孤儿生活补贴每人每月300元,城市孤儿生活补贴每人每月500元。孤儿生活保障发放至其年满18周岁。

(二)医疗救助

万宁市自2005年开始建立、实施城乡居民医疗救助制度,印发《万宁市城镇居民医疗救助管理暂行办法》。帮助城乡困难居民治疗大病。

2006年,资助全市五保户、低保户、孤老优抚对象9448人参加新型农村合作医疗,共投入97万元,大病医疗救助687人。

2007年,制定出台《万宁市农村医疗救助管理办法》《万宁市农村特困群众临时医疗救助暂行办法》《万宁市重点优抚对象临时医疗救助和大病医疗救助暂行办法》,安排资金22万元,资助全市五保户、低保户、农村重点优抚对象14671人参加新型农村合作医疗;投入142.5万元,临时医疗救助866人,大病医疗救助605人,门诊救助149人。

2008—2009年,制定《万宁市城乡医疗救助实施办法》,市民政局在12个镇设医疗救助点,安排资金27.3万元,资助城市“三无”(指无子女、无工作、无收入)人员、低保户特困家庭60岁以上老人共6666人参加城镇居民基本医疗保险,安排救助资金57.5万元,资助全市农村五保户、低保户和在乡老复员军人共13357人参加新型农村合作医疗,投入资金350万元,住院救助1600人,门诊救助1128人。

2010年,制定《万宁市城乡医疗救助实施细则》,安排资金96.65万元,资助城市“三无”人员、低保户、特困家庭60岁以上老人10665人参加城镇居民基本医疗保险;安排救助资金30.45万元,资助全市农村五保户、低保户和在乡老复员军人15210人参加新型农村合作医疗;针对城乡特困群众积极开展住院、居家医疗救助,全年累计发放医疗救助资金659.76万元。

二、灾害救济

1992年,万宁县受到第四号强台风的袭击。灾后,政府下拨救灾款14万元,并将各地捐赠的衣服、被褥、水鞋、大米、食用油等物资发放到受灾群众手中。政府拨款13.5万元,对民房全倒的“三无”(无生活来源、无劳动能力、无法定抚养义务人或法定抚养义务人丧失劳动能力而无力抚养的公民)户,每户补助3000元建房款,仅2个月的时间,全县新建钢混结构平房45间,面积1000平方米左右,维修民房2600间。

1993年10月中旬,大茂、东澳、和乐、港北等镇部分地区连降4天大暴雨,造成山洪暴发,是23年来罕见的特大水灾,全县18个乡镇不同程度受灾。县民政局从民政事业费拨出63.6万元,购买谷子44.25万公斤,救济1350户6200人;购棉被3000张,衣服500件,解决1864户1920人的保暖问题;拨款4.8万元用于紧急转移安置,重点救济215户860人。

2000年8月,万宁遭受强台风和特大洪涝袭击,北坡、新梅等乡镇遭受严重洪涝灾害。全市危房倒塌748间,受灾18.5万人,全市经济损失10亿多元。至12月底,市政府拨出救灾款122.5万元、大米34.75万元、衣服30824件,帮助灾民重建家园,解决受灾群众生活困难。

2001年,万宁市民政局拨出专款54万元,为北坡镇集庄、大茂镇龙尾、后安镇潮港等3个村委会分别建设一幢二层(200多平方米)防洪楼。

2005年9月,万宁遭受"达维"超强台风袭击,全市倒塌房屋2974间,直接经济损失2.06亿元。至12月底,拨出救灾专款320万元、大米185吨,基本解决灾民的生活困难问题。

2010年,万宁遭受强降暴雨,万城、龙滚、和乐、后安、大茂、东澳、礼纪、长丰等镇发生暴洪灾害,319个村庄10万多人被洪水围困。市民政局紧急调配矿泉水49.2万瓶、方便面9332箱、饼干2120箱、八宝粥7742箱、食用油9468瓶、被子4.3万张、草床5.8万张、衣服3210件、瓜菜45.9万公斤、帐篷367顶、煤气200瓶、蜡烛4.95万支、打火机2000个,并发放到受灾群众手中。全市下拨救灾款6955.09万元。

三、有偿救济与民政扶贫

1989年,民政部开始试行救灾款有偿使用方法,把单纯的生活救济变为保障受灾群众的基本生活与扶持受灾贫困群众生产自救相结合,实行无偿救济与有偿扶持相结合,对五保户、特困户、重灾户等无自救能力的受灾群众实施无偿救济,对有自救和半自救能力的受灾群众实行有偿救济,有偿救济占救济款20%,有偿资金回收后划入救灾扶贫周转金账户,作为救灾扶贫资金。

1991年,县民政局有偿救济和扶贫资金投放5万元扶持六连胡椒基地扩种5万元,和乐酱油厂1.5万元,局办扶贫钛厂30万元,累计发放有偿救济69.5万元,到期的有偿救济18万元,回收8.8万元。

1992年,共投放扶贫资金28万元,主要用于扶持种植、饲养业。年底回收扶贫款5万元。

1993年,投放扶持资金2.7万元,扶持5户24人发展经济作物生产,至年底,共投放扶持资金93.68万元,其中以户扶持资金25.75万元。至1996年,共扶持402户、2040人。1996年停止救灾款的有偿救济,民政部门的扶贫工作结束。

四、救济

(一)城镇救济

1991年,城镇社会救济对象标准由原每人每月18元调整为25元。全县城镇定期定量救济对象69人(含国民党宽释人员5人),1993年调整为每人每月30元,1994年调整为35元。1999年,城镇定期定量救济人员被列入城镇最低生活保障对象。

(二)麻风病人救济

1991年,拨发生活救济款2.34万元,自1993年1月份起,住院病人每月增加生活费10元,每年还固定增拨6000元作为管理经费。随着社会经济的发展,政府对麻风患者的生活救济也不断提高,至2010年,住院病人的生活费已提高到每人月均260元。

(三)精简退职人员救济

20世纪60年代初,国家精简部分机关、企业、事业单位工人下乡或返乡支援农业生产,部分精简人员因种种原因造成生活困难，政府按救济对象给予定期补助。

1991年，万宁县精简退职人员81人，按照精简退职人员工资总额的40%发放定期生活补助费，人均每月补助20元；1994年，退职人员的补助人均每月增加10元；自2007年起，精简退职人员补助提高到每人每月160元；2010年，全市精简退职人员103人，退职人员的补助人均每月提增至220元，月增加60元。

第六节 优抚安置

一、拥军优属

（一）拥军优属

1991年以来，每年“八一”、春节期间，市（县）委、市（县）政府组织慰问团到驻军点开展拥军慰问活动，召开春节“茶话会”，与驻军官兵畅谈军民鱼水情。每年为部队输送合格兵员，支援部队建设。

2002—2003年，万宁市政府无偿划拨土地15亩，解决万宁边防支队迁队建设用地的问题；万宁民政局、国税局、工商银行、农业银行等单位捐款1.3万元，支持驻军营房绿化建设；市广播电视中心赞助成套电视微波接收器，解决边远驻军看电视难的问题；市文体局为市武警中队设立流动书籍，为官兵开展读书活动提供便利。

2004—2005年，市政府投入资金80多万元，改建驻军公路，全长15千米；某驻军营地用地问题.经市政府各方协调得到解决。

2006—2010年，万宁市为驻军干部解决随军家属子女户口、住房、子女入学、就业等问题。卫生、交通等部门建立军人优先服务窗口，26名随军家属得到挂靠安置工作，为她们办理社会保险，并每月发放生活补助费等。

（二）创建双拥模范城

1991年，开展创建“双拥模范乡(镇)”“双拥模范单位”和“富岛强兵”活动，激发广大军民参与双拥活动的自觉性。同年10月，召开万宁县双拥工作先进单位和积极分子表彰大会，授予某驻军、县武警中队、山根乡政府、牛漏镇政府、三更罗乡政府“双拥工作先进单位”称号，表彰张爱民等22位“双拥”工作先进分子。

1992年，县政府授予龙滚边防工作站、某驻军、县武警中队、山根乡政府、和乐镇政府和牛漏镇政府为双拥工作先进单位，表彰林亚强等10位“双拥”工作先进分子，其中牛漏镇政府被省委、省政府、海南军区通令命名为“拥军优属模范乡(镇)”，龙滚边防工作站被命名为“拥军爱民模范单位”。县政府组织青少年学生，开展向广西边防部队、本市驻军官兵和人民警察部队邮寄慰问信、贺年卡和书籍等活动。

2005年，万宁市开展创建省级“双拥模范城”活动，经省委、省政府、省军区验收组检查验收，万宁市双拥工作达到《海南省拥军优属拥政爱民模范城（县）标准》。2006年，万宁市被省委、省政府、海南军区命授予“双拥模范城”称号，双拥模范城创建工作实行动态管理，三年考核一次。2009年，万宁市再次被省委、省政府、海南军区授予“双拥模范城”称号。

2010年，万宁市共安排军转干部14人，安排随军家属就业16人，办理“就业挂靠”6人，未就业的随军家属每人每月发放生活费500元，市教育局为随军子女入学入托开“绿色通道”，优先安排市重点学校就读。同年，海军驻训部队在万宁沿海进行军演，万宁市帮助驻训部队解决住房、水电等困难，赠送慰问金26万元。

至2010年，投入5000万元，帮助优抚对象解决住房、生活、治病等困难，帮助优抚对象新建和维修房屋240间，解决141名企业军转干部的生活困难，为130名六级以上残废军人缴交医疗保险。逐年累计投入资金1.22亿元，解决驻军实际困难350多项，进一步改善部队生活与工作条件。

二、优待抚恤

1991年，全县享受国家定期定量抚恤金的优抚对象1802人，年兑现抚恤金52万元。

1994年，全县享受国家定期定量抚恤金的优抚对象1875人，年兑现抚恤金74万元。

1998年，全市共有各类领取定补抚恤金的对象2386人，其中“三属”（指革命烈士家属、因公牺牲军人家属、病故军人家属）人员395人，复退军人1687人，革命残疾军人304人，全年共发放定补抚恤金107.4万元。

2000年，全市共有各类领取定补抚恤金的对象2386人，其中失散红军35人，“三属”人员395人，复员军人1288人，退伍军人149人，革命残疾军人307人，保垒户212户，全年共发放定补抚恤金193万元。

2001年建立城乡居民最低生活保障制度以后，优抚对象生活困难的，优先享受城乡低保。

2004年，制订出台《万宁市优抚对象抚恤金补助标准自然增长机制暂行规定》，规定每两年调标一次，增加标准每人每月60元，由市财政负担。全市2379名重点优抚对象抚恤金补助标准得到提高，资金兑现全面完成。

2005年建立城乡医疗救助制度后，资助所有农村重点优抚对象参加新型农村合作医疗，并优先享受医疗救助。

2008年，全市有重点优抚对象3126人，其中残疾军人302人，“三属”人员450人，失散红军41人，复员退伍军人2333人。向3126名重点优抚对象发放抚恤金926万元。

2010年，共向重点优抚对象发放抚恤金1094万元；对在乡抗日老战士224人，每人一次性生活补贴3000元，共67.2万元；向14名1～4级残疾军人发放分散安置护理费15.2万元；为115名企业下岗残疾军人、在乡六级残疾军人缴纳城镇基本医疗保险27.24万元；在抗日战争胜利65周年纪念日，走访慰问224名在乡抗日老战士，每人发放慰问金300元，优抚对象抚恤金采取“一卡通”发放。

三、烈士褒扬

万宁市（县）政府加强革命烈士陵园建设与管理，缅怀革命先烈，褒扬烈士不怕牺牲的革命精神，加强革命传统和爱国主义教育。

万宁县革命烈士陵园 1990年，对番村附近(现红专中路)的烈士碑进行全面规划、重新设计。1991年，修建落成古式陵园大门、陈列馆和一座方形纪念碑，配套绿化美化工程。1993年，投入资金60万元在陵园内兴建庄田纪念馆，占地面积400平方米，建筑面积212平方米。“庄田纪念馆”馆名由杨成武将军题写，馆设三厅，即庄田将军生平展览厅，中央、省领导墨迹展示厅，休息厅。纪念馆前面安放着庄田将军的铜塑像。

六连岭革命烈士陵园 位于六连岭脚下。1993年，国务院批准六连岭革命烈士陵园为全国重点烈士建筑物保护单位,修建一条宽6米、长300米的水泥道直通纪念碑。陵园内设有革命斗争史陈列馆、休息室、卫生间、停车场等设施。

四、退伍军人和军队离退休干部安置

（一）退伍军人安置

1991年后,万宁市(县)政府按照退伍义务兵“从哪里来,回哪里去”的原则,实行退伍军人安置,城镇退伍兵及农村退伍义务兵在服役期间荣立二等功以上的由国家统一安排工作。2002年后,鼓励城镇退伍士兵自谋职业,实行经济补偿安置政策。

1991—1995年,共接收退伍军人500多人,均已妥善安排到岗工作。

1996—2000年,共接收退伍义务兵400多人。

2001年,万宁市政府制定《万宁市鼓励城镇退役士兵自谋职业暂行规定》,从2002年开始,实行经济补偿安置政策。2001年前,215名城镇退役士兵安置遗留问题,有146人得到补偿安置,发放补偿金242.4万元。2005年177名城镇退役士兵得到经济补偿安置。

2006—2010年,共有84名城镇退役士兵自谋职业,发放经济补偿金128.2万元;安置上岗28人,经济补偿安置15名军队离退休干部,全面落实政治待遇和生活待遇。

（二）义务兵优待

按照《万宁县优待义务兵家属暂行办法》规定,城镇义务兵每人每年优待补助金240元,由其父所在地单位负担,农村义务兵每人每年优待补助金200元,由农户按责任田每亩上缴优待粮1公斤,交乡镇政府拆款统筹分配给军属户。全县有义务兵家属803户,其中城镇义务兵95户,优待金2.28万元,户均240元;农村义务兵家属708户,优待金14.37万元,户均203元。

1994年,全县有义务兵优待家属950户,优待标准每户每年240元,优待面100%。

2000年,全市共有义务兵优待家属1044户,其中城镇义务兵111户,每户每年发放优待金240元;农村义务兵家属933户,每户每年发放优待金200元。

2002年,全市义务兵优待家属429户,其中城镇70户,农村359户,年统筹优待金15万元,全面兑现。

2004年,市政府制定出台《万宁市义务兵家属优待实施细则》,将义务兵家属优待金列入市级财政列支,每户每年240元优待金提高到600元,由市民政局统一发放。

至2010年,优待金补贴额度不变。

（三）军队离退休干部安置

1991年,县军休所接收、安置第二批离退休军官6人。1995年,接收、安置第三批离退休军官4人。

1998年,市军休所共接收、安置离退休军官15人。2006年,经济补偿安置15名军队离退休干部,全面落实政治待遇和生活待遇。

2010年,接收、安置退休军官10人。

第十六编　教育 科技

第一章 教育

第一节 基础教育

一、幼儿教育

（一）幼儿园

1991年，全县仅有县机关幼儿园一所，入园幼儿485人，幼儿园配备园长2人，幼师36人，保健员1名。其中受过学前教育专业训练的园长1人，幼师19人；取得“专业合格证书”的幼师12人。

1992—1995年，万城、龙滚、山根、大茂、长丰等乡镇先后办起幼儿园5所，入园幼儿800多人。全县小学还开设学前班136个，招收学龄前儿童5746人，基本普及学前教育。

1996年后，由于教师编制所限，公办幼儿园基本停止招收幼师。大茂、长丰、山根等乡镇幼儿园相继停办。到2005年，万宁市社会力量办园已形成规模，成为幼儿教育的主力。教育部门办的仅有市机关幼儿园、龙滚幼儿园2所，入园幼儿366人，其中学前班112人。民办幼儿园在园幼儿2479人，其中学前班1097人。

2010年，全市有公办幼儿园1所，民办幼儿园104所，全市在园幼儿14445人，其中公办幼儿园在园幼儿人数258人，民办幼儿园在园幼儿人数14187人。

（二）学制与课程

1991—2010年，幼儿园学制四年，设有小班、中班、大班、学前班，万宁市（县）幼儿园课程设置为美工、音乐、体育、社会、语言、计算。

2010年万宁市幼儿园基本情况一览表

表16-1

项目		园数(所)	班数(个)	在园人数(人)	学前班(人)	教职工人数(人)		
						其他	教师	保健员
所含女性数量		—	—	6193	1368	625	603	2
按创办单位分	教育部门办	1	7	258	72	23	23	1
	社会力量办	104	479	14187	3230	640	580	1
按城乡分	城镇	37	170	4272	1158	247	202	2
	农村	68	316	10173	2144	416	401	—
	总计	105	486	14445	3302	663	603	2

二、小学教育

（一）学校

1991年，全县共有小学260所，其中完全小学203所，初级小学57所（教学点12个），在校小学生57885人。

1995年，全县有完全小学257所（不含6个国营农场）、初级小学25所，有在校小学生63351人。2001年，全县有小学229所，教学点44个，有1787个教学班，在校学生58901人，其中女生26748人。

2004年，市政府对学校布局结构进行调整。至2005年，全市有小学177所、教学点15个，小学教学班1499个，在校小学生48559人，其中女生22165人。

2008年，市政府对学校布局结构进行大幅度调整：一是把初小及教学点并入完全小学，二是把一些完全小学并入镇中心学校；三是把一些小学及人数较少的初中学校合并为九年一贯制学校。同年9月，兴隆华侨农场的小学归属地方教育部门管理。2009年9月，国营新中、南林、东和、东兴、东岭农场小学同时归地方教育部门管理。至2010年，全市共有小学143所（含6所九年一贯制学校及思源学校），在校小学生45401人。其中有8所民办学校，127个教学班，在校学生5488人。

（二）学制与课程设置

1991年，小学全部实行六年一贯制。有条件的小学还附设学前班。全县260所小学办起学前班148个（含其他部门、集体办）。小学课程包括语文、数学、图画、音乐、体育、自然、品德、劳动等学科。

2001年9月，国家实施第一轮新课程改革，小学开设语文、数学、品德与生活、品德与社会、体育、音乐、美术学科。从一年级起增设综合实践活动和校本课程、劳动与技术教育、生态文明教育，从小学三年级起开设英语、科学课程，每周2课时。

2010年万宁市普通小学入学情况一览表

表16-2　　单位：人、%

年龄	学龄儿童		学龄儿童		入学率	女性
	人口总数	女性	在校数	女性		
总计	47497	20350	43896	18784	92.42	92.30
6岁	6335	2694	2814	1168	44.42	43.36
7岁	6841	3041	6789	3013	99.24	99.08
8岁	6929	3063	6926	3062	99.96	99.97
9岁	6962	2956	6959	2953	99.96	99.90
10岁	6855	2857	6843	2853	99.82	99.86
11岁	6444	2836	6436	2833	99.88	99.89
12岁	7131	2903	7129	2902	99.97	99.97
城市	8816	3371	8194	3151	92.94	93.47
6岁	1127	415	513	200	45.52	48.19
7岁	1370	566	1365	563	99.64	99.47
8岁	1333	520	1332	519	99.92	99.81

续表16-2

年龄	学龄儿童		学龄儿童		入学率	女性
	人口总数	女性	在校数	女性		
9岁	1535	549	1534	548	99.93	99.82
10岁	1838	690	1837	690	99.95	100
11岁	1613	631	1613	631	100	100
农村	37165	16382	34186	15037	91.98	91.79
6岁	5208	2279	2301	968	44.18	42.47
7岁	5471	2475	5424	2450	99.14	98.99
8岁	5596	2543	5594	2543	99.96	100
9岁	5427	2407	5425	2406	99.96	99.96
10岁	5017	2167	5006	2163	99.78	99.82
11岁	4831	2205	4823	2202	99.83	99.86
12岁	5615	2306	5613	2305	99.96	99.96

三、初中教育

（一）学校

1991年，全县有完全中学4所：万宁中学、和乐（原大同中学）中学、华侨中学（原龙滚中学）、民族中学，还有万城镇、山根、港北、后安、乐来、大茂、北坡、东澳、礼纪、长丰、南桥、三更罗、北大、宾王、合山等16所初级中学，1所职业中学（原环城中学）。全县初中教学班281个，在校学生13539人；全县初中专任老师606人。

1992年2月，原县职业中学改名为市第二中学，另在万城镇中央坡创办市中等职业技术学校，同年9月招收旅游服务专业120人，宾馆财会专业40人。同年6月，为了发展民族地区教育，在新梅乡创办新梅初级中学，是年招收初一新生一个班。

2004年，私立观德初中停办，学生由万城地区中学接收；新梅初级中学停办，并入礼纪中学；港北中学停办，并入大同中学。

2008年，市政府对学校布局大幅度调整。礼纪镇合丰、合兴、红群小学并入荣兴初级中学，校名改为荣兴（九年制）学校。

2008—2010年南桥、禄马、北大、龙滚初中和当地部分小学合并，均为九年一贯制学校，校名分别叫南桥学校、禄马学校、北大学校、龙滚学校。2008年8月兴隆华侨农场中学划归地方教育行政部门管理，兴隆高中并入市民族中学。2009年，国营新中、南林、东岭、东兴、东和农场中学归地方教育行政部门管理，三更罗中学并入新中中学，东和中学并入民族中学。2010年，全市中学26所（含九年一贯制初中部及民办中学），在校初中学生20784人，女生9574人，全市普通中学教职工2241人，其中，专任教师1867人，行政人员57人，教辅123人，工勤194人。

（二）学制与课程设置

1991年，中学实行“三三制”（高中、初中各3年），初中设语文、数学、英语、政治、历史、生物、物理、地理、化学、思想品德、体育等课程。2001年秋季，义务教育课程进行第一轮改革，初中设置语文、数学、英语、物理、化学、思想品德、历史、地理、生物、体育与健康、音乐、美术课程，还增加了综合实践活动和校本课程、写字、劳动与技术教育、生态文明教育、专题教育。

四、普通高中教育

（一）学校

1991年，全市有完全中学4所：万宁中学、和乐中学、华侨中学、民族中学。高中教学班71个，在校学生3394人，专任教师124人。

2000年，龙滚华侨中学高中部暂停招生，保留高中建制。

2001年，全市有完全中学6所，分别是万宁中学、市第二中学、市第三中学、市民族中学、市大同中学、海之南学校，有高中教学班60个，高中在校生4190人。

2008年8月，兴隆华侨农场中学归地方教育行政部门管理，兴隆高中部并入市民族中学；2009年，东和中学高中部并入民族中学。

2010年，全市完全中学7所，有高中教学班127个，在校高中学生7107人，其中有女生2813人。

（二）学制与课程设置

1991年，中学实行“三三制”（高中、初中各3年），高中取消文科班、理科班分开教学的做法。1995年，高中从二年级起又恢复设立文科班、理科班。

2004年，普通高中进行第一轮新课程改革，课程由必修课和选修课两部分构成，并通过学分描述学生的课程修习情况。科目设置有语文、外语、数学、思想政治、历史、地理、化学、生物、技术（含信息技术和通用技术）、艺术（音乐、美术）、体育与健康等学科，还增设综合实践活动（研究性学习活动、社区服务、社会实践）等科目。至2010年，万宁市学制和课程设置未变。

万宁市中小学部分年份基本情况一览表

表16-3

年份	小学								中学												
	学校（所）			学生		专任教师			学校（所）					学生（人）					专任教师（人）		
	合计	其中		班级（个）	人数（人）	合计	其中		合计	其中				合计（人）	高中		初中		合计	其中	
		完小	初小				公办	民师代课		高中	初中	职中	农中		班（个）	人数（人）	班数（个）	人数（人）		公办	民师代课
1991	260	203	57	1716	57885	2760	2428	332	22	4	16	1	1	11510	32	1781	184	9729	810	761	49
1995	287	212	75	1786	60726	3157	2906	251	24	5	17	1	1	18374	42	2076	307	16298	1206	1139	67
2001	192	148	44	1787	26748	3246	3026	220	22	5	15	1	1	27679	60	4190	356	23489	1288	1186	102
2005	183	177	6	1499	48559	2738	2722	16	23	6	15	1	1	34198	97	6548	378	27650	1437	1390	47
2010	137	120	17	1148	37543	2993	2993	0	25	7	17	1	0	27403	127	7171	388	20232	1868	1867	1

万宁市各中学创办时与2010年的情况对比一览表

表16-4　　　　单位：人

学校名称	创办时基本情况					2010年基本情况				校址	备注
	年份	班级	学生	教工	校长	班级	学生	教工	校长		
万宁中学	1925	3	100	5	陈怡甫	72	4263	267	柳成荫	万城镇	—
万宁二中	1978	8	400	18	杨钻时	47	2842	207	钟子光	万城镇	—
万宁三中	1992	5	225	30	林光华	23	1404	106	卓平	万城镇	—
民族中学	1958	1	40	3	王天琦	43	2536	192	陈家文	牛漏镇	—
大同中学	1948	3	150	25	李鼎京	34	2002	156	林显全	和乐镇	—
龙滚学校（初中部）	1956	4	200	30	莫骄	8	451	49	龚电勋	龙滚镇	2009年8月和龙滚镇中心学校合并为九年一贯制学校
山根初级中学	1969	6	300	18	刘冠强	7	352	34	林华生	山根镇	—
乐来初级中学	1958	2	100	10	苏德雄	9	457	35	文秀雄（代）	乐来墟	—
北大学校（初中部）	1969	2	80	9	吴文亮	4	202	16	刘明仁	北大镇	2010年9月和北大小学合并为九年一贯制学校

续表16-4

学校名称	创办时基本情况					2010年基本情况				校址	备注
	年份	班级	学生	教工	校长	班级	学生	教工	校长		
禄马学校（初中部）	1958	2	100	4	李成昆	4	208	17	许振平	禄马墟	2010年9月和禄马小学合并为九年一贯制学校
后安初级中学	1964	2	100	10	文荣英	34	2090	132	李赟	后安镇	—
大茂初级中学	1958	2	80	8	黄祚双	15	890	75	符厚信	大茂镇	—
万城镇初级中学	1987	4	220	21	杨钻时	31	1879	118	林觉文	万城镇	—
长丰初级中学	1960	4	200	11	王崇权	3	200	20	谢 杰	长丰马坡	—
东澳初级中学	1958	4	130	15	陈光	14	850	81	陈立刚	东澳镇	—
礼纪初级中学	1969	4	140	15	肖镇爵	12	729	71	李天政	礼纪镇	—
南桥学校（初中部）	1958	1	42	3	林鸿信	8	462	30	文忠雄	南桥墟	2010年和南桥小学合并为九年一贯制学校
荣兴学校（初中部）	1987	5	300	21	黄德波	5	242	25	吴文华	礼纪合山	2008年8月原合山初级中学合并合丰、合兴、红群小学成九年一贯制学校
北坡初级中学	1956	2	100	10	林明高	23	1396	94	韩强	北坡墟	—

续表16-4

学校名称	创办时基本情况					2010年基本情况				校址	备注
	年份	班级	学生	教工	校长	班级	学生	教工	校长		
兴隆一中	1959	15	750	58	钟运校	20	1145	84	林泽标	兴隆	—
新中中学	1964	1	27	7	林万发	17	873	72	温海平	新中墟	2009年8月合并三更罗初级中学
南林中学	1965	2	66	7	王宏成	11	587	70	卜翔凯	南林墟	—
东兴中学	1970	2	70	11	黄良金	16	921	80	林爱清	东兴墟	—
东岭中学	1970	5	160	15	符国雄	4	172	31	谢凡	东岭墟	—
海之南学校	2004	12	601	40	罗金香	10	428	32	朱晖	万城镇	—
华兴学校（初中部）	2004	4	125	16	王昌勇	10	331	30	唐皓	万城镇	—

1991—2010年万宁市(县)学生高考升学统计表

表16-5

年份	本专科人数	本科			专科人数	备注
		一本	二本	三本		
1991	226	61	—	—	—	—
1992	—	—	—	—	—	—
1993	236	14	—	—	—	—
1994	313	34	—	—	—	—
1995	483	—	—	—	—	含保送生25人
1996	429	—	—	—	—	—
1997	365	30	160	—	165	—
1998	405	33	177	—	195	—
1999	—	—	—	—	—	—

续表16-5

年份	本专科人数	本科			专科人数	备注
		一本	二本	三本		
2000	489	41	184	—	264	—
2001	636	93	245	—	298	—
2002	963	75	317	—	571	—
2003	1248	154	386	40	668	—
2004	1569	180	396	53	940	—
2005	1716	301	158	70	1187	—
2006	2138	259	352	89	1437	—
2007	2150	224	402	115	1409	—
2008	2257	177	390	181	1509	—
2009	3041	185	516	262	2078	—
2010	2747	284	574	350	1539	—

说明：部分数据缺失

第二节 素质教育

一、德育教育

1991年，万宁县政府成立万宁县中小学德育工作领导小组，分管教育副县长任组长，教育局局长任副组长，司法局、公安局、万宁中学、县进修学校、万城小学等单位的领导为成员。完全中学增设政教处，初级中学和学区成立德育工作领导小组，进一步健全各级德育工作领导机构，加强对德育工作的领导。召开全县小学德育工作研讨会、中学德育工作座谈会，开展法制教育活动，受教育的师生、干部群众2.3万多人；开展"学雷锋、学赖宁"活动，创建"文明学校""文明班级"。

1992年，利用校会、班会和政治课组织师生深入学习"加速科技进步，大力发展教育，充分发挥知识分子的作用"等内容；组织师生反复学习国家教委颁发的《中小学加强近现代史及国情教育的总体纲要》，联系实际开展"二史一情"教育活动；加强日常行为规范教育，开展经常性的学雷锋、学赖宁活动。

1993年，开展爱国主义教育、革命传统教育、国情教育和理想前途教育，深入开展学雷锋、学赖宁活动。1994年，县级三好学生332名，优秀学生干部84名。1995年，在万宁中学等学校开展"祖国在我心中"主题演讲会及向孔繁森学习报告会。评选省级"三好学生"21名、"优秀学生干部"6名。

1997年，开展香港回归祖国读书活动。召开班主任工作研讨会，交流转化"差生"思想工作经验；开展中小学生日常行为规范评估活动；开展"向雷锋同志学习月"活动，举行"致远舰"爱国科技仿真航模竞赛和向灾区人民献爱心活动等。市级"三好学生"283名，"优秀学生干部"95名。1997年，将德育列入学校工作的重要日程，根据不同地区、不同年龄段的学生特点，制订德育工作方案，健全德育工作体制和规章制度，优化学校德育工作队伍；健全关工委机构，抓"日常行为规范"教育，创办家长学校。248名学生被评为省、市级“三好学生”“优秀学生干部”。1998年,开展五项专题教育,即现代化建设的伟大成就和宏伟目标教育,中国近代史、现代史、中共党史教育,基本国情、省情、市情教育,中华民族优秀传统和革命传统教育,民族团结和国家统一、国家安全教育。开展“三个一百”活动(看百部爱国影片、读百部爱国图书、唱百首爱国歌曲),组织参观爱国主义教育基地,利用书报、课堂、重要纪念日、重大历史事件等进行爱国主义教育。全市共有209名学生被评为省、市“三好学生”“优秀学生干部”。

2001年第一轮新课程实施后,中小学课程目标从知识与能力、过程与方法、情感态度与价值观三个方面设计,着眼于学生素养的整体提高。在教学过程中,培养学生爱国主义、集体主义思想道德和审美情趣,发展个性,培养创新精神和合作精神,使学生逐步形成积极的人生态度和正确的世界观、价值观。2001—2005年间,全市中小学校共有151人获省“三好学生”称号、62人获“省优秀学生干部”称号;605人获市“三好学生”称号、440人获“市优秀学生干部”称号、103人获“市优秀少先队员”称号。

2006年后,全市中小学校大都配备一位法制副校长,专门抓学校法制教育工作。2006—2010年间,全市中小学校共有165人获“省三好学生”称号、60人获“省优秀学生干部”称号;988人获“市三好学生”称号、456人获“市优秀学生干部”称号;78人获“市优秀少先队员”称号。

二、勤工俭学

1991年,全县中小学通过校办农场开展勤工俭学,共种植槟榔22621株、椰子6703株、果树1999株,植树206164株;1992年种植林木112255株、槟榔10933株、椰子5406苗、果树969株,植树206164株,校办农场种植甘蔗46亩、水稻53亩。1996年11月,市教育局在华侨中学召开勤工俭学工作现场会,市华侨中学、礼纪中学在会上介绍勤工俭学的经验。1998年后,全市校办农场基本停办,学校勤工俭学活动基本上没有开展。

1991—1997年万宁市(县)中小学校勤工俭学情况一览表

表16-6

年 份	勤工俭学校数(所)	占总学校数(所)	参加学生数(人)	经济收入(万元)	用于改善学校设备(万元)
1991	217	94.0	40683	41.2	11.2
1992	217	94.3	40685	66.90	8.5
1993	261	95.60	45763.	82.6	34.9
1994	246	89.8	46214	94.0	35.6
1995	245	89.9	47156	106.11	41.2
1996	246	90.1	56228	115.0	44.6
1997	218	81.6	40599	71.0	32.8

三、体卫艺工作

1991年，积极推行《国家体育锻炼标准》《中学生体育合格标准的试行办法》，当年有96.3%的学校开展体育达标活动，全县中学生达标率为98.7%，小学生达标率为97.6%。与县卫生防疫站密切配合，对全县40652名中小学生进行健康检查，做好检查资料分析和统计工作，提出改进卫生工作意见，保障学生身心健康成长。同年，开展“六一”文体活动、“七一”歌咏比赛；开展体育课观摩教学活动，抽查万城小学等6所小学体育达标情况；在大同中学举行“万宁县第九届中学生田径运动会”，县职业中学、万宁中学和大同中学分别荣获完全中学组第一、二、三名，长丰中学、北坡初级中学、山根初级中学分别荣获前三名，破县中学生纪录7项，平省中学生纪录1项。

1992年，深入中小学检查体育教学，评选优秀体育课和优秀体育教师；开展中学生篮球和教职工排球邀请赛等，在海南省少先队鼓号花样操表演赛中万宁县代表队荣获第二名。

1997年，举办全市第八届小学生田径运动会，组织全市中小学体育教师参加第八套广播体操培训班，在全市中小学校推行第八套广播体操。

1999年，举办全市中小学生田径运动会，全会共有5人次打破6项市（县）纪录；广泛开展课间操活动。密切配合卫生部门做好常见病、传染病的预防和治疗，在全市中小学生中开展氟化泡沫防龋齿工作。

2001年，举办2001年“五四”青年节中小学青年教师及中学生歌手比赛；举行万宁市中小学校园书画作品比赛及巡展活动；抓好全市在校生预防性健康检查工作。

2004年，组织万宁教师代表队参加海南省首届教师排球赛，荣获第八名；校办工厂万宁教育服装厂参加省首届“椰苗”杯学生着装展评会，荣获综合设计单项金奖；组织全市中小学生排球和文艺比赛；组织全市中小学校歌手比赛，共有38名中小学生获奖；组织万宁市首届中小学生舞蹈比赛，共有27名学生获奖；举行全市中小学生2005年元旦文艺调演活动；组织全市第一届初中生男子排球赛；2005年，举办首届万宁市校园文化艺术节。

2007年，深入贯彻《中共中央国务院关于加强青少年体育增强青少年体质的意见》精神，广泛开展“阳光体育运动”，鼓励学生走向操场，走进大自然，走到阳光下，掀起全市青少年学生参加体育锻炼的热潮。组织学生参加全省中小学小歌手比赛，1人获一等奖，3人获二等奖；参加全省中小学器乐比赛，1人获一等奖，1人获二等奖。

2010年，组织中小学生美术、书法作品比赛，共有92件作品获奖；组织全市中小学生第三套广播体操比赛，万宁中学、市第三中学、东澳中心学校、大茂中心学校、市第二小学分获中学、小学组一等奖；举办全市教职工书画比赛，参赛作品65幅，共有18幅作品获一、二、三等奖；组队参加海南省广播体操比赛和海南省中学生田径运动；组织学生参加海南省中小学生校园歌手、舞蹈比赛和全国第十五届中小学绘画书法作品比赛。

四、综合素质培养

1991—1995年，在海南省首届普教自制教具展评会上，万宁县获省一等奖1件、二等奖4件、三等奖10件；全县中学生参加海南省第二届青少年生物百项科技活动评选，1人获得二等奖，2人获三等奖。全县中小学生利用课余时间开展科技和发明创造活动,参加国家、省级青少年科技论文和发明创造项目竞赛,1人获国家级三等奖,2人获省级二等奖,3人获省级三等奖。

自1997年起,万宁市深化教育改革,全面推进素质教育。

同年,万宁市教育局组织各中学校长、学区主任、中心小学校长、乡镇分管教育的领导,学习推广湖南汨罗和山东青岛实施素质教育的经验,确定后安中学为推行素质教育的实验点。后安中学转应试教育为素质教育,实行初三分流,结合当地经济发展的主导作用,培养合格加特色人才,提出坚持"三个面向"(面向农业、农村、农民),实行"三个转变"(由应试教育向素质教育转变,由培养"飞鸽牌"人才向"永久牌""扎根牌"人才转变,由单一教学模式向专业课、文化课两课并重教学模式转变),组建13个课外兴趣小组,开设第二课堂,初三毕业生在毕业前夕进行半个月的短期技术集中培训。全市22所中学实行初三分流,创办音乐班14个、电脑班2个、美术班15个、机电维修班15个、农技班18个、淡水养殖班9个。加强普通学校劳动技术课,在教学中增设职业教育课,实行小学高年级每周增加4节职业教育课,初中增加2节,高中增加4节。

1998年,小学高年级每周上职业技术课1节,初中2节,高中3节;改革办学模式,实施初三分流;全市办音乐班11个、电脑班6个、美术班8个、机电维修班2个、农技班11个、淡水养殖班5个、蘑菇班2个,在实用型培训班学习的学生达1352人次,应届中学生接受技术培训面达91%;抓好农村职教基地建设,市职校建立电脑室,礼纪中学建蘑菇基地、反季节瓜菜种植基地,南桥中学建芒果基地等。

1996—2000年,组织全市中小学生参加海南省中小学生自制劳技教具作品评选活动,获二等奖1人、三等奖2人。全市中小学生参加国家、省级青少年发明创造比赛,获全国三等奖1人,省二等奖1个,三等奖4个。全市中学生参加国家、省级青少年生物百项活动评选,获全国三等奖1人,省二等奖2人,三等奖3人。全市中学生参加初中数理化竞赛,获全国一等奖29个,二等奖56个,三等奖96人,省一等奖62人,二等奖182人,三等奖486人。

2001—2005年,组织全市中小学生参加海南省青少年科技创新大赛,获全国二等奖1项,获省一等奖1项,二等奖1项,三等奖2项;参加青少年科幻绘画获省三等奖4项。

2006—2010年,参加海南省青少年科技创新大赛,获省级一等奖3项、二等奖4项、三等奖6项,参加省科幻绘画比赛,获省三等奖8个;组织参加海南省科普小先生演讲比赛,获省一等奖1次,省三等奖2次;组织学生参加全省初中化学素质和实验能力竞赛活动,获省一等奖1次,二等奖1次,三等奖2次;组织中小学生参加海南省中小学生器乐比赛,获省二等奖2个,三等奖4个。

第三节 中专和职业技术教育

一、概况

1991年,农业中专学校招收财会专业、兽医专业各一个班,共120人。

1992年,县成立职业技术教育委员会,各乡镇成立职业技术教育领导小组,市教育局增设职业教育股。同年,创办万宁县中等职业技术学校,同年秋季招收学生160人,其中旅游服务专业120人,宾馆财会专业40人;开设语文、数学、英语、音乐、礼仪、旅游概论、客房服务、餐饮服务、旅游地理、市场营销、公共关系学、心理学、金融、基础会计、商业会计等专业课程。县教育局组织人员编写职业教育乡土教材《万宁概况》《海洋捕捞》《槟榔》《橡胶》《胡椒》《养鸡及鸡瘟防治》等20多种乡土教材。

1993年,县农业技术学校开设财会、农产品贮藏及加工、师资及英语(旅游方向),在校学生380人,教职工53人。

1995年,县职校在校生311人,其中,旅游专业3个班共128人,财会专业3个班共143人,家电专业1个班共28人。学校还在兴隆地区征地20亩筹办职业技术教育实验宾馆。

1995、1996年市职校与海南省政法学校联合办学,增设政法、财会电算化专业班。

1996年职校开始招初中班,1999年停招中等职业教育学生,县职业技术学校改名为第三中学。

2003年和2005年,市教育局分别选派16名初中教师参加省教育厅举办的初中种养殖师资培训班。

2008年7月,整合海南省技工学校万宁分校、万宁市教师进修学校及万宁市中等卫生职业技术学校,创办万宁市职业技术学校。分别在技工学校、教师进修学校及卫生学校3个校区办学。开设护理、药剂、财会、电子技术、机电技术应用、汽车维修、酒店服务与管理、高尔夫服务与管理等11个专业,其中,财会和烹饪专业与海南省华侨商业学校实行"三段式"联合办学,护理和药剂专业与海南省第二卫生学校联合办学。

2009年,市职业技术学校在校生1312人。

2010年9月,市职业技术学校长丰马坡新校区落成,原技工学校校区及进修学校校区整体搬迁到长丰马坡新校区办学。在校学生1590人。生源大多来自万宁,毕业生就业由学校负责推荐,部分学生自谋职业。

二、中专学校简介

(一)万宁市农业中等专业学校

1976年6月始创,初时校名为"万宁县五七大学",校址在北大双拖岭下。1982年,校名改为万宁县农业技术学校，1987年6月，改为万宁县农业中等专业学校。1988年9月，县人民政府决定将原校搬迁到大茂镇群爱简冬坡，新校园面积35亩。

1990年9月，学校开设师资、英语、财会、牧医4个专业班级，学生206人，教职员工47人。学校从创办至1990年，共招收农学、农机、热、牧医、果林、英语、师资、财会等8个专业。20个班级，学生1100人。

1993年，学校开设财会、农产品贮藏及加工、师资及英语（旅游方向）。全校在校生380人，教职工53人。1996年，学校停止招生。

（二）万宁市卫生学校

1970年万宁市卫生学校创办，校址在万城光明街卫生局大院。1970—1973年，卫校主要培训乡村赤脚医生，1973年开始，设立医士和护士专业班，招收自费生和代培生，毕业后回原单位或自找工作。1989年，学校改为海南省万宁县中等专业卫生技术学校，正科级建制。

1990年，学校面积40多亩，有教学大楼和宿舍楼，有较齐全的教学设备，校园环境优美。有医士、护士、中医士和助产士4个专业，学制3年。向全省9个市县招生，在校学生400多人。1993—1997年，学校校园面积13亩，主要举办护理、中西医士、助产等3个专业，向全省招生，学制三年。1997年学校有教师19名，其中副主任医师2人，主治医师8人，在校生519人。

1998—2002年，学校增设妇幼专业，主要开设护理、中西医士、助产及妇幼等4个专业。2002年教师16人，其中副主任医师2人，主治医师6人，在校生179人。2003—2008年间，学校开设有护理、中西医士、助产及临床等4个专业。2005年起不再独立办学，主要与海南省第二卫生学校联合办学，开设护理、中西医士、助产专业。2007年与海南医学院联合办学，增设护理和临床专科学历班，教师9人，其中，主治医师6人，在校生315人。

2008年7月，职业教育资源整合，卫生学校并入万宁市职业技术学校。

（三）万宁市师范学校

1990年，万宁教师进修学校校园占地面积7.04亩，建筑面积3187平方米。有4个教学班，学生278人，教职工40人。学校以“培训在职教师”为主，短期培训和定期进修、脱产进修及在职函授相结合，提高全县小学教师的思想素质和业务水平。1993—1995年，学校教师20人，其中高级职称教师6人，中级职称教师7人。学校主要招收初中毕业生，举办普师班，学制2年，每年招收新生140人左右，在校生270人左右，毕业130人。学生毕业后自谋职业，不少人担任民师。

1996—1998年，学校教师31人，其中高级职称教师7人，中级职称教师8人。1996—1997年每年招生130人左右，在校生270人左右。1998年增设文艺班，招生46人，全校新生88人，在校生205人。

1999—2001年，学校教师26人。1999年在校生166人，2000年在校生128人。2001年办初中教育，招收初中生2个班110人。

2002—2008年，学校停止办学历教育，主要负责全市中小学教师全员培训任务。2005年挂海南省万宁市教师继续教育培训基地牌子。2008年7月，整合教育资源，成立万宁市职业技术学校，全市中小学教师全员培训任务由市职业技术学校承担。

2008年，共培训2年制进修学员659人，3年制师专函授学员324人，广东省广播英语业余师专27人，中师函授学员755人，上岗前培训人员（自费）300人，各种短期培训班学生1600人。其中1990届毕业生60人，由国家分配工作。

三、职业技术学校简介

（一）万宁县职业中学

前身是环城中学，创办于1978年。1986年8月，万宁县调整中等教育结构，将环城中学改为万宁县职业中学，初中部开设普通初中课程，高中部在讲授普通高中课程的基础上，增设电工、热作、农学等几门职业技术课。1989年职业高中班发展到8个班，增设植物、生物等职业课，职业课课时占总课时的30%。1990年，在校学生1700多人，教职员工156名。全校有教学大楼4幢，内设教室30间；宿舍3000多平方米。还有化学实验室、化学仪器室、物理实验室、物理仪器室、图书馆和学生阅览室、音乐室、职业课教室等教学设施。有1个较完整的运动场地，有400米跑道。学校已成为初具规模的职业中学。1988—1990年，有11位学生考入高等院校职业师资班，80名学生考取大、中专院校。

1992年2月，移往中央坡办学，校园面积60亩，改名为万宁县中等职业技术学校，主要招收初中毕业生。1992—1995年，调整专业设置，增设计算机、旅游、家电、财会专业班，开设语文、数学、英语、政治、音乐、礼仪、旅游概论、客房服务、餐饮服务、旅游地理、市场营销、公共关系学、心理学、金融学、基础会计、商业会计等专业课程。1995年在校生311人，其中，旅游专业3个班，共128人；财会专业3个班，共143人；家电专业1个班，共28人。1996年，与海南省政法学校联合办学，增设政法、财会电算化专业班，共招两届，开设语文、数学、英语、政治、公文写作、行政与行诉、司法文书、国际法、经济概论、婚姻法与继承法、涉外经济法、会计基础、流通会计、商品学、统计知识、商品流通会计、会计电算化、成本会计、财务管理等课程。1997年，中职在校生242人，毕业生自谋工作。1996年，开始办初中班，1999年停招中等职业教育生，办高中班，改为万宁市第三中学。

（二）海南省技工学校万宁分校

创办于1981年8月，是海南省技工学校两个分校之一。在业务上属省技工学校领导，在行政上属县劳动局领导。原校址是租借中科院广州所番村试验站，1989年，自筹资金和上级拨款兴建新校，校址万城镇柳园路，占地面积34亩。

1990年，建教学实验楼1000平方米（其中有教师办公室5间，电子、电工、电脑实验室各1间），学生宿舍楼1650平方米，教师宿舍楼750平方米，学生食堂310平方米，高级讲师1人，中级讲师（含中教一级教师）5人，助讲3人，教员3人，实习指导教师3人，在校生373人，学生来自全省各县市，学制有三年制和两年制两种，初中生毕业生入校学制三年，高中毕业生入校学制两年，学校设有电子、电工、机电3个专业，以电子专业为主。培养了毕业生388人，短期电子培训班学生50人，毕业生由劳动部门分配，绝大多数的毕业生成为生产单位的骨干。

1993—1999年，有教师21人，其中，高级讲师3人，讲师2人，助理讲师16人，学校主要开设有计算机应用、电子、机电技术应用等3个专业，其中计算机专业于1998年开招生。生源来自全省各市县，主要招收初中、高中毕业生。初中生就读学制3年，高中生就读学制2年，每年招收新生人数300

人,在校生年均900人,毕业生主要分配到国有企业事业单位及私企。

2000—2008年,学校开设计算机应用、电子、机电技术应用及汽车驾驶与维修等4个专业,其中,汽车驾驶与维修于2004年9月开设,在校生约600人,毕业生主要由学校安排到海口、珠江三角洲地区国有企业工作。2001年被海南省人事劳动保障厅批准为海南省第十所国家职业技能鉴定所,开展技能鉴定培训工作,主要工种为家用电器维修工、维修电工、文字录入员。2003年,被海南省安全生产监督管理局认定为海南省特种作业培训机构,主要承担低压电工作业及焊工作业两个工种的培训考核工作,每年培训约400人。2008年7月,整合职业教育资源,该校并入万宁市职业技术学校,同时保留海南省技工学校万宁分校牌子。

（三)万宁市职业技术学校

创办于2008年7月,整合海南省技工学校万宁分校、万宁市教师进修学校及万宁市中等卫生职业技术学校而成,加挂海南省技工学校万宁分校、海南省第十所国家职业技能鉴定所、万宁市就业再就业基地、万宁市教师继续教育培训基地、万宁市阳光工程培训基地等牌子,并相应承担相关培训职能,分别在技工、教师进修及卫生学校等3个校区办学,同时在原长丰初级中学着手建设新校区。成立之初教师75人,其中,高级讲师职称4人,讲师职称28人,开设护理、香精香料、药剂、烹饪、财会、电子技术、机电技术应用、汽车维修、计算机、酒店服务与管理及高尔夫服务与管理等11个专业,共21个班,其中,财会和烹饪专业与海南省华侨商业学校实行“三段式”联合办学,护理和药剂专业与海南省第二卫生学校联合办学。在校生1334人,其中,护理专业125人、香精香料专业42人、药剂专业31人、烹饪专业55人、财会专业61人、电子技术专业139人、机电技术应用专业209人、汽车维修专业278人、计算机专业231人、酒店服务与管理专业134人及高尔夫服务与管理专业29人。

2009年,全校开设11个专业,在校生人数1312人。其中,护理专业208人、香精香料专业33人、药剂专业36人、财会专业50人、电子技术专业139人、机电技术应用专业183人、汽车维修专业294人、计算机专业195人、酒店服务与管理专业103人及高尔夫服务与管理专业71人。教师80人,其中高级讲师职称7人,讲师职称25人。

2010年9月,学校新校区落成,原技工校区及进修师范校区整体搬迁到长丰马坡新校区办学。学校校园面积130.6亩,其中新校区89.2亩,建筑面积33831平方米,实验实训场所占地面积551.15平方米,实验实训场所建筑面积3605平方米,分别设有电子、机电技术应用、汽车修理、高尔夫服务、酒店服务、计算机及艺术形体等35间实训室,实训设备总值372万元,基本上满足教学需要。教师82人,其中高级讲师职称9人,讲师职称24人。增设旅游服务、高尔夫草坪机械及歌舞演艺专业,财会专业与海南省财税学校进行“三段式”联合办学,全校学生1590人。

2008—2010年,学生绝大部分来自万宁市,毕业生就业由学校负责推荐,个别学生自谋职业,主要推荐到海口、三亚、万宁及珠江三角地区,就业情况良好。

1991—2010年,万宁市(县)中专学校学制:海南省技工学校万宁分校学制有三年制和两年制两种,初中毕业生入校学制三年,高中毕业生入校学制两年;万宁市卫生学校:医士、护士、中医士和助产士等专业,学制3年;万宁市中等师范学校普师班,学制2年。

第四节 社会办学

1991年，万宁县社会力量办学较早的有私立观德初级中学，在校初中生100人左右；1993年，私立万德文学校创办，小学一至六年级在校生180多人；同年，万城小学附近创办育群学前班，招收学龄前儿童40多人。

1995年7月，东北爱心幼儿园创办，在园幼儿150多人；1996年6月，新世纪学校创办。1997年，国务院《社会力量办学条例》颁布后，万宁市社会力量办学发展迅猛，同年6月小太阳幼儿园创办，1998年6月，科星学校创办。

至2010年底，全市民办幼儿园42所，教学班229个，入园幼儿7650人，基本普及儿童学前教育；民办小学8所，教学班127个，在校小学生5488人，其中女生1636人；民办九年一贯制学校1所，即万宁市华兴学校；完全中学1所，即海之南实验学校。在校初中生552人，其中女生193人；在校高中生149人，其中女生55人。

2005—2010年万宁市各级各类学校学生数一览表

表16-7

项目	2005	2006	2007	2008	2009	2010
在校学生数（人）	96100	116562	115258	117545	94403	87096
中等专业技术学校	—	—	—	1389	2275	2135
普通中学	34430	41659	38712	46689	32799	29980
高中	6685	8310	8211	8022	7720	7257
初中	27745	33349	30501	38667	25079	22723
小学	50794	63318	62326	56607	50201	45401
幼儿园	10876	11585	14220	12860	9128	9580
招生数（人）	24990	24600	24969	20573	18567	15917
中等专业技术学校	—	—	—	793	810	740
普通中学	13923	13917	13458	12584	11382	10209
高中	2895	3102	3087	2877	2627	2387
初中	11028	10815	10371	9707	8755	7822

续表16-7

项目	2005	2006	2007	2008	2009	2010
小学	11067	10683	11511	7196	6375	4968
毕业生数(人)	23159	26541	23766	22674	19434	17875
中等专业技术学校	—	—	—	235	243	625
普通中学	12294	14700	12598	12367	10306	9482
高中	2870	3172	3071	2872	2665	2363
初中	9424	11528	9527	9495	7641	7119
小学	10865	11841	11168	10072	8885	7768

第五节 成人教育

一、扫盲教育

1991年,县教育局深入农村摸底,全县15~40周岁文盲半盲3053人。全县办扫盲班53个,包教保学点122个;1993—1996年,县政府拨款7.5万元,从农业、科技、水产、畜牧等部门筹集21万元,乡镇及村委会统筹9.1万元,学校投入2.5万元,发动社会赞助1.9万元,共计23.1万元,投入扫盲工作,添置教学设备,优化教学条件。扫盲工作实行“双轨承包责任制”(即市包乡镇、乡镇包村,村包学员和教育部门包学区、学校,学校包教师,教师包学员),一级抓一级,层层负责。在扫盲工作中,实行“四定三包一不变”(定任务、定人员、定时间、定奖惩;包宣传发动、包学员脱盲、包巩固提高;一定时间内不变动工作任务)的做法。采取“日校带夜校”“一师任二教”“举办扫盲班与包教保学”相结合的方式,坚持“农闲集中学,农忙分散学”的原则,全面开展扫盲工作,狠抓各项措施落实。全市共办扫盲班89个,包教点348个,脱盲人数1413人,巩固率98.1%。1997年,万宁市通过国家、省的“两基”(基本普及九年义务教育和基本扫除青壮年文盲)工作检查验收,国家教委、财政部授予万宁市“扫盲工作先进市”的称号。1998—2000年,扫盲重点是做好巩固提高工作。2000年,扫盲工作全市基本结束。

二、农民文化技术培训学校

1991年,全县创办农民文化技术学校40所,参加学习的农民6713人。1992年,农民文化技术学校222个,入学人数达到7408人。1993年,全县依靠乡镇、村委会办好各级农民文化技术学校,坚持“实际、实用、实效”的原则,围绕经济发展需要对农民进行实用技术培训,全县18个乡镇、186个村委会都办起了农民文化技术学校,开设“槟榔、椰子管理”“菠萝种植”“芒果栽培”“橡胶加工”“禽畜饲养”“水产养殖”等课程,1996年,各乡镇还成立科普小组,推广科学技术,促进科技发展,促进农村两个文明建设，收到良好的经济效益和社会效益。2008年市职业技术学校建立职业培训网络，农民技术培训达到25000人次，2009年市职校举办几期村官培训班，培训村官850人。至2010年，参加学习的农民达10万人次，429人获得"农民技术员"荣誉称号。

三、脱产进修，函授学习

万宁市（县）重视学历教育，鼓励在职人员通过成人高教、带薪脱产进修或参加函授学习，不断提高学历水平。1991—2008年，共有4993人通过成人高等教育进入普通高校进修或函授，获得相应的学历文凭。此外，还有部分在职人员通过自学考试来提高自己的学历水平。

1991—2000年，万宁市（县）每年都有150多人参加自学考试。其中大专班有80人，本科班有70人。有中文、教育、会计、工商管理、护理等专业。1991年有82人通过所有专业考试，1995年有76人通过所有专业考试，2000年有52人通过所有专业考试。2001—2010年每年均有40～60人参加考试，2005年有28人通过所有专业考试，2010年有22人通过所有专业考试。至2010年，全市参加高等教育自学考试492人；在校函授2868人，其中专科1972人，本科896人。

第六节 教育体制改革

一、管理体制改革

1991年，万宁县基础教育基本上形成"地方负责，分级管理"的局面。1995年起，全县实行乡镇财政包干，市政府包干发放教育局直属学校教师工资，其他学校教师工资由乡镇一级政府发放。城乡教师工资发放标准不一样，拖欠工资现象时有发生。乡镇一级政府有权招收、调配辖区中小学教师，有权任命辖区中小学校长。1999年，市政府规定各乡镇财政收入先存入教师工资专户，保证教师工资优先发放；全面加强中小学教师编制管理，规范学校内设机构和岗位设置。2000年设立中小学教师"工资资金专户"，通过银行直接拨入教师在银行开设的个人账户中，杜绝拖欠中小学教师工资的现象，并逐年还清历年拖欠的中小学教师工资。

2001年，教育局配合市委对全市中小学校长实行竞争上岗，实行校长负责制，逐步理顺中小学校长的管理体制。

2004年，试行单位末位淘汰制度，对考核末位的中小学校长、教师进行免职或限期改正等处理。

2006年，小学毕业水平测试加考英语科。

2007—2010年，全市中小学实行均衡教育，取消分重点班和普通班的做法。在资金划拨方面向民族地区、边远地区倾斜；在全国范围招聘特岗教师，充实薄弱学校的师资力量。2008年，对中小学校布局进行大幅度调整，将各镇初中学校与中小学合并，办成九年制学校，重新配置与整合教育资源，加强学校管理。

二、人事制度改革

1991年，县政府规定大中专毕业生一律分配到农村中小学任教。同年全县大中专毕业生70多人，全部分配到农村中小学任教；教育局聘用90届大中专自配生42人，也全部安排到边远地区中小学任教。

1992年，在人事管理方面建立四个制度：一是提拔中小学领导干部按照“物色、培养、考察、使用、提高”五个层次进行，选拔85名教学骨干充实各级领导班子；二是民主评议领导班子制度；三是人才引进实行公开考核制度；四是人事任免坚持集体讨论制度。

从1993年起，万宁县推进中小学人事制度改革，改革中小学校长的选拔任用管理制度，在全县率先公开选聘万城镇中学校长，并实行校长聘请副校长、中层管理人员和教职工的人事制度；在各中学和部分学区实行股级干部聘任制，共聘任股级干部46人，任期2~3年。在万城镇中学公开选聘校长试点成功后，又相继竞聘校长、学区主任7人上岗。

1994年，继续在各乡镇推行校长公开选聘制，山根、后安、新梅等乡镇各选一所小学公开选聘校长，县民族中学、北坡第一学区公开选聘校长和学区主任；在部分学区、初级中学聘任学区主任和校长，在各完全中学由校长聘任中层领导干部。1995年，继续实行选聘中小学校长和推行教师聘任制，选聘校长的学校有县教师进修学校、礼纪中学、礼纪中心小学、长丰中心小学和山根中心小学等，大同中学推行校长、教师聘任制。

1996年，共调整6所中学和5个学区的主要领导及9名小学校长，选拔79名中青年教师充实到中小学校、学区的领导班子中。1997年，应届大中专毕业生实行择优录用、竞争上岗。2001年全市中小学校长、学区主任全面实行竞争上岗。

2002年，组织教育局股级干部竞争上岗；组织完全小学校长竞争上岗，共有171名优秀领导、教师被聘任为171所完全小学校长；组织初级中学校长、学区主任、中心小学校长签订任期目标责任书。2003年，清退乡镇一级政府招收的教育系统人员120多名。

2007年，面向全国公开招聘5所完全中学校长。

2010年，通过竞争上岗的办法，择优录用1999—2004届统招师范毕业生。

第七节 教师队伍

一、教师结构

1991年，有中小学及幼儿教师3201人，其中中学（含高中）教师810人，小学教师2327人，幼儿教师64人。

2010年，全市中小学及幼儿教师5407人，其中，中学（含高中）教师1925人（其中特级教师2人），小学教师3246人，幼儿教师236人。

1991—2010年部分年度万宁市（县）普通中学专任教师情况一览表

表16-8　　单位：人

年份	文化程度					专业技术职务				
	人数	研究生	本科	专科	中师	特级教师	高级教师	一级教师	二级教师	三级教师
1991	810	0	62	373	375	0	29	187	219	286
2001	1456	0	192	1177	87	0	117	478	631	54
2005	1779	0	531	1204	44	2	180	555	796	96
2010	1925	4	1111	775	35	2	307	792	608	23

1991—2010年部分年度万宁市（县）小学专任教师情况一览表

表16-9　　单位：人

年份	人数	文化程度					专业技术职务					
		本科	专科	中专	高中	其他	特级教师中学高级	高级教师	一级教师	二级教师	三级教师	未评
1991	2327	0	45	1299	726	257	0	270	634	521	426	0
2001	3955	25	820	3023	0	87	6	894	1586	1031	191	48
2005	3607	43	1316	2208	0	40	3	1160	1799	467	57	60
2010	3246	180	2190	871	0	5	2	1958	841	332	10	103

1991—2010年部分年度万宁市（县）幼儿园专任教师情况一览表

表16-10　　单位：人

年份	文化程度						专业技术职务				
	人数	本科	专科	中师（中专）	初中	其他	高级教师	一级教师	二级教师	三级教师	未评
1991	64	0	0	39	23	2	5	4	13	4	21
2005	95	0	31	62	2	0	19	42	14	0	20
2010	236	6	52	163	15	0	24	4	7	0	201

二、教师管理

自1991年起，县教育局在每学期开学前都定期举办师德学习班，学习党的教育方针及有关法律法规，帮助教师树立正确的世界观、人生观、价值观。不定期组织师德报告团到全市各中小学作师德巡回报告，使教师们学有先进、赶有目标。同年，市政府规定，大中专应届毕业生全部安排到乡镇中小学任教，组织万城区学校和办学质量高的学校教师到边远地区及民族地区学校开展“支边”活动。1998年起，市教育局每学期都组织局直属小学、万城第一、第二学区的100多名教师到三更罗、禄马、北大等学校支教。1999年，市政府规定师范类应届大中专毕业生按编制安排到民族地区和边远地区试教一年，期满经考核合格且自愿留在民族地区继续任教者，从试教之日起转正定级工资。2004年，市教育局在核定编制的基础上，安排万城第一、第二中心学校130名教师轮流到民族地区及边远地区学校支教。2008年市教育局组织全市中小学教师进行教学水平测试。2009年，协同海南师范大学、琼州大学、琼台师范高等专科学校进行顶岗实习、学习活动。市教育局坚持开展评选“十佳校长”“十佳青年教师”“百名为人师表教师”等活动，在建立健全激励机制的基础上，对一些违法违纪的教师进行严肃处理。

2010年，全市共有公办学校教职工5407人，其中普通中学（含职业技术学校）专任教师1925人，小学专任教师3246人，幼儿园专任幼师236人。

三、教师培训

1991年，市教师进修学校培养中师进修毕业的小学教师78人，中师函授毕业的小学教师53人。1992年，全市选送39名民族地区中小学教师参加各级学校进修和岗位培训，其中北京师范大学2人，省教育学院3人，临高师范学校7人，市教师进修学校27人。1993年，中学校长、学区主任和乡镇中心小学校长参加省的岗位培训5期，共62人，县举办小学校长岗位培训班3期，共130人；举办小学中低年级和幼儿（学前班）教师业务学习班、新编九年义务教育教学大纲和教材学习班，少先队总辅导员培训班等，共7期，参加学习的教师2038人次；选派187名中小学教师到省、县教育学院（校）脱产进修。选送128名中小学教师参加各种学校进修和岗位培训，其中北京师范大学3名，海南教育学院5名，市教师进修学校120名。1994年，选派46名中小学校长参加省校长培训班学习；教育局和辽宁教育学院联合举办小学教育专业专科函授班，招收180名小学教师参加函授学习，通过县教师进修学校举办6期小学一级教师培训班，培训360名小学一级教师，700名中小学教师参加省教育学院函授学习，30多人脱产学习。1995年，继续同辽宁教育学院联合举办大专函授班，招收学员85名，175名中小学教师参加海南教育学院大专函授或脱产学习。市教师进修学校招收进修班（二年制）学生260人，中师函授班（学制三年）776人。

1996年，中学教师参加“三沟通”学习8个专业42人次，市教师进修学校招进修班学生224人，中师函授班170人，12人参加省教育学院脱产进修，280人参加省教育学院和辽宁教育学院函授。1997年，市进修学校招进修班学员116人，中师函授53人。1998年全市342位中小学校长参加省市岗位培训,60多位中小学校领导和教育行政干部参加市人事局组织的电脑培训班;对新分配的282位大中专毕业生进行岗前培训;全市250位小学教师参加为期二年中师脱产学习;举办半年的业务培训班3期,共380位小学教师参加学习;192位教师参加中师函授学习,190多位教师参加大专进修、函授学习。1999—2001年,市教师进修学校重点转到抓好全市中小学教师的教学基本功培训工作。自2002年起,主要抓全市中小学实施新课程的教师培训工作。自2007年起,组织教师参加国家级和省级培训工作。

2008—2010年,组织348名市级骨干教师参加培训;组织全市2000多名小学教师参加业务水平测试。

2009年,选派20多位校长到上海等地名校和海口市第一中学等先进学校挂职跟班学习;组织校长到大同中学开展现场诊断活动,训练校长发现问题、解决问题能力;组织30名校长到东北三省和山东等地考察学习;开展"以省级校本培训示范校为平台整体推进市域农村教师专业发展万宁数学班"培训,以万宁中学为平台,整合海南师范大学和海南基础教育优质教师培训资源,辐射带动全市乡镇中学校本培训;开办周末教师流动培训学院万宁语文班、英语班、物理班、数学班、小学一年级及六年级等11个教学培训班,共计1929人参加培训。

2010年,研究制定《万宁市2009—2013年度教师继续教育实施方案》,继续加大教师的针对性和实效性培训力度,开设了教务主任培训班、小学二至五年级语文数学教师培训班、小学教师远程教育培训班、中学物理数学教师培训班、中学语文数学英语教师远程网络研修班等10多个培训班,全市中小学5438名教师参加培训,共培训8110人次;19名校长分别参加了教育部举办的小学校长培训班和北师大、江苏、东北等名校考察学习培训班。

四、教师招聘

1991—2001年,万宁没有向社会公开招聘教师。教师主要来源为师范院校毕业分配的学生。

2002年,面向全省公开招聘30名本科毕业生,充实高中师资力量。同时,对新录用的185名师范类大中专毕业生实行试用期满综合考核。

2004年,在省内外招聘36名全日制普通高等学校师范类本科毕业生。

2005年,招聘师范类毕业生80人。

2006年,面向全国高等师范院校招聘师范类本科毕业生38人,充实到完全中学。

2007年,在华中师范大学、西南师范大学及陕西师范大学等6所名牌师范大学,招聘64名2007届毕业生,并在1999—2006届包分配的中等师范学校(含小学教育大专班)毕业生中招聘50名教师,安排到初中部任教。

2008年,到西南师范大学和陕西师范大学、东北师范大学、华中师范大学等7所名牌师范大学,招聘82名2008届毕业生(其中研究生毕业的有12名)。

2009年4月,万宁出台《万宁市2009年招聘高中教师工作方案》,继续在本市待分配的大中专毕业生中按照公开、公平、公正的原则招聘157人,在全国范围招聘特岗教师104人。2010年,招聘特岗教师95人。

五、考核与任用

1991—1995年，由县教育局对各中学和乡镇中心小学校长、学区主任从德、能、勤、绩等方面进行全面考核，并根据考核结果适当调整领导班子，教师由各中小学校、学区组织考核，重点对教师的教学、教育能力进行评价，对不称职的教师进行调整。

1996年，按照革命化、年轻化、知识化、专业化的原则，通过考核、考查，共调整6所中学和5个学区的主要领导及9名小学校长，同时选拔79名中青年教师充实到中小学、学区的领导班子中。

2003年，市教育局对初级中学正副校长、局直属小学正副校长、学区常务副主任及学区干部、市幼儿园正副园长及各学区中心小学正副校长、完全小学校长进行考核，考核结果作为是否解聘、续聘、调职的依据。

2004年，凡在民族地区学校任教满一年以上且经考核合格的中小学教师，在原工资基础上可享受上浮10%工资的待遇，全年调增工资约80万元；出台《万一、万二学区教师轮流支教方案》，安排万城第一、第二学区130名教师轮流到农村、山区小学支教，并跟踪考核，考核合格者回原单位任教，不合格者再留支教一年，第二年考核不合格者，调离教师队伍。建立健全初级中学正副校长、学区主任、学区干部、小学校长及教职工年终综合考核制度，分级分类，量化考核，全面客观公正地考核教职工的德、能、勤、绩。经年终工作考核，对末位的两名中学校长和3名学区主任进行限期整改，对18名完全小学校长进行免职，对52名教职工限期改正和重点培训提高，并及时处理12名不称职教师。

2005年，全面实行中小学校长任期届满竞争上岗，对届满的中小学校长进行综合考核，解聘个别不称职的校长，对缺岗的学校校长通过竞争上岗的方式来安排。

2007年，继续安排万城镇6个单位103位教师赴市民族边远地区的农村薄弱学校支教，并跟踪考核。

2008年，对万宁市第二中学等5所中学原借用教师进行考核，考核不合格者退回原单位。

2010年，继续实行年终综合考核制度，通过考核，分流安置年龄偏大、教学能力一般的教师422人。

六、民办教师

1990年开始，全县推进普及九年义务教育，小学及初中生源增加，不少学校教师缺员，县教育局在全县范围内招收小学及初中民办（代课）教师。1991年招收民办（代课）教师50名，由学区统一考试，教育局审批。1992—1995年，又连续招收一些民办（代课）教师。当时民办（代课）教师的最低工资150元，最高工资240元，由县教育局统一发放。县教育局在政治、生活、学习方面关心民办（代课）教师。1991年，海南省教育厅下达万宁县民办教师转正指标20名，教育局成立考核小组进行考核并张榜公布；1992—1993年，全县转正民办教师70人；1994年，转正代课教师30名；此后，又转正140多名。不少教师积极报名参加进修或函授学习，获得中师或大专毕业文凭，在教学业务上提高较快，不少民办(代课)教师成为学校的教学骨干。1999年,全市对没有取得合格学历,没有相应教师资格证的民办(代课)教师一律实行辞退。2000年后,师范院校毕业的学生逐年增多,国家实行教师资格证准入制度,万宁市不再招收民办(代课)教师。

第八节 教育教学研究

一、教研组织

(一)市教育局中小学教研室

1991年以后,县教育局教研组织有中学教研室、小学教研室。中学教研室有教研员6~7人,配备主任1人,副主任1~2人,内设中学文科组、理科组。小学教研室有教研员5~6人,配备主任1人,副主任1人,内设小学语文组、数学组。至2010年,所设教研室、配备人员未变。

(二)学校(学区)教研组

1991—2003年,各级中学以校为单位,分学科成立教研组。各学科教研组长由本学科资历较高、教学实践经验较丰富的教师担任;各学区均配备1~4名教研员;以学区为单位,成立中心教研组,负责指导全学区各小学的教研活动,其成员除了学区的教研员外,还有学区主任和各小学较有教学实践经验的教师。2004年,撤销学区建制,教研员归镇中心学校管理,至2010年,工作性质不变。

二、教研活动

1991年,组织教研人员深入万宁中学、长丰镇中心小学等10多所中小学蹲点听课,组织公开教学,与教师一起研究教材教法,帮助学校建立教学常规。建立教师集体备课制度,成立县高三学科备课小组,各中学和学区按年级、学科成立备课小组。抽查中小学教学质量,开展第二课堂活动,选拔12名青年教师参加省小学奥林匹克数学教练员培训班,各学区也相应组织“奥赛”教练员队伍40多人,加强课外辅导。

1992年,全县参加支边的教师300多人,听课的教师达212人次,上示范课32人次,组织班主任交流工作经验、召开学校管理研讨会18次。分5个片,组织青年教师开展调教活动,加强教学方法研究。

1993年,组织高中教师每月按年级分科集中在万宁中学集体备课,研究高考备考工作。各中学以教研组为单位,组织教师一周集体备课一次;各学区以学区中心教研组为单位,重点抓高年级教师的集体备课。组织教研员落校蹲点,深入课堂听课,组织公开课和检查教学,协助学校加强教学常规管理。开展全县小学作文调教活动,评选5位教师在全县进行作文观摩教学。建立教学质量评估制度,组织全县性教学质量抽查考试4次。

1994年,组织全县小学青年教师作文调教,开展初中数学、中小学体育课、课堂教学评优活动,组织高三年级教师集体备课,进行小学、初中教学质量抽查考试和教学常规大检查。

1995年，开展小学课堂教学调教和全县观摩教学活动，41位青年教师参加调教。每学期定期进行教学质量抽查和主要学科质量分析，在万城、长丰等乡镇抽调教师30人安排到7个民族乡镇和边远地区15所小学任教。

1996年，中小学教研员深入学校听课256节，开展学科优质课评选活动。

1997年，开展全市性“三优”（优秀课、优秀教案、优秀论文）评选活动，共有110多位中学教师和42位小学教师参加。指导学校抓好教学专题研究，如后安中学的“快速作文”教学、大茂中学的“培养学生独立分析能力”等。

1998年，各乡镇共配备专职教研员57名，规模较大的学区，教研员由原来的2名增至4名。万宁中学、万宁市第二中学设置教研中心。组织教研员学习“说课”教学、“情境”教学理论，探讨实施素质教育理论；组织教学骨干到琼海、海口等地听课取经，邀请海南中学全体高三科任教师到万宁市指导高三教师备课等。

2003年，组织骨干教师到各学校进行听评课，检查老师上课和备课情况，开展公开课、说课、调研课等教研活动。同时抓好中小学教研工作的综合评估，加强对学校常规教学的检查。

2004年，市教育局抓住基础教育改革与发展的重点和难点，以“三个一”（即小一、初一、高一）为突破点，积极开展教改实验，大力推广先进的教育科研成果，不断优化课堂教学，提高教学质量。

2010年，市教育局以中小学“教育质量年”为契机，继续深化基础教育课程改革。大力开展网络教研教改实验、优质课调教评比、课堂观摩教学、多媒体课件评比、现代远程教育应用说课及教师书画等比赛活动，发掘教师的教学潜力，大力推广先进的教育科研成果；组织中小学教研员下校听课200多人次、124课时，指导教师集体备课，提高教师听课、评课业务水平；组织优秀教学成果送教下乡，为教师快速成长搭建平台；开展4次20个科次教学质量抽查，实施教学质量监控，跟踪教学效果。

三、教研成果

1991年，万宁县有1人被评为“国家优秀教师”，5人被评为“省优秀教师”，69人被评为“县优秀教师”，25人被评为“县先进工作者”，40人被评为“县先进班主任”；全县参加奥林匹克数学竞赛的小学生获二等奖4名，三等奖24名，其中9名学生免试进入海南中学初中部；参加全国初中应用物理知识竞赛的1名初三学生获一等奖（全省唯一一名获奖学生）。

1992年，全县中小学生参加全省、全国性学科比赛，5人获得一等奖，21人获二等奖，43人获三等奖。北大学区黄立军、万宁中学符祥勤分别获得省小学语文和中学物理调教二等奖；在全省论文评选中，各有1人获得省一、二、三等奖；万宁第二中学梁俊和禄马小学卢关雄被评为“海南省优秀体育教师”；全县中小学生参加学科比赛获得奖励的有118人，其中各有1人获得全国初中应用物理知识竞赛、化学竞赛一等奖，1人获得“我爱我的家乡”征文比赛特优奖。

1993年，在全省初中语文、物理、历史和高中化学等学科优质课评优、观摩活动中，获得二等奖3个，三等奖1个。全县200多名中小学生参加全国、全省和县的奥林匹克数学、物理、化学、英语等学科竞赛，有38人获奖，其中2人获全国初三化学二等奖、1人获三等奖；1人获全国高中数学三等奖；2

人获全国初中应用物理二等奖、6人获三等奖；3人获全省小学数学二等奖、23人获三等奖；4篇教学论文获得全国、全省奖励。

1994年，全县中小学生参加全国、全省七项学科比赛，获奖人数119人，其中获全国一等奖3人，二等奖15人，三等奖45人；获省一、二、三等奖分别为11人、2人、38人。

1995年，全县师生参加全国、全省各项评比活动，获国家级奖励6项、28人次，获省级奖励10项、73人次。

1996年，全县小学获省市级优质课一、二、三等奖分别为6个、14个、20个，中学获省市级优质课一、二、三等奖分别为6个、10个、16个；小学生参加全国数学竞赛，获全国二等奖12人，三等奖15人，优胜奖28人；中学生参加全国化学、数学、物理竞赛，共有34人获奖；获市长奖金的学生25人（高中7人、初中6人、小学12人）。

1997年，参加全国数学竞赛获得团体赛二等奖，2人获一等奖；参加全国物理竞赛，2人获一等奖，参加全国化学竞赛，2人获一等奖，共有50人获得全国物理、数学、化学竞赛二、三等奖。

1998年，参加省优质课比赛，获得一、二、三等奖分别为3人、1人、3人；全省学科教案评选有3人获奖；全省小学教师基本功竞赛3人获奖；全市教师撰写教学论文373篇，获国家级奖3篇，省级奖42篇，市级奖215篇；参加全国和省有关学科竞赛共有315名学生获奖；

2002年，中学生参加全国学科竞赛共有106人获得国家级奖励，有44人获得省级奖励；教师参加省调课说课评比，共有14人获奖，万宁中学、市第二中学、后安中学被评为全省说课先进单位。

2003年，教师参加全省优质课调教评比，获得一等奖的有4名，二等奖6名；参加全市优质课调教评比，获得一等奖的有12名，二等奖17名，三等奖12名；129人的129篇论文获得市级以上教学论文奖。

2004年，万宁市教师参加全省优质课调教评比，获得一等奖的有2名，二等奖4名，三等奖1名；参加全市优质课调教评比，获得一等奖的有5名，二等奖16名，三等奖22名；240人的240篇论文获得市级以上教学论文奖；中学教研室承担的国家“十五”规划课题“中学数学创新思维能力研究和实践”顺利通过中国教育学会验收组的验收，中学教研室及万宁中学被评为国家级课题研究先进单位；万宁中学初中语文自学辅导教学课题通过国家、省级的验收，领到实验结题证书。是年万宁中学、万城镇中学、北坡中学承担省教育研究培训院“中学语文新课程学习方式的变革”实验课题，于2007年结题验收。万城镇中学梁居运、王倩老师在三亚、文昌市的实验课题展示课教学，受到师生好评。

2005年，万宁市教师参加全国优质课调教评比，获一等奖1名；参加全省说课评比，获一等奖1名，参加全省优质课调教评比，获一等奖8名，二等奖13名，三等奖18名；参加全市优质课调教评比，获得一等奖22名，二等奖45名，三等奖78名；415人的420篇论文获市级以上教学论文奖。

2010年，教师参加全省优质课调教评比，13人获得一、二、三等奖，参加全省课堂教学评比，9人获得一、二、三等奖，参加全省多媒体课件比赛，6人获得一、二、三等奖；有26名教师获省级论文奖，4名教师被评为省“教坛新秀”，200多名教师获得市级调教奖和书画奖，500多名教师获得市级论文奖。

附:历年获得省级以上教学评比获奖名单

王爱菊 市民族中学教师,1993年海南省化学科中青年教师优质课评比二等奖。

吴文华 万城镇中学教师,1996年海南省首届数学教师调教比赛二等奖。

洪　霞 万城镇中学教师,1999年全国中学化学教师优质课评比三等奖。

黄茂勇 万城镇中学教师,2000年海南省中学生物学科课堂教学设计比赛一等奖。

吴　斌 万宁中学教师,2000年海南省第一届高中数学优质课评比二等奖。

肖关吉 市第二小学教师,2000年海南省第四届小学数学青年教师课堂教学评比一等奖。

林海珠 万宁中学教师,2001年海南省第三届初中数学说课一等奖。

吴　斌 万宁中学教师,2001年全国数学科目标教学录像评比二等奖。

吴　斌 万宁中学教师,2001年海南省数学科多媒体教材录像评比三等奖。

蔡文海 万宁中学教师,2001年海南省生物科课堂教学评比二等奖。

梁彩娥 万二中心学校教师,2001年海南省第五届小学数学青年教师课堂教学评比二等奖。

吴舒颖 北坡中心学校教师,2001年海南省中青年教师课堂教学多种风格展示活动三等奖。

林觉文 万宁中学教师,2001年参加海南省政治优质课调教二等奖。

王　燕 万宁中学教师,2002年海南省第二届高中英语优质课评比二等奖。

黄茂勇 万城镇中学教师,2003年海南省中学生物学科课堂调教比赛二等奖。

刘砥柱 万城镇中学教师,2004年海南省第四届初中青年数学教师优质课评比二等奖。

曾海珍 礼纪中学教师,2004年海南省第三届初中英语教师优质课评比二等奖。

黄云曼 北坡中心学校教师,2004年海南省第六届青年教师阅读教学观摩课评比三等奖。

柳　艳 大茂中心学校教师,2005年海南省第六届小学数学青年教师课堂教学评比一等奖。

李　虹 北大中心学校教师,2006年海南省第七届小学语文教师阅读教学评比二等奖。

李海珠 万宁中学教师,2006年海南省初中青年数学教师说课二等奖。

李国栋 北坡中学教师,2006年海南省中学语文学科教学评比三等奖。

潘燕云 和乐中心学校教师,2007年海南省第七届小学数学青年教师课堂教学评比二等奖。

陈彩虹 市第二中学教师,2007年海南省中学语文学科教学评比三等奖。

王　健 万宁中学教师,2007年海南省音乐优质课评比二等奖。

蔡丽花 万宁中学教师,2007年海南省高中地理区域教学课堂评比二等奖。

马宝雨 万宁中学教师,2008年海南省中学政治优质课评比二等奖。

裴智强 大茂中心学校教师,2008年海南省第八届小学语文教师阅读教学观摩活动三等奖。

符文超 市第三中学教师,2009年参加全国地理优质课评比三等奖。

宋　超 万宁中学教师,2009年海南省中学语文教师教学评比二等奖。

蔡业强 万城小学教师,2009年海南省第八届小学数学青年教师课堂教学评比三等奖。

蔡丽花 万宁中学教师,2010年海南省首届地理科教学能手评比二等奖。

刘进生 万宁中学教师，2010年海南省体育课堂评比三等奖。

黄龙明 市民族中学教师，2010年海南省高中数学课堂教学录像评比二等奖。

唐琼蓝 市民族中学教师，2010年海南省第十六届多媒体教材评比二等奖。

陈妙学 长丰中心学校教师，2010年海南省第九届小学语文教师阅读教学观摩活动三等奖。

万宁市（县）教研人员和教师在省级以上报刊发表的部分论文统计表

表16-11

作者单位	姓名	文章题目	发表时间	刊物名称
南桥中学	陈三书	必须净化校园育人环境	1992.4	中国青年报
市第二小学	黄敬锋	采用假设代换法巧解决赛难题一例	1994.2	海南教育
万城镇中学	吴东雄	如何调动教师的教学工作积极性	1995.6	海南教育
万城镇中学	陈三书	细心·关心·耐心——班主任工作点滴谈	1995.7	陕西师范大学出版社
礼纪中学	罗世播	几何证题中的倒推法	1996.4	海南教育
中学教研室	陈三书	化作春风催桃李	1997.8	海南日报
市民族中学	李 勇	愿做春蚕织锦秀	1997.8	海南日报
市第二小学	黄敬锋	浅谈数学思维训练的两种关系	1997.9	小学教学参考（广西）
中学教研室	林永坚	略谈数学课自学能力的培养	1998.3	海南教研
市第二小学	黄敬锋	解应用题的窍门在哪里	1998.8	小学教学研究（江西）
中学教研室	林永坚	中学数学创新教育的思考	2001.4	人民教育
中学教研室	王爱菊	走向常规与创新的目标教学研究	2001.9	海南教研
中学教研室	林永坚	略谈数学课自觉能力的培养	2002.1	海南教研
中学教研室	陈三书	关门死改不如开门活改	2002.5	海南教育

续表16-11

作者单位	姓名	文章题目	发表时间	刊物名称
万宁中学	林海珠	谈谈四环八段教学模式在课堂教学中的实施	2002.12	海南教育
万城镇中学	黄茂勇	教学中开展探穷性学习的几点思考	2003.11	中南六省(区)生物教学研讨会论文集
市第二中学	陈亚文	运用直观法,讲清哲学原理	2004.6	新教育(海南)
东澳中心学校	崔传波	浅谈语文阅读教学中创新思维的培养	2005.12	中国基础教育研究
东澳中心学校	崔传波	数学教学与创新思维的培养	2009.4	新教育(海南)

万宁市(县)教研人员和部分获奖论文统计表

表16-12

作者单位	姓名	文章题目	获奖时间	获奖等级
万宁中学	李 宣	中学生物教学中培养经济与生态协调发展意识的探讨	1993.7	《生物通报》全国生物教学论文一等奖
万宁中学	李 宣	浅谈中学生物教学中人口与持续发展协调意识	1996.6	《生物通报》全国生物教学论文三等奖
万城镇中学	陈三书	初中语文自读课文教学路在何方	1996.10	中南六省(区)语文教学论文交流二等奖
中学教研室	王爱菊	以实验为基础的启发式教学在硝酸性质中的应用	1997	海南省生物教学论文二等奖
中学教研室	王爱菊	实施课堂目标教学 提高学生化学素质	1998	全国第十三届目标教学论文三等奖
中学教研室	王爱菊	以学生为本的化学课堂教学实践探索	1999	海南省生物教学论文一等奖

续表16-12

作者单位	姓名	文章题目	获奖时间	获奖等级
礼纪中学	罗世璠	发散性思维与课堂教学	1999.6	海南省数学教学论文二等奖
中学教研室	王爱菊	在目标教学中落实创新教育的实践探索	2001	全国第十四届目标教学优秀论文二等奖
中学教研室	林永坚	略谈数学课自觉能力的培养	2002.1	新时期全国优秀学术成果评选一等奖
万城镇中学	黄茂勇	课堂上充分发挥学生的主体作用	2002.11	中国教育学会论文评选二等奖
万宁中学	林海珠	四环八段教学模式在课堂教学中实施	2002.12	海南省数学教学论文二等奖
市第二小学	李小霞	小学数学的方法指导之我见	2003.5	海南省小学数学优秀论文一等奖
万城镇中学	黄茂勇	教学中开展探究性学习的几点思考	2003.11	中南六省(区)生物教学论文二等奖
礼纪镇中心学校	韦娇虹	朗读感悟 寓教于乐 培养能力	2004.6	《教与学》全国教师教学论文一等奖
万宁中学	崔关炳	怎样写好“一事一议”的文章	2004.7	全国第六届教师教育教学论文特等奖
中学教研室	林永坚	论新课程课堂教学的开放性	2005.6	《新课程实验与研究》优秀论文一等奖
市第二小学	陈彩霞	如何培养学生的质疑·解疑能力	2006.10	海南省感悟课改征文一等奖
礼纪镇太阳小学	苏一飞	小学语文中的创新教育	2007.4	《基础教育教学月刊》全国小学教学论文一等奖
万宁中学	李 宣	中学生物教学中培养海洋意识的探讨	2007.10	第11届全国中等学校生物教师优秀论文一等奖

续表16-12

作者单位	姓名	文章题目	获奖时间	获奖等级
万宁中学	曹世忠	美术教育与校园隐形课程开设的关系初探	2007.11	中南六省(区)教学论文交流一等奖
万宁中学	夏小夫	农业的区位选择	2007.12	全国地理教育教学论文一等奖

第九节 教育行政管理

一、机构

1991年,万宁县教育局为县政府主管全县教育工作的行政部门,为正科级单位。内设办公室、人事、职称、计财、内审、普通教育、教育督导、成人教育、体育卫生、档案室、招生办公室、勤工俭学办公室、中小学教研室等14个股室,还设有局直属机关党委、电教站及教育工会、少总部等机构,1992年增设职业技术教育股。核定行政编制34人,事业编制18人。

1996年8月,万宁撤县建市,原万宁县教育局更名为万宁市教育局,将原人事、职称、档案3个内设股室合并,设立人事档案股;计财、内审股合并,设立计划财务股;招生办公室更名为普通高等学校招生办公室,负责普通高等学校招生工作,并设立中招办(临时机构),抽调相关人员组成;普通教育股更名为基础教育股。

2009年,成立万宁市学生资助管理中心,核定财政全额预算管理事业编制3名。

2010年,万宁市教育局内设8个股级职能机构:办公室、计划财务股、人事档案股、基础教育股、体育卫生股、成人教育股、教育督导室、局直属机关党委办公室。行政编制25名。机关工勤人员财政预算管理事业编制3名。设正职1名,副职3名。所属事业单位的设置、职责和编制不变。

各乡镇配有一名副乡(镇)长,负责管理本乡镇的教育工作。市教育局给各乡镇派学区主任1人,工会主席1人,业余教育干部1人,财会(会计、出纳)人员2人,语文、数学教研员2~4人。2004年各乡镇撤销学区建制,原学区工作由镇中心学校管理。镇中心学校设正职1人,副职2~3人,工会主席1人,1名报账员负责财会工作,教研员有2~4人。

二、教育经费

1991年,县财政对教育的投入为2113万元,占财政总收入的39.7%。其中,事业费2094万元,占教育总经费的99.1%,主要用于发放教职员工的工资;基建费仅为19万元,占教育经费的0.9%。1995年,县财政对教育的投入为3634万元,占财政总收入的42.8%。其中,事业费为3474万元,基建费为160万元,分别占教育经费的95.6%和4.4%。以上数据表明,1991—1995年,万宁县教育投入虽然占财政收入的40%左右,但主要是事业费投入,主要用于发放教职工工资;在教育经费中基建费不足5%,学校基础设施投入严重不足。至2000年,教育经费的投入主要是靠征收农村教育事业费附加,但很难足额征收,以1996—2000年为例,1996年仅征收326万元,占应征额的23.5%;之后逐年有所提高,2000年征收790.2万元,占应征额的62%。5年间年均征收仅为应征额的41%。

2000年后,随着万宁社会经济的发展,对教育事业的投入不断加大。2006年,教育经费总投入为1.63亿元,2008年为2.35亿元,2010年达到4.88亿元。1991—2010年20年间,教育经费投入增加了22倍,除了保障工资发放外,重点加大对基础设施和教育设备的投入,整体教学水平有了大幅度的提高。特别是2009年投入2.39亿元建设北京师范大学万宁附属中学,引进北师大附中优秀的教育资源和先进的教学理念,加快万宁教育事业的发展。

1991—1995年万宁县财政对教育拨款情况一览表

表16-13

年度	财政经常性收入(万元)	财政对教育拨款(万元)			每年生均教育事业费(元)		每年生均公用经费(元)	
		事业费	基建费	合计	小学	中学	小学	中学
1991	5326	2094	19	2113	207	326	17	30
1992	5518	2175	20	2195	215	342	18	32
1993	6500	2442	180	2622	259.5	399	19	35
1994	7581	2827	240	3067	297	416	26	49
1995	8518	3474	160	3634	340	485	28	55

1996—2000年万宁市农村教育事业费附加征收情况一览表

表16-14

年度	全市应征农村教育事业费(万元)	实际征收(万元)	占应征额的比例(%)
1996	1389.3	326	23.5
1997	1367.1	357	26.1
1998	1290.5	563	43.6
1999	1289.6	647.9	50.2
2000	1274.5	790.2	62.0

说明:1996—2000年,政府投入教育主要渠道主要是靠征收农村教育事业费附加

2006—2010年万宁市教育经费投入情况一览表

表16-15

年份	教育经费总投入(万元)	占财政总支出比例(%)	占教育总支出比例(%)
2006	16339	30.32	99.85
2007	15309	24.36	90.83
2008	23549	19.68	100
2009	42266	24.97	100
2010	48824	26.14	100

三、学校设施建设

(一)学校校舍建设

1991—1995年,全县共投入办学资金3993万元,其中政府拨款1236万元,占31.0%;社会力量捐款1588.2万元,占39.8%;海外侨胞赞助144万元,占3.6%;征收教育费附加和义务教育经费598.8万元,占15.0%;学校投入426万元,占10.7%。改建和扩建校舍面积9.81万平方米,校舍基本实现平顶化、楼房化,危房率从1992年底的7.36%下降到2.6%。1994年,海南省人民政府在万宁召开全省多渠道集资办学现场会,授予万宁县集资办学先进单位的称号,并奖励10万元。

2003年中央和省拨资金236万元,市政府拨60万元,进行危房改造和新建中小学校舍4500平方米。2004年中央、省拨资金720万元,建校舍面积10000平方米。2005年中央和省拨给市中小学危房改造和校舍建设资金1172万元,投资项目53个,完成危房改造和新建校舍28532平方米。

2006年省安排市危房改造资金3541万元,涉及工程学校113所,项目156个。2008年,建设北京师范大学万宁附属中学资金1.2亿元到位。2009年,市教育扶贫移民工程资金2446万元(其中省财政专项资金1346万元,市政府配套1100万元),新建南桥、禄马学校校舍分别为5760平方米、5380平方米。2010年,建设万宁市思源实验学校投资约4821万元,校舍建筑面积22003平方米。

1991—2010年部分年份万宁市（县）中小学教学设施情况一览表

表16-16　　　　单位：平方米

年份	学校类别	校舍建筑面积	数学及辅助用房	行政用房	生活用房	其他用房	年份	学校类别	校舍建筑面积	数学及辅助用房	行政用房	生活用房
			合计	普通教室	实验室	图书室	微机室	语音室	合计	其中教师办公室		
2001	小学	323632	177611	159521	2186	6191	947	640	23543	19764	101494	20984
	中学	189490	72103	56623	5896	4019	1975	877	9126	3739	102003	6258
2005	小学	330627	173842	155769	3287	7355	1964	654	28982	20664	101010	26793
	中学	144520	57936	44335	3724	4718	1736	353	7943	3710	72595	6046
2010	小学	157450	54824	47087	1628	2028	2244	1385	10706	9710	66490	25430
	中学	229430	83485	63944	3859	2648	2356	586	12191	4325	108911	24843

2005年、2010年万宁市（县）幼儿园教学设施情况一览表

表16-17

年份	校舍建筑面积（平方米）	教学及辅助用房（平方米）					行政办公用房（平方米）		生活用房（平方米）	其他用房（平方米）	校园中户外活动场（平方米）	图书（册）	教学录像录音带（盘）
		合计	其中				计	其中教师办公室					
			活动室	睡眠室	保健室	图书室							
2005	14498	10856	4485	2950	614	765	886	731	1494	1262	22231	8260	1144
2010	14565	9749	3553	3056	952	643	2048	1131	1481	1287	9871	4975	2150

(二)教学设备

1991年,万宁县中小学有科学馆1间、实验室31间、电脑室1间、电脑13台、录放像机17部、电视机15部、录音机175台、电影放映机5部、语音室1间。1995年全县中小学投入电教资金60万元,其中,市筹37万元,省拨23万元,万城小学每间教室均安装闭路电视。

1996年,全市中小学投入130多万元购置教学仪器和设备,其中,普教仪器52万多元,电教设备38万多元,实验配套资金40多万元,各中学和乡镇中心小学基本实现校校有实验室、仪器室和图书室。全市普及实验教学达省规定一类标准的学校有2所,二类标准的学校42所。到1998年,达到省规定一类标准的学校25所,二类标准学校60所,三类标准学校123所。1998年,万城小学被评为省电教示范学校,万宁中学化学、物理学科在全省电教评比中获一等奖。

2004年,全市中小学不断加强电化、实验室、多媒体教学的现代化设备建设,逐步更新教学手段。

2007年投入资金878万元,抓好农村中小学远程教育实施工作,共建教学光盘播放点428个、电视教学收视点198个、计算机网络教室21间和多媒体教育21间,100%覆盖全市204所中小学,使全市80000多名中小学生享受到优质的现代教育资源。在全省农村中小学现代化远程教育工程实施评比中,万宁市获得省一等奖,获得奖金50万元。

2010年,共投入2021.40万元,用于电化教育设备的购置。

2001年、2005年、2010年万宁市电化教育设备一览表

表16-18

年份	学校类别	计算机(台)		数字资源(GB)		固定资产总值(万元)			
						合计	其中:仪器设备总值		
							合计	专业实验设备	转业实习设备
2001	小学	726		888		28637.12	1261.84	712.69	231.91
	初中	376		100		6027.78	457.78	402.48	37.30
	高中	516		100		4957.18	1305.70	748.60	423.80
2005	小学	595		14601		12672.46	787.92	470.06	144.40
	初中	854	768	—	840	6622.14	602.78	430.68	78.40
	高中	842	757	—	32198	8632.10	1983.71	807.64	486.07
2010	小学	1492	1221	2032.85	2032.85	29118.07	1222.10	734.46	157.93
	初中	1410	1282	921.00	921.00	24978.11	630.50	392.20	110.30
	高中	908	707	154.00	154.00	12039.00	2021.40	1534.50	486.90

四、学校管理

1991年以来，县教育局直属小学、乡镇中心小学设正校长1人，副校长2人；正教导1人，副教导1～2人，少先队辅导员1人；完全小学设正校长、副校长、教导各1人；乡（镇）初级中学设正校长1人，副校长1～2人，工会主席（一般由副校长兼）1人，教导1人，总务1人，团支部书记1人；完全中学、中等职业技术学校，设正校长1人，副校长2～3人，工会主席1人（兼），教导2～3名，总务1～2人，团委书记1人。

1991年，教育局先后抽调两批局干部70多人次，组成21个工作组深入学校调查研究，同时还采取股、室、站、办挂钩的做法，协助学校加强教学管理；制订《关于加强干部职工思想作风建设的若干规定》，对教师职工的组织纪律和工作作风提出具体要求。督导组、纪检监察股和人事股的干部还深入学校了解教职工遵纪守法情况，及时查处违纪事件；举办各类学习班，对教职工进行法纪教育和师德教育；开展中小学校长和学区干部评估活动，对中学和乡镇中心小学校长、学区干部从德、能、勤、绩等方面进行全面考察，并在此基础上适当调整领导班子，充实基层领导力量。1992年，在教学管理方面坚持“四抓”：一抓学籍管理，二抓幼儿园（班）注册登记，三抓教学仪器的装备和管理，四抓教学常规管理。1994年，从万城小学等学校抽调48名教师到民族地区支教。全县基本形成县办完全中学、乡镇办初级中学、村委会办小学的格局和管理体制。

1995—2000年，县教育局为促进学校教学管理，在全市（县）范围开展评比“先进教导处”活动。

从2000年起，一些办学规模较大的学校还配备年级长，负责年级的管理工作，教师以年级为单位，实行坐班制管理。2001年，市直属小学、乡镇初级中学均设办公室、政教处等中层机构，完全中学设置教研中心，负责本校教学研究工作。为了加强对学校的管理，市教育行政部门坚持对教师进行多种形式的思想政治和业务培训。2002—2010年，全市开展小学教师基本功训练和学科教学培训，提高教师的自身素质和业务水平。建立健全教师工作考核制度，全面、客观、公正地考核教师的政治思想、业务水平、工作态度和工作实绩，并将考核结果记入教师业务档案，作为教师评定职称、晋升工资、考核及奖惩的依据。

五、教育督导

1991—2000年，“两基”工作领导小组对实现“两基”的北大、禄马、南桥、三更罗等乡镇进行督导检查评估，并通过验收；对万城镇中学等学校校长任期目标进行评估验收；对礼纪中学等9所中小学校贯彻《学校体育工作条例》和《学校卫生工作条例》情况进行评估；对9所小学、2所中学的办学水平进行等级评估；对学校德育工作进行督导评估，督导检查各校贯彻实施《义务教育法》情况。

2005年，采取每个中心学校抽查2所完小、初级中学全部参评的办法，加强对中小学教育、教学、校园校舍建设、“两基”、仪器设备等办学水平综合评估。

2008年，开展学校体育卫生和艺术教育工作督导检查；19所学校创建规范化学校，评估验收全部合格。

2010年，开展中小学体育专项督导；对2010年义务教育阶段创建规范学校及普通高中办学水平督导评估；省政府对万宁市人民政府教育工作督导评估。

第十节 学校选介

一、中学

(一)万宁中学

万宁中学位于万城镇红专西街,1924年创办,是万宁历史最为悠久的一所中学。

1991年,万宁中学校园面积157亩,学校有教学楼、图书馆楼、科学实验楼和办公楼各一幢。科学实验楼设有物理、化学、生物等4间实验室及电脑室、语音室各1间,学校还有植物园、地理园各1个。当时有教学班35个,其中,高中教学班17个,初中教学班18个;学生2450人,教职工215人,其中,大学本科学历77人,中学高级教师18人,中学一级教师45人。7月,学校成立"热地"文学社,出刊校园文学刊物《热地》。同年,学校参加高考学生377人,202人被高校录取,录取率为53.6%,其中,第一批录取51人。

1992年,学生刘德义以598分的成绩被北京大学录取,学生杨宁柏参加全国奥林匹克化学竞赛获一等奖。

2003年,全国高招升学考试,第一批录取人数138人。2004年,高考第一批入围人数220人,学生许召中被清华大学录取,一些学生被复旦大学、中国科技大学录取。

2005年,万宁中学开始以年级为单位,配备年级长,负责管理年级的教育教学工作。教师以年级为单位,实行坐班制。同年,学校参加高考入围人数278人,高考升学比例跃升全省市县前三名。

2008年,学生刘琼冰以885分的高分被清华大学录取。

2009年,确立"厚德博学,远志笃行"的校训,坚持"让每一寸土地都有人的作为,让每一个动作都展现人类文明之美,让每一节课都遵循着学生为主体教师为主导的思想,让每一项工作都彰显速率和成效,让每一个学生都掌握一套有效的学习方法并成为富有思想的学习主人"的办学理念,深化教育改革,强化教育管理,全面提升办学水平。2009年高考,卓启芳、陈文豪以800多分的成绩分别被清华大学和北京大学录取。陈金玉以799分的成绩被北京师范大学录取。2010年,万宁中学中考成绩优异,在全省498所公立中学综合评价中排名居第6位,学生参加高考一本入围人数253人,二本入围人数548人,二本以上入围率达60.22%。

2010年,万宁中学有教学班66个,学生4409人,教职工268人,专任教师229人,教师本科学历占比达96.6%,有硕士9人、中学高级教师78人、中学一级教师103人。校园占地面积153亩,校舍建筑总面积26124平方米,教学楼4栋,科学馆1栋,教学实验室和功能室25间,电子阅览室、美术书法展览厅和舞蹈排练厅各1间,教学仪器总价值650多万元,教学计算机215台,图书馆藏书60000多册。

学校教职工住房实现楼房化，学生住宿实现公寓化，学生食堂可容纳1000人同时就餐。

（二）万宁市第二中学

万宁市第二中学位于万城镇红专西街，占地面积69.8亩。原名万宁县环城中学，是1978年由环城镇政府创办的一所初级中学，共有4个初中教学班，寄办于环城镇田边小学。1979年，环城中学从田边小学迁到万城镇红专中街，即现校址。

1982年，环城中学开设高中部2个教学班，加上11个初中教学班，学生人数将近1000人，教职工将近100人。

1992年9月，环城中学改名为万宁县第二中学。教学班达40个，教职工达200人。

1993年后，万宁县第二中办学规模不断扩大，教学质量逐年提高，初中部办学成绩尤为突出，1996年万宁撤县设市，改为万宁市第二中学。至2001年，学校共有40多个教学班，学生人数达到3000多人。学校兴建了2栋教职工宿舍大楼，改善了广大教职工的住宿条件。

2002—2007年，扩大高中招生，高中教学班达30多个，教学质量稳步提高，高考二本入围人数逐年增加。学校兴建了2栋教学大楼（后命名为“三境楼”和“精强楼”），实施全封闭式的校园管理。还兴建2栋教职工宿舍大楼，解决教职工住宿难的问题。

2008—2010年，以“做精做强”为办学思想，以“创建市一流学校”为办学目标，学校教学班有50个，学生人数为3212人，教职工为175人。其中高级教师68人，一级教师58人，省市级骨干教师16人，本科以上学历128人。师资结构和质量不断优化升级，办学质量不断提高。

（三）万宁市民族中学

万宁市民族中学是一所市属完全中学，坐落在风光旖旎的太阳河北岸，位于海榆东线233国道199千米处，学校面积62亩。学校前身是万宁县东和中学，1968年创办。1981年全国民族教育会议后，为了发展海南行政区少数民族教育事业，经广东省人民政府批准，1982年9月更名为“万宁县民族中学”。校址仍设在万宁县牛漏镇（今长丰镇牛漏墟）。1996年8月，万宁撤县设市，更名为“万宁市民族中学”。

1991年，市民族中学有教职工267人，学生780人，5个高中班，11个初中班。学生主要来自牛漏、南桥、北大、禄马、三更罗、石梅等6个少数民族地区，少数民族学生占90%。1995年，建成23间教室的教学大楼（后称为初中部大楼），办学规模进一步扩大。2002年，再建一栋有24间教室的高中部教学大楼，学生人数增至1280多人，15个初中班，11个高中班。同年，学生胡声雷考上中山大学。2003年7月，有13名学生考上国家重点院校，3名初中生考上海南中学。2005年，学生增至3200人，21个高中班，25个初中班，教职工120人。2006—2007年，从海南、湖南、重庆、四川、陕西、内蒙、甘肃江西等省市招考了一批教师到教育第一线，教职工人数达到167人，师资力量较以前大为增强。

2009年1月，经万宁市委、市政府批准，兴隆华侨中学并入民族中学，教职工增至197人；2010年1月，海南农垦东和中学也并入民族学校，教职工增至203人。至2010年，民族中学主道路以三横四纵分布，拥有2栋教学楼，2栋办公楼，4栋教师宿舍楼，4栋可容纳1800人寄宿的学生宿舍楼，一间可容600人同时就餐的综合食堂。

万宁市民族中学坚持遵循“校以育人为本，师以敬业为乐，生以成才为志”的办学理念，秉承“尊师、守纪、团结、创新”的校训，开展课程研究，规范教学行为。民族中学与武汉外语学校结成帮扶合作伙伴，努力利用教育先进省市的优秀资源，提升学校办学品质。

万宁市民族中学实行两条腿走路的方针，不断丰富校园生活。在努力提高教育教学质量的同时，定期举办足球联赛、诗歌朗诵会、舞蹈晚会等活动，其中充满民族风情的竹竿舞、极具情调的印尼舞已成为民族中学独有的标志性节目。2001年，民族中学被评为“省一级文明学校”。

（四）万宁市第三中学

1996年6月创办，校址在万城镇西南方向的中央坡万安大道南侧约400米处，校园占地面积54亩。创办之初，招收初一新生3个班，学生仅有90多人。1999年开始招高一新生2个教学班共82人，学校发展成为一所完全中学。

2002年，学校加强基础设施建设，建起一幢面积2000平方米的教学实验楼，硬化万安大道至校门口道路300多米，修建学校大门和围墙，硬化校道，平整操场，绿化校园。同时，加强教学管理，教学质量不断提高，办学规模逐年扩大，至2006年全校学生人数增加到1600多人。2007年，学校抓住机遇，发展高中教育，高中班从13个增加到18个，高中生人数从500多人增加到800多人，从全国招考重点师范院校应届毕业生18人充实高中教师队伍。

至2010年，经过十多年的努力，学校发展成为一所具有一定规模的完全中学，校舍面积1100平方米，教学设施配套齐全，拥有教学大楼两幢、图书馆一幢、办公楼一幢、学生公寓两幢、学生食堂一间，还有图书馆、实验室、电脑教室、电子备课室、多功能多媒体教室、远程教育中心等先进的现代化教学设备。

（五）万宁市大同中学

大同中学设在万宁市和乐镇，占地面积179亩，距万宁市市区约25千米。1991年，学校有25个教学班（高中7个，初中18个），学生1875人。1994年开始，学校加强基础设施建设，至1997年，建设教师宿舍87套、办公楼一幢、教学楼一幢教室10间、实验楼一幢。教学环境和教学设施不断完备，办学规模也逐年扩大。

1998年后，高中部学生流失情况严重，至2000年，高一新生生源断层，高中停办。2001年，高中恢复招生，班级4个，共287名学生。2003年，推行教学改革，注重因材施教，教学质量和办学规模都有所提高。2006年在校学生2994人。2008年8月，港北初级中学撤并入大同中学。2010年，有41个班级（高中8个、初中33个），教职工163人（教师148人，职工15人），学生2516人（高中408人，初中生2108人），学生九年义务教育普及率98.6%、巩固率96.5%，学校分别获得省教育厅颁发的“实验教育示范合格学校”“现代教育技术示范优秀学校”称号。

（六）万宁市华侨中学

1956年8月万宁市华侨中学创办，原校名是万宁县龙滚初级中学，校址位于万宁市龙滚镇侨中街。1958年9月改名为“万宁县龙滚中学”，1962年3月改名为“万宁县东方红中学”。1978年10月改名为“万宁县龙滚中学”。1980年春，恢复为“万宁县华侨中学”，1998年9月改称为“万宁市华侨中学”。

1991年，华侨中学有初中班12个，学生658人；3个高中班，学生165人。学校办学条件比较简陋，校舍破旧，校园没有围墙。1994年3月，初中发展到14个班。学校建起2栋实验楼，6间教学实验教室；改造一批教师宿舍。2001年9月，高中学生人数锐减，停办高中招生，学校保留完全中学建制。

2001年，校园进行全面规划，建起学校围墙，明确学校地界，学校占地面积171亩。2006年学校改建教学楼一幢，面积1240平方米，新建教师工作间一幢，面积420平方米。学校办学条件得到进一步改善。

2008年9月，在教育布局调整中，龙滚镇中心学校一、二、三年级共12个班集中到市华侨中学办学；2009年9月，龙滚镇中心学校（包括乡村10所小学）撤并至市华侨中学，办成九年一贯制学校，学校共有教学班35个，学生1588人（寄宿生586人），教职工131人（专任教师115人，职工16人）；学校管理分初中部和小学部。其中初中教学班12个，学生451人，专任教师40人；小学教学班23个，学生1137人，专任教师75人。

2010年，市华侨中学在争创省级规范化学校中，投入建设资金2000万元，新建教学大楼两幢、功能室一幢、实验楼一幢、办公楼一幢、学生食堂一幢、学生宿舍两幢、教师周转房一幢、教师经济适用房一幢、学生公厕一座。学校总建筑面积达18404平方米。新修校园供水、排污管网，配备科学室、音乐室、舞蹈室、美术室、体育器材室等功能室，完善实验室器材；新建标准运动场1个，篮球场2个，排球场2个，乒乓球台8个。校园道路全部硬板化，学校绿化率达90%。学校的办学水平和办学质量明显提高。

二、小学、学前

（一）万宁市万城小学

万宁市万城小学位于万城镇西门街。前身是万州高等学堂，创办于清光绪三十二年（1906年），是万宁市的百年名校。学校始终坚持“以人为本，全面发展”的办学理念，逐步形成“勤学励志、团结博爱”的良好校风和“敬业爱生、博学善教、科学严谨、启智创新”的教风，取得较好的办学业绩。

1991年，学校只有一幢20世纪70年末兴建的四层钢筋水泥结构的教学楼，教学设施非常简陋。从1993年后，先后兴建一幢三层面积为960平方米的教学楼、一幢五层面积为1800平方米的电化教学综合大楼、一幢面积为1280平方米的科学楼，设立了电脑室、语音室、图书室、音乐室、舞蹈室、手工室等。学校还建成一个电化教学接收台、电化教学监控室，购置大量教学仪器、电化教学设备（电视、电话、收录机、投影机各50部，松下专业摄像机一部，照相机二部，16毫米电影放映机一部，实物投影仪一部，大型复印机一部，电脑83台，语言教学设备80套，还有体音器材，图书等）。每间教室装有电视、校园电话，配备收录机、投影机，开展多媒体电化教学。学生人数逐年增多，1998年，在校学生达3700人左右。学校占地面积23.6亩，在校学生2016人，设教学班35个，教职工89人，其中教师84人，省特级教师2人，小学高级教师81人，教师中，大学专科以上学历占比达95%。学校拥有一幢6层面积为5934平方米的多功能综合教学大楼、一幢三层面积为1280平方米的科学楼、5幢面积为9800平方米的教师宿舍楼、12000平方米的运动活动区。整个校园地下排水系统规划合理，校道全部安装路灯和闭路监控系统。九年义务教育普及率达100%，巩固率达100%，升学率达100%，是海南省现代教育技术试验学校、万宁市示范学校，为省级重点中学输送优秀学生486名，为市重点中学输送优秀学生1850名。

（二）万宁市幼儿园

1975年9月万宁市幼儿园建立，是隶属于万宁市教育局的一所全日制幼儿园。园址在为万城镇光明南街27号（与烈士陵园相邻），占地面积2264平方米，校舍建筑面积3345平方米。1991—1994年，是一所半托幼儿园，设有学前班、大班、中班、小班共8个班级。在园幼儿人数270人，园内共有幼师20名，其中，幼教专业毕业的有14名。另外还配有校医1名，勤杂工1名，炊事员1名，保安2名。1995—2000年，市幼儿园同时办半托及日托班。2000年，市幼儿园投入资金160多万元建造了一栋多功能教学楼，配有标准化的幼儿活动室、寝室、音乐室、保健室、办公室及卫生间，各活动室配有电视机、VCD机。还有120平方米的厨房，厨房里有生加工场、熟食间、点心制造间、仓库等，幼儿园教学环境大为改善。幼儿园在园幼儿达340人，设有教学班9个，是全市办园规模最大的日托幼儿园。为提高幼教质量，2001年后，市幼儿园多次组织园里幼师外出进修学习、培训、听课，还邀请幼教专家到园指导，举办专题讲座。与此同时，市幼儿园重视园内培训，注重发挥师资优势，形成以园长为核心、教研主任为骨干、一线教师为基础的幼教队伍。

第二章 科技

第一节 机构

一、管理机构

1991年,万宁县的科技管理机构是万宁县科学技术委员会。1996年3月,更名为万宁县科学技术发展中心;9月,更名为万宁市科学技术局,行政编制为13名,机关工勤事业编制1名。2001年2月,撤销万宁市科学技术局,成立万宁市科学技术与信息产业局,行政编制为8名,机关工勤事业编制1名。

2010年3月,撤销万宁市科学技术与信息产业局,成立万宁市工业和科技信息产业局(挂万宁市地震局牌子),主管全市工业、科学技术(知识产权)、信息产业、防震减灾工作。内设5个股级职能机构,编制11名,机关工勤人员编制2个。

二、科研机构

万宁市农业科学技术研究所 1954年成立。1991年在编人员35人,在编干部人员11名,普通工作人员24名。2001年,在编人员22名,其中专业技术干部7名,技术工人15名。2010年,在编人员21名,专业技术干部7名,技术工人14名。农科所有科研基地30亩,"超级稻高产栽培技术研究及推广应用"获2007年万宁市科技进步三等奖,常规稻提纯复壮、超级稻高产栽培、玉米栽培技术等三项科研转化率达到75%。

万宁市林业科学技术研究所 1980年8月成立,是财政全额拨款的独立核算股级事业单位,隶属万宁县林业局;编制24人,设正职1名,副职2名,专技人员7名,职工14名。1991年,在职人员20名,其中有专业技术人员4人。2000年,在职人员23名。其中有专业技术人员4人。2010年,在职人员16名;其中专业技术人员有9人。林科所成立之初,在新梅九曲岭以西的海田村北面,建立林业科研基地,占地面积300亩。因建设石梅旅游开发区,被征用,林科所基地移至长丰镇马坡沸水村以南,占地面积53亩，直至2010年未变。

三、科技服务组织

2004年8月，成立万宁市农业科技服务“110”指挥中心，各乡镇“110”服务站也随之成立，年内，成立了山根、东澳、长丰、禄马等服务站。2005年，成立礼纪、龙滚服务站。2006年，成立三更罗服务站。2007年，成立兴隆、和乐、南药、水产养殖、黄加坡等服务站。2008年，成立香料饮料服务站。2009年，成立南桥、后安、大茂、北坡、万城等服务站。2010年，成立农垦东和服务站。“110”服务站的成立为广大农民群众提供优质的农业科技服务，实现全方位“快速行动，紧急服务”。

从2004年8月成立市农业科技服务“110”指挥中心，到2010年，全市建成农业科技“110”服务站19个。其中，省级龙头服务站2个（南药服务站、水产养殖服务站），省级标准服务站17个。各服务站都配备了电脑，安装视频系统，与省指挥中心对接，安装户外电子显示屏16台，发放数码相机12台，彩色打印机19台，完善农业科技“110”的服务手段。至2010年，全市共有科技特派员52人，工作站14个，农业科技“110”专家团专家26人，服务站共有技术人员126人，他们能熟练使用电脑开展技术服务，及时收集天气情况、病虫害预报、种子种苗销售、肥料农药价格等信息，每天通过户外电子显示屏或信息专栏，发布给农民群众，指导农民生产，为农民提供信息化服务。共接待来人来电咨询12000次，解决农民群众在生产中的难题360件，在防灾减灾行动中，挽回经济损失400多万元。

第二节 科技活动

一、科普宣传

1991年后，万宁县科协和科技局加强科普宣传工作，先后配备3台摄像机、25部数码相机和25台电脑及6块电子显示屏，同时还购置安装远程教育设备，科技宣传手段得到改善。全市还通过设立科普画廊、科技黑板报等公众科普设施进行科普宣传。

至2010年，市科协、市科技局长期坚持科技下乡，利用现有的科普手段，每年都牵头组织开展科普宣传周、宣传月活动，开设咨询服务，现场解答农民群众提出的技术难题。还结合科技宣传周、宣传月活动，利用宣传车，宣传《中华人民共和国科学技术进步法》《中华人民共和国科学技术普及法》和科普知识，展示科技成果，形成学科学、爱科学、讲科学、用科学的社会风尚，为提高全民科学素质、推动科技文化事业发展、建设创新型万宁营造良好的社会氛围。同时，充分利用政府网站、广播电视、报刊等宣传工具，创新宣传方式和形式，多角度、多层次地反映科技工作的成果，充分展现科技创新成就，彰显科技支撑经济社会发展的重要作用。

二、“科技活动月”活动

2005—2010年，每年的5月为科技活动月，每届科技活动月都有一个主题，开展形式多样的系列科技活动,万宁市共举办6届科技活动月活动。2005年4月30日,万宁市首届科技活动月在万城开幕,组委会在文明中街设立科技咨询点,为群众提供咨询服务、免费义诊,赠送科技图书、科技光盘等。首届科技活动月期间,围绕着"科技创新、和谐发展"主题,市农业局、林业局、海洋与渔业局、畜牧局、卫生局、人民医院等40多个单位面向公众宣传科学发展观,鼓励开展科技创新;面向"三农"推广科学技术,提供科技服务;面向青少年普及科学知识,提高青少年的科技素质、创新意识和实践能力;弘扬科学精神,构建和谐社会。共开展科技下乡、文化下乡、妇女科技活动月活动等10个活动,深入各镇举办妇女科技培训班、深入田头举办南药培训班,组织中学生参加热作、南药科技教育活动,在政府网站开设科技活动月专栏,编印科技活动月简报,开展科技活动。

2010年5月,万宁市以农村为重点,上下联动,密切配合,成功举办了以"服务国际旅游岛建设,携手共建创新型国家"为主题的第六届科技月活动。活动月期间,全市共出动科技工作者3860人次,为11万名群众提供科技咨询服务,免费发放各类科技图书18万册、科技知识宣传单2万张,科技、防震减灾VCD、DVD光盘2.16万张,免费发放医疗药品、计生药品6箱,价值近万元。组织医疗专家下乡3次,为群众免费义诊、咨询3100人次。举办各类科技培训或科技讲座21场次,参加人数2520人次;举办科技科普大集市6场,参加人数2.1万人;举办大型科技下乡活动4次,参加人数1.56万人;举办科技科普图书展5场次,参加人数1.5万人。编印科技活动月工作简报62期7632份,省电视台播出活动新闻1次,市电视台播出新闻12次,南海网发布信息60条,万宁市连续6届获得海南省科技活动月组织奖一等奖。

三、科技培训

1991年后,以市农民培训工程为龙头,结合实施农村劳动力转移培训阳光工程,面向农业科技人员、专业合作社负责人、科技示范户、种养大户等,通过课堂授课及现场指导的形式,举办层次较高、规模较大的农业技术培训班,把实用技术培训办到各村委会和田间地头。根据农民的培训需求和学习意愿,紧密结合当地的主导产业和生产特点,精心选择培训内容和培训教师,周密安排培训计划并抓好落实,重点加强无公害瓜菜、槟榔、咖啡、胡椒、水果、水产养殖、畜牧等技术培训。同时,通过香料饮料研究所联合热作两院、椰子所等科研院所专家,深入田间地头,开展手把手培训、面对面指导、心贴心服务;组织农民到种养大户、科技示范户、农民专业合作社、标准化种养殖场、农业企业、农业科技园区等生产基地,开展示范教学、现场培训和实操训练。至2010年,全市举办公害瓜菜、槟榔、咖啡、胡椒、橡胶、广藿香、野海鸭、对虾养殖、山寮鸡等各类技术培训班1500期,培训农民群众13.5万人次,免费发放科技图书和有关资料18万份,科技光盘3万张。

四、科技推广

1991年后,万宁市围绕农业产业结构调整,积极推广产业化发展,大力引进、推广适用新技术、新成果。一是推广常规稻提纯复壮技术。1991年开始,每年推广常规稻栽培面积4500亩,每亩为农民增加经济收入250元,一年为农民增加经济收入112.5万元。二是推广超级稻高产栽培技术。市农业技术推广中心、农科所技术人员经过几年的田间试验，总结超级稻高产栽培的技术规程，为农民从事粮食生产提供可靠的技术依据。三是推广玉米栽培技术。市农科所技术人员成功总结出一套适应万宁种植玉米的新技术，指导农民种植，增加农民收入。四是推广瓜菜栽培技术。经过试验，农技人员成功挑选出适应万宁种植的瓜菜优良品种，为农民创收做出贡献。

推广先进的水产养殖、瓜菜种植技术，坚持“引进、示范、推广、服务”的发展思路，引进推广优良品种。全市农作物优良品种覆盖率连续多年保持100%。至2010年，成功引进推广热辣2号灯笼辣椒、吉富罗非鱼等新品种214个，完成测土配方施肥面积30多万亩，取得“鉴智规范化种植技术研究”等一系列研究成果并很快转化应用，成功转化推广了地膜覆盖、条管带微灌、促花、保果、鱼科自动化投食等新技术197项，为农业生产和新农村建设做出贡献。

五、示范基地建设

农业科技“110”示范基地是促进全市科技与经济有机结合的切入口和增长点。2004开始，万宁市大力开展农业科技110示范基地建设。先后建立“野海鸭人工驯养示范基地”“和乐石斑鱼养殖示范基地”“广藿香标准化高产栽培技术示范基地”“南药GAP标准化种植示范基地”“兴隆热带植物园胡椒示范基地”“兴隆有机咖啡种植示范基地”“千亩罗非鱼养殖示范基地”等一批有科技含量的农业科技“110”示范基地。2007年3月，礼纪镇乌石园村被定为农村信息化科技示范村并举行挂牌仪式，这是万宁市第一个信息化科技示范村，标志着“宽带农业、电子务农”的目标在万宁市农村逐步实现。至2010年，共建设各类示范基地56个，涉及16个新技术项目。

2004—2010年万宁市农业科技110示范基地一览表

表16-19

基地名称	内容	年份	地点
海洋生态环境模拟养殖示范推广	日本对虾高产养殖	2004	礼纪莲花
和乐石斑鱼养殖示范基地	养殖石斑鱼、提供技术咨询	2004	和乐港北
黑山羊集约化舍饲基地	通过观察不同阶段记录来提高黑山羊生长速度	2004	礼纪群坡
千亩罗非鱼养殖示范基地	核心区80亩，采取响铃投料达到高产目的	2005	长丰黄加坡村委会
野海鸭人工训养示范基地	孵化、提供种苗、成鸭年出栏量达到100万只	2005	后安坡仔
广藿香标准化高产栽培技术示范基地	提供种苗、与农户签订种植协议	2006	长丰马坡

续表16-19

基地名称	内容	年份	地点
南药GAP标准化种植示范基地	种植高龙姜、益智、可可等	2007	南桥高龙
兴隆菠萝蜜、咖啡套种高产栽培推广示范基地	菠萝蜜、咖啡套种栽培推广示范	2008	南桥高龙村
咖啡科技示范基地	中粒种咖啡科技示范基地	2008	北大岭头村委会
荔枝科技示范基地	荔枝高产栽培	2009	大茂袁水
益智系列产品研发与利用	生产益智鹧鸪茶、益智果脯、益智温泉浴方剂、益智药膳方剂、益智粉等系列产品	2009	兴隆华侨农场咖啡厂
兴隆菠萝蜜的规模种植与加工产业化	菠萝蜜的规模化种植及加工	2009	兴隆华侨农场咖啡厂
兴隆热带植物园胡椒示范基地	胡椒高产栽培	2009	兴隆植物园
三更罗柠檬种植示范基地	提供种苗、推广高产栽培技术	2009	三更罗加潮
兴隆有机咖啡种植示范基地	咖啡中粒种栽培技术、苗圃	2010	兴隆
东山羊饲养示范推广基地	东山羊圈养、放养试验及成羊供给基地	2010	万城东山
后安莲雾种植示范基地	莲雾高产种植	2010	后安坝头

六、科技经费

万宁市坚持把增加投入作为加快科技进步、实施科技兴市战略的保证，加大财政对科技的投入，在财政预算中列支科技经费，并逐年增长。2007年和2008年，市本级科学技术支出分别为856万元和1564万元，分别占市财政支出的1.36%和1.31%，分别比上年增长11.89%和82.17%。科技经费主要用于新技术引进、新产品开发、示范基地建设、成果推广、科技培训等。其中，技术研究与开发占科技经费的比例最大，2007年为623万元，占72.78%；2008年为1088万元，占69.56%。技术研发经费的投入促进了科技进步，专利申请量逐年增加。2007年、2008年，万宁市每10万人专利申请量分别为

2.7件和3.7件，分别比上年增长80%和63%，每10万人授权量分别为1.1件和1.2件，分别比上年增长33.3%和9.1%。

2005—2010年，全市科学技术共投入8879万元。2005年科技投入95万元，2010年增加到2936万元。6年间，科技投入增长了96.76%，年均增长16.1%。

第三节 科研成果与专利

一、科研成果

（一）农业科研成果

2002年，市农业技术推广中心的研究成果“皇帝蕉高产栽培技术研究与推广应用”获万宁市科技进步一等奖，市农技中心与市荔枝协会共同研究完成的“荔枝高产栽培技术研究与应用”获万宁市科技进步二等奖，市农技中心的研究成果“水稻塑料软盘育秧抛秧技术推广应用”获万宁市科技进步三等奖；2003年，市农技中心的研究成果“水稻播植期改制技术的研究与推广应用”获万宁市科技进步二等奖；由市热作中心黎秀香等4名科研人员研究完成的“橡胶树新割制技术推广应用”获万宁市科技进步三等奖；由市农技中心和礼纪农技中心合作完成的研究成果“黑皮冬瓜黄化症状的研究与应用”获万宁市科技进步三等奖；市农技中心和东澳农技中心共同研究完成的“沙滩种植西瓜高产栽培技术与应用推广”获万宁市科技进步三等奖；2005年，龙滚镇菠萝标准化生产协会何廷雄等5人研究完成的“新品种菠萝标准化种植技术及应用推广”获万宁市科技进步二等奖，市农技中心的研究成果“万宁市东亚飞蝗发生与治理”获万宁市科技进步三等奖，万宁市农科所的研究成果“常规稻提纯复壮及推广应用”获万宁市科技进步三等奖，市农技中心和市东澳农技中心共同的研究成果“杂交水稻直播高产栽培技术”获万宁市科技进步三等奖。2006年，海南万维维生物制药技术有限公司符文英等11人共同研究完成的“NONI（海巴戟）新药资源开发和产业化”项目获万宁市科技进步一等奖，市农科所的研究成果“超级稻高产栽培技术研究及推广应用”、市后安野鸭养殖有限公司的研究成果“野海鸭种内选育技术研究与应用”、市农技中心和东澳镇政府合作研究完成的“无公害小型密本南瓜高产栽培技术”、市农技中心的研究成果“万宁市农区鼠害防治技术应用与推广”获2006年万宁市科技进步三等奖。2007年，市热作中心吴卫等11位科技人员完成的省重点计划项目“海南省重点南药GWP种植与产业化开发示范”，获万宁市科技进步一等奖；2008年，市热作中心和万宁市科学技术与信息产业局合作完成的“益智规范化种植与深加工技术研究”、海南大学与万宁市业兴水产养殖有限公司合作完成的“斜带石斑鱼人工育苗技术研究”、中国热带农业科学院椰子研究所与万宁市科学技术与信息产业局合作完成的“低产槟榔园改造技术研究”均获万宁市科技进步一等奖，万宁市长丰镇黄加村委会与市热作中心合作完成的“吉富罗非鱼自动化养殖技术应用与推广”、市热作中心与兴隆华侨农场咖啡厂合作研制的“太阳河牌兴隆益智糖”获万宁市科技进步二等奖。2009年，中国热带农业科学院香料饮料研究所董云萍等5位科研人员共同完成的"中粒种咖啡高产栽培技术研究"获万宁市科技进步特等奖，市热作中心与兴隆华侨农场咖啡厂合作完成的"益智鹧鸪茶及系列健康产品的开发研究"、兴隆华侨农场咖啡厂李平颜等六位农技人员研制的"太阳河牌兴隆咖啡"、海南蓝氏农业开发有限公司与市热作中心联合完成的"红钻石莲雾产期调节综合技术研究"获万宁市科技进步一等奖，由市农技中心林灵泉等14位农科人员共同完成的"水稻稻纵卷叶螟测报与防治"项目获万宁市科技进步二等奖，市热作中心完成的"槟榔标准化生产技术示范及推广"项目、万宁市长丰镇农技推广站孙多菊和陈元伟完成的"黄瓜连年栽培障碍防控技术示范及推广"项目分获万宁市科技进步三等奖。2010年，市热作中心、中国热带农业科学院香料饮料研究所和兴隆华侨农场咖啡厂共同完成的"兴隆咖啡种植与加工技术研究"获万宁市科技进步一等奖，市热带作物技术开发中心符之学等7位农技人员完成的"荔枝控梢催花技术推广应用"、市农技中心林灵泉等9位农技人员完成的"绿色苦瓜集成田间管理技术应用与推广"分获万宁市科技进步二等奖，万城农技服务站吴玉霞等5位农技人员完成的"荔枝种植应用设施农业技术的栽培管理"获万宁市科技进步三等奖。

（二）医学及其他科研成果

2002年，市卫生防疫站、市卫生局和海南省热带病防治研究所共同完成的"万宁市消灭丝虫病对策及效果的研究"获万宁市科技进步二等奖，市人民医院吴钟添等5位临床医技人员完成的"带锁髓内针内固定术治疗股骨骨折范"获万宁市科技进步三等奖；2003年，海南万州绿色制药有限公司邝继鲜研制的"枫蓼肠胃康片"获万宁市科技进步一等奖，市人民医院吴钟添、马育辉等6位临床医技人员完成的"应用外固定支架治疗胫骨骨折"项目获万宁市科技进步三等奖。

万宁市评审2004年度科技进步奖，7个科技项目被评定为市科技进步奖。特等奖为万宁市后安野海鸭养殖公司的"野海鸭人工孵化技术示范及推广"项目；一等奖为万宁市通用机械厂的"Φ120+1500型双辊电选机"项目；二等奖为市人民医院的"应用解剖钢板治疗下肢长骨近关节骨折"项目；市农技中心和东澳农业技术推广站合作的"一点红香芋引进推广及栽培技术"、市农技中心的"万宁市瓜菜作物根洁浅虫病综合防治技术"、海南社新网络信息有限公司的"社新高位池养虾自动监测系统"和市热作中心的"槟榔鲜果烘干新技术及推广应用"4个项目被评为三等奖。

2005年，万宁市乐声矿品加工厂李亚六研发的"废弃塑料再生与编织技术"获万宁市科技进步一等奖，万宁海丰生物技术开发有限公司王义完成的"海洋生态环保健康养殖系统工程示范"项目获万宁市科技进步二等奖，禄马畜牧医站完成的"提高母猪年生产力的技术研究与推广"项目获万宁市科技进步三等奖。

2006年，市人民医院研究完成的"尿激酶静脉溶栓抢救急性心肌梗死""机械通气在重症监护室的应用"项目获万宁市科技进步二等奖；2007年，市扬帆机械厂刘和顺等3人研制的"新型的精选钛锆矿成套设备"获万宁市科技进步特等奖；2008年，市人民医院完成的"经皮扩张气管切开术在急危重症救治中的应用"项目获万宁市科技进步特等奖，市乐声塑料加工厂李亚六研发的"塑料设备系列专利技术"获万宁市科技进步二等奖；2010年，中国医学科学院药用植物研究所海南分所、省农业科技110南药服务站和省科技特派员南药工作站共同完成的"广藿香种质资源收集及评价"项目获万宁市科技进步特等奖，市人民医院范平云等5人完成的“血液透析在肾功能衰竭中的应用”项目获万宁市科技进步一等奖，市人民医院内三科吴勇等8人完成的“药物联合氧气驱动雾化吸入疗法的临床应用”项目获万宁市科技进步二等奖，市人民医院皮肤性病科郭毅完成的“10万“小剂量干扰素结合电离子手术治疗仪治疗尖锐湿疣69例临床疗效观察””项目、万宁帅康淡水养殖公司王山牛等4人完成的“吉富罗非鱼高效健康养殖技术示范推广”项目均获万宁市科技进步三等奖。

二、专利

1996—2010年，专利授权量131件，其中，发明44件，实用新型22件，外观设计65件；个人研发63件，科研单位研发68件。

1996—2010年万宁市专利统计表

表16-20　　单位：件

年份	名称	合计	发明	实用新型	外观设计	个人	大专院校	科研单位
1996	申请量	1	—	—	—	—	—	—
	授权量		1	0	0	1	—	10
1997	申请量	2	—	—	—	—	—	—
	授权量		0	2	0	2	—	8
1998	申请量	18	—	—	—	—	—	
	授权量		1	0	17	6	—	3
1999	申请量	—	—	—	—	—	—	—
	授权量		—	—	—	—	—	—
2000	申请量	10	—	—	—	—	—	—
	授权量		1	1	8	2	—	8
2001	申请量	6	—	—	—	—	—	—
	授权量		0	0	6	1	—	6
2002	申请量	3	—	—	—	—	—	—
	授权量		3	0	0	3	—	2

续表16-20

年份	名称	合计	发明	实用新型	外观设计	个人	大专院校	科研单位
2003	申请量		—	—	—	—	—	—
	授权量		—	—	—	—	—	—
2004	申请量	7	—	—	—	—	—	—
	授权量		1	0	6	1	—	6
2005	申请量	5	—	—	—	—	—	—
	授权量		1	1	3	3	—	0
2006	申请量	9	—	—	—	—	—	—
	授权量		8	1	0	3	—	5
2007	申请量	8	—	—	—	—	—	—
	授权量		8	0	0	0	—	8
2008	申请量	18	—	—	—	—	—	—
	授权量		6	3	9	15	—	12
2009	申请量	24	—	—	—	—	—	—
	授权量		8	5	11	16	—	0
2010	申请量	20	—	—	—	—	—	—
	授权量		6	9	5	10	—	0
	合计	131	44	22	65	63	—	68

第三章 气象服务

第一节 机构

万宁气象局为正科级事业单位,实行局台合一的管理模式,受海南省气象局和万宁市(县)委、市(县)政府的双重领导。1991,在编在职职工16人,工程师4人,助理工程师11人,内设机构有办公室、地面测报股、预报服务股、防雷技术所,挂靠单位有人影办、行政许可办、气象执法分队。2010年,在编在职职工12人,高级工程师1人,工程师1人,助理工程师10人,内设机构未变。

第二节 气象业务与服务

一、地面气象观测

1991年后,每天8—20时进行定时观测。观测项目有:云、能见度、天气现象、气压、气温、湿度、风向风速、降水、日照、蒸发、地温及航海等。每天拍发地面小天气图报3次,大雨及大风期间,还有大雨过程报和大风实况报。2008年6月1日,增加霾、浮沉、沙尘暴、雾、雷暴、龙卷风、冰雹等重要天气报告。在热带气旋影响期间,由省局组织每小时一次补充地面气象天气报告。

1995年10月,采用台式计算机编制报表,同时报送纸质报表及信息化报表。2002年,取消纸质气象报表。

二、天气预报

1991—1994年,主要是通过安装高频对讲机,实现区气象台与市县气象站进行天气会商、18小时晴雨天气预报。1995年,利用信息网络接收气象传真图进行天气预报工作。1998年,建立9210工程，利用卫星单收站接收各类气象资料；同年开始使用预报业务平台查询天气图、数值预报、卫星云图、雷达回波等气象资料。

万宁气象站按照省、区气象台发布的旬报、月报和冬春、汛期天气趋势预报，结合县气象站中、长期天气预报工具，制作中、长期天气趋势预报，报送县各级政府领导、农场和专业服务用户。每期印数达150份。使用经过验证的天气预报工具有19个，如太平洋、南海台风预报工具和清明风影响趋势预报工具等。

三、公众气象服务

影响万宁市的气象灾害有热带气旋、暴雨、干旱、冷空气、低温阴雨、雷暴等，特别是热带气旋是万宁市最严重的气象灾害。万宁市地处海南岛东南部沿海，是热带气旋进入南海后登陆、袭击和影响的主要地区之一。年平均影响万宁市的热带气旋3.6个，最多年份达9个。

万宁市气象局广泛应用计算机和无线移动通信设备，改进气象服务手段，不断提高服务效果。1997年1月，市气象局与市电信局合作开通“121”天气预报自动咨询电话，2005年1月升级为“12121”天气预报自动咨询电话。2000年4月8日，市气象站制作的天气预报在市电视台播出。2007年6月，建成万宁市气象局门户网站，向政府部门、行业用户提供气象政务、业务和实时气象信息服务；10月1日开始，制作乡镇电视天气预报在市电视台播出。12月，在市各级政府办公室、公共场所安装17个天气预报电子显示屏。2008年12月，建成决策气象灾害预警短信平台。2009—2010年，通过移动通信气象商务短信平台，向全市各级领导和农村应急联系员1600人发送气象短信。

附：预防阻击“达维”超强台风

2005年9月26日凌晨4时，第18号超强台风“达维”在万宁市山根镇登陆，登陆时，市气象站出现极大风力11级大风，26小时降雨量296.5毫米。台风造成直接经济损失达12亿元，死亡人数2人。9月23—27日，万宁市气象台共发布热带气旋警报、紧急警报16次；24日21时启动台风预警信号，共发布台风预警信号7次；向市内各单位、国营农场、乡镇、管理区、中小学校和服务单位发送台风情报108次，接听咨询电话1000多次。

四、农业气象服务

1991—2004年，对水稻生产对象条件和最佳植期安排进行分析研究，提出可行性报告。从2005年1月1日开始，开展土壤湿度观测和水库水情监测业务，利用降水、气温、土壤湿度、蒸发量等气象要素和水库水位、流量等水文要素对旱情发生发展进行动态分析，为政府部门抗旱提供决策服务。2005—2010年，每年11月初制作今冬明春气候趋势预测，对同年12月至次年5月间的每月气温、降水等要素进行预报，并初步预测旱情发生时段，提出农业生产建议。

五、人工增雨作业

1991—2002年，采用“三七”高炮进行人工增雨作业。从2004年起，采用流动火箭发射作业车进行人工增雨作业，使人工增雨作业更加机动和有效。1991—2010年，共发射253次。特别是2008年8月23日，根据气象资料分析，22日有利于作业的天气系统，市气象局根据市政府的统一部署，立即组织人工增雨作业人员，严密监视天气变化，抓住有利时机，分别于中午和下午在北大镇开展两次作业，共发射火箭弹6枚，增雨效果显著，全市普降中到大雨，其中最大降水量为北大镇，有6个镇降水量大于50毫米，缓解了旱情。

六、气象基础设施建设

（一）地面遥测自动气象站

2004年1月1日，万宁市气象局建成遥测自动气象站投入业务使用，同时进行人工站与自动站双轨业务运行。自动站与人工站资料并存，互为备份，气象业务以自动站资料为准。自动站气象观测项目有气压、气温、温度、风向、风速、降水、草面温度、0～320厘米地温。

（二）区域自动气象站网建设

2005—2010年，全市建成中尺度乡镇自动气象站21个，组成全市气象监测网，所有自动气象站均无人值守，气象数据通过网络自动收集上传。

（三）气象信息网络建设

1988年12月31日前，气象报文用专线电话报给县邮电局报房，，由报房上传给收报单位，1989年1月1日至1992年12月31日，使用高频电话上报给海南省气象台；1995年1月1日至2010年，使用计算机网络终端发送气象电报给海南省气象信息中心。

第三节 防雷技术

1995年5月，万宁县气象局成立防雷技术所，开展防雷装置检测和防雷工程设计安装工作。2005年11月，在万宁市行政服务中心设立气象服务窗口，把防雷装置设计审核和防雷装置竣工验收纳入气象行政许可管理范围，依据《中华人民共和国气象法》《海南省实施〈中华人民共和国气象法〉办法》《防雷减灾管理办法》等法律、规章，开展防雷技术服务。

一、防雷装置安全性能检测

根据法律规定，防雷装置定期安全检测应当每年一次，爆炸危险环境场所的防雷装置应当每半年检测一次，防雷装置定期安全检测属国家强检项目。从1995年开始，对防雷装置安全性进行检测。至2010年，万宁市防雷技术所对危险化学品及易燃易爆场所、重点雷区的防雷装置，以及工矿企业，金融证券，机关事业单位，计算机信息系统，公共场所，学校及各类种植、养殖等其他场所依法检测4200次。并对检测不合格的防雷装置进行整改，排除安全隐患350个。

二、防雷装置设计技术评价

从2005年开始，万宁市防雷技术服务所按照有关法律法规规定，对万宁辖区内建（构）筑物防雷装置施工图设计说明书、施工图设计图纸，设计中采用的防雷产品等相关资料，就强制性国家标准和安全性合理性进行技术审核。

至2010年，共开展防雷装置设计技术评价850项。

三、雷电风险评估

2010年6月开始，与海南省防雷中心联合开展技术服务，结合气象、地质、地理等环境资料，对可能遭受雷击导致人员、财产损失程度确定保护等级、类别，提出雷电防护对应措施。至年底，对万宁市区域重点项目开展雷电风险评估15项。

四、雷灾调查与鉴定

从1995年开始开展雷灾调查与鉴定，对于雷电发生存在某种联系的灾害事件进行调查，至2010年，共开展雷灾调查与鉴定技术服务56次，为万宁市委市政府进一步做好防雷减灾工作，保障人民生命财产安全，提供科学的决策依据。

第四章 防震减灾

第一节 机 构

1991—2004年,万宁防震减灾工作由科技局负责。

2006年4月,万宁市地震局成立,挂靠市科学技术与信息产业局,实行两块牌子、一套人员办公制度,不另增加编制,人员配备从内部调剂解决。地震局内设办公室、科技监测股、综合管理股、应急救援股、抗震设防管理股、震害防御股。2010年3月后,市科学技术与信息产业局更名为市工业和科技信息产业局,内设地震办公室,有人员编制1人,负责全市防震减灾工作。

第二节 监测与预防

一、地震台网建设及监测预报

万宁市地处中国东南沿海地震带西南端和滇、黔、桂构造带向东南延伸的交汇部位,具有发生强破坏性地震的构造背景,是华南强震的主要活动场所之一。1999年1月27日20时37分,在万宁市东南70千米海域(北纬l80° 32′,东经110° 08′)发生了4.0级地震;同年5月17日,万宁市近海发生5.1级地震,全岛有感,震中附近有破坏;2001年9月7日,陵水近海发生4级地震;2003年在万宁、陵水近海地区先后发生过2级以上的地震19次;2004年7月9日7时56分,在陵水与万宁近海大断裂带上发生4.2级地震,万宁市万城地区、礼纪镇石梅村委会杨梅自然村均有震感。同天,还发生2级左右余震3次。万宁市陆地及近海显著参与了中国20世纪第五个强震活跃期活动,且为中强地震的主体活动地区之一。大量震例的强震复发统计研究结果认为,万宁市及邻近地区存在发生6级左右破坏性地震的可能。

1991年,万宁地区还没有检测地震信息的设备。2005年10月底,万宁市东山岭数字遥测地震台建成并投入使用。

东山岭数字遥测地震台的建成,填补了万宁市没有地震台站的空白。地震台安装国内先进的地震信息监测预报系统,所获取的观测资料直接传输到海南省地震局地震信息监测预报中心。市地震局仅负责对东山岭地震台的观测条件和环境进行定期维护，确保东山岭数字遥测地震监测台站正常运转。

2007年，地震局全力推进群测群防网络体系建设。12个镇政府分管地震工作的副镇长任防震减灾助理员，197个村委会配备由村书记或主任担任的群测群防联络员。共创建13个地震宏观异常观测点。全市地震群测群防工作逐步规范化、制度化，基本形成“横向到边、纵向到底”的群测群防网络体系。2007—2010年，共举办地震减灾助理员、群测群防联络员业务培训15期，培训人数达1600人次。

二、地震灾害预防

2002年8月，万宁市政府出台《万宁市工程场地地震安全性评价和抗震设防要求管理实施办法》，将抗震设防管理纳入基本建设审批管理程序，指定由市科学技术与信息产业局（市地震办公室）负责工程场地地震安全性评价和抗震设防要求的管理和监督，进行工程项目地震安全性评价的设计审查，审批工程项目抗震设防要求。要求市发改、建设、设计等部门及工程建设单位配合地震工作部门共同做好工程场地安全性评价及抗震设防要求的管理工作。

2008年，市政府先后出台《万宁市人民政府办公室关于实施农村民居地震安全工程的意见》《万宁市人民政府办公室关于印发万宁市2008年农村民居地震安全试点工程典型示范工作计划的通知》等文件，确定以每年5%左右的速度，引导、支持农民群众更新、改造和加固未达到抗震设防要求的农村民居。

2009—2010年，共建成农村民居地震安全典型示范户426户，发放民居抗震专项补贴173.80万元。共举办农村建筑工匠培训班40期，参训人数达1500人次。共举办农村民居地震安全典型建设现场示范会25期，以典型示范为抓手，逐步推广农村民居地震安全工程。

第三节 宣传与救援

一、防震减灾宣传

1991—2003年，万宁防震减灾宣传主要是通过墙报及广播电视宣传防震知识。自2004年起，坚持以海南省科技活动月、“7·28”地震纪念日和“12·4”普法日、国际减灾日等科普活动为契机，创新宣传方法，注重广泛性、灵活性、长效性，利用电视台、政府门户网站、示范学校、示范村和服务站等扩大宣传范围，面向全社会积极开展防震减灾科普宣传。至2010年，共印发宣传材料20万份、科普光盘6万余张等。

二、地震应急救援

2002年，市政府制订《万宁市破坏性地震应急预案》，经过多次修改和完善，于2006年9月1日由市政府办公室正式编入《万宁市突发公共事件应急预案汇编》。“5·12”汶川大地震后，重新修订《万宁市地震海啸应急预案》并印发实施。2008年12月，成立以万宁公安消防大队为依托的万宁市地震海啸灾害紧急救援队。在全市各所防震减灾宣传示范学校举办地震应急疏散演练和地震知识讲座。至2010年，共举办地震应急疏散演练20次，举办地震知识讲座80场。

第十七编　卫　生

第一章 医疗

第一节 医疗机构

1991年，全县卫生机构93个（不包含村卫生室），其中，公立卫生机构有县人民医院、县卫生防疫站、县慢性病防治站、县妇幼保健站和县中医院、乡镇卫生院17个、国营（华侨）农场医院6个，个体诊所65个；乡村卫生站189个。2005年，有卫生机构112个，其中，有医院（含卫生院）26所，专科防治所（站）2所，诊所（含卫生所、医务室）79间，卫生防疫站1所，妇幼保健所1个，药品检验所1个，医学科研机构1个，其他卫生机构1个。2010年末，全市拥有卫生机构115个（不包含村卫生室），其中：市级公立医疗预防保健及卫生监督机构有市人民医院、市中医院、市疾病预防控制中心、市妇幼保健院、市皮肤性病防治所、市结核病防治所和市卫生监督所等7所，镇卫生院18所、国营（华侨）农场医院6所、民营医院1所、社区卫生服务中心（站）7所、诊所（卫生所、医务室）74所；其他5所。全市202个行政村共设有326个村卫生室，实现村卫生室100%覆盖。

1991年，万宁县人民医院门诊、急诊总量为9.7万人次，入院总量8154人次。1996—2010年，万宁市总诊疗人次、门急诊人次、入院人次快速上升。总诊疗人次由2006年的24万增长至2009年104.7万，增幅达336%，其中门急诊人次和入院人数分别增长了333%和205%。

第二节 医疗队伍

1991年，万宁县有卫生技术人员1924人，其中乡村医生和个体医生286人。1995年全县有1638名（包括农垦系统313人）卫生技术人员。其中，有高级职称44名，中级职称168人。2010年底，万宁市卫生系统工作人员有2118人。其中，卫生技术人员1626人，其他技术人员36人，管理人员161人，工勤人员295人。卫生技术人员中，执业（助理）医师627人，其中执业医师417人；注册护士659人；

高级职称46人，中级职称223人；乡村医生422人、卫生员197人。

至2010年年底，全市每千人口卫生技术人员为2.71人，每千人口执业（助理）医师数为1.04人，每千人口注册护士数为1.10人，每千农业人口拥有乡村医生及卫生人员数为0.41人。卫技人员占卫生人员总数的比例为76.8%，工勤人员占卫生人员的比例为13.9%。卫生人员的学历结构：在市级医疗机构中，拥有本科和专科学历的卫生人员占全部卫生人员的比重分别为6%和15%；在镇级医疗机构中，拥有本科和专科学历的卫生人员占全部卫生人员的比重分别为0.3%和3%。

2004—2010年万宁市卫生系统工作人员统计表

表17-1　　单位：人

年度	执业助理医师	执业医师	注册护士	其他技术人员	管理人员	工勤人员
2004	530	371	462	63	133	281
2005	507	340	467	32	128	281
2006	527	340	513	37	138	255
2007	668	437	626	46	140	273
2008	654	438	645	55	159	291
2009	627	417	659	36	161	295
2010	639	420	706	28	141	282

说明：2004年前数据缺失

第三节　医疗设备与技术

一、医疗设备

（一）病床位

1991年，全县共有病床1268张，1995年增至1302张，2005年全市病床降至862张，2010年全市病床又增至1077张。

（二）医疗器械

县人民医院陆续装备了X光机、心电图机、膀胱镜、胃镜、分析天平、光电比色计、冰箱、离心机、培养箱和干燥箱等设备。6家国营（华侨）农场医院和乡镇卫生院都有配备X光机和能够开展“三大常规”为主的基础检验仪器设备。2001—2010年，市人民医院在近十年间引进装备，更新大量的医疗仪器设备，主要有膀胱镜、CT机、医院管理信息系统软件、上消化道电子内镜、多功能麻醉机、彩色超声诊断仪、结肠电子内镜、全自动血球分析仪、全自动血气分析仪、除颤监护仪、除颤起搏监护仪、多参数监护仪、呼吸机、移动X光机、微粒子化学发光分析仪、超声诊断仪、运动心电图测试系统、多功能高频电刀、全自动生化分析仪、双排螺旋CT、500毫安X光机、手术显微镜、生物组织包埋机、柯达CR、柯达Mini-Pacs网络、600毫安X光机、生物组织自动脱水机、细菌鉴定药敏分析仪、小儿呼吸机、多功能麻醉机、电动手术台、全自动生化分析仪、彩色多普勒超声诊断系统、高清腹腔镜及鼻窦镜系统、体检报告管理软件、移动式X射线成像系统、血液透析滤过机、血液透析机、医用诊断X射线系统、高频电烧装置(包括配套器械)、全自动生化分析仪、彩色医学图文分析系统等。

至2010年,国营(华侨)农场和乡镇卫生院医疗仪器变化不大,部分基层医疗机构增加全自动生化分析仪、彩超和DR等设备。

(三)救护车

1991年,市人民医院有救护车1辆,2001年增至2辆,2010年,市人民医院共有救护车5辆。

二、医疗技术

1991年,全县城乡医疗机构医务人员熟练掌握当地多发病、常见病的诊疗技术,危重病人抢救成功率达89.9%以上。县人民医院、农场医院及部分基层卫生院能够开展腰穿、骨穿、胸穿、心穿、肝穿等技术操作;对人体各大系统疾病都能做出较为正确的诊断与治疗;对“三衰”病人能及时正确地进行抢救与处理;能成功开展骨科、普外、泌尿、胸外、颅脑和矫形等各种常见外科手术,能开展如半月盘切除术、髋关节断离术、胰十二指肠切除术、脾切除加门奇静脉断流术、全胃切除以肠代胃术、肝叶切除术、直肠癌根治术、先天性巨结肠切除术、甲状腺次全切除术、膀胱全切除以肠代膀胱术、肾部分切除术、尿道畸形矫正皮管尿道形成术、食管癌切除术、贲门形成术、肺叶切除术、乳癌根治术、小儿麻痹症矫治术和开颅等多种难度较大的外科手术。

至2010年,市级医疗机构设置的科室有内科、妇产科、普通外科、创伤外科、急诊科、感染科、儿科、康复中心、眼科、耳鼻喉科、口腔科、理疗科、放射科、检验科、药械科、麻醉手术科、中药科等临床、医技科室。能成功开展颅脑手术、甲状腺瘤功能性根治术、肾切开取石术、胃、乳腺癌根治术、全宫切除术、白内障摘除和人工晶体植入术、新生儿黄疸、胎粪吸入综合征的抢救、感染性、失血性休克的抢救、急性心肌梗塞抢救、尿毒症抢救、呼吸衰竭抢救等一批难度较大的诊疗项目。市人民医院新设康复中心,配备康复诊疗器械齐全,设有运动治疗室、作业治疗室、物理治疗与颈腰椎牵引治疗室、针灸推拿科等。镇卫生院能够提供基本医疗服务,配备基本医疗设备,开展常规检验检查业务。

第四节 新型农村合作医疗

1997年初,在三更罗等地开展农村合作医疗试点工作。8月,市委、市政府在三更罗召开全市农村合作医疗、改水改厕工作现场会,推广万宁市农村合作医疗试点工作。此后,全市有23个行政村参加农村合作医疗试点工作,参加人数28613人,占农村总人口387324人的0.7%。合作医疗形式有合医合药、合医不合药、合药不合医及合大病不合小病等四种。至1999年,因参合资金筹集困难和管理不善而解体。

2006年5月,万宁市新型农村合作医疗管理委员会办公室成立,隶属市卫生局全额拨款股级事业单位。新农合工作启动后,通过政府主导、部门合作、农民参与等形式发动群众参加新农合,至6月30日,全市共有33.25万人参加合作医疗,占全市应参合对象的85%。至2010年,参合农民39.86万人,新农合参合率达98.21%,城镇职工参保率达92%,城镇居民参保率达93%,新农合基金共补偿31.59万人次,补偿总金额5486.64万元。其中:家庭账户补偿69.81万元,统筹基金补偿5416.83万元;住院补偿22642人次,补偿金额4805.70万元;次均住院补偿2122元,住院实际补偿比48.41%;累计补偿达5万元封顶线的有10人。全面实现与省内试点医疗机构直接结算。

第二章 疾病防疫

第一节 机构

1991年，卫生防疫站有工作人员53人，内设办公室、防疫科、寄防科、卫生科、检验科5个科室。1994年，卫生技术人员增至88人，海南省卫生厅拨款70万元建设万宁县卫生防疫站业务大楼，1995年建成并投入使用，大楼总建筑面积1200平方米。1996年，卫生防疫站卫生技术人员增至93人，防疫科与寄防科合并，成立流行病科。2000年，市防疫站工作人员增至104人，市编委定编市卫生防疫站55人，其中全额拨款30人，自筹25人，超编49人。2003年"非典"过后，国债资金150万元投入建设万宁市疾控中心大楼，面积1500平方米。2008年，工作人员减少至88人，内设办公室、卫生科、流行病科、免疫规划科、地慢病防治科、检验科、消杀科、艾滋病防治科、劳动与放射卫生科、学校卫生科、社区卫生服务站共11个职能科室。

2010年职工数降为83人，其中男性38人，女性45人；主任医师1人，中级职称12人，初级职称47人；本科2人，大专14人，中专48人，高中及以下19人。内设办公室、卫生科、流行病学科、免疫规划科、地方病和慢性病防治科、检验科、消杀科、艾滋病防治科、劳动与放射卫生科、学校卫生科、社区卫生服务站等11个职能科室。

第二节 计划免疫

一、疫苗接种

1991年，国家免疫规划一类疫苗仅4种，即卡介苗、糖丸、百白破和麻疹。同年，万宁县共有9716名出生儿童，入册疫苗接种手续的儿童有9708名，持有接种疫苗记录证明的儿童6802名，基础疫苗全程接种率达84.8%。

2003年,国家免疫规划一类疫苗增加乙肝项,“四苗”转为“五苗”,万宁市出生儿童中全程接种基础疫苗的儿童为6751人,基础疫苗全程接种率达89.6%。2006年,增加乙脑疫苗为一类疫苗,“五苗”转为“六苗”,万宁市出生儿童中基础疫苗全程接种率为92.3%。2007年,国家免疫规划一类疫苗中进一步增加流脑疫苗,基础疫苗转为“七苗”,同年,万宁市接种“七苗”的儿童占出生儿童的96.5%。2009年,增加甲肝疫苗,一类疫苗从1991年的“四苗”扩大到“八苗”,预防的传染病有新生儿结核性脑膜炎、小儿麻痹症、白喉、百日咳、破伤风、乙肝、乙脑、流脑、麻疹、风疹、流行性腮腺炎、甲肝等12种;是年11月,全省启动15岁以下儿童乙肝疫苗补种工作,该项目分三年完成;万宁市15岁以下儿童乙肝疫苗补种提前在2010年底完成。全市15岁以下儿童摸底人数5.4万人(包括流动人口),经核实,应补种对象39423人。至2010年11月30日,全市实补种人数38276人,补种率97.1%,达到国家要求的95%以上的目标。

至2010年,国家免疫规划一类疫苗一直保持8苗免费接种的状态,是年,万宁市儿童“八苗”接种率达90%。

1991—2010年万宁市(县)预防接种情况一览表

表17-2　　　　单位:人、%

年度	出生儿童数	入册数	建证数	基础全程接种率	备注
1991	9716	9708	6802	84.8	四苗
1992	8718	8894	3923	89.5	四苗
1993	8187	8980	6851	96.2	四苗
1994	7472	7419	7008	93.4	四苗
1995	7638	6988	6243	91.8	四苗
1996	8998	6173	6008	73.4	四苗
1997	7426	6825	6150	91.3	四苗
1998	7727	6748	5987	79.5	四苗
1999	7927	6983	6479	79.7	四苗
2000	10517	10517	10517	79.0	四苗
2001	7069	7069	7069	78.5	四苗
2002	8289	8289	8289	83.8	四苗
2003	7534	7534	7534	89.6	五苗
2004	6894	5917	5917	87.4	五苗

续表17-2

年度	出生儿童数	入册数	建证数	基础全程接种率	备注
2005	7055	7002	7002	68.1	六苗
2006	6952	6573	6573	92.3	六苗
2007	6875	6855	6855	96.5	六苗
2008	7817	7817	7817	96.4	八苗
2009	8304	8791	8791	90.5	八苗
2010	8492	8492	8492	90.0	八苗

二、白喉疫情处置

1996年4月，万宁县爆发白喉疫情，发病4例，死亡3例，病死率75%。防疫站对15岁以下人群接种23万份白喉疫苗（精制白喉类毒素疫苗），及时扑灭疫情。至2010年，万宁市未发现白喉疫情。

三、风疹疫情处置

2008年1月，龙滚华侨中学暴发风疹疫情，报告病例38例，确诊病例19例，其中麻疹确诊病例3例。市卫生防疫站组织相关专业技术人员对龙滚华侨中学开展疫苗应急接种工作，并对疫点疫区进行环境消毒，风疹疫情得以控制。至2010年，万宁市未发现风疹疫情。

四、甲流疫情处置

2009年5月31日，由市卫生局组织，市防疫站主办，市人民医院、市保健院等单位协办，举办“万宁市甲型H1N1流感疫情应急处置演练”。9月，万宁市后安、和乐、万城、龙滚、山根、东澳和东兴等地区学校相继发生甲流疫情，市防疫站组织流调、消毒等卫生应急人员为高危人群及密切接触者免费接种甲流疫苗，有效控制疫情的暴发和流行。全年共调查处置甲流疫情53起，采集病人样本61份，送省疾控中心CDC检测，确诊甲流病例25例，其中重症病例1例，无死亡病例发生。跟踪调查密切接触者500多人。11月1日至12月31日，对医疗、交通、旅游、学校以及患有基础性疾病的老人等高危人群，分5批次开展甲流疫苗接种工作，全市共完成4.77万人的疫苗接种。至2010年底，万宁市未发现甲流疫情。

五、流行性腮腺炎疫情处置

2009年12月24—26日，北坡镇保定小学暴发流行性腮腺炎疫情，发病师生18名，市卫生防疫站组织专业人员会同北坡卫生院开展流行病学调查，采取疫苗应急接种等防控措施，这次疫情无重症病例和死亡病例发生，疫情得以有效控制。至2010年年底，万宁市未出现因流行性腮腺炎而导致的死亡病例。

第三节 传染病防治

重点监测和防控的传染病病种是手足口病、肺结核、疟疾、艾滋病、丝虫病、霍乱、痢疾、登革热和立克次体病等。

1991—2010年万宁市(县)法定传染病主要病种一览表

表17-3

年度	发病数居前5位的病种									
	第1位		第2位		第3位		第4位		第5位	
	病种	发病数	病种	发病数	病种	发病数	病种	发病数	病种	发病数
1991	疟疾	861	肝炎※	379	痢疾※	148	淋病	44	脊灰※	6
1992	疟疾	771	肝炎	371	淋病	169	痢疾	93	麻疹	8
1993	疟疾	709	淋病	206	肝炎	133	麻疹	108	痢疾	69
1994	疟疾	571	淋病	233	肝炎	107	痢疾	107	麻疹	33
1995	疟疾	406	淋病	293	痢疾	94	肝炎	75	麻疹	14
1996	疟疾	409	淋病	177	肝炎	84	痢疾	71	白喉	4
1997	肝炎	254	疟疾	228	痢疾	61	肺结核	57	麻疹	35
1998	肝炎	732	疟疾	415	肺结核	232	梅毒	89	痢疾	54
1999	疟疾	484	肝炎	408	肺结核	350	梅毒	72	痢疾	59
2000	肺结核	281	疟疾	269	肝炎	146	痢疾	125	淋病	75
2001	疟疾	377	肝炎	204	肺结核	81	淋病	64	梅毒	45
2002	疟疾	468	肝炎	111	肺结核	76	麻疹	42	痢疾	42
2003	疟疾	687	肺结核	316	肝炎	162	痢疾	68	淋病	33
2004	疟疾	1154	肝炎	1045	肺结核	646	淋病	68	痢疾	52
2005	肝炎	1013	肺结核	681	疟疾	618	感泻※	184	痢疾	91

续表17-3

年度	发病数居前5位的病种									
	第1位		第2位		第3位		第4位		第5位	
	病种	发病数	病种	发病数	病种	发病数	病种	发病数	病种	发病数
2006	肺结核	886	疟疾	499	肝炎	367	感泻	80	麻疹	73
2007	肺结核	1102	肝炎	453	疟疾	349	感泻	184	痢疾	67
2008	肺结核	1100	手足口	558	肝炎	379	疟疾	225	感泻	164
2009	肺结核	998	肝炎	385	手足口	342	腮炎※	159	感泻	154
2010	手口足	1457	肺结核	1031	肝炎	490	感泻	149	梅毒	82

说明：(1)“肝炎”称为病毒性肝炎；(2)“痢疾”称为细菌性和阿米巴性痢疾；(3)“脊灰”称为脊髓灰质炎；(4)“感泻”称为其他感染性腹泻；(5)“腮炎”称为流行性腮腺炎

一、麻风病与性病

1976年，设立万宁县慢性病防治站，负责结核病、精神病及麻风病、性病防治工作；1991年，万宁县慢性病防治站一分为二，成立县皮肤性病防治所和县结核病防治所。刚成立时，县皮肤性病防治所在职职工14人，其中，卫技专业人员14人。至2010年底，万宁市皮肤性病防治所在职职工28人，其中，卫技专业人员22人，工勤人员6人，本科学历1人，专科4人，中专17人。

万宁市皮肤性病防治所主要从事麻风病、性病、艾滋病和其他皮肤病的防治和监测等业务工作。1993—2010年，共发现麻风病人21例，全部给予免费治疗至痊愈；诊治性病6655例。

二、霍乱

1993年、1994年和2005年万宁市分别报告霍乱病例1例、3例和1例，无死亡病例。三起疫情均为输入性病例，病例发生后，万宁市卫生防疫站均及时组织专业人员赶赴现场会同当地医疗卫生机构采取病人隔离治疗、流行病学调查，密切接触者医学观察、易感人群预防性服药，病人接触物品、活动场所、环境等开展随时消毒和终末消杀消毒，以及健康宣传活动等工作，三起疫情经最长潜伏期后均无新的病例发生，终止疫情控制工作。

根据省级霍乱防治工作统一部署，2003—2010年，市卫生防疫站每年在市人口集中，流动性大和沿海地区的医疗机构开展腹泻病例监测，每年采集腹泻病人样本100份送中心检验室进行霍乱弧菌检测，所检样本均为阴性。

三、疟疾

万宁县疟疾防治自1991年实行乡镇与农场联防，成立领导机构，制定条例。实行“五个统一”工作机制（即统一领导、统一计划、统一行动、统一指挥、统一检查评比）。2003年3月1日和2006年10月分别启动万宁市第一轮和第五轮中国全球基金疟疾项目（No.CHN-102-G02-M-00; No. CHN-506-

G07-M)。两轮全球基金疟疾项目的实施加快万宁市消除疟疾的步伐，至2010年，全市疟疾发病率下降为0。

万宁市(县)1991—2010年疟疾"四热"病人血检结果统计表

表17-4

年度	乡场人口数(人)	血检数(人)	阳性数(人)	阳性率(%)	原虫分类及构成比					
					分类			构成比		
					P.v	P.f	Mix	P.v%	P.f%	Mix%
1991	123367	18483	1064	5.76	900	164		84.6	15.4	
1992	133905	14302	831	5.81	685	143	3	82.4	17.2	0.4
1993	128813	15738	1017	6.46	895	119	3	88	11.7	0.3
1994	102225	16600	1204	7.25	1057	145	2	87.8	12	0.2
1995	94748	11365	880	7.75	769	109	2	84.4	12.4	0.2
1996	88032	10362	531	5.12	478	53		90	10	
1997	65683	9727	342	3.52	261	77	4	76.3	22.5	0.4
1998	75022	8873	460	5.18	357	102	1	77.6	22.2	0.2
1999	60551	9553	468	4.9	390	78	0	83.3	16.7	0
2000	62825	9236	179	1.94	153	26	0	85.47	14.53	0
2001	50595	7484	203	2.71	183	20	0	90.15	9.85	0
2002	61703	7493	182	2.43	154	28	0	84.62	15.38	0
2003	59876	8113	294	3.62	268	26	0	91.16	8.94	0
2004	61165	11615	504	4.34	459	45	0	91.07	8.93	0
2005	60282	14025	286	2.04	272	14	0	95.1	4.9	0
2006	45186	11781	131	1.11	130	1	0	99.24	0.76	0
2007	68810	16004	74	0.46	74	0	0	100	0	0
2008	69417	12369	23	0.19	23	0	0	100	0	0
2009	63507	10886	4	0.04	4	0	0	100	0	0
2010	63507	11259	0	0	0	0	0	0	0	0

说明:P.v为间日疟；P.f为恶性疟；Mix为混合疟疾

四、麻疹

2005年10月至2006年4月，万宁市发生麻疹流行,报告麻疹病例106例，疫情波及全市13个镇场，占全市镇场总数的72.22%，病例以男性居多，男女比例为2.5∶1，其中15岁以下人群占病例总数的

97.2%。

2006年4月13—30日,万宁市开展麻疹疫苗的应急强化免疫活动,对全市116798名8月龄至14岁人群接种了1剂次麻疹疫苗,接种率为96.6%。强化免疫后,麻疹疫情得到有效控制,同年5月后仅出现1例病例。

2010年8月,举办全市卫生教育基层人员麻疹免疫业务骨干培训班5期,共650人次;市防疫站组织专业技术人员对全市30家接种单位进行巡回督导和现场技术指导,对强化免疫过程中出现疑似预防接种异常反应的94例异常反应者,进行详细调查处理和医疗救治工作,其中有25例在市医院治疗。摸底适龄儿童(8月龄至6岁组)43964人,实际接种42946人,接种率为97.7%,达到国家要求的95%以上的目标。

1991—2010年万宁市(县)麻疹发病情况一览表

表17-5 单位:人

年度	总人口数	发病数	发病率(1/10万)
1991	492990	3	0.61
1992	497735	8	1.61
1993	504920	108	21.39
1994	511903	33	6.45
1995	521451	14	2.68
1996	533788	2	0.37
1997	541368	35	6.47
1998	548708	25	4.56
1999	548500	32	5.83
2000	514171	2	0.39
2001	530922	36	6.78
2002	536881	42	7.82
2003	547000	2	0.37
2004	549508	5	0.91
2005	558052	56	10.03
2006	558637	73	13.07
2007	560072	6	1.07
2008	565411	3	0.53
2009	578549	1	0.17
2010	586246	1	0.17

五、丝虫

1984年12月，经省级考核验收，抽查流行区的5个乡镇5个村委会，血检4951人，检出微丝蚴血症者5例，平均微丝蚴率为0.10%，确认全县范围达到基本消灭丝虫病标准。

1989—1990年和1995—2000年间，继续开展横向监测，1989年和1990年在原丝虫病流行区万城分别监测2025人和2507人，查出微丝蚴血症者分别2例、0例，微丝蚴分别率为0.1%和0%。1995—2000年间对原虫流行4个乡镇龙滚、三更罗、礼纪、后安（占流行区乡镇44.4%）开展病原学监测，共血检5058人（占流行区人口13.1%），未发现微丝蚴血症者，即1989年查见2例为丝蚴血症者后，再未查见残存病例，

1990—2000年连续11年万宁市征兵体检夜间(9时至次晨2时)血检7669人，未发现微丝蚴血症者，同时在3个病原学监测点捕获人房致倦库蚊解剖3050只，未发现人体幼丝虫感染蚊，丝虫抗体监测325例，阳性9例，阳性率为2.8%，平均几何滴度为1∶23.33，与非流行区人群几何平均滴度接近。2001年对1982年后检出的微丝蚴血症者再次进行流行病学个案调查及血片追踪调查87例，未检出微丝蚴血症者。

2001年，市防疫站专业人员把40年来的丝虫病防治及监测资料分类、整理、归档、制作展板并撰写《万宁市消灭丝虫病工作总结》提交省卫生厅。同年10月和11月省卫生厅组织丝虫病防治专家分别对万宁市消灭丝虫病进行初审和审评，一致通过万宁市已达到颁布《消灭丝虫病标准》，在全市范围内消灭丝虫病传染源，完全阻断丝虫病的传播。至2010年，万宁市未发生大面积丝虫疫情。

六、手足口病

2008年前无手足口病例发生。2008年5月，手足口病开始在全市范围流行，同年5月7日，市防疫站启动疫情日报告和“零”报告制度，实行24小时值班制度。2008年累计报告手足口病548例，其中实验室诊断病例7例，重症病例2例，无死亡病例。2009年累计报告手足口病301例，其中重症病例1例，死亡1例。2010年，累计报告手足口病例1456例，其中重症病例9例，死亡1例。

七、艾滋病防治

2002年3月，万宁市出现首例艾滋病感染者(吸毒人员)。2004—2008年，万宁市被列入全国127个艾滋病综合防治示范区之一。市卫生防疫站成立艾滋病防治科，主要开展健康宣传教育、重点人群(吸毒、暗娼等)监测和行为干预等工作。2009年，万宁市再次被列入“国家与省共建示范区”市县，主要开展健康教育宣传、吸毒人群、性病人群、暗娼人群、男性人群、孕产妇、自愿咨询人群的监测检测和高危人群行为干预、美沙酮药物维持治疗、针具交换、病人及感染者的流行病学调查、抗病毒药物治疗等工作。

至2010年12月31日，全市累计报告艾滋病病人或感染者32例，死亡3例。

八、结核病

1991年12月1日，成立万宁县结核病防治所，为独立核算法人单位事业单位。全所在职人员为

11人，离休人员1人；2000年编制全额拨款30人；同年10月，市编委办重新核定编制，全额拨款10人、自筹经费40人，在职人员实为53人。

1992—2002年，实施世界银行贷款（卫Ⅴ）结核病控制项目；2001年，制定《万宁市结核病防治十年规划（2001—2010年）》，巩固结核病控制项目的成果，保证结核病控制工作的可持续发展。

2003年4月，开始实施全球基金第一轮结核病控制项目；2005年7月，开始实施全球基金第四轮结核病控制项目。

1993—2010年，共发现活动性结核病8609例，全部给予免费治疗，平均治愈率达85%以上。

九、甲型H1N1流感

自2009年3月墨西哥发现首个甲型H1N1流感（以下简称“甲流”）疫情，疫情迅速在全球蔓延，中国输入性病例与二代病例持续增加。万宁市委市政府及时成立“甲流”防控工作领导小组，制定防治应急预案，组织卫生应急处置队伍与医疗救治队伍。动员市卫生、旅游、教育、农业、畜牧、药监、交通和海洋等部门共同防控“甲流”。市卫生局共举办了六期“甲流”培训班，对全市医疗保健机构、卫生院、农场医院、社区卫生服务站、社会（个体）医疗机构和村卫生室医护人员进行全员培训，共1176人次。各医疗保健单位组织本单位职工进行全员培训，共1265人次。同时，市旅游局还在兴隆金日酒店举办兴隆地区各酒店、宾馆负责人与管理人员“甲流”防控知识培训班，参加人员73人。

全市各镇、农场与各单位借此掀起爱国卫生运动高潮，整治环境、饮食卫生和个人卫生，阻断传染病传播途径。市爱卫办在万城地区实施灭鼠活动。市“甲流”防控领导小组制作“温馨提示”2万份发放到各宾馆酒店大堂和客房；市广电中心定期滚动播放“甲流”防治知识；各医疗卫生单位、宾馆酒店、中小学校和车站码头出版传染病防治知识宣传栏，市卫生部门还组织医务人员上街设立咨询点开展宣传活动。全市共印发“甲流”防治知识宣传单8万余张，肠道传染病宣传折页30000张、悬挂横额167条，出动宣传车23辆次，出版宣传栏365块（期）。市防控领导小组办公室坚持24小时值班制度，各级各类医疗机构建立健全预检分诊和首诊医生负责制，对流动人口主动监控，特别是做好从疫区回来人员等重点人群的疫情排查工作。

2009年9月5日，一名省农业学校发热学生回万宁东兴农场军田一队，市卫生部门立即进行流行病调查和处理，该生血液样本经省CDC实验室检测为“甲流”核酸阳性后，及时将其转送农垦三亚医院隔离治疗。并要求与该生有密切接触的家庭成员居家观察7天。万宁市对138名密切接触者进行追踪调查和医学观察。及时调查处理“甲流”疫情10起24例，其中确诊病例6例。同年5月31日，市“甲流”防控领导小组在市卫生学校进行了一次“甲流”模拟演练，指定太阳河温泉度假中心作为本市“甲流”密切接触者留观定点单位。组织卫生、教育、旅游等部门组成3个督导组对全市各镇、农场及其中学、中心学校和宾馆酒店“甲流”防控工作落实情况进行督查。全市中小学校和托幼机构实行校（园）长负责制，严格执行学生晨检、午检和因病缺勤追踪登记制度、发热病人零报告制度。培训托幼机构园长或负责人与及有关教师300多人次。市政府及时拨出“甲流”防控专项经费87万元。

十、消灭脊髓灰质炎

万宁市是脊髓灰质炎的高发、惯发区，1956—1992年全市共报告脊灰病例214例，年平均发病率

1.70/10万,1985年发病69例,为最高发病年,1990年后,万宁市全面开展消灭脊灰工作,冷链系统常年运转,每年运转不少于6次,实现了以县、乡为单位85%。

1992—2000年开展(强化免疫日NID)活动22轮次,其中全国性活动14次,省内活动8次,服苗儿童191467人次,每轮服苗率均达90%以上;2000年3—4月,对20285名0～36月龄儿童进行服苗,服苗率95%;1990年6月建立脊灰疑似病例监测系统,1993年8月转为AFP监测报告乡镇单位19个。自1997年以来,15岁以下儿童AFP报告平均发病率在1/10万以上。

1997—1999年全市共监测报告AFP病例9例,各项监测指标达到世界卫生组织证实要求的指标。1997年以来合格双份标本采集平均达90%,1994—2000年共采集AFP病例及密切接触者标本56份,其中分离到脊灰病毒4株。《万宁市无脊髓灰质炎证实工作报告》于2000年11月被省卫生厅通过,实现无脊灰目标。

至2010年,未发现新的脊髓灰质炎病例。

第四节 地方病和职业病防治

一、地方病防治

2000年,万宁市政府成立“万宁市消除碘缺乏病工作”领导小组,组长由分管副市长担任,卫生、供销、公安、教育、广电、工商、财政等部门分管领导为成员,领导小组下设办公室,设在市卫生局,负责日常具体工作。市政府将地方性碘缺乏病防治工作纳入政府目标管理,万宁市于2010年实现消除碘缺乏病目标。

2000—2010年,市消除碘缺乏病领导小组每年组织供销、卫生、公安、工商、药监局等部门,在全市范围内开展一次涉盐违法打击检查活动,杜绝不合格碘盐流入市场;市疾控中心每年在全市按东南西北中选取5个镇(农场)为监测点,每个监测点筛查孕产妇60人,共计300人,开展甲状腺肿大检查,采集孕产妇尿样和家庭食用盐样,进行尿碘和盐碘检测,结果表明,孕产妇甲状腺肿大率为0,平均尿碘中位数109微克/升,在全国平均水平100～200微克/升范围内,合格碘盐率100%。每个监测点筛查8～10岁农村小学生60人,共计300人,开展学生甲状腺肿大、智商和尿碘监测,结果:学生甲状腺肿大率为0,平均尿碘中位数146微克/升,小学生智商100微克/升,均在全国平均水平内。

二、职业病防治

1991年以来,万宁市职业病防治工作集中在两个方面:一是对机动车驾驶员进行预防性体检,平均年体检司机5000人,体检合格率为95%以上;二是根据全省放射卫生工作的实施方案,万宁市自2006年开始,每年对万宁市人民医院的放射诊断人员进行个人照射剂量监测,监测样品送省CDC检测分析,至2010年12月31日,未发现照射职业病例。

第五节 非典型肺炎防治

2003年初，非典型性肺炎在全国暴发，全市医疗卫生机构积极应对，认真研究部署防治非典工作。万宁市及时制订防治非典应急预案和有关防治方案，加强对有关人员进行业务培训，密切疫情监测，实行“双零”报告制度，开展环境消毒指导和预防性健康教育宣传。仅上半年，全市出动宣传车250辆次，悬挂横额1550条，出刊宣传栏885期，设立咨询点162个次，散发传单50多万份，接受宣传教育人数近50万人次；共举办各种培训班213期（批），接受培训人员近10万人次；万宁车站共对12.26万名乘客测体温，对3名发热病人实行隔离观察。渔监部门在码头设立工作站，对外来船只进行严格消毒，划定安全区域让外来船只停泊，对船上人员进行登记追踪观察。至2003年6月30日，全市共登记监控外来船只14艘，对62名随船人员全部进行医学观察。全市医疗机构还对4674名外来、外出返乡人员实行监控，其中外来人员2570人，外出返乡人员2104人，对20名外来、外出返乡发热可疑病人用非典防治专用车接到市人民医院进行隔离观察，市非典办还派出消毒队和流行病学调查队进行溯源追踪消毒，对患者及密切接触者进行流行病学处理。全市共设立11间发热门诊，其中二级发热门诊1间，三级发热门诊10间，在省医疗队的帮助下，加强对发热门诊专业人员的培训，同时建立健全10多种发热门诊工作制度。每间发热门诊设有值班电话，继续坚持24小时咨询值班。全市602个监测点监测报告15597例发热病人。

在防治非典期间，全市各级各单位共成立防治非典领导小组803个，联防队267支1602人，防疫护村队1302支6510人，护卫队495支2475人，医学观察员546人，疫情信息报告员2862人，投入防治非典经费280多万元，其中防护设备及物资60万元。购置防治非典救护车一辆，添置呼吸机4台，血气分析仪1台，床头X光机1台等，贮备足够的急救药品、消毒药品、器械、防护设备、设施等。

2003年非典以后至2010年，加强全市各医疗机构发热门诊监测，发现疑似病例必须以最快方式向卫生局和防疫站报告。市防疫站每年组织举办一到二期辖区各医疗卫生机构专业人员开展非典等重点传染病，新发传染病防控技术培训，同时每年还举办针对非典等重点传染和新发传染应急演练2期。

第六节 慢性非传染性疾病及自然灾害疫情管理

一、慢性非传染性疾病

2009年，实施国家基本公共卫生服务项目，建立居民健康档案，老年人、高血压和糖尿病纳入健康管理。2010年老年人、高血压和糖尿病患者管理人数分别为14712人、7132人和1590人，管理率分别为81.5%、15.7%和6.3%。

二、水灾后疫情处置

2000年，万宁市遭强暴雨袭击，10月19—20日，乐来镇红联村委会（人口2680人）发生一起由婚宴引起的细菌性痢疾爆发流行，共80人发病。疫情发生后，市卫生防疫站及时赶赴现场进行流行病学调查，立即制订应急防疫措施，对红联村委会所有水井243口采用漂白精片连续消毒3天；对有病例报告的8个村庄的易感人群930人采用（痢特灵+黄连素）1天预防性服药等措施，至10月22日无新发病例出现。

第三章 妇幼保健

第一节 机 构

1957年万宁市妇幼保健院创建，1990年改名为万宁县妇幼保健所，2000年10月市编委定编45人（财政拨款25人，单位自筹20人），2009年变更为万宁市妇幼保健院，人员编制、结构规格、隶属关系不变。是万宁市唯一的以妇女、儿童为主要服务对象的保健机构，是全市妇幼保健工作的业务指导和技术培训中心。全院占地面积6.92亩，业务用房面积1960平方米，开放病床20张。

妇幼保健院设有基层督导科、信息管理科、培训中心、妇保门诊、儿保门诊、新生儿听力筛查室、男女婚前医学检查室等；临床科室设有妇产科、手术室、妇科门诊、儿科门诊、计划生育门诊手术室、检验科、心电图室、B超诊断室、四维彩超、X光诊断室等十多个业务科室。至2010年，全院干部职工55人，技术人员占80%以上。其中，高级职称2人，中级职称8人，初级职称28人，其他卫技人员17人。

第二节 妇幼保健

一、儿童保健

1991年后，市保健院开展疾病儿童管理。至2010年，共对28.61万名儿童生长进行检测；指导母乳喂养，对体重小于中位数-2个标准差的13657名儿童，及时提供科学喂养指导。加强托幼机构保健管理，每年“六一”节前，对全市所有幼儿园的儿童进行全面健康检查，对幼师和托幼机构管理实行年审制度。开展新生儿疾病听力筛查，院内出生婴儿筛查率达88.8%。5岁以下儿童死亡前3位死因，1991年排序分别为肺炎35%、早产30%、腹泻15%、新生儿窒息10%、其他10%，2010年排序分别为肺炎30%、先天性心脏病25%、腹泻15%、新生儿窒息10%、早产5%、腹泻5%、其他10%，出生缺陷发生率也逐年增高，严重影响出生人口素质。

妇幼保健院通过创建“爱婴医院”，规范儿童达标率。5岁以下儿童死亡率从1991年的72.1‰下降到2010年的12.43‰；婴儿死亡率从1991年的62.46‰下降到2010年的10.01‰；新生儿访视率从1991年的37.39%上升到2010年的71.75%，7岁以下儿童保健率从1996年的83.02%上升到2010年的90.21%，3岁以下儿童系统管理率从1996年的44.48%上升到2010年的62.44%。

二、妇女保健

（一）孕产期保健

孕产妇死亡的主要死因是产后大出血，1991年全县孕产妇死亡5例，其中3例是产后大出血死亡。1991年后，市卫生局和保健院采取各种培训等一系列措施，孕产期保健的各项指标得到好转，孕产妇产后大出血死亡逐渐下降。产前检查率从1991年的46.61%上升到2010年的90.62%；产后访视率从1991年的37.08%上升到2010年的71.89%；系统管理率从1996年的51.16%上升到2010年的68.35%；住院分娩率从1991年的91.07%上升到2010年的100%；孕产妇死亡率从1991年的63.35/10万下降到2010年的14.98/10万。

（二）妇科病查治

1991年后，协同市妇女联合会每年度对各阶层妇女开展妇科病查治工作。至2010年，实查9722名妇女，查出妇科病人数2884名，发病率29.66%，治疗率99.55%，病因排序主要是炎症性疾病，其次是妇科肿瘤。

三、妇幼保健人员培训

1991—1999年，县级进修及短期培训57人次，镇级进修及短期培训160人次，村级培训505人次；2000—2010年，万宁市实施“世行贷款卫生IX项目妇幼子项目”任务，采取措施提高各级妇幼保健人员服务能力和整体素质，参加省级培训的妇产科(妇保)、儿科(儿保)医师480人次，市对镇级妇幼人员培训2566人次，镇对村级培训12456人次；镇级临床进修达63人，市级临床进修16人次。培训内容为推广妇幼适宜技术，强化基本急救技能、开展儿童疾病综合管理、艾滋病母婴阻断传播、儿童早期发展、婴幼儿喂养咨询、新生儿疾病筛查、婚前保健等具有保健特色的专项知识培训，提高万宁市各级妇幼卫生人员的技术水平和急救能力，降低孕产妇死亡率及5岁以下儿童死亡率。

第三节 初级卫生保健工作

1994年，万宁县被列为全省实施初级卫生保健目标策略（以下简称“初保”）试点市县，开始组织实施初级卫生保健目标策略。

1995年底，完成“初保”目标。两年来，财政共投资1700余万元，对县防疫站、县医院和乡镇卫生院业务用房进行改、扩、建。配置或更新X光机、B超、心电机及生化检验设备等。建立功能完善的市、镇、村“三位一体”农村卫生服务体系。设置248个农村卫生室，实现行政村全覆盖。加强传染病、慢性病防治工作。1995年，将乙肝疫苗接种纳入儿童计划免疫程序，县财政每年投入4万元专项经

1991—2010年万宁市（县）儿童保健情况一览表

表17-6

年度	儿童数			5岁以下儿童死亡情况					
				5岁以下儿童死亡数					
	7岁以下儿童数（人）	5岁以下儿童数（人）	3岁以下儿童数（人）	婴儿数（人）	死亡率（‰）	新生儿儿数（人）	死亡率（‰）	1～4岁儿童（人）	死亡率（‰）
1991	54429	38560	28628	493	62.46	323	40.93	76	9.63
1992	53765	38348	23417	412	53.98	297	38.91	65	8.52
1993	61069	41620	24562	359	52.45	246	35.94	52	7.59
1994	63738	45418	23658	328	50.97	229	33.46	48	7.46
1995	56116	41259	19567	315	48.96	212	32.95	45	6.99
1996	52467	38158	21866	220	49.4	142	31.88	35	7.85
1997	49938	32916	17462	239	50.84	139	29.56	25	5.32
1998	53439	37456	18911	139	31.66	83	18.91	62	14.12
1999	49814	33904	18982	159	30.74	114	22.04	45	8.7
2000	49577	33141	17945	152	30.23	128	25.46	47	9.35
2001	46203	32743	17633	139	28.32	114	23.22	47	9.57
2002	42145	28899	17114	127	25.76	97	19.67	51	10.34
2003	39292	27057	15602	127	25.75	96	19.46	34	6.89
2004	41440	29243	17000	122	23.81	94	18.34	24	4.68
2005	39825	29431	17373	108	19.09	77	13.61	20	3.53
2006	38785	28571	17469	97	17.86	70	12.89	8	1.47
2007	38946	28668	17913	84	15.13	57	10.27	101	18.19
2008	39314	29460	18500	69	11.78	54	9.22	83	14.18
2009	41381	31268	19567	77	11.17	47	6.82	97	14.07
2010	45614	34190	21223	64	10.01	53	7.94	77	12.04

续表17-6

年度	7岁以下儿童保健服务						5岁以下儿童营养评价		
	新生儿访视人数(人)	新生儿访视率(%)	保健管理人数(人)	保健管理率(%)	3岁以下系统管理人数(人)	系统管理率(%)	实查人数(人)	体重〈中位数-2SD人数(人)	科学喂养指导数
1991	2951	37.39	—	—	—	—	1809	49	49
1992	2118	27.76	—	—	—	—	3636	55	55
1993	4081	58.59	—	—	—	—	1395	35	35
1994	4146	60.58	—	—	—	—	1938	52	52
1995	4122	64.07	—	—	—	—	11587	336	336
1996	2855	64.11	43560	83.02	9725	44.48	32537	310	310
1997	3055	64.99	41015	82.13	7689	44.03	26369	554	554
1998	2274	51.8	33810	63.26	8432	44.59	23043	444	444
1999	3564	68.92	39025	78.34	8523	44.9	25031	1008	1008
2000	2402	47.77	25029	50.48	8102	45.14	16961	560	560
2001	2636	53.71	30875	66.82	7899	44.79	14420	511	511
2002	2074	42.08	27646	65.59	5981	34.95	8881	293	293
2003	2456	49.81	25939	66.01	7632	48.91	10432	350	350
2004	2904	56.69	27947	67.43	8766	51.56	12939	422	422
2005	3459	61.16	29692	74.55	8944	51.48	15330	400	400
2006	3423	63.05	31087	80.15	9409	53.86	14263	265	265
2007	3653	65.81	30832	79.17	10126	56.53	16315	334	334
2008	3752	64.09	32490	82.64	11768	63.61	16634	259	259
2009	4453	64.58	35503	85.79	12685	64.83	17499	331	331
2010	4790	71.75	41148	90.21	13251	62.44	15069	395	395

费，免费为新生儿接种乙肝疫苗，全县传染病总发病率43.75/10万，控制在全国平均水平以下，“四苗”接种率一直保持在98%以上。加大卫生行业执法力度。对食品卫生、学校卫生行业及医疗机构定期进行专项整顿，对违法行为依法严肃处理。坚持开展爱国卫生运动。是年，有6个乡镇部分村庄实施“改水”工程，受益人口16.27万人，累计改水受益人口26.55万人；8个乡镇实施“改厕”工程，3.5万户居民修建了卫生厕所，普及率达到34%。同年年底，通过省卫生厅评审，获得卫生部等五部委授予的“2000年人人享有初级卫生保健规划目标普及阶段先进市县”称号。

2001年，万宁市关闭所有的村接生站和私人产院，村级接生员转为保健员，负责本辖区产后访视及妇幼信息的收集，实现了接生员职能转换，杜绝非法开展和超范围开展母婴保健技术服务。继续加大对孕妇实施B超检查的管理力度，严禁非法鉴定胎儿性别及选择性别的人工终止妊娠手术。

2003年，市卫生局组织专家，对全市所有开展妇产科的医疗机构进行房屋、设备、人员投入和技术服务等方面的严格考核，合格的单位发放“母婴专项技术执业许可证”，全市24家医疗机构（包括农场）达标21家，未达标的限期整改，整改不达标的取缔其助产等母婴专项技术服务资格。

2005—2010年，市妇幼保健院成立全市高危孕产妇和儿童抢救小组，开设转诊系统的“绿色通道”。定期组织专家对孕产妇和儿童死亡病历进行评审、质控，对评审个案中的突出问题、技术提供的薄弱环节进行规范和整改，对产后出血的防治、羊水栓塞防治、新生儿窒息复苏技术、催产素的合理使用、难产的识别、高危筛查管理及逐级转诊指征等进行培训。提高产科的医疗质量，使孕产妇和儿童死亡率逐年下降。

第四节 保健医疗合作项目

2000年5月，经海南省人民政府批准，万宁市“世行贷款卫生IX项目妇幼子项目”正式启动，共投入资金589.86万元。其中，世界卫生银行贷款373.50万元（45万美元），占63.3%，省级投入资金129.50万元，市级投入资金31.68万元（完成配套资金36.61%），执行时间为8年，后延长2年，项目的实施在万宁取得了显著的社会效应和经济效应。

项目添置1390台（件）医疗设备，总价值为235.90万元，涉及2个市级医疗卫生结构、18个乡镇卫生院和173个村级卫生室，建立健全万宁市三级妇幼保健网。通过培训，进一步提高各级妇幼卫生人员的服务水平和管理能力，降低孕产妇死亡率、婴儿死亡率。新生儿破伤风发病率和营养不良发生率实现了预期目标。全市医疗救助18个乡镇（2002年后为12个镇）的扶贫对象6792人。其中，孕妇1243人，儿童5549人，共支付补偿资金18.03万元。

世行贷款卫生IX项目妇幼子项目有：中央补助地方降低孕产妇死亡率、消除新生儿破伤风实施项目、中央补助地方农村孕产妇住院分娩补助项目、中央补助地方农村妇女增补叶酸项目、基本公共卫生服务项目中的孕产妇健康管理项目、0～6岁儿童健康管理项目、妇幼“三网”监测、省实施免费新生儿疾病筛查和听力筛查项目、预防疾病（艾滋病、梅毒和乙肝）母婴传播项目、农村妇女子宫颈癌乳腺癌免费检查项目。

1991—2010年万宁市(县)妇女保健情况一览表

表17-7

年度	孕产期保健												
	活产数（人）	产妇数（人）	产检人数(人)	早检人数(人)	产后访视人数（人）	产后访视率(%)	系统管理人数（人）	系统管理率(%)	住院分娩人数（人）	高危产妇人数（人）	高危住院分娩人数	孕产妇死亡人数(人)	孕产妇死亡率(/10万)
1991	7892	7959	3710	2770	2951	37.08	—	—	7187	24	24	5	63.35
1992	7633	7666	3745	2826	2118	27.63	—	—	7500	28	28	2	26.2
1993	6965	6991	4120	2896	4081	58.38	—	—	6147	19	19	0	0
1994	6844	6898	4136	3310	4146	60.11	—	—	6270	24	24	1	14.61
1995	6434	6476	4038	3472	4122	63.65	—	—	6002	20	20	1	15.54
1996	4453	4464	3206	2855	2855	64.11	3691	51.16	3994	70	70	1	22.46
1997	4701	4706	3489	3055	3055	64.98	2455	52.22	4531	57	57	2	42.54
1998	4390	4405	3269	2324	2274	51.62	2261	51.33	3418	67	67	2	45.56
1999	5171	5209	3988	3281	3564	68.42	3216	61.74	4906	60	60	1	19.34
2000	5028	5053	4712	2621	2402	47.54	2222	43.97	4721	58	58	0	0
2001	4908	4924	4174	3104	2636	53.53	2191	44.49	4648	80	80	1	20.37
2002	4929	4928	3660	2931	2074	42.09	2012	40.83	4717	122	122	0	0
2003	4931	4940	4388	3177	2456	49.72	2456	49.72	4741	121	120	2	40.57
2004	5123	5121	4846	3320	2904	56.71	2889	56.41	4937	98	98	2	39.04
2005	5656	5636	5428	3646	3459	61.37	3438	61	5459	105	105	1	17.68
2006	5429	5419	5269	3546	3423	63.17	3411	62.95	5202	103	103	3	55.26
2007	5551	5541	5314	4039	3726	67.24	3649	65.85	5413	112	112	1	18.01
2008	5855	5848	5756	4111	3752	64.16	3678	62.89	5808	180	180	1	17.08
2009	6895	6873	6829	5054	4453	64.79	4361	63.45	6886	293	293	4	58.01
2010	6676	6663	6038	4561	4790	71.89	4554	68.35	6676	309	309	1	14.98

续表 17-7

年度	实查人数（人）	查出妇科病人数（人）	妇科病发病率（%）	治疗人数（人）	治疗率（%）
1991	783	209	26.69	209	100
1992	1015	409	40.29	396	96.82
1993	—	—	—	—	—
1994	106	71	66.98	71	100
1995	300	150	50	150	100
1996	106	37	34.91	37	100
1997	—	—	—	—	—
1998	768	296	38.54	296	100
1999	663	118	17.79	118	100
2000	134	82	61.19	82	100
2001	—	—	—	—	—
2002	1685	761	45.16	761	100
2003	132	34	25.76	34	100
2004	—	—	—	—	—
2005	1820	262	14.39	262	100
2006	1230	142	11.54	142	100
2007	680	267	39.26	267	100
2008	300	46	15.33	46	100
2009	—	—	—	—	—
2010	—	—	—	—	—

第四章 爱国卫生运动

第一节 机 构

1991年，万宁县爱国卫生运动委员会，为副科级事业单位，内设人秘股、业务指导股2个股级职能岗位。核定财政全额预算管理事业编制4名，其中设正职领导岗位1个，副职1个。1996年8月万宁撤县设市，更名为万宁市爱国卫生运动委员会。2010年，内设有办公室一个股级职能岗位。核定财政全额预算管理事业编制4名，其中设领导正职1个，副职1个。

万宁市爱国卫生运动委员会办公室，具体组织和协调各乡镇、各部门的爱国卫生运动工作。爱卫会实行委员分工责任制，每年按不同季节开展突击灭杀鼠、蚊、蝇、蟑螂的主要活动，推行农村改水改厕工程，治理“脏、乱、差”，开展以世界无烟日、世界洗手日、世界厕所日、爱国卫生月为主要内容的爱国卫生运动，控制和消灭疾病，提高人民生活、环境质量和健康水平。

第二节 除“四害”

针对老鼠、蚊子、苍蝇、蟑螂（简称“四害”）的活动和繁殖规律，每年至少在春季及秋季开展两次以上除害活动，广泛动员群众，采取多种形式，进行综合治理，把“四害”密度控制在不足为害的水平以下。

1991年开始，万宁县政府，每年按不同季节开展突击灭杀鼠、蚊、蝇、蟑螂为主要内容的除“四害”活动。1991—1995年，每年3月、10月，集中开展除“四害”防控工作，全市机关单位、学校医院、乡镇及旅游景区共投放鼠药495公斤，灭蚊幼虫剂320公斤，灭蝇药“速灭灵”180公斤，灭蟑药7000多支。

1996—2000年，全市投放灭鼠药315公斤、灭蟑药300公斤，灭前室内鼠密度为6%，灭后为零；灭前室外鼠密度为6%，灭后为3%，平均下降60%。

2001—2005年，在春秋两季的除“四害”工作中，投入灭鼠药1032公斤、灭蝇药360公斤、灭蚊药474公斤、灭蟑药460公斤，特别是2002年9月，全市开展环境卫生大整治，迎接国庆53周年和中共十六大召开，参加群众达20.58万人。

2006—2010年，爱国卫生运动紧密配合重大纪念活动开展。2006年开展秋季以灭鼠为主的除“四害”活动；2008年，开展“椰岛杯”环境综合整治；2010年，开展迎接“两个论坛”环境卫生综合整治专项活动。在5年的时间内共投放灭鼠药2316公斤、灭蟑药660公斤、灭蝇药990公斤、灭蚊药1070公斤。同时积极开展登革热预防和甲型H1N1流感防控工作。

为完成病媒生物防制的各项指标，有效开展除“四害”工作，预防鼠、蚊、蝇、蟑螂等病媒生物性传染病的发生和流行，市爱卫办在城区各社区和各机关、企事业单位建立除“四害”联络员制度，每个社区和机关、企事业单位都配备一名除害联络员，形成较为完整的除害网络。

自建立除“四害”联络员制度后，市爱卫办每月都组织万城镇各社区居委会的除“四害”联络员对管辖区内集中实施病媒生物防治，对城区下水道口、垃圾池、垃圾筒进行药物投放，并要求辖区保洁员做到垃圾日产日清，降低蚊蝇蟑鼠等有害动物的活动密度，为居民健康生活创造良好环境。

第三节 改水改厕

1995年，万宁县委、县政府正式把改水改厕工作纳入地方经济和社会发展规划。

2004年开始，重点解决农村人口饮用安全卫生水问题。2004—2006年，投入资金35.3万元建设和乐镇港上村，后安镇龙田村、东澳镇白芒村和龙滚镇当仁村供水工程，解决农村2373人饮用安全卫生水问题。2007—2010年，投入资金147万元，建设和乐镇英文村、盐墩村、多德村，万城镇宾王村、洪圮村，东澳镇英宅村、岭头村，后安镇群兴村，龙滚镇当仁村、凤园村供水工程，解决农村12322人饮用安全卫生水问题。

1997年，开始启动农村改厕工作，市财政按每户300元的补贴发给农户进行改厕。至2008年，共投入1522.95万元，进行农村改厕50765间。2009年，农村改厕被列入国家重大公共卫生服务项目，省、市政府不断加大财政对农村改厕的扶持力度，每户改厕财政补贴750元。2009—2010年，共投入资金1086万元，进行农村改厕14480间。

至2010年，全市各级政府投入资金2812.95万元，进行改水改厕。全市农村改水受益人口27.45万人，普及率71.17%；手压机井取水11.03万人，普及率28.83%。全市农村改厕6.52万户，普及率达71.2%，基本达到中央、省“两纲要”（即中国妇女发展纲要、中国儿童发展纲要）、“两规划”（即中国妇女发展规划、中国儿童发展规划）重要指标中对“农村卫生厕所”覆盖率的要求。

2004—2010年万宁市农村改水情况一览表

表17-8

年份	供水工程名称	日供水量(吨)	受益人口(人)	投入资金(万元)
2004	和乐镇港上村	48	480	8.6
	后安镇龙田村	45	600	7
2005	东澳镇白芒村	25	310	6.5
	山根镇排溪村	28	350	6.5
2006	东澳镇丰美村	35	350	3
	龙滚镇当仁村	30	283	4
2007	和乐镇英文村	140	2380	10
	东澳镇英宅村	17	310	3
	和乐镇英文村	140	2380	30
	万城镇宾王村	77	1280	20
2008	和乐镇盐墩村	76	568	30
	后安镇群兴村	70	600	12
	万城镇宾王上村下村	80	500	12
2009	万城镇洪圯村	79	980	15
	和乐镇多德村	88	1100	15
	龙滚镇当仁村	29	358	6
	大茂镇大茂村	24	300	7
2010	东澳镇岭头村	53	536	19
	后安镇党坑村	50	300	9
	龙滚镇宾凤园村委会下属村	12	310	9

1995—2010年万宁市(县)农村改厕情况一览表

表17-9

年份	地点	改厕数(座)	投入资金(万元)
1995—2008	各镇	50765	1522.95
2009	龙滚镇	300	22.5
	山根镇	400	30
	和乐镇	1200	90
	后安镇	800	60
	大茂镇	500	37.5
	北大镇	300	22.5
	万城镇	1280	96
	长丰镇	600	45
	礼纪镇	500	37.5
	东澳镇	1000	75
	南桥镇	200	15
	三更罗镇	200	15
2010	龙滚镇	300	22.5
	山根镇	400	30
	和乐镇	1300	97.5
	后安镇	1300	97.5
	大茂镇	400	30
	北大镇	300	22.5
	万城镇	1300	97.5
	长丰镇	500	37.5
	礼纪镇	500	37.5
	东澳镇	500	37.5
	南桥镇	200	15
	三更罗镇	200	15

第四节 卫生健康宣传教育

1995年6月，万宁县成立健康教育所，为隶属卫生局的股级独立法人全额事业单位，定编3人，至2010年，有3名工作人员，具体负责全县的健康教育工作。

2004年9月，市卫生局成立“健康教育与健康促进领导小组”，加强对健康教育工作的领导。2008年，围绕“公民健康素养66条”，利用媒体、传播材料、现场咨询和干预等多种形式，开展健康教育宣传和促进活动，普及卫生防病知识，提高市民卫生保健意识。每年制定卫生宣传核心信息，提高居民、学生、住院病人和企业职工卫生知识知晓率，促进和提高卫生行为形成率。先后开展了基本公共卫生服务健康教育项目、健康素养促进行动试点项目、无烟控烟监测干预项目和居民健康素养监测项目。建立健全全市健康教育网络体系，2010年，全市有27个健康教育室、有2个健康教育指导科，全部达到《中小学健康教育规范》的标准。

1995—2010年，加强村、镇健康教育人员的培训。每年举办两期村、镇两级健康教育人员（即乡村医生和卫生院健教人员）的健康教育理论和技能培训班，每期参加人数达150多人，时间为两天。

至2010年，累计编印健康教育各种宣传资料60多种，共印宣传资料300多万份，播放健康教育音像90多种，播放时间达7.69万小时，全市有290个健康教育宣传栏，更换内容3875次，健康教育咨询8580次，参加居民人数达23.8万人，健康教育知识讲座8268次，参加居民人数达21.2万人，个体化健康教育人数达28.7万人。

第五节 创建卫生城市

根据省政府《关于加强全省卫生工作的决定》和省爱卫会《关于深入开展创建国家卫生城市（县城）活动的通知》文件精神，2009年初，万宁市开始创建省级卫生城市，制定《万宁市创建省级卫生城市工作实施方案》。市爱卫办深入调查研究，制定发展规划。各镇分别成立了镇爱卫办，具体抓好卫生镇和卫生村的创建工作。从“抓观念、抓队伍、抓制度、抓设施”等方面着手，大力开展小城镇建设和环境卫生整治。市爱卫办结合万宁市创建文明生态村活动，通过政府倡导、部门协调、社会支持、群众参与，稳步推进文明生态村和卫生村的建设，全市一批卫生村脱颖而出。至2010年，全市有龙滚、和乐、礼纪3个镇获得“省级卫生镇”称号，市财政局、市地税局、市国税局等13个单位获得“省级卫生单位”称号，福塘村、仁造村、荔枝坑村、福田村4个自然村获得“省级卫生村”称号。

1991—2010年万宁市（县）卫生创建获奖情况一览表

表17-10

年 份	单 位	荣誉称号
1991	县邮政局	省级卫生先进单位
	龙滚镇政府（大院）	省级卫生先进单位
1992	财政局	省级卫生先进单位
	边防分局	省级卫生先进单位
1993	东山公园管理处	省级卫生先进单位
	县税务局	省级卫生先进单位
	中行万宁支行	省级卫生先进单位
	县公路局	省级卫生先进单位
1994	万宁县人民医院	省级卫生先进单位
	万宁县武装部	省级卫生先进单位
1995	万城镇政府大院	省级卫生先进单位
	中国人民银行万宁县支行	省级卫生先进单位
	万州东山羊餐馆	省级卫生先进单位
1997	海南新世纪实验学校	省级卫生先进单位
1999	林业局	省级卫生先进单位
2000	龙滚镇	省级卫生镇
	万城供电公司	省级卫生先进单位
2001	礼纪镇	省级卫生镇
	龙滚镇福塘村	省级卫生村
	山根乡荔枝坎村	省级卫生村
	龙滚镇仁造村	省级卫生村

续表17-10

年 份	单 位	荣誉称号
	二月花酒店	省级卫生先进单位
	寿仙温泉山庄	省级卫生先进单位
	绿都度假酒店	省级卫生先进单位
2005	公安消防中队	省级卫生先进单位
	武警万宁边防支队	省级卫生先进单位

第六节 卫生监督

一、机构

1996年8月,成立万宁县卫生局公共卫生监督所,行使卫生监督职责。1998年4月,从市卫生防疫站暂借部分卫生监督执法人员到公共卫生监督所工作,专门承担法律法规赋予卫生行政部门的卫生监督管理和查处违法行为等任务。2000年10月,万宁市卫生监督所正式挂牌成立,股级建制,人员编制10人,为全额财政拨款事业单位,是万宁市卫生局卫生监督执法执行机构。设有办公室、卫生监督一科、卫生监督二科和卫生监督稽查等4个科室,负责本市卫生监督检查工作。2010年,食品卫生安全监督管理职能全部移交市食品药品监督管理行政部门,市卫生监督所主要从事卫生法律法规的监督管理。

二、卫生检测

1991年,市卫生防疫站检测能力范围及项目有:生活饮用水常规项目,常见食品微生物、添加剂、色素等,水产品,传染病及卫生监测等。主要检测仪器有恒温培养箱、机械式万分之一天平、托盘天平,价值约2万元。2010年,购买一批检测仪器设备。检测能力范围及项目有:生活饮用水常规项目,常见食品微生物及食物中毒常规项目(8项),传染病及卫生监测,食具、用具消毒监测和医疗用品用具消毒监测等,主要仪器设备有原子吸收分光光度计、原子荧光光度计、离子色谱仪、气象色谱仪(价值130万元),以及一些小型仪器,总价值200万元。

2000—2010年,食品从业人员体检应检19111人,已检18308人,合格率95.8%,检出病例数947例,检出率4.96%,全部责成调离食品相关行业;餐饮业各类食品检测份数为3862份,合格份数3647份,合格率94.4%;餐饮业餐具消毒检测40038件,合格34365件,合格率85.8%;监督检测经常性食品生产经营户数9806户,覆盖率100%;食品卫生许可证应发放单位7694家,已发证单位5659家,发证率73.6%;食品卫生行政处罚:警告单位数1926家,罚款单位数317家,罚款金额12.32万元,责令停业整顿单位数219家，吊销卫生许可证单位数12家，没收或捣毁不合格产品16595公斤。

三、学校卫生

2008年，市防疫站开始为全市中小学校学生进行体检，体检项目有形态技能（含身高、体重、腰围）、生理功能（含肺活量、血压）、内外科、五官科（龋齿、视力）。

2008—2010年万宁市中小学生体检情况一览表

表17-11

年度	学校数（所）	体检人数（人）	营养不良人数（人）	占比（%）	肥胖人数（人）	占比（%）	视力低下人数（人）	占比（%）	龋齿人数（人）	占比（%）
2008	中学20	21908	3157	14.4	815	3.7	4395	20.1	3311	15.1
	小学42	19848	2905	20.1	605	3.1	878	4.4	6420	32.4
2009	中学25	23892	4712	19.7	1584	6.6	3918	16.4	2856	12.0
	小学99	35636	9729	27.3	1198	3.4	1067	3.0	11342	31.8
2010	中学23	23169	5093	22.0	1004	4.3	6280	27.1	2760	11.9
	小学55	25794	9427	36.6	873	3.4	1006	3.9	8096	31.4

四、食品卫生监督

（一）食品监测

2007年市卫生防疫站开始开展食品监测工作，每年度采集肉类、蔬菜类、乳类和水果类样品标本，送省CDC检测。检测项目有铅、铜、沙门氏菌、副溶血、志贺氏菌等，主要了解日常生活中各类食品化学元素和微生物含量是否超标。2007年，检测样品18份，检测项目16项，其中合格的15份，合格率83.3%；2008年，共有25份样品送到省CDC进行检测，检测项目共20项，合格的样品20份，合格率为80%；2009年，送去省CDC检测的样品共30份，对其中20项的常规检测项目进行检测，有23份样品检测合格，合格率为76.7%；2010年，所送至省CDC检测的样品增加至40份，对其25个项目进行检测，检测内容相对2007年更加详细、丰富，检测结果显示，合格样品30份，合格率75%。

（二）农村生活饮用水监测

对农村饮水安全工程项目进行布点采样（分别在18个乡镇设点），检测项目有色度、浑浊度、铅、菌落总数等16项，2010年在原监测项目基础上增加了铬、镉、氨氮等10项，共26项，主要了解万宁市农村生活饮用水是否符合饮用标准。

1991—2010年万宁市(县)农村生活饮用水监测情况一览表

表17-12

年度	监测样品数(份)	检测项目数(项)	合格数(份)	合格率(%)
1991	24	16	13	54.2
1992	24	16	15	62.5
1993	26	16	13	50.0
1994	26	16	14	53.8
1995	30	16	16	53.3
1996	30	16	15	50.0
1997	35	16	22	62.9
1998	38	16	21	55.3
1999	40	16	20	50.0
2000	43	16	24	55.8
2001	46	16	27	58.7
2002	46	16	24	52.2
2003	50	16	28	56.0
2004	55	16	30	54.5
2005	55	16	28	50.9
2006	60	16	33	55.0
2007	120	19	93	77.5
2008	136	23	97	71.3
2009	148	23	106	71.6
2010	152	26	80	52.6

五、公共卫生监督

根据海南省每年下达的公共场所卫生监测任务,市防疫站选择酒店、宾馆、娱乐场所、商场、影剧院等人群经常活动且停留时间较长的公共场所开展公共卫生监测工作,采集公共场所的用品用具和餐具进行菌群总数项目检测。1991年,共对2078份样品进行检测,合格率50%;1995年,采集到2210

份样品，检测合格的有1277份；2000年，采集到2510份样品，检测合格的有1267份；2005年，共对4890份样品进行检测，合格率65.9%；2010年，共采集到5340份样品，采集样品数量比1991年增加2倍多，对比性更强，合格的有3958份，合格率74.1%。

1991—2010年万宁市（县）公共场所监测情况一览表

表17-13　　单位：份、%

年度	监测样品数	合格数	合格率
1991	2078	1040	50.0
1992	2167	1020	47.1
1993	2189	1030	47.1
1994	2189	1209	55.2
1995	2210	1277	57.8
1996	2270	1223	53.9
1997	2310	1203	52.1
1998	2310	1245	53.9
1999	2460	1217	49.5
2000	2510	1267	50.5
2001	3780	2618	69.3
2002	3910	2687	68.7
2003	4260	2989	70.2
2004	4417	3007	68.1
2005	4890	3223	65.9
2006	4920	3523	71.6
2007	4930	3707	75.2
2008	5073	3532	69.6
2009	5182	3646	70.4
2010	5340	3958	74.1

第五章 医政药政管理

第一节 机 构

万宁市卫生局是万宁市人民政府的组成部门，负责全市医疗卫生行政工作。1991年，万宁市卫生局机关内设股室有办公室、医政股、药政股、防保股、人事股、党委办、保卫股和计财股等，挂靠单位有爱卫办、公医办、红十字会办公室和药检所，共有工作人员45人。2001年人事股和计财股并入办公室。2002年，万宁市药品监督管理局成立，药品检验监督职能划归琼海市药检所。2004年市政府设立社会保障局，公医办全部职责划归保障局，2009年公医办撤销。2010年市卫生局内设机构有办公室、医政股、防保股、党委办、医改办和行政审批办等。有公务员编制15人，工勤2人，编外人员5人。

第二节 卫生体制改革

2009年，根据中央、省委、省政府关于深化医疗卫生体制改革的部署和要求，万宁市人民政府成立医改领导小组，制定医改实施方案，配套政策措施，加快建立和完善医疗保障体系、医疗服务体系、公共卫生服务体系、药品供应保障体系等医药卫生四大体系。同时，完善医药卫生的管理、运行、投入、价格、监管、人才保障、信息系统等体制机制，解决百姓反映强烈的“看病难、看病贵”等突出问题。

一、县级公立医院综合改革

开展全市公立医院药品采购情况和药品收支情况的调查摸底，组织有关人员制订《万宁市公立医院综合改革实施方案（初稿）》，做好公立医院规划布局。2010年底，委托上海复诺医药卫生管理与发展研究中心编制完成《万宁市中长期（2011—2020年）区域卫生发展规划》，将市域内各级各类医疗机构统一纳入规划，健全分级诊疗体系。新农合试行镇级住院“限费医疗”，参合农民镇级住院个人每次住院只需支付180元，政策范围内基本医疗费用全额由新农合基金支付，支付比例进一步向基层医疗卫生机构倾斜，引导群众首诊到基层卫生院。加大公立医院的经费投入。市政府累计投资2.05亿元建设万宁市人民医院新院，并计划投资1亿元，在市人民医院旧院址上新建万宁市中医院。

二、开放医疗服务市场

放宽社会资本办医疗机构的准入范围，给予其医保定点医疗机构地位。优先支持社会资本办非营利性医疗机构。至2010年，市域内社会资本创办的综合医院有4家：万宁中西医结合医院、广仁医院、康明医院和神康医院，初步形成以非营利性医疗机构为主体、营利性医疗机构为补充的社会办医体系，满足城乡居民多元医疗服务需求。鼓励具备行医资格的人员申请多个地点执业，至2010年，全市注册医师多点执业人数6人。

三、建设基本医保体系

全市城镇职工参保8.673万人，城镇居民参保7.796万人，新农合参保41.963万人，参保率分别达到96.5%、97.5%和99.8%，保持“广覆盖”。推进医保付费方式改革。推行按人头付费、按病种付费、总额预付等支付方式。继续在省级二、三级医院实施新农合住院按病种付费，二级、三级医院分别实行30组病种和25组病种按病种限价付费。试行参合农民镇级住院“限费医疗”支付制度，执行“个人按规定缴交限额费用，政策范围内基本医疗费用全额由新农合基金支付”补偿政策，让参合农民享受新农合制度的实惠。加强城乡医疗救助、疾病应急救助。建立疾病应急救助基金，建立重特大疾病保障机制，利用基本医保基金购买商业大病保险，提高重特大疾病保障水平。继续施行23类重大疾病新农合大病保障，继续将8种慢性病特殊病种门诊费用纳入住院统筹基金支付范围。推进异地就医结算管理和服务。至2010年，新农合与全省164家医疗机构实行即时结算，职工医保通过省平台与11个省市实行异地结算。

四、实行基本药物制度

继续在19家政府举办的基层医疗卫生机构和5家非政府创办的基层医疗机构，实施国家基本药物制度。至2010年，严格执行基本药物省级网上统一采购、统一配送和零差率销售制度。基本药物使用比例平均达73%。继续在村卫生室实施国家基本药物制度，全市298个村卫生室实行基本药物零差价销售，实现行政村的全覆盖。建立“非诚信交易黑名单”报告制度，落实市场清退制度，提高及时配送率。

五、乡村卫生室建设

落实对乡村医生多渠道补偿政策，原则上将40%左右的基本公共卫生服务任务交由村卫生室承担，考核合格后，对村卫生室承担基本公共卫生服务，每千服务人口400元/月标准进行补偿（不足1000千人口按1000人口计算）。继续对村卫生员（大部分为乡村医生）按每人每月300元标准进行财政补助。对实施基本药物制度的村卫生室，平原地区按服务人口每年5元/人的标准进行补偿；艰苦地区及少数民族地区的乡村医生，按服务人口每年8元/人的标准进行补偿，落实特殊地区乡村医生待遇政策。符合条件的村卫生室,纳入新农合门诊统筹定点医疗机构,收取的一般诊疗费和使用的基本药物纳入新农合支付范围。

第三节 医疗医药市场整顿

1991年后,通过医疗机构医德医风建设、医疗护理质量管理、医院感染管理、药事管理、无偿献血管理、医院管理年活动、执业资格考试注册、卫生技术职称评聘以及医疗纠纷处理与医疗事故技术鉴定等工作,规范医疗服务行为,控制不合理医疗费用,改进服务流程。实施医疗责任追究制,强化医疗纠纷处理和预警制度,创建“平安医院”,构建和谐医患关系。同时,严格依法行政,净化医疗市场环境,加强机构、诊疗科目和人员的准入管理。

一、医院分级管理

1989年,卫生部开始在全国施行医院分级管理制度。是年,万宁县开展医院分级管理。全县医疗机构分为二级管理。二级医院有万宁市人民医院、万宁市中医院、万宁市妇幼保健院等;一级医院有18个镇卫生院、6个国营(华侨)农场医院等。万宁县人民医院于1993年底创建“二级甲等医院”,1995年11月评审达标。至2010年,其余医院尚未开展医院分级管理等级评审。

二、医院管理年活动

2005年5月起,在全市开展“以病人为中心,以提高医疗服务质量为主题”的医院管理年活动。

至2007年,先后3次举行医务人员技术操作和护理知识竞赛;邀请省医院、省医学会等专家教授就如何加强医疗质量管理、执行医疗安全核心制度、医患沟通的理论与实践等专题做讲座。促进各医疗机构和医务人员加强“三基”(基本理论、基本知识、基本技能)知识的学习和训练,提高医务人员三基水平。2009年10月,邀请省医学会专家点评近几年医疗纠纷情况,推行医患沟通制度,使患者和家属在就医过程中达到“三明白”(病情明白、治疗措施明白、治疗费用明白)。加强重科室医院感染管理,重点是口腔科、内窥镜和新生儿室的医院感染管理工作。做好医疗废物处置工作,2010年初,万宁市正式与三亚宝莱医疗废物处置有限公司达成委托处置协议,全市医疗废物收集处置工作全部由三亚宝莱公司完成。

三、打击非法行医

20世纪90年代前,非法行医多以游医药贩“走江湖”“打游击”等形式出现。90年代中期后,假医生、假“军医”开假诊所在社会上出现。一些医疗卫生机构中的医护人员或在家中或在社会药店等场所暗中为患者看病,甚至做手术,造成医疗纠纷和医疗事故。2004年4月,市委市政府出台《整顿医药市场工作方案》,成立整顿医药市场工作领导小组,组织专项整顿队伍,从4月14日起,市卫生局联合市公安、工商、药监等执法部门的执法人员深入全市各墟镇、村庄开展医药市场整顿执法活动,共出动350人次，出动宣传车20辆次，检查各级各类医疗机构125家次，捣毁“黑诊所”17家次，纠正超范围执业12起，清理对外承包、出租的各类医疗机构2家，清理整顿各类违规违法的医药户外广告15个，假医18人次，没收药械18箱件，制定出台《万宁市个体诊所、医疗所、门诊部、中小学卫生保健室考核量化标准》，从贯彻执行法律、法规、牌匾名称、执业范围、业务用房、执业资格、医疗文书、医疗设备、规章制度等10个方面进行具体量化。依据这个量化标准对全市所有103家社会（个体）医疗机构进行量化考核，对合格的83家医疗机构进行重新核准并登记。

2005年，市卫生局联合市科学技术与信息产业局、公安局、监察局、人口与计划生育局4个部门，开展医药市场整顿执法活动，共出动279人次，出动车辆44辆次，检查各级各类医疗机构282家，捣毁“黑诊所”2家，取缔无证行医30家，取缔虚假广告4起，罚款24600元；没收器械3件；没收药品12箱。对不规范、不合格的60多家个体诊所不予登记。

2006年，市卫生局联合市药监局等5个单位，共出动人员165人次、车辆30车次，检查各级各类医疗机构134家，捣毁性病黑诊所2家，取缔无证行医18家，取缔虚假广告2起，共罚款23600元。

至2010年，非法行医行为得到有效治理，规范了医疗服务市场和医疗执业行为。

四、药品检验

1978年万宁县药品检验所成立，为股级编制的事业单位，工作人员3名。1996年8月撤县设市后，更名为万宁市药品检验所。药检所成立后，逐步设置理化室、无菌室、精度仪器室和动物房（饲养实验白兔子），陆续购置自动旋光仪，pH计、微粒测定仪、分析天平等检验设备。药检所成立，除了完成其主要职责工作任务外，每年两次对医院和卫生院自制的大输液制剂进行抽检，配合卫生局对医药市场、医疗单位监督检查，在全市范围内对可疑药品进行抽验。

1991—2002年，市药检所在全市县各级各类医疗机构和药品经营企业中抽检药品125个品种2101件，经检验合格1996件，合格率95%。

2002年，万宁市药品监督管理局成立，万宁市药检所工作职能全部移交琼海市药检所。

第四节　医德医风建设

自2007年起，万宁市在全市医疗机构中开展医德医风建设。医疗机构购进大型器械和用量大的试剂、耗材等，通过集中招标采购或公开招标采购，杜绝科室或个人采购行为。各医疗机构设立专人负责对医疗服务价格和药品价格的执行情况进行监管，按照《海南省医疗价格标准（试行）》，经常对价格执行情况进行检查，解决自立项目、分解、重复、超标准收费及滥作检查收费等问题。建立新的考核、分配机制，逐步推行绩效核算制度，按工作量化指标、服务水平、医疗质量，两个效益综合考评，绩效取酬。严禁科室私收现金、账外设账、私设“小金库”和公款私存等。

建立健全医德医风激励机制、监督体制、惩处制度和医务人员医德医风档案，每季度进行一次考核，考核情况记入医德医风档案。诚信服务方面，认真履行服务承诺内容，自觉接受社会、新闻舆论的监督；建立基本举报奖励制度，设立举报电话、意见箱，对违诺行为及时查处。坚持医疗服务收费项目、药品价格公示,公示率100%;住院患者费用一日清单规范,送交患者签字,知情率100%。

加强医疗机构内部管理,禁止科室外租、承包,禁止超范围、超科目及违反准入技术项目等违规执业行为;在岗技术人员两证齐全率100%。严格按照规定采购药品,认真执行价格政策;药品集中采购率100%(特殊药品、中药饮片除外),采购中标药品率100%,药品收入占医药收入的45%以下;药品、器械、医用耗材等质量合格率100%。建立药师用药、化验、检查合理性分析制度,每月对药品的销售(前10位)和化验、检查的必要性进行评析,发现问题立即纠正;同病种医药费用及其增长率小于同级同类医院平均水平。

便民服务方面,医疗机构内部醒目处设有科室分布示意图、就医导向标牌和警示牌;住院环境要整洁、舒适、幽静。医院户外康复活动场地整洁,病房卫生无异味,24小时供应开水,推行住院病人配餐制。后勤服务规范,做到管理员每天查房一次,科领导每周查房一次。发现一般问题三天内解决,紧急情况立即解决。实行"三下三送"("三送"即针对各临床医技科室的工作需求送物资上门、送维修上门、送服务上门;"三下"即院分管领导每周下临床科室行政查房、职能科室主任每周轮流下门诊大厅值班、行政后勤人员每天轮流下医技临床科室服务)、被服工作按要求进行清洗、消毒、缝补、干燥,按要求折叠发送,切实做到为临床一线服务。医务人员接待患者着装整洁、举止文明、态度和蔼、杜绝话难听、脸难看、推诿、训斥、刁难患者的行为发生。严禁与患者争吵,坚持以人为本、以病人为中心的服务理念,做到因病施治,出入院诊断符合率、治愈好转率90%以上,门诊处方和住院用药、检查的合理、合格率95%以上。做好社区医疗、保健、服务工作,广结医疗服务网络,三下乡活动一月一次。坚持病人选择医生制度,对患者用药,做化验、检查和医保自费项目等,要征求患者意见,尊重患者意愿,患者知情同意率100%(癌症等特殊疾患者酌情)。门诊坚持首问负责、导诊、分诊服务,为老、弱、残等行动不便患者提供全程服务;急诊坚持"三先一后"服务(先接诊、先检查、先抢救、后缴钱),抢救病人率100%。院内明确划分机动车和人力车停车位,实行门诊、病区巡视制度,维持正常的医疗秩序,确保"门前三包"。各医疗机构还建立"行风查巡"制度,定期召开患者、家属座谈会,听取各方面的意见,对正确意见的采用率100%,医疗服务综合满意度95%以上。

开展义诊活动和白内障复明工作。2003年,市卫生局组织卫生下乡支农活动,组织以市人民医院为主体的"汽车流动扶贫医院",深入到革命老区、少数民族地区开展义诊活动。诊治病人4437人,赠送药品价值18225元。2004年开始,每年配合市科技活动周活动组织全市医疗机构开展义诊活动。2004—2010年,参加义诊活动的医务人员2345人次,义诊人数近4万人,赠送药品价值30万元。散发宣传资料15万多份。从1999年开始,开展以白内障复明为主要内容的大规模防盲治盲工作项目"视觉节——中国行动",当年在市人民医院为200名白内障患者实施复明手术。此后,接受民间、社团或政府部门的资助,每年免费为白内障患者进行复明手术200例以上,至2010年,共完成白内障复明手术3570例。

第六章 医疗卫生单位简介

第一节 市人民医院

1933年万宁市人民医院创建，原名“平民医院”，现已发展成为万宁市医疗、预防、保健、健康宣教和临床教学的综合性医院，是国家“二级甲等”医院、卫生部国际紧急救援中心网络医院、南方医科大学教学医院、海南医学院教学医院。

医院占地面积4.03公顷，总建筑面积约1.8万平方米，病床编制250张。2010年，全年门诊量达27万多人次，全年住院量有1.7万多人次。设有职能科室10个，临床科室12个，医技科室11个。在岗职工621人，卫生技术人员495人，约占全院职工人数的80%，其中高级职称41人，中级职称92人。

1991年，万宁县人民医院内设院长办、医院办公室、党青工妇办、医务科、护理部、财务科、总务科、内科（内二）、感染科(内一）、外科、妇产科、儿科、五官科、手术室、中医科、急诊科、门诊部、药剂科、检验科、放射科、超声科等21个科室；有卫生技术人员252人，其中副主任医师18人，主治医生46人；1995年，增设病理科；1997年，将原外科分为外一科、外二科；1999年，增设信息科；2002年，增设内三科；2004年，增设人事科、设备科；2006年，增设重症医学科（ICU）；2008年增设医院感染办公室；2009年增设血液净化室、健康体检科、儿科新生儿室。

医院拥有进口螺旋CT机、DR系统、腹腔镜、阿洛卡四维彩超、血液透析仪、全自动生化分析仪、进口电子胃镜肠镜、微粒化学发光分析系统、大型C臂X光机、支纤镜、鼻窦镜、进口呼吸机等一大批先进医疗仪器设备，能满足群众就医需求，能开展二级甲等医院所要求和全部医疗项目。

2010年建设万宁市人民医院新院（第一期工程），占地面积192亩，病床编制400张，计划投入资金2亿元，第一期工程预计2013年竣工。

1991—2010年万宁市(县)人民医院医疗数据统计表

表17-14

年份	诊疗人次数(人次)				健康检查人数(人)	入院人数(人)	治愈率(%)	好转率(%)	平均病床周转次数(次)	病床使用率(%)
	总计	其中		死亡						
		门诊	急诊							
1991	128354	124006	4348	10	3429	8686	81.11	13.47	35	93
1992	114391	110129	4262	9	4576	8321	81.95	12.57	33	80
1993	117054	106963	10091	12	4356	8023	84	14	32	73
1994	156436	140536	15900	7	3874	7203	85.22	11.44	30	62
1995	150130	138059	12071	10	3967	6006	85.14	11.39	24	54
1996	155061	149890	5171	6	3314	4677	80.67	15.96	22	45
1997	156475	136062	20413	11	2770	5628	81.50	14.18	23	41
1998	160556	141694	18862	3	3149	6106	86.21	9.14	24	37
1999	165204	146370	18834	5	4586	6129	86.42	9.49	25	36
2000	154409	137766	16643	6	2539	6828	87.77	9.80	27	35
2001	134177	122350	11827	2	4132	7740	87.96	9.40	30	35
2002	157325	143464	13154	4	4358	7827	87.21	9.88	31	38
2003	159576	141593	17519	8	3505	6620	87.25	9.39	30	38
2004	162345	143542	18380	7	4175	7581	85.70	11.90	30	39
2005	164405	144755	19211	1	3692	9160	88.36	8.96	36	43
2006	166904	147769	18675	2	2822	9942	85.19	12.02	39	48
2007	182183	162926	18753	4	3909	12516	87.77	9.99	50	63
2008	218127	193667	22827	9	4285	13136	85.52	12.50	52	66
2009	240380	213557	23963	5	8234	14601	81.32	14.96	58	81
2010	279959	249646	26854	4	7372	17009	45.43	48.32	64	91

1991—2010年万宁市(县)人民医院部分指标情况一览表(一)

表17-15

年度	编制病床数(张)	实际开放病床数(张)	职工总人数(人)	其中行政工勤人员(人)	卫生技术人员(人)	卫技人员中医生数(人)	护士人数(人)	其他卫生技术人员(人)	药剂人数(人)	检验人数(人)
1991	250	250	374	122	252	88	124	0	30	10
1992	250	250	374	124	270	91	123	14	32	10
1993	250	250	408	125	283	90	126	19	37	11
1994	250	250	412	120	292	85	130	42	26	9
1995	250	250	389	98	291	119	123	12	27	10
1996	250	250	432	112	320	121	132	25	30	12
1997	250	250	458	129	329	122	146	13	35	13
1998	250	250	475	134	341	124	155	8	39	15
1999	250	250	465	120	345	118	155	27	31	14
2000	250	250	479	155	324	108	146	22	35	13
2001	250	250	473	141	332	107	154	20	37	14
2002	250	250	463	155	308	111	148	0	35	14
2003	250	250	459	145	314	120	145	0	35	14
2004	250	250	479	144	335	118	161	7	33	16
2005	250	250	469	123	346	119	158	20	34	15
2006	250	250	472	115	357	130	176	18	35	16
2007	250	250	516	117	399	129	196	20	37	17
2008	250	250	533	133	400	136	202	16	30	16
2009	250	250	555	128	427	133	214	37	29	14
2010	250	265	621	126	495	136	236	80	28	15

1991—2010年万宁市(县)人民医院部分指标情况一览表(二)

表17-16

年度	门急人次数(人次)	入院人数(人)	出院人数(人)	平均病床工作日(天)	平均病床周转次数(次)	病床使用率(%)	出院者平均住院日(天)	住院病人手术例数(例)	门诊人均费用(元)	住院人均费用(元)	业务收入(万元)
1991	128613	8686	8730	340	35	93	7.8	2301	8	311	441
1992	114391	8321	8356	291	33	80	7.5	1068	13	340	502
1993	117054	8023	8019	266	32	73	8	1135	17	528	706
1994	156436	7203	7243	227	30	62	7.6	1370	24	788	1069
1995	148526	60006	6020	197	24	54	7.5	1573	29	1102	1236
1996	155081	4677	4680	165	22	45	7	2184	33	1454	1412
1997	156719	5628	5625	150	23	41	6.3	1343	34	1413	1508
1998	160893	6106	6119	136	24	37	5.5	1459	38	1385	1777
1999	165325	6129	6127	129	25	36	5.1	2072	44	1658	1845
2000	154445	6828	6840	128	27	35	4.7	1539	49	1402	1806
2001	154596	7740	7723	129	30	35	4	849	62	1282	1875
2002	157325	7827	7840	137	31	38	4.3	1699	65	1319	2079
2003	159576	6620	6603	138	30	38	4.7	910	76	1610	2328
2004	162345	7581	7582	144	30	39	4.6	1581	80	1798	2724
2005	164405	9160	9124	157	36	43	4.4	1733	81	1759	2988
2006	166904	9942	9944	175	39	48	4.8	1723	74	1798	3081
2007	182183	12516	12563	228	50	63	4.9	2179	100	2774	4543
2008	218127	13136	13085	241	52	66	4.6	2635	107	2533	5736
2009	240380	14601	14564	295	58	81	5.1	2923	120	3230	7809
2010	279959	17009	16995	331	64	91	5.3	2822	124	3888	10247

一、医疗业务

1992年，开展脑电图、脑血流图、血球分析；1993年，公开选聘院长，同年，开展创建“二甲”医院工作。1995年11月通过“二甲”评审。1996年，成立急诊科、手术室；1997年，引进高新设备CT机。1998年，与海南医学院附属医院眼科中心开展技术合作，开展白内障摘除人工晶体植入术。

2000年10月，万宁发生特大水灾，万宁市人民医院医疗队共派出26车次，安排专家、医务人员94人次深入7个乡镇28个自然村开展义诊活动，免费诊疗1600多人次。

2003年3—6月，在抗击“非典型肺炎”时期，派出医疗骨干20多人次参加省内组织的消毒、隔离、个人防护、诊治等各种培训班。在院内组织全院医务人员分期分批进行培训，制定出各种消毒隔离和个人防护的具体操作流程。共投入210万元购进两部进口呼吸机、一部多功能救护车、移动式X光机、全自动血气分析仪、X光冲片机、多参数监护仪等医疗仪器设备，以及足量的一次性防护用品、种类齐全的消毒用品、各种小器械和大量的治疗药品等。2004年，增设人事科，开设心血管内科专家门诊、消化内科专家门诊、泌尿内科专家门诊、肿瘤外科专家门诊、泌尿外科专家门诊、急诊ICU重症监护室、口腔治疗中心。2005年，利用国债资金100万元投建的传染病大楼项目竣工并投入使用。

2006年4月，成立ICU科室。2009年，开展与海南医学院附属医院的医疗协作项目。每周有4名海南医学院附属医院各学科专家前来万宁市人民医院参与临床查房、坐诊及举办学术讲座。2009年，扩大产二区病房，新建儿科门诊、西药库和中药库，同年12月9日，新建血液透析室，至2010年底，共透析1923人次；5台不同型号的德国费森尤斯血液透析机，可满足不同患者治疗需求，除透析外，还可根据患者实际情况，提供“个性化”治疗服务。

2009年成立健康体检科，配备先进的设备和健康体检管理系统。至2010年底，健康体检人数达15606人次；同年5月，新生儿病房开诊，为全封闭式无陪护病区，设有病床10张，拥有呼吸机、多功能监护仪、新生儿培养箱、蓝光治疗箱等医疗设备。开展部分静脉营养、间断光疗等诊疗技术。8月19日，儿科门诊揭牌开张，至2010年，门诊数量为88015人次。是年投入资金120多万元引进美国史赛克腔镜系统，成功开展外科、妇产科、鼻咽喉科腔镜微创手术项目。

2010年，购置放射科DR系统，拓展放射科的检查项目，提高诊断水平；与三亚解放军医院建立远程网络业务协作关系。聘请海南医学院附属医院妇产科主任金松教授担任妇产科医疗业务工作顾问。5月29日，“妇产科孕妇氧吧，孕妇学校”揭牌。6月8日，开通百姓放心医院大讲堂；《万宁市人民医院（中远期）长期发展规划》由海南医学院教师吴琼花主导完成；同年医院建立电子监视系统。

同年6月17日至7月2日，组成招聘工作小组赴贵阳医学院、重庆医科大学、南昌大学医学院、大连医科大学、南方医科大学和海南医学院等省内外医学院校招聘应届毕业生39名，其中护理专业14名，药剂1名，检验2名，影像1名，口腔1名，临床医学20名。11月2日特检科四维彩超揭牌。

二、护理业务

1991年，全院有护理人员124人；1994年，全院有护理人员136人。其中，护士长15人，主管护理师21人，护师73人，护士31人，助产士5人，护理员6人。病房每日有书面报告，做到及时掌握病房及门、急诊护理的全面情况，组织护理查房。

1995年，开始实行护理二级管理体系，护理部组织全院护士进行“三基”水平的规范化培训与考核，加强病房管理，做好危重病人的基础护理，加强护士素质、仪表规范的学习。同年11月，通过“二甲”的评审和“爱婴医院”的评审。

1997年，开始选派护士到省内外参观学习；1998年，开展护士“三基三严”的培训和低年资护士的规范化培训和责任制整体护理。

2001年，整顿岗位职责，分别制定病房管理、重病护理、技术操作、护理表格书写、消毒隔离、基础护理标准等，并定期进行检查。

2006年，创建ICU，有计划地选送护理人员到海口、广东、重庆的先进医院进修培训，引进新技术，开展PICC、桡动脉穿刺、无创机械通气、微量泵量化治疗等护理技术，抢救破伤风患者成功率100%，在万宁地区对重症胰腺炎、综合性外伤、COPD、重症脑炎、有机磷农药中毒等抢救成功率处于领先地位。

2007年，开始选派护理管理人员及护理骨干到香港、新加坡学习先进的护理理念。2010年，获万宁市总工会、万宁市卫生局组织的“万宁市卫生系统创先争优护理岗位操作技能竞赛活动”一等奖1组，二等奖2组，三等奖2组。获得省级优质示范病房1个，获院级优质护理先进病房7个，ICU获得海南省“青年文明号”和万宁市“巾帼示范岗”称号。

1998—2010年万宁市人民医院获得技术奖项一览表

表17-17

年份	项目名称	申报人	奖励
1998	新生儿新法复苏技术应用推广	吴小雄(儿科)	万宁科技进步奖 二等奖
2002	带锁髓内针内固定术治疗胫骨骨折	吴钟添、马育辉、潘国梁、李文治、许惠东	万宁科技进步奖三等奖
2003	应用外固定支架治疗胫骨骨折	吴钟添、马育辉、潘国梁、李文治、许惠东、吴天慧	万宁科技进步奖二等奖
2004	应用解剖钢板治疗下肢长骨近关节骨折	吴钟添、马育辉、李文治、潘国梁、许惠东	万宁科技进步奖二等奖

续表17-17

年份	项目名称	申报人	奖励
2006	机械通气在重症监护室的应用 尿激酶静脉溶栓抢救急性心肌梗死	吴北琼、陈波、祁平、张亚和、梁安珊、李小波、云莉萍	万宁科技进步奖二等奖（ICU）
2009	经皮扩张气管切开术在急危重救治中的应用	覃少强、温江华、陈波、梁安珊、彭红伟	万宁科技进步奖特等奖（ICU）
2010	药物联合氧气驱动雾化吸入疗法的临床应用	内三科	万宁科技进步奖二等奖
	10万小剂量干扰素结合电离子手术治疗仪治疗尖锐湿疣69例临床疗效观察	郭毅	全国皮肤科疾病诊治与研究新进展学术研讨会优秀成果评选活动优秀成果一等奖；万宁科技进步奖 三等奖
	血液透析在肾功能衰竭中的应用	范平云、彭红伟、洪义芬、麦舒红、黄云梅	万宁科技进步奖一等奖

第二节 市中医院

1987年7月经万宁县委、县人民政府批准成立万宁市中医院，副科级差额拨款事业单位（津贴比例40%），1992年9月县政府决定暂借万城镇卫生院旧址（万城镇解放路176号）作为中医院院址并挂牌开业，首任院长万宁县卫生局副局长钟正宜兼任。编制人员80人，实际在岗47人，其中有副主任医师5人，主治医生1人，主管护师1人，护士11人（住院部8个，门诊部3个）；内设内科门诊部、住院部、第一、二、三门诊部；有病床位60张。

2000年，市政府取消对市中医院卫生事业费拨款。中医院实行自主经营、自负盈亏的经营方式。在市卫生局的主持下，2004年10月，万宁市中医院与海南泽人公司联合租赁万宁市老干部活动中心进行第一次医疗合作，一年后合作结束。

2005年4月15日，市政府责成万宁市中医院将借用的房屋设备及场地归还万城镇卫生院，市中医院成为无场地、无房屋、无设备和无资金的“四无”医院。

2009年，租万城文明北街176号办公，挂“万宁市中医院”牌子，开展中医门诊和社区卫生防疫与疫苗接种工作。同年市政府恢复对市中医院25%的卫生事业费差额拨款，2010年增拨绩效工资，中医院的各项工作正常开展。

市中医院特色门诊主要有结石门诊和推拿专科，由重庆沙坪坝中医院副主任医师坐诊。采用中国传统医术，进行针灸、中医推拿、接骨、消肿、烫药，治愈率达64%，陵水、琼中等地患者都慕名前来就诊。

第三节 市龙滚华侨医院

龙滚华侨医院坐落于海榆东线国道146公里的龙滚镇华侨商业街东侧，占地面积15926.6平方米，业务用房面积3749平方米。2010年，医院有职工61人，编制56人，其中副主任医师1名，主治医师3名，临床执业医师7名，助理医师4名，主管护师1名，护理师3名，执业护士16名，药剂士2名，检验士2名，放射医士1名，退休返聘中医副主任医师1名，中医主治1名，药剂师1名。拥有救护车、DR机、彩超机、全自动生化分析仪、纤维胃镜、心电图机、全自动生化分析仪、尿液分析仪、麻醉呼吸机、自动洗胃机、蓝光治疗仪、新生儿抢救台、婴儿培养箱等设备，开放病床36张，均投入临床使用，为诊断、治疗提供了有力保证。设有住院部、门诊部、妇产科、中医科、公共卫生科、化验科、放射科、防疫保健科、理疗室和中西医药房等科室，开展放射、检验、B超、心电图等辅助检查，内儿科能对各系统常见病、多发病等慢性病的诊治，对心血管、呼吸系统急重症病人都能就地抢救和处理，普外科能开展胃修补、阑尾切除、胆囊切除等腹部外科手术。

万宁市龙滚华侨医院是2003年由万宁市龙滚镇卫生院更名而来，是该市唯一的一所侨乡医疗机构，1978年以来，海外侨胞捐赠25万元，群众筹资9000元，建筑面积达2500平方米。1991—1996年，海外侨胞捐助10万元建396平方米的主治楼和180平方米的主任楼，1995年，医院自筹34.6万元建520平方米的住院部，1998年，上级拨款25.6万元建404平方米妇产科大楼，被省卫生厅评为“爱婴医院”。2002年，医院开辟万宁地区首家卫生院120急救业务；2003年，经市政府批准更名为万宁市龙滚华侨医院，同年自筹6万元建医院大门；2005年，医院自筹40万元，市政府拨款14万元，省卫生厅拨款42万元，拆除旧门诊危房834平方米，建一幢1000.6平方米的门诊大楼。2009年，上级拨款50万元，拆除旧仓库，建两幢医技楼，面积339平方米。2010年底，上级拨款建新住院部大楼、职工周转房和经济适用房。

第四节 市红十字医院

兴隆红十字医院原为海南兴隆华侨农场医院。1951年，创建兴隆华侨农庄卫生所。1956年，改为兴隆华侨农场职工医院；1970年，广州军区接管农场，改为广州军区生产建设兵团二师八团卫生队；1975年兵团撤销后，恢复兴隆华侨农场职工医院。1982年，获得“德意志联邦共和国红十字会”的援助，在原职工医院的基础上扩建和增置一批医疗仪器设备（总价值2158.2万元，农场投入资金管理。1992年，经海南省红十字会的批复，正式命名为"海南兴隆红十字医院"。2007年8月，兴隆华侨农场实施体制改革，成为隶属万宁市卫生局归口管理事业单位。

2010年，医院医疗用地面积18480平方米，建筑面积7744.82平方米，业务用房面积4751.22平方米，开放床位100张；医院科系较齐全，设有7个临床科室，其中内儿科、外科、妇产科、急诊（分设各相关科室）、五官科、药剂科、门诊部等；全院有8个医技科室（化验室、放射室、手术室、B超室、理疗室、供应室、病案统计室、图书室等），在职职工123人，其中中级专业人员29人。

2010年医院有彩色多普勒一台、黑白B超机一台、胃肠机一台、数码X光机（DR机）一台、全自动生化分析仪一台、全自动血球分析仪一台、多参数监护仪2台、三ECG9620P便携式心电图机一台和救护车辆等一大批先进的医疗设备。医院内科能对各系统的常见病、多发病正确诊治，对心脑血管的危重、急症病人能及时就地抢救和处理。普通外科能进行胃次全切除、胆肺切除和切开取石、肾切开取石等手术。难度较大的手术，如各类癌症根治手术，也能在省、市医院高级医师的指导和协助下完成。妇产科能完成计划生育四术、剖宫产，全宫次全切除等。五官科能完成各种眼疾和耳、鼻、喉常见病的检查、治疗。解决兴隆地区广大群众看病难、看病贵问题。

第五节 特色卫生医疗单位

一、万宁市皮肤性病防治所

万宁市皮肤性病防治所是一家集皮肤病防治、监测、科研、咨询和健康教育为一体的专业防治机构。

1976年，设立万宁县慢性病防治站，负责结核病、精神病及麻风病、性病防治工作；1991年，慢性病防治站一分为二，成立县皮肤性病防治所和县结核病防治所。至2010年底，万宁市皮肤性病防治所在职职工28人，其中，卫技专业人员22人，工勤人员6人，本科学历1人，专科4人，中专17人。

万宁市皮肤性病防治所主要从事麻风病、性病/艾滋病和其他皮肤病的防治和监测等工作。1993—2010年，共发现麻风病人21例，全部给予免费治疗至痊愈；诊治性病共6655例。

二、万宁市结核病防治所

万宁市结核病防治所是全市唯一一家诊断、治疗、预防结核病的专业防治医疗机构。

1991年12月，成立万宁结核病防治所，为独立核算法人单位事业单位。全所在职人员11人，离休人员1人；2000年前，编制全额拨款30人；2000年10月，市编委办重新核定编制，全额拨款10人、自筹经费40人，在职人员为53人。

1992—2002年，实施世界银行贷款（卫Ⅴ）结核病控制项目；2003年4月，开始实施全球基金第一轮结核病控制项目；2005年7月，开始实施全球基金第四轮结核病控制项目；2001年，制订《万宁市结核病防治十年规划(2001—2010年)》,巩固结核病控制项目的成果,保证结核病控制工作的可持续发展。

1993—2010年,共发现活动性结核病8609例,全部给予免费治疗,平均治愈率达85%以上。

三、万宁市九龙湾医院

万宁市九龙湾医院是一所财政全额拨款公益性一类的事业单位,也是国有综合医院,股级建制,隶属万宁市卫生健康委员会。医院职责:开展麻风监测,专业培训,线索调查、发现、治疗,麻风防治宣传。开展麻风病人畸残预防与康复治疗,健康教育。麻风病人生活的管理,麻风病防治管理信息系统等工作。完成上级业务部门安排部署任务。完成政府交办的其他各项任务。

医院位于海南省万宁市三更罗镇牛路岭水库下游,南至新中农场石盘连队,北至琼中县。始建于1958年,前身是万宁县麻风医院,后改名为万宁市九龙湾医院。

医院编制人数为8人,2010年有职工8人(卫生技术人员6人,其中中级职称2人,初级职称4人;医师3人,护士1人,药剂2人),编制床位数24张,开放床位24张。医院目前留院疗养麻风病人24人。医院占地面积900多亩,建筑面积1000多平方米,有良好的就医疗养康复环境。

医院设有行政办、麻风防治科、药房等科室。

第六节 镇、农场医院

一、万城镇卫生院

前身为万城镇卫生院,创建于1985年,是一所集医疗、预防保健、康复教育、急诊急救于一体的中心卫生院。位于万城城区东部,占地1.1万平方米,建筑面积1836平方米,业务用房1200平方米。卫生院开设病床35张,设有内科、外科、妇产科、门诊部、化验科、放射科、防疫保健科、美沙酮药物维持治疗门诊和西药房。2010年有设备仪器:DR机、B超机、心电图机、血流计数仪、半自动生化分析仪、电解质仪、尿液分析仪、心电监护仪和高频电刀等。在职人员52人,主治医师1名,执业医师7名,助理医师6名,护理师5名,护士14名,药剂士4名,技师1名。卫生院技术力量雄厚,医疗设备先进,承担着本地区的基本医疗卫生和基本公共卫生服务工作,并开展普外科、内儿科、有妇产科等医疗业务。

2006年,成立美沙酮药物维持治疗门诊;2009年,万城镇卫生院更名万城镇社区卫生服务中心,全面开展以“六位一体”为模式的医疗卫生服务工作。

二、山根镇卫生院

山根镇卫生院始建于20世纪50年代,位于万宁市山根镇山根墟丰园南街5号,是一所集医疗、预防保健、公共卫生监督和基层卫生所(室)管理为一体的非营利性事业单位,也是新型农村合作医疗、城镇居民基本医疗保险的定点单位。

医院医疗服务范围:9个村委会、67个自然村、1个镇农场;服务对象12012多人;管辖9间村卫生室。医院属差额事业单位,编制人数21人,2010年有干部职工35人,专业技术人员28人。医生8人,护理人员10人,医技人员3人,工勤人员6人,管理人员1人。

全院占地面积4267.2平方米,业务用房1150平方米。卫生院设有西医门诊、中医门诊、化验室、B超室、心电图室、防保组、住院部、妇产科等8个科室,病床共25张。诊疗科目有:内科、儿科、外科、妇产科、中医科、B超、检验科、预防保健、计划生育等。卫生院还配置了彩超机1部、十二导联心电图机2台、尿液分析仪1台、血液计数仪1台、双目显微镜1台、全自动生化分析1台等医疗设备。

三、和乐镇卫生院

和乐镇卫生院始建于1952年,占地面积约30亩,全院业务用房面积9796平方米,和乐镇卫生院是万宁市设备配置比较齐全的重点中心卫生院。

医院2010年有编制人员78人,全院职工113人,床位编制80张,高级职称1人(副主任医师1人),中级职称19人(主治医师11人、主管护师6人、主管技师1人、主管药师1人),初级师29人(执业医师9人、公卫执业医师1人、护理师17人、西药剂师1人、检验师1人)、初级士38人(助理医师6人、公卫助理医师2人、护士24人、检验士2人、药士2人、中药士1人、放射医士1人)、行政后勤人员18人、电工2人、司机1人、保洁工人5人。

医院设有住院部、急诊科、门诊部、妇产科、中医科、检验科、放射科、公共卫生科,供应室、药库、中药房、西药房,收费处、注射室、B超室、心电图室、病案室、机房、美沙酮、行政办公室(院办公室、医务科、护理部、财务办)。

现有设备:16排CT,DR机、彩色B超机诊断仪、洗胃机、尿液分析仪、血液分析仪、全自动生化分析离心机、生物显微镜,电解质仪,水浴箱、干燥箱、心电图机、经颅多普勒、新生儿保温箱、胎儿吸痰器、红外线乳腺治疗仪、母婴监护仪、妇科检查床、妊娠高血压检测仪,妇产科检查器械,紫外线消毒灯、按摩床、牵引床、针灸理疗仪、无影灯、电动吸引器、麻醉机、新生儿床,产床、高压消毒锅、毁形器、救护车、鹅头灯、吸痰器、雾化器、微波治疗仪、心脏除颤器、诊病床、心电监护仪、交流稳压器、鹅镜、诊疗床、耳镜、雾化器等。

四、和乐镇港北卫生院

港北卫生院始建于1956年,医院占地面积5940平方米,建筑面积3460平方米,其中业务用房面积3100平方米,共有两个院区,老院位于港北墟,业务用房面积1970平方米,周转房面积360平方米;分院区位于英豪半岛的中心地带,业务用房面积1130平方米。2010年,医院有职工34人,其中医生:11人,中级职称2人,初级职称9人。护士11名,其中主管护师1名,护师1名,执业护士9名。检验士2名,B超和X线技士各1名,预防接种门诊有4名预防接种人员,妇幼保健室3名保健人员,目前医院设有门诊部、住院部、化验室、B超室、心电图室、预防接种门诊、妇幼保健室、健康教育室及公共卫生服务科。医院配备有生化分析仪、彩超、心电图、神灯、针灸、火罐等设备。医院主要承担辖区内及周边5.7万人口常见病、多发病、老年性疾病的诊治、预防、保健、康复和公共卫生服务工作。年平均门诊26856人次,年收治住院病人1655人次,现开放床位34张。

五、后安镇卫生院

创建于1958年,是集临床医疗、预防保健、慢病管理、卫生监督、村级公共卫生管理等为一体的新型农村合作医疗、城镇职工医疗保险定点综合卫生院。后安镇卫生院位于后安镇后安墟金竹路,占地面积10.1亩,建筑面积约3700平方米。2010年,医院现有在岗职工52人,其中管理岗位3人,医药护技各类专业技术人员40人,其中中级以上职称2人,初级职称人员38人,非专业技术人员12人,目前开放床位数30张,现有业务用房2500平方米,职工住房1200平方米,固定资产394万元,管辖14个行政村,20个村卫生室,22名乡村医生,服务人口约3.5万人。

开设内科、外科、儿科、妇产科、急诊等临床科室,拥有B超、心电图、化验、放射等医技科室,预防保健、妇幼保健、慢病管理、卫生监督等为社会卫生服务的公共卫生科室,主要医疗设备有200毫安数字化X光机、BC-2000血细胞分析仪、全自动生化分析仪、尿十项分析仪、彩超、心电图机、经颅多普勒、高压消毒锅等设备,有救护车一辆,开展24小时医疗服务,能够及时正确处理各种常见病、多发病和中毒、车祸及急诊危重病人,满足卫生院的服务能力。

六、后安镇乐来卫生院

坐落于后安镇乐来墟,始建于1956年,是一所集医疗、预防保健、公共卫生监督和基层卫生室管理为一体的非营利性、综合性公立医院。

医院属于差额事业单位,编制人数23人,现有干部职工33名,专业技术人员25人,其中执业医师3人,执业助理7人,主管护师2人,护理师5人,执业护士7人,检验士1人。

医院医疗服务范围为9个村委会、1个镇农场,服务16363人,管辖10间村卫生室。

医院占地面积21.12亩,房屋建筑面积2450平方米,其中业务用房面积1420平方米,内设有西医门诊、中医门诊、妇科门诊、化验室、防保组、住院部等6个科室,共开放病床25张。诊疗科目有:内科、外科、儿科、妇科、中医科、B超、检验科、预防保健、计划生育等科室。卫生院还配置了彩超机1部、十二导联心电图机、尿液分析仪1台、血液计数仪1台、双目显微镜1台、洗胃机等医疗设备。

七、北大镇卫生院

成立于1963年,是非营利性综合医疗机构,承担所辖区域内基本医疗,预防保健,疾病控制,地方病防治,健康教育,食品卫生监督,村卫生室管理等,是新型农村合作医疗定点医疗机构。

卫生院占地面积约2100平方米,建筑面积约2000平方米,有职工24人,其中执业医师3人,执业助理医师5人,执业护师1人,执业护士4人,西药士3人,高级防疫员3人。服务范围约为半径7~15公里,服务人口1万余人。院内设有综合门诊,综合病房,检验科,护理部,卫生防保站等职能科室。

有B超,心电图机,全自动血细胞分析仪,半自动化生化仪等医疗设备。

八、北大镇禄马卫生院

始建于1957年,位于北大镇禄马墟,为万宁市少数民族(黎、苗)地区卫生院,占地2.6亩,总建筑面积1480平方米,管辖内有9个村委会11间村卫生室,总服务人口12036人。

北大镇禄马卫生院是一所集医疗、预防保健、公共卫生监督和基层卫生所(室)管理为一体的非营利性事业单位,也是新农合合作医疗、城镇居民基本医疗保险的定点单位医院。属差额事业单位,编制人数20人,现有职工29人,专业技术人员17人,其中中级5人,初级12人,普工1人,其他工作人员11人。医院设有内科、儿科、外科、妇产科、检验科、医学影像科、中医科、预防保健科8个功能科室,诊疗科目有:内科、儿科、外科、妇产科、中医科、医学影像科、检验科、预防保健等。配备DR机1台、彩超机1部、十二导联心电图机1、尿液分析仪1台、双目显微镜1台、新生儿抢救台、产床、等医疗设备。

九、大茂镇卫生院

始建于1958年,是一所集医疗、预防保健、公共卫生监督和基层卫生所(室)管理于一体的非营利性事业单位,也是新农合合作医疗、城镇居民基本医疗保险的定点单位。

医疗服务范围:11个村委会、171个自然村、1个镇农场;服务对象:6500多户,32000多人;管辖22间村卫生室。单位属差额事业单位,编制人数47人,现有干部人员56人,专业技术人员49人,工勤人员6人,管理人员1人。

全院占地面积16.3亩,房屋建筑面积2130平方米,其中:业务用房面积1080平方米。卫生院设有西医门诊、中医门诊、妇科门诊、放射室、化验室、防保组、住院部、妇产科等9个科室;病床共46张。诊疗科目有内科、儿科、外科、妇产科、中医科、B超、放射科、检验科、预防保健、计划生育等。卫生院还配置了DR机1台、彩超机1部、十二导联心电图机、尿液分析仪1台、血液计数仪1台、双目显微镜1台、新生儿抢救台、产床、洗胃机等医疗设备。

十、万城镇北坡中心卫生院

始建于1958年,是一所集医疗、预防保健于一体的综合性公立医院,医院编制人数54人,2010年有职工72人,专业技术人员51人,普工人员19人,开放床位数60张,医院占地面积7亩多,业务使用面积3500平方米。医院主要科室设有门诊、中医门诊、住院科室、药房、妇幼保健科,基本公共卫生项目,防保组等科室。

医疗设备有彩超、心电图机、全自动血液细胞分析仪、全自动生化分析仪、全自动尿液分析仪、DR机等。医疗设备总价值145万元。

十一、长丰镇卫生院

是一所集医疗、预防、计划生育保健、公共卫生于一体的非营利性公立医院。

2010年,长丰镇卫生院现有业务楼3栋1940平方米,服务人口1.9万人,有9个村卫生室。卫生院现有工作人员37人，卫生专业技术人员21人。卫生院设有临床、职能科室7个，不以营利为目的，提供公共卫生服务和基本医疗服务，主动服务、上门服务为主，建立居民健康档案，开展健康教育、预防、保健、常见病诊疗服务。卫生院配置有B超机1部、心电图机、尿液分析仪1台、血液计数仪1台、双目显微镜1台等医疗设备。

十二、东澳镇卫生院

创建于1954年，设有门诊部、住院部、预防疾控、妇幼保健、药房、检验科、辅助检查科室。

全院有专业卫生技术人员44人，其中：主治1人、执业医师7人、执业助理医师5人、主管护师2人，护理师6人、护士20人、药剂师1人，药剂士2人。设有病床80张，配置了DR机1台、彩超机1部、十二导联心电图机、尿液分析仪1台、血液计数仪1台、双目显微镜1台等医疗设备。

十三、礼纪镇卫生院

创建于1959年，占地面积2229.8平方米，服务人口33461人。

礼纪镇卫生院共有医、药、护技各类专业技术人员51人，其中，主治医师2人，执业医师4人，执业助理医师6人，药师1人，主管护师1人，护理师9人，护士20人，医技3人，其他5人，总建筑面积2677平方米，其中业务用房2077平方米。有病床30张，设有门诊、住院、产房、检验、放射、公共卫生及计划生育服务等科室。拥有彩色B型超声诊断仪、全自动生化分析仪、DR、血液分析仪、尿液分析仪、心电图等医疗设备。

十四、礼纪镇新梅卫生院

始建于1992年，是一所集医疗、预防、保健为一体的综合性公立乡镇卫生院，占地面积约1300平方米，建筑面积约430平方米。有专业技术人员19人，其中执业医师3人，执业助理医师3人，执业护士6人，检验士1人，公共卫生管理人员6人，后勤2人。

新梅卫生院医疗服务范围：3个村委会、30个自然村、1个镇农场；服务对象：1793多户，本地人口约7897多人，外流人口3000余人，共10897人；管辖5间村卫生室。

开设全科门诊部和住院部，有内科、妇科、儿科、外科，医技科，主要设备有全自动血液分析仪、尿液分析仪、B超、心电图机等，开放床位数8张。

十五、长丰镇牛漏卫生院

始建于1969年，是一所集医疗、预防保健、公共卫生监督和基层卫生所(室)管理于一体的非营利性事业单位。医院占地面积10794.88平方米，房屋建筑面积7643.15平方米，其中：业务用房面积4927.35平方米。卫生院设有西医门诊、中医门诊、妇科门诊、放射室、化验室、防保组、住院部、妇产科等9个科室；病床共49张。诊疗科目有内科、儿科、外科、妇产科、中医科、B超、放射科、检验科、预防保健、计划生育等。配置彩超机1部、十二导联心电图机、半自动生化分析仪1台、尿液分析仪1台、双目显微镜1台、新生儿抢救台、产床、等医疗设备。

医院有专业技术人员42人,其中执业医师(含助理)15人、执业护士20人、助产士1人、医技人员3人、5级技能工3人;工勤人员4人,管理人员1人。医院服务范围:6个村委会58个自然村、1个镇农场;服务对象:常住人口和流动人口约4.2万人;管辖10间村卫生室,共有乡村医生13人。

十六、三更罗镇卫生院

是一所集医疗、预防、保健于一体,新农合定点报销的一级医疗机构,属非盈利性事业单位,有职工25人。其中,中级专业职称人员3人,初级专业技术职称人员17人,普工5人。辖区总人数10383人,11个村委会52个自然村和1个镇农场,辖区设有卫生室15间。

卫生院始建于1956年,占地面积19.9亩,其中业务用房面积约2000平方米。设有全科医疗科门诊、内科住院病房、预防接种门诊、妇科门诊、基本公共卫生科、检验室、心电图室、B超室等8个科室,开放病床15张,拥有全自动生化仪1台、尿液分析仪1台、全自动血球分析仪1台、十二通道自动心电图机1台、B超机2部。全科医疗能诊治内科、外科、妇科、儿科常见病及多发病,检验室够开展三大常规、肝功能、乙肝两对半、血脂、血糖、血生化等辅助检查,基本满足群众的就医需求。

十七、南桥镇卫生院

始建于1958年,是一家集体医疗、预防保健、基本公共卫生和卫生站(室)管理为一体的非营利性事业差额单位,是新农合合作医疗、城镇居民基本医疗保险的定点报销单位。

医院医疗服务范围:7个村委会、6个居委会、1个镇农场;服务人口30600人;管辖7间村卫生室、6所卫生站。

医院有专业技术人员23人,其中执业医师(含助理)10人、执业护士10人、公卫主治医师1人、主管护师1人、主管药师1人,工勤人员3人,管理人员1人,其他人员10人。

设有西医门诊、中医门诊、妇科门诊、化验室、B超室、防保组、住院部、美沙酮门诊等8个科室;核定编制床位共30张。诊疗科目有内科、儿科、外科、妇产科、中医科、B超、心电图、检验科、预防保健等。配置黑白B超1台、心电图机1台、心电监护仪1台、全自动生化分析仪1台、医用水净化机1台、血球计数仪2台、尿液分析仪1台、双目显微镜1台等医疗设备。

十八、东岭医院

万宁市东岭医院(原海南省国营东岭农场医院)创建于1956年。医院占地面积6.3亩,总建筑面积2825平方米,其中业务用房1365平方米。全院编制床位30张,实有12张,设综合科室1个。医院现有职工16人(含防疫组),管理人员3人,卫生专业技术人员9人(医生6人、护士3人),其他人员4人。

十九、东兴医院

东兴医院为一级综合性医院,服务范围半径30公里,服务人群约10万多人。医院创建于1958年,设有预防保健、内科、外科、妇产科、儿科、精神科、急诊科、医学检验科、医学影像科。医院在20世纪80年代初被授予“全国卫生系先进单位”。

医院占地面积33.18亩，现有房屋建设面积5907.60平方米，业务用房3655.2平方米，现有床位95张。有卫生技术人员63人，其中，中级职称9人，初级职称46人，学员8人；公卫7人，后勤10人，其他人员5人。医院设有院部、防疫站、门诊部、综合科、妇产科、精神病科（一区、二区）、医技科、药剂组、公共项目组、后勤组等10个功能部门。

医院拥有B超机、心电图机、胎心监护仪、DR机、自动洗胃机、全自动生化分析仪、心电监护仪、动态心电记录器、动态血压监测仪、尿液分析仪、全自动血液分析仪、全自动发光免疫分析仪、电解质测定仪、免疫定量分析仪等一批医疗仪器设备。

二十、东和医院

东和医院创建于1953年，医院占地面积1.5亩，总建筑面积1998平方米，其中业务用房面积1356平方米，辖区人口约16971人，辐射周边人口约3万人。医院现有职工36人，专业卫生技术人员（即初级职称）22人，其中执业医师5人，执业助理医师3人，执业护士14人。

二十一、南林医院

创建于1951年，是一所集医疗、预防、保健、康复于一体的非营利性、综合性公立医院。医院现有医生 16人、护士30人，药剂人员2人，检验人员2人，影像人员1人，护理员7人，工勤管理人员12人，全院占地总面积26.75亩，房屋建筑面积7320平方米，其中业务用房面积6000平方米。

医院设有内科、儿科、外科、妇产科、精神科、医院检验科、医学影像科、精神障碍康复科8个功能科室。配备全自动电解质分析仪1台、尿液分析仪1台、全自动生化分析仪1台、生物显微镜1台、十二通道自动心电图机2台，超声经颅多普勒血流仪1台，彩超1台，离心机1台，500毫安 X光机1台、洗胃机1台，能够开展三大常规、血生化检验、X线检查、彩超检查、心电图检查等。

第十八编　文化 体育

第一章 文化

第一节 机构

1991年，万宁县文化事业的行政主管部门是万宁县文化局，1994年更名为万宁县文化体育局。1995年，成立文化市场稽查队，负责对全县文化市场进行监管。1996年8月万宁撤县设市，更名为万宁市文化广电体育局。2004年12月，更名为万宁市文化广电出版体育局。随着文化市场的繁荣，文化主管部门的工作职责不断扩大，2010年3月，市政府“三定”（定人员、定岗位、定职责）方案中，规定其主要职责为文化建设与监管等11个方面。内设6个职能岗位：办公室、文化艺术股、文化市场股、广播电视股、出版管理股、体育管理股，人员编制13名。下属单位有广电中心、体育中心、文化馆、博物馆、图书馆、电影公司、影剧院、琼剧团等。

第二节 群众文化

一、农村文化

万宁农村传统文化丰富多彩。每逢春节至元宵，乡村群众制作（或购买）灯笼，张灯挂彩，鸣放鞭炮，舞狮舞龙，武术表演，燃放烟火，数夜不绝，驱邪酬神，祝福国泰民康。端午节家家户户杀鹅祭祖，放风筝，洗龙水，赛龙舟。军坡节抬公出游，开展排球、篮球等比赛，晚上演琼剧。中元节在柚子上插香游行；放孔明灯，孔明灯吊挂鞭炮和“火鸡”，升空后飘向天际，鞭炮响彻云霄，极为壮观。在黎族居住地区，每年的“三月三”这一天，举行盛大的庆祝活动，喝山兰酒，唱山歌，跳竹竿舞，举办文艺晚会，热闹非凡。

1991年，县编制委员会核定18个乡镇文化站每站配置事业编制1名，文化站为乡镇政府领导的群众文化事业机构，股级单位。1991—1993年，重点建设文化站（室）及配套文化基础设施，东澳镇投入7万元建设文化站楼，建筑面积300多平方米，设有图书室、广播室、投影室、篮排球场、剧场、宣传橱窗、农民业余学校等设施。牛漏镇集资21万元，建文化大楼，设置图书室、阅览室、歌舞厅等。长丰镇文化站投资31万元建影剧院，设置办公室、图书室、游艺室、录像室、乒乓球室、卡拉OK歌舞厅、篮排球场等。1992年，长丰镇文化站被省委省政府授予“文明单位”，长丰镇文化站站长蔡扬川被省委省政府评为“精神文明建设活动积极分子”。每逢春节、元宵、国庆节等节日，各乡镇都开展排球、篮球、乒乓球、拔河、龙舟、歌舞等活动。组织琼剧团和文艺团体演出及电影放映，农村文化娱乐生活十分活跃。

1994年，全县18个乡镇设置文化室230间，图书室161间，电影放映队45支，卡拉OK歌舞厅48家，投影、录像室31间，印刷厂10家，电子游戏室86间。

1996年，音乐茶座、投影录像、桌球、电子游戏室、书摊等遍及各乡镇。全县实施“二五一”工程（“二建”就是文体设施实行“官建”与“民建”相结合；“五抓”就是抓市场、抓理论、抓精品、抓后勤、抓培训；“一提倡”就是提倡廉洁奉公，反对不正之风）。据统计，1993—1996年，全县共投入5200万元建设文化设施，被文化部评为“第五次全国万里边疆文化长廊建设先进地区”。

1997—2001年，重点建设“千里环岛文化长廊”示范点。先后建成兴隆亚洲风情园和自来水公司企业文化示范点、市武警中队军营文化示范点、南桥乡文化乡镇示范点、新世纪学校少年文化示范点，通过示范点带动全市千里环岛文化长廊建设。1997年被省文体厅授予“海南省文化先进市”称号，1998年5月被文化部授予“文化先进市”称号。

2002年，全市18个乡镇文化站配套人员23人。村委会文化室增加到185间，龙滚镇福塘村和后安镇六底村等村委会建起宣传文化室、篮排球、乒乓球室等文化娱乐设施。

2003年，全市乡镇机构撤并为12个，大茂镇红石村，礼纪镇联群村，万城镇车头村、瓜园村、东山村，山根镇荔枝坎村，和乐镇六连村，北大镇竹埇村、山牛田村，东澳镇海尾村，长丰镇竹杆塘村、边肚村等村庄，建起了宣传文化室、图书室、篮排球、乒乓球、桌球、象棋、卡拉OK歌厅，丰富乡村文化娱乐生活。

2008年3月，万宁市启动“农家书屋”工程建设，建成山根镇横山、华明村委会和兴隆热带花园3个“农家书屋”示范点。通过文化部、省文体厅验收后，“农家书屋”建设工程在全市铺开。同年建设“农家书屋”30个，每个书屋配置图书2000册以上，电子音像出版物500张。至2010年，在12个镇建设“农家书屋”107家，藏书总量达20多万册，光盘1万多张。

二、社区文化

自1991年起，万宁社区文化娱乐活动开始兴起。先是万宁市夕阳红体操队开展早、晚2次的体操活动，主要是跳健身舞、做健身操、打太极拳、舞剑等。以后又成立了魅力舞队、姐妹花舞队、金鹏舞队、万宁市老年大学艺术舞队和椰林湾艺术团，这些文艺团体中大多数是40多岁以上的妇女。她们跳的舞主要有健身舞、交际舞、民族舞、腰鼓舞、蒙古舞、新疆舞、鸡西舞、红色娘子军舞、佳木斯健身舞、大庆工人健身舞等，其中尤以罗玉琴和朱美琴带领的万宁市老年大学艺术舞队比较有名，曾到安徽、云南昆明、江西井冈山等地参加全国性舞蹈比赛，表演的蒙古舞蹈《骏马奔驰保边疆》《家乡好》均获金奖。《天竺少女》是她们最擅长的一支舞曲，她们主要在万隆社区所辖的革命烈士陵园等地活动。王昭莆组织的“椰林湾艺术团”，主要由“候鸟”老人组成，队伍庞大，成员达到500人，他们在新海社区的主要街道空地活动。万宁公园、仁里河公园、市委大院、林业局大院等场所，是她们展示才艺的主要场地。王福冬老师创作的《喜看夕阳红烂漫》琼剧大合唱，深受群众喜爱。

2010年，万城镇设置新海、光明、万隆、镇南、西门、朝阳、仁里、番村、丰园、裕光社区，每个社区建有办公室、文化室、宣传栏、球场等文化设施，为社区居民提供阅读、上网、打球、下棋等文化娱乐活动。每年春节、元宵等传统节日，西门、镇南等社区举行游龙舞狮、游灯、猜谜等活动，丰富社区文化娱乐生活。

三、文化下乡

1991—1993年，宣传、文化、科技、卫生部门组织“文化、科技、卫生三下乡”队伍，深入到农村为农民演出文艺节目，发放科技资料，举办讲座，为群众免费看病。放映电影66场。

1994—1996年，组织文艺团体、县琼剧团和电影队，深入到各乡镇演出琼刷68场，放映影片189场，文艺团体演出43场，赠送图书8600册。

1997—2000年，组织市艺术团深入到乡镇巡回演出节目，宣传“三讲”教育活动。组织市琼剧团和电影队下乡演出和放映电影，科技和卫生部门下乡开展咨询活动，举办农业技术培训班，为群众免费看病送药，赠送图书和资料。

2001年3月，市委宣传部、市文化广电体育局、团市委联手开展“三个代表”文化下乡活动。深入18个乡镇进行文艺巡回演出，3万多群众观看了演出，放映电影66场，琼剧演出26场。2002年，组织万宁市业余文艺队到和乐、东澳、万城等地巡回演出60场。组织人员编写以中共十六大精神和农民奔小康为主要内容的小琼剧和快板等节目，巡回各镇演出40场。向偏僻边远的乡村群众赠送图书6万册，放映电影20场，送戏60场。2003—2004年，开展文化、科技、卫生下乡服务活动，演出文艺节目48场，琼剧62场，放映电影84场，赠送图书1万多册。2005年，编排《走马山水赞万宁》《走进文明村》等节目，深入礼纪、三更罗、和乐等镇文明生态村巡回演出32场，演出琼剧45场，放映电影38场，赠送图书12000册。

2006年，组织创作编排琼剧节目，深入和乐、礼纪、后安、三更罗等镇文明生态村演出10场，观众达2万多人次。到北大镇等革命老区放映电影136场，观看群众10万多人次。开展“图书服务宣传周”活动，设立流动书箱8个，流动图书1万册，向万城、礼纪、南桥等镇及学校赠送图书5000册。2007—2008年，组织4支电影放映队，深入农村、企业、学校放映电影2364场，纪念海南办经济特区20周年。2009—2010年，组织文艺工作者下乡演出歌舞、曲艺、琼剧等节目100场，放映公益电影2360场。

四、群众文艺活动

万宁群众文艺活动丰富多彩。每年的春节、元宵、军坡、端午、中秋等传统节日，或在“三八”“五一”“六一”“七一”“八一”“十一”等节日，万宁城乡都会开展排球、篮球、拔河、龙舟、演讲、歌舞、歌咏等比赛，尤其在春节、元宵期间举行游灯、舞狮、舞龙等娱乐活动，活跃城乡文化娱乐生活。

1991—1993年，大茂镇和后安镇举行军坡节排球比赛；市文体局举办“民歌山歌民间歌手”大奖赛，市委市政府举办第一届海南国际椰子节晚会和庆祝海南建省办特区五周年晚会，举办纪念毛泽东同志100周年诞辰书法、图片展，组织文艺工作者深入开展群众文艺活动。1994—1996年元旦、春节期间，市文体局举办“农行杯”排球赛、“供电杯”篮球赛。1995年“七一”举办“歌颂中华”卡拉OK大奖赛。1997—2000年，在“三八”“五一”节举办市直机关拔河比赛，在“七一”举办市直机关歌咏比赛，在国庆节举办“农行杯”排球比赛，元旦期间举办“供电杯”篮球赛。开展实施“二五一”工程，建起一批文化活动场所。

2001年2月，组织文艺工作者编写小琼剧《“三个代表”放光芒》《情与法》《恶梦惊醒》3个剧目，参加海南省首届戏剧曲艺比赛，均获三等奖。同年“六一”节期间，举办全市青少年美术、书法作品展，展出美术作品84幅，书法作品40幅。选送美术作品5幅、钢琴和扬琴独奏及男声独唱各一项，参加全国和全省青少年“蒲公英”艺术作品比赛，获省级以上奖励8项。同年4月30日，举办万宁市青年庆“五四”文艺晚会，5000多群众观看演出。组织文艺节目参加在文昌市举办的海南省东南西北中广场文艺会演，独唱《黄昏放牛》、独舞《星空下的遐思》分别获二等奖；舞蹈《小骑兵》、三人舞《桃花妹子》分获三等奖；独唱《一样的月光》获优秀奖。同年6月30日，举办万宁市“颂歌献给党”大型歌咏比赛，15支代表队参赛。在市委大院放映革命斗争历史故事片10部，观众达6000多人次。在市电视台播放战争影片7部。2002年4月27日，举办万宁市首届琼剧名段唱腔比赛，全市100多名琼剧爱好者参加比赛。组织参加海南省广场文艺会演，获三等奖。4月28—30日，举办庆“五一”“移动杯”男子乒乓球锦标赛和庆“五四”“税务杯”青年歌手大奖赛；6月28日，举办庆祝建党81周年书画艺术作品大奖赛和书画展览，展出优秀书画作品68幅。6月30日晚，举办建党81周年大型文艺晚会，歌颂中国共产党的丰功伟绩。9月19日，举办万宁市“农行伴我庆国庆”文艺晚会，深受群众的欢迎。9月29日至10月3日，在东澳镇举行万宁市庆国庆、迎十六大“神州杯”声乐、民族器乐大奖赛，观众达2万多人次。10月1日在兴隆东南亚风情园中心剧场举办万宁市迎十六大“颂歌献给党”文艺晚会，庆祝中华人民共和国成立53周年，喜迎中共十六大胜利召开。2003年和2004年连续两年参加全省东西南北中广场文艺调演，2个节目获优秀奖。2005年，周红玉演唱的《报答》参加海南省庆祝建党84周年东西南北中广场文艺展演，受到文艺界专家的好评。

2006年3月31日，三更罗镇举办“三月三”文艺活动，丰富乡村文化生活。同年4月至2007年3月，市文体局牵头各镇每月在市文化广场举办一场文艺晚会。2006年9月，市纪委在市文化广场举办廉政建设歌曲合唱比赛，全市12支代表队参加比赛。2007年4月，承办海南省东西南北中(东部地区)广场文艺会演，来自文昌、琼海、万宁等市县代表队参加比赛，5000多名群众观看演出。

至2010年，万宁市每年都在“七一”“十一”等节日开展群众文艺活动，举办文艺晚会、歌咏和演讲等各种比赛，广场群众文艺活动日趋活跃。

第三节 文化市场管理

一、演出市场管理

1991年，演出场所主要有县影剧院、县文化宫露天剧场和老县委露天剧场。县电影公司负责影剧院管理，露天剧场由县文化馆管理，由县文化局实行验核演出许可证、转接演出介绍信制度。1992年，海南省出台《海南省文化市场管理暂行规定》。此后，演出市场按照该规定进行管理，严禁无证演出和低级庸俗、色情的剧(节)目演出。1996年，对民间演出团体实行核证登记监督制度。2002年，根据中央两办关于《全国“打黄”“打非”行动方案》的要求，整顿和规范兴隆旅游区的文化市场管理，对兴隆度假村涉及色情演出内容进行停业整顿，并罚款5000元，要求5名无证演员停止登台演出。对无证经营的文化项目一律取缔。

2005年7月7日国务院颁发《营业性演出管理条例》后，市文化市场稽查队按此条例对文化市场进行监管，对外来演出文艺团体实行登记、验证、核实、监管、审批制度，对演出内容认真检查，严禁非法演出。

1991—2010年，先后有东方歌舞团、广东、广西、四川、江西、湖南等省市100多个文艺团体到万宁演出300余场。

二、歌舞厅管理

1991年，万宁县城乡营业性与非营业性歌舞厅5家，经文化、工商、公安部门进行登记、核发“舞场许可证”。1992—1993年，按照《海南省文化市场管理暂行规定》，对歌舞厅的电影、闭路电视监控、安全通道、警示标志、营业日志，从业人员花名册等进行全面检查，查封非法营业舞厅2家。1994年，对18个乡镇和6个国营农场进行“扫黄”大检查。1995年，对全市46家歌舞厅进行检查、登记、核证、造册管理。1997—1999年，开展创建“文明舞厅”活动，按照国务院颁布的《娱乐场所管理条例》对歌舞厅进行检查，取缔违规经营歌舞厅1家。2000—2001年，开展“扫黄”“打非”活动，整顿歌舞厅经营秩序。2002年，开展安全生产月活动，消除火灾隐患。2003—2004年，对歌舞厅出现的色情服务现象进行打击，限期整改。2005—2006年，对歌舞厅进行专项整治，取缔卡拉OK歌厅6家，停业整顿歌舞厅2家。2007—2010年，文化、工商、公安部门出动执法人员850人次，检查娱乐场所136次，受理举报案件17件，停业整改歌舞厅6家。严格把关卡拉OK行业的申报条件，对影响居民生活休息的卡拉OK厅坚决不予审批，对噪音扰民的3家卡拉OK厅进行关闭处理。

三、电子游戏厅(室)管理

1991年，经文化、工商、公安部门审查、登记、审批、发证的电子游戏室9家。1992年，电子游戏服务行业发展迅猛，全市有电子游戏厅(室)56家。1993—1994年，文化市场出现利用电子游戏机赌博和变相赌博乱象，由市委宣传部牵头，文化、公安、工商部门组成文化市场检查小组，对万城和各乡镇、国营农场进行突击检查，责令5家违规电子游戏厅(室)进行停业整改。1995年，全市电子娱乐场所已发展到84家，文化、公安、工商部门抽调力量，分成3个小组，对电子游戏机厅(室)进行突击检查，查处违规电子游戏场所4家，取缔无证经营3家，没收传播淫秽游戏机9台，赌博机13台。1997—2001年，娱乐业十分活跃，电子游戏行业发展迅速，文化、公安、工商部门采取不定期检查，没收非法电子游戏机7台，电脑显示器28台，电子中路板65块；2001年电子游戏室(含网吧)43家。2003年，对互联网营业场所进行全面的调查摸底，重新核发证书。2004年，面向社会招聘网吧监督员25名，加强对网吧监管，取缔学校周边网吧8家，违规经营网吧13家，警告处分7家，警告并处罚6家，罚款1.2万元。2006年，查封黑网吧3家，取缔游戏经营场所3家，没收电路板31块；电子游戏室(含网吧)53家。2007—2010年，集中力量开展专项整治活动。查处黑网吧52家，变相赌博电子游戏场所6家，扣留电脑主机60台，路由器6台，罚款12000元。查处容留未成年人上网和未成年人进入不登记的违规违法网吧7家，处罚电子游戏场所4家，没收电路板12块。2010年，电子游戏室(含网吧)58家。

四、书刊音像管理

1991年，全县有书摊8个，音像零售店24家，录像投影放映室(厅)10家，书刊书画店10家，所有书刊音像店都办理登记、审核、审批手续，核发经营许可证。1993—1998年开展“扫黄打非”行动，取缔零售淫秽书刊的摊点2个，取缔无证经营书店5家、非法流动书摊5个、音像零售和出租店10家、书画室2家、录像放映厅3家，没收淫秽书刊5000多册，非法出版物345册，盗版试卷5669份。

2001—2007年，采取分组突击检查方式，开展专项整治，没收私彩小报7436份，2家出版物经营单位停业整改，取缔非法书刊店和摊点4个，查缴盗版音像制品98张，电子出版物31件，罚没款1.2万元。2003年，重点查缴传播淫秽、色情、反动和封建迷信的书刊、音像制品。2008—2010年，采取明察暗访措施，出动执法人员300多人次，明察暗访586次，查处音像销售店8家、音像销售摊点19个，查缴盗版音像光盘39856张,盗版图片19348册,涉“黄”图片156册,淫秽光盘185张,罚款4.6万元。2010年,有书摊18个,音像零售出租店21家,书刊书画店16家。

五、印刷业管理

1991年,贯彻执行《印刷业管理条例》,对全县3个印刷厂核发印刷业许可证。1993年,全县印刷厂增加到6家,复印中心10家,装潢工艺店4家。1994年开始,对印刷业实行年审制度,对印刷书报刊实行准印证制度和书报刊印刷送审制度,规范印刷行业管理。1997—2001年,印刷厂增加到16家,打字复印室增加到16家。2002—2004年,开展安全生产月活动,加强对印刷厂的防火管理。2005年,取缔无证经营印刷厂3家,没收非法出版图书560本,私彩信息小报7436份。2006年,查处违规印刷厂2家,取缔无证经营印刷厂1家。2007—2010年,重点打击制售私彩活动,查处制售私彩印刷厂4家,促进印刷行业规范、健康发展。

第四节 文学艺术

一、文学

万宁县文学艺术界联合会创办会刊《东山》杂志,1991—1995年出版16期,发行9万余册,发表各类作品近3000篇。1998年,改为《东山文艺》,每年不定期出版3~4期。2007年,改为《万宁文艺》,为双季刊,每年出版二期。1988年万宁县诗词学会成立,创办会刊《龙吟》杂志,不定期出版,主要刊登万宁县诗词爱好者的优秀作品。2007年开始,万宁市文联出版万宁作家丛书,至2010年,先后出版《春满天涯》《爱洒南疆》《天边的笛声》《河边草》《星星草》《六连风云》《沧桑拾忆》等书籍。

1991—2010年,万宁本土作者创作了不少优秀的作品。离休干部吴江秀,几十年坚持写作,有40余篇散文被省级报刊采用,多次获奖。2009年4月,在中国艺术研究院召开的“共和国社会主义文学艺术50周年研究会”上,作品《碧海蓝天青皮林》获一等奖;散文《仙湖看树》在2005年首届当代散文论坛上,获首届中国散文精英奖。翁应权创作的文学作品在省市级文学刊物上发表若干,曾获得中国小说学会“中国当代小说奖”,著有中短篇小说集《蒙蒙的江月》。

杨汉声的诗词《黄果树瀑布》,杨人霁诗词《观日》《听潮》,曾亚运诗词《游动哨》《边陲黄昏》等作品是这一时期的诗词代表。其中,杨汉声的诗词《黄果树瀑布》参加光明日报社、中央电视台等单位主办的首届“诗词中国”大赛,获三等奖;杨人霁诗词《观日》《听潮》被选入2009年度中华诗词“华表奖”作品集;曾亚运的诗词《游动哨》和《边陲黄昏》被选入2010年《中国诗词年鉴》。

二、摄影美术

1991—2010年,编辑出版《百年洪水》《万宁旅游》《春华秋实》《为民服务》等9部摄影画册。

林道飞的中国画《迎春图》参评中国企业500强携手中国书画500家评选活动，2010年2月2日刊登在《中国企业报》；林道飞的《六十盛典书画艺术六十人——林道飞书画作品集》于2009年9月由天津人民美术出版社出版发行；纪金峰国画作品《在水一方》，2009年9月获民政部、国家新闻出版广电总局、中国文联及中国残联举办的全国残疾人书画大赛“鼓励奖”；陈石森创作的美术作品《椰乡添新绿》《织锦》《还乡》《豆蔻芳香》《飞流》《山水图》等，在美术界获得较高的评价，其中《柳添新绿》被神州版画博物馆收藏。

三、音乐舞蹈

1991—2010年，莫儒才创作了民族乐器合奏曲《渔家的姑娘谁不夸》，民族乐器合奏曲《江水流来三月三》《三月歌潮》，舞蹈音乐《闹元宵》。

杨宁杏编排的舞蹈节目有《英雄本色》和歌曲《甜甜蜜蜜椰奶香》。陈赞贤创作的戏剧作品《穷途拾玉》《北楼情缘》《张人杰》《双珠球》《万宁风光美》《万宁美食天下扬》《谁说女子不如男》等20多个剧目。

集体创作的作品有小琼剧《“三个代表”放光芒》《情与法》《恶梦惊醒》，琼剧伴舞《万宁农业成绩辉煌》，歌曲《美丽的神州半岛》等。

四、书法

万宁书法历史源远流长，有书法之乡的美名。林道飞的刻字艺术作品《书路》《清风万里香》，林道直的“绿瓦、桃花”对联作品，2010年入展中国文联及中国楹联学会举办的首届中国农民艺术节，获得全国新农村楹联书法大赛优秀奖；魏家喜刻字作品1997年入展全国第三届刻字艺术展；李让全刻字作品入展2008年全国第七届刻字艺术展和2010年全国第八届刻字艺术展；苏君运书法作品2005年获首届全国环保艺术书法摄影展优秀奖、2008年刻字作品入展全国第七届刻字艺术展和2010年全国第八届刻字艺术展；林斯兴2006年获全国教师毛笔字书法大赛三等奖，2008年书法作品入展全国第六届中国书法新人新作展，2010年获第七届全国教师毛笔字书法大赛二等奖；李文宁书法作品获2008年第四届中国青少年书法美术大赛优秀奖，入展全国大学生书法大赛展。林莉书法作品在第三、四、五届“双龙杯”全国少年儿童书画大赛中分获铜奖、优秀作品奖和金杯奖。杨宁杏创作的《万宁诗书画集》，收录诗词260首，书法62幅，美术作品58幅。

中国书协会员陈鸿诚的作品获得一系列的国家级和省级奖项。楷书作品《前出师表》，1991年6月入选中国书协主办的“全国首届书坛新人展”；1992年5月楷书作品《自撰文大洲岛游记》入选中国书协主办的“全国第四届中青年书法篆刻作品展览”；同年6月，楷书作品《当代书家诗选》入选中国书协主办的“全国第五届书法篆刻作品展览”；同年12月被中国书法家协会吸收为会员；2008年7月楷书作品《醉翁亭记》入选中国书协主办的纪念中国改革开放三十周年，当代书坛名家系统工程“千人千作书法大展”；2010年10月楷书作品《梅圣俞诗序》荣获中国书协学术委员会、《中国书法》杂志社、广东省书法协会等单位主办的第三届“康有为杯”书法奖优秀奖。

2004—2010年，万宁市书法家协会组织举办全国性书法展2次。在海南省书画院和海南省博物馆举办省级规模的书画作品展5次。在县市举办全市性书法展20次。编纂出版了《万宁市设市十周年书画作品展作品集》《万宁市首届青年书法展作品集》《万宁市庆祝建省20周年书画作品展作品集》《万宁市庆祝中国共产党成立90周年政协委员书画作品展作品集》《香飘南天——全国十一市县、旗(区)政协委员书画作品展作品集》和《山高水长——北京大学书法研究生与万宁书协会员书法作品展作品集》，出版了《中国书画名家系列——林道飞书画精品集》和《陈鸿诚书法作品集》等8部作品集。总发行数量12000多册。书法作品在国家级展览中获奖2人，入选国家级展览9人次；在省级展览中获奖15人，入选省级展览30多人次。

1991—2010年万宁市(县)获奖文艺作品情况表

表18-1

<table>
<tr><th>作者</th><th>时间</th><th>作品名称</th><th>类别</th><th>奖项</th><th>获奖</th></tr>
<tr><td rowspan="3">莫儒才</td><td>1994.3</td><td>《渔家的姑娘谁不夸》</td><td>乐器合奏</td><td>海南省第三届国际椰子节民族民间文艺调演</td><td>一等奖
编导奖</td></tr>
<tr><td>1995</td><td>《江水流来三月三》</td><td>乐器合奏</td><td>省民族民间文艺调演</td><td>二等奖</td></tr>
<tr><td>1995</td><td>《闹元宵》</td><td>舞蹈音乐</td><td>省民族民间文艺调演</td><td>三等奖</td></tr>
<tr><td rowspan="2">集体</td><td>2001.2</td><td>《“三个代表”放光芒》</td><td rowspan="2">小琼剧</td><td rowspan="2">省首届戏剧曲艺赛</td><td>三等奖</td></tr>
<tr><td>2001.2</td><td>《情与法》《恶梦惊醒》</td><td>三等奖</td></tr>
<tr><td rowspan="2">杨宁杏</td><td>2005.11</td><td>《英雄本色》</td><td>舞蹈</td><td>全省消防系统文艺会演</td><td>三等奖</td></tr>
<tr><td>2005</td><td>《甜甜蜜蜜椰奶香》</td><td>歌曲</td><td>全国民族歌曲演唱大奖赛</td><td>精品金奖</td></tr>
<tr><td rowspan="2">集体</td><td>2006.6</td><td>《万宁农业成绩辉煌》</td><td>琼剧伴舞</td><td>全省农业系统纪念建党85周年绿色赞歌文艺调演</td><td>二等奖</td></tr>
<tr><td>2006</td><td>《美丽的神州半岛》</td><td>歌曲</td><td>全国民族歌曲演唱大奖赛</td><td>精品银奖</td></tr>
</table>

续表18-1

作者	时间	作品名称	类别	奖项	获奖
莫儒才	2010	《三月歌潮》	乐器合奏	海南民族文艺会演	作曲二等奖、器乐奖
林道飞	1999	行书	书法	舒蕾杯全国青少年书画作品大赛	入展
	2004	行书	书法	全国财政系统第三届书画摄影大赛	优秀奖
	2005	《书路》	刻字	全国第五届刻字艺术作品展	入展
	2007	行书条幅	书法	海南省国防教育书法比赛	二等奖
	2007	《清风万里香》	刻字	全国第六届刻字艺术作品展	入展
	2009	美术作品	美术	海南省财政系统第二届书画大赛	一等奖
	2010	清风	美术	海南省廉政文化建设书画大赛	二等奖
陈鸿诚	2010	书法作品	书法	全国第三届“康有为奖”书法大赛	优秀奖
	1991	《诸葛亮前出师表》	书法	全国首届书坛新人展	入展
	1992	《当代书家诗选》	篆刻	全国第五届书法家篆刻展	入展
	1992	《大洲岛游记》	书法	全国第四届中青年书法篆刻作品展	入展
	1992	楷书作品	书法	海南省第二届书法展览	最高奖
	1995	《祝枝山文梨谷记》	楷书	海南省第四届书法展览	金奖
	2006	自作诗《任教初衷》	行草	首届海南省公务员书法大赛	一等奖
	2008	《唐诗三首》	行草	海南省第八届书法展览	铜奖
	2008	《醉翁亭记》	书法	全国千人千作书法展	入展
	2009	《岳阳楼记》	楷书	海南省组织系统庆祝建国六十周年书画摄影作品展	一等奖

续表18-1

作者	时间	作品名称	类别	奖项	获奖
纪金峰	2009.9	《在水一方》	国画	全国残疾人书画大赛	鼓励奖
林道直	2010	“绿瓦、桃花”作品	楹联	全国新农村楹联书法大赛	优秀奖
魏家喜	1997	刻字作品	刻字	全国第三届刻字艺术展	入展
李让全	2008	刻字作品	刻字	全国第七届刻字艺术展	入展
李让全	2010	刻字作品	刻字	全国第八届刻字艺术展	入展
苏君运	2005	书法作品	书法	首届全环保艺术书法摄影展	优秀奖
	2008	刻字作品	刻字	全国第七届刻字艺术展	入展
	2010	刻字作品	刻字	全国第八届刻字艺术展	入展
林斯兴	2006	毛笔字书法	书法	全国教师毛笔字书法大赛	三等奖
	2008	书法作品	书法	全国第六届中国书法新人新作展	入展
	2010	毛笔字书法	书法	第七届全国教师毛笔字书法大赛	二等奖
李文宁	2008	书法作品	书法	第四届中国青少年书法美术大赛	优秀奖
	2008	书法作品	书法	全国大学生书法大赛展	入展
林莉	1990	少儿书画	书法	第三届“双龙杯”全国少年儿童书画大赛	铜奖
	1991	少儿书画	书法	第四届“双龙杯”全国少年儿童书画大赛	优秀作品奖
	1992	少儿书画	书法	第五届“双龙杯”全国少年儿童书画大赛	金杯奖

五、根雕

万宁的民间根雕艺术文化经过数十年的传承与创新，上百名根雕艺术爱好者创作出别具审美趣味和文化内涵的根雕作品，打造万宁“根雕之乡”文化品牌。其中，以张进山和黄劲民为典型代表，张进山是海南省根雕文化艺术协会会长，2009年被评为海南省民间根雕艺术大师；黄劲民为海南省根雕文化艺术协会副会长兼万宁市根雕文化艺术协会会长。

万宁市根雕文化艺术协会出版有《万宁根艺》，收录了75名根雕作者的318件代表作品。

1991—2010年万宁根雕获奖作品一览表

表18-2

作者	作品名称	参展名称	获奖等级
张进山	《化蝶》	2003年全国名家精品展览	特等奖
	《城市》《雨》		金奖
	《扭转模式》	2004年全国第九届根石博览会	金奖
黄劲民	《别样趣》	2005年中国根石美术精品展	“刘开渠根艺奖”金奖
	《清奇》	2005海南省首届根雕艺术精品展	金奖
	《秋枫残韵》	2005海南省首届根雕艺术精品展	银奖
魏家喜	《荷趣》	2005海南省首届根雕艺术精品展	金奖
叶亚雄	《玲珑》	2005年中国根石美术精品展	“刘开渠根艺奖”金奖
	《闻郎江上唱歌声》	2005海南省首届根雕艺术精品展	金奖
	《雄风》《舞》	2005海南省首届根雕艺术精品展	银奖
	《风起云涌》	2005海南省首届根雕艺术精品展	铜奖
朱丽娟	《上下五千年》	2005海南省首届根雕艺术精品展	银奖
	《根石缘》	海南省第二届根雕艺术精品展	银奖
谢理平	《外星人》	2005海南省首届根雕艺术精品展	金奖
	《有容乃大》	海南省第二届根雕艺术精品展	金奖
胡信连	《浪涛》	海南省第三届根雕艺术精品展	金奖
	《火》		铜奖
李云飞	《禅》	“东方神术”博览会暨海南省第三届根雕艺术精品展	金奖
蓝运标	《丰硕》		银奖
许廷照	《雄风》		银奖
陈照平	《虚怀若谷》	海南省根雕艺术精品展	金奖
林志文	《和谐》	海南省第三届根雕艺术精品展	铜奖
陈龙	《天越》		铜奖
李子标	《千锤百炼》		铜奖

第五节 文物

一、文物普查

1997年，组织调查登记万宁市内不可移动文物45处。1999年8月18日，万宁市人民政府印发《关于公布万宁市第二批市级文物保护单位的通知》，划定市级文物保护范围，并立碑作为标志。第二批市级文物保护单位共有28处，其中古遗址8处：万安州城址、万州城址、旧州岗新石器遗址、白沟新石器遗址、文昌园新石器遗址、城隍庙遗址、大洲岛届遗址、上灶村古窑址；古墓葬3处：荆王太子墓、杨景山墓、文天瑞墓；古代建筑3处：文氏宗祠、杨景山故居、万安书院；石刻3处：保定岭石刻、镜门岭石刻、水沟岭石刻；陵园旧居14处：徐成章烈士墓、六连岭红军医院、六连岭操场、六连岭炉灶、六连岭机械厂、李振亚遇难处（红棉树）、李振亚烈士陵园、和港"一·二〇"惨案纪念碑、黄会聪故居、杨树兴故居、万宁苏维埃政府成立旧址、阎克林等4位烈士纪念碑、红军二师操场遗址、万城革命烈士陵园。

2007年4月，国务院发出《关于开展第三次全国文物普查的通知》，启动为期5年的第三次全国文物普查工作。2008年3月，成立"万宁市第三次全国文物普查工作领导小组"，制订《万宁市第三次全国文物普查工作实施方案》。9月，万宁市文物普查工作开始，对万宁1500个村庄和18个墟镇进行调查，记录不可移动文物138处，上报国家不可移动文物信息中心112处。其中，省级保护单位4处，即荆王太子墓、潮州会馆、青云塔、东山岭摩崖石刻群；市级保护单位45处，古遗址有文昌园遗址、白沟遗址、鲁望亭址、万州城址、湖光亭遗址、吴村庙遗址、山根古窑址、万安州古城址、琼川古窑址、华明海域沉船址、后鞍海沉船址、大洲岛海湾沉船址、牛庙岭头海域沉船址、中岭头海域沉船址、港北烽火台遗址、城隍庙遗址、万州学宫遗址、过路岭古道、河头古塔址等19处；古墓葬有荆王太子墓、唐焕章、陈庚墓、鲁氏墓、文天瑞墓、杨景山墓、横山古墓葬、黄氏墓、曾日景墓、廖纪祖母墓、王凤元墓等11处；古建筑有许敦仁故居、吴村文氏词堂等22处；石刻有小桃源、南洋第一楼等8处，；近现代重要史迹与代表性建筑有官天民故居、兴隆温泉迎宾馆等52处。

万宁市第三次全国文物普查分类档案目录（古遗址类）

表18-3

序号	文物名称	所属地区	年代
1	文昌园遗址	长丰	新石器时代

续表18-3

序号	文物名称	所属地区	年代
2	白沟遗址	和乐	新石器时代
3	鲁望亭址	万城	元
4	万州城址	万城	宋元明清
5	湖光亭遗址	后安	清
6	吴村庙遗址	后安	待定
7	山根古窑址	山根	清
8	万安州古城址	大茂	唐
9	琼川古窑址	和乐	明
10	华明海域沉船址	山根	待定
11	后鞍海沉船址	和乐	待定
12	大洲岛海湾沉船址	东澳	待定
13	牛庙岭头海域沉船址	东澳	待定
14	中岭头海域沉船址	礼纪	待定
15	港北烽火台遗址	和乐	明
16	城隍庙遗址	万城	明
17	万州学宫遗址	万城	明、清
18	过路岭古道	礼纪、东澳	明、清
19	河头古塔址	龙滚	清

万宁市第三次全国文物普查分类档案目录（古墓葬类）

表18-4

序号	文物名称	所属地区	年代
1	鲁氏墓	和乐	清
2	唐焕章墓	万城	清
3	陈庚墓	万城	宋辽金元
4	文天瑞墓	后安	宋
5	杨景山墓	长丰	清
6	横山古墓葬	山根	明、清

续表18-4

序号	文物名称	所属地区	年代
7	荆王太子墓	大茂	元
8	黄氏墓	和乐	清
9	曾日景墓	礼纪	清
10	廖纪祖母墓	礼纪	明
11	王凤元墓	礼纪	清

万宁市第三次全国文物普查分类档案目录(古建筑类)

表18-5

序号	文物名称	所属地区	年代
1	潮州会馆	万城	清
2	青云塔	万城	清
3	许敦仁故居	万城	清
4	杨景山故居	万城	清
5	万安书院	万城	明、清
6	曲冲文氏宗祠	后安	清
7	吴村文氏祠堂	后安	清
8	李氏民居	和乐	清
9	蔡氏民居	和乐	清
10	广善庵	后安	清
11	林家宅	后安	清
12	新群村古井	东澳	明
13	潮音寺	万城	清
14	东灵寺	万城	明
15	真武殿	万城	宋
16	石井	长丰	待定
17	杨景山进士坊	万城	清
18	吴氏祠堂	后安	清
19	王凤元故居	礼纪	清

续表18-5

序号	文物名称	所属地区	年代
20	宝田村陈氏祠堂	万城	中华民国
21	琼川李氏祠堂	和乐	中华民国
22	发兴村叶宅	和乐	中华民国

万宁市第三次全国文物普查分类档案目录（石刻类）

表18-6

序号	文物名称	所属地区	年代
1	华封寺	万城	唐
2	东山岭摩崖石刻群	万城	宋至现代
3	保定岭石刻	万城	元、民国
4	同云洞石刻	东澳	明
5	南洋第一楼石刻	万城	清
6	文魁石刻	万城	清
7	凌云山石刻	东澳	清
8	小桃源石刻	万城	中华民国

万宁市第三次全国文物普查分类档案目录（近现代史迹与建筑）

表18-7

序号	文物名称	所属地区	年代
1	钟家宅	万城	清
2	万宁水库	长丰	中华人民共和国
3	太阳河分洪工程	东澳	中华人民共和国
4	乌场钛矿厂址	万城	中华人民共和国
5	合口大桥	兴隆农场	中华人民共和国
6	官天民故居	后安	中华民国
7	李振亚将军牺牲旧址	长丰	中华民国

续表18-7

序号	文物名称	所属地区	年代
8	李振亚烈士纪念园	长丰	中华人民共和国
9	万城革命烈士陵园	万城	中华人民共和国
10	庄田纪念馆	万城	中华人民共和国
11	红心一号橡胶林段	南桥	中华人民共和国
12	常青树	南桥	中华人民共和国
13	徐成章烈士墓	龙滚	中华民国
14	曹家宅	龙滚	中华民国
15	万宁苏维埃政府旧址	龙滚	中华民国
16	荔枝坎村红军驻地旧址	山根	中华民国
17	银村老区红色练兵场旧址	大茂	中华民国
18	刘五村红军洞旧址	南桥	中华民国
19	盐涛和港一·廿惨案纪念碑	和乐	中华民国
20	正福利手工打铁作坊	后安	中华人民共和国
21	乐来烈士纪念碑	后安	中华人民共和国
22	文曲水闸	龙滚	中华人民共和国
23	龙滚河分洪工程	龙滚	中华人民共和国
24	山钦哨所旧址	龙滚	中华人民共和国
25	龙滚河旧桥址	龙滚	中华人民共和国
26	庄田将军墓	龙滚	中华人民共和国
27	郭曼果夫妇墓	龙滚	中华人民共和国
28	黄会聪故居	龙滚	中华民国
29	杨树兴故居	龙滚	中华民国
30	黄康墓	龙滚	中华人民共和国

续表18-7

序号	文物名称	所属地区	年代
31	革命烈士纪念亭	龙滚	中华人民共和国
32	山根渡槽	山根	中华人民共和国
33	海防309哨所旧址	山根	中华人民共和国
34	莲花渡槽	礼纪	中华人民共和国
35	望海亭	万城	中华人民共和国
36	和乐分洪桥闸	和乐	中华人民共和国
37	后安分洪桥闸	后安	中华人民共和国
38	和乐镇老街区	和乐	明至现代
39	后安墟老街	后安	宋至现代
40	上坡糖厂旧址	长丰	中华人民共和国
41	万宁陶器厂旧址	万城	中华人民共和国
42	万宁农机修造厂旧址	万城	中华人民共和国
43	东和农场部旧址	长丰	中华人民共和国
44	六连岭红军洞旧址	和乐	中华民国
45	燕子洞	龙滚	中华民国
46	三品埇日军炮楼旧址	龙滚	中华民国
47	六连岭烈士纪念园	和乐	中华人民共和国
48	兴隆温泉迎宾馆	兴隆农场	中华人民共和国
49	兴隆华侨农场机械厂旧址	兴隆农场	中华人民共和国
50	兴隆药用植物研究所	兴隆农场	中华人民共和国
51	东兴农场早期场部旧址	东兴农场	中华人民共和国
52	龙尾湾桥	大茂	中华人民共和国

二、文物保护

(一)省级文物保护单位

1994年11月2日,海南省人民政府公布海南省第一批省级文物保护单位,万宁市东山岭摩崖石刻群被列入省级文物保护单位。2009年5月18日,海南省人民政府公布了第二批省级文物保护单位,万宁市荆王太子墓、潮州会馆、青云塔3处文物保护单位被列入省级文物保护单位。

东山岭摩崖石刻群 分布在东山岭西侧,万州八景之一的东山岭"华封仙榻"区域,分布面积19公顷,摩崖石属花岗岩石质。据史料记载,自宋到民国时期的石刻有94处,由于年代久远,已风化和人为损坏致20处石刻查找不到,现存石刻有宋1处、明代12处、清21处、民国28处、年代不详7处、近现代5处,共74处。东山岭摩崖石刻群是海南历史悠久、内容丰富、分布面积最大的一处石刻文化遗产,集书法艺术之大成,具有较高的历史、科学、艺术价值。1994年11月被评定为省级文物保护单位。

东山岭摩崖石刻群

荆王太子墓 荆王太子墓位于大茂镇红石村委会太子墓村南120米处,距万城约4千米,东200米为海榆东线公路,北面为太子墓村,东南为后田村。地势平坦,西边有小丘陵土岗,其余为田园。据道光《万州志》卷二载:"荆王子,撒敦王之后,至元中,以高昌事累谪万安军,安置数年卒",又载"荆王太子墓在城北八里山脚下",墓久废。现据当地村民指此太子墓村南土堆乃太子墓。2009年5月18日被评定为省级文物保护单位。

荆王太子墓

潮州会馆 潮州会馆坐落在万城镇朝阳街,周边与民居相连。该建筑分前后两进房屋,中间有庭院。据道光《万州志》载:"乾隆三十六年辛卯(1771年)春,潮州人建会馆于朝阳街。"前后两进房屋,后进屋前原有一亭(现已拆毁)。前进是三门并列,门槛均以花岗岩雕琢件构成,高6米。石门框上有石匾浮雕刻有"潮州会馆",后进房为三开间,有龙凤花草木刻浮雕,正厅木梁下再刻有"大清乾隆三十四年岁次己丑秋月吉旦"字。1980年7月公布为县级文物保护单位,2009年5月18日被评定为省级文物保护单位。

潮州会馆

青云塔 青云塔位于万城镇联山村委会，坐落在四周为广阔田野的山尾岭上，古朴壮观，雄伟秀丽，北面与名胜东山岭相互对峙，太阳河从南面向东绕流在田野上。

青云塔

现保存的青云塔建于道光十二年（1832年），楼阁式砖构建筑，八角、七级、空心、高30米。第一层塔身外围周长21.44米，朝西启一门，门楣上嵌石碑刻“青云塔”三字。第三层嵌石碑刻有“甲峰”二字。塔内空心高度为25米。该塔1939年被侵华日军炮轰，第一层南侧一角被毁坏，加上历史上被多次雷击，塔顶及塔沿毁损严重。“青云塔”2009年5月被评定为省级文物保护单位。

（二）市级文物保护单位

1980年7月，万宁县人民政府将青云塔、东山岭摩崖石刻群、潮州会馆、六连岭红军洞旧址、六连岭烈士纪念园等5个文物点列为万宁县第一批文物保护单位。1999年8月，万宁市人民政府公布万宁市第二批市级重点文物保护单位28处；2010年11月，万宁市人民政府公布万宁市第三批市级重点文物保护单位20处。

2010年，万宁市有文物保护单位49处，其中省级保护单位4处，市级保护单位45处。

2010年万宁市市级文物保护单位名录

表18-8

序号	名称	年代	所在地	批次
1	六连岭红军洞旧址	中华民国	和乐镇六连岭东麓	第一批
2	六连岭烈士纪念园	中华人民共和国	和乐镇六连村北	第一批
3	文昌阁遗址	新石器时代	长丰镇文昌园村西	第二批
4	白沟遗址	新石器时代	和乐镇新龙村西南	第二批
5	万州城址	宋元明清	万城镇老城区	第二批
6	山根窑址	清	山根中学南围墙近旁	第二批
7	上灶古窑址	清	万城镇上灶村	第二批
8	城隍庙遗址	明	万城镇永福南街西侧	第二批

续表18-8

序号	名称	年代	所在地	批次
9	文天瑞墓	宋	后安镇火烧墩村东侧	第二批
10	杨景山墓	清	长丰镇水口大山队东	第二批
11	万安书院	明、清	万城镇武汀街北	第二批
12	杨景山故居	清	万城镇后朗村	第二批
13	保定岭石刻	元、中华民国	万城镇保定佛公岭上	第二批
14	同云洞石刻	明	东澳镇四维岭	第二批
15	凌云山石刻	清	东澳镇镜门岭上	第二批
16	李振亚烈士纪念园	中华人民共和国	长丰镇牛漏墟	第二批
17	李振亚将军牺牲旧址	中华人民共和国	长丰镇牛漏墟	第二批
18	万城革命烈士陵园	中华人民共和国	万城镇红专西街	第二批
19	盐涛和港一·二〇惨案纪念碑	中华民国	和乐镇乐群村东	第二批
20	黄会聪故居	中华民国	龙滚镇仁造村	第二批
21	杨树兴故居	中华民国	龙滚镇仁造村	第二批
22	阎克林等烈士纪念碑	中华人民共和国	后安镇乐来墟西	第二批
23	万宁苏维埃政府旧址	中华民国	龙滚镇田头村	第二批
24	徐成章烈士墓	中华民国	龙滚镇军寮村东	第二批
25	官天明故居	中华民国	后安镇后安墟老街	第三批

续表18-8

26	曹家宅	中华民国	龙滚镇福塘村	第三批
27	兴隆温泉宾馆	中华人民共和国	兴隆农场温泉宾馆内	第三批
28	山钦哨旧址	中华人民共和国	龙滚镇内山园村东	第三批
29	万安州古城址	唐	大茂镇旧州村西北	第三批
30	曲冲文氏宗祠	清	后安镇曲冲村西北	第三批
31	许敦仁故居	清	万城镇扶峰村中	第三批
32	鲁望亭旧址	元	万城镇北门仙河桥旁	第三批
33	港北峰火台遗址	明	港北港口北面	第三批
34	万州学宫遗址	明清	万城镇小学校内	第三批
35	过路岭古道	清	礼纪镇贡举与东澳间的过路岭上	第三批
36	廖纪祖母墓	明	礼纪镇农场新胶队岭	第三批
37	陈庚墓	宋	东山岭南麓	第三批
38	唐焕章墓	清	东山岭东麓	第三批
39	曾日景墓	清	礼纪镇三星大村东	第三批
40	吴村文氏祠堂	清	后安镇吴村南	第三批
41	广善庵	清	后安镇后安墟安东南	第三批
42	林家宅	清	后安镇丰园村	第三批
43	吴氏祠堂	清	后安镇大旦村东	第三批
44	南洋第一楼石刻	清	万城镇北坡墟南	第三批
45	小桃源石刻	中华民国	万城镇南福村	第三批

三、馆藏文物

2002年,开展民间私藏文物征集活动,征集到万城镇乌场村农民收藏80年代出土的青铜器5件、青花瓷器2件、玉器1件,长丰镇黄山村农民收藏的新石器3件。这些文物对研究万宁古代文化具有重要的意义。

2006年10月至2007年10月,为编制《海南古代碑、碣、铭、额》万宁卷,拓印石刻、匾和碑93件。2010年2月,在三更罗坡新营出土古铁炮3门。至2010年12月31日,市博物馆珍藏文物178件(套),石刻拓片93件,残铜钱10多公斤。

第六节 非物质文化遗产

万宁市挖掘非物质文化遗产项目有:钱铃双刀舞、后安刀制作技艺、大茂竹器编织技术、港北传统煮盐技术、后安巨型文灯、合山巨型风筝、西门舞龙、龙滚军坡节等。

一、钱铃双刀舞

钱铃双刀舞又名打钱铃或钱串双刀舞,是一种黎族舞蹈,流传于万宁市三更罗、南桥、北大、长丰镇等黎族居住地区。钱铃和双刀是黎族人家为保护庄稼免受山猪、野兽侵害所使用的工具。在早期的婚庆节日中逐渐形成对跳和格斗的表演形式,后来增加了赶鬼火,喷火驱除恶魔,求得平安,最后增加音乐伴奏形成舞蹈。如今,钱铃双刀舞成为黎族地区婚庆、节日和办丧事后驱鬼"净室"等主要的民间活动项目。

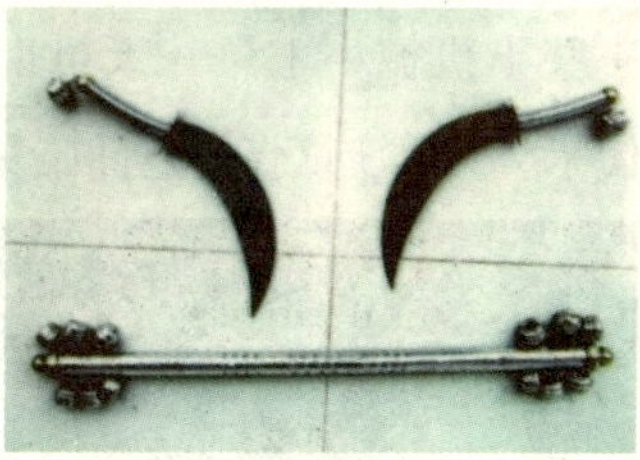

舞蹈道具

传说在远古时期,有一天一户黎家人在结婚娶新娘回来的半路上,遭遇山贼持刀抢亲,新郎从轿上拿出挑担竹竿招架,这竹竿原是用来挑娘家陪嫁钱串用,同时用方孔钱串砸向山贼,经过一番较量,最后打败了山贼,保护了新娘安全。为了庆祝胜利,人们在婚宴饮酒后拿起原来的格斗工具,跳起了欢乐的舞蹈。后来,钱铃双刀舞渐渐演变成黎家人婚事中保护新娘、祈求平安的传统舞蹈。现在多在黎家节日如"三月三"活动中,作为一种表演节目,增加节日热闹气氛。

表演内容与形式是在黎家人结婚的前一天晚上饮酒对歌,开始跳起钱铃双刀舞,第二天早上饮酒时也有即兴舞蹈,早期没有音乐,一般以钱铃摇击为节奏,二人对舞,后渐渐发展到以唢呐、锣、钹、小鼓伴奏,跳舞人也增加到6人。一为持双刀人,一为持钱铃人,二人恶相为赶鬼者,二人持火把,外加奏乐者4人。以强壮彪悍的男子对打形式为中心,外加赶鬼者吆喝踏步,火把喷火,以驱除恶邪、祈求平安。表演服饰早期穿黑色的黎族男服,画脸面,浓眉、胡须,现为表演需要,制作定型服装。而表演道具过去以农家使用的尖刀,竹竿镂一半串方孔钱制作的钱铃,如今用金属制作的双刀和钱铃,只有火把是较原始的。早期没有音乐，只是将击打和摇钱铃的声音作为节奏，后渐发展到利用唢呐演奏海南民间音乐，打击乐有锣钹、小鼓。

2008年6月，市文体局组织文化馆馆长顾时光、博物馆馆长刘德波等到民间调查收集民间非物质文化时，发现三更罗加润村委会有一支较完整且年轻的队伍，以黄开琼为师傅（40岁），舞者胡明（34岁）、陈家叶、黄文顺（22岁）、陈升波、陈开良、王大安等。还有南桥镇南桥大村蓝明和，时年72岁，黎族，而南桥等其他地区队伍人员老化、少活动。但黄开琼培养了一批年轻的舞手，组成一支较为稳定的队伍，2007年曾带队参加海南省第二届少数民族文艺会演，获民族舞一等奖。

二、后安刀制作

后安刀由于淬火功夫精到，锋利耐用，价格低廉，一直在海南享有盛名，鼎盛时曾饮誉海外，一度远销岛外甚至东南亚一些国家和地区。海南岛的民用刀具中，菜刀、钩刀、剪刀、胶刀大都出自后安，就连早些年广东、广西等省区的农用刀具，好多也都是后安出品的。而官家传承了四代的“正福利”刀具是地地道道的后安刀，眼下后安镇上的官国云被公认为是最正宗的后安刀手工锻制技艺传人。

据传早在280多年前，未满20岁的官新长、官新乔兄弟俩从广东韶州联光村过海来琼打铁谋生，这是官家在海南的第一代打铁人。官家人辗转几处地方，最后落足后安，才有了如今名扬八方的后安刀。官上位继承祖业，是后安刀名气最鼎盛的时期，很多地方的人都慕名而来，新加坡、上海等地的人都通过商道托人购买他的刀具，因此获得“打铁状元”的称号。官家后代繁衍至今已有400余人，可是从事打铁的人越来越少了。官国云是官家在海南的第七代孙，他从12岁就学会打铁，19岁那年从学校里出来便正式继承祖业，安心做起铁匠，相伴着“叮当”声到如今。

近些年，后安刀纯手工作坊面临着激烈的市场竞争，纯靠手工精打制作，一天只能打10把菜刀，一些半机械小工厂一天可以打出数百把，而且价格低廉。如今，纯手工作坊已渐渐被半机械作坊替代了，后安刀锻造技艺面临失传的境地。

后安刀传承人官国云及老伴打刀胚

三、大茂竹器编织手工技艺

早在120多年前，大茂地区的民众就将家宅周边山坡上的竹子采集回来，经过加工处理，编织出各式各样的农用竹器具与生活用竹器具，等到集市时，再拿来进行物品交换或出售(有时也会受聘为专人生产)。

大茂地区编织的竹器精巧实用，价格低廉，深受万宁以及周边市县广大人民的喜爱。至2010年，附近农村，还是使用他们用竹制作的农具进行劳动生产，许多家庭在生活中还是使用他们编织的竹器具。编织竹器首先是采集原材料，到山坡上采集竹子，把竹子截段，然后是开竹，削成竹片，竹片晒干之后又入库存放，最后是构架，编织成粪箕、箩筐、斗笠、谷筛、米筛、篮子、米斗、蒸篮等。

取材

处理材料

编织箩

整型

竹器成品

四、盐墩煮盐

万宁市和乐镇盐墩村的居民都姓叶，据《叶氏族谱》记载，叶氏先祖最早在明末从福建莆田迁至盐墩半岛，因岛上少田，世代便以煮盐为生，村子也因此而得名。传到现在已有600余年。如今村里已经多年没有人煮盐了，因岛上的居民家家都把盐田改为养虾池，从事养殖比煮盐收入高；另一个原因则是私人煮盐已受国家禁止，煮出来的盐也不能拿到市场上出售。

煮盐之前，先得晒盐。早些时候，每户盐民都有自己的盐田；一块地势稍高的田地，四边围着水沟，海水直接流进水沟里。盐田正中是一个矩形的深水坑，坑的一半用细竹编成的过滤板盖住。过滤板上用土垒成4平方米大小的过滤池，称“盐堀”。每天日出之前，必须用大齿木耙将盐田里的一层细土耙平，然后，用戽斗从四周的水沟中向盐田里戽上一层薄薄海水。日出之后，阳光将海水蒸发干净，而海水中的盐分则留在盐田表面那层细土中。傍晚时分，盐田晒干，再用一种小木耙将细土归拢到盐田正中的过滤池里。从池下深水坑里舀起海水泼到细土中，细土中的盐分随着海水溶进深坑中。过滤后的海水挑回家中储水池里，煮池的时候再从中舀出来。盐灶用砖头垒起，两尺来高，外面用土覆盖；铁皮做成一平方米左右的锅，深约两寸。放在锅中的海水经过热火烧烤后蒸发掉，锅底中结起厚厚的一层盐粒。盐墩煮出来的盐是熟盐，细如粉末，颜色雪白，盐体松散，入口即化，咸味不重，没有苦味。

盐锅

盐田过滤池

制盐工具

成品盐

五、万宁文灯（孔明灯）

万宁放文灯的习俗起源于唐末宋初，到了清代中叶的乾隆年间（1736—1795）开始盛行，形成独特的“文灯节”习俗。每年农历七月十五日的中元节前后，当地民众都要制作大小文灯，连续放飞几个夜晚。

文灯相传是三国时期的蜀汉丞相诸葛亮发明的。诸葛亮字孔明，因此，“文灯”也称“孔明灯”，已有1700多年的悠久历史。诸葛亮发明的文灯，在军事上曾起到过十分重大的作用：当时诸葛亮被司马懿围困于平阳，无法派兵出城求救，他就算准了风向，制成会升空的纸灯笼，传达求救讯息，因此脱险，后人把这种灯称“孔明灯”。诸葛亮出任蜀国丞相后，留在家乡的妻子由于思念远方的丈夫，也以放飞文灯来传递相思之情。唐末宋初，文灯流传到万宁，演变至今，成为万宁很有特色的民间习俗。

每逢喜庆日子或盛大节日，人们都会放飞文灯来表达他们的美好心愿。放飞文灯前，人们都要在文灯上写好自己的愿望，与文灯一起飞向苍穹，以祈求心愿实现。

制作文灯，要先将劈成软薄的竹片围成一个圆筒，然后采用砂纸（阴州纸）或方洁白纸沿着圆筒糊制而成。其形状大小不等、体积不一，但都是体形圆而高，像个大口袋。一般大的口径2米以上，高达丈余，小的口径仅有80厘米左右。糊在圆筒四周的纸张要衔接紧密，外层覆盖纱网，顶部密封，口部用竹片或铁丝制成圆圈，贴扎紧固。圆圈中间用几条铁丝交叉牵扯，并沿中心点织成网状，盛放油料。使用油料的重量与火力要处理适当。放置得太多，文灯负荷过重就升不了空，甚至焚毁；放置得太少，火力不够，文灯升空后很快就会降落。火力适度而又持久，文灯升空愈高，飘移愈远。为了使燃火材料轻便而久燃，万宁人利用柔薄的纸团或马峰窝纸浸以海棠油或花生油（也有用柴油或机油）重复浸晒，连续数天后才能使用。大的文灯用小铁锅装放油料，小的也要将燃油装置紧固，使之升空后不易飘落。油料下端装着火药和炭粉混合制成的“火鸡”，近些年则改用鞭炮和火焰。

1999年，在庆祝中华人民共和国成立50周年活动时，正逢海南省欢乐节，万宁市人民政府举办“万宁文灯节”活动。2004年，万宁市成功举办了首届国际文灯节，第54届世界小姐总决赛的佳丽汇聚万宁兴隆，一次性放飞1888盏文灯，创造了新的上海吉尼斯记录。

糊纸

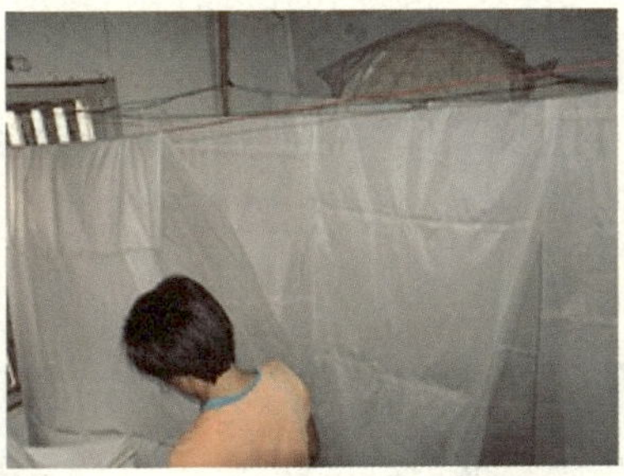
晾文竹衣

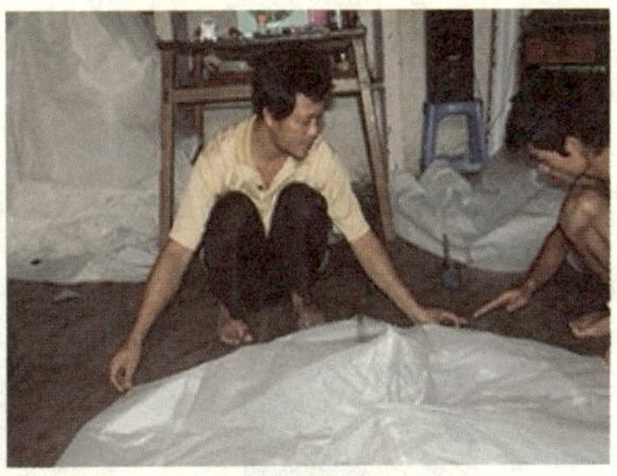
上竹圈

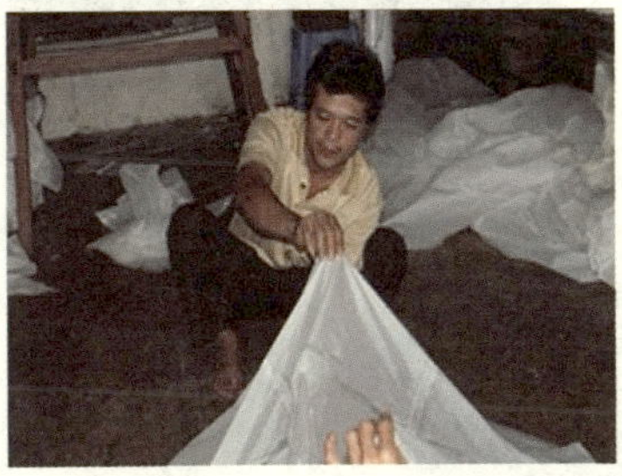
糊文灯顶

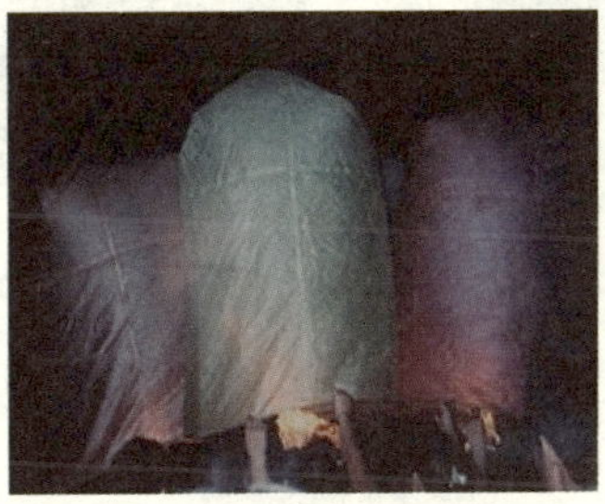
放飞文灯

文灯（孔明灯）制作与放飞

六、万宁风筝

放风筝,是万宁市万城、东澳、礼纪、后安等地区民间的一种传统习俗,具有悠久的历史。每年农历五月端阳节前后,夏收结束,农事稍闲,且其时风和日丽,正是放风筝的最好时节。视野广阔的地方,但见万里晴空中飞舞着各式各样的风筝。大的小的,远的近的,高的矮的,目不暇接。高空之中,藤弓鸣奏,风筝在朵朵白云中飞舞,郊野欢声雷动,热闹非凡。

万宁地区制作的风筝种类有“七星”“尖尾”“ 水桶”“蜈蚣”“蝴蝶”“老鹰”“翁鱼”“鲤鱼”“鳌鱼”“蛤蟆”“月宫”等。大的面积上百平方米,重数百斤,小的只有几方寸。大风筝制作技术要求较高,需40~50名青壮年才能放飞。风筝放起时,能把撑放的人们提举一丈多高,然后翻个筋斗落地。制作最简便的可算“翁鱼风筝”,只要一张不足1米见方的正方形纸和2条适度的竹片就可制成,1~2名儿童就能玩放。

制作大的风筝,主要以“尖尾风筝”为主,形体如鲤鱼,头大尾小。尖尾风筝主体分为“头、窗、肚、腰、裤、尾”6个部位,体外还附有“裤裆”和“尾巴”。

风筝的体骨架主要有直骨、头骨、窗骨、肚骨、裤裆骨和尾骨组成,再加以辅助骨,旁坦或二旁坦等。骨架用竹制作大小长短由风筝体积大小决定,但必须得保持风筝体躯硬—软—硬—软的姿势,也就是头部硬,窗部软,肚至腰部硬,尾部软,升空后借助风力,略呈半截船形。为此,还要在直骨的窗部凿开约1/3的圆径,然后用藤扎紧,使中间空洞吻合成形,并与两端保持一定的弹度,这样就恰到好处。接着按照上述六个部位所需的宽度,安排和扎好骨架,最后用长竹片扎旁坦,两边旁坦与直骨的距离一定要相等,保持体躯的平衡。

风筝制成之后,安排各条绳也很重要。风筝的起落升降,与绊绳密切相关,各条绳的长短有一定的比例。首先是要固定2条角绊(长度一样)和中绊,然后才安排窗绊和肚绊,各绊的头端联结一起接着绳线。

削竹片

绑骨架

撑风筝线

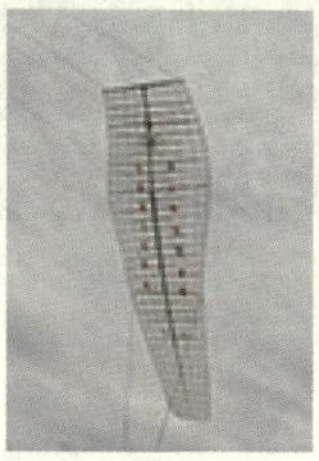
准备放飞

风筝飘逸升空

大风筝制作与放飞

七、西门舞龙

西门青龙也称为母龙、平安龙、祖龙，长80多米，直径0.6米，需40多个身强力壮的青壮年才可舞动。每年元宵节时西门舞龙队都会舞上街头，穿大街过小巷，挨家挨户给居民拜年，送上吉祥祝福，驱邪扶正。或在大庆典活动时受邀进行舞龙表演，望祥龙带来吉祥平安。至2010年，西门青龙还经常受邀出行到万宁各乡镇、邻近各市县参加庆典活动，深受人们的喜爱和欢迎。最早时期，西门舞龙只是作为一项强身健体的娱乐活动，在万城地区经久流传。到了清朝末年的一个元宵节，当时万城举办元宵灯会，各个村都要组织节目参加演出。在西门，经村里人商量后便将西门舞龙节目报了上去，从此，每年的元宵节西门舞龙成了固定节目，持续百多年直到如今。

相传西门青龙来自九天之外，承载着平安幸福，从万宁和陵水交界外的牛岭飞来，经牛漏镇、马坡村，来到环城（现在的万城）。最后卧在西门，龙头在万中，龙身在番村，此地被当地人称为卧龙坡。此后西门人以龙为吉祥物开展民间文艺活动，走村串户，拜贺吉祥，除邪扶正，年年如此，久而久之，舞龙便成了万宁的习俗。

制作西门舞龙，第一步从扎龙的前期准备工作开始。农历十月之时，扎龙人就开始到各乡镇去选竹，选的竹主要有韧性，直不打弯，且为老竹。一般将一根竹子劈成12条竹条，暴晒2～3天。

第二步是扎龙。扎龙头是一门精细的技艺，扎龙人根据传统龙头的形状，按照先内后外的顺序，先支好龙头的基本构造，竹条之间的每个结都要牢固，然后扎龙须、龙鼻、龙耳等，完成这道工序需要20天左右，共有200多个结。在扎龙头的时候，扎龙身的工作也开始了，整条龙的骨架全部扎完，需4000多根竹条，绑4000多个节。扎好龙骨后，还要缝制龙布，给龙身龙尾缝上布。

第三步是拜龙。青龙一扎好，就带到流经万城的太阳河去喝水。相传只有龙喝水之后才会显灵，才会保佑风调雨顺，保佑人们幸福平安。喝过水后，就到万城地区各庙宇去拜神，然后返回西门的婆祖庙“休息”。大年初一，西门青龙要到街上拜年，送福驱邪，送平安吉祥。

第四步是舞龙。正月十三日，舞龙正式开始了，在龙鼓眼中，舞龙队员们各就各位，转眼之间，80多米长的青龙由卧龙变为飞龙。它时而翻江倒海，时而直冲云霄，舞遍万城的大街小巷。

最后一步是送龙。正月十六舞龙结束后，又要把龙带到太阳河边喝水，准备“升天”。龙喝完水之后，就把龙布剪下来，每家每户都分上一小块，制成小孩的肚兜，相传能给小孩带来幸福吉祥。龙骨则烧毁，意为龙升天。

舞龙传人 陈正平

舞龙传人 蔡清哲

龙结塔

舞龙一

舞龙二

八、龙滚军坡节

龙滚军坡节为每年农历六月廿一日。从农历六月十九日开始，各家各户就已经准备好过节的用品、菜肴，邀请各方亲戚朋友，海外的亲人也提前返回家乡。二十日，万宁琼海等地商人、江湖艺人相继到达，各村请的戏班、电影放映队也相继到场，晚上开始演戏、放电影。二十一日是活动高潮时节，一早各家各户宰鹅杀鸡，备好酒菜，款待客人，来者都是客，不管是否相识相亲，进门就有吃有喝，就如大同世界，亲似一家人。集市上，人山人海，来自万宁市大茂、后安、琼海市中原等地的竹器编织、陶器缸埕、农家用具、口哨玩具等应有尽有，其中最有趣味是卖小吃中的一种干蒸熟芋头，芋头是军坡最具有代表的吃物，也有称“龙滚军坡”为“芋姆军坡”。晚上，酒足饭饱后，可观赏到最精彩的琼戏或电影，这一节日，有些家庭开销费用比春节还多。

据传，清咸丰年间（1851—1861年），军戏流遍全岛。龙滚村艺人庆秀兰组建的“琼顺班”在岛内各地演出琼剧。由于清朝腐败，各地反清情绪高涨，进步艺人大编大演反清的戏，屡遭清兵追捕，因此庆秀兰决定出洋逃难。清咸丰九年（1859年）农历六月二十一日，他带班回家，在龙滚营搭起土台，上演了《颐和园》《北洋狗》《窦娥冤》《怒沉百宝箱》，通宵演出后告别父老乡亲，当日，龙滚家家户口杀鹅迎客，邀请亲朋好友大排酒宴。亲戚朋友白天饮酒，夜间看戏，直到通宵。“琼顺班”是琼剧南播的最早文武大班，庆秀兰创立了“星洲剧社”，成为琼戏在海外传播艺术的创导者和组织者。多年来，为纪念这位进步艺人，龙滚村的乡亲父老每年六月二十一日都杀鹅排席迎宾，请琼剧班演戏。年复一年，这个纪念日子扩展到龙滚新市、风尾、文渊、福塘等地，村与村之间经常上演双台戏。至今这一纪念日子便成为龙滚地区民间节庆日——军坡节。

“龙滚军坡节”与其他地区军坡节不同之处在于，不设“抬公”“祭神”之类的活动，而是以纪念艺人为目的的文明大集市，进行商贸交流，而且是联系海外亲人的纽带（每年都有大批东南亚华侨回故乡过军坡节）。

第七节 文化事业单位简介

一、电影公司

1979年10月万宁市电影公司创办，配备经理1名、副经理4名，工作人员33名。1990年全县18个乡镇都设有电影放映站，共有放映单位19个，放映人员401人。

1991年，举办庆祝万宁设县1360年的活动，电影队深入农村放映电影《焦裕禄》等影片62部。1992年，陈玉萍投资96万元建设光明影剧院，建筑面积560平方米，座位500个。

1993年，有县级电影放映队8支，放映人员154人；乡镇放映队26支，放映人员105人；村委会放映队98支，放映人员392人。全县共有电影放映队132支，放映人员651人，放映电影20140场，观众达486万人次。1994年，全县放映电影17290场，观众达453万人次。1995年全县放映电影3060场，观众345万人次。

2005年，市编委核定电影公司人员编制22名，开展公益性电影放映活动，免费为群众放映电影310场，观众18.6万人次。

2008—2010年，国家每年下拨电影放映经费25万元。2010年1月推行文化体制改革后，撤销电影公司和影剧院，同时解除职工与单位的劳动关系。市文体局采取聘用制的形式，聘用18人为万宁市电影放映人员，配套13部放映机，分成9支电影队负责全市城乡电影放映任务。文化体制改革后的其他人员根据实际情况，市政府为其支付补偿金、生活费、养老保险费、医疗等费用，共支付了216.53万元。

1972年在万城上灶坡兴建万宁市影剧院，建筑面积2259平方米，座位1478个。1982年5月在原县委旧址建成一座露天电影场，不久又建了一座放映厅。1992年建光明电影院。2005年市影剧院被拆除，建商业文化中心，中心有一座500个座位的电影放映厅，至2010年仍未营业。

二、新华书店

1991年，从全县各乡镇撤出图书营销网点，仅保留万城等3个网点。同年，万宁县新华书店自筹资金在万宁县人民中街建成一幢五层综合大楼。1993年8月1日，万宁县新华书店的业务、办公地点从原来红专街移至人民中街。1996年8月撤县建市，更名为万宁市新华书店，有图书营销网点3个，人员38人。2000年，万宁市委宣传部对万宁市新华书店进行资产处置，万宁市新华书店仅保留位于万宁市人民中街中心门市一个销售网店，全店人员67人，图书发行量300万册左右。2004年，海南省委宣传部对全省新华书店系统进行改革，万宁市新华书店实施劳动、人事、分配等内部三项制度改革，2007年万宁市新华书店进行转企改制，人、财、物整体划转并入海南省新华书店，组建海南省新华书店集团公司。而后江苏省新华书店集团有限公司以现金的方式对转制后的新公司进行增资，改造成股份制的合资公司，即海南凤凰新华发行有限责任公司（以下简称海南凤凰新华公司），万宁市新华书店成为海南凤凰新华公司的全资子公司，2008年9月5日正式挂牌万宁新华书店有限公司。配有正副总经理和财务、门市、仓库等专职人员，1个全省连锁营销网点，公司人员57人；公司拥有固定资产1000万元，是万宁市最大的专业从事图书发行的文化企业，是万宁市唯一具有教材发行经营资格和图书批销经营的单位，与全省23个市（县）书店连锁经营。在万宁市人民中路设立中心门店，面积达600平方米，主要经营少儿、社科、文学艺术、图片等出版物与数码产品、文具等商品。积极配合当地农家书屋建设，丰富民众精神文化生活，打造万宁书香文化。

1991—2010年万宁市（县）新华书店销售数据一览表

表18-9

单位：册、万元

年份	中小学生教材	中小学生教辅	政治读物	一般图书	非图书商品	总码洋
1991	—	—	—	—	—	407.63
1992	—	—	—	—	—	398.55
1993	—	—	—	—	—	408.56
1994	—	—	—	—	—	550.32
1995	—	—	—	—	—	498.65
1996	—	—	—	—	—	563.47
1997	—	—	—	—	—	608.00
1998	—	—	—	—	—	634.33
1999	—	—	—	—	—	623.89
2000	—	—	—	—	—	780.00
2001	—	—	—	—	—	1253.00
2002	—	—	—	—	—	880.80
2003	—	—	—	—	—	900.35
2004	—	—	—	—	—	960.43

续表18-9

年份	中小学生教材	中小学生教辅	政治读物	一般图书	非图书商品	总码洋
2005	—	—	—	—	—	890.89
2006	—	—	—	—	—	1007.85
2007	1898700	1007500	108500	152300	16.35	999.89
2008	1890000	1000500	100700	120032	19.37	875.00
2009	2089700	1500623	113274	160080	19.88	1646.00
2010	2105005	1800652	135671	135633	7.89	1388.00

说明:因书店搬迁导致表中部分数据缺失

三、文化馆

1991年,县文化馆配馆长1名、副馆长1名、工作人员11名。同年,万宁县文化馆筹集资金20万元,在文明北街兴建1幢两层840平方米的文化馆办公大楼。1996年8月,万宁撤县建市,文化馆改名为万宁市文化馆。2000年10月实施机构体制改革,万宁市文化馆核定编制为7名,其中馆长1名、副馆长1名、工作人员4名、工勤1名,实际在职人员13名。2004年,文化馆办公大楼第三层续建完成后,总面积1260平方米。2010年内设办公室、非遗中心、文艺活动部、文艺调创部,人员未变。

四、图书馆

万宁县图书馆于1988年5月建成,建筑面积2008平方米,藏书量6.8万册,服务窗口7个,设有报刊阅览室、咨询室、儿童阅览室、电子阅览室、借书室、采编室、多媒体厅,全部免费为读者服务。1994年,经文化部评估,万宁县图书馆被评为“国家三级图书馆”。1996年8月,万宁县图书馆更名为万宁市图书馆。1999年报刊阅览室桌8张,座位48个,儿童阅览室桌4张,座位32个,借书室1间,书库4间,电脑45台,空调14台,多媒体厅座位61个,免费举办讲座培训25场。经文化部评估,被评为“国家二级图书馆”。2000年10月,万宁市编委核定万宁市图书馆为事业单位,编制人员7个,2010年底有职工18人。

2010年4月8日,中央下拨传媒资金5万元,为综合文化站购置大屏幕电视机、投影机、音箱、DVD、交换机、打印机、中央控制台等设备。投资68万元(其中中央拨款34万元,省财政配套21万元,地方配套13万元),设立电子阅览室,购置主机1台、电脑25台、空调2台,建立起“全国文化信息资源共享工程”,免费向读者开放。是年5月28日至6月3日,为图书馆服务宣传日。实施公共图书馆服务规范化、常态化,向读者发放宣传图书资料1万份,接待读者2.5万人次。同年10月,万宁市图书馆向全市197个行政村赠送图书4万册,向武警中队赠送图书2000册。

五、博物馆

1989年6月，成立万宁县博物馆。1997年9月，在万城革命烈士陵园正式挂牌成立万宁市博物馆。设有陈列室、文物库和办公室。2000年10月，成立万宁市东山岭文物保护管理处。市博物馆和东山岭文物保护管理处合署办公，一套班子，两块牌子，编制4个，其中馆长1名，管理人员3名。2008年12月，万城革命烈士陵园实行改造，陈列馆拆除，博物馆搬迁到潮州会馆，文物库房设在市图书馆，办公室设在市文化馆三楼，至2010年不变。

六、琼剧团

1956年，成立万宁县琼剧团。演出剧目有《双自由》《两国争霸》《朱国光打靶》《荷池映美》《李春荣打府》《茶瓶计》《宝莲灯》《相园记》《双冤案》《江姐》《山乡风云》《山村疑案》《八一风暴》《张文秀》《英台抗婚》等。1986年，由于受到多元、现代文化的冲击，县琼剧团停演近2年之久。1989年，琼剧团承包给私人经营。1990年下半年，重新成立领导班子，组织人力，恢复演出。

1991年，万宁县琼剧团属差额预算事业单位，有演职人员45人，团长为陈赞贤，副团长是冯朝广、钟亚才。1993年，琼剧团在演出途中在海府铁桥处发生车祸，导致1人死亡、重伤5人、轻伤8人。至此先后排演的琼剧节目有《情海长恨》《唐伯虎点秋香》《春香传》《父子三兄弟》《穷途拾玉》《燕归来》《大义惩父》《劫难情》《患难情侣》等。1994年，县琼剧团遵循市场经济规律，实施内部承包经营模式，由钟亚才、龙育飞、王博明等主要演员进行承包。同年至1995年，琼剧团在万城文明北路新建二幢办公、住宿用房。此段时期，剧团新编上演了《广东开科》《北楼情缘》《富贵之家》《爱河潮》《相见不相亲》《寒梅芳》等百姓喜爱的剧目。

2001年下半年，由肖琦海任万宁市琼剧团团长兼党支部书记，钟亚才、陈万丰、王博明任副团长。至2006年先后上演了《红罗衫》《鲤跳龙门》和《泪洒相思地》等剧目。

2007年钟亚才任团长，陈万丰、郑星魁为副团长，至2010年未变。琼剧团有高二级艺术职称1人，中级艺术职称10人，初级艺术职称14人；为海南省琼剧院、海口市琼剧团、海南省文化艺术学校培养和输送了陈进和、胡蝶、邢纪元、陈世文、柳家峰、韩锐准、梁家桐等7位高级艺术人才。

2007—2010年，万宁市琼剧团新编上演了《英台山伯》《倒插金钗》《花墙会》等剧目，活跃在琼北地区。

第二章 史志档案

第一节 党史

一、机构

1982年11月,设立党史办公室。1985年10月,设立县志办公室,挂靠党史办公室一起办公。1989年5月,县志办和党史办合并成立县史志研究室,同年10月撤销,恢复党史办公室、县志办公室,各自健全机构,开展工作。1990年12月,党史办公室改称党史研究室。1995年11月,党史、地方志两个办公室再度合并,设立史志研究室。2007年,机构改革,史志研究室更名为"中共万宁市委党史研究室(市地方志办公室)",为财政全额拨款的正科级事业单位,定编15人,实行两块牌子,一套人马管理。2008年,实行参照公务员法管理。至2010年,体制编制未变。

二、党史工作

1982—1995年,万宁党史以六连岭斗争为中心,开展研究。深入有关镇和乡村,通过采访老红军、老干部、当地群众,挖掘史料,理清自1919年至1950年5月海南解放这一民主革命时期,万宁党组织的成立、发展及其斗争历程的脉络、历史事件、重要的历史人物,从各个不同渠道进行搜集整理,对有争议的党史事件、人物进行多方面的考证、核实,不仅在海南各市县搜集资料,还派专人到北京、广东、广西等地与有关部门联系,收集资料。此后,记述万宁党史的书籍相继出版,1987年出版万宁党史资料(第一集),1989年10月出版《六连岭革命根据地在抗日战争中的历史功勋》,1992年出版《六连岭上现彩云》《万宁革命史资料选编》。1995—2001年,出版《中国共产党万宁市组织史资料(1926.3—1998.7)》,《万宁党史人物传略》第一、第二卷,《中共万宁地方史(民主革命时期1919.5—1950.5)》《党史大事记》《组织史记事》《庄田将军》纪念册等党史资料书籍。

2002—2010年,先后出版《万宁英烈》(与民政局合编)、《万宁市老干部传记》(上、下卷)、《二十三年红旗不倒》《万宁抗战岁月》《彩云飘飘六连岭》《六连岭英烈陈维新》《抗日战争时期人口伤亡和财产损失课题研究成果（万宁卷）》《党史大事记》《组织史记事》《万宁革命斗争史研究》《万宁市革命传统教育基地情况简介》《日军侵琼时期在万宁制造的七宗惨案》。完成了六连岭革命斗争史资料馆和陈维新烈士纪念馆的布展工作。配合市（县）委、市（县）政府以及宣传教育、团委、妇联等部门，在重大节日开展各种纪念活动，重点做好革命斗争史的讲解，同时，为领导决策提供史志资料，充分发挥史志的资政育人作用。

第二节 地方志

一、修志工作

1989年5月，县志办开始第一轮修志工作，1994年5月《万宁县志》出版发行，130万字，共印7000册。《万宁县志》记述了万宁自唐贞观五年（631年）设县到1990年间自然、政治、经济、文化、社会发展和变化的历史。1995年，省地方志办公室举办海南省第一轮志书评比活动，《万宁县志》获得第一轮修志市县志书第一名。1996年，出版《万宁风情人物》，全书共70万字，是继《万宁县志》之后专门记述万宁风土民俗和人物的地情书。

2009年8月，万宁召开了第二轮修志动员大会，对第二轮修志撰稿人进行培训，聘请省地方志专家做专题修志辅导，印发《万宁市志》篇目及任务下达表。但由于2010年换届后，至2010年底，第二轮修志进展缓慢。在此期间，万宁有3个村委会先后出版了村志，分别是《保定村志》《乌场村志》《琉川村志》；出版了《万宁卫生志》《万宁财政志》《万宁税务志》《万宁国土志》《万宁教育志》《万宁军事志》《万宁电业志》《万宁水利志》8本部门志。

二、年鉴编写工作

1994年，《海南年鉴》开始编撰出版，万宁县政府办公室负责编写提供《海南年鉴》万宁部分的有关资料。2007年，海南省实行志鉴统一，年鉴工作划归地方志办公室负责。2009年，万宁市开始年鉴的编撰，成立机构与撰稿人队伍，万宁市地方志办公室负责编撰工作。2009—2010年，万宁出版了两部《万宁年鉴》。

与此同时，万宁统计局和农调队将每年的经济报表、统计数据等进行资料汇编，作为部门的资料出版保存。2010年，统计局和农调队出版了一本《万宁统计年鉴》。

第三节 档案

一、机构

1991年,万宁县档案局(馆)是中共万宁县委、万宁县人民政府直属机构。1995年11月,在全县党政机构改革中,撤销万宁县档案局,保留档案馆,正科级建制,县政府赋予档案事业行政管理和档案保管利用两项职能,人员编制14人。1997年,晋升为海南省三级综合档案馆。2005年4月,恢复市档案局,实行局馆"两个牌子、一套人马"管理,为隶属于万宁市人民政府的正科级事业单位,内设行政管理、业务指导、库房管理和档案编研4个股室。2007年,经万宁市编委会决定,市档案局(馆)内设办公室、业务监督指导股和管理编研3个股室,核定编制12名。2009年,万宁市档案局为参照公务员法管理的事业单位。2010年,万宁市档案局(馆)内设机构,人员编制不变。

二、馆藏档案

1991以来,分别接收县委组织部、县委、县人民政府满10年期档案680卷;2006—2007年,全面接收各乡镇单位10年以上的档案进馆,共计4000余卷,全面系统地记录乡镇政治、经济、科技、文化等各方面的情况,内容丰富,具有较高的查考、利用价值。1991—2010年,万宁市档案馆通过开展档案接收和征集工作,形成以文书档案为主,科技档案、政府投资项目评审档案、投资企业审批档案、荣誉档案、图书档案等不同形式和各种载体的档案资料为补充的馆藏结构,共接收、保管档案约7000卷。

至2010年底,万宁市档案馆馆藏档案卷数达14815卷,全市文书立卷单位141个,其中馆藏档案有62个全宗,1950年5月前档案2个全宗66卷(革命历史档案一个全宗5卷,民国档案一个全宗61卷),其余为中华人民共和国成立后的现行档案,共1474卷;已征集地方特色档案资料1676件,主要门类有庄田将军的有关资料、族谱等。市档案馆馆藏图书资料4096册,主要有万宁市地方报刊、图书、地图、文件汇编等,其中珍贵的有《万宁县志》《万宁市年鉴》《六连岭革命斗争史》、族谱、行政区划图等。馆藏档案包含62个全宗,传统案卷级目录9513卷,基本开放目录31154条(1946—1979年),共计14183卷。馆藏档案主要包括:(1)民国档案(1946—1949年),有一个全宗57卷,其中1946年1卷,1947年21卷,1948年10卷,1949年8卷;(2)地界档案(1963—1990年),一个全宗,11卷,包括土地协议书、土地规划说明书、土地面积、各种作物、留地情况、划分地界意见、土地规划图及公路路界示意图和公路预留地造册等;(3)市属机关、团体、企事业单位的档案资料,计13596卷;(4)项目档案336卷;(5)乌场港专题档案。记录乌场港1987—1994年间的档案,包括乌场港项目各个时期的详细文字资料、图纸等，共计52卷；(6)万宁市先进性教育活动专题档案131卷；(7)阶级档案资料432卷，反映当时的地、富、反、右的划分情况；(8)市属机关、团体、企事业单位获得的荣誉奖牌、奖杯、证书。此类档案陈列于市档案馆陈列架上。

三、业务开展

1991—1993年，万宁县档案局组织5名档案干部分3批次参加海南省档案干部业务培训班学习；举办4期档案干部培训班，参加人数72人。1993年，在整理全省中行系统档案年终检查评比中，被评为中行系统档案整理工作第二名。全县完成立卷任务的单位有66个，占应立卷单位的80%，共立卷568卷。

1995年，万宁县机构改革撤并的单位50个。县委、县政府以文件形式向全县发出《关于做好机构改革中撤并单位移交工作的通知》，要求做好各类档案的移交工作，同时拨出3万元作为接收档案工作经费，共接收档案2361卷进馆。

1999年，市档案馆在全市分5期举办培训班，学习《档案法》《档案法实施办法》及《海南省档案管理办法》，散发资料250册，深入基层65人次。7月，在万城镇召开全市农业和农村档案工作现场会，总结两个试点工作经验，部署全市农业和农村档案工作。5—8月，市工商银行、市农业银行综合档案室晋升为省一级档案室。11月，市财保公司、市教育局、万城镇档案室晋升为省二级档案室。全市晋升为省一级综合档案室的单位有3家，省二级的有8家。

2003年，举办《归档文件整理规则》培训班，对全市各立卷单位档案管理人员分期分批进行培训。派出2位副馆长参加省档案局举办的档案行政执法培训，取得行政执法资格，填补该市没有档案行政执法资格的空白。全市档案综合管理达标省级单位已达16个。

2004年，分期分批对全市12个镇210个村委会的文书会计进行业务培训。全年完成村级建档任务的村委会(社区)有106个，占全市村委会(社区)总数的50.5%。

2007年，共计接受市科技局、粮食局、后安镇、和乐镇等14个单位的文书档案3300卷，编制目录18本。做好抢救和保护重点档案工作，共征集到照片106张，完成市委、市政府1980—2006年两大全宗档案目录的著录任务，共著录目录25600条。

2008年，市档案局(馆)继续做好档案接收工作，共接收21个单位期满10年以上的档案800多卷进馆，并编制了完整的检索目录。对国营兴隆华侨农场1999年以前的档案进行整理、立卷归档。开展万宁名人、名特产品、族谱等珍贵资料的征集工作，共征集到名人资料1册、族谱1部。

2010年，共接收15个单位期满10年以上档案970多卷入馆。截至是年11月12日，全面建立完成村、镇、市三级林改档案，归档率达100%。共整理立卷归档文书档案802盒，林户档案29779卷。

四、新型档案馆建设

1997年10月，组建计算机内部局域网，2台电脑同步开展录入工作。2003年，按照海南省档案局(馆)的统一要求，市档案局(馆)将档案管理软件更换为“琼兰”软件，先期录入的8万条数据全部安全转入“琼兰”数据库，并开始在市公安局、市检察院等单位推广使用软件。

2005年，市财政拨款20万元用于市档案局（馆）安装火灾自动报警系统，改造库房电路和照明灯具，更换消防器材，消除了火灾隐患，确保了国家档案的安全。

2008年，万宁市档案馆楼被鉴定为危房，2009年，万宁市档案新建档案馆项目被国家发改委列入“十二五”规划，至2010年底，万宁市新档案馆仍在建设中。

至2010年，市档案局（馆）共有库房1间，馆藏档案以全宗为单位，按分类排架法排列，上架排列总长度589.6米。案卷的排列按永久、长期混排，同一年度的永久卷排前，长期卷排后；同一全宗的档案编制一个大流水号。

五、档案利用

1991年，档案馆档案利用率逐年增加。1993—2010年，共接待档案利用者11200余人次，摘抄和复印档案资料原件19600余件，特别是在落实政府政策工作和解决历史遗留问题、人员安置问题等方面，查阅档案资料12000余卷（册）。查阅内容主要涉及房屋拆迁、房改、劳动保险、复退安置、工资待遇等社会热点问题。1993年初，县土地规划小组为了做规划，到档案馆找到1978年版的地形图进行参考，完成了总体规划。1994年11月，县政府为向省政府报告乌场港扩建，县档案馆提供了乌场港的原始材料，报告工作顺利进行。县档案馆为乐来镇提供了乐来地区的地形、水文资料，镇农业项目规划顺利完成。1995年，县档案馆提供了东山公园关于人员配置和权属等一系列原始文件材料，使东山公园的归属问题得到妥善处理。1998年，为配合公安机关和纪检监察部门处理“假干部”案件，提供有关资料67卷（册）。2008年，东岭农场和六连村委会因为接壤地带的土地纠纷，专门派员到市档案局（馆）查找万宁县地图及相关资料，明确了土地权属问题，解决了土地纠纷。

第三章 广播电视

第一节 机 构

1991年,万宁县广播电视局在原万宁县人民广播站基础上,成立新的万宁人民广播电台,将原有线广播网络传送改为无线电调频发射广播节目,调频收音机可以收到万宁县自办的广播节目,广播宣传覆盖全县。

1992年,有线电视站建成后,开始自办电视新闻等节目。同年初,万宁县广播电视局从万城镇红专东街迁至万城镇文明北街新建的一幢五层广播电视综合楼,新楼建筑面积达589平方米,交通便利,广播电视安全播出和办公环境得到改善。

1998年,成立万宁市广播电视局和万宁市广播电视台,局台合一,两个牌子一套班子。2000年3月,万宁市广播电视局撤并到万宁市文化广电体育局。2001年7月,成立万宁市广播电视中心,正科级事业编制单位,隶属市文化广电体育局,新闻宣传工作、广播电视技术等方面接受市委宣传部的指导,广播电视行政行业管理由市文化广电体育局具体负责。2002年,万宁市有线电视划归海南广电有线网络有限公司。2010年,广播电视发射台重建,选址万宁市长丰镇。

2010年底,万宁市广播电视中心共有干部职工86人。其中,财政预算管理差额拨款事业编制人员71人,经费自筹人员15人。下设办公室、总编室、新闻部、广播电台、技术股、广播电视发射台、广告部等7个直属部门,涵盖广播电视采、编、播、技术保障等多个领域。

第二节 网络建设

万宁县广播电视网络建设分为有线广播网络、有线电视网络和微波网络3大部分。1953年有线广播网络始建,1992年有线电视网络始建,微波网络始建于1997年。

一、有线广播网络建设

1991年前,广播节目的传送主要依靠有线广播网络,由于广播电视不断发展,科技不断进步,有线广播逐渐被无线调频广播所代替。1992年,广播节目的传送主要是:乡镇有线广播网络与县城无线电调频广播发射传送混合使用,县城采用无线电调频广播发射和接收广播节目,18个乡镇广播站仍然采用有线方式传送广播节目。1994年,部分乡镇也采用无线小功率调频广播发射方式传送广播节目。1995年后,有线广播网络基本停止使用。

1991年万宁县乡镇广播站概况一览表

表18-10　　单位:人、部/瓦

单位名称	工作人员	扩音机功率	单位名称	工作人员	扩音机功率
龙滚镇广播站	2	1/250	北大乡广播站	3	1/250
山根镇广播站	3	2/500	长丰镇广播站	3	2/500
和乐镇广播站	5	1/500	东澳镇广播站	3	1/250
港北镇广播站	3	1/250	牛漏镇广播站	2	1/250
乐来镇广播站	3	1/250	礼纪镇广播站	2	1/250
后安镇广播站	3	1/250	南桥镇广播站	3	1/250
大茂镇广播站	4	2/500	三更罗镇广播站	3	1/250
北坡镇广播站	2	2/500	万城乡广播站	5	1/250
禄马镇广播站	3	1/250			

二、有线电视网络建设

1992年底万宁县有线电视网络创办,主要依靠发动全县干部职工群众捐资建设。1992年7月建成开播,始称万宁县有线电视站,是万宁县广播电视局下属股级事业编制、企业管理的独立核算单位,建成之初,人员从广播电视局及镇广播站调入。

1992年7月,有线电视网络主要覆盖万城地区,播放12套电视节目,其中播出的电视节目有中央电视台、海南电视台、万宁县广播电视局电视新闻部自办节目各一套,在确保中央、省、县三级电视节目播出的同时,转播山东、浙江等省市的优秀电视节目。1992年12月前,万宁县有线电视大多数用户仅集中在县委大院及其周边,近1000户。1993年6月后,有线电视播出节目增至18套。有线电视网络用户基本覆盖万城主要街道和社区,约有5000户。

1992年8月,有线电视网络按市场管理模式进行收费管理,依照物价部门的规定,每户入户初装费300元，每户每月收有线电视费5元，一年60元，1992年全年有线电视费不足10万元。1998年，每户每月增加到16元，一年192元。

2000年，万宁市有线电视站更名为万宁市通达广播电视产业有限公司，下设行政财务部、工程部、技术部等3个部门，正式员工有42名，有线电视用户达到1072户，全年有线电视收入达到100万元以上。有线电视用户基本覆盖万城所有街道、社区以及万城附近村镇。1998—2001年每年收视费均达到或超过100万元。

2001年5月，有线电视划归海南省文化广电出版体育厅海南有线网络有限公司统一管理。万宁市有线电视站同时也更名为海南省有线网络有限公司万宁分公司，直属海南省文化广电出版体育厅管理。

三、微波网络建设

1996年，万宁县广播电视局开始筹建电视微波站，微波站发射台设在东山岭广播电视发射台，通过微波无线方式将电视节目传送到万宁比较偏远的农村，在偏远的农村群众采用万宁市微波站提供的专门接收设备，接收万宁市微波站东山基站发射的微波信号，收看电视节目，解决偏远地区无法收看有线电视节目的难题，扩大有线电视节目覆盖面。1997年，万宁市电视微波站建成试播，用户只需缴纳接收微波信号设备费200元，就可以收看到万宁市微波站传送的电视节目。万宁市微波站电视节目信号费每月12元，每年144元，建成之初传送8套电视节目，其中有中央电视台、海南电视台和万宁市广播电视局自办的电视节目。除南林、南桥和龙滚镇以外，所有乡镇全部在万宁市电视微波站发射的电视信号覆盖范围内。

1998年，万宁市电视微波站传送的电视节目增加至12套，电视信号费不增加。

由于微波站有效地提高了万宁有线电视覆盖率，增加了有线电视用户，实现有线电视“村村通”工程，万宁市被国家广播电视电影总局评为1999年全国广播电视先进市（县），同年，被海南省文化广电出版体育厅评为海南省广播电视先进市（县）。局长吴明阳被国家广播电视电影总局评为全国广播电视先进工作者。

2004年，市政府拨专款兴建万城至龙滚专用微波传送系统，12月9日，龙滚镇正式开通传送多路微波系统，结束龙滚镇长期看不到、听不好广播电视节目的历史，万宁有线电视用户覆盖面达到85%以上。

至2010年底，全市共建设2个微波站：龙滚微波站、万宁市微波站。其中，万宁市微波站已经发展成为微波无线电视传送与有线电视入户兼容性的综合传播网络。拥有微波有线电视综合用户5万多户，播出模拟电视50套，每户每年信号费192元；数字电视达到77套，每户每年288元；微波电视综合用户覆盖面占全市有线电视用户45%以上，全年收入超过1000万元。

四、技术与设备更新

1991年底，万宁县广播电视节目的传播方式已经全部从有线转为无线传播（转播）。原万宁县人民广播站有线广播传送方式改为无线调频发射传送，发射半径35公里，基本覆盖全县，采用调频收音机就可以收到万宁县自办的广播节目，为安全播出提供保证。

1992年，增加一套分米波电视发射机，专门转播中央电视台第二套电视节目。

2003年后，万宁广播电视加大设备更新改造，先后下拨和购置了广播、电视发射机4部、数字摄像机5部、非线性编辑机及数字编辑录放机各1套等设备。

2005年，东山岭广播电视发射台更换发电设备，配备一部柴油发电机组，保证发射台供电，减少因停电造成的停播。2008年，广播电台和电视播放系统全部升级为安全系数更高的硬盘播出系统，广播电视播出系统从模拟的播出系统全部升级为全数字电视播出系统，同时配制不间断电源，提高播出画面、声音质量，改善广播电视播出效果，同时确保停电时正常播出电视节目。2010年，投入20万元，对已经鉴定为危塔的东山岭广播电视发射塔进行全面防腐和加固，对发射设备天馈系统设施进行维护、维修，确保广播电视安全播出。

2010年底，万宁广播电视发射机共有12部，其中主机6部，备用机6部，共转播6套中央、省、市广播电视节目。其中，3部电视发射机转播中央一、七套电视节目和海南省广播电视台电视综合频道一套；3部广播发射机用来转播中央广播电台一套、海南人民广播电台一套和万宁人民广播电台节目。无线广播覆盖率达95%以上，无线电视覆盖率达90%以上。

第三节 安全播出

1991年，万宁人民广播电台制订安全播出保卫制度和应急预案，成立以中心主任为组长的安全工作领导小组，建立领导值班制度，保证无线调频广播安全播出。

2004年，万宁市广播电视中心制订《关于外单位人员进入东山岭发射台规定》，同时对东山岭广播电视发射台值班人员开展安全保卫专题培训和演练。

2010年，中心与直属各部门签订“安全播出责任书”，全年进行3次安全播出应急演练。同时，与“三电”办、综治办、公安、无线委等部门加强联系、沟通、协调，建立信息反馈和应急机制，制定市级广播电视安全播出应急预案，并多次开展多部门协同的广播电视安全综合检查和演练。在重要播出时间段及节假日期间加强值班制度，每班次至少有一名分管领导或部门主要负责人带队值班，严格执行安全播出重大事件事故报告制度。

2010年，万宁市广播电视发射台6套无线广播电视频道（频率）及1套有线电视公共频道累计安全优质播出（转播）广播电视节目总时长约4.79万小时。其中，发射台转播中央、省和市三套广播电视节目4.29万多小时，万宁市广播电视中心自办电视节目在有线电视公共频道插播电视节目时间超过6000小时。

第四节 栏目开设与采编

一、广播栏目与采编

1991年，万宁广播节目全部改为无线传播，调频收音机可以在全县范围收听县广播站自办和转播的广播节目。

1992年7月，万宁增加有线电视频道，同时转播20多套中央、全国各省（市）广播电视节目及本地自办电视节目，并以转播节目为主，同时试办本地新闻、经济类、科技类、法制类、农业类、重大活动类专题、有地方特色的文艺及广告等十多种节目，由于条件、设备和人员采编制作技术有限，除了《万宁新闻》每周制作三期，即周一、三、五首播，二、四、六、日时间重播外，其他节目根据本地实际情况不定期采编制作播出。

1994年，万宁有了有线电视及自办电视节目后，广播有所衰退，乡镇广播几乎被电视所替代。2002年，万宁市乡镇合并，原18个乡镇广播站合并为12个镇广播站，加上受到电视的冲击，专职广播采编人员有所减少。

2007年后，全市只有万宁人民广播电台开办无线调频广播节目。

1991—2010年万宁市（县）广播采编队伍情况一览表

表18-11 单位：人

时间	采编人员总数	县（市）采编人员	乡镇采编人员	通讯员总数	县（市）通讯员	乡镇通讯员
1991	23	5	18	114	28	86
1994	31	13	18	68	18	50
1998	24	6	18	64	16	48
2000	23	5	18	52	16	36
2002	17	5	12	38	12	26
2004	16	4	12	20	8	12
2007	17	5	12	6	6	0
2010	17	5	12	5	5	0

（一）新闻类栏目

1969年创办的广播新闻类栏目《全县新闻联播》，是万宁广播电视史上创办最早的栏目之一，每天一期，每期播出30分钟，每天播出3次。主要内容是本县新闻、领导讲话、报刊刊登的国内外新闻和天气预报等。是广大听众最喜爱的新闻类节目之一，广大听众通过《全县新闻联播》了解万宁当地党和人民政府的方针政策以及新闻时事等内容。

1991年后，《全县新闻联播》栏目改名为《万宁新闻》，每期采访制作播出约10分钟，每天播出3次，主要内容是全县新闻、领导讲话录音、报刊报道的国内外新闻时事摘要等。至2010年，《万宁新闻》每天7:00、7:30、11:00、11:20、18:00、19:00共播出6次，其中，采用普通话广播3次，海南话广播3次，平均播出新闻稿件5～9篇，有时采访制作播出录音通讯、录音讲话、现场采访、配乐新闻等，每年采访制作的新闻稿件平均达2100条（篇），采用播出新闻稿件近1500条（篇）。

（二）社教类栏目

社教类主要有3个栏目，分别是《对农村广播》《科技与生活》和《校园之声》。

《对农村广播》每周一期，每期10分钟左右，每年播出近50期。主要内容是及时传递政策，让农民群众了解政策、消化政策，帮助农村群众学会用政策指导生产，保护自身利益；同时，传播农业生产、管理技术，以及种植类、养殖类、加工类、科技类、营销类信息和务工就业信息，使农村群众“足不出户”就能知天下事，不花一分钱就能获得有价值的致富信息。《对农村广播》栏目是广大群众最喜欢的节目之一。

《科技与生活》栏目，每周一期，每期10分钟左右，每年播出近50期。主要内容是及时传递科技信息，让群众了解科技，帮助群众学会用科学技术指导生产和生活，保护自身利益；同时传播农业生产技术、管理技术和传递科技信息，使农村群众了解科学知识，掌握科学技术。

1997年8月，创办《校园之声》栏目，每周一期，每期40分钟，每期特约1～2名中小学生代表参与栏目的制作与播出，每期采用学生作品2～5篇。每期参与学生人数50～60名，每年通过市内各企业的赞助支持，组织中小学生100名左右免费到兴隆等地参加大型采风活动。《校园之声》栏目是万宁人民广播电台最有影响力的栏目之一。至2010年，共制作播出近600期。

（三）娱乐类栏目

《琼剧》是深受听众特别是老年人喜爱的万宁广播电台老牌娱乐栏目，创办时间悠久，每周一期，每期30分钟，全年播出不少于40期。主要内容是传统和现代琼剧全集连播或片段选场，同时介绍琼剧名演员和唱腔等。

（四）直播栏目

2009年4月30日，在中共万宁市纪律检查委员会的主持下，万宁市广播电视台创办了“政风行风热线”直播栏目，开创万宁广播直播的历史。“政风行风热线”直播栏目以广播直播方式，通过万宁市人民广播电台大功率无线调频广播频率向全市直播，市各级单位部门（行业）于每周四上午8:30—9:30在万宁市广播电台专用直播间，以广播平台互动的形式，与市民面对面沟通交流，现场接听热线电话，解决群众反映问题。“政风行风热线”直播栏目每周一期，每期1小时，每周四播出。开播以来至

2010年底，共播出70多期，上线单位超过70多个，解决一批群众反映的热点问题。

至2010年底，万宁人民广播电台共设广播新闻行业类栏目《政风行风直播》《万宁新闻》，社教类栏目《对农村广播》《四季谈人口》《科学与生活》，文艺娱乐类《琼剧》《音乐专题》，资讯类栏目《资讯速递》。1991—2010年，播出新闻稿件1500多条（篇），海南广播电视台广播中心采用稿件超过400条（篇）。

1991—2010年万宁广播稿件获省级奖励情况一览表

表18-12

获奖人	获奖作品名称	获奖时间	获奖等级	颁（发）奖单位
陈山柏、陈海民	广播稿件“秋季购粮第一天”	1991年3月	三等奖	海南省新闻工作者协会
陈忠才、朱汝燕	《对农村广播》栏目	1995年12月	二等奖	海南省广播电视学会
陈忠才	播音作品“新闻播音刍议”	1995年12月	三等奖	海南省广播电视学会
陈忠才	广播稿件“病魔无情人有情”	1997年12月	二等奖	海南省广播电视学会
陈忠才	播音作品“‘美声’播音刍议”	1997年12月	三等奖	海南省广播电视学会
陈海民、周皓颖	广播稿件“为了一个被抛弃的‘外国’女婴”	1998年6月	三等奖	海南省新闻工作者协会
陈忠才、朱汝燕	广播栏目“对农村广播”	1998年6月	三等奖	海南省广播电视学会
吴明阳、陈海民	广播稿件“张德春部长轻车简从情系英文村基层党建”	2000年6月	三等奖	海南省新闻工作者协会
陈山柏、陈海民	广播稿件“乡情洋溢万州城”	2001年6月	三等奖	海南省新闻工作者协会

二、电视栏目与采编

1992年7月前，没有自办电视节目，主要依靠转播中央和海南电视节目。1992年底，万宁有线电视网络建立后，设立一套自办的电视频道，开始制作电视新闻等节目在自办的有线频道中播放。

1992年底，设立电视新闻部，专门负责万宁县电视新闻、综艺等节目的采访、编辑和制作。最早自办的栏目是《万宁新闻》。

1998年，经国家广播电影电视总局同意，正式开办万宁有线电视频道。

1992年至2010年2月，万宁市广播电视台的《万宁新闻》栏目每逢星期一、三、五首播，二、四、六重播，周日播出“一周新闻”回顾，时长约10分钟，主要报道市四套班子领导、市镇及各部门开展工作情况的时政新闻。

2010年3月，改版《万宁新闻》栏目，由原来的隔天播出改为每天播出，播出时长增加到每期15分钟，每天晚上20:00首播，22:30、次日7:00、12:30重播。改版后的《万宁新闻》内容以时政新闻为主，社会新闻、民生新闻相结合，信息量更大，时效性更强，新闻节目质量也有了明显提高。

2010年底，制作有《万宁新闻》《环境卫生整治，助推旅游岛建设》《三联三问三解》《曝光脏乱差》《美丽家园在行动》《拆除违章建筑，共建美好万宁》《关注村两委换届工作》《廉政之窗》和《政法之窗》等9个电视专栏，其中，新闻类栏目《万宁新闻》2010年共采访制作播出近300期，全年采用稿件超过1200篇，省台采用100多篇。《环境卫生整治，助推旅游岛建设》《三联三问三解》《曝光脏乱差》《美丽家园在行动》《拆除违章建筑，共建美好万宁》《关注村两委换届工作》为不定期制作节目。

为丰富万宁电视频道节目源，万宁市广播电视台与新华通讯社下属节目制作公司合作，引进国内8个比较优秀的新闻类栏目——《今日新闻》《整点新闻》《国际报道》《新闻纵横》《综合新闻》《特别报道》《新华视点》《财经视点》。还与北京光线传媒公司合作引进7个娱乐综艺类栏目——《娱乐现场》《最佳现场》《金曲时刻》《影视风云榜》《全能综艺班》《阅读越好看》《我爱看电影》。

1998—2010年万宁市电视稿件获省级奖励情况一览表

表18-13

获奖时间	获奖等级	获奖人	发奖单位	获奖内容(题目)
1998年6月	三等奖	吴海民	海南省广播电视学会	电视新闻作品“万宁老爷海风箱养鱼大量死亡”
2002年4月	三等奖	黄秋玲	海南省广播电视学会	电视新闻作品“人物专访：致富能手候琼秀”

续表18-13

获奖时间	获奖等级	获奖人	发奖单位	获奖内容(题目)
2003年5月	三等奖	翁小雄	海南省广播电视学会	电视新闻作品“畅游大兴隆”
2004年5月	三等奖	陈海民 丰天伟 潘李智	海南省广播电视协会	电视新闻作品“北京百名抗非英雄到我市度假浏览”
2005年6月	三等奖	文秋农 吴光正 黄秋玲 潘李智	海南省广播电视协会	电视新闻作品“我省农村基层民主建设酝酿重大变革”
2006年8月	二等奖	李娇慧 翁小雄	海南省广播电视协会	电视新闻作品“蓝鲸搁浅北海滩，干群齐相救”
2006年8月	三等奖	李娇慧 文秋农 翁小雄 黄秋玲 吴海民	海南省广播电视学会	电视新闻短消息“风雨中党员是堡垒”
2010年6月	三等奖	文秋家 陈光强 翁小雄 陈海虹	海南省广播电视协会	电视新闻片“新风水坝遭受强降雨 袭击，我市开展紧急救援”

第四章 体育

第一节 体育组织

1991年，万宁县体育运动委员会有专职干部6名，设正副主任1名。1996年机构改革时，改为万宁县体育运动中心，从行政编制变更为事业编制。同年8月，万宁撤县设市，改为万宁市体育运动中心，单位定编16人，其中：主任1名，副主任2名，股长3名，科员和办事员7名，工勤人员3名。内设文秘行政股、训练竞赛股、群众体育股、灯光球场管理岗位。至2010年底，人员编制与机构设置不变。

2001年8月，中国象棋爱好者纪明哲牵头成立万宁市中国象棋协会，这是万宁市第一个群众体育组织。会长1人（纪明哲）、副会长5人，会员58人，每年坚持举办比赛。至2010年，有中老年人舞蹈、乒乓球、太极拳（剑）、中国象棋、民航高尔夫球、钓鱼、老年人体育、围棋、网球、自行车、武术等11个协会和红光村老年人活动中心、龙滚镇老年人活动中心，会员659人。

第二节 体育设施

一、体育场馆

1991年前，万宁县共有大运动场7个，小运动场24个，有固定看台的灯光球场5个，天然游泳场3个，室外游泳池3个（其中1个有固定看台），足球场68个，篮球场323个，排球场158个。

1991年后，群众体育活动蓬勃发展，各单位、部门、社区等建设一批篮球、排球、羽毛球、乒乓球场馆等体育设施。市委市政府大院、市农业银行、市供电公司先后建起灯光篮球场、排球场。还有羽毛球、乒乓球、高尔夫、保龄球、网球等场馆。2007年，实施农民体育健身工程。同年，在全市各镇和部分自然村新建篮球场19个，安装健身器材13套。至2010年，全市共有田径场8个，小运动场22个，羽毛球馆（房）2个，乒乓球房（馆）13个，篮、排球场290个，全民健身路径41套。室内体育场4个，室外体育场地443个。场馆从业人员84人，观众席位10156个，全市人均体育场地面积0.9平方米。体育场地投资总额7485万元。其中财政拨款5790万元，单位自筹1136万元，社会捐赠268万元，其他资金291万元。

二、健身场点

1991年，万宁县有全民健身点5个，主要分布在县灯光球场、万宁中学、万宁县第二中学、万宁县第三中学和万城镇中学。

至2005年，全市全民健身点40个，主要分布在市灯光球场、市委大院、万宁中学、万宁市第二中学、万宁市第三中学、万城镇中学、各镇文化中心、市金融花园、各国营农场。

2010年，全市全民健身点发展到250个，主要分布在市政府大院、烈士陵园、市人民公园、各镇文化活动中心、各中小学校、各村委会。

第三节 体育活动

一、职工与农民体育

1993年11月，万宁县体委与县经委共同举办全县职工体育运动会。比赛项目有排球、篮球、乒乓球、拔河、羽毛球。比赛地点设在县灯光球场。

2008年2月，在神州半岛安置区举行农民文化健身周“风华杯”全市男子九人排球赛。6月，组织和乐、港北地区群众参加在澄迈县盈滨半岛内海举行的龙舟赛，获得第4名和“体育道德风尚奖”。9月，参加省文体厅在琼海市举行的“群众体育杯”农民男子9人排球赛，获得第五名。同年国庆节，由市文体局和供电公司在市文化商业广场康宝来羽毛球馆联合举办“供电杯”领导干部羽毛球赛。

2009年“三月三”，组队参加在陵水黎族自治县举行的龙舟赛，获得优秀奖。同年举办全市干部职工男子篮球联赛，有市检察院、市政府办等12支代表队参赛。

2010年3月，河南省运动太极人居置业有限公司组织教练在市烈士陵园为干部职工传授太极拳、太极剑。同年5月，由市体育中心与市总工会在万宁文化商业广场康宝来羽毛球馆共同举办“工会杯”五一职工羽毛球赛。同年8月“全民健身日”举办“2010年万宁市第一届农民体育运动会”，全市共有416名运动员、113名教练员参加了排球、乒乓球、田径、拔河、象棋等5个项目的比赛。

二、老年人体育

1985年5月，万宁县老年体育协会成立，全县12个镇6个乡，兴隆华侨农场及东兴、东和、东岭、南林、新中等6个国营农场，县直机关、省驻万宁单位，万宁境内较大型的企业也成立相应的机构。2003年以来，市老人体育协会坚持每3年举行一次全市老年体育运动会，参加单位有市直机关、省驻万宁单位、各大企业等。同年11月，万宁市农村首座老年人活动中心大楼在和乐镇英文村落成。

至2010年，共举行3届老年人体育比赛，比赛时间3～5天。比赛地点选定在万宁市烈士陵园、市人民公园。参加比赛的老年运动员每届保持在1200~1500人之间，比赛项目主要有门球、地掷球、柔力球、健身气功、回春保健操、中国象棋、太极拳（剑）、健身球操、健身舞、秧歌舞等。

三、全民健身运动

万宁市的群众体育活动有较好的群众基础，特别是1995年国务院颁布《全民健身计划纲要（1995—2010）》后，万宁市实施全民健身计划工程，成立了全民健身组织，配备社会体育指导员。尤其是2009年1月，经国务院批准，每年8月8日定为“全民健身日”，万宁借机开展全民健身周活动。至2010年，全市共举办市级与街镇一级体育比赛活动235项次，参加市级群体活动120项次，参加人数达13.7万人次。全市体育人口从1991年的8.1万人提高到2010年的19.6万人。群众自发组织的体育竞赛活动越办越多，每年都根据不同的节日、不同的人群开展不同的体育健身活动。春节期间，在各镇、村委会、居委会和社区开展丰富多彩的体育活动，如篮球、排球、拔河和老年人广场健身操舞等。龙滚、后安、万城、东澳等镇每逢元宵节、五一节、国庆节、“三月三”等重大节日，组织开展乒乓球、排球、篮球、拔河等群众性的体育比赛。

第四节 学校体育教学与达标

一、学校体育教学

1991年，全县各中小学全面贯彻《国家体育锻炼标准施行办法》，学校把锻炼标准列入学籍管理，严格考勤制度，体育成绩不达标者不能评为“三好学生”。根据“中小学体育教学大纲”的要求，万宁县小学、初中、高中阶段每周均开设两节体育课，坚持抓好“三操”（早操、课间操、眼保健操）。

2001年9月，小学进行第一轮课程改革，一至二年级每周开设体育课4节，三至六年级每周开设体育课3节；是年，初中阶段开始实施新课程，体育课改为体育健康课，每周开设3课时，初中毕业生考试加试体育，体育考试由市中招办、市教育局体卫股组织实施，体育成绩30分。2002年万宁中学被评为海南省贯彻《学校体育工作条例》优秀学校。2004年9月，普通高中进行课程改革，体育改为体育与健康，每周3课时。18个体育课时记1个学分，高中阶段学生体育须修满5个学分才准予毕业。

市教育局体卫股每年深入学校，开展体育观摩教学活动，检查体育教学工作，不定期评选优秀体育课和优秀体育教师。2006年万宁中学再次被评为海南省贯彻《学校体育工作条例》优秀学校。至2010年，万宁市继续实行小学和初中按2001年的第一轮课程改革要求每周开设体育课3~4个课时、普通高中按2004年的课程改革要求每周开设体育课3个课时，加强万宁市中、小学生的体育教学，提高中小学生的身体素质。

二、体育达标

1991年，全县中小学体育老师仅有94名，不少学校聘请代课体育教师。万宁中小学校有400米标准田径场6个，300米田径场2个，200米田径场5个，篮球场101个，排球场133个，足球场67个。按国家教委的要求，体育教学器材基本配备齐全的小学有1所，中学有4所。1996年12月，万城镇中学荣获国家教育委员会授予"《国家体育锻炼标准施行办法》先进单位"称号；北大初级中学体育教师谭亚凤荣获国家教育委员会授予"《国家体育锻炼标准施行办法》先进工作者"称号。

至2010年，全市小学体育教师124名（其中女教师30名，少数民族教师16名），初中体育教师54名（其中女教师4名，少数民族教师3名），高中体育教师20名（其中少数民族教师1名）。全市小学体育运动场（馆）面积52.84万平方米，体育运动场（馆）面积达标学校有42所，体育器械配备达标学校有24所；初中体育运动场（馆）面积12.15万平方米，体育运动场（馆）面积达标学校有8所，体育器械配备达标学校有7所；高中体育运动场（馆）面积12.99万平方米，体育运动场（馆）面积达标学校有5所，体育器械配备达标学校有4所。至2010年，先后举办全市中小学学生田径运动会5次。此外，全市各中小学还经常在每年的"五四""六一"等节日组织各种类型的体育比赛活动。

1991—2010年学校体育比赛获奖情况一览表

表18-14

年份	获奖单位（个人）	获奖名称	获奖名次
1993	万宁中学	全省中学生第一届"金利杯"足球比赛	第一名
1994	王则香	全国中学生田径运动会获五项全能	第一名
1994	顾洪丽	全国少年田径运动会获分龄赛短跑全能	第一名
1996	万宁中学	全省中学生第三届"可口可乐杯"足球比赛	第一名
1997	万宁中学	全省中学生第四届"可口可乐杯"足球比赛	第一名
1998	万宁中学	全省中学生第五届"可口可乐杯"足球比赛	第五名
1999	万宁中学	全省中学生第六届"可口可乐杯"足球比赛	第二名
2000	万宁中学	全省中学生第七届足球比赛	第三名
2002	万宁中学	全省中学生排球比赛获男子组	第六名
2003	万宁中学	全省中学生排球比赛	女子组第三名 男子组第六名
2004	万宁中学	全省中学生第十一届"海桂杯"足球比赛	第三名
2004	万宁中学	全省中学生排球比赛获男子组	第六名
2005	万宁中学	全省中学生第十二届足球比赛	第二名
2006	万宁中学	全省中学生第十三届足球比赛	第三名

续表18-14

年份	获奖单位(个人)	获奖名称	获奖名次
2006	万宁中学	全省中学生排球比赛获男子组	第七名
2006	万宁中学	“金龙鱼杯”全国中学生海滩排球锦标赛	第七名
2010	万宁中学	海南省“全国第三套中学生系列广播操比赛”	一等奖

第五节 体育竞赛

一、市级全运会

2003年11月6—9日，万宁市第一届体育运动会在万宁中学举行。来自11个镇、5个国营(华侨)农场、市直机关和省驻万宁市单位共18个代表团、674名体育运动员参加田径、足球、篮球、排球、乒乓球、中国象棋6个大项、30多个小项的角逐。这是万宁建市后首次举办的综合性体育运动会。

二、专项比赛

1991年6月，万宁县承办1991年海南省青少年游泳锦标赛。同年9月，承办1991年海南省青少年田径锦标赛。1992年，在万宁县举办海南省青少年排球锦标赛。1993年9月，万宁县承办1993年海南省青少年足球锦标赛。1995年8月，承办1995年海南省青少年田径锦标赛。是年9月，承办中国女排二队与海南省男排联队在县灯光球场举行的对抗赛。1996年1月31日，“中诚杯”全国帆板锦标赛暨第26届亚特兰大奥运选拔赛在万宁县春园湾旅游度假村开幕，2月4日结束，来自全国15个代表队参加了4个大项的角逐，这是万宁县第一次举办全国性的大型体育比赛。9月26日，万宁市举办“东山杯”登山比赛，机关干部、企事业单位职工、学生、市民共1600人参赛，这是万宁市第一次举办的登山比赛。

2003年8月，承办2003年海南省青少年乒乓球锦标赛。同年12月19—22日，由海南省教育厅主办，万宁市教育局、万宁中学协办的“2003海南省中学生排球赛”在万城镇举行，来自10个市县的192名运动员参加比赛。2006年11月13日，“2006年环海南岛国际自行车赛第二赛段”在万宁市进行，78名选手参加第二赛段的比赛，沿途受到万宁人民的热烈欢迎，南非队选手迈克尔以34小时23分的成绩率先骑完160.9公里的赛程，取得本赛段冠军。2007年“五一”劳动节，市体育运动中心、市总工会和市教育局联合举办篮球赛，全市共有16支代表队参加比赛。5月，在万宁市海之南学校举办海南省少年举重锦标赛，万宁市以44枚金牌、15枚银牌，1枚铜牌的成绩，位居全省各代表队榜首。2008年5月5日 奥运会火炬在万宁市传递。圣火在万宁的传递线路从兴隆旅游度假区到石梅湾旅游区、万城城区，传递路线全长16.63公里，其中兴隆到石梅湾12公里，万城城区4.63公里，由113名火炬手传递。2009年元旦期间，组织全市象棋比赛和春节男子9人制排球比赛。

2010年元旦，举办万宁市乒乓球锦标赛，有50多名运动员参加比赛。同年1月，在市灯光球场举行全市9人制排球赛。同年3月15—17日，由国家体育总局社会体育指导中心、海南省文化广电出版体育厅主办，万宁市人民政府、海南省椰风游钓俱乐部承办的2010全国钓鱼锦标赛（海南万宁站）在兴隆举办。来自全国22个省、市34家企业66支队伍的196名钓鱼运动员参加比赛。同年10月13日，环海南岛国际公路自行车赛第三赛段在兴隆结束，美国杰丽百利洲际队的查尔斯·胡佛获得赛段冠军。次日10时，第四赛段从兴隆出发，途径长丰、万城，沿着海榆东线公路向北骑行，从龙滚进入琼海。同年11月6—8日，万宁市在石梅湾、日月湾、南燕湾等滩涂海域举办了中国海南万宁国际冲浪节。出席冲浪节的有来自国内外的100多名贵宾和冲浪选手。此次冲浪节组织开展了国际冲浪挑战赛、国际冲浪用品暨冲浪文化展、冲浪运动国际研讨会、冲浪主题晚会，并举行了冲浪公开赛颁奖仪式。这次冲浪节是海南省举办的第一届国际性冲浪节。同年12月4日，在万宁大洲岛天然优质渔场举办2010首届海南万宁国际海钓精英邀请赛，来自国内（包括香港、台湾地区）、日本、韩国等国家和地区的100多名海钓精英齐聚万宁，一竞钓技。这次比赛分为矶钓和船钓两个项目。参加此次比赛的100多名钓友，是组委会从世界各地和省外邀请的具有丰富海钓经验的高手。每位选手参加一天矶钓和一天船钓比赛，按照两天比赛成绩（三尾重量）前六名给予奖励。

三、体育获奖荣誉

1991—1999年，万宁市田径队参加全国少年赛、少年分龄赛、全国农运会、全国青运会，共获得金牌10枚，银牌15枚，铜牌8枚；万宁市举重队参加全国少年赛、少年分龄赛，获得金牌27枚，银牌18枚，铜牌6枚。特别是1997年5月，万宁籍的国家体操健将卢裕富在第二届东亚运动会上荣获3枚金牌。

2001年，万宁市运动员文雄德在全国青年举重锦标赛中获得2枚金牌，1枚银牌。2005年8月15日，在江西奉新县举行的“天波杯”全国少年男子举重比赛，万宁市运动员苏兴葆获得13岁组48公斤级抓举、挺举、总成绩和身体素质4项冠军，并荣获“体育道德风尚运动员”称号；刘德悦在江西奉新县举行的全国少年举重锦标赛上夺得13岁组52公斤级4枚银牌。

2006年7月，在河南省开封举行的“2006年全国少年男子（13～15岁）举重分龄赛”中，万宁市运动员苏兴葆获得52公斤级抓举、挺举、总成绩、个人总分4个项目第一名；2007年4月6—11日，在儋州市举行的全省少年田径锦标赛上，万宁市选手一举摘得男子丁组全能(记双倍金牌)第一名、800米第一名、200米第一名等4枚金牌及男子甲组第五名的好成绩。同年7月，万宁市举重运动员王雪、陈丽代表海南省参加在河南省开封市举行的全国少年举重锦标赛，王雪在58公斤级比赛中，荣获抓举第一名、挺举第二名、总成绩第三名；陈丽在53公斤级比赛中，荣获挺举第三名、抓举第四名、总成绩第三名；同年8月，在漳平市体育馆举行的“2007年全国少年男女（13～15岁）举重分龄赛”，万宁市运动员苏兴葆获得抓举第二名、挺举第二名、总成绩第一名的好成绩。

2008年3月5日，在海南省第三届体育运动会拳击项目比赛中，万宁市运动员蒋学平夺得60公斤第二名，刘大静夺得50公斤第三名。同年，海南省第三届体育运动会组织委员会授予万宁市“组织奖”及“体育后备人才输送奖”。同年6月,在江西省宜春市举行的全国青少年举重锦标赛,陈丽在女子53公斤级比赛中,以挺举97公斤获金牌1枚、抓举74公斤获银牌1枚、总成绩171公斤获金牌1枚;王雪在女子58公斤级比赛中,以挺举100公斤获铜牌1枚。9月,在河南省开封市举行的全国少年举重分龄赛上,刘博威获得62公斤级挺举、总成绩、总分3枚金牌和抓举银牌;苏兴葆获得男子56公斤级比赛总分金牌、抓举银牌、挺举和总成绩铜牌。肖佳佳获得女子53公斤级比赛抓举、挺举、总成绩、总分4枚银牌;刘柳燕获得抓举、挺举、总成绩、总分第4名。同年11月,在韩国高阳市举行的亚洲俱乐部举重锦标赛。万宁市女运动员陈丽代表中国队参加比赛,以抓举73公斤、挺举90公斤、总成绩163公斤荣获青年组53公斤级3枚银牌。尔后,又以抓举69公斤、挺举93公斤、总成绩162公斤获得成年组53公斤级1枚金牌、2枚银牌。17岁的女运动员陈丽在此次亚洲俱乐部举重锦标赛中获得1金5银的好成绩。同年12月23—2 6日,在海口市琼山区举行的全省举重苗子赛上,万宁市第二中学的邱齐雅在女子44公斤级的比赛中,获抓举第一名;周娇娇在女子53公斤级比赛中,以挺举53公斤、总成绩93公斤获2个第一名;万城小学的黄保均在男子44公斤级比赛中,以抓举50公斤、挺举60公斤、总成绩ll0公斤、素质166分获个人第一名。

2009年5月,万宁市运动员参加海南省少年举重锦标赛,获得金牌18枚、银牌9枚。同年10月16日,万宁市体育运动中心主任杨一海被国家体育总局授予“全国群众体育先进个人”称号,在山东济南受到中共中央总书记胡锦涛等领导人的亲切接见。

2010年5月,在江西省新余市举行的全国少年男女(13~16岁)举重分龄赛上,黄保均以抓举70公斤、挺举91公斤、总成绩161公斤获得48公斤级3枚金牌。同年8月12日,万宁市在海南省第四届少数民族体育运动会上,获得团体第三名。是年10月,万宁市举重运动员苏兴葆参加在北京举行的2010年全国男子举重冠军赛,获得男子青年组62公斤级抓举第一名。

四、输送省级以上运动员

1991—2010年,万宁市体育业余训练基地共培养了385名运动员,涉及田径、举重、篮球、排球、足球、乒乓球、羽毛球、跆拳道、中国象棋、拳击10个体育训练项目,为上一级运动队输送优秀体育后备人才63名。拥有各种体育训练项目教练员9名。在此期间,万宁先后培养出了奥运游泳选手黄国雄、排坛“国家运动健将”钟时波、足球名将吴宗文、举重新秀苏兴葆和陈丽等省级、国家级运动员。

第十九编　艺　文

第一章 民间文学

第一节 民 歌

一、渔歌

（一）

鱼子游游溪坎边，
无篮无网用乜筛。
手中无篮也无网，
谁肯下水喂苦蜞。
（注：苦蜞，水蛭）

（二）

鱼子游游溪坎波，
无篮无网站着看。
手中无篮也无网，
谁肯下湾弄水浊。

二、风俗歌

（一）

五月来到人绑粽，
家家都绑无宅空。
人也绑个分给侬，
侬也绑个分给人。

（二）

五月来到人放样，
样弓隆隆在天上。
前头担弓尾担箭，
担到天云尾摇摇。
（注:放样,放风筝）

三、劳动歌

（一）

姊做乜工这艰苦，
皮肤晒红脸晒黑，
你家公爹是去哪，
要阿姊来晒日头，

（二）

单身个人来做工
你见凄凉就来帮。
明天光早回家去，
大大谢情帮工人。

（三）

白亮丝喂白亮丝，
脚二长长踩布施(禾苗)，
鸡阉做田鸡姆布(插秧)，
鸡仔担饭喊路啼。
（注:白亮丝,鹭鸶）

四、猎歌

（一）

放狗放到弯曲岭，
放狗都不听狗声。
人在定安狗嘉积
住埠人在广东城。

（二）

一更过了二更二，

鹿出山圯角欺欺（斜斜）。

手中有弓又无箭，

有狗无网也难矣。

五、牧歌

不用嫌我饲牛子，

我饲牛子最好命，

放牛出坡得“打究”，

放牛回寮得牛骑。

饲牛小子嘴不饿，

吃了“大尼”到“割罗”，

吃了“割罗”到“山竹”，

吃了“赤兰”到杨桃。

（注：“大尼”“割罗”“山竹”“赤兰”为山野果，“打究”是儿童玩的一种游戏）

六、时政歌

（一）

哥哥你去上战场，

妹妹种田在家乡。

送哥送到后门口，

小妹难舍在心头。

你去抗战为救国。

勇敢志气高，

分别时间到，

哥人快去不迟谈，

杀敌芳名留。

（二）

拖拉机，

嘀嘀嘀，

去开荒，
种树泥（橡胶），
种完树泥造飞机，
造出飞机打美帝。

七、仪式歌

（一）

客人临门急起身，
先敬槟榔后敬烟，
槟榔烟丝当茶水，
好情好礼说话甜。

（二）

同年不亲乜人亲，
过洋过海都相认，
死猪死牛不要紧，
死我同年断话言。

（三）

八月来到中秋圮，
子欲吃饼父无钱，
上街认到好同年。

八、丧歌（女儿哭母娘）

行行来到庭中央，不见我母来加张（唤叫）。
常时回来母都唤，今日回来啼断肠。
从上砍竹做箢箩，生侬这个不臭汤。
好命生得公爹子，哥嫂商量埋母娘。
从上砍竹做米筛，生侬这个生得败。
好命生得公爹子，设坛祭佛葬母娘。
从上砍竹做簸箕，生侬这个不臭味。
有钱有米为亚母，手中无钱坐着啼。
从上砍竹做火通，生侬这个不中用。
有钱有米为亚母，手中无钱只碰蒙。

坐在门头倚门栅,想起层层几惨伤。
钱在人柜米人宅,侬宅无钱几凄凉。
坐在门头倚门边,想起层层几惨凄。
钱在人柜米人宅,侬宅无钱只好啼。

九、节令歌

(一)

来到门前就恭喜,
看见对联贴两边,
就只昨日与今日,
却讲去年与今年。

(二)

六月来到发军坡,
贫苦人家心里闷,
男的有衣又无裤,
女的有鞋又无裙。

(三)

虹挂在东,
下雨下到田畦崩;
虹挂在西,
下雨下到田畦败;
虹挂在南,
下雨田畦不湿;
虹挂在北,
下雨下到田畦崩落。

十、生活歌

(一)

吃筒烟来做肚困(饿),
唱条歌来解心闷,

吞入都如龙滚水，
吐出都如风送云。

（二）
月公月婆，
不割侬耳婆（耳朵），
侬耳婆要留下听鼓听锣。

（三）
哗哗啦，
大水浸稻虾，
稻虾芳，稻虾红，
只见稻虾不见人，
原来是去做媒人。

（四）
日头出出雨来来，
二公钓鱼二婆宰，
二婆不识宰，
二公打二婆摔灶前（厨房）。

（五）
阿母哎，舅爹来，
鸡仔唧唧在灶前（厨房）。
肉在市，鱼在海，
水瓜爬爬不生个。

（六）
哥啊你不用想，
处迹（哪里）种姜姜都发（长），
处迹布田（插秧）不稻割，
处迹交情都一样。

（七）
饲牛小仔饲寮哥（八哥鸟），
寮哥开口喊肚饿，
割稻摘果日日到，

饲到明年叫阿哥。

(八)

槟榔好吃会上瘾，
有候多吃无候饿。
有候百钱买一口，
无候万钱口都无。

(九)

你要唱歌要我示(教)，
碰碰竹筒有几千；
尤有几千与几百，
尤有几船不放来。

(十)

八月来到中秋时，
人味有钱俺没钱；
赶快上街认同年，
想得月饼吃试味。

十一、爱情歌

(一)

妹人双手白如玉，
只好携来做夫妻。
日欲携来做面镜，
夜欲携来做同年。

(二)

挂妹挂得心不安，
日也挂来夜也梦。
夜梦妹人吹灯熄，
转转醒来不见人。

(三)

东边日出西边雨，
有时晴来有时黑，

妹你心多难猜透，
莫学莲丝千万条。

（四）

送妹送到半路分，
越送越远心越闷。
放头低低看妹去，
眼汁流流跟脚痕。

（五）

哥人踢水射妹面，
亲亲高强（妹子）哥不认，
与公看鸡与晒谷，
看星看月盼哥来。

（六）

（男）席上饮酒见朵花，
艳似芙蓉纸上画，
只求此花到俺手，
爱花都忘好酒饭。
（女）哥人吃酒这多话，
妹室卖酒不卖花，
哥室家大开花馆，妹室家贫卖酒饭。
（男）妹欲有心哥有意，
愿与妹人做夫妻，
有心陪到树结籽，
等到树死才分离。
（女）细细花心开花蕊，
花开满丛香满树，
花开身边任哥摘，
等哥到侬这家门。

第二节 民谚

1. 人勤地生宝,人懒地生草。
2. 大生意怕赌,小生意怕吃。
3. 牛瘦只因无夜草,人穷只怨手不勤。
4. 斗官穷,斗鬼死,互谅互让好相处。
5. 送人送过溪,帮人帮到底。
6. 近花芳,近屎臭,近着恶人不开交。
7. 一人有难大家帮,一家有事众人忙。
8. 夜夜做贼不富,日日待客不穷。
9. 三年无病大富贵,连病三年变穷鬼。
10. 根深不怕风大,树正不怕影斜。
11. 不吃冷饭肚不疼,不做坏事祸不来。
12. 惊蛰牛温溪(翻滚在河水中),六月无水洗犁。
13. 十月南风来报送,港北舅爹(指打渔人)赶无盐(指渔货多)。
14. 潮水哈哈响,要有大风降。
15. 海面似街面,必有风胎(台风)成。
16. 红云盖顶,找锚抛锭。
17. 早红风,晚红雨。
18. 海水发红,海生物不安。
19. 天上瓦块云,海中钓鱼群。
20. 冬至出日天,春节冻死牛。
21. 冬至在月头,冻到目汁(眼泪)流。
22. 墙脚地板出汗,三日内有雨大。
23. 不经日晒的甘蔗不甜。
24. 不做亏心事,不怕鬼叫门。
25. 种田只怕立冬风,做人只怕老来穷。
26. 青柴难烧,娇子难教。
27. 灯花不拨火不光,人到错时要人帮。

28.一千不比八百清，八百不比六百到身。

29.上屋教子，下屋乖。

30.九十九岁也要问一百岁。

31.讲话不怕风打牙。（指说话口无遮拦）

32.鸡仔落入米碎萝。

33.有时三二升，无时断火烟。

34.你做初一，我做十五。

35.船过必经大洲。

36.好人不挡路，好狗不挡门。

37.佛公要灵只看相，佛祖要灵只看庙。

38.人无百日好，花无百日红。

39.柴不受千刀，人不受百怒。

40.十个赌子九个空，只益屋主一个人。

41.亲家归亲家，卖鱼照市价。

42.人怕臭，字怕吊。

43.想人家的心软，拿人家的手软，吃人家的嘴软。

44.贫要贫得清，富要富得明。

45.二月绿水冷悠悠，飞鱼头讯到大洲。

46.树大树分枝，子大子分家。

47.话不讲不透，路不行不到。

48.钱是苦中来，无苦钱不来。

49.穷人常看命，丑人爱看镜。

第三节　民间传说

荆王太子墓传说

传说元朝荆王太子乃撤敦王之后，至元中以高昌三事牵连，不满朝廷统治，进言揭露弊端，遭奸臣所害，被朝廷流放琼崖万安军（今万宁市）安置。太子是蒙古族人，长期居住在北方，贬谪万州后，不服水土，挨饥受寒，在艰难痛苦的生活中，患了疟疾等病，缺医少药，久治不愈，痛苦不堪，经受不住精神和疾病的折磨，数年后病逝，葬于万州城北约6千米处山坡上（现属万宁市大茂镇红石村委会）。

荆王太子墓位于太子墓村北山坡上，墓穴南北坐向，墓长约40米，宽约25米，四周平缓，树木苍郁，绿草如茵。北面有一口池塘，面积约10亩，池塘边有白色的岩石竖立，形如白玉一般。池塘水深约5米，池水清澈见底。池中有几个泉眼，泉水长年滚沸，不管天多旱，从来不枯竭过。池里生长着鲤鱼、白鳝、泥鳅、鲇鱼、鲫鱼等淡水鱼虾，还有青蛙等水动物。

荆王太子墓北面有一个村庄叫“前田村”，居住符、陈、吴、蒋四姓人家。有一天晚上，村里有一位农民到野外狩猎，经过墓地时听到微弱的乐器声，这乐器声是从太子墓里传出的，吓得他出一身冷汗。

第二天，这位农民把这事告诉村中老人，老人将信将疑。为了解开这个谜，深夜，村中长辈便带几个青年人到墓地探听，果然墓穴中发出乐器声。

第三天，村中老辈便到墓地观察，发现这座墓比以前长大多了，这墓地是一块平坦的地面上长出一块约几亩的高地，这高地是吉土，荆王太子墓埋在风水地上了，中了风水，必发不疑。

有一天，烈日高照，太阳像火盆一样，烤得大地冒烟，风如火燎。村民都到荆王太子墓地北面的一棵大榕树下乘凉。突然，有一个女孩叫起来：“羊来了，羊来了！”村民便顺着这孩子手指的方向张望，果然看见一群白羊从南面走来；另一群黑羊自西向东走去，大家都感到神奇。这时，有一个陌生人走来，叫道：“什么白羊黑羊呀，是两行石头。”蓦然，这两群羊不走了，一群停在荆王太子墓上，变成一行白石头，自南至北竖立在墓顶上；另一群变成石头停在东面山坡上。后来才知道这个陌生人是一名法师。这法师说：“这两群羊，一群为太子而来；另一群是准备上东山岭，现停在东星荒坡上，变成一道屏障。”

荆王太子的后裔有一妇人怀孕三年没有分娩，肚子里的孩子经常讲话，吓得家人惊慌失措。家里老人认为是怪胎，心想这孩子出生不知是福就是祸，便请来法师占卜。这位法师清查许久，便说：“你家先人谪万安军葬中了风水，要出大人物了，但要有一定的条件才能出世。这条件是选一个吉日，摆设烛香、祭品，等待到‘鱼上树，马骑人，船过路’时才能祭祀。就会有一条树枝变成绿箭飞到京城将皇帝刺死，这孩子出世后就会当皇帝。”荆王太子后人按照法师的吩咐办，便带着文武官员，千里迢迢来到万州，选定吉日，在太子墓前筑祭坛，摆设香火、食品，等待“鱼上树，马骑人，船过路”奇迹出现。人们等呀，等呀，从早上等到中午，又从中午等到日斜。这时，有一个人提着一条鲤鱼从东南方向走来，将鱼挂在太子墓东面榕树上。在场的百姓“哗”地叫起来：“鱼上树啰。”不久，又有一个木匠扛着一只木马从西南方向走来。“啊！这不就是‘马骑人’吗?”人们惊诧地议论着。人们又等呀，等呀，大家又渴又饿，就是等不到“船过路”的奇迹。有人对法师说：“祭了祭了，不见‘船过路’也得祭了。”法师就开始念经文祭祀。忽然，一阵狂风骤起，从北面袭来，刮得枯叶飘落满地，一条榕树枝将台上的祭品扫落满地，那法师和在场的人瞠目结舌，惊恐万状，不知如何是好，谁都不敢出主意。大约过一个时辰，一个人赶着一辆牛车载着一只小船自西向东走来，朝着港北小海走去。人们嚷着：“这就是‘船过路’啊！”那法师又赶紧念经叩拜，人们烧银宝，放鞭炮，敲锣打鼓，奏乐曲，法师拿起一把镰刀将那条榕树枝砍断，那树枝变成绿箭，向着北方飞去，“嚯”的一声，扎在京城皇帝的宫殿上，没有刺中皇帝。那皇帝定眼一看，是一条树枝，吓得他像烂泥一样瘫倒在地上，脸色苍白，昏迷过去。

几天后，皇帝苏醒，日趋康复，便召集文武百官研究对策，派员到全国各地寻找著名法师查明原因。有一名法师果然查明，便禀报皇上，说：“千里之外南面有一个海岛，岛上有一座坟墓香火旺盛，要出大人物来取代你，如果今朝不把这座坟墓旺盛的香火扑灭，将来必有后患。”皇帝便问：“何以治之？”那法师说：“将墓挖掉，让日晒雨淋可治之。”皇帝便命令文武官员近百人，带着法师直奔琼崖，来到万安军查找到荆王太子墓。文武官员观察四周环境，顿觉这坟墓果然与众不同，墓顶竖立着一排白玉石，形状各异，排立有秩，南面石头大，北面石头逐渐细小。这个墓南为头北为尾，中间高，四周低，形似乌龟。众官员惊叹：“宝地，非属一般矣！”

朝廷文武官员在村中安营扎寨，到各地抓来劳工近百人挖掘太子墓，墓里忽然传出声音：“任你千人挖，我就万人填”。挖掘民工听到这声音，吓得纷纷退下来。官兵用鞭子抽打民工，那些民工又壮着胆子上前挖掘，刚挖出的土又填了回去，挖出多少土又填回多少土。这时，墓里又传出呻吟的声音：“我不怕你们挖，我只怕青皮桩和黑狗血。”那些官兵听后又惊又喜，便命令停止挖掘。立即召集法师研究对策，决定在墓前池塘里打青皮桩，用7只黑狗血镇之。

第二天，官兵押着50多名劳工到礼纪石梅一带砍伐青皮树，制作树桩77根。选好吉日，便筑祭坛，摆设烛香祭品，法师念经后，便叫劳工在池塘中打青皮树桩77条，抓来7只黑狗割喉取血，浇在墓上。

翌日，太子后裔那位妇人肚子剧痛难忍，三天后便生下一个男孩，刚落地就会说话走路，家人又喜又愁。有人将这事禀报皇帝，那皇帝惊恐万分，便下令追杀其母子。母子俩在江湖武侠的保护下，从京城逃到琼崖万安军，又从万安军城向北逃，到达东星那道黑石屏障时。突然，一道电光闪过，那黑石壁裂开一条缝，让母子通过，然后那石壁又关闭了。这时官兵追到，那道黑石屏障挡住追兵，人马不能通过，追兵便挥舞刀斧猛砍，火花闪闪，“轰”的一声巨响，沙石四溅，硝烟弥漫，炸死几十个追兵，才炸开一个缺口，这些官兵从缺口冲过去，紧追不舍，丧心病狂地追杀母子俩，那母子便向荆王太子墓逃命。官兵追到太子墓附近，突然，乌云密布，闪电雷鸣，狂风大作，浓雾滚滚，遮住太阳，大地一片黑暗，什么都看不见，那些追兵被浓雾团团围住，认不清方向，胆战心惊，马上命令退兵。母子俩终于逃出魔掌，浪迹天涯。后来，这孩子长大后便当上大官，为民除恶，惩治奸臣，抚恤百姓，威名大震，深受老百姓的爱戴。

一年后，当地农民发现太子墓果然没有乐器声了，也没有长大了，反而觉得这墓变小了一点。附近老百姓都很同情荆王太子的遭遇，认为他是无辜的，对朝廷这一做法相当不满，纷纷到城里跪拜请愿，要求将池塘里的青皮桩拔掉，以保太子在天堂平安，但当地官员坚决不同意这样做。后来，为了纪念荆王太子的恩德，附近村民要求将“前田村”改为“太子墓村”。万安军府官员顺从天意、民愿，便将“前田树”改为“太子墓村”，以抚慰百姓。

“万里南迁国亦亡，碧山埋恨海天长。

何殊青冢居胡朔，无异怀王落瘴乡。

仙鹤泪残辽月暗，杜鹃啼处蜀城荒。

千年王子墓前路，多少行人争感伤。”

这是明代举人冯宣（万州人）赋荆王《太子墓诗》，表达了这位诗人对荆王太子遭遇的伤感之心。他的诗篇一直流传下来，让太子墓村老百姓对荆王太子的遭遇深表同情和敬佩。

过逢年过节，太子墓附近的百姓总会带上祭品到村边的祠堂里，烧香点烛，供奉太子，寄托着对荆王太子无限怀念之情。

（郑立坚整理）

狮子岭传说

海南省万宁市北坡墟南面有一座山，叫作“扶峰岭”，也称“狮子岭”。这岭树木苍翠，形状像一头狮子，头望南海，尾巴一直伸至南坡村。岭南面有一高地，形似一个球，故称为“狮子玩球”。太阳河从东南面环岭流过，使得狮子岭景色秀丽，环境优美。站在狮子岭上南眺，南海与天一色，蔚为壮观。岭四周良田万顷，村落黛绿，一片生机勃勃的景象。

传说古时候有一个钦差大臣名叫土半朝，南巡路经狮子岭，看到狮子岭四周山清水秀，物产丰饶，钟灵毓秀，是一块风水宝地，必定出人才。

土半朝巡视到山尾岭，看到这岭形似一只水獭，故有“卧獭看鲤”之称。他觉得这地方南有一条小河绕岭东流，东傍东山岭，四周良田万顷，是一块人杰地灵之地，一定会出生大人物。便出资在山尾岭上建一座塔，名曰“文魁塔”，后改为“青云塔”。这塔就建在这只水獭的身上，镇住这水獭动弹不得，日出塔影像一支巨大铁棒砸水边村，日斜塔影砸扶峰村，控制住这两个地方无法出人才。

狮子岭西面山脚下有一个村子叫作“扶峰村”，居住着许、李姓人家。传说在清朝，村里有一户许姓人家靠做粑条汤小生意，养家糊口，日子过得很艰难。

有一天，有一个牛贩子赶集，经过他家铺店，便坐下吃粑汤填肚子，走时不慎将一袋银子丢在桌上。店主许家妇人见这袋银子心不动，将其收藏起来交还给失主。这牛贩子到牛市后，发现银子丢失，极为紧张，便顺路寻找，来到许家铺店便问：“我有一袋银子遗失，是否丢在你家店里？”许夫人便问：“袋里有多少银子？”那牛贩子答道：“袋里共有二十两银子。”许夫人确认无疑后，便将那袋银子交还给他。那牛贩子跪拜感谢。许夫人将牛贩子扶起，笑着说：“出现这事总是难免的，不用谢了。”那牛贩子觉得这许姓人家，家境贫寒，见财不贪，心地善良，实为高尚，必有好报，便真诚地对许夫人说：“你在狮子岭南面山脚下搭一间茅屋居住，会有好运”。

许家夫妇便在狮子岭南山脚下搭建一间茅草屋居住。秋收时节到了，许家在茅草屋前庭中晒谷子，许夫人看见一匹白马不知什么时候跑来吃她家的谷子，感到十分惊诧。她便去赶那匹马，那白马向山林里跑去，许夫人也追去。忽然，那匹马在岭脚下消失了。许夫人回家将这事告诉丈夫。许家老人觉得这事奇怪，心想：这是一个好兆头，说不定咱家碰到好运了，不妨挖掘看看。许家夫妇便于傍晚时分，在白马消失的地方挖掘，发现地下埋有7只缸、8个坛和9口棺材，都装有银圆，心里大喜。待到夜晚便把这些银圆抬回家藏起来。

后来，许家夫妇了解到这个牛贩子是一名风水先生，便带着钱银到牛贩子家答谢，那牛贩子分文不收。

许家夫妇认为，这是上帝赐给他家的福祉，应为家乡做点好事。许家决定拟建9幢大屋，其中8

幢为居住房屋,1幢为祠堂,这祠堂有两个用途:一是供村民祭祖;二是创办一间私塾,供孩子读书。许家人便找来9个建筑队,每一个建筑队负责一幢房屋的设计和承建任务。经过规划,设计,8幢大屋计划建成两排,每排建4幢房屋,大屋有正厅1间,卧房2间,屋内有庭院,院两边建有伙房5间。一排第四幢建仓库房。在村南边建祠堂,祠堂设计有大屋5间,庭院两边建教室多间,开设私塾。9幢房屋设计好后,许家人请风水先生选吉日,在一个时辰里9幢房屋同时奠基升梁动工。

9幢房屋同一时辰建造,这是罕见的事件。房主既宽容又文明,对待建筑工人宅心仁厚。规定每天干完活,大工在缸里用手抓一把钱,小工在坛子里抓一把钱,作为当天劳动的报酬,不管你怎样抓钱,抓多少主人也不计较,但每人只能抓一次。这样做,既公平又文明,没有人为干活讲价还价。

经过近一年的建造,9幢富有特色的土木结构瓦房在狮子岭西面山脚下崛起,成为狮子岭下一道靓丽的风景线,十分引人注目。

这9幢房屋建造各具特色,每幢房屋设计从外观看基本相同,从内看又别具一格。每幢房屋占地0.4亩,建筑面积约216平方米,都是木柱框架,中间由木板组合成墙壁,外围筑砖墙,这砖长、厚、宽比普通砖大而厚,砖质较好,每筑五层砖就错筑过横砖一层,这样的建筑墙体十分坚固。屋顶有脊檀和大梁,大梁雕刻的图案各自不同,有“福寿”图案,有“福禄”图案,有“龙凤”图案。大屋正厅中的主柱脚雕刻图案也各异。

在9幢房屋中,其中1幢为仓库房,储藏粮食,大门正各留有一行洞口,是闩门用的,要是有人盗窃,不容易打开屋门。

房屋旁边挖掘一口水井,井水清甜,无异味,距今已有300多年的历史,现在村民仍然饮用此井水。

(郑立坚整理)

西门青龙和宾王红龙的传说

每年的万宁元宵灯会上,总有两条长达几十米的巨龙翻飞。一条是出自万城镇西门社区的西门青龙,一条是出自万城镇宾王村的宾王红龙,相传西门青龙为龙母,宾王红龙为龙公,两条龙一雌一雄,一青一红,青龙比红龙体形稍大。

关于宾王红龙,相传很久以前,宾王村连年干旱,村民建坛求雨,忽见南海上云雾翻腾,一条红龙跃出海面,乘祥云直奔滇池,在那里,捕玉蚌,取珍珠,返回万宁后降雨救灾,并把珍珠献给人间,得红珠者高中状元,得白珠者富贵荣身。在万宁,有这样一幅对联:吸南海碧波呈瑞气,捕滇池宝珠献人间。此后村民以龙为吉祥物开展民间文艺活动,拜贺吉祥,除邪扶正,久而久之,年年如此,舞龙便成了万宁的习俗。

万宁有四大主要河流:太阳、龙滚、龙首和龙尾河,从河流的名称似乎可以看出,太阳与龙在万宁人心中的分量。如今,在万宁,依旧可以找到各种龙图腾的痕迹,舞龙时,大人小孩总是在龙身下穿越，近龙摸龙，据说这样可以给人带来好运。

传说是美丽的，无论是关于青龙还是红龙，延续着几百年来甚至更长时间万宁人对龙的崇拜与敬重。直至现在的元宵节舞龙，人们都在祈祷祥龙能给自己带来幸福安宁。1994年出版的《万宁县志》记载：万宁在唐贞观五年(631年)建县，初为万安县。南宋高宗绍兴七年(1137年)，改为万宁县，这是万宁县名的最早记载。由万安到万宁，自古以来，万宁人对于幸福安宁的美好愿望一直没有改变，一直在延续。

（黎美君整理）

英豪半岛和观音山的传说

在万宁市的西北部，有一座海拔805米连绵起伏几百千米的大山，当地老百姓称为观音山，是万宁市境内最高的山之一，站在山顶可以俯览万宁的全景，直至浩瀚的南海。英豪半岛位于万宁市的东北部，与观音山遥遥相望，颇有神韵。半岛东临南海，西靠小海，南北长13千米，东西最宽处3千米、总面积24平方千米，有居民近万人，是远近闻名的“鱼米之乡”。传说，英豪半岛原是一座无名半岛，“英豪”这个名字是观世音菩萨赐予的。

观音山的名字由来众说纷纭，但人们最为认可的是远眺整个山体、很像观世音。特别是站在英豪村的戏台上，向西边远眺的时候真像一尊仰睡的观世音。微翘的下巴，坚挺的胸脯，长长的秀发，惟妙惟肖，栩栩如生。一千多年来，当地的老百姓总是把这座山当作观世音，供祭、求拜。人们求子、解难、许愿或办喜事时，总会在山脚下，摆上供品，闭上眼睛，双手合十，口中念念有词，求观世音帮忙。据说还真灵，求子得子，求平安逢凶化吉；求财求官，只要正道心诚都会实现。

观世音的塑像一般是莲花殿坐像，怎么变成仰躺的呢？英豪半岛为什么和观音山一东一西遥遥相望呢？这里有一个古老的传说。

相传，唐贞观五年(631年)，皇帝李世民派唐吏到万宁设置万安县，管理当地的社会事务。唐吏到万宁后，发现人口稀少，森林密布，山中的瘴气常常侵犯村民致死，人口急剧下降。便上书朝廷，请求皇帝向天王玉帝说情，派观世音到万宁帮助当地老百姓多生男育女，促进人口增长。天王玉帝接到大唐的请求状后，立即打开天庭，看到脚下的万安县，天蓝地绿，山青水秀，风光旖旎，景致幽雅，充满生机。高兴之下，立即派观世音下凡到万宁。

观世音来到万宁后，深入汉地、黎村、苗寨，走村串户，了解乡情民意，帮助当地百姓发展生产、防病、治病、生男育女，使万宁的经济社会迅速发展，人口迅猛增长。是时万宁经济繁荣、百姓富裕、路不拾遗，夜不闭户，社会安定，一派欣欣向荣的景象。

观世音在万宁生活一段时间后，被那诱人流连的青山、绿水、海湾、沙滩、奇花、异石、阳光、清风、岛礁、温泉和珍稀野生动植物等自然景观，那富有地方特色的民族风情、风味美食，以及万宁人秉性刚直憨厚，民风淳朴尚义所动心，深深地爱上这块充满神奇和希望的地方，便产生做凡人的念头，迟迟不愿回天宫。观世音的行为严重地触犯了天条，玉帝大为震怒，立即废了观世音的神力，并派风神率带天兵天将下到万宁捉拿观世音。当地老百姓知道后，组织了近万人的侍卫队，秘密地把观世音送到南海一个叫做大洲岛的孤岛山洞里躲藏起来。后人们便把这个山洞称为南罗观音洞，把观世音称为南海观世音，这些称呼一直沿用至今。

老百姓为什么选择大洲岛作为观世音的藏身之地，因为他们知道这个地方不仅安全可靠，易守难攻，还是一座像天宫一样美丽的人间天堂岛，只有它，才能配得上观世音居住。此岛素有"南海明珠"之称，由大、小两岭组成，主峰高289米，总面积4.2平方千米，是海南岛沿海最大的岛屿。两岭之间有长约1千米、宽50余米的洁白沙滩，沙滩东西各有一港，东边叫后港，海水清澈，是天然的海水游泳场；西边叫前港，海水蔚蓝，可停泊万吨巨轮，是船只避风歇息的良港。岛上峰峦对峙，花岗岩崖高耸，悬崖绝壁险峻，天然裂缝孔隙洞穴遍布。其中，以南罗观音洞著称于世，是灰金丝燕鸟群聚的地方。大洲岛又称天然植物园和动物园，各种野生珍稀动植物遍布满岛。周围海域盛产各种优质鱼虾和藻类，是个奇异多姿的水下洞府。岛上夏无酷热，冬无奇寒，古木葱郁，奇花异草。有天造地设的钓鱼台、观海台、晒日台、赏月庭、沐浴井、大石床、厚石桌、海上浮石龙、石狮等。相传这些自然景观，都是当年观世音亲手制作和享用过的物品。

风神带领天兵天将搜遍万宁的山山水水，也没有发现观世音的踪迹。一怒之下，拿出风袋一甩，顿时，整个万宁大地被刮得天昏地暗，百姓呼爹喊娘。眼看一棵棵怀抱的大树被连根拔起，一间间房屋被夷为平地，观世音的心像被针扎一样痛不欲生。毅然爬上大洲岛的山顶上，大声疾呼："风神，我在这里，请你放过无辜的百姓，惩罚我吧。"风神这一甩，至今每年都有1~3个台风影响万宁，多时达到5个。

老百姓含着眼泪，冒着狂风暴雨，把观世音送上小船。当小船行至英豪半岛的大花角海岸时，一股强劲的狂风把小船打翻，观世音和她的侍从掉入海底，全部遇难。后来，跟随观世音的那些死心踏地的侍从，为了怀念观世音，便变成灰金丝燕，在大洲岛上结巢聚居，繁衍生息，守护着大洲岛。这群精灵的燕鸟，时而腾空万里到天宫，探望观世音；时而潜入洞里吐液筑窝、产卵、繁衍后代。它们在天宫中常常偷食天王玉帝的琼浆玉液，因此，所吐出来的口液筑的燕窝营养极为丰富，药用价值很高，既是宴席上的名肴美食，又是治病补体的贵重药材，历代都是朝庭贡品。这就是驰名中外的东方珍品——"大洲燕窝"。

过了很久很久，风静了，雨停了、浪平了。人们发现观世音安祥地躺在英豪半岛上，身长13千米，宽3千米，庞大的躯体覆盖整整24平方千米的半岛。大长岭是观世音的睡枕，盐墩东、西两村是观世音的两只绣鞋。观世音遇难后，万宁方圆几百里的百姓成群结队来到英豪半岛，为观世音守灵、祭祀。大花角神奇般的鹅卵石就是当年人们给观世音上的饭团、水果等供品的遗物。

观世音的法体在英豪半岛上一年又一年静静躺着，守灵的人们一代一代接传下来，便在半岛的周边的春园、乌场、保定、潮港、港北、封诰、泗水、乐群等地安营扎寨，形成现在的村落。这些村民日出而作,日落而息,是观世音守灵者的后人。

后来,老百姓担心观世音长期这样躺在半岛上,会受海风盐碱的侵损。便想办法要把观世音的法体搬离海边,并认为观世音的法体是神圣的,应放最高处让百姓瞻仰。大家你一言我一语,最后想出了一个完美的方法,就是在现在的小海位置取土,一担一担往现在观音山的地方挑。也不知道挑了多少年,多少代人,执着、勤劳的万宁人垒起了一个高出平地805米,连绵数百千米的大平台。大平台筑好后,人们设坛做法事七七四十九天,请来了华夏神龙把观世音的法体驮上大平台,就形成现在的观音山。取土的地方就形成现在亚洲最大的内海泻湖——港北小海。

华夏神龙接到任务后,从南海龙宫出发,腾空而起,直冲云霄,向英豪半岛冲去。后来,人们为了纪念这只高空飞行的巨龙,便把英豪半岛上的两个小村庄,一个命名为新龙,一个命名为高龙。华夏神龙由于冲力过大,冲过了英豪半岛,到了万宁和琼海交界的地方。待它反应过来后,便转身一滚,才回到准确的地点——英豪半岛。后来,人们便把这个地方称为龙滚,把龙滚过留下的鸿沟称为龙滚河。

由于观世音的法体非常庞大沉重,华夏神龙在驮负过程中非常吃力,几乎是贴着地面驮行,是时成千上万的燕鸟赶来帮助华夏神龙。这些燕鸟就是当年观世音的侍卫队,它们和神龙一起齐心协力把观世音驮上大平台。因此,万宁人世世代代都把龙和燕鸟奉为吉祥物,把很多地名赋予龙的文化,有龙滚镇,龙滚河、龙首河、龙尾河;龙生水村、龙路叻村、龙滚营村、新龙村、高龙村、龙墩坑村、龙田村、龙贡村、龙头墩村、龙唇村、龙堀村、龙村、龙尾村、横龙村、土龙村、龙山村、龙保村、龙贡湾村;龙巢洋、龙唇坡、龙尾山、龙马沟。还有龙楼、龙门、龙桥、龙船……并且常年每逢佳节,民间都要闹龙会、赛龙船、洗龙水,以示对龙的崇拜。在万宁民间谁家屋梁上有燕鸟筑窝,那是平安积善家庭的象征。至今万宁的老百姓仍然认为观世音、神龙、燕鸟总是在帮助着他们,保佑着他们。据说当地的老百姓还常常看见神龙和燕鸟在观音山上空盘旋。最为神奇的是时至今日,在万宁市中心的晨(神)龙酒店大门前,每天晚上都有几万只燕鸟从四面八方聚集在这里过夜,不论是刮风还是下雨,从无间断过,已成为万宁万城万鸟居闹市的一大景观。民间说法,这些燕鸟都是当年观世音侍卫队的后代,它们总是和神龙在一起日日夜夜在守护着观音山,守护着万宁。

在驮行中,华夏神龙的前后爪分别在和乐、后安两地上抓出两条大鸿沟,形成两条大河流。当地老百姓把龙前爪抓出的河命名为龙首河,后爪抓出的河命名为龙尾河。

华夏神龙是一只雌龙,在背驮观世音法体时,由于消耗体能过大,过度疲劳,致使早产下数亿枚不足月的龙蛋,洒满港北小海。龙是两栖动物,这些龙蛋一部分变成鱼、虾、蟹;一部变成动物、蟒蛇等。它们之中的“东山羊”“和乐蟹”都成为海南“四大名菜”之一,誉名天下。还有港北对虾,半岛马鲛鱼、沙虫,后安鲻鱼,大洲龙虾等,都是龙的后代。它们虽然变得面目全非了,但仍然在造福人类,真不悔为龙者风范。

观世音漂上半岛的时候,她的意愿还想回南海,所以头部便朝南。被驮上山的时候,当地百姓为她申冤，打抱不平，总想那一天，把她送回天宫，恢复她的神力，让她造福人类，所以她的头部就向北。

过了不久，当地老百姓派出代表到天宫为观世音申冤，请求天王玉帝为观世音平反，恢复其神力。这位代表在天宫住下来，夜以继日地进行说客生涯。父说不服，子接着说，子说不动，孙接着说，就这样一代接一代地申冤下去。老百姓诚挚的请求终于感动了天王玉帝，下令召回了观世音，恢复了她的神力，让她回天宫继续为生灵造福。这位代表在天宫中与仙女结婚，生男育女，传了很多子孙。任务完成后，他的后代便返回万宁。由于时间久和路途遥远，他们中一部分迷了路，错把东南亚一带的岛屿当作海南岛。他们在这些岛屿上与当地土著居民一起耕作、生活，成了侨民。所以，现在万宁就有30多万侨民旅居海外。

观世音回天宫后，还经常神游回万宁，常常看看她曾经工作、生活过的地方。为了感谢万宁老百姓对她的厚爱，便把万安改为万宁。宁，吉祥如意，逢凶化吉，安康富贵。把万宁的地名赋予佛学的内涵。同时，她深深地感到长期护守她的那些百姓非常的英勇、勤劳、果敢、豪爽，便把无名半岛命名为英豪半岛，以表示她对英豪半岛百姓的眷恋。

观世音虽然离开万宁，但她总是时时刻刻用她那颗慈祥、宽容、母爱般的心护着万宁。因此，不论社会如何变迁，生活在万宁这块充满神奇、充满激情、充满希望的热土上的人们，永远比别的地方的人幸福得多，尤其是居住在英豪半岛上的老百姓，世世代代都幸福美满，这就是观世音赐给人间的——福祉英豪，和谐南疆。

（万宁乡土文化研究会会长陈雨丝搜集撰稿）

海南槟榔的传说

一说宋代，湖南有一官人被贬至海南万宁，经常漫步于槟榔林中，饮酒消愁，感叹人生。有一天官人在林中偶遇槟榔仙子所化身的美貌女子，并与之相亲相爱，两人互赠槟榔果为海誓山盟之物后来，官人带着有孕的妻子回湖南，且将槟榔果赠予亲朋好友。当时湘潭、长沙一带大闹瘟疫。凡吃了槟榔果者无一染病。于是求果者日众，槟榔仙子大展神威，终保一方平安。后来百姓表奏朝庭，官人不但官复原职且加升三级。数年之后，槟榔仙子所生贵子中状元，封官晋爵，世代富贵相传。由此相传槟榔果是神果，不仅能防病治病，而且成了婚宴喜庆，升官发财的吉祥之物。

又有一传说，话说某国王的公主染上痴病，急需槟榔为药，朝庭向天下发布告示，谁能赠此药，必予重赏。

海南黎族地方官将槟榔与山兰酒送到朝庭，御医如获至宝，将槟榔与酒配制送公主饮服，果然药到病除，皇上龙颜大悦，当即赏赐良马一匹。海南地方官因赠槟榔而获国马，故槟榔又称“国马”。

（黎美君整理）

海府仙人的传说

在东山岭下的鲜蒙村，有一个神童，名叫陈庚。他自幼聪颖，读书勤奋，记忆力惊人，看书过目熟诵，学习成绩优异，名扬百里。

宋熙宁九年(1076年)，万安军贡生陈庚，年仅12岁，赴广州乡试。当时海南到广州交通不便，他从白沙坡下船，途经港北小海，航行直达广州市，因路途遥远，且又逆风航行，船速慢，到达广州时，乡试已开始，试室已关闭。

他进不了试室，在门外徘徊，在举目无亲的情况下，抱着屋柱子流泪。乡试主考官见状，觉得这个孩子好面熟，像梦中的那个小孩子。昨夜，他梦见一个10多岁的男孩抱着柱子转来转去，哭着要参加乡试，便出了上联考考这孩子有没有学问，这对联上联是："手抱蓝柱滚滚转"。让他作答。那孩子摸了摸脑袋，便答："脚踏青云步步高。"那考官十分惊诧，觉得这孩子聪颖过人，便答应他参加乡试。

但是，主考官觉得蹊跷，目前这个小孩就是梦中的小孩吗？他沉思片刻，便对那小孩说："你答对我提出的问题，方可乡试。"说道："急水流沙粗在后"。陈庚便答道："狂风吹谷有争先"。那考官觉得这孩子确实有学问，便同意他参加乡试。凑巧的是试题与主考官梦中的题目一模一样，陈庚乡试夺魁，中解元，成为万安历史上第一个举人，朝廷为他颁发了"解元"匾。

陈庚年幼不会骑马，出入要仆人跪地当台阶，让他踩在身上上马，下马时又要仆人搀扶着他下马。有一次，陈庚外出郊游，仆人搀扶他上马，他右脚不慎踢倒仆人，也不向仆人表示歉意，便扬长而去。那仆人觉得这人看不起平民百姓，便经常在各处游说他。

有一天，那仆人遇见一名风水先生，便将此事向那风水先生讲述，那风水先生看星斗显灵，说他家的祖坟香火兴旺，必出人才。便教示仆人用神法破坏他家的风水，扑灭香火。

深秋，天空阴沉沉的，远处飘来一团团阴霾云朵。陈庚乘船返琼，海上风浪较大，木船在茫茫大海上巅簸前进，船上的人员疲惫不堪，沉沉欲睡。他有点晕船了，吐了几次胃水，便在船仓里蜷曲着身子睡觉。

帆船航行了几天几夜，终于回到港北小海，这时已是午后时分。突然，天际乌云密布，一阵狂风突然袭来，将站在船头的陈庚吹倒在海里，紧接着是闪电雷鸣，暴雨倾泻，风雨交加，船上的人赶紧钻进仓底躲避。

待风雨过后，船上的人发现陈庚不见了，便对着茫茫的海面大声呼喊："陈大人，陈大人，你在哪里呀！"船上的人喊哑了嗓子，也没有听到陈大人的回音，只有一阵阵的海浪搏击着船板，激起一朵朵的浪花，发出凄惨的哀鸣。

搜寻了几个小时，大家感到绝望。忽然，远处飘来一个黑色的东西，船工忙开船上去，发现是一只黑色靴子，便捡起来一看，正是陈大人的靴子，大家顿时黯然神伤，悲痛欲绝，哭声震天，声音沙哑地哭道：“苍天啊，无目！为何这样残忍，扬风作浪，把我们的陈大人淹死了，苍天啊，无目！……”

后来，港北小海海域，每逢天气阴霾，魍魉孤魂就会兴风作浪，白天黑夜皆瘴气迷漫，出海渔民屡遭海难，百姓惶惶不可终日，望海生畏。

在一个深夜，有一只渔船在海中捕鱼，归航时忽遇上阴风狂作，恶浪滔天，渔船将遭倾覆之厄运，渔民立即跪在船板上磕头求救。瞬间，海面上呈现祥光，隐约见到一个身穿官服的人，手舞神鞭，喝道：“吾乃海府仙人陈庚，海上妖魔鬼怪皆顺服于我府下，不得兴风作浪，残害百姓，不然砍头示众之。”顿时，风平浪静，黑夜里出现一道亮光，照亮着渔民顺利返航。

为了纪念海府仙人，祈求出海平安。后安镇潮港沿海一带百姓顺从民意，联名倡导，于清道光年间在潮港产尾顶村建设海府庙一座，庙门朝南，面对小海。从此，每逢大年除夕夜，当地渔民便携带香烛、鞭炮、酒肉、糖果等祭品，前来庙里祭祀，祈求出海平安，鱼满船仓。每年来祭祀者百余人，鞭炮声彻夜不断，颇为热闹。

海府庙设有鱼、虾两个香台，在除夕夜，如果鱼香台的香烧尽后，香脚全部燃烧掉，说明今年的鱼旺，渔民就会捕到很多的鱼；如果虾香台的香烧尽后，香脚全部焚烧掉，说明今年的虾旺，渔民就会捕到很多的虾。

每年农历七月十二日，是海府大仙的诞辰之日，潮港村百姓都为海府大仙做生日。他们杀鸡宰鸭，烧香、点烛、燃银宝，供奉祭拜，祈求一年平安，碰到好运气，多捕鱼多打粮，添丁进财。然后，摆设4席酒菜款待乡亲们，燃放烟花炮竹狂欢，祝贺盛世太平。晚上，又请琼剧团演出，让村民痛痛快快欢度海府大仙生日。

过去，每年端午节，潮港村都举办龙舟竞赛。他们用木头雕刻二尊龙头，安放在“海府庙”里，供人祭拜。赛龙舟时，便将二尊龙头搬出安装在两只船头上，一是驱逐海上妖魔鬼怪，保佑渔民出海平安，多捕鱼；二是鼓励参赛选手努力拼搏，勇夺桂冠。

比赛场上，小伙子身穿不同颜色的背心衣和锦绸裤，拼命划桨，激起一串串水珠溅落在身上，参赛龙舟在浪花中向前冲去。乡亲们敲锣打鼓助战，锣鼓声阵阵，呐喊声震天，围观群众心情激昂，笑逐颜开，热闹非凡。

有一天，潮港村一个文姓的渔民出海铺鱼，忽然肚子疼痛不止，便收网返航。他父亲便请医生看病，打针吃药仍然没有好转。无奈，只好去找明神问卦，那神医说：“你和伙伴在海府大仙庙前抓沙子相打，不意将沙子拨在海府大仙的脸上，他责怪你了，说你不讲文明，不懂礼节，以后不要这样……”文某躺在床上忽醒忽睡，他梦见海府大仙坐在太师椅上，嘴含笑容，两边站着两名全副武装的武士。不久，文某醒来肚子慢慢地好了。

几百年来，万宁出海捕鱼的渔民，一旦遇上恶劣天气，大雾迷蒙，迷失航向，便在船上跪地拜求海府大仙，给他们拨开迷雾，指明航向。这时，在潮港的上空便出现一道亮光，渔民便向着亮光顺利返航，脱离险地。真是“海府大仙镇妖魔，百里迷雾呈祥光。乘风破浪把家还，庚公大名万州冠。”

（郑立坚整理）

兴隆情侣瀑布的传说

很久很久以前，在海南岛万宁与陵水的交界处兴隆凤凰山上，相传在远古年代，兴隆凤凰山有方圆30多平方千米的地方人烟稀少，山里荆棘丛生，野兽出没。山贼为非作歹，横行乡里，祸害乡民，抢女为妻，肆虐百姓，无恶无作。

在连接凤凰山的琼中盆地境内的高山上，有位姓周的黎族夫妇，长期生活在深山密林里，他们含辛茹苦地养育一名叫阿峰的男孩。阿峰18岁那年与住在深山附近的钟家17岁的少女阿兰相恋成为情侣。征得父母同意，阿峰和阿兰双双迁移到离家不远处的凤凰山(现靠近万宁市兴隆)一带居住。从此，这对勤劳善良的黎家青年，在密林中建棚搭舍，安家立业。他俩形影不离，相依为命，靠自己的双手开荒种地狩猎打兔维持生计。阿峰平日在高山密林行走，捕猎动物，阿兰在家附近开荒垦地，挑水种菜，两青年日出而作，日落而息，辛苦劳作，生活过得甜美幸福，无忧无虑。

有一年秋天，在一个月黑星少的夜间，天空突然雷电交加，大雨滂沱。凤凰山的山贼王得知阿峰和阿兰迁入他的凤凰山地盘后，勃然大怒，大骂贼丁为何不向他禀告？山贼王随即派出百名贼丁，将凤凰山内三次外三层地团团围住。第二天，山贼王对贼丁下令：一定要抓到阿兰，娶她做压寨夫人，并要将阿峰的人头拿来做祭品，庆祝山王贼的新婚之日。当夜，凤凰山阿峰、阿兰的住屋外漆黑一团，暴风骤雨一直下得不停，茅屋漏起雨来，阿峰起来用茅草修压草房，无意间阿峰转身一看：雷电闪光下有一群人身穿黑色盔甲、头戴黑色帽子的蒙面人靠近他们的茅屋，阿峰急中生智，马上进屋叫起熟睡在床上的阿兰，并说："阿兰快起床，山贼王来了，我们赶快走！"接着，阿峰拿着弓箭和一箩筐的飞箭头拔腿就拉着阿兰逃出了茅屋……

雷电风雨中，他俩沿着崎岖的山道，一直朝着一座山崖猛跑，贼丁在后面也紧追不舍。当逃到山崖顶端时，阿峰转过身来用弓箭射死几个贼丁，这时黑暗中贼丁越来越多，贼丁将阿峰和阿兰团团围住，山贼王走到前面说："阿兰不要再跑了，你还是跟着我回去当我的压寨夫人吧！不然，你只有死路一条"。风雨中，阿兰用全身力气抱紧阿峰，对山贼王说?"你就做梦去吧！"阿峰接着用弓箭将几个靠近阿兰身边，企图要抢走阿兰的贼丁射死。山贼王看见这么多贼丁纷纷倒地，下死命令喊着要对阿峰和阿兰砍尽杀绝，决不给留下根子！面对此情此景，阿峰抱着阿兰说："我们今生做不了夫妻，来世再做吧！"看到贼丁步步逼近，寡不敌众，他俩挣脱山贼王的疯狂追赶，阿峰抓住阿兰的手，猛然间不顾一切纵身跳下悬崖。顿时，一股大水随着凤凰山上倾盆大雨变成滚滚的瀑布，甩落在10多米之下的山涧，瀑布落差低处随即出现一个圆形的落潭水池。不多久，跳崖之处浓烟滚滚，雷声霹雳，山呼海啸，阿峰和阿兰变成一尊形似青年男女的耸立大石，成为今天的"情侣瀑布"景观。

阿峰和阿兰坚贞不渝和勇敢善良的爱情故事一直为后人所传颂。近年来，兴隆旅游开发区将凤凰山瀑布处开发整修，在这尊耸立在池潭旁的大石上镌刻上"情侣瀑布"四个大字，形成壮观的瀑布景区，还在瀑布的沿途及周围大石上分别写上“爱情谷”“天长地久”“缘”“情侣橄榄树”等摩崖石刻，吸引各地的游客光观游览。

（黎美君整理）

大花角的传说

很久很久以前，大花角一带的乡亲们，世代以捕鱼为生，南海就是他们的衣食父母。有一年夏天，乡亲们在海里昼夜不停的辛劳，却连一条小鱼也没有捞到。这时候，两只大海龟正在南海游玩，母龟对公龟说：“大海里的小鱼虾已经没有了，这一带的乡亲们是要饿死的。我们游上岸去产蛋，救救这些挣扎在死亡线上的乡亲们吧。”说完，两只海龟就一直向岸上游去。刚爬上岸，他们看见乡亲们三五成群地躺在沙滩上已奄奄一息。善良的母龟为了救活乡亲们，不停地产蛋。终于，乡亲们吃了龟蛋得以活命，而母龟却因为产蛋过多，再不能游回南海。公龟为了表达它对母龟忠贞的爱，宁愿躺在母龟身边，不吃不喝，永为终身伴侣。于是，两只海龟便变成了今日人们所说的南面的前鞍岭(雄鳌峰)和北面的后鞍岭(雌鳌峰)。光阴荏苒，物换星移，乡亲们吃剩下的龟蛋，逐渐硬化，变成了今天大花角海滩上的卵石。

(黎美君整理)

太阳河的传说

太阳河发源于邻县琼中黎族苗族自治县的斩岭。海拔875米，自西向东经万宁市的南林、兴隆、牛漏、长丰、礼纪、东澳、万城、北坡出港北小海，会合龙头、龙尾两河，取道港北港门口汇入南海。

万宁境内长75.7千米，流域面积593平方千米，流域平均宽度7.82千米。河道平均坡降1.49%，总落差875米。兴隆镇以上称上游，兴隆至万宁水库称中游，水库以下称下游。

太阳河，是万宁的母亲河。顾名思义，与天上的太阳有关。

传说远古时候，天空中的太阳虽被“射日神手”后羿射落了八颗，但还有两颗同时放出强烈的光热，晒得靠近赤道的万宁大地，灼灼生烟，滴水如金，草木不长。

治水先祖鲧、禹父子先后到此视察，都感到束手无策。还是后羿有招，他看到横睡万宁南部有条大虫，身长七十六千米，头枕琼中斩岭，胸腹安卧山岭环抱、林木苍翠的兴隆地区，尾部弯曲于沿海平原，插入莲花塘，全身是水，头吸尾吐，是以滋润万宁大地。

于是，他用神矢，再次射落第九颗太阳，使之化成形状似黾的陨石，正好击中大虫的要害，把虫杀死，变成这条河流。

从此，河的末端变成广阔的良田。莲花塘也变成今天的港北港，养育着远近闻名的后安鲻鱼、和乐膏蟹、港北对虾等。陨石正好落在中段的河心，人称“石黾”，这“石黾”平时把河水拦住，不让快速流失，洪时不让直泻，减少灾害。

汛期水从黾身淌过，溅起万点浪花，晨光夕照。显出道道彩虹，构成“黾渚回澜”的景观，被列为万宁八景之一。

为纪念后羿射日造河的功劳，人们把这条河称为“太阳河”，并在石黾附近的南岸辟个“太阳河村”，代表万宁人民世世代代在此繁衍生息，安居乐业，至今更为吉祥昌盛。

（黎美君整理）

鹧鸪茶的传说

到过东山岭的人都知道，那里有“五大名吃一名饮”。东山羊、和乐蟹、港北对虾、后安鱼、东山饼让人大饱口福，海茶即是沁人心脾的甘霖。登上东山岭无论你在任何一个角落散步，都会嗅到浓浓的香味，这种香味，正是生长在东山岭上，那难以计数的岩石缝间的鹧鸪茶树所散发的，鹧鸪树的叶子就是鹧鸪茶了。鹧鸪茶原名东山茶，味甘甜，色泽鲜亮，用东山泉水浸泡时芳香四溢，饮后清凉顿生，解暑消夏，止渴生津，败火祛炎，可治四时感冒，是难得的饮中佳品。难怪现代著名剧作家、诗人田汉先生到东山岭后有感而发，他写道：“琼崖多胜地，此岭独岿然。羊肥爱芝草，茶好伴名泉……”

诗中所提到的茶好即鹧鸪树叶，茶即鹧鸪茶。田汉先生对鹧鸪茶推崇至极，人们对鹧鸪茶的喜爱也与日俱增。鹧鸪茶缘何备受青睐呢？因为有一段古老凄婉、催人泪下、感人肺腑的传说。

相传古时期，盘古开天辟地造就万物之时，就有了东山岭。那时的东山岭峰峦耸翠，林壑幽深，芳草鲜美。东山岭有一种可爱的动物叫东山羊，那东山羊身黑如墨，小巧玲珑，比普通的羊矮短些，整天在岩石丛间跳来跳去。因此筋强骨壮，肉肥血旺，灵敏异常。东山羊食鲜草石兰，饮泉涧之水，融岩穴石洞，完全野生，毛亮肥，皮薄肉厚。食之肥而不腻，鲜而不膻，营养丰富，是天下闻名的美味。

正因为东山羊名闻遐迩，引起西天瑶池王母娘娘的关注，每逢召开蟠桃盛会之时，她都派手下到东山岭取大批东山羊，做下酒的佳肴。日复一日，年复一年，王母娘娘的无度索取使东山羊的数目锐减，引起东山岭人的不满，他们自发地把东山羊隐匿起来，不让蟠桃盛会有人间的美味。王母娘娘得知此事大发雷霆，唤来风神、雨伯，命令他们不给东山岭下一滴雨，用残酷的手段惩罚违逆她的凡人。东山岭久旱无雨，树木枯槁，百草焦萎、土地龟裂、人畜皆病。

当时，东山岭的鹧鸪鸟忍受不了折磨，举翼奋飞到九重天，善良的鸟儿们发现西天瑶池王母娘娘正幸灾乐祸，就悄悄地衔起仙果之种，口含瑶池甘露飞回东山岭，洒在崖岩树丛之间和山野中。于是乎，东山岭孕育了一种神奇的植物，生长在崖岩石缝间，其叶绿意葱茏，汁液丰盈，只要人食之一片，顿时解除病状。鹧鸪鸟循环往复瑶池与东山岭之间，东山岭的这种神树越来越多，人畜食之其叶解渴解饿，降温降暑，东山岭的瘟疫被遏止，生灵得救了。

这天，王母娘娘心血来潮，亲自驾云来到东山岭，想看看那里的人畜死光了没有。结果看到的是人强畜壮，不但未死，村民们还据地挖井，找到水源，灌概禾苗，维持了生存和生活。王母娘娘百思不解，是谁使东山岭下人畜兴旺呢？她招来诸路神仙，众神面面相觑，皆不知谁为东山岭施水解旱施药除病的，王母娘娘又传来了东山土地神，土地神战战兢地报告，东山岭生长一种神奇树，其叶可使人身强体壮医治百病。

王母娘娘又派天神到了东山岭取回那树的叶子，才发现是瑶池仙树变异，不知何由能生长在东山岭上。她把瑶池仙女召集在一起，询问是谁遗落了树种，众仙女摇头摆手，无以应对。一仙女猛然想起曾有一群鹧鸪鸟多次光顾瑶池，可能是他们偷去了树种，王母娘娘将信将疑，派众神仙死守瑶池。果不其然，一群鹧鸪鸟飞到瑶池，拼命地衔树上的种。王母娘娘大怒，率众神仙捉拿鹧鸪鸟，鹧鸪鸟们不甘就范，奋翼疾飞，企图逃回东山岭，王母娘娘见鹧鸪鸟竟敢违抗己命，四处逃逸，就令雷公电母发出晴天霹雳和闪电，把纷飞在天空的鹧鸪鸟击得五脏六腑皆碎，美丽善良的鸟儿纷纷殒命。鹧鸪鸟虽然死去，但他们羽毛却驮着树种洒在东山岭，从此东山岭生长了更多神树，人们把这种树叫鹧鸪树，树上的叶子就是解人于危难的茶叶了，人们就把它叫鹧鸪茶，也是对鹧鸪鸟的深切怀念吧！

后来到了宋朝，有一个名为宋祁的人，根据唐朝诗人的“春游鸡鹿塞，家在鹧鸪天”诗句，创制了一种词牌叫《(鹧鸪天》。又名《思佳客》《思越人》，所思的就是鹧鸪鸟了，每当人们品到鹧鸪茶，不由自主地想到那起舞的鹧鸪鸟。

（选自《万宁文史》第十一辑《东山岭摩崖石刻文化》）

东山羊的传说

传说古代，东山岭下有一人家，夫妻年过半百，才得一子，真是喜从天降，爱惜备至。怎奈家境贫穷只好依赖牧羊过活，无法供养儿子上学。因此，儿子从小便跟随放牧，风餐露宿，与羊为伴。当儿子十岁时，父母就相继病亡，家中也只剩下自己饲养的一只公羊。孤苦伶仃的牧儿便陪着这只公羊，每天登临东山岭，伴羊觅食度过时日。

岁月如梭，光阴流逝，不知不觉中又过了八个寒暑。这天，东山岭上晴空万里，天高气爽。正在放牧那只公羊的牧儿睡树荫下，突被阵阵悠扬的仙乐惊醒，他抬头一看，只见一道七彩云随风飘来，徐徐下降，抛落岭上，并且立即变成千姿百态的大小石头。更使他惊讶的是，在一块耸天峭立的石壁面前还站着一位婀娜多姿亭亭玉立的娇媚靓女。她笑意可人地挥扬鞭杆吆喝着从石缝里跳出的七只白色小羊。牧儿的那只黑黛公羊，倏然见来了伴儿，随即跳着走过去，点头摇尾，扬蹄致意。牧儿见状慌忙致意，看着自已那只公羊乐滋滋地和那七只白羊相依相偎在一起，心里也感到无限愉悦。

原来，这位靓女是天上的仙女，只因羡慕凡间生活，便带着这群小羊来到了东山岭上，有意结识勤劳诚实的牧儿。从此，牧儿的公羊与仙女的母羊便终日结集一起，相陪相伴，再不分开。仙女和牧儿在放牧羊群中互相帮助，倾心相爱，不久便也结成夫妇。

他们成家后，早出晚归，尽心养羊，羊群很快地繁衍生育。几年功夫，东山岭上满山遍野都是清一色的黑黛羊儿。这些最早的东山羊，饮山泉水，食树叶花草，个个肌体肥壮，肉味鲜美，还对人体有益气补虚之特效。后有挑选名肴的御厨，吃到了正宗的东山羊，觉得这实是难得的一种佳肴美食，当即把它定为朝廷贡品。从那以后，东山羊便成为宫廷佳肴，闻名遐迩，备受喜爱，一直沿袭至今，盛誉不衰。

（选自《万宁文史》第十一辑《东山岭摩崖石刻文化》）

沧海桑田神仙会

传说远古时代，东山岭是南海中的一座仙山，因为它位于马鞍山之东，故称东山岭。山有“南极蓬莱”“小瀛洲”和“方丈洞”等景点，各路神仙经常到这里来游览。

最早来东山岭的是太上老君署下的炼丹仙翁，他骑仙鹤而来，发现东山岭生长着很多灵芝、琪花、瑶草，因此下榻于华封仙岩，在岩洞顶端垒灶炼丹。仙丹三千年才炼一粒，人服一粒后可活三千岁，一周连服三粒可活九千岁。

炼丹仙翁到东山岭后不久，太上老君也骑一只鳌鱼来探望炼丹仙翁，探视东山岭地形。随后观音菩萨也乘坐一片荷叶自在而来，人称“自在自观观自在”；如来佛是东山岭上呼之即来挥之即去的常客，所以人称“如来如见见如来”。南海龙王也来了，这龙王很贪婪，他把海水不断向西推涌，以致东山岭也被海水淹没占为他的领地。

众仙齐现，太上老君决定于九月九日在东山岭上召开一次神仙会，会址选定在“华封仙榻”（万州八景之首）召开，太上老君还指派一位礼宾神手持“玉笏”接待来参加会议的各路神仙，并请来天兵天将带来天宫最先进兵器保卫会场，以防妖怪作祟，使会议顺利进行。

会议的议题定为“沧海桑田”。太上老君提议：将南海潮水东退什一里（即十分之一海里185.2米），让马鞍山、六连岭、金牛岭、牛标岭等一带海域为陆地桑田。土地神合手道喜，十分赞成。南海龙王大发雷霆，极力反对，认为这使他的海域缩小，失去东山岭这块宝地。如来佛和观音菩萨积极支持太上老君的提议。会议一直召开了三七ニ十一天，海龙王不管三七二十一，还是坚持己见，双方争论不休，意见不能统一。会议决定：由太上老君申奏天宫，请玉皇大帝敕旨定夺。玉皇大帝提起御笔批了“准奏”两字。行旨官在云雾中宣旨：“各路神仙听着玉皇大帝宣旨，洪承天运，让南海潮水东退什一里。”

玉皇圣旨一下，顿时风呼海啸，地动山摇，大地向东倾斜，南海潮水退却十分之一海里，东山岭浮出海面184，2米，众神仙及天兵天将慌忙离散，礼宾神丢下了“玉笏”成为东山岭上的“正笏凌霄”；太上老君丢下的鳌鱼成为东山岭上的“鳌驾石”；天兵天将丢下来的先进兵器成为东山岭上的“大炮石＂。仙翁骑来的仙鹤不知经过多少年的蜕变还俗，繁行生息，成群结队地在南门洋觅食。马鞍山、六连岭、金牛岭、牛标岭等群山凸现，成了陆地，岿然屹立，成为古万州雄伟壮丽的锦绣山河。

（陈开岩整理）

海龙王求丹救母

远古，传说东山是个小洲，生长着灵芝、琪花、瑶草，太上老君的族下仙在东山岭的“华封仙榻”垒灶，采摘灵芝炼丹。

有一次，南海龙王的母亲身患重病，龙宫中神医医治无效，龙王终日锁眉苦闷。一天，龙宫太医谓龙王曰：“如果能得到人间灵芝仙丹，王母之病可治也！”龙王闻之甚喜。曰：“昔日在东山岭参加众仙‘沧海桑田’会，见太上老君族下仙翁在山上采摘灵芝炼丹，可是东山岭这小瀛洲原属龙府所之海域，‘沧海桑田’神仙会后，玉皇大帝下旨，潮退什一里（十分之一海里）成为陆地，非我龙府领海，再驾舟上东山岭取丹必犯天条。”龙王不敢犯上，太医木然。龙母之病日趋恶化，声声呻吟，危在旦夕。龙王救母心切，毅然决定三月三日登上东山岭取丹救母。

是日，南海龙宫灯火辉煌，载歌载舞，兴风作浪，欢送龙王升帐浩浩荡荡向小瀛洲东山岭出航。龙王乘舟至东山岭“华封仙榻”下停泊，求见炼丹仙翁，诉说求丹救母之由。仙翁见海龙王救母心切，敬之三分，赐了仙丹，还留在山中作客，并以东山岭鹧鸪茶厚待。龙王见东山岭的风光绮丽，天上少有，水族罕见，即伴仙翁游了七天，流连忘返。当时，东山岭周围成了一片汪洋，生灵被淹，潮涨不退。土地神知道这一定是海龙王作法，急上奏玉皇大帝，玉皇大帝立即下旨叱退潮水，恢复陆地。海龙王乘坐的仙舟搁浅在“华封仙榻”下，没办法回龙宫，每天都坐在瑶台石上望海兴叹！后人把这景区称为“瑶台望海”。仙翁为了解脱龙王之危，再给他一粒仙丹含在口中，指点他从舟下洞中归海。海龙王从洞中一直走了七十二天，穿过三十六个石洞，回到龙宫，故后人有“三十六洞”通向龙宫之说，在东山岭上搁浅的龙舟，故成为山上“仙舟系缆”景区。

龙王回龙宫后，以丹救母，龙母玉体无恙，水族众仙皆喜，称颂龙王尽忠孝母之德。龙王长叹曰：“我缺德矣！”龙母疑问：“我儿尽忠孝德，何故出此言？”龙王曰：“蒙东山岭仙翁赐丹，救母之大恩，但因兴风作浪上山取丹，使东山岭陆地遭受一次海潮大洗劫，生灵尽淹，草木皆损，这缺德也！”龙母曰：“知恩不报，非君子也！”海龙王急令金甲蛇神给东山岭一支涓涓细流的清泉，以报答取丹救母之恩。这清泉就是现在的“海眼流丹”，故东山岭的清泉有来自龙宫之传说。

（何子东整理）

第二章 诗词文赋

第一节 诗词选录

访保城[1]

春风催我入山城，沿路频闻布谷声。
七指山峰披锦绣，三丫河畔出梯田。
红棉赳赳舒怀笑，山鸟嘤嘤自在鸣。
当日弹坑何处觅，保城气象胜蓬瀛。

（作者：朱逸辉，海南万宁人，选自纽约四海诗社编印的《全球当代诗词选》）

中秋夜怀六连山月

此身惯对乡山月，不靳晶光为我倾。
南陌偕归解岑寂，西窗窥读慰凄清。
廿年耿耿诚知己，一种娟娟别有情。
今夜海城楼上望，痴心犹逐白云行。

（作者：周济夫，海南万宁人。《海南日报》副刊部副主任，中华诗词学会理事，海南省诗词学会副会长兼秘书长）

六秩遣兴

一

爆竹辞残岁，寒冬我诞辰。
生逢家国苦，学遇雪梅春。

①注：保城，即保亭黎族苗族自治县城。

粉末沾头涩，尘风破袖贫。
黄花秋后艳，圃角一枝新。

二

草碧庭门绿，初春大野寒。
朔风肖虎岁，年宴热盘餐。
楼静园林趣，身闲书屋宽。
橘香帘影动，云破日三竿。

三

闲坐凭栏眺，凝眸见众生。
才闻鸦雀噪，又响鹊鸠声。
奕奕登台调，凄凄下马情。
春风车驾累，戴月亦披星。

四

骚情随岁涌，寿诞烛花明。
绕膝儿孙闹，吟诗韵律清。
东篱陪墨客，北院恋歌笙。
最是西窗月，依依穿雾行。

（作者：刘明锋，海南万宁人。万宁市政协副主席，中华诗词学会会员、海南省诗词学会常务理事、海南省诗书画家学会常务理事、万宁市诗词学会会长）

下乡杂吟（三首）

一

抢收

广袤田洋妙手耕，金钩甸甸好收成。
台风忽报将登陆，暴雨犹传打稻声。

二

种树

竹笠蓑衣光赤脚，荷锄冒雨上山冈。
如今栽下梧桐树，明日飞来金凤凰。

三

问农

阴雨霏霏早下乡，乐山村里话农桑。
阿公笑问有何干，为叫大家奔小康。

（作者：杨汉声，海南万宁人，中华诗词学会会员，海南省作家协会会员，海南省诗词学会会员，万宁市作协副主席，万宁市诗词学会副会长）

鹧鸪天·夜观平湖秋月

秋落平湖月色迷，
轻舟倒影漾苏堤。
孤山烟雨凌空去，
寂寞凉亭水上栖。

追往事，会无期，
秋风染白两胡髭。
此行日后堪回忆，
惟读平庸一首诗。

（作者：陈业轩，男，汉族，万宁市龙滚镇人，原海南日报社副总编辑。本诗选自《海南日报》）

沁园春·春思

1965年在中山大学度寒假，春节凌晨五时许，炮竹惊梦，披衣起坐；窗外细雨，校园蓊郁。眺望羊城，感而赋之。

莽莽云山，浩浩珠江，簇簇梅花。又春回大地，千畴展翠；燕穿杨柳，万木抽芽。勤陟书山，奋泅科海，惜取时光事学涯。闻鸡起、勉终身许国，四海为家。

青春二十年华，正时代风云变不暇。每心怀先哲，神驰意壮；世存荆棘，任重途遐。继往开来，愿随春雨，洒遍人间景色佳。低吟罢、沁园春一曲，笔写朝霞。

（作者：李养国，海南省地方史志办公室原主任，海南万宁人）

桂枝香 · 国旗赋

光辉夺目，猎猎舞长空，火红如许。民族尊严理想，此间凝聚。几经风雨几经艳，忆沙场，怒驱狼虎。斩荆披棘，丝丝缕缕，系情甘苦。念往昔，血绽处，五星更斑斓，深情酬汝。真义长存千古，倔强儿女，宏猷共献随民意，喜春潮，芳草碧绿。紧催征鼓，神州雷动，凯歌争谱。

（王天琦，海南省琼海人。中华诗词学会、海南诗词学会、海南省作家协会会员、乡土文化研究会副会长、万宁市诗词学会副会长、市作协副主席）

中秋望月

云淡风轻夜，银盘照九州。

清辉和露泻，佳气傍人流。

隔海同看月，思源共酌秋。

寄言孤岛客，一统汗青留。

（作者：陈廷文，海南万宁人。中华诗词学会会员，海南省诗学会理事，海南省诗书画家学会副秘书长，海南省华侨文学艺术家协会副会长）

神州半岛开发抒怀

一

深闺淑女细肢腰，绰约仙姿巧手描。

碧树丹花争雨露，琼楼瑰阁领风骚。

五湾潋滟烟波阔，六岭逶迤舞态娇。

最是销魂昏后月，素娥惊羡下重霄。

二

仙家疑是赏蓬莱，处处芳菲望眼开。

碧海扬波飞瑞雪，苍穹鸣鹭动春雷。

山奇石怪峥嵘现，风正帆轻锦绣堆。

星罢荆榛升旭日，千秋胜景共潮来。

（作者：肖冠汉，海南万宁人，海南省诗书画家学会会长，《海南诗书画》杂志主编，海口市作协理事，中国书协会员）

六连岭烈士碑祭

六峰错落夕阳斜，呐喊红旗百姓家。

野草铺阶坑碧血，青山满目泪黄花。

大江东去怀乡梓，白日高悬玩物华。

我祭英雄昂首看，丰碑直耸入云霞。

（作者：李少光，海南万宁人。中华诗词学员会员，海南省诗联艺术家协会理事，万宁市诗词学会秘书长）

生命之光

我感到一片光明被固定在墙的上面
又明亮又毫不含糊
这片阳光开始照在墙上
然后照在已失去光泽的器具上
没有形状又没有响动
重量之轻又光明一片
它静静地朗照着
在脸庞上有一道阳光从瞳孔里
直泻在这房子的表面
我感到这阳光正从我心灵深处返出
像一次垂照在海面上的太阳光线
因海水的波动而折射进入天空
我就处在这样一片阳光中
心绪平静、安谧和舒适
但这是一片来自生命中的阳光
我知道它不可能多得
并正在渐渐地疏远我
似风一阵一阵向我涌来
又像先知的声音在那儿呼喊
这片来自内心远处的阳光
轻轻地、轻轻地
临照着我生命之中的草地和丛林
但我感到这片阳光不可多得
被一种力量针在脖颈这上
犹如固定在墙上面的那片光明

(作者:纪少飞,海南万宁人。海南省作家协会副秘书长、海南省青年作家协会主席)

夜里夜外

打开窗户,星光疏落。
我便看到了

夜的深沉。夜里的甜梦
和夜外的无奈。一同
消瘦在秋风中。

夜外是
权钱与诱惑，是漂泊者的孤单。
夜里是精神家园，
是故乡，
是夜之外倚盼的眼睛。
（作者：纪明光，选自万宁市作家作品选集《金色的梦》万宁市作家协会编）

曾亚运新诗三首

犁田

一弯西斜的钩月，
钩起了漫天霞红。

“嘿”老汉响亮的吆喝声，
吓跑了水下相聚的星星
他手中小竹梢弯成的鞭子，
甩落鸡啼声声。
牛轭套住体壮的公牛，
却套不住老汉憧憬的翅膀，
它不停扑闪地飞，
飞向眸子里泛黄的田野上。

他看见脚下开犁的田里，
行行长出沉甸甸的希冀，
那牛蹄踩开的朵朵浪花，
化作了一串串殷实的日子……

雾气霏微的田野铺满了阳光，
刚犁开的湿漉漉的新土
朝晖下闪烁着金色的光芒，
层层微波催开老汉怒放的心花。
“嘿”老汉响亮的吆喝声，
传得很远……

插秧

一群追赶季节的山村女人，
在男人耙平的水田里，
飞快地栽种她们心中的十月。

晶莹的汗珠子，
从她们通红的脸颊滑落，
滴绿了脚下的稻田。

多情的田洋风送清凉，
悄悄掀起女人的衣裙
轻轻擦汗……

莫道眼下还只是插秧季节，
十月炫目的金黄，
早已铺满了女人的心房。

这不，听吧，
那从山歌流淌出来的喜悦，
正散发出浓浓的稻谷香：
“哎，稻浪滚滚闪金光……”

明天，当人们挥镰收获十月，
这山歌将驮着阳光孵熟的憧憬，
唱甜日子，
唱甜山乡。

割稻

老汉家的女人，手挥镰刀，
收割自家的那片橙黄。

“嚓嚓嚓、嚓嚓嚓……”
割稻的声音多么悦耳动听，
这山乡非常熟悉的旋律，
千百年来不知唱醉多少久盼的梦。

看哪，金秋的田野，
稻海藏不住歌声，
阳光在通往山村的路上跳荡，
挑谷子的男人来来往往。
老汉和他的儿子，
担着稻谷赶路忙，
阳光照射着竹箩里的谷颗，
却热乎在老汉父子的心房。

又是一个好年成啊，
今晚这稻香该在他们的梦里飘……
（选自万宁市作家作品选集《金色的梦》万宁市作家协会编）

第二节 万宁琼剧团表演的优秀唱段选

（陈赞贤 整理）

《谁说女子不如男》

护士唱 古来有，
女娲炼石补洞天，嫦娥弃月建广寒。
嫘祖养蚕成锦缎，织女织布做衣衫。
孟母三迁云姑造伞，
文姬归汉昭君和番。
班昭巧将《汉书》来撰，
徐淑答书惊倒文坛。
左棻善作辞赋诔赞，
道韫雪诗天下传扬。（重）

《北楼情缘》

三姐唱 王郎呀，
北楼一别劳燕西东，
遍倚栏杆望断飞鸿，
朝思暮想锦书难奉，
瘦却腰围惰理花容，
君身病伤我心悲恸
离人泣血两地皆同，
容嫂一讯报到闺中，
说你轻生身喂鱼龙。
岂料到，死别生离如场梦，
患难之交寺中重逢。
金龙唱 今重逢，如场梦，真相会，赖天公。
破镜重圆喜无穷，心头好比沐春风。
三姐唱 关雎曲，同吟咏，同吟咏，慰初衷。
同唱 从此后，月儿常圆花长红。
花好月圆春意更浓。

《相见难相认》

一、宝珠怨郎

宝珠唱 我身娇比金玉贵，珍玉当饭金饰衣。
出入前拥又后随，行坐左右壮神威。
金殿赐婚称欢慰，得咏河洲赋于归。
宝珠我，春风无意嫁东皇，
谁料伴个冷面鬼。
几夜来，夫妻相对难相慰，
红叶空寄御河水。
琴瑟未调弦先断，喜烛泪落我泪也垂。

二、志雄访母

志雄唱 想前年，儿为应试赴帝京

留下寡母伴孤灯。
离愁锁娘双眉紧，
悔不该，为封侯印伤娘心。
秀英唱 望子成龙乃母责，母仪天下效三迁。
你今已把家声振，何由负荆责自身。

《晋宫恩仇》

一、美云道情

美云唱 空负花容充偏旁，娥眉不展郁在胸。
原以为，
为妃随可承圣欢，红灯绿酒映羽装。
岂料到，
东宫竟成留春院，难得君王到西苑。
春宵寂寞怕漏长，且移玉步把月赏。
嫦娥啊，我与你
同是女人一样单，深知广寒无胜寒。
解识春风有二王，窃玉曾暗度陈仓。
喜今日，万岁泰山去祭坛，
美云我，今夜里
踏碎明月也要等来伊人。

二、楚贞念夫

一夜风雨愁天云，晨雾迷蒙罩帝阍。
昨夜里，探夫君，归来时，欲断魂。

心潮腾翻愁云滚，泪水浸湿石榴裙
夫郎啊，你为晋室吞悲恨，
要救你，可叹贞妻是钗裙。
清早来，似看见，
牢里站着一阎君，伸手欲夺我夫魂。
夫郎呀，
你如不幸做鬼魂，寡母孤儿怎苟存。
愿只愿，兄皇归来作公论

高抬圣手拨开烟云。

《穷途抬玉》

一、洁玉抒情

洁玉唱 华灯初上照洞房，洞房里，
喜烛高烧照红妆。
想洁玉，刚出娘胎亡了娘，
是乳娘，输心头血沐孤芳。
红年日暮添惆怅，兰国月冷谁怜香。
日所愁，夜所盼，寒梅迎来鹊鸟唱，
心潮澎湃翻海江。
从此后，夜深不怕花睡去，
枕暖何愁玉漏长。

二、夫妻盟

洁玉唱 郎君你，志气壮，使洁玉，加敬仰。
萍水相逢巧作合，老天也遂人心愿。
锦平唱 娘子你，晓礼尚，无愧是，好糟糠。
妆台愿持眉画笔，与你齐眉案接光。
洁玉唱 只怕你，如了愿，背鸳盟，另寻芳。
空招东风忧闷肠，枉忆楚王隔巫山。
锦平唱 一夜情，百年长，长不忘，心上人。
别把夫郎比萧郎，莫叹东风空自伤。
娘子呀，凉热与共守永巷，
我与你，芙蓉怀里栖鸳鸯。
……

《柳玉娘》

一、马周进言

马周唱 大乱之后刚安宁，民须生息废待兴。
本应该，
鼓励百姓兴耕织，起用人才聚群英，
怎奈是，
官府不管民苦疾，政条苛刻国课增。

当官滥权伸手劫，贪官污吏不严惩。
大兴土木不省俭，劳民太甚耗重金。
国库之财任挥霍，哪晓得黎民饥馑。
如再复隋杨之撤，贞观大治将不安宁。

二、常何做文章

想文章，做文章
为什么，偏要常何做文章。
想当初，跃马驰骋在沙场，
银枪当笔写华章。
到如今，万岁又立新规尚，
五品以上进表章。
要上奏章论短长，
怎奈我，肚皮里面没文章。
迫得紧，难脱此关怎么办？
无可奈何写一章。
恨得常某要骂娘，娘娘娘……
写文章，磨墨应有美娇娘。
美人磨墨伺一旁，
落笔千言好文章。

《台湾舞女》

送别

玉兰唱 阿哥呀，从此后，
天涯海角各一方，鱼书欲寄山水长。
相逢须隔几秋冬，人两地，
别把童年阿秀忘。
少杰唱 阿秀切切吐衷肠，骊歌一曲泪千行。
行珠泪一层浪，扑击心头别也难。
阿秀啊

高山青,流水长,暂分别,莫悲伤。

聚首分手都是缘,月缺自会有团圆。

玉兰唱 人一别,隔两岸,天苍苍,水茫茫。

恨不精卫填沧海,对望只有望波澜。

少杰唱 重洋隔,只隔人,心上情,长相牵。

只要同在地球间,少杰不忘童年之人

《双奇缘》

一、玉蓉游园

玉蓉唱 秋光——

不似春光胜似春光,锦园如画风清气爽。

望远处,

雁行南来横跨碧空,秋水长天绿里如蓝。

秋香唱 观园中

香枫似火葵菊染黄,亭阁铺金花池漾红。

小姐呀,为何杨柳反而憔?

玉蓉唱 因不遇春被抑难扬。

……曲

春去秋来今又秋,岁月倥偬似水流。

瑶琴枉有寻音曲,高山流水有谁酬。

……

赵洪唱 谁人抚琴声悠扬,散随秋风入耳窗。

激昂处,大珠小珠落玉盘,

委婉时,恰似玉泉汇秋江。

分明这是寻音曲,寄调知音竟何人?

二、玉蓉出走

玉蓉唱 天未拂晓离兰房,夜暗星稀步踉跄。

娇养深莲花小,初涉长途步步难。

……

别了家门回头望,回头望时欲断肠,

都以为,琴弦拉来如意缘,

岂料到，一夕风雨惊幽梦。
恨爹爹，不分皂白与青红，
乱砍红莲散鸳鸯。
赵郎无辜入牢房，犹要迫我嫁贾商。
迫不奈，娇装逃奔出火坑，
人间似海哪是岸？
玉蓉我，如舟无舵乱飘荡。
去日苦多来日茫茫。

三、知县自白

知县唱 这县官，用银买，比下大来比上小，
幸我圆滑计较会。
看来头，办案例，面对百姓装虎威
见了绅官笑微微。
分输赢，先看礼，看看谁个送银多，
吸他膏血养我肥。
安鲻鱼，和乐蟹，港北虾是赤脚软，
东山肥羊味道美。
东门吃，西门醉，赌在城内嫖暗街，
哪管他人在水火。
回衙门，我就睡，谁要寻官先通气，
不开前门开后门。

《林攀桂》

骂娘

攀桂唱 一时不知以为谁，原来是正宫娘娘。
满身玲珑乱人眼，朝夕相隔辨认难。
花吐艳，诱蝶狂，回头百媚生春风。
身沐隆恩身价重，正宫娘娘主王封。
绑锦带，系玉环，身穿锦袍戴金冠。
深居于三宫六院，浴在芳池玩御苑。
尝琼膏，饮玉浆，夜夜歌舞伴丝管。

出入是香车玉銮，行坐君王相陪携。
左宫娥，右太监，御林卫士列两班。
前拥后护多威严，文武百官齐朝参。
娘娘呀，臣祝你万福无疆，
红灯绿酒水伴君王。

《潘金莲》

一、金莲思二郎

金莲唱 二郎呀，武家出你是福气，
衣锦灿烂光门楣。
家中有你喜添喜，只可惜，
聚首之时是别离。
叹只叹，一条鸿沟隔嫂弟，
恨不相逢未嫁时。
你此去，不知何时是归期，
云山重重路千里。
盼相见时难相见，难相见啊空相思。
从此后，金莲情怀与谁诉，
金莲有苦与谁启。
唯只好，
死守训经存洁志，如带发修行的贞尼。

二、见西门

金莲唱 心神恍惚眼朦胧，错认西门当武松。
见西门，忆武松，将西门，比武松。
一样英俊一样勇，一个冷酷一雍容。
看西门，想武松，容貌一样可人爱，
个在眼前个在梦中。
常道是，楼台近水月色浓。
杨柳丝长易随风。
想及此，春潮翻似江海涌。
狂涛怒把禁堤冲。

《林娘》

一、王玉自叹

王玉唱 暮色苍茫夜将临，满怀凄楚泪潸然。
真正是，
花失艳丽蝶无近，人落贫穷断六亲。
想当初，出口一声前后应，
到如今，仰头长啸谁见怜。
想当初，骑是肥马着蜀锦，
睡是雕床食异珍。
到如今，饥寒交迫强自忍，
松枝为床草为毡。
山风怒吼声阵阵
似庞乔，骂声叱声钻我心。
贼恶奴，心恶手辣鞭重狠，
几夜来，伤痛如割不能成眼。

二、庞瑶诱郎

曲：
天苍苍，夜茫茫，广寒高处无胜寒，
嫦娥啊，我与你
可怜身世一样单，愁绪一曲对你弹。
……
玉郎你，
前番投亲被驱逐，如今流落在何方？
虽是书音断鸿雁，赤绳紧紧心上牵。
可知我，
夜伴孤灯数更残，日凭玉栏眼望穿
盼只盼，
只盼能会郎一面，纵死九泉心也甘愿。

三、林娘劝夫

林娘唱 为妻若是有过错，你打——你骂——
狗血淋头我皆可。
恩爱夫妻百年长，千万别听人挑唆。
林娘我，断肠寸寸刚接上，求求你，
别在伤上又下刀。

王玉唱 五十两银量虽轻，礼轻情重谢你恩。
十两谢你救苦贫，十两谢你奉母心。
十两谢你助我读，十两谢你怀儿身。
最后剩下十两银，给你送嫁另许亲。

林娘唱 还提什，恩与典，分明是，官迷心。
张休书千重恨，恨林娘，
错把小人当子君。
十两银，难道能买情与义，
十两银，难道能买洁与贞。
十两银，难道能济危与困，
十两银，难道能买痴情心。
我不悔，煮汤奉药医母疾，
我不悔，嘘寒问暖受苦辛。
我不悔，你吃米饭我吞菜，
我不悔，我折寒衣暖你身。
你可知，黄金有价情无价，
可叹你，只识黄金不认人面，
纵然你，道德仁义全卖尽，
林娘虽穷不图钱银。

第三节 文赋选登

万州赋

千载古邑，奇甸之东。晨曦先沐，淳澜永醉。纳四面水，聚八方风。清风暑浪，琼浆玉液。玉颜佛心，虎骨龙筋。

汉设二郡，万属朱崖。唐代设县，隶于琼州。万全万宁，字辞丽日。天籁福音，量逸韵远。

玉帝圣昭，二仪哺英。五岛列罗①，勇士威武。十湾迭依②，灿若珍珠。大花大茂③，势若飞龙。金龟北坡，足捷东澳。

五峰④东麓，奇岭天成。城西鞍亘，天马腾霄。金牛啸月，宝气金门。磅礴六连，岭峰耸翠。仙河云影，栩栩马迹。坦朗象眠，巨石卧邱。龟渚迴澜，石砥中游。白石湖光，熠烁盘石。更有东山，华封仙榻。碧水环龙，仙舟系缆。

四水⑤逶迤，仙泉浩浩。太阳水暖，万木欣荣。龙滚财源，金头银尾。四水相会，风生水起。沿岸居民，依江垦殖。碧水环龙，阡陌膏壤。东澳南桥，山水相灵。后安三更，长丰兴隆。石梅浪激，礼纪乐班。

美食天赐，独领风骚。陆产千珍，海涵万物。和乐青蟹，香鲜嫩酥。后安鲻鱼，清水孕肥。港北对虾，色味俱佳。东山乳羊，少膻味美。大州燕窝，滋补佳品。快马贡京，名驰中外。潮商渡海，万城汇集，兴隆播远。海上丝路，大洲驿站，宝船云集。波斯商贾，牛岭珊墓。

文脉浩荡，源远流长。故相嵩山，崇福李纲，岳军于鹏，御史世杰。谪贬荒缴，南天留芳。中原积淀，楚越融入。南洋浩风，恩泽桑梓。文化多元，馨郁飘逸。灿烂辉煌，古韵悠长。润物无声，山根牢固。

万安书院，书声琅琅；万州学宫，礼乐班班；潮音寺庙，香火鼎盛；青云甲峰，夺魁冠盖。

山川毓秀，鹏绕万州。进士有七，举人半百。绍兴钟洽，开辟纪元。廖纪尚书，少傅僖靖。清有三杨⑥，扶峰三代官⑦，历代敬仰。鸿名武勇，三点会众。攻打州城，清军胆寒。

万州精神，自古璀璨。志存高远，力创奇迹。勇于拼搏，敢为人先。崇文重教，知书识理。襟怀开阔，腹竞千帆。刚柔相济，侠士心肠。尊老爱幼，懿德流芳。天风独对，云帆高扬。

美哉万州，神功山水。伟哉万州，人文璀璨。灵哉万州，天地灵验。爱我万州，乡愁乡情。歌我万州，肺腑吐音。建我万州，同心共赢。

注：①“五岛”：大洲、加井、洲仔、甘蔗、马鞍岛。

②"十湾":山钦、山根、英豪、春园、保定、新潭、神州、南燕、石梅、日月湾。

③ 本文嵌入万宁乡镇名。

④"五峰"指五指山。

⑤"四水":太阳河、龙头河、龙尾河、龙滚河。

⑥"三杨":杨景山、杨歧山、杨士鼎。

⑦"三代官":许成德中举人,许翰魁中贡生,许敦仁当知县,父、子、孙三代为官。

(作者:欧大雄,文昌市人,中国作家协会会员、国家一级作家、海口市作家协会主席)

溪边记

乙未岁末,重踏旧地,阔别卅载有余,昔之荒芜萧条,今之繁繁花似锦,实难叙旧之情怀,只能发今之惊叹。

吾观溪边胜境,虽为农家院落,却不失大家风范。南望良田万顷,阡陌纵横,碧波荡漾,瓜果飘香,已冬胜春;北枕笔架,文脉不断,代出英才,地灵人杰;西承文峰,曲水九转,虽小尤佳,不逊兰亭之雅致;东迎丽日,椰风海韵,有狮岭雄姿,威仪相护,堂堂然、浩浩然,此乃紫气东来之福地也。

置身溪边凉亭,满目青翠,红花簇簇;微风轻拂,鸟语花香;袅袅炊烟,村人唱晚,好一派田园胜景,乡居仙境,令人忘返而流连。非桃花之源,胜桃花之源。看曲水东流,潺潺而过,圈圈漩涡,弯弯水草,鱼儿嬉戏,鸟儿低翔;渔夫蓑衣,休闲独钓;满溪花香,银波闪闪…… 虽无高山之流水,亦有知音之传世,足可叙幽情雅兴也。不是晋贤,胜似晋贤,问一声陶公今在?右军安否?宾朋远来,款待有咖啡之美香,贺年红之清醇。主客之间,坐列无序,不论时弊,不言是非,寄情自得,陶然自乐。或画笔轻描,或狼豪狂舞,举手抬头之间,足以泼墨丹青,挥写春秋。极目蓝天,阳光明媚,悠悠白云,鹭鸟翩翩;低眸乡野,田埂交错,渔耕贾读,丰衣足食。无闹市之攘攘,有乡村之悠悠。品农家佳肴,呷村人自酿,不是神仙,好比神仙,特借农家之乐也!今人以物质丰满之乐而乐,却不识农家之乐尤乐也。

时如溪水流淌,沉思忘形之际,不得不归,留下野芳佳木,择日再品,可否?可否?

时乙未年腊八日记之。

(作者:苏君运,万宁市人,中国散文家协会会员)

兴隆赋

神州名镇,何止万千,侨乡兴隆,声扬四海。

地处琼岛东南,古称万州。俯瞰南海,携太平洋之风云予降甘霖兮,泽被山川;襟带三县(市),挟五指山之灵气以报春晖兮,滋润万物。山清水秀,如画如诗,甫临之已陶陶然沉醉;四季如春,风光旖旎,来居者皆欣欣兮乐康。

回首当年，域外谋生，怎堪海外风云突变；侨胞受辱，幸得祖国援手救助。接侨归国，兴业安居。有道是：身栖南洋，去国迢迢作客佣；心系华夏，归来重做主人翁。兴隆山麓，凝聚赤子之忠诚；太阳河畔，开创侨乡之光辉。

善哉兴隆，善在包容。落难侨胞，异域归来，生根立业，手辟蛮荒，开垦千年瘴疠之地；炎黄子孙，血浓于水，黎汉同心，和谐共处，拓展百代之新天地。侨乡侨民，广植热带之作物；兴隆兴旺，迎来建设之曙光。

壮哉兴隆，壮在宏伟。垦荒开山，艰苦卓绝，兴业图治，功勋昭著。兴隆山上，举目四顾，但见莽莽胶林接海隅；太阳河畔，侧耳静听，犹闻阵阵战歌连山崖。改造山河，敢思敢为，建设侨乡，群策群力。勇于为人先兮，三合水工程展雄姿；胆敢生奇思兮，沉香湾水库泛银波。

美哉兴隆，美在人文。灵山秀水，钟毓英才，宏国光之精萃；化民兴学，卓尔不群，扬华夏之儒风。侨乡倜傥，发文工团之英声；斯地风流，传东南亚之歌舞。健将辈出，展体坛之辉煌。兴隆雏鹰，神州誉响；亚洲夺冠，四海瞻目。

伟哉兴隆，伟在盛名。历史伟人周恩来、刘少奇、朱德、邓小平莅临兴隆，党恩温暖归侨心；人民领袖江泽民、胡锦涛、习近平视察侨乡，国策激励兴隆人。曾引来前苏联专家团之光临；亦迎接柬埔寨亲王之到访。四海名人，接踵而至，中外贵宾，相互拥来。英才俊彦，椽笔惊世，艺苑明星，异彩弥天。中外名流，提升侨乡之品位，元首政要，增添名镇之荣光。

盛哉兴隆，盛在发展。胡椒、可可、咖啡、香茅、橡胶等堪称热带作物王国；龙眼、荔枝、菠萝、槟榔、椰子诸可谓南国佳果乐园。改革潮涌，风雷震荡激人心，热带花园添锦绣，侨乡风生水起；开放风劲，云水翻腾炫兴隆，植物园里增美景，名镇风帆高扬。

侨乡兴隆，俨然都市。乘改革之雄风，九万里鹏程正举，侨乡休闲名镇誉传南北；借开放之大潮，七大洲风云际会，温泉旅游胜地名扬中外。

兴隆山麓，欧式别墅高低错落，聚五十多家酒店于温泉旅游城；太阳河边，南洋高楼鳞次栉比，集三十余处景点在兴隆开发区。高楼吻山，台榭亲水，置身其中，宛若仙境。幢幢豪华红楼装饰山麓，座座星级酒店点缀河湾。商贾云集，生意兴隆，名流海纳，财源茂盛。徜徉侨乡，流连忘返。高朋纷至，赏观南亚歌舞之风韵，恍若他国异邦；贵宾嘉临，尽尝兴隆咖啡之芬芳，宛如天上人间。说不尽的美景，道不完的风流。昔时蛮夷地，今日明珠城。

今我兴隆，气象万千；斯时侨乡，展翅飞扬。最喜居民社区，奇花异草，争奇斗艳满四季；更喜文化广场，俊男靓女莺语燕闹满园林。朝霞初上，早闻夫妇晨练之音响；余晖未退，已见媪翁夕乐之曼舞。夜幕初降，华灯齐放，太阳河新建大桥流光溢彩，恰似无数明珠洒落人间；歌舞升平，人间阆苑，康乐园表演艺厅歌舞蹁跹，犹如几多神仙乐在天堂。

噫吁兮美乎靓哉！望当今之兴隆，异彩纷呈；展明日之侨乡，充满活力。忆过往乃为聚民心，咏今朝实以描远景。今为昨继，明为今承，八方来宾，汇集热土，欢歌乐舞，再启鸿图。

爱在今日，梦在明天。祝我兴隆，日新月异，凯歌高奏；愿我兴隆，世运宏开，锦上添花。区区赤子，殷殷此心，谨撰此赋，以纪其盛。

(作者：陈鸿远，万宁市礼纪镇人，兴隆华侨旅游经济区宣传干事)

大洲岛游记

庚午年五月廿六日，余游于万宁之大洲岛。

是日之晨，余乘小舟往，雾气浓重，不知岛之何处也。舟中数人，知之者，舟翁也。舟翁往返于此间四十载矣。其间，悉之如指掌。双桨击水，哗哗者若歌然也。

至若东方既白，岛之两端突兀，南高而北低，其状若巨兽横卧于碧波之上。峭壁剑斩，怪石欲坠，水波汹涌，岩洞幽深，水击洞鳟，声若钟镛，水深莫测，令人毛悚心寒。

及舟靠岸，邀翁从余以为向导。山脚有庙宇，自庙阳小径行，路尽灌木，繁茂蓊郁，高出人头，行数十步，仰见有“神恩广庇”刻于巨石之上。余不解而问翁曰：“何以其辞而题之？”翁曰：“岛上悬崖之洞不下百许，有燕窝者唯此南罗燕窝洞。相传得之于洪武廿五年，而涉险采燕窝者，则始于满清，光绪十年，爱国将领冯子材曾率部途经于此，得一老翁之诉。洞之高险，尝有人死于涌浪，百姓望之兴叹，后遂无问津者。冯将军令勇士架云梯，攀绝壁，乃得。以为神助，故以其辞而题之。自此开大洲岛采燕窝之史。”大洲燕窝，层厚质细，色鲜养丰，乃席上之佳肴，滋补之良药也。呜呼！夫马逢伯乐，声价自高，士遇欧阳，文章有用，燕窝之冠，得冯将军也。

巨石垒壁，直冲云宵，怪石扑面，高不可攀。山石万类，或如千年寿龟，或若万古灵猴。负气争高，含霞饮露，参差代雄。披蒙茸，登危石，冯观川陆，遨神清渚，回首凝睇，云雾渐开，铅云铁雾，黛山皂岭，更换朝服，以朱以黄，以橙以金，无不灿然，盖扶桑王子喷薄欲出也。

日当卓午，天水一色。沙鸥翔而风帆悬，草木盛而山色空。余怏然而问曰：“以燕窝之名者而未见其燕焉？”翁笑而不答，乃拾卵石抛之于巨石，石落之处，银翅群起，上下翩飞，叽叽而鸣，声若扬琴轻弹，余音袅袅，飘曳于蓝天碧海之间。流睇左右，游情其间，心欢而雀跃，不知归时之将至也。美景一时观不尽，天缘有份再来游。

（作者：陈鸿诚，万宁市礼记镇人，中国书法协会会员，海南省书法家协会副主席）

万宁撤县设市纪实

公元一九九六年八月五日，国务院批准万宁撤县设市，1996年8月27日，万城镇主要街道上张灯结彩，彩旗招展，锣鼓喧天，一片欢腾。下午3时，万宁撤县设市挂牌仪式在市党政机关综合办公大楼门前隆重举行。省领导阮崇武、杜青林、陈玉益、王厚宏、董范园、刘学斌、张德春、王信田、吴葵光、刘名启、周松，省人民检察院检察长秦醒民，海南军区参谋长李泽荣，省直机关部分厅局的领导，万宁市委、市人大、市政府、市政协的领导以及市直机关、各乡镇、各界代表共1000多人出席了挂牌仪式。省委书记、省长阮崇武、杜青林、陈玉益、董范园，万宁市委书记、市长林玉权和海南省军区参谋长李泽荣还分别为万宁市委、市人大、市政府、市政协、市纪委、市武装部揭牌。

（一）

万宁古称万州，是海南四大名州之一。自唐贞观五年（631）置县，迄今（1996年8月）已有1365年历史。现全市拥有1883.5平方千米土地，总人口52万余人，是海南省著名的侨乡之一。

改革开放以来，万宁市人民在党的领导下，改革创新，艰苦奋斗，古老的万宁大地上焕发出蓬勃的生机，经济增长率每年达到8.6%。1996年，工农业总产值27.78亿元，第三产业产值5.5亿元，旅游业产值突破亿元，乡镇企业产值16.6亿元，社会固定资产投资7.4亿元，粮食总产量12.84万吨，地方财政收入1.1394亿元，在职职工人均纯收入4550元，农村人均纯收入1936元。万宁的名优特产东山羊、和乐蟹、港北对虾、后安鲻鱼等名扬中外，旅游资源十分丰富，景观众多，海南第一山——东山岭、兴隆温泉、六连岭以及石梅湾、南燕湾、神州半岛、日月湾、春园湾等地，都具有较高的旅游开发价值，吸引着众多中外商客的投资兴趣。万宁钛矿的贮藏量占全国同类矿种的43%，开发前景引人注目。

1991—1996年，万宁外引内联的企业项目累计达370余家，实际投资总额20多亿元，在工业、农业、旅游业等领域，培育出一批产业龙头，带动了全县的开发。几年来，市政建设资金累计达5.7亿元，新建改建街道18条，商住小区5个，万城的城区面积从6平方千米扩大到10多平方千米，供水、供电、通讯设施得到迅速发展，面貌焕然一新。农村城市化建设步伐加快。仅1996年，全市筹资2.52亿元投入小城镇建设，兴建中心墟镇街道23条，总长26千米，兴建楼房面积10余万平方米，新建农贸市场6个，扩建10个，全市18个墟镇的面貌换上新装。乡镇企业也得到迅速发展，1996年产值达9.3亿元，创利润1亿多元。农业向多种经营商品化生产发展。山地、丘陵地带的热作经济迅速发展，荔枝、菠萝、龙眼、芒果等热作果园成了万宁经济新的增长点。沿海一带，浅海养殖业又成了新的亮点，仅港北小海就拥有5000多亩的虾塘养殖基地，养殖专业户500多户。

以旅游为龙头的第三产业发展迅速。几年来，到万宁投资开发的国内外投资商达107家、项目150多个，合同投资总额45亿元和3亿美元。除兴隆温泉宾馆、兴隆康乐园大酒店、东山岭宾馆等著名的旅游企业外，近几年来又相继有日月湾台湾度假村，南燕湾高尔夫俱乐部、石梅湾大酒店以及兴隆新建的金银岛大酒店、寿仙温泉山庄、明珠温泉大酒店等一批有较高档次 的旅游宾馆建成开业，1996年，全县的旅游宾馆达到50多家，客房2600多间、床位5000余个，形成了较强的旅游综合接待能力。

万宁经济和社会建设事业的发展，为万宁撤县设市准备了条件。

（二）

1993年，万宁市委、市政府成立撤县设市领导小组，设立撤县设市办公室，专门负责撤县设市的具体工作，并明确各部门工作职责。1994年2月17日，万宁县委、县政府专门召开设市动员大会。号召全县人民艰苦奋斗，努力做好各项工作，确保各项指标达到设市要求。此后，万宁县委、县政府准备有关材料上报省政府，省政府向国务院和民政部提出万宁撤县设市申请。民政部派员对万宁软硬件进行考察评估。1996年3月21日海南省人民政府《关于增补我省万宁县撤县设市有关材料的报告》上报民政部。1996年8月5日，经国务院批准，民政部批复海南省人民政府，同意万宁县撤县设市，至此，万宁县历时四年多的撤县设市工作顺利完成。1996年8月27日上午，万宁市第十届人民代表大会第五次会议在万城召开。会议通过《关于万宁撤县设市后机构、职务、名称更改的决定》。接着市委、市政府举行挂牌仪式。各单位换新公章，按县级行政职能行使权力与运作。

（三）

1997年2月27日(农历正月廿一日)，万宁市在万宁中学操场举行隆重的撤县设市庆典大会。这一天，全市人民都沉浸在欢乐的海洋中，大家奔走相告，欢欣雀跃。

为了举办好这次庆典大会，市委、市政府的领导进行了精心的布置与策划。春节刚过不久，节日的气氛还未消散，全市各机关单位和万城镇市民就行动起来，清洁街道、整顿市容、张灯结彩，绑扎彩车，一切准备就绪。是日，艳阳高照，万中操场上，人山人海。天空中，硕大的气球悬挂着“热烈庆祝万宁撤县设市”的条幅。操场主席台上方悬挂着四个大红灯笼和“万宁设市庆祝大会”的大字红横额，主席台两边用红布装饰的大柱上写着大字对联：“励精图治建伟业，继往开来创辉煌。”主席台的两旁还用木料、红布搭建起大型红色棚墙，分别写上巨幅大字标语：“共创万宁美好未来”和“热烈欢迎四海亲朋”。精心布置的主席台，国徽闪光，庄严华丽；四周彩旗招展，彩练舞动。操场中央，五颜六色的鲜花围成了巨大的花坛。花坛中央，有一个圆形的大型表演舞台，人们从四面八方汇聚而来，个个精神振奋，人人欢声笑语……

上午9时整，庆典大会在国歌声中开始，礼炮齐鸣、彩球升空。大会首先由省委领导刘学斌致词，接着市委书记、市长林玉权、民政部副部长张邦英、侨胞黄桂春先后发表讲话。简短的仪式之后，举行大型歌舞表演，著名歌唱家董文华、阎维文、范琳琳、刘斌等登台献唱，海南歌舞团、省艺术学校演出了精彩的歌舞节目。文艺演出连续3个多小时，精彩的演出盛况空前。

庆典大会上，市政府还举行了嘉奖活动。授予刘虎生等11人为“万宁市特等荣誉市民”；授予李嘉伟等28人为“万宁市荣誉市民”；授予谢海熙夫妇2人为“爱乡模范”、授予谢组明先生等35名华侨为“爱乡赤子”；还嘉奖了一批为万宁设市做出贡献的人共12人。获奖者都分别发给荣誉证书。

晚上，在万城举行了游灯庆祝活动，在游行队伍中，青、红两条大龙和九条小龙、8只狮子组成第一方队在前面，接着是观音坐莲、唐僧取经、腰鼓队、高跷队等，最具特色的是彩车，各战线口、各乡镇、企业等都扎了彩车，体现自己行业的特色和发展方向，彩车共有60多辆，游灯的队伍约3千米长。晚上8时，游灯活动开始，一时间，鞭炮齐鸣、锣鼓喧天、礼花绽放，照亮了万城的夜空，大街小巷，张灯结彩，游灯队伍边走边舞，热闹非凡。队伍从万中出发，经过万城主要街道，人们填街塞巷观看，有从偏僻的山区来的，也有从外市县来的，庆祝活动一直到夜里凌晨一时结束。

“撤县设市翻新纪”，古邑万宁撤县设市后，将焕发出新的生机，以更加昂扬的斗志，奔向更加美好的明天。这一年，是万宁发展史上值得记载的一年，万宁的经济建设和社会发展从此跨入了一个崭新的阶段，万宁的历史也从此翻开新的篇章。

（作者：许甜，万宁市委党史研究室干部）

“兴隆”地名沿革

兴隆华侨农场地处海南省东南部万宁市境内，在美丽的太阳河畔。这里气候适宜，四季如春，具有热带园林风光的媚人景色，充满着浓郁的异国风情。改革开放前，由于没有对外开放，兴隆的温泉招待所又曾经接待过我国许多党和国家的重要领导人及国际友人，对外面的人来说，这里既是神秘，又是令人向往的地方；改革开放后农场充分利用得天独厚的自然条件和知名度，大力发展旅游业，如今的兴隆早已成为吸引海内外游客前来旅游观光度假的胜地。

说起“兴隆”这个名字，那只不过是清朝末年的事情。清光绪十一年(1885年)冬，海南临高、儋州一带，时逢大旱，百姓失收，官府仍然横征暴敛，饥民为求生存举行武装起义，万宁、陵水等县黎汉农民纷纷响应，迅速席卷琼州大部分地方，州、县纷纷告急。两广总督张之洞急奏，惊动了朝廷，光绪皇帝下旨，令广西都督冯子材率兵三千前来镇压海南的黎汉农民起义。镇压农民起义后，为了开发和建设海南，光绪十三年（1887年）张之洞和冯子材拟订《抚黎章程十二条》，主要是设立管理机构、开通五指山十字路、减轻赋税、在各峒口设场集市、开办学校等等。随后在岭门、南丰、悯安3个地方置抚黎局，局之下设黎团总长等职务，统辖当地事务。为便于与外界沟通和了解本地的情况，铺设了琼州至廉州的海底电线，并在海口、兴隆、陵水、南丰、崖州五处设立电报局。这是以“兴隆”命名这个地方的最早记录，1889年张之洞开始着手开辟五指山大路12道，其中一条就是从万州之兴隆、五甲西北行，经长沙营、什密、禁会、南峒、七屯出五指山之东，抵牛栏坪。随后“兴隆”这个名字，作为地名就是指现在兴隆这个地方。清末兴隆黎团总长钟启桢（奇曾）在兴隆黎区创办四所学校，招收黎族苗族的子弟入学。民国沿袭清朝建置，在黎苗聚居区设立抚黎局等机构。

到了1932年陈汉光到海南后，原设想在黎苗聚居区设立5个县，未建立县之前先设立黎务局管理当地事务，他特向广东省政府提出招抚黎苗民众的计划。同年广东省政府同意陈汉光的计划，并令琼崖绥清公署增设抚黎局，委任陈汉光为抚黎专员，抚黎局后来改为抚黎专员公署，到了1934年广东省民政厅长林翼中来琼视察各县后，同意在抚黎专员公署下，分设岭门、保亭、南丰、兴隆四处黎务局，其中岭门、保亭为一等局，南丰、兴隆为二等局，每局的局长下设有队长、书记各一人，其不同的地方是一等局有兵额30名，二等局兵额24名。

到1935年3月抚黎专员公署花费二年的时间，终于将琼山、定安、儋州、昌江、感恩、崖县、陵水、万宁、乐会九县的黎苗居主区界线勘测完毕，划出72峒，经广东省政府核准，分设白沙、保亭、乐东3个县，同时撤销抚黎专员公署和岭门、保亭、南丰、兴隆4个黎务局。1939年7月，日本侵占兴隆，1942年日本在兴隆增设“维持分会”和油脂公司，来镇压和剥削当地人民。解放后，兴隆这个地方出现两种不同的管理体制的单位：一是地方行政建置管理的乡、公社（解放后设有兴隆乡隶属于万宁县）；另一个是属垂直管理的农场。两种体制在同一地方交差并存，海南俗话叫“插花”地区，这种情况一直延续到1968年以后才有所改变。1951年9月，创办兴隆华侨农场生产指导委员会，隶属中央归国难侨处管理委员会海南分处领导，国家安排700多名归侨分三批来兴隆垦荒种植，后来继续吸收来自22个国家和地区的归侨。1952年9月，改为广东省万宁县兴隆华侨集体农庄，隶属海南归国难侨处管理。1956年2月，农庄改为国营兴隆华侨农场，直属广东省华侨事务委员会领导。1956年8月，将原属万宁县长西、牛漏、兴隆3个民族乡划归琼中县。1957年10月，长西、牛漏、兴隆3个乡划归万宁县。1958年把兴隆华侨农场和邻近周围的国营南林农场、国营东和农场以及牛漏、竹林、礼纪等农村合并，成立广东省崖县"兴隆公社"，隶属崖县人民政府。1959年兴隆公社划归万宁县，恢复国营兴隆华侨农场，直属广东省侨务办领导。1960年1月，开始场社合并，原兴隆公社永乐、永丰、南旺三个生产大队合并入兴隆华侨农场。1960年周恩来总理和邓颖超来兴隆视察。1961年中共中央总书记邓小平视察兴隆华侨农场咖啡园。1963年1月，朱德委员长来兴隆视察并在温泉招待所亲笔题字"兴隆农场"，为石龟水库题字"万宁水库"。1966年5月，场社合并，太阳河农场并入南桥公社，桥西大队6个生产队和牛漏1个生产队并入兴隆华侨农场，到这时候"兴隆"这个名字，其地理概念和行政区域，与兴隆华侨农场等同。1969年4月，改为广州军区生产建设兵团2师8团，直属广州军区领导。1974年恢复国营兴隆农场，属于海南农垦系统。1978年9月，恢复国营兴隆华侨农场，归广东省华侨农场管理局领导。1980年下放海南华侨农场管理局。1988年后属海南省侨务办公室管理。

（作者：陈家传，海南万宁人，海南省史志工作办公室干部，本文选自2002年《海南史志》总35期）

参考书目：

1.正德《琼台志》。

2.《琼州府志》。

3.《黎族古代历史资料总目》。

4.《黎族史》，吴永章著，广东人民出版社1997年。

5.道光八年《万州志》。

6.《万宁县志》，1994年南海出版公司出版。

7.《辞海》，上海辞书出版社1990年版。

8.《琼中县志》，海南摄影美术出版社。

9.《中国共产党广东省海南行政区组织史资料（1926—1988）》。

第四节 散文小说选载

老爷海

初夏，我们来到老爷海入海口，站在山峰上遥望老爷海，它似一个巨大的月牙落在青山村落间，闪耀着银色的光芒。

老爷海长达10千米，平均宽300米，平均水深3米，海域面积4.5平方千米。涨潮时海水从坡头岭脚下的40米宽海口灌入老爷海，退潮时老爷海的海水又倒流入大海，将内海里的污泥浊水以及饲料残饵等冲出去，使水质得到澄清净化。每年遇上暴雨倾泻，洪水从岭上和溪里奔流而入，丰富的微生物随洪水注入内海，给海中的鱼、虾、螺带来丰富的饲料，使鱼、虾、螺肥美，为两岸人民提供了丰富的海鲜产品。

传说古时候有一个大财主，看到大片土地和山岭被人霸占去，出租给农民耕种，收取税赋。他霸占不到土地和山岭，就霸占这个天然泄湖，渔民到小海里捕鱼虾蟹螺等，就得向他缴交税赋。后来，当地人便称这个内海为“老爷海”。

老爷海周边风光旖旎，物产丰饶，四季如春，花香鸟语。从进水海口处乘船而下，北岸群山延绵，树木葱茏。岭脚下椰子树迎风扬叶，槟榔树一行行环绕着山岗，橡胶树一簇簇。岭腰有几个巨石耸立在绿树中，在阳光的照耀下银光闪闪，特别显目；南岸的神州半岛开发区机器轰鸣，一幢幢高楼大厦拔地而起，耸立在山水之间，一座雄伟壮观、建筑独特的新城正在崛起。岸边的红树林枝繁叶茂，叶子肥厚宽大，树根如一条条木桩插入水中，形成一条狭长的绿色长廊。一群白鹭在红树林边飞翔觅食，有的飞落在茂密的树枝丛中，张着长脖子注视着水中的动静。一些小鸟飞绕在树枝叶间，“啾啾”地鸣叫着。

我们的小船在清漪的水面上行驶，机器的轰鸣声和船头犁起的浪花，惊动了水中的鱼儿，一群群鲻鱼时而跃出水面，时而扎进水里，向前飞腾，很是好看。

小船行在岸边时，清澈的水底下一群群如星辰般的鱼儿闪一下一个样子，变得千姿百态，让你眼花缭乱，兴奋不已。几只白海鸥鸟在水面上自由飞翔，有时冲至水面，有时飞向高空，时而发出“奥奥奥”的鸣叫声，给这漪澜的海面增添了一种韵律。一个头戴着竹笠的渔民站在半腰的水中撒网捕鱼，他收起细细的渔网，网上挂着一条罗非鱼和几条鲻鱼，便将鱼摘下放进鱼篓里，脸上流露出淡淡的笑意。几个礁石上坐着3个身穿白色服装的垂钓者，他们从头到脚都被这种特制防晒衣服包裹得只露出两只眼睛，犹如太空人降临此地，慢悠悠地抛钓。一会儿，一个垂钓者钓到一条1公斤重的石斑鱼，那石斑鱼在挣扎，鱼竿在摇晃，吊得鱼竿弯弯的。

船在水中行，鱼在水面飞，海鸭在水中游，青山绿林在水中移动，不觉小船已驶至风豪桥。风豪桥有新旧两座，一座是20世纪建的，一座是新建的。新建的风豪桥也称为“东桥”，东桥长200多米，共有9个桥拱，中间两个拱很高，可以通过大船。大桥雄伟壮观，一桥飞架南北，将半岛和北端陆地连在一起，成为开发神州半岛的重要枢纽。

船驶过大桥，我看见海面上漂浮着一个个矿泉水瓶，感到奇怪。东澳镇新华村委会踏头村民陈亚宁说，这是潜入水底抓螺的人设置的浮标，示意人们有人在这里的水底抓螺，行船要靠远一点，以免伤害水下人。

在开阔的海面上，吊挂着几个巨大的渔网，大约有半个篮球场那么大，将这种网放入水中，待鱼游入网，便用卷扬机将巨网吊起，鱼虾便成了瓮中之鳖了。海面上插着一行行木桩，用渔网编织成篱笆，围成一个巨大的篱笆圈，养殖螺、海菜等。

我们的船驶近北岸的湾仔头村、新村和龙宝村，绿树新房在海水的荡漾中更加靓丽。龙宝村对面的南岸岭脚下，生长着四季翠绿的红树林，宛如一条环绕山岭的绿带，繁茂的枝叶和奇石簇拥着，互相映衬，呈现出繁茂碧深的效果。

一位渔民划着一只小船向南岸驶去，船上坐着两个孩子，坐在船头的那个孩子手中抓着一只风筝，那只小风筝在空中越飞越高，坐在船中央的孩子笑嘻嘻地望着风筝拍掌欢笑。

在龙宝村边临时搭建的木板桥处，海面狭窄，水流湍急。我们过了木板桥，老爷海的水面逐渐开阔起来，波光粼粼的水面上矗立着三峰并连的牛庙岭。

牛庙岭南临大海，北濒老爷海，它处在海水的包围之中，形成两面是海，两面是岸，海中有岭，岭中有海的景观，被人们称为“世外桃园”“人间仙境”和“神仙岭”。

小船环绕着牛庙岭行驶，鹰在空中翱翔，鸟儿在歌唱，岭上各种各样的鲜花在绽放，凤凰花如火把在燃烧，红艳艳的。野菠萝结下碗口大的果实，成熟的果实呈橙黄色，十分可爱诱人。岸边的石头千姿百态，光滑明净，站在石头上俯视水中的倒影，鱼儿与您亲吻，别有一番雅趣。

小船绕过一个弯，驶近海尾，海面上漂浮着几十行竹排，约有百米长，竹排吊着一支支绳线，绳线上吸附着海螺，看得出这是人工养殖螺竹排。我翘首远眺，乐南村粘贴在海与海之间，一间规模不小的洋楼十分夺目，它在烟波浩渺的大海边尽显姿色，十多里远都能欣赏到它的容颜。

游完了老爷海，那山那树那花那草那鱼群那岩石……令我赞叹不已，而让我感到神奇的是老爷海的水，那水有时候向东流，有时候又向西流。我上次到老爷海看到水是向东流的，今天的水是向西流的，时隔仅8天，就观赏到它神奇的一面。这水清得让人看到水底下的鱼儿在游弋，它柔软得让人的肤肌麻木，它透明得让人仿佛走在玻璃上。

夕阳中，老爷海的水面闪耀着斑斑驳驳的金光，一只打渔的小船靠岸，打渔的人是一对夫妻，这次出海就捕到10多公斤的黄鳍鲷、长棘银鲈、篮子鱼、鯻鱼、铜盘鱼、多鳞鱚、鲻鱼等，可赚到600多元，老两口脸上露出喜悦的笑容。

（作者：郑立坚，中国作家协会会员、海南作家协会会员、海口市作家协会理事）

石梅湾，诗意的发生地

海南岛本就是诗意的发源地。历史上，海南被称为“天涯”，天涯在中国文化中，就代表着远方，而对于远方，人们总是充满想象的。所以，关于海南岛，就有很多浪漫神秘的传说，天涯就成了诗意的源泉。

但可惜的是，古代的海南岛更多的是流放之地，是一些诗人短暂的人生驿站，对于海南岛，他们只是过客，诗歌也就随风而逝。而进入现代，海南岛一度有所封闭，诗意也就无法得以彰显，人们虽然对海南心向往之，却没有附着，无从落地。直到进入1980年代末，海南岛才得以诗意大释放，成千上万充满激情的年轻人渡海而来，诗歌亦随之而来，海南岛一时成为诗意的爆发地。这一阶段，关于海南岛的诗歌层出不穷。进入新世纪以后，海南岛的诗歌浪潮更是一波接一波，逐渐地，众多诗人自发地来海南岛寻找诗歌。

诗人们来到海南岛，一则是寻找诗歌，二则是寻找同道。所以，开始时仅限于海口、三亚两地，后来，澄迈有了诗人江非，陵水有了诗人郑文秀，海南岛的诗歌就遍地开花了。这两年，又增加了一个诗意的发生地，那就是位于海南岛东海岸的石梅湾。而石梅湾之所以显现出来，是因为这里有一个诗人骆家。

骆家，本名刘江青，湖北人士，大学毕业于北京外国语学院，和诗人树才同学。在大学期间，骆家就是诗歌发烧友。毕业后，他被派出国多年，和诗歌有所疏离，前些年，受公司委派，骆家来到了美丽的石梅湾，成为当地开发区的负责人，又开始回归诗歌。石梅湾有了骆家，很快就成了一个诗歌的驿站，众多诗人们在从海口去三亚的途中，必在此停留，这一停留，诗意就开始涌现。因为，石梅湾本就是一个美的处女地，而诗人，最擅长发现美。

石梅湾三面青山，一面朝向大海，可以说是中国最美丽的海湾之一，其海滩平缓，沙白软细，海面上经常变幻五六种颜色，不远处还有几个海岛及巨石点缀，堪称人间仙境。但这一美景由于地理位置以前相对偏僻，竟不为世人所知，前两年，石梅湾在电影《非诚勿扰2》中惊艳亮相，引起轰动，迷倒了一大批时髦男女，才逐渐变得著名起来…

石梅湾不仅海景美丽，还是著名优良贵重树种青皮林在中国的唯一驻地。青皮林是常绿乔木，国家二级保护树种。其枝木高耸挺立，树身椭圆形，树皮青灰色，常年散发幽香。青皮林还是珍贵的优质木材，木质坚硬，色泽美观，可用于制作精细木器，故自古就对此加以保护，清代就有“青皮林禁碑”，称：“乌石图界内如有坟墓之山，不准乱砍树木，既不坟墓之山，凡以海滨者亦无准乱砍树，倘有恃强砍伐，一经该图呈按，立即拿案究惩，各宜禀遵毋违，特示。光绪二十七年正月二十九日告示”。如今，这里更被列入重点生态保护区。石梅湾之得名，也因为这里有青皮林，因当地百姓又称青皮林为青梅林，青皮林改变了石梅湾的整个生态，这里是各种鸟类的栖居地，人们经常可以看到群鸟翔集。白云也格外偏爱此地，青皮林上空经常有云环雾绕，一阵风来，大雨倾盆，成为一大景观。所以，在这样的地方生活，就很容易成为一个诗人。

骆家就是这样一个有福之人，他曾中断写诗多年，到了石梅湾，诗兴大发，短短几年写了一本诗集《青皮林》。骆家这本诗集，基本都是在石梅湾完成的。一方面，是石梅湾赋予其宁静的心态，能够安神静思。另外，石梅湾本身就是一座诗歌的富矿，青皮林是一片诗林，所以骆家能经常有新发现，产生新感觉新感受，因此激情洋溢诗思飞扬。再者，就我所知，骆家这些年对诗歌非常之痴迷，我在海口的时候，骆家过一段时间就要来海口找我谈诗歌，茶馆咖啡馆，红酒白酒，坐下就聊诗。而每有诗人从内地来，我也叫上他，他迅即驱车赶来。后来，他也经常去全国各地参加一些诗歌活动，与众诗人探讨交流，这对他的诗歌写作无疑大有裨益。总之，骆家到了石梅湾，找到了自己心灵的栖息地，而石梅湾有了骆家，也就有了其内在之美与诗意得以彰显的契机，骆家和石梅湾可以说是相得益彰，并有了《青皮林》这沉甸甸的收获。

还需要补充的是，这些年，骆家在诗歌界名声渐起，石梅湾就成了诗歌的中转站，经常会有诗人直奔骆家而去。诗人李笠和臧棣就曾在石梅湾流连往返多日，被石梅湾之美激发，诗情大发，居然每人都写了二三十首关于海南岛的诗歌，其中不乏绝佳之作。显然，他们是幸运的。而石梅湾也有幸有了这些诗人，石梅湾之美更放异彩。

最后，以骆家的《青皮林》一诗中的精彩之句完成这篇短文吧，因为，这几句诗也恰好是他诗意生活的写照：

寂静似一个探不到底的山洞

夜拥着昼之被逃之夭夭

失眠的阳台碎银般清辉醒来

喜欢听着风，那青皮林的鼾声

（作者：李少君，作者为中国作家协会会员、海南省作家协会副主席、《天涯》杂志主编。本文选自《青皮林》诗集）

万宁女人的“辣”

万宁，古称万州，位于海南岛东南部沿海。东濒南海，西毗琼中，南邻陵水，北与琼海接壤。一方土水养一方人，在适应大自然的过程中，人类形成了自身的性格特征，不同的地域风貌、气温湿度等特性又形成人们不同的性格。在海南人当中，万宁人的性格是比较独特的，而万宁女人也有一点点执拗，一点点倔强……她们给人的感觉总是很率真，也就是说，她们有点儿“辣”味。

万宁女人的“辣”，表现在敢闯敢干，吃苦耐劳。勤劳是人类生存的基本条件，哪里的女人不勤劳呢？可是与其他市县女人不同的是，万宁女人不仅仅是勤劳，她们很多时候干的都是男人的活儿，生意场上的万宁女人更是精明，擅于抓机会，她们以自己独特的人生观和价值观，顽强的姿态让我们所熟悉。她们不虚伪不做作，也很“豪爽”，只要喜欢你就可以无私奉献，绝不会藏着掖着留一手。小农经济的制约，再加上粗犷的海风，甚至那里的风水土壤导致了她们的习性是率真。万宁曾是发配从军、流放的地方，很多人都说万宁人“瓮昂(野蛮”)，我理解为这是他们的性格中的“执着”，是的，万宁人认准的事情，就是倾家荡产花多大代价也在所不惜，所以他们比较容易接近成功。为了生存他们不分贵贱，不怕脏不怕累。在海口，有集贸市场的地方就有万宁人勤劳的身影，“万宁现象”成为海南农民进城就业的一道独特的风景，他们卖猪肉、卖鱼、卖水果等方面都占了相当比例。而且他们喜欢群态行事，因此，只要有一个出去站稳了脚跟，就会介绍亲戚朋友一起来，往往相熟相知的老乡就集中于一个市场，租房子也在一起，好相互照应。

万宁女人的“辣”似乎还可以表现在驾驭男人的本领上。海南的女人很勤劳,同样是“离太阳最近的人”，万宁男人可以说是海南男人中最勤劳的了，下田、出海、上山砍柴等什么活儿他们都干,只是脾气有点暴躁，有时喜欢说粗话等等。这些表面粗犷剽悍的当地男子并没有吓跑万宁女人，相反，她们号准了他们的脉络，看准了他们的穴位，于是乎一个个万宁男人娶妻之后无一不成为好男人，他们对孩子的爱心、对家庭的责任心令海南其他市县的男人望尘莫及，这要归功于万宁女人的魅力和独特的“擒夫术”。有人说，爱情是女人的全部，再厉害，再精明，再泼辣的女人都会在潜意识里寻找属于自己的幸福，万宁女人对爱的理解就是“简单的幸福”。无论在丈夫遭遇怎样的挫折，她们始终不离不弃，给予信心和鼓励。万宁女人虽然辣，但是你会发现，不管是“微辣”、“中辣”还是“特辣”的，娶了她们的男人都很安然，虽然有时难免“忽闻河东狮子吼”，但没有人投诉受过“辣妹子”的虐待，男人都穿着整洁的衣服，脸上还泛着油光。如果没有一个温柔体贴的贤内助，怎么会有如此“光辉”的形象呢？其实，能说会道、质朴率真、执拗耿直、热情好客、性如烈火的万宁女人，她们“辣”的背后是一副豆腐心肠，熟悉的人都知道她们只不过是纸老虎。

“万宁”二字乃美好的字眼，安宁之境的万宁紧靠南海，既是汉人居住的地方，又靠近黎苗同胞的山区。根据当地人介绍和古书记载，海南一带很早就有槟榔待客的风俗。今天，万宁的黎族同胞，依然把槟榔果作为美好和友谊的象征。客人登门，主人首先捧出槟榔果招待,即使不会嚼槟榔的人，也得吃上一口表示回敬。逢年过节，家家户户都备有槟榔果，以敬拜年的贵客亲朋。万宁女人爱吃槟榔，她们吃槟榔还很讲究、很专业——先把槟榔切成片，然后粉上用贝壳粉调制成膏状物的佐料，再卷上蒌叶放进口里慢嚼，初时味涩，并有绿水，待吐完了绿水，又生丹津，吃后面红耳赤目眩，如醉酒一样。正如当年苏东坡即兴写的“两颊红潮增妩媚，谁知侬是醉槟榔”。

后安粉是万宁的一种小吃，也是海南一种很著名的美食。相传万宁后安镇地灵水秀，物产丰富，人才荟萃，美人辈出。宋代时有一伙闯荡江湖的恶徒经常到后安逞凶作恶，欺凌百姓。后来，后安镇上一名武功超群的青年挺身而出，带领大伙把这群恶徒赶跑了。这位青年勇士因而博得了一位姑娘的爱慕，她精心挑选了特产海鲜，配好料，熬制成了粉条汤，多次答谢这位青年。由于汤和粉味道鲜美，佐料独特，人们随口对之命名为“后安粉”流传至今。后安粿条的特色是韧而不硬，软而不糊，晶莹洁白，煮炒皆宜，汤干随意，开胃可口，而万宁女人，她们麻利地做工，爽朗的气度，似乎已经糅在滚烫清香的粉肉汤料里，进驻了人们的意识，她们的坚韧泼辣，开拓创新正像后安粉一样柔韧有加。所以，在海南很多名粉的盛名面前，“后安粉”既不自卑也并不气馁，在默默竞争的市场法则中渐渐地亮出了分庭抗礼的旗帜,并在省会海口占了重要的一席之地……

万宁有绵长的海岸线,所以万宁女人有海洋般的情怀。万宁和琼海、文昌、陵水、三亚一样,都是台风喜欢来散步的门户,在抢险救灾、恢复生产中,何处不见万宁女人的身影与足迹?那么,万宁女人的优质配置来自哪里呢?海南四大名菜中,万宁居然就占据了其中的两款,我想,也许这些食品在构建万宁女人的性格特质中起了一定的作用吧。另外,万宁还有相当独特的山水资源配置:最有名的"海南第一山"东山岭坐落这里;最有名的温泉——兴隆温泉在这里涌动;最有名的热带植物园也圈定在这,这里有水清浪静、滩洁沙软的石梅湾、南燕湾、日月湾和春园湾等等,还有多不胜数的奇山异洞、怪石岛屿……正是这些特质资源在长年累月中,不知不觉地造就了万宁女人的风范与气度,魅力与胸怀。

姜是辣的好,女人当然还是辣的有味道。其实,甜也好,辣也好,都是一种韵味,关键是你要学会品尝。虽然,万宁女人有时吃槟榔也会吐在大街上殷红殷红的让人不敢恭维;虽然,在某些公共场合她们音调的分贝似乎高了一点,虽然……但是瑕不掩瑜,无论怎么说,万宁女人的辣,辣出了风格,辣出了品位,辣出了个性,辣出了生活的酸甜,也辣出了世态百生,那是一种精神,一种情操,一种性格特征——生活的基调是由酸甜苦辣的百味调配出来的,甜的太腻,酸的太麻,苦的太涩,那么,让我们好好品尝一下辣妹子美妙的"辣"味吧。

(作者:曾万紫。本文选自《海南女人》,作者为中国作家协会会员,海南省作家协会会员)

写给万宁的情书

离开万宁时,和乐镇的书记给了我一张盐墩村荣誉村民的证书。我开玩笑说,这荣誉村民的证书能有什么用?他挠了挠头,拍着胸脯说,你只要去那个村,想住谁家住谁家,想吃谁家吃谁家。我居然眼窝一热,想起了年少时感动的爱情故事,也无非是女生问男生嫁给你有什么好处,男生回答保证你一辈子有花衣服穿,有好饭吃之类的花言巧语。

盐墩村其实是一个半岛小村,三面环海,需要搭船过海才能抵达。小岛与北岸之间若建一座桥是很简单的事情,可是大家都舍不得拆那个小小的渡口,舍不得那种坐着摆渡船,每天进进出出,看着太阳照着浪花的生活。

这里的岛民都姓叶,据《叶氏族谱》记载,最早在明末从福建莆田迁来,过去因岛上少田,世代便以煮盐为生,因而得名。现在这个曾经的孤岛荒村,大部分人家早靠虾塘养殖赚了钱,盖起了两层的小洋楼,只剩下几户人家仍在煮盐。他们也并不指着煮盐赚钱,只是想着有些老人还是爱吃这煮的盐,腌小鱼腌萝卜干还都是用煮的盐才地道好吃。

这个村子虽小,但五脏俱全。村中心有一座"三间庙",让人想起那个最自恋的夫子屈原,想起每年端午的赛龙舟,想起所有与之相关的大陆文化。记得有一次下乡,在村子里碰到一户老人家娶孙媳妇,全村人都来帮忙,流水席摆开有20多桌,上至九十多的阿婆下至不满周岁的婴孩儿,熙熙攘攘,真是少长咸集。我还在想“故人具鸡黍，邀我至田家”的俗词，一转身赫然看到那副簇新的对联，上联是“易曰乾坤定矣”，下联是“诗云钟鼓乐之”，横批是“琴瑟和谐”。

万宁到处都是这样看起来不起眼却让你喜出望外的小村子，如同我们的摄影家们用自己的镜头发现的文通村、下深湾村、梅开村、下园村、茶山村……虽然也只是简单的绿树村边合，可是却有着浓浓的乡情。怎么说呢，它们就像盐墩村煮的盐一样，让人难以舍弃。是盐，吸引着人类聚集在一起，多少部族、城邦、国家，因盐而战，因盐而兴。人类的文明若缺了盐，该少了多少回味无穷的滋味。同样的道理，万宁，有的是青山绿水，蓝天碧海，有的是云卷云舒，茂林修竹，可是若缺了那些倔强而乐观的百姓，不知少了多少的重量。

知道要来万宁挂职时，查了查它的资料——唐贞观五年（631年）初置万安县，至德二年（757年）又改为万全郡，南宋绍兴七年（1137年）始名万宁县，明代曾改称万州，民国3年（1914年）再称万宁县。

无论是万安，万全，还是万宁，古往今来，人们所希求的无非就是这些吧。看看县志，在漫漫的历史长河中，这里经常是瘟疫流行洪水泛滥，淫雨伤苗，米贱伤民，海寇攻城土酋聚反，文庙被毁，祭器被掠，万般安宁，万岁万全，想来都是百姓的奢望。可是现在不同了，我们这些外乡人在这里真的找到了久违的安宁。

去年12月中旬，万宁遭遇了罕见的冬季超强暴雨，一天的降雨量达到500毫米，有13万人的生活受到影响。然而风雨过后，晴空朗朗，满眼郁郁，百姓的生活照旧。我们赶着去看百岁老人罗开明、吴关风夫妇。他们的房子也漏雨了，民政干部答应了过两天就修补一下屋顶。两位老人刚刚领到新发的大衣和棉被，103岁的阿公罗开明怕大衣的扣子不结实，正坐在门槛上飞针走线，104岁的阿婆吴关风正准备晒晒被子。

看见我们过来，他们笑呵呵地站起来，放下自己正在做的营生，询问其他村受灾的情况。我们把带来的粮食放在简陋的厨房，又把一箱阿公最爱喝的本地产的鹿龟酒放到桌子下。他们也不客套，笑意盈盈地看我们张罗。在此之前我们请摄影师给这个五世同堂的大家庭近百口成员拍了一张全家福，两位老人也是这样笑意盈盈地坐在中间，看着一堆正在成长的孩童打打闹闹。生命中一定有许多艰难曾经写在他们的脸上，可是现在，他们的脸上只有孩童般的天真。

其实，在万宁的乡村随处可见这样的老人。我的那些同事们，经常会不经意地讲到自己的爷爷奶奶已经九十多了。逢年过节去同事家，最开心的莫过于看到家里的长者鹤发童颜。先挑一挂鞭炮放了，然后请长者端坐在最核心的位置，然后我们这些晚辈举杯敬酒端茶递果，间或有孩童嘹亮的哭声传来，真的是再融洽不过的事情了。

在这片土地上，20多岁结婚生子，50多岁当个爷爷，70多岁抱个重孙子是再正常不过的事情，正如他们对你好就是把新鲜的柠檬、手工烘焙的咖啡、刚酿好的蜂蜜、刚摘下的鹧鸪茶、自己园子里长出的小白菜一股脑儿地送给你。

我和许多人一样想探寻他们长寿的基因。直到有一天，我再次读到海子的一首诗。他说，活在珍贵的人间，人类和植物一样幸福。爱情和雨水一样幸福。是啊，万宁最不缺的就是植物和雨水。

春天,这里的雨不多,但也不会稀缺到贵如油的地步,一不小心便有陪你到天亮的贴心。夏天,更是东边日出西边雨,天一热几朵云过来就是一场及时雨,隔着一条街,你走在阳光里,却看着我淋成落汤鸡。

这里的植物更是如同一个寻常的人,不惹眼,不闹腾,只管心无旁骛地生长绽放,你走在路上,像遭遇不设防的爱情,一树一树的繁花暗示着情深似海的流年。我曾固执地询问每一棵树的名字,每一株花的花期,甚至责怪万宁人对植物的忽略,直到一位同事看不下去,打断我:“阳光天天照着你,你有必要分析一束光与一束光的区别吗?就算你真的能停下来耐心打量天边的每一朵云,有必要搞清楚它们来自何方又走向何处吗?”

是啊,没有一处风景需要刻意定格,我们得学会和纠缠的内心握手言和。今年春节前后将退休的爸妈接到万宁来小住。和北方的污浊寒冷相比,万宁的冬季是一年中最好的季节,早晚都适合散步。我们暂住的小区绿化很好,许多花草都种植在一条条木船里。船头极宽敞,可以平躺好几个人。我和爸妈走累了就一起躺在船头,看着大朵大朵的云在楼宇间穿梭,听着远处的树蛙一声声一片片地叫着。记忆中这样子一家子闲散,还是小时候。那时每年暑假爸妈都会送我和弟弟回奶奶家,总会有那样的夜晚一家人坐在乡下老宅子的大树下。在万宁,又找到了这样的奢侈。

毕业后留在北京,每年除了回老家陪父母过年时会懒散地待个十天半个月,大多数的时间都宅在北京。即使出国采访,也很少超过半个月。到万宁挂职的一年,几乎相当于人生的轨迹忽然岔进了一条支流。原本只想随波逐流,不曾想却突然收获了无数病蚌成珠的瞬间。以前不理解一生跌宕的苏东坡,为何会把在海南的三年说成是“兹游奇绝冠平生”,觉得他写出“海南万里真吾乡”也只是一贯的夸张之词,但经过一年的坐看云起,我多多少少明白了这个词人的真心。

翟永明写过一首诗,在古代/青山严格地存在/当绿水醉倒在他的脚下/我们只不过抱一抱拳/彼此就知道后会有期

久居他乡即故乡。可是多久算久呢?万宁,我只想说,遇见你,并不意外,抱抱拳,我们后会有期。

(作者:杨雪梅,人民日报社政治文化部文化采访室副主编,万宁市委常委、市政府副市长(挂职锻炼))

万宁印象

2012年11月,从工作岗位上退下来的我作为“候鸟”族中的一员,和老伴儿一起来到了向往已久的海南第三大滨海城市——万宁。像所有一直生活在北方的人们一样,一下飞机我就被这里旖旎的热带风光所吸引,人也显得异常兴奋。早把旅途的劳顿抛到脑后去了。

走出万宁火车站已是日暮时分,热情的便民出租车拉上我们的行囊开始向我在这里的“家”中驶去。

时值初冬，家乡那边已飘起了洋洋洒洒的雪花儿，而这里却是一派生机盎然的景象。宽阔的街道两旁，立体交叉式的绿化带错落有致：随风摇曳的椰子树、挺拔伟岸的槟榔树、风姿绰约的棕榈树，造型各异的灌木绿化带、碧绿如毯的草坪，构成了一幅织锦缎般的风景画儿，令我目不暇接。车仿佛行走在绿色的海洋中，和煦的微风吹拂在我的脸颊上，轻轻的、柔柔的，没有一丝寒意。

路边那些叫不出名儿的花朵，开得姹紫嫣红、热烈奔放；空气中除了植物特有的清新，还夹杂着花儿淡淡的芳香，吸入一口，直抵胸际，令人感觉很舒爽。虽然天色已晚，看不清道路两旁的建筑，但这如画的美景早已让我陶醉其中而情不自禁。

光阴荏苒，屈指一算，来到万宁已经一月有余了。在这一个月的时间里，我曾于清晨和朋友散步，来到素有“海南第一山”之称的东山岭，细细地品读和欣赏这里精美绝伦的摩崖石刻、佛教殿堂。在领略了仙山佛国的清幽和灵动之余，还重温了那“东山再起”的故事；我曾与家人来到美丽的神州半岛，领略这里海天一色、碧波万顷的南海风情，用心体验和品味徜徉于山海之间，与蓝天、白云、大海为伴的美妙感受；我还曾一连数日去日月湾观看正在这里举行的世界长板冲浪比赛，欣赏那些世界级别的冲浪高手在浪尖上回旋飞舞的精彩刺激场面。在这里，我安静地站在美丽、端庄、圣洁的海神妈祖像前，看着恬静的茄新河从远方一路奔来，在这里汇入浩瀚的南海，分享着游人们水中嬉戏、河畔饮马的开心和快乐；在这里，我曾久久地凝望着日月湾对面那颇有些神秘的牛岭山脉，看着轻纱般的云雾在半山腰萦绕飘荡，耳畔响起了在当地广为流传的那句“牛头下雨牛尾晴”的民谚，眼前浮现出了那个关于热带和亚热带分界岭的北纬18度的传说。

在这里，我如孩子般地赤足行走在细腻松软的沙滩上，看着大海中那一排排洁白而有层次的浪花奔腾着，跳跃着，从远处一路奔涌而来，哗啦啦地冲刷着我的脚面，那种清凉的惬意像电流一样瞬间从足跟传至我的心田。这情景和意境是平生头一回，那么新奇，那么美妙。日月湾的椰风海韵，令我流连忘返！

独特的地理位置，充足的阳光、清新的空气、湿润的热带雨林气候，高覆盖率的绿色植被，使这里的空气湿度达到60％以上，负氧离子含量也很高，呼吸起来感觉特别舒服。北方的一些地方病如气管炎、高血压以及心脑血管病人到了这里，病情就会自然减轻、好转。老伴儿的高血压病几十年来一直困扰着他，到这里的第二天，舒张压和收缩压都分别下降了十多个毫米汞柱，现在服药已经减半，血压控制在理想的数值以内，现在他每天饭后散步、弹琴，比在家时精神了许多，身体得到了有效的康复。

因为空气湿度适中，气候不干燥，一个馒头露天敞着放一天，和新买来的一样松软；包饺子擀面皮，你不必再担心它会合不拢、捏不上；晚上睡觉时喉咙和鼻子不再感觉干燥得难受，家里的地板砖几天不擦也没有浮灰，衬衫即使穿过几天，袖口和领口也不会有污渍。虽然现在已经是这里的冬天了，可最低温度仍保持在零上20度上下。来自北方的我，一直都穿着半袖T恤，晚上睡觉时还要开着窗子。和家乡那冰天雪地的寒冷气候相比，简直是冰火两重天。

湿润的雨林气候，使这里下雨就像家常便饭一样方便，既不刮风也不打雷，一片乌云就可能带来一阵雨。过后，又是阳光灿烂、微风和煦的晴朗天气。一次，我上街购物，忘了带雨伞，一阵大雨飘然而至，令我不得不临时躲进路旁的一家大排档。店里的小妹笑盈盈地捧来一杯香气四溢的绿茶放在我的面前，令我一头雾水，不禁有些忐忑。忙起身解释我是临时进来避雨而非来消费的，坐在邻桌的店老板笑着和我举杯示意："没关系，来的都是客。"万宁人的热情、豪爽、淳朴、好客，瞬间温暖了我那颗远离故乡亲人的有些孤寂的心，深切感受到了同为炎黄子孙、血浓于水的同胞亲情。

与内地各大城市间街头上那些匆匆忙忙的人流相比，这里人们的生活节奏要慢些。他们比我们那里更休闲、更会生活。可能是由于天气热的原因吧，这里的人们习惯于夜生活，晚上都要夜里十二点钟甚至更晚才睡觉，早上起得也比较晚。

入夜，天气开始变得凉爽起来，公园广场等公共场所，霓虹灯光在夜色中反射出梦幻般的迷人色彩。人们开始走出家门，进行各种休闲娱乐活动。超市等一些消费购物场所要开门营业到晚上十点钟后才关门，路边的大排档里坐满了前来喝茶、喝椰子水、吃夜宵的人们。公园里面真正开始活动要从晚上七点半后才开始。这时，各个广场舞蹈队的队员们穿着各式新颖漂亮的服装，每人手里都拎着一瓶自备的白开水或菊花茶，来到固定场地，在音乐的伴奏下，跳起优美的广场舞和健美操。在广场的一个清幽之处，具有傣族风情的清新柔美的葫芦丝乐曲声中，一群年轻的阿妹跳起了婀娜多姿的孔雀舞，看着她们柔美的身段和优美的舞姿，还有领舞者眼神中那顾盼左右而又含蓄多情的眸子，我不禁想起了孔雀皇后杨丽萍，想起了她那婀娜多姿的孔雀舞。

这时，如果你累了，尽可以随意坐在或躺在公园里棕榈树下那一排排为市民准备的长凳上歇息，仰望着树叶间隙中偶尔洒落下来的点点星光，任凉爽的晚风吹拂着你的脸颊，任思绪飞扬。这时，你会真切地感受到生活在这里的人们那幸福而美好的快乐时光。这样的活动每天都要持续到夜里十点多钟。

我家的窗外就是一片绿油油的稻田，时常有一群群的鸭子在田埂上嬉戏，稻田的上空常有一群群白鹭鸟儿盘旋、飞过。清晨，窗外树上的鸟啼声将我从睡觉中叫醒，夜晚，呱呱的蛙鸣声伴我进入梦乡。这就是独具万宁特色的"城市里的田园风光"。

一个地方的生态环境与城市开发建设成反比。或许是万宁大规模地开发建设较有些市县起步要晚些，或许是这里的执政官员们环保意识较强的缘故吧，这里的生态环境遭到破坏的程度要相对小一些。前不久，万宁市被国际人口老龄化长寿化专家委员会授予"世界长寿之乡"称号，据报道，我们国家十对百岁以上夫妻中，就有两对是万宁人。

我为自己能在海南众多的滨海城市中选择万宁作为我的第二故乡而感到欣慰！良好的气候条件和保存完好的生态环境，使我们这些来自北方的"候鸟"如鱼得水、如鸟入林，每天生活在快乐和惬意中而乐不思蜀。

万宁还有那么多天然无雕饰的自然景观等待我们去欣赏，还有那么多厚重的人文景观和地域特色等待我们去解读和体验，让我们长久地在这里住下来吧！好茶要慢慢品，好景要慢慢欣赏，才有味道！

（作者：苏雪梅，为哈尔滨市作家协会会员）

港北小海的早晨

早晨天蒙蒙亮，我穿上衣服去万宁市港北小海海边走一走。

港北小海没有无锡太湖烟波浩渺、气势恢宏，也没有青海湖的碧波连天、壮美绮丽。此刻，它更像一位温情脉脉的少女，在黛色天空的陪伴下带着一湾清水，发着亮光，缓缓流过。海风吹拂着我的头发，吸进口里，仿佛都带有咸味，汩汩的水声荡涤着我的胸怀，让我忘却一切烦恼。海面上，浮起一层白蒙蒙的雾气，愈近水面，水气愈浓。水在朦胧之中，周围景物也在隐约之间。一切都在混沌之中。睁大眼睛望去，此岸望不到彼岸，若不是港门岭那盏一闪一闪的标灯，我误以为是到了云海。四周虽是朦胧一片，但仔细看时，水气中又隐隐出现了几艘船只，或许是轻车熟路的缘故，它们悄无声息，恍如在水上飘过，船上的灯光已经很疏，在茫茫中透出淡淡的黄光，远远望去，像是大海上的点点渔火，高低明灭，在雾色恍惚之中。

启明星不知什么时候溜走了，天空由黛色变成浅灰色，水汽也慢慢消散了些。这样，视线就能望得远些了。此时，港北小海中的船只似乎也多了起来。大机轮、小汽船，还有老式的木渔船，木渔船的帆作三角形，鼓风顺流而下，倒也溜得飞快，一下子就消失在视线尽头，构成了一幅瑰丽的画面。稍远处，三三两两的海鸥，悠然地围着海面打转，不断地去撩拂海水，每当船只驶过，击起一片浪花，一群海鸥掠散飞起，又一只只地飞拢，围着海面嬉水……

不知不觉，天空又由深蓝变成了浅蓝。柔柔的蓝丝绒，没有它这么透明，光润的蓝石玉，没有它这么灿烂。它蓝得既不发晦，也不淡得发白。朵朵白云从它下面浮过，扮成侠士仕女，骑龙乘风，有盛装的车典，也有随行的乐队。瞬间，又演绎成其他的神话……

忽然，东边的天空染成了胭脂色，我知道太阳将升起，便目不转睛地盯住它。遥远的海面上，鲜红的晓日从海平线上透出来，将它的丝丝光彩直射入我的眼帘，仿佛在欢迎我和它接吻。太阳像接受着千钧压力，挣扎着慢慢上浮。这时，蓝天蒙上了一层金辉，大地掺上了一层金粉，四周顿时弥漫了清晨富丽的温柔。金光也射散在海面最后一层薄薄的轻纱。使我感到万分惊奇的是，海水在阳光的照耀下，竟然由浅蓝变成了碧蓝，而且那蓝色浓极了。海岸边的树，驶过的船，飞过的鸟，都在海中留下了湛蓝湛蓝的倒影，照照自己，连人也变浑然一体了。最后，太阳终于冲出云层，跃出海面。它放着柔和的光芒，慈爱地唤醒了还在沉睡的大地，给大地带来了勃勃生机。

“嘟——嘟——”几声有节奏的机船汽笛声，打断了我沉思的凝望，抬眼远望，港北小海渔港渐渐热闹起来，人们又开始了新的一天。瞧，一艘艘渔轮靠岸了。“喂，大家的动作要勤快些，不然可要来不及啦。”王大副用他那洪亮的声音指挥着。甲板上是一筐筐银光闪闪的白鲳鱼、后安鲻鱼，少说也有一万斤。无数条鲜活的石斑鱼都乖乖地在鱼筐里。那些对虾、龙虾还不老实，在网里跳上跳下，不过扭动了一阵子后，也知道逃不出这个“铁笼”，只好安静地躺下。小王和小蔡拿来秤砣，准备过秤。只见他俩把筐子往秤上一放。“呀，两三个秤砣还不够呢？”小王高兴地喊道。“是啊！”小蔡笑眯眯地说,“看来今年又是一个丰收年”。

这时几个身强力壮的小伙子,抬着一筐鱼走下船,累得满头大汗,可他们顾不上歇息。又一只渔船靠岸了。几个小伙子显得更加卖力了,他们忙着装鱼、卸鱼,红光满面的脸上流下了豆大的汗珠。虽然大家都忙得热火朝天,可老船长还是不满意:“抓紧时间再抬两筐。”船上棕浅色桅杆上的五星红旗也在呼啦呼啦地飘着,好像在说:“快些,快些!”港北小海渔港上,人们的欢笑声、吆喝声交织成一首激动人心的晨曲。

(作者:叶清华,为万宁市人民法院干部)

山钦湾

山钦湾,仿佛披着神秘面纱的少女,诡奇、独特、美丽,令人神往。

山钦湾是万宁市未被开发的一块旅游处女地,位于万宁市龙滚镇治坡村委会蓝田村的海边。早春时节,我与几名中国散文家协会会员,踏着融融春色,沐浴着晨曦,穿过一片苍翠的海防林,来到了慕名已久的山钦湾。那深蓝色的海湾,沙子金黄。站在海岸边,海风吹拂,海浪拍打着沙滩上突兀的黑礁石,发出震耳欲聋的涛声,激起朵朵白色浪花,燕子叽叽喳喳在空中盘旋,俯视着山钦湾海与山的融合,赞美着山钦湾的蓝天、碧海、古庙、涛声、礁石、沙滩、树林……山钦湾顿时在眼前成了一幅美轮美奂的旖旎景致。

进入山钦湾境内,便看见一座庄严肃穆、气宇轩昂的古庙 ——“山钦古庙”,一副对联“山高仰止万里天涯终有庙,钦德崇观千秋人世必留香”嵌镶大门两旁,格外引人注目。两座六角亭阁,坐落在主庙左、右两侧。这座百年古庙,一直香火鼎盛,从不间断,成千上万的善男信女烧香膜拜。渔民出海都会带着各式的供品,到山钦古庙祭拜,虔诚祈祷,祈求平安,一帆风顺,满载而归。

沿路走下庙前新开辟出的一块长15米、宽9米、高6米的护栏式水泥观景台,居高临下向远处眺望,山钦湾的景色尽收眼底:一条百米小道通向海边,前面就是一望无际的南海,一块长约20米、高约9米的大礁石上,一尊高二米大小的形似孙大圣的石头,坐东向西,欣赏着山钦湾的秀丽景色。礁石上的孙大圣形态逼真,眼光威严,面向大海,背靠山钦岭,巍然屹立在沙滩上,注视大海日出日落,守卫着山钦湾的安宁。山钦湾的近海处还有几块巨大的黑色礁石,它们是海岸火山石熔岩所形成的绮丽景观,丛礁每天饮浪醉海,千姿百态,蔚为壮观,令游人赞不绝口。

从古庙走出,往山钦湾海边探奇。这时,海面烟波浩渺,雾霭缭绕,怪石嶙峋,海风呼啸,水天一色。走近礁石群,一阵阵海风吹来,只听到大海搏击礁石的阵阵涛声和汹涌澎湃的海浪声。站在山钦湾的沙滩上眺望,深蓝色的海水从大海深处涌来,拍打在岸边的黑色礁石上,溅起的层层美丽的浪花。撑着红红绿绿遮阳伞的游客,击浪玩水,嬉戏拍照,乐在其中。在滚滚的浪潮中,海风将海浪徐徐送上岸,拍打在巨石上,又慢慢从岸上快速收拢回去,脚下的沙滩就像塌下去一样,让驻足在海边的游客发出一阵阵惊喜的欢笑声……

沿着海岸线往南走,便看见一片黑礁石群,有一个叫“狗颈石”竖立在海边,远远望去,犹如一只小狗伏在海边，把头伸向海里，故当地人称为“狗颈石”。礁石中间有个能容纳几十人的岩洞，洞里凉风飒飒，洞外海浪滔天，这天造地设的洞穴有大量燕子栖息，当地人称为“燕子洞”。每年秋冬季节，成千上万只燕子就会飞来山钦湾岩洞越冬。在山钦湾的海面上，它们总是把到此一游的客人，当成亲密的人类朋友，在山海之间蹁跹起舞，迎接远道而来的客人。

山钦湾尤为壮观的还是“九鲸石”，它由众多黑色礁石组成，似九条鲸鱼在海面竞技，跳跃奔腾，抵挡着海上风浪的侵袭。它们的形状各异，令纷至沓来的游人拍手叫绝。黑礁石结构复杂，上承下压，曲径通幽，暗道相连，水路相通，幽然神秘，高深莫测，为来山钦湾旅游的客人增添了不小的惊喜和情趣！

顶着强劲的海风，努力攀上一块又大又黑又滑的大礁石，便看见在大礁石的底部，有一个似顶腰三角形的大窟窿，爬到底层，看见四周顶端流下叮咚的泉水，像个海边“水帘洞”，洞口朝南，可见到一半的大海和一半的天空。一个直径约8米的洞口是浩瀚大海的窗口，凉风从洞口吹进，让人顿觉寒冷难耐，就像进入了南国里的另一个“冰川世界”。这时，有几位旅游探险者从大海边游了过来，他们身穿潜水衣，背带氧气瓶，戴着防水镜，当他们爬上礁石，我才恍然大悟，她们竟然是几个勇敢的年轻女性！

“碧海苍茫连云天，景区吉祥人气旺。激浪赏石玩沙滩，游客纷至山钦湾。”一位正在山钦湾游玩的北方客人随口吟咏，发出他内心的感慨之言：山钦湾之美，是天地之美、自然之美、山海之美、礁石之美、和谐之美……不久的将来，“藏在深闺无人知”的山钦湾，必将以崭新的面貌展现在世人的面前！

（作者：倪平，海南作家协会会员）

大花角观石

大花角位于万宁市和乐镇境内，离万宁市区13千米，是海南省级自然保护区。仲秋时节，笔者偕中国散文家协会、海南省作家协会的同人慕名前往，欣赏其大自然的壮美画卷。

汽车从万宁市区朝东驶去，一路穿村寨过林地，沿途我们领略了无限风光，最后撩开大花角的神秘面纱。大花角面朝东方，在南面和北面有两座对峙的山峦伸进大海里，恰似一副马鞍，分别称为前鞍岭和后鞍岭，岭不算高，海拔120米。但山貌奇特，险峻壮观。传说远古时候，玉帝派一海神巡视海疆，迷恋这里的海景，一时忘情遗失坐骑马鞍，因此，幻化成为马鞍形的两座岭。从地貌轮廓看，大花角由前鞍岭和后鞍岭两座山峦构成，双峰不高但对峙耸起，巧妙地组合成一处500米宽的峡谷，山峰叠翠氤氲迷离。从高处俯瞰，双峰伸向浩瀚的南海，形成一个月牙状的弧形海湾。

大花角是个山抱水环，云绕雾染的地方，自古以来它深藏不露，似一位玲珑娇羞，美丽绝伦的处女。它留给人们是那美丽的传说，古老的故事，朦朦胧胧虚虚幻幻，让一代代的渔民口头上流传至今。相传远古时候，这一带的乡亲们以捕鱼为生，南海就是他们的聚宝盆。有一年夏天这里发生海荒，他们在海里昼夜不停地劳做，却连一条小鱼也没有捞到，生活无法过得下去，饥饿像魔鬼一样威胁着渔民的生命，个个饿得奄奄一息。这时，来自大海的精灵，有一对南海仙龟游到这里，跑到沙滩上谈情说爱，看到当地渔民海情不好，生活贫困。为拯救渔民生命，雌龟便每天晚上跑到沙滩上产下一窝龟蛋，由于越产越多，以解渔民们燃眉之急。岂料，连夜产卵消耗了母龟的体力，身体极度虚弱，最后竟不能返回生息自己的大海，心力交瘁地死去。雄龟痛不欲生，为了表达对她的敬爱，日夜厮守在母龟身边不吃不喝，不愿离去，后双双幻化成两只酷似仙龟的化石，永为“天国伴侣”。最终，两只海龟变成了今日人们所说的南面的前鞍岭（雄龟峰）和北面的后鞍岭（雌龟峰）。光阴荏苒，物换星移，乡亲们吃剩的龟蛋则逐渐硬化，成了今天大花角海滩上的卵石群，成了她们救苦救难无私奉献的精神结晶，这两座山峰就是她俩忠贞不渝的爱情化身，留下千古无限的眷恋。

漫步在数百米长的海滩上，眺望前方，蓝天飘着白云，大海碧蓝碧蓝，一望无际；海滩白白的一片，连绵不断；巨大岩石矗立岸边。沙滩上，一个女孩穿着婚纱在拍照。她深情地望着大海，似乎祈祷爱情天长地久。在大花角最吸引人的是密密麻麻的卵石。海岸的沙滩有限，但卵石无穷。放眼望去，大石如鼓小石如蛋，有纯圆、扁圆、椭圆的，形状各异，一个个光滑晶亮，于阳光下闪闪烁烁，你拥我挤地堆积在一起，形成巨大的石滩，蔚为壮观。走近些，蹲下身，细瞧那石体，纹理剔透，如雕如琢，让人不由自主地捡起观赏，每块石头都是一件艺术品。再看看那形状和色泽，有的像半熟的菠萝蜜，有的像青涩的面包果，有的像圆润的椰子。蓝赤青黄绿，五彩缤纷，令人眼花缭乱，情趣盎然。

行走在圆石上，蔚蓝的海水中卧着的青黝黝、圆滚滚的奇石，重重叠叠，散卧岸边，大小不等。平静的海水拥进峰谷口，变作互相追逐，翻滚嬉戏的银色浪涛。临近石群，浪涛倏然变成万头攒动，怒耸白鬘，撒蹄飞奔的“烈马”，在呐喊、嘶鸣、撞击，山为之回响，石为之颤动。我们抓起几颗乒乓球般的卵石把玩，看它们在手心上滚动，真是爱不释手！我想，将这些小玩意儿带回去摆放在书桌上、盆景中抑或鱼缸里，定有一番雅趣。点缀了氛围，又增添了自然韵味。我们赤脚在卵石上来回走动，凉沁沁的。刚开始，大家小心翼翼，轻轻踏步，生怕被石块硌到；渐渐地，我们把全身的力量聚集在脚底，完全享受这种天然的“足疗”。

我们终于到了山的顶峰，凉爽的海风拂面而来，精神为之一振，遥望南海，烟波浩渺，水天相接，浑然一色，令人心旷神怡。巨大的岩石，在阳光里伫立着，深情地望着大海，似乎在沉思，在默默倾诉。大花角的北峰还有惹人心爱的猕猴，峰的北边更有一个波平浪静的天然小良港前鞍港。往下面看，只见前鞍岭（雄龟峰）和后鞍岭（雌龟峰）两峰之间的峡谷层层海浪朝着一群岩石猛烈碰去，飞溅浪花，谷岩上撒满了圆滚滚的卵石。这里一年四季，浪花在圆石上奔腾不息，大花角因此得名。在山峰上，留恋海的辽阔，天的清高。

前鞍岭和后鞍岭，巍然屹立在南海之滨，峰的高度并不显眼，形状也不见得特别，“山不在高，有仙则名。”古人云：“仁者爱山，智者乐水。”近年来，海内外游人，为了探胜寻幽，采撷山涧野趣，海上烟波，他们无拘无束，潇洒自如，融入自然，俨然一副美妙的风情画，人们的心灵和大花角融在一体了。

大花角之旅，虽与“花”无关，却与“石”有缘。大花角的故事，藏在卵石堆的缝隙里，藏在对峙的前鞍岭、后鞍岭两座山峰拥抱的海湾里。那儿饱含着独具韵味的非物质遗产，那儿充满着神奇色彩的传说，定会使你流连忘返！此时，我驻足在这巨浪排空，勾魂摄魄的谷岸边，潮激汐荡的圆石，引起我的沉思。你强壮坚硬，变得圆圆如蛋，是翻江倒海的浪涛日夜碰击。我赞美大自然造化和力量！

（作者：陈海民，海南省作家协会会员）

万安书院

万安书院始建于宋代,原址位于万州署东侧(今万城镇老城区),占地3亩。东临永福街,南向武澄街,西和州衙南门相邻,北通州衙朝阳门。

明万历年间,知州茅一桂迁建于州右的广积仓,以明伦堂旧址为书院,设立“万安书院”。清代雍正十年(1732年),因书院年月久远荒废,知州刺史应上苑(进士)集资重建于现址。乾隆十六年(1751年)知州席绍葆倡议扩建万安书院,但因回乡奔丧未果。乾隆十八年江苏常州人士顾芝摄政万安,目睹书院毁损,感慨道:“书院不设,其何以造士?且教之不兴,政何由举?是亦守土者之急务也。”因此,领衔扩建书院,并带头捐二百余金,社会贤达乡绅纷纷捐献白银共1300两,次年正月正式动工扩建。顾芝推选当时的举人杨景山、岁贡吴成文、廪贡陈忠官督理其事,当年年底竣工。

扩建后的书院共有前殿、讲堂、后堂三进,左右两翼的横廊有二十余间,两廊外东西各构屋数间为爨舍(炉灶),还有墙护。讲堂、学舍、规制具备,至今犹存。

万安书院系古代万州的重点学堂,从宋朝开始置学田、建书院、办州学,成为官办的万州最高学府,是历代学子求取知识获得功名的庄严圣堂。求学者甚众,文风蔚起,人才辈出。宋熙宁九年(1076年),万安军学子陈庚,年仅12岁赴广州乡试中解元。宋绍兴二十四年(1154年),甲戌科州人钟洽考取进士。清乾隆二十八年,杨景山赴京考中进士,任江西崇义知县。其侄杨士鼎赴省城参加乡试也考中举人,被州民誉为“雁塔叔题名,黄卷钦定膺二甲,龙门侄高跃,红旗教习有三年”。杨景山20岁中举人,42岁中进士,其子6人,孙10人,曾孙3人,分别考中庠生、廪生,岁贡生、恩贡生、府贡生,博得“世代书香”美誉。

明清两朝,徐祥、唐鼎、廖纪、曾镒、王佑、杨景山等6名进士,陈庚等49名举人,还有郭洪都等5名武举人,是万州学子的佼佼者,他们的成长都与万安书院和万州学馆的儒学有关。

光绪三十一年(1905年),朝廷颁布,全国从次年(1906年)起废除科举,创办学堂。当年正月万安书院改为万州高等学堂,正式招生,全州1000多人报考,录取100多人,分成两个班,学制四年。经考试按成绩等级发给证书,最高发贡生证书,中等发廪生证书,三等发秀才证书,劣等叫期生,均赐朝服着戴。

1914年,万安书院改名万阳书院。大革命时期,共产党人在此举办多期农民运动讲习所,传播革命真理。

1924年在万阳书院筹建万宁县初级中学,筹委会由唐汝瑞任主任委员,陈怡甫、林国柱任委员,建校经费主要出自书院宾兴膏伙所置田租收入和县国民政府财政拨款。1925年万阳书院改为万宁县初级中学,第一任校长曾是书院学生,后留学日本归来的万城东门人陈怡甫。当年招收初中3个班,学生100人,教工5人,每年政府从杂捐附加税收入中拨给经费3900银圆。

1934年春,在万阳书院创办万宁县初级师范学校。1939年日本军队侵占万宁,学校被迫停办。

1945年秋日本投降，县立初级中学复办，并迁到学宫（今万城小学）。1950年1月，从大陆败退海南的国民党军耿若天师进驻万宁，占领万宁中学当军营，将万宁中学迁至万阳书院。

1950年4月27日万宁解放，万宁县人民政府把万阳书院作为县公、检、法和劳动部门办公场所。20世纪70年代，政府部门搬迁万城新区办公后，书院便闲置至今。

（作者：符忠良，海南省作家协会会员）

太阳河抒怀

岁月悠悠，我记不清多少次来到太阳河畔，记不清多少次陶醉流连于太阳河那优美迷人的山光水色，记不清多少次总想借助微弱的文字为太阳河发抒幽情。

太阳河是万宁的第一大河，有关太阳河传说的“版本”甚多。十多年前，我在《海南日报》文艺副刊上，拜读过翁汉民同志的散文《太阳河，母亲河》，文中有这样的记载：“太阳河，历史悠久，传说上古的时候，太阳神遥巡天地，看到万州大地，旱魔猖獗，于是，挥剑划出一条地沟，挽银河玉液倒灌，形成了一条波浪滚滚的太阳河……”

也许是神的使然，太阳河“长”得很漂亮。她像丰姿绰约的少女，身着洁白的衣裳，依山而行，飘舞在洋溢着绿色生机的千山万壑边。她百折不挠，攀高山峻岭，穿怪石嶙峋，越峭壁险滩；她不辞劳苦，有容乃大，纳涓涓细流，川流不息，你追我赶，迫不及待，时而奔腾跳跃，时而淘气撒欢，时而静静地流淌，无私地滋润着广袤的田野、丛林，为沿岸构筑起一道道绿色屏障，让置身在这里的人们，充分享受着绿色氧吧的恩赐，迷恋于大自然美景之中。

时令九月，序属三秋。空气中弥漫着清爽的香味，我在位于太阳河中游的万宁水库大坝上，远眺青山如黛，连绵起伏，千姿百态，景色迷人。近看，野草芊芊，淌绿流翠，色彩缤纷，蜂飞蝶舞。就在这块脚下的土地上，曾经演绎过惊天动地的一幕：1959年至1966年万宁人民发扬“愚公移山”与“一不怕苦，二不怕死”的革命精神，坚持“八年抗战”，用锄头、铁铲、粪箕、肩挑手提，硬是将太阳河拦腰截断，终于“将河山重安排”，蓄水建成万宁最大水库，从而，延伸了太阳河的灌溉面积、灌溉范围，让滔滔的太阳河水成为良田沃野的“美味佳肴”。望着高挂在水库溢洪道中央，44年前朱德委员长题写的“万宁水库”四个红色大字，让人遐想无限……

秋日暖阳，库区里的水，平静如镜。我情不自禁地来到河沿边，双手捧起晶亮的河水，洗手擦脸，顿觉心旷神怡。清澈的河水复印着蓝天白云清澈的影子。此时此刻，仰头白云蓝天，低头蓝天白云，河染天色，天然神韵，融为一体。突然河面腾起一团水花，泛起微微的涟漪，只见河面的鱼儿突然地跃出水面，倏地又扎入水里，几只小鸟贴着河面轻盈地来回飞翔，叽叽喳喳鸣叫，不知说什么；顷刻间，我的眼球被吸引，视野一下子变宽了许多。这也许是长时间生活在城里，被所谓的“水泥鸟笼”横加阻挡的眼睛终于有了“解放”的机会，竟喜欢上了河面的和谐和美丽。

太阳河那源源不断的河水一如既往地为万宁人民造福，为万宁人民立“新功”。2000年万宁市人民政府充分利用充足的太阳河水资源，投资巨款，引太阳河水建起日产淡水5万吨的新自来水厂，让万城、长丰、北坡、大茂、后安、和乐、港北等地群众用上清洁、安全的自来水，使得多年来困扰上述地区群众饮水困难的问题，终于画上了圆满的句号。洁净的太阳河自来水，正按照人们的意志，进厂房入农舍上高楼，“灌溉”到千家万户。

有太阳河这样好的水，自然就有上佳的产品。20世纪50年代，旅居马来西亚的华侨带回并种植于太阳河畔的兴隆华侨农场的咖啡，得兴隆这块神奇土地的宠爱和太阳河清纯圣水的恩泽，生产的兴隆咖啡，自成一味，浓郁香醇，沁人心脾，是驰名中外的饮品中的精品。兴隆墟上的咖啡店，虽然铺面不大，但生意却十分兴隆。喝咖啡者，有夫妻，有情侣，有情趣相投的朋友，有商场上的生意人……大家都带着辛勤工作后寻求放松的心情到这里“休闲”，感受生活的美好。

一河一地，得天地之造化。有如诗如画一样名字的国营兴隆华侨农场，在美丽的太阳河畔“定居”已经五十多年。承蒙太阳河这块风水宝地的厚爱，兴隆华侨大力发展咖啡、橡胶、胡椒、槟榔等热带经济作物，一路拼搏，一路成功，一路辉煌，让农场职工过上了安康的生活。

党和国家领导人刘少奇、周恩来、朱德、郭沫若、胡锦涛、江泽民、胡锦涛、习近平、李鹏、李瑞环、田纪云等曾先后到兴隆华侨农场视察，留赋题诗。给兴隆华侨农场增添了熠熠生辉的骄人光彩。2004年，中国人民邮政曾以国营兴隆华侨农场为“底片”，发行《侨乡新貌》特种邮票4枚，并在兴隆华侨农场举行首发式，使占有太阳河地理优势的兴隆华侨农场名声远扬。

改革开放以来，太阳河岸的青山绿水、神奇温泉也孕育着无限的商机。康乐园大酒店、槟榔园酒店、明阳山庄等几十家星级宾馆、豪华酒店鳞次栉比，相继在太阳河畔的兴隆农场“安营扎寨”，成了这片热土上的“永久居民”，接待来自四面八方的游客。

太阳河，啊！我的母亲河，您沐浴着天边的七彩霞光，您是万宁的眼睛，您记录着万宁的变迁。来到您的身边，凉爽的山风河水，拂去我身上的灰尘，净化我的灵魂，使我感到“江山如此多娇”那份豪情……

（作者：陈荣，中国散文家协会员）

东山烟雨中

东山因奇石荟萃而遐迩闻名，有“海南第一山”之称。然而我读东山的春日烟雨图，可远比东山的石韵还要深沉、厚重。

那是一个阳春，烟雨似云似雾，轻轻绵绵，飘飘洒洒，从东山脚氤氲而上，又从山顶扬落而下，阵大阵小，裹着和煦春风，融着云团雾气，舒舒卷卷，轻抹崖石，梳洗山林，东山俨然一位羞答答的妙秀少女，严严实实地把那水墨画般的景物笼罩住了；忽而无拘无束，把玉体光无遗。春雨中的东山，是图是画，是虚是实，全然一派新的意境：树是新绿，花是新香，水是新泉，石是新姿，连那雕刻在峭壁崖石上的题诗赋词，也嵌入春雨的水气，经水气一浸，更显得漆色新鲜，醒目艳丽。

山因雨长有，石因雨生色。

沿着东山仄仄的曲径石道漫行，眼光穿过春雨纺织的雨帘，东山奇若异笋尽收眼底，满山石头嶙峋突兀，经春雨的浸润，尽显出奇异的色彩：赤橙黄绿青蓝紫，七彩缤纷在此中。

远处观望，烟雨雾霭里，有的岩石似舟船渡海，有的似巨龙腾飞，有的似马奋路，有的似雄狮眈视；近处审视，有似刀斧之形，有似巨笔之态，有似剑戟之状，还有那数不尽的石屋石道石洞石廊石缝，似幽深莫测的大世界，又似一部千古不朽的史书。

离我不远的一块巨石，承托着一块两头翘起的弯弯石头，似乎是一艘即将出海的渔船。我凝神视之，只见船儿动了，似缓缓破浪入海，溅起团白色浪花。定神审视，原来是一簇簇轻如棉絮的乳白云烟从石船底下悠辞而过，使人对石船产生了游动的幻觉。我转到一尊赤红色的巨石面前，只见一个老石匠和两个青年石匠，头戴雨笠，站立在麻竹粗壮的脚手架上，依着巨大的岩石槽，看那精神矍铄的老工匠和血气方刚的青年工匠，春雨淋透了他们的衣寝，隆凸起的肌肤清晰地显露出来，宛如一座立体的浮雕。我斗胆走上前去，问他们为何要在雨中雕琢题字，他们却哈哈大笑起来，指着漫山飘洒的烟雨对我说，“我们雕的是‘烟雨东山，荟萃奇石’，这可是一次难以寻觅的机遇呀”。

一阵豪豪爽爽、清清朗朗的笑声，伴着春雨融入东山缓缓流动的烟云雾气里。

（作者：陈家明，本文选自《人民日报》《大地》文学副刊）

东山岭上采“鹧鸪”

享有“海南第一山”之称的万宁县东山岭，并没有茶场。可是，友人却邀我上岭观采茶。我听而不信。于是，他送来一本《万州诗词选》，叫我先看著名剧作家田汉写的诗：“琼州多胜地，此岭独然。羊肥爱芝草，茶好伴名泉。”没有茶场却出“好茶”。这引起我浓厚的兴趣。于是，翌日清晨，借同朋友去看个究竟。

我们沿着新开辟的旅游石路拾级而上，在半山腰的李纲庙前，放目翠薇处，只见几位穿着花裙的姑娘在灌木丛中时隐时现。朋友告诉我，那是姑娘们在采茶。顺着羊肠小道，我们来到了一位采茶姑娘跟前。她两手并用，动作利索，是个采茶的好手。我们看着姑娘采茶，同时也看到了这茶树的“真面目”。原来，它是种野灌木植物，叫鹧鸪茶，说来也怪，别地采茶以茶心为佳，东山岭的茶却不取茶心，而专摘那些半才纱老的绿叶，说是冲泡出来的茶味比茶心的更浓更香醇。姑娘说，她的家在山脚下的东山温宅村，世世代代把采摘山上野生的“鳟鸪茶”作为家庭副业。鹧鸪茶一年四季均可采摘，不过还是端阳节前后摘茶最好，这个季节正是鹧鸪鸟啼鸣配偶时期，此茶因此而得名。它在海南岛许多地方都有分布，但以东山岭出产的为最佳。东山岭上终年吞云吐雾，四季之间的气温没有明显的差异，而且岭上土层深厚肥沃，有利于鹧鸪茶生长。正是这些独特条件，使鹧鸪茶品质优良。

我们在东山岭上看见随处都可采到鹧鸪茶。它同东山羊、东山泉并称为“东山三绝”，历来为人称道。

道别了采茶姑娘，我们翻过山梁，便到了东山岭宾馆。热情的服务员给我们来一壶色泽青幽，芬芳扑鼻的香茶，彬彬有礼地说：“请喝一杯鹧鸪茶”。冲泡出来的茶，液面泛有植物油层。我呷了一口，果然香味醇厚，苦甜可口。可壶中的茶叶，大片大片的，七横八竖，10多片茶叶几乎填满茶壶，简直不像“茶”样。服务员解释说，这是民间制作的，工序简单，采集回来，晒干后就可冲泡享用。前些年，也有人曾把茶叶送到茶厂，按照普通茶的制作工序采用机械制作，试验结果，味道远不及民间制作的好哩！

接着，服务员又给鹧鸪茶涂上一层神奇的色彩：相传东山岭是太上老君之后裔“醉翁老仙”居住的地方，仙地名日“小瀛洲”。醉翁老仙日夜坐在小火炉旁提炼仙丹。一日，各方神仙会集小瀛洲，醉翁老仙冲泡东山岭的鹧鸪茶款待。众仙喝了鹧鸪茶，个个称赞不已。于是，鹧鸪茶便扬名四海，并冠以“神仙茶”之美称。

传说终归传说，但这里的鹧鸪茶的确芳气特异，提神醒脑，而且还是种良药，有治四时感冒、清热、消滞、健脾胃之功效，是不可多得的健康饮料，海南岛过去限于交通和文化条件、鹧鸪茶很少有人研究和记述，在我国几种著名的医学专著中都未有记载。但海南人民却早已饮用，成为宝岛的一大特产。

这几年，随着海南岛的进一步开放，越来越多的中外客人逐渐认识了鹧鸪茶的食用价值。目前，虽然每天都有当地百姓把晒好的鹧鸪茶，制成包装，送到东山岭宾馆小卖部供应游客，但由于购买者多，因而供不应求。

（作者：陈坚，中国散文学会会员，本文选自《南方日报》）

故乡小城

山明水秀、潇洒幽深的山城惹人陶醉，豪放繁华、雍容风流的大都市令人向往；而我却眷恋一马平川、深沉的故乡小城——万城。

这是滋润养育我成长的地方，我的童年、少年时期是在它的怀里度过，像爱母亲一样，我热爱这座小城。每一条街、每一寸土，似乎都有一种独具魅力和诱惑，不然怎么在岁近花甲阔别三十余载之后，何以舍得离开华丽的椰城——海口市，回到小城身旁定居！

登高远眺，久违了的万城，像一颗嵌在东山岭下、太阳河畔的璀明珠。那一幢幢崭新的建筑群，宽广平坦的大街，那绿化整洁的市容，美妙多姿、妩媚极了。

我领略了万城的变化，是从老街开始的。万城始建于宋大观年间，至今已有八百多年的历史了。昔日的万城是个弹丸之地，《万州志》载：宋大观年间始定筑土城，周围不及百丈，南开一门……元至正三年，砌石修城，增广旧制，开东、西、南三门，周围三百二十二丈，明洪武七年重修其制；启四门，周四百二十六丈。沧海桑田、岁月流逝。旧城墙已荡燃无存，但迹犹在，小城按旧围城四个大门走向而取名的四条主要街道，东门朝阳街，南门镇南街，西门德化街，北门拱北街，街坊古朴，原貌仍存。我在每条老街走一趟，街的铺店很旧很旧，沿街建筑绝大部分是在海南岛解放前夕就看到的，都是一层或二层，而土木结构、人字形的砖瓦房居多。铺和铺之间那样挤密，两面房屋一夹，街道就显得像小巷一样很小很小。在我的记忆中，四条老街南门是打铁行，东门是布料店，西门设书社，北门制糕点。而今南门镇南街成为水泥制品工场，水泥制的门框、涵管、水井管道，源源运往农村和建设工地；北门拱北街，仍操旧业，各种各样的糖果、饼干、糕点，在街的两旁排得密密麻麻，有零售，也办批发，这种行当，自祖世以来，一直兴旺不衰；西门德化街，不设铺面，改为居民住院：东门朝阳街就热闹了，尚存一店经营布匹外，多家小店变成售销办红白事，逢年过节，求神拜佛的香、烛、纸和鞭炮，以及精美的竹器，百货杂品，本地出产的头、山刀、缸、盆、碟、碗等。人们称为“明阳街”，意思是这里销售生人、死者兼用的东西。街的中间，有个清朝乾隆时建的潮州会馆，已办起老人俱乐部，老人们在那里打麻将、下象棋、玩纸牌，其乐无比。街的尽头，旧时的方形露天剧场，建成了农贸市场，新鲜的水产品，丰盛的肉类，青青的瓜菜，排满一个又一个雄台。别看这老街其名不扬，但它却有自己的特点，老街小商品联系着农村千家万户，而千家万户的农副产品又打进老街，流通出去，是农民爱挤的街，往往被比肩接踵的人群挤得水泄不通。最悦人耳的是街口摊贩的叫卖声，“老板！这里有新鲜的和乐、港北虾”；“最正宗的东山羊呀！”“大嫂，想买哪种糖果？”“大伯，请进来喝杯茶吧！”地道的万宁话，语言是糖化了的，声音显得脆亮、亲切而甜美，似乎是招客，又像是在问候，充满浓的乡土气息。

一条条新街的诞生，小城又开了新的一页。新街已从城内老街延伸出城外，人们说“一朵红杏出墙来”。新建的红专、文明、人民、建设、光明等五条街，成为万城的主要商业街。新街建筑面积等于老街的八倍多，小城正以令我诧异的速度急剧地递变着。如今最吸引人的要算红专街了，这条长达四千米的万城中心街，两旁都是三层以上建筑，高的六七层，街道比老街宽敞流畅得多，但街道上仍十分拥挤，每逢集市日，川流不息的人群，热同非凡，车辆行人需缓慢地移动。铺店门面装饰较为华丽，这里经营服装布料、床上用品、电器五金、书画、饮料、水果等居多。环顾铺店，咫尺柜台，各类商品繁多，令人眼花缭乱。那各种各样的布料和服装，像春天的花园，纷纷扬扬，红红最绿，五花八门，向人们展示：这里是商品世界。

走出繁华的红专街，就是文明街。沿街建筑都在五层以上，高的九层，装修豪华富丽，霓虹灯在闪烁。四车道的马路，海口—三亚奔驰而来的大小车辆，流畅而过。直插云端的恒源国际大酒店，雄伟壮丽的邮电大楼，高耸天际的十字路口太阳灯，足以和三亚、海口市媲美。这些给万城增添了现代化崭新气派。从文明街转入人民街，又有另一番景象，街道更为宽阔、平坦，楼房高大整齐。影剧院、新华书唐、电视台，文化馆、琼剧团都汇集在这条街附近；县城八家影剧院、影宫，这里占了六家；歌舞厅、卡拉OK、书摊、娱乐场、台球、电子游戏，大部分设在沿街铺店，有着浓郁的文化生活气息。入夜，这里是热闹地带，影剧院底前一排排单车、摩托车依次停放，专人看管；两旁茶，席不虚设，数不尽的人流，进进出出，熙熙攘攘；歌舞厅内，彩灯闪亮，衣着华丽的舞伴，亲亲热热，乐曲柔和，节奏畅快，歌声和笑声冲破夜空，把幽静的夜搅得热腾腾的，如此丰富的夜生活，显露出小城的潇洒和风流。

城不在大，有商则活，有工则富。我漫步在新兴的东星工业区，那里的地平线被规模宏大的一片工厂所遮断，满目都是鳞次栉比的车间、产房、宿舍楼，还有高耸的水塔、烟囱。厂房幢幢，机声轰轰，白烟滚滚。这些工厂、企业是新近几年才建成。我是于1989年调回万宁县工作的，那时，没什么工业，县属国营企业只有十家，基本上处于停产、半停产状况。少年时一位学友风趣地说：“万宁山清水秀无冒烟”。沐浴改革开放的春风，抖落往日的风尘，万城这片热土诱惑了远方的客人，风尘仆仆地纷至沓来，开发建设。他们是天府之国的重庆投资者；他们是江南水乡的江苏省、芙蓉国的湖南省的实业家；还有港澳、台湾的贵宾也来了。于是，工厂、企业雨后春笋般冒了出来。如今万城工厂企业已超过一百家，去年工业生产总值八亿五千多万元，等于1989年的六倍多。增长幅度之大，真是“士别三日，刮目相看”。

啊！工业将贫困的小城引上了富裕之路。

畅游新老街一圈，偌大的县城，没有一个公园，令人有所遗憾。不过归来途中，在二月花宾馆之旁看到肃穆、典雅的县革命烈士陵园，弥补了美中不足。这是一片空阔地，绿地、树木，花丛，点缀相宜，步入园中，就可以看到顶天立地的革命烈士纪念碑、陈列馆，它深切地纪念从大革命、抗日战争到解放战争时期，在万宁这片土地上流血牺牲的两千多名共产党人、革命战士！纪念碑两侧各建一个绚丽的六角亭，北面建了庄田将军纪念馆。我怀着崇敬的心情，瞻仰了这个纪念馆。馆的前面高立着庄田的铜制半身雕像，门顶上挂着杨成武将军题写的“庄田纪念馆”五个金光闪闪的大字。馆内陈列了庄田一生的光辉事迹。这位参加过中央革命根据地“反围剿”战争和二万五千里长征的老红军，受中央的派遣，回到海南岛协助冯白驹同志领导抗日战争，担任琼崖战队副司令员，曾带领一支精悍部队，回到故乡万宁县六连岭革命根据地，扩大了解放区和琼崖革命武装。1947年后转战云南、广东，先后任云南军区副司令员、广州军区副司令员、广东省副省长。192年因病谢世，1994年在这里建起了纪念馆。浏览了烈士陵园，使我掂出了这片土地的分量和地位。建革命烈士陵园，是万城人民的骄傲！况且，当人们走了闹市之后，漫步陵园，在宁静的悠闲中，欣赏革命烈士的斗争史，引起人们对先烈的追念，融爱国主义思想情感、革命光荣传统教育于悄悄地信步之中。

万城处处显风流，万城景致令人迷恋。但最使我怀想的是这片诱人的热土，埋在这片热土中功勋存天地，浩气贯长虹的革命烈士们！他们那种为实现共产主义的伟大理想，为人民的翻身解放而前仆后继、浴血献身的精神，深深地留在我的记忆里。

（作者：吴江秀，万宁市东澳人，中共党员，离休干部，中国散文家协会会员，海南省作家协会会员）

夜宿石梅湾

车到石梅湾，已是傍晚时分了，朋友阿峰多少有些焦急。

自从修建了高速公路，从万城到石梅湾也就半个多钟头的路程。出发时，我们就在电话里告诉了他。但车子在146千米处出了毛病，抛锚了一个多小时。还好，没有遇上交警巡逻车，不然的话，麻烦还好多呢！想来也算顺利了。

朋友阿峰是土生土长的石梅湾人，长大后出门当过兵，退伍后当了干部，在这原本偏僻的海边渔村里，也算是见过大世面的人物。这家伙脑袋也鬼精灵的，在石梅湾刚开发的时候，就抢先一步在海边搭起简易房子，经营海鲜店。虽然规模不大，更谈不上有什么豪华设备，但生意也搞得风生水起，蛮红火的。

石梅湾是万宁一处风光独特的景点。交相辉映的山光水色，使之在改革开放后成为引人注目的旅游开发区。20世纪90年代初，撩开面纱的石梅湾开始展现出迷人的风采。这天刚好是周末，晚霞的余晖还有些许洒在港湾上，染红了海水，轻柔的微风吹过，传来阵阵浪拍的声响。三五成群结伴的客人，身着五彩缤纷的泳装，有的已在海水里追波逐浪，有的憩息在雪白的沙滩上，欢声笑语随风飘荡，使数里长的弯月形港湾仿佛变成了欢乐的天堂，让人心旷神怡，驻足流连，沉醉在一片美好的遐想之中。

晚餐是朋友为我们准备好的海鲜火锅。大家平时为了生计离多聚少，难得相逢在一起，尤其是在这大海岸边大享海鲜的口福，又更是别有一番风趣。三杯过后，天南地北的高谈阔论比热气蒸腾的火锅还要热闹。扯得最多的话题，自然是石梅湾的过去、今天和未来了。在朋友们热情洋溢的赞叹中，我回忆起三十年前的一段往事。

石梅村是石梅湾上的一座村落，石梅湾的得名或许就是由此而来的。1974年初冬的一天中午，正在家乡大队民兵小分队值勤的我和同伴阿龄，被头儿召到办公室，十分郑重地交给我们一桩公差，要我俩即刻赶往几十里外的石梅村，联系办理一件民事纠纷的事儿。接受任务后，我和阿龄心里都是七上八下像打了鼓似的不能平静。虽说我们都已是十八九岁的年轻人，但毕竟从小没有出过远门，对石梅这个只是听说过的山区偏僻渔村，已经是十分遥远的旅途了，更何况那时候从县城到石梅还没有通车。因而，我们是带着对石梅的神秘好奇心和陌生的恐惧感，骑着一辆自行车上路的。穿过许多山村田野，涉过太阳河，辗转到了礼纪，眼看太阳已无力地垂落在西边的山头上，一打听，还得赶二十多里山路才能到达目的地。尽管已经十分疲劳，我俩还是打起精神，拼命在行人稀少的山路上往前赶，摸黑踏进了石梅村。这也是我第一次认识石梅湾。

夜幕笼罩下的石梅，没有任何喧闹，在大海传来的潮涨潮落的拍岸声中偶尔夹杂着几声狗儿的狂吠。村道上一片漆黑，低矮的房屋里，昏暗的煤油灯艰难地透出一丝微弱的亮光。在热情的村民指点下，我们找到了联系人，并在好客的主人接待下，在石梅村度过了一个难忘的夜晚。第二天早上醒来，当我们完成任务踏上归途时，才第一次看清了石梅村——一个依山傍海的偏僻小村庄。当年的石梅村，虽然依山傍海，坐拥得天独厚的自然资源优势，但处于那个年代，也只能孤零零地依偎在石梅湾这个美丽港湾的怀抱里，默默无闻地过着穷日子，鲜为世人所知。漫步村里，但见一条坑洼的泥土大路两旁，散落着数十间低矮破旧的房屋，平静的乡村中只有那几丝袅袅升起的炊烟，使人感受到一些生活的气息。就连村西头那间唯一的供应油盐酱醋、日用小百货的供销店，也是门可罗雀，庭前稀疏，一幅惨淡经营的场景，映照出这个交通闭塞的山乡渔村贫穷落后面貌。此后，一别三十年，尽管都在县境内，甚至于在改革开放后，随着石梅湾开发，石梅村早已远近闻名，但我竟一直没有机会重访石梅。

“阿贵，你在发什么呆啊？来，干杯！”朋友的呼唤，把我从回忆的沉思中拉了回来。此刻，已是夜色下的石梅湾，早已片片灯火辉煌。沙滩上，海水里，依然欢声笑语不绝。而今的石梅村，也早已旧貌换新颜，山更美，水更秀。从村后山脚下横穿而过的海榆东线高速公路，在这里开设了东来西往的出入交通路口，一条宽阔明亮的水泥马路，拉近了石梅湾与外界的距离，不但从万宁市中心万城到这里只需半个小时，就是从省会海口驱车直下，也只有两个多小时的旅途，西去滨海旅游城市三亚已不足两个小时的路程。在石梅村的北面，一条新修建的十多里长的水泥公路，把石梅湾与万宁市另一著名旅游区兴隆联结在一起,她们以其各具特色的旅游资源,构筑起万宁市旅游业的一道亮丽的风景线……

饭后茶余,已是午夜十一点多,在主人的安排下,我们正准备休息,一阵悠扬的歌声从海边随风飘来,在阵阵涛声的伴奏下,犹如一曲令人陶醉的交响乐曲。我毫无睡意,信步海滩,循声望去,只见不远处篝火簇簇,许多青年人正手拉手,唱起歌,跳起舞,给石梅湾的夜色平添了不少迷人的魅力。置身这欢乐的夜晚,我想到两次夜宿石梅湾的变化,不由感慨万分。在年青一代人的心灵里,也许不知道昔日石梅湾的沉寂和孤独,不了解昔日石梅村的贫穷和落后,他们生活在开发建设日新月异的新时代,看到的是一个交通方便、乡村面貌已经换了新装的石梅村,看到的是一个将为万宁市琳琅满目的风光景点增添风采的新石梅湾。

祝福你,崭新的石梅村,美丽迷人的石海湾!

(作者:祁永贵,本文选自万宁市作家作品选集《金色的梦》,万宁市作家协会编)

家乡的石板路

我的家乡乐群村铺上石板路了,人走在石板铺就的路上,发出铿锵悦耳的声音,那么惬意动听,车子驰在石板路上叮咚作响,震荡人心。人们欢笑了,乐群村热闹了,感谢党的改革开放政策,人们奔小康走致富路,新瓦房新高楼一栋栋,昔日风雨飘摇的茅草屋不见了,村中绿树成荫,鲜花盛开,连走路也是走在平坦光洁的石板路上,这是村民致富后集资修建起来的石板路呵!

这次,我与妻子、小女儿回家,皮鞋、高跟鞋走在石板路上兜来了满路春风,笃笃响着的脚步声,引来村里的小孩子,后生哥和村姑们都围拢过来,大家亲亲热热地互相问候道喜。“阿民,许久不见你,今天你回来阿婆心里也快乐。”这是下屋七十多岁的五保户许老四婆亲切的叫声。我的小女儿立刻上前给她送去一包糖果点心。后坑嫂听见声音也从厨房内探出头来笑嘻嘻地说:“民哥真好运,石路一建好,你们全家就赶着时间回来观光啦!”我说:“路通财通,有这样的好路,咱们村子里一定过上好日子。”这话引起一阵热烈的笑声。此情此景,写一幅村容破败的景象又出现在我的脑海里……

我们乐群村是个大渔村,由1551户,6834人,房屋拥挤,杂乱无章,村路弯弯曲曲,坑坑洼洼。过去由于道路阻塞,渔村封闭,渔业也发展不起来,村里人很穷,路也很脏很臭。村里也没有个好厕所,小孩子随便在路上拉大便,猪狗鸡鸭的粪便撒得满地都是。垃圾一堆一堆的,臭气冲天,苍蝇蚊子满天飞。远远望去,村中连一株绿色的树木也不易看到。一到雨天,到处污泥浊水,泥泞满路,走路的人只好卷起裤管,打着赤脚,走一步停一步缓慢地行进,稍不留神,一个趔趄跌倒在路上就变成了一个活泥人。因此,外村人都不愿意到乐群村来,就是本村的人到外面工作,每回一趟家都感到走路的困惑和愁苦。我的小女儿生长在城市里,变得娇嫩了。为了不使她忘本,我总想带她回家乡,看望阿公阿婆叔伯婶嫂,兄弟姐妹和乡亲们,她总不大愿意,总嫌家乡脏,村路难走。这次,家乡修好了石板路,走路方便了,女儿听到信息后,便几次嚷叫着要我带她回家乡看看,我们坐着小车子,半个钟头就回到家门口啦! 负责建路的是村中一位六十多岁德高望重的老人翁关成伯爹,得到乡亲的拥戴,他不负众望,积极出来领导修建村路的,只见他废寝忘食,早出晚归,顶风冒雨,筹资集资,搞工程建设规划,经过一年零二个月的努力,家乡的石板路就修建起来了。石板路布局格调新颖美观,除在东西走向的中心大道建起一条一共千米长的宽阔平坦的石板路外,还在南北两旁纵横交错似蜘蛛网一般的小街小巷又建起无数条大小不一,长短不同四通八达的石板小路,使到各家各户行走便捷。

正像俗话所说的那样:"路通财通。"我们乐群村濒临港北港小海北面的一座大渔村,捕捞鱼虾的人很多,现在,又搞海面网箱养鱼和在小海滩涂上挖池塘养殖鱼虾和螃蟹,还有一部分人搞海鲜生意,进行长途贩运。我们家乡的海鲜品运销到海口、广州、上海、北京、深圳、香港等地。有冰冻的、盐腌的、晒干的、熟鲜的,还有搞氧气包装的生猛海鲜。真是花样繁多,琳琅满目。每天车来人往进村购买海产品的人很多,有鱼贩子的,还有宾馆酒店的采购员,熙来攘往,热闹非凡。村里道路畅通无阻,交通非常方便。因此,我们乐群村财源滚滚来。人们家里有余钱,银行有存款,家家户户生活提高了,也注意搞精神文明建设。村中办起来卡拉OK、电子游戏厅、投影厅、镭射影厅、露天影剧场、图书馆、台球厅、乒乓球室、篮球场、排球场等文娱活动场所。有线电视也进入寻常百姓家。许多渔民家里还有电话,那些搞海洋生意的老板在腰上还挂有手机,手拿大哥大,与外面对话或联系工作都很方便。村容村貌也得到整治,还建起了许多厕所,搬走了垃圾堆,填平了坑坑洼洼,挖通了下水道,修建了一条条石板村道,坚固耐用,光光洁洁,人们走在石板路上平稳坚实,坦然自若。那些驾着摩托车的小伙子和村姑们风驰电掣在大街小巷来回穿梭,嘻嘻哈哈,好不快乐,别有一番风情,令人羡慕。

呵! 家乡的石板路,它畅通无阻,与四面八方的大路联结在一起,沿着这一条条的石板路,它运出去的是海鲜品,运进来的是人们日用生活的各种物资和滚滚而来的财源。

(作者:翁汉民,万宁人,本文选自万宁市作家协会编的《万宁市作家作品选集》)

疑是漓江落天涯

——灯火岭纪游

"一见漓江不忍离,别来朝夕似相思·····"

"文化大革命"中,被江青反革命集团打成"三家村主将"的著名学者、北京市原副市长邓拓,34年前畅游"甲天下"的桂林山水后,特地写下了一首让人传诵一时的漓江七律。以上是这首诗的开头两句。

漓江的绮丽妩媚,确实令人倾倒。

岁月流逝,沧海桑田,从来就叫人难以预料。邓拓的漓江诗发表不过十五个年头,勤劳智慧的天涯儿女们，就用自己的一双双妙手，绘出了琼崖大地上的“漓江秀色”，在名声响亮的万泉河上游建起了海南当时最大的水力发电站——牛路岭水电站。

“山水山水”，山水相聚则奇景生。水电站的主库区——灯火岭地带，很自然地形成了一派另具山光水色、足可与桂林漓江媲美、同长江三峡竞秀的高峡平湖——灯火岭风景区。灯火岭风景区既富于漓江的窈窕婀娜，更胜似长江三峡的豪壮雄奇。

新开辟的灯火岭风景旅游区，深藏在万宁县西北部崇山峻岭之中，国营新中农场东北角15千米处。其北部与琼中县接壤，东面毗邻琼海，总面积1466.7公顷。置身景区举目环视，四处岗峦耸翠，一派郁郁葱葱，一座座相依相偎的山峰，密森森的热带雨林云遮雾拥。在群山环抱约17千米长的主库区之间，鼎立着三座出类拔萃的最高峰——灯火岭、牛脊岭、神女峰。这三座主峰，原始森林密布，人迹罕至，神秘幽深。此地的黎村苗寨间，流传着许许多多关于它们的神奇故事。555米的灯火岭神韵独具；每逢阴雨天气，不管白天黑夜，山顶上就“规律性”的一闪一闪亮起一盏“红灯”。以往，多有勇敢的黎苗族青年，趁着“灯”亮时亲自攀登上去觅奇探秘。然而，一旦亲临其境，火影灯光确终无寻处；一旦下得山来，山上的“红灯”又闪亮如初。是“天灯”？是“神灯”？至今尚属不解之谜。

“灯火岭”由此得名。

775米高的神女峰，更是风采夺人。这“神女”平时特别喜欢披云着雾，云雾中的“神女”，俨然一个仰卧罗帐中温柔恬静、含情脉脉的睡美人。倘若云消雾散，其“胸脯”上并列耸立、轮廓分明的两座奇峰，酷似成熟而风骚的少女那饱满、坚挺而神圣的“双极”，举目望去，分外妖娆，仪态万千，撼人心旌。

灯火岭的高峡平湖奇特风光，让每个亲临其境的游客魂牵梦绕。那青山如黛、绿水盈盈的湖面，近看是一泓秋水，若高登俯瞰，恰如一条飘落万山丛中的玉带。从新中农场加朝九队渡口乘游艇抵达终点牛路岭水电站，来回2小时水路，全线水道峰回路转，九曲十八弯，峡口接着峡口，湾澳连着湾澳。水上行舟，时而峻峭的险峰扑面而来，时而宽阔的水域铺展而去。最窄的峡口仅120米，最宽的湖面达数里。乘舟游弋其间，那“山重水复疑无路，景阔湖平又一处”的险夷交错之感，时不时冲击着心扉。整个水域中，千姿百态的峰峦、丘屿星罗棋布，目不暇接；千仞陡壁、簇簇丘屿倒影荡漾，令人叹为观止，感慨漓江之弗如………

灯火岭风景旅游区四季常春，气候宜人，年平均温度为摄氏22度；四时漫山野花争艳，随处飘香；野生动物群集，尤其猕猴、黄猄、斑鸠、金钱龟等珍禽异兽出没频繁、真乃一处难觅的天然“动物王国”。灯火岭风景区周围，疏疏落落的黎村苗寨间，飘逸着古色古香原汁原味的民俗风情，是四海游客体验民族生活、探讨民族文化的一方“天国”。

一位台湾诗人畅游灯火岭后，曾发出由衷的赞叹：“分明三峡生此地，疑是漓江落天涯！”

令人叹惜的是，倘若我们的诗人、大学者邓拓先生当年不冤死在江青反革命集团的魔爪下，有幸一游天涯这一高峡平湖，在感奋之余，他必会禁不住挥舞那生花之笔，满怀激情写出更脍炙人口的新诗篇来。

（作者温敏，万宁人，本文原载《海南日报》海外版）

蒙蒙的江月

一

女人推开家门的时候，江畔农舍已笼上一层淡淡的暮霭，远处江面上也相继亮起数点昏黄的渔火。一轮圆月也非常宁静从容地悬挂在平展展的清江口上面，好像还蒙着一层薄薄面纱，朦胧而柔媚。

屋里已填满了夜色，只有从临江窗口斜照到红墙上昏黄的月光反映出灰暗朦胧的光影。男人仍在床上躺着，而且一直是这样仰面朝天一动不动地躺着，要不是这轻轻的开门声，这间坐落在村东头临江的小瓦屋会是死寂般的可怕，更使人怀疑躺在屋里的男人是不是还活着？男人稔熟这推门声，是自家女人下地回来了。接下又咣的一声，那是女人撂下锄头嗑地的声音。女人去拉门口灯，没亮，自言自艾，“都两天了，站里还没派人来修好。”女人进来把台桌上的煤油灯点亮。男人慢慢板过一张十分苍白的脸。随着一串熟悉的脚步声向他走近，男人闪动着一丝像刚复活但十分呆滞的目光。

“这么晚了才回，我担心出了什么事。”男人有气没力地问。

“没什么事，就剩几畦瓜草，不多不少的干脆把它锄完，免得明天又要一刻工呢！”女人边说边脱下竹笠。今年瓜秧长势还不错，自家三亩瓜田虽是一把手，但凭着勤勤快快，管做得也很顺当，没觉得费多少劲，就担心再过一两个月挺着大腹便便的肚子出园就不那么方便了，那时瓜果刚好要采摘要上市呢！不过最值得关心和庆幸的才是肚子里的孩子。想到这，女人很本能地拿手去摩挲一下鼓起的肚皮，抿抿嘴，无声地笑了。

女人走到床前俯下身给男人翻动笨重的身子，一手撑开那干瘦的臀股，一手便利索地从尻下掏出一大块尿布，熏着一股浓重的尿臊，随手扔进洗篮里。

女人细声问：“两次药都吃了吧？”

“都吃了。”男人迟缓回答。

“感觉怎样？”

“没什么。”

“饿了吧？我先去生火。”

女人已脱下下地穿的脏衣服，家里没外人，又少人来串户，只穿一件灰白短袖内衫和平脚紫红内裤转身进后厨房。接下，瓢盆锅碗全动员起来，灶膛子里映出一阵阵红光，时不时映出女人忙碌的身影。女人有点胖，丰胸肥臀，她蹲着接火，站起端盆切菜，进进出出，两个丰腴乳房不停晃荡，那张红椰脸盘让薄薄的汗津濡染得更加光彩动人。随着手里的活不停地动，两条腿显得玲珑轻巧，一点都看不出已怀上六七个月那笨重慵散的体态来。

男人只眼勾勾地盯着女人隆起的大肚子不放。“让看看今天又增大了多少。”女人听得懂男人那股热切切的盼劲。“天天都这么个瞧，能瞧出多大变化来，昨天跟今天都差不了什么。”女人很温和地说。

从灶膛子里冒出的浓重的桉树叶烧焦味，使男人一时受不住，发出两声干哑的咳嗽，女人忙去拿火钳子往烟囱里戳了几下，又对着火吹子吹了几下，膛子里猛地烧红了柴火，接下又暗了下去，烟又大冒起来，女人又自责自艾地说，“大白天怎么就忘了拿出去晒晒呢！”

女人端出个澡盆子到床前，对男人说，“趁饭还没熟，先洗吧。”

“热的吗？”男人问。

“热的。”

“不脱衣裤了吧？”

“还是要脱的，已两天了，今天也该换衣服了。”女人已经俯下身来给男人解扣子，翻了两个身，费了一番功夫才给他解下上衣。女人抹拭了一下额头上快流挂到眼窝的热汗，再继续将男人那冷冰冰的像完全僵硬了的双腿轻轻托起，捋脱下那条特制的开裆裤。一个赤条条快干瘪了的男人躯体躺在她的面前，特别是那股儿和双腿，已全部萎缩，还长出几个大紫斑，像从林子里扛进来的一块干瘪歪丑的树根头。女人耐心地上上下下擦洗，抹了几下竟抹出几分心酸和怜悯。这身子已经完全失去男人的魅力，失去十年前那生龙活虎般的刚猛。女人伸手把男人那东西撩起，用毛巾擦洗了一遍。捏在手里的东西就像一小截烂布绳头，软塌塌的耷拉着半个小脑袋。女人捏掐了几下没有丝毫动静，她也没有半点感觉或心动，也许双方谁都像早进入冰库里冻僵后的麻木。男人死板板地躺着，只有那双深凹的眼窝里浮动的视线在女人身上游移，从丰满硕大的胸脯上滑到鼓隆起的肚皮上，又从肚皮移到胸膛，逡巡往复地移动。女人全不在意他。男人想女人的事，已经是记忆里的事情。记忆告诉他，就挨着他的女人曾经让自己一度疯狂过，她很妩媚，真算得上一刻值千金。可惜现在这份女人福享不上了。这是命，命是真的，是福没人抢，是祸逃不了。枉屈的是自家女人，她还这般年轻，还水灵着。她就这样成年累月陪着半死不活的男人过日子多蔫哪！男人盯着女人的脸，让一泻乌黑的长发半掩着，眉宇间夹着多少憔悴和疲惫。日子过得太艰难，太苦了她。男人又盯着女人那渐鼓满的肚皮，一股莫大的快慰和幸福感溢满心中：女人牺牲一切好像都是为了他。男人漾起一股厚重的感激心潮。女人抹到最后一手的时候，突然停住，把脸悄悄侧过一边，她不忍看到男人眼眶里储满的泪水。

女人又在后面厨房里弄腾了一阵，便端出男人的饭菜来，热腾着，很快散发出缕缕蒜酱清香味，是鲜鱼煮姜。女人喂了一口，问，“可口嘛？”男人说，“嗯，可口。”女人说，“那就大口大口吃吧，吃完了，我还有一大盆衣服要洗呢！”男人很知趣很乖顺地一口接一口地吃。

二

每天都重复着这些活儿，洗晾完衣服总算忙了一天的事该划上个句号了。女人将显得笨重的身子往上一擎，把最后一件衣服晾在绳子上，两只胳膊却突然悬在半空，望着对岸那盏孤灯久久愣着神儿。

女人清楚，那隔江的岸，那空山里，一间窝棚，一条汉子，是石匠。石匠是外来客，不知他来自哪里，姓甚名谁，山是他的家。他说，他砸了三十几年石头，都快变成块死石头了。女人可怜那石匠，只见他白天总是顶着白花花的日头晒出一身臭熏熏的汗，然后一把锤子伴一把凿子叮咣叮咣地敲个不停．最后把一轮腌蛋黄似的日头敲落了，脱掉身上那件仅遮住下身的豁口裤子，赤条条往江里一跳，手脚拍了几个响水，江里几朵瑰丽的晚霞也被弄得七零八碎了。空山里的夜来得早，脊梁一贴着床板，便睡得昏死。一打呼噜，什么女人的事都无踪影了。怪不得过了五十的人还从没嗅过女人的腥。

女人待了一会，才慢悠悠地端着空盆子转回屋里来。

方桌上点着灯。在灯影绰约的角落里，男人直愣愣地躺着，只有两只能动弹的手在胸前摆弄着一把旧电筒，就像小孩要着一件心爱的玩意儿，揿得灯眼儿闪闪灭灭的。女人温和地说："筒子锂电池揿得快完了，还是让我来收起吧。"男人说："我正想调整个焦儿。"女人无语。女人是理解男人的，因为他不能老这样毫不动弹地整天躺着无聊。

女人又转出屋子来。她是有点困的，但并不想马上躺下，屋子里还闷热。她在门前板凳上坐定。月光柔柔和和，凉爽的江风轻盈地拂来，荏苒在脸上、手上、衣服上，凉津津的。女人闲散地解开衣衫，粗粗裂裂的手掌在挺鼓鼓的肚皮上摩挲起来，摩得怪痒痒的也怪舒坦。

女人时不时抬头眺望那隔江空山里仍亮着一丁点灯光。灯光细微得像一只萤火虫，在寂寥夜空里，在江和山的天籁里显得异常幽暗和凄凉。于是，女人生起几分思念和牵挂，那个石匠，那条汉子。

汉子有些驼，但好大个，脱光了身子真像头牛。汉子有火性，还不由我准备他就扑上来了。女人回忆几个月前的那事。那事情是对谁都不许说的，当然，她男人清楚，是男人的主意。男人是可怜也是无奈的。那夜男人对女人说，"我现在已经不是个男人了，可你是个女人，不残不缺，能生能养的。"男人瞥一眼隔床的女人，又说："能生就生，你不生就太亏了，我们家本来就应有个孩子，应该有的。我是想，我想。"男人嗫嗫嚅嚅的话里含着几分悲伤和自责。女人仍静静躺着，听着。男人很带伤感的样子，"我是说，你就把我当作已经不在了，十年前就已经离开这个家，离开这个世界了"。

女人把被子蒙过了头，而且渐渐在瑟缩中恸哭着，没有出声，但从对面一阵紧一阵地传来床板低低的抖动声里，男人感受到女人内心的难受。男人声音在喉咙里也突然变得喑沙起来，但这句最要紧的话非说不可，"你就算作我求你爱我最后一次吧，为着这个家，汉子的事，地方上有的是，你自己挑好就行，最好是外地人，隔江那面就有……"

男人的话像把无形柔刃在穿透女人的心窝，在流血，是汩汩流着冰冷冰冷的血。女人蒙在被窝里，边哭边数落，长哭爹短哭娘，哭了命又哭了人。

男人也就不再说什么了。既无法去安慰女人，又没别的选择，自己不是人，不该还活着，十年前就该离开人世。那年他们刚结婚不到两个月，一场强台风从南海直扫过来，让刮倒的老屋重重地压坏了。他昏迷了七天八夜，虽拾回条命，但永远只能躺在床上，成为这个鬼样，半生不死的。幸遇到这个好心女人一直不弃不离，守在他的身边。他是满心感激自家女人。多少回想到自尽了结，好让女人好好解脱，结果都让女人拦住，并慢慢慰解他，让他从痛苦绝望中回过来。

不知过了多久，一切都平静依然，女人翻身下床，瞥到男人脸上挂着两行湿津津的泪痕，枕边已被泪水洒湿一片，灯影在他脸盘上晃动得迷迷离离，男人多可怜哪。

她悄悄走出后院，夜还没深，月色很浓，村舍外面那江，江那边的山，山脚下似乎有盏昏黄的灯火，那灯火似乎每晚都是这样亮着。女人眺着那灯火入了神。

女人全明白也想通了男人的话，尽管女人心里羞涩涩的，但一种难言的欲望已经像清江不远处那点渔火在熠熠发亮。

三

可她那天，真不知道当时是怎么想着就壮起胆子，告诉男人一声就过江去。

她就站在那汉子对面。不太远，汉子一抬眼准能瞧见她。岩石半遮着她，心里老稳不住慌，是第一次斗胆来偷汉子的。汉子好傻，好久都不向她这边翘首，却死性子地敲打那死石头。她渐渐后悔起来。哪有女人这样不熟不识，不知根不知底，多野的汉子也要先有个眉来眼去，心领神会，才能成好事。不应该这样过急，一想来即来。在犹豫彷徨中，脚下竟打了个滑，摔了个跤。幸好没摔出头破血流，只磕破点皮，痛是真些痛，可是不敢痛出声来。结果汉子发现她摔坏了，忙丢下活儿，去把她扶起。可她不起，让他抱起。一个老老实实地抱着，一个竟怯怯羞羞地搂着。她心跳得快要蹦出来，眼睛闭上了。汉子更是激动，抱她的双手抖得像筛谷。女人羞生生地说："我来，只是想……要个孩子。"

汉子听懵了，有点不相信自己的耳朵，操着大陆福建口音又羼些海南话说，"你是想跟我要个孩子?"女人侧过臊红的脸，也不敢睁开眼，只点了点头。女人突然触到一只粗大的手，就像自家门角后那把锈巴巴的铁耙，虽隔着层布，可在柔绵绵的肚皮上摩来怪痒怪痒的，汉子看来还不够大胆，女人抓住那只铁耙从捋开的襟口伸入并紧贴在自己乳房上。汉子傻了眼，顷刻烧出两团激动得通红透亮的欲火，说："你想要的，我给你"。

汉子是平生头一遭碰上这等艳运。面前是实实在在的东西，让他粗裂裂的双手碰，让他瞧得傻了眼。白花花的日光从棚子顶上溜下来，照得眼花花。山，很静，只有山雀子在两人头顶叽叽喳喳地啾个不停，也许是这群快乐自由小鸟在它们这块生活领地里首次看到这样一件快活的事情。女人睁开眼睛，仍臊得满脸通红，眼睛更红得格外生辉。

江这边，叮咣叮咣的声音停了多久，躺在家里的男人心里清楚，他相信这时候，另一个男人已经得到自家女人的好处了，就像起初自己得到自家女人一样。他不知道是否已经后悔了？好端端的自家女人呢，却要送货上门，让另一个男人挨着……说不出来的一股酸涩和痛苦涌上心来，搅得他想哭，可又哭不出。他想爬起来，或彻底翻个身，却终究动弹不得，还得死人般地躺着。躺着看屋顶的梁子，看那瓦缝间筛落下星星点点的日光，躺着听后院里几只母鸭唼唼喋喋喝吃的声音。对岸那边还静静的，他明白：女人在为他去完成一项非常不寻常的使命。他只能为她祈祷，但愿她能带回点长根儿的东西。

女人从岸边窝棚里钻出来。汉子憨傻傻地笑。女人也笑。汉子依恋地要送她下江，可她不让。

下了江，女人却待了半天，虔诚地跪在江边，对着清清静静的江水深深叩了头。她忏悔着，清江水养了她十八岁，嫁给一个清江人，可那清江人却养不出个清江种，而让她偷了野，是她污了清江啊！几绺秀发从松散的头顶垂落下来，遮住半个脸，半个脸上垂下两行泪。她慢慢把头抬起来，一片淡淡云影从江面上飘移过来，紧随着吹来一阵江风，温煦煦地撩拨和抚吻她，她似乎渐觉满身清爽。她不知道清江是否真的善解人意，遂其所愿？她只请求原谅她，好原谅那不幸的男人！祈求保佑她带回个种，让她顺顺利利怀上一个，养出个小来。

四

“等孩子出世后，再去谢那汉子。”女人深情地望着蒙蒙的江月思忖着。借着朦胧的月光，她瞧了瞧自己日渐隆起肚皮，就像面对自己的杰作，认真地自我欣赏，心里甜甜美美。而且在清辉中悄悄往外流溢。

“谁也不知道我偷汉子，怀上个野种，更不知道我偷谁家汉子。”女人在想。平时，偶尔遇到挑剔和嫉妒的眼光，可她并不在乎，因为她身边有丈夫。他虽然已残了，男人那东西也早坏得不再动弹了，可婆娘们谁也没睡过自家男人，谁也咬不准自家男人机关不能使用。不管说馊道冷的，反正从娘肚子里掉下来的就是亲骨肉。亲骨肉才是爹亲娘亲的。于是，她心里有了谱，理头就大了，在人面前说话就理直气壮。在寨子里众人路上，她满大大咧咧地走。在榕树荫下乘凉，跟婆娘们一起聊，可以爽爽朗朗地笑。上自家果园里来，脚手勤勤快快，计划活儿更是实在。一次刚从园子里回来，困顿得两腿发酥。男人问她：“果园里真的还要扩大吗？”女人说：“还要扩大，不止两亩，而且我已经动手了。”“可是太苦了，你一个人扛得住吗？”男人是心疼着女人的，女人却满不在乎地说：“以前是愁着没有接茬子，可现在肚子里有了，苦算个啥罪？为着咱这就要出生的崽儿，再苦再累也值”。

江月越升越高了。一窗清辉洒了进来，屋里好迷蒙也好清静。女人把灯熄了，走近床边要给男人盖被子，让一只孱弱纤长的手横伸过来抱搂她凸鼓鼓的肚皮。女人也就顺势躺下，紧挨着男人。男人说：“让我摸摸。”

女人索性把裤子往大腿根扯下好让男人摸。男人小心地摩挲起女人兀隆起的肚皮球，圆溜溜的，摸着舒适。可再摸着，摸得女人整个身子都痒透了，心似乎也要被摸醉了。女人突然扯住男人的手问：“你觉得大些了吗？”

“我觉得大些了。”男人很温顺地回答。

“你觉得里头有什么动静没有？”女人扯过一只手按在脐上说，“比如肚皮上被弹了下……你先别动，停稳，再试试看。”

男人照着试了。轻轻地按着，老老实实地停稳，一会儿他非常激动地叫起来：“有的，真的动弹着。”接着又问，“会是个男的吧？”

女人稍停了下，问他：“你近来做过梦？”

“昨夜里做过。我看见崽子光着屁股儿正往咱家里跑，我一直往两条小腿之间找，可我一直没看清楚。”

“你看我前大否？”女人问。

“不注意看，像有点。”男人有点不解。

“那就好兆了。”女人似有所悟地说，“我感觉也许是个男的。二婆说。‘男前女后’，你就不注意看我前腹凸得高些？”

“真的？”

“别再问根摸底了。再过三个月吧。”

“还要过三个月吗？”男人心里急着。

“再过三个月才满十个月呢。”

“你记得准吗？”

“能有记不准的。”女人轻笑出声来。

男人稍停了下又问：“等崽子懂事了，能叫我爹吗？”

女人嗔他说：“你好傻。只要你是我男人，从我肚里坠下的，就该是咱崽子。你就是堂堂正正的崽子爹。”

男人又说：“不，我是说。假如那石匠不走的话……”

“……”女人不出声。

男人又说：“不走也可以，是的，他为何要走呢？他是个好人。”

女人仍不搭话。

女人也许太累，睡着了。男人挨着女人，可他并不想睡．不时地伸过手摸女人那凸起的球．那球又神秘又实在。

外面江月好皎美，江和山和寨子都沉浸在蒙蒙的夜色里。屋里的夜很静，很甜。

五

清江水淌得无声，清江两岸山里的鸟叫得深幽．清江的人总是埋头劳作，村舍里从不喧不闹。只有那对岸叮咣叮咣的声音响得勤，响得绵长。绵绵长长叮咣叮咣的声音飘过江来，清晰地传入人们的耳里，可就是听得单调，单调得已让人们腻耳了。夜里那盏灯昏黄黄的亮了一阵后又安安稳稳地熄去，夜夜如此，于是也看惯了。腻了，惯了，就不再有人去留心它们的存在。存在——就有个驼背人蹲在岩壁上像只蜗牛趴伏着，钻进棚里像条狗蜷曲着。可是他的存在或不存在似跟别人都没有什么关系。

有一天，岸这边的寨子里突然添了喜，一个呱呱落地的新的清江人又来了。事情好了不起，有如要把这穷乡僻壤闹出个光景来。嘤嘤哭声，降临到这古老而神秘的土地上，也就真真切切地告诉了岸那边辛勤的石匠。那敲得勤的叮咣叮咣声突然中断下来，等到嘤嘤呱呱声消弭了，才又重新响起。夜里那盏已熄去的灯光，时会因那嘤嘤呱呱的声音飘来而灵验地重新亮起。

天有赐，新的清江人是个男的，叫“石生”。当然是爹起的名儿。他说就为着感念那石匠吧！女人想了想，也赞成了这名字：石生是强汉，石生土长的易成命大，这孩子一定好养成人。女人脸上储满幸福也横溢着自豪，亲亲美美地吻了一下，甜腻腻地喊了一声：“石生——娘的心肝儿。”女人以母亲身份第一次叫孩子的名字,心里要说多甜就有多甜呢。男人也叫了,而且快要叫出热热的涩涩的眼泪来。女人把孩子抱到男人床边,放到他面前,“生儿,这是你爹!”男人伸过手来抚摸那肉嘟嘟的脸鼓儿。女人窥见男人的泪,自己眼眶里也转悠着。孩子的出生,使得这对跛脚夫妻如同完成了一件伟大的创举。

“差几天,孩子就要满月了,要不要请寨子人来喝杯酒呢?”男人提议说。

“我想,是该请的,而且一定要请。”女人瞧着摇篮中的孩子说,“孩子既跟了咱,咱再穷也得抖出点东西来让寨子人看,证明咱这孩子也是落地有根有名的。办吧!”

满月这天,寨子里不少人过来贺喜。这孩子真的值得贺,当然,不全在于孩子,也不在于为首茬首轮为人母的女人。而主要为那已经卧床多年了的瘫痪父亲,祝贺他残后得子。然而,祝贺之中难免要生起几分惊讶和疑丝,不过,谁也不愿意也不必要去捅这里面的谜底。

女人好强,几桌酒菜办得挺有味色。老老幼幼围着喝、围着吃,也够这家主人排个场了。喝足了就醉,醉了就多说几句酒话。孩子们饭饱了撂下碗筷来,在庭前院后追逐嬉戏给大人带来天伦之乐,于是把今天的喜酿得有声有色。刚做人母的女人身着盛装,做新娘时还没有这般气派。长发绾在头顶上半松半紧地打上个髻,再在发尖上扎上只粘金着银的蝴蝶结,显得爽爽朗朗,好精神,也好妩媚。孩子抱在怀里,在客人面前逡巡往复地挪动轻盈的步子,总是笑不拢嘴,时不时要用笑开了花的脸颊去贴怀里的孩子,贴着不够,又温柔柔地吻了吻。

婴儿长得胖乎乎的,真像个小石匠,可没有哪位贵客想得到是石匠的种。怀里那小东西突然睁亮了一双水灵灵的小眼睛,瞧了瞧眼前这个世界,这世界是混混沌沌朦朦胧胧的,又新又奇又陌生。睁亮了一阵又安详地闭回去。好像这一切跟自己并没有丝毫关系。婆娘们爱逗孩子,逗得婴儿又笑又蹬,蛮乖蛮可爱。一双双端详喜逗的眼光轮换地投来,一句句卖贺的话重复地塞过来。“多乖的孩子,样子多帅,跟他爹一模一样,简直是一模儿印出来的。”孩子母亲心里早热乎乎得捺不住劲,两眼眯眯笑。说:“是爹的孩子。能不像爹……”尽管这时那位一直一动不动地躺在角落里的父亲已受到多少冷落,可是他仍然没有感到丝毫寂寞、孤独。外面的喜外面的贺仍然同样感染着他,心旌儿被那甜的喜的摇荡得如迷如醉,使他感到从来未有过的一种做父亲的满足和幸福。于是苍白孱弱的脸膛早泛出红润欣悦的光泽。

六

清江月仍是满满盈盈的,像刚从江里跃出,淋着浓重的水气,月光蒙蒙的,黄黄的,寨子里鸡不叫狗不吠,人语渐绝。夜是温馨的安宁的。方桌上的灯还荧荧地点着,孩子已不再看灯了,吮足娘的乳汁后在摇篮里睡得正香。

濡染着缕缕月光的女人拎着个空尿盆匆匆走进屋来,似乎有所发现地对男人说:“你这几天听见对岸还响着吗?”男人让女人有点惊慌的情绪感染着,忙问道:“你是说那叮咣叮咣声吗?”

“还不就是那声音?”女人有点抱怨的语气,“这几天忙忙乱乱的,我是一直操持着事情。可你也不长耳朵了。”

“也真是的．看我这阵子哪……”男人无限地后悔着，“心里净装着乐，一乐就把外头事全忘了。”稍停了又说，“可是你不可以瞧瞧那盏灯吗?现在还不太晚，或许还能看到灯呢!”

女人说:“我瞧过了，久久没见光!”

男人说:“真的没见光吗?”

“……”女人默不作声。

男人才吃惊起来:“——喔，不会是他病了或是因什么的……或许他的活儿早干完了。”

女人仍不说话。好久地缄默着。

她想念那石匠。想着，不觉心里涌上一股子热来，却又冷下去了，泛起一阵子酸涩。

一阵风把灯吹得晃晃悠悠，欲灭未灭，谁也没有去睬它。灯焰终没有灭，反倒更亮起来。男人脸生愧色，心里觉得欠着那位石匠一份债，人家石匠是有功德的，不该把人家忘了。于是，对女人说:“那石匠兄弟是位好兄弟哪，咱们不谢人家一下，这样缺德呢!”

女人突然记起，是她亲口答应那石匠。“等孩子出生后。我会来的，来谢你，好好报答你。”这是那位石匠松开紧抱着她的手后，她从石匠的硬板床上爬起来时，她对他说的话。

男人在琢磨着要说的一件事，他想过好几回了，这回一定说了:“……那石匠兄弟，终年睡窝棚子也实在孤独。是实在的……”他嗫嚅着，“人嘛，一辈子能见几个日头?可不就是那阵子风，依我看哪，还是去把他请到咱家来住，这样才好．你说呢?”

女人默着，木愣愣地坐在床上，木愣愣地瞧着窗外匝地蒙蒙的月光。突然抖动起身子，渐渐地控制不住了，哇的一声伏在男人身上，一股难言的痛苦掠过男人的心湖，皱起一圈涟漪。怎么说呢?劝她，还是不劝她?男人也默了。

第二天。

女人背着婴儿独自划条小船，轻悠悠地飘过江去。

那山，已经空荡荡了。石匠已经走了。他的窝棚里除了扔下两件早发了霉的旧衣破裤外什么都不留。只见窝棚前一块大石头上斜刻着个图案:一个驼背的人扛着一把锤子向前走去，前面是许多的山，远远的。石匠不识字，女人明白，大概是石匠留给她的话。

女人慢慢解下背上的婴儿，适好婴儿刚睡醒。女人从怀里扯过一只红扑扑胖乎乎的小手，轻抚着石头上那驼背人……

江水盈盈轻轻地漾动，船儿轻悠悠地摇荡。女人和女人背上的小脑袋都一起随着悠悠晃荡。火红的日头晒得满江是花，斑驳迷离，缤缤纷纷，在迷乱炫目的江花中，也渗入女人那挂在脸颊上的两朵晶莹的泪花……

（作者翁应权，海南省作协会员，本小说发表于海南省作协主办的《天涯》杂志总80期）

第三章 书法 绘画 根雕

第一节 书法

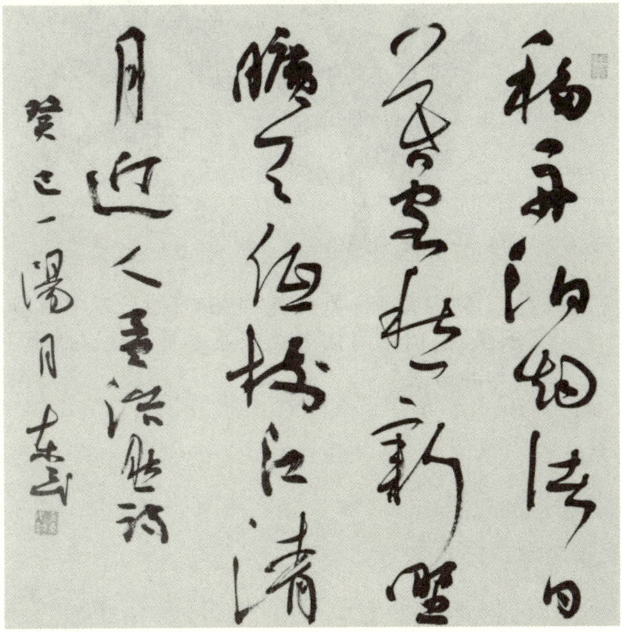

作者简介：吴东民，万宁市万城镇人，1956年9月生。中国书协副主席、中国刻字委员会主任、国际交流委员会主任，中国文联第九届委员、海南省文联巡视员，海南省书法家协会主席、中国美术家协会会员、海南省书画院院长。国家一级美术师，省优专家。

作者简介：陈洪，万宁市万城镇人，1971年出生。中国书协会员。海南省书画院副院长，海南省文联副秘书长、省书协副主席兼秘书长，中国书协刻字艺术委员会委员（全国刻字展评委）。国家一级美术师。（作品左下）

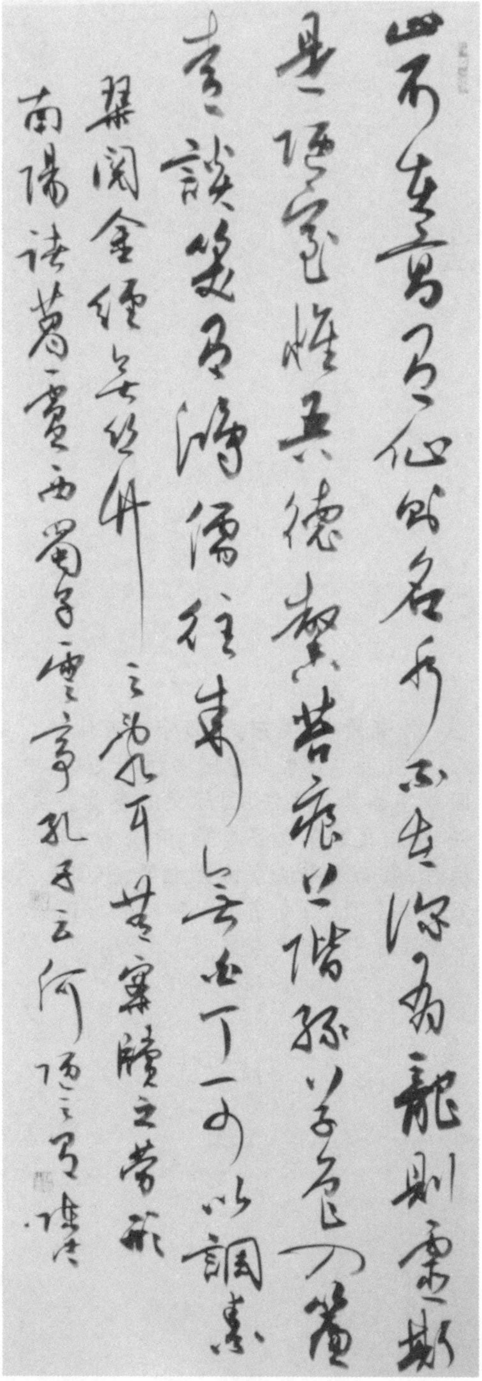

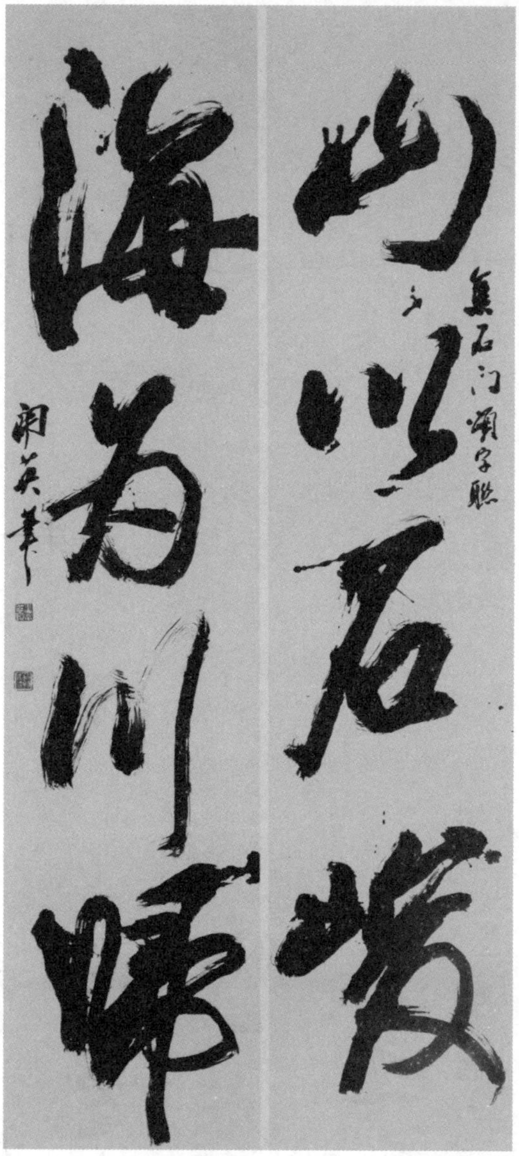

作者简介：吴开英，1954年生，万宁市和乐镇人，国家书法考级专业委员会主任委员。（作品右上）

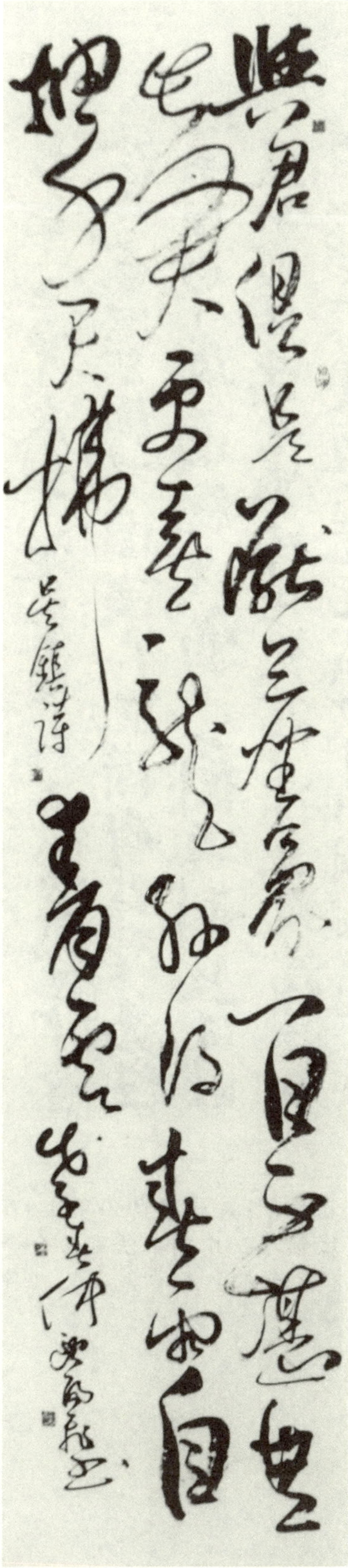

作者简介：欧阳飞，万宁万城镇人。中国书法家协会会员、中国书协产业发展委员会委员、海南省书法家协会副主席、海口市书法家协会主席。（作品左）

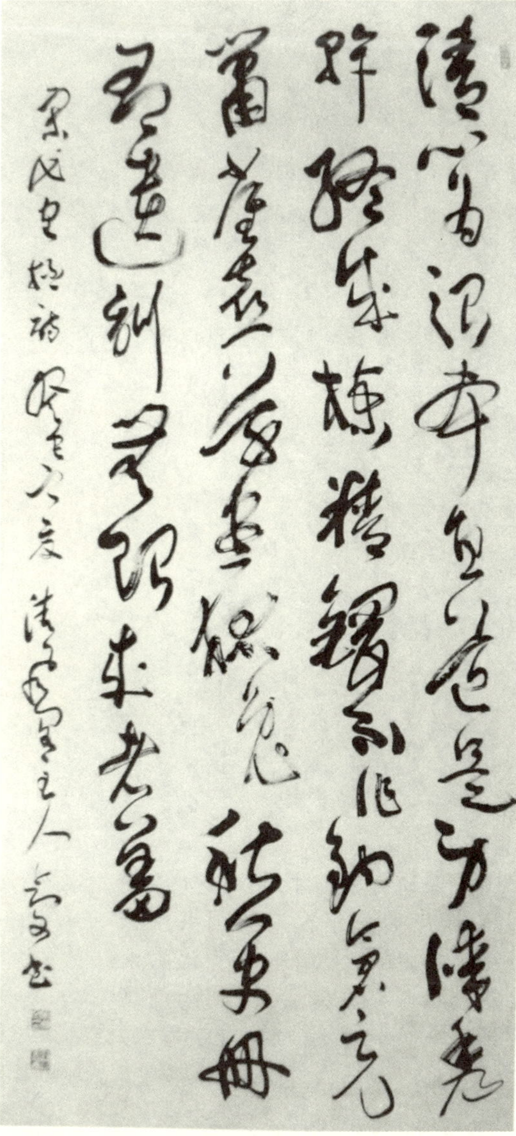

作者简介：卓剑文，1964年3月出生，万宁市长丰镇人。中国书法家协会会员。（作品右上）

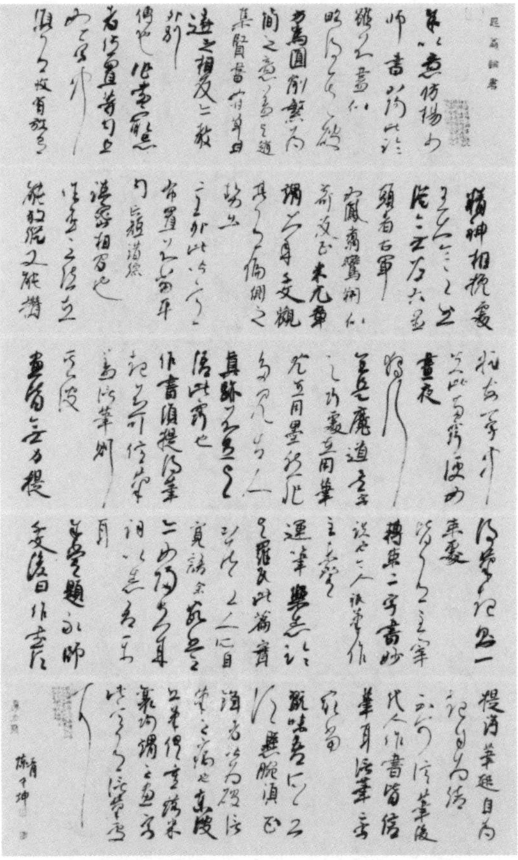

作者简介：陈才坤，1984年出生，万宁市后安镇人。中国书法家协会会员，现为全国八十年代书法家协会艺术委员会委员，湖南省衡阳市书协常务副秘书长。（作品左）

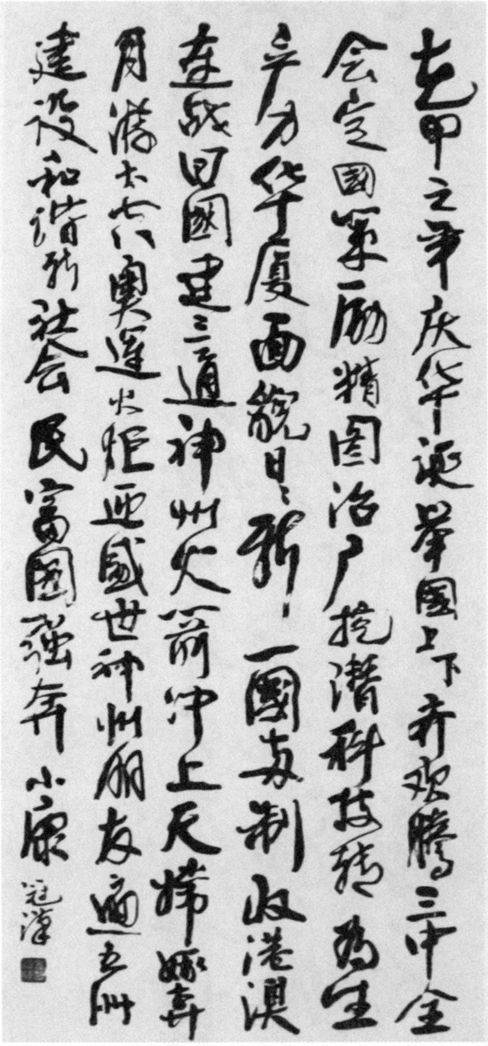

作者简介：萧冠汉1939年生，万宁市万城镇人。中国书法家协会会员，海南省诗书画家学会会长。（作品右）

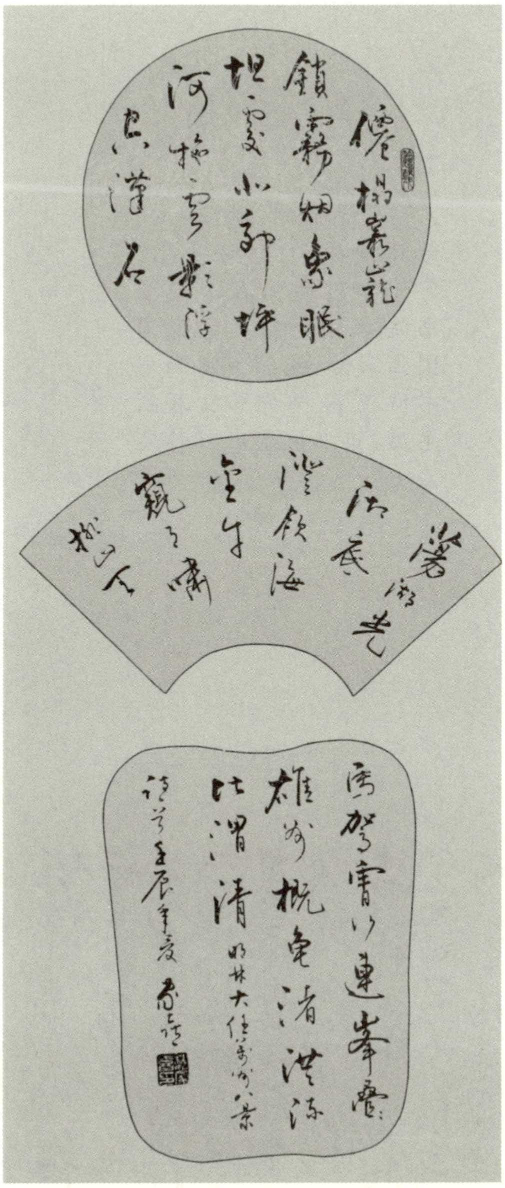

作者简介：魏家喜，笔名沙鸥，号醉墨。万宁市万城镇人，中国书法家协会会员、海南省书法家协会理事。（作品左）

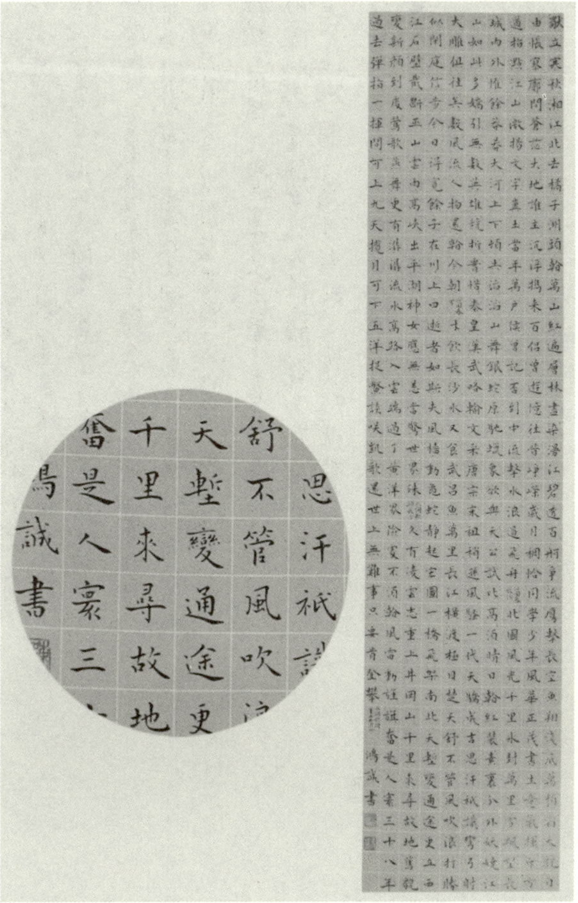

作者简介：陈鸿诚，笔名陈默。1971年生，万宁市礼记镇人。中国书法家协会会员，海南省书协理事，海南省青年书协副主席、万宁市书协副主席。（作品右）

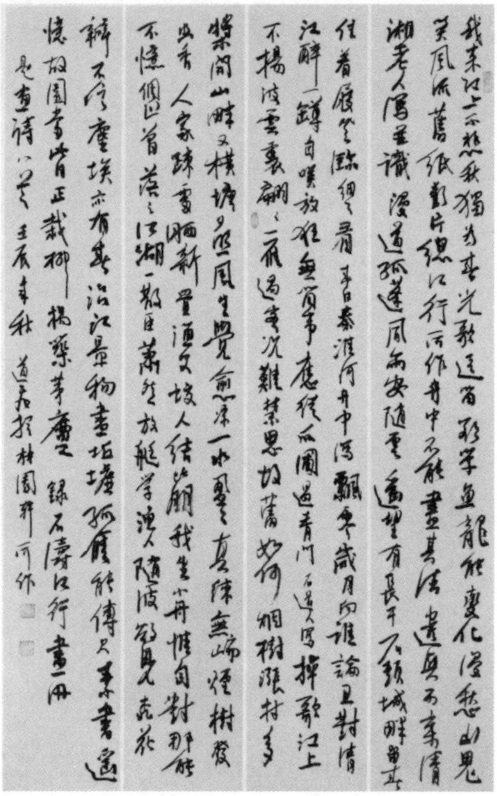

作者简介：林道飞，号林园居人，1961年生，万宁市万城镇人。中国书法家协会会员。中国国画家协会会员、海南省书协理事，万宁市文联副主席、市书协主席。(作品左上)

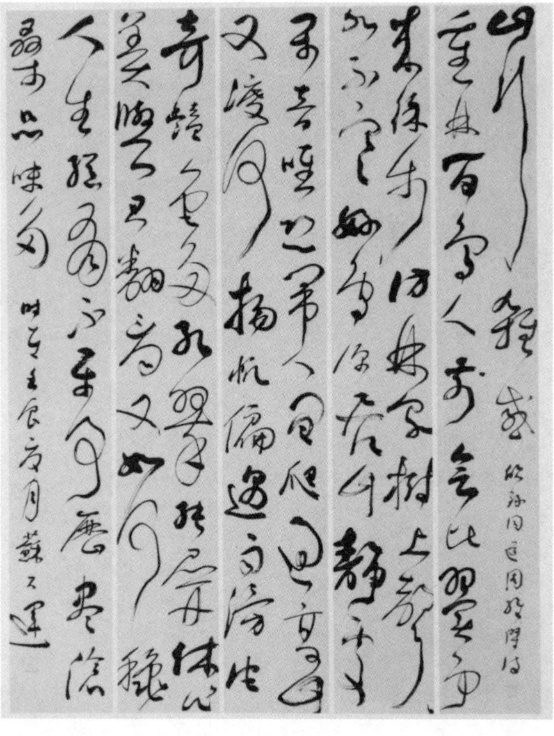

作者简介：苏君运，万宁市万城镇人，中国书法家协会会员，海南省青年书法家协会理事，万宁市书协副主席。(作品右下)

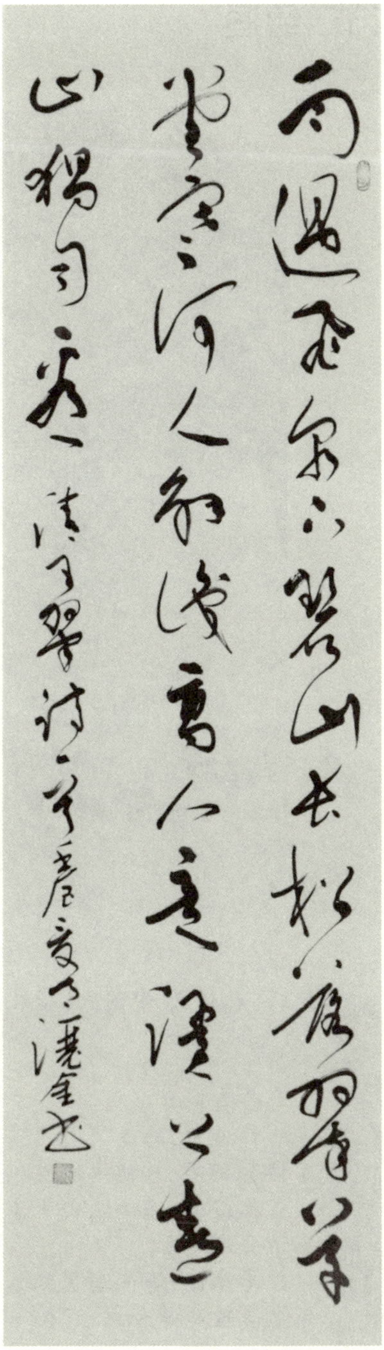

作者简介：陈列强，1962年出生，万宁市人，中国书法家协会会员。

第二节 绘画

林道飞 中国画《溪边春色》

林道云 中国画《硕果累累》

卓承超 中国画《凤凰山绿》

作者简介：

林道飞，海南省美术家协会会员、万宁市美术家协会顾问、政协书画院副院长。

林道云，海南省美术家协会会员、万宁市美术家协会理事。

卓承超，海南省美术家协会会员、万宁市美术家协会理事兼秘书长。

作者简介：

魏继琼，海南省美术家协会会员，万宁市美术家协会副主席。

魏继琼 中国画《森林春意》

金极量 中国画《雨林果》

作者简介：

金极量，海南省美术家协会会员、万宁市美术家协会副主席、政协书画院理事。

吴祝月 中国画《农家小院》

魏小青 中国画《木瓜图》

作者简介：

吴祝月，海南省美术家协会会员、海南省书法家协会会员、万宁市美术家协会副主席、政协书画院副院长。

作者简介：

魏小青，海南省美术家协会会员、万宁市美术家协会副主席。

程继军 中国画《春山晨曲》

作者简介：

程继军，中国美术家协会会员，万宁市美术家协会副主席。

作者简介：

李志雄，海南省美术家协会会员、万宁市美术家协会副主席、政协书画院理事

李志雄 中国画《雨后山村》

第三节 根雕

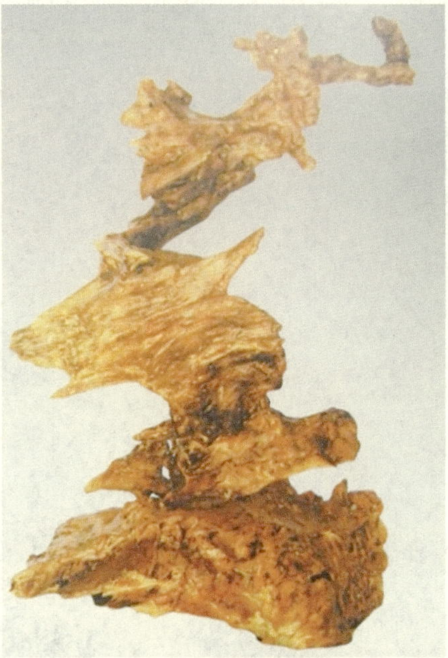

《层出不穷》（左上图）

45cm×75cm　香樟

作者：李云飞，海南万宁人。海南省根雕文化研究会理事，万宁市根雕文化艺术协会副会长。

《永远的紫荆花》（右下图）

103cm×158cm　坡垒

作者：黄劲民，海南万宁人，万宁市根雕文化艺术协会会长。

《雨林晨曲》190cm×240cm 阴沉木

作者:张进山,海南万宁人。现任海南省根雕文化艺术协会会长、万宁市政协委员、海南省民间文艺家协会副主席等。

《远眺》32cm×72cm 阴沉木

作者:魏家喜,海南万宁人,中国书法家协会会员,海南省书法家协会理事,海南省根雕文化艺术协会秘书长。

《长寿》(左上图)
54cm×120cm 阴沉木
作者:梁镇师,海南万宁人。海南省根雕文化艺术协会副会长,万宁市根雕文化艺术协会名誉会长。

《鹿回头》(右上图) 203cm×148cm 重阳木
作者:叶亚雄,海南万宁人。海南省根雕文化艺术家协会理事、海南万宁花卉盆景根雕艺术协会秘书长。

《根石缘》(左下图)
22cm×29cm 荔枝木、火山石
作者:朱丽娟,海南万宁人,海南省根雕文化艺术协会副秘书长。

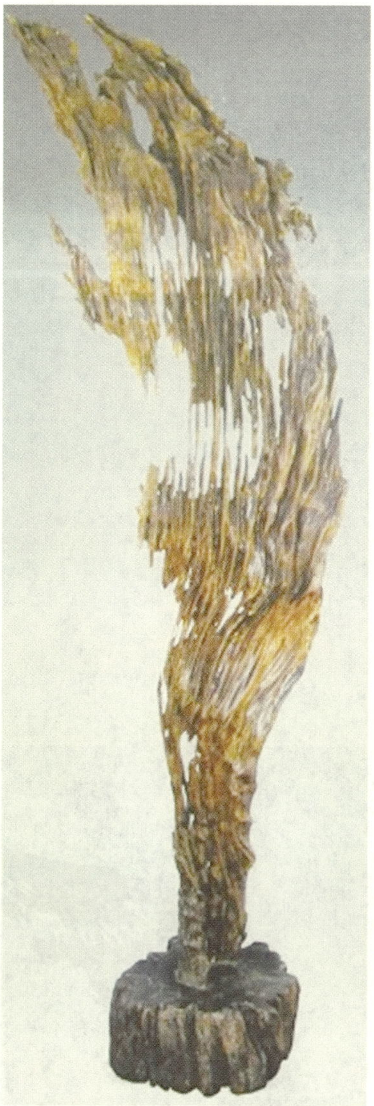

《飞流直下》(左图)

48cm×178cm 坡垒

作者:蓝运标,海南万宁人。海南省乡土文化研究会理事,万宁市乡土文化研究会常务理事,兴隆分会办事处副秘书长。

《笑佛》(右上图)

185cm×230cm 禅木

作者:吴东清,海南万宁人。海南省根雕文化艺术协会会员,海南省乡土文化研究会理事,万宁市根雕文化艺术协会理事。

《惜春》(右下图)

60cm×110cm 坡垒

作者:许廷照,海南万宁人。系海南省根雕文化艺术协会会员,万宁市根雕文化艺术协会常务理事。

《盘龙呈瑞》（左上图）

45cm × 93cm 青皮

作者：谢理平，海口人。海南省根雕文化艺术协会理事，万宁市根雕文化艺术协会常务理事。

《舞动》（右下图）

40cm × 110cm 阴沉木

作者：蓝高，海南万宁人。万宁市根雕文化艺术协会会员。

《火山》(左上图)
30cm×70cm 坡垒
作者:胡其深,海南万宁人。

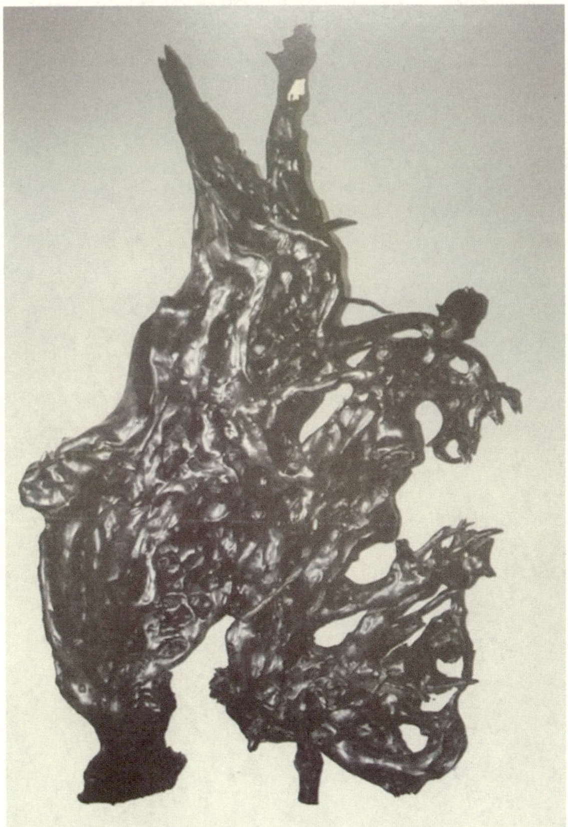

《飞越》(左下图)
90cm×180cm 阴沉木
作者:黄宏忠,万宁人。海南省根雕文化研究会会员,万宁市根雕文化艺术协会会员。

第二十编　人 物

第一章 人物传

人物传收录38人，包括已故的在万宁市（县）工作并有较大贡献的本籍和外籍党政领导干部、各界业绩显著的优秀人士，以及已故的在外地事业有成的万宁籍（含祖籍）知名人士，其中，前志漏载人物9人，置于“前志补遗”。人物传以卒年先后为序，卒年相同者，以生年先后为序。

第一节 前志补遗

郑鸿名（1867—1905） 字大茂，艺名洪明，琼剧名武旦。清同治六年（1867年）生于万宁县大茂镇后田村。清光绪七年（1881年）从艺，文旦、刀马旦和武旦都在行。他在南洋各地演戏，声名远播，被誉为“活母夜叉”。清光绪二十八年（1902年），他同结义兄弟黄家清、黄家熙返回万州，秘密组织“三点会”。1903年秋，“三点会”组织在后田村宣告成立。郑鸿名提出“红旗飘飘，人马征召，革命起义，推翻清朝”的口号。他以舞台为阵地，一方面演抨击官府的戏，一方面秘密发展义军。清光绪三十一年（1905年）农历二月底，他以演戏做掩护，在定安县城召集西路李泰章和东路八县首领议事。由于泄密，清政府派兵围捕。郑鸿名发觉后，立即卸装夺取官马，星夜赶回万州。同年3月，在黄竹塘、鸡衣岭聚集义军，趁夜一举攻破万州城。州官张存楷逃遁。郑鸿名下令开仓放粮，救济灾民，宣布起义。时隔不久，转战陵水县城。数月攻城不下，便屯兵岭门、米埇一带。10月中旬，清朝广东总督派顾、冼带兵二营围攻万州城，在陵水又调遣四支清兵围攻义军，并命令抚黎局长钟奇曾带黎兵分路围剿。义军向陵水新村港撤退，又遭清兵截击。大战一天一夜，双方伤亡惨重。黄家清、黄家熙和李泰章等首领在战斗中牺牲。郑鸿名冲出重围，率义军取海路回万州。次日，清兵围攻中兴攀丹，郑鸿名被捕，10月下旬被官府杀害，年仅38岁。人们为纪念他，把旧州改为“大茂市”。即今万宁县大茂镇所在地。

朱柄华（1901—1931） 画家，万宁县保定村人。他的艺术天赋高，刻苦学画，自学成才。1925年广东省立琼崖中学毕业后，受聘任万宁县立第一高等小学图画音乐教员。越一年，辞去教职，考取国立杭州西湖艺术学院西洋画系深造，师从林风眠、李苦禅等艺术大师，且深得诸师器重，师生感情甚笃，李苦禅曾以“月月见黄花”为题作画赠之。他是该院“一八”艺社重要成员之一。现代文化巨匠鲁迅先生为该社画展所作小引中，称赞他们“是新的，年青的，前进的”，“以清醒的意识和坚强的努力、在榛莽中露出了日见生长的新芽”（鲁迅《二心集》）。他的作品多次参加各类画展，著名诗人黄节先生誉之为“南方之美”。

1931年寒假，柄华归里省亲，不幸病逝。一代文学宗师胡适先生为之挽曰“英才凋谢”，著名诗人、学者许之衡教授赠送挽联：“以孝悌为邻里乡党所称，琼岛挺生才，群推德行无亏，可作青年矩范；其艺术得师友朋侪之助，西湖正修业，讵意芳华遂逝，长埋泉下英魂。”存留在故居的遗作，先为日寇所掠，后为“文化大革命”所毁，现仅存国画《蕉荫》《寒鸦》和《小憩》等3幅。

李卓午（1874—1939） 名中医，万宁县和乐镇琉川村人。天资聪颖，过目能诵。光绪壬寅(1902年)科优廪生，因丁忧，致误甲辰（1904年）末科乡试考期。文昌前清末遗老符汝梅为之嗟叹不已！一生仅任琉川高等小学校长。

自学中医，医术高明。翁桂清在穗罹疑难症时，必派员迎穗会诊。桂清四弟翰园之原配育二女后请把脉，俄顷曰：“汝无子矣！”后果如所言。清末本县一县官病，全县群医无策，乃延卓午诊治，全城药铺均拒检衙役所持卓午方，谓其方与群医背道不可取也。县官太太再与卓午商，卓午审视再三，坚不允改，无奈，县官亲临药铺始得检，一服轻，三服愈，因此，卓午的名声鹊起，然因身价高，一般人非临危不敢轻叩其门。其时凡老人未服卓午方而逝者，人必责其子不孝；若服卓午方而后逝者，人必称其孝道尽矣。1939年病逝。

冯敬文（1906—1952） 原名冯朝洲，1906年出生，万宁市龙滚镇文曲村人。少年时曾在龙滚戎庙高等小学读书，后因生活所迫，跟随乡亲远渡重洋到新加坡，在堂伯开办的一家商店里当店员，后因参加马来亚共产党而被捕，同黄大仿等革命同志一起被英殖民当局驱逐出境回国。抗日战争爆发后，他赴文昌找到黄大仿等人一起到琼崖特委，在中共琼崖特委的安排下，到琼崖特委抗日宣传队工作。1940年调往昌感县工作，任县委宣传部部长。1945年日本投降后调回琼崖特委工作，1946年调任乐万县委组织部部长，1947年6月，乐会、万宁分开，成立万宁县民主政府，冯敬文任民政科科长，后任县委书记。1949年6月调任海南行署民政科科长至解放。海南解放后曾任海口市委书记，后到党校学习，在学习期间患病治疗无效，于1952年逝世，终年46岁。

陈耀珍（1912—1955） 黎族，出生于万宁县（今万宁市）礼纪乌石村一个农民家庭。陈耀珍10岁时母亲病故，父亲在南洋参加革命，由叔父母抚育他长大。叔父母家送他上村私塾读书毕业后考入陵水县立高等小学就读，毕业后回家务农。由于他勤奋读书，于1937年春考进广州黄埔军校，后返回家乡。1940年当任陵水县第三区乌石村维持会后备队队长。1942年在抗日救亡运动的影响下，陈耀珍率领后备队起义，被编入琼崖抗日总队第二大队第二中队，他被任命为第二中队队长，后任琼纵第一总队五团一营营长、团参谋等职。在琼崖抗日总队期间，陈耀珍经受了革命战争严峻考验，于

1943年9月加入中国共产党。此后他多次指挥队执行战斗任务。1949年10月在昌江县新盈公路战斗中负伤(后被评定为三等甲级残疾军人),康复后重返部队。

海南解放后,陈耀珍先在海南军区司令部工作,1952年12月,万宁县人民武装成立,他调任万宁县人民武装部(第一任)党委书记兼人武部部长,1953年1月,他因旧伤复发送往湖南醴陵第一六七医院治疗,治疗期间,由于伤口反复发作治疗无效,于1955年7月在湖南醴陵第一六七医院逝世,终年43岁。

朱文聘(1904—1968) 雅号"白毛爹",能工巧匠,万宁县北坡镇溪口村人。童年在乡村私塾读书,少年时跟随父亲朱宏兰学习做木工。1923年,朱宏兰在万城镇南门街租铺店开木工店,朱文聘也出来县城做木工。他白天锯木刨木,晚上到夜校补习,文化进步很快。1924年,全琼爆发反对军阀邓本殷以本岛森林矿产为抵押向美国借款3000万美元的斗争,工农学商各界纷纷行动,实行罢工罢学。当时万宁县城游行示威,朱文聘积极参加。1926年4月,万宁县总工会成立,朱宏兰、朱文聘父子同时加入,朱宏兰被选为万宁县总工会执行委员。1927年"四一二"政变后,朱文聘避难逃往新加坡。1929年他闻知父亲死后,便回家乡操起旧业,在乡下为人盖房子,能雕龙刻凤,制作家私,手艺精湛,闻名遐迩,人称"今世鲁班"。他雕的"鹊鸟催梅""荷塘鸳鸯""松林鹿鸣"等木浮雕非常生动,现在收藏在海口朱逸辉之春泥斋,他很热心公益事业,常修桥修路。

他是一位模范兄长,父亲死后,三个妹妹,一位弟弟,皆由他抚养成人,担起"长兄当父"的职责,乡人非常赞誉。

朱文聘多才多艺,除了当木工外,还学会修理钟表和枪支。1936年,他在万宁县城南门街租铺开木工店,白天做木工,夜晚为共产党修理枪支。以当木工做掩护,进行地下活动。1939年,下溪边村中共老党员文惠从南洋归来,受党组织的派遣,回乡开展抗日救亡运动。联星七个联村成立党小组,文惠任小组长,溪口村的朱宏泰、朱文聘是成员。1944年,经地下党员苏直明介绍,朱文聘到六连岭琼纵第三支队兵工厂(代号"新民村")当技工,既制作手榴弹的木柄,又修理枪支。后因脚疾和疟疾,组织又派他回县城开木工店做掩护,为党输送情报。因他和弟弟朱逸辉参加革命,日本鬼子烧掉他的房子。朱文聘性格憨直,乐善好施,广交朋友。当时国民党的要员——万宁县议会副议长陈之镛、万宁县自卫队总队长龙步云等的短枪有毛病,都是送来给他修理的。1949年,国民党耿若天师驻万宁,同村的国民党副乡长扬永昆告发他"通共",逮捕他和女儿朱春莲,堂叔朱宏杰、朱宏泰等四人,进行严刑拷打,逼他招供,并逼迫他叫参加革命的弟弟朱逸辉出来投降,他坚强不屈,同敌人进行针锋相对的斗争。后经朱国聘、朱耀聘等去找陈之镛、龙步云等说情,龙步云、陈之镛出面干预,才释放出狱。出狱后,他又继续在县城做木工。万宁解放前夕,大批国民党残兵从乌场港下船逃往台湾,在万城至北坡的公路遗丢枪支弹药很多,还有两门野炮,朱文聘同溪边村的苏国瑜等积极收集交给政府,受到政府表扬。

1952年,县合作总社创办万城农具加工厂,不久该厂改名为万城铁器生产社。1958年经社会主义改造后成为地方国营万宁县通用机械厂,朱文聘在厂里任技术员。由于工作积极,思想进步,被选为万宁县第一届政协委员。1968年12月25日,在拆除日本鬼子遗留下来的炮弹时,不慎炮弹落地爆炸,炸伤腹部,经医生抢救无效,壮烈牺牲。

唐雷新(1914—1983) 原名唐朝崇,龙滚镇文渊村委会金山村人。年轻时到南洋闯荡,辗转旅居新加坡,后受中共党员、胞兄唐光辉影响,从新加坡回国。1943年参加革命,主要从事根据地后勤保障和地方政权建设工作。海南解放前夕,担任万宁县北大乡乡长等职。海南解放后,1950年出任中国粮食总公司海南分公司嘉积支公司总经理,统管当时的文昌、琼东、乐会、定安、万宁、陵水、崖县和琼中等8个县的粮食工作,为巩固新政权、保障供给和维护稳定付出大量的心血,是新中国海南粮食战线第一代知名人士。1956年,粮食公司和粮食局合并后,调海南粮食处(海南粮食局前身)任供销科科长。尽管在"反右"运动和"文化大革命"中受到不公平待遇,仍能以乐观的心态做好本职工作。1974年离休,享受地专级待遇。1983年去世,享年69岁。

黄兴华(1908—1988) 和乐镇坡斗村人。1937年,别离妻儿到南洋谋生。初至印尼,在养鸡场当佣工,后辗转新加坡、马来亚与数位同乡合资创办"琼南香咖啡粉厂"。幼子3岁时,原配病逝,为照料先妻所生的年幼儿女,他回乡续弦,后重返马来亚。1946年,黄兴华返乡,带其长子黄雄忠到马来西亚,而后又陆续将其继室及两儿子带到马来西亚定居。

1961年,黄兴华南下吉隆坡,独资创办"精美茶庄咖啡粉厂",由于经营有方,生意如日中天,声誉鹊起。

黄兴华热心社会公益事业。20世纪50年代,担任多届琼州会馆财政职务。20世纪60年代移居吉隆坡后,先后被推举为雪隆万宁同乡会执委、福利、财政及副主席。由于对社会公益事业有较大的贡献,1968年荣获时任马来亚首相敦拉萨颁赐PPM有功勋章。

1982年当长子返乡省亲归来,向他陈述家乡小学急需改造时,他不仅赞同儿子的愿望,而且欣然捐出一笔款,同时,动员次儿、小儿、亲戚朋友积极捐助,其家属共捐款110多万元,协同长儿黄雄忠完成在故乡捐办学校的使命。1988年,新建的故乡小学落成,为感激父亲的养育之情,儿女们商定并经万宁市人民政府批准,将其捐建的学校命名为"兴华小学"。1988年8月,黄兴华在吉隆坡病逝,终年80岁。

王文松(生卒年不详) 新加坡一级机械工程师。祖籍万宁县。1939年2月7日,南侨筹账总会发布征募汽车机修驾驶人员回国参加抗战的通告。王文松同广大机工一样对日本军队义愤填膺,同仇敌忾,怀着"宁为玉碎,不为瓦全;宁可立着死,不要跪着生;宁为中国鬼,不做亡国奴"之心,抱着"国家兴亡,匹夫有责"之志,踊跃报名参加南侨机工回国服务团,回国服务。

王文松当时在新加坡英国慕娘汽车公司任高级技术员,是新加坡卓有声望的一级机械工程师。由于技术高超,深受陈嘉庚先生的器重。1939年3月初,陈嘉庚先生约见王文松,与之共商组织机工回国抗战大计,希望他能率队回国。王文松毅然离别爱妻及3个年幼的孩子,舍弃优裕舒适的生活,率领第二批机工队回国。1939年3月下旬，王文松率队抵达昆明后，在训练所仅呆了5天，经考核就获交通汽车学第一名。鉴于形势紧迫，大量美国道奇汽车运抵缅甸，急等装配。

王文松受命为中国设在缅甸仰光汽车修理厂厂长，于4月初率领一支由数十名琼侨机工组成的精干队伍，前往装配汽车。美国工程师原计划每组5天装好一辆，王文松、王文楹同陈宗儒、黎家明、韩瑞丰、林鸿经等诸琼侨机工，讲求高速度、高质量，以拼命工作精神，每组每天就安装好1辆，5天就安装好5辆，工效大为提高，仅用半年时间，就提前完成了汽车的装配任务。美国工程师对此连声"OK、OK"的称赞。1940年3月下旬，陈嘉庚先生亲自回国慰问广大南侨机工，并会见了王文松等部分琼侨机工，并称赞说："你们干得不错，为海外华侨争了光"。这是海南人的光荣和骄傲。此后，王文松在昆明开车途中，遭日本军队飞机轰炸而壮烈牺牲，时年才30余岁。

第二节 限内人物

黄运进（1915—1991） 龙滚镇仁造村人。1927年，农民运动蓬勃兴起，他把村里的少年儿童组织起来，成立童子团，为苏维埃政权站岗放哨。1932年，他参加共产主义青年团，后加入中国共产党，在龙滚地区秘密开展革命活动。革命低潮时，他离开家乡到马来亚继续开展革命活动。1935年，他被英属当局逮捕，次年被驱逐出境。回国后，他先在新四军教导营学习，后在新四军政治部秘书处当收发员、油印员。1940后，他历任新四军江南指挥部特务连指导员，江抗三团二连指导员、苏北行署财政部黄桥税务所总局警卫营教导员、西港税务处处长。其间，敌伪纠集地方土匪围攻税务处，苏北财政部奉命撤退，他率领干部携带税款突围渡河转移，途中遭敌袭击，在危急情况下，他不顾个人安危，渡河救出了受困的同志，安全保护了税款。获盐阜军区财政处的表扬。1942-1947年，他历任苏中一师卫生部后方医院教导员、苏中军区反情报站指导员、供给学校指导员、苏中军区政治处组织股股长、党总支书记等职。1948年赴华东局党校学习，后任华东局财委党委直属机关党总支书记、纵队第一大队政委、华东军政委员会直属机关党总支书记。

解放后，他历任华东政法委员会党委办公室主任兼直属机关党总支书记，上海市纺织局办公室主任、厂长等职。1983年离休，享受地专级待遇。1991年逝世，终年76岁。

黄云（1914—1991） 原名黄业英，1924年5月出生，万宁县礼纪镇后山村人。父亲黄振文，母亲吴氏，兄弟4人，他排行第四。家庭以务农为主。父亲和二兄均因参加革命被捕遇害。

黄云少年时代在私塾读书，勤奋好学。在父兄进步思想的熏陶下，倾向革命。1938年秋，父亲被国民党反动派杀害。他和堂兄黄业茂忍着痛苦埋好父亲尸体，便告别亲人到六连岭参加琼纵三支队。此后，他经常回乡发动村里青年参军参战。国民党地头蛇吴振蕃知道后，把他家3间房屋毁为平地，二兄也被国民党杀害，母亲受折磨去世。

日本投降后，国民党在重要地区构筑岗哨炮楼，监视中国共产党和革命群众的活动。黄云积极组织群众配合三支队打击敌人,日夜奔忙在瑞安乡各个村庄,了解敌情,为部队提供情报。后来黄云调任瑞安乡长,不久瑞安乡和明德乡合并为明瑞乡,黄云任乡党支部书记。1946年7月3日,黄云亲自当向导带领三支队六中队陈焕等9名战士化装成国民党兵,巧妙地生擒了反动头子敌大队长吴振蕃和区长陈照坤,缴获长短枪20多枝。同年9月20日,配合三支队奇袭礼纪炮楼,活捉钟启秀。1949年在支前工作中,发动群众筹粮筹款,支援秋攻,出色完成县委、县政府交给的任务。

解放后,黄云历任万宁县委宣传部副部长、部长、东澳区土改工作队长、海南公路局党委书记、自治州公路局长等职。1983年离休,享受地专级待遇。1991年病逝,终年77岁。

谢志德(1907—1992) 原名谢门堂,龙滚镇岭上园村人。小学毕业后,考取加积琼崖仲恺农工学校,其间接受了革命教育,以“同志同德”之意改名“志德”,并在学校加入了青年先锋队、青年团。琼崖仲恺学校毕业后返乡,在扶堤、坡罗地区组织农民协会,后加入中国共产党。1927年琼崖“四二二”事变,国民党大肆屠杀共产党人和革命进步人士,谢志德转入地下继续开展革命活动。1929年,革命处于低潮,谢志德离开家乡到新加坡继续从事革命活动。1930年底,因被告密,身份暴露,党组织安排他从新加坡回香港。1931年,返回海口,多次联系党组织不果后,被国民党逮捕,判15年徒刑,押琼东县塔洋监狱。

1939年,抗日战争全面爆发,国共合作,谢志德被释出狱,党组织安排他到海南党校当教员。1940年,琼崖特委任命谢志德为中共美合特区委员会书记。1942-1945年,在琼山县一区、二区工作,之后调任万宁三区宣传委员、区委书记,万宁县支前委员会委员、县委宣传部部长。

海南解放后,曾在海南监察、劳动、人事等部门工作,历任海南行署专卖管理局局长、海南铁(钢铁公司)工会副主席。1973年离休,享受地专级待遇。1992年病逝,终年85岁 。

魏宗周(1902—1993) 原名魏家仁,出生于东澳镇裕后村。1919年,考入万宁县高等小学读书。同年,“五四”运动席卷全国,学校抵制新文化运动,引起广大师生不满。1920年夏,魏宗周组织学生掀起择师运动,受到镇压,事后魏宗周被开除出校,转读北坡高等小学。1922年,魏宗周考入广东省第六师范学校(今琼台师范)读书,1923年被选为该校学生会主席。1925年,被选为琼崖学联理事长(主席),其间,组织学联通电全国揭露邓本殷的卖国行径,被当局通缉,被迫离开广东省第六师范学校,回万宁秘密组织青年工作团,是年,孙中山逝世,他组织琼崖学联在海口开展悼念活动;“五卅”惨案发生后,他组织琼崖“五卅”惨案后援会,并掀起抵制日货,封锁琼崖至香港航线,支援省港工人罢工。

1926年6月,魏宗周加入中国共产党,被委任为共青团琼崖地方委员会秘书。1927年,被派到万宁县组建共产主义青年团并任县部书记,兼任万城农训所政治教员。琼崖“四二二”事变后,魏宗周随同万宁党、团、农民军赴六连岭军寮村开展武装斗争。1927年11月,被选为琼崖特委候补委员,同时团琼崖地委改为团特委,魏宗周任常委兼秘书。1929年6月,受组织派遣前往新加坡,任南洋临时委员会秘书。1930年冬,由于叛徒告密,被捕引渡到香港,转押广州国民党监狱。“西安事变”后,国共两党合作，1937年被释放回乡，以乡村教师身份为掩护，继续参加地下革命工作。

中华人民共和国成立后，魏宗周历任万宁县人民政府秘书、教育科科长兼大同中学校长。1955年，被选为万宁县副县长。1958年，被错划为“右倾分子”，下放万宁中学任副校长兼语文教师。1961年平反。1962年，被选任万宁县政协常务副主席。1966年离休后，从事文史资料征集编撰工作，先后编写《万宁县革命历史简编(初稿)》《红军初建时期游击队回忆史料》《万宁红军的创建和六连岭根据地的形成》等，并为《广东青运史》撰写琼崖青年学生运动和共青团的建立发展等一批史料，曾被授予《广东青运史》优秀作者称号。于1993年去世。

林烈光(1917—1994) 原名林帮经，后安镇冯村人。1927年，大革命失败后，由于叔父参加革命，家庭遭受到国民党反动派迫害。1929年，父亲带他逃往马来亚。1933年，他参加马来亚共产主义青年团，1935年，他被英殖民当局逮捕，1937年8月被驱逐出境。回乡后，在中共党支部的领导下，参加抗日救亡运动。1938年4月加入中国共产党。1939年11月起先后任万三区、万一区、万二区、保亭区委书记，定安县委常委、组织部部长等职。

解放后，林烈光先后调任海南区党委暑期学习团班主任、区党委政策研究室科长、海南工委科长、海南垦殖局干部科科长、人事处副处长、局办公室主任、海南区党委组织部办公室主任兼干部科长、行署人事处副处长。1962年，调任海南黎族苗族自治州党委组织部副部长兼人事局局长。“文化大革命”期间受迫害，离职近10年之久。1978年平反，后任州人委民政局局长、州委路教办副主任、农村部副部长、州党校副校长。1983年4月离休，享受地专级待遇。1994年12月去世，终年77岁。

黄康(1909—1995) 龙滚镇仁造村人。13岁往马来亚当童工，而后转当海员。1925年，进入中共夜校读书，接受党的教育。1926年，参加左派国民党和赤色海员工会。1927年，参加共青团组织，并当选为槟城团市委组织部长，1929年，转为中共党员。在南洋从事革命活动期间，先后参加发动海外华侨和进步人士支援国内革命、北伐战争、上海“五卅”运动、“二七”工人大罢工、广州声讨沙基惨案斗争、省港大罢工、国内土地革命(特别支援琼崖红军和土地革命)的工作。

“九一八”事变后，他被中共党组织派回上海从事党的地下工作。1932年夏，中共中央派他到苏联莫斯科国际列宁学院留学。1935年初，他从莫斯科重返上海搞地下工作，由于党组织先后遭受破坏，为避开追捕，1937年春，他撤到福建省闽西南游击区工作，历任中共闽西南特委宣传部长、闽西南漳州中心县委组织部长等职，坚持革命老区艰苦斗争4年之久。

1941年，“皖南事变”后，他调任中共广东省委常委、宣传部长。1942年5月，广东省委遭受破坏，省委书记和组织部长被捕，他和其他部门的同志秘密撤往东江游击区，不久奉中央之命重建广东区党委，他被选为区党委常委，分管宣传和城市工作。

1945年，他奉命回海南游击区参加领导工作，坚持海南斗争。先后担任琼崖纵队副政委兼政治部主任、琼崖区党委书记。海南解放后，任海南区党委书记兼行署主任、海南军区第一副政委。1951年初，调任华南军区政治部秘书长。1952年转地方工作，任粤西区委书记兼粤西行署主任、广东省委委员、组织部副部长、省党校书记兼校长。1957年，受“左”的路线干扰，黄康被撤职、开除党籍，“文化大革命”中，被扣上“叛徒”“特务”等莫须有的罪名。直至1979年，广东省委才为黄康恢复党籍和职务。此后，任广东省委统战部副部长兼省民族事务委员会主任、党组书记、省政协第四、五届副主席。1985年离休，1995年逝世，享年86岁。

韩健（1916—1995） 原名韩藻光，马来西亚归侨，中共党员，万宁市龙滚镇治坡村人。1927年，前往南洋当童工，在南洋接受了革命理想教育。1931年秋，参加马共青年团秘密活动。1933年，在雪兰莪州团委负责学联、青工和反帝大同盟等工作。1939年5月，马共安排他回国，抵达香港后，经廖承志介绍，被编入东江抗日新编大队特务队，在第一中队任班长兼政治战士。1940年，部队东征海陆丰，被任命为中队指导员兼支部书记。1941年6月，在东莞县百花洞对日、伪战斗中受伤，左臂骨折（被评为二等甲级伤残军人）。1943年秋，“东江抗日游击纵队”正式成立后，所在的中队和护航大队合并，编为“东纵护航独立第四大队”，被任命为大队政治主任。1944年冬，受命配合曾源赴海丰组建“东纵第六支队”，1945年支队成立，任第六支队第五大队政委。

抗日战争胜利后，1945年10月，韩健奉命转道香港回海南，被任命为琼崖纵队第二支队政治部主任、中共定安县委书记、中共琼崖东区地委常委兼宣传部部长、群众报社社长。海南解放后，任海南区党委宣传部理论教育科科长、副部长兼海南师专副校长、海南行署文教处处长。

1954年冬，韩健调往广州，历任中共华南分局工业部基建处处长、广东省建委副主任、城建局副局长。1958年任中共博罗县委书记。1959年，任冶金部韶关钢铁公司副经理兼炼钢厂党委书记。1964年，任广东省科学委员会副主任。“文化大革命”时期任广东省科委革委会主任、省科技局副主任、省科协副主席等职。1978年初，任广东省标准计量局局长、省计量测试学会会长。

1983年10月离职休养，享受副省级待遇。1995年因病在广州逝世，享年79岁。

陈坚（1917—1996） 原名陈传禄，龙滚镇福山村人。11岁随胞兄到新加坡谋生，其间，他加入工人俱乐部，参加为抗日救亡宣传、募捐活动。1937年，抗日战争全面爆发，同年底，他决意回国投身抗日救亡行列。先是进入陕北公学第八大队（后转十三大队）学习。1938年3月，加入中国共产党；同年5月，转入中共中央组织部党员训练班学习并担任组长，9月分配到中共中央警卫教导队（后扩建为大队）任教员兼文书工作。其间，他负责编写油印《生产战线》小报，宣传延安大生产运动。

1940年夏，参加会计训练班并任组长，后在财政经济研究处工作。同年冬，中共中央组织部派他到18集团军重庆办事处工作。皖南事变后，他以公司作为掩护开展地下经济工作。抗日战争胜利后，1946年春，组织安排他将大量美钞捆绑全身秘密飞回上海，继续在公司担任财会工作。上海解放后，他负责接管伪中国纺织总公司会计、财务、稽核等处事宜，后又调任接管伪银行、联合征信所的军事代表，负责接管工作。成立上海工商调查所后，组织任命他为经理。1954年2月，出任上海市第二轻工业局副局长，局党组成员。1957年，任上海市轻工业局副局长、党组成员。

1957年反右运动和“文化大革命”期间，陈坚被撤销党内外一切职务，受审查、挨批斗、下放车间参加劳动。1979年，党组织为其恢复名誉、职务，任命他为上海市轻工业局顾问。陈坚勤于笔耕，他的著作和译文有《上海私营工商业概况》（约200万字）、《国际上的技术转让对经济的影响》（译）、《上海工业的发展方向和改造》《海南岛的开发和建设》等。1996年病逝，享年79岁。

吴国炳（1921—1996） 原名吴光和，1921年7月出生，万宁市东澳镇岭仔村人。吴国炳出身贫苦农民家庭，少年时在乡村小学读书。抗日战争开始，参加乡村抗日民救会活动。1943年参加琼崖总队，担任连长、文书，不久加入中国共产党。1946年调任万宁县明瑞乡民主政府副乡长，不久调回琼纵三团，先后担任连长、文书、书记、指导员，营教导员。

海南解放初，调往琼崖纵队五总二十七团任组织股长，1952年调任湖南省衡阳空军司令部组织部长（正营）；1953年调任海南军区政治部组织科科长；1956年调任万宁县人民武装部部长（县委常委）；1959年7月调任琼中县人民武装部部长；1966年转业到海南自治州任人事局副局长。1971年调任海南黎族苗族自治州卫生局局长；1976年调任自治州环保局局长。海南建省后调往海南省环保厅工作，1985年10月办理离休，享受地专级待遇。1996年8月28日逝世，终年75岁。

郭曼果（1910—1997） 原名郭经俊，万宁市龙滚镇乐内旧村人。龙滚戎庙高等小学毕业后，1924年考取广东省立第二中学读书。此时正值全国革命运动蓬勃发展，他受到革命思想的影响，于1927年加入中国共产党，从事党的秘密工作，参加了举世闻名的广州起义。尔后，按照党的指示，他辗转到上海、厦门、香港和新加坡、马来亚等地搞党的地下工作，曾任上海江南学校支部书记。他在新加坡、马来亚是中共地下党领导人。1940年回国，在中共中央社会部上海办事处工作。1946年起先后在江苏省淮阴、清江市委任委员、工委书记、工会主任，华东军区联络部两广国军工作委员会任主任，山东渤海公安总局任侦察科长，华东局社会部任科长等职。

中华人民共和国成立后，他历任上海市公安局副处长、处长，广东省公安厅副厅长，广东省人民检察院检察长、党组书记，广东省民政厅厅长、党组书记，广东省委委员，公安部华南办事处主任，广东省政府副秘书长，省政府第一办公室主任，广东省人大常委、法制委员会主任，第六届全国政协委员等职。他任省民政厅长期间，为了加快全省革命老区村庄建设，1977年亲临万宁县老区农村蹲点，深入调查研究，听取老区人民的意见，解决老区的实际困难问题，帮助修建海南革命根据地六连岭北麓的上城、和顺、乐内、端熙等老区村庄公路和桥梁。1983年离休，享受副省级待遇。离休后的郭曼果仍发挥余热，被任命为公安部咨询委员、国家安全部咨询委员等职。1997年1月25日病逝，享年87岁。

陈平波（1918—1997） 原名陈日位，字高山，1918年5月12日出生在万宁县后安镇冯村一个贫穷的农民家庭。陈平波14岁进村中办的国民学校读书，17岁考入后安墟高等小学读书，毕业后考进广东第13中学,因家庭生活贫困辍学。1938年2月,陈平波在后安吴村小学补习班学习,同年8月,陈平波考入万宁县地方自治人员社会军事干部训练班学习。

1938年,日本侵占万宁县,同年5月,第九中队扩编为第三支队特务大队,陈平波为大队部书记(文书)。1942年3月,参加中国共产党,历任琼崖纵队第三支队特务中队副指导员,第三支队副官,粮食动员委员会主任,军需会计等职务。

1946年11月,调任乐万县民主政府当会计,1947年7月成立万宁县人民政府,任县财政科科长,同时还任县支前委员会委员。解放后,历任万宁县人民政府财政科长、粮食局长,万宁县人民银行第一任行长,1953年当选为中共万宁县委委员和万宁县人民政府副县长兼任万宁县人民法院院长。1954年8月至1955年6月,任中共万宁县委第一副书记兼万宁县人民政府县长,并兼任万宁县人民检察院检察长、万宁县人民法院院长,1958年5月至1985年11月,再次当选为万宁县人民政府县长;1958年11月至万宁、乐会、琼东三县合并为琼海县,任中共琼海县委副书记;1959年11月,琼海、万宁分县,任万宁县委副书记,"文化大革命"期间,任万宁县革委会副主任,1981年12月当选为万宁县人民政治协商会议委员会主席。1985年4月离休,离休后继续发挥余热,筹办组建万宁县老干部协会、万宁县老年书画研究会等,并当选为老干部协会主任、老年书画研究会主任。

阎学魁(1915—1998) 1915年出生于黑龙江省双城县(今双城市)农丰镇双城村一个贫苦农民家庭。少年时在乡村小学读书,因家境清贫,辍学回家打工。1946年6月,他参加中国人民解放军,历任在第四野战军18师85团警卫连当战士,43军129师385团炮兵连班长、机械员、排长、连副政治指导员等职务。1949年,他参加渡海作战解放海南岛战役。从东北到海南岛,他随军参加过5个大战役,立过三次小功、一次大功;1948年中央军委颁发"解放东北纪念章"一枚;1950年中央军委颁发"解放华北纪念章"一枚;"东北人民解放军艰苦奋斗奖章"一枚;1950年中南军区、第四野战军颁发"解放海南岛纪念章"一枚;当选为43军第一届党代会代表。

海南解放后,1952年转业地方工作,调到琼东县(今属琼海市)参加土改运动并任土改工作队队长。后调乐会县(今属琼海市)第二区任区长兼土改工作队队长。1953年任乐会县二区委副书记兼区长、县监察委主任、法院副院长等职务。1954年3月任县人民法院院长;1960年7月,任万宁县委副书记;1965年,任万宁县公安局局长、县政法委主任、县革委会党的核心领导小组成员、县保卫组组长;1979年4月到1981年12月,任中共万宁县委常委;1981年12月,他当选为万宁县第六届人大常委会副主任,直到1985年6月离休,享受地专级待遇。1998年12月3日病逝,终年83岁。

李其芬(1928—2000) 万宁长丰镇禁山村人,1943年3月参加琼崖纵队,历任战士、副班长、班长。

1947年6月,参加中国共产党;同年11月,到琼纵5总队政治部学习。1948年10月,任5总队4团1营3连指导员,曾先后参加攻打海尾、乌烈、保平等敌据点。1949年10月,调任5总队6团2营党支部书记。

解放初期，他参加陵水剿匪，后随部队驻守榆林港。1952年，他所在的部队改编为林业工程第一师，先后任文昌县垦殖所政工股长、所党委委员，陵水县国营南林垦殖场党委书记、陵水县县委委员，海南黎族苗族自治州人大代表。1957年，奉命回归部队。1958年2月，在中国人民解放军第一政治干校学习。尔后，调任132师385团2营政治教导员、群工科科长、万宁县人武部部长，被授予少校军衔。1965年调任昌江县人武部政委。1970年11月，调任保亭县人武部政委、县委常委、通什军分区党委委员。

1976年6月至1990年8月，先后在陵水县任革命委员会副主任、县委常委、县政协第一、二、三、届主席，县政协《陵水文史》编委会主任。在此期间，还曾任海南黎族苗族自治州政协常委、海南省政协委员。主持编辑《陵水文史》共4辑，撰写《陵水县人民政协志(1980—1986年)》(初稿)共5.7万字。1990年离休，享受地专级待遇。2000年病逝，享年72岁。

谢春亚(1921—2001) 原名谢天祥,曾用名谢远志,万宁市后安镇七星外坡村人。1938年春,参加吴村学校教师李启新组织领导的学生宣传队,在城镇农村开展抗日宣传,发动募捐,支持前线抗日。1941年6月,任大中乡副乡长,同年7月参加中国共产党。1942年3月,调任万宁一、二区行政督导处助理员;7月,到琼崖抗日军政学校第二期政治班学习。1943春,大中、宣义合并成立中义乡,任副乡长。1945年8月初,琼崖抗日公学行政班学习,担任学委会副主席。1947年冬,任万宁县政府教育科负责人、万宁县工作团副团长。1948年冬,任县新民主主义青年团委员、主任。1950年1月,兼县支前委员会委员,迎接渡海大军解放海南。

1950年7月,任万宁县委秘书兼政策研究室主任。同年,任万宁县人民法院审判长,主持院务工作。1952年8月,到华南党校学习。1953年10月,任广东省高等人民法院海南分院审判员。1955年冬,任海南中级人民法院副庭长、审判委员会委员。1957年8月,到中央政法干校中南分校司法班学习。1958年9月,任海南中级法院民事庭庭长、党组成员、审判委员会委员。1962年10月,任办公室主任、党组成员、审判委员会委员。1963年冬,到广东党校学习。1972年1月,任海南防疫站副站长。1973年1月,调任海南中级人民法院办公室主任、党组成员、审判委员会委员。1978年夏,参与恢复重建检察院工作,任广东省高级人民检察院海南分院副检察长、党组成员。1980年12月,调任海南民政局副局长、党组成员。1986年12月离休,享受地专级待遇。2001年病逝,享年80岁。

曾若空(1909—2003) 原名曾宪。龙滚镇上卿村人。9岁随叔父前往新加坡当童佣，1926年进入新加坡"养善学校"夜校半工半读，后加入中共南方工作委员会领导的海员赤色工会。1928年加入中国共产党，被组织派往新加坡铁路站工作。1929年12月11日，中共南方工作委员会在新加坡组织工人、职员、学生等4万多人举行纪念广州起义两周年游行示威活动，曾若空在示威活动中被捕、关押，1930年5月被驱逐出境。途经澳门时，又遭国民党当局逮捕，判6年监禁。1937年2月被押回万宁监狱，其母亲花钱将他赎出监狱。1937年5月，随中共区委书记梁居民到厦门，加入闽西南红军游击队张鼎丞部，在司令部任经济副官。1939年底调往江南司令部任财经科长。1940年7月任司令部代理副主任，其间参加黄桥大决战。1941年5月，被派往华中党校学习，毕业后历任党校总务科长、新四军一师卫生部总务科长、苏中军区政治部协理员。解放战争时期，历任华东野战军前方卫生部政治处协理员、两广纵队任后勤部副部长、15兵团后勤部供给部部长等职。参加过莱芜战役、孟良崮战役、豫东大包围战、济南战役、淮海战役和解放海南岛战斗。

海南解放后，被任命为海南军区第一任后勤部长。1953年任中南军区朝鲜观战团副团长。1954年，主持海南军区后勤部正规化学习苏联后勤战略战术训练班。1956年，调任广东军区后勤部副部长。1958年转地方工作，任广东省土地利用局副局长。“大跃进”和“文化大革命”期间，被错误批斗，被压制20年，直到1979年才得以平反，恢复政治待遇。1981年离休。著有《春草秋叶》诗集。2003年病逝，卒年94岁。

梁志宏（1922—2003）　龙滚镇文渊分界山村人，1922年生于马来亚，1941年回国，考入中法大学文学院，毕业后留校任英文助教。1947年，赴法国留学，留学期间，加入中国共产党。1949年，他积极参与发动国民党驻法大使馆11名官员起义。1950年回国，历任抗美援朝总会科长、副组长、组长、书记处助理书记等职，被选为世界和平理事会理事。后担任过党和国家领导人毛泽东、周恩来、刘少奇等会见外宾时的翻译；陪同过宋庆龄、郭沫若、廖承志等多次出国访问和参加国际会议，负责英、法文同声传译工作等。“文化大革命”期间，受审查，下放到河南郸城县“五七”干校劳动。1972年，调交通大学北方分校，任教务组副组长、学生组组长、党支部书记，培训坦桑尼亚、赞比亚200名留学生，作为援建坦赞铁路的管理和工程技术人员。

“文化大革命”后，历任国家劳动总局外事组副组长，国家计委外事局处长、副局长，国家经委外事局副局长、局长、党支部书记，中国工业经济协会副秘书长兼国际部部长、常务理事、党支部书记，国家经委侨联主席，全国侨联常务委员，中国欧美、留法同学会理事等职。是中国社会科学院《世界经济年鉴》编委 。曾作为中国代表团成员赴曼谷、吉隆坡、汉城参加国际会议，多次参加政府代表团访问北美、欧洲、澳大利亚、日本、韩国和东南亚等国家。

1992年离休，离休后被聘为中国工业经济联合会外事顾问。2003年病逝，享年81岁。

许文书（1916—2004）　山根镇外坡村人，幼年在青山营小学读书。1929年，随叔公到马来亚当童工。1931年，在马共党员陈凤龙的带领下，加入“爱国会”，次年加入马来亚共产党。

“七七”事变后，他改名为许务农，参加新加坡华侨抗日救国活动，与吴勇组织“青年乐心社”，与郭曼果、梁文墀等组织“琼崖励志社”，利用刊物开展抗日救国宣传，秘密组织新加坡援助八路军医药委员会，募集3000多元叻币汇回祖国。1939年底，任马共新加坡洋业界党支部宣传委员；1940年4月，他被新加坡英殖民当局逮捕，入狱一年后被驱逐出境。回国后，党组织派他赴新四军1师3旅政治部工作;1941年9月,加入中国共产党,历任如东县掘马北区区队政治指导员、如东县丰西区区委委员、区队教导员。在敌强我弱的残酷斗争形势下,坚持抗日游击战,多次粉碎敌人的围剿。1945年初,被调县公安局带领短枪排,到汤家园区坚持反清乡斗争,三战三捷;同年8月,调任华东野战军61团三营政治教导员。1946年任华野七纵队司令部、卫生部政治协理员;1947年至1949年历任华野七纵队司令部教导团组织股长,华野十一纵队87师政治部组织科长;1949年7月任87师后勤部政委,在此期间,参加过淮海战役、渡江战役。

中华人民共和国成立后,1951—1968年历任福州军区警卫团政委、海军青岛基地海岸观察通讯区政委、东海舰队防空兵政治部主任、海军航空兵第四航校政治部主任、东海舰队航空兵宁波基地政委、上海基地政委。1955年授予中校军衔,1962年授予上校军衔,并授予三级独立自由勋章、三级解放勋章、淮海战役勋章、渡江战役勋章。"文化大革命"期间受到迫害,被剥夺工作权利。1975年9月恢复工作,任海军东海舰队航空兵政治部副主任。1979年12月离休,副军级干部待遇。1988年授予二级红星功勋荣誉章。2004年1月病逝,享年88岁。

周济安(1917—2004)　万宁市龙滚镇端熙村人,生于1917年11月,1939年3月加入中国共产党。入党后任端熙保民众抗日救国会副主任。1943年任乐万联合县南山乡助理员、副乡长、乡长,南山、北龙、龙文三乡合并为环龙乡后任乡委员。1947年调任乐会县中和乡乡长,乐东区委书记,乐西区委书记。海南解放后,1951年琼东、乐会二县合并,任琼东县卫生科科长兼卫生院院长。后任中共乐会县委秘书、县委委员兼第三区委书记。1954年调任海南行署水产处行政科科长、农业处行政科科长。1957年调回万宁县政府任副县长,1958年底万宁、乐会、琼东三县合并为琼海县后任琼海县副县长,1959年底分县后任万宁县副县长,1960年以后任县委常委、第一常务副县长。1965年调任海南电力管理局春雷水电站党委副书记、站长、革委会主任。后下放"五七"干校。1974年调任海南黎族苗族自治州水电局副局长、代理局长。1989年离休,享受地专级待遇。2004年7月在海口逝世,享年87岁。

黄雄忠(1936—2004)　黄兴华之长子。1945年,日本军队投降后,他入乡村小学启蒙。1946年,随父亲前往马来西亚,进入吉打州华文学校读书,后进入师训班,毕业后从事马来西亚华文教学。1961年,他辞职涉商,倾力帮助其父创办"精美茶庄咖啡粉厂",由于经营有方,生意兴隆。

1982年,返乡省亲,目睹家乡的变化,当看到家乡小学教室陈旧简陋时,捐资办学的念头油然而生。返马后,将家乡小学的现状和资助家乡办学的想法向父亲、家人汇报,家庭成员一致赞同,此后,他多次返回故乡,征求父老乡亲重建学校的意见和建议。1982年秋,带足重建家乡小学的资金110多万元(其中他捐资70多万元,其父、胞弟等亲朋好友捐40多万元)和规划设计图再返故里。在乡亲和当地政府的极力支持下,1985年底,一所面积约一万平方米,教学楼、图书馆、文化长廊、教职工宿舍、球场、运动场等排列井然有序,硬化校道纵横交错,教学设备齐全的初具规模的现代化学校建成投入使用。自此，这所家乡小学与他结下了不解之缘。每年返乡两三次，逐年追加资助款项，完善学校基本设施建设，并创立校董事会、奖教学基金会。1997年，万宁市人民政府授予他“爱乡赤子”称号。2004年，在马来西亚病逝，终年68岁。

文华（1921—2004） 别名文光华，原籍海南省万宁县后安镇曲冲村，家庭贫农。少年时在家务农，并在村小学读过几年书。日本军队侵占万宁县后，接受中共万宁县仁孝乡党支书记文会东交给的任务，在农村进行革命活动。1941年5月，离家参加革命工作。抗日战争时期，参加过中共乐万县委办的民运训练班学习，参加乐万县委政治工作队，历任乐万县民众抗日救国联合会干事、委员，同时期在中共琼崖特委党校学习，任中共乐万县委宣传部干事等。解放战争期间，在中共东区联委、中共东区地委办的《群众报》报社任印刷室主任、编辑等。1951—1953年先后任中共海南区党委政策研究室研究员、秘书，海南区党委城工科秘书，城市民主改革工作队队长，三反五反工作队队长，海南区党委领导下的海政办公室科长等。1954年，在中共中央中南局党校学习。1954—1956年任中共海南区党委工业交通科副科长。1956—1958年任中共龙塘糖厂党委书记。1958—1960年任海南行政公署轻工业处办公室主任兼生产科长。1960—1968年调任海南行政公署驻广州办事处副主任、主任，在此期间（1964年起）兼任海南行政公署物资局副局长，到中共广东省委党校学习。1969—1971年下放到“五七”干校劳动锻炼，在干校期间，抽调到琼中县任斗批改工作队队长一年多。1971—1973年任中共海南铺前造船厂党委书记兼革委会主任。1973—1975年任海南行政区革命委员会驻湛江办事处主任。1975—1983年任海南行政区物资局副局长。1983年12月，离休，享受地专级待遇。2004年，在海口病逝。

黄桂春（1946—2005） 谱名黄由文，万城镇保定村人。1957年，由同乡带往马来西亚吉隆坡过嗣于伯父，被送入吉隆坡华文学校就读。1962年，伯父病故，遂中断学业承其遗业，操持咖啡茶室，由于经营有方，生意日益兴隆，所经营的咖啡室逐渐发展为南泉茶室，并创立了南泉贸易公司、美美洗衣中心、龙山影像中心、仕嘉吉隆（马）有限公司等企业。1973—1976年，被推举为雪隆万宁同乡会青年部副主任、主任。1977年后，历任雪隆万宁同乡会总务、副主席、主席，雪隆海南会馆理事，马来西亚万宁同乡会总会副主席、主席等职。

1983年后，多次回乡省亲考察。1991年12月，组团参加万宁建县1360周年庆典活动。1992年6月，与同乡合资创办海南万隆房地产开发有限公司，投资1.8亿元建设万隆华侨新城区，是改革开放后万宁第一家外商投资企业，黄桂春担任董事长兼总经理。此后，三次被海南省政府授予“赤子楷模”称号，受到中央、省领导接见。在任马来西亚雪隆万宁同乡会主席和马来西亚万宁同乡会总会主席期间，多次组织马来西亚万宁后裔回乡举办青少年“夏令营”“冬令营”和“寻根之旅”等活动。在万宁遭受“达维”台风和洪涝灾害期间，他两次带领马来西亚万宁同乡会慰问团回乡捐款捐物，资助家乡抗台救灾。

自1986年以来，他先后支持万宁市教育基金会、万宁中学、北坡中学、保定小学、保定村委会等有关教育、乡村道路、扶持贫困、修缮建祠等项目建设，累计捐款30万元。1994年，被海南省政府授予“爱琼赤子”称号。1996年，万宁撤县建市，他带领马来西亚万宁乡亲代表团回乡参加庆典活动，并在庆祝大会上致辞，接受万宁市政府表彰，被万宁市政府授予“万宁市荣誉市民”称号。2005年，因病医治无效，在海南三亚市医院去世。

符石秀(1911—2006) 万宁市大茂镇人。少年时积极为党组织站岗放哨，送情报，接洽革命同志，参加各种革命活动。1931年3月，参加共青团；同年10月，因叛徒出卖被捕入狱。在狱中，与狱中的地下党组织领导人文德才、唐光辉创办地下合作社，发动狱中难友捐了1000多个铜币，为难友买药治病。1937出狱，担任琼崖纵队支队驳壳班班长。1939年5月，受组织委派，担任国民党县长梁秉枢的警卫员，并负责联络和情报工作。1940年1月，加入中国共产党。4月，调任琼总第九中队任驳壳班班长。1944年，调往陵三区工作，在南桥、兴隆、牛漏、礼纪、东澳、长丰、大茂等地从事革命活动。1946年9月20日，在童光富和林和平领导下，奇袭礼纪炮楼，活捉大恶霸钟启秀。

1947年调任禄马乡警卫班长。1948年5月，他和陈任平带领战友偷袭宾王炮楼，缴获步枪8支，子弹200多发。解放后，先后担任万宁县看守所所长、县商业局保卫股股长、畜牧场场长、五金公司经理等职务。1966年离休，1992年5月起，享受地专级待遇。2006年，病逝。

曾昭才(1921—2006) 万宁市龙滚镇分界村人。1941年南渡马来西亚，初在峇株巴辖经营咖啡茶室，1950年与其兄曾昭经合资创办地中海咖啡粉厂。数年后，为谋求更大发展，曾氏兄弟分道创业，曾昭才独承咖啡粉厂为东主，他生产的咖啡粉以质量取胜，声誉日趋卓著，产品畅销新(加坡)、马(来西亚)，生意兴隆，资财储蓄渐丰，而后又投资房地产业及种植业，成为马来西亚颇有名望的商界知名人士。

曾昭才为人诚实，乐于助人，热心并致力于社会工作，凡社团、学校、慈善事业都竭力而为，在商界他是一名成功者，在社会上也是一位热心人士。曾任马来西亚万宁同乡会总会主席、南马咖啡粉厂商公会总务、峇株巴辖中华商会名誉董事、峇株巴辖海南会馆永久名誉主席、峇属咖啡商公会永久名誉主席、峇珠巴辖海南会馆多届主席、马来西亚海南会馆执委、峇株巴辖广东会馆副主席、中华商会财政、柔佛篮球总会峇株巴辖分会财政等职。1959年他与其兄长曾昭经、曾昭炳及乡贤陈文明、吴鸿惠、卢国川、何启良、梁俊东、王开怀、陈大轩等，发起成立马来西亚柔佛州万宁同乡会，是马来西亚柔佛州万宁同乡会创始人之一，历任该会多届主席，辛勤任职，屡有建树，深受同乡的称赞。由于对社会公益事业有较大的贡献，1985年荣获马来西亚柔佛苏丹封赐PIS有功勋章。

曾昭才不忘故土，热心桑梓教育事业，先后捐助龙滚中小学校、龙滚侨联招待所等。1994年，他主持牵头移址改建家乡分界小学，带头捐款12万元，并在海外募集数十万元，学校落成后，万宁县人民政府将该校更名为“分界昭才小学”。2006年10月，曾昭才因病去世，享年86岁。

李启新(1910—2007) 原名文德才,后安镇安坡村人。童年在家乡私塾接受启蒙教育,续读后安高等小学。1926年,广东省农民特派员杨树兴在后安地区开展革命活动,受其影响,积极参加农民运动,1927年加入中国共产党,任后安儿童团团长、万三区团书记。1928年2月,任为万宁县团委委员、万三区团委书记。4月,任团万宁县委常委、县劳动儿童团总部主任、县肃清反革命委员会委员。6月,出席琼崖共青团代表大会,被选为共青团琼崖特委委员兼万宁县一、二联区团委书记。其间,他参与建立区、乡苏维埃政权,发展党团员,组织人民武装,支持六连岭根据地的革命斗争。

1929年,任中共万宁县城党特支(总支)书记时,海南革命处于低潮,由于身份暴露,8月,经党组织批准前往新加坡,并加入马来亚共产党。1933年,在马共中央机关工作。1934年6月,被英殖民当局逮捕驱逐出境。回国后,中共党组织派往广州执行任务,在汕头被国民党拘捕并押到广州,以"宣传与国民党三民主义不相容的主义"罪名,判处10年徒刑,后押回万宁县监狱。在监狱里,他和唐光辉、庄家督、李居民、曾富、邢国贤、韩锡元等共产党人秘密串联,1935年12月组织狱友举行长达三天半的绝食斗争,并取得胜利。"七七"事变后,李启新获释出狱,任中共后安党支部书记。1938年2月,创办"吴村文化补习学校",任校长一职,以补习学校为平台宣传抗日,动员广大人民群众,投身抗日救亡运动,成立万三区抗日民众救国会。同年4月,调往华南地区从事中共党务工作。1941年初,在香港遭囚禁4个月。出狱后,被派往泰国从事革命活动,1946年7月当选为中共旅泰总支书记。1949年5月回国,任中共中央统战部综合研究组副组长。

中华人民共和国成立后,他出任中共中央对外联络部司长、中共中央第八办公室主任、中共中央直属机关党委副书记、湖南省委常委兼科教办主任。1978年调任新华社香港分社副社长。1984年离休,享受正部级待遇。2007年6月在京病逝,享年97岁。

许革夫(1913—2007) 原名许福篆,龙滚镇新寨村人。幼年读私塾,后进龙滚戎庙高第小学念书。童年时,加入儿童团,跟随其参加红军的胞兄许福猷闹革命。1927年大革命失败后,母亲惨遭杀害。1928年,被迫逃亡新加坡。1935年,回到上海暨南大学附中读书,在学校踊跃参加学生运动。1937年在大学时加入中国共产党,任大同大学党支部书记,成为上海学生运动的积极参与者和组织者之一。1940年转入解放区,在苏常太游击区东路特委筹办的干部训练学校任教员,培养干部和革命青年。1941年在苏中三分区新四军1师1旅政治部主办的《斗争生活》报工作,后任旅政治部秘书和地方青年团团委书记。1944年,在浙西公学(兼办党校)任组织科长兼教员。1945年任浙西地委宣传部长,同年10月,到山东大学工作。华东局成立民运部后,调到民运部第三科任科长。解放战争期间,在山东滨北地委工作,后调华东局政策研究室任研究员,参加上海的接管工作。1949年随张云逸到广西,任广西省委政策研究室主任、省委办公厅主任兼土地改革委员会秘书长。1952年,任中共南宁市委书记。1954年,任武汉钢铁公司党委副书记(专职)。1958年,任武汉水利电力学院党委书记。1964年,任国家副主席董必武政治秘书。"文化大革命"期间,许革夫遭受迫害。打倒江青反革命集团后,党和政府为其平反,后任全国政协第五届、第六届和第七届委员。1995年离休,享受正部级待遇。

2007年,因病于北京逝世。

殷勤轩(1916—2008) 北坡镇乌场村人。父早逝,兄弟4人,排行第三,7岁开始上学。1931年曾考取万宁县高等小学插班生,但因家庭经济困难辍学,1933年,仅17岁结婚,母病逝,家境每况愈下。

1937年"七七"事变,日本军队侵华。1939年占领海南岛,民族危机日益深重。1940年6月,加入中国共产党。1941年5月,培英党支部成立,任支部书记。1941年8月,参加中共万宁县委举办的党员训练班学习;10月10日,万宁县民主政府在六连岭成立,殷勤轩担任政府收发员,几个月后提为科员,后参加琼崖抗日军事政治干部学校学习。1945年任仁德乡乡长,恢复乡政权工作,策动驻乌场日军班长王丰沅起义,受县政府的嘉奖。

1947年初,县政府组建一、二区行政督导团,任团员,3月县政府决定撤销行政督导团,成立北大乡,任北大乡长。6月东区地委、万宁县政府从六连岭搬到北大乡设署办公。调任万宁县政府秘书。1948年初,海南区党委为了巩固和发展五指山革命根据地,3月筹建琼中县政府,调任秘书。9月任琼中县二区(营根区)委书记兼区长. 1949年4月,调任琼中县工委委员、县政府秘书. 10月,参加海南区党委举办的青年团训练班学习。结业后,留在青年团海南区筹委工作,派往琼崖妇女学校负责组建青年团工作。5月,海南解放,随东区地委参加嘉积镇接管,负责青年学生工作。

海南解放后,曾任嘉积镇长,陵水县党委委员、县委书记,青年团青年区工委委员,海南团校校长,万宁县长,海南计委办公室主任,海南盐务局副局长等职,1985年离休,享受地专级待遇。1988年回万宁县定居,从事党史和书法研究,为万宁地方党史留下大量珍贵的历史资料。

苏海波(1925—2008) 原名苏龙瑞。1925年8月出生于万宁县龙滚镇岭后村。1941年在万宁县北龙岭后村参加青年抗日救国会,同年10月在万宁县北龙乡岭后村参加中国共产党,任党支部书记。1942—1945年任万宁县北龙乡常备队文书,南山乡情报站主任,中共北龙乡总支委员,北龙乡青抗会主任、乡长。解放战争时期,任万宁县环龙乡青年联合会主任,中共万宁县委工作队长,万宁县环龙乡人民政府乡长,青年团万宁县筹备委员会委员,中共万宁县第一区委员会书记。解放后,任定安县人民政府民政科长、公安局局长、中共定安县委员会委员,1953年任海南行政区公安局副科长、科长。1958年任海南行政区公安局副局长。1983年8月任中共海南区政法委员会副书记。1984年1月起任广东省检察院海南分院代检察长、党组书记。1988年8月被选为海南省人民代表大会代表、海南省人大常委会委员、海南省人代常委会法制工作委员会副主任等职。1993年11月离休,享受厅级待遇。2008年6月在海口逝世,享年83岁。

符明(1916—2009) 龙滚镇和顺村委会大群村人。1931年1月参加革命工作。1934年10月,加入中国共产党。1931年起,在红军三团团部当公务员,同年5月调到红色娘子军当号兵。红色娘子军解散后,回地方搞地下工作。1935年,因叛徒出卖,被国民党当局逮捕入狱。国共合作抗日后,1938年初,获释出狱。1938年12月5日,参加著名的“云龙改编”。1939年3月,调到独立总队当冯白驹司令员警卫班班长。1940年7月,带领经济队回六连岭地区开展武装斗争。在战争年代,历任班长、小队长、中队长、政治指导员、乡长、共进队副队长。参加大多战斗100多次,负伤3次。

中华人民共和国成立后,历任万宁县人民政府科长、南方大学海南分校班主任、海南交通处人事科长、海南汽车总站总站长、海南汽车公司副经理、海南公路运输局副局长、海南黎族苗族自治州公路运输办事处主任、自治州工交办计委经委副主任。离休后,享地专级待遇。2009年,病逝。

刘运兴(1946—2009) 祖籍广东省揭西县,1946年11月生于马来亚。1955年,母亲被安置到兴隆华侨农场。1965年,刘运兴中学毕业后成为兴隆华侨农场业余游泳班教练员。游泳池没有跳水台,就带人上山砍竹子做成简易跳水台,带领学生克服各种困难坚持训练,取得了好成绩。40年来,兴隆业余体育学校为国家队、广东省队,海南省体育学校、解放军体育队等输送了运动员52人。其中,国家队有黄国雄、范国雄、李亚妹,刘运兴。因教育训练成果显著,1982年3月正式晋升为国家二级教练。带出来的学生黄国雄、范国雄、李亚妹等3人,8次参加国际比赛,荣获游泳、射箭、赛艇等项目金牌11枚,银牌3枚,均获国家运动员健将称号。1988年,学生黄国雄获“全国十佳游泳运动员”“全国优秀游泳运动员”称号,并参加了汉城奥运会。1999年海南省少年儿童游泳冠军赛,带领兴隆华侨农场业余体校游泳队参加比赛,共有6人获得第一名、10人获得第二名、16人获得第三名,几乎囊括了少儿组冠军、亚军、季军。2000年,又夺取海南省体育运动会游泳比赛6个第一名,11个第二名,10个第三名的好成绩,使兴隆业余体育学校声名鹊起。

多次被评为“华侨农场先进工作者”“精神文明建设活动积极分子”。1978年获广东省“业余体校优秀教练员”的称号;被国家体委评为“先进工作者体育新星”;1989年12月被国务院侨务办、中华全国侨联授予“全国优秀归侨、侨眷知识分子”称号;1994年6月获全国侨联授予的“先进工作者”称号:1998年6月荣获中华全国总工会授予的“全国职工体育先进个人”称号等项荣誉。从1990年起,他曾经连任海南省第一、二、三届政协委员。2009年1月病逝世,享年62岁。

谢门熙(1918—2010) 龙滚镇后坡村人。1928年,随母南渡马来亚与父亲团聚。1935年中学毕业后,到一家英资特许估价师事务馆为徒。1936年,函授英国伦敦估价师学院课程, 1940年,他以优异成绩毕业,荣获特许估价师资格,被吸收为该学院会员,成为世界上第一位亚洲籍特许估价师。

1949年,谢门熙为戴维斯·隆顿与谢(东方)公司的合伙人。1956年接受高级合伙人总管职务,总揽所有业务长达19年之久,其间,该公司以总人数不及10人扩展为世界一流的估价师事务公司,业务遍及全球,在20个国家设办事处,员工逾2000人。

1962年,出任英国皇家特许估价师学院新加坡分院主席,此后成立特别委员会,创办新加坡估价师与估算师学院。1967年至1968年,任学院创始会长和马来西亚估价师学会会长。1972年,任英联邦新马太平洋区估价师与土地经济协会理事与教育委员会成员；20世纪70年代末，他协助新加坡设计学院会长和英国法律专家一同草拟新加坡建筑合同新法令；1982年新加坡估价师学院推选他为首位名誉院士。

被誉为远东估价师之父的谢门熙对桑梓满怀深情，先后慷慨捐助家乡龙滚侨联招待所、万宁市华侨中学、龙滚华侨医院，主持并亲自设计改建龙滚宝树小学等，累计为家乡文教卫生公益事业捐款20余万元。1996年万宁撤县设市，谢门熙携全家为万宁设市庆典活动捐款12万元，谢门熙、邢定颜夫妇荣获万宁市人民政府授予“爱乡模范”称号；其儿女谢组明、谢组安、谢组梅、谢怡金分别被万宁市人民政府授予“爱乡赤子”称号。2010年，谢门熙在新加坡病逝，终年92岁。

第二章 人物表

第一节 全国人大代表、政协委员

收录万宁籍或在万宁工作的外籍人士出席全国党代会代表、全国人大代表、全国政协委员共7人。

万宁市（县）全国人大代表、全国政协委员名录

表20-1

姓名	性别	籍贯	出生年份	单位、职务	全国人大代表、政协委员名称	备注
周全根	男	江苏太仓	1905	兴隆华侨农场	第三届全国人大代表	
林启鸿	男	马来西亚归侨	1920	兴隆华侨农场	第五届全国人大代表	
黄玉梅	女	海南万宁牛漏		牛漏七甲、农民	第六、七届全国人大代表	
陈书凤	男	海南万宁三更罗	1924	海南省黎族苗族自治州人大常委会主任	第六届全国人大代表	

续表20-1

邓泽永	男	海南乐东	1962	市政府、万宁市市长	第十一届全国人大代表	当选代表时为万宁市市长，出席会议时为儋州市政协主席
余永华	男	印度尼西亚归侨	1957	兴隆兴华农场	第十一届全国人大代表	
许革夫	男	海南万宁龙滚	1913	—	全国政协五、六、七届委员	

第二节 英烈表

英烈表收录万宁籍或在万宁境内牺牲的外籍革命烈士 8 人，其中，前志补记革命烈士2人，按革命烈士牺牲时间先后排序。

万宁市(县)革命烈士名录

表20-2

姓名	性别	籍贯	出生年份	牺牲时所在单位及职务	牺牲时间地点及原因	批准时间	批准单位	备注
黄征维	男	万宁长礼乡(现属长丰镇)	1915	琼纵挺进支队、班长	1947年在万宁县的战斗中牺牲	1947		前志补遗
祝毓飞	男	万宁后安	1962	中国人民解放军、某部队战士	1984年，在中越边境执行任务时牺牲	1984	万宁县人民政府	前志补遗

续表20-2

姓名	性别	籍贯	出生年份	牺牲时所在单位及职务	牺牲时间地点及原因	批准时间	批准单位	备注
叶波	男	万宁万城	1958	万宁县公安局、治安股副股长	1992年10月9日，在禄马坚庄村执行公务时，受到不法分子的围攻，为掩护民警撤退被打牺牲	1997.3	公安部	—
陈如		万宁东澳	1971	中国人民解放军、某部队战士	1992年在陵水县的新村地区执行任务时殉职	1992	万宁县人民政府	—
陈少明	男	万宁东澳	1973	海口市公安局防暴大队、公安民警	1996年11月7日在与蒙面持刀抢劫歹徒搏斗中牺牲	1997.10	省人民政府	—
周少波	男	万宁万城	1970	省公安厅、行动技术处副科长	1999年5月7日，在执行追捕任务时壮烈牺牲	1999	省人民政府	—
夏光四	男	万宁大茂石家庄（现万城）	1971	海口公安边防总队、中尉	1999年11月9日，在边防缉私斗争中牺牲	1999	万宁市人民政府	—

第三节　先进人物表

先进人物表收录受省、部级以上单位表彰的劳动模范、“五一”劳动奖章获得者、先进工作者、优秀教育工作者、优秀教师、优秀人民警察、有突出贡献的中青年专家、三八红旗手、乡镇企业家，其中9人为前志补记。排列以表彰时间先后为序。

万宁市(县)先进人物名录

表20-3

姓名	性别	籍贯	所在单位	表彰时间	荣誉称号	授予单位
陈宝葵	男	马来西亚归侨	兴隆华侨农场	1956	省劳动模范	广东省人民政府
陈水	男	广西容县	兴隆华侨农场	1962	广东省先进工作者	广东省人民政府
叶娇	女	广东惠阳	兴隆华侨农场	1964	广东省先进工作者	广东省人民政府
何花兰	女	海南万宁	南林农场	1982	先进工作者	广东省政府
				1985	劳动模范	广东省人民政府
				1979	三八红旗手	全国妇联
黄顾华	男	广东中山	兴隆华侨农场	1984	全国华侨企业科技先进工作者	国务院侨务办
林明森	男	海南万宁	万宁市东兴供销合作社	1990.11	海南省劳动模范	海南省人民政府
				1991.7	海南省优秀共产党员	中共海南省委
赖标云	男	广东兴宁	国营南林农场	1991	农业部世行贷款中国种子项目建设先进工作者	农业部
				1996	全国绿化奖章	全国绿化委员会
				2002	全国“五一”劳动奖章	中华全国总工会
吴荣森	男	广东茂名	国营兴隆华侨农场	1989	海南省劳动模范	海南省人民政府
				1990.11	海南省劳动模范	海南省人民政府
				1991.6	优秀共产党	海南省人民政府
庄礼羡	男	广东汕头	国营新中农场	1991	农业部世行贷款中国种子项目建设先进工作者	农业部

续表20-3

姓名	性别	籍贯	所在单位	表彰时间	荣誉称号	授予单位
肖克平	男	海南万宁	县公安局	1991	全国颁发居民身份证先进工作者	公安部
裴桂丰	男	海南万宁	县邮电局	1991	全国抗洪救灾先进个人	邮电部
吴庭秀	男	海南万宁	县邮电局	1991	全国抗洪救灾先进个人	中国邮电工会全国委员会
杨维莲	女	海南万宁	人行万宁支行	1991	全国金融红旗手	—
方梅英	女	海南万宁	万宁港北镇英豪管区	1991	全国“三八”红旗手	全国妇联
黄菊梅	女	海南万宁	万宁牛漏镇药材场	1991	全国星火计划先进工作者	国家科委
沈渊文	男	海南万宁	农行万宁支行	1991	全国农村金融系统科技先进工作者	—
翁宏平	男	海南万宁	县农电公司	1992	全国劳动模范	全国总工会
			万宁供电公司	1995.5	全国劳动模范	国务院
许天然	男	海南万宁	万宁山根粮所	1992	优秀政治思想先进工作者	商业部
张志林	男	海南万宁	万宁乐来学区	1992	全国优秀教师	国家教委
吴启强	男	海南万宁	万宁县邮电局	1993	全国劳动模范	中华全国总工会
唐惠义	男	海南万宁	万宁北坡中学	1993	全国优秀教师	国家教委

续表20-3

姓名	性别	籍贯	所在单位	表彰时间	荣誉称号	授予单位
冯崇序	男	海南万宁	万宁龙滚学区文曲小学	1993	全国优秀教师	国家教委
张敬锋	男	海南万宁	海南会海(集团)有限公司	1993	全国优秀青年企业家	共青团中央、中国青年企业家协会
李茂清	男	海南万宁	县气象局	1993	全国气象先进工作者	国家气象局
黎桂香	女	广东兴宁	国营新中农场	1993	全国“五一”劳动奖章	中华全国总工会
冯驹	男	海南万宁	海南金利集团公司	1994	中国优秀民营企业家	中华全国工商联合会
郑云珍	女	四川云阳	国营新中农场	1995	海南省劳动模范	省政府
曾宪勇	男	海南万宁	万宁公路分局	1995	省级劳动模范	省政府
蒋金汉	男	印度尼西亚	国营兴隆华侨农场	1995.6	全国保卫系统先进个人	公安部
				2000.5	全国劳动模范	国务院
黄泽云	男	海南万宁	县科协	1995	全国农村科普先进工作者	中国科协
				2004	全国“科教进社区”活动先进个人	中国科协、全国政协
王辉光	男	海南万宁	万宁龙滚水坡	1996	全国优秀党务工作者	

续表20-3

姓名	性别	籍贯	所在单位	表彰时间	荣誉称号	授予单位
吴东雄	男	海南万宁	万宁万城镇中学	1996	海南十佳校长	省政府
林保江	男	海南万宁	万宁港北镇联丰小学	1996	海南十佳班主任	省政府
黄振书	男	海南万宁	县环境资源局	1996	环境保护系统自然保护先进工作者	国家环境资源局
杜添江	男	广东梅县印尼归侨	国营兴隆华侨农场	1996	为侨服务三十年荣誉证书	中国侨联
罗南英	女	广东普宁	南林农场	1996	海南省妇女权益保障工作“先进工作者”	省政府
杨月兰	女	海南万宁	万宁万城小学	1998	海南省保护未成年人杰出公民	教育部
陈列亚		男	市公安局	1998	十佳公仆	公安部
符忠东	男	海南万宁	万宁万城环卫处	1997.5	全国“五一”奖章	全国总工会
			万宁市商务局	2000.5	全国先进工作者	国务院
罗世番	男	海南万宁	礼纪中学	1998	全国优秀教师	国家教委
陈山柏	男	海南万宁	市外事侨务办	1999.7	全国侨务工作先进个人	国务院侨务办全国侨联
			市文体局	2003.3	省精神文明建设工作积极分子	省委、省政府
钟时平	男	海南万宁	万宁市教育局	1999.9	全国扫盲先进个人	教育部

续表20-3

姓名	性别	籍贯	所在单位	表彰时间	荣誉称号	授予单位
吴明阳	男	海南万宁	广播电视局	2000	全国广播电视先进个人	国家广播电视总局
张青梅	女	海南万宁	万宁万城小学	2000	第三届海南省劳动模范	省政府
符桂英	女（黎）	海南万宁	市饮食服务公司	2000	第三届海南省劳动模范	省政府
曾庆强	男	海南万宁	市人民医院	2000	第三届海南省劳动模范	省政府
林明和	男	海南万宁	市卫生防疫站	2000	第二届“海南省优秀科技工作者”	海南省科协
陈坚	男	海南万宁	万宁党史研究室	2001	全国党史系统先进工作者	中共中央党史研究室
姚建勇	男	海南万宁	市建设局	2003	优秀共产党员	省委、省政府
陈琼英	女	海南万宁	市地税局社保局	2003	优秀共产党员	省委、省政府
			社保征稽局	2005	全国“巾帼建功标兵”	全国妇联
王国良	男	海南万宁	市国税局	2003	优秀共产党员	省委、省政府

续表20-3

姓名	性别	籍贯	所在单位	表彰时间	荣誉称号	授予单位
王义雄	男	海南万宁	万宁东澳镇委	2003	优秀党务工作者	省委、省政府
张静莲	女	湖南衡阳	国营南林农场	2003	全国“五一”劳动奖章	中华全国总工会
				2004	全国“三八”红旗手	全国妇联
符进和	男	海南万宁	市农税局	2004	“全国五一劳动”奖章	全国总工会
吴立	男	海南万宁	团市委	2004	2003年度“全国优秀共青团干部”	共青团中央
林放	男	福建古田	国营兴隆华侨农场	2005	纪念抗日战争胜利60周年勋章	民政部颁发
黄燕蓉	女	海南万宁	市邮政局储蓄班	2005	“三八”红旗手	全国妇联
林琳	男	海南万宁	市邮政局	2005	全国劳动模范	全国总工会
林先平	男	海南万宁	市万宁中学	2004	海南省劳动模范	省政府
				2005	全国先进工作者	国务院
卓平	男	海南万宁	万宁中学	2006	五一劳动奖章	全国总工会

续表20-3

姓名	性别	籍贯	所在单位	表彰时间	荣誉称号	授予单位
汤祝军	男	海南万宁	国营南林农场	2005	全国民族团结进步模范个人	国务院
陈香聪	男	海南万宁	万宁大茂镇红石村	2005.10	海南省防风救灾先进个人	省委、省人民政府
				2006.6	海南省优秀共产党员	省委
欧阳霞	女	海南万宁	万宁供电局	2007	全国优秀妇联干部	全国妇联
顾贤才	男	海南万宁	市三防办	2007	全国防汛抗旱模范	国家防汛抗旱总指挥部、人事部、解放军政治部
李清泉	男	福建金门	国营兴隆华侨农场	2007	“从事侨联工作20年”荣誉证书	全国侨联
欧俊宁	男	海南万宁	团市委	2008	“全国保护母亲河行动”先进个人	共青团中央、全国绿化委员会
崔天星	男	海南万宁	市统计局	2008	2008年度“全国统计系统先进个人”	人力资源和社会保障部、国家统计局
杨一海	男	海南万宁	市体育运动中心	2009	全国群众体育先进个人	人力资源和社会保障部、国家体育总局

续表20-3

姓名	性别	籍贯	所在单位	表彰时间	荣誉称号	授予单位
郑忠云	女	海南万宁	万宁大茂邮政支局	2009	海南省劳动模范	省委、省政府
王敬春	男	海南万宁	万宁供电局	2009	海南省劳动模范	省委、省政府
许峰	男	海南万宁	和乐英豪	2009	海南省劳动模范	省委、省政府
符少宁	男	海南万宁	万宁市财政局	2009	海南省先进工作者	省委、省政府
唐涛	男	海南万宁	国营新中农场	2009	全国民族团结进步先进个人	国务院
杜燕生	男	印尼归侨侨眷	国营兴隆华侨农场	2009.7	全国侨联系统先进个人	中国侨联
王晓	女	海南万宁	农行万宁支行	2010	全国“三八”红旗手	全国妇联
王敬春	男	海南万宁	万宁供电局	2010.5	海南省劳动模范	省政府
曾恩省	男	海南万宁	万宁和乐镇红旗村委会	2010.12	抗洪救灾先进个人	省委、省政府

第四节 高级专业技术人员表

高级专业技术人员表收录在市内工作的高级专业技术人员 442 人，按系列以所在单位和评定时间先后为序。

万宁市(县)高级专业技术人员名录

表20-4

系列	姓名	性别	工作单位	专业技术职称	评定时间
卫生技术系列	林崇达	男	市人民医院	肾内科副主任医师	1976.12
	许志光	男	市人民医院	普外科副主任医师	1978.12
	林学琼	男	市人民医院	内科副主任医师	—
	陈焕新	男	市人民医院	儿科副主任医师	1987.12
	吴进林	男	市人民医院	消化内科副主任医师	1993.7
	曾雪梅	女	市人民医院	妇产科副主任医师	1994.7
	蔡庆荣	男	市人民医院	普外科副主任医师	1994.7
	许炳青	男	市人民医院	麻醉学副主任医师	1994.12
	陈更雄	男	市人民医院	普内科副主任医师	1994.12
	冯 敏	女	市人民医院	中医针灸副主任医师	1994.12
	吴精海	男	市人民医院	儿科副主任医师	1994.12
	许兴祥	男	市人民医院	普内科副主任医师	1994.12
	李光益	男	市人民医院	普外科副主任医师	1995.12
	陈邦川	男	市人民医院	检验副主任医师	1996
	杨学才	男	市人民医院	普外科副主任医师	1996.12
	吴玉琴	女	市人民医院	妇产科副主任医师	1996.12
	祁亚书	男	市人民医院	中医副主任医师	1997
	吴淑荻	男	市人民医院	临床内科副主任医师	1997.1
	吴北琼	男	市人民医院	心血管内科副主任医师	1997.12

续表20-4

系列	姓名	性别	工作单位	专业技术职称	评定时间
	吴小雄	男	市人民医院	小儿内科副主任医师	1997.12
	吴进生	男	市人民医院	普通外科副主任医师	1997.12
	高雪平	男	市人民医院	心血管内科副主任医师	1997.12
	陈光忠	男	市人民医院	血液内科副主任医师	1997.12
	刘文全	男	市人民医院	肿瘤外科副主任医师	1998.12
	李亚太	男	市人民医院	消化内科副主任医师	1998.12
	蒙润莲	女	市人民医院	临床内科副主任医师	1998.12
	吴香菊	女	市人民医院	妇产科副主任医师	1999.12
	吴亮海	男	市人民医院	中医副主任医师	2000.1
	杨青梅	女	市人民医院	妇产科副主任护理师	2001.1
	廖松光	男	市人民医院	中医内科副主任医师	2002.12
	吴　勇	男	市人民医院	呼吸内科副主任医师	2000.12
	潘春荣	男	市人民医院	普通外科副主任医师	2001.12
	符　浮	女	市人民医院	妇产科副主任医师	2004.12
	冯俊龙	男	市人民医院	外科副主任医师	2006
	蔡圣龙	男	市人民医院	眼科副主任医师	2006.12
	黄　彬	女	市人民医院	护理学副主任	2006.12
	范平云	男	市人民医院	肾内科副主任医师	2009.12
	陈传佳	男	市人民医院	中医内科主任医师	2009.12
	覃少强	男	市人民医院	普通外科主任医师	2009.12
	马育辉	男	市人民医院	普通外科副主任医师	2009.12

续表20-4

系列	姓名	性别	工作单位	专业技术职称	评定时间
				骨科副主任医师	2008
	张亚和	男	市人民医院	消化内科副主任医师	2009.12
	蔡永平	男	市人民医院	麻醉学副主任医师	2009.12
	翁应纯	女	市人民医院	妇产科副主任医师	2009.12
	文 智	男	市人民医院	泌尿外科副主任医师	2009.12
	唐敏云	男	市人民医院	临床医学检验技术副主任	2009.12
	蔡元浩	男	市人民医院	普通外科副主任医师	2010.12
				肿瘤外科副主任医师	2008
	蔡亲武	男	市人民医院	小儿内科副主任医师	2010.12
	黄东荣	女	市人民医院	公卫副主任医师	—
	纪定梅	女	市人民医院	妇产科副主任医师	—
	顾菊英	女	市人民医院	护理副主任护理师	—
	文鸿焕	男	市人民医院	副主任医师	—
	陈开宣	男	市妇幼保健院	儿科副主任医师	1982
	苏龙金	女	市妇幼保健院	妇幼保健副主任医师	1983
	许福养	男	市妇幼保健院	外科副主任医师	1983
	夏君文	女	市妇幼保健院	妇产科主任医师	1995
	黄珊格	女	市妇幼保健院	妇产科副主任医师	1996
	张昌进	男	市皮肤性病防治所	副主任医师	1988.9
	谢维全	男	市皮肤性病防治所	副主任医师	1990.9

续表20-4

系列	姓名	性别	工作单位	专业技术职称	评定时间
	黄宏菁	男	市畜牧兽医局	高级兽医师	1994.11
	陈亚宁	男	市畜牧兽医局	高级兽医师	2006.12
	王彩花	女	市结核病防治所	副主任医师	1989
	林明和	男	市疾病预防控制中心	流行病学主任医师	2002.12
	陈昭权	男	南林农场卫生院	内科副主任医师	1989.12
教育技术系列	韩明春	男	中共万宁市委党校	中专学校高级讲师	1994.10
	叶竞春	男	中共万宁市委党校	政治学高级讲师	2005.3
	祁一波	男	中共万宁市委党校	政治学高级讲师	2008.12
	陈江舟	男	市教育局中学教研室	中学语文高级教师	1994.12
	王爱菊	女	市教育局中学教研室	中学生物高级教师	1997.9
	陈关胜	男	市教育局小学教研室	小学数学特级教师	2001.6
	吴 真	女	市教育局中学教研室	中学历史高级教师	2001.9
	杨小正	男	市教育局中学教研室	中学语文高级教师	2001.9
	卓越绩	男	市教育局中学教研室	中学英语高级教师	2002.12
	陈三书	男	市教育局中学教研室	中学语文高级教师	2003.1
	林永坚	男	市教育局中学教研室	中学数学特级教师	2003.1
	叶必贵	男	市教育局中学教研室	中学数学特级教师	2005.1

续表20-4

系列	姓名	性别	工作单位	专业技术职称	评定时间
	吴天赋	男	市教育局电教站	中学物理高级教师	2003.1
	罗世璠	男	市职业技术学校	中学数学高级教师	2000.9
	冯昌晟	男	市职业技术学校	中学数学高级教师	2001.9
	陈要光	男	市职业技术学校	中学政治高级教师	2001.9
	韩 强	男	市职业技术学校	中学数学高级教师	2001.11
	许才跃	男	市职业技术学校	中学语文高级教师	2003.5
	陈忠友	男	市职业技术学校	中学语文高级教师	2006.8
	林平雄	男	市职业技术学校	中学生物高级教师	2007.9
	王少平	男	市职业技术学校	中学物理高级教师	2007.8
	夏治胜	男	市职业技术学校	中学语文高级教师	2009.10
	吴明珠	男	市职业技术学校	中学化学高级教师	2009.8
	陈 云	男	市职业技术学校	中学语文高级教师	2009.10
	吴一民	男	市职业技术学校	中学物理高级教师	2010.8
	翁业标	男	市职业技术学校	维修电工高级讲师	2010.12
	卓业政	男	万宁中学	化学高级教师	1994.9
	李让征	男	万宁中学	中学高级教师	1994.9
	陈 波	男	万宁中学	中学生物高级教师	1996.1
	符祥勤	男	万宁中学	中学物理高级教师	1997.8
	潘国波	男	万宁中学	中学历史高级教师	1998.8
	欧阳育	男	万宁中学	中学体育高级教师	1998.8
	夏青峰	男	万宁中学	中学体育高级教师	1998.8

续表20-4

系列	姓名	性别	工作单位	专业技术职称	评定时间
	钟子光	男	万宁中学	中学物理高级教师	2000.9
	林东二	男	万宁中学	高级教师	2001.9
	柳成荫	男	万宁中学	中学数学高级教师	2001.9
	李 静	女	万宁中学	中学语文高级教师	2001.9
	唐 奋	男	万宁中学	中学语文高级教师	2001.9
	李 宣	男	万宁中学	中学生物高级教师	2001.9
	林道云	男	万宁中学	中学化学高级教师	2001.9
	何春花	女	万宁中学	中学语文高级教师	2002.12
	林佩珠	女	万宁中学	中学语文高级教师	2002.12
	林亚镇	男	万宁中学	中学物理高级教师	2002.12
	翁育天	男	万宁中学	中学历史高级教师	2002.12
	李发军	男	万宁中学	中学体育高级教师	2002.12
	纪新华	男	万宁中学	中学数学高级教师	2003.12
	林海珠	女	万宁中学	中学数学高级教师	2003.12
	梁超豪	男	万宁中学	中学数学高级教师	2003.12
	李 霞	女	万宁中学	中学英语高级教师	2003.12
	文 忠	男	万宁中学	中学化学高级教师	2003.12
	黄 翔	男	万宁中学	中学数学高级教师	2005.3
	吴波志	男	万宁中学	中学语文高级教师	2005.3
	王 燕	女	万宁中学	中学英语高级教师	2005.3
	陈卡娜	女	万宁中学	中学英语高级教师	2005.3

续表20-4

系列	姓名	性别	工作单位	专业技术职称	评定时间
	黄杰书	男	万宁中学	中学化学高级教师	2005.3
	蔡玉玲	女	万宁中学	中学历史高级教师	2005.3
	李雄强	男	万宁中学	中学数学高级教师	2006.8
	周扬立	男	万宁中学	中学数学高级教师	2006.8
	吴 斌	男	万宁中学	中学数学高级教师	2006.8
	郑振荣	男	万宁中学	中学语文高级教师	2006.8
	崔关炳	男	万宁中学	中学语文高级教师	2006.8
	方 杏	女	万宁中学	中学英语高级教师	2006.8
	杨 蕾	女	万宁中学	中学英语高级教师	2006.8
	李 慧	女	万宁中学	中学英语高级教师	2006.8
	胡黛适	女	万宁中学	中学英语高级教师	2006.8
	彭书扬	男	万宁中学	中学物理高级教师	2006.8
	严出奇	男	万宁中学	中学物理高级教师	2006.8
	叶文龙	男	万宁中学	中学政治高级教师	2006.8
	欧兰鹰	女	万宁中学	中学体育高级教师	2006.8
	杨体清	男	万宁中学	中学信息高级教师	2006.8
	廖松山	男	万宁中学	中学语文高级教师	2007.8
	王家正	男	万宁中学	中学语文高级教师	2007.8
	杨 高	女	万宁中学	中学英语高级教师	2007.8
	陈颖浩	男	万宁中学	中学英语高级教师	2007.8
	杨 虹	女	万宁中学	中学英语高级教师	2007.8

续表20-4

系列	姓名	性别	工作单位	专业技术职称	评定时间
	陈 燕	女	万宁中学	中学英语高级教师	2007.8
	张祚庄	男	万宁中学	中学生物高级教师	2007.8
	杨 峥	男	万宁中学	中学物理高级教师	2007.8
	唐学雄	男	万宁中学	中学化学高级教师	2007.8
	谢 俊	男	万宁中学	中学政治高级教师	2007.8
	梁清华	男	万宁中学	中学政治高级教师	2007.8
	卓小强	男	万宁中学	中学政治高级教师	2007.8
	李 华	男	万宁中学	中学政治高级教师	2007.8
	杨儒天	男	万宁中学	中学通用技术高级教师	2007.8
	蔡文海	男	万宁中学	中学生物高级教师	2007.9
	肖 望	男	万宁中学	中学政治高级教师	2007.9
	林志军	男	万宁中学	中学地理高级教师	2007.9
	吴祝月	男	万宁中学	中学美术高级教师	2007.9
	陈 烈	男	万宁中学	中学语文高级教师	2008.12
	温灵敏	男	万宁中学	中学语文高级教师	2008.12
	刘明娟	女	万宁中学	中学语文高级教师	2008.12
	李剑波	男	万宁中学	中学生物高级教师	2008.12
	黄修民	男	万宁中学	中学物理高级教师	2008.12
	夏小夫	男	万宁中学	中学地理高级教师	2008.12
	陈 军	男	万宁中学	中学语文高级教师	2009.10
	林学雄	男	万宁中学	中学英语高级教师	2009.10

续表20-4

系列	姓名	性别	工作单位	专业技术职称	评定时间
	黄 曼	女	万宁中学	中学英语高级教师	2009.10
	李 勇	男	万宁中学	中学生物高级教师	2009.10
	李白云	女	万宁中学	中学数学高级教师	2010.8
	崔海燕	女	万宁中学	中学政治高级教师	2010.8
	梁若敏	女	万宁中学	中学历史高级教师	2010.8
	刘瑞婷	女	万宁中学	中学体育高级教师	2010.8
	吴光海	男	市第二中学	中学高级教师	1994.9
	陈子清	男	市第二中学	中学语文高级教师	1998.8
	黄茂荪	男	市第二中学	中学地理高级教师	1998.9
	黄昌和	男	市第二中学	中学数学高级教师	2000.9
	崔建新	男	市第二中学	中学语文高级教师	2000.9
	蔡元飞	男	市第二中学	中学物理高级教师	2000.9
	陈要光	男	市第二中学	中学政治高级教师	2001.9
	李衍春	男	市第二中学	中学语文高级教师	2001.11
	吴 坤	男	市第二中学	中学体育高级教师	2001.11
	蔡 军	男	市第二中学	中学数学高级教师	2002.12
	李照经	男	市第二中学	中学语文高级教师	2002.12
	许亚武	男	市第二中学	中学地理高级教师	2002.12
	符 牧	男	市第二中学	中学体育高级教师	2002.12
	卢 斌	男	市第二中学	中学语文高级教师	2003.12
	黄姿伟	男	市第二中学	中学英语高级教师	2005.8

续表20-4

系列	姓名	性别	工作单位	专业技术职称	评定时间
	陈 秋	女	市第二中学	中学英语高级教师	2005.8
	吴少保	男	市第二中学	中学英语高级教师	2006.8
	林 爽	女	市第二中学	中学英语高级教师	2006.8
	文学良	男	市第二中学	中学物理高级教师	2006.7
	陈亚文	男	市第二中学	中学政治高级教师	2006.8
	陈传平	男	市第二中学	中学数学高级教师	2007.8
	唐惠彪	男	市第二中学	中学数学高级教师	2007.8
	苏 琦	男	市第二中学	中学数学高级教师	2007.8
	王方钟	男	市第二中学	中学英语高级教师	2007.8
	谢巧妙	女	市第二中学	中学英语高级教师	2007.8
	陈 雄	男	市第二中学	中学英语高级教师	2007.8
	肖 音	男	市第二中学	中学化学高级教师	2007.8
	陈俊扬	男	市第二中学	中学政治高级教师	2007.8
	蒋羡文	男	市第二中学	中学政治高级教师	2007.8
	杨海莲	女	市第二中学	中学历史高级教师	2007.8
	杨仕德	男	市第二中学	中学历史高级教师	2007.8
	罗世强	男	市第二中学	中学体育高级教师	2007.8
	杨 书	男	市第二中学	中学数学高级教师	2008.12
	孙多信	男	市第二中学	中学数学高级教师	2008.12
	唐 婧	女	市第二中学	中学英语高级教师	2008.12
	李秋霞	女	市第二中学	中学英语高级教师	2008.12

续表20-4

系列	姓名	性别	工作单位	专业技术职称	评定时间
	唐惠琚	男	市第二中学	中学生物高级教师	2008.12
	黄光学	男	市第二中学	中学生物高级教师	2008.12
	杨 春	男	市第二中学	中学政治高级教师	2008.12
	吴 文	男	市第二中学	中学政治高级教师	2008.12
	刘胜和	男	市第二中学	中学体育高级教师	2008.12
	吴景明	男	市第二中学	中学体育高级教师	2008.12
	陈彩虹	女	市第二中学	中学语文高级教师	2009.10
	曾 望	男	市第二中学	中学语文高级教师	2009.10
	吴碧琴	女	市第二中学	中学英语高级教师	2009.10
	朱 飞	女	市第二中学	中学英语高级教师	2009.10
	覃海桑	男	市第二中学	中学英语高级教师	2009.10
	黄宏和	男	市第二中学	中学化学高级教师	2009.10
	卓 宁	男	市第二中学	中学政治高级教师	2009.10
	卓圣能	男	市第二中学	中学历史高级教师	2009.10
	钟谢晖	女	市第二中学	中学语文高级教师	2010.12
	欧晓萍	女	市第二中学	中学语文高级教师	2010.12
	李仕国	男	市第二中学	中学语文高级教师	2010.12
	吴朝春	男	市第二中学	中学语文高级教师	2010.12
	陈月明	女	市第二中学	中学英语高级教师	2010.12
	夏才敏	男	市第二中学	中学化学高级教师	2010.12
	郑福雄	男	市第三中学	中学数学高级教师	1999.10

续表20-4

系列	姓名	性别	工作单位	专业技术职称	评定时间
	陈清平	男	市第三中学	中学数学高级教师	2001.1
	卓 平	男	市第三中学	中学数学高级教师	2001.6
	林 森	男	市第三中学	中学地理高级教师	2001.9
	李光宇	男	市第三中学	中学生物高级教师	2002.12
	林 云	男	市第三中学	中学语文高级教师	2006.8
	吴世军	男	市第三中学	中学物理高级教师	2006.9
	邢彩云	女	市第三中学	中学历史高级教师	2007.8
	裴新言	男	市第三中学	中学语文高级教师	2007.8
	何远宁	男	市第三中学	中学语文高级教师	2007.8
	林 运	男	市第三中学	中学化学高级教师	2008.8
	林 柏	男	市第三中学	中学政治高级教师	2008.12
	王 宇	男	市第三中学	中学体育高级教师	2008.12
	纪少霞	女	市第三中学	中学语文高级教师	2009.1
	邢 惠	女	市第三中学	中学英语高级教师	2009.1
	杨泽军	男	市第三中学	中学物理高级教师	2009.11
	陈王武	男	市第三中学	中学语文高级教师	2010.8
	蔡传育	男	市第三中学	中学政治高级教师	2010.8
	李 勇	男	民族中学	中学语文高级教师	1996.2
	卓伟强	男	民族中学	中学物理高级教师	1999.10
	王秀叶	女	民族中学	中学政治高级教师	1999.10
	汤水松	男	民族中学	中学政治高级教师	2002.12

续表20-4

系列	姓名	性别	工作单位	专业技术职称	评定时间
	吴 斌	男	民族中学	中学政治高级教师	2005.3
	朱 琦	女	民族中学	中学数学高级教师	2006.8
	陈立刚	男	民族中学	中学政治高级教师	2006.8
	陈 鉴	男	民族中学	中学历史高级教师	2007.1
	钟兴国	男	民族中学	中学语文高级教师	2007.8
	庞劲虹	女	民族中学	中学生物高级教师	2007.8
	符永平	男	民族中学	中学生物高级教师	2007.8
	李 凤	女	民族中学	中学音乐高级教师	2007.8
	朱元完	女	民族中学	中学语文高级教师	2008.12
	卓旭辉	男	民族中学	中学语文高级教师	2008.12
	卓梦龙	男	民族中学	中学生物高级教师	2008.12
	杨起奔	男	民族中学	中学物理高级教师	2008.12
	黄 美	女	民族中学	中学化学高级教师	2008.12
	高开泽	男	民族中学	中学体育高级教师	2008.12
	黄泰军	男	民族中学	中学数学高级教师	2009.10
	黄明泉	男	民族中学	中学物理高级教师	2009.10
	肖亚强	男	民族中学	中学地理高级教师	2009.10
	庄明理	男	民族中学	中学体育高级教师	2009.10
	林晓莺	女	民族中学	中学语文高级教师	2010.12
	李丽华	女	民族中学	中学英语高级教师	2010.12
	陈学华	男	民族中学	中学体育高级教师	2010.12

续表20-4

系列	姓名	性别	工作单位	专业技术职称	评定时间
	符 植	男	大同中学	数学高级教师	1990
	翁育宇	男	大同中学	中学化学高级教师	2003.1
	邱观飞	男	大同中学	中学化学高级教师	2003.1
	林觉文	男	大同中学	中学政治高级教师	2003.1
	冯明芬	男	大同中学	中学语文高级教师	2007.8
	文春燕	女	大同中学	中学英语高级教师	2007.8
	罗国园	女	大同中学	中学生物高级教师	2007.9
	朱厚伟	男	大同中学	中学音乐高级教师	2007.9
	方亦云	男	大同中学	中学英语高级教师	2008.12
	蔡笃蛟	男	大同中学	中学生物高级教师	2008.12
	陈克春	男	大同中学	中学物理高级教师	2008.12
	陈家兰	女	大同中学	中学化学高级教师	2008.12
	翁连明	男	大同中学	中学化学高级教师	2008.12
	李天政	男	大同中学	中学化学高级教师	2008.12
	蔡琼勇	男	大同中学	中学政治高级教师	2008.12
	符文瑜	男	大同中学	中学语文高级教师	2009.10
	徐从文	男	大同中学	中学英语高级教师	2009.9
	杨志坚	男	大同中学	中学化学高级教师	2009.10
	朱德飞	男	大同中学	中学数学高级教师	2010.8
	吕文烈	男	大同中学	中学语文高级教师	2010.8
	杨清文	男	大同中学	中学物理高级教师	2010.8

续表20-4

系列	姓名	性别	工作单位	专业技术职称	评定时间
	吴东雄	男	万城镇中学	中学语文高级教师	1997.8
	杨劲光	男	万城镇中学	中学化学高级教师	1998.8
	吴育荣	男	万城镇中学	中学语文高级教师	1999.8
	李茯丰	男	万城镇中学	中学数学高级教师	2000.9
	吴琼文	男	万城镇中学	中学数学高级教师	2001.9
	卓武养	男	万城镇中学	中学语文高级教师	2001.9
	梁 冰	男	万城镇中学	中学化学高级教师	2001.9
	陈国坚	男	万城镇中学	中学语文高级教师	2002.12
	张国姬	女	万城镇中学	中学英语高级教师	2002.12
	邢春燕	女	万城镇中学	中学数学高级教师	2003.12
	符厚信	男	万城镇中学	中学语文高级教师	2003.12
	朱 平	男	万城镇中学	中学政治高级教师	2003.12
	王日新	男	万城镇中学	中学物理高级教师	2005.3
	周向云	男	万城镇中学	中学语文高级教师	2006.8
	黄祝珍	女	万城镇中学	中学化学高级教师	2006.8
	钟昌发	男	万城镇中学	中学体育高级教师	2006.8
	李 霞	女	万城镇中学	中学高级教师	2006.8
	林一平	男	万城镇中学	中学数学高级教师	2007.7
	李琼玉	女	万城镇中学	中学语文高级教师	2007.7
	杨东川	男	万城镇中学	中学语文高级教师	2007.7
	肖裕波	男	万城镇中学	中学美术高级教师	2007.7

续表20-4

系列	姓名	性别	工作单位	专业技术职称	评定时间
	陈进琼	男	万城镇中学	中学数学高级教师	2008.12
	刘砥柱	男	万城镇中学	中学数学高级教师	2008.12
	黎海鹏	男	万城镇中学	中学数学高级教师	2008.12
	温图信	男	万城镇中学	中学英语高级教师	2008.12
	蒙上玲	女	万城镇中学	中学英语高级教师	2008.12
	卢传喜	男	万城镇中学	中学政治高级教师	2008.12
	李志远	男	万城镇中学	中学数学高级教师	2009.10
	翁海花	女	万城镇中学	中学语文高级教师	2009.10
	林 霞	女	万城镇中学	中学英语高级教师	2009.10
	王 梅	女	万城镇中学	中学英语高级教师	2009.10
	彭春和	男	万城镇中学	中学物理高级教师	2009.10
	肖亚喜	男	万城镇中学	中学化学高级教师	2009.10
	谢善道	男	万城镇中学	中学化学高级教师	2009.10
	陈琦琫	男	万城镇中学	中学数学高级教师	2010.12
	李雪君	女	万城镇中学	中学语文高级教师	2010.12
	陈 慧	女	万城镇中学	中学英语高级教师	2010.12
	文惠宜	女	万城镇中学	中学物理高级教师	2010.12
	邓川香	女	万城镇中学	中学政治高级教师	2010.12
	林云燕	女	万城镇中学	中学历史高级教师	2010.12
	曹德超	男	市华侨中学	中学物理高级教师	2000.9
	许才跃	男	市华侨中学	中学语文高级教师	2003.5
	杨庆霞	女	市华侨中学	中学生物高级教师	2003.12

续表20-4

系列	姓名	性别	工作单位	专业技术职称	评定时间
	龚电勋	男	市华侨中学	中学化学高级教师	2006.8
	何运跃	男	市华侨中学	中学语文高级教师	2007.8
	王泰来	男	市华侨中学	中学化学高级教师	2008.12
	谢煦阳	男	市华侨中学	中学语文高级教师	2009.10
	莫彬邱	男	市华侨中学	中学体育高级教师	2009.10
	林宏玲	女	市华侨中学	中学英语高级教师	2010.8
	陈海平	男	市华侨中学	中学生物高级教师	2010.8
	卢裕彪	男	市华侨中学	中学物理高级教师	2010.8
	蔡琼新	男	东澳初级中学	中学化学高级教师	1996.1
	陈景清	男	东澳初级中学	中学数学高级教师	2002.12
	陈光月	男	东澳初级中学	中学政治高级教师	2003.12
	崔岸然	男	东澳初级中学	中学历史高级教师	2006.8
	卓 宪	男	东澳初级中学	中学高级教师	2009.11
	陈 海	男	东澳初级中学	中学地理高级教师	2006.8
	杨 花	女	东澳初级中学	中学生物高级教师	2007.9
	欧阳晖	男	东澳初级中学	中学政治高级教师	2007.9
	吴岸飞	男	东澳初级中学	中学物理高级教师	2008.12
	顾兴海	男	东澳初级中学	中学政治高级教师	2008.12
	卓 锐	男	东澳初级中学	中学数学高级教师	2009.10
	卓 宪	男	东澳初级中学	中学语文高级教师	2009.10
	吴中平	男	东澳初级中学	中学物理高级教师	2009.10
	杨子光	男	东澳初级中学	中学政治高级教师	2009.10

续表20-4

系列	姓名	性别	工作单位	专业技术职称	评定时间
	王文雄	男	东澳初级中学	中学历史高级教师	2009.10
	文雄军	男	东澳初级中学	中学语文高级教师	2010.8
	王少彪	男	东澳初级中学	中学地理高级教师	2010.8
	覃少云	男	南林初级中学	中学数学高级教师	2009.12
	刘石生	男	南林初级中学	中学语文高级教师	2010.12
	吴晓明	男	东兴初级中学	中学数学高级教师	2003.12
	符伟光	男	东兴初级中学	中学化学高级教师	2003.12
	周　娜	女	东兴初级中学	中学地理高级教师	2005.3
	张和平	男	东兴初级中学	中学数学高级教师	2006.8
	林爱清	男	东兴初级中学	中学物理高级教师	2007.8
	吴晓雄	男	东兴初级中学	中学政治高级教师	2007.8
	莫泽锋	男	东兴初级中学	中学语文高级教师	2009.1
	唐荣英	女	东兴初级中学	中学语文高级教师	2009.10
	丁才进	男	东兴初级中学	中学政治高级教师	2009.10
	黄关和	男	东兴初级中学	中学政治高级教师	2009.10
	陈　华	女	兴隆一中	中学数学高级教师	2005.3
	苏忠才	男	兴隆一中	中学物理高级教师	2005.3
	林泽标	男	兴隆一中	中学化学高级教师	2006.8
	朱德民	男	兴隆一中	中学语文高级教师	2010.8
	吴国雄	男	万宁思源	中学语文高级教师	2009.10
	吴天翔	男	万宁思源	中学语文高级教师	2009.12
	蔡　磊	男	万宁思源	中学数学高级教师	2010.8

续表20-4

系列	姓名	性别	工作单位	专业技术职称	评定时间
	吴育周	男	万宁思源	中学高级教师	2010.8
	林华生	男	山根中学	中学数学高级教师	2006.9
	许大亚	男	山根中学	中学数学高级教师	2007.8
	翁扬敏	男	山根中学	中学物理高级教师	2007.8
	符朝波	男	山根中学	中学数学高级教师	2008.12
	熊成学	男	山根中学	中学数学高级教师	2009.8
	李春雄	男	山根中学	中学政治高级教师	2009.8
	宋琼梅	女	后安中学	中学化学高级教师	2007.8
	李 赟	男	后安中学	中学政治高级教师	2007.8
	陈 东	男	后安中学	中学数学高级教师	2009.10
	黄学良	男	后安中学	中学英语高级教师	2009.10
	黄 蓉	女	后安中学	中学化学高级教师	2009.10
	蔡梅燕	女	后安中学	中学化学高级教师	2009.10
	文进雄	男	后安中学	中学政治高级教师	2009.10
	朱福山	男	后安中学	中学历史高级教师	2009.10
	翁良福	男	后安中学	中学英语高级教师	2009.12
	黄 晖	男	后安中学	中学英语高级教师	2010.8
	陈 君	男	后安中学	中学政治高级教师	2010.8
	文秀雄	男	乐来中学	中学语文高级教师	2000.9
	林 斌	男	乐来中学	中学体育高级教师	2001.9
	陈廷曾	男	乐来中学	中学数学高级教师	2008.12

续表20-4

系列	姓名	性别	工作单位	专业技术职称	评定时间
	陈华劝	男	乐来中学	中学生物高级教师	2010.8
	文 若	男	乐来中学	中学化学高级教师	2010.8
	刘所良	男	乐来中学	中学政治高级教师	2010.8
	陈纪鹏	男	大茂中学	中学政治高级教师	1996.7
	陈献彪	男	大茂中学	高级教师	2000.9
	王国良	男	大茂中学	中学数学高级教师	2002.1
	夏可勇	男	大茂中学	中学语文高级教师	2002.1
	林道康	男	大茂中学	中学语文高级教师	2006.8
	占新雄	男	大茂中学	中学语文高级教师	2006.8
	黄茂勇	男	大茂中学	中学生物高级教师	2008.12
	潘正育	男	北坡中学	中学地理高级教师	2003
	黄茂月	男	北坡中学	中学语文高级教师	2006
	黄学超	男	北坡中学	中学英语高级教师	2006
	陈清平	男	北坡中学	中学语文高级教师	2009
	唐惠功	男	北坡中学	中学物理高级教师	2009
	纪新球	男	北坡中学	中学政治高级教师	2009
	苏德辉	男	北坡中学	中学政治高级教师	2009
	蔡德军	男	北坡中学	中学数学高级教师	2010
	许声林	男	北坡中学	中学数学高级教师	2010
	李泽光	男	北坡中学	中学数学高级教师	2010
	林 琪	女	北坡中学	中学英语高级教师	2010

续表20-4

系列	姓名	性别	工作单位	专业技术职称	评定时间
	陈家莲	女	北坡中学	中学英语高级教师	2010
	刘春燕	女	北坡中学	中学化学高级教师	2010
	吴冰冷	男	礼纪中学	中学政治高级教师	2001.9
	温学武	男	礼纪中学	中学数学高级教师	2006.8
	刘文森	男	礼纪中学	中学生物高级教师	2007.9
	林 武	男	礼纪中学	中学物理高级教师	2007.8
	林龙武	男	礼纪中学	中学政治高级教师	2008.12
	黄齐进	男	礼纪中学	中学体育高级教师	2008.12
	何光和	男	礼纪中学	中学体育高级教师	2009.10
	蔡 迷	男	礼纪中学	中学语文高级教师	2010.8
	曾玉珊	男	礼纪中学	中学语文高级教师	2010.8
	陈 猛	男	礼纪中学	中学物理高级教师	2010.8
	吴文华	男	荣兴学校	中学数学高级教师	2005.3
	郑 维	男	荣兴学校	中学生物高级教师	2010.8
	林春燕	女	荣兴学校	中学政治高级教师	2010.8
	苏默启	男	禄马中学	中学数学高级教师	2009.12
	文钦云	男	禄马中学	中学化学高级教师	2009.12
	胡树良	男	禄马中学	中学物理高级教师	2010.12
	林 勇	男	新中中学	中学化学高级教师	2006.9
	陈晓燕	女	新中中学	中学语文高级教师	2007.8

续表20-4

系列	姓名	性别	工作单位	专业技术职称	评定时间
	吴挺攀	男	新中中学	中学生物高级教师	2007.9
	吴东春	男	新中中学	中学英语高级教师	2009.10
	郭青中	男	北大学校	中学高级教师	2006.8
	陈宇锋	男	北大学校	中学高级教师	1988
	肖光安	男	万城小学	特级教师	1997.7
其他	冯庆雄	男	东兴农场生产科	高级农艺师	1989.4
	刘东安	男	东兴农场生产科	高级农艺师	1989.4
	许琼育	男	万宁市广播电视中心	无线电高级工程师	1993.6

第五节 百岁老人表

百岁老人表收录市内享年百岁以上老人81人，按出生年先后为序。

万宁市百岁老人情况一览表（截至2010年12月）

表20-5

姓名	性别	民族	出生年月	所在村（居）委会
李溪头	女	汉	1901.12	长丰镇黄山村委会
廖燕美	女	汉	1902.2	山根镇排溪村委会
许启花	女	汉	1903.5	山根镇排溪村委会
纪玉莲	女	汉	1903.11	万城镇水边村委会
蔡金弟	女	汉	1904.5	长丰镇长安村委会
莫淑汝	女	汉	1904.6	龙滚镇凤园村委会
钟似兰	女	汉	1904.11	万城镇联山村委会

续表20-5

姓名	性别	民族	出生年月	所在村(居)委会
纪四妹	女	汉	1905.5	万城镇宾王村委会
翁冬弟	女	汉	1905.6	和乐镇封浩村委会
王昌鹏	男	汉	1905.6	礼纪镇合丰村委会
黄秋凤	女	汉	1905.8	和乐镇琉川村委会
范高原	女	汉	1905.8	后安镇坝头村委会
李月梅	女	汉	1905.8	后安镇茶山村委会
卓王英	女	汉	1905.11	后安镇坡仔村委会
符致和	男	汉	1906.1	万城镇东星村委会
韩车头	女	汉	1906.4	万城镇南山村委会
陈秋梅	女	汉	1906.5	和乐镇勤赛村委会
郭儒姬	女	汉	1906.11	龙滚镇坡罗村委会
卓边村	女	汉	1906.12	万城镇宾王村委会
梁玉英	女	汉	1907.1	龙滚镇坡罗村委会
符西坡	女	汉	1907.2	长丰镇长丰村委会
蔡福男	女	汉	1907.2	东澳镇新群村委会
文进旧	女	汉	1907.2	后安镇红联村委会
林其连	女	汉	1907.3	后安镇后安村委会
林玉兰	女	汉	1907.5	后安镇坡仔村委会
黄亚妹	女	汉	1907.9	万城镇水边村委会
许李花	女	汉	1908.3	万城镇宾王村委会
周容春	女	汉	1908.3	国营兴隆华侨农场
张 英	女	汉	1908.3	国营兴隆华侨农场

续表20-5

姓名	性别	民族	出生年月	所在村(居)委会
吴东志坡	女	汉	1908.3	长丰镇黄山村委会
黄体道	男	汉	1908.5	万城镇北坡村委会
王求皇	男	汉	1908.5	万城镇车头村委会
卢家梅	女	汉	1908.5	北大镇红星村委会
杨金英	女	汉	1908.5	北大镇联群村委会
吴廷亿	男	汉	1908.6	北大镇坚西村委会
欧月颜	女	汉	1908.6	北大镇红星村委会
韩南乐	女	汉	1908.6	长丰镇黄山村委会
蔡洋上	女	汉	1908.8	万城镇联星村委会
欧阳引成	女	汉	1908.8	万城镇东方村委会
吴五婆	女	汉	1908.11	万城镇集庄村委会
孔繁琇	男	汉	1909.1	万城镇益民村委会
翁春旧	女	汉	1909.2	北大镇联群村委会
王年旧	女	汉	1909.3	东澳镇新村村委会
纪彩凤	女	汉	1909.4	东澳镇新群村委会
莫太香	女	汉	1909.5	和乐镇联丰村委会
吴关凤	女	汉	1909.5	和乐镇五星村委会
陈宏英	女	汉	1909.5	山根镇立岭村委会
苏东弟	女	汉	1909.5	万城镇水边村委会
梁时英	女	汉	1909.5	龙滚镇文曲村委会
文香銮	女	汉	1909.5	后安镇六底村委会
杨后田	女	汉	1909.5	长丰镇马坡村委会
朱大娘	女	汉	1909.6	后安镇群兴村委会
王尾华	女	汉	1909.6	万城镇车头村委会

续表20-5

姓名	性别	民族	出生年月	所在村(居)委会
彭 娇	女	汉	1909.6	国营兴隆华侨农场
陈英梅	女	黎	1909.8	三更罗镇二村村委会
梁金容	女	黎	1909.8	北大镇坚西村委会
李才花	女	汉	1909.8	长丰镇黄山村委会
符瑞深	男	汉	1909.8	北大镇坚西村委会
冯英凤	女	汉	1909.9	万城镇车头村委会
黄四妹	女	汉	1909.9	礼纪镇合丰村委会
冯法昌	男	汉	1909.12	后安镇七星村委会
符上园	女	汉	1910.3	长丰镇黄山村委会
韩伯娥	女	黎	1910.3	北大镇红星村委会
杨玉梅	女	汉	1910.3	万城镇红光村委会
陈后溪	女	汉	1910.4	万城镇红光村委会
胡月莲	女	黎	1910.4	国营兴隆华侨农场
朱宏聘	男	汉	1910.4	后安镇群兴村委会
黄太阳	女	汉	1910.4	礼纪镇合兴村委会
钟慧妹	女	汉	1910.5	和乐镇勤赛村委会
梁生宏	男	汉	1910.5	长丰镇福田村委会
曾献容	女	汉	1910.6	龙滚镇新市村委会
唐吓旧	女	汉	1910.6	万城镇联星村委会
林兰旧	女	汉	1910.7	和乐镇罗万村委会
罗开明	男	汉	1910.7	和乐镇五星村委会
邢美花	女	汉	1910.8	龙滚镇坡罗村委会
许秀雅	女	汉	1910.9	龙滚镇排园村委会
温亚媳	女	汉	1910.9	兴隆农场五分公司
冯时英	女	汉	1910.10	和乐镇泗水村委会
文引旧	女	汉	1910.10	和乐镇水椰村委会

续表20-5

姓名	性别	民族	出生年月	所在村(居)委会
吕英銮	女	汉	1910.10	和乐镇港下村委会
张下坡	女	汉	1910.11	大茂镇群爱村委会

附 录

一、万宁市历代行政区划

明代万州直辖区域行政区划

明正德年间(1506—1521年),万州直辖区域有2个厢,32个都图:

东北厢、西南厢2个厢;通化都、庆云都、福泽都一图、福泽都二图、寿昌都、南港都、顺德都、富仁都一图、富仁都二图、富仁都三图、文德都、多陈都、多辉都、明德都一图、明德都二图、买扶都、黎兴都、卑凹都、临涛都一图、临涛都二图、思马都、卑紐都、普礼都、黎都、仁孝都、怀德都、宣义都、广城都、会通都(亶)、新安都一图(灶)、新安都二图(灶)、新安都三图(灶)(旧有符秀都,后合并)32个都图。

清代光绪年间万州万县区域行政区划

清道光年间(1821—1850年),万县分2个厢、32个都:东北厢、西南厢2个厢和通化都、庆云都、福泽一都、福泽二都、寿昌都、南港都、顺德都、富仁一都、富仁二都、富仁三都、文德都、多陈都、多辉都、明德一都、明德二都、买扶都、黎兴都、卑凹都、卑纽都、普礼都、黎都、仁孝都、怀德都、宣德都、会通都、广城都、临涛一都、临涛二都、新安一都、新安二都、新安三都、思马都32个都。

清光绪三十一年(1905年)前,万州管辖"万里长沙""千里石塘"(即今南海诸岛),光绪三十一年后,崖州直隶州万县管辖"万里长沙""千里石塘"(即今南海诸岛)。

民国时期万宁县行政区划

(1912年至1950年4月)

民国元年(1912年)7月,万县隶属琼崖绥靖处。民国2年,万县根据物产、税收、人口比例等,将全县划分为4个警察区署,并按一、二、三数字命区署名称。民国3年,因县名与四川省万县重名,将万县改名为万宁县。同年,万宁县隶属琼崖道。民国10年,万宁县隶属琼崖善后处。民国17年,全县设4个区、46个乡。民国18年,调整为7个区、57个乡。同年,广东省南区善后公署按面积、人口、财赋核定县的等级,定万宁县为缺列三等县,隶属广东省南区善后公署。

民国21年（1932年）4月，万宁县隶属琼崖特别行政区（政府）行政长官公署，7月，隶属琼崖绥靖委员公署。同年8月后，琼崖绥靖委员公署重新调整县政府组织法，撤销保甲法，实行地方自治。万宁县公署改为万宁县政府。县下划分为若干自治区，区下设乡镇公所。民国22年6月23日，万宁县又恢复保甲制度。同年，推行地方自治，万宁县设立区公所，作为县政府辅助机构。

民国24年（1935年）3月8日，广东省政府将万宁县的税司、南桥、西峒、北峒划给保亭县管辖。民国25年12月，万宁县隶属广东省第九区行政督察专员公署。同年，万宁县有2935个联保、15个保、679个甲。同年，万宁县按面积、人口、经济等条件，将全县的区公所划分为甲、乙、丙3种类型。

民国26年（1937年），万宁县撤销区公所，实行区署制，即县以下设立警察分署，既是县政府的派出机关，又是警察署的分支机构。同年8月，万宁县设立3个区、15个乡：

第一区署驻在瑞安乡冯家市，丙等区署，管辖城厢镇、福德乡、长礼乡、瑞安乡、明德乡5个乡镇。

第二区署驻在和乐乡和乐市，丙等区署，管辖和乐乡、宣义乡、仁孝乡、大中乡、茂山乡5个乡。

第三区署驻在龙河乡龙滚市，丙等区署，管辖北龙乡、龙河乡、南山乡、东文乡、禄塘乡5个乡。

民国28年（1939年），万宁县管辖3个区、15个乡、157个保、1528个甲。民国29年5月，实行新县制，即按面积、人口、经济、文化、交通等状况，将县分为五等，定万宁县为三等县。全县管辖3个区、14个乡、1个镇、154个保、1528个甲。民国34年，万宁县政府从山区迁入万城镇挂牌办公。同年，万宁县设立4个区、9个乡：

第一区管辖宁一乡、宁二乡2个乡。

第二区管辖宁三乡、宁四乡2个乡。

第三区管辖宁五乡、宁六乡2个乡。

第四区管辖宁七乡、宁八乡、宁九乡3个乡。

民国35年（1946年），万宁县设有宁城镇、宁一乡、宁二乡、宁三乡、宁四乡、宁五乡、宁六乡、宁七乡、宁八乡、宁九乡10个乡镇，102个保，858个甲。民国36年，万宁县撤销区署，复设区公所。民国37年1月，万宁县管辖宁城镇、宁一乡、宁二乡、宁三乡、宁四乡、宁五乡、宁六乡、宁七乡、宁八乡、宁九乡10个乡镇，102个保，859个甲。1949年4月，万宁县隶属海南特别行政区行政长官公署。

1950年至1990年万宁县行政区划

1950年4月27日，万宁县解放，万宁县人民政府迁驻万城，隶属海南军政委员会。1950年7月7日，琼中县撤销，原琼中县的北大乡划归万宁县管辖。同年8月29日，保亭县南平第一里划归万宁县管辖。1950年9月25日，定万宁县为丁等县。同年10月12日，万宁县管辖环城乡、长礼乡、瑞安乡、明德乡、中义乡、茂山乡、禄马乡、和乐乡、龙文乡、北龙乡、北大乡11个乡。

1951年2月18日，全县设有3个区公所、47个乡镇(含44个乡、3个镇)：

第一区驻在北坡墟，管辖万城镇、后安镇、东澳、丰美、四维、铜鼓、太阳、调殷、乌场、保定、北坡、英文、水边、大芒、东海、和乐镇、龙滚、琉川、港北、六连、新田、横山、乐群、东山、潮港、曲冲、龙田27个乡镇。

第二区驻在猿水墟，管辖礼纪、长西、长安、黄山、猿水、滨湖、城西、加槽、加朝、禄马、攀丹、大新、多荫、乐来、大发15个乡。

第三区驻在抱罗，管辖菠萝、凤园、端熙、龙楼、文山5个乡。

1951年4月，万宁县隶属广东省人民政府海南行政公署。1952年7月，撤销广东省人民政府海南行政公署海岛管理局，原广东省人民政府海南行政公署海岛管理局管辖的港北港水上乡办事处划归万宁县管辖。1953年7月，全县设立5个区、83个乡镇(含7个渔民乡)：

第一区驻在北坡墟，管辖万城镇、窝子、龙保、丰美、周村、北坡、英文、东澳、乌场、东山、四维、新潭、厚福、保定、水边、英豪、南福、大芒、曲冲、调殷20个乡镇。

第二区驻在长安墟，管辖黄加、长西、竹林、牛漏、礼纪、黄山、太阳、滨湖、城西、兴隆、车头、南山、徭上、合山、水口、仁里、西关、长安、福田、铜鼓、猿水21个乡。

第三区驻在乐来墟，管辖大茂、六合、军山、石协、加道、乐来、多荫、坝头、桥头、大新、攀丹、禄马、外坡13个乡。

第四区驻在和乐墟，管辖后安镇、和乐、泗水、潮港、六连、提扶、立岭、港北、乐群、新田、横山、琉川、封诰、山根、罗万、盐墩、龙田17个乡镇。

第五区驻在龙滚墟，管辖端熙、坡罗、凤园、龙滚、和顺、水坡、南港、治坡、文曲、上城、文渊、龙楼12个乡。

1954年6月26日至7月1日，万宁县第一届人民代表大会第一次会议决定，将万宁县人民政府改为万宁县人民委员会。同年9月2日，万宁县政府驻地为万城，定为丁等县。1955年3月，万宁县隶属广东省海南行政公署。6月，万宁县设立5个区、83个乡镇(含80个乡、3个乡级镇)：

第一区驻在北坡，管辖窝子、万城镇、龙保、丰美、周村、北坡、英文、东澳、乌场、东山、四维、新潭、厚福、保定、水边、英豪、南福、大芒、曲冲、调殷20个乡镇。

第二区驻在长安，管辖黄加、长西、竹林、牛漏、礼纪、黄山、太阳、滨湖、城西、兴隆、车头、南山、徭上、合山、水口、仁里、西关、长安、福田、铜鼓、猿水21个乡。

第三区驻在大新，管辖大茂、六合、军山、石协、加道、乐来、多荫、坝头、桥头、大新、攀丹、禄马、外坡13个乡。

第四区驻在和乐，管辖泗水、潮港、六连、扶提、立岭、港北、乐群、新田、横山、后安镇、琉川、封诰、山根、罗万、盐墩、和乐镇、龙田17个乡镇。

第五区驻在龙滚，管辖端熙、坡罗、凤园、龙滚、和顺、水坡、南港、治坡、文曲、上城、文渊、龙楼12个乡。

同月，改以数字命名为以地名命区名称，万宁县将原来的第一、二、三、四、五区分别改为北坡区、长安区、乐来区、和乐区、龙滚区，辖区不变。

1956年8月，海南行政公署同意将万宁县的兴隆、长西、牛漏等3个乡划归海南黎族苗族自治州领导。1956年12月2日，琼中县与万宁县办理好万宁县将兴隆(包括兴隆农场、兴隆市)、长西、牛漏等3个乡，67个村划归琼中县领导的交接手续。

1956年12月20日，万宁县将5个区、80个小乡并为5个区、32个中乡：

北坡区管辖万城镇（中心乡）、英文、窝子、北坡（中心乡）、水边、四维、东澳、东山（中心乡）8个乡。

长安区管辖礼纪、长安（中心乡）、太阳、城西、福田、车头6个乡。

乐来区管辖大茂、多荫、大新、乐来（中心乡）、禄马（中心乡）、攀丹6个乡。

和乐区管辖潮港（中心乡）、琉川、新田、和乐（中心乡）、封浩、六连、山根7个乡。

龙滚区管辖龙楼、端熙、坡罗、治坡、龙滚（中心乡）5个乡。

1957年1月29日，广东省人民委员会批复同意将万宁县的兴隆乡和西关乡的加冬头、南旺2个村划归陵水县管辖，并将万宁县的长西乡、牛漏乡2个民族乡和西关乡2个村划入琼中县三更罗区管辖。

琼中县立即向广东省海南行政公署提出不同意见，陈述该县已于1956年12月2日按初次会议决定，与万宁县办理好兴隆乡、长西乡、牛漏乡3个乡67个村的交接手续，并已经进行基层选举及制发公章等。广东省海南行政公署就琼中县的陈述做出批复：广东省海南行政公署决定将万宁县兴隆、长西、牛漏3个乡67个村划归海南黎族苗族自治州人民委员会领导，但具体由自治州哪一个县领导，由海南黎族苗族自治州人民委员会决定。

同年2月2日，海南黎族苗族自治州人民委员会决定将万宁县的兴隆乡和西关乡的加冬头、南旺2个村，由原来的划归陵水县领导，改为划归琼中县领导。

1957年8月2日，万宁县第二届人民代表大会第二次会议通过“关于撤区并乡”的实施方案，撤销5个区、32个乡，合并为龙滚乡、山根乡、和乐乡、禄马乡、大茂乡、北坡乡、万城乡、东澳乡、长安乡、合山乡、乐来乡、礼纪乡、后安乡、南港乡、英文乡、龙保乡、港北乡17个大乡。

1957年10月，撤销合山乡，原合山乡的合山乡、太阳乡2个小乡并入礼纪乡；原铜鼓小乡划归万城乡；港北乡并入和乐乡；龙保乡并入东澳乡。至同年11月1日，万宁县有14个乡。1958年4月8日，撤销南港乡，并入龙滚乡；撤销后安乡，并入和乐乡。至此，全县合并为龙滚乡、山根乡、和乐乡、禄马乡、大茂乡、北坡乡、万城（镇）、东澳乡、长安乡、乐来乡、礼纪乡、英文乡12个乡镇。1958年7月，万宁县行政区划又调整为北坡乡、万城乡、和乐乡、龙滚乡、东澳乡、后安乡、长安乡、乐来乡、大茂乡、礼纪乡、英文乡、禄马乡、山根乡13个乡。

1958年10月，万宁县撤销乡政权，建立“政社合一”的人民公社。将万城乡、北坡乡、长安乡、东澳乡、大茂乡、礼纪乡6个乡合并，成立万宁人民公社；将龙滚乡、山根乡、和乐乡、后安乡、英文乡、乐来乡6个乡合并，成立东风人民公社；将禄马乡和国营东兴、东岭2个农场合并，成立东兴人民公社。至此，全县成立万宁、东风、东兴3个公社。同年，各公社下设作业区：万宁公社设有北坡、环城、东澳、长安、礼纪、大茂作业区；东风公社设有龙滚、山根、坡罗、和乐、后安、英文、乐来作业区；东兴公社设有中兴、东乐、北大作业区。

1958年12月22日，中国共产党广东省委员会书记处会议决定，琼东县、乐会县、万宁县3个县合并，撤销琼东县、乐会县、万宁县3个县的行政建置，成立琼海县，隶属广东省海南行政公署。合并时原万宁县境内设有万宁、和乐、东兴3个公社。琼海县人民政府在原万宁县设立办事处，管辖原万宁县境内的机构。同月，琼中县的会山公社划归琼海县领导，原万宁县的东风公社改为和乐公社，增设嘉积镇。琼海县管辖嘉积镇、塔洋、幸福、东风、万泉、东平、中原、温泉、朝阳、万宁、和乐、东兴12个公社（镇）。

1959年10月27日，经中国共产党广东省委员会批准，琼海县分设琼海县、万宁县2个县，恢复万宁县的行政建置。县政府驻在万城。万宁县除原来所辖的地区外，将崖县管辖的分界岭以北的地区（即兴隆、南桥、牛漏等地，含兴隆公社、兴隆华侨农场、南桥公社、南林农场、东和农场）和原琼海县朝阳公社的南岸、排园、河头大队划归万宁县管辖。1959年11月1日，万宁县正式办公。万宁县境的地理长度达100千米，宽度为70千米。

1959年，全县管辖龙滚、和乐、乐来、大茂、北坡、东澳、礼纪、长安、南桥9个公社和东兴农场、东和农场、兴隆农场3个挂公社牌子的农场。1960年9月，和乐公社分成港北、后安、和乐3个公社。同年，还增设山根、万城镇、环城3个公社。1961年初，南桥公社并入南林农场。5月，划琼中县北大公社归万宁县管辖。12月，北大公社分为北大、三更罗2个公社，东澳公社分为东澳、龙保2个公社，长安公社分为长安、牛漏2个公社。至此，万宁县管辖龙滚、山根、和乐、港北、乐来、大茂、后安、北大、三更罗、万城镇、环城、北坡、东澳、龙保、礼纪、长安、牛漏17个公社。

1962年，北大公社分设立为北大和东兴2个公社，万城镇并入环城公社。8月，龙保公社并入东澳公社。1962年下半年，南林农场分出南桥公社。到1963年底，万宁全县有龙滚、和乐、乐来、大茂、北坡、东澳、礼纪、长安、南桥、山根、环城、港北、后安、北大、三更罗、牛漏、东兴17个公社。

1964年6月30日，经广东省人民委员会批准，从环城公社分出万城镇，恢复万城镇的行政建置。10月，成立万城镇人民政府。1966年4月，东兴、北大2个公社并入东兴农场，牛漏公社并入东和农场，南桥公社并入南林农场，并在农场内设有农村组管理农村工作（农村组）；同时将太阳河农场并队、南桥公社桥西大队所属6个生产队和牛漏公社1个生产队并入兴隆华侨农场。

1967年1月26日，“造反派”夺取县直属单位的权力，县党政机关瘫痪。同月，成立万宁县军事代表小组。3月12日，由军事代表小组挑选县级领导，成立万宁县生产委员会，指挥全县工农业生产，处理县委、县人民委员会的日常事务。同年，环城公社改名为城郊公社。

1968年4月24日，经广东省革命委员会批准，成立万宁县革命委员会，实行党政“一元化”领导，万宁县人民委员会停止行使职权，各公社管理委员会改为革命委员会。万宁县革命委员会隶属广东省海南行政区革命委员会。全县成立龙滚、山根、和乐、港北、乐来、大茂、后安、万城镇、城郊、北坡、东澳、礼纪、长安、南林、三更罗15个公社革命委员会。县革命委员会驻在万城镇。

1968年10月，成立万宁县革命委员会核心领导小组，行使党的县委员会职权。1969年，三更罗、南桥公社分别并入国营新中、南林农场，农场设有农村组管理公社工作。同年，万城镇与环城公社合并。1970年12月，场社全面分开，东兴农场分出东兴、东岭2个公社。1971年6月，成立中国共产党万宁县委员会，仍实行两个牌子，一套人马的体制。

同年，东和农场分出东和公社，南林农场分出南林公社。1979年11月，环城公社分出环城公社和万城镇，恢复万城镇建置。1980年1月，万宁县隶属广东省海南行政区公署。同年5月8日，恢复万城镇人民政府建置。1982年11月1日，因重名，万宁县东兴公社改名为北大公社，12月，东岭公社改名为禄马公社，长安公社改名为长丰公社，东和公社改名为牛漏公社，南林公社改名为南桥公社。

1981年12月17日，万宁县第六届人民代表大会决定，撤销万宁县革命委员会，实行党政分开设立，恢复成立万宁县人民政府，中国共产党万宁县委员会和万宁县人民政府分开设立办公室，各公社革命委员会改为公社管理委员会。至此，万宁县管辖龙滚、山根、和乐、港北、乐来、大茂、后安、北大、禄马、环城、北坡、东澳、礼纪、长丰、牛漏、南桥、三更罗17个公社管理委员会和万城镇人民政府。

1983年12月5日，万宁县撤销17个公社，建立区乡政权。全县成立龙滚、山根、和乐、港北、乐来、大茂、后安、北大、禄马、环城、北坡、东澳、礼纪、长安、牛漏、南桥、三更罗17个区公所，保留万城镇。县政府驻在万城镇，下设181个乡和5个居民委员会：

龙滚区驻在龙滚墟，管辖龙滚、凤园、福塘、文曲、治坡、端熙、文渊、多格、坡罗、和顺、龙楼、乐内、排园、河头、水坡、上城16个乡。

山根区驻在山根墟，管辖横山、扶提、华明、立岭、多扶、山根、大石岭7个乡。

和乐区驻在和乐墟，管辖和乐、水椰、芳市、琉川、罗万、新田、西坡、红旗、光明、泗水、封浩、集群、六连、发兴14个乡。

港北区驻在港北墟，管辖联丰、英文、英豪、盐墩、港下、港上、五星7个乡。

乐来区驻在乐来墟，管辖乐来、雨坛、七星、红联、六底、坡头、桥头、龙唇8个乡。

大茂区驻在大茂墟，管辖大联、群乐、群星、联益、袁水、联民、群爱、联光、周家庄、龙尾、东星、长星、红石13个乡。

后安区驻在后安墟，管辖后安、白石、坡仔、安坡、龙田、六合、曙光、曲冲、多荫、吴村、金星、坝头、潮港13个乡。

北大区驻在六角岭，管辖六角岭、中兴、尖岭、北大、大发、大堀、民丰、映田、文才竹、下三10个乡。

禄马区驻在禄马墟，管辖联群、丰丹、内罗、军田、军山、山牛田、坚东、坚西、红星9个乡。

环城区驻在万城镇，管辖永范、东方、联山、车头、新兴、月塘、益民7个乡。

北坡区驻在后山岭东郊，管辖北坡、红山、乌场、集庄、新庄、南岛、春园、群庄、保定、三联、宾王、水边、红荣、南星、大芒、红光、联星17个乡。

东澳区驻在东澳墟，管辖东澳、新群、集丰、四潍、明灯、明星、明丰、岛光、大造、镜门、分洪、裕后、新华、风岭、新村、龙保、龙山17个乡。

礼纪区驻在礼纪墟，管辖礼纪、合丰、太阳、三星、农联、竹林、石梅、红群、桥海、莲花、合兴、贡举12个乡。

长丰区驻在长丰墟，管辖长丰、黄山、福田、马坡、滨湖、南山、南联7个乡。

牛漏区驻在地靠近牛漏墟，管辖大洲、山架、牛漏、黄加、边肚、七甲6个乡。

南桥区驻在南桥墟，管辖南桥、桥中、高龙、茄新、小管、田新、桥北、桥南8个乡。

三更罗区驻在三更罗墟，管辖加朝、石盘、二村、上溪、头村、内岭、南平、加润、田堆、石福10乡。

万城镇管辖裕光、朝阳、镇南、西门、仁群5个居民委员会。

1984年，万宁县隶属海南行政区人民政府。1985年上半年，万宁县政府将山根区的大石岭乡分设为大石岭乡和排溪乡，把大茂区的联光乡和群爱乡分出，设立红庄乡，长丰区的长丰乡分设长丰和长安2个乡，滨湖乡分成滨湖和裕民2个乡，环城区的月塘乡分成乐山乡和月塘乡，后安区的多荫乡分成多荫和群兴2个乡，和乐区的光明乡并入乐群乡，龙滚区的龙滚乡更名为新市乡，全县设有17个区公所、1个镇、186个小乡(其中有5个乡未查到广东省的批准文字)和5个居民委员会。

1986年11月10日，万宁县撤销17个区公所及186个小乡建置，建立乡镇政权，保留万城镇建置，将原环城区的行政区域划归万城镇管理，原南桥区的田新、茄新2个乡和礼纪区的石梅乡划归新梅黎族苗族乡管辖，其余原各区所辖区域分别由新设置的乡镇管辖。

至此，全县设立龙滚镇、和乐镇、港北镇、乐来镇、大茂镇、后安镇、万城镇、北坡镇、东澳镇、礼纪镇、长丰镇、牛漏镇12个镇和山根乡、北大黎族苗族乡、禄马苗族乡、南桥黎族苗族乡、三更罗黎族苗族乡、新梅黎族苗族乡6个乡的行政建置，原来的186个小乡和5个居民委员会改设为173个村民委员会和20个居民委员会。

1988年4月，海南建省后，隶属海南省。全县设立山根乡、禄马苗族乡、三更罗黎族苗族乡、北大黎族苗族乡、南桥黎族苗族乡、新梅黎族苗族乡6个乡和龙滚镇、和乐镇、港北镇、大茂镇、后安镇、乐来镇、北坡镇、礼纪镇、东澳镇、长丰镇、牛漏镇、万城镇12个镇。县政府驻在万城镇。

(陈家传、陈星界整理)

二、重要文件选录

中共万宁市委 万宁市人民政府
关于贯彻实施《关于加快科技进步的决定》的意见

各乡镇党委和人民政府。各国营（华侨）农场，市直各单位：

科学技术是第一生产力是邓小平建设有中国特色的社会主义理论的重要组成部分。中共中央、国务院1996年5月发布的《关于加速科学故术进步的决定》与1996年全国科技大会，首次提出了实施"科教兴国"的战略，重申了"把经济建设真正转移到依靠科技进步和提高劳动者素质的轨道上来"的指导思想，使科学技术进一步渗透到社会和经济建设的各个领域。为了确保我市国民经济和社会发展的总目标顺利实现，切实提高我市人民生活水平，我们必须大力发展科技与教育事业，实施"科技兴市"战略、按照中央及省有关决定意见，结合我市的实际情况，现对我市"科技兴市"的若干问题，提出如下意见。

一、坚定不移地实施科教兴市战略，把科技教育摆在经济和社会发展的重要位置

科教兴国战略是党中央总结历史经验和根据我国现实情况而做出的重大部署。实施这个战略，是落实科技是第一生产力的思想，确立并落实教育优先发展地位，保证经济持铁发展和促进生产力实现新的解放和发展的根本措施。科教兴市，就是要把科技和教育摆在经济社会发展的重要位置，努力提高全市人民思想道德和科学文化水平，把经济建设转移到依靠科技进步和提高劳动者素质的轨道上来。保证国民经济持续、快速、健康发展。为此，我们要坚定不移地贯彻落实党中央、国务院的《决定》和中共海南省委、海南省人民政府关于贯彻实施（中共中央、国务院《关于加速科技进步的决定）的意见》、广泛深入地开展科技宣传活动特别要在青少年中搞好科传播互作。教育部门要把青少年的科技活动纳入正规的教学内容，力争在2000年全市的综合科技能力，包括科技力量、经济投入、科技水平、科技进步对社会经济发展的贡献等主要指标，达到全省的先进水平，科技进步对经济增长的贡献率从目前的40%提高到50%。逐步形成新的科体制、技术创新机制和科技与经济紧密结合的运行机制。

二、建立和健全适应市场经济发展的技术推广服务体系，加速农业和农村的科技进步

（一）运用现代科学技术逐步改造传统农业。要广泛推广生物技术；研究和推广中低产田的改造，培育、引进、推广优良品种；积板推广各地先进的种养技术；推广农副产品的加工、保险方面的新技术，调整农业产业结构，加快我市“三高”农业发展步伐；立足资源优势，采取宜种则种、宜养则养、规模经营，集约经营的做法，建立农业商品生产基地，实现农业规模经济效益。

（二）建立健全专业技术服务机构，不断完善科技服务网络。要加强乡镇一级农（林、教）业技术推广站的建设。做到乡镇技术服务机构有场所，有推广人员，有示范基地、有经济实体，有展务设范。各村委会要配备1~2名农业技术员。要大力发展各种类型的专业协会，培育一批科技示范户。农科教等单位要加强配合，发展农村技术教育，做到有计划、有教员、有教材、有教室。步形成农业和农村技术推广的支体系。加快科学技术进入农村经济的速度。

（三）开展实施“星火计划”“燎原计划”“丰收计划”的示范乡镇、村活动。要认真组织检查评比，评为先进单位和先进个人的要给予奖励。鼓励科研和技术推广服务单位同乡镇挂钩，参与科技示范乡镇、村活动，以技术入股、技术服务或承包技术开发等形式进入畜牧、水产，粮食、果菜等行业的经济实体和乡镇企业，实行有偿服务。各有关部门要保护他们的合法权益，并将科技人员所取得的科技成果，同职务、职称、工资及奖金有机结合起来。

（四）大力发展乡镇企业、乡镇企业是乡镇经济发展的支柱。要采取走出去、请进来的办法，引进资金，引进技术，引进人才，加速乡镇企业发展的速度，实现乡镇企业由传统型向科技先导型转变。

三、增强企业对技术的吸收和开发能力，推进企业的技术进步

（一）企业要成为技术开发和技术应用的主体。国有、集体和其他所有制形式的企业都应重视群众的技术革新活动；要建立起自己的技术开发机构，开展对引进技术设备的消化和创新，对国内科研成果的选用和开发应用等活动，努力提高企业的产品质量，增加产品种类，提高企业的经济效益。

（二）要建立和完善技术进步的考核指标体系。成立由市工业局牵头，科技局参与的评审小组，定期对企业进行考核。没有完成考核指标的企业及其厂长，不能评为先进企业和先进工作者。对依靠科技进步，开发新产品，取得显著经济效益和社会效益的企业和个人给予重奖。

四、积极推进社会发展领域的科技进步

要依靠科技进步，控人口增长，在2000年，使人口自然增长率达全国预测平均11%左右，各种疾病防治能力达到国内先进水平。推广节水、节能、综合利用和控制污染的新技术，促进环境的保护和开发得到协调持续的发展。要建立一批规划科学、建设合理、环境优美、住宅与流通、服务功能齐全的，以科技引社会发展的综合开发区。要加强防灾减灾，社会安全，城市建设，劳动保护等领域科技工作。要建立食物和营养安全与质量检查、监督体系、打击假冒、伪劣商品，保护消费者利益。

五、逐步建立健全科研和技术开发机构，建立新的科技运行机制

（一）完善科研和技术开发体系

充实加强现有的农科所、林科所的条件和技术力量、提高其承担科学开发研究的能力。逐步筹建工业技术开发研究所,畜牧科学研究所,水产科学研究所增强我市工业、农业的开发研究力量。

年产值千万元以上的企业,都要建立和健全自己的技术开发机构,做到有场所、有设施、有专职技术人员。技术开发资金从企业当年销售总额中税前提取;盈利的企业,税前按销售额1%~1.5%的比例提取技术开发费;亏损企业在不增加地方财政补贴的情况下,税前可按不超过1%的比例提取;高技术企业可按8%的比例税前提取。年产值千万元以下的企业,也要逐步创造条件建立自己的技术开发机构。企业技术开发机构的任务,主要是研究解决本企业的新产品开发、设计、试制和技术改造问题。

扶持民办科研和技术开发机构的建立和发展。

市外有技术成果、专利技术、具有技术开发能力和条件的科技人员、申办集体或个体民办科技机构,要给予支持。要充分发挥民办科技机构自筹资金自主经营、自负盈亏,以市场为导向,以技术为依托,技工贸、技农贸一体化行优势。要创造条件和制定优惠政策,吸引省内外专家来我市创办科技机构。

我市现有的科研机构,要实行所长负责制和所长任期目标责任制,要完善各种形式的科技项目、科技开发和科技服务的承包责任制。

允许市科研、技术服务机构和其他事业单位的科技人员在完成本职工作,在不侵犯本单位技术、经济权益和经单位同意的前提下,有组织地参加企业的技术改造、技术承包、技术开发和引进技术设备的消化吸收,运用专业知识兼职或业余从事技术服务,开发项目等。

科研、技术服务和其他事业单位的技术人员及业余兼职的科技人员,直接参与企业的技术改造,技术承包、技术开发、技术服务及引进技术设备的消化吸收,其技术合作合同经科技局登记,项目投产或效益后,可接投产后三年中收益最好的年度,从新增税利中次性提取一定比例作为报酬;年税利在20万元以下的提取5%~8%,20万以上的部分提取1%~3%,可在计税年度前列支,不计入奖金总额;直接参与开发的主要技术人员所得报酬不低于60%,在本职工作时间内兼职的人员收入,其个人所得报酬不低于其收入的40%;正当的业余兼职收入全部归己;科技人员取得的科技成果,可注入本人业务考核档案,可申报科技成果奖。

科研和科技服务单位,可以创办、承包企业和经济技术实体,可从其纯收入中提取10%~20%,作为当事人的津贴和奖金;从事技术转让、技术开发、技术服务的,可从其纯收入中提取20%~30%,作为当事人的津贴和奖全,不计入单位的奖金总额。

六、增加科技经费的投入,建立多元化的科技投资体系,保证科技事业有稳定的经济来源

科技经费投入是实施科技兴市战略的基本保证。要采取措施,尽快改变全市科技投入过低和渠道单一的状态。

(一)从1997年起,市财政每年要安排一定数额资全作为科技发展资金,纳入市级财政年度支出预算。

(二)实行财政包干的各乡镇政府,也要设立自己的科技发展基金,每年应从乡镇财政总收入中找出一定数额资金支持当地的科技开发项目,实行有偿投入。

(三)从1997年起,乡村党员、干部的科普及实用技术培训费(以每人每年10元计算)和全市科普经费(以农村人口每人0.5元计算)列入市财政支出预算。

(四)各专业银行要扩大科技贷款规模,并划出专项科技优惠利率贷款资金,积极支持科技开发项目。

七、切实加强对科技兴市工作的领导

(一)各级党政领导,要带头学习现代科学技术知识,增强科技意识,提高科学决策水平。为加强科技兴市工作的宏观管理和决策,决定成立万宁市科教兴市领导小组,由市政府主要领导任组长,有关职能部门主要领导作为领导小组成员。领导小组下设办公室(办公室设在市科技局),负责科技兴市规划、实施步骤部署调查研究,组织协调等互作,形成促进科教兴市的合力。

(二)各乡镇要分工一名领导主管科技互作,同时要健全乡镇科技办公室,配备专职千部负责科技管理工作。

(三)市政府主要领导每年至少要定期两次主持由市科技,教育等有关部门领导参加的科技和教育工作汇报、研究会议,分析情况,具体解决科技、教育工作问题,从1997年起,市委、市政府每年召开一次有各乡镇及市直各部门主要领导参加的全市科技教育工作会议,总结交流经验,表彰先进,部署工作。要广泛开展各种形式,生动活泼的科学技术知识宣传活动。

(四)各乡镇和科协、工业局、农业局、水电局、林业发展管理中心、规划建设局环资局、计生局及有关部门,都要根据本决定的要求,制订出本系统的具体实施方案,并定期将落实执行情况综合报告市科教兴市领导小组办公室。

(五)市科技局是市政府主管科技工作的职能部门,应同有关部门密切合作,加强对科技工作的宏观组织、综合协调、指导和计划实施等互作。

(六)建议市人大加强对科技进步法执行。进行监督检查。建议市政府充分发动和组织有关科技人员参与决策咨询和科技实践活动。

中共万宁市委员会
万宁市人民政府
1996年12月7日

中共万宁市委 万宁市人民政府
关于深化教育改革全面推进素质教育的意见

深入贯彻第三次全国、全省教育工作会议精神，全面落实《中共中央、国务院关于深化教育改革全面推进素质教育的决定》（以下简称《决定》），对加快我市教育改革和发展，全面推进素质教育，落实科教兴市战略，具有十分重要的意义，是摆在我市各级党政领导和全社会面前的一项重要任务。根据《中共海南省委、海南省人民政府贯彻〈中共中央、国务院关于深化教育改革全面推进素质教育的决定〉的实施意见》（以下简称《实施意见》）精神，结合我市实际情况，提出以下实施意见。

一、摆正教育优先发展的重要位置

1.各级党政领导要认真学习、准确领会中共中央、国务院《决定》和全国、全省第三次教育工作会议精神以及江泽民总书记和杜青林书记在教育工作会议上的重要讲话，学习省委、省政府《实施意见》，充分认识教育的重要战略地位和素质教育在现代化建设以及振兴中华民族中的核心作用，要围绕素质教育这一核心问题，加大教育改革力度，采取积极措施，大力推进素质教育，为教育多办实事，加快我市教育事业的健康发展。

2.形成全社会关心支持教育的社会风气，坚定不移地实施科教兴市战略。各单位、各部门和全体公民要把支持教育当作自身的应尽义务，充分发动社会力量，捐资助学，改善办学条件。全体党员、干部要牢牢地树立科教兴市思想，充分认识教育的先导作用，兴市必先兴教，在提高公民文化水平的同时，大力提高公民的思想政治素质和创新水平，使各行各业的劳动者素质能适应现代化建设的需要，促进我市经济建设的快速发展。

二、明确目标和任务，全方位推进素质教育，培养全面发展的社会主义建设者

3.到2010年，我市教育改革和发展的总体目标是贯彻国家的教育方针，全面推进以德育为核心、以创新精神和实践能力为重点的素质教育；幼儿教育、民族教育、高中教育、职业教育有较大的发展，“两基”成果得到巩固和提高，教育质量和全民受教育水平明显提高，教育规模和结构基本适应经济、社会发展的需要；建立和完善与社会主义市场经济体制相适应，符合教育规律，有利于全面推进素质教育体制运行机制和投资体制；基本形成各级各类教育相互衔接和沟通、开放的现代化终身体系，加大教育在科教兴市中的贡献力度；力争使我市教育达到省内发达市县的教育水平。

4.全面贯彻党的教育方针，以提高国民素质为根本宗旨，以培养学生的创新精神和实践能力为重点，全方位、多层次推进素质教育。把实施素质教育贯穿于幼儿教育、中小学教育、职业教育、成人教育等各类教育，贯穿于学校教育、家庭教育和社会教育等各个领域，贯穿于德育智育、体育、美育等各个方面，贯穿于人才培养的全过程。

5.加强和改进德育工作。要以马克思主义、毛泽东思想和邓小平理论及江泽民总书记《关于教育

问题的谈话》精神指导，根据学生成长规律，确定不同学龄阶段的德育内容和要求，注意中小学德育工作相互衔接，形成一定的目标递进层次，有系统地、多层次多形式地开展爱国主义、集体主义和社会主义教育，中华民族优秀文化传统和革命传统教育，加强思想政治教育、道德教育、法制教育、纪律教育、学生的心理健康教育，引导学生逐步确立正确的世界观、人生观、价值观，不断提高社会主义思想觉悟，培养学生成为熟爱社会主义祖国、具有社会公德、文明行为习惯、遵纪守法的公民。提高抵御各种腐朽思想侵害的能力。政府和社会各方面要为青少年提供优秀的精神文化产品和德育活动基地，形成学校、家庭、社会共同参与德育工作的新格局。

6.进一步改进智育工作，切实提高教学质量。转变教育观念，树立正确的质量观、人才观，加强课堂教学改革，教学的重点放在培养学生的好奇心、求知欲，帮助学生自主学习、独立思考，鼓励学生发现问题、提出问题和解决问题的习惯，培养学生创新精神和实践能力。加强学校图书管理，切实减轻中小学生过重的课业负担。

7.切实加强学校体育卫生和美育工作。学校要加强体、音、美师资队伍的建设，配齐体、音、美教师，开足课时，确保学生体育课程和课外活动时间，不准挤占体育活动时间和场所；加强体育、卫生和美育教学的研究，提高教育质量，使学生掌握基本的体育运动技能，养成锻炼身体的良好习惯，培养学生的竞争意识、合作精神和坚强力，加强卫生常识教育，培养学生良好的卫生习惯。开展多种多样的美育活动和课外文化艺术活动，增强学生的美感意识，培养学生欣赏美和创造美的能力。

8.加强和改进对学生的生产劳动和实践教育，培养热爱劳动的习惯和艰苦奋斗的精神。中小学要积极开展勤工俭学活动，鼓励学生极参加形式多样的课外活动，把参加劳动作为中小学必修课，培养学生动脑、动手的能力和吃苦耐劳的精神。

9.坚持依法治教，巩固和提高“普九”成果。继续把“两基”的巩固和提高工作放在“重中之重”的位置上来抓，各级政府要依法强化政府行为，完善乡镇政府通知入学制度和义务教育完成证书制度，实行“普九”目标责任制，加大督查力度。坚持“普九”年审，使全市小学生、初中生辍学率分别降到1%和3%以下。加强劳动市场的整顿，每年3月和10月，市人劳局和市工商局联合组织对劳动市场进行全面检查，对接受义务教育阶段适龄少年儿童务工经商或从事其他职业的个人和单位进行处罚。公安、文化部门要加大整顿学校外部环境，坚决取缔学校周边200米以内的营业性娱乐场所，营造良好环境。

10.进一步加强薄弱学校和中小学标准化建设，提高义务教育阶段整体办学水平。加大对薄弱学校和少数民族地区、贫困地区学校的扶持力度，继续开展支教活动和救助活动，采取市机关、企业、学校、四套班子领导成员挂钩等形式，扶持薄弱学校、少数民族和贫困地区学校的发展，同时，市政府除每年增加民族义务教育经费拨款之外，还从城市教育事业费附加中划找50%支持民族贫困地区薄弱学校建设。到2003年，全市消除薄弱学校；全市义务教育阶段基本达到省规定的标准化的合格学校标准。

11.大力发展幼儿教育和特殊教育。到2010年，全市乡镇以上36岁幼儿入园率达到80%，农村基本普及学前一年教育。继续做好南桥小学、禄马小学特教班的巩固工作。2001年，按省教育厅的计划安排，创办一所特殊教育学校；到2010年，义务教育阶段适龄残疾儿童少年的入学率达到90%以上。

12.积极发展高中阶段教育。到2005年，全市高中阶段适龄人口入学率达到70%全市普通高中在校生达到0.55万人；到2010年，全市高中阶段适龄人口入学率达到90%左右，全市高中在校生达到

0.8万人。

13.合理调整布局，充分利用现有教育资源，为保证各级各类教育协调发展，满足广大人民群众日益增长的教育需求。充分发挥重点中学的办学优势和潜力，逐步扩大重点高中招生规模，调整、压缩重点中学的初中招生；从今年起，对办学规模小、效益差的高中可暂停高中部招生，集中办学资源，增强万宁中学、万宁三中、民族中学高中办学力量；到2005年，根据社会的需求，扩大高中办学规模，有计划地恢复其他完全中学高中部招生。

14.大力发展职业技术教育。继续实行初三分流教学，乡镇中学逐步推行9＋1、初中毕业证加“绿色证书”制，普通小学高年级可因地制宜地对学生进行劳动技能教育。积极办好市职业技术学校，加强市职校师资配备，教学设施和实践基地等方面建设，拓宽招生渠道，实行开放办学，增强市职校办学活力。到2003年，市职业技术学校要办成省示范学校；加强乡镇、村农民文化技术学校建设，完善市、乡镇、村培训网络。到2005年，龙滚镇、礼纪镇、东澳镇三所农民文化技术学校办成省示范学校。今年9月起，创办“小康班”，加强民族地区农民实用技术和后备村级干部以及乡镇企业管理人员的培训，培养一批农村教育带头人。

15、.有计划地实施教育信惠化工程。2003年以前，万宁中学、万宁二中、万在镇中学、万城小学实现校园联网，2002年前，县城小学、部分乡镇中学以及中心小学开展计算机操作和信息技术教育。到2005年，全市中学、中心小学全部开展计算机操作和信息技术救育，有条件的农村完全小学普及计算机操作和信息技术教育。

三、大力提高教师队伍整体素质，特别要加强师德师风建设

16.加强教师职业道德规范教育，提高教师职业道德水平。加强教师教育方针、教育法律的学习，加强教师思想政治工作，增强教师全面贯彻党的教育方针，实施素质教育的自觉性。加强师德修养，做到爱岗敬业，为人师表。加强尊重学生、爱护学生、保护学生的责任意识，进一步贯彻落实《教师职业道德规范》，把教师职业道德作为教师考核的首要内容和职务聘任、晋升的重要依据。对在教书育人方面做出显著成绩的要予以表彰；对违反职业道德的要严肃处理，坚决取消“品行不良、侮辱学生、影响劣”者的教师资格。

17.加强教师的继续教育工作，提高教师学历达标率。到2005年，小学、初中教师学历合格率达到100%，高中教师学历合格率达到85%以上。小学教师中具有专科学历的要达到50%，初中教师中具有本科学历的要达到45%，高中阶段骨干师和中学校长中，达到研究生学历的要占一定比重。中等职业技术学校的专位教师学历合格率要达到75%以上。鼓励教师通过进修和自学，获得第二学历，积极培养“双师型”师。到2010年，基本实现小学教师专科化，初中教师本科化，高中阶段教师本科加研究生的目标要求。

18.加强师资培训工作，大力提高师资业务水平。各级各类学校和教育行政部门要采取措施，有计划、有步骤地开展以培训全体教师为目的、以培训骨干教师为重点的教师全员培训工作。继续开展中小学教师基本功全员训练工作，整体提高教师教书育人的水平。要造就一批学科带头人，并在教学实践中，充分发挥他们的辐射作用，全面提高教育教学质量。

19.全面深化以人事工资制度为核心的学校内部管理体制改革，严格编制管理，实行全员聘任制，竞争上岗，坚决清退超编人员，分流不称职的教师，辞退违规聘用的民办教师。破除教师职务终身制，建立起优化教师队伍的有效机制。根据教学需要，可以招聘具有教师资格的非师范院校优秀毕业生到学校任数，鼓励镇骨干教师到基础薄弱学校和农村缺编学校任教、兼职或轮流支教。

20.全社会都要尊重教师，关心教师，形成尊师重教的好风尚。坚决制止侵犯教师合法权益的行为，严厉惩治殴打教师、侮辱教师人格的不法分子。

四、加大教育投入，提高办学效益

21.各级政府要切实增加财政性教育投入，确保教育经费“三个增长”。今后5年内各级财政要逐年增加本级财政一般预算支出中教育事业费的比例，每年财政预算中安排一定比例的义务教育专项经费，扶持民族地区教育发展。财政超收部分，应按预算相应比例追加教育支出，财政建设经费中，应按照教育事业发展规划的要求每年安排一批建设项目。

22.加强城乡教育事业费附加的征收和管理，依法征收农村教育事业费附加并实行“乡（镇）征、市管、多（镇）用”的制度，从九月一日起，市财政局设立专户，学校代收的农村教育事业费附加全部上缴市财政局专户（具体管理方案由市财政局、教育局制订）。农村税费改革后，应继续按改税前农村教育费附加占统筹的比例上缴市财政专户，用于农村教育。城镇“三税”教育费附加，税务部门要随正税足额征收，财政部门要及时如数划转教育部门安排使用。任何单位不得平调截留、挪用教育事业费附加，不得抵顶正常赦育拨款，确保完全用于教育。各乡镇要加大对农村教育事业费征收力度，依法足额征收，专款专用，提高使用效益。教育、财政、审计、监察等部门要加大对城乡教育事业费附加征收、管理和使用的执法核查力度，对违反规定的要追究有关领导的责任。

23.拓宽教育经费来源渠道，逐步建立故育成本分担体制。继续鼓励社会、个人和企业投资办学和捐（集）资办学。有条件的寄宿学校，要逐步推行后勤服务社会化。大力发展教育产业，各级政府要大力支持勤工俭学和校办产业的发展，有条件的应划出一定面积土地作为学校勤工俭学用地，财税和工部门要按照规定对学校勤工俭学和校办产业实行优惠。同时，要加快学校用地的发证，国土部门要在今年底前完成学校的用地确权工作。

24.坚持推行财务公开制度，加强学校财务管理，提高学校资金使用效益。教育行政部门要定期对学校财务开支进行审计，确保学校经费的合理使用。

中共万宁市委员会
万宁市人民政府
2000年4月30日

中共万宁市委
关于贯彻党的十五届四中全会精神
推进国有企业改革和发展的意见

为贯彻党的十五届四中全会通过的《中共中央关于国有企业改革和发展若干重大问题的决定》（以下简称《决定》）和省委三届四次全体会议通过的《中共海南省委关于贯彻〈中共中央关于国有企业改革和发展若干重大问题的决定〉的实施意见》（以下简称《意见》）结合我市实际，现就我市国有企业改革与发展的问题提出如下意见：

一、我市国有企业改革与发展的主要目标和总体要求

1.改革开放以来，我市积极探索和加强国有企业改革工作，取得了一定成效。通过优化资本结构和转换企业经营机制，一些国有企业增强了活力；国有企业脱困工作取得一定的成果，职工队伍基本保持稳定；国有小型企业通过多种形式放开搞活，保持生产基本正常，但是，我市国有企业改革和发展面临的困难和问题也十分突出，主要是国有经济布局还不够合理；相当部分国有企业内部经营机制不适应市场经济的要求；国有企业规模小，技术和管理水平低，设备陈旧，产品老化，市场竞争力不强；有的企业资产质量不高，经营效益下降，亏损严重，负债过高，职工生活困难等等。因此，必须认真贯彻落实《决定》和《意见》精神，下大力解决国有企业深层次的矛盾和困难加快建立社会主义市场经济体制，进一步搞好国有企业，增创经济发展的新优势。

2、我市国有企业改革和发展的目标是：到2000年底，大多数国有中型亏损企业摆脱困境，大多数国有中型骨干企识步建立现代企业制度。国有企业下岗职工再就业和基本生活保障水平有较大提高。到2005年，市属小型企业基本实现放开搞活。全市基本完成国有经济战略调整和国有企业战略性改组，形成比较合理的国有经济布局，国有经济整体控制力得到加强，国有企业基本建立起现代企业度。2008年，现代企业制度进一步完善，企业的科技开发能力、市场竞争能力和抗御风险能力明显增强，大多数国有企业经营状况明显好转，整体经济效益显著提高。

3.牢牢把握《决定》所确定的推进国有企业改革和发展的十条指导方针，坚持解放思想，实事求是，大胆开拓正确处理改革、发展、稳定的关系，着眼于从总体上的增强国有企业的活力和国有经济的控制力。各级党委和政府要增强搞好国有企业改革与发展的责任感和紧迫感，以有利于发展社会主义社会的生产力，有利于增强社会主义国家的综合国力，有利于提高人民生活水平为标准，大力采用一切搞好国有企业的措施，创造性地贯彻《决定》和《实施》，加快我市国有企业改革与发展。

二、调整国有经济布局，加快企业改组步伐

4.从战略上调整国有经济布局。按照“有进有退”，“有所为，有所不为”的原则，加强重点，优化结构，把调整国有经济布局同产业结构的优化升级和完善所有制结构结合起来，存量调整与增量调整

相互促进，选择一批具有代表性的信息技术，电子技术、生物技术、海洋技术、环保技术、交通通信等领域的高新科技项目，重点深度开发我市具有优势的海洋资源、矿产资源、热带农业资源、旅游资源，培植一批支柱产业、新兴产业和名牌产品。与此同时扭亏无望、污染严重的传统行业，必须作战略性撤出，以合作联营或出租转让等方式嫁接其他项目，实现转产转型，不断调整和优化我市国有经济布局。

5.积极探索公有制的多种有效实现形式。扩大企业直接融资渠道，吸纳境内外资金，引进国内外大公司、大财团；以股份制等形式改造改组我市国有企业；重视发挥非公有制经济的积极作用，鼓励私营、个体、外资等多种经济成分参与国有企业改造改组。

6.培育发展一批优势龙头企业。注重发挥市场机制作用，以企业为主体，综合利用经济、法律等手段，选择一批符合国家产业政策，对全市经济拉动力强，技术水平和管理水平较高的企业，加大扶持力度，形成若干个以拳头产品为龙头的优势产业。实施大公司、大集团战略。积极鼓励企业通过兼并、联合、转股等方式组建企业集团。

三、加快市属国有小型企业改革步伐

7.进一步加大“放小”力度。可以采取出管转让，租赁、委托运营；买断净资产，组建全员持股的股份制合作企业；售、租、股并举，分块转为民营；认债配股，承担债务转为民营等形式，积极引进非公有制经济成分，逐步实现小企业以民营为主体，大幅成增加民营经济比重。

8.抓好企业的改制。股份制和股份合作制是国有小企业改制的重要途径，要支持、引导，使之逐步完善。国有小企业实行股份合作制改组时，可将国有资产按评估后的价值由本企业职工一次性购买，也可以分期、分块购买努力实现全员持股。不能顺利实现售出的部分，由市国有资产经管公司接管，市国有资产经营公司可将这部分资产租赁给企业职工。

9.抓好企业的转制。对那些部分有效资产转换盘活的企业可以通过分立重组和转让出售，以求盘活资产。需要出售的小型国有企业，要抓好资产评估、资格审查、市场竞价员工安置等关键环节。不管采取哪种形式，都要充分听取职工意见，规范操作，注重实效。要慎重选择作为出售转近对象的企业，将评估后的企业净资产，按公开、公平、公正的原则竞价出售。竞购的对象可以是本企业职工以外的法人、自然人，可以一次性出售，也可以部分出售，分付款，剩余部分由市国有资产经营公司接管，对资不抵债企业可按零资产出售，其差额部分可视为国家对企业的负债处理。

10.依法实行关闭、破产。对产品没有市场、扭亏无望的企业，以及浪费资源，技术落后，质量低劣、污染严重的小企业，要视不同情况依法实行歇业、停产整顿乃至破产、关闭。处理关闭企业要注意安排好职工下岗再就业和银行债务的偿还。

四、建立和完善现代企业制度

11.实行政企分开。政府对国家出资兴办和拥有股份的企业，通过出资人代表行使所有者职能，按出资额享有资产受益、大决策和选择经营管理者等权利，对企业的债务承担有限责任，不干预企业

日常经营活动。企业依法自主经营，照章纳税，对所有者的净资产承担保值增值责任，不得损害所有者权益。企业实行承包、租赁、转让、合并后，享有资产受益、决策和选择经营管理者等权利对企业的债务承担责任。各级党政机关都要同所办的经济实体和直接管理的企业在人财物等方面彻底脱钩。

12.深化国有资产管理体制改革。结合政府机构改革设立国有资产管理委员会，代表市政府作为市国有资产所有，管理和监督下属国有资产经营公司。其主要职能是制定国有资产总体发展规划和布局，审查批准国有资产经营公司的投资运营计划，确定国有资产经营公司的运营指标。国有资产管理委员会办事机构设在财政部门国有资产经营公司行使国有资产营运职能。国有资产经营公司持有授权范围内国有资产产权，享有所持国有产权的收益管理和资本运作等权力，担负国有资产保值增值的责任。国有资产经营公司接受国有资产管理委员会授权，搞好资产重组和结构调整，监管国有企业，确保国有资产保值增值。国有资产经营公司按照与企业的产权关系，通过其派出的产权代表，对企业约决策经营活动发挥监管作用。政府其他职能部门不再行使直接管理经营国有资产的权力。

13.对企业实行规范的公司制改革。按照企业决策层和经营层分离的要求，实行产权代表委任制和经营者聘任制。政府作为国有企业的出资者，委派董事长及董事会成员，董事会要对出资者负责；总经理由董事会聘任，对董事会负责；总经理根据董事会的决策，全面负责公司的生产、经营，行使企业生产经营指挥权。总经理对副总经理有提名权，并有权聘用和解聘企业经营管理者。强化监事会对经理层和董事会经营决策的监督机，充分发挥其监督作用，保证监事会对企业重大决策经营活动的知情权。国有独资和国有控股公司的党委负责人可以通过法定程序进入董事会、监事会，董事会和监事会都要有职工代表参加；董事会、监事会、经理层及工会中的党员负责人依照党章及有关规定进入党委会；党委书记和董事长可由一人担任，董事长、总经理原则上分设。

14、建立与现代企业制度相适应的企业人事、劳动和分配制度，转换企业经营机制。取消企业和企业领导人的行政级别，企业领导人的待遇与原行政级别脱钩。实行全员劳动合同制，建立企业与职工双向选择的用人制度，形成企业自主用人、劳动者自主择业机制。深化企业内部改革，职工收入根据企业改革效益和个人贡献能增能减。鼓励企业职工持有本企业股份，提高职工对资产和经营效益的关切度。

五、推进技术进步和产业升级，加强和改善企业管理

15.我市技术进步和产业升级的方向和重点是，以市场为导向，以效益为中心，推进新生企业向科技优势转移，加大新产品开发力度，努力实现高新技术产业化；用先进技术改造现有企业，提高产品质量，增加附加值，增强市场竞争能力。

16.建立以企业为主体的技术创新投入机制，鼓励企业开发新技术、新产品、新工艺、新设备。积极探索科技投资的多种实现形式，创造条件，建立科技风险投资基金，以投资入股等方式参与发展高新技术产业。通过财政、税收、信贷等手段，引导企业引进、消化、开发高新科技产品；重点支持短、平、快高科技成果转化项目，推动产业升级。

17.鼓励国有企业与大学、科研院所联合，支持国有资产与民营科技企业联合，国有企业要与大学、科研机构联合组建产学研有机结合的经济实体，从事产品、技术设备、市场、信息等方面的研究，为企业的生存和发展服务。工商登记、税费减免、信贷资金等多方面给予优惠和支持。政府有关部门要充分发挥桥梁作用,为外地科研机构和科技人员进入国有企业提供一切便利。大力发展科技中介服务机构,不断提高服务水平。支持国有资本与民营科技企业联合,扩大国有资本运营空间,实现要素优化配置。鼓励有条件的国有企业转制为多元化投资的民营科技企业。鼓励科技要素参与经营和分配,提倡科技成果专利、商标无形资产入股,提高国有资产中的技术股份,推动科技产业化和产业科技化。

18.加强国有企业的资金、成本和质量管理,实行厂务公开制度。建立健全企业财务会计制度,及时编制资产负债表、损益表和现金流量表,真实反映企业经营状况推行比价购销管理制度,在满足企业产品服务质量需要的前提下,实现成采购。搞好质量管理,实施品牌战略。大力引导国有企业向生态型产业方向转轨。实行厂务公开制度,提高国有企业的民主管理和民主监督水平,厂务公开要通过职代会和其他多种形式,按照规范的程序进行。

六、优化国有企业改革和发展的环境

19.转变政府职能。各级政府要从以微观管理为主转变以宏观管理为主,从以行政手段为主的直接管理转变为以经济手段为主的间接管理,主要是做好规划、监督、协调、服务等方面的工作。以机构改革为契机,精简行业管理部门。要精简政府审批手续,理顺政府与企业的关系依法行政,为企业创造公平竞争的市场环境。

20.为企业提供优质服务。继续推行“直接办理制、窗口服务制、社会服务承诺制”,减少办事环节,提高办事效率,增强服务功能;积极为企业发展提供产业规划、行业信息、筹资融资、贷款担保、技术培训等方面的优质服务。

21.整顿秩序,减轻企业的负担。依法加大对市场监管力度,打击制售假冒伪劣商品的行为。坚决制止任何单位和个人以各种借口及名目,向企业乱收费,乱罚款、乱摊派的行为,禁止任何单位和个人向企业拉赞助费等不合理的集资。切实维护企业合法权益,严肃处理损害企业利益,影响企业正常生产和经管的行为;严厉打击损害企业合法权益的违法犯罪行为、严厉打击走私、版私、偷税、漏税、逃税、抗税、逃汇、套汇和逃废金融债务等行为。建立起平等竞争和统一开放的良好的市场秩序。

22.扩大内需,启动市场,为企业创造更广阔的市场空间。在增加政府投入的同时,鼓励拓展民间投资,扩大投资需求;盘活土地和房地产,推进城镇住房制度改革,推进小城镇建设;努力增加城镇中低收入居民收入,促进城乡居民扩大消费。进一步完善和落实电价、水价政策,降低企业生产成本,为国有企业摆脱困境创造条件。要加大有企业改革与发展资金的投入;国有资产出售转让收入受益由国资管理部门统一调度管理,作为国有企业改革与发展的专项资金。

23.处置不良资产,优化资本结构。国有企业与国有商业行的债务、国有企业之间的债务、国有企业与其他所有企业间的债务,政府和国有企业要积极与银行协调。根据不同的情况,实行债转股,减轻企业的债务负担,加大资不抵债国有企业的兼并、破产的力度,降低企业资产负债率。加强金融机构对国有企业改革与发展的信贷支持,开辟多种融资渠道,支持企业开发新产品,进行技术改造。

七、做好企业职工安置和社会保障工作

24.认真做好下岗工再就业工作。加强对下岗职工劳动技能的培训，提高再就业能力；新建企业要优先录用适用的下岗职工。鼓励和支持下岗职工积极等资参加新组建的合作制企业或合伙购买企业产权从事经管，创办多元化约私营企业；鼓励下岗职工到非公有制经济单位就业，尽快走上新的工作岗位，对国有企业下岗职工自谋职业的，在工商登记、场地安排、税收减免、资金信贷等方面给予更多的支持。允许企业从财产处置等收入中提取安置职工所需的经费。

25.扩大社会保险覆盖面，加强社会保障费用的征缴。要确保国有企业下岗职工基本生活保障、失业保险和最低生产保障三条社会保障线制度的落实。扩大社会保险的覆盖范围，国有、集体、外商投资、私营等各类企业及其职工都参加社会保险，数纳社会保险费。依法加大社会保障费用的促缴力度，提高收缴率，清理追缴用人单位拖欠的社会保险费，确保养老金按时足额支付。对于拒缴、欠缴社会险费的单位，人事劳动保障部门可以依法对其进行处罚，也可以依法申请人民法院强制执行。

八、建设高素质的经营管理者队伍

26.深化国有企业的人事制度改革。坚持党管干部原则，改进管理方法。根据企业的实际情况，制定出对经营管理者培养、选拔、管理、考核、监督制度，把组织考核推荐和引入市场机制，公开向社会招聘结合起来，把党管干部原则和董事会依法选择经营管理者以及经营管理者依法使用人权结合起来，按照公开、平等、竞争、择优原则，公开选拔国有企业经营管理人员，实行经营管理者竞争上岗优化人才资源配置，促进人才合理流动。制定切实可行人才引进方法和优惠政策，引进具有科技创新能力的人才和国有企业管理人才，并为他们创造良好的生活工作环境。

27.建立和健全国有企业经营管理者的激励机制。实行理者收入与企业的经营状况挂钩，在完善企业经营核度的前提下，在部分企业试行经管管理者年薪制和股分权奖励相结合的分配方式。建立健全奖励方法把物质鼓励同精神鼓励结合起来，既要使经营管理者获得合理的报酬，又要提倡敬业奉献精神，宣传和表彰有突出贡献者，保护经营管理者的合法权益。

28.建立健全严格的约束机制，各级政府和有关部门通过年检、审计等手段进行监督制约，不断完善对企业经营管理者的监督制约机制，坚持对国有企业法定代表人离任经济责任审计制度，先计后高任。建立健全稽查特派员制度和建账监管制度，加强对企业经营业绩考核监督。实行国有企业经营考核制度和决策失误追究制度。企业连续两年增加新亏损的，董事长、总经理不得续任；不能实现任期目标的，必须离职；对长期不能扭亏转盈的，领导班子要改组；对企业领导决策失误或理不善，造成企业重大损失的，要依法追究其责任，并不得续担任或异地担导职务；构成犯罪的，妛依法追究刑事责任。

29.建立国有企业负责人亲属回避制度和企业经营重大情况报告制度。国有企业负责人不得在非国有企业兼职，其配偶、子女等亲属一般不得在本企业人事、财务、供销等职位任职，也不得从事与本企业有直接业务关系的经营活动。国有独资和控股企业要定期向国有资产经营公司报告重大经营情况，国有资产经营公司要及时向国有资产管理委员会报告资产运营等重大情况。国有资产代表对企业的产权变动，投资决策，贷款担保和分配方等重大事项，必须及时向委派部门报告并按照委派

部门的意见行使表决权。

九、加强领导，确保我市国有企业改革和发展目标实现

30. 坚持党的领导，发挥国有企业完组织的政治核心作用。国有企业党组织要紧紧围绕国有企业改革和发展开展工作，履行党章规定的基本职能，保证、监督党和国家方针政策在企业的贯彻执行，参与企业重大问题决策。支持股东会、董事会、监事会和经理（厂长）依法行使职权。全心全意依靠职工办好企业，尊重职工的主人余地位。依靠二人群众，领导和支持工会、共青园等群众组织及职工代表大会依照法律和各自章程，独立自主地开展工作，领导企业思想政治工作和精神文明建设，使国有企业改革和发展治者正确的方向前进。

31. 大胆探索建立符合我市实际的国有企业领导班子管理体制。在党管干部原则的前提下，切实解决国有企业领导班子多头管理，管人、管事、管资产相脱节的问题，按照有资产经营管理体制的要求，建立按产权关系确定领导班子的新体制。按照决策层和经营层分离的要求，实行产权代表委任制和经营者聘任制

32. 加强企业中党的建设工作。在国有企业改革与发展过程中，党组织的设置要随着企业组织结构和党员分布状况的变及时进行调整，党组织的领导关系要按照有利于加强党的领导开展党的工作，有利于促进企业改革和发展的原则，根据不同情况确定。进一步加强对党员的教育和管理，把采取政治理论教育与开展争先创优、党员先锋岗位等活动结合起来，把加强教育和严格管理结合起来，进一步发挥党员在企业改革和发展中的先锋模范作用。

33. 贯彻《决定》和《实施意见》，要统一认识、坚定信心，真抓实干、落实责任，尊重实际、分类指导，狠抓当前、着眼长远。各级党委和政府要把思想统一到党的十四五届四中全会和省委三届四次全体会议精神上来，坚定搞好有企业的信心和决心。落实责任制，具体制定进一步的配套政策和措施，把搞好国有企业的工作抓实抓细，要从实行出发，加强调查研究，尊重群众的首创精神，创造性彻落实中央精神和省委部署。要把我市国有企业改造发展的近期目标与中长期目标结合起来，在努力完成近改革和脱困任务的同时，认真研究制定国有企业改革的长远发展规划。

各级党组织和广大共产党员要认真贯彻党的十五届四中全会精神。按照中央和省委的部署。坚定地站在国有企业改革的前列，解放思想，大胆探索，勇于创新，扎实工作，为实现我市国有企业改革和发展目标而努力奋斗。

中共万宁市委员会

2000年1月11日

中共万宁市委
关于贯彻落实《中共中央关于加强和改进党的作风建设的决定》的实施意见

为了贯彻落实《中共中央关于加强和改进党的作风建设的决定》（以下简称《决定》）和《中共海南省委关于贯彻落实〈中共中央关于加强和改进党的作风建设的决定〉的意见》（以下统称《意见》），结合我市党的作风建设的实际，特制定本实施意见

一、充分认识加强和改进党的作风建设的重要意义

《决定》是新的历史条件下全面推进党的作风建设的行动纲领，《意见》对我们加强和改进党的作风建设提出了明确的要求。全面贯彻落实《决定》和《意见》精神，加强和改进我市党的作风建设，是坚持实践“三个代表”重要思想，贯彻党的基本理论、基本路线、基本纲领的迫切需要，是开创我市改革开放和社会主义现代化建设新局面的必然要求，对于加快万宁的发展具有重要意义，万宁自然资源和人文资源十分丰富，曾是海南特区经济发展较快的先进市县，但是近几年来，一些地区、部门和单位作风建设问题比较突出，损害了党群关系、干群关系，损坏了我市的形象，影响了投资环境，进而严重制约了我市的发展。全面贯彻《决定》和《意见》精神，是促进我市党政机关作风转变，把我市改革开放和现代化建设推向新阶段，维护好、实现好万宁人民群众根本利益的一个十分重要的切入点。我们一定要抓住这一机遇，深刻认识加强和改进党的作风建设的极端重要性和紧迫性，坚决按照中央的要求和省委的部署，把党的作风建设摆在更加突出的位置，以更大的决心、更大的魄力和更加切实有效的措施，把党的作风建设提高到新的水平，促进政风、民风的好转。

二、正确分析我市作风状况，正视问题，坚定信心

近年来，市委在作风建设上采取了加强思想教育、加强制度建设、推进干部人事制度改革等一系列措施，我市党员干部队伍的作风明显好转，对此必须充分肯定，这为我们贯彻《决定》和《意见》精神，进一步改进作风奠定了基础，也是我们努力实现党风不断好转的信心所在。

但是，必须清醒地看到，我市一些党员干部在作风建设上还存在以下亟待解决的问题：（一）思想保守，观念陈旧，创新精神和发展意识不强，主要表现：1.产业结构调整力度不够，经济增长缓慢；2.习惯于用老经验、老办法指导工作；3.等靠要思想严重，缺乏开拓创新精神。（二）精神不振，缺乏进取心和责任心，主要表现：1.不思进取，工作热情不高，干劲不足；2.学风不浓，玩风较盛，热衷于茶馆酒楼、麻将牌桌等；3.不坚持原则，不敢碰硬，遇到矛盾、困难和问题就推、拖、绕道走；4.好人主义，讲人情、讲关系、讲面子。（三）作风不实，工作漂浮，主要表现：1.工作不深入，不讲实效；2.习惯于“以会议贯彻

会议，用文件落实文件，靠讲话落实讲话”；3.虚报浮夸，搞形式主义，报假数，说假话、大话、空话。(四)宗旨观念淡薄，官本位思想严重，主要表现：1.跑官要官，当了官只干利己的事，不当官就不干事；2.门难进、脸难看、话难听、事难办；3.不给好处不办事，给了好处乱办事，吃拿卡要，甚至搞权钱交易。(五)脱离群众，不关心群众疾苦。主要表现：1.进村不入户，不接触群众，不调查研究，不深入了解情况；2.不办实事，蹲点不解决问题，下基层流于形式；3.对群众的困难关心不够。

看不到这些问题及其严重性、危害性，不下大力气加以解决，是危险的；看不到主流和成绩，缺少信心，是错误的。我们要正视问题，坚定信心，采取有力措施加强和改进我市党的作风建设。

三、采取有力措施，全面推进党的作风建设

(一)抓学习和思想教育

提高思想认识是转变作风的首要前提。各级党组织要把加强学习、提高认识贯穿于作风建设的始终，制定学习计划，认真组织落实。

年底前，市四套班子领导成员、各乡镇和市直各单位的领导班子每月要保证有2天时间，学习毛泽东、邓小平、江泽民同志关于作风建设的一系列论述，学习江泽民同志“七一”重要讲话，学习《决定》和《意见》。各单位除坚持周一晚上正常学习外，每周还要安排半天时间进行学习各企业党组织、村委会党支部每周要安排半天时间学习春节前分期分批举办乡镇书记、镇长，党政部门主要领导和中学校长培训班，可采取举办讲座、外出参观学习等形式进行，要联系思想、作风和工作实际，加强理想信念、廉洁自律、文明道德、政策法规、市场经济和政治经济形势教育。通过学习教育，不断提高广大党员干部对抓好党的作风建设重要意义的认识，增强创造性和坚定性，夯实作风建设的思想基础。

(二)推进改革创新，加强制度建设

结合党政机构改革，围绕改善我市经济发展的软环境，加强制度建设，转变政府职能，最大限度地减少行政审批，简化、规范办事程序，促进依法行政，堵塞各种漏洞，提高办事效率。按照市场经济的要求，规范土地审批、资产处置、工程发包、物资采购等行为，形成一种良好的权力运行机制。对项目审批、税费收缴、资金拨付、资金监管各种年审年检以及纪检监察、公检法司权力行使等进一步进行规范。

继续推进干部人事管理制度改革。坚持和完善公开选拔、竞争上岗、任前公示、任期试用制、下放管理权限干部评价考核制度、推荐干部任职责任追究制、干部考察预告制和考察失误责任追究制等一系列制度，并严格按制度执行，形成良好的用人管人机制。

坚持和完善我市领导干部联系群众方面的制度。落实好《关于进一步加强领导干部工作作风和生活作风建设的规定》，进一步完善来信来访、群众接待日、下基层特别是为贫困地区办实事等制度。

健全领导工作目标责任制，层层分解责任，形成一级抓一级的责任机制，同时定期进行督促检查和考核，促进各项工作的落实。

(三)加强干部的监督管理

大力加强党内监督。一是把领导干部特别是“一把手”的权力运用作为监督重点，严格对“一把手”及其领导班子的年度评价考核是实行领导干部个人工作、生活的重大事项报告制度。三是领导干部要参加双重民主生活会，主动接受党内监督。四是领导干部就任前，有关部门对其进行勤政廉政教育，届中有关部门进行勤政廉政检查，离职、离任由市审计部门进行经济责任审计。充分发挥人大的监督作用。由人大常委会对政府组成部门的“一把手”进行述职评议，有选择地对一些重点部门进行工作评议，提出改进工作要求，并将检查情况、评议意见报市委。积极发挥政协、民主党派和无党派人士的监督作用政协、民主党派和无民主党派人士可采取定期、不定期听取政府各部门的情况通报和视察的方式，对各部门的工作提出意见和建议，并将意见和建议上报市委。

努力强化社会监督是在全市党政机关、事业单位推行政务财务公开。二是抓行风评议，在全市各行业开展民主评议活动，三是新闻媒体要加强对作风问题的舆论监督，点评时弊，弘扬正气。

（四）紧紧围绕发展这一主线来抓作风建设

加快发展经济是解决万宁存在问题的关键。要围绕发展这一主线抓好作风建设，以更好的作风抓经济工作，促进万宁跨越式发展。进一步解放思想，更新观念。各级党组织要以“三个代表”重要思想为指导，破除小富即安、故步自封、封闭狭隘等陈旧、落后观念，克服“等、靠、要”思想，增强敢为人先、开拓创新、改革开放意识，把广大干部和群众的思想统一到加快万宁经济发展目标上来。

切实转变领导方式和方法。领导干部必须适应形势的变化，尽快掌握符合社会主义市场经济发展要求的领导方式和工作方法，在领导方式和方法上努力实现由微观管理向宏观管理，由经验向科学，由行政命令向示范引导、服务和依法行政转变。要抓大事、办实事、会办事、敢办事办好事，切实解决当前经济发展中的实际问题大力营造良好的投资环境，促进招商引资工作，各行各业、各部门要国绕发展这一主线做好服务，并努力提高服务质量。要克服“门难进、脸难看、话难听、事难办”不良风气，杜绝“吃拿卡要”现象，努力营造宽松的政策环境，规范的经济运行环境，良好的人身安全、财产保障的治安环境，兼收并容，和睦相处、共求发展的人际环境，优美的人居环境. 通过投资环境的优化，吸引客商到我市投资办企业，促进万宁经济发展，从根本上维护好、实现好、发展好万宁人民群众的根本利益。

（五）切实解决群众关心关注的突出问题

千方百计提高党政机关、事业单位工作人员工资，解决拖欠国有企业下岗职工基本生活保障费问题。从今年12月份起，全市党政机关、事业单位工作人员的工资，按海南省统一标准发放。

采取得力措施，增加农民收入、大力发展热带高效农业，充分发挥比较优势，重点发展适销对路的名特优新产品推进农业产业化经营，走基地化生产、企业化管理规范化经营的路子，逐步形成区城特色经济。同时要在拓展市场、销得出、卖得好上出点子、想办法，提高经济效益。

解决民族地区农民居住茅草房问题。春节前使民族地区328多户居住茅草房的农户住上新瓦房。

加强教育工作，大力推进中小学校人事制度的改革，考核竞争上岗，逐步实行聘任制，优化教师队伍结构，提高教师队伍素质。加强教育教学管理，不断提高教育教学质量。严格执行“收支两条线”规定，制止教育部门的乱收费。每个单位负责扶持若干名贫困生，11月15日前使全市980名儿童重返校园。

切实抓好小海的综合整治，一是搞好小海综合整治规划，合理使用小海水面，二是努力改善小海防洪、泄洪、纳潮条件，进而改善小海的生态环境、三是争取上级有关部门支持，加大整治资金的投入。

加强社会治安的综合治理，各级党政组织要做好农村各种矛盾的排查工作，重点解决好因土地、村务财务、宗族宗派等问题引发的纠纷，把矛盾化解在萌芽状态，抓好禁毒工作，坚决打击毒品、黑恶势力和抢劫盗窃等违法犯，确保社会治安的持续稳定

（六）坚持正确的用人导向

严格遵守党的干部工作原则和制度规定，以公心选干部，为老百姓选干部，为万宁的改革发展大业选干部，以好的作风选作风好的人，做到不分亲疏，任人唯贤；不分地城，五湖四海；不徇私情，公道正派，真正把那些想干事、会干事、真干事、干成事的，群众拥护的人选上来；对那些官本位思想严重，不干事、乱干事，假干事，干坏事的，群众反对的人坚决不用，坚持正确的用人导向，就是要用思想解放，实事求是，勇于创新，敢担风险的人；在群众利益受到损害时敢于挺身而出，主持公道，伸张正义的人；心里装着事业，一门心思扑在工作上，脚踏实地，埋头苦干的人；胸怀宽广，顾全大局，清正廉洁，群众拥护的人，就是不用那些无所用心，不思进取，不干实事，不负责的人；在矛盾面前绕着走，和稀泥，搞好人主义，丧失原则的人；弄虚作假，不惜劳民伤财为个人沽名钓誉的人；心胸狭窄，心术不正，滥用权力，以权谋私的人在今后我市千部选拔工作中，应当很好地体现这些要求。

（七）领导机关和领导干部发挥表率作用

加强作风建设，关键是领导机关和领导干部的表率作用，各级领导机关和领导干部要树立正确的政绩观，讲真话，办实事、求实效，对市委、市政府所部署的工作要抓落实，以务实的作风，求真的态度，清廉的形象，作广大干部群众的表率。

要坚持深入基层、深入群众。市级领导干部和市直部门领导干部每年要有二个月以上的时间，乡镇领导干部每年要有二分之一的时间，深入基层，为群众排忧解难。

要发扬艰苦奋斗精神，勤俭节约，养成良好的生活作风。坚决反对讲排场、铺张浪费，坚决制止用公款支付的大吃大喝、游山玩水和高消费娱乐活动。

各级党政“一把手”要带头学习，带头查找问题，带头整改，带头管好配偶、子女和身边的工作人员. 同时要管好分管地区、部门和单位的党风廉政建设。

四、党的作风建设是一项长期而艰巨的任务，必须切实加强领导，常抓不懈

我市党的作风建设方面存在的问题，有其历史根源和思想根源，况且形势的不断变化，也会给我市党的作风建设带来许多新情况、新问题，这就决定了加强和改进党的作风建设，既是一项现实而紧迫任务，又是一项长期而艰巨的工作，必须充分认识党的作风建设的长期性和艰巨性，做到持之以恒，常抓不懈。

全市各级党组织一定要加强对作风建设的领导，把《决定》和《意见》的各项要求落到实处，市委和各乡镇、各门党委（党组）要对作风建设和廉政勤政建设，定期进行督促检查，特别是要加强对权力运行部门的专项督查

从六中全会召开到10月底，是我市学习贯彻六中全会精神，提高认识，认真查找问题的第一阶段，从10月底到明年2月底，是学习贯彻六中全会精神的第二阶段，主要任务是，在继续深入学习的基础上，抓住查找出的突出问题，认真进行整改。各级党组织要根据这一部署，制定具体工作计划，抓好落实。

市委和各乡镇各部门党委（党组）要定期研究和总结作风建设，每年不少于2次。要及时总结作风建设的经验与教训，对群众不满意的，要及时整改。要落实作风建设的领导责任制，一级带一级，一级抓一级，一级对一级负责。各级党政"一把手"要切实履行第一责任人责任，对作风问题长期得不到解决的，要追究"一把手"的责任。

各乡镇各部门党委（党组）要就贯彻中央《决定》、省委《意见》和市委的《实施意见》，特别是对突出问题的整改情况，于明年2月底向市委写出专题报告，市委将派出督查组，对贯彻落实情况进行检查。

全市各级党组织和共产党员，紧紧团结在以江泽民同志为核心的党中央周围，高举邓小平理论伟大旗帜，认真实践"三个代表"重要思想，全面贯彻落实党的十五届六中全会和省委三届九次全会精神，增信心，树新风，鼓实劲，为实现万宁的跨越式发展而努力奋斗。

中共万宁市委
关于加强村(社区)党支部委员会
和村(居)民委员会职责管理的意见

为了进一步加强和完善以农村(社区)党支部为核心的村级组织建设,理顺农村两委(党支部委员会和村居委会)关系,明确农村两委的职责,界定讨论解决问题的方式,推动农村经济发展和社会进步,促进农村社会主义物质文明和精神文明建设,保证农村的改革、发展和稳定,根据《中国共产党章程人《中国共产党农村基层组织工作条例》和《中华人民共和国村民委员会组织法》的规定,结合我市的实际,制定本意见。

一、农村两委的关系

农村党支部(总支)是党在农村全部工作和战斗力的基础,是农村各种组织和各项工作的领导核心。村(居)委会等村级配套组织必须在党支部的领导下,行使自己的职权。村(社区)党支部书记是农村"一把手";村(居)委会主任在村党支部书记的领导下,行使领导管理村(居)要会的权利。村(社区)党支部依照宪法和法律,支持和保障村民开展自治活动,直接行使民主权利。

二、农村两委的职责

(一)村(社区)党支部的主要职责

1.贯彻执行党的路线方针政策和上级党组织的决定及本村(社区)党员大会的决议。

2.讨论决定本村(社区)经济建设和社会发展中的重要同题。需由村(居)民委员会、村(居)民会议(村民代表会议)或集体经济组织决定的事项,或由村(居)民委员会、村(居)民会议(村民代表会议)、集体经济组织依照法律及有关规定作出定的事项,要先由支部讨论做出决定。

3.领导和推进村级民主选举、民主决策、民主管理、民主监督,支持和保障村(居)民依法开展自治活动、领导村民委员会、村集体经济组织和共青团、妇代会、民兵等群众组织,支持和保证这些组织依照国家法律法规及各自章程充分行使职权。

4.搞好支部委员会的自身建设,对党员进行教育、管理和监督。负责对要求入党的积极分子进行教育和培养,做好发展党员工作。

5.负责村、组干部和村(社区)集体企业管理人员的教育和监督。

6.搞好本村(社区)的社会主义精神文明建设和社会治安、计划生育工作。

（二）村（居）民安员会的主要职查

1.宣传宪法、法律、法规和国家政策，教育和推动村民自觉遵守法律并履行法律规定的义务。

2.向村（居）民会议（村民代表会议）负责并报告工作，向党支部报告工作，主持日常村务，执行村民会议和村民代表会议的决议、决定，监督执行村规（居）民约。

3.支持和组织村民依法发展各种形式的合作经济和其他经济，承担本村生产的服务和协调工作。促农村产和社会主义市场经济的发展。

4.维护集体、合伙、个体等经济组织和村民合法的财产及其合法权益。

5.依法管理土地等集体财产，合理利用资源，保护生态环境。

6.办理本村（社区）公共事务和公益事业。

7.积极开展精神文明建设活动，维护好社会治安，抓好村风民风，普及义务教育和文化、科学知识。

8.完成镇政府布置的行政、经济等工作任务，向镇政府反映村民意见、要求和建议。

三、“两委”履行职责的程序

村务工作的商议和决定，一般情况下，主要采取两委联席会议的方式进行。

1.会议参加人员：村（社区）党支部班子成员和村（居）委会全体成员共同参加，参加会议的人数须超过应到会人数的半数，才能召开会议。

2.会议召集和主持。会议由村（社区）党支部书记和村（居）委会主任共同召集，由党支部书记主持。

3.会议基本内容：（1）贯彻落实上级党委、政府有关决议、指示的实施办法；（2）全年经济发展和各方面工作的长远性规划、年度工作计划及措施；（3）重大建设项目和经济项目；（4）重大财务支出、集体资产的使用和处置以及各送承包、租赁、拍卖等经营方式和实施方案；（5）村级组织有关工作人员的调整和奖惩；（6）村两委干部和其他组织成员的思想政治建设和作风建设；（7）精神文明建设中的重大问题；（8）矿产资源的开采、土地开发利用、农作物的定购分配、产品的产销、有关税费的征收意见和方案：（9）计划生育、宅基地指标分配和村委等群众关注的热点、难点问题；（10）其他重大事宜。

4.会议讨论决定事项的范围。下列事项必须提请村（居）民代表会议（村民会议）讨论决定：村提留的收缴和使用，村干部享受误工补贴的人数和标准，村集体经济所得效益的使用，村办公益事业需要村民负担的事项，土地承包、宅基地使用和集体经济项目承包的方案等。

5.会议的主要程序。（1）确定议题。由村（社区）两委成员根据各自的工作分工向村两委会提出需研究解决的问题，然后，由村（社区）党支部书记与村（居）主任相互通气，征求意见。在此基础上由党支部书记确定议题，并拿出初步意见。（2）集体研究。只需由村（居）委会研究确定的，先由村（居）委会研究，报村（区）党支部原则同意；由村民会议或村民代表会议决定的事项，先由村（居）委会研究，报党支部原则同意，提请村民会议或村民代表会议决定。如果村委会与党支都的意见不统一，报镇党委（政府）协调，由村民会议或村民代表会议决定。

四、农村“两委”职责的监督履行

1.村（居）委会每月向村（社区）党支部汇报一次工作情况。村（社区）党支部每季度要召开一次支部大会，向全体党员报告执行“两委”职责情况。同时，以书面形式向镇党委报告。村（居）民委员会每季度要召开一次村民代表会议，报告执行“两委”职责情况。同时，以书面形式向镇政府报告。

2.村（社区）完支部、村（居）会每季度要在村务公开栏中公布“两委”职责执行落实情况，让党员、群众知情、监督。这一点要与村务公开制度的规定统一起来。

3.镇党委每半年要对“两委”干部履行职责情况进行检查，发现问题要及时批评指正；每年组织一次检查评比，特别要检查“两委”在财务开支上的情况。

4.市委每年组织有关单位对（社区）“两委”工作进行一次检查，并将检查情况进行通报。检查情况列入镇工作考核内容。

2002年11月18日

中共万宁市委
万宁市人民政府
关于万宁教育改革与发展的决定

为了全面贯彻《国务院关于基础教育改革与发展的决定》和《中共海南省委、海南省人民政府贯彻〈国务院关于基础教育改革与发展的决定〉的决定》精神,结合我市实际,特作如下决定。

一、调整中小学校布局,整合教育资源,提高办学效益

1.为适应农村税费改革和中小学教育改革发展的需要,合理配置教育资源,提高教育投资效益和教学质量,根据海南省人民政府办公厅《关于进一步调整中小学布局精简优化教职工队伍的意见》的要求,对我市中小学(含各类职业技术学校,下同)布局进行全面调整。调整的原则是:既要扩大学校办学规模,提高学校办学水平又要照顾边远地区学生就近入学。

2.小学的布局与调整。平原地区农村完全小学达到每年级两个平行班,每班班额35~40人的规模;城镇和人口比较集中的平原地区,推进村与村联合办学、集中办学,加大投入,创办成规模大、档次高、质量好的完全小学;山区农村完全小学要达到在校生200人以上的办学规模;在交通十分不便的地方,仍保留低年级教学点,但不再保留建制,直属于当地中心小学或邻近完全小学,教育部门要制定出科学可行的调整方案,有计划有步骤地撤并一些乡村小学教学点,利用2~3年时间,完成全市小学布局调整工作。

3.初级中学的布局与调整。除万城以外,其他镇原则上只办一所初级中学,一般要求达到12个以上教学班,班额40~50人的规模。少数边远地区的初级中学,至少每个年级要有2个教学班,学校规模不得少于200人。万城地区初级中学要严格控制班额,其他规模较小的镇可以和相邻镇联合办学。中学和附近一些规模较小、条件较差的小学可以联合办成九年一贯制学校。

4.高级中学与完全中学的布局与调整。到2005年底,要完成万宁中学搬迁并建成万宁市优质高中,采取民办公助形式办万中中学初中部。继续完善万宁市第二、第三中学、民族中学和大同中学的高中部建设,积极创造条件,争取有关部门的支持,扩大办学规模,提高办学水平。到2007年全市高中在校生达到8000人以上。同时,鼓励社会力量采取多形式发展高中阶段教育,促进普通高中教育与职业教育的协调发展,全市高中阶段适龄人口入学率达到60%左右。

5.中等职业技术学校的布局与调整。根据我市经济发展和就业形势的需要,在省技工学校万宁分校的基础上,把市卫生学校、市农业技术学校、市职业技术学校创办成万宁中等职业技术学校(同时挂海南省技工学校万宁分校牌子),作为我市就业培训和学历教育基地,在条件成熟的时候,创办成万宁市职业技术学院。

6.鼓励社会カ量办学。对民办学校在土地出让、房产转让上给予公办学校同等的优惠。同时要进一步加强民办学校的管理,使其健康发展。

7.积极推进农场农村联合办学。凡农场或者农村附近有同类学校的,较差的一方合并到较好的

一方。政府对合并后学校在人力、物力、财力上的支持力度,不低于其他公办学校。农场也应按原自办学时支持力度继续给予支持,以实现共资源共享,提高办学水平。

布局调整后,闲置的资源由市政府组织拍卖,集中资金,加大对重组学校的投入;对人员、设备进行重新调整、配置优化教育资源。

二、深化人事制度改革,提高教师队伍整体素质

8.加强教师编制管理。按照海南省有关规定和审批新的编制,由编委及人事劳动部门逐校重新核定教职工编制,实行定编、定岗位结构、定工资总额。在总编不变的情况下,每年可由教育行政部门根据学校教育教学情况及人员岗位结构变化情况,提出编制调整方案,报编委及人事劳动部门审批后,根据新的编制调配教师。

9.完善中小学校长的选拔任用和管理制度。高中和完全中学校长由市委组织部组织公开竞岗,其他中小学校长由市教育行政部门组织公开竞岗。

10.试行中小学校全员聘用制。在全市教育系统编制不超编的条件下,经试考核,中学教职工由学校按有关程序和教育行政部门确定岗位结构比例要求以及资格审查条件聘用;小学由学区管理委员会根据本学区人员编制、结构比例,提出拟聘名单,报市教育部门批准。各学校在用教职工过程中,根据学校岗位情况和考核结果,可高职低聘,也可低职高聘。对中、小学教师职称评聘,有关部门要严格执行评聘制度和规定,控制各级各类职称人员比例,并逐渐过渡到评聘分开。对缺编的岗位通过考试考核,实行公开招聘,考试考核由教育和人事劳动部门统一组织,考试考核后由教育部门和人事劳动部门确定比实际聘用人员名额多出20%预选人选,具体人员的聘用在符合编制、人员结构的条件下,中学的由学校管理委员会研究决定,小学的由学区管理委员会提出聘用方案,报教育局批准。在聘用过程中,对完全中学缺编的高中教师,学校可出10%的指标,从市外、省外师范类和持有教师资格证的非师范类统招统分的大学本科毕业生中公开招聘,例定出有关优惠政策,为市外、省外招教师创造良好的工作和生活条件。

11.建立中小学校长、教师的年度考核激励与淘汰机制。

在建立目标责任制的前提下,对校长、教师分级分类,实行量化考核,全面客观公正地考核校长和教师的政治思想、业务水平、工作态度和工作实绩,将考核结果记入个人的业务档案,作为评定职称、晋升工资、提拔使用以及奖惩的依据。

试行校长、教师末位淘汰机制。在量化考核的基础上,对管理差、工作打不开局面的中小学校长及职业道德、工作不负责任、教育教学质量差的教师实行末位淘汰。具体操作方法按照市政府有关文件执行。

12.做好超编学校教师的分流工作。原则是:逐级分流,由近及远,万城向周边地区分流,周边地区向边远地区分流。

各中学、学区按规定编制的90%聘用教职工,腾出10%的岗位,用于安排超编学校的教师。对不服从调配的人员,给予相应的党纪政纪处分。

13.清退教育系统不合格人员。对于假年龄、假学历、假档案的坚决清退。摸清1993年一1998年的非统招统分教职工人数,把不符合规定进入的人员清理出去。全面清退在编不在岗人员,对连续旷15天,或一年内累计旷勤超过30天的人员;从1998年以来,连续两年考核为不称职的人员子以辞退(对1998年前进入教育系统的统招统分的大中专院校毕业生,无论何种渠道进入的,均不做清退

处理)。同时,做好教职工提前离岗和退休工作(中学的员工和小学教职工的提前高岗和退休工作按照市有关方案进行)

14.加大中小学教师的继续教育工作力度。加强教师的培训工作,制订培训计划,力争使每名教师每年参加培训时间不少于50个学时。

三、明确各级政府的职责,完善基础教育的管理体制

15.市政府及教育行政部门对基础教育尤其是农村义务教育的管理和发展有主要责任。负责抓好中小学的规划、布局调整、建设和管理,确保教职工工资的统一发放,负责中小学校长竞聘及教职工的管理,指导学校教育教学工作,负责筹措、安排和管理教育,保证学校经费的正常运转和校舍、设施的建设,保证学校安全,调动各方面力量发展基础教育。

16.各镇人民政府、各级各类学校应承担相应的农村义务教育的办学责任:学校要负责动员适龄儿童少年入学,确保提高入学率,控制辍学率。镇人民政府要筹措经费,资助本镇的贫困学生入学;推持学校及周边地区的治安,确保辖区学校的安全,保牌学校的校舍、设备、场地等财产不受侵占;解决学校所需的学生劳动基地和生产园地。镇、村对中小学新建、扩建校舍所必需的土地,按有关规定规划;协助市教育行政部门落实学校布局结构调整,协助管理本镇中小学和幼儿园。

17.村民委员会在基础教育改革与发展中要发挥积极作用。负责动员村民投工投劳帮助当地中小学改善办学条件;动员本村的适龄儿童、少年按时入学;维护学校的治安和安中、政府管理本村学校、幼儿园。

四、落实责任,采取措施,做好"普九"巩固提高工作

18.加强对基教育工作的领导,强化政府行为,市、镇级政府要其正承担起基础教育主要责任。市、镇政府主要导作为"普九"工作的第一责任人,要切实履行职责,落实责任,严明奖罚,把完成"普九"巩固和提高任务纳入学校、教育行政部门及各镇年终工作考核的指标体系。

19.加大宣传力度,广泛宣传教育的法律法规。每年二月和八月为《中华人民共和国义务教育法》和《中华人民共和国教师法》宣传月,各单位和新闻媒体要运用一切手段开展形式多样的宣传月活动,使两法家喻户晓,人人皆知。

20.做好发动适龄的儿童少年的入学工作。采取"三包""四定"("三包"指包发动、村包入学、学校包巩国;"四定"指定任务、定时间、定村庄、定人员)措施,把责任落实到人,确保适的儿童少年全部入学。

21.坚持依法治教。各镇人民政府对不主动送子女接时入学或其他原因迫使子女辍学的父母或其监护人,依据有关法律法规规定,采取有效措施督促其送子女按时入学。单位或个人招、聘用应接受义务教育的适龄儿童少年务工、经商或从事其他职业的,由当地人民政府给予批评教育,责令其辞退,并由市工商、劳动行政部门对招、聘用单位或个人按有关规定处理罚款。情节严重的,由工商行政管理部门责令其停止营业直至吊销其营业执照。

22.成立万宁市特困适龄儿童少年救助中心,建立完善

特困生救助机制。采取"政府拨一点,厂矿企业捐一点,机关、镇干部及社会各界人士献一点,学校出一点"的资助办法。按照《万宁市特困适龄儿童少年救助资金管理办法由教育部门和财政部门具体实施,对家庭经济特别困难的学生、残疾学生和残疾人子女上学读书实行资助,每年资助人数为

5000人左右。

23.建立“普九”工作年审制度。每年对各镇、各学校的“普九”巩固提高工作进行监督检查，并严明奖罚。对不达标的镇和学校，责成其提出整改措施，限期整改；对连续两年“普九”不达标的单位，按有关规定给予处罚，对“普九”巩固提高工作成绩突出的单位及个人给予表彰奖励。

24.“十五”期间，我们要继续把“普九”工作作为“重中之重”，采取有力措施，巩固和提高“普九”成果。全市小学适龄儿童入学率保持在99.5%以上，适龄少年入学率保持在95%以上，全市小学和初中生学率分别控制在1%和3%以下，青壮年非文盲率保持在95%以上。大力发展学前度和特殊教育，到2010年，全市3~6岁幼儿入园率达到80%，农村基本普及学前一年教育；残疾儿童少年入学率达90%以上。

五、完善投资机制，确保基础教育的经费投入

25.进一步完善市镇财政管理体制，重新划分市镇财政支出范国，将过去由两级财政负担的基础教育经费，改由市级财政负担，纳入市级财政预算管理，并建立和完善基础教育经费保障机制。

26.加强市政府对教师管理和教师工资发放的统筹职能。教师工资实行网络化管理，由市财政按统一标准及时足额发放。依法保障教师养老、医疗、工伤、失业等社会保障各项待遇。

27.按照省政府的统一规定，核定中小学公用经费标准和定额，扣除学校适当收取的杂费，其余部分由市财政在预算中予以安排，并确保逐年增长。

28.加强对农村基础教育的支持力度，通过转移支付支持边、远、穷地区的基础教育。农村税费改革后，中央和省财政为确保农村义务教育所需经费而安排的转移支付资金，必须全部用于支持农村基础教育，改善办学条件，提高教学水平，不得截留、挤占、挪用。

29.加快中小学危房改造步伐，确保改危配套资金的投入。我市现有中小学危房较多，需要危房改造资金缺口较大，除每年中央财政下达给我市危房改造专项资金外，市政府每年还应按一定比例的配套资金（含城市教育费附加）用于中小学危房改造。

30.教育收费实行“收支两条线管理”，学校收取的杂费全部作为中小学公用经费支出，任何单位和个人不得挤占、挪用、截留、平调教育经费。高中阶段择校生要按照海南省发展计划厅、海南省财政厅、海南省教育厅《关于我省 高中阶段择校生学费标准的通知》（琼计价管[2002]128号）的有关规定，70%安排给学校用于改善办学条件和教师的是超课时补贴，30%由教育部门提方案，计划部门和财政部门审核，并纳入财政预算，用于倾斜扶持贫困地区中小学校改善办学条件。

六、深化教育教学改革，提高教育教学质量

31.认真贯彻落实《中共中央、国务院关于深化教育改 革全面推进素质教育的决定》，端正教育思想，转变教育观念，面向全体学生，加强学生思想品德教育，重视培养学生的创 新精神和实践能力，为学生全面发展和终身发展奠定基础。

32.大力开展教育教学研究，向科研要教育教学原量。 抓好中小学教研室建设，瞄准我市基础教育改革与发展的重 点和难点，确定科研课题，积极开展教改实验，大力推广先进的教育科研成果，不断优化课堂教学，提高教学质量。抓好基础教育课程改革与推广工作。按照国家基础教育课程改革的教育科研成果，不断优化课堂教学，提高教学质量。抓基础教育课程改革与推广工作。按照《国家基础教育课程改革纲要（试行）》的要求，认真做好课改前的准备工作，课改工作顺利进行。

33.加强对课程管理工作。各中小学要按照国家规定的课程门类开课、开足课时，不得随意增减。要加强教学过程的指导，想方设法提高基础教有质量。要加强外语教学，从小学四年级起开始设置英语课。

34.大力普及中小学信息技术教育。万城地区中学及部 分镇中学以及中心小学开展计算机操作和信息技术教育。到2005年，全市中学、中心小学以及有条件的完全小学普及信 息技术教育。

35.改革考试评价和招生选拔制度。探索科学的评价办法，重视发挥评价的激励性与发展性功能。改革和完善基础 教育考试制度，小学毕业生升初中实行免试就近入学。

七、规范学校办学行政行为，加强学校内部财务管理

36.市政府各职能部门组成治理中小学乱收费领导小 组，加强对我市中小学乱收费的治理和监督指导，及时制止 中小学乱收费行为。

37.教育收费实行目标责任管理，每年签订中小学收费责任书，哪一级出问题，追究哪一级责任。

38.中小学收费必须严格执行公示制度，将收费项目、收费标准、收费依据、投诉电话张榜公布，接受群众监督，使教育收费取信于民。

39、加强收费监督检查，坚决查处乱收费行为。市教育局会同各职能部门每学期开学后对中小学收费进行专项检查，对乱收费行为要坚决查处，做到及时发现及时处理，对屡教不改者要从重处理。

40.学校财务实行预算制度，合理安排教育经费，提高资金使用效益。本着“节约经费，量力建设，适度还债”的 原则，不能超前开支，保证教育持续发展的正常经费。

41.学校工程建设项目，须报教育主管部门审批，并按有关规定进行议标、招标；学校财物购置，严格执行公开采 购制度，学校借贷款须报教育局批准。

42.大力推行学校后勤管理社会化。规模比较大、条件成熟的学校，后勤管理逐步推向社会。

2003年10月20日

万宁市实行党代表任期制
和试行党代表大会常任制暂行办法

（2008年12月29日中国共产党万宁市
第十一届代表大会第二次会议通过）

第一章 总则

第一条 为不断加强党的自身建设，进一步扩大党内民主，加强党内监督，充分发挥党代表大会的作用，根据党的十七大精神和《中国共产党章程》《（中国共产党全国代表大会和地方各级代表大会代表任期制暂行条例》及党内有关规定，制定本暂行办法。

第二条 实行党代表大会代表任期制。党代表大会代表每届任期与同级党代表大会当届届期相同。如下一届党代会提前或者延期举行，其代表任期应相应改变。代表在党代表大会召开和闭会期间，享有代表资格，行使代表权利，履行代表职责，发挥代表作用。

第三条 试行党代表大会常任制。全市党员通过民主方式，选举我市党员代表，并每年召开一次党代表大会年会，履行其党内最高权力机关的职责。

第二章 代表

第四条 代表的职权

（一）选举权。选举市委及市纪委班子，选举出席上一级党代表大会和党的代表会议代表。

（二）决策权。在党代表大会期间参与重大事项的决策。

（三）审议权。审议市委、市纪委工作报告。

（四）提议、提案权。在广泛调查研究的基础上就某一事项提出意见和建议。

（五）质询权。就党员群众普遍关注、感到不清楚或不满意的问题，对市委，市纪委，市委委员、市纪委委员或者市委工作部门提出询问或质询。

第五条 代表的义务

（一）模范执行党代表大会及党委的决议、决定，积极向所在选举单位党组织和党员宣传贯彻党代会精神；

（二）正确行使代表的权利，维护党的团结和统一；

（三）收集、反映本选举单位党组织、党员的意见和要求，维护党员的民主权利；

（四）受党代表大会和市委的委托，对有关问题进行专项调查研究或视察；

（五）参加党代表培训，不断提高自身素质；

（六）回答选举单位党组织和党员对党代表工作等有关问题的询问；

（七）向选举单位党组织和党员汇报履行代表职责的情况，自觉接受选举单位党组织和党员的监督。

第六条 代表职务的停止执行

市党代表大会代表有下列情形之一的，暂时停止执行代表职务：

（一）因刑事案件被羁押正在受查、起诉、审判的；

（二）被依法判处管制、拘役或者有期徒刑面没有附加剥夺政治权利，正在服刑的。

前款所列情形在代表任期内消失后，恢复其执行代表职务，但代表资格终止者除外。

第七条 代表资格的终止

市党代表大会代表有下列情形之一的。代表资格终止：

（一）代表受置党察看以上处分的；

（二）因出国（境）定居等原因被停止党籍，或者丧失中华人民共和国国籍的；

（三）本人自感辞去代表职务被接受的；

（四）未经市委批准连续两次不出席代表大会或连续两年不正常履行代表职责的；

（五）代表党组织关系转出市辖范围的。

代表资格的终止或停止执行应由原选举单位提出，市委全委会通过，报省委备案，并在代表大会年会上通报。

第八条 代表的增加与补选

代表在任期内，因故出缺，可进行补选。因工作需要增加代表人数，需报上一级党委组织部门批准后实施。增加党代表按规定程序选举产生，报市党代会代表资格审查工作机构批准后，方可获得代表簧格，并在党代表大会上予以通报。

第九条 代表执行职务的保障

（一）代表的活动经费，从地方留存党费中列支一部分，不足部分列入本级财政预算、无固定工人的代表执行代表职务，由本级财政根据实际情况给予适当补助。

（二）代表参加代表会议或闭会期间参加代表团（小组）组织的活动及日常调研，其所在单位应给予时间保证，按正常出勤对待。

（三）本市一切组织和个人都必须尊重代表的权利，支持代表执行代表职务。有义务协助代表执行代表职务的党员拒绝履行义务的，应给予批评教育，直至给予纪律处分。

第三章 代表团及代表小组

第十条 代表团及代表小组的组成

（一）根据代表分布区域，工作性质和方便代表活动的原则组建若干个代表团，代表团组建原则上以当届党代会代表分团方式为准。

（二）代表大会闭会期间，党代表联络工作办公室根据方便代表活动的原则，则分若干代表小组，并指定小组组长和联络员。

第十一条 代表团在党的代表大会期间的活动

（—）组织代表对大会的报告及其他议题进行审议讨论。

（二）组织代表提出提议、提案。

（三）根据市委提名的人事安排方案，组织代表进行酸、推荐、选举。

第十二条 代表团及代表小组在闭会期间的活动

(一)召开代表团及代表小组会议

在代表大会闭会期间,根据市委有关要求和部署,召开代表团及代表小组会议代表团(小组)会议召开的具体时间由团长(组长)和副团长(副组长)协商决定。代表团(小组)会议由团长(组长)或副田长(副组长)主持。代表团(小组)会议须有本团(小组)三分之二以上代表到会,方能举行。代表团(小组)会议的主要内容:审议市委提交代表团(小组)审议的事项;讨论和形成准备提交党的代表大会的提议、提案;讨论代表活动的有关事项。

(二)调研

党代表调研坚持集中调研与个人日常调研相结合。

在代表大会闭会期间,各代表团(小组)根据市委要求统一组织代表对党的建设、经济建设,社会发展情况开展调查研究及视察等活动。

在代表闭会期间,党代表要联系原选举单位的若干党员和群众,每年至少进行一次个人日常调研,填写党代表调研工作手册,并在代表团(小组)会议上进行汇报。

(三)实行党代表直通车制度

市党代表可以列席市委、镇委召开的全体(扩大会议;可直接来信、来电、来人向市委、市委领导反映情况,提出意见和建议;市委每年至少召开一次基层党代表座谈会,听取他们对我市改革发展稳定各项工作的意见和建议;市委领导同志到基层检查工作和调研时,可根据工作需要请有关代表参加,直接听取代表意见和建议。

第四章 代表大会

第十三条 市党代表大会每年召开一次,除第一次会议以外,一般在每年12月召开。

第十四条 市党代表大会由大会主席团主持。

第十五条 代表大会召开的准备工作

(一)基层党支部组织党员开展“三问”活动。“三问”,即党员问群众,支部委员问流动党员,支部书记问全体党员,主要询问对上级党组织有什么意见和建议,询问应有工作手册书面记录问答事项。

(二)基层党支部召开党员大会汇总和分析“三向”情况,向上级基层党委提出工作意见和建议。

(三)基层党委召开党代会,汇总研究下级党支部上报的工作意见和建议;讨论需提交市委或市党代会的提议、提案;评议下级党支部和本级党委工作绩效。

(四)市委党代表联络办公室向全市党代表去函,广泛征求党代表对市党代会的提议和提案并整理上报市委。

(五)市委召开常委会。研究讨论并向全委会提交各镇党委、代表团、党代表提交的各项提议、提案;研究讨论并向全委会提交我市经济和社会发展的重大事项意见。

(六)市委召开全委会。研究讨论并向市党代会提交各镇党委、各代表团、党代表的各项提议提案;研究讨论并向市党代会提交我市经济和社会发展的重大事项意见。

第十六条 代表大会的召开

(一)代表大会的议程

1.听取和审查市委、市纪委的工作报告;审议年度党费收缴、管理、使用情况的报告;审议上次党的代表大会以来代表所提提议、提案的办理情况报告。

2.讨论我市经济和社会发展的重大问题并做出决议。

3.增补市委委员、市委候补委员、市纪委委员；选举出席上一级党的代表大会和代表会议的代表。

4.通报终止党代表资格、停止执行党代表职务事项。

（二）代表大会的提案

代表大会召开期间，代表十人以上联名，可以向代表大会提出提案，提案由市委决定是否列人大会议程。列入议程的提案，提交代表大会审议，并形成有关决议。没有列入议程的提案。视同提议办理。

（三）代表大会的表决

1.代表大会表决，应以超过应到会代表的半数费成为通过。

2.表决应根据不同内容，分别采取下列表决方式：大会选举采取无记名投票的方式进行。对其他决议、决定的表决可以用举手表决的方式进行。

（四）代表大会的纪律

1.代表不能无故缺席党的代表大会，特殊情况不能出席者，必须向市委或市党代会代表联络办公室请假。

2.代表必须遵守会议的有关规定和纪律。

3.大会期间代表若要求在大会上发言，必须事先向代表团报告，由大会主席团决定。

第十七条 代表大会决议的实施及提议的办理

代表大会做出的决议或决定由各级党组织负责实施，下一次代表大会上由市委报告执行情况。

代表的提议由市党代表联络办公室根据提议内容提交有关部门向代表进行答复。

第五章 党代表联络工作办公室

第十八条 成立市委党代表联络工作办公室。其职能是：定期联系代表；处理市党代表提出的提议，督促受理单位或相关部门认真及时办理；组织代表开展全市范围内的视察和调查；组织代表的学习和培训；完成市委交办的其他任务。

第六章 附则

第十九条 本暂行办法经中国共产党万宁市第十一届代表大会第二次会议通过后实施。

第二十条 镇党代表大会实行代表任期制、试行党代表大会常任制，参照本办法执行。

第二十一条 本暂行办法由市委党代表联络工作办公室负责解释。

中共万宁市委
关于推进社会主义新农村建设的若干意见

（2008年12月29日中国共产党万宁市第十一届代表大会第二次会议通过）

为深入贯彻《中共中央关于推进农村改革发腰若干重大问题的决定》精神，全面落实《中共海南省委贯彻落实〈中共中央关于推进农村改革发展若干重大问题的决定〉的实施意见》，结合实际，提出我市推进社会主义新农村建设如下意见：

一、推进新农村建设指导思想和目标任务

高举中国特色社会主义伟大旗帜，坚持以邓小平理论和“三个代表”重要思想为指导，全面贯彻落实科学发展观，贯彻落实党的十七届三中全会和省委五届四中全会精神，按照城乡统筹发展的方略，坚持加强农业基础，增加农民收入，保障农民利益，促进农村和谐发展，充分发挥政府的主导和农民的主体作用，调动广大人民群众的主动性、积极性和创造性，奋力开创我市社会主义新农村建设的新局面。

按照“生产发展，生活宽格，乡风文明，村容整洁，管理民主”的社会主义新农村建设要求，大力发展热带特色现代农业，迅速提高农业综合生产能力，到2013年农民人均纯收入达到全省上游水平，到2020年农民人均年收入在2013年的基础上翻一番。用五年时间，完善农业基础设施，完善农村基础设施，完善农村环境保护措施；明显提高农村文明程度，明显提高农村公共服务档次，明显提高农村教育水平；进一步增强农村民主法制观念，进一步增强农村民主管理意识，进一步增强农村党组织的凝聚力和战斗力。

二、加快农村改革，增强农村发展活力

以推进农业经营体制机制创新、加快农业经营方式转变为重点，毫不动摇地坚持执行农村基本经营制度。坚持“产权明确、用途管制、节约集约、严格管理”的原则，严格执行农村土地管理制度。整合支农项目资金，逐步提高财政对农业投入，以提高政府土地出让收益、耕地占用税新增收入用于农业的比例为重点，执行好农业支持保护制度。以建立政府支持、多方参与、市场运作的农村信贷担保机制为重点，引导更多的信贷资金和社会资金投向农村，灵活执行现代农村金融制度。以镇城市化建设带动城乡经济社会融合发展为重点，认真执行城乡经济社会发展一体化制度。以发挥自我教育、自我管理、自我服务的农村民主自治功能为重点，规范执行农村民主管理制度。

三、发展热带特色现代农业，提高农业综合生产能力

（一）加大农业结构调整力度。构建平原发展反季节瓜菜、丘陵发展高效经济作物和南药、山区

发展生态农业和畜牧铜养业、沿海发展海水养殖和捕捞业为主的产业布局。坚持调精种植业、调优水产业、调大畜牧业、调活农村二、三产业的原则,实施“一村一品”工程,大力发展品牌农业,大力发展蔬菜、水果、南药和花弄等产业,进一步推进农业标准化建设。重点办好礼纪农产品加工园,建立和完善企业与农户的利益联结机制。结合“一带两区”产业开发战略,扶持引导发展乡村旅游业,创建“旅游村庄”“旅游农家”。

(二)实施科技兴农战略。积极实施农业科技进村入户工程,努力打造衣业科技110服务平台,加强农民技术培训,提高农民应用农业技术的能力;实施良种良苗工程;实施农业科技示范工程,实施人才强农工程;实施农业机械化和信息化工程。

(三)加强农业基础设施建设。大力实施土地整治和中低产田改造工程,推广测土配方施肥和保护性耕作。重点抓好水利设施建设,抓好小海、流综合治理工程,抓好大中灌区、排醒系统配套改造和水源建设,抓好病险水库除险加固。完普农田水利基本建设管理长效机制,建立农围用水补偿制度。

(四)建立新型农村社会化服务体系。培育发展农产品批发中心市场,发展农民专业合作社,行业协会等中介组织,打造新型生产经营和市场流通主体,提高农业组织化程度,推进农业产业化经营。健全“市、镇、基地”三级农产品质量安全检测体系,强化农产品质量管理,保障农业生产资料供应。

四、加快发展农村社会事业,推进农村社会全面进步

(一)发展农村教育事业。加大教育投入,调整农村中小学校布局,加强教师队伍建设。积极推进农村学前教育,普及农村高中阶段教育,逐步减免农村职业教育学杂费。加强农民技能培训,培育新型农民。

(二)促进农村医疗卫生事业。现固和发展新型农村合作医疗制度,建设村卫生室,加强农村卫生队伍建设,向农民提供安全、价廉的基本医疗服务。严格落实计划生育政策,稳定低生育水平,有效治理出生人口性别比偏高问题。

(三)推进农村文化体育事业。把文化基础设施建设贯穿于文明生态村建设,推进广播电视村村通,镇文化站和村文化室、公共体育场地等重点文化惠民工程建设,实现全市所有的村镇文化设施基本覆盖。开展农民乐于参与、便于参与的文体活动,开展“好村风、好家风”等创建活动,制定村规民约,倡导农民崇尚科学、诚信守法、抵制迷信、移风易俗。

(四)完善农村社会保障体系。建立新型农村社会养老保险制度,完善农村最低生活保障制度。全面落实“五保”政策和军烈属、伤残病退军人的优抚政策。建设儿童福利院和流浪儿童教助保护中心,发展农村慈善和残疾人事业。推行公墓制度,节约土地。完善自然灾害应急工作预案。

(五)加强农村基础设施和环境建设。加快推进路网,水网、电网,气网、通信网“五网”工程,推进“广电网、电信网、互联网”三网融通,着力解决农村饮水安全问题。加大文明生态村建设力度。实施农村清洁工程,加快改水、改厨、改厕、改圈和农村垃圾集中处理步伐,全面整治村容村貌,不断改善农村卫生条件和人居环境。

(六)积极推进农村扶贫开发。对农村低收入人口全面落实扶贫政策,加大对革命老区、民族地区的扶持力度,加快农村危房改造,重点搞好产业扶贫、劳务扶贫、文化扶贫,提高贫户自我发展能力。

(七)强化农村社会管理。深入开展农村"五五"普法教育,提高农民依法行使权利和履行义务的自觉性。做好农村信访工作,拓宽农村社情民意表达渠道,加强人民调解,及时排查化解各种矛盾纠纷。推进平安村建设,实行群防群治,反对和制止利用亲教宗族干预农村公共事务,严厉打击黑恶势力。

五、加强农村基层组织建设,发挥新农村建设的带头人作用

(一)规范农村基层组织管理。健全管理制度,规范工作程序,完善村级组织活动场所建设。发挥村委会、集体经济组织、共青团、妇代会等组织的作用,把农村党组织建设成为推动科学发展的坚强领导核心。

(二)建设一支守信念、讲奉献、有本领、重执行的农村基层干部队伍。注重从农村致富能手、退伍军人、外出打工返乡农民中选拔村干部,引导高校毕业生到农村任职,加大从优秀村干部中考录镇公务员和选任镇领导干部力度。关心基层干部的工作和生活,以奖代补,提高基层干部的生活补贴。广泛培训农村基层干部,整体提高村干部综合素质。加强和改进流动党员管理,加大在优秀青年农民。

(三)强化农村党风廉政建设。深入开展反腐倡廉教育,全面推行村干部勤廉双述制度。全面推进村务公开,全面推行村财镇代理制度,健全农村集体资金、资产、资源管理制度。加强监督检查,切实正损害农民利益的突出问题,严肃查处涉农违纪违法案件。

六、健全工作机制,形成齐抓共建新农村的大格局

(一)切实加强领导。市委、市政府把新农村建设作为重中之重来抓,坚持一手抓新农村建设,一手抓"一带两区"开发建设。市委成立社会主义新农村建设工作领导小组,负责全市社会主义新农村建设的组织领导工作,每年组织工作队派驻20%的村委会。市四套班子领导成员包干到镇、挂点到村。各镇成立相应机构,镇干部包干到村、深入到户。农口及涉农单位加强检查指导,努力形成全市齐抓共建社会主义新农村的大格局。

(二)强化督查工作。市新农办要加大对新农村建设工作的督查力度,及时通报督查情况,每季度向市委提交一次督查综合情况报告。

(三)完善评估机制。制定《万宁市各镇推进新农村建设工作考核方案》《万宁市农口及涉农单位推进新农村建设工作考核方案》,把新农村建设作为各镇、农口及涉农单位领导班子和领导干部政绩考核的重要内容。

关于改善民生的若干意见

（2008年12月29日中国共产党万宁市第十一届代表大会第二次会议通过）

为贯彻落实科学发展观和中央、省委、省政府的有关部署，大力改善民生，让发展成果及时惠及广大人民群众，按照“学有所教、劳有所得、病有所医、老有所养、住有所居”的目标和量力而行、科学安排的原则，从2008年起，用五年时间重点实施一批群众急需、受益面广的民生工程。

一、实施教育优先发展工程

加大投入，五年各类资金投入不低于6亿元。逐步增加义务教育学校教师岗位绩效工资，抓好新一轮教师全员培训，完善义务教育经费保障机制，提高“两免一补”补助标准，扩大城乡学生受益面，确保到2012年全市义务教育阶段适龄儿童、少年都能上学，青壮年文育率降到1%以下。逐步把边远贫困落后地区中小学生就近集中到条件较好的学校就读，实现教育扶贫移民3000人。改农村初级中学14所，创办优质高中，实现初中毕业生升学率突破85%，新增市级中学初高中学位2000个。加快发展职业教育和实训基地建设，到2012年实现在校生规模达到3000人，加大对职校学生资助力度，确保贫困家庭有一个孩子免费接受职业教育。

二、实施就业促进工程

五年各类资金投入不低于1.3亿元，健全城乡就业公共服务体系。紧紧围绕项目建设开发就业岗位，健全就业援助制度，解决零就业家庭就业，支持大中专毕业生、农村富余劳动力，特别是被征地农民、残疾人、农村低保对象就业。强化就业技能培训，培训各类人员28500人，贫困家庭1000户，转移农村富余劳动力28500个，开发公益性岗位1000个，确保每个零就业家庭、失地农民家庭和贫困户至少有一名适龄劳动力就业。城镇登记失业率控制在4%以下。以增加农民收入为中心，大力发展热带特色现代农业，加快农业增长方式转变。五年投入不低于1.5亿元，对农民进行种粮直补、农资综合直补、良种和农机具购置补贴；五年投入1.2亿元，对农民调整农业种植养殖结构给予补贴。基本实现农业科技110服务全市覆盖。大宗农产品农业保险覆盖率达到50%以上，扩大农民小额贷款，加快农产品冷库等设施建设，改善农业发展条件。

三、实施全民健康工程

五年各类资金投入不低于3.7亿元。搬迁市人民医院，改普市级医疗服务条件；建设2个社区卫生服务中心和8个社区卫生服务站，新建25个、改造182个村级卫生室，实现“村村有卫生室”目标，确保城乡居民就近享受基本医疗与公共卫生服务；加强公共卫生能力建设，完成1个疾病控能中心实验室设备配置，提高公共卫生突发事件的应急反应和处置能力。加大卫生医疗人才引进和培养，提升城乡卫生医疗水平。完善新型农村合作医疗制度，五年内农民参合率达到100%；扩大城镇居民基本医疗保险，五年内财政补助和个人缴费标准达到全省平均水平，居民参保率达到95%，力争实现全民参保。

四、实施社会保障工程

五年各类资金投入不低于3亿元。完善覆盖城乡惠及全民的社会保障网络，提高社会保障水平。建立城乡居民最低生活保障标准随物价水平上涨动态增长机制，确保低保补助增幅不低于物价水平上幅度。逐步将企业退休人员养老金提高至全省平均水平；进一步健全城镇基本养老保险体系，对60周岁以上未参加基本养老保险的城镇居民按当地城镇低保标准的120%发放养老金。逐步建立失地农民养老保险制度，将每年出让土地收益的一部分作为失地农民养老保险专项基金。提高五保户供养标准和水平，新建镇老院7间、改扩建镇做老院5间，五保户集中供养率达30%以上。对行政村村委会运行和村干部进行补贴，确保基层组织正常运转。

五、实施惠民安居工程

五年投入保障性住房建设资金3.6亿元，切实解决低收入群众及财政供养人员住房困难。抓紧制定我市住房建设规划，建立稳定规范的建设资金来源，切实保障廉租住房和经济适用房用地需求。五年内住房租赁补贴2000户，实物配租1500户，建设经济适用房2000套。加快危房改造步伐，五年内基本完成少数民族地区582户危房改造。

六、实施生态建设工程

五年各类资金投入不低于6亿元，用于生态建设。将饮用水水源由万宁水库迁往牛路岭水库，确保饮用水源水质安全。继续实施农村饮水安全工程，解决农村69885人饮水安全问题。实施节能减排综合治理。对遗留的矿坑和废弃关闭矿山全面实施环境恢复治理。积极争取国家、省环保专项资金投入，加快城镇生活污水、垃圾处理设施及配套工程建设，到2012年处理率达到70%。新增农村沼气池12500户，新增大中型沼气工程26处，力争一半农户使用上沼气。大力推进文明生态村、文明生态塘镇、文明生态社区和文明生态城市建设，重点推动文明生态村联片创建。大力植树造林，到2020年实现沿海基干林带全面恢复，全市森林覆盖率达到63%。为确保以上民生工程实施，要积极争取各方支持，加大资金筹措力度，优化财政支出结构，确保市级财政新增财力的55%以上用于改善民生。同时，要加强组织领导，建立民生工程推进工作考核和激励机制，强化督促检查，严格责任追究，规范资金使用，提高资金使用效益，真正把好事办好。

关于加强执行力建设的意见

（2008年12月29日中国共产党万宁市第十一届代表大会第二次会议通过）

为加强机关执行力建设，提高行政效能，推动我市又好又快发展，现就加强执行力建设提出以下意见。

一、大力倡导“主动去办、马上去办、全力去办”执行理念。通过宣传、大讨论和各类主题活动，大力倡导“主动去办、马上去办、全力去办”的执行理念，提高干部的责任意识和效率意识。各单位联系工作实际，对执行不力、落实不够等问题进行认真副析，针对问题，分析原因，制定整改方案。大力提倡、积极推广一线工作法：领导指挥在一线，情况掌握在一线，措施落实在一线，问题解决在一线，成效取得在一线。

二、建设党政绩效管理电子网络系统。建设具有工作安排、信息收集、督促檐查、行政效率监控、绩效考核和社会综合评价等功能的电子网络系统，加大效能考核力度，提高效能建设透明度和量化考核水平。

三、再造行政流程。全面清理行政流程，所有审批事项和办事程序，按“没有法律依据设立的程序全部取消，有法定时限要求的按最低时限标准执行”的原则，由各有关单位提出新的流程和工作期限，并作详细说明，报市政府审定后实施。建立直通车项目集中办公制度，对市重点项目建设领导小组确定的直通车项目，实行集中办公制度，由有关市领导牵头，召集有关职能部门集中办公，在最短时间内为项目办理各项行政审批手续。理顺关系，切实加强市行政服务中心规范化建设，能进入行政服务中心运作的审批项目全部进入中心受理。加快公文运转速度，明确各环节运转时间和承办人员责任。减少文来文往，鼓励采用碰头协调、现场办公、电话签报等方式开展工作。严格控制会议数量、规模和时间，提高会议效率，一般性会议时间不超过2个小时。

四、完善效能激励机制，加强对执行不力的责任追究。对列入省考核指标的专项工作和市重点工作，设立效能奖励基金，对考核排名靠前、工作效率高的部门和个人给予奖励，对表现突出、工作成效显著的干部予以重用。对落实不力影响全市工作和考核排名的、工作推诿拖拉的、办事效率低下的，采取诫勉谈话、责令限期整改、责令书面检查、通报批评、责令辞职、建议免职等方式，严肃追究部门领导和有关责任人员的责任。

五、加强干部的学习培训，提高整体素质和执行能力。以岗位需要为取向、能力开发为重点，加强干部培训。开展学习型机关创建活动，建立培训激励和约束机制，强化对培训效果的考核和评估。积极推进干部轮岗，提高干部适应多岗位的能力。

六、强化干部全员考勤制度，试行工作日志制度，加强干部管理。各镇、各单位要严格执行考勤制度，严肃上下班纪律，每月定期公布干部出勤情况。对严重违反考勤规定的干部，所在单位要坚决提出处理意见，报市委组织部、纪检监察、人劳等有关部门严肃处理。推行工作日志制度，所有干部每天撰写当日工作日志，记录全日工作情况，单位主要领导要坚持每月审阅干部工作日志，工作日志要作为各单位干部年终绩效考核重要依据。

七、健全督查制度，强化执行的督促检查。通过督办卡、明察暗访等方式，加强对市委、市政府重要会议决定、重要工作部署和领导批示件办理情况的跟踪督办。在市各媒体设立督办专报栏目，将督查结果定期向社会通报，加大舆论监督和社会监督力度。

八、建立固定的报告工作制度。每位市委常委每周向常委会报告一次工作，市政府每位负责同志每周在政府常务会上报告一次工作，市人大、市政协负责同志每月在人大、政协例会上报告工作，市人大、市政府、市政协主要负责人在每周的市委常委会例会上向市委常委会报告工作。

关于进一步加强和改进党组织建设若干问题的意见

——中国共产党万宁市第十一届代表大会第三次会议通过

（2009年12月31日）

为深入贯彻落实党的十七届四中全会和省委五届五次全会精神，深入推进“强核心工程”，进一步加强和改进我市各级党组织建设，现提出如下意见：

一、加强理论武装工作，建设学习型党组织

完善党委（党组）理论中心组学习制度，落实党员干部理论学习计划，增强理论学习的科学性、实践性、指导性。加强理想信念教育，增强党员干部的宗旨意识、大局意识、责任意识。抓好党员干部的培训工作，大力打造学习型党组织、学习型领导班子和学习型干部队伍，提高干部推动发展的本领。

二、坚持民主集中制，积极稳妥地推进党内民主建设

健全和完善党委（党组）系统领导体制和决策机，健全集体领导与个人分工负责相结合制度，提高运用民主方法形成共识、开展工作的本领。完善党代表任期制和党代会常任制。实行党代表“三联三问三帮”逐级联系制度和“党代表直通车”制度，充分发挥党代表大会的最高决策机关和最高监督机关的作用。提高党员对党内事务的参与度。营造党内民主讨论、民主监督环境。

三、扎实抓好干部队伍建设，增强干部队伍活力

落实中央和省委关于干部人事制度改革的决策部署。改革干部任用初始提名办法，扩大竞争性选拔干部、少数民族干部，非中共党员干部工作力度，做到系统培养、择优使用。

落实干部谈话、函询、诫勉制度和重大事项报告等制度。落实干部选技任用责任追究制度。紧紧围绕服务全市发展需要，推进专业人才队伍建设，制定和落实中长期人才发展规划纲要，为优秀人才落地和干事创业营造良好环境。

四、切实加强农村基层组织建设，增强基层党组织的凝聚力

加强以村党支部书记为重点的农村干部队伍建设。注重从本村现任村干部、大学生“村官”、致富能手、农民专业合作组织负责人、复员退伍军人等党员中培养选拔村党支部书记。按照有关规定和程序选一批优秀大中专毕业生到村委会任职。落实教育培训制度。把村“两委”干部教育培训纳入全市干部培训规划，确保村“两委”主要负责人每年至少参加一次市或市以上党委部门举办的集中培训。

健全村纪检员制度，每个行政村配置一名纪检员，推行村纪检员工作津贴制度。

完善激励保障机制。根据全市经济发展情况，适当提高村干部生活补贴。加大从优秀村党支部书记、大学生“村官”中选拔镇领导干部、考核镇机关公务员、招聘镇事业编制人员的力度。强化管理监督机制。进一步完善村干部绩效考核机制，实行绩效考核结果与绩效补贴发放相挂钩，与村干部的选拔任用相挂钩。全面落实村财委托镇管制度，规范村财管理。实行村党支部书记任期和离任经济责任专项审计制度，切实解决我市一些村委会财务管理中存在的问题。

完善和创新村党支部工作机制。学习河南邓州经验，试行“四议两公开”制度，建立村委会向村党支部报告工作制度，确保在党的领导下依法实行村民自治。坚持村“两委”干部坐班制。

加强重点难点村的建设。实行市四套班子党员领导干部和法检“两长”联系重点难点村制度，加强对重点难点村建设工作的指导。

进一步完善“三联三问三帮”制度，完善“联村进企促发展”行动计划。大力发展村级集体经济，提高村级组织为群众办实事办好事的能力。

加快农村党组织基础设施建设。2010年建设村级组织活动场所60间，基本完成全市村级组织动场所建设任务。2010年底前，全面完成农村党员干部现代远程教育终接收站点建设任务，实现农村党员干部现代远程教育网络一体化。

五、加强农村党员队伍建设，增强党组织活力

加强培训和帮扶，提高农村党员带头致富和带领群众共同致富能力。每年组织农村党员参加培训不少于2次。实施“党员减信创业致富工程”，实施小额信贷，帮助党员带头致富和带领群众共同致富。

做好发展党员工作。落实发党员预警机制和公示制，下大力气做好党员发展工作，每年至少召开一次党员展工作座谈会，推动党员发展工作。逐步解决农村党员年龄偏大、学历偏低，妇女党员偏少等突出问题。

六、完善镇党委抓党建工作机制

建立和完善镇党委书记抓党建工作责任制。制订镇党委抓农村党建工作目标责任制，强化镇党委书记履行农村基层组织建设“直接责任人”的职责。建立健全镇党委书记抓农村基层党建工作专项述职制度，强化责任追究。

加强技能型政府建设。用3年时间，对镇干部进行岗位业务知识、农村实用法律知识和产业发展技能培训，使大多数镇干部能够熟练掌握1~2门当地主导产业发展所需的技能。

七、加强作风建设，密切党群关系

坚持“主动去办，马上去办，全力去办”的执行理念，提高执行力。坚持工作例会制度，各部门、各

镇领导班子每周召开一次工作例会，总结上周工作，安排本周工作。实地住村制度，市四套班子领导成员，法检“两长”每月到联系镇参加镇领导班子会议一次，每年到联系点住村调研3天，结对帮扶2个难户；市直单位领导班子成员每月到联系村一次，每个成员帮扶1个国难户；镇干部坚持“岗位在村，责在联心”，每个行政村至少要有2名镇驻村干部，每周至少要在村里工作3天。严格执行考勤程工作日志制度。

改进会风和文风，严格控制全市性会议，精简文件，提高工作效率。

八、扎实推进反腐倡廉建设，促进干部勤政廉政

扎实推进教育、制度、监督并重的惩治和预防腐败体系建设。落实各项教育、制度、监督措施，加大对领导干部的思想教育、制度约束和检查监督力度。加强工程建设、征地拆迁、房地产开发、土地管理和矿产资源开发、政府采购、医药购销、资金监管等重点领域专项治理，加大对有关案件的查处力度，切实解决少数干部为政不廉的问题。拓展领域，努力做好纠风工作，切实纠正各种妨害群众利益的行为。深化政府投资体制改革，完善政府重大投资项目公示制和责任追究制。抓好领导干部离任和经济责任专项审计工作，以各种有效措施，切实解决党性党风党纪方面存在的突出问题。

修志始末

2013年11月，万宁市全面启动《万宁市志》编修工作。启动后，市史志办多次邀请市志编修方面的专家对各单位的撰稿人进行针对性培训，提高他们撰写志书稿件的水平。经过全市各承编单位撰稿人的共同努力与责任编辑的不辞劳苦，2014年底，《万宁市志》175个撰稿单位，基本上完成初稿的报送。2015年，市志编纂办组织人员对各承编单位报送的稿件进行审读修改，提出修改意见，返回各承编单位增补资料，限时返回，大部分单位稿件反复修改多次。2015年底，形成《万宁市志》第一稿。

2016年，在第一稿的基础上，我们采取开门办志的办法，聘请熟悉志书编写的专业人员和市志编纂委员会人员一起对志书初稿进行修改打磨。对每篇志稿提出明确的修改意见，要求各单位撰稿人在规定时间完成上报。各单位增补的材料上报后，我们又组织人员逐一审阅，不达到要求的单位退稿增补资料。同时，我们还针对资料断线缺项的情况，组织人员到档案馆以及各单位查阅相关资料，尽最大努力将第一手资料拿到手，确保志书资料的翔实准确。经过2016年一年的艰苦工作，完成《万宁市志》第二稿的修改，达到志书基本要素齐全的要求。

2017年1月，本着对历史负责的态度，我们向全市所有单位下发《关于核对市志稿件的函》，要求各承编单位对经过市志编纂委员会办公室复审后的稿件进行认真的审核，完善补充材料。各部门审核的志稿回来后，我们将志稿审核任务分解到人，再次对稿件进行认真地审核统稿，完成《万宁市志》第三稿的编纂。

人物入志，是一项极其复杂和敏感的工作，涉及的人物多、范围广，为了能真实反映我市20年来的各类人物，市志编纂办多次对入志人物进行讨论，经市志编委会同意，制定并印发了人物志修编方案，对入志人物标准进行界定，在万宁电视台、《海南日报》等主流媒体公布，在市内外进行人物资料的征集。至2016年底，人物志基本完成资料的征集，并组织人员对入志人物资料进行审核、整理。2017年1月，将入志人物的稿件按籍贯发给各镇和农场，抓住各类人员春节返乡的机会进行走访，进一步完善入志人物的资料。至2017年底，基本完成入志人物资料的收集、整理和审核工作。

2018年初，我们召开《万宁市志》初稿评审会，《万宁市志》编纂成员单位代表、老干部代表、承编单位撰稿人代表近30人参加初稿的评审。我们对志稿再次进行修改。还聘请方志出版社徐宏对《万宁市志》进行统稿，根据专家意见，对志稿的编章节目做了适当的调整，使志书体例更趋完善。2018年底，完成第四次修改，制作成样书，送省志办业务处室和省史志专家学者、《万宁市志》编纂成员单位、退休老干部代表、各市县史志工作机构广泛征求意见建议。2019年1月，召开《万宁市志》专家评审会，万宁市委常委黄忆军（挂职）、省委党史研究室（省地方志办公室）市县处处长陈家传、省方志专家库专家李养国、黄培平、梁统兴及相关单位代表30多人参加评审会。评审会后，根据专家学者和各界的意见建议，我们组织人员，利用近二个月的时间，对志书存在的问题进行修改，查缺补漏，至2019年4月中旬，完成专家评审会后志书的修改，并组织人员对志书进行审核与校对，于4月底完成复审稿的制作，并发放到参加复审会的专家、领导和市志成员单位代表手中，为开好复审会做好充分的准备。

5月28日，召开《万宁市志》复审会，复审会由编委会主持，参加人员主要有省志办副主任秦武军、万宁市委常委黄忆军（挂职）、省志办市县处处长陈家传、副处长符思权，专家组成员李养国、黄培平、梁统兴和市志成员单位代表共20多人。复审会上大家一致认为该志稿较为成熟，基本达到志书编修要求，同时提出对一些细节的修改意见，并一致同意修改后送审。

2019年8月志稿提交省史志办终审；2019年11月通过终审验收；2019年12月，中共万宁市委同意《万宁市志（1991—2010）》公开出版。

本轮修志工作始终在市委、市政府的坚强领导和省史志办的指导帮助下进行。二轮修志从始至终的6年时间里，市委、市政府因为人员变动情况，多次调整地方志编纂委员会成员和编辑部的编辑人员，确保二轮修志工作正常运转，并以市委、市政府名义印发了一系列关于开展第二轮修志工作的文件。在推进过程中，市政府每年将二轮修志经费纳入财政预算，保障修志工作顺利推进。前后几任市委书记、市长、历任分管修志工作的市领导等都参与了二轮志书的组织和审查工作，对二轮修志工作给予了大力支持；省方志办也多次亲临万宁，精心指导，对修志工作给予极大帮助。

修志工作得到社会各界的大力支持和热心人士的鼎力帮助。本轮修志采取一步成志的办法，由部门提供资料、撰写初稿，参与的承编单位有175个。在资料搜集过程中，市宣传部、市档案局、市统计局等部门提供大量资料、图片；省地方志办公室县志指导处陈家传、符思权多次参加志稿的审读，方志出版社徐宏参加志书的统稿工作，省方志专家库成员李养国、黄培平、梁统兴对志稿进行认真的审读修改；海口化超文化公司、海南博雅文化公司参与了本书的修改工作；全省各市县史志机构和本市各相关单位提出了极其宝贵的修改意见；还有市志承编单位的撰稿人，市志编纂的工作人员陈星界、陈海燕、翁东雄、吴诗亚、钟晓平、卢传正、李婷婷、许甜、黎美君、张学豪、蔡文欣、曾潮、杨小正、陈春文、刘娇雅、刘小宇等，为了志稿的早日成书，含辛茹苦，做了大量的工作，功不可没，充分体现修志人严谨缜密、精益求精、乐于奉献的作风和精神。

由于修志是众手成书，编纂人员大都是新手，水平有限，志稿中难免存在疏失遗漏之处，热诚希望读者不吝赐教。

万宁市志编纂委员会办公室

2020年6月15日